DirectX 12를 이용한
3D 게임
프로그래밍 입문

프랭크 D. 루나 지음　**류광** 옮김

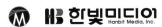
한빛미디어
Hanbit Media, Inc.

DirectX 12를 이용한 3D 게임 프로그래밍 입문

게임 개발 중심으로 익히는 대화식 컴퓨터 그래픽 프로그래밍

초판 1쇄 발행 2017년 5월 25일
초판 4쇄 발행 2023년 4월 14일

지은이 프랭크 D. 루나 / **옮긴이** 류광 / **펴낸이** 김태헌
펴낸곳 한빛미디어(주) / **주소** 서울시 서대문구 연희로2길 62 한빛미디어(주) IT출판2부
전화 02-325-5544 / **팩스** 02-336-7124
등록 1999년 6월 24일 제25100-2017-000058호 / **ISBN** 978-89-6848-779-8 93000

총괄 송경석 / **책임편집** 박민아 / **기획·편집** 이복연 / **진행** 김종찬
디자인 표지 최연희 / **전산편집** 백지선
영업 김형진, 장경환, 조유미, 김선아 / **마케팅** 박상용, 한종진, 이행은, 고광일, 성화정, 김한솔 / **제작** 박성우, 김정우

이 책에 대한 의견이나 오탈자 및 잘못된 내용에 대한 수정 정보는 한빛미디어(주)의 홈페이지나 아래 이메일로
알려주십시오. 잘못된 책은 구입하신 서점에서 교환해드립니다. 책값은 뒤표지에 표시되어 있습니다.

한빛미디어 홈페이지 www.hanbit.co.kr / 이메일 ask@hanbit.co.kr

지금 하지 않으면 할 수 없는 일이 있습니다.
책으로 펴내고 싶은 아이디어나 원고를 메일(**writer@hanbit.co.kr**)로 보내주세요.
한빛미디어(주)는 여러분의 소중한 경험과 지식을 기다리고 있습니다.

DirectX 12를 이용한
3D 게임
프로그래밍 입문

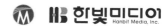 한빛미디어
Hanbit Media, Inc.

지은이 · 옮긴이 소개

지은이 프랭크 D. 루나 Frank D. Luna

15년 넘게 대화식 3차원 그래픽 응용 프로그램을 프로그래밍해 왔다. DirectX에 관한 세 권의 베스트셀러를 저술했으며, 3차원 의료 시각화와 3차원 건축 설계 소프트웨어, 그리고 게임 개발 분야에서 일한 경력이 있다. 그는 캘리포니아 대학교 어바인(University of California, Irvine)에서 수학 학사 학위를 받았다.

옮긴이 류광

1996년부터 활동해온 프로그래밍 서적 전문 번역가로, Knuth 교수의 고전『컴퓨터 프로그래밍의 예술』(*The Art of Computer Programming*) 시리즈를 비롯한 다양한 분야의 프로그래밍 서적을 80권 이상 번역했다. 게임 및 그래픽 프로그래밍 관련 번역서로는 본서의 전작인『DirectX 11을 이용한 3D 게임 프로그래밍 입문』과『Game Programming Gems』시리즈,『Game Engine Gems』시리즈,『3D 게임 프로그래밍 & 컴퓨터 그래픽을 위한 수학』1, 2판 등이 있다.

현재 번역서 정보 사이트 occam's Razor(*http://occamsrazr.net/*)와 Game Programming Gems 시리즈를 비롯한 게임 개발서들의 독자 지원 및 논의 사이트 GpgStudy(*http://www.gpgstudy.com/*)를 운영하고 있다.

추천사

"게임 회사 기술 시험이나 면접에는 어떤 문제가 나오나요?"

게임 프로그래머 지망생들에게 가장 많이 받는 질문입니다. 이 책의 독자 대부분도 게임 클라이언트 프로그래머 지망생일 겁니다. 이 질문에 제 경험을 바탕으로 답을 드리자면, 유니티나 언리얼 같은 상용 엔진의 기능에 대해서는 의외로 많이 묻지 않습니다. 대부분 회사는 그 대신 C++, 자료구조와 알고리즘, 게임 수학, 그래픽스 프로그래밍 기초에 대해서 주로 물어봅니다. 심지어 유니티로 개발하는 엔씨, 넥슨, 넷마블 같은 회사에서도 말이죠.

지금은 주로 상용 엔진으로 게임을 개발하는 시대라 DirectX 같은 저수준 API는 공부하지 않아도 된다고 생각하실지 모릅니다. 하지만 그 생각은 틀렸다고 감히 말씀드립니다. 현업에서 신입 게임 개발자에게 요구하는 능력은 여전히 C++, DirectX, OpenGL 같은 기초 지식입니다. 제가 참여해 최근 출시한 시프트업의 〈데스티니 차일드〉도 C++와 DirectX/OpenGL로 자체 개발한 엔진을 사용했습니다. 넷마블의 〈모두의 마블〉과 〈세븐 나이츠〉도 마찬가지입니다. 여전히 C++와 그래픽스 API는 중요합니다.

이 책은 DirectX 9 시절, 개발자 사이에서 '용책'이라 불리던 바이블 도서의 최신 개정판입니다. 단순히 DirectX 12 API만이 아닌, 벡터와 행렬 같은 필수 게임 수학, 가장 핵심인 3D 그래픽스 파이프라인, 파이프라인을 통한 3D 월드 구현 등 게임 프로그래머에게 꼭 필요한 내용을 두루 다룹니다. DirectX 12 책이라기보다는 게임 그래픽스 프로그래밍의 바이블이라 할 수 있습니다.

이 책이 다루는 내용이 유명 게임 회사의 기술 시험과 면접 문제의 핵심입니다. 그리고 드래그&드롭으로 쉽게 월드를 조작할 수 있는 상용 엔진의 원리를 제대로 배우고 싶다면 이 책이 현존 최고라고 감히 말씀드립니다.

그럼 제가 게임 프로그래머 지망생들에게 자주 하는 말로 마무리할까 합니다.

"게임 프로그래머는 좋은 레이서에 머물러서는 안 된다. 차의 내부 구조와 작동 원리까지 아는 레이서 겸 엔지니어가 되어야 한다."

박민근, 경기 게임 아카데미 겸직 교수
(전) 시프트업 〈데스티니 차일드〉 엔진 프로그래머

옮긴이의 말

본서 『DirectX 12를 이용한 3D 게임 프로그래밍 입문』은 프랭크 D. 루나의 DirectX 입문서 시리즈 최신작인 *Introduction to 3D Game Programming with DirectX 12*(Mercury Learning, 2016)를 우리말로 옮긴 것입니다. 시리즈의 첫 권인 *Introduction to 3D Game Programming with DirectX 9.0*(Wordware, 2003)은 2004년에 『DirectX 9를 이용한 3D GAME 프로그래밍 입문』(최현호 옮김, 정보문화사)이라는 제목으로 번역서가 나왔는데, 앞표지에 용이 있어서 흔히 '용책'이라고 불렀고 게임 그래픽 프로그래밍에 입문하는 사람들에게 많은 사랑을 받았습니다. 이후 DirectX는 버전 10과 11을 거쳐 12에 이르렀고, 저자도 계속해서 책을 냈습니다. 그중 DirectX 11에 관한 원서를 제가 번역했고(『DirectX 11을 이용한 3D 게임 프로그래밍 입문』, 한빛미디어, 2014), 이번에 또다시 DirectX 12 버전에 관한 번역서를 내게 되었습니다.

시리즈 첫 권이 나온 후 게임·그래픽 기술과 관련 프로그래밍 분야에 많은 변화가 있었는데, 이 글에서 한 가지 언급하고 싶은 것은 DirectX가 더 이상 게임 프로그래머의 필수 과목은 아니게 되었다는 점입니다. 예전에는 게임 그래픽 프로그래머가 되려면 OpenGL과 DirectX 중 하나는 공부하는 것이 당연하며, 미리 만들어진 게임 엔진을 사용한다고 해도 저수준 그래픽 라이브러리에 대한 기본적인 소양은 갖추고 있어야 한다는 생각이 많았습니다. 그러나 이제는 게임 엔진들이 크게 발전해서 저수준 그래픽 라이브러리에 의존하지 않고도 게임을(그 수준이야 어떻든) 만들 수 있는 시대가 되었습니다. 이 이야기를 꺼낸 것은 DirectX 12를 배울 필요가 없다는 말을 하려는 것이 아니라, 그런 시대임에도 DirectX 12를 공부하기로 한 독자들에게 찬사를 보내기 위한 것입니다. 잘 결심하셨습니다! 진부한 표현이지만, 뿌리 깊은 나무는 바람에 흔들리지 않아 꽃이 좋고 열매가 많습니다. 이 책은 DirectX 12의 API 사용법은 물론이고 3차원 그래픽 프로그래밍을 이해하는 데 꼭 필요한 수학과 그 외 주요 개념들도 충실하게 설명하므로, 그런 결심을 실현하는 데 좋은 교과서가 될 것입니다.

이전 권의 독자라면 앞의 찬사가 이전 권의 '옮긴이의 말'에도 나왔음을 기억할 것입니다. 앞에서 "시리즈"라고 표현하긴 했지만, 이 번역서 전체는, 사실 원서 자체도, 독자가 이전 권을 읽었다는 가정을 전혀 두고 있지 않습니다. 이는 어쩌면 DirectX 자체의 성격과도 비슷합니다. DirectX를 개발한 Microsoft는 원래 하위 호환성을 중요시하기로 유명하지만, 이상하게도 DirectX는 소스 코드의 하위 호환성을 전혀 고려하지 않고 버전을 업그레이드해왔습니다. 극명한 예로, 인터페이스 이름에 아예 버전 번호가 박혀 있습니다(ID3D10Device, ID3D11Device, ID3D12Device 등). 그래픽 기술이 눈부신 속도로 발전하다 보니 하위 호환성에 발목을 잡히지 않기 위해 그런 선택을 한 것이 아닐까 합니다. 어쨌든, DirectX 12를 공부하기 위해 먼저 DirectX 11을 공부할 필요는 없으므로, 이 책을 공부하기 위해 이전 권을 읽을 필요는 없습니다.

한편, 이전 권 독자라면 DirectX 12에 새로 추가되거나 바뀐 부분만 찾아 읽고 싶은 생각도 들 텐데요. 앞에서 말했듯이 저자가 그런 점을 염두에 두고 책을 쓰지는 않았습니다. 이전 권과 내용이 같은 부분들이 없지는 않지만(특히 기초 수학 관련) 그런 부분들도 기존 문장을 많이 고치고 다듬었으므로, 번역한 사람의 욕심으로는 가능하면 순서대로 모두 읽어 주시길 권합니다. 그래도 꼭 필요하다면 '명령 대기열'이나 '명령 목록'이라는 단어가 자주 나오는 곳과 '서술자 뷰', '서술자 테이블' 등 '서술자'라는 단어가 자주 나오는 곳에 집중하는 것이 한 방법일 것입니다. 더 나은 방법이 있다면, 그리고 이 책에 대한 질문이나 의견, 또는 함께 논의하고 싶은 주제가 있다면 GpgStudy 사이트(*http://www.gpgstudy.com/*)의 'GPG 카탈로그'를 통해서 함께 나누었으면 합니다. GPG 카탈로그에는 정오표와 참고자료 링크 모음도 갖추어져 있습니다.

감사 인사로 이 글을 마무리하겠습니다. 전체적인 과정을 매끄럽게 진행해 주신 이복연 차장님을 비롯한, 이 책의 출판에 관여한 모든 분께 감사드립니다. 수학 공식이 많은 탓에 조판과 교정에 많은 어려움이 있었는데, 많은 분의 노력 덕분에 무사히 책이 나오게 되었습니다. 일일이 이름을 거론하지 못해서 죄송합니다. 끝으로, 돋보기로 봐도 찾기 힘들었을 수많은 수식 조판 오류와 여러 오타, 오역을 잡아 준 아내 오현숙에게 감사와 사랑의 마음을 전합니다.

옮긴이 _ 류광

서문

Direct3D 12는 현세대 그래픽 하드웨어를 활용하는 고성능 3차원 그래픽 응용 프로그램을 다양한 Windows 플랫폼(Windows 데스크톱, 모바일, Xbox One)에서 작성하기 위한 렌더링 라이브러리이다. Direct3D는 하나의 저수준(low-level) 라이브러리인데, 여기서 '저수준'은 Direct3D의 API(application programming interface, 응용 프로그래밍 인터페이스)가 자신이 제어하는 바탕 그래픽 하드웨어를 밀접하게 본뜬 것이라는 점에서 붙은 말이다. Direct3D는 주로 게임 업계에서 쓰인다. 게임 업계는 흔히 Direct3D를 기반으로 게임용 고수준 렌더링 엔진을 구축한다. 그러나 고성능, 대화식(interactive, 상호작용적) 3차원 그래픽이 필요한 분야가 게임 업계만은 아니다. 이를테면 의학, 과학 시각화와 건축물 내부 시연 등에도 그러한 그래픽이 필요하다. 또한, 현세대의 그래픽 카드를 장착하고 출시되는 최근 PC들에서는 3차원 그래픽 응용 프로그램이 아닌 프로그램들도 GPU(graphics processing unit, 그래픽 처리 장치)의 장점을 활용해서 대량의 계산 작업을 그래픽 카드에 맡기기 시작했다. 그런 방식을 **범용 GPU 계산**(general purpose GPU computing, GPGPU computing)이라고 부르는데, Direct3D 12는 범용 GPU 계산 프로그램을 작성하기 위한 계산 셰이더 API를 제공한다. 일반적으로 Direct3D 응용 프로그램은 네이티브 C++로 작성하지만, SharpDX 팀(*http://sharpdx.org/*)이 만드는 .NET 래퍼^{wrapper}를 이용하면 이 강력한 3D 그래픽 API를 관리되는(managed) 응용 프로그램에서도 사용할 수 있다.

이 책은 Direct3D 12를 이용한 게임 개발에 강조를 둔, 상호작용적인 컴퓨터 그래픽 프로그래밍의 입문서이다. 이 책은 먼저 Direct3D와 셰이더 프로그래밍의 기초를 가르치고, 그것을 바탕으로 삼아서 좀 더 고급의 응용 기법들로 나아간다. 이 책은 크게 세 부(part)로 구성되어 있다. 제1부는 이 책 전반에 쓰이는 수학적 수단들을 설명한다. 제2부는 Direct3D의 초기화, 3차원 기하구조 정의, 카메라 설정, 정점·픽셀·기하·계산 셰이더 작성, 조명, 텍스처 적용, 혼합, 스텐실 적용, 테셀레이션 등 Direct3D의 기본 과제들을 구현하는 방법을 보여 준다. 제3부는 Direct3D를 이용해서 여러 가지 흥미로운 기법과 특수 효과를 구현하는 방법을 주로 다루는데, 이를테면 메시 다루기, 지형 렌더링, 장면 안 물체 선택, 입자 시스템, 환경 매핑, 변위 매핑, 실시간 그림자, 주변광 차폐 같은 기법과 효과가 나온다.

초보자라면 이 책을 처음부터 끝까지 차례로 읽는 것이 가장 바람직하다. 이 책의 장*들은 난이도가 점차 높아지도록 배치되어 있다. 중간에 독자가 맥락을 놓칠 정도로 난이도가 급상승하는 부분은 없다. 대체로 각 장은 그 이전 장들에서 말한 기법과 개념을 사용한다. 따라서 독자가 현재 장의 내용을 충분히 숙지하고 다음 장으로 넘어가는 것이 중요하다. 경험 있는 독자라면 흥미가 가는 장들만 골라서 읽어도 될 것이다.

마지막으로, 이 책을 다 읽고 나면 어떤 종류의 게임을 개발할 수 있게 될지 궁금한 독자도 있을 것이다. 그 질문에 대한 답을 얻는 가장 좋은 방법은 이 책을 빠르게 훑어보면서 어떤 종류의 예제 응용 프로그램들이 등장하는지 살펴보는 것이다. 그러면 이 책에서 배운 기법들과 독자 자신의 독창성에 기초해서 개발할 수 있는 게임의 종류를 가늠해 볼 수 있을 것이다.

이 책의 대상 독자

이 책은 다음과 같은 세 부류의 독자들을 염두에 두고 기획되었다.

1. 최신 버전의 Direct3D를 이용한 3차원 프로그래밍에 입문하고자 하는 중급 C++ 프로그래머.
2. DirectX 이외의 API(이를테면 OpenGL)에 경험이 있으나 Direct3D 12는 처음인 3차원 그래픽 프로그래머.
3. Direct3D의 최신 버전을 배우고자 하는 경험 있는 Direct3D 프로그래머.

미리 필요한 지식

우선, 이 책이 Direct3D 12와 셰이더 프로그래밍, 그리고 3D 게임 프로그래밍의 입문서임을 명심할 필요가 있다. 이 책이 일반적인 컴퓨터 프로그래밍의 입문서는 **아니다**. 독자는 반드시 다음과 같은 요건을 갖추어야 한다.

1. 적어도 고등학교 수준의 수학 지식: 이를테면 기하학, 삼각함수, 함수(프로그래밍이 아니라 수학의) 등.

2. Visual Studio 활용 능력: 이를테면 프로젝트를 생성하거나, 프로젝트에 파일을 추가하거나, 링크할 외부 라이브러리를 지정하는 데 어려움이 없어야 한다.

3. 중급 이상의 C++ 및 자료구조 지식: 이를테면 포인터, 배열, 연산자 중복적재, 연결 목록 (linked list), 상속, 다형성 등에 익숙해야 한다.

4. Win32 API를 이용한 Windows 프로그래밍에 익숙하면 좋지만 필수는 아니다. Win32 기초가 부록 A에 나온다.

필수 개발 도구와 하드웨어

Direct3D 12 응용 프로그램을 개발하려면 다음과 같은 것들이 필요하다.

1. Windows 10

2. Visual Studio 2015 이상

3. Direct3D 12 지원 그래픽 카드. 이 책의 예제들은 GTX 760에서 시험되었다.

DirectX SDK 문서화 및 SDK 예제 활용

Direct3D는 방대한 API라서 이 한 권의 책으로 그 세부사항을 모두 다루는 것은 꿈도 꾸지 못할 일이다. 따라서, 이 책에 없는 추가 정보를 획득하려면 DirectX SDK 문서화를 활용하는 방법을 반드시 알아 두어야 한다. DirectX의 최신 문서화는 MSDN에 있다. URL은 다음과 같다.

https://msdn.microsoft.com/en-us/library/windows/desktop/dn899121%28v=vs.85%29.aspx

[그림 1]은 온라인 문서화의 한 모습이다.

DirectX 문서화는 단지 DirectX API의 모든 부분을 설명할 뿐이다. 따라서 참고문헌으로는 아주 좋다. 그러나 깊은 내용까지 들어가지는 않으며, 독자가 특정한 사전 지식을 갖추고 있으리라고 가정하기 때문에, 학습용으로까지 아주 좋은 것은 아니다. 단, DirectX의 새 버전이 나올 때마다 점차 나아지고 있긴 하다.

방금 말했듯이 MSDN의 온라인 문서화는 기본적으로 참고용으로 유용하다. 독자가 DirectX에 관련된 어떤 형식이나 함수, 이를테면 `ID3D12Device::CreateCommittedResource`라는 함수를 알게 되었는데, 그 함수에 관한 좀 더 자세한 정보를 얻고 싶다고 하자. 온라인 문서화의 검색 기능을 이용하면 특정 형식 또는 함수의 설명이 있는 페이지를 찾을 수 있다. [그림 2]는 예로 든 함수를 설명하는 문서화 페이지의 모습이다.

참고: 실제로 본문에는 추가적인 세부사항에 관해 DirectX 문서화를 참조하라는 경우가 종종 나온다.

그림 1 MSDN DirectX 문서화 중 Direct3D 12 Programming Guide.

그림 2 특정 함수의 문서화 페이지.

또한, 다음 주소에서 제공하는 Direct3D 12 예제 프로그램들도 주목하기 바란다.

https://github.com/Microsoft/DirectX-Graphics-Samples

향후 이곳에 예제들이 더 올라올 것이다. 또한, NVIDIA나 AMD, Intel 웹사이트에서도 Direct3D 12 예제들을 보게 될 것이다.

명확함

코드를 효율적으로 작성하고 Direct3D 12 프로그래밍의 모범 관행들을 따르고자 하긴 했지만, 기본적으로 필자가 이 책의 프로그램 예제들을 작성할 때 목표로 삼은 것은 Direct3D의 개념이나 그래픽 프로그래밍 기법을 잘 보여주는 것이었다. 아주 최적화된 코드를 목표로 두고 예제들을 작성하지는 않았으며, 그런 목표를 두고 코드를 짰다면 예제가 보여주고자 하는 개념이나 기법이 덜 명확해졌을 것이다. 만일 예제 코드를 독자 자신의 프로젝트에 사용한다면 효율성을 높이는 쪽으로 코드를 개선할 필요가 있음을 기억하기 바란다. 더 나아가서, Direct3D API에 초점을 두기 위해 필자는 Direct3D를 바탕으로 한 최소한의 기반구조를 구축해서 모든 예제의 공통 프레임워크로 사용했다. 그런데 '최소한'의 기반구조이다 보니, 보통은 자료 주도적(data-driven)인 방식으로 적용해야 마땅한 수치들이나 설정 값들이 코드 자체에 박혀 있는 경우가 많다. 현업에서 대형 3차원 응용 프로그램을 만들 때에는 Direct3D를 바탕으로 한 '렌더링 엔진'을 구현해야 하는 것이 일반적이다. 그러나 이 책의 주제는 Direct3D API이지 렌더링 엔진의 설계가 아니다.

예제 프로그램과 웹 부록

이 책의 웹사이트(*www.d3dcoder.net*과 *www.merclearning.com*)는 독자가 이 책을 최대한 활용하는 데 꼭 필요한 요소이다. 웹사이트는 이 책의 모든 예제의 전체 소스 코드와 프로젝트 파일들(통칭해서 '웹 부록')을 제공한다.* 한 DirectX 프로그램의 코드 전체를 책에 싣기에는 코드가 너무 긴 경우가 많기 때문에, 이 책은 설명하는 내용과 관련이 깊은 코드 조각만 제시한다. 그렇지만, 학습을 위해서는 예제의 전체 코드도 살펴보길 강력히 권한다. (필자는 독자가 공부하기 쉽도록 예제를 작고 집중된 형태로 만들고자 노력했다.) 일반적인 원칙으로, 한 장을 다 읽은 후 예제 코드를 어느 정도 시간을 들여 공부했다면, 독자가 스스로 그 예제를 구현할 수 있어야 한다. 사실 책과 예제 코드를 참고삼아서 예제를 스스로 구현해 보는 일은 독자에게 좋은 훈련이 된다.

---

* **옮긴이** 현재, 소스 코드 다운로드 링크를 따라가면 GitHub의 한 저장소(*https://github.com/d3dcoder/d3d12book*)에 도달한다. GitHub에(그리고 버전 관리 시스템 Git에) 익숙하지 않은 독자라면 초록색 'Clone or download' 버튼을 클릭한 후 'Download ZIP'을 선택하면 된다. 일부 덩치 큰 자원 파일들은 '웹 부록(*http://www.hanbit.co.kr/src/2779*)'에만 있다는 점도 기억하기 바란다.

Visual Studio 2015에서 예제 프로젝트 설정

이 책의 예제들은 그냥 해당 프로젝트 파일(.vcxproj)이나 솔루션 파일(.sln)을 더블클릭하기만 하면 열린다. 여기서는 Visual Studio 2015(VS15)에서 책의 예제 응용 프로그램 프레임워크를 이용하는 프로젝트를 새로 만들어서 구축(빌드)하는 방법을 설명한다. 시연의 목적으로, 제6장의 상자 예제('Box') 프로젝트를 다시 만들어서 빌드해 보겠다.

예제 소스 코드 내려받기

우선 책의 예제 소스 코드 전체를 내려받아서 독자의 하드 드라이브의 한 폴더에 복사한다. 이하의 논의에서는 그 폴더가 *C:\d3d12book*이라고 가정하겠다. 이 소스 코드 폴더 안에는 장마다 폴더가 따로 있고, 각 폴더에는 해당 장의 예제 프로젝트들이 들어 있다. 또한, *Common*이라는 폴더도 주목하기 바란다. 이 폴더에는 모든 예제 프로젝트에 쓰이는 공통의 소스 코드가 있다. 이제 소스 코드 폴더 안에 독자 자신의 예제 프로젝트들을 담을 새 폴더를 만들기 바란다. 이하의 논의에서는 새 폴더가 *C:\d3d12book\MyDemos*라고 가정하겠다. 이 폴더는 이후 독자가 이 책의 예제 프레임워크에 기초해서 만드는 새 프로젝트들(지금 연습하는 것을 포함)을 담는 데 쓰인다.

> **참고:** 이러한 디렉터리 구조가 필수는 아니지만, 이 책의 모든 예제는 이러한 구조를 따른다. 추가적인 포함 (include) 경로를 설정하는 데 익숙한 독자라면 원하는 다른 장소에 독자의 예제 프로젝트들을 집어넣어도 된다. 물론, Common 디렉터리의 소스 코드를 Visual Studio가 찾을 수 있도록 설정해 주어야 한다.

Win32 프로젝트 만들기

우선 Visual Studio 2015를 띄우고 주 메뉴에서 **파일 > 새로 만들기 > 프로젝트**를 선택한다(그림 3).

    그러면 새 프로젝트 대화상자가 나타난다(그림 4). 왼쪽의 프로젝트 형식 트리 컨트롤에서 **Visual C++ > Win32**를 선택하고, 오른쪽 창에서 **Win32 프로젝트**를 선택한다. 다음으로, 하단 입력 상자들에 적당한 프로젝트 이름(지금 예제에서는 *MyD3D12Project*)과 프로젝트 폴더를 저장할 위치(지금 예제에서는 *C:\d3d12book\MyDemos*)를 지정한다. 또한, 만일 **솔루션용 디렉터리 만들기** 체크 상자가 체크되어 있으면 해제한다. 이제 **확인** 버튼을 클릭한다.

    그러면 새로운 대화상자가 나타난다. 왼쪽에는 두 가지 선택이 있는데, **응용 프로그램 설정**을 선택하면 대화상자가 [그림 5]와 같은 모습이 된다. 혹시 **Windows 응용 프로그램**이 선택되어 있지 않으면 그것을 선택한다. '추가 옵션'에서는 **빈 프로젝트** 상자를 체크한다.* 이제 **마침** 버튼을 클릭하면, 특별한 문제가 없는 한 새로운 빈 Win32 프로젝트가 생성된다. 그러나 DirectX 예제 프로젝트를 구축하려면 아직 해야 할 일이 몇 가지 남아 있다.

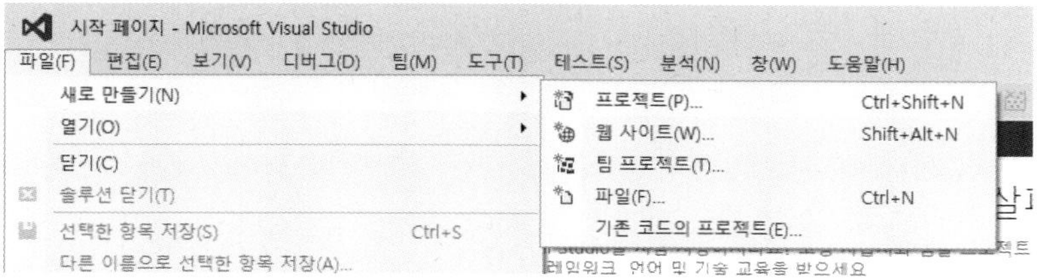

그림 3 새 프로젝트 만들기.

---

* 옮긴이   Visual Studio 에디션이나 구성에 따라서는 SDL(Security Development Lifecycle) 관련 옵션이 나타날 수도 있으나, 책의 예제들과는 무관하므로 체크를 해제하면 된다.

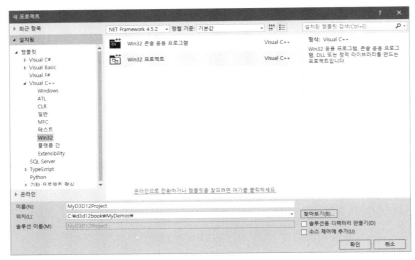

그림 4 새 프로젝트 설정.

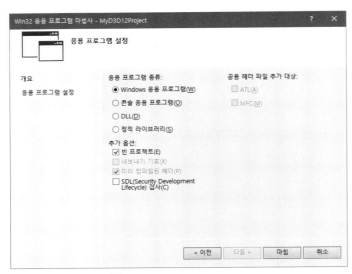

그림 5 응용 프로그램 설정.

DirectX 라이브러리 링크 설정

이 책의 예제들은 필수 라이브러리 파일들의 링크를 소스 코드 안에서 직접 설정한다. 좀 더 구체적으로 말하면, *Common/d3dApp.b*에 다음과 같이 #pragma 지시문들이 있다.

```
// 필요한 d3d12 라이브러리들을 링크한다.
#pragma comment(lib, "d3dcompiler.lib")
#pragma comment(lib, "D3D12.lib")
#pragma comment(lib, "dxgi.lib")
```

이렇게 하면 프로젝트 속성 페이지를 열고 '링커' 설정으로 가서 의존성(종속성)들을 추가하는 수고를 덜 수 있다. 예제나 시연용 응용 프로그램을 만들 때에는 이 정도 설정으로 충분하다.

소스 코드 추가 및 프로젝트 빌드

이렇게 해서 프로젝트의 기본적인 설정이 끝났다. 이제 소스 코드 파일들을 프로젝트에 추가하고 프로젝트를 빌드해 보자. 우선 "Box" 예제 프로젝트(*d3d12book\Chapter 6 Drawing in Direct3D\Box*)에서 *BoxApp.cpp*와 *Shaders* 폴더를 지금 프로젝트 폴더에 복사한다.

이제 다음과 같은 과정을 통해서 소스 코드 파일들을 프로젝트에 추가하고 프로젝트를 빌드한다.

1. 솔루션 탐색기에서 프로젝트 이름을 오른쪽 클릭한 후 문맥 메뉴에서 **추가 > 기존 항목…**을 선택하고, *BoxApp.cpp*를 프로젝트에 추가한다.

2. 솔루션 탐색기에서 프로젝트 이름을 오른쪽 클릭한 후 문맥 메뉴에서 **추가 > 기존 항목…**을 선택하고, 이 책 예제 폴더의 *Common* 폴더에 있는 모든 *.h/.cpp* 파일을 프로젝트에 추가한다. 그러면 솔루션 탐색기가 [그림 6]과 같은 모습이 될 것이다.

그림 6 "Box" 예제와 *Commons* 폴더의 파일들을 복사한 후의 솔루션 탐색기의 모습.

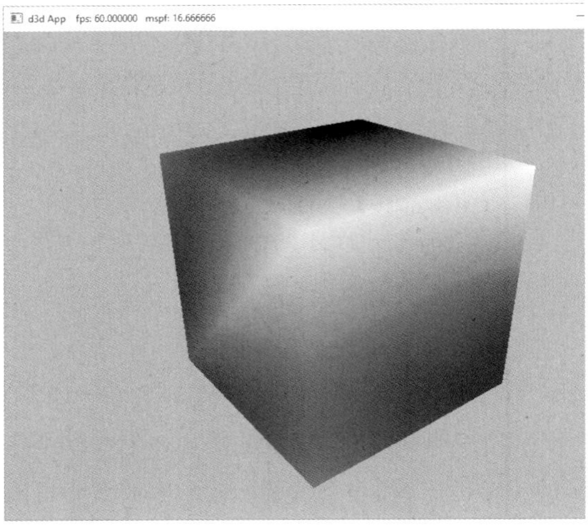

그림 7 "Box" 예제의 실행 모습.

3. 솔루션 탐색기에서 프로젝트 이름을 오른쪽 클릭한 후 **속성**을 선택한다. **구성 속성 > 일반** 탭으로 가서, **대상 플랫폼 버전** 속성에 10으로 시작하는 버전 번호가 선택되어 있는지 확인한다. Windows 10용 프로그램을 만들려면 반드시 10.x를 선택해야 한다. 이제 **확인**을 클릭해서 대화상자를 닫는다.*

---

* **옮긴이** 대상 플랫폼 버전 속성에 10으로 시작하는 버전 번호가 없다면(예를 들어 8.1만 있다면) Windows 플랫폼 SDK를 갱신해야 한다. 여러 가지 방법이 있겠지만, 아마도 웹에서 "Windows 10용 Windows SDK"를 검색해서 MSDN 사이트의 해당 다운로드 페이지로 가는 것이 가장 간단한 방법일 것이다. 추가로, 지금 예제처럼 프로젝트를 새로 만드는 것이 아니라 웹 부록의 프로젝트를 그대로 열어서 빌드하는 경우 대상 플랫폼 버전의 불일치 때문에 빌드가 실패할 수 있다. 그런 경우 대상 플랫폼 버전 속성을 독자의 시스템에 깔린 버전의 번호(물론 10으로 시작하는)로 변경하면 문제가 해결된다.

4. 소스 코드들이 프로젝트에 추가되었고 대상 플랫폼도 설정했으므로, 이제 프로젝트를 빌드할 준비가 끝났다. 주 메뉴에서 **디버그 > 디버깅 시작**을 선택하면 프로젝트가 컴파일, 링크, 실행 된다. 모든 것이 제대로 되었다면 [그림 7]과 같은 모습의 응용 프로그램이 나타날 것이다.

참고: Common 디렉터리의 코드 중 상당 부분은 이 책의 진행을 따라 점차 구축된 결과물이다. 따라서 지금 당장 그 코드를 모두 이해하려 들지는 말고, 대신 해당 코드를 다루는 장을 공부할 때 함께 살펴보길 권한다.

CONTENTS

PART ┃ **기초 필수 수학**

CHAPTER **1 벡터 대수**   **3**

CONTENTS

PART II Direct3D의 기초

CHAPTER 4 Direct3D의 초기화 103

CONTENTS

CHAPTER **6 Direct3D의 그리기 연산**　　　　　　　　　　　　　　**241**

CONTENTS

CONTENTS

CHAPTER **9 텍스처 적용**   **429**

CONTENTS

CHAPTER 10 혼합

CONTENTS

CHAPTER **14 테셀레이션 단계들**   **621**

CONTENTS

PART **III** 응용

CHAPTER **15** 1인칭 카메라 구축과 동적 색인화   655

CONTENTS

CHAPTER **20 그림자 매핑**   781

CONTENTS

CHAPTER **23 캐릭터 애니메이션**

CONTENTS

APPENDIX A Windows 프로그래밍 입문   915

CONTENTS

기초 필수 수학

"이 세상의 이치는 수학 지식 없이 알아낼 수 없다."

로저 베이컨^{Roger Bacon}, Opus Majus part 4 Distinctia Prima cap 1, 1267.

비디오 게임들은 가상의 세계를 시뮬레이션하려고 한다. 그러나 본질적으로 컴퓨터는 수치를 처리하는 기계이다. 따라서 어떻게 세상을 컴퓨터 안으로 옮겨올 것인가라는 문제가 제기된다. 그 답은, 세상과 세상에 있는 사물들 사이의 상호작용을 전부 수학적으로 서술한다는 것이다. 따라서 수학은 비디오 게임 개발에서 근본적인 역할을 차지한다.

기초 필수 과정에 해당하는 제1부에서는 이 책 전반에서 사용할 수학적 도구들을 소개한다. 주된 초점은 이 책의 거의 모든 예제 프로그램에 쓰이는 도구들인 벡터와 좌표계, 행렬, 변환이다. 수학적 설명 외에, DirectXMath 라이브러리의 관련 클래스들과 함수들도 예제와 함께 간략히 소개한다.

제1부는 단지 이 책의 나머지를 이해하는 데 필수적인 주제들만 다룰 뿐, 비디오 게임을 위한 수학을 완전하고 상세하게 서술하는 것은 아님을 주의하기 바란다. 그러려면 책 한 권이 통째로 필요할 것이다. 비디오 게임 수학에 대한 좀 더 완전한 참고서를 원하는 독자에게는 부록 E의 [Verth04]와 [Lengyel02]를 추천한다.

Part I

기초 필수 수학

- **제1장 벡터 대수:** 컴퓨터 게임에서 쓰이는 가장 중요한 수학적 대상은 벡터일 것이다. 예를 들어 벡터는 위치, 변위, 방향, 속도, 힘을 나타내는 데 쓰인다. 제1장에서는 벡터와 벡터를 다루는 연산들을 공부한다.

- **제2장 행렬 대수:** 행렬은 변환을 효율적이고도 간결하게 나타내는 수단을 제공한다. 제2장에서는 행렬과 행렬에 대해 정의되는 연산들을 익힌다.

- **제3장 변환:** 제3장은 근본적인 세 가지 기하 변환인 비례변환, 회전변환, 이동변환을 살펴본다. 이 변환들은 3차원 공간에서 3차원 물체들을 조작하는 데 쓰인다. 또한, 제3장은 기하구조를 나타내는 좌표를 한 좌표계에서 다른 좌표계로 바꾸는 데 쓰이는 좌표 변경 변환도 설명한다.

CHAPTER 1

벡터 대수

벡터는 현대적인 비디오 게임들의 공통 요소라 할 수 있는 컴퓨터 그래픽과 충돌 검출, 물리 시뮬레이션에서 핵심적인 역할을 한다. 벡터에 대한 이번 장의 접근방식은 비공식적이고 실용적이다. 3차원 게임·그래픽용 수학만을 전문적으로 다루는 책을 원하는 독자에게는 [Verth04]를 권하겠다. 이 책의 거의 모든 예제 프로그램에서 쓰인다는 점에서 벡터는 아주 중요한 대상이다.

목표

1. 벡터의 기하학적 표현 방법과 수치적 표현 방법을 배운다.
2. 벡터에 대해 정의되는 연산들과 그 연산들의 기하학적 응용 방법을 배운다.
3. DirectXMath 라이브러리의 벡터 관련 함수들과 클래스들에 익숙해진다.

1.1 벡터

벡터(vector, 방향량)는 크기와 방향을 모두 가진 수량(quantity)을 가리키는 말이다. 크기(magnitude)와 방향(direction)을 모두 가진 수량을 좀 더 공식적으로 **벡터값 수량**(vector-valued quantity)이라고 부른다. 벡터값 수량의 예로는 힘(force; 힘은 특정한 방향과 세기로 가해지는데, 세기(strength)가 곧 크기이다), 변위變位(displacement; 한 입자의

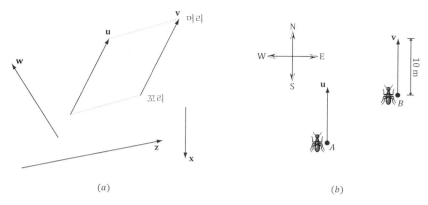

그림 1.1 (a) 2차원 평면에 그려진 벡터들. (b) 개미가 북쪽으로 10미터 나아가는 이동을 나타내는 벡터들.

최종적인 이동 방향 및 거리), 속도(빠르기와 방향)가 있다. 따라서 벡터는 힘이나 변위, 속도 (velocity)*를 나타내는 데 쓰인다. 또한, 3차원 게임에서 플레이어가 바라보는 방향이나 다각형이 향한 방향, 광선이 이동하는 방향, 한 표면에서 광선이 반사되는 방향 등 순수한 방향만 나타낼 때에도 벡터를 사용한다.

벡터를 수학적으로 특징짓는 첫걸음으로, 벡터를 기하학적으로 나타내보자. 시각적으로 벡터는 방향이 있는 선분, 줄여서 지향 선분(directed line segment)으로 표시한다(그림 1.1). 선분의 길이는 벡터의 크기를 나타내고 선분 끝의 화살표는 벡터의 방향을 뜻한다. 벡터가 그려져 있는 위치는 중요하지 않다. 위치를 바꾸어도 벡터의 크기와 방향(벡터가 가진 두 가지 속성)은 변하지 않기 때문이다. 따라서 두 벡터는 만일 길이가 같고 같은 방향을 가리키면, 그리고 오직 그럴 때에만 상등(equal)이다. 예를 들어 [그림 1.1(a)]의 벡터 **u**와 **v**는 길이가 같고 가리키는 방향도 같으므로 상등이다. 벡터는 위치가 중요하지 않으므로, 벡터를 다른 곳으로 병진이동(translation, 줄여서 그냥 '이동')해도 그 벡터의 의미는 변하지 않는다 (이동은 길이나 방향에 영향을 미치지 않기 때문이다). **u**를 이동해서 **v**와 완전히 겹치면(**v**를 이동해도 마찬가지) 둘을 구분할 수 없음을 주목하기 바란다. 둘이 상등이므로 이는 당연한 결과이다. 물리적인 예로, [그림 1.1(b)]의 **u**와 **v**는 개미 두 마리가 서로 다른 지점 *A*와 *B*에서 시작해서 북쪽으로 나아가는 이동을 나타낸다. 이 경우에도 **u** = **v**이다. 벡터 자체는 위치와

---

* 옮긴이 이 책에서 '속도'는 방향과 크기를 모두 가진 velocity를 의미하기도 하고 일상적인 의미의 '빠르기(speed)'를 의미하기도 하는데, 문맥으로 충분히 구분할 수 있을 것이다. 벡터나 물리에 연관된 문맥에서 속도는 항상 velocity이고, 그 외의 문맥, 이를테면 '렌더링 속도'나 '연산 속도' 같은 경우에는 그냥 빠르기(speed)이다. 한편, 이 책에서 '속력(속도의 크기, 즉 빠르기)'은 물리 관련 문맥에서만 쓰인다.

무관하다. 벡터는 단지 개미가 어느 방향으로 얼마나 나아가는지를 나타낼 뿐이다. 이 예에서
두 개미 모두 북쪽(방향)으로 10미터(크기) 나아간다.

1.1.1 벡터와 좌표계

벡터가 무엇인지 알았으니, 이제 벡터에 대한 유용한 기하학 연산들을 정의해 보자. 그런 연산
들은 벡터값 수량들이 관여하는 문제를 풀 때 유용하다. 그런데 컴퓨터는 벡터들을 기하학적으
로 다루지 못하므로, 벡터들을 수치적으로 지정하는 방법이 필요하다. 그 방법은, 공간에 하나
의 3차원 좌표계를 도입하고 모든 벡터를 그 꼬리가 그 좌표계의 원점과 일치하도록 이동하는
것이다(그림 1.2). 그러면 하나의 벡터를 그 머리(화살표 끝)의 좌표로 규정할 수 있으며, [그
림 1.3]에 나온 것처럼 $\mathbf{v} = (x, y, z)$로 표기할 수 있다. 이렇게 하면 3차원 벡터를 컴퓨터 프
로그램 안에서 부동소수점(float 또는 double) 값 세 개로 표현할 수 있다.

> **참고:** 2차원 그래픽을 다룰 때에는 그냥 2차원 좌표계를 사용하면 된다. 이 경우 벡터는 좌표성분이 단 두
> 개이다. 즉, $\mathbf{v} = (x, y)$이며, 따라서 컴퓨터 프로그램에서 하나의 벡터를 부동소수점 값 두 개로 표현할 수
> 있다.

[그림 1.4]를 보자. 이 그림의 공간에는 하나의 벡터 $\mathbf{v}$와 두 개의 기준계가 있다. (이 책에
서 **기준계**(frame of reference), **공간**(space), **좌표계**(coordinate system)는 모두 같은
것을 뜻한다.) 벡터를 수치적으로 표현하려면 표준 위치에 두어야 하는데, [그림 1.4]의 경우
에는 벡터 $\mathbf{v}$의 꼬리를 기준계 A의 원점으로 이동할 수도 있고 B의 원점으로 이동할 수도 있다.

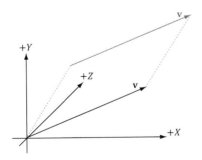

그림 1.2 꼬리가 좌표계 원점과 일치하도록 $\mathbf{v}$를 이동한
다. 꼬리가 원점과 일치하도록 이동된 벡터를 가리켜서
"**표준 위치에 있다**"고 말한다.

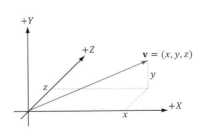

그림 1.3 한 좌표계에 상대적인 좌표로 지정된 벡터.

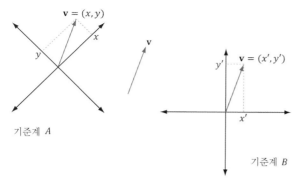

그림 1.4 같은 벡터 **v**라도 기준계에 따라 좌표가 다르다.

여기서 A를 기준으로 한* 벡터 **v**의 좌표와 B를 기준으로 한 **v**의 좌표가 다르다는 점을 주목하기 바란다. 무슨 말이냐 하면, **같은 벡터 v라도 기준계가 다르면 그 좌표 표현이 달라진다는 것**이다.

이를 온도에 비유할 수 있다. 물이 끓는 온도는 섭씨에서는 $100°$이고 화씨에서는 $212°$이다. 끓는 물의 물리적 온도는 측정 단위의 종류와는 무관하게 **일정하다**(다른 척도를 사용한다고 해서 끓는점이 낮아지거나 올라가지는 않는다). 단지 사람들이 자신에게 익숙한 척도에 맞추어서 온도를 재는 것일 뿐이다. 마찬가지로, 화살표 선분에 내포된 벡터의 방향과 크기는 바뀌지 않는다. 좌표계에 따라 바뀌는 것은 벡터를 표현하는 좌표뿐이다. 이것이 중요한 이유는, 우리가 어떤 벡터를 좌표로 규정하거나 식별할 때 그 좌표가 절대적인 수치들이 아니라 항상 어떤 기준계에 상대적인 수치들임을 뜻하기 때문이다. 3차원 컴퓨터 그래픽에서는 여러 개의 기준계들을 사용하는 경우가 많으므로, 벡터를 다룰 때에는 주어진 벡터의 좌표가 현재 어떤 기준계에 상대적인지를 기억할 필요가 있다. 또한, 한 기준계에서의 벡터 좌표를 다른 기준계로 변환하는 방법도 알아야 한다.

> **참고:** 벡터뿐만 아니라 점(point)도 어떤 기준계에 상대적인 좌표 (x, y, z)로 서술할 수 있다. 그러나 벡터와 점은 다른 것이다. 점은 3차원 공간의 한 위치를 나타내지만 벡터는 크기와 방향을 나타낸다. 점에 관해서는 §1.5에서 좀 더 이야기하겠다.

---

* **옮긴이** 이 책에서 "~를 기준으로 한"과 "~에 상대적인"은 같은 뜻이다. 경우에 따라서는 "~를 기준으로 한"을 줄여서 "~ 기준"으로 표기하기도 한다. 예를 들어 "A를 기준으로 한 **v**의 좌표", "A에 상대적인 **v**의 좌표", "**v**의 A 기준 좌표"는 모두 같은 말이다.

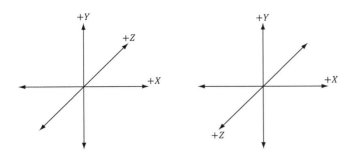

그림 1.5 왼쪽은 왼손잡이 좌표계이다. 양의 z 축이 책 안쪽(독자와 멀어지는 쪽)을 향한 것임을 주의하기 바란다. 오른쪽은 오른손잡이 좌표계로, 양의 z 축이 지면 바깥쪽을 가리킨다.

1.1.2 왼손잡이 좌표계 대 오른손잡이 좌표계

Direct3D는 소위 왼손잡이 좌표계(left-handed coordinate system)를 사용한다. 왼손을 펴서 양의 x 축 방향을 가리키게 하고 손가락들을 $90°$ 구부려서 양의 y 축 방향을 가리키게 하면, 엄지손가락의 방향이 대략 양의 z 축 방향에 해당한다. [그림 1.5]에 왼손잡이 좌표계와 오른손잡이 좌표계의 차이가 나와 있다.

오른손잡이 좌표계의 경우에는, 오른손을 펴서 양의 x 축을 가리키고 손가락들을 구부려서 양의 y 축을 가리키게 하면 엄지손가락은 대략 양의 z 축 방향에 해당한다.

1.1.3 기본적인 벡터 연산들

이제 벡터의 좌표 표현을 이용해서 벡터의 상등, 덧셈, 스칼라 곱셈, 뺄셈을 정의해 보자. 아래의 네 가지 정의에서 $\mathbf{u} = (u_x, u_y, u_z)$이고 $\mathbf{v} = (v_x, v_y, v_z)$이다.

1. 두 벡터는 만일 대응되는 좌표성분(이하 줄여서 성분)들이 상등이면, 그리고 오직 그럴 때에만 상등이다. 즉, 오직 $u_x = v_x$, $u_y = v_y$, $u_z = v_z$일 때에만 $\mathbf{u} = \mathbf{v}$이다.
2. 벡터 덧셈은 성분별로 이루어진다. 즉, $\mathbf{u} + \mathbf{v} = (u_x + v_x, u_y + v_y, u_z + v_z)$이다. 이러한 정의에서 벡터 덧셈은 같은 차원의 벡터들끼리만 가능하다.
3. 벡터에 스칼라(scalar*, 이를테면 실수^{實數} 등)를 곱할 수 있으며, 그 결과는 벡터이다. k가 하나의 스칼라라고 할 때, $k\mathbf{u} = (ku_x, ku_y, ku_z)$이다. 이를 **스칼라 곱셈**이라고 부른다.

---

* 옮긴이 크기만 있는 수량을 통칭해서 스칼라라고 부른다.

4. 벡터 뺄셈은 벡터 덧셈과 스칼라 곱셈을 통해서 정의된다. 구체적으로, $\mathbf{u} - \mathbf{v} = \mathbf{u} + (-1 \cdot \mathbf{v}) = \mathbf{u} + (-\mathbf{v}) = (u_x - v_x,\ u_y - v_y,\ u_z - v_z)$이다.

예 1.1

$\mathbf{u} = (1, 2, 3)$, $\mathbf{v} = (1, 2, 3)$, $\mathbf{w} = (3, 0, -2)$, $k = 2$라고 하자. 그러면

1. $\mathbf{u} + \mathbf{w} = (1, 2, 3) + (3, 0, -2) = (4, 2, 1)$이고,
2. $\mathbf{u} = \mathbf{v}$이고,
3. $\mathbf{u} - \mathbf{v} = \mathbf{u} + (-\mathbf{v}) = (1, 2, 3) + (-1, -2, -3) = (0, 0, 0) = \mathbf{0}$이고,
4. $k\mathbf{w} = 2(3, 0, -2) = (6, 0, -4)$이다.

3번 항목의 뺄셈 예에는 **영**※**벡터**(zero-vector)라고 부르는 특별한 종류의 벡터가 나와 있다. 영벡터는 성분들이 모두 0인 벡터로, $\mathbf{0}$이라고 표기한다.

예 1.2

벡터들을 간단하게 그릴 수 있도록, 이 예에서는 2차원 벡터들을 사용한다. 개념은 3차원에서도 동일하다. 2차원에서는 성분이 하나 적을 뿐이다.

1. $\mathbf{v} = (2, 1)$이라고 하자. $\mathbf{v}$와 $-\frac{1}{2}\mathbf{v}$를 기하학적으로 어떻게 비교할 수 있을까? $-\frac{1}{2}\mathbf{v} = (-1, -\frac{1}{2})$이라는 점에 주목하자. $\mathbf{v}$와 $-\frac{1}{2}\mathbf{v}$를 기하학적으로 그려보면(그림 1.6(a)), $-\frac{1}{2}\mathbf{v}$는 방향이 $\mathbf{v}$의 반대이고 길이는 1/2임을 알 수 있다. 즉, 기하학적으로 한 벡터를 부정(negation, 부호를 반대로 만든 것)하는 것은 그 벡터의 방향을 "뒤집는" 것에 해당하고, 스칼라 곱셈은 벡터의 길이(크기)를 비례(확대·축소)하는 것에 해당한다.

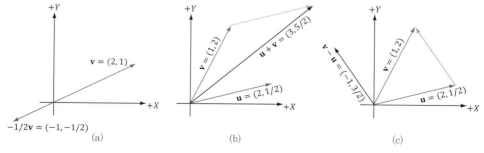

그림 1.6 (a) 스칼라 곱셈의 기하학적 해석. (b) 벡터 덧셈의 기하학적 해석. (c) 벡터 뺄셈의 기하학적 해석.

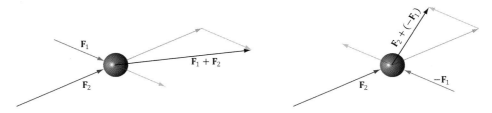

그림 1.7 하나의 공에 가해지는 힘들. 힘들을 벡터 덧셈을 이용해서 결합하면 '알짜힘'이 나온다.

2. $\mathbf{u} = (2, \frac{1}{2})$이고 $\mathbf{v} = (1, 2)$라고 하자. 그러면 $\mathbf{u} + \mathbf{v} = (3, \frac{5}{2})$이다. [그림 1.6(b)]는 벡터 덧셈의 기하학적 의미를 보여준다. $\mathbf{u}$를 그 **꼬리**가 $\mathbf{v}$의 머리와 일치하도록 병진 이동했을 때, $\mathbf{v}$의 꼬리에서 시작해서 $\mathbf{u}$(이동한 후의)의 머리를 가리키는 벡터가 바로 두 벡터의 합이다. ($\mathbf{u}$를 그대로 두고 $\mathbf{v}$를 꼬리가 $\mathbf{u}$의 머리와 일치하도록 이동해도 같은 결과가 나온다. 그런 경우 $\mathbf{u} + \mathbf{v}$는 $\mathbf{u}$의 꼬리에서 시작해서 $\mathbf{v}$(이동한 후의)의 머리를 가리키는 벡터이다.) 이러한 벡터 덧셈 규칙들이, 물리에서 힘들을 더해 알짜힘(net force, 합력)을 구하는 것과도 직관적으로 일치함을 주목하기 바란다. 같은 방향의 두 힘(벡터)을 더하면 그 방향으로 더 강한 알짜힘(더 긴 벡터)이 된다. 그리고 서로 반대 방향의 두 힘(벡터)을 더하면 더 약한 알짜힘(더 짧은 벡터)이 된다. 이러한 개념이 [그림 1.7]에 나와 있다.

3. $\mathbf{u} = (2, \frac{1}{2})$이고 $\mathbf{v} = (1, 2)$라고 하자. 그러면 $\mathbf{v} - \mathbf{u} = (-1, \frac{3}{2})$이다. [그림 1.6(c)]는 벡터 뺄셈의 기하학적 의미를 보여 준다. 본질적으로, 두 벡터의 차 $\mathbf{v} - \mathbf{u}$는 $\mathbf{u}$의 머리에서 $\mathbf{v}$의 머리로 가는 벡터이다. $\mathbf{u}$와 $\mathbf{v}$를 점으로 해석한다면, $\mathbf{v} - \mathbf{u}$는 점 $\mathbf{u}$에서 점 $\mathbf{v}$로 가는 벡터에 해당한다. 그래픽 프로그래밍에서는 한 점에서 다른 점을 가리키는 벡터를 구해야 하는 경우가 많으므로 이러한 해석이 중요하다. 또한, $\mathbf{u}$와 $\mathbf{v}$를 점으로 간주할 때 $\mathbf{v} - \mathbf{u}$의 길이가 $\mathbf{u}$에서 $\mathbf{v}$까지의 거리라는 점도 주목하기 바란다.

1.2 길이와 단위벡터

기하학적으로 한 벡터의 크기는 해당 지향 선분의 길이이다. 벡터의 크기(길이)는 이중 수직선으로 표기한다. 예를 들어 $\mathbf{u}$의 크기는 $\lVert\mathbf{u}\rVert$이다. 벡터 $\mathbf{u} = (x, y, z)$가 주어졌을 때, 그 크기를 대수^{代數}적으로 구해 보자. [그림 1.8]에서 보듯이, 3차원 벡터의 크기는 피타고라스의 정리

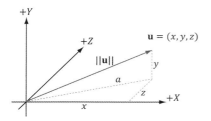

그림 1.8 3차원 벡터의 길이는 피타고라스의 정리를 두 번 적용해서 구할 수 있다.

를 두 번 적용해서 계산할 수 있다.

우선 xz 평면에 있는, 직각을 낀 두 변의 길이가 x와 z이고 빗변의 길이가 a인 삼각형을 보자. 피타고라스의 정리에 따르면 $a = \sqrt{x^2 + z^2}$이다. 이제 두 변의 길이가 a와 y이고 빗변의 길이가 $\lVert u \rVert$인 삼각형을 보자. 또다시 피타고라스의 정리를 적용하면, 다음과 같은 벡터 크기 공식이 나온다.

$$\lVert \mathbf{u} \rVert = \sqrt{y^2 + a^2} = \sqrt{y^2 + \left(\sqrt{x^2 + z^2}\right)^2} = \sqrt{x^2 + y^2 + z^2} \tag{식 1.1}$$

벡터를 순전히 방향을 나타내는 용도로만 사용하는 경우에는 벡터의 길이가 중요하지 않다. 그런 '방향 전용' 벡터는 길이를 정확히 1(단위 길이)로 맞추어 두면 편리하다. 크기가 1인 벡터를 단위벡터(unit vector)라고 부르고, 임의의 벡터를 단위 벡터로 만드는 것을 **정규화**(normalization)라고 부른다. 벡터의 각 성분을 벡터의 크기로 나누면 벡터가 정규화된다. 다음이 정규화 공식이다.

$$\hat{\mathbf{u}} = \frac{\mathbf{u}}{\lVert \mathbf{u} \rVert} = \left(\frac{x}{\lVert \mathbf{u} \rVert}, \frac{y}{\lVert \mathbf{u} \rVert}, \frac{z}{\lVert \mathbf{u} \rVert} \right) \tag{식 1.2}$$

이 공식이 맞는지 확인하기 위해, 단위벡터 $\hat{\mathbf{u}}$의 길이를 실제로 계산해보자.

$$\lVert \hat{\mathbf{u}} \rVert = \sqrt{\left(\frac{x}{\lVert \mathbf{u} \rVert}\right)^2 + \left(\frac{y}{\lVert \mathbf{u} \rVert}\right)^2 + \left(\frac{z}{\lVert \mathbf{u} \rVert}\right)^2} = \frac{\sqrt{x^2 + y^2 + z^2}}{\sqrt{\lVert \mathbf{u} \rVert^2}} = \frac{\lVert \mathbf{u} \rVert}{\lVert \mathbf{u} \rVert} = 1$$

따라서 $\hat{\mathbf{u}}$는 실제로 단위벡터이다.

예 1.3

벡터 $\mathbf{v} = (-1, 3, 4)$를 정규화해보자. $\lVert \mathbf{v} \rVert = \sqrt{(-1)^2 + 3^2 + 4^2} = \sqrt{26}$이므로,

$$\hat{\mathbf{v}} = \frac{\mathbf{v}}{\lVert \mathbf{v} \rVert} = \left(-\frac{1}{\sqrt{26}}, \frac{3}{\sqrt{26}}, \frac{4}{\sqrt{26}} \right)$$

이다. $\hat{\mathbf{v}}$의 길이를 계산해 보면 실제로 단위벡터인지 확인할 수 있다.

$$\|\hat{\mathbf{v}}\| = \sqrt{\left(-\frac{1}{\sqrt{26}}\right)^2 + \left(\frac{3}{\sqrt{26}}\right)^2 + \left(\frac{4}{\sqrt{26}}\right)^2} = \sqrt{\frac{1}{26} + \frac{9}{26} + \frac{16}{26}} = \sqrt{1} = 1$$

1.3 내적

점곱(dot product)이라고도 부르는 내적^{內積}(inner product)은 스칼라값을 내는 벡터 곱셈의 일종이다. 결과가 스칼라라서 스칼라 곱(scalar product)이라고 부르기도 한다. $\mathbf{u} = (u_x, u_y, u_z)$이고 $\mathbf{v} = (v_x, v_y, v_z)$라고 하자. 그러면 내적은 다음과 같이 정의된다.

$$\mathbf{u} \cdot \mathbf{v} = u_x v_x + u_y v_y + u_z v_z \qquad \text{(식 1.3)}$$

다른 말로 하면 내적은 대응되는 성분들의 곱들의 합이다.

내적의 정의만 봐서는 내적의 기하학적 의미가 분명하지 않은데, 코사인 법칙을 적용해 보면(연습문제 10 참고) 다음과 같은 관계를 찾아낼 수 있다.

$$\mathbf{u} \cdot \mathbf{v} = \|\mathbf{u}\| \, \|\mathbf{v}\| \cos\theta \qquad \text{(식 1.4)}$$

여기서 θ는 벡터 $\mathbf{u}$와 $\mathbf{v}$ 사이의, $0 \le \theta \le \pi$를 만족하는 각도이다(그림 1.9 참고). 따라서 식 1.4는 두 벡터의 내적이 두 벡터 사이의 각도의 코사인을 벡터 크기로 비례한 것임을 뜻한다. 특히, $\mathbf{u}$와 $\mathbf{v}$ 둘 다 단위벡터일 때 경우 $\mathbf{u} \cdot \mathbf{v}$는 두 벡터 사이의 각도의 코사인이다(즉, $\mathbf{u} \cdot \mathbf{v} = \cos\theta$).

식 1.4로부터 내적의 유용한 기하학적 속성 몇 가지를 이끌어낼 수 있다. 다음과 같다.

1. 만일 $\mathbf{u} \cdot \mathbf{v} = 0$이면 $\mathbf{u} \perp \mathbf{v}$이다(즉, 두 벡터는 직교이다).
2. 만일 $\mathbf{u} \cdot \mathbf{v} > 0$이면 두 벡터 사이의 각도 θ는 90도보다 작다(즉, 두 벡터는 예각을 이룬다).

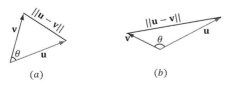

(a)　　　　　(b)

그림 1.9 왼쪽 그림에서 $\mathbf{u}$와 $\mathbf{v}$ 사이의 각도 θ는 예각이다. 오른쪽 그림에서 $\mathbf{u}$와 $\mathbf{v}$ 사이의 각도 θ는 둔각이다. 여기서 두 벡터 사이의 각도 θ는 항상 두 벡터로 만들어지는 두 각도 중 더 작은 각도를 뜻한다. 즉, 각도 θ는 $0 \le \theta \le \pi$를 만족한다.

3. 만일 $\mathbf{u} \cdot \mathbf{v} < 0$이면 두 벡터 사이의 각도 θ는 90도보다 크다(즉, 두 벡터는 둔각을 이룬다).

> **참고:** '직교直交(orthogonal)'라는 단어는 '수직垂直(perpendicular)'의 동의어로 간주해도 무방하다.

예 1.4

$\mathbf{u} = (1, 2, 3)$이고 $\mathbf{v} = (-4, 0, -1)$이라고 할 때, $\mathbf{u}$와 $\mathbf{v}$ 사이의 각도를 구해 보자. 우선 다음을 계산한다.

$$\mathbf{u} \cdot \mathbf{v} = (1, 2, 3) \cdot (-4, 0, -1) = -4 - 3 = -7$$
$$\|\mathbf{u}\| = \sqrt{1^2 + 2^2 + 3^2} = \sqrt{14}$$
$$\|\mathbf{v}\| = \sqrt{(-4)^2 + 0^2 + (-1)^2} = \sqrt{17}$$

여기에 식 1.4를 적용하고 θ에 대해 정리하면 각도의 근사치가 나온다.

$$\cos\theta = \frac{\mathbf{u} \cdot \mathbf{v}}{\|\mathbf{u}\| \, \|\mathbf{v}\|} = \frac{-7}{\sqrt{14}\,\sqrt{17}}$$

$$\theta = \cos^{-1}\frac{-7}{\sqrt{14}\,\sqrt{17}} \approx 117°$$

예 1.5

[그림 1.10]을 참고해서, 벡터 $\mathbf{v}$와 단위벡터 $\mathbf{n}$이 주어졌을 때 $\mathbf{p}$를 내적을 이용해서 $\mathbf{v}$와 $\mathbf{n}$으로 표현하는 공식을 구해 보자.

우선, 그림을 보면 $\mathbf{p} = k\mathbf{n}$을 만족하는 스칼라 k가 존재함을 알 수 있다. 더 나아가서, $\|\mathbf{n}\| = 1$이므로 반드시 $\|\mathbf{p}\| = \|k\mathbf{n}\| = |k|\|\mathbf{n}\| = |k|$이다. ($k$는 오직 $\mathbf{p}$와 $\mathbf{n}$이 반대 방향일 때에만 음수임을 주목할 것.) 삼각함수 법칙들을 적용하면 $k = \|\mathbf{v}\|\cos\theta$가 나온다. 따라서 $\mathbf{p} = k\mathbf{n} = (\|\mathbf{v}\|\cos\theta)\mathbf{n}$이다. 그런데 $\mathbf{n}$은 단위벡터이므로, 이를 다음과 같이 표현할 수도 있다.

$$\mathbf{p} = (\|\mathbf{v}\|\cos\theta)\mathbf{n} = (\|\mathbf{v}\| \cdot 1\cos\theta)\mathbf{n} = (\|\mathbf{v}\|\|\mathbf{n}\|\cos\theta)\mathbf{n} = (\mathbf{v} \cdot \mathbf{n})\mathbf{n}$$

특히, 이 공식에 따르면 $k = \mathbf{v} \cdot \mathbf{n}$이다. 이는 $\mathbf{n}$이 단위벡터일 때 $\mathbf{v} \cdot \mathbf{n}$의 기하학적 의미를 말해 준다. 이러한 $\mathbf{p}$를 $\mathbf{n}$에 대한 $\mathbf{v}$의 **직교투영**(orthographic projection; 또는 정사영)이라고 부르며, 흔히 다음과 같이 표기한다.

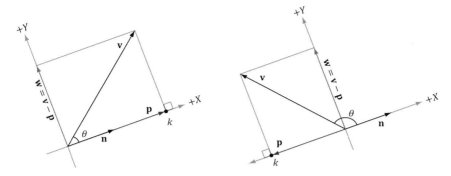

그림 1.10 **n**에 대한 **v**의 직교투영.

$$\mathbf{p} = \mathrm{proj_n}(\mathbf{v})$$

v를 하나의 힘으로 간주한다면 **p**는 힘 **v** 중에서 방향 **n**으로 작용하는 부분이라고 할 수 있다. 이와 비슷하게, 벡터 **w** = perp$_\mathbf{n}$(**v**) = **v** − **p**는 힘 **v** 중에서 **n**의 수직 방향으로 작용하는 부분이다(이를 perp$_\mathbf{n}$(**v**)로 표기하는데, 여기서 perp는 perpendicular[수직]를 뜻한다). **v** = **p** + **w**임을 주목하기 바란다. 즉, **v**는 두 직교벡터 **p**와 **w**의 합으로 분해된다.

　n이 단위 길이가 아니면, 먼저 **n**을 정규화해서 단위 길이로 만들면 된다. 위의 투영 공식에서 **n**을 단위 벡터 $\frac{\mathbf{n}}{\|\mathbf{n}\|}$으로 대체하면 다음과 같은 좀 더 일반적인 투영 공식이 나온다.

$$\mathbf{p} = \mathrm{proj_n}(\mathbf{v}) = \left(\mathbf{v} \cdot \frac{\mathbf{n}}{\|\mathbf{n}\|}\right)\frac{\mathbf{n}}{\|\mathbf{n}\|} = \frac{(\mathbf{v} \cdot \mathbf{n})}{\|\mathbf{n}\|^2}\,\mathbf{n}$$

1.3.1 직교화

벡터 집합 {**v**$_0$, $\cdots$, **v**$_{n-1}$}의 모든 벡터가 단위 길이이고 서로 직교일 때(즉, 집합의 모든 벡터가 다른 모든 벡터와 수직일 때), 그러한 벡터 집합을 **정규직교**(orthonormal) 집합이라고 부른다. 주어진 벡터 집합이 정규직교에 가깝지만 완전히 정규직교는 아닌 경우도 흔히 만나게 된다. 그런 벡터 집합을 정규직교벡터 집합으로 만드는 것을 직교화(orthogonalization)라고 부른다. 3차원 컴퓨터 그래픽에서는 정규직교 집합으로 시작했지만 수치 정밀도 문제 때문에 집합이 점차 정규직교가 아니게 되는 경우도 생긴다. 이 책에서는 그러한 문제의 2차원 경우와 3차원 경우(즉, 각각 2차원 벡터들과 3차원 벡터들로 이루어진 집합들)만 다룬다.

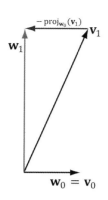

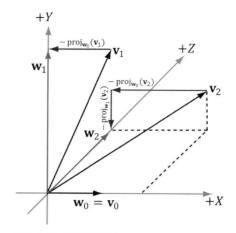

그림 1.11 2차원 직교화.　　　　　　**그림 1.12** 3차원 직교화.

　　더 간단한 2차원 경우부터 살펴보자. 벡터 집합 $\{\mathbf{v}_0, \mathbf{v}_1\}$을 직교화해서 정규직교 집합 $\{\mathbf{w}_0, \mathbf{w}_1\}$을 얻는 과정이 [그림 1.11]에 나와 있다. 우선 $\mathbf{w}_0 = \mathbf{v}_0$으로 시작해서, 벡터 $\mathbf{v}_1$이 $\mathbf{w}_0$과 직교가 되게 만든다. 이를 위해, $\mathbf{w}_0$의 방향으로 작용하는 부분을 $\mathbf{v}_1$에서 뺀다.

$$\mathbf{w}_1 = \mathbf{v}_1 - \mathrm{proj}_{\mathbf{w}_0}(\mathbf{v}_1)$$

이제 서로 직교인 벡터들의 집합 $\{\mathbf{w}_0, \mathbf{w}_1\}$이 만들어졌다. 마지막으로 $\mathbf{w}_0$과 $\mathbf{w}_1$을 정규화해서 단위 길이로 만들면 정규직교 집합이 완성된다.

　　3차원의 경우도 2차원의 경우와 같은 원칙을 적용하면 된다. 단지 단계가 더 많을 뿐이다. [그림 1.12]는 벡터 집합 $\{\mathbf{v}_0, \mathbf{v}_1, \mathbf{v}_2\}$를 직교화해서 정규직교 집합 $\{\mathbf{w}_0, \mathbf{w}_1, \mathbf{w}_2\}$를 얻는 과정을 나타낸 것이다. 우선 $\mathbf{w}_0 = \mathbf{v}_0$으로 시작해서, 벡터 $\mathbf{v}_1$이 $\mathbf{w}_0$과 직교가 되게 만든다. 이를 위해, 다음과 같이 $\mathbf{w}_0$의 방향으로 작용하는 부분을 $\mathbf{v}_1$에서 뺀다.

$$\mathbf{w}_1 = \mathbf{v}_1 - \mathrm{proj}_{\mathbf{w}_0}(\mathbf{v}_1)$$

다음으로, $\mathbf{v}_2$가 $\mathbf{w}_0$과 $\mathbf{w}_1$ 모두에 직교가 되게 한다. 이를 위해, 다음과 같이 $\mathbf{w}_0$ 방향으로 작용하는 부분과 $\mathbf{w}_1$ 방향으로 작용하는 부분을 $\mathbf{v}_2$에서 뺀다.

$$\mathbf{w}_2 = \mathbf{v}_2 - \mathrm{proj}_{\mathbf{w}_0}(\mathbf{v}_2) - \mathrm{proj}_{\mathbf{w}_1}(\mathbf{v}_2)$$

이제 서로 직교인 벡터들의 집합 $\{\mathbf{w}_0, \mathbf{w}_1, \mathbf{w}_2\}$가 만들어졌다. 마지막으로 $\mathbf{w}_0$과 $\mathbf{w}_1$, $\mathbf{w}_2$를 정규화해서 단위 길이로 만들면 정규직교 집합이 완성된다.

　　이를 일반화해서, n개의 벡터들의 집합 $\{\mathbf{v}_0, \cdots, \mathbf{v}_{n-1}\}$을 정규직교 집합 $\{\mathbf{w}_0, \cdots, \mathbf{w}_{n-1}\}$으로

직교화할 때에는 **그람-슈미트 직교화**(Gram-Schmidt Orthogonalization)라고 하는 공정을 적용한다. 그람-슈미트 직교화 공정은 다음과 같다.

기본 단계: $\mathbf{w}_0 = \mathbf{v}_0$으로 설정한다.

$1 \leq i \leq n-1$에 대해 $\mathbf{w}_i = \mathbf{v}_i - \sum_{j=0}^{i-1} \text{proj}_{\mathbf{w}_j}(\mathbf{v}_i)$ 로 설정한다.

정규화 단계: $\mathbf{w}_i = \dfrac{\mathbf{w}_i}{\|\mathbf{w}_i\|}$ 로 설정한다.

이 공정을 말로 설명하자면 이렇다. 입력 집합에서 벡터 $\mathbf{v}_i$를 택하고, 그 벡터에서 이미 직교 벡터 집합에 들어 있는 다른 벡터($\mathbf{w}_0$, $\mathbf{w}_1$, $\cdots$, $\mathbf{w}_{i-1}$)들의 방향으로의 부분을 빼서 그 벡터들과 직교가 되게 만들고, 그 결과를 직교벡터 집합에 추가한다. 이 과정을 집합의 모든 벡터가 직교가 될 때까지 반복한 후, 집합의 모든 벡터를 정규화한다.

1.4 외적

또 다른 벡터 곱셈으로 가위곱(cross product) 또는 **외적**(outer product)이라는 것이 있다. 결과가 스칼라인 내적과는 달리 외적의 결과는 벡터이다. 또한, 외적은 오직 3차원 벡터에 대해서만 정의된다(2차원 벡터들에 대해서는 외적이라는 것이 없다). 두 3차원 벡터 $\mathbf{u}$와 $\mathbf{v}$의 외적을 취하면 $\mathbf{u}$와 $\mathbf{v}$ 모두에 직교인 또 다른 벡터 $\mathbf{w}$가 나온다. 즉, $\mathbf{w}$는 $\mathbf{u}$와 직교이고 $\mathbf{v}$와도 직교이다(그림 1.13). $\mathbf{u} = (u_x, u_y, u_z)$, $\mathbf{v} = (v_x, v_y, v_z)$라고 할 때 둘의 외적은 다음과 같이 정의된다.

$$\mathbf{w} = \mathbf{u} \times \mathbf{v} = (u_y v_z - u_z v_y,\ u_z v_x - u_x v_z,\ u_x v_y - u_y v_x) \qquad \text{(식 1.5)}$$

참고: 오른손잡이 좌표계를 기준으로 계산할 때에는 오른손 엄지 법칙을 따라야 한다. 즉, 오른손을 펼쳐서 첫 벡터 $\mathbf{u}$의 방향을 가리킨 상태에서 손가락들을 굽혀서(물론 $0 \leq \theta \leq \pi$가 되는 쪽으로) $\mathbf{v}$의 방향을 가리켰을 때 엄지손가락이 가리키는 방향이 바로 $\mathbf{w} = \mathbf{u} \times \mathbf{v}$의 방향이다.

예 1.6

$\mathbf{u} = (2, 1, 3)$, $\mathbf{v} = (2, 0, 0)$이라고 할 때, $\mathbf{w} = \mathbf{u} \times \mathbf{v}$와 $\mathbf{z} = \mathbf{v} \times \mathbf{u}$를 계산하고 $\mathbf{w}$가 $\mathbf{u}$와 $\mathbf{v}$에 직교임을 확인해 보자. 식 1.5를 적용하면

$$\mathbf{w} = \mathbf{u} \times \mathbf{v}$$
$$= (2, 1, 3) \times (2, 0, 0)$$
$$= (1 \cdot 0 - 3 \cdot 0, 3 \cdot 2 - 2 \cdot 0, 2 \cdot 0 - 1 \cdot 2)$$
$$= (0, 6, -2)$$

와

$$\mathbf{z} = \mathbf{v} \times \mathbf{u}$$
$$= (2, 0, 0) \times (2, 1, 3)$$
$$= (0 \cdot 3 - 0 \cdot 1, 0 \cdot 2 - 2 \cdot 3, 2 \cdot 1 - 0 \cdot 2)$$
$$= (0, -6, 2)$$

가 나온다. 이 결과는 일반적으로 $\mathbf{u} \times \mathbf{v} \neq \mathbf{v} \times \mathbf{u}$라는 사실과 일치한다. 즉, 외적에는 교환법칙이 성립하지 않는다. 실제로 $\mathbf{u} \times \mathbf{v} = -\mathbf{v} \times \mathbf{u}$임을 증명하는 것이 가능하다. 외적으로 얻은 벡터가 어떤 방향인지는 **왼손 엄지 법칙**으로 알 수 있다. 왼손을 펼쳐서 첫 벡터의 방향을 가리킨 상태에서 손가락들을 둘째 벡터 $\mathbf{v}$의 방향(첫 벡터와의 각도가 180도 이하가 되는 쪽)으로 말아쥐었을 때 엄지손가락이 가리키는 방향이 바로 외적 벡터의 방향이다(그림 1.13).

$\mathbf{w}$가 $\mathbf{u}$에 직교인지, 그리고 $\mathbf{v}$에 직교인지를 확인하는 방법은 간단하다. §1.3에서 배웠듯이, 만일 $\mathbf{u} \cdot \mathbf{v} = 0$이면 $\mathbf{u} \perp \mathbf{v}$(즉, 두 벡터가 직교)이다. 실제로 계산해 보면,

$$\mathbf{w} \cdot \mathbf{u} = (0, 6, -2) \cdot (2, 1, 3) = 0 \cdot 2 + 6 \cdot 1 + (-2) \cdot 3 = 0$$

이므로 $\mathbf{w}$는 $\mathbf{u}$와 직교이고,

$$\mathbf{w} \cdot \mathbf{v} = (0, 6, -2) \cdot (2, 0, 0) = 0 \cdot 2 + 6 \cdot 0 + (-2) \cdot 0 = 0$$

이므로 $\mathbf{w}$는 $\mathbf{v}$와 직교이다.

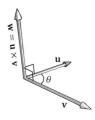

그림 1.13 두 3차원 벡터 $\mathbf{u}$와 $\mathbf{v}$의 외적을 취하면 $\mathbf{u}$와 $\mathbf{v}$ 모두에 직교인 또 다른 벡터 $\mathbf{w}$가 나온다. 왼손을 펼쳐서 첫 벡터 $\mathbf{u}$의 방향을 가리킨 상태에서 손가락들을 둘째 벡터 $\mathbf{v}$의 방향(첫 벡터와의 각도가 180도 이하가 되는 쪽)으로 말아쥐었을 때 엄지손가락이 가리키는 방향이 바로 $\mathbf{w} = \mathbf{u} \times \mathbf{v}$의 방향이다. 이를 **왼손 엄지 법칙**(left-hand-thumb rule)이라고 부른다.

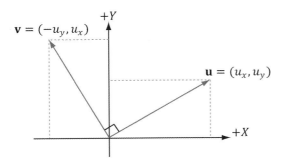

그림 1.14 벡터 **u**의 2차원 유사 외적을 구하면 **u**에 직교인 **v**가 나온다.

1.4.1 2차원 유사 외적

외적을 이용하면 주어진 두 3차원 벡터에 직교인 벡터를 구할 수 있다. 특별한 경우를 제외할 때, 2차원에서는 두 벡터에 수직인 벡터가 존재하지 않는다. 그러나 하나의 2차원 벡터 **u** = (u_x, u_y)에 수직인 벡터 **v**는 얼마든지 구할 수 있으며, 그런 벡터가 유용하게 쓰이는 경우가 종종 있다. [그림 1.14]는 그러한 2차원 유사 외적(pseudo 2D cross product)을 나타낸 것이다. 그림에서 보듯이, **v** = $(-u_y, u_x)$이다. 이를 실제로 증명하는 것도 가능하다.

$$\mathbf{u} \cdot \mathbf{v} = (u_x, u_y) \cdot (-u_y, u_x) = -u_x u_y + u_y u_x = 0$$

이므로, **u** ⊥ **v**이다. $\mathbf{u} \cdot -\mathbf{v} = u_x u_y + u_y(-u_x) = 0$이라는 점도 주목하기 바란다. 즉, **u** ⊥ −**v** 이기도 하다.

1.4.2 외적을 이용한 직교화

그람-슈미트 직교화 공정을 이용해서 벡터 집합을 직교화하는 방법을 §1.3.1에서 살펴보았다. 3차원의 경우 정규직교에 아주 가깝지만 수치 정밀도 오차의 누적 때문에 완전한 정규직교는 아닌 벡터 집합 $\{\mathbf{v}_0, \mathbf{v}_1, \mathbf{v}_2\}$를 직교화하는 또 다른 공정이 존재한다. 다음이 바로 그 공정으로, [그림 1.15]는 이를 기하학적으로 표현한 것이다.

1. $\mathbf{w}_0 = \dfrac{\mathbf{v}_0}{\|\mathbf{v}_0\|}$ 으로 설정한다.

2. $\mathbf{w}_2 = \dfrac{\mathbf{w}_0 \times \mathbf{v}_1}{\|\mathbf{w}_0 \times \mathbf{v}_1\|}$ 로 설정한다.

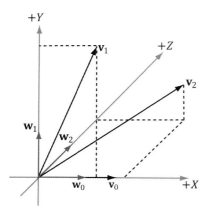

그림 1.15 외적을 이용한 3차원 직교화.

3. $\mathbf{w}_1 = \mathbf{w}_2 \times \mathbf{w}_0$으로 설정한다. 연습문제 14에서 보겠지만, $\mathbf{w}_2 \perp \mathbf{w}_0$이고 $\|\mathbf{w}_2\| = \|\mathbf{w}_0\|$ = 1이므로 $\|\mathbf{w}_2 \times \mathbf{w}_0\| = 1$이다. 따라서 이 마지막 단계에서는 더 이상의 정규화가 필요하지 않다.

이제 벡터 집합 $\{\mathbf{w}_0, \mathbf{w}_1, \mathbf{w}_2\}$는 정규직교이다.

> **참고:** 이 예는 $\mathbf{w}_0 = \frac{\mathbf{v}_0}{\|\mathbf{v}_0\|}$으로 시작했는데, 이는 $\mathbf{v}_0$에서 $\mathbf{w}_0$으로 가는 방향이 변하지 않고 단지 그 길이만 변함을 뜻한다. 그러나 $\mathbf{w}_1$과 $\mathbf{w}_2$의 방향은 각각 $\mathbf{v}_1$, $\mathbf{v}_2$와 다를 수 있다. 응용의 성격에 따라서는, 방향이 바뀌지 않을 벡터로 어떤 벡터를 선택하느냐가 중요할 수 있다. 예를 들어 나중에 카메라의 방향(orientation)을 세 개의 정규직교 벡터 $\{\mathbf{v}_0, \mathbf{v}_1, \mathbf{v}_2\}$로 표현하는 방법이 나오는데, 여기서 셋째 벡터 $\mathbf{v}_2$는 카메라가 바라보는 방향(direction)을 나타낸다. 이 벡터들을 직교화할 때 그 방향이 변하지 않게 하는 것이 바람직하므로, 이 직교화 알고리즘을 적용할 때에는 $\mathbf{v}_2$로 시작하고 $\mathbf{v}_0$과 $\mathbf{v}_1$을 수정해서 벡터들을 직교화하는 것이 바람직하다.

1.5 점

지금까지 살펴본 벡터는 위치(position)를 서술하지 않는다. 그러나 3차원 그래픽 프로그램에서는 공간 안의 어떤 위치(이를테면 3차원 기하구조의 위치나 3차원 가상 카메라의 위치)를 지정할 수 있어야 한다. [그림 1.16]에서 보듯이, 특정 좌표계를 기준으로 표준 위치에 있는 벡터를 3차원 공간 안의 한 위치를 나타내는 데 사용할 수 있다. 그러한 벡터를 **위치벡터**라고 부른다. 이때 중요한 것은 벡터의 방향이나 크기가 아니라 벡터의 머리 끝의 좌표이다. 위치벡터만으로도 하나의 점을 규정하는 데 충분하므로, 이 책에서는 '위치벡터'와 '점'을 같은 의미로 사용한다.

점을 벡터로 표현하는(특히 코드 안에서) 방식의 한 가지 부작용은, 점에 대해서는 의미가 없는 벡터 연산을 점(위치벡터)에 적용하는 실수를 저지를 여지가 생긴다는 것이다. 예를 들어 기하학적으로 두 점의 합(sum)은 말이 되지 않는다. 그러나 점에 대해서도 의미 있게 적용할 수 있는 벡터 연산들도 존재한다. 예를 들어 두 점의 차 $\mathbf{q} - \mathbf{p}$를, $\mathbf{p}$에서 $\mathbf{q}$로 가는 벡터라고 정의할 수 있다. 또한, 점 $\mathbf{p}$ 더하기 벡터 $\mathbf{v}$를 $\mathbf{p}$의 위치를 $\mathbf{v}$만큼 옮겼을 때('변위') 도달하는 점 $\mathbf{q}$라고 정의하는 것도 가능하다. [그림 1.17]에 이 점 연산들이 나와 있다. 특정 좌표계를 기준으로 한 점을 벡터를 이용해서 표현하는 덕분에, 방금 말한 점 연산들을 따로 정의할 필요는 없다. 그냥 기존의 벡터 대수 연산들을 그대로 사용하면 된다.

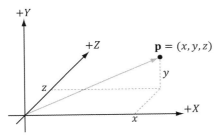

그림 1.16 원점에서 한 점으로 나아가는 위치벡터는 주어진 좌표계에 상대적인 그 점의 위치를 완전하게 서술한다.

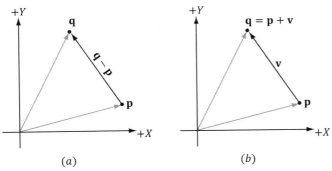

그림 1.17 (a) 두 점의 차 $\mathbf{q} - \mathbf{p}$는 $\mathbf{p}$에서 $\mathbf{q}$로의 벡터로 정의된다. (b) 점 $\mathbf{p}$에 벡터 $\mathbf{v}$를 더한 것은 $\mathbf{p}$의 위치를 $\mathbf{v}$만큼 옮겨서 얻는 점 $\mathbf{q}$로 정의된다.

참고: 사실은 점들의 합을 기하학적으로 의미가 있도록 특별하게 정의하는 것이 가능하다. 아핀결합 (affine combination; 또는 어파인결합)이 바로 그것인데, 점들의 가중평균과 비슷한 것이다.

1.6 DirectXMath 라이브러리의 벡터

Windows 8 이상에서 Direct3D 응용 프로그램을 위한 표준적인 3차원 수학 라이브러리는 DirectXMath*이다. Windows SDK의 일부인 이 라이브러리는 SSE2(Streaming SIMD Extensions 2) 명령 집합을 활용한다. SIMD 명령들은 128비트 너비의 SIMD(single instruction multiple data) 레지스터들을 이용해서 32비트 `float` 또는 `int` 네 개를 단번에 (하나의 명령에서) 처리할 수 있다. 이는 벡터 계산에 아주 유용하다. 예를 들어 다음과 같은 벡터 덧셈을 생각해 보자.

$$\mathbf{u} + \mathbf{v} = (u_x + v_x, u_y + v_y, u_z + v_z)$$

이 공식에서 보듯이, 벡터 덧셈은 그냥 대응되는 성분들을 더하는 것일 뿐이다. SIMD를 이용하면 4차원(4성분) 벡터 덧셈을 스칼라 명령 네 개가 아니라 SIMD 명령 하나로 처리할 수 있다. 물론 3차원 그래픽에서도 SIMD를 사용할 수 있다. 그냥 넷째 성분을 0으로 두고 무시하면 된다. 마찬가지로, 2차원에서는 셋째 성분과 넷째 성분을 무시하면 된다.

이번 절은 DirectXMath 라이브러리를 상세하게 설명하지는 않는다. 단지 이 책에 필요한 핵심 부분만 다룰 뿐이다. 좀 더 상세한 사항은 온라인 문서화([DirectXMath])를 참고하기 바란다. 그리고 SIMD 벡터 라이브러리의 최적화에 관심이 있거나 DirectXMath 라이브러리의 설계상의 결정들에서 뭔가 통찰을 얻고 싶은 독자에게는 Oliveira의 글 *Designing Fast Cross-Platform SIMD Vector Libraries*([Oliveira2010])를 추천한다.

DirectXMath 라이브러리를 사용하려면 헤더 파일 *DirectXMath.h*를 포함시켜야 한다(`#include <DirectXMath.h>`). 또한, 몇 가지 추가적인 자료 형식들을 위해서는 *DirectXPackedVector.h*라는 헤더 파일도 포함시켜야 할 수 있다(`#include <DirectXPackedVector.h>`). DirectXMath.h의 코드는 `DirectX` 이름공간 안에 속하며,

---

* **옮긴이** 원서는 두 단어로 된 "DirectX Math"라는 표기를 사용하지만, 이 책에서는 MSDN 문서화와 GitHub 소스 코드 저장소 (*https://github.com/Microsoft/DirectXMath*)에서 일관되게 쓰이는 "DirectXMath"를 사용한다.

DirectXPackedVector.h의 코드는 `DirectX::PackedVector` 이름공간에 속한다. 추가로, x86 플랫폼을 대상으로 할 때에는 SSE2를 활성화해야 한다(**프로젝트 속성 > 구성 속성 > C/C++ > 코드 생성 > 고급 명령 집합 사용**). x64 플랫폼에서는 SSE2를 따로 활성화할 필요가 없다. 어차피 모든 x64 CPU는 SSE2를 지원하기 때문이다(*http://en.wikipedia.org/wiki/SSE2*).

1.6.1 벡터 형식들

DirectXMath에서 핵심 벡터 형식은 SIMD 하드웨어 레지스터에 대응되는 `XMVECTOR`이다. 이 128비트 크기의 형식은 32비트 부동소수점 값 네 개로 구성되는데, SIMD 명령 하나로 그 네 값을 한꺼번에 처리할 수 있다. x64 플랫폼에서, 그리고 SSE2가 활성화된 x86 플랫폼에서 이 형식은 다음과 같이 정의된다.

```
typedef __m128 XMVECTOR;
```

여기서 `__m128`은 특별한 SIMD 형식이다. 벡터 계산 시 SIMD의 장점이 발휘되려면 벡터가 반드시 이 형식이어야 한다. 앞에서 이야기했듯이 2차원, 3차원 벡터에서도 이 형식을 이용해서 SIMD의 장점을 취할 수 있다. 쓰이지 않는 성분들을 0으로 설정해서 무시하기만 하면 된다.

　`XMVECTOR`는 16바이트 경계에 정합(alignment)*되어야 하는데, 지역 변수와 전역 변수에서는 그러한 정합이 자동으로 일어난다. 클래스 자료 멤버에는 이 형식 대신 `XMFLOAT2`(2차원)나 `XMFLOAT3`(3차원), `XMFLOAT4`(4차원)를 사용하는 것이 권장된다. 이 구조체들의 정의는 다음과 같다.

```
struct XMFLOAT2
{
  float x;
  float y;

  XMFLOAT2() {}
  XMFLOAT2(float _x, float _y) : x(_x), y(_y) {}
  explicit XMFLOAT2(_In_reads_(2) const float *pArray) :
```

------

* 옮긴이　'정렬'이라고도 하지만, sorting과의 구별을 위해 '정합'이라는 용어를 사용하기로 한다.

```
      x(pArray[0]), y(pArray[1]) {}

    XMFLOAT2& operator= (const XMFLOAT2& Float2)
    { x = Float2.x; y = Float2.y; return *this; }
};

struct XMFLOAT3
{
    float x;
    float y;
    float z;

    XMFLOAT3() {}
    XMFLOAT3(float _x, float _y, float _z) : x(_x), y(_y), z(_z) {}
    explicit XMFLOAT3(_In_reads_(3) const float *pArray) :
        x(pArray[0]), y(pArray[1]), z(pArray[2]) {}

    XMFLOAT3& operator= (const XMFLOAT3& Float3)
    { x = Float3.x; y = Float3.y; z = Float3.z; return *this; }
};

struct XMFLOAT4
{
    float x;
    float y;
    float z;
    float w;

    XMFLOAT4() {}
    XMFLOAT4(float _x, float _y, float _z, float _w) :
        x(_x), y(_y), z(_z), w(_w) {}
    explicit XMFLOAT4(_In_reads_(4) const float *pArray) :
        x(pArray[0]), y(pArray[1]), z(pArray[2]), w(pArray[3]) {}

    XMFLOAT4& operator= (const XMFLOAT4& Float4)
    { x = Float4.x; y = Float4.y; z = Float4.z; w = Float4.w; return *this; }
};
```

그러나 이 형식들을 계산에 직접 사용하면 SIMD의 장점을 취할 수 없다. SIMD를 활용하려면 이 형식들의 인스턴스를 XMVECTOR 형식으로 변환해야 한다. 다행히 DirectXMath는 그러한 변환을 수행하는 적재(load) 함수들을 제공한다. 또한, DirectXMath는 XMVECTOR의 자료를 위의 XMFLOAT*n* 형식들로 변환하는 저장(store) 함수들도 제공한다.

정리하자면 다음과 같다.

1. 지역 변수나 전역 변수에는 XMVECTOR를 사용한다.
2. 클래스 자료 멤버에는 XMFLOAT2나 XMFLOAT3, XMFLOAT4를 사용한다.
3. 계산을 수행하기 전에 적재 함수들을 이용해서 XMFLOATn을 XMVECTOR로 변환한다.
4. XMVECTOR 인스턴스들로 계산을 수행한다.
5. 저장 함수들을 이용해서 XMVECTOR를 XMFLOATn으로 변환한다.

1.6.2 적재 및 저장 함수

XMFLOATn의 자료를 XMVECTOR에 적재할 때에는 다음과 같은 함수들을 사용한다.

```
// XMFLOAT2를 XMVECTOR에 적재
XMVECTOR XM_CALLCONV XMLoadFloat2(const XMFLOAT2 *pSource);

// XMFLOAT3을 XMVECTOR에 적재
XMVECTOR XM_CALLCONV XMLoadFloat3(const XMFLOAT3 *pSource);

// XMFLOAT4를 XMVECTOR에 적재
XMVECTOR XM_CALLCONV XMLoadFloat4(const XMFLOAT4 *pSource);
```

XMVECTOR의 자료를 XMFLOATn에 저장할 때에는 다음과 같은 함수들을 사용한다.

```
// XMVECTOR를 XMFLOAT2에 저장
void XM_CALLCONV XMStoreFloat2(XMFLOAT2 *pDestination, FXMVECTOR V);

// XMVECTOR를 XMFLOAT3에 저장
void XM_CALLCONV XMStoreFloat3(XMFLOAT3 *pDestination, FXMVECTOR V);

// XMVECTOR를 XMFLOAT4에 저장
void XM_CALLCONV XMStoreFloat4(XMFLOAT4 *pDestination, FXMVECTOR V);
```

종종 XMVECTOR의 특정 성분 하나만 읽거나 변경하고 싶을 때가 있다. 다음은 그런 경우 사용하는 조회, 설정 함수들이다.

```
float XM_CALLCONV XMVectorGetX(FXMVECTOR V);
float XM_CALLCONV XMVectorGetY(FXMVECTOR V);
float XM_CALLCONV XMVectorGetZ(FXMVECTOR V);
float XM_CALLCONV XMVectorGetW(FXMVECTOR V);
```

```
XMVECTOR XM_CALLCONV XMVectorSetX(FXMVECTOR V, float x);
XMVECTOR XM_CALLCONV XMVectorSetY(FXMVECTOR V, float y);
XMVECTOR XM_CALLCONV XMVectorSetZ(FXMVECTOR V, float z);
XMVECTOR XM_CALLCONV XMVectorSetW(FXMVECTOR V, float w);
```

1.6.3 매개변수 전달

XMVECTOR 인스턴스를 인수로 해서 함수를 호출할 때, 효율성을 위해서는 XMVECTOR 값이 스택이 아니라 SSE/SSE2 레지스터를 통해서 함수에 전달되게 해야 한다. 그런 식으로 전달할 수 있는 인수의 개수는 플랫폼(32비트 Windows, 64비트 Windows, Windows RT 등)과 컴파일러에 따라 다르다. 플랫폼/컴파일러에 대한 의존성을 없애기 위해서는 XMVECTOR 매개변수에 대해 FXMVECTOR, GXMVECTOR, HXMVECTOR, CXMVECTOR라는 형식들을 사용해야 한다. 또한, SSE/SSE2 레지스터 활용을 위한 호출 규약 역시 컴파일러에 따라 다를 수 있는데, 그러한 의존성을 없애려면 함수 이름 앞에 반드시 XM_CALLCONV라는 호출 규약 지시자를 붙여야 한다.

XMVECTOR 매개변수의 전달에 관한 규칙을 요약하자면 다음과 같다.

1. 처음 세 XMVECTOR 매개변수에는 반드시 FXMVECTOR 형식을 지정해야 한다.
2. 넷째 XMVECTOR 매개변수에는 반드시 GXMVECTOR 형식을 지정해야 한다.
3. 다섯째와 여섯째 XMVECTOR 매개변수에는 반드시 HXMVECTOR 형식을 지정해야 한다.
4. 그 이상의 XMVECTOR 매개변수들에는 반드시 CXMVECTOR 형식을 지정해야 한다.

예를 들어, 32비트 Windows에서 __fastcall 호출 규약을 지원하는 컴파일러와 좀 더 최신의 __vectorcall 호출 규약을 지원하는 컴파일러는 이 형식들을 다음과 같이 정의한다.

```
// 32-bit Windows __fastcall은 처음 세 XMVECTOR 인수를
// 레지스터들을 통해서 전달하고, 나머지는 스택을 사용한다.
typedef const XMVECTOR FXMVECTOR;
typedef const XMVECTOR& GXMVECTOR;
typedef const XMVECTOR& HXMVECTOR;
typedef const XMVECTOR& CXMVECTOR;

// 32-bit Windows __vectorcall은 처음 여섯 XMVECTOR 인수를
// 레지스터들을 통해서 전달하고, 나머지는 스택을 사용한다.
typedef const XMVECTOR FXMVECTOR;
typedef const XMVECTOR GXMVECTOR;
```

```
typedef const XMVECTOR HXMVECTOR;
typedef const XMVECTOR& CXMVECTOR;
```

그 외의 플랫폼들에서 이 형식들이 구체적으로 어떻게 정의되는지는 DirectXMath 문서화([DirectXMath])의 "Calling Convention"에 있는 "Library Internals" 항목을 참고하기 바란다.

그런데 생성자에 대해서는 조금 다른 규칙이 적용됨을 주의하기 바란다. [DirectXMath]는 XMVECTOR 형식의 인수들을 받는 생성자를 작성할 때 처음 세 XMVECTOR 매개변수에는 FXMVECTOR를, 그 나머지에는 CXMVECTOR를 사용하라고 권한다. 또한, 생성자에는 XM_CALLCONV 호출 규약 지시자를 사용하지 말아야 한다.

다음은 DirectXMath 라이브러리 자체에서 뽑은 예이다.

```
inline XMMATRIX XM_CALLCONV XMMatrixTransformation(
  FXMVECTOR ScalingOrigin,
  FXMVECTOR ScalingOrientationQuaternion, .
  FXMVECTOR Scaling,
  GXMVECTOR RotationOrigin,
  HXMVECTOR RotationQuaternion,
  HXMVECTOR Translation);
```

이 함수는 총 여섯 개의 XMVECTOR 매개변수를 받는다. 앞에서 말한 매개변수 전달 규칙에 따라, 이 함수는 처음 세 매개변수에는 FXMVECTOR를, 넷째 매개변수에는 GXMVECTOR를, 그리고 다섯째, 여섯째에는 HXMVECTOR를 사용한다.

XMVECTOR 매개변수들 사이에 XMVECTOR가 아닌 매개변수가 끼어 있을 수도 있다. 그런 경우에도 같은 규칙이 적용된다. XMVECTOR가 아닌 매개변수들은 무시하고 XMVECTOR 매개변수들만 세어서 앞의 규칙을 적용하면 된다. 다음이 그러한 예로, 이 함수에서 처음 세 XMVECTOR 매개변수는 FXMVECTOR 형식이고 넷째(함수 전체로는 여섯째) XMVECTOR 매개변수는 GXMVECTOR이다.

```
inline XMMATRIX XM_CALLCONV XMMatrixTransformation2D(
  FXMVECTOR ScalingOrigin,
  float     ScalingOrientation,
  FXMVECTOR Scaling,
  FXMVECTOR RotationOrigin,
  float     Rotation,
  GXMVECTOR Translation);
```

지금까지 말한 XMVECTOR 매개변수 전달 규칙은 '입력' 매개변수들에 적용된다. '출력' XMVECTOR 매개변수(XMVECTOR& 또는 XMVECTOR*)는 SSE/SSE2 레지스터를 사용하지 않으므로, 그냥 XMVECTOR가 아닌 매개변수들과 동일하게 취급된다.

1.6.4 상수 벡터

상수(const) XMVECTOR 인스턴스에는 반드시 XMVECTORF32 형식을 사용해야 한다. 다음은 DirectX SDK의 *CascadedShadowMaps11* 예제에서 뽑은 예이다.

```
static const XMVECTORF32 g_vHalfVector = { 0.5f, 0.5f, 0.5f, 0.5f };
static const XMVECTORF32 g_vZero = { 0.0f, 0.0f, 0.0f, 0.0f };

XMVECTORF32 vRightTop = {
  vViewFrust.RightSlope,
  vViewFrust.TopSlope,
  1.0f,1.0f
};

XMVECTORF32 vLeftBottom = {
  vViewFrust.LeftSlope,
  vViewFrust.BottomSlope,
  1.0f,1.0f
};
```

간단히 말하면, 중괄호 초기화 구문을 사용할 때에는 XMVECTORF32를 사용해야 한다.

XMVECTORF32는 16바이트 경계에 정합되는 구조체로, XMVECTOR로의 변환 연산자들을 제공한다. 구조체와 연산자들의 정의는 다음과 같다.

```
// 상수를 위한 변환 형식
__declspec(align(16)) struct XMVECTORF32
{
  union
  {
    float f[4];
    XMVECTOR v;
  };

  inline operator XMVECTOR() const { return v; }
  inline operator const float*() const { return f; }
```

```
#if !defined(_XM_NO_INTRINSICS_) && defined(_XM_SSE_INTRINSICS_)
  inline operator __m128i() const { return _mm_castps_si128(v); }
  inline operator __m128d() const { return _mm_castps_pd(v); }
#endif
};
```

정수 자료를 담은 상수 XMVECTOR를 생성하고 싶으면 XMVECTORU32를 사용하면 된다.

```
static const XMVECTORU32 vGrabY = {
  0x00000000,0xFFFFFFFF,0x00000000,0x00000000
};
```

1.6.5 중복적재된 연산자들

XMVECTOR에는 벡터 덧셈, 뺄셈, 스칼라 곱셈을 위해 중복적재(overloading)된 여러 연산자가 있다.

```
XMVECTOR   XM_CALLCONV    operator+ (FXMVECTOR V);
XMVECTOR   XM_CALLCONV    operator- (FXMVECTOR V);

XMVECTOR&  XM_CALLCONV    operator+= (XMVECTOR& V1, FXMVECTOR V2);
XMVECTOR&  XM_CALLCONV    operator-= (XMVECTOR& V1, FXMVECTOR V2);
XMVECTOR&  XM_CALLCONV    operator*= (XMVECTOR& V1, FXMVECTOR V2);
XMVECTOR&  XM_CALLCONV    operator/= (XMVECTOR& V1, FXMVECTOR V2);

XMVECTOR&  operator*= (XMVECTOR& V, float S);
XMVECTOR&  operator/= (XMVECTOR& V, float S);

XMVECTOR   XM_CALLCONV    operator+ (FXMVECTOR V1, FXMVECTOR V2);
XMVECTOR   XM_CALLCONV    operator- (FXMVECTOR V1, FXMVECTOR V2);
XMVECTOR   XM_CALLCONV    operator* (FXMVECTOR V1, FXMVECTOR V2);
XMVECTOR   XM_CALLCONV    operator/ (FXMVECTOR V1, FXMVECTOR V2);
XMVECTOR   XM_CALLCONV    operator* (FXMVECTOR V, float S);
XMVECTOR   XM_CALLCONV    operator* (float S, FXMVECTOR V);
XMVECTOR   XM_CALLCONV    operator/ (FXMVECTOR V, float S);
```

1.6.6 기타 상수 및 함수

DirectXMath 라이브러리는 π(원주율)가 포함된 여러 공식의 근삿값을 구할 때 유용한 다음과 같은 상수들을 정의한다.

```
const float XM_PI       = 3.141592654f;
const float XM_2PI      = 6.283185307f;
const float XM_1DIVPI   = 0.318309886f;
const float XM_1DIV2PI  = 0.159154943f;
const float XM_PIDIV2   = 1.570796327f;
const float XM_PIDIV4   = 0.785398163f;
```

또한, DirectXMath는 라디안^{radian} 단위 각도와 도(degree) 단위 각도 사이의 변환을 위한 다음과 같은 인라인 함수들도 제공한다.

```
inline float XMConvertToRadians(float fDegrees)
{ return fDegrees * (XM_PI / 180.0f); }
inline float XMConvertToDegrees(float fRadians)
{ return fRadians * (180.0f / XM_PI); }
```

또한, 최솟값/최댓값 함수들도 있다.

```
template<class T> inline T XMMin(T a, T b) { return (a < b) ? a : b; }
template<class T> inline T XMMax(T a, T b) { return (a > b) ? a : b; }
```

1.6.7 설정 함수

DirectXMath 라이브러리는 XMVECTOR 객체의 내용을 설정하는 용도로 다음과 같은 함수들을 제공한다.

```
// 0 벡터(0)를 돌려준다.
XMVECTOR XM_CALLCONV XMVectorZero();

// 벡터 (1, 1, 1, 1)을 돌려준다.
XMVECTOR XM_CALLCONV XMVectorSplatOne();

// 벡터 (x, y, z, w)를 돌려준다.
XMVECTOR XM_CALLCONV XMVectorSet(float x, float y, float z, float w);

// 벡터 (s, s, s, s)를 돌려준다.
XMVECTOR XM_CALLCONV XMVectorReplicate(float Value);

// 벡터 (v_x, v_x, v_x, v_x)를 돌려준다.
XMVECTOR XM_CALLCONV XMVectorSplatX(FXMVECTOR V);

// 벡터 (v_y, v_y, v_y, v_y)를 돌려준다.
```

```
XMVECTOR XM_CALLCONV XMVectorSplatY(FXMVECTOR V);

// 벡터 (v_z, v_z, v_z, v_z)를 돌려준다.
XMVECTOR XM_CALLCONV XMVectorSplatZ(FXMVECTOR V);
```

다음은 이 함수들 대부분의 용법을 보여주는 예제 프로그램이다.

```cpp
#include <windows.h> // XMVerifyCPUSupport에 필요함
#include <DirectXMath.h>
#include <DirectXPackedVector.h>
#include <iostream>

using namespace std;
using namespace DirectX;
using namespace DirectX::PackedVector;

// XMVECTOR 객체를 cout으로 출력하기 위해
// << 연산자를 중복적재한다.

ostream& XM_CALLCONV operator<<(ostream& os, FXMVECTOR v)
{
  XMFLOAT3 dest;
  XMStoreFloat3(&dest, v);

  os << "(" << dest.x << ", " << dest.y << ", " << dest.z << ")";
  return os;
}

int main()
{
  cout.setf(ios_base::boolalpha);

  // SSE2를 지원하는지(Pentium4, AMD K8 이상) 확인한다.
  if (!XMVerifyCPUSupport())
  {
    cout << "DirectXMath를 지원하지 않음" << endl;
    return 0;
  }

  XMVECTOR p = XMVectorZero();
  XMVECTOR q = XMVectorSplatOne();
  XMVECTOR u = XMVectorSet(1.0f, 2.0f, 3.0f, 0.0f);
  XMVECTOR v = XMVectorReplicate(-2.0f);
  XMVECTOR w = XMVectorSplatZ(u);
```

```
    cout ≪ "p = " ≪ p ≪ endl;
    cout ≪ "q = " ≪ q ≪ endl;
    cout ≪ "u = " ≪ u ≪ endl;
    cout ≪ "v = " ≪ v ≪ endl;
    cout ≪ "w = " ≪ w ≪ endl;

    return 0;
}
```

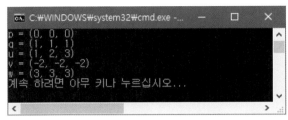

그림 1.18 예제 프로그램의 출력.

1.6.8 벡터 함수들

DirectXMath 라이브러리는 다양한 벡터 연산을 위한 함수들을 제공한다. 다음은 그중 3차원
벡터를 위한 함수들이다. 2차원 벡터나 4차원 벡터를 위한 함수들도 물론 있는데, 함수 이름에
3 대신 2나 4가 쓰인다는 점만 다를 뿐이다.

```
XMVECTOR XM_CALLCONV XMVector3Length(      // ‖v‖를 돌려준다
  FXMVECTOR V);                            // 입력 v

XMVECTOR XM_CALLCONV XMVector3LengthSq(    // ‖v‖²을 돌려준다.
  FXMVECTOR V);                            // 입력 v

XMVECTOR XM_CALLCONV XMVector3Dot(         // v₁·v₂를 돌려준다.
  FXMVECTOR V1,                            // 입력 v₁
  FXMVECTOR V2);                           // 입력 v₂

XMVECTOR XM_CALLCONV XMVector3Cross(       // v₁ × v₂를 돌려준다.
  FXMVECTOR V1,                            // 입력 v₁
  FXMVECTOR V2);                           // 입력 v₂
```

```
XMVECTOR XM_CALLCONV XMVector3Normalize(      // v/‖v‖를 돌려준다.
    FXMVECTOR V);                             // 입력 v

XMVECTOR XM_CALLCONV XMVector3Orthogonal(     // v에 수직인 벡터를 돌려준다.
    FXMVECTOR V);                             // 입력 v

XMVECTOR XM_CALLCONV
XMVector3AngleBetweenVectors(                 // v₁과 v₂ 사이의 각도를 돌려준다.
    FXMVECTOR V1,                             // 입력 v₁
    FXMVECTOR V2);                            // 입력 v₂

void XM_CALLCONV XMVector3ComponentsFromNormal(
    XMVECTOR* pParallel,                      // projₙ(v)를 돌려준다.
    XMVECTOR* pPerpendicular,                 // perpₙ(v)를 돌려준다.
    FXMVECTOR V,                              // 입력 v
    FXMVECTOR Normal);                        // 입력 n

bool XM_CALLCONV XMVector3Equal(              // v₁ = v₂를 돌려준다.
    FXMVECTOR V1,                             // 입력 v₁
    FXMVECTOR V2);                            // 입력 v₂

bool XM_CALLCONV XMVector3NotEqual(           // v₁ ≠ v₂를 돌려준다.
    FXMVECTOR V1,                             // 입력 v₁
    FXMVECTOR V2);                            // 입력 v₂
```

> **참고:** 수학적으로 결과가 스칼라값인 연산(이를테면 내적 $k = \mathbf{v}_1 \cdot \mathbf{v}_2$)이라도 이 함수들은 **XMVECTOR**를 돌려줌을 주목하기 바란다. 스칼라 결과는 **XMVECTOR**의 모든 성분에 복제되어 있다. 예를 들어 내적의 경우 반환된 벡터는 $(\mathbf{v}_1 \cdot \mathbf{v}_2, \mathbf{v}_1 \cdot \mathbf{v}_2, \mathbf{v}_1 \cdot \mathbf{v}_2, \mathbf{v}_1 \cdot \mathbf{v}_2)$이다. 이런 방식을 사용하는 이유 중 하나는 스칼라 연산과 SIMD 벡터 연산의 전환을 최소화한다는 것이다. 계산 도중 최대한 모든 것을 SIMD로 유지하는 것이 좀 더 효율적이다.

다음 예제 프로그램은 이 함수들 대부분의 용법을 보여주며, 일부 중복적재된 연산자들의 용법도 보여준다.

```
#include <windows.h> // XMVerifyCPUSupport에 필요함
#include <DirectXMath.h>
#include <DirectXPackedVector.h>
#include <iostream>
using namespace std;
using namespace DirectX;
using namespace DirectX::PackedVector;
```

```cpp
// XMVECTOR 객체를 cout으로 출력하기 위해
// "<<" 연산자를 중복적재한다.
ostream& XM_CALLCONV operator<<(ostream& os, FXMVECTOR v)
{
  XMFLOAT3 dest;
  XMStoreFloat3(&dest, v);

  os << "(" << dest.x << ", " << dest.y << ", " << dest.z << ")";
  return os;
}

int main()
{
  cout.setf(ios_base::boolalpha);

  // SSE2를 지원하는지(Pentium4, AMD K8 이상) 확인한다.
  if (!XMVerifyCPUSupport())
  {
    cout << "DirectXMath를 지원하지 않음" << endl;
    return 0;
  }

  XMVECTOR n = XMVectorSet(1.0f, 0.0f, 0.0f, 0.0f);
  XMVECTOR u = XMVectorSet(1.0f, 2.0f, 3.0f, 0.0f);
  XMVECTOR v = XMVectorSet(-2.0f, 1.0f, -3.0f, 0.0f);
  XMVECTOR w = XMVectorSet(0.707f, 0.707f, 0.0f, 0.0f);

  // 벡터 덧셈: XMVECTOR operator +
  XMVECTOR a = u + v;

  // 벡터 뺄셈: XMVECTOR operator -
  XMVECTOR b = u - v;

  // 스칼라 곱셈: XMVECTOR operator *
  XMVECTOR c = 10.0f*u;

  // ⊠u⊠
  XMVECTOR L = XMVector3Length(u);

  // d = u / ⊠u⊠
  XMVECTOR d = XMVector3Normalize(u);
```

```cpp
// 내적: s = u·v
XMVECTOR s = XMVector3Dot(u, v);

// 외적: e = u×v
XMVECTOR e = XMVector3Cross(u, v);

// proj_n(w)와 perp_n(w)를 구한다.
XMVECTOR projW;
XMVECTOR perpW;
XMVector3ComponentsFromNormal(&projW, &perpW, w, n);

// projW + perpW == w인가?
bool equal = XMVector3Equal(projW + perpW, w) != 0;
bool notEqual = XMVector3NotEqual(projW + perpW, w) != 0;

// projW와 perpW 사이의 각도는 반드시 90도이어야 한다.
XMVECTOR angleVec = XMVector3AngleBetweenVectors(projW, perpW);
float angleRadians = XMVectorGetX(angleVec);
float angleDegrees = XMConvertToDegrees(angleRadians);

cout << "u                     = " << u << endl;
cout << "v                     = " << v << endl;
cout << "w                     = " << w << endl;
cout << "n                     = " << n << endl;
cout << "a = u + v             = " << a << endl;
cout << "b = u - v             = " << b << endl;
cout << "c = 10 * u            = " << c << endl;
cout << "d = u / ⊠u⊠           = " << d << endl;
cout << "e = u x v             = " << e << endl;
cout << "L = ⊠u⊠               = " << L << endl;
cout << "s = u.v               = " << s << endl;
cout << "projW                 = " << projW << endl;
cout << "perpW                 = " << perpW << endl;
cout << "projW + perpW == w    = " << equal << endl;
cout << "projW + perpW != w    = " << notEqual << endl;
cout << "angle                 = " << angleDegrees << endl;

return 0;
}
```

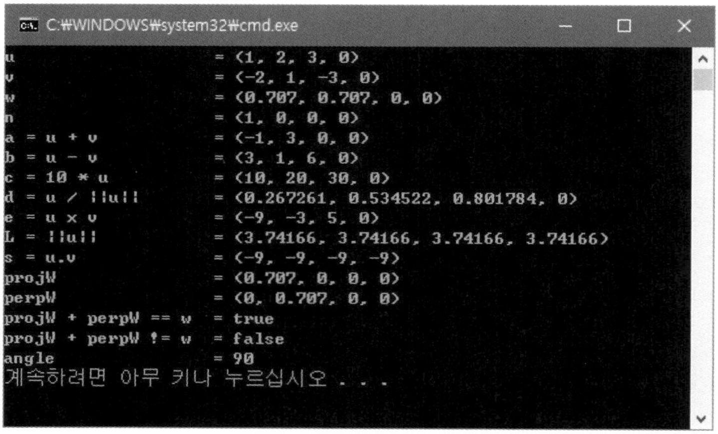

그림 1.19 예제 프로그램의 출력.

> **참고:** DirectXMath 라이브러리는 계산이 덜 정확하지만 더 빠른 추정(estimation) 함수들도 제공한다. 속도를 위해 정확성을 조금 희생할 수 있는 상황이라면 이런 추정 함수들을 사용해 보라. 다음은 추정 함수의 예 두 가지이다.
>
> ```
> XMVECTOR XM_CALLCONV XMVector3LengthEst(      // 추정된 ‖v‖를 돌려준다.
>     FXMVECTOR V);                              // 입력 v
> XMVECTOR XM_CALLCONV XMVector3NormalizeEst(   // 추정된 v/‖v‖를 돌려준다.
>     FXMVECTOR V);                              // 입력 v
> ```

1.6.9 부동소수점 오차

컴퓨터에서 벡터를 다룰 때 주의해야 할 점이 있다. 바로, 부동소수점 수(floating-point number)들을 비교할 때 부동소수점의 부정확함을 반드시 고려해야 한다는 점이다. 당연히 같을 것 같은 두 부동소수점 수가 사실은 약간 다를 수 있다. 예를 들어 정규화된 벡터의 길이는 수학적으로 정확히 1이어야 하지만, 컴퓨터 프로그램 안에서 그 길이는 근사적으로만 1이다. 더 나아가서, 임의의 실수 p에 대해 $1^p = 1$이지만, 근삿값으로만 표현되는 부동소수점 연산에서는 거듭제곱 과정에서 오차가 증가한다. 즉, 수치 오차가 누적되는 것이다. 다음은 이러한 개념을 보여주는 짧은 프로그램이다.

```cpp
#include <windows.h> // XMVerifyCPUSupport에 필요함
#include <DirectXMath.h>
#include <DirectXPackedVector.h>
#include <iostream>
using namespace std;
using namespace DirectX;
using namespace DirectX::PackedVector;

int main()
{
  cout.precision(8);

  // SSE2를 지원하는지(Pentium4, AMD K8 이상) 확인한다.
  if (!XMVerifyCPUSupport())
  {
    cout << "DirectXMath를 지원하지 않음" << endl;
    return 0;
  }

  XMVECTOR u = XMVectorSet(1.0f, 1.0f, 1.0f, 0.0f);
  XMVECTOR n = XMVector3Normalize(u);

  float LU = XMVectorGetX(XMVector3Length(n));

  // 수학적으로는 길이가 반드시 1이어야 한다. 수치적으로도 그럴까?
  cout << LU << endl;
  if (LU == 1.0f)
    cout << "길이 1" << endl;
  else
    cout << "길이 1 아님" << endl;

  // 1을 임의의 지수로 거듭제곱해도 여전히 1이어야 한다. 실제로 그럴까?
  float powLU = powf(LU, 1.0e6f);
  cout << "LU^(10^6) = " << powLU << endl;
}
```

그림 1.20 예제 프로그램의 출력.

부동소수점의 이러한 부정확함 때문에 두 부동소수점 수의 상등을 판정할 때에는 두 수가 '근사적으로' 같은지를 보아야 한다. 이를 위해, 허용 오차로 사용할 아주 작은 수인 엡실론epsilon을 정하고, 그 값을 이를테면 Epsilon이라는 상수로 코드 안에 정의해 둔다. 두 수가 같은지 판정할 때에는 두 수의 거리(차이의 절댓값)가 그 Epsilon보다 작은지 본다. 만일 거리가 Epsilon보다 작으면 두 수는 근사적으로 상등인 것이다. 다음은 Epsilon을 이용해서 두 부동소수점 수의 상등을 판정하는 방법을 보여주는 함수이다.

```
const float Epsilon = 0.001f;
bool Equals(float lhs, float rhs)
{
    // lhs와 rhs 사이의 거리가 Epsilon보다 작은가?
    return fabs(lhs - rhs) < Epsilon ? true : false;
}
```

DirectXMath 라이브러리에는 두 벡터의 상등을 판정하는 XMVector3NearEqual이라는 함수가 있다. 매개변수 Epsilon은 앞에서 말한 허용 오차이다.

```
// 반환값:
//   abs(U.x - V.x) <= Epsilon.x &&
//   abs(U.y - V.y) <= Epsilon.y &&
//   abs(U.z - V.z) <= Epsilon.z
XMFINLINE bool XM_CALLCONV XMVector3NearEqual(
    FXMVECTOR U,
    FXMVECTOR V,
    FXMVECTOR Epsilon);
```

1.7 요약

1. 벡터는 크기와 방향을 모두 가진 물리적 수량을 나타내는 데 쓰인다. 기하학적으로는 벡터를 지향 선분으로 표현한다. 꼬리가 원점과 일치하도록 이동된 벡터를 가리켜서 "표준 위치에 있다"고 말한다. 표준 위치에 있는 벡터는 좌표계에 상대적인 그 머리의 좌표성분을 이용해 수치적으로 서술할 수 있다.

2. 벡터 $\mathbf{u} = (u_x, u_y, u_z)$와 $\mathbf{v} = (v_x, v_y, v_z)$에 대해 다음과 같은 벡터 연산들이 정의된다.

    (a) 덧셈: $\mathbf{u} + \mathbf{v} = (u_x + v_x, u_y + v_y, u_z + v_z)$

(b) 뺄셈: $\mathbf{u} - \mathbf{v} = (u_x - v_x,\ u_y - v_y,\ u_z - v_z)$

(c) 스칼라 곱셈: $k\mathbf{u} = (ku_x,\ ku_y,\ ku_z)$

(d) 길이: $\|\mathbf{u}\| = \sqrt{x^2 + y^2 + z^2}$

(e) 정규화: $\hat{\mathbf{u}} = \dfrac{\mathbf{u}}{\|\mathbf{u}\|} = \left(\dfrac{x}{\|\mathbf{u}\|},\ \dfrac{y}{\|\mathbf{u}\|},\ \dfrac{z}{\|\mathbf{u}\|} \right)$

(f) 내적: $\mathbf{u} \cdot \mathbf{v} = \|\mathbf{u}\|\ \|\mathbf{v}\| \cos\theta = u_x v_x + u_y v_y + u_z v_z$

(g) 외적: $\mathbf{u} \times \mathbf{v} = (u_y v_z - u_z v_y,\ u_z v_x - u_x v_z,\ u_x v_y - u_y v_x)$

3. 코드에서 벡터를 효율적으로 다루기 위해 DirectXMath 라이브러리의 XMVECTOR 형식을 사용한다. 이 형식은 SIMD 연산들을 이용해서 벡터를 효율적으로 처리한다. 클래스 자료 멤버에는 XMFLOAT2, XMFLOAT3, XMFLOAT4 클래스를 사용하되, 필요에 따라 적재 함수들을 이용해서 XMVECTOR로의 변환하고 저장 함수들을 이용해서 다시 XMFLOATn으로 변환한다. 초기화 구문을 이용해서 상수 벡터를 정의할 때에는 XMVECTORF32 형식을 사용해야 한다.

4. XMVECTOR 인스턴스를 인수로 해서 함수를 호출할 때, 효율성을 위해서는 XMVECTOR 값이 스택이 아니라 SSE/SSE2 레지스터를 통해서 함수에 전달되게 해야 한다. 이를 플랫폼 독립적인 방식으로 처리하기 위해, 함수의 XMVECTOR 매개변수에 FXMVECTOR, GXMVECTOR, HXMVECTOR 형식을 지정한다. 좀 더 구체적으로, 함수의 처음 세 XMVECTOR 매개변수에는 FXMVECTOR 형식을, 넷째 XMVECTOR에는 GXMVECTOR 형식을, 다섯째와 여섯째 XMVECTOR에는 HXMVECTOR를, 그 이상의 XMVECTOR 매개변수들에는 반드시 CXMVECTOR 형식을 지정한다는 규칙을 따라야 한다.

5. DirectXMath 라이브러리는 XMVECTOR를 이용한 벡터 덧셈, 뺄셈, 스칼라 곱셈을 위해 중복적재된 연산자들을 제공한다. 더 나아가서, DirectXMath 라이브러리는 벡터의 길이 및 길이 제곱 계산, 두 벡터의 내적과 외적 계산, 벡터 정규화를 위한 다음과 같은 편의용 함수들도 제공한다.

```
XMVECTOR XM_CALLCONV XMVector3Length(FXMVECTOR V);
XMVECTOR XM_CALLCONV XMVector3LengthSq(FXMVECTOR V);
XMVECTOR XM_CALLCONV XMVector3Dot(FXMVECTOR V1, FXMVECTOR V2);
XMVECTOR XM_CALLCONV XMVector3Cross(FXMVECTOR V1, FXMVECTOR V2);
XMVECTOR XM_CALLCONV XMVector3Normalize(FXMVECTOR V);
```

1.8 연습문제

1. $\mathbf{u} = (1, 2)$이고 $\mathbf{v} = (3, -4)$라고 하자. 다음 계산을 수행하고, 벡터들을 2차원 좌표계를 기준으로 그려 보라.

   (a) $\mathbf{u} + \mathbf{v}$

   (b) $\mathbf{u} - \mathbf{v}$

   (c) $2\mathbf{u} + \frac{1}{2}\mathbf{v}$

   (d) $-2\mathbf{u} + \mathbf{v}$

2. $\mathbf{u} = (-1, 3, 2)$이고 $\mathbf{v} = (3, -4, 1)$이라고 하자. 다음 계산을 수행하라.

   (a) $\mathbf{u} + \mathbf{v}$

   (b) $\mathbf{u} - \mathbf{v}$

   (c) $3\mathbf{u} + 2\mathbf{v}$

   (d) $-2\mathbf{u} + \mathbf{v}$

3. 이 연습문제는 벡터 대수에서도 실수의 여러 좋은 법칙들이 성립함을 보여준다(단, 아래에 나온 것이 전부는 아님). $\mathbf{u} = (u_x, u_y, u_z)$, $\mathbf{v} = (v_x, v_y, v_z)$, $\mathbf{w} = (w_x, w_y, w_z)$이고 c와 k는 스칼라라고 가정하자. 벡터의 다음과 같은 법칙들을 증명하라.

   (a) $\mathbf{u} + \mathbf{v} = \mathbf{v} + \mathbf{u}$ (덧셈의 교환법칙)

   (b) $\mathbf{u} + (\mathbf{v} + \mathbf{w}) = (\mathbf{u} + \mathbf{v}) + \mathbf{w}$ (덧셈의 결합법칙)

   (c) $(ck)\mathbf{u} = c(k\mathbf{u})$ (스칼라 곱셈의 결합법칙)

   (d) $k(\mathbf{u} + \mathbf{v}) = k\mathbf{u} + k\mathbf{v}$ (분배법칙 1)

   (e) $\mathbf{u}(k + c) = k\mathbf{u} + c\mathbf{u}$ (분배법칙 2)

힌트 그냥 벡터 연산들의 정의와 실수 산술 법칙들을 적용하면 된다. 예:

$$
\begin{aligned}
(ck)\mathbf{u} &= (ck)(u_x, u_y, u_z) \\
&= ((ck)u_x, (ck)u_y, (ck)u_z) \\
&= (c(ku_x), c(ku_y), c(ku_z)) \\
&= c(ku_x, ku_y, ku_z) \\
&= c(k\mathbf{u})
\end{aligned}
$$

4. 방정식 $2((1, 2, 3) - \mathbf{x}) - (-2, 0, 4) = -2(1, 2, 3)$을 만족하는 $\mathbf{x}$를 구하라.

5. $\mathbf{u} = (-1, 3, 2)$이고 $\mathbf{v} = (3, -4, 1)$이라 할 때, $\mathbf{u}$와 $\mathbf{v}$를 정규화하라.

6. k가 스칼라이고 $\mathbf{u} = (u_x, u_y, u_z)$라고 할 때, $\|k\mathbf{u}\| = |k|\|\mathbf{u}\|$임을 증명하라.

7. 각 $\mathbf{u}$와 $\mathbf{v}$에 대해, 둘 사이의 각도가 직각인지, 예각인지, 둔각인지 밝혀라.

   (a) $\mathbf{u} = (1, 1, 1)$, $\mathbf{v} = (2, 3, 4)$

   (b) $\mathbf{u} = (1, 1, 0)$, $\mathbf{v} = (-2, 2, 0)$

   (c) $\mathbf{u} = (-1, -1, -1)$, $\mathbf{v} = (3, 1, 0)$

8. $\mathbf{u} = (-1, 3, 2)$이고 $\mathbf{v} = (3, -4, 1)$이라 할 때, $\mathbf{u}$와 $\mathbf{v}$ 사이의 각도 θ를 구하라.

9. $\mathbf{u} = (u_x, u_y, u_z)$, $\mathbf{v} = (v_x, v_y, v_z)$이고 $\mathbf{w} = (w_x, w_y, w_z)$라고 하자. 그리고 c와 k가 스칼라라고 하자. 내적의 다음과 같은 성질(속성)들을 증명하라.

   (a) $\mathbf{u} \cdot \mathbf{v} = \mathbf{v} \cdot \mathbf{u}$

   (b) $\mathbf{u} \cdot (\mathbf{v} + \mathbf{w}) = \mathbf{u} \cdot \mathbf{v} + \mathbf{u} \cdot \mathbf{w}$

   (c) $k(\mathbf{u} \cdot \mathbf{v}) = (k\mathbf{u}) \cdot \mathbf{v} = \mathbf{u} \cdot (k\mathbf{v})$

   (d) $\mathbf{v} \cdot \mathbf{v} = \|\mathbf{v}\|^2$

   (e) $\mathbf{0} \cdot \mathbf{v} = 0$

힌트 그냥 벡터 연산들의 정의와 실수의 속성들을 적용하면 된다. 예:

$$\mathbf{v} \cdot \mathbf{v} = v_x v_x + v_y v_y + v_z v_z$$
$$= v_x^2 + v_y^2 + v_z^2$$
$$= (\sqrt{v_x^2 + v_y^2 + v_z^2})^2$$
$$= \|\mathbf{v}\|^2$$

10. 코사인 법칙 $c^2 = a^2 + b^2 - 2ab\cos\theta$ (여기서 a와 b, c는 삼각형 세 변의 길이, θ는 변 a와 b 사이의 각도)를 이용해서 다음을 보여라.

$$u_x v_x + u_y v_y + u_z v_z = \|\mathbf{u}\|\|\mathbf{v}\|\cos\theta$$

힌트 [그림 1.9]를 참고하고, $c^2 = \|\mathbf{u} - \mathbf{v}\|^2$, $a^2 = \|\mathbf{u}\|^2$, $b^2 = \|\mathbf{v}\|^2$으로 두어서 연습문제 9의 내적의 성질들을 적용해 볼 것.

11. $\mathbf{n} = (-2, 1)$이라고 하자. $\mathbf{n}$을 이용해서 벡터 $\mathbf{g} = (0, -9.8)$을 서로 수직인 두 벡터로, 구체적으로 말하면 $\mathbf{n}$과 평행인 벡터와 $\mathbf{n}$과 수직인 벡터로 분해하라. 또한, 그 벡터들을 2차원 좌표 평면에 그려보라.

12. $\mathbf{u} = (-2, 1, 4)$이고 $\mathbf{v} = (3, -4, 1)$이라고 하자. $\mathbf{w} = \mathbf{u} \times \mathbf{v}$를 구하고, $\mathbf{w} \cdot \mathbf{u} = 0$이며 $\mathbf{w} \cdot \mathbf{v} = 0$임을 보여라.

13. 어떤 좌표계를 기준으로 점 $\mathbf{A} = (0, 0, 0)$, $\mathbf{B} = (0, 1, 3)$, $\mathbf{C} = (5, 1, 0)$이 하나의 삼각형을 정의한다고 하자. 이 삼각형에 수직인 벡터를 구하라.

힌트 삼각형의 두 변에 해당하는 벡터들을 구해서 외적을 적용해 볼 것.

14. $\lVert \mathbf{u} \times \mathbf{v} \rVert = \lVert \mathbf{u} \rVert \lVert \mathbf{v} \rVert \sin\theta$임을 증명하라.

힌트 $\lVert \mathbf{u} \rVert \lVert \mathbf{v} \rVert \sin\theta$로 시작해서 삼각함수 항등식 $\cos^2\theta + \sin^2\theta = 1 \Rightarrow \sin\theta = \sqrt{1 - \cos^2\theta}$을 적용한 후 식 1.4를 적용해 볼 것.

15. $\lVert \mathbf{u} \times \mathbf{v} \rVert$가 $\mathbf{u}$와 $\mathbf{v}$로 정의되는 평행사변형의 면적임을 증명하라. [그림 1.21]을 참고할 것.

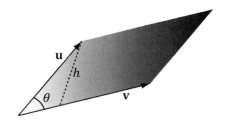

그림 1.21 두 3차원 벡터 $\mathbf{u}$와 $\mathbf{v}$로 정의되는 평행사변형. 밑변의 길이는 $\lVert \mathbf{v} \rVert$이고 높이는 h이다.

16. $\mathbf{u} \times (\mathbf{v} \times \mathbf{w}) \neq (\mathbf{u} \times \mathbf{v}) \times \mathbf{w}$를 만족하는 3차원 벡터 $\mathbf{u}$, $\mathbf{v}$, $\mathbf{w}$의 예를 제시하라. 이는 외적이 일반적으로 결합법칙을 만족하지 않음을 보여준다.

힌트 간단한 벡터 $\mathbf{i} = (1, 0, 0)$, $\mathbf{j} = (0, 1, 0)$, $\mathbf{k} = (0, 0, 1)$의 조합을 고려할 것.

17. 영벡터가 아닌 두 평행 벡터의 외적이 영벡터임을, 즉 $\mathbf{u} \times k\mathbf{u} = \mathbf{0}$임을 증명하라.

힌트 그냥 외적의 정의를 적용하면 된다.

18. 벡터 집합 {(1, 0, 0), (1, 5, 0), (2, 1, −4)}를 그람-슈미트 공정을 이용해서 정규직 교화하라.

19. 다음 프로그램을 출력을 살펴보고, 각 **XMVector*** 함수가 하는 일을 추측하라. 그런 다음 DirectXMath 라이브러리의 문서화에서 해당 함수들을 찾아보라.

```
#include <windows.h> // XMVerifyCPUSupport에 필요함
#include <DirectXMath.h>
#include <DirectXPackedVector.h>
#include <iostream>
using namespace std;
using namespace DirectX;
using namespace DirectX::PackedVector;

// XMVECTOR 객체를 cout으로 출력하기 위해
// "<<" 연산자를 중복적재한다.
ostream& XM_CALLCONV operator<<(ostream& os, FXMVECTOR v)
{
  XMFLOAT4 dest;
  XMStoreFloat4(&dest, v);

  os << "(" << dest.x << ", " << dest.y << ", "
     << dest.z << ", " << dest.w << ")";
  return os;
}

int main()
{
  cout.setf(ios_base::boolalpha);

  // SSE2를 지원하는지(Pentium4, AMD K8 이상) 확인한다.
  if (!XMVerifyCPUSupport())
  {
    cout << "DirectXMath를 지원하지 않음" << endl;
    return 0;
  }
```

```
    XMVECTOR p = XMVectorSet(2.0f, 2.0f, 1.0f, 0.0f);
    XMVECTOR q = XMVectorSet(2.0f, -0.5f, 0.5f, 0.1f);
    XMVECTOR u = XMVectorSet(1.0f, 2.0f, 4.0f, 8.0f);
    XMVECTOR v = XMVectorSet(-2.0f, 1.0f, -3.0f, 2.5f);
    XMVECTOR w = XMVectorSet(0.0f, XM_PIDIV4, XM_PIDIV2, XM_PI);

    cout << "XMVectorAbs(v)              = " << XMVectorAbs(v) << endl;
    cout << "XMVectorCos(w)              = " << XMVectorCos(w) << endl;
    cout << "XMVectorLog(u)              = " << XMVectorLog(u) << endl;
    cout << "XMVectorExp(p)              = " << XMVectorExp(p) << endl;

    cout << "XMVectorPow(u, p)           = " << XMVectorPow(u, p) << endl;
    cout << "XMVectorSqrt(u)             = " << XMVectorSqrt(u) << endl;

    cout << "XMVectorSwizzle(u, 2, 2, 1, 3) = "
         << XMVectorSwizzle(u, 2, 2, 1, 3) << endl;
    cout << "XMVectorSwizzle(u, 2, 1, 0, 3) = "
         << XMVectorSwizzle(u, 2, 1, 0, 3) << endl;

    cout << "XMVectorMultiply(u, v)      = " << XMVectorMultiply(u, v) << endl;
    cout << "XMVectorSaturate(q)         = " << XMVectorSaturate(q) << endl;
    cout << "XMVectorMin(p, v)           = " << XMVectorMin(p, v) << endl;
    cout << "XMVectorMax(p, v)           = " << XMVectorMax(p, v) << endl;

    return 0;
}
```

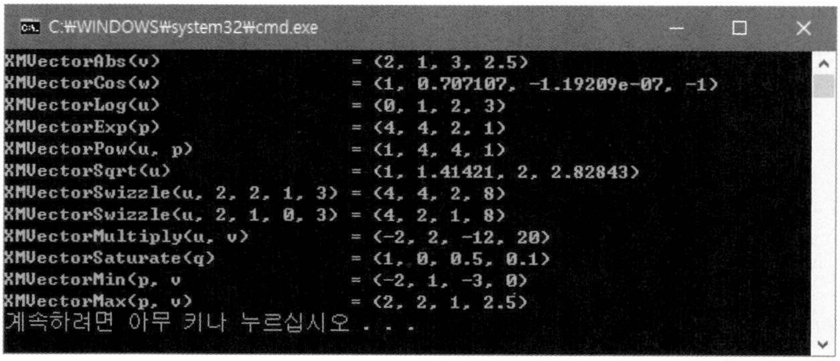

그림 1.22 예제 프로그램의 출력.

CHAPTER 2

행렬 대수

3차원 컴퓨터 그래픽에서 행렬^{行列}(matrix)은 비례나 회전, 이동 같은 기하학적 변환을 간결하게 서술하는 데 쓰이며, 점이나 벡터의 좌표를 한 기준계에서 다른 기준계로 변환하는 데에도 쓰인다. 이번 장에서는 행렬의 수학을 살펴본다.

목표

1. 행렬과 행렬에 대해 정의되는 연산들을 이해한다.
2. 벡터와 행렬의 곱셈을 선형결합의 관점에서 바라보는 방법을 배운다.
3. 단위행렬이 무엇인지, 그리고 행렬의 전치, 행렬식, 역행렬이 무엇인지 배운다.
4. 행렬 수학에 쓰이는 DirectXMath 라이브러리의 주요 클래스들과 함수들에 익숙해진다.

2.1 정의

$m \times n$ 행렬 **M**은 m개의 행과 n개의 열로 이루어진 실수들의 정사각 배열이다. 행^行(row)들의 개수와 열^列(column)들의 개수의 곱(이를테면 4×4)을 행렬의 차원이라고 부른다. 행렬을 구성하는 수들을 **성분**(entry) 또는 **원소**(element; 또는 요소)라고 부른다. 행렬의 한 성분을 나타낼 때에는 그 성분의 행과 열 번호를 이중 아래 첨자(색인)로 지정한 M_{ij} 형태의 표기를 사용한다. 여기서 첫 아래 첨자는 행을, 둘째 아래 첨자는 열을 나타낸다.

예 2.1

다음 행렬들을 생각해 보자.

$$\mathbf{A} = \begin{bmatrix} 3.5 & 0 & 0 & 0 \\ 0 & 1 & 0 & 0 \\ 0 & 0 & 0.5 & 0 \\ 2 & -5 & \sqrt{2} & 1 \end{bmatrix} \qquad \mathbf{B} = \begin{bmatrix} B_{11} & B_{12} \\ B_{21} & B_{22} \\ B_{31} & B_{32} \end{bmatrix} \qquad \mathbf{u} = [u_1, u_2, u_3] \qquad \mathbf{v} = \begin{bmatrix} 1 \\ 2 \\ \sqrt{3} \\ \pi \end{bmatrix}$$

1. 행렬 $\mathbf{A}$는 4×4 행렬이고 $\mathbf{B}$는 3×2 행렬이다. $\mathbf{u}$는 1×3 행렬이고 $\mathbf{v}$는 4×1 행렬이다.

2. 행렬 $\mathbf{A}$의 4행(넷째 행) 2열(둘째 열)의 성분(-5)을 A_{42}라고 표기한다. 그리고 행렬 $\mathbf{B}$의 2행 1열 성분을 B_{21}이라고 표기한다.

3. 행렬 $\mathbf{u}$와 $\mathbf{v}$는 각각 행과 열이 하나라는 점에서 특별한 행렬이다. 이런 종류의 행렬을 흔히 **행벡터**(row vector)와 **열벡터**(column vector)라고 부르는데, 이는 이들이 벡터를 행렬 형태로 표기할 때 쓰이기 때문이다(예를 들어 벡터 표기법 (x, y, z)와 행렬 표기법 $[x, y, z]$를 자유로이 맞바꾸어 사용할 수 있다). 행벡터나 열벡터에서는 특정 성분을 지칭할 때 이중 아래 첨자를 사용할 필요가 없다. 그냥 아래 첨자 하나면 된다.

종종 한 행렬의 행들을 벡터들로 간주하는 것이 편리할 때가 있다. 예를 들어 행렬을 다음과 같이 표기할 수도 있다.

$$\begin{bmatrix} A_{11} & A_{12} & A_{13} \\ A_{21} & A_{22} & A_{23} \\ A_{31} & A_{32} & A_{33} \end{bmatrix} = \begin{bmatrix} \leftarrow \mathbf{A}_{1,*} \rightarrow \\ \leftarrow \mathbf{A}_{2,*} \rightarrow \\ \leftarrow \mathbf{A}_{3,*} \rightarrow \end{bmatrix}$$

여기서 $\mathbf{A}_{1,*} = [A_{11}, A_{12}, A_{13}]$이고 $\mathbf{A}_{2,*} = [A_{21}, A_{22}, A_{23}]$, $\mathbf{A}_{3,*} = [A_{31}, A_{32}, A_{33}]$이다. 이러한 표기법에서 첫 색인은 해당 행을 나타내고, 둘째 색인의 '$*$'는 그 행의 모든 성분(하나의 행벡터 전체)을 뜻한다. 열벡터들도 마찬가지로 표기할 수 있다.

$$\begin{bmatrix} A_{11} & A_{12} & A_{13} \\ A_{21} & A_{22} & A_{23} \\ A_{31} & A_{32} & A_{33} \end{bmatrix} = \begin{bmatrix} \uparrow & \uparrow & \uparrow \\ \mathbf{A}_{*,1} & \mathbf{A}_{*,2} & \mathbf{A}_{*,3} \\ \downarrow & \downarrow & \downarrow \end{bmatrix}$$

여기서,

$$\mathbf{A}_{*,1} = \begin{bmatrix} A_{11} \\ A_{21} \\ A_{31} \end{bmatrix}, \; \mathbf{A}_{*,2} = \begin{bmatrix} A_{12} \\ A_{22} \\ A_{32} \end{bmatrix}, \; \mathbf{A}_{*,3} = \begin{bmatrix} A_{13} \\ A_{23} \\ A_{33} \end{bmatrix}$$

이다. 이러한 표기법에서 둘째 색인은 해당 열을, 첫째 색인의 '∗'는 그 열의 모든 성분(하나의 열벡터 전체)을 뜻한다.

이제 행렬의 상등, 덧셈, 스칼라 곱셈, 뺄셈 연산을 정의해 보자.

1. 두 행렬은 오직 대응되는 성분들이 상등일 때에만 상등이다. 따라서, 두 행렬의 상등을 비교하려면 두 행렬의 행 개수들과 열 개수들이 같아야 한다(즉, 두 행렬의 차원이 같아야 한다).

2. 두 행렬을 더할 때에는 대응되는 성분들을 더한다. 따라서 차원이 같은 행렬들만 더할 수 있다.

3. 행렬에 하나의 스칼라를 곱할 때에는 행렬의 모든 성분에 그 스칼라를 곱한다.

4. 행렬의 뺄셈은 스칼라 곱셈과 행렬 덧셈으로 정의한다. 즉, $\mathbf{A} - \mathbf{B} = \mathbf{A} + (-1 \cdot \mathbf{B}) = \mathbf{A} + (-\mathbf{B})$이다.

예 2.2

다음과 같은 행렬들이 있다고 하자.

$$\mathbf{A} = \begin{bmatrix} 1 & 5 \\ -2 & 3 \end{bmatrix}, \mathbf{B} = \begin{bmatrix} 6 & 2 \\ 5 & -8 \end{bmatrix}, \mathbf{C} = \begin{bmatrix} 1 & 5 \\ -2 & 3 \end{bmatrix}, \mathbf{D} = \begin{bmatrix} 2 & 1 & -3 \\ -6 & 3 & 0 \end{bmatrix}$$

다음은 이들을 대한 여러 행렬 연산의 예이다.

(i) $\mathbf{A} + \mathbf{B} = \begin{bmatrix} 1 & 5 \\ -2 & 3 \end{bmatrix} + \begin{bmatrix} 6 & 2 \\ 5 & -8 \end{bmatrix} = \begin{bmatrix} 1+6 & 5+2 \\ -2+5 & 3+(-8) \end{bmatrix} = \begin{bmatrix} 7 & 7 \\ 3 & -5 \end{bmatrix}$

(ii) $\mathbf{A} = \mathbf{C}$

(iii) $3\mathbf{D} = 3 \begin{bmatrix} 2 & 1 & -3 \\ -6 & 3 & 0 \end{bmatrix} = \begin{bmatrix} 3(2) & 3(1) & 3(-3) \\ 3(-6) & 3(3) & 3(0) \end{bmatrix} = \begin{bmatrix} 6 & 3 & -9 \\ -18 & 9 & 0 \end{bmatrix}$

(iv) $\mathbf{A} - \mathbf{B} = \begin{bmatrix} 1 & 5 \\ -2 & 3 \end{bmatrix} - \begin{bmatrix} 6 & 2 \\ 5 & -8 \end{bmatrix} = \begin{bmatrix} 1-6 & 5-2 \\ -2-5 & 3-(-8) \end{bmatrix} = \begin{bmatrix} -5 & 3 \\ -7 & 11 \end{bmatrix}$

행렬 덧셈과 스칼라 곱셈은 성분별로 이루어지므로, 행렬 덧셈과 스칼라 곱셈도 실수의 덧셈 및 곱셈의 다음과 같은 성질들을 만족한다.

1. $\mathbf{A} + \mathbf{B} = \mathbf{B} + \mathbf{A}$ 덧셈의 교환법칙

2. $(\mathbf{A} + \mathbf{B}) + \mathbf{C} = \mathbf{A} + (\mathbf{B} + \mathbf{C})$ 덧셈의 결합법칙

3. $r(\mathbf{A} + \mathbf{B}) = r\mathbf{A} + r\mathbf{B}$ 행렬들에 대한 스칼라의 분배법칙

4. $(r + s)\mathbf{A} = r\mathbf{A} + s\mathbf{A}$ 스칼라들에 대한 행렬의 분배법칙

2.2 행렬 곱셈

2.2.1 정의

만일 $\mathbf{A}$가 $m \times n$ 행렬이고 $\mathbf{B}$가 $n \times p$ 행렬이면 둘의 곱 $\mathbf{AB}$가 정의된다. 곱 $\mathbf{AB}$는 하나의 $m \times p$ 행렬이다. 이를 $\mathbf{C}$라고 할 때, $\mathbf{C}$의 ij번째 성분은 $\mathbf{A}$의 i번째 행벡터와 $\mathbf{B}$의 j번째 열벡터의 내적이다. 즉,

$$\mathbf{C}_{ij} = \mathbf{A}_{i,*} \cdot \mathbf{B}_{*,j} \qquad \text{(식 2.1)}$$

이다. 따라서 행렬 곱 $\mathbf{AB}$가 정의되려면 $\mathbf{A}$의 열 수와 $\mathbf{B}$의 행 수가 같아야 한다. 다른 말로 하면, $\mathbf{A}$의 행벡터들의 차원과 $\mathbf{B}$의 열벡터들의 차원이 같아야 한다. 이 차원들이 일치하지 않으면 식 2.1의 내적이 말이 되지 않는다.

예 2.3

다음 두 행렬을 생각해 보자.

$$\mathbf{A} = \begin{bmatrix} 1 & 5 \\ -2 & 3 \end{bmatrix} \text{ 그리고 } \mathbf{B} = \begin{bmatrix} 2 & -6 \\ 1 & 3 \\ -3 & 0 \end{bmatrix}$$

$\mathbf{A}$의 행벡터들의 차원은 2이지만 $\mathbf{B}$의 열벡터들의 차원은 3이므로, 두 행렬의 곱 $\mathbf{AB}$는 정의되지 않는다. 좀 더 구체적으로, $\mathbf{A}$의 첫 행벡터와 $\mathbf{B}$의 첫 열벡터의 내적을 취할 수가 없다. 2차원 벡터와 3차원 벡터의 내적을 취할 수는 없기 때문이다.

예 2.4

다음 두 행렬을 생각해 보자.

$$\mathbf{A} = \begin{bmatrix} -1 & 5 & -4 \\ 3 & 2 & 1 \end{bmatrix} \text{ 그리고 } \mathbf{B} = \begin{bmatrix} 2 & 1 & 0 \\ 0 & -2 & 1 \\ -1 & 2 & 3 \end{bmatrix}$$

이 경우에는 곱 **AB**가 정의된다(그리고 그 곱은 하나의 2 × 3 행렬이다). **A**의 열 수와 **B**의 행 수가 같기 때문이다. 식 2.1을 적용하면 다음이 나온다.

$$\mathbf{AB} = \begin{bmatrix} -1 & 5 & -4 \\ 3 & 2 & 1 \end{bmatrix} \begin{bmatrix} 2 & 1 & 0 \\ 0 & -2 & 1 \\ -1 & 2 & 3 \end{bmatrix}$$

$$= \begin{bmatrix} (-1, 5, -4) \cdot (2, 0, -1) & (-1, 5, -4) \cdot (1, -2, 2) & (-1, 5, -4) \cdot (0, 1, 3) \\ (3, 2, 1) \cdot (2, 0, -1) & (3, 2, 1) \cdot (1, -2, 2) & (3, 2, 1) \cdot (0, 1, 3) \end{bmatrix}$$

$$= \begin{bmatrix} 2 & -19 & -7 \\ 5 & 1 & 5 \end{bmatrix}$$

곱 **BA**는 정의되지 않음을 주목하기 바란다. **B**의 열 수와 **A**의 행 수가 같지 않기 때문이다. 이 예에서 보듯이, 일반적으로 행렬 곱셈에는 교환법칙이 성립하지 않는다. 즉, **AB** ≠ **BA**이다.

2.2.2 벡터와 행렬의 곱셈

다음과 같은 벡터·행렬 곱셈을 생각해 보자.

$$\mathbf{uA} = [x, y, z] \begin{bmatrix} A_{11} & A_{12} & A_{13} \\ A_{21} & A_{22} & A_{23} \\ A_{31} & A_{32} & A_{33} \end{bmatrix} = [x, y, z] \begin{bmatrix} \uparrow & \uparrow & \uparrow \\ \mathbf{A}_{*,1} & \mathbf{A}_{*,2} & \mathbf{A}_{*,3} \\ \downarrow & \downarrow & \downarrow \end{bmatrix}$$

이 경우 **uA**가 1 × 3 행벡터로 평가됨을 주목하기 바란다. 이제 식 2.1을 적용하면 다음이 나온다.

$$\mathbf{uA} = [\mathbf{u} \cdot \mathbf{A}_{*,1} \quad \mathbf{u} \cdot \mathbf{A}_{*,2} \quad \mathbf{u} \cdot \mathbf{A}_{*,3}]$$

$$= [xA_{11} + yA_{21} + zA_{31}, xA_{12} + yA_{22} + zA_{32}, xA_{13} + yA_{23} + zA_{33}]$$

$$= [xA_{11}, xA_{12}, xA_{13}] + [yA_{21}, yA_{22}, yA_{23}] + [zA_{31}, zA_{32}, zA_{33}]$$

$$= x[A_{11}, A_{12}, A_{13}] + y[A_{21}, A_{22}, A_{23}] + z[A_{31}, A_{32}, A_{33}]$$

$$= x\mathbf{A}_{1,*} + y\mathbf{A}_{2,*} + z\mathbf{A}_{3,*}$$

따라서

$$\mathbf{uA} = x\mathbf{A}_{1,*} + y\mathbf{A}_{2,*} + z\mathbf{A}_{3,*} \tag{식 2.2}$$

이다.

식 2.2는 **선형결합**(linear combination, 일차결합)의 한 예이다. 이 식은 벡터·행렬 곱 **uA**가 행렬 **A**의 행벡터들과 벡터 **u**로 주어진 스칼라 계수 x, y, z의 선형결합에 해당함을 말해

준다. 이 예는 1×3 행벡터와 3×3 행렬의 경우이지만, 앞의 문장은 일반적으로도 참임을 주목하기 바란다. 즉, 어떤 $1 \times n$ 행벡터 $\mathbf{u}$와 어떤 $n \times m$ 행렬 $\mathbf{A}$에 대해, 곱 $\mathbf{uA}$는 $\mathbf{A}$의 행벡터들과 $\mathbf{u}$의 스칼라 계수들의 선형결합이다.

$$[u_1, \cdots, u_n] \begin{bmatrix} A_{11} & \cdots & A_{1m} \\ \vdots & \ddots & \vdots \\ A_{n1} & \cdots & A_{nm} \end{bmatrix} = u_1 \mathbf{A}_{1,*} + \cdots + u_n \mathbf{A}_{n,*} \qquad \text{(식 2.3)}$$

2.2.3 결합법칙

행렬 곱셈에는 몇 가지 편리한 대수^{代數}(algebra)적 성질들이 존재한다. 예를 들어 행렬 곱셈은 덧셈에 대한 분배법칙을 만족한다. 즉 $\mathbf{A}(\mathbf{B} + \mathbf{C}) = \mathbf{AB} + \mathbf{AC}$이고 $(\mathbf{A} + \mathbf{B})\mathbf{C} = \mathbf{AC} + \mathbf{BC}$)이다. 더욱 중요한 것은, 행렬 곱셈이 다음과 같은 결합법칙을 만족한다는 것이다. 덕분에 행렬들을 곱하는 순서를 적절히 선택할 수 있다.

$$(\mathbf{AB})\mathbf{C} = \mathbf{A}(\mathbf{BC})$$

2.3 전치행렬

행렬의 전치^{轉置}(transpose), 즉 **전치행렬**은 행렬의 행들과 열들을 맞바꾼 것이다. 따라서 $m \times n$ 행렬의 전치는 $n \times m$ 행렬이다. 행렬 $\mathbf{M}$의 전치행렬을 $\mathbf{M}^T$로 표기한다.

예 2.5

다음 세 행렬의 전치행렬을 각각 구해 보자.

$$\mathbf{A} = \begin{bmatrix} 2 & -1 & 8 \\ 3 & 6 & -4 \end{bmatrix}, \mathbf{B} = \begin{bmatrix} a & b & c \\ d & e & f \\ g & h & i \end{bmatrix}, \mathbf{C} = \begin{bmatrix} 1 \\ 2 \\ 3 \\ 4 \end{bmatrix}$$

앞에서 말했듯이, 주어진 행렬의 행들과 열들을 맞바꾸면 전치행렬이 된다.

$$\mathbf{A}^T = \begin{bmatrix} 2 & 3 \\ -1 & 6 \\ 8 & -4 \end{bmatrix}, \mathbf{B}^T = \begin{bmatrix} a & d & g \\ b & e & h \\ c & f & i \end{bmatrix}, \mathbf{C}^T = \begin{bmatrix} 1 & 2 & 3 & 4 \end{bmatrix}$$

전치행렬에는 다음과 같은 유용한 성질이 있다.

1. $(\mathbf{A} + \mathbf{B})^T = \mathbf{A}^T + \mathbf{B}^T$
2. $(c\mathbf{A})^T = c\mathbf{A}^T$
3. $(\mathbf{AB})^T = \mathbf{B}^T\mathbf{A}^T$
4. $(\mathbf{A}^T)^T = \mathbf{A}$
5. $(\mathbf{A}^{-1})^T = (\mathbf{A}^T)^{-1}$

2.4 단위행렬

단위^{單位}행렬(identity matrix)이라고 부르는 특별한 행렬이 있다. 열 수와 행 수가 같은 정사각형의 행렬을 정방행렬(square matrix)이라고 부르고 정방행렬에서 좌상에서 우하로의 주된 대각선에 있는 성분들을 주대각(main diagonal) 성분이라고 부르는데, 단위행렬은 주대각 성분들만 1이고 나머지는 모두 0인 정방행렬이다.

예를 들어 다음은 2×2, 3×3, 4×4 단위행렬이다.

$$\begin{bmatrix} 1 & 0 \\ 0 & 1 \end{bmatrix}, \begin{bmatrix} 1 & 0 & 0 \\ 0 & 1 & 0 \\ 0 & 0 & 1 \end{bmatrix}, \begin{bmatrix} 1 & 0 & 0 & 0 \\ 0 & 1 & 0 & 0 \\ 0 & 0 & 1 & 0 \\ 0 & 0 & 0 & 1 \end{bmatrix}$$

단위행렬은 곱셈의 항등원 역할을 한다. 즉, $\mathbf{A}$가 $m \times n$ 행렬이고 $\mathbf{B}$가 $n \times p$ 행렬, $\mathbf{I}$가 $n \times n$ 단위행렬이면 반드시

$$\mathbf{AI} = \mathbf{A} \text{ 이고 } \mathbf{IB} = \mathbf{B}$$

이다. 다른 말로 하면, 어떤 행렬에 단위행렬을 곱해도 그 행렬은 변하지 않는다. 단위행렬을 1의 행렬 버전이라고 생각하면 된다. 특히, $\mathbf{M}$이 정방행렬일 때 단위행렬과의 곱셈은 교환법칙을 만족한다.

$$\mathbf{MI} = \mathbf{IM} = \mathbf{M}$$

예 2.6

$\mathbf{M} = \begin{bmatrix} 1 & 2 \\ 0 & 4 \end{bmatrix}$ 이고 $\mathbf{I} = \begin{bmatrix} 1 & 0 \\ 0 & 1 \end{bmatrix}$ 일 때 $\mathbf{MI} = \mathbf{IM} = \mathbf{M}$ 임을 확인해 보자.

식 2.1을 적용하면

$$\mathbf{MI} = \begin{bmatrix} 1 & 2 \\ 0 & 4 \end{bmatrix}\begin{bmatrix} 1 & 0 \\ 0 & 1 \end{bmatrix} = \begin{bmatrix} (1,2) \cdot (1,0) & (1,2) \cdot (0,1) \\ (0,4) \cdot (1,0) & (0,4) \cdot (0,1) \end{bmatrix} = \begin{bmatrix} 1 & 2 \\ 0 & 4 \end{bmatrix}$$

이고

$$\mathbf{IM} = \begin{bmatrix} 1 & 0 \\ 0 & 1 \end{bmatrix}\begin{bmatrix} 1 & 2 \\ 0 & 4 \end{bmatrix} = \begin{bmatrix} (1,0) \cdot (1,0) & (1,0) \cdot (2,4) \\ (0,1) \cdot (1,0) & (0,1) \cdot (2,4) \end{bmatrix} = \begin{bmatrix} 1 & 2 \\ 0 & 4 \end{bmatrix}$$

이다. 따라서 $\mathbf{MI} = \mathbf{IM} = \mathbf{M}$ 은 참이다.

예 2.7

$\mathbf{u} = [-1,\ 2]$ 이고 $\mathbf{I} = \begin{bmatrix} 1 & 0 \\ 0 & 1 \end{bmatrix}$ 일 때 $\mathbf{uI} = \mathbf{u}$ 임을 확인해 보자.

식 2.1을 적용하면

$$\mathbf{uI} = [-1,\ 2]\begin{bmatrix} 1 & 0 \\ 0 & 1 \end{bmatrix} = [(-1,\ 2) \cdot (1,\ 0),\ (-1,\ 2) \cdot (0,\ 1)] = [-1,\ 2]$$

이다.

곱 $\mathbf{Iu}$ 는 불가능함을 주목하기 바란다. 그 행렬 곱셈은 정의되지 않는다.

2.5 행렬식

행렬식(determinant)은 정방행렬을 입력받아서 실숫값을 출력하는 특별한 함수이다. 정방행렬 $\mathbf{A}$의 행렬식을 흔히 det $\mathbf{A}$로 표기한다. 기하학적으로 행렬식이 3차원 입체의 부피와 관련이 있다는 점과 행렬식이 선형변환 하에서 그 부피가 변하는 방식에 대한 정보를 제공한다는 점을 증명하는 것이 가능하다. 또한, 행렬식은 크라메르의 법칙(Cramer's rule; 또는 크라메르 공식)*을 이용해서 1차 연립방정식을 푸는 데에도 쓰인다. 그러나 이 책에서 행렬식을 이야기하

---

* 옮긴이 흔히 '크레이머의 법칙'이라고 부르지만, Cramer's rule은 스위스 수학자 가브리엘 크라메르Gabriel Cramer에서 비롯된 용어이므로 '크라메르'가 좀 더 올바른 표기이다.

는 것은, 행렬의 역(§2.7)을 구할 때 행렬식이 쓰이기 때문이다. 또한, 다음과 같은 정리가 있다(증명 가능함): 정방행렬 **A**는 만일 det **A** ≠ 0이면, 그리고 오직 그럴 때에만 가역행렬(역행렬이 존재하는 행렬)이다. 이 정리를 이용하면 주어진 행렬의 역을 구하는 것이 가능한지를 손쉽게 판정할 수 있다. 행렬식을 정의하기 전에, 먼저 소행렬이라는 개념부터 살펴보자.

2.5.1 소행렬

$n \times n$ 행렬 **A**가 주어졌을 때, 그 소행렬(minor matrix) $\overline{\mathbf{A}}_{ij}$는 **A**의 i번째 행과 j번째 열을 삭제해서 나온 $(n-1) \times (n-1)$ 행렬이다.

예 2.8

다음 행렬의 소행렬 $\overline{\mathbf{A}}_{11}$, $\overline{\mathbf{A}}_{22}$, $\overline{\mathbf{A}}_{13}$을 구해 보자.

$$\mathbf{A} = \begin{bmatrix} A_{11} & A_{12} & A_{13} \\ A_{21} & A_{22} & A_{23} \\ A_{31} & A_{32} & A_{33} \end{bmatrix}$$

$\overline{\mathbf{A}}_{11}$은 첫 행과 첫 열을 제거한 것이다.

$$\overline{\mathbf{A}}_{11} = \begin{bmatrix} A_{22} & A_{23} \\ A_{32} & A_{33} \end{bmatrix}$$

$\overline{\mathbf{A}}_{22}$는 둘째 행과 둘째 열을 제거한 것이다.

$$\overline{\mathbf{A}}_{22} = \begin{bmatrix} A_{11} & A_{13} \\ A_{31} & A_{33} \end{bmatrix}$$

$\overline{\mathbf{A}}_{13}$은 첫 행과 셋째 열을 제거한 것이다.

$$\overline{\mathbf{A}}_{13} = \begin{bmatrix} A_{21} & A_{22} \\ A_{31} & A_{32} \end{bmatrix}$$

2.5.2 행렬식의 정의

행렬의 행렬식은 재귀적으로 정의된다. 예를 들어 4×4 행렬의 행렬식은 3×3 행렬의 행렬식들로 정의되고, 3×3 행렬의 행렬식은 2×2 행렬의 행렬식들로, 2×2 행렬의 행렬식은

1×1 행렬의 행렬식들로 정의된다(1×1 행렬 $\mathbf{A} = [A_{11}]$의 행렬식은 자명하게 정의되는데, 바로 $\det [A_{11}] = A_{11}$이다).

$\mathbf{A}$가 $n \times n$ 행렬이고 $n > 1$이라고 할 때, $\mathbf{A}$의 행렬식은 다음과 같이 정의된다.

$$\det \mathbf{A} = \sum_{j=1}^{n} A_{1j} (-1)^{1+j} \det \overline{\mathbf{A}}_{1j} \tag{식 2.4}$$

여기에 2×2 행렬의 소행렬 $\overline{\mathbf{A}}_{ij}$의 정의를 적용하면 다음과 같은 행렬식 공식이 나온다.

$$\det \begin{bmatrix} A_{11} & A_{12} \\ A_{21} & A_{22} \end{bmatrix} = A_{11} \det[A_{22}] - A_{12} \det[A_{21}] = A_{11}A_{22} - A_{12}A_{21}$$

3×3 행렬의 경우에는 다음과 같은 행렬식 공식을 얻을 수 있다.

$$\det \begin{bmatrix} A_{11} & A_{12} & A_{13} \\ A_{21} & A_{22} & A_{23} \\ A_{31} & A_{32} & A_{33} \end{bmatrix}$$

$$= A_{11} \det \begin{bmatrix} A_{22} & A_{23} \\ A_{32} & A_{33} \end{bmatrix} - A_{12} \det \begin{bmatrix} A_{21} & A_{23} \\ A_{31} & A_{33} \end{bmatrix} + A_{13} \det \begin{bmatrix} A_{21} & A_{22} \\ A_{31} & A_{32} \end{bmatrix}$$

그리고 4×4 행렬의 행렬식은 다음과 같다.

$$\det \begin{bmatrix} A_{11} & A_{12} & A_{13} & A_{14} \\ A_{21} & A_{22} & A_{23} & A_{24} \\ A_{31} & A_{32} & A_{33} & A_{34} \\ A_{41} & A_{42} & A_{43} & A_{44} \end{bmatrix} = A_{11} \det \begin{bmatrix} A_{22} & A_{23} & A_{24} \\ A_{32} & A_{33} & A_{34} \\ A_{42} & A_{43} & A_{44} \end{bmatrix} - A_{12} \det \begin{bmatrix} A_{21} & A_{23} & A_{24} \\ A_{31} & A_{33} & A_{34} \\ A_{41} & A_{43} & A_{44} \end{bmatrix}$$

$$+ A_{13} \det \begin{bmatrix} A_{21} & A_{22} & A_{24} \\ A_{31} & A_{32} & A_{34} \\ A_{41} & A_{42} & A_{44} \end{bmatrix} - A_{14} \det \begin{bmatrix} A_{21} & A_{22} & A_{23} \\ A_{31} & A_{32} & A_{33} \\ A_{41} & A_{42} & A_{43} \end{bmatrix}$$

3차원 그래픽에서는 주로 4×4 행렬을 다루므로, 여기서 $n > 4$에 대한 구체적인 공식들을 더 나열할 필요는 없겠다.

예 2.9

다음 행렬의 행렬식을 구해 보자.

$$\mathbf{A} = \begin{bmatrix} 2 & -5 & 3 \\ 1 & 3 & 4 \\ -2 & 3 & 7 \end{bmatrix}$$

앞에 나온 공식들을 적용하면:

$$\det \mathbf{A} = A_{11} \det \begin{bmatrix} A_{22} & A_{23} \\ A_{32} & A_{33} \end{bmatrix} - A_{12} \det \begin{bmatrix} A_{21} & A_{23} \\ A_{31} & A_{33} \end{bmatrix} + A_{13} \det \begin{bmatrix} A_{21} & A_{22} \\ A_{31} & A_{32} \end{bmatrix}$$

$$\det \mathbf{A} = 2 \det \begin{bmatrix} 3 & 4 \\ 3 & 7 \end{bmatrix} - (-5) \det \begin{bmatrix} 1 & 4 \\ -2 & 7 \end{bmatrix} + 3 \det \begin{bmatrix} 1 & 3 \\ -2 & 3 \end{bmatrix}$$

$$= 2(3 \cdot 7 - 4 \cdot 3) + 5(1 \cdot 7 - 4 \cdot (-2)) + 3(1 \cdot 3 - 3 \cdot (-2))$$

$$= 2(9) + 5(15) + 3(9)$$

$$= 18 + 75 + 27$$

$$= 120$$

2.6 딸림행렬

$\mathbf{A}$가 $n \times n$ 행렬이라고 할 때, 곱 $C_{ij} = (-1)^{i+j} \det \overline{\mathbf{A}}_{ij}$를 A_{ij}의 여인수餘因數(cofactor; 또는 여인자)라고 부른다. $\mathbf{A}$의 각 성분의 C_{ij}를 계산해서 해당 ij번째 위치에 배치한 행렬 $\mathbf{C_A}$를 행렬 $\mathbf{A}$의 여인수행렬(cofactor matrix)이라고 부른다.

$$\mathbf{C_A} = \begin{bmatrix} C_{11} & C_{12} & \cdots & C_{1n} \\ C_{21} & C_{22} & \cdots & C_{2n} \\ \vdots & \vdots & \ddots & \vdots \\ C_{n1} & C_{n2} & \cdots & C_{nn} \end{bmatrix}$$

그리고 이 $\mathbf{C_A}$의 전치행렬을 $\mathbf{A}$의 딸림행렬(adjoint matrix, 수반행렬)이라고 부르고 다음과 같이 표기한다.

$$\mathbf{A}^* = \mathbf{C}_\mathbf{A}^T \qquad \text{(식 2.5)}$$

다음 절에서 보겠지만, 이 딸림행렬을 이용하면 행렬의 역을 계산하는 명시적 공식을 구할 수 있다.

2.7 역행렬

행렬 대수는 나눗셈 연산을 정의하지 않으나, 곱셈의 역원은 정의한다. 행렬 대수에서 곱셈의 역원을 행렬의 역(inverse) 또는 역행렬이라고 부른다. 다음은 역행렬에 관한 주요 정보를 정리한 것이다.

1. 역행렬은 정방행렬에만 있다. 그런 만큼, 역행렬과 관련된 논의에는 해당 행렬이 정방행렬이라는 가정이 암묵적으로 깔려 있다.
2. $n \times n$ 행렬 $\mathbf{M}$의 역은 $n \times n$ 행렬이며, $\mathbf{M}^{-1}$로 표기한다.
3. 모든 정방행렬에 역행렬이 있는 것은 아니다. 역행렬이 있는 행렬을 **가역행렬**(invertible matrix)이라고 부르고, 역행렬이 없는 행렬을 **특이행렬**(singular matrix)이라고 부른다.
4. 역행렬이 존재하는 경우 그 역행렬은 고유하다.
5. 행렬에 그 역행렬을 곱하면 단위행렬이 나온다. 즉, $\mathbf{MM}^{-1} = \mathbf{M}^{-1}\mathbf{M} = \mathbf{I}$이다. 행렬과 그 역행렬의 곱셈은 행렬 곱셈에서 교환법칙이 성립하는 특별한 사례 중 하나임을 주목하기 바란다.

행렬의 역은 행렬 방정식을 만족하는 행렬들을 구할 때 유용하다. 예를 들어 $\mathbf{p}' = \mathbf{pM}$이라는 행렬 방정식이 있는데 $\mathbf{p}'$과 $\mathbf{M}$은 이미 알고 있고 $\mathbf{p}$를 구해야 한다고 하자. $\mathbf{M}$이 가역행렬이라고 할 때(즉, $\mathbf{M}^{-1}$이 존재한다고 할 때), $\mathbf{p}$를 다음과 같이 구할 수 있다:

$\mathbf{p}' = \mathbf{pM}$
$\mathbf{p}'\mathbf{M}^{-1} = \mathbf{pMM}^{-1}$　　등식의 양변에 $\mathbf{M}^{-1}$을 곱한다.
$\mathbf{p}'\mathbf{M}^{-1} = \mathbf{pI}$　　　역행렬의 정의에 의해 $\mathbf{MM}^{-1} = \mathbf{I}$이다.
$\mathbf{p}'\mathbf{M}^{-1} = \mathbf{p}$　　　단위행렬의 정의에 의해 $\mathbf{pI} = \mathbf{p}$이다.

다음은 딸림행렬과 행렬식을 이용해서 역행렬을 구하는 공식이다. 여기서 증명은 제시하지 않는데, 대학 수준 선형대수 교재라면 나와 있을 것이다.

$$\mathbf{A}^{-1} = \frac{\mathbf{A}^*}{\det \mathbf{A}} \qquad\qquad (식\ 2.6)$$

예 2.10

2×2 행렬 $\mathbf{A} = \begin{bmatrix} A_{11} & A_{12} \\ A_{21} & A_{22} \end{bmatrix}$의 역행렬에 대한 일반식을 구하고, 그 공식을 이용해서 행렬

$\mathbf{M} = \begin{bmatrix} 3 & 0 \\ -1 & 2 \end{bmatrix}$의 역행렬을 구해 보자.

우선

$$\det \mathbf{A} = A_{11}A_{22} - A_{12}A_{21}$$

$$\mathbf{C_A} = \begin{bmatrix} (-1)^{1+1} \det \overline{\mathbf{A}}_{11} & (-1)^{1+2} \det \overline{\mathbf{A}}_{12} \\ (-1)^{2+1} \det \overline{\mathbf{A}}_{21} & (-1)^{2+2} \det \overline{\mathbf{A}}_{22} \end{bmatrix} = \begin{bmatrix} A_{22} & -A_{21} \\ -A_{12} & A_{11} \end{bmatrix}$$

이다. 따라서

$$\mathbf{A}^{-1} = \frac{\mathbf{A}^*}{\det \mathbf{A}} = \frac{\mathbf{C_A}^T}{\det \mathbf{A}} = \frac{1}{A_{11}A_{22} - A_{12}A_{21}} \begin{bmatrix} A_{22} & -A_{12} \\ -A_{21} & A_{11} \end{bmatrix}$$

이다.

이제 이 공식을 이용해서 $\mathbf{M} = \begin{bmatrix} 3 & 0 \\ -1 & 2 \end{bmatrix}$의 역행렬을 구하면,

$$\mathbf{M}^{-1} = \frac{1}{3 \cdot 2 - 0 \cdot (-1)} \begin{bmatrix} 2 & 0 \\ 1 & 3 \end{bmatrix} = \begin{bmatrix} 1/3 & 0 \\ 1/6 & 1/2 \end{bmatrix}$$

이다. 계산이 맞았는지를 $\mathbf{MM}^{-1} = \mathbf{M}^{-1}\mathbf{M} = \mathbf{I}$를 이용해서 점검해 보면:

$$\begin{bmatrix} 3 & 0 \\ -1 & 2 \end{bmatrix}\begin{bmatrix} 1/3 & 0 \\ 1/6 & 1/2 \end{bmatrix} = \begin{bmatrix} 1 & 0 \\ 0 & 1 \end{bmatrix} = \begin{bmatrix} 1/3 & 0 \\ 1/6 & 1/2 \end{bmatrix}\begin{bmatrix} 3 & 0 \\ -1 & 2 \end{bmatrix}$$

> **참고:** 작은 행렬(4×4 행렬 및 그 이하)의 경우 딸림행렬을 이용한 계산법이 효율적이다. 더 큰 행렬에는 가우스 소거법 같은 다른 방법이 쓰인다. 그런데 3차원 그래픽에서 주로 다루는 행렬들은 그 역행렬 공식을 미리 알 수 있는 특별한 형태이기 때문에*, 굳이 일반적인 행렬의 역행렬을 구하는 공식을 사용해서 CPU 주기를 낭비할 필요가 없다. 그래서 코드에서 식 2.6을 실제로 적용하는 경우는 별로 없다.

역행렬에 대한 이번 절의 마지막 주제로, 행렬 곱의 역행렬에 대한 유용한 대수적 성질 하나를 살펴보자. $\mathbf{A}$와 $\mathbf{B}$가 같은 차원의 가역 정방행렬이라 할 때 다음이 성립한다.

$$(\mathbf{AB})^{-1} = \mathbf{B}^{-1}\mathbf{A}^{-1}$$

---

* 옮긴이 3차원 그래픽에 쓰이는 변환 행렬들의 구체적인 역행렬 공식은 제3장에 나온다.

$\mathbf{B}^{-1}\mathbf{A}^{-1}$이 실제로 $\mathbf{AB}$의 역행렬인지 증명하려면 $(\mathbf{AB})(\mathbf{B}^{-1}\mathbf{A}^{-1}) = \mathbf{I}$이고 $(\mathbf{B}^{-1}\mathbf{A}^{-1})(\mathbf{AB}) = \mathbf{I}$임을 보여야 한다. 증명은 다음과 같다.

$$(\mathbf{AB})(\mathbf{B}^{-1}\mathbf{A}^{-1}) = \mathbf{A}(\mathbf{BB}^{-1})\mathbf{A}^{-1} = \mathbf{AIA}^{-1} = \mathbf{AA}^{-1} = \mathbf{I}$$

$$(\mathbf{B}^{-1}\mathbf{A}^{-1})(\mathbf{AB}) = \mathbf{B}^{-1}(\mathbf{A}^{-1}\mathbf{A})\mathbf{B} = \mathbf{B}^{-1}\mathbf{IB} = \mathbf{B}^{-1}\mathbf{B} = \mathbf{I}$$

2.8 DirectXMath의 행렬

3차원 그래픽에서 점과 벡터를 변환할 때에는 1×4 행벡터와 4×4 행렬을 사용한다. 이유는 다음 장인 제3장에서 설명하겠다. 일단 지금은 4×4 행렬을 표현하는 데 쓰이는 DirectXMath 라이브러리의 형식들에 주목하자.

2.8.1 행렬 형식들

DirectXMath로 4×4 행렬을 표현할 때에는 XMMATRIX라는 형식을 사용한다. 이 형식은 *DirectXMath.h* 헤더 파일에 다음과 같이 정의되어 있다(가독성을 위해 코드를 조금 정리하고 주석을 추가했음).

```
#if (defined(_M_IX86) || defined(_M_X64) || defined(_M_ARM)) && \
    defined(_XM_NO_INTRINSICS_)
struct XMMATRIX
#else
__declspec(align(16)) struct XMMATRIX
#endif
{
  // SIMD 활용을 위해, 행렬을 네 개의 XMVECTOR로 표현한다.
  XMVECTOR r[4];

  XMMATRIX() {}

  // 행벡터 네 개를 지정해서 행렬을 초기화한다.
  XMMATRIX(FXMVECTOR R0, FXMVECTOR R1, FXMVECTOR R2, CXMVECTOR R3)
    { r[0] = R0; r[1] = R1; r[2] = R2; r[3] = R3; }

  // 성분 16개를 지정해서 행렬을 초기화한다.
  XMMATRIX(float m00, float m01, float m02, float m03,
      float m10, float m11, float m12, float m13,
```

```
                 float m20, float m21, float m22, float m23,
                 float m30, float m31, float m32, float m33);

      // 부동소수점 수 16개의 배열을 지정해서 행렬을 초기화한다.
      explicit XMMATRIX(_In_reads_(16) const float *pArray);

      XMMATRIX&  operator= (const XMMATRIX& M)
        { r[0] = M.r[0]; r[1] = M.r[1]; r[2] = M.r[2]; r[3] = M.r[3]; return *this; }

      XMMATRIX  operator+ () const { return *this; }
      XMMATRIX  operator- () const;

      XMMATRIX&  XM_CALLCONV   operator+= (FXMMATRIX M);
      XMMATRIX&  XM_CALLCONV   operator-= (FXMMATRIX M);
      XMMATRIX&  XM_CALLCONV   operator*= (FXMMATRIX M);
      XMMATRIX&  operator*= (float S);
      XMMATRIX&  operator/= (float S);

      XMMATRIX  XM_CALLCONV   operator+ (FXMMATRIX M) const;
      XMMATRIX  XM_CALLCONV   operator- (FXMMATRIX M) const;
      XMMATRIX  XM_CALLCONV   operator* (FXMMATRIX M) const;
      XMMATRIX  operator* (float S) const;
      XMMATRIX  operator/ (float S) const;

      friend XMMATRIX   XM_CALLCONV   operator* (float S, FXMMATRIX M);
    };
```

코드에서 보듯이 XMMATRIX는 SIMD 활용을 위해 XMVECTOR 인스턴스 네 개를 사용한다. 또한, XMMATRIX는 행렬 연산을 위해 중복적재된 연산자들을 제공한다.

XMMATRIX의 여러 생성자 외에, XMMatrixSet이라는 함수로도 XMMATRIX 인스턴스를 생성할 수 있다.

```
    XMMATRIX XM_CALLCONV XMMatrixSet(
      float m00, float m01, float m02, float m03,
      float m10, float m11, float m12, float m13,
      float m20, float m21, float m22, float m23,
      float m30, float m31, float m32, float m33);
```

벡터를 클래스에 저장할 때 자료 멤버의 형식으로 XMFLOAT2(2차원)나 XMFLOAT3(3차원), XMFLOAT4(4차원)를 사용하듯이, DirectXMath 문서화는 행렬을 클래스 자료 멤버에 저장할 때 XMFLOAT4X4 형식을 사용할 것을 추천한다.

```
struct XMFLOAT4X4
{
  union
  {
    struct
    {
      float _11, _12, _13, _14;
      float _21, _22, _23, _24;
      float _31, _32, _33, _34;
      float _41, _42, _43, _44;
    };
    float m[4][4];
  };

  XMFLOAT4X4() {}
  XMFLOAT4X4(float m00, float m01, float m02, float m03,
         float m10, float m11, float m12, float m13,
         float m20, float m21, float m22, float m23,
         float m30, float m31, float m32, float m33);
  explicit XMFLOAT4X4(_In_reads_(16) const float *pArray);

  float    operator() (size_t Row, size_t Column) const { return m[Row][Column]; }
  float&   operator() (size_t Row, size_t Column) { return m[Row][Column]; }

  XMFLOAT4X4& operator= (const XMFLOAT4X4& Float4x4);
};
```

XMFLOAT4X4의 자료를 XMMATRIX에 적재할 때에는 다음과 같은 메서드를 사용한다.

```
inline XMMATRIX XM_CALLCONV
XMLoadFloat4x4(const XMFLOAT4X4* pSource);
```

XMMATRIX의 자료를 XMFLOAT4X4에 저장할 때에는 다음과 같은 메서드를 사용한다.

```
inline void XM_CALLCONV
XMStoreFloat4x4(XMFLOAT4X4* pDestination, FXMMATRIX M);
```

2.8.2 행렬 함수

DirectXMath 라이브러리에는 다음과 같은 유용한 행렬 관련 함수들이 있다.

```
XMMATRIX XM_CALLCONV XMMatrixIdentity();     // 단위행렬 I를 돌려준다.
bool XM_CALLCONV XMMatrixIsIdentity(         // M이 단위행렬인지의 여부를 돌려준다.
    FXMMATRIX M);                            // 입력 M
XMMATRIX XM_CALLCONV XMMatrixMultiply(       // 행렬 곱 AB를 돌려준다.
    FXMMATRIX A,                             // 입력 A
    CXMMATRIX B);                            // 입력 B
XMMATRIX XM_CALLCONV XMMatrixTranspose(      // M^T를 돌려준다.
    FXMMATRIX M);                            // 입력 M
XMVECTOR XM_CALLCONV XMMatrixDeterminant(    // (det M, det M, det M, det M)을 돌려준다.
    FXMMATRIX M);                            // 입력 M
XMMATRIX XM_CALLCONV XMMatrixInverse(        // M^{-1}을 돌려준다.
    XMVECTOR* pDeterminant,                  // 입력 (det M, det M, det M, det M)
    FXMMATRIX M);                            // 입력 M
```

함수의 XMMATRIX 매개변수를 선언할 때에는 XMVECTOR 매개변수를 선언할 때와 같은 규칙(§1.6.3 참고)을 적용한다. 단, XMMATRIX 매개변수 하나가 XMVECTOR 매개변수 네 개에 해당한다는 점이 다르다. 함수의 추가적인 FXMVECTOR 매개변수가 둘 이하라고 할 때, 첫 XMMATRIX 매개변수의 형식은 반드시 FXMMATRIX로 하고 나머지 XMMATRIX들의 형식은 반드시 CXMMATRIX로 해야 한다. 32비트 Windows에서 __fastcall 호출 규약을 지원하는 컴파일러와 좀 더 최신의 __vectorcall 호출 규약을 지원하는 컴파일러는 이 형식들을 다음과 같이 정의한다.

```
// 32비트 Windows에서 __fastcall 호출 규약은 처음 세 XMVECTOR 인수를
// 레지스터들을 통해서 전달하고, 나머지는 스택을 사용한다.
typedef const XMMATRIX& FXMMATRIX;
typedef const XMMATRIX& CXMMATRIX;

// 32비트 Windows에서 __vectorcall 호출 규약은 처음 여섯 XMVECTOR 인수를
// 레지스터들을 통해서 전달하고, 나머지는 스택을 사용한다.
typedef const XMMATRIX FXMMATRIX;
typedef const XMMATRIX& CXMMATRIX;
```

XMMATRIX 하나가 XMVECTOR 네 개이므로, 32비트 Windows에서 __fastcall만 지원하는 컴파일러로는 XMMATRIX 매개변수를 SSE/SSE2 레지스터들을 통해서 함수에 전달할 수 없다. 이 경우 XMMATRIX 인스턴스는 스택을 통해서 참조로 전달된다. 다른 플랫폼들에서 이 형

식들이 구체적으로 어떻게 정의되는지는 DirectXMath 문서화([DirectXMath])의 "Calling Convention"에 있는 "Library Internals" 항목을 참고하기 바란다. 벡터의 경우처럼, 생성자에 대해서는 예외가 있다. [DirectXMath]는 XMMATRIX 형식의 인수를 받는 생성자에서는 항상 CXMMATRIX를 사용하라고 권한다. 또한, 생성자에는 XM_CALLCONV 호출 규약 지시자를 사용하지 말아야 한다.

2.8.3 DirectXMath 행렬 예제 프로그램

다음은 XMMATRIX 클래스 및 이전 절에서 나열한 함수들 대부분의 사용법을 보여주는 예제 프로그램이다.

```
#include <windows.h> // XMVerifyCPUSupport에 필요함
#include <DirectXMath.h>
#include <DirectXPackedVector.h>
#include <iostream>
using namespace std;
using namespace DirectX;
using namespace DirectX::PackedVector;

// XMVECTOR 객체와 XMMATRIX 객체를 cout으로 출력할 수 있도록
// << 연산자를 중복적재한다.
ostream& XM_CALLCONV operator << (ostream& os, FXMVECTOR v)
{
  XMFLOAT4 dest;
  XMStoreFloat4(&dest, v);

  os << "(" << dest.x << ", " << dest.y << ", " << dest.z << ", " << dest.w << ")";
  return os;
}

ostream& XM_CALLCONV operator << (ostream& os, FXMMATRIX m)
{
  for (int i = 0; i < 4; ++i)
  {
    os << XMVectorGetX(m.r[i]) << "\t";
    os << XMVectorGetY(m.r[i]) << "\t";
    os << XMVectorGetZ(m.r[i]) << "\t";
    os << XMVectorGetW(m.r[i]);
    os << endl;
  }
```

```
    return os;
}

int main()
{
  // SSE2를 지원하는지(Pentium4, AMD K8 이상) 확인한다.
  if (!XMVerifyCPUSupport())
  {
    cout << "DirectXMath를 지원하지 않음" << endl;
    return 0;
  }

  XMMATRIX A(1.0f, 0.0f, 0.0f, 0.0f,
    0.0f, 2.0f, 0.0f, 0.0f,
    0.0f, 0.0f, 4.0f, 0.0f,
    1.0f, 2.0f, 3.0f, 1.0f);

  XMMATRIX B = XMMatrixIdentity();

  XMMATRIX C = A * B;

  XMMATRIX D = XMMatrixTranspose(A);

  XMVECTOR det = XMMatrixDeterminant(A);
  XMMATRIX E = XMMatrixInverse(&det, A);

  XMMATRIX F = A * E;

  cout << "A = " << endl << A << endl;
  cout << "B = " << endl << B << endl;
  cout << "C = A*B = " << endl << C << endl;
  cout << "D = transpose(A) = " << endl << D << endl;
  cout << "det = determinant(A) = " << det << endl << endl;
  cout << "E = inverse(A) = " << endl << E << endl;
  cout << "F = A*E = " << endl << F << endl;

  return 0;
}
```

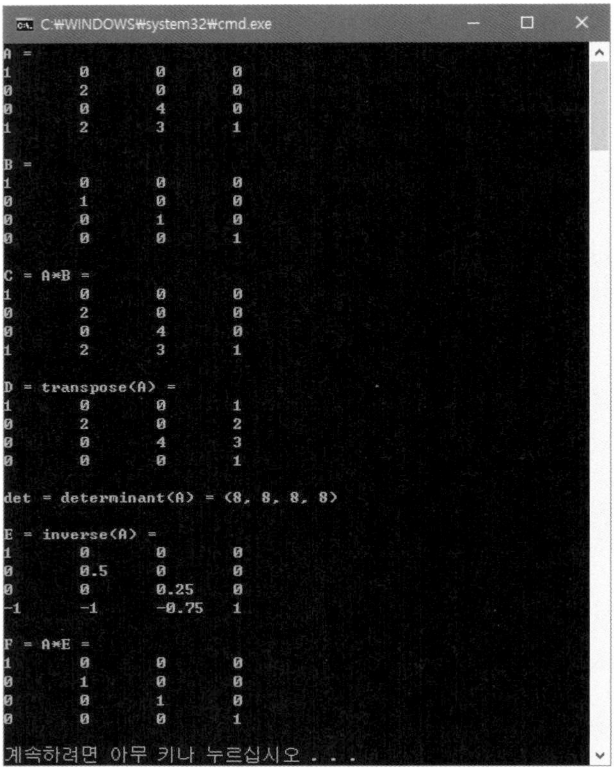

```
C:\WINDOWS\system32\cmd.exe                    —    □    ×
A =
1        0        0        0
0        2        0        0
0        0        4        0
1        2        3        1

B =
1        0        0        0
0        1        0        0
0        0        1        0
0        0        0        1

C = A*B =
1        0        0        0
0        2        0        0
0        0        4        0
1        2        3        1

D = transpose(A) =
1        0        0        1
0        2        0        2
0        0        4        3
0        0        0        1

det = determinant(A) = (8, 8, 8, 8)

E = inverse(A) =
1        0        0        0
0        0.5      0        0
0        0        0.25     0
-1       -1       -0.75    1

F = A*E =
1        0        0        0
0        1        0        0
0        0        1        0
0        0        0        1

계속하려면 아무 키나 누르십시오 . . .
```

그림 2.1 예제 프로그램의 출력.

2.9 요약

1. $m \times n$ 행렬 $\mathbf{M}$은 m개의 행과 n개의 열로 이루어진 실수들의 직사각 배열이다. 두 행렬은 오직 대응되는 성분들이 상등일 때에만 상등이다. 두 행렬을 더할 때에는 대응되는 성분들을 더한다. 행렬에 하나의 스칼라를 곱할 때에는 행렬의 모든 성분에 그 스칼라를 곱한다.

2. 만일 $\mathbf{A}$가 $m \times n$ 행렬이고 $\mathbf{B}$가 $n \times p$ 행렬이면 둘의 곱 $\mathbf{AB}$가 정의된다. 곱 $\mathbf{AB}$는 하나의 $m \times p$ 행렬이다. 이를 $\mathbf{C}$라고 할 때, $\mathbf{C}$의 ij번째 성분은 $\mathbf{A}$의 i번째 행벡터와 $\mathbf{B}$의 j번째 열벡터의 내적이다. 즉, $\mathbf{C}_{ij} = \mathbf{A}_{i,*} \cdot \mathbf{B}_{*,j}$이다.

3. 행렬 곱셈에는 교환법칙이 성립하지 않는다. 즉, 일반적으로 $\mathbf{AB} \neq \mathbf{BA}$이다. 행렬 곱셈은 결합법칙을 만족한다. 즉, $(\mathbf{AB})\mathbf{C} = \mathbf{A}(\mathbf{BC})$이다.

4. 행렬의 전치, 즉 전치행렬은 행렬의 행들과 열들을 맞바꾼 것이다. 따라서 $m \times n$ 행렬의 전치는 $n \times m$ 행렬이다. 행렬 $\mathbf{M}$의 전치행렬을 $\mathbf{M}^T$로 표기한다.

5. 단위행렬은 주대각 성분들만 1이고 나머지는 모두 0인 정방행렬이다.

6. 행렬식 $\det \mathbf{A}$는 정방행렬을 입력받아서 실숫값을 출력하는 특별한 함수이다. 정방행렬 $\mathbf{A}$는 오직 $\det \mathbf{A} \neq 0$일 때에만 가역이다. 행렬식은 역행렬을 계산하는 공식에 쓰인다.

7. 행렬에 그 역행렬을 곱하면 단위행렬이 나온다. 즉, $\mathbf{MM}^{-1} = \mathbf{M}^{-1}\mathbf{M} = \mathbf{I}$이다. 행렬에 역행렬이 존재하는 경우 그 역행렬은 고유하다. 역행렬은 정방행렬에만 있으며, 정방행렬이라도 반드시 역행렬이 있는 것은 아니다. 역행렬을 구하는 공식은 $\mathbf{A}^{-1} = \mathbf{A}^* / \det \mathbf{A}$인데, 여기서 $\mathbf{A}^*$는 $\mathbf{A}$의 딸림행렬(adjoint matrix; 여인수행렬의 전치)이다.

8. 코드에서 벡터를 효율적으로 다루기 위해 DirectXMath 라이브러리의 XMMATRIX 형식을 사용한다. 이 형식은 SIMD 연산들을 이용해서 행렬을 효율적으로 처리한다. 클래스 자료 멤버에는 XMFLOAT4X4 형식을 사용하되, 필요에 따라 적재 함수(XMLoadFloat4x4)를 이용해서 XMMATRIX로 변환하고 저장 함수(XMStoreFloat4x4)를 이용해서 다시 XMFLOAT4X4로 변환한다. DirectXMath 라이브러리는 XMMATRIX를 이용한 행렬 덧셈, 뺄셈, 행렬 곱셈, 스칼라 곱셈을 위해 중복적재된 연산자들을 제공한다. 더 나아가서, DirectXMath 라이브러리는 단위행렬, 행렬 곱셈, 전치, 행렬식, 역행렬 계산을 위한 다음과 같은 편의용 함수들도 제공한다.

```
XMMATRIX XM_CALLCONV XMMatrixIdentity();
XMMATRIX XM_CALLCONV XMMatrixMultiply(FXMMATRIX A, CXMMATRIX B);
XMMATRIX XM_CALLCONV XMMatrixTranspose(FXMMATRIX M);
XMVECTOR XM_CALLCONV XMMatrixDeterminant(FXMMATRIX M);
XMMATRIX XM_CALLCONV XMMatrixInverse(XMVECTOR* pDeterminant,  FXMMATRIX M);
```

2.10 연습문제

1. 다음 행렬 방정식을 $\mathbf{X}$에 대해 풀어라: $3\left(\begin{bmatrix} -2 & 0 \\ 1 & 3 \end{bmatrix} - 2\mathbf{X}\right) = 2\begin{bmatrix} -2 & 0 \\ 1 & 3 \end{bmatrix}$

2. 다음 행렬 곱들을 계산하라.

    (a) $\begin{bmatrix} -2 & 0 & 3 \\ 4 & 1 & -1 \end{bmatrix}\begin{bmatrix} 2 & -1 \\ 0 & 6 \\ 2 & -3 \end{bmatrix}$

    (b) $\begin{bmatrix} 1 & 2 \\ 3 & 4 \end{bmatrix}\begin{bmatrix} -2 & 0 \\ 1 & 1 \end{bmatrix}$

    (c) $\begin{bmatrix} 2 & 0 & 2 \\ 0 & -1 & -3 \\ 0 & 0 & 1 \end{bmatrix}\begin{bmatrix} 1 \\ 2 \\ 1 \end{bmatrix}$

3. 다음 행렬들의 전치를 구하라.

    (a) $[\,1, 2, 3\,]$

    (b) $\begin{bmatrix} x & y \\ z & w \end{bmatrix}$

    (c) $\begin{bmatrix} 1 & 2 \\ 3 & 4 \\ 5 & 6 \\ 7 & 8 \end{bmatrix}$

4. 다음 일차결합들을 벡터와 행렬의 곱으로 표현하라.

    (a) $\mathbf{v} = 2(1, 2, 3) - 4(-5, 0, -1) + 3(2, -2, 3)$

    (b) $\mathbf{v} = 3(2, -4) + 2(1, 4) - 1(-2, -3) + 5(1, 1)$

5. 다음 등식을 증명하라.

$$\mathbf{AB} = \begin{bmatrix} A_{11} & A_{12} & A_{13} \\ A_{21} & A_{22} & A_{23} \\ A_{31} & A_{32} & A_{33} \end{bmatrix}\begin{bmatrix} B_{11} & B_{12} & B_{13} \\ B_{21} & B_{22} & B_{23} \\ B_{31} & B_{32} & B_{33} \end{bmatrix} = \begin{bmatrix} \leftarrow \mathbf{A}_{1,*}\mathbf{B} \rightarrow \\ \leftarrow \mathbf{A}_{2,*}\mathbf{B} \rightarrow \\ \leftarrow \mathbf{A}_{3,*}\mathbf{B} \rightarrow \end{bmatrix}$$

6. 다음 등식을 증명하라.

$$\mathbf{Au} = \begin{bmatrix} A_{11} & A_{12} & A_{13} \\ A_{21} & A_{22} & A_{23} \\ A_{31} & A_{32} & A_{33} \end{bmatrix}\begin{bmatrix} x \\ y \\ z \end{bmatrix} = x\mathbf{A}_{*,1} + y\mathbf{A}_{*,2} + z\mathbf{A}_{*,3}$$

7. 벡터 외적을 다음과 같은 행렬 곱으로 표현할 수 있음을 증명하라.

$$\mathbf{u} \times \mathbf{v} = \begin{bmatrix} v_x & v_y & v_z \end{bmatrix} \begin{bmatrix} 0 & u_z & -u_y \\ -u_z & 0 & u_x \\ u_y & -u_x & 0 \end{bmatrix}$$

8. $\mathbf{A} = \begin{bmatrix} 2 & 0 & 1 \\ 0 & -1 & -3 \\ 0 & 0 & 1 \end{bmatrix}$ 이라고 하자. $\mathbf{B} = \begin{bmatrix} 1/2 & 0 & -1/2 \\ 0 & -1 & -3 \\ 0 & 0 & 1 \end{bmatrix}$ 이 A의 역행렬인가?

9. $\mathbf{A} = \begin{bmatrix} 1 & 2 \\ 3 & 4 \end{bmatrix}$ 라고 하자. $\mathbf{B} = \begin{bmatrix} -2 & 1 \\ 3/2 & 1/2 \end{bmatrix}$ 이 A의 역행렬인가?

10. 다음 행렬들의 행렬식을 구하라.

$$\begin{bmatrix} 21 & -4 \\ 10 & 7 \end{bmatrix} \qquad \begin{bmatrix} 2 & 0 & 0 \\ 0 & 3 & 0 \\ 0 & 0 & 7 \end{bmatrix}$$

11. 다음 행렬들의 역행렬을 구하라.

$$\begin{bmatrix} 21 & -4 \\ 10 & 7 \end{bmatrix} \qquad \begin{bmatrix} 2 & 0 & 0 \\ 0 & 3 & 0 \\ 0 & 0 & 7 \end{bmatrix}$$

12. 다음 행렬은 가역인가?

$$\begin{bmatrix} 1 & 2 & 3 \\ 0 & 4 & 5 \\ 0 & 0 & 0 \end{bmatrix}$$

13. $\mathbf{A}$가 가역행렬일 때, $(\mathbf{A}^{-1})^T = (\mathbf{A}^T)^{-1}$임을 보여라.

14. $\mathbf{A}$와 $\mathbf{B}$가 $n \times n$ 행렬일 때, $\det(\mathbf{AB}) = \det \mathbf{A} \cdot \det \mathbf{B}$라는 등식이 성립한다(증명은 선형대수 교재에서 흔히 볼 수 있다). 이 등식과 $\mathbf{I} = 1$이라는 등식을 이용해서, $\mathbf{A}$가 가역행렬일 때 $\det \mathbf{A}^{-1} = \dfrac{1}{\det \mathbf{A}}$ 이 성립함을 증명하라.

15. 2차원 행렬의 행렬식 $\begin{bmatrix} u_x & u_y \\ v_x & v_y \end{bmatrix}$가, $\mathbf{u} = (u_x, u_y)$와 $\mathbf{v} = (v_x, v_y)$로 정의되는 평행사변형의 부호 있는 넓이임을 증명하라. 만일 $\mathbf{u}$를 반시계방향으로 각도 $\theta \in (0, \pi)$만큼 회전해서 $\mathbf{v}$와 일치시킬 수 있으면 넓이가 양수이고 그렇지 않으면 음수이다.

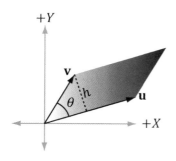

16. 다음 벡터들이 만드는 평행사변형의 넓이를 각각 구하라.

    (a) $\mathbf{u} = (3, 0)$과 $\mathbf{v} = (1, 1)$

    (b) $\mathbf{u} = (-1, -1)$과 $\mathbf{v} = (0, 1)$

17. $\mathbf{A} = \begin{bmatrix} A_{11} & A_{12} \\ A_{21} & A_{22} \end{bmatrix}$ 이고 $\mathbf{B} = \begin{bmatrix} B_{11} & B_{12} \\ B_{21} & B_{22} \end{bmatrix}$, $\mathbf{C} = \begin{bmatrix} C_{11} & C_{12} \\ C_{21} & C_{22} \end{bmatrix}$ 라고 할 때 $\mathbf{A}(\mathbf{B}\mathbf{C}) = (\mathbf{A}\mathbf{B})\mathbf{C}$임을 보여라. 이 등식은 차원이 같은 행렬들의 곱셈에 결합법칙이 성립함을 보여준다. (사실, 그 어떤 차원의 행렬이든 곱셈이 정의되기만 한다면 행렬 곱셈은 결합법칙을 만족한다.)

18. $m \times n$ 행렬의 전치를 계산하는 컴퓨터 프로그램을, DirectXMath 라이브러리를 사용하지 말고(그냥 C++에서 배열들의 배열만 이용해서) 작성하라.

19. 4×4 행렬의 행렬식과 역행렬을 계산하는 컴퓨터 프로그램을, DirectXMath 라이브러리를 사용하지 말고(그냥 C++에서 배열들의 배열만 이용해서) 작성하라.

변환

3차원 그래픽은 3차원 세계의 물체들을 기하학적으로 묘사한다. 좀 더 구체적으로 말하면, 물체의 외부 표면을 근사^{近似}(approximation)하는 일단의 삼각형들로 물체를 표현한다. 그런데 그런 물체들이 전혀 움직이지 않는다면 그리 흥미로운 장면이 아닐 것이다. 따라서 물체를 나타내는 기하구조(geometry)를 어떤 형태로든 '변환^{變換}(transformation)'할 필요가 있다. 3차원 그래픽에 쓰이는 주된 기하학적 변환은 이동변환과 회전변환, 비례변환이다. 이번 장에서는 3차원 공간의 점과 벡터를 변환하는 데 사용할 수 있는 행렬 방정식들을 살펴본다.

목표

1. 선형변환(일차변환)과 아핀변환을 행렬로 표현하는 방법을 이해한다.
2. 기하구조의 회전, 비례, 이동을 위한 좌표 변환을 배운다.
3. 행렬 대 행렬 곱셈을 이용해서 여러 변환 행렬을 최종적인 하나의 변환 행렬로 결합(합성)하는 방법을 살펴본다.
4. 한 좌표계의 좌표를 다른 좌표계로 변환하는 방법과 그러한 변환을 행렬로 표현하는 방법을 파악한다.
5. DirectXMath 라이브러리가 제공하는 여러 변환 행렬 구축 함수들에 익숙해진다.

3.1 선형변환

3.1.1 정의

수학 함수 $\tau(\mathbf{v}) = \tau(x, y, z) = (x', y', z')$을 생각해 보자. 이 함수는 3차원 벡터 하나를 입력받아서 3차원 벡터 하나를 출력한다. 만일 함수 τ에 대해 다음과 같은 성질들이 성립하면, 그리고 오직 그럴 때에만, τ를 가리켜 선형線形변환(linear transformation)이라고 부른다.

$$\tau(\mathbf{u} + \mathbf{v}) = \tau(\mathbf{u}) + \tau(\mathbf{v})$$
$$\tau(k\mathbf{u}) = k\tau(\mathbf{u}) \qquad \text{(식 3.1)}$$

여기서 $\mathbf{u} = (u_x, u_y, u_z)$와 $\mathbf{v} = (v_x, v_y, v_z)$는 임의의 3차원 벡터이고 k는 스칼라이다.

> **참고:** 입력과 출력이 3차원 벡터가 아닌 함수도 선형변환이 될 수 있지만, 3차원 그래픽을 다루는 이 책에서는 굳이 그런 일반적인 경우를 다룰 필요가 없다.

예 3.1

함수 $\tau(x, y, z) = (x^2, y^2, z^2)$을 생각해 보자. 예를 들어 $\tau(1, 2, 3) = (1, 4, 9)$이다. 이 함수는 선형변환이 아니다. $k = 2$와 $\mathbf{u} = (1, 2, 3)$에 대해

$$\tau(k\mathbf{u}) = \tau(2, 4, 6) = (4, 16, 36)$$

이지만

$$k\tau(\mathbf{u}) = 2(1, 4, 9) = (2, 8, 18)$$

이기 때문이다. 즉, 식 3.1의 두 번째 성질이 성립하지 않는다.

만일 τ가 선형변환이면 다음이 성립한다.

$$\tau(a\mathbf{u} + b\mathbf{v} + c\mathbf{w}) = \tau(a\mathbf{u} + (b\mathbf{v} + c\mathbf{w}))$$
$$= a\tau(\mathbf{u}) + \tau(b\mathbf{v} + c\mathbf{w})$$
$$= a\tau(\mathbf{u}) + b\tau(\mathbf{v}) + c\tau(\mathbf{w}) \qquad \text{(식 3.2)}$$

이 결과*를 다음 절에서 사용할 것이다.

---

* 옮긴이　수학에 관련된 문맥에서, 증명된 또는 자명하게 유도된 명제나 공식을 종종 '결과(result)'라고 부른다.

3.1.2 행렬 표현

$\mathbf{u} = (x, y, z)$라고 할 때, 이를 항상 다음과 같이 표현할 수 있음을 주목하기 바란다.

$$\mathbf{u} = (x, y, z) = x\mathbf{i} + y\mathbf{j} + z\mathbf{k} = x(1, 0, 0) + y(0, 1, 0) + z(0, 0, 1)$$

벡터 $\mathbf{i} = (1, 0, 0)$, $\mathbf{j} = (0, 1, 0)$, $\mathbf{k} = (0, 0, 1)$은 현재 좌표계의 축들과 같은 방향인 단위벡터들인데, 이들을 ^{3}에 대한 **표준기저**基底**벡터**(standard basis vector)라고 부른다. (^{3}은 모든 3차원 좌표 벡터 (x, y, z)의 집합을 뜻한다.) 이제 τ가 하나의 선형변환이라고 하면, 그 선형성(식 3.2)에 의해 다음이 성립한다.

그림 3.1 왼쪽의 졸(pawn)이 원래의 물체이다. 중간의 졸은 원래의 졸을 y 축으로 2단위만큼 비례(확대)해서 키를 키운 것이다. 오른쪽 졸은 원래의 졸을 x 축으로 2단위만큼 비례해서 더 뚱뚱하게 만든 것이다.

$$\tau(\mathbf{u}) = \tau(x\mathbf{i} + y\mathbf{j} + z\mathbf{k}) = x\tau(\mathbf{i}) + y\tau(\mathbf{j}) + z\tau(\mathbf{k}) \qquad \text{(식 3.3)}$$

이것이 제2장에서 본 선형결합(일차결합)에 지나지 않음을 주목하기 바란다. 따라서 이를 벡터와 행렬의 곱으로 표현할 수 있다. 즉, 식 2.2에 의해 식 3.3을 다음과 같이 표현할 수 있다.

$$\tau(\mathbf{u}) = x\tau(\mathbf{i}) + y\tau(\mathbf{j}) + z\tau(\mathbf{k})$$

$$= \mathbf{u}\mathbf{A} = [x, y, z] \begin{bmatrix} \leftarrow \tau(\mathbf{i}) \rightarrow \\ \leftarrow \tau(\mathbf{j}) \rightarrow \\ \leftarrow \tau(\mathbf{k}) \rightarrow \end{bmatrix} = [x, y, z] \begin{bmatrix} A_{11} & A_{12} & A_{13} \\ A_{21} & A_{22} & A_{23} \\ A_{31} & A_{32} & A_{33} \end{bmatrix} \qquad \text{(식 3.4)}$$

여기서 $\tau(\mathbf{i}) = (A_{11}, A_{12}, A_{13})$이고 $\tau(\mathbf{j}) = (A_{21}, A_{22}, A_{23})$, $\tau(\mathbf{k}) = (A_{31}, A_{32}, A_{33})$이다. 이러한 행렬 $\mathbf{A}$를 선형변환 τ의 행렬 표현(matrix representation)이라고 부른다.

3.1.3 비례

비례比例(scaling; 확대·축소) 변환은 물체의 크기를 바꾸는 효과를 낸다. [그림 3.1]에 비례변환의 예가 나와 있다.

비례변환은 다음과 같이 정의된다.

$$S(x, y, z) = (s_x x, s_y y, s_z z)$$

이 변환은 현재 좌표계를 기준으로 하여 벡터를 x 축으로 s_x 단위, y 축으로 s_y 단위, 그리고 z 축으로 s_z 단위만큼 비례한다. 그럼 이 S가 실제로 하나의 선형변환임을 증명해 보자. 다음이 성립한다.

$$
\begin{aligned}
S(\mathbf{u} + \mathbf{v}) &= (s_x (u_x + v_x), s_y (u_y + v_y), s_z (u_z + v_z)) \\
&= (s_x u_x + s_x v_x, s_y u_y + s_y v_y, s_z u_z + s_z v_z)) \\
&= (s_x u_x, s_y u_y, s_z u_z) + (s_x v_x, s_y v_y, s_z v_z) \\
&= S(\mathbf{u}) + S(\mathbf{v}) \\
S(k\mathbf{u}) &= (s_x k u_x, s_y k u_y, s_z k u_z) \\
&= k(s_x u_x, s_y u_y, s_z u_z) \\
&= kS(\mathbf{u})
\end{aligned}
$$

여기서 보듯이 S는 식 3.1의 두 성질을 만족하므로 선형변환이다. 그러므로 행렬 표현이 존재한다. 그 행렬 표현을 구하려면 그냥 식 3.3에서처럼 S를 표준기저벡터들 각각에 적용하고, 결과로 나오는 벡터들을 행들로 하는 행렬을 만들면 된다(식 3.4에서처럼). 비례된 기저벡터들은 다음과 같다.

$$
\begin{aligned}
S(\mathbf{i}) &= (s_x \cdot 1, s_y \cdot 0, s_z \cdot 0) = (s_x, 0, 0) \\
S(\mathbf{j}) &= (s_x \cdot 0, s_y \cdot 1, s_z \cdot 0) = (0, s_y, 0) \\
S(\mathbf{k}) &= (s_x \cdot 0, s_y \cdot 0, s_z \cdot 1) = (0, 0, s_z)
\end{aligned}
$$

따라서 S의 행렬 표현은

$$
\mathbf{S} = \begin{bmatrix} s_x & 0 & 0 \\ 0 & s_y & 0 \\ 0 & 0 & s_z \end{bmatrix}
$$

이다. 이 행렬을 **비례행렬**(scaling matrix)이라고 부른다.

비례행렬의 역은 다음과 같이 주어진다.

$$\mathbf{S}^{-1} = \begin{bmatrix} 1/s_x & 0 & 0 \\ 0 & 1/s_y & 0 \\ 0 & 0 & 1/s_z \end{bmatrix}$$

예 3.2

최솟점 $(-4, -4, 0)$과 최댓점 $(4, 4, 0)$으로 정의된 사각형을, z 축은 그대로 두고 x 축으로 0.5단위, y 축으로 2단위 비례해 보자. 해당 비례행렬은 다음과 같다.

$$\mathbf{S} = \begin{bmatrix} 0.5 & 0 & 0 \\ 0 & 2 & 0 \\ 0 & 0 & 1 \end{bmatrix}$$

이제 사각형을 실제로 비례(변환)하려면, 최솟점과 최댓점에 이 행렬을 곱하면 된다.

$$[-4, -4, 0] \begin{bmatrix} 0.5 & 0 & 0 \\ 0 & 2 & 0 \\ 0 & 0 & 1 \end{bmatrix} = [-2, -8, 0] \quad [4, 4, 0] \begin{bmatrix} 0.5 & 0 & 0 \\ 0 & 2 & 0 \\ 0 & 0 & 1 \end{bmatrix} = [2, 8, 0]$$

[그림 3.2]에 변환 결과가 나와 있다.

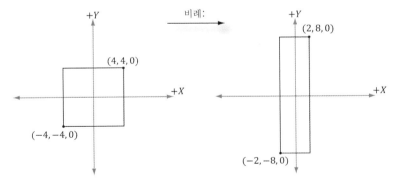

그림 3.2 x 축으로 1.5단위, y 축으로 2단위 비례하는 비례변환. $z = 0$이므로, 음의 z 축 방향으로 바라볼 때 이 기하구조는 기본적으로 2차원이다.

3.1.4 회전

이번 절에서는 [그림 3.3]에서처럼 벡터 $\mathbf{v}$를 축 $\mathbf{n}$에 대해* 회전하는 변환을 살펴본다. 이러한 변환에서 회전각은 $\mathbf{n}$을 내려다보는 방향(즉, $\mathbf{n}$의 반대 방향)을 기준으로 시계방향으로 측정한다. 또한, $\|\mathbf{n}\| = 1$이라고 가정한다.

우선 $\mathbf{v}$를 두 부분으로 분해한다. 하나는 $\mathbf{n}$에 평행한 부분이고 또 하나는 $\mathbf{n}$에 수직인(직교) 부분이다. 평행한 부분은 그냥 $\mathrm{proj}_\mathbf{n}(\mathbf{v})$이다(예 1.5 참고). 수직 부분은 $\mathbf{v}_\perp = \mathrm{perp}_\mathbf{n}(\mathbf{v}) = \mathbf{v} - \mathrm{proj}_\mathbf{n}(\mathbf{v})$로 주어진다(역시 예 1.5를 참고할 것. $\mathbf{n}$이 단위벡터이므로 $\mathrm{proj}_\mathbf{n}(\mathbf{v}) = (\mathbf{n} \cdot \mathbf{v})\mathbf{n}$이다). 여기서 핵심은, $\mathbf{n}$에 평행한 부분인 $\mathrm{proj}_\mathbf{n}(\mathbf{v})$는 회전에 대해 불변(invariant)이므로(즉, 벡터가 회전해도 변하지 않으므로), 수직인 부분을 회전하는 방법만 알아내면 된다는 것이다. [그림 3.3]에서 보듯이 회전된 벡터 $R_\mathbf{n}(\mathbf{v})$는 $\mathrm{proj}_\mathbf{n}(\mathbf{v}) + R_\mathbf{n}(\mathbf{v}_\perp)$이므로, $R_\mathbf{n}(\mathbf{v}_\perp)$만 구하면 된다.

$R_\mathbf{n}(\mathbf{v}_\perp)$을 구하기 위해, 회전 평면에 하나의 2차원 좌표계를 설정한다. $\mathbf{v}_\perp$를 두 기준 벡터 (reference vector) 중 하나로 사용한다. 다른 하나는 $\mathbf{v}_\perp$와 $\mathbf{n}$에 수직인 벡터이어야 한다. 그러한 벡터는 외적 $\mathbf{n} \times \mathbf{v}$(왼손 엄지 법칙)로 구하면 된다. [그림 3.3]과 제1장 연습문제 14의 삼각함수 공식들에 의해

$$\|\mathbf{n} \times \mathbf{v}\| = \|\mathbf{n}\|\|\mathbf{v}\|\sin\alpha = \|\mathbf{v}\|\sin\alpha = \|\mathbf{v}_\perp\|$$

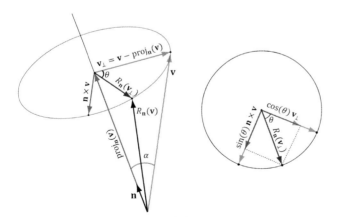

그림 3.3 벡터 $\mathbf{n}$에 대한 기하구조의 회전.

---

* 옮긴이 "~에 대한 회전"이라는 표현은 "~를 중심축으로 한 회전"을 뜻한다.

이다(여기서 α는 **n**과 **v** 사이의 각도). 이 식에서 보듯이 두 기준 벡터는 크기가 같다. 그리고 둘 다 원(회전 평면)의 원점에 놓여 있다. 이제 필요한 기준 벡터 두 개가 마련되었다. 삼각함수에 의해, 이들에 대해 다음이 성립한다.

$$R_{\mathbf{n}}(\mathbf{v}_\perp) = \cos\theta\mathbf{v}_\perp + \sin\theta(\mathbf{n} \times \mathbf{v})$$

이로부터 다음과 같은 회전 공식을 끌어낼 수 있다.

$$
\begin{aligned}
R_{\mathbf{n}}(\mathbf{v}) &= \text{proj}_{\mathbf{n}}(\mathbf{v}) + R_{\mathbf{n}}(\mathbf{v}_\perp) \\
&= (\mathbf{n} \cdot \mathbf{v})\mathbf{n} + \cos\theta\mathbf{v}_\perp + \sin\theta(\mathbf{n} \times \mathbf{v}) \\
&= (\mathbf{n} \cdot \mathbf{v})\mathbf{n} + \cos\theta(\mathbf{v} - (\mathbf{n} \cdot \mathbf{v})\mathbf{n}) + \sin\theta(\mathbf{n} \times \mathbf{v}) \\
&= \cos\theta\mathbf{v} + (1 - \cos\theta)(\mathbf{n} \cdot \mathbf{v})\mathbf{n} + \sin\theta(\mathbf{n} \times \mathbf{v})
\end{aligned}
\qquad \text{(식 3.5)}
$$

이것이 하나의 선형변환임을 증명하는 것은 독자의 숙제로 남기겠다. 이 변환의 행렬 표현은 그냥 식 3.3에서처럼 $R_{\mathbf{n}}$을 각 표준기저벡터에 적용하고, 그래서 나온 벡터들을 행으로 삼아서 하나의 행렬을 만들면(식 3.4에서처럼) 구할 수 있다. 최종 결과인 **회전행렬**(rotation matrix)은 다음과 같다.

$$
\mathbf{R}_{\mathbf{n}} = \begin{bmatrix}
c + (1-c)x^2 & (1-c)xy + sz & (1-c)xz - sy \\
(1-c)xy - sz & c + (1-c)y^2 & (1-c)yz + sx \\
(1-c)xz + sy & (1-c)yz - sx & c + (1-c)z^2
\end{bmatrix}
$$

여기서 $c = \cos\theta$이고 $s = \sin\theta$이다.

회전행렬에는 흥미로운 성질이 하나 있다. 행렬의 각 행벡터는 단위 길이이고(증명해 보라), 행벡터들은 서로 직교이다(역시 증명해 보라). 따라서 행벡터들은 **정규직교**(즉, 서로 직교이고 단위 길이)이다. 직교행렬에는 그 역행렬이 자신의 전치행렬과 같다는 편리한 속성이 있다. 즉, $R_{\mathbf{n}}$의 역은

$$
\mathbf{R}_{\mathbf{n}}^{-1} = \mathbf{R}_{\mathbf{n}}^{T} = \begin{bmatrix}
c + (1-c)x^2 & (1-c)xy - sz & (1-c)xz + sy \\
(1-c)xy + sz & c + (1-c)y^2 & (1-c)yz - sx \\
(1-c)xz - sy & (1-c)yz + sx & c + (1-c)z^2
\end{bmatrix}
$$

이다. 일반적으로, 직교가 아닌 행렬보다는 역행렬을 쉽고 효율적으로 계산할 수 있는 직교행렬을 다루는 것이 더 바람직하다.

특히 회전축이 x 축이나 y 축, z 축이면(즉, **n** = (1, 0, 0)이나 **n** = (0, 1, 0), **n** = (0, 0, 1)이면) 회전행렬이 아주 간단해진다. 다음은 차례대로 x 축, y 축, z 축에 대한 회전행렬들이다.

$$\mathbf{R}_x = \begin{bmatrix} 1 & 0 & 0 & 0 \\ 0 & \cos\theta & \sin\theta & 0 \\ 0 & -\sin\theta & \cos\theta & 0 \\ 0 & 0 & 0 & 1 \end{bmatrix}, \mathbf{R}_y = \begin{bmatrix} \cos\theta & 0 & -\sin\theta & 0 \\ 0 & 1 & 0 & 0 \\ \sin\theta & 0 & \cos\theta & 0 \\ 0 & 0 & 0 & 1 \end{bmatrix}, \mathbf{R}_z = \begin{bmatrix} \cos\theta & \sin\theta & 0 & 0 \\ -\sin\theta & \cos\theta & 0 & 0 \\ 0 & 0 & 1 & 0 \\ 0 & 0 & 0 & 1 \end{bmatrix}$$

예 3.3

최솟점 $(-1, 0, -1)$과 최댓점 $(1, 0, 1)$로 정의된 사각형을 y 축에 대해 시계방향으로 $-30°$ (즉 반시계방향으로 $30°$) 회전한다고 하자. 이 경우 $\mathbf{n} = (0, 1, 0)$이므로 $\mathbf{R}_n$이 아주 간단해진다. 해당 y 축 회전행렬은 다음과 같다.

$$\mathbf{R}_y = \begin{bmatrix} \cos\theta & 0 & -\sin\theta \\ 0 & 1 & 0 \\ \sin\theta & 0 & \cos\theta \end{bmatrix} = \begin{bmatrix} \cos(-30°) & 0 & -\sin(-30°) \\ 0 & 1 & 0 \\ \sin(-30°) & 0 & \cos(-30°) \end{bmatrix} = \begin{bmatrix} \frac{\sqrt{3}}{2} & 0 & \frac{1}{2} \\ 0 & 1 & 0 \\ -\frac{1}{2} & 0 & \frac{\sqrt{3}}{2} \end{bmatrix}$$

이제 실제로 사각형을 회전(변환)하려면, 최솟점과 최댓점에 이 행렬을 곱하면 된다.

$$[-1,0,-1]\begin{bmatrix} \frac{\sqrt{3}}{2} & 0 & \frac{1}{2} \\ 0 & 1 & 0 \\ -\frac{1}{2} & 0 & \frac{\sqrt{3}}{2} \end{bmatrix} \approx [-0.36,0,-1.36] \quad [1,0,1]\begin{bmatrix} \frac{\sqrt{3}}{2} & 0 & \frac{1}{2} \\ 0 & 1 & 0 \\ -\frac{1}{2} & 0 & \frac{\sqrt{3}}{2} \end{bmatrix} \approx [0.36,0,1.36]$$

[그림 3.4]에 회전 결과가 나와 있다.

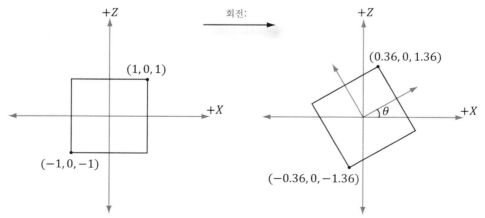

그림 3.4 y 축에 대한 시계방향 $-30°$ 회전. $y = 0$이므로, 양의 y 축을 내려다보는 방향으로 바라볼 때 이 기하구조는 기본적으로 2차원이다.

3.2 아핀변환

3.2.1 동차좌표

다음 절에서 보겠지만, 아핀변환(affine transformation; 또는 어파인변환, 상관변환)은 선형변환에 이동변환(translation transformation; 또는 병진이동변환)을 결합(합성)한 것이다. 그런데 벡터는 위치와 무관하게 오직 방향과 크기만 서술하는 것이므로, 벡터에 대해서는 이동이 의미가 없다. 다른 말로 하면, 벡터는 이동에 대해 불변이어야 하고, 이동은 오직 점(즉, 위치벡터)에만 적용해야 한다. 그런데 **동차**漢字**좌표**(homogeneous coordinate)라는 것을 이용하면 점과 벡터를 동일한 방식으로 다룰 수 있다. 동차좌표는 3차원 벡터에 w 성분을 추가한 네값쌍(4-tuple)의 형태인데, 주어진 동차좌표가 점을 나타내느냐 벡터를 나타내느냐는 이 w의 값이 결정한다. 구체적으로 말해서,

1. 벡터를 나타내는 동차좌표는 $(x, y, z, 0)$,
2. 점을 나타내는 동차좌표는 $(x, y, z, 1)$

로 표기한다.

나중에 보겠지만, 점을 나타내는 동차좌표에서 $w = 1$로 설정해야 점의 이동변환이 제대로 수행되며, 마찬가지로 벡터를 나타내는 동차좌표에서 $w = 0$으로 두어야 벡터에 대한 이동변환 시 벡터의 성분들이 변하는 문제를 방지할 수 있다(벡터의 성분들이 바뀌면 벡터의 본질적인 속성인 방향과 크기가 변하므로, 벡터에 이동변환을 적용했을 때 벡터의 성분들이 바뀌어서는 안 된다).

> **참고:** 동차좌표의 표기법은 [그림 1.17]에 나온 점과 벡터의 연산들을 만족한다. 즉, 두 점의 차 $\mathbf{q} - \mathbf{p} = (q_x, q_y, q_z, 1) - (p_x, p_y, p_z, 1) = (q_x - p_x, q_y - p_y, q_z - p_z, 0)$은 하나의 벡터가 되고, 점에 벡터를 더한 $\mathbf{p} + \mathbf{v} = (p_x, p_y, p_z, 1) + (v_x, v_y, v_z, 1) = (p_x + v_x, p_y + v_y, p_z + v_z, 1)$은 하나의 점이 된다.

3.2.2 아핀변환의 정의와 행렬 표현

3차원 그래픽에 필요한 변환 중에는 선형변환으로는 서술하지 못하는 것도 있다. 그래서 아핀변환이라고 부르는 좀 더 넓은 부류의 함수들을 도입해야 한다. 아핀변환은 선형변환에 이동 벡터 $\mathbf{b}$를 더한 것이다. 이를 수식으로 표현하면 다음과 같다.

$$\alpha(\mathbf{u}) = \tau(\mathbf{u}) + \mathbf{b}$$

이를 행렬로 다시 표기하면

$$\alpha(\mathbf{u}) = \mathbf{u}\mathbf{A} + \mathbf{b} = [x,\ y,\ z] \begin{bmatrix} A_{11} & A_{12} & A_{13} \\ A_{21} & A_{22} & A_{23} \\ A_{31} & A_{32} & A_{33} \end{bmatrix} + [b_x,\ b_y,\ b_z] = [x',\ y',\ z']$$

인데, 여기서 $\mathbf{A}$는 선형변환의 행렬 표현이다.

$w = 1$인 동차좌표를 도입하면 아핀변환을 다음과 같이 좀 더 간결하게 표기할 수 있다.

$$[x,\ y,\ z,\ 1] \begin{bmatrix} A_{11} & A_{12} & A_{13} & 0 \\ A_{21} & A_{22} & A_{23} & 0 \\ A_{31} & A_{32} & A_{33} & 0 \\ b_x & b_y & b_z & 1 \end{bmatrix} = [x',\ y',\ z',\ 1] \qquad \text{(식 3.6)}$$

식 3.6의 4×4 행렬을 아핀변환의 행렬 표현이라고 부른다.

추가된 $\mathbf{b}$는 본질적으로 하나의 이동(즉 위치 변경)을 나타냄을 주목하기 바란다. 벡터에는 위치가 없으므로, 벡터에 대해서는 그러한 이동을 적용하지 말아야 한다. 그러나 아핀변환의 선형변환 부분은 여전히 벡터에 적용해야 한다. 벡터의 동차좌표의 넷째 성분을 0으로, 즉 $w = 0$으로 설정하면 $\mathbf{b}$에 의한 이동은 적용되지 않는다(행렬 곱을 전개해 보면 확인할 수 있다).

> **참고:** 행벡터와 앞에 나온 4×4 아핀변환 행렬의 넷째 열의 내적이 $[x, y, z, w] \cdot [0, 0, 0, 1] = w$임을 주목하자. 따라서 이 행렬은 입력 벡터의 w 성분을 변경하지 않는다.

3.2.3 이동

주어진 인수(입력)를 그대로 돌려주는 선형변환, 즉 $I(\mathbf{u}) = \mathbf{u}$를 항등(恒等)변환(identity transformation)이라고 부른다. 이 선형변환의 행렬 표현은 단위행렬이다(증명이 가능함).

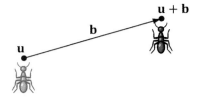

그림 3.5 변위 벡터 **b**를 이용해서 개미의 위치를 변경한다.

따라서 이동변환은 선형변환 부분이 하나의 단위행렬인 아핀변환이라고 정의할 수 있다. 즉,

$$\tau(\mathbf{u}) = \mathbf{u}\mathbf{I} + \mathbf{b} = \mathbf{u} + \mathbf{b}$$

이다. 수식에서 보듯이, 이 변환은 그냥 점 **u**를 **b**만큼 이동(변위)한다. [그림 3.5]는 이를 이용해서 물체의 위치를 변경할 수 있음을 보여준다. 물체의 모든 점의 위치를 동일한 벡터 **b**로 변경하면 물체 전체가 그만큼 이동하는 것이다.

식 3.6에 의해, τ를 다음과 같은 행렬로 표현할 수 있다.

$$\mathbf{T} = \begin{bmatrix} 1 & 0 & 0 & 0 \\ 0 & 1 & 0 & 0 \\ 0 & 0 & 1 & 0 \\ b_x & b_y & b_z & 1 \end{bmatrix}$$

이러한 행렬 표현을 **이동행렬**(translation matrix)이라고 부른다.

이동행렬의 역은 다음과 같이 주어진다.

$$\mathbf{T}^{-1} = \begin{bmatrix} 1 & 0 & 0 & 0 \\ 0 & 1 & 0 & 0 \\ 0 & 0 & 1 & 0 \\ -b_x & -b_y & -b_z & 1 \end{bmatrix}$$

예 3.4

최솟점 (−8, 2, 0)과 최댓점 (−2, 8, 0)으로 정의되는 사각형을 x 축을 따라 12단위, y 축을 따라 −10.0단위 이동한다고 하자. z 축 위치는 그대로 둔다. 이러한 이동에 해당하는 이동행렬은 다음과 같다.

$$\mathbf{T} = \begin{bmatrix} 1 & 0 & 0 & 0 \\ 0 & 1 & 0 & 0 \\ 0 & 0 & 1 & 0 \\ 12 & -10 & 0 & 1 \end{bmatrix}$$

이제 최솟점과 최댓점에 이 행렬을 곱하면 사각형이 실제로 이동(변환)한다.

$$[-8, 2, 0, 1] \begin{bmatrix} 1 & 0 & 0 & 0 \\ 0 & 1 & 0 & 0 \\ 0 & 0 & 1 & 0 \\ 12 & -10 & 0 & 1 \end{bmatrix} = [4, -8, 0, 1]$$

$$[-2, 8, 0, 1] \begin{bmatrix} 1 & 0 & 0 & 0 \\ 0 & 1 & 0 & 0 \\ 0 & 0 & 1 & 0 \\ 12 & -10 & 0 & 1 \end{bmatrix} = [10, -2, 0, 1]$$

이동 결과가 [그림 3.6]에 나와 있다.

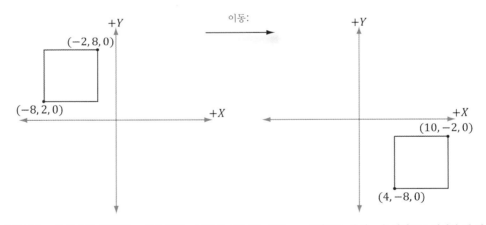

그림 3.6 x 축을 따라 12단위, y 축을 따라 -10단위 이동하는 변환. $z = 0$이므로, 음의 z 축 방향으로 바라볼 때 이 기하구조는 기본적으로 2차원이다.

참고: **T**가 변환 행렬일 때 점이나 벡터를 곱 $\mathbf{vT} = \mathbf{v'}$으로 변환할 수 있음을 기억할 것이다. 점이나 벡터를 **T**로 변환한 다음 그것을 다시 역행렬 $\mathbf{T}^{-1}$으로 변환하면 원래의 점 또는 벡터가 나온다. 즉, $\mathbf{vTT}^{-1} = \mathbf{vI} = \mathbf{v}$이다. 다른 말로 하면, 역행렬 변환(줄여서 역변환)은 원래의 변환을 "취소한다(undo)". 한 예로, 어떤 점을 x 축을 따라 5단위 이동한 후 x 축을 따라 −5단위 이동하면 점은 원래의 자리로 돌아가게 된다. 마찬가지로, 한 점을 y 축에 대해 30° 회전한 후 그 역행렬을 이용해서 y 축에 대해 −30° 회전하면 원래의 점이 된다. 정리하자면, 한 변환 행렬의 역행렬은 그 변환 행렬과 반대되는 변환을 수행하며, 두 변환을 결합한 변환을 적용하면 기하구조는 아무런 변화도 겪지 않는다.

3.2.4 비례와 회전을 위한 아핀변환 행렬들

만일 $\mathbf{b} = \mathbf{0}$이면 아핀변환이 그냥 보통의 선형변환과 같음을 주목하기 바란다. 따라서, 그 어떤 선형변환이라도 $\mathbf{b} = \mathbf{0}$인 아핀변환으로 표현할 수 있다. 이는 임의의 선형변환을 다음과 같이 4 × 4 아핀변환 행렬(줄여서 아핀 행렬)로 표기할 수 있다는 뜻이다. 예를 들어 비례변환과 회전변환을 각각 다음과 같은 4 × 4 행렬들로 표현할 수 있다.

$$\mathbf{S} = \begin{bmatrix} s_x & 0 & 0 & 0 \\ 0 & s_y & 0 & 0 \\ 0 & 0 & s_z & 0 \\ 0 & 0 & 0 & 1 \end{bmatrix}$$

$$\mathbf{R_n} = \begin{bmatrix} c + (1-c)x^2 & (1-c)xy + sz & (1-c)xz - sy & 0 \\ (1-c)xy - sz & c + (1-c)y^2 & (1-c)yz + sx & 0 \\ (1-c)xz + sy & (1-c)yz - sx & c + (1-c)z^2 & 0 \\ 0 & 0 & 0 & 1 \end{bmatrix}$$

이런 방식을 이용하면 배운 모든 종류의 변환을 일관되게 4 × 4 행렬로 나타낼 수 있으며, 점과 벡터를 1 × 4 동차 행벡터로 나타낼 수 있다.

3.2.5 아핀변환 행렬의 기하학적 해석

이번 절에서는 아핀변환 행렬을 이루는 수치들의 기하학적 의미를 어느 정도 직관적으로 이해해 보겠다. 우선, **강체**(rigid body) 변환을 생각해 보자. 강체 변환은 간단히 말하면 변환 시 물체의 형태가 그대로 유지되는 변환이다. 현실 세계에서의 한 예로, 책상에서 볼펜을 들어서 다른 곳에 놓는 것이 바로 강체 변환이다. 그 과정에서 볼펜의 위치가 바뀌며(이동), 어쩌면 방향도 바뀔 것이다(회전). 그러나 볼펜의 형태 자체는 변하지 않는다. τ가 물체를 얼마나 회전할 것인지를 나타내는 회전변환이고, $\mathbf{b}$는 물체를 얼마나 이동할 것인지를 나타내는 변위 벡터라고 하자. 그러면 강체 변환을 다음과 같은 아핀변환으로 서술할 수 있다.

$$\alpha(x, y, z) = \tau(x, y, z) + \mathbf{b} = x\tau(\mathbf{i}) + y\tau(\mathbf{j}) + z\tau(\mathbf{k}) + \mathbf{b}$$

이를 동차좌표(점이면 $w = 1$, 벡터이면 이동변환이 적용되지 않도록 $w = 0$)와 행렬로 표기한다면 다음과 같다.

$$[x, \ y, \ z, \ w]\begin{bmatrix} \leftarrow \tau(\mathbf{i}) \rightarrow \\ \leftarrow \tau(\mathbf{j}) \rightarrow \\ \leftarrow \tau(\mathbf{k}) \rightarrow \\ \leftarrow \mathbf{b} \rightarrow \end{bmatrix} = [x', \ y', \ z', \ w] \qquad \text{(식 3.7)}$$

행렬의 행벡터들을 그림으로 그려 보면 이 등식의 기하학적 의미를 쉽게 알 수 있다(그림 3.7). τ는 회전변환이므로 길이와 각도*가 보존된다. 좀 더 구체적으로, τ는 표준기저벡터 $\mathbf{i}$, $\mathbf{j}$, $\mathbf{k}$만 회전해서 새 방향 $\tau(\mathbf{i})$, $\tau(\mathbf{j})$, $\tau(\mathbf{k})$가 되게 한다. 벡터 $\mathbf{b}$는 단지 원점으로부터의 변위를 나타내는 위치벡터일 뿐이다. 이제 [그림 3.7]을 보면, 변환된 점을 구하는 공식 $\alpha(x, y, z) = x\tau(\mathbf{i}) + y\tau(\mathbf{j}) + z\tau(\mathbf{k}) + \mathbf{b}$가 기하학적으로도 옳다는 점을 이해할 수 있을 것이다.$\tau($

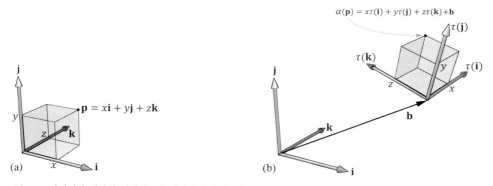

그림 3.7 아핀변환 행렬의 행벡터들의 기하학적 의미. 변환된 점 $\alpha(\mathbf{p})$는 변환된 기저벡터 $\tau(\mathbf{i})$, $\tau(\mathbf{j})$, $\tau(\mathbf{k})$와 이동 오프셋 $\mathbf{b}$의 선형결합으로 주어진다.

---

* 옮긴이 행벡터들 '사이의' 각도를 말한다. 좌표축들에 대한 개별 행벡터의 각도(방향)는 변경된다.

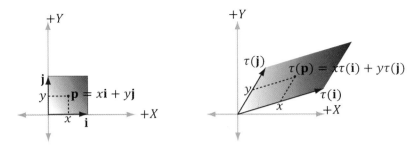

그림 3.8 정사각형을 평행사변형으로 왜곡하는 선형변환에서, 변환된 점 $\tau(\mathbf{p}) = (x, y)$는 변환된 기저벡터 $\tau(\mathbf{i})$와 $\tau(\mathbf{j})$의 선형결합으로 주어진다.

비례나 기울이기(skew) 변환에도 같은 원리가 적용된다. [그림 3.8]처럼 하나의 정사각형을 평행사변형으로 왜곡시키는 선형변환 τ를 생각해 보자. 왜곡된 점은 그냥 왜곡된 기저벡터들의 선형결합이다.

3.3 변환들의 합성

$\mathbf{S}$가 비례행렬이고 $\mathbf{R}$이 회전행렬, $\mathbf{T}$가 이동행렬이라고 하자. $i = 0, 1, \cdots, 7$인 여덟 정점 $\mathbf{v}_i$들로 이루어진 입방체(직육면체)의 각 정점에 이 세 변환을 연달아 적용하려 한다. 이를 수행하는 자명한 방법은 다음처럼 행렬들을 하나씩 차례로 적용하는 것이다.

$$i = 0, 1, \cdots, 7\text{에 대해} \quad ((\mathbf{v}_i\mathbf{S})\mathbf{R})\mathbf{T} = (\mathbf{v}_i'\mathbf{R})\mathbf{T} = \mathbf{v}_i''\mathbf{T} = \mathbf{v}_i'''$$

그런데 행렬 곱셈은 결합법칙을 만족하므로, 이를 다음과 같이 표기해도 된다.

$$i = 0, 1, \cdots, 7\text{에 대해} \quad \mathbf{v}_i(\mathbf{SRT}) = \mathbf{v}_i'''$$

행렬 $\mathbf{C} = \mathbf{SRT}$를, 세 가지 변환을 하나의 전체적인 변환으로 감싼 행렬로 간주할 수 있다. 다른 말로 하면, 행렬 곱셈은 여러 변환을 하나로 합치는 효과를 낸다.

이러한 합성(composition)은 성능에 영향을 미친다. 예를 들어 20,000개의 점으로 이루어진 하나의 3차원 물체에 세 가지 기하 변환을 연달아 적용한다고 생각해 보면 이 점을 실감할 수 있을 것이다. 그런 경우 앞의 단계별 방식에서는 벡터 대 행렬 곱셈이 20,000×3회 필요하다. 반면 합성된 행렬 접근방식에서는 벡터 대 행렬 곱셈 20,000회에 행렬 대 행렬 곱셈 2회면 된다. 행렬 대 행렬 곱셈이 두 번 더 필요하지만, 대신 벡터 대 행렬 곱셈 횟수가 크게 줄어드니 전체적으로는 커다란 이득임이 명백하다.

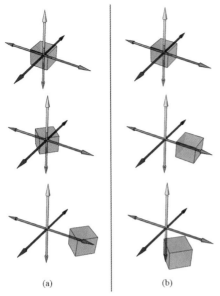

(a)   (b)

그림 3.9 (a) 먼저 회전한 후 이동. (b) 먼저 이동한 후 회전.

참고: 다시 한 번 지적하지만, 행렬 곱셈은 교환법칙을 만족하지 않는다. 이 점은 기하학적으로도 확인할 수 있다. 예를 들어 물체를 회전한 후 이동하는 것(행렬 곱으로 표현하면 **RT**)과 물체를 이동한 후 회전하는 것(행렬 곱 **TR**)의 결과는 [그림 3.9]에서 보듯이 같지 않다.

3.4 좌표 변경 변환

100°C라는 스칼라값은 섭씨온도 기준에서 물이 끓는 온도를 나타낸다. 이와 **동일한** 온도를 화씨온도 체계에서는 어떻게 나타낼까? 다른 말로 하면, 화씨온도 기준에서 물의 끓는점은 몇 도일까? 섭씨에서 화씨로의 변환(즉 기준의 변경)을 위해서는 섭씨온도와 화씨온도 사이의 관계를 알아야 한다. 둘 사이의 관계는 $T_F = \dfrac{9}{5} T_C + 32°$이며, 따라서 화씨온도 기준으로 물의 끓는점은 $T_F = \dfrac{9}{5}(100)° + 32° = 212°F$이다.

이 예에서 보듯이, 기준계 A와 기준계 B 사이의 관계를 알고 있다면, 어떤 수량을 기준계 A에 상대적으로 표현한 스칼라 k를, 같은 수량을 기준계 B에 상대적으로 나타낸 새 스칼라 k'으로 변환할 수 있다. 이번 절에서는 이와 비슷한 문제를 살펴보는데, 스칼라가 아니라 점 또는 벡터가 대상이다. 즉, 한 기준계(좌표계)에 점 또는 벡터의 상대적인 좌표를 다른 어떤 기준계에 상대적인 좌표로 변환하는 문제를 살펴본다(그림 3.10). 한 좌표계의 좌표를 다른 좌표계의 좌표로 변환하는 것을 **좌표 변경 변환**(change of coordinate transformation)이라고 부른다.*

어떤 기하구조에 좌표 변경 변환을 적용했을 때 그 기하구조 자체가 변했다고 간주하는 것은 아님을 명심하기 바란다. 바뀐 것은 좌표들의 기준인 좌표계이며, 좌표계가 바뀌면 그에 따라 기하구조의 좌표 '표현'이 변하게 된다.* 흔히 물체의 기하구조가 실제로 움직였거나 변형된 것으로 간주하는 회전, 이동, 비례변환과는 대조적인 관점임을 주의하기 바란다.

3차원 컴퓨터 그래픽에서는 여러 개의 좌표계를 사용하는 경우가 많으므로, 한 좌표계에서 다른 좌표계로의 변환 방법에 익숙할 필요가 있다. 위치는 벡터가 아니라 점의 속성이기 때문에, 점에 대한 좌표계 변환과 벡터에 대한 좌표계 변환은 서로 다르다.

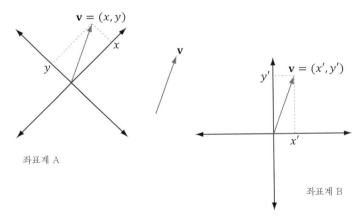

그림 3.10 같은 벡터 $\mathbf{v}$라도 좌표계에 따라 좌표(표현)가 다르다. 이 벡터의 좌표계 A에 상대적인 좌표는 (x, y)이고 좌표계 B에 상대적인 좌표는 (x', y')이다.

---

* **옮긴이** 그래서 다른 책이나 웹 등에서는 '좌표계 변환'이라는 말도 많이 쓰인다. 이 책에서도 특별한 언급이 없는 한 좌표 변경 변환과 좌표계 변환은(그리고 좌표 변환도) 같은 변환을 의미한다.

3.4.1 벡터

[그림 3.11]을 보자. 이 그림에는 두 좌표계 A와 B, 그리고 벡터 $\mathbf{p}$가 있다. 좌표계 A에 상대적인 $\mathbf{p}$의 좌표가 $\mathbf{p}_A = (x, y)$라고 할 때, 좌표계 B에 상대적인 $\mathbf{p}$의 좌표 $\mathbf{p}_B = (x', y')$을 구하고자 한다. 다른 말로 하면, 어떤 기준계에 상대적인 벡터를 나타내는 좌표가 주어졌을 때, 그것을 다른 어떤 기준계에 상대적인 좌표로 변환하려면 어떻게 해야 할까?

[그림 3.11]을 보면 다음이 자명하다.

$$\mathbf{p} = x\mathbf{u} + y\mathbf{v}$$

여기서 $\mathbf{u}$와 $\mathbf{v}$는 각각 좌표계 A의 x 축과 y 축 방향의 단위벡터이다. 이 식에 있는 벡터들을 좌표계 B에서도 마찬가지 방식으로 표현할 수 있다.

$$\mathbf{p}_B = x\mathbf{u}_B + y\mathbf{v}_B$$

따라서, $\mathbf{p}_A = (x, y)$가 주어졌을 때 만일 좌표계 B에 상대적인 벡터 $\mathbf{u}$와 $\mathbf{v}$의 좌표들을 안다면, 다시 말해 $\mathbf{u}_B = (u_x, u_y)$와 $\mathbf{v}_B = (v_x, v_y)$를 알면, 항상 $\mathbf{p}_B = (x', y')$을 구할 수 있다.

이를 3차원으로 일반화하면, $\mathbf{p}_A = (x, y, z)$라고 할 때

$$\mathbf{p}_B = x\mathbf{u}_B + y\mathbf{v}_B + z\mathbf{w}_B$$

이다. 여기서 $\mathbf{u}_B$, $\mathbf{v}_B$, $\mathbf{w}_B$는 각각 좌표계 A의 x, y, z 축 방향 단위벡터들을 좌표계 B에 상대적으로 표현한 벡터들이다.

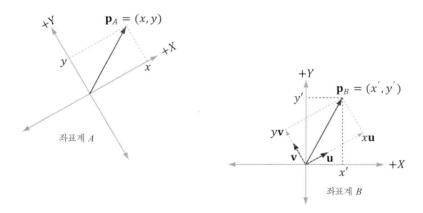

그림 3.11 좌표계 B에 상대적인 $\mathbf{p}$의 좌표를 구하기 위한 기하학적 도식.

3.4.2 점

점에 대한 좌표 변경 변환은 벡터에 대한 것과 약간 다르다. 점의 경우 위치가 중요하므로, [그림 3.11]에서처럼 벡터를 이동시키는 방식으로 점을 이동할 수는 없다.

[그림 3.12]는 점에 대한 좌표 변경 변환을 보여준다. 점 $\mathbf{p}$를 다음과 같은 공식으로 표현할 수 있다.

$$\mathbf{p} = x\mathbf{u} + y\mathbf{v} + \mathbf{Q}$$

여기서 $\mathbf{u}$와 $\mathbf{v}$는 각각 좌표계 A의 x 축과 y 축 방향의 단위벡터이고, $\mathbf{Q}$는 A의 원점이다. 이 수식의 점과 벡터들을 좌표계 B에서 표현하면 다음과 같다.

$$\mathbf{p}_B = x\mathbf{u}_B + y\mathbf{v}_B + \mathbf{Q}_B$$

따라서, $\mathbf{p}_A = (x, y)$가 주어졌을 때 만일 좌표계 B에 상대적인 벡터 $\mathbf{u}$와 $\mathbf{v}$, 원점 $\mathbf{Q}$의 좌표들을 안다면, 다시 말해 $\mathbf{u}_B = (u_x, u_y)$, $\mathbf{v}_B = (v_x, v_y)$, $\mathbf{Q}_B = (Q_x, Q_y)$를 알면, 항상 $\mathbf{p}_B = (x', y')$을 구할 수 있다.

이를 3차원으로 일반화하면, $\mathbf{p}_A = (x, y, z)$라고 할 때

$$\mathbf{p}_B = x\mathbf{u}_B + y\mathbf{v}_B + z\mathbf{w}_B + \mathbf{Q}_B$$

이다. 여기서 $\mathbf{u}_B$, $\mathbf{v}_B$, $\mathbf{w}_B$는 각각 좌표계 A의 x, y, z 축 방향 단위벡터들을 좌표계 B에 상대적으로 표현한 벡터들이고 $\mathbf{Q}_B$는 좌표계 A의 원점을 좌표계 B에 상대적으로 표현한 점이다.

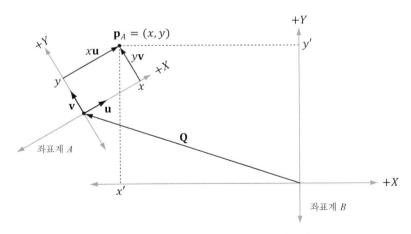

그림 3.12 좌표계 B에 상대적인 $\mathbf{p}$의 좌표를 구하기 위한 기하학적 도식.

3.4.3 행렬 표현

벡터와 점에 대한 좌표 변경 변환 공식을 정리하자면 다음과 같다.

- 벡터: $(x', y', z') = x\mathbf{u}_B + y\mathbf{v}_B + z\mathbf{w}_B$
- 점: $\quad (x', y', z') = x\mathbf{u}_B + y\mathbf{v}_B + z\mathbf{w}_B + \mathbf{Q}_B$

동차좌표를 사용한다면 벡터와 점을 다음과 같은 하나의 공식으로 처리할 수 있다.

$$(x', y', z', w) = x\mathbf{u}_B + y\mathbf{v}_B + z\mathbf{w}_B + w\mathbf{Q}_B \qquad \text{(식 3.8)}$$

만일 $w = 0$이면 이 공식은 벡터에 대한 좌표 변경 변환 공식이 되고, $w = 1$이면 점에 대한 좌표 변경 변환 공식이 된다. 식 3.8의 장점은, w 성분만 적절히 설정한다면 벡터와 점을 하나의 공식으로 처리할 수 있다는 것이다. 개별적인 두 개의 공식(벡터에 대한 것 하나, 점에 대한 것 하나)을 둘 필요가 없다. 그리고 식 2.3에 의해, 식 3.8을 다음과 같이 행렬들로 표현할 수 있다.

$$[x', \ y', \ z', \ w] = [x, \ y, \ z, \ w] \begin{bmatrix} \leftarrow \mathbf{u}_B \rightarrow \\ \leftarrow \mathbf{v}_B \rightarrow \\ \leftarrow \mathbf{w}_B \rightarrow \\ \leftarrow \mathbf{Q}_B \rightarrow \end{bmatrix}$$

$$= [x, \ y, \ z, \ w] \begin{bmatrix} u_x & u_y & u_z & 0 \\ v_x & v_y & v_z & 0 \\ w_x & w_y & w_z & 0 \\ Q_x & Q_y & Q_z & 1 \end{bmatrix}$$

$$= x\mathbf{u}_B + y\mathbf{v}_B + z\mathbf{w}_B + w\mathbf{Q}_B \qquad \text{(식 3.9)}$$

여기서 $\mathbf{Q}_B = (Q_x, Q_y, Q_z, 1)$과 $\mathbf{u}_B = (u_x, u_y, u_z, 0)$, $\mathbf{v}_B = (v_x, v_y, v_z, 0)$, $\mathbf{w}_B = (w_x, w_y, w_z, 0)$은 좌표계 A의 원점과 축들을 좌표계 B에 상대적인 동차좌표로 표현한 것이다. 식 3.9의 4×4 행렬을 **좌표 변경 행렬**(change of coordinate matrix) 또는 **좌표계 변경 행렬**(change of frame matrix)이라고 부르고, 이 행렬이 수행하는 변환을 가리켜서 좌표계 A의 좌표를 좌표계 B의 좌표로 "변환한다(convert)" 또는 "사상한다(map)"라고 말한다.

3.4.4 결합법칙과 좌표 변경 행렬

세 좌표계 F, G, H가 있다고 하자. 그리고 $\mathbf{A}$가 F에서 G로의 좌표계 변경 행렬이고 $\mathbf{B}$가 G

에서 H로의 좌표계 변경 행렬이라고 하자. 한 벡터의 좌표계 F에 상대적인 좌표 $\mathbf{p}_F$를 좌표계 H에 상대적인 좌표 $\mathbf{p}_H$로 변환하려면 어떻게 해야 할까? 한 가지 방법은 다음과 같이 단계별로 처리하는 것이다.

$$(\mathbf{p}_F\mathbf{A})\mathbf{B} = \mathbf{p}_H$$

$$(\mathbf{p}_G)\mathbf{B} = \mathbf{p}_H$$

그런데 행렬 곱셈은 결합법칙을 만족하므로, $(\mathbf{p}_F\mathbf{A})\mathbf{B} = \mathbf{p}_H$를 다음과 같이 표기해도 된다.

$$\mathbf{p}_F(\mathbf{AB}) = \mathbf{p}_H$$

여기서 행렬 곱 $\mathbf{C} = \mathbf{AB}$를 F에서 직접 H로 가는 좌표계 변경 행렬이라고 생각할 수 있다. 즉, 이 행렬은 $\mathbf{A}$와 $\mathbf{B}$의 효과를 하나로 합친 행렬인 셈이다. (이는 함수의 합성과도 비슷하다).

이러한 합성(composition)은 성능에 영향을 미친다. 예를 들어 20,000개의 점으로 이루어진 하나의 3차원 물체에 두 가지 좌표계 변경 연산을 연달아 적용한다고 생각해 보면 이 점을 실감할 수 있을 것이다. 그런 경우 앞의 단계별 방식에서는 벡터 대 행렬 곱셈이 20,000 × 2회 필요하다지만, 합성된 행렬 접근방식에서는 벡터 대 행렬 곱셈 20,000회에 행렬 대 행렬 곱셈 1회면 된다. 행렬 대 행렬 곱셈이 한 번 더 필요하지만, 대신 벡터 대 행렬 곱셈 횟수가 크게 줄어드니 전체적으로는 커다란 이득임이 명백하다.

> **참고:** 다시 한 번 지적하지만, 행렬 곱셈은 교환법칙을 만족하지 않는다. 따라서 $\mathbf{AB}$와 $\mathbf{BA}$가 반드시 동일한 변환을 뜻한다는 보장은 없다. 좀 더 구체적으로 말하면, 행렬들을 곱하는 순서는 변환들을 적용하는 순서인데, 일반적으로 여러 변환을 연달아 적용하는 연산은 교환법칙을 만족하지 않는다(즉, 변환들을 적용하는 순서가 다르면 그 결과도 다르다).

3.4.5 역행렬과 좌표 변경 행렬

이번에도 $\mathbf{p}_B$가 벡터 $\mathbf{p}$의 좌표계 B 기준 좌표(B를 기준으로 한 좌표)라고 하자. 그리고 $\mathbf{M}$이 좌표계 A에서 B로의 좌표 변경 행렬이라고 하자. 이번에는 $\mathbf{p}_B = \mathbf{p}_A\mathbf{M}$을 만족하는 좌표 $\mathbf{p}_A$를 구하고자 한다. 다른 말로 하면, 이번에는 좌표계 A에서 좌표계 B로의 사상이 아니라 좌표계 B에서 A로의 사상을 나타내는 좌표 변경 행렬이 필요하다. $\mathbf{M}$이 가역행렬이라 할 때(즉, $\mathbf{M}^{-1}$이 존재할 때), $\mathbf{p}_A$를 다음과 같이 구할 수 있다.

$$\mathbf{p}_B = \mathbf{p}_A\mathbf{M}$$

$\mathbf{p}_B\mathbf{M}^{-1} = \mathbf{p}_A\mathbf{M}\mathbf{M}^{-1}$ 등식의 양변에 $\mathbf{M}^{-1}$을 곱한다.

$\mathbf{p}_B\mathbf{M}^{-1} = \mathbf{p}_A\mathbf{I}$ 역행렬의 정의에 의해 $\mathbf{M}\mathbf{M}^{-1} = \mathbf{I}$이다.

$\mathbf{p}_B\mathbf{M}^{-1} = \mathbf{p}_A$ 단위행렬의 정의에 의해 $\mathbf{p}_A\mathbf{I} = \mathbf{p}_A$이다.

따라서 행렬 $\mathbf{M}^{-1}$은 좌표계 B에서 A로의 좌표 변경 행렬이다.

[그림 3.13]은 좌표 변경 행렬과 그 역행렬 사이의 관계를 보여준다. 이 책에서 다루는 모든 좌표계 변경 사상이 이처럼 가역적임을 기억하기 바란다. 즉, 이 책에서 다루는 모든 좌표계 변경에는 항상 역행렬이 존재한다.

[그림 3.14]는 $(\mathbf{A}\mathbf{B})^{-1} = \mathbf{B}^{-1}\mathbf{A}^{-1}$이라는 역행렬의 성질을 좌표 변경 행렬의 관점에서 해석한 것이다.

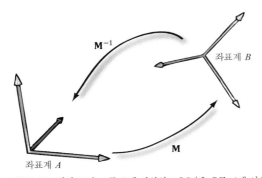

그림 3.13 행렬 $\mathbf{M}$은 A를 B에 사상하고 $\mathbf{M}^{-1}$은 B를 A에 사상한다.

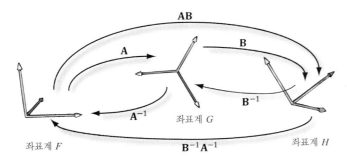

그림 3.14 $\mathbf{A}$는 F에서 G로의 사상이고 $\mathbf{B}$는 G에서 H로의 사상, 그리고 $\mathbf{A}\mathbf{B}$는 F에서 직접 H로 가는 사상이다. 반대로 $\mathbf{B}^{-1}$은 H에서 G로의 사상이고 $\mathbf{A}^{-1}$은 G에서 F로의 사상, $\mathbf{B}^{-1}\mathbf{A}^{-1}$은 H에서 직접 F로 가는 사상이다.

3.5 변환 행렬 대 좌표 변경 행렬

지금까지는 '능동적' 변환(비례, 회전, 이동)과 좌표 변경 변환을 구분했다. 그러나 이번 절에서 보겠지만 두 종류의 변환은 수학적으로 동치(equivalence) 관계이다. 즉, 능동 변환을 좌표 변경 변환으로 해석하는 것이 가능하며, 그 역도 마찬가지이다.

[그림 3.15]는 식 3.7(회전 및 이동 아핀변환 행렬)의 행벡터들과 식 3.9(좌표 변경 행렬)의 행벡터들의 기하학적 유사성을 보여준다.

곰곰이 생각해 보면 두 변환이 동치이어야 마땅함을 이해할 수 있을 것이다. 좌표 변경 변환의 경우 좌표계들은 그 위치와 방향이 다르다. 따라서 한 좌표계에서 다른 좌표계로의 수학적 변환 공식에는 좌표들의 회전과 이동을 위한 부분들이 필요하다. 그런 부분들을 구해 보면 결국에는 같은 형태의 수식이 나오며, 따라서 두 경우 모두 결국에는 같은 수치들을 구하게 된다. 둘은 단지 변환을 해석하는 방법이 다를 뿐이다. 여러 좌표계를 다루면서 물체 자체는 변경하지 않고 좌표계만 변환함으로써 물체의 좌표 표현이 바뀌게 하는 것이 더 직관적인 상황(그림 3.15의 (b)에 해당)이 있는가 하면, 하나의 좌표계로 고정하고 그 좌표계 안에서 물체 자체를 변환하는 것이 더 직관적인 상황(그림 3.15의 (a)에 해당)도 있다.

참고: 특히 이 논의는 능동 변환(비례, 회전, 이동)들의 합성을 하나의 좌표계 변경 변환으로 해석할 수 있음을 보여준다. 이것이 중요한 이유는, 3차원 그래픽에서 세계 공간(제5장)의 좌표 변경 행렬을 비례, 회전, 이동변환들의 합성으로 정의하는 경우가 많기 때문이다.

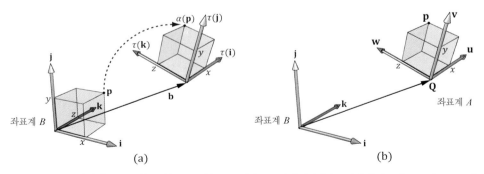

(a)   (b)

그림 3.15 두 그림에서 $\mathbf{b} = \mathbf{Q}$이고 $\tau(\mathbf{i}) = \mathbf{u}$, $\tau(\mathbf{j}) = \mathbf{v}$, $\tau(\mathbf{k}) = \mathbf{w}$이다. (a)에서는 하나의 좌표계 B를 기준으로 아핀변환 $\alpha(x, y, z, w) = x\tau(\mathbf{i}) + y\tau(\mathbf{j}) + z\tau(\mathbf{k}) + w\mathbf{b}$를 적용해서 입방체의 위치와 방향($B$에 상대적인)을 변경한다. (b)에서는 A와 B라는 두 개의 좌표계를 사용한다. 입방체 점들의 A에 상대적인 좌표들을 $\mathbf{p}_B = x\mathbf{u}_B + y\mathbf{v}_B + z\mathbf{w}_B + w\mathbf{Q}_B$라는 공식(여기서 $\mathbf{p}_A = (x, y, z, w)$)을 이용해서 좌표계 B에 상대적인 좌표들로 변환한다. 두 경우 모두, 좌표계 B를 기준으로 $\alpha(\mathbf{p}) = (x', y', z', w) = \mathbf{p}_B$가 성립한다.

3.6 DirectXMath 라이브러리의 변환 관련 함수들

다음은 DirectXMath 라이브러리의 변환 관련 함수들을 정리한 것이니 참고하기 바란다.

```
// 비례행렬 생성
XMMATRIX XM_CALLCONV XMMatrixScaling(
    float ScaleX,
    float ScaleY,
    float ScaleZ);              // 비례 계수들

// 벡터의 성분들로 비례행렬 생성
XMMATRIX XM_CALLCONV XMMatrixScalingFromVector(
    FXMVECTOR Scale);          // 비례 계수들 (s_x, s_y, s_z)

// x 축에 대한 회전행렬 R_x 생성
XMMATRIX XM_CALLCONV XMMatrixRotationX(
    float Angle);              // 시계방향 회전각 θ

// y 축에 대한 회전행렬 R_y 생성
XMMATRIX XM_CALLCONV XMMatrixRotationY(
    float Angle);              // 시계방향 회전각 θ

// z 축에 대한 회전행렬 R_z 생성
XMMATRIX XM_CALLCONV XMMatrixRotationZ(
    float Angle);              // 시계방향 회전각 θ

// 임의의 축에 대한 회전행렬 R_n:
XMMATRIX XM_CALLCONV XMMatrixRotationAxis(
    FXMVECTOR Axis,            // 회전축 n
    float Angle);              // 시계방향 회전각 θ

// 이동행렬 생성
XMMATRIX XM_CALLCONV XMMatrixTranslation(
    float OffsetX,
    float OffsetY,
    float OffsetZ);            // 이동 오프셋들

// 벡터의 성분들로 이동행렬 생성
XMMATRIX XM_CALLCONV XMMatrixTranslationFromVector(
    FXMVECTOR Offset);         // 이동 오프셋들 (t_x, t_y, t_z)

// 벡터 대 행렬 곱 vM. 점 변환을 위해 v_w = 1로 둔다.
XMVECTOR XM_CALLCONV XMVector3TransformCoord(
```

```
    FXMVECTOR V,                    // 입력 v
    CXMMATRIX M);                   // 입력 M
```

```
// 벡터 대 행렬 곱 vM. 벡터 변환을 위해 vw = 0으로 둔다.
XMVECTOR XM_CALLCONV XMVector3TransformNormal(
    FXMVECTOR V,                    // 입력 v
    CXMMATRIX M);                   // 입력 M
```

마지막 두 함수 XMVector3TransformCoord와 XMVector3TransformNormal에서 프로그래 머가 w 성분을 직접 설정할 필요는 없다. XMVector3TransformCoord는 항상 $v_w = 1$을 사용하고 XMVector3TransformNormal은 항상 $v_w = 0$을 사용한다.

3.7 요약

1. 기본 변환 행렬들, 즉 비례, 회전, 이동행렬은 다음과 같이 주어진다.

$$
\mathbf{S} = \begin{bmatrix} s_x & 0 & 0 & 0 \\ 0 & s_y & 0 & 0 \\ 0 & 0 & s_z & 0 \\ 0 & 0 & 0 & 1 \end{bmatrix} \qquad
\mathbf{T} = \begin{bmatrix} 1 & 0 & 0 & 0 \\ 0 & 1 & 0 & 0 \\ 0 & 0 & 1 & 0 \\ b_x & b_y & b_z & 1 \end{bmatrix}
$$

$$
\mathbf{R_n} = \begin{bmatrix}
c + (1-c)x^2 & (1-c)xy + sz & (1-c)xz - sy & 0 \\
(1-c)xy - sz & c + (1-c)y^2 & (1-c)yz + sx & 0 \\
(1-c)xz + sy & (1-c)yz - sx & c + (1-c)z^2 & 0 \\
0 & 0 & 0 & 1
\end{bmatrix}
$$

2. 변환은 4×4 행렬로 나타내고 점과 벡터는 1×4 동차좌표로 나타낸다. 점을 나타낼 때에는 넷째 성분을 1로, 즉 $w = 1$로 설정하고, 벡터를 나타낼 때에는 $w = 0$으로 설정한다. 이렇게 하면 점에 대해서는 이동변환이 적용되지만 벡터에는 적용되지 않는다.

3. 모든 행벡터가 단위 길이이고 서로 직교인 행렬을 직교행렬이라고 부른다. 직교행렬은 그 역이 전치와 같다는 특별한 성질을 가지고 있다. 따라서 역행렬을 쉽고 효율적으로 계산할 수 있다. 모든 회전행렬은 직교행렬이다.

4. 행렬 곱셈의 결합법칙 덕분에, 여러 개의 변환 행렬을 합성해서 그 행렬들을 차례로 적용했을 때와 같은 결과를 내는 하나의 변환 행렬을 만들 수 있다.

5. $\mathbf{Q}_B$와 $\mathbf{u}_B$, $\mathbf{v}_B$, $\mathbf{w}_B$가 각각 좌표계 A의 원점과 x, y, z 축을 좌표계 B를 기준으로 서술한 좌표들이라고 하자. 어떤 벡터 또는 점 $\mathbf{p}$의 좌표계 A 기준 좌표가 $\mathbf{p}_A = (x, y, z)$라고 할 때, 그 벡터 또는 점의 B 기준 좌표는 다음과 같다.

   (a) 벡터(방향과 크기)의 경우 $\mathbf{p}_B = (x', y', z') = x\mathbf{u}_B + y\mathbf{v}_B + z\mathbf{w}_B$.
   (b) 점(위치)의 경우 $\mathbf{p}_B = (x', y', z') = \mathbf{Q}_B + x\mathbf{u}_B + y\mathbf{v}_B + z\mathbf{w}_B$.

   이러한 좌표 변경 변환들을 동차좌표를 이용해서 행렬들로 표현하는 것이 가능하다.

6. 세 좌표계 F, G, H가 있다고 하자. 그리고 $\mathbf{A}$가 F에서 G로의 좌표 변경 행렬이고 $\mathbf{B}$가 G에서 H로의 좌표 변경 행렬이라고 하자. 이때 행렬 곱 $\mathbf{C} = \mathbf{AB}$를 F에서 직접 H로 가는 좌표계 변경 행렬이라고 생각할 수 있다. 즉, 행렬 대 행렬 곱셈은 $\mathbf{A}$와 $\mathbf{B}$의 효과를 하나로 합친 행렬을 만들어 낸다. 따라서 $\mathbf{p}_F(\mathbf{AB}) = \mathbf{p}_H$가 성립한다.

7. 행렬 $\mathbf{M}$이 좌표계 A의 좌표들을 좌표계 B의 좌표들로 사상하는 행렬이라고 할 때, $\mathbf{M}^{-1}$은 좌표계 B의 좌표들을 A의 좌표들로 사상하는 행렬이다.

8. 능동 변환들을 좌표 변경 변환으로 해석할 수 있으며, 그 역도 마찬가지이다. 여러 좌표계를 다루면서 물체 자체는 변경하지 않고 좌표계만 변환함으로써 좌표 표현이 바뀌게 하는 것이 더 직관적인 상황이 있는가 하면, 하나의 좌표계로 고정하고 그 좌표계 안에서 물체 자체를 변환하는 것이 더 직관적인 상황도 있다.

3.8 연습문제

1. 변환 $\tau \colon \mathbb{R}^3 \to \mathbb{R}^3$이 $\tau(x, y, z) = (x + y, x - 3, z)$로 정의된다고 하자. 이 τ는 선형변환인가? 만일 그렇다면 그에 해당하는 표준 행렬 표현을 구하라.

2. 변환 $\tau \colon \mathbb{R}^3 \to \mathbb{R}^3$이 $\tau(x, y, z) = (3x + 4z, 2x - z, x + y + z)$로 정의된다고 하자. 이 τ는 선형변환인가? 만일 그렇다면 그에 해당하는 표준 행렬 표현을 구하라.

3. $\tau \colon \mathbb{R}^3 \to \mathbb{R}^3$이 선형변환이라고 하자. 그리고 $\tau(1, 0, 0) = (3, 1, 2)$, $\tau(0, 1, 0) = (2, -1, 3)$, $\tau(0, 0, 1) = (4, 0, 2)$라고 하자. $\tau(1, 1, 1)$을 구하라.

4. 주어진 물체를 x 축을 따라 2단위, y 축을 따라 −3단위만큼 비례하되 z 성분은 변경하지 않는 비례행렬을 구축하라.

5. $(1, 1, 1)$을 축으로 $30°$ 회전하는 회전행렬을 구축하라.

6. 주어진 물체를 x 축을 따라 4단위, z 축을 따라 −9단위만큼 이동하되 y 성분은 변경하지 않는 이동행렬을 구축하라.

7. 먼저 x 축을 따라 2단위, y 축을 따라 −3단위 비례하되 z 성분은 변경하지 않는 비례변환을 수행한 후 x 축 4단위, y 축 변경 없음, z 축 −9단위 이동하는 이동변환을 수행하는 하나의 변환 행렬을 구축하라.

8. 먼저 y 축에 대해 45°도 회전한 후 x 축 −2단위, y 축 5단위, z 축 1단위 이동하는 하나의 변환 행렬을 구축하라.

9. [예 3.2]를 다시 풀되, 이번에는 정사각형을 x 축을 따라 1.5단위, y 축을 따라 0.75단위 비례하라(z 축은 변경 없음). 변환 이전과 이후의 기하구조를 그래프로 그려서 변환이 제대로 되었는지 확인해 볼 것.

10. 예 3.3을 다시 풀되, 이번에는 정사각형을 y 축에 대해 −45°(즉 반시계방향으로 45°) 회전하라. 변환 이전과 이후의 기하구조를 그래프로 그려서 변환이 제대로 되었는지 확인해 볼 것.

11. 예 3.4를 다시 풀되, 이번에는 정사각형을 x 축을 따라 −5.0단위, y 축을 따라 −3.0단위, z 축을 따라 4.0단위 이동하라. 변환 이전과 이후의 기하구조를 그래프로 그려서 변환이 제대로 되었는지 확인해 볼 것.

12. $R_\mathbf{n}(\mathbf{v}) = \cos\theta\mathbf{v} + (1 - \cos\theta)(\mathbf{n} \cdot \mathbf{v})\mathbf{n} + \sin\theta(\mathbf{n} \times \mathbf{v})$가 선형변환임을 보이고, 그 표준 행렬 표현을 구하라.

13. $\mathbf{R}_y$(y 축에 대한 회전행렬)의 행벡터들이 정규직교임을 증명하라. 수학에 좀 더 자신 있는 독자라면 일반적인 회전행렬(임의의 축에 대한 회전행렬)에 대해서도 증명해 볼 것.

14. 행렬 $\mathbf{M}$은 만일 $\mathbf{M}^T = \mathbf{M}^{-1}$이면, 그리고 오직 그럴 때에만 정규직교임을 증명하라.

15. 벡터 대 행렬 곱셈

$$[x, y, z, 1] \begin{bmatrix} 1 & 0 & 0 & 0 \\ 0 & 1 & 0 & 0 \\ 0 & 0 & 1 & 0 \\ b_x & b_y & b_z & 1 \end{bmatrix} \quad \text{과} \quad [x, y, z, 0] \begin{bmatrix} 1 & 0 & 0 & 0 \\ 0 & 1 & 0 & 0 \\ 0 & 0 & 1 & 0 \\ b_x & b_y & b_z & 1 \end{bmatrix}$$

을 계산하라. 이동행렬이 점을 이동하는가? 이동행렬이 벡터를 이동하는가? 표준 위치에 있는 벡터의 좌표를 이동한다는 것이 말이 되지 않는 이유는 무엇인가?

16. 주어진 비례행렬의 역행렬이 실제로 해당 비례의 역을 수행함을 입증하라. 그냥 행렬 곱셈 $\mathbf{SS}^{-1} = \mathbf{S}^{-1}\mathbf{S} = \mathbf{I}$를 직접 전개해서 등식이 성립함을 보이면 된다. 비슷한 문제로, 이동행렬의 역행렬이 해당 이동의 역이동을 수행함을 입증하라. 역시 $\mathbf{TT}^{-1} = \mathbf{T}^{-1}\mathbf{T} = \mathbf{I}$ 임을 보이면 된다.

17. A와 B가 좌표계들이고 $\mathbf{p}_A = (1, -2, 0)$과 $\mathbf{q}_A = (1, 2, 0)$이 어떤 점과 힘(force)의 A 기준 좌표들이라고 하자. 더 나아가서, $\mathbf{Q}_B = (-6, 2, 0)$, $\mathbf{u}_B = (\frac{1}{\sqrt{2}}, \frac{1}{\sqrt{2}}, 0)$, $\mathbf{v}_B = (-\frac{1}{\sqrt{2}}, \frac{1}{\sqrt{2}}, 0)$, $\mathbf{w}_B = (0, 0, 1)$이 A의 원점과 세 좌표축의 B 기준 좌표들이라고 하자. A 기준 좌표들을 B 기준 좌표들로 사상하는 좌표 변경 행렬을 구축하고, $\mathbf{p}_B = (x, y, z)$ 와 $\mathbf{q}_B = (x, y, z)$를 구하라. 그래프용지(모눈종이)에 그림을 그려서 답이 합당한가 확인해 볼 것.

18. 점과 관련해서, 벡터의 일차결합에 해당하는 것으로 **아핀결합**(affine combination) 이 있다. 아핀결합은 $\mathbf{p} = a_1\mathbf{p}_1 + \cdots + a_n\mathbf{p}_n$으로 정의되는데, 여기서 $a_1 + \cdots + a_n = 1$ 이고, $\mathbf{p}_1, \cdots, \mathbf{p}_n$은 점들이다. 스칼라 계수 a_k는 점 $\mathbf{p}_k$가 최종 결과인 $\mathbf{p}$에 얼마나 영향을 미치는지 나타내는 '점' 가중치(point weight)라고 할 수 있다. 대충 말하자면, a_k가 1 에 가까울수록 $\mathbf{p}$가 $\mathbf{p}_k$에 가까워지며, a_k가 음수이면 $\mathbf{p}$는 $\mathbf{p}_k$에서 멀어진다. (다음 연습 문제를 풀어보면 이를 좀 더 직관적으로 이해할 수 있을 것이다.) 이 가중치들을 **무게중심 좌표**(barycentric coordinate)라고도 부른다. 아핀결합을 다음과 같은 점 더하기 벡터의 형태로 표기할 수 있음을 보여라.

$$\mathbf{p} = \mathbf{p}_1 + a_2(\mathbf{p}_2 - \mathbf{p}_1) + \cdots + a_n(\mathbf{p}_n - \mathbf{p}_1)$$

19. 점 $\mathbf{p}_1 = (0, 0, 0)$, $\mathbf{p}_2 = (0, 1, 0)$, $\mathbf{p}_3 = (2, 0, 0)$으로 정의되는 삼각형이 있다고 하자. 다음 점들을 그래프로 그려 보라.

(a) $\frac{1}{3}\mathbf{p}_1 + \frac{1}{3}\mathbf{p}_2 + \frac{1}{3}\mathbf{p}_3$

(b) $0.7\mathbf{p}_1 + 0.2\mathbf{p}_2 + 0.1\mathbf{p}_3$

(c) $0.0\mathbf{p}_1 + 0.5\mathbf{p}_2 + 0.5\mathbf{p}_3$

(d) $-0.2\mathbf{p}_1 + 0.6\mathbf{p}_2 + 0.6\mathbf{p}_3$

(e) $0.6\mathbf{p}_1 + 0.5\mathbf{p}_2 - 0.1\mathbf{p}_3$

(f) $0.8\mathbf{p}_1 - 0.3\mathbf{p}_2 + 0.5\mathbf{p}_3$

부문제 (a)의 점은 어떤 면에서 특별한가? $\mathbf{p}_2$와 점 $(1, 0, 0)$을 점 $\mathbf{p}_1$, $\mathbf{p}_2$, $\mathbf{p}_3$과 무게중

심 좌표들로 표현하라. 무게중심 좌표들 중 하나가 음수일 때 점 **p**가 삼각형의 어디에 (내부, 외부, 변 위) 있는지 추측하는 공식을 만들어 보라.

20. 아핀변환의 핵심 속성 하나는, 아핀변환이 아핀결합을 보존한다는 것이다. 아핀변환 $\alpha(\mathbf{u})$가 아핀결합을 보존함을, 즉 $a_1 + \cdots + a_n = 1$이라 할 때 $\alpha(a_1\mathbf{p}_1 + \cdots + a_n\mathbf{p}_n)$ $= a_1\alpha(\mathbf{p}_1) + \cdots + a_n\alpha(\mathbf{p}_n)$임을 증명하라.

21. [그림 3.16]을 보자. 컴퓨터 그래픽에서는 좌표계 A(정사각형 $[-1, 1]^2$)의 좌표를 좌표계 B(y 축이 좌표계 A의 y 축과 반대 방향인 정사각형 $[0, 1]^2$)의 좌표로 사상하는 좌표 변경 변환이 자주 쓰인다. 좌표계 A에서 좌표계 B로의 이러한 좌표 변경 변환이 다음과 같이 주어짐을 증명하라.

$$[x, y, 0, 1] \begin{bmatrix} 0.5 & 0 & 0 & 0 \\ 0 & -0.5 & 0 & 0 \\ 0 & 0 & 1 & 0 \\ 0.5 & 0.5 & 0 & 1 \end{bmatrix} = [x', y', 0, 1]$$

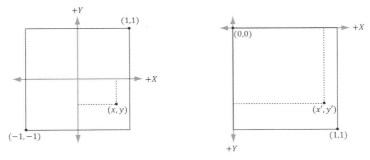

그림 3.16 좌표계 A(정사각형 $[-1, 1]^2$)의 좌표를 좌표계 B(y 축이 좌표계 A의 y 축과 반대 방향인 정사각형 $[0, 1]^2$)로 사상하는 좌표 변경 변환.

22. 제2장에서 행렬식이 선형변환 하에서 상자의 부피 변화와 관련이 있다고 말했다. 비례 행렬의 행렬식을 구하고 그것을 부피의 관점에서 해석하라.

23. 아래의 변환 τ는 정사각형을 평행사변형으로 왜곡한다(그림 3.17 참고).

$$\tau(x, y) = (3x + y, x + 2y)$$

이 변환의 표준 행렬 표현을 구하고, 그 변환 행렬의 행렬식이 τ(**i**)와 τ(**j**)로 규정되는 평행사변형의 면적과 같음을 보여라.

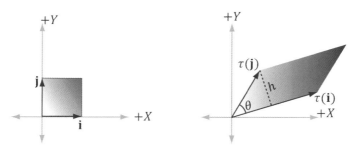

그림 3.17 정사각형을 평행사변형으로 사상하는 변환.

24. y 축에 대한 회전행렬의 행렬식이 1임을 보여라. 이전 연습문제에 기초해서, 그 행렬식이 1인 것이 합당한 이유를 설명하라. 수학에 좀 더 자신이 있는 독자라면 일반적인 회전행렬(임의의 축에 대한 회전행렬)의 행렬식이 1임도 증명해 볼 것.

25. 대수학적으로 특징짓자면, 회전행렬은 행렬식이 1인 직교행렬이다. 연습문제 24와 [그림 3.7]를 다시 살펴보면 이 점을 이해할 수 있다. 회전된 기저벡터 $\tau(\mathbf{i})$, $\tau(\mathbf{j})$, $\tau(\mathbf{k})$는 모두 단위 길이이고 서로 직교이다. 더 나아가서, 물체를 회전해도 물체의 크기는 변하지 않으므로, 행렬식은 당연히 1이어야 한다. 두 회전행렬의 곱 $\mathbf{R}_1\mathbf{R}_2 = \mathbf{R}$이 하나의 회전행렬임을 보여라. $\mathbf{R}\mathbf{R}^T = \mathbf{R}^T\mathbf{R} = \mathbf{I}$임을(따라서 $\mathbf{R}$이 직교행렬임을) 증명하고, $\det \mathbf{R} = 1$임을 증명하면 된다.

26. 회전행렬 $\mathbf{R}$에 대해 다음과 같은 성질들이 성립함을 보여라.

(a) $(\mathbf{u}\mathbf{R}) \cdot (\mathbf{v}\mathbf{R}) = \mathbf{u} \cdot \mathbf{v}$ 　　　내적의 보존

(b) $\|\mathbf{u}\mathbf{R}\| = \|\mathbf{u}\|$ 　　　　　길이의 보존

(c) $\theta(\mathbf{u}\mathbf{R}, \mathbf{v}\mathbf{R}) = \theta(\mathbf{u}, \mathbf{v})$ 　　　각도의 보존. 여기서 θ는 $\mathbf{x}$와 $\mathbf{y}$ 사이의 각도이다.

즉, $\theta(\mathbf{x}, \mathbf{y}) = \cos^{-1} \dfrac{\mathbf{x} \cdot \mathbf{y}}{\|\mathbf{x}\|\|\mathbf{y}\|}$

회전변환에 대해 이 모든 성질이 성립하는 것이 합당한 이유를 설명하라.

27. 어떤 비례행렬 하나와 회전행렬 하나, 이동행렬 하나를 모두 곱해서 나온 변환 행렬을 시작점이 $\mathbf{p} = (0, 0, 0)$이고 끝점이 $\mathbf{q} = (0, 0, 1)$인 선분에 적용하면 길이가 2이고 벡터 $(1, 1, 1)$에 평행하며 시작점이 $(3, 1, 2)$인 선분이 된다고 하자. 그러한 비례행렬과 회전행렬, 이동행렬을 구하라.

28. 상자(직육면체) 하나가 (x, y, z)에 놓여 있다고 하자. 본문에서 정의한 비례변환은 좌표계의 원점을 비례의 기준점으로 사용한다. 따라서 이 상자(중심이 원점이 아닌)를 그대로 비례하면 상자가 이동하는 부작용이 생긴다(그림 3.18 참고). 그런 부작용을 원치 않는 경우를 위해, 상자를 상자 자신의 중심을 기준으로 비례하는 변환 행렬을 구하라.

힌트 상자의 중심이 좌표계의 원점이 되도록 좌표 변경 변환을 가하고, 상자를 비례하고, 상자를 다시 원래의 좌표계로 변환하면 된다.

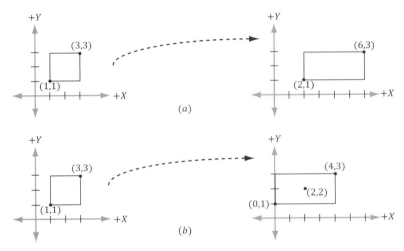

그림 3.18 (a) 원점을 기준으로 x 축에 대해 2단위 비례하면 직사각형이 이동한다. (b) 직사각형의 중심을 기준으로 x 축에 대해 2단위 비례하면 이동은 발생하지 않는다(직사각형의 중심이 그대로 유지된다).

Direct3D의 기초

제2부에서는 이 책의 나머지 부분 전반에 쓰이는 Direct3D의 기본 개념들과 기법들을 공부한다. 제2부의 내용은 좀 더 흥미로운 응용들(제3부에 나온 것들을 비롯한)로 나아가기 위한 토대가 된다.

Part II

Direct3D의 기초

- **제4장 Direct3D의 초기화:** 제4장에서는 Direct3D를 개괄하고 3차원 그래픽 작업을 위해 Direct3D를 초기화하는 방법을 설명한다. 표면, 픽셀 형식, 페이지 전환, 깊이 버퍼링, 다중표본화 같은 Direct3D의 기본 주제들도 소개한다. 또한, 성능 카운터로 시간을 측정하는 법과 그 시간을 이용해서 초당 렌더링된 프레임 수를 계산하는 방법도 설명한다. 더나아가서, 제4장은 Direct3D 응용 프로그램의 디버깅에 대한 조언도 제공한다. 그리고 SDK의 프레임워크가 아닌, 이 책의 예제 응용 프로그램들을 위해 개발된 예제 프레임워크도 소개한다.

- **제5장 렌더링 파이프라인:** 제5장에서는 가상의 카메라에 보이는 것들에 근거해서 2차원 영상(이미지)을 생성하는 데 꼭 필요한 일련의 단계들로 구성된 렌더링 파이프라인을 상세히 소개한다. 3차원 세계를 정의하는 방법과 가상 카메라를 제어하는 방법, 그리고 3차원 기하구조를 2차원 이미지 평면에 투영하는 방법을 배운다.

- **제6장 Direct3D의 그리기 연산:** 제6장에서는 렌더링 파이프라인을 구성하고, 정점 및 픽셀 셰이더를 정의하고, 그리기(drawing)를 위해 기하구조를 렌더링 파이프라인에 제출하는 데 필요한 Direct3D API의 인터페이스들과 메서드들을 설명한다. 이 장을 마치고 나면 3차원 상자를 그리고 변환할 수 있게 된다.

- **제7장 Direct3D의 그리기 연산 제2부:** 제7장에서는 이 책의 나머지 부분 전반에서 쓰이는 몇 가지 그리기 패턴들을 소개한다. CPU와 GPU의 작업부하 균형을 개선하는 문제를 논의하고, 렌더러가 물체들을 그리는 방식을 조직화하는 문제도 다룬다. 마지막으로, 격자,

구, 원기둥 같은 좀 더 복잡한 물체를 그리는 방법과 움직이는 파도를 시뮬레이션하는 방법을 제시한다.

- **제8장 조명:** 제8장에서는 광원을 생성하는 방법과 재질을 통해 빛과 표면의 상호작용을 정의하는 방법을 살펴본다. 특히, 정점 셰이더와 픽셀 셰이더를 이용해서 지향광, 점광, 점적광을 구현하는 방법을 제시한다.

- **제9장 텍스처 적용:** 제9장에서는 텍스처 매핑을 설명한다. 텍스처 매핑은 2차원 이미지 자료를 3차원 기본도형에 입혀서 장면의 사실감을 높이는 데 쓰이는 기법이다. 예를 들어 텍스처 매핑을 이용해서 3차원 직사각형에 2차원 벽돌 담벼락 이미지를 입혀 벽돌 담벼락의 모습을 묘사할 수 있다. 텍스처 타일링과 텍스처 애니메이션 변환 등 텍스처 적용에 관련된 주요 주제들도 소개한다.

- **제10장 혼합:** 혼합을 이용하면 반투명 같은 여러 가지 특수 효과를 구현할 수 있다. 혼합과 함께, 제10장에서는 내장 절단 함수도 소개한다. 절단 함수를 이용하면 한 이미지의 특정 부분을 화면에 나타나지 않게 만들 수 있다. 이러한 기능은 이를테면 울타리나 창살을 묘사하는 데 유용하다. 또한, 제10장에서는 안개 효과를 구현하는 방법도 살펴본다.

- **제11장 스텐실 적용:** 제11장에서는 스텐실 버퍼를 설명한다. 현실에서 스텐실로 무늬나 공판화를 만드는 것과 비슷하게, 스텐실 버퍼를 이용하면 특정한 일단의 픽셀들이 화면에 그려지지 않게 만들 수 있다. 그런 식으로 픽셀들을 제외하는 기능이 유용한 상황이 많다. 이러한 개념을 좀 더 잘 보여주기 위해, 제11장은 스텐실 버퍼를 이용한 평면 반사와 평면 그림자의 구현을 예로 사용한다.

- **제12장 기하 셰이더:** 제12장에서는 기하 셰이더를 설명한다. 기하 셰이더는 기하 기본도형 자체를 생성하거나 파괴할 수 있다는 점에서 특별하다. 이를테면 빌보드, 모피 렌더링, 세분표면, 입자 시스템 등에서 기하 셰이더를 활용할 수 있다. 또한, 제12장에서는 기본도형 ID와 텍스처 배열도 설명한다.

- **제13장 계산 셰이더:** 계산 셰이더(Compute Shader)는 Direct3D를 통해 노출되는 프로그래밍 가능 셰이더 중 하나로, 사실 렌더링 파이프라인에 직접 속한 부분은 아니다. 계산 셰이더를 이용하면 GPU(그래픽 처리 장치)를 범용 계산에 활용할 수 있다. 예를 들어 영상 처리(화상 처리) 프로그램이라면 영상 처리 알고리즘을 계산 셰이더로 구현함으로써 GPU의 빠른 계산 능력을 활용할 수 있게 된다. 계산 셰이더는 Direct3D의 일부이므로 Direct3D 자원을 읽고 쓴다. 이 덕분에 계산 결과를 렌더링 파이프라인에 직접 통합하는 것이 가능하다. 따라서 범용 계산뿐만 아니라 3차원 그래픽의 렌더링에서도 계산 셰이더를 활용할 수 있다.

- **제14장 테셀레이션 단계들:** 제14장에서는 렌더링 파이프라인의 테셀레이션 단계들을 살펴본다. 테셀레이션이란 기하구조를 더 작은 삼각형들로 분할하고, 분할로 생긴 새 정점들을 원하는 방식으로 이동시킴으로써 새로운 기하구조를 형성하는 작업을 말한다. 테셀레이션으로 삼각형 개수를 늘리는 주된 동기는 메시의 세밀함을 증가하는 것이다. 이러한 개념을 좀 더 잘 보여주기 위해, 제14장에서는 사각형 패치를 거리에 기초해서 테셀레이션하는 예와 삼차 베지에 사각형 패치 표면을 렌더링하는 예를 제시한다.

Direct3D의 초기화

Direct3D 초기화 작업을 진행하려면 Direct3D의 기본 형식들 몇 가지와 기본적인 그래픽 개념 몇 가지를 잘 알아둘 필요가 있다. 이번 장의 초반부(§4.1절과 §4.2절)에서 그 부분을 다룬다. 그런 다음에는 실질적인 Direct3D 초기화 과정의 필수 단계들을 상세히 설명한다. 그 후에는 잠시 곁가지로 빠져서, 실시간 그래픽 응용 프로그램에 필요한 정확한 시간 측정 방법을 살펴본다. 마지막으로, 이후 나오는 모든 예제 응용 프로그램이 따르는 일관된 인터페이스를 제공하는 예제 프레임워크 코드를 소개한다.

목표

1. 3차원 그래픽 하드웨어의 프로그래밍에서 Direct3D의 역할을 개괄적으로 이해한다.
2. Direct3D에서 COM의 역할을 이해한다.
3. 2차원 이미지의 저장 방식, 페이지 전환, 깊이 버퍼링, 다중표본화 같은 기초 그래픽 개념들을 배운다.
4. 성능 카운터 함수들을 이용해서 고해상도 타이머 값을 얻는 방법을 배운다.
5. Direct3D를 초기화하는 방법을 파악한다.
6. 이 책의 모든 예제 프로그램이 사용하는 응용 프로그램 프레임워크의 전반적인 구조를 숙지한다.

4.1 기본 지식

Direct3D 초기화 공정을 이해하려면 몇 가지 기본적인 그래픽 개념과 Direct3D 형식들을 숙지할 필요가 있다. 나중에 초기화 공정을 구체적으로 다룰 때 해당 주제에만 집중할 수 있도록, 기본 개념들과 형식들을 이번 절에서 모두 짚고 넘어가기로 하자.

4.1.1 Direct3D 12의 개요

Direct3D는 응용 프로그램에서 GPU(graphics processing unit; 그래픽 처리 장치)를 제어하고 프로그래밍하는 데 쓰이는 저수준 그래픽 API(application programming interface; 응용 프로그래밍 인터페이스)이다. 이를 통해 응용 프로그램은 3차원 그래픽 가속 기능을 이용해서 3차원 세계를 렌더링할 수 있게 된다. 예를 들어 렌더 대상(즉 화면)을 깨끗이 지우는* 명령을 그래픽 하드웨어에 제출하려면, Direct3D의 `ID3D12CommandList::Clear RenderTargetView`라는 메서드를 호출하면 된다. 응용 프로그램과 그래픽 하드웨어 사이에 Direct3D라는 간접층과 하드웨어 드라이버가 Direct3D 명령들을 시스템의 GPU가 직접 이해하는 고유한 기계어 명령들로 번역해 주므로, 해당 GPU가 Direct3D 12를 지원하는 한, 응용 프로그램 개발자는 GPU의 세부사항을 걱정할 필요가 없다. 단, 이를 위해서는 NVIDIA나 Intel, AMD 같은 GPU 제조사들이 Microsoft의 Direct3D 팀과 협력해서 Direct3D의 명세를 준수하는 드라이버를 제공해야 한다.

Direct3D 12에 몇 가지 새로운 렌더링 기능이 추가되긴 했지만, 이전 버전들에 비한 주된 개선점은 CPU 부담을 크게 줄이고 다중 스레드 지원을 개선하기 위해 설계를 다시 했다는 점이다. 그러한 성능상의 목표를 달성하기 위해, Direct3D 12는 Direct3D 11보다 훨씬 낮은 (즉, GPU 쪽에 더 가까운) 수준의 API가 되었다. Direct3D 12는 이전보다 추상화가 줄었고, 개발자가 손수 관리해야 할 사항들이 늘어났으며, 현세대 GPU 구조(아키텍처)들을 좀 더 밀접하게 반영한다. API를 사용하기가 좀 더 어려워졌지만, 대신 성능이 개선되었다.

---

* **옮긴이** 배열, 버퍼 등 여러 개의 원소로 이루어진 대상을 "지운다(clear)"는 것은 그 대상의 모든 원소를 특정한 하나의 값으로 설정하는 것을 뜻한다. 예를 들어 렌더 대상을 검은색으로 지운다는 말은 렌더 대상의 모든 픽셀을 검은색으로 설정한다는 것이다. 이 "지운다"가 '삭제(delete)'나 '제거(remove)'를 뜻하는 것이 아님을 주의하기 바란다. 이 번역서에서 "지운다"는 항상 clear를 의미한다.

4.1.2 COM

COM(Component Object Model)은 DirectX의 프로그래밍 언어 독립성과 하위 호환성을 가능하게 하는 기술이다. COM 객체를 흔히 COM 인터페이스라고 부르지만, 이 책의 목적에 서는 COM 객체를 C++ 클래스로 간주하고 사용해도 무방하다. C++로 DirectX 응용 프로 그램을 프로그래밍할 때 COM의 세부사항 대부분은 프로그래머에게 드러나지 않는다. 프로그 래머가 알아야 할 것은 필요한 COM 인터페이스를 가리키는 포인터를 특별한 함수들을 이용 해서, 또는 다른 COM 인터페이스의 메서드를 이용해서 얻는 방법뿐이다. COM 인터페이스 를 C++의 new 키워드로 직접 생성할 일은 없다. 또 한 가지 기억해야 할 것은, COM 인터페 이스를 다 사용하고 난 후에는 delete로 삭제하는 것이 아니라 그 인터페이스의 Release 메 서드를 호출해 주어야 한다는 것이다(모든 COM 인터페이스는 IUnknown이라는 COM 인터 페이스의 기능을 상속하는데, 그 인터페이스가 Release라는 메서드를 제공한다). COM 객체 는 참조 횟수(자신을 참조하는 다른 객체들의 개수)가 0이 되면 메모리에서 해제된다.

COM 객체의 수명 관리를 돕기 위해, Windows 런타임 라이브러리(Windows Runtime Library, WRL)는 Microsoft::WRL::ComPtr이라는 클래스(사용하려면 #include <wrl. h>가 필요함)를 제공한다. 이 클래스는 COM 객체를 위한 똑똑한 포인터(smart pointer)라 할 수 있다. 범위를 벗어난 ComPtr 인스턴스는 바탕 COM 객체에 대해 자동으로 Release를 호출한다. 따라서 우리(프로그래머)가 직접 Release를 호출할 필요가 없다. ComPtr의 여러 메서드 중 이 책에서 사용하는 것은 다음 세 가지이다.

1. Get: 바탕 COM 인터페이스를 가리키는 포인터를 돌려준다. 해당 COM 인터페이스 포인터 형식의 인수를 받는 함수를 호출할 때 흔히 쓰인다. 예를 들면 다음과 같다.

```
ComPtr<ID3D12RootSignature> mRootSignature;
...
// SetGraphicsRootSignature는 ID3D12RootSignature* 형식의 인수를 받는다.
mCommandList->SetGraphicsRootSignature(mRootSignature.Get());
```

2. GetAddressOf: 바탕 COM 인터페이스를 가리키는 포인터의 주소를 돌려준다. 함수 매개변수를 통해서 COM 인터페이스 포인터*를 돌려받을 때 흔히 쓰인다. 예를 들면 다음과 같다.

---

* **옮긴이** 간결한 문장을 위해, "A를 가리키는 포인터"를 줄여서 "A 포인터" 또는 "A의 포인터"라고 표기하기도 하겠다(주로는 지면이 한정된 예제 코드 주석이나 길고 복잡한 문장에서).

```
ComPtr<ID3D12CommandAllocator> mDirectCmdListAlloc;
...
ThrowIfFailed(md3dDevice->CreateCommandAllocator(
    D3D12_COMMAND_LIST_TYPE_DIRECT,
    mDirectCmdListAlloc.GetAddressOf()));
```

3. Reset: ComPtr 인스턴스를 nullptr로 설정하고 바탕 COM 인터페이스의 참조 횟수를 1 감소한다. 이 메서드를 사용하는 대신 ComPtr 인스턴스에 직접 nullptr 를 배정해도 된다(역시 참조 횟수가 감소한다).

물론 COM은 이보다 훨씬 방대한 주제이지만, DirectX를 효과적으로 사용하는 데에는 이 정도로 충분하다.

> **참고:** COM 인터페이스들은 이름이 대문자 I로 시작한다. 예를 들어 명령 목록(command list)을 나타내는 COM 인터페이스의 이름은 ID3D12GraphicsCommandList이다.

4.1.3 텍스처 형식

2차원 텍스처는 자료 원소들의 행렬(2차원 배열)이다. 2차원 텍스처의 용도 하나는 2차원 이미지 자료를 저장하는 것인데, 이때 텍스처의 각 원소는 픽셀 하나의 색상을 담는다. 그러나 이것이 텍스처의 유일한 용도는 아니다. 예를 들어 법선 매핑이라고 하는 고급 기법에서는 텍스처의 각 원소가 색상이 아니라 3차원 벡터를 담는다. 텍스처라고 하면 흔히 이미지 자료의 저장을 떠올리지만, 법선 매핑의 예에서 보듯이 실제로는 훨씬 범용적이다. 마찬가지로, 1차원 텍스처는 자료 원소들의 1차원 배열에 해당하고, 3차원 텍스처는 자료 원소들의 3차원 배열에 해당한다. 이후의 장들에서 보겠지만, 사실 텍스처가 단순한 자료 배열인 것만은 아니다. 텍스처에 밉맵 수준들이 존재할 수 있으며, GPU는 필터링, 다중표본화 등의 특별한 연산을 텍스처에 적용할 수 있다. 더 나아가서, 텍스처에 아무 자료나 담을 수 있는 것은 아니라는 점도 중요하다. 텍스처에는 특정 형식(format)의 자료 원소들만 담을 수 있는데, 구체적인 형식은 DXGI _FORMAT이라는 열거형으로 지정한다. 다음은 텍스처에 담을 수 있는 자료 원소 형식들의 예이다.

1. DXGI_FORMAT_R32G32B32_FLOAT: 각 원소는 32비트 부동소수점 성분 세 개로 이루어진다.

2. DXGI_FORMAT_R16G16B16A16_UNORM: 각 원소는 [0, 1] 구간으로 사상되는 16비트 성분 네 개로 이루어진다.

3. DXGI_FORMAT_R32G32_UINT: 각 원소는 부호 없는 32비트 정수 성분 두 개로 이루어진다.

4. DXGI_FORMAT_R8G8B8A8_UNORM: 각 원소는 [0, 1] 구간으로 사상되는 부호 없는 8비트 성분 네 개로 이루어진다.

5. DXGI_FORMAT_R8G8B8A8_SNORM: 각 원소는 [−1, 1] 구간으로 사상되는 부호 있는 8비트 성분 네 개로 이루어진다.

6. DXGI_FORMAT_R8G8B8A8_SINT: 각 원소는 [−128, 127] 구간으로 사상되는 부호 있는 8비트 정수 성분 네 개로 이루어진다.

7. DXGI_FORMAT_R8G8B8A8_UINT: 각 원소는 [0, 255] 구간으로 사상되는 부호 없는 8비트 정수 성분 네 개로 이루어진다.

여기서 R, G, B, A는 각각 적(red), 녹(green), 청(blue), 알파(alpha) 성분을 뜻한다. 그래픽에서 하나의 색상은 3원색인 적색, 녹색, 청색의 조합으로 만들어진다(예를 들어 같은 양의 빨간색과 녹색을 합치면 노란색이 된다). 컴퓨터 그래픽에서 알파 채널 또는 알파 성분은 일반적으로 투명도를 제어하는 데 쓰인다. 그러나, 앞에서 이야기했듯이 텍스처에 반드시 색상을 담아야 하는 것은 아니다. 예를 들어 다음과 같은 텍스처 원소 형식은 부동소수점 성분 세 개로 구성되며, 따라서 좌표성분들이 부동소수점 수인 임의의 3차원 벡터를 담을 수 있다.

```
DXGI_FORMAT_R32G32B32_FLOAT
```

그리고 **무형식**(typeless) 텍스처들도 있는데, 이런 텍스처는 일단 메모리만 확보해 두고 자료의 구체적인 해석 방식은 나중에 텍스처를 파이프라인에 묶을 때 지정하는(C++의 reinterpret_cast와 비슷하게) 용도로 쓰인다. 예를 들어 다음의 무형식 텍스처 형식은 원소마다 16비트 성분 네 개를 할당하되, 각 16비트 성분의 구체적인 자료 형식(즉 정수, 부동소수점, 부호 없는 정수 등)은 지정하지 않는다.

```
DXGI_FORMAT_R16G16B16A16_TYPELESS
```

제6장에서 보겠지만, `DXGI_FORMAT` 열거형은 정점 자료 형식과 색인 자료 형식을 서술할 때에도 쓰인다.

4.1.4 교환 사슬과 페이지 전환

애니메이션이 껌벅이는 현상을 피하려면 다음과 같은 방법을 사용하는 것이 최선이다. 우선, 애니메이션의 한 프레임 전체를 화면 바깥의(off-screen) 텍스처에 그린다. 그런 텍스처를 후면 버퍼(back buffer)라고 부른다. 주어진 한 프레임을 위해 장면 전체를 후면 버퍼에 그린 다음에는, 그 후면 버퍼를 하나의 완전한 프레임으로서 화면에 표시한다. 이렇게 하면 화면을 보는 사용자에게는 프레임이 그려지는 과정이 나타나지 않는다. 사용자는 완성된 프레임만을 볼 뿐이다. 이러한 기법을 이중 버퍼링이라고 부른다. 이중 버퍼링을 효율적으로 구현하려면 하드웨어로 관리되는 두 개의 텍스처 버퍼가 필요한데, 하나는 **전면 버퍼**(front buffer)이고 다른 하나는 앞에서 언급한 **후면 버퍼**이다. 화면에는 전면 버퍼에 담긴 이미지 자료가 표시된다. 전면 버퍼가 화면에 표시된 동안 애니메이션의 다음 프레임을 후면 버퍼에 그리고, 다 그려지면 전면 버퍼와 후면 버퍼의 역할을 맞바꾼다. 즉, 후면 버퍼가 새 전면 버퍼가 되어서 그 내용이 화면에 표시되고, 전면 버퍼가 새 후면 버퍼가 되어서 다음 프레임이 그려진다. 이처럼 후면 버퍼와 전면 버퍼의 역할을 교환해서 페이지가 전환되게 하는 것을 Direct3D에서는 **제시**(presenting)라고 부른다. 이러한 제시는 아주 효율적인 연산이다. 버퍼들의 내용 자체를 맞바꾸는 것이 아니라 그냥 현재 전면 버퍼로의 포인터와 현재 후면 버퍼로의 포인터만 맞바꾸면 되기 때문이다. [그림 4.1]에 제시 연산이 진행되는 과정이 나와 있다.

전면 버퍼와 후면 버퍼는 하나의 **교환 사슬**(swap chain)을 형성한다. Direct3D에서 교환 사슬을 대표하는 인터페이스는 `IDXGISwapChain`이다. 이 인터페이스는 전면 버퍼 텍스처와 후면 버퍼 텍스처를 담으며, 버퍼 크기 변경을 위한 메서드(`IDXGISwapChain::ResizeBuffers`)와 버퍼의 제시를 위한 메서드(`IDXGISwapChain::Present`)도 제공한다.

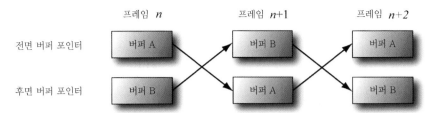

| 프레임 *n* | 프레임 *n*+1 | 프레임 *n*+2 |

전면 버퍼 포인터   버퍼 A   버퍼 B   버퍼 A

후면 버퍼 포인터   버퍼 B   버퍼 A   버퍼 B

그림 4.1 프레임 *n*에서, 현재 화면에 표시되는 것은 버퍼 A이다. 버퍼 B에는 다음 프레임을 렌더링한다. 즉, 버퍼 B는 현재 후면 버퍼의 역할을 한다. 프레임이 완성되면 포인터들을 교환한다. 그러면 버퍼 B가 전면 버퍼가 되고 버퍼 A는 새로운 후면 버퍼가 된다. 이제 다음 프레임(프레임 *n*+1)을 버퍼 A에 렌더링한다. 프레임이 완성되면 다시 포인터들을 교환하며, 그러면 버퍼 A가 전면 버퍼가 되고 버퍼 B가 다시 후면 버퍼가 된다.

이처럼 두 개의 버퍼(전면과 후면)를 사용하는 방법을 **이중 버퍼링**(double buffering)이라고 부른다. 더 많은 버퍼를 사용하는 것도 가능하다. 버퍼 세 개를 사용하는 것을 **삼중 버퍼링**(triple buffering)이라고 부른다. 그러나 일반적으로는 버퍼 두 개로 충분하다.

> **참고:** 후면 버퍼는 텍스처이므로 그 원소를 텍셀[texel]이라고 불러야 하겠지만, 그냥 픽셀[pixel]이라고 부르는 경우도 많다. 이는 후면 버퍼가 색상 정보를 담기 때문이다. 어떤 사람들은 색상이 아닌 정보를 담은 텍스처의 원소도 픽셀이라고 부르기도 한다(이를테면 "법선 맵의 픽셀들").

4.1.5 깊이 버퍼링

깊이 버퍼(depth buffer)는 이미지 자료를 담지 않는 텍스처의 한 예이다. 깊이 버퍼는 각 픽셀의 깊이 정보를 담는다. 픽셀의 깊이는 0.0에서 1.0까지의 값으로, 0.0은 시야 절두체(view frustum) 안에서 관찰자에 최대한 가까운 물체에 해당하고 1.0은 시야 절두체 안에서 관찰자와 최대한 먼 물체에 해당한다. 깊이 버퍼의 원소들과 후면 버퍼의 픽셀들은 일대일로 대응된다(즉, 후면 버퍼의 *ij*번째 원소는 깊이 버퍼의 *ij*번째 원소에 대응된다). 예를 들어 후면 버퍼의 해상도가 1280 × 1024라면 깊이 버퍼는 1280 × 1024개의 원소들로 구성된다.

[그림 4.2]는 몇몇 물체가 다른 물체들을 가리고 있는 간단한 장면이다. 한 물체의 픽셀들이 다른 물체보다 앞에 있는지 판정하기 위해, Direct3D는 **깊이 버퍼링** 또는 z-버퍼링이라는 기법을 사용한다. 여기서 중요한 점은, 깊이 버퍼링을 이용하면 물체들을 그리는 순서와 무관하게 물체들이 제대로 가려진다는 것이다.

그림 4.2 서로를 부분적으로 가리는 일단의 물체들.

> **참고:** 깊이 문제를 해결하는 한 방법은 장면의 물체들을 먼 것에서 가까운 것 순서로 그리는 것이다. 그렇게 하면 가까운 물체가 먼 물체를 덮으므로 결과적으로 물체들이 제대로 가려진 모습이 된다. 이는 화가가 장면을 그리는 방식과 일치한다. 그러나 이 방법에는 두 가지 문제가 있다. 하나는 물체들을 정렬해야 한다는 것이고(물체들이 많으면 시간이 오래 걸릴 수 있다), 또 하나는 맞물린 형태의 물체들을 제대로 처리하지 못한다는 것이다. 반면 깊이 버퍼링은 그래픽 하드웨어에서 공짜로 일어나며, 맞물린 물체들도 제대로 처리된다.

깊이 버퍼링의 작동 방식을 예를 통해서 살펴보자. [그림 4.3]에 관찰자가 보는 3차원 장면과 그 장면의 2차원 측면도가 있다. 측면도를 보면 확실하게 알 수 있지만, 서로 다른 물체에서 비롯된 세 픽셀이 시야 창(view window)의 한 픽셀 P를 두고 경쟁한다. (물론 우리는 관찰자와 가장 가까운 픽셀이 다른 픽셀들을 가리므로 그 픽셀이 P에 그려져야 제대로 된 결과가 나옴을 알고 있지만, 컴퓨터는 그렇지 못하다.) 응용 프로그램은 그 어떤 렌더링도 수행하기 전에 먼저 후면 버퍼를 기본 색상(검은색이나 흰색 등)으로 지운다. 이때 깊이 버퍼도 기본값으로 지워지는데, 일반적으로 한 픽셀이 가질 수 있는 최대 깊이인 1.0을 기본값으로 사용한다. 이제 물체들을 원기둥, 구, 원뿔의 순서로 렌더링한다고 하자. 다음 표는 물체들이 렌더링됨에 따라 시야 창의 픽셀 P와 그 깊이 값 d가 갱신되는 과정을 요약한 것이다. 시야 창의 다른 픽셀들도 마찬가지 과정을 거친다.

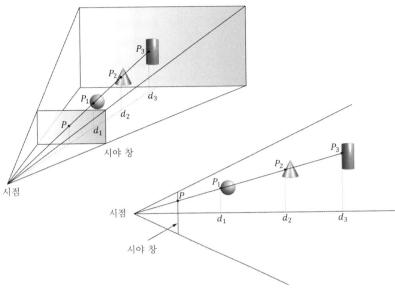

그림 4.3 3차원 장면으로부터 생성된 2차원 이미지(후면 버퍼)에 대응되는 시야 창. 픽셀 P에 서로 다른 세 개의 픽셀이 투영된다. 사람은 P_1이 P에 기록되어야 함을 직관적으로 알 수 있다. P_1이 관찰자에 가장 가까운, 그리고 다른 두 픽셀을 가리는 픽셀이기 때문이다. 컴퓨터는 깊이 버퍼링 알고리즘을 통해서 이를 기계적으로 판정한다. 이 그림은 깊이 값들을 해당 3차원 장면에 상대적으로 나타냈지만, 실제로 깊이 버퍼에 저장되는 깊이 값들은 [0.0, 1.0] 구간으로 정규화된 값이다.

연산	P	d	설명
지우기	검은색	1.0	픽셀과 해당 깊이 항목이 초기화된다.
원기둥 그리기	P_3	d_3	$d_3 \leq d = 1.0$이므로 깊이 판정이 성공하며, 그래서 버퍼가 $P = P_3$, $d = d_3$으로 갱신된다.
구 그리기	P_1	d_1	$d_1 \leq d = d_3$이므로 깊이 판정이 성공하며, 그래서 버퍼가 $P = P_1$, $d = d_1$로 갱신된다.
원뿔 그리기	P_1	d_1	$d_2 > d = d_1$이므로 깊이 판정이 실패하며, 버퍼는 갱신되지 않는다.

이 예에서 보듯이, 픽셀과 해당 깊이 값은 그 깊이 값이 깊이 버퍼에 이미 들어 있던 값보다 작은 경우에만 후면 버퍼와 깊이 버퍼에 기록된다. 이런 방식에서는 항상 관찰자에 가장 가까운 픽셀이 렌더링된다. (확신이 들지 않는다면, 물체들을 그리는 순서를 바꾸어서 다시 시도해 보기 바란다.)

정리하자면, 깊이 버퍼링 알고리즘은 렌더링되는 각 픽셀의 깊이 값을 계산해서 깊이 판정을 수행함으로써 작동한다. 깊이 판정은 후면 버퍼의 특정 픽셀 위치에 기록될 픽셀들의 깊이들을 비교한다. 깊이 값을 비교했을 때 관찰자에게 가장 가까운 픽셀이 승자가 되어서 후면 버퍼에 기록된다. 다른 물체를 가리는 물체의 픽셀이 바로 관찰자에게 가장 가까운 픽셀이라는 점을 생각하면 이 알고리즘이 합당하다는 점을 이해할 수 있을 것이다.

깊이 버퍼는 하나의 텍스처이므로, 생성 시 특정한 자료 원소 형식을 지정할 필요가 있다. 깊이 버퍼링을 위한 텍스처 자료 원소 형식으로는 다음과 같은 것들이 있다.

1. `DXGI_FORMAT_D32_FLOAT_S8X24_UINT`: 각 텍셀은 32비트 부동소수점 깊이 값과 [0, 255] 구간으로 사상되는 부호 없는 8비트 정수 스텐실 값(스텐실 버퍼에 쓰임), 그리고 다른 용도 없이 채움(padding) 용으로만 쓰이는 24비트로 구성된다.

2. `DXGI_FORMAT_D32_FLOAT`: 각 텍셀은 하나의 32비트 부동소수점 깊이 값이다.

3. `DXGI_FORMAT_D24_UNORM_S8_UINT`: 각 텍셀은 [0, 1] 구간으로 사상되는 부호 없는 24비트 깊이 값 하나와 [0, 255] 구간으로 사상되는 부호 없는 8비트 정수 스텐실 값으로 구성된다.

4. `DXGI_FORMAT_D16_UNORM`: 각 텍셀은 [0, 1] 구간으로 사상되는 부호 없는 16비트 깊이 값이다.

참고: 응용 프로그램이 스텐실 버퍼를 반드시 사용해야 하는 것은 아니나, 만일 사용한다면 스텐실 버퍼는 항상 깊이 버퍼와 같은 텍스처에 포함된다. 예를 들어 32비트 형식

```
DXGI_FORMAT_D24_UNORM_S8_UINT
```

은 그 중 24비트를 깊이 버퍼에, 나머지 8비트를 스텐실 버퍼에 사용한다. 이 때문에 깊이 버퍼보다는 깊이·스텐실 버퍼라는 용어가 더 정확하다. 스텐실 버퍼의 사용은 좀 더 고급 주제이므로 제11장에서 이야기하겠다.

4.1.6 자원과 서술자

렌더링 과정에서 GPU는 자원들에 자료를 기록하거나(이를테면 후면 버퍼나 깊이·스텐실 버퍼가 그런 종류의 자원이다) 자원들에서 자료를 읽어 들인다(이를테면 표면의 모습을 서술하

는 텍스처나 장면 안의 기하구조의 3차원 위치들을 담은 버퍼가 그런 종류의 자원이다). 그리기 명령을 제출하기 전에, 먼저 해당 그리기 호출이 참조할 자원들을 렌더링 파이프라인에 **묶어야**(bind) 한다. 이를 가리켜 자원을 파이프라인에 "연결한다(link)" 또는 "바인딩^{binding}한다"라고 말하기도 한다. 그리기 호출마다 달라지는 자원들도 있으며, 따라서 필요하다면 그리기 호출마다 그런 자원들의 바인딩을 갱신해야 한다. 그런데 GPU 자원들이 파이프라인에 직접 묶이는 것은 아니다. 실제로 파이프라인에 묶이는 것은 해당 자원을 참조하는 **서술자**(descriptor) 객체이다. 서술자 객체는 자원을 GPU에게 서술해주는 경량의 자료구조라고 할 수 있다. 본질적으로 이는 하나의 간접층(level of indirection)이다. GPU는 자원 서술자를 통해서 자원의 실제 자료에 접근하며, 그 자료를 사용하는 데 필요한 정보 역시 자원 서술자로부터 얻는다. 그리기 호출이 참조할 서술자들을 명시하면 해당 자원들이 렌더링 파이프라인에 묶인다.

이처럼 서술자들을 거치는 추가적인 간접층을 두는 이유는, GPU 자원이라는 것이 사실상 범용적인 메모리 조각이기 때문이다. 자원은 범용적이므로, 같은 자원을 렌더링 파이프라인의 서로 다른 단계(stage)들에서 사용할 수 있다. 흔한 예는 텍스처를 렌더 대상으로도 사용하고(즉, Direct3D가 장면을 텍스처에 그린다) 그 이후 단계에서 셰이더 자원으로도 사용하는(즉, 텍스처에서 표본들을 추출해서 셰이더의 입력 자료로 사용한다) 것이다. 자원 자체는 자신이 렌더 대상으로 쓰여야 하는지 아니면 깊이·스텐실 버퍼나 셰이더 자원으로 쓰여야 하는지에 대해 아무 말도 하지 않는다. 또한, 자원의 일부 영역만 렌더링 파이프라인에 묶고 싶은 때가 있는데, 자원 자체에는 그런 부분 영역에 대한 정보가 없다. 더 나아가서, 애초에 자원을 무형식으로 생성할 수도 있다. 그런 경우 GPU는 자원의 형식을 알 수 없다.

이런 문제를 해결해 주는 것이 바로 서술자이다. 서술자는 자원 자료를 지정하는 수단일 뿐만 아니라, 자원을 GPU에 서술하는 수단이기도 하다. 서술자는 Direct3D에게 자원의 사용법을(다시 말하면 자원을 파이프라인의 어떤 단계에 묶어야 하는지를) 말해준다. 또한, 가능한 경우에는 파이프라인에 묶을 자원의 부분 영역을 서술자로 지정할 수 있다. 그리고 무형식으로 생성된 자원의 경우에는, 그 자원을 참조하는 서술자를 생성할 때 그 자원의 구체적인 형식을 명시할 수 있다.

> **참고:** 뷰^{view}는 서술자와 동의어이다. '뷰'라는 용어는 Direct3D의 이전 버전들에 쓰였으며, Direct3D 12의 일부에도 여전히 쓰이고 있다. 이 책에서는 두 용어를 함께 사용한다. 예를 들어 상수 버퍼 뷰와 상수 버퍼 서술자는 같은 것이다.

서술자는 자원의 사용법에 따라 여러 종류(형식)가 있다. 이 책에서는 다음과 같은 종류의 서술자들을 사용한다.

1. CBV/SRV/UAV 서술자들은 각각 상수 버퍼(contant buffer), 셰이더 자원(shader resource), 순서 없는 접근(unordered access view)을 서술한다.
2. 표본추출기 서술자는 텍스처 적용에 쓰이는 표본추출기(sampler) 자원을 서술한다.
3. RTV 서술자는 렌더 대상(render target) 자원을 서술한다.
4. DSV 서술자는 깊이·스텐실(depth/stencil) 자원을 서술한다.

서술자 힙(descriptor heap)은 서술자들의 배열이다. 응용 프로그램이 사용하는 서술자들이 저장되는 곳이 바로 서술자 힙이다. 서술자 종류마다 개별적인 서술자 힙이 필요하다. 같은 종류의 서술자들은 같은 서술자 힙에 저장된다. 또한, 한 종류의 서술자에 대해 여러 개의 힙을 둘 수도 있다.

하나의 자원을 참조하는 서술자가 하나뿐이어야 하는 것은 아니다. 예를 들어 한 자원의 여러 부분 영역을 여러 서술자가 참조할 수 있다. 또한, 앞에서 언급했듯이 하나의 자원을 렌더링 파이프라인의 여러 단계에 묶을 수 있는데, 단계마다 개별적인 서술자가 필요하다. 하나의 텍스처를 렌더 대상이자 셰이더 자원으로 사용하는 예의 경우에는 두 개의 서술자, 즉 RTV 형식의 서술자와 SRV 형식의 서술자를 만들어야 한다. 마찬가지로, 무형식 자원을 만든 경우에는 텍스처의 원소를 이를테면 부동소수점 값으로 사용할 수도 있고 정수로 사용할 수도 있는데, 그러려면 두 개의 서술자, 즉 부동소수점 형식을 지정하는 서술자와 정수 형식을 지정하는 서술자가 필요하다.

서술자들은 응용 프로그램의 초기화 시점에서 생성해야 한다. 이는 그때 일정 정도의 형식 점검과 유효성 검증이 일어나기 때문이며, 또한 초기화 시점에서 생성하는 것이 실제 실행 시점에서 생성하는 것보다 낫기 때문이기도 하다.

참고: DirectX SDK 문서화에는 "형식이 완전히 지정된 자원은 해당 형식으로만 사용할 수 있다. 그러면 런타임은 자원에 대한 접근을 최적화할 수 있게 된다"라는 뜻의 문구가 나온다. 따라서 무형식 자원은 그런 자원이 제공하는 유연성(자료를 여러 뷰들을 통해서 다양한 방식으로 해석할 수 있는 능력)이 꼭 필요할 때에만 만들어야 한다. 그렇지 않은 경우에는 형식을 완전히 지정해서 자원을 만들어야 한다.

4.1.7 다중표본화의 이론

모니터의 픽셀들이 무한히 작지는 않기 때문에, 모니터 화면에 임의의 선을 완벽하게 나타내는 것은 불가능하다. [그림 4.4]는 흔히 '계단 현상'이라고 하는 앨리어싱^{aliasing} 효과를 보여준다. 선을 픽셀들의 배열로 '근사'하다 보면 이런 현상이 생긴다. 삼각형의 변에서도 이와 비슷한 앨리어싱 효과가 나타난다.

모니터 해상도를 키워서 픽셀 크기를 줄이면 문제가 크게 완화되어서, 계단 현상이 거의 눈에 띄지 않을 정도가 된다. 그러나 모니터 해상도를 키우는 것이 불가능하거나 키워도 충분하지 않은 경우에는 앨리어싱 제거(antialiasing) 기법을 적용할 수 있다. 그런 기법의 하나가 **초과표본화**(supersampling)이다. 초과표본화에서는 후면 버퍼와 깊이 버퍼를 화면 해상도보다 4배(가로, 세로 두 배씩) 크게 잡고, 3차원 장면을 4배 크기의 해상도에서 후면 버퍼에 렌더링한다. 이미지를 화면에 제시할 때가 되면 후면 버퍼를 원래 크기의 버퍼로 **환원**(resolving)한다. 하향표본화(downsampling)라고도 부르는 이 환원 공정은 4픽셀 블록의 네 색상의 평균을 그 블록에 해당하는 픽셀의 최종 색상으로 사용한다. 본질적으로, 초과표본화는 화면 해상도를 소프트웨어에서 증가하는 것이라 할 수 있다.

초과표본화는 픽셀 처리량과 메모리 소비량이 네 배라서 비용이 높다. Direct3D는 **다중표본화**(multisampling)라는 절충적인 앨리어싱 제거 기법을 지원한다. 다중표본화는 일부 계산 결과를 부분픽셀(subpixel)들 사이에서 공유하기 때문에 초과표본화보다 비용이 낮다. 4X 다중표본화(픽셀당 부분픽셀 4개)의 경우 다중표본화도 초과표본화처럼 크기가 화면 해상도의 4배인 후면 버퍼와 깊이 버퍼를 사용한다. 그러나 다중표본화는 이미지 색상을 각 부분픽셀마다 계산하는 것이 아니라 픽셀당 한 번만 계산하고(픽셀의 중심에서), 그 색상과 부분픽셀들의 가시성(이를 위해 부분픽셀당 깊이·스텐실 판정이 일어남)과 포괄도(부분픽셀을 다각형이 어느 정도나 덮고 있는지를 뜻하는 값)를 이용해서 최종 색상을 결정한다. [그림 4.5]에 예가 나와 있다.

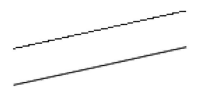

그림 4.4 위쪽 선에는 앨리어싱(선을 픽셀들의 행렬로 표현하려고 할 때 나타나는 계단 현상)이 보인다. 아래쪽은 앨리어싱이 제거된 모습으로, 한 픽셀의 최종 색상을 그 이웃 픽셀들의 색상들을 추출에서 결정하는 앨리어싱 제거 기법을 적용한 것이다. 이에 의해 계단 현상이 완화된, 좀 더 매끄러운 모습이 나왔다.

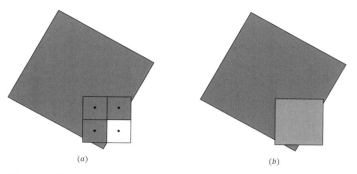

(a)   (b)

그림 4.5 다각형의 한 변에 걸친 픽셀의 처리 방식. (a) 픽셀 중심에서 평가된 녹색은 다각형에 덮인 세 개의 가시적 부분픽셀들에 저장된다. 제4사분면에 있는 부분픽셀은 다각형에 완전히 덮이지 않았으므로 녹색으로 갱신되지 않는다. 그냥 이전에 그린 기하구조에서 계산된 색상이나 Clear 연산에 의한 색상을 유지한다. (b) 환원된 픽셀 색상을 계산하기 위해, 네 개의 부분픽셀(녹색 세 개, 흰색 하나)의 평균을 낸다. 이에 의해 다각형 변에 하나의 밝은 녹색 픽셀이 만들어지며, 결과적으로 다각형의 변이 좀 더 매끄러운(계단 현상이 완화된) 모습이 된다.

> **참고:** 초과표본화와 다중표본화의 핵심적인 차이를 잘 파악하기 바란다. 초과표본화에서는 이미지 색상이 부분픽셀별로 계산되므로 한 픽셀의 부분픽셀들의 색이 각자 다를 수 있다. 반면 다중표본화(그림 4.5)에서는 이미지 색상이 픽셀당 한 번만 계산되며, 그 색상이 다각형에 덮인 모든 가시 부분픽셀에 복제된다. 이미지 색상을 계산하는 것은 그래픽 파이프라인에서 가장 비싼 단계 중 하나이기 때문에, 다중표본화는 초과표본화보다 비용이 상당히 낮다. 대신, 초과표본화는 좀 더 정확한 결과를 낸다.

[그림 4.5]를 보면 하나의 픽셀이 균등한 격자 패턴에 따라 네 개의 부분픽셀로 분할되어 있다. 그러나 실제로 쓰이는 패턴(부분픽셀들이 배치되는 지점들)은 하드웨어 제조사마다 다를 수 있다. Direct3D 자체에는 부분픽셀의 배치 방식이 구체적으로 정의되어 있지 않다. 서로 다른 분할 패턴들은 각자 장단점을 가지고 있다.

4.1.8 Direct3D의 다중표본화

다중표본화를 위해서는 DXGI_SAMPLE_DESC라는 구조체를* 적절히 채워야 한다. 이 구조체는 다음과 같이 두 개의 멤버(자료 필드)로 이루어져 있다.

---

* **옮긴이** 혼동의 여지가 없는 한, 이 책 전반에서 구조체의 '인스턴스'를 그냥 구조체라고 표현하기도 한다.

```
typedef struct DXGI_SAMPLE_DESC
{
  UINT Count;
  UINT Quality;
} DXGI_SAMPLE_DESC;
```

Count 멤버는 픽셀당 추출할 표본의 개수를 지정하고 Quality 멤버는 원하는 품질 수준
(quality level)을 지정한다('품질 수준'의 구체적인 의미는 하드웨어 제조사마다 다를 수 있
다). 표본 개수가 많을수록, 그리고 품질 수준이 높을수록 렌더링 비용도 증가하므로, 비용과
속도 사이의 절충선을 잘 잡아야 한다. 품질 수준들의 범위는 텍스처 형식과 픽셀당 표본 개수
에 의존한다.

주어진 텍스처 형식과 표본 개수의 조합에 대한 품질 수준들의 개수는 ID3D12Device::
CheckFeatureSupport라는 메서드로 알아낼 수 있다. 다음은 이 메서드를 사용하는 예이다.

```
typedef struct D3D12_FEATURE_DATA_MULTISAMPLE_QUALITY_LEVELS {
  DXGI_FORMAT              Format;
  UINT                    SampleCount;
  D3D12_MULTISAMPLE_QUALITY_LEVELS_FLAG Flags;
  UINT                    NumQualityLevels;
} D3D12_FEATURE_DATA_MULTISAMPLE_QUALITY_LEVELS;

D3D12_FEATURE_DATA_MULTISAMPLE_QUALITY_LEVELS msQualityLevels;
msQualityLevels.Format = mBackBufferFormat;
msQualityLevels.SampleCount = 4;
msQualityLevels.Flags = D3D12_MULTISAMPLE_QUALITY_LEVELS_FLAG_NONE;
msQualityLevels.NumQualityLevels = 0;
ThrowIfFailed(md3dDevice->CheckFeatureSupport(
  D3D12_FEATURE_MULTISAMPLE_QUALITY_LEVELS,
  &msQualityLevels,
  sizeof(msQualityLevels)));
```

이 메서드의 둘째 매개변수가 입력과 출력 모두에 쓰인다는 점을 주목하기 바란다. 이 메서드
는 둘째 매개변수로 지정된 구조체에서 텍스처 형식과 표본 개수를 읽고, 그에 해당하는 품질
수준 개수를 그 구조체의 NumQualityLevels 멤버에 설정한다. 주어진 텍스처 형식과 표본 개
수의 조합에 대해 유효한 품질 수준들은 0에서 NumQualityLevels-1까지이다.

한 픽셀에서 추출할 수 있는 최대 표본 개수는 다음과 같이 정의된다.

```
#define    D3D12_MAX_MULTISAMPLE_SAMPLE_COUNT    ( 32 )
```

그러나 실제 응용에서는 다중표본화의 성능 및 메모리 비용을 합리적인 수준으로 유지하기 위해 표본을 4개나 8개만 추출하는 경우가 많다. 다중표본화를 사용하고 싶지 않으면 표본 개수를 1로, 품질 수준을 0으로 설정하면 된다. 모든 Direct3D 12 대응 장치는 모든 렌더 대상 형식에 대해 4X 다중표본화를 지원한다.

> **참고:** `DXGI_SAMPLE_DESC` 구조체는 교환 사슬 버퍼들과 깊이 버퍼 모두에 필요하다. 또한, 후면 버퍼와 깊이 버퍼를 생성할 때 동일한 다중표본화 설정을 적용해야 한다.

4.1.9 기능 수준

기능 수준(feature level)이라는 개념은 Direct3D 11에서 도입된 것으로, 코드에서는 D3D_FEATURE_LEVEL이라는 열거형으로 대표된다. 기능 수준들은 대략 버전 9에서 11까지의* 여러 Direct3D 버전들에 대응된다.

```
enum D3D_FEATURE_LEVEL
{
  D3D_FEATURE_LEVEL_9_1    = 0x9100,
  D3D_FEATURE_LEVEL_9_2    = 0x9200,
  D3D_FEATURE_LEVEL_9_3    = 0x9300,
  D3D_FEATURE_LEVEL_10_0   = 0xa000,
  D3D_FEATURE_LEVEL_10_1   = 0xa100,
  D3D_FEATURE_LEVEL_11_0   = 0xb000,
  D3D_FEATURE_LEVEL_11_1   = 0xb100
} D3D_FEATURE_LEVEL;
```

기능 수준들은 GPU가 지원하는 기능들의 엄격한 집합을 정의한다(각 기능 수준이 지원하는 구체적인 기능들은 SDK 문서화를 참고할 것). 예를 들어 기능 수준 11을 지원하는 GPU는 반드시 Direct3D 11의 기능 집합 전체를 지원해야 한다(단, 다중표본화 표본 개수 같은 것들은 여전히 질의를 통해서 확인할 필요가 있다. 이는 서로 다른 Direct3D 11 하드웨어들의 다양성을 보장하기 위한 것이다). 이러한 기능 수준은 응용 프로그램 개발을 편하게 해주는 요인이

---

* 옮긴이 2017년 3월 현재, Windows 10용 플랫폼 키트의 *D3DCommon.h*에 있는 D3D_FEATURE_LEVEL에는 D3D_FEATURE_LEVEL_12_0과 D3D_FEATURE_LEVEL_12_1이라는 멤버들도 있다. 즉, 이제는 기능 수준들이 버전 9에서 12까지의 여러 Direct3D 버전들에 대응된다고 할 수 있다.

다. 현재 GPU의 기능 수준을 파악하기만 하면, 구체적으로 어떤 기능을 사용할 수 있는지를 확실히 알 수 있기 때문이다.

사용자의 하드웨어가 특정 기능 수준을 지원하지 않는 경우 응용 프로그램이 실행을 아예 포기하는 대신 더 낮은 기능 수준으로 후퇴하는 전략을 사용할 수도 있다. 예를 들어 대상 사용자층을 넓히기 위해 Direct3D 12뿐만 아니라 Direct3D 11, 10, 9.3 수준 하드웨어까지 지원하기로 한다고 하자. 이 경우 응용 프로그램은 높은 수준에서 낮은 수준으로 기능 수준들을 점검한다. 즉, 응용 프로그램은 먼저 하드웨어가 Direct3D 12를 지원하는지 점검하고, 아니라면 Direct3D 11로(결국에는 9.3까지) 내려간다. 이 책에서는 D3D_FEATURE_LEVEL_11_0을 최소한의 필수 기능 수준으로 두지만, 실제 응용 프로그램이라면 대상 사용자층을 최대화하기 위해 구형 하드웨어의 지원에도 신경을 써야 할 것이다.

4.1.10 DXGI(DirectX Graphics Infrastructure)

DXGI(DirectX Graphics Infrastructure)는 Direct3D와 함께 쓰이는 API이다. DXGI에 깔린 기본 착안은, 여러 그래픽 API들에 공통인 그래픽 관련 작업들이 존재한다는 것이다. 예를 들어 매끄러운 2차원 애니메이션을 위해서는 2차원 렌더링 API에도 3차원 렌더링 API처럼 교환 사슬과 페이지 전환이 필요하다. 이 때문에, 교환 사슬을 대표하는 인터페이스인 IDXGISwapChain(§4.1.4)은 실제로 DXGI API의 일부이다(Direct3D가 아니라). DXGI는 그 밖에도 여러 가지 공통적인 그래픽 기능성을 처리한다. 이를테면 전체 화면 모드 전환, 디스플레이 어댑터나 모니터, 지원되는 디스플레이 모드(해상도, 갱신율 등) 같은 그래픽 시스템 정보의 열거 등의 기능은 DXGI가 제공한다. 또한, 지원되는 표현 형식들도 DXGI에 정의되어 있다(DXGI_FORMAT).

그럼 Direct3D 초기화 과정에 쓰이는 몇 가지 DXGI 개념들과 인터페이스들을 간략하게 살펴보자. DXGI의 핵심 인터페이스 중 하나로 IDXGIFactory 인터페이스가 있다. 이 인터페이스는 주로 IDXGISwapChain 인터페이스 생성과 디스플레이 어댑터 열거에 쓰인다. 디스플레이 어댑터^{display adapter}는 그래픽 기능성을 구현한다. 일반적으로, **디스플레이 어댑터**는 물리적인 하드웨어 장치(이를테면 그래픽 카드)이다. 그러나, 하드웨어 그래픽 기능성을 흉내내는 소프트웨어 디스플레이 어댑터도 존재한다. 하나의 시스템에 여러 개의 어댑터가 있을 수 있다(이를테면 한 시스템에 여러 개의 그래픽 카드가 장착되어 있을 수도 있다). 디스플레이 어댑터를 대표하는 인터페이스는 IDXGIAdapter이다. 다음 코드는 시스템에 있는 모든 어댑터를 열거하는 방법을 보여준다.

```
void D3DApp::LogAdapters()
{
  UINT i = 0;
  IDXGIAdapter* adapter = nullptr;
  std::vector<IDXGIAdapter*> adapterList;
  while(mdxgiFactory->EnumAdapters(i, &adapter) != DXGI_ERROR_NOT_FOUND)
  {
    DXGI_ADAPTER_DESC desc;
    adapter->GetDesc(&desc);

    std::wstring text = L"***Adapter: ";
    text += desc.Description;
    text += L"\n";

    OutputDebugString(text.c_str());

    adapterList.push_back(adapter);

    ++i;
  }

  for(size_t i = 0; i < adapterList.size(); ++i)
  {
    LogAdapterOutputs(adapterList[i]);
    ReleaseCom(adapterList[i]);
  }
}
```

다음은 이 메서드의 출력 예이다.

```
***Adapter: NVIDIA GeForce GTX 760
***Adapter: Microsoft Basic Render Driver
```

"Microsoft Basic Render Driver"는 Windows 8 이상에 포함된 소프트웨어 디스플레이 어댑터이다.

한 시스템에 모니터가 여러 개 연결되어 있을 수 있다. 모니터는 디스플레이 출력(display output)의 한 예이다. 디스플레이 출력은 IDXGIOutput 인터페이스가 대표한다. 각 어댑터에는 출력들의 목록이 연관되어 있다. 예를 들어 어떤 시스템에 그래픽 카드가 두 개, 모니터가 세 개 연결되어 있으며, 세 모니터 중 둘은 한 그래픽 카드에 물려 있고 나머지 하나는 다른 한 그래픽 카드에 물려 있다고 하자. 그러면 한 어댑터에는 출력이 둘인 목록이 연관되며 다른 한 어댑터에는 출력이 하나인 출력 목록이 연관된다. 다음은 주어진 한 어댑터에 연관된 모든 출력을 열거하는 코드이다.

```
void D3DApp::LogAdapterOutputs(IDXGIAdapter* adapter)
{
  UINT i = 0;
  IDXGIOutput* output = nullptr;
  while(adapter->EnumOutputs(i, &output) != DXGI_ERROR_NOT_FOUND)
  {
    DXGI_OUTPUT_DESC desc;
    output->GetDesc(&desc);

    std::wstring text = L"***Output: ";
    text += desc.DeviceName;
    text += L"\n";
    OutputDebugString(text.c_str());

    LogOutputDisplayModes(output, DXGI_FORMAT_B8G8R8A8_UNORM);

    ReleaseCom(output);

    ++i;
  }
}
```

MSDN 문서화에 따르면, "Microsoft Basic Render Driver"에는 출력이 없다.

하나의 모니터는 여러 디스플레이 모드를 지원한다. DXGI_MODE_DESC 구조체에는 하나의 디스플레이 모드^{display mode}를 서술하는 여러 멤버들이 있다.

```
typedef struct DXGI_MODE_DESC
{
  UINT Width;                // 가로 해상도(너비)
  UINT Height;               // 세로 해상도(높이)
  DXGI_RATIONAL RefreshRate;
  DXGI_FORMAT Format;        // 디스플레이 형식
  DXGI_MODE_SCANLINE_ORDER ScanlineOrdering; // 스캔 방식: 순차 주사(프로그레시브)
                             // 또는 비월 주사(인터레이스)
  DXGI_MODE_SCALING Scaling; // 영상을 모니터 크기에 맞게
                             // 늘리거나 줄이는 방식
```

```
} DXGI_MODE_DESC;

typedef struct DXGI_RATIONAL
{
  UINT Numerator;
  UINT Denominator;
} DXGI_RATIONAL;

typedef enum DXGI_MODE_SCANLINE_ORDER
{
  DXGI_MODE_SCANLINE_ORDER_UNSPECIFIED      = 0,
  DXGI_MODE_SCANLINE_ORDER_PROGRESSIVE      = 1,
  DXGI_MODE_SCANLINE_ORDER_UPPER_FIELD_FIRST = 2,
  DXGI_MODE_SCANLINE_ORDER_LOWER_FIELD_FIRST = 3
} DXGI_MODE_SCANLINE_ORDER;

typedef enum DXGI_MODE_SCALING
{
  DXGI_MODE_SCALING_UNSPECIFIED  = 0,
  DXGI_MODE_SCALING_CENTERED     = 1,
  DXGI_MODE_SCALING_STRETCHED    = 2
} DXGI_MODE_SCALING;
```

다음 코드는 주어진 출력과 디스플레이 형식을 지원하는 모든 디스플레이 모드를 담은 목록을 얻는 방법을 보여준다.

```
void D3DApp::LogOutputDisplayModes(IDXGIOutput* output, DXGI_FORMAT format)
{
  UINT count = 0;
  UINT flags = 0;

  // nullptr을 인수로 해서 호출하면 목록의 크기(모드 개수)를 얻게 된다.
  output->GetDisplayModeList(format, flags, &count, nullptr);

  std::vector<DXGI_MODE_DESC> modeList(count);
  output->GetDisplayModeList(format, flags, &count, &modeList[0]);

  for(auto& x : modeList)
  {
    UINT n = x.RefreshRate.Numerator;
    UINT d = x.RefreshRate.Denominator;
    std::wstring text =
```

```
          L"Width = " + std::to_wstring(x.Width) + L" " +
          L"Height = " + std::to_wstring(x.Height) + L" " +
          L"Refresh = " + std::to_wstring(n) + L"/" + std::to_wstring(d) +
          L"\n";

        ::OutputDebugString(text.c_str());
    }
}
```

다음은 이 코드의 출력 예이다.

```
***Output: \\.\DISPLAY2
...
Width = 1920 Height = 1080 Refresh = 59950/1000
Width = 1920 Height = 1200 Refresh = 59950/1000
```

이러한 디스플레이 모드 열거는 전체 화면 모드로 갈 때 특히나 중요하다. 전체 화면 성능을 극대화하려면, 지정된 디스플레이 모드(갱신률 포함)가 반드시 모니터가 지원하는 한 디스플레이 모드와 정확히 일치해야 한다. 모니터가 지원하는 디스플레이 모드들을 열거해서 그 중 하나를 지정하면 그러한 일치가 보장된다.

추가적인 DXGI 참고자료로는 MSDN의 글 "DXGI Overview"와 "DirectX Graphics Infrastructure: Best Practices", 그리고 "DXGI 1.4 Improvements"를 추천한다. 이들의 주소는 다음과 같다.

DXGI Overview:

http://msdn.microsoft.com/en-us/library/windows/desktop/bb205075(v=vs.85).aspx

DirectX Graphics Infrastructure: Best Practices:

http://msdn.microsoft.com/en-us/library/windows/desktop/ee417025(v=vs.85).aspx

DXGI 1.4 Improvements:

https://msdn.microsoft.com/en-us/library/windows/desktop/mt427784%28v=vs.85%29.aspx

4.1.11 기능 지원 점검

ID3D12Device::CheckFeatureSupport 메서드는 앞에서 현재 그래픽 드라이버의 다중표본화 지원 여부를 점검할 때 이미 만나 보았다. 그런데 다중표본화는 이 메서드로 점검할 수 있는 여러 기능 중 하나일 뿐이다. 이 메서드의 서명은 다음과 같다.

```
HRESULT ID3D12Device::CheckFeatureSupport(
  D3D12_FEATURE Feature,
  void *pFeatureSupportData,
  UINT FeatureSupportDataSize);
```

1. Feature: 이 매개변수는 이 메서드로 지원 여부를 점검할 기능들의 종류를 나타낸다. D3D12_FEATURE 열거형의 다음과 같은 멤버 중 하나를 지정해야 한다.

    (a) D3D12_FEATURE_D3D12_OPTIONS: Direct3D 12의 여러 기능.

    (b) D3D12_FEATURE_ARCHITECTURE: 하드웨어 아키텍처 기능들.

    (c) D3D12_FEATURE_FEATURE_LEVELS: 기능 수준들.

    (d) D3D12_FEATURE_FORMAT_SUPPORT: 주어진 텍스처 형식에 대한 기능들(이를테면 해당 형식을 렌더 대상으로 사용할 수 있는가, 혼합을 적용할 수 있는가 등).

    (e) D3D12_FEATURE_MULTISAMPLE_QUALITY_LEVELS: 다중표본화 기능.

2. pFeatureSupportData: 기능 지원 정보가 설정될 구조체를 가리키는 포인터이다. 구조체의 구체적인 형식은 Feature 매개변수에 지정한 값에 따라 다르다.

    (a) D3D12_FEATURE_D3D12_OPTIONS를 지정했다면 D3D12_FEATURE_DATA_D3D12_OPTIONS 인스턴스를 가리키는 포인터를 넣어야 한다.

    (b) D3D12_FEATURE_ARCHITECTURE를 지정했다면 D3D12_FEATURE_DATA_ARCHITECTURE 인스턴스를 가리키는 포인터를 넣어야 한다.

    (c) D3D12_FEATURE_FEATURE_LEVELS를 지정했다면 D3D12_FEATURE_DATA_FEATURE_LEVELS 인스턴스를 가리키는 포인터를 넣어야 한다.

    (d) D3D12_FEATURE_FORMAT_SUPPORT를 지정했다면 D3D12_FEATURE_DATA_FORMAT_SUPPORT 인스턴스를 가리키는 포인터를 넣어야 한다.

    (e) D3D12_FEATURE_MULTISAMPLE_QUALITY_LEVELS를 지정했다면 D3D12_FEATURE_DATA_MULTISAMPLE_QUALITY_LEVELS 인스턴스를 가리키는 포인터를 넣어야 한다.

3. FeatureSupportDataSize: pFeatureSupportData 매개변수로 전달한 구조체의 크기.

ID3D12Device::CheckFeatureSupport 메서드로 지원 여부를 점검할 수 있는 기능들은 아주 많다. 그중 다수는 이 책에서 굳이 점검할 필요가 없는 고급 기능에 해당한다. 각 기능 구조체의 자료 멤버들에 관한 상세한 내용은 SDK 문서화를 참고하기 바란다. 여기에서는 이 메서드의 사용법을 보여주는 예제 하나를 제시하는 것으로 마무리하기로 한다. 다음은 그래픽 하드웨어가 지원하는 기능 수준(§4.1.9)들을 점검하는 방법을 보여주는 코드이다.

```
typedef struct D3D12_FEATURE_DATA_FEATURE_LEVELS {
  UINT                    NumFeatureLevels;
  const D3D_FEATURE_LEVEL *pFeatureLevelsRequested;
  D3D_FEATURE_LEVEL       MaxSupportedFeatureLevel;
} D3D12_FEATURE_DATA_FEATURE_LEVELS;

D3D_FEATURE_LEVEL featureLevels[3] =
{
  D3D_FEATURE_LEVEL_11_0, // 우선 D3D 11 기능 지원을 점검하고,
  D3D_FEATURE_LEVEL_10_0, // 다음으로 D3D 10 기능 지원을 점검하고,
  D3D_FEATURE_LEVEL_9_3   // 마지막으로 D3D 9.3 기능 지원을 점검한다.
};

D3D12_FEATURE_DATA_FEATURE_LEVELS featureLevelsInfo;
featureLevelsInfo.NumFeatureLevels = 3;
featureLevelsInfo.pFeatureLevelsRequested = featureLevels;
md3dDevice->CheckFeatureSupport(
  D3D12_FEATURE_FEATURE_LEVELS,
  &featureLevelsInfo,
  sizeof(featureLevelsInfo));
```

둘째 매개변수가 입력과 출력 모두에 쓰임을 주목하기 바란다. 입력을 위해, 코드는 기능 수준 배열의 원소 개수(NumFeatureLevels)와 기능 수준 배열을 가리키는 포인터(pFeatureLevelsRequested)를 지정한다. 그 배열에는 하드웨어 지원을 점검하고자 하는 기능 수준들이 담겨 있다. CheckFeatureSupport 메서드는 지원되는 최대 기능 수준을 MaxSupportedFeatureLevel 필드를 통해서 출력한다.

4.1.12 상주성

복잡한 게임은 텍스처, 3차원 메시 등 수많은 자원을 사용한다. 그런데 그 자원들 중 항상 GPU에 필요한 것은 많지 않다. 예를 들어 야외의 숲과 숲 속에 있는 큰 동굴을 배경으로 한 게임을 생각해 보자. 동굴을 표현하는 데 쓰이는 자원은 플레이어가 동굴에 들어가기 전까지는 필요하지 않으며, 일단 동굴에 들어가면 숲의 자원은 필요하지 않다.

Direct3D 12에서 응용 프로그램은 자원을 GPU 메모리로부터 내림으로써('퇴거'), 그리고 필요하면 다시 GPU에 올림으로써('입주') 자원의 상주성(residency)을 관리한다(상주성은 간단히 말해서 자원이 GPU 메모리에 들어 있는지의 여부를 뜻한다). 상주성 관리의 핵심은 응용 프로그램이 사용하는 GPU 메모리의 양을 최소화하는 것이다. 전체 게임에 필요한 자원들을 모두 GPU 메모리에 담지 못할 수 있으며, 사용자의 다른 응용 프로그램이 GPU 메모리를 사용해야 할 수도 있으므로, 이러한 상주성 관리가 꼭 필요하다. 성능의 측면에서 한 가지 주의해야 할 점은, 응용 프로그램은 같은 자원을 짧은 시간에 GPU 메모리에 넣었다 뺐다 하는 상황을 피해야 한다. 그런 활동에는 비용이 따르기 때문이다. 이상적으로는, 한동안 사용하지 않을 자원들만 GPU 메모리에서 내려야 한다. 자원 상주성을 변경하기에 적합한 시점의 예로는 게임의 레벨이나 지역이 바뀌는 시점을 들 수 있다.

기본적으로, 자원을 생성하면 자원이 GPU 메모리에 입주하며, 파괴되면 메모리에서 나간다. 그러나 다음 메서드들을 이용해서 응용 프로그램이 상주성을 직접 제어할 수도 있다.

```
HRESULT ID3D12Device::MakeResident(
    UINT           NumObjects,
    ID3D12Pageable *const *ppObjects);

HRESULT ID3D12Device::Evict(
    UINT           NumObjects,
    ID3D12Pageable *const *ppObjects);
```

두 메서드 모두에서, 둘째 매개변수는 `ID3D12Pageable` 자원들의 배열이고 첫 매개변수는 그 배열에 들어 있는 자원들의 개수이다.

이 책에서는 단순함을 위해, 그리고 예제 프로그램들이 게임에 비하면 작다는 점 때문에, 상주성을 직접 관리하지 않는다. 상주성에 대한 추가 정보는 MSDN의 "Residency" 항목을 보기 바란다. 주소는 다음과 같다.

https://msdn.microsoft.com/en-us/library/windows/desktop/mt186622%28v=vs.85%29.aspx

4.2 CPU와 GPU의 상호작용

그래픽 프로그래밍에서는 두 가지 처리 장치(프로세서)가 작동한다는 점을 이해할 필요가 있다. 하나는 CPU이고 또 하나는 GPU이다. 이들은 병렬로 작동하지만, 종종 동기화가 필요하다. 최적의 성능을 얻으려면 최대한 둘 다 바쁘게 돌아가게 만들어야 하며, 동기화를 최소화해야 한다. 동기화는 한 처리 장치가 작업을 마칠 때까지 다른 한 처리 장치가 놀고 있어야 함을 의미하며, 따라서 성능에 바람직하지 않다. 다른 말로 하면, 동기화는 병렬성을 망친다.

4.2.1 명령 대기열과 명령 목록

GPU에는 명령 대기열(command queue)이 하나 있다. CPU는 그리기 명령들이 담긴 명령 목록(command list)을 Direct3D API를 통해서 그 대기열에 제출한다(그림 4.6 참고). 여기서 중요한 점은, 일단의 명령들을 명령 대기열에 제출했다고 해도, 그 명령들을 GPU가 즉시 실행하는 것은 아니라는 점이다. 명령들은 GPU가 처리할 준비가 되어야 비로소 실행되기 시작한다. 즉, GPU가 이전에 제출된 명령들을 처리하느라 바쁘게 돌아가는 동안 명령들은 그냥 대기열에 남아 있다.

명령 대기열이 비면 GPU는 할 일이 없으므로 그냥 놀게 된다. 반대로, 대기열이 꽉 차면 GPU가 명령들을 처리해서 대기열에 자리가 생길 때까지 CPU가 놀게 된다([Crawfis12]). 두 상황 모두 바람직하지 않다. 게임 같은 고성능 응용 프로그램에서 목표는, 가용 하드웨어 자원을 최대한 활용할 수 있도록 CPU와 GPU 둘 다 쉬지 않고 돌아가게 만드는 것이다.

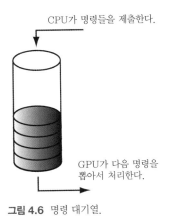

CPU가 명령들을 제출한다.

GPU가 다음 명령을 뽑아서 처리한다.

그림 4.6 명령 대기열.

Direct3D 12에서 명령 대기열을 대표하는 인터페이스는 ID3D12CommandQueue이다. 이 인터페이스를 생성하려면 대기열을 서술하는 D3D12_COMMAND_QUEUE_DESC 구조체를 채운 후 ID3D12Device::CreateCommandQueue를 호출해야 한다. 다음은 이 책의 예제 프로그램들이 명령 대기열을 채우는 방식을 보여주는 코드이다.

```
Microsoft::WRL::ComPtr<ID3D12CommandQueue> mCommandQueue;
D3D12_COMMAND_QUEUE_DESC queueDesc = {};
queueDesc.Type = D3D12_COMMAND_LIST_TYPE_DIRECT;
queueDesc.Flags = D3D12_COMMAND_QUEUE_FLAG_NONE;
ThrowIfFailed(md3dDevice->CreateCommandQueue(
    &queueDesc, IID_PPV_ARGS(&mCommandQueue)));
```

이 코드에 쓰인 보조 매크로 IID_PPV_ARGS의 정의는 다음과 같다.

```
#define IID_PPV_ARGS(ppType) __uuidof(**(ppType)), IID_PPV_ARGS_Helper(ppType)
```

여기서 __uuidof(**(ppType))은 (**(ppType))의 COM 인터페이스 ID로 평가되는데, 앞의 예에서 그 ID는 ID3D12CommandQueue이다. 보조 함수 IID_PPV_ARGS는 ppType을 void**로 캐스팅한다. Direct3D 12 API에는 생성하고자 하는 인터페이스의 COM ID와 void**를 받는 함수들이 많기 때문에, 이 매크로들은 이 책 전반에 쓰인다.

이 인터페이스의 주요 메서드 중 하나는 명령 목록에 있는 명령들을 대기열에 추가하는 ExecuteCommandLists 메서드이다.

```
void ID3D12CommandQueue::ExecuteCommandLists(
    // 배열에 있는 명령 목록들의 개수
    UINT Count,
    // 명령 목록들의 배열의 첫 원소를 가리키는 포인터
    ID3D12CommandList *const *ppCommandLists);
```

명령 목록들은 배열의 첫 원소부터 차례로 실행된다.

이 메서드의 선언에서 보듯이, 명령 목록을 대표하는 인터페이스는 ID3D12CommandList이다. 그러나 실제 그래픽 작업을 위한 명령 목록은 이 인터페이스를 상속하는 ID3D12Graphics CommandList라는 인터페이스로 대표된다. ID3D12GraphicsCommandList 인터페이스에는 명령들을 명령 목록에 추가하는 여러 메서드가 있다. 예를 들어 다음 코드는 뷰포트를 설정하고, 렌더 대상 뷰를 지우고, 그리기 호출을 실행하는 명령들을 추가한다.

```
// mCommandList는 ID3D12CommandList 포인터
mCommandList->RSSetViewports(1, &mScreenViewport);
mCommandList->ClearRenderTargetView(mBackBufferView,
  Colors::LightSteelBlue, 0, nullptr);
mCommandList->DrawIndexedInstanced(36, 1, 0, 0, 0);
```

이 메서드들의 이름을 보면 왠지 명령들이 즉시 실행될 것 같지만, 실제로는 그렇지 않다. 이 코드는 그냥 명령들을 명령 목록에 기록(추가)하기만 한다. 나중에 ExecuteCommandLists를 호출해야 비로소 명령들이 명령 대기열에 추가되며, 그러면 GPU가 그 명령들을 뽑아서 실행한다. 이후 ID3D12GraphicsCommandList가 지원하는 여러 명령을 차차 배우게 될 것이다. 명령들을 명령 목록에 다 추가했으면, ID3D12GraphicsCommandList::Close 메서드를 호출해서 명령들의 기록이 끝났음을 Direct3D에게 알려 주어야 한다.

```
// 명령 목록을 닫는다(명령 기록이 끝났음을 알린다).
mCommandList->Close();
```

ID3D12CommandQueue::ExecuteCommandLists로 명령 목록을 제출하기 전에 반드시 이 메서드를 이용해서 명령 목록을 닫아야 함을 기억하기 바란다.

명령 목록에는 ID3D12CommandAllocator 형식의 메모리 할당자가 하나 연관된다. 명령 목록에 추가된 명령들은 이 할당자의 메모리에 저장된다. ID3D12CommandQueue::Execute CommandLists로 명령 목록을 실행(제출)하면, 명령 대기열은 그 할당자에 담긴 명령들을 참조한다. 명령 메모리 할당자는 ID3D12Device의 다음과 같은 메서드를 이용해서 생성한다.

```
HRESULT ID3D12Device::CreateCommandAllocator(
  D3D12_COMMAND_LIST_TYPE type,
  REFIID riid,
  void **ppCommandAllocator);
```

1. type: 이 할당자와 연관시킬 수 있는 명령 목록의 종류. 이 책에서 흔히 쓰이는 두 종류이다.

    (a) D3D12_COMMAND_LIST_TYPE_DIRECT: GPU가 직접 실행하는 명령 목록(지금까지 설명한 명령 목록에 해당).

    (b) D3D12_COMMAND_LIST_TYPE_BUNDLE: 묶음(bundle)을 나타내는 명령 목록. 명령 목록을 만드는 데에는 CPU의 부담이 어느 정도 따르기 때문에, Direct3D 12

는 일련의 명령들을 소위 '묶음' 단위로 기록할 수 있는 최적화 수단을 제공한다. 번들을 추가하면, 드라이버는 렌더링 도중에 실행이 최적화되도록 번들의 명령들을 전처리한다. 응용 프로그램을 프로파일링해서 특정 명령 목록들을 구축하는 데 시간이 오래 걸린다는 점을 발견했다면, 이러한 번들을 이용한 최적화를 고려할 필요가 있다. 단, Direct3D 12의 그리기 API는 이미 아주 효율적이므로, 명령 묶음을 사용해야 하는 경우가 자주 생기지는 않을 것이다. 묶음은 성능상의 이득이 있음이 명백한 경우에만 사용해야 한다. 즉, 묶음을 무조건 사용하지는 말아야 한다. 이 책에서는 묶음을 사용하지 않는다. 좀 더 자세한 사항은 Direct3D 12 문서화를 보기 바란다.

2. riid: 생성하고자 하는 ID3D12CommandAllocator 인터페이스의 COM ID.

3. ppCommandAllocator: 생성된 명령 할당자를 가리키는 포인터(출력 매개변수).

명령 목록 역시 ID3D12Device로 생성한다. 해당 메서드는 다음과 같다.

```
HRESULT ID3D12Device::CreateCommandList(
  UINT nodeMask,
  D3D12_COMMAND_LIST_TYPE type,
  ID3D12CommandAllocator *pCommandAllocator,
  ID3D12PipelineState *pInitialState,
  REFIID riid,
  void **ppCommandList);
```

1. nodeMask: GPU가 하나인 시스템에서는 0으로 설정하면 된다. GPU가 여러 개일 때에는 이 명령 목록과 연관시킬 물리적 GPU 어댑터 노드들을 지정하는 비트마스크 값을 설정한다. 이 책은 시스템에 GPU가 하나라고 가정한다.

2. type: 명령 목록의 종류. _COMMAND_LIST_TYPE_DIRECT 또는 D3D12_COMMAND_LIST_TYPE_BUNDLE.

3. pCommandAllocator: 생성된 명령 목록에 연관시킬 할당자. 그 명령 할당자의 종류는 명령 목록의 종류와 일치해야 한다.

4. pInitialState: 명령 목록의 초기 파이프라인 상태를 지정한다. 번들의 경우에는, 그리고 초기화 목적으로 쓰이며 실제 그리기 명령은 없는 명령 목록의 경우에는 널을 지정해도 된다. ID3D12PipelineState는 제6장에서 논의한다.

5. **riid**: 생성하고자 하는 명령 목록에 해당하는 ID3D12CommandList 인터페이스의 COM ID.

6. **ppCommandList**: 생성된 명령 목록을 가리키는 포인터(출력 매개변수).

참고: 시스템에 있는 GPU 어댑터 노드 개수는 ID3D12Device::GetNodeCount 메서드로 알아낼 수 있다.

한 할당자를 여러 명령 목록에 연관시켜도 되지만, 명령들을 여러 명령 목록에 동시에 기록할 수는 없다. 다른 말로 하면, 현재 명령들을 추가하는 명령 목록을 제외한 모든 명령 목록은 닫혀 있어야 한다. 이렇게 해야 한 명령 목록의 모든 명령이 할당자 안에 인접해서 저장된다. 명령 목록을 생성하거나 재설정하면 명령 목록은 '열린' 상태가 됨을 주의하기 바란다. 따라서, 같은 할당자로 두 명령 목록을 연달아 생성하면 다음과 같은 오류가 발생한다.

```
D3D12 ERROR: ID3D12CommandList::{Create,Reset}CommandList: The command allocator is
currently in-use by another command list.
```

ID3D12CommandQueue::ExecuteCommandList(C)를 호출한 후 ID3D12CommandList::Reset 메서드를 호출하면 C의 내부 메모리를 새로운 명령들을 기록하는 데 재사용할 수 있게 된다. Reset 메서드의 매개변수들의 의미는 ID3D12Device::CreateCommandList의 해당 매개변수들의 의미와 같다.

```
HRESULT ID3D12CommandList::Reset(
    ID3D12CommandAllocator *pAllocator,
    ID3D12PipelineState *pInitialState);
```

이 메서드는 주어진 명령 목록을 마치 처음 생성했을 때와 같은 상태로 만든다. 이 메서드를 이용하면 명령 목록을 해제하고 새로이 명령 목록을 할당하는 번거로움 없이 명령 목록의 내부 메모리를 재사용할 수 있다. 명령 목록을 이처럼 재설정해도 명령 대기열에 있는 명령들에는 영향이 미치지 않음을 주의하기 바란다. 명령 대기열이 참조하는 명령들은 연관된 명령 할당자의 메모리에 여전히 남아 있기 때문이다.

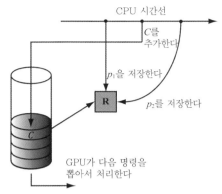

그림 4.7 C가 p_2를 이용해서 기하구조를 그리거나 R이 갱신되는 도중에 기하구조를 그리려 하는 것은 일종의 오류이다. 두 경우 모두, 프로그래머가 의도한 행동은 아니다.

하나의 프레임을 완성하는 데 필요한 렌더링 명령들을 모두 GPU에 제출한 후에는, 명령 할당자의 메모리를 다음 프레임을 위해 재사용해야 할 것이다. 이때 ID3D12CommandAllocator::Reset 메서드를 사용한다.

```
HRESULT ID3D12CommandAllocator::Reset(void);
```

이러한 개념은 std::vector::clear를 호출하는 것과 비슷하다. std::vector::clear를 호출하면 해당 벡터의 크기가 0이 되지만, 현재 용량(capacity)은 변하지 않는다. 그러나, 명령 대기열이 할당자 안의 자료를 참조하고 있을 수도 있으므로, GPU가 명령 할당자에 담긴 모든 명령을 실행했음이 확실해지기 전까지는 명령 할당자를 재설정하지 말아야 한다. 그렇게 하는 구체적인 방법은 다음 절에서 살펴보겠다.

4.2.2 CPU/GPU 동기화

한 시스템에서 두 개의 처리 장치가 병렬로 실행되다 보니 여러 가지 동기화 문제가 발생한다.

그리고자 하는 어떤 기하구조의 위치를 R이라는 자원에 담는다고 하자. 그 기하구조를 위치 p_1에 그리려는 목적으로 CPU는 위치 p_1을 R에 추가하고, R을 참조하는 그리기 명령 C를 명령 대기열에 추가한다. 명령 대기열에 명령을 추가하는 연산은 CPU의 실행을 차단하지 않으므로, CPU는 계속해서 다음 단계로 넘어간다. 만일 GPU가 그리기 명령 C를 실행하기 전에 CPU가 새 위치 p_2를 R에 추가해서 R에 있던 기존 p_1 자료를 덮어쓰면, 기하구조는 의도했던 위치에 그려지지 않게 된다.

이런 문제의 해결책 하나는 GPU가 명령 대기열의 명령들 중 특정 지점까지의 모든 명령을 다 처리할 때까지 CPU를 기다리게 하는 것이다. 대기열의 모든(특정 지점까지의) 명령을 처리하는 것을 가리켜 **명령 대기열을 비운다** 또는 **방출한다**(flush)라고 말한다. 이때 필요한 것이 **울타리**(fence)라고 부르는 객체이다. 울타리는 ID3D12Fence 인터페이스로 대표되며, GPU와 CPU의 동기화를 위한 수단으로 쓰인다. 다음은 울타리 객체를 생성하는 메서드이다.

```
HRESULT ID3D12Device::CreateFence(
  UINT64 InitialValue,
  D3D12_FENCE_FLAGS Flags,
  REFIID riid,
  void **ppFence);

// 예:
ThrowIfFailed(md3dDevice->CreateFence(
  0,
  D3D12_FENCE_FLAG_NONE,
  IID_PPV_ARGS(&mFence)));
```

울타리 객체는 UINT64 값 하나를 관리한다. 이 값은 그냥 시간상의 특정 울타리 지점을 식별하는 정수이다. 이 책의 예제들은 처음(울타리 지점이 하나도 없는 상태)에는 이 값을 0으로 두고, 새 울타리 지점을 만들 때마다 이 값을 1씩 증가시킨다. 다음은 울타리를 이용해서 명령 대기열을 비우는 방법을 보여주는 코드이다(주석 참고).

```
UINT64 mCurrentFence = 0;
void D3DApp::FlushCommandQueue()
{
  // 현재 울타리 지점까지의 명령들을 표시하도록 울타리 값을 전진시킨다.
  mCurrentFence++;

  // 새 울타리 지점을 설정하는 명령(Signal)을 명령 대기열에 추가한다.
  // 지금 우리는 GPU 시간선(timeline) 상에 있으므로, 새 울타리 지점은
  // GPU가 이 Signal() 명령까지의 모든 명령을 처리하기 전까지는 설정되지
  // 않는다.
  ThrowIfFailed(mCommandQueue->Signal(mFence.Get(), mCurrentFence));

  // GPU가 이 울타리 지점까지의 명령들을 완료할 때까지 기다린다.
  if(mFence->GetCompletedValue() < mCurrentFence)
  {
```

```
        HANDLE eventHandle = CreateEventEx(nullptr, false, false, EVENT_ALL_ACCESS);

        // GPU가 현재 울타리 지점에 도달했으면 이벤트를 발동한다.
        ThrowIfFailed(mFence->SetEventOnCompletion(mCurrentFence, eventHandle));

        // GPU가 현재 울타리 지점에 도달했음을 뜻하는 이벤트를 기다린다.
        WaitForSingleObject(eventHandle, INFINITE);
        CloseHandle(eventHandle);
    }
}
```

[그림 4.8]은 이 코드를 도식화한 것이다.

앞의 예에 이를 적용한다면, CPU가 그리기 명령 *C*를 제출한 후 새 위치 p_2로 *R*의 자료를 덮어쓰기 전에 먼저 명령 대기열을 비우면 된다. 그러나 이것이 이상적인 해결책은 아니다. GPU의 작업이 끝날 때까지 CPU가 기다려야 하기 때문이다. 그렇긴 하지만 충분히 간단한 해결책이므로, 제7장에서 다른 해법을 설명하기 전까지는 이 방법을 사용한다. 명령 대기열을 비우는 시점에는 제약이 거의 없다(특히, 한 프레임에서 딱 한 번만 비워야 하는 것은 아니다). 예를 들어 초기화를 위한 GPU 명령들이 있다면, 먼저 그 초기화 명령들을 비운 후에 주 렌더링 루프로 진입하면 될 것이다.

이러한 명령 대기열 비우기 동기화 기법이 이전 절의 끝에서 언급한 문제의 해결책이기도 함을 주목하기 바란다. 즉, 모든 GPU 명령이 실행되었음이 확실해진 이후에 명령 할당자를 재설정하려면, 명령 대기열을 비운 후에 명령 할당자를 재설정하면 된다.

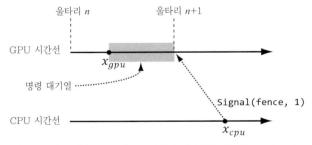

그림 4.8 이 도식은 GPU가 x_{gpu}까지의 명령들을 처리한, 그리고 CPU가 `ID3D12CommandQueue::Signal`(`fence`, *n*+1)을 호출한 직후의 상황을 나타낸 것이다. 그 호출은 울타리 값을 *n* + 1로 변경하는 명령을 대기열의 끝에 추가하는 효과를 낸다. 그러나 GPU가 `Signal(fence, n+1)` 명령 이전에 명령 대기열에 추가된 명령들을 모두 처리할 때까지는 `mFence->GetCompletedValue()`가 계속 *n*을 돌려준다.

4.2.3 자원 상태 전이

흔히 쓰이는 렌더링 효과 중에는 한 단계에서 GPU가 자원 R에 자료를 기록하고, 이후의 한 단계에서 그 자원 R의 자료를 읽어서 사용하는 식으로 구현하는 것들이 많이 있다. 그런데 GPU가 자원에 자료를 다 기록하지 않았거나 기록을 아예 시작하지도 않은 상태에서 자원의 자료를 읽으려 하면 문제가 생긴다. 이를 **자원 위험 상황**(resource hazard)이라고 부르기로 한다. 이 문제를 해결하기 위해, Direct3D는 자원들에 상태를 부여한다. 새로 생성된 자원은 기본 상태 (default state)로 시작한다. 임의의 상태 전이를 Direct3D에게 '보고'하는 것은 전적으로 응용 프로그램의 몫이다. 이 덕분에, GPU는 상태를 전이하고 자원 위험 상황을 방지하는 데 필요한 일들을 자유로이 진행할 수 있다. 예를 들어 텍스처 자원에 자료를 기록해야 할 때에는 그텍스처의 상태를 렌더 대상 상태로 설정한다. 이후 텍스처의 자료를 읽어야 할 때가 되면 상태를 셰이더 자원 상태로 변경(전이)한다. 응용 프로그램이 상태 전이를 Direct3D에게 보고함으로써, GPU는 자원 위험을 피하는 데 필요한 조처를 할 수 있다(이를테면 모든 쓰기 연산이 완료되길 기다린 후에 자원 읽기를 시도하는 등). 상태 전이를 보고하는 부담을 프로그램에게 부여한 것은 성능 때문이다. 응용 프로그램 개발자는 그러한 전이들이 언제 일어나는지 미리 알고 있다. 만일 그런 전이를 자동으로 추적하게 한다면 성능에 부담이 생긴다.

자원 상태 전이는 **전이 자원 장벽**(transition resource barrier)들의 배열을 설정해서 지정한다. 배열을 사용하는 덕분에, 한 번의 API 호출로 여러 개의 자원을 전이할 수 있다. 코드에서 자원 장벽은 D3D12_RESOURCE_BARRIER_DESC 구조체로 서술된다. 다음의 보조 함수 (*d3dx12.h*에 정의되어 있다)는 주어진 자원과 이전, 이후 상태에 해당하는 전이 자원 장벽 서술 구조체를 돌려준다.

```
struct CD3DX12_RESOURCE_BARRIER : public D3D12_RESOURCE_BARRIER
{
  // [...] 중략--편의용 메서드들

static inline CD3DX12_RESOURCE_BARRIER Transition(
    _In_ ID3D12Resource* pResource,
    D3D12_RESOURCE_STATES stateBefore,
    D3D12_RESOURCE_STATES stateAfter,
    UINT subresource = D3D12_RESOURCE_BARRIER_ALL_SUBRESOURCES,
    D3D12_RESOURCE_BARRIER_FLAGS flags = D3D12_RESOURCE_BARRIER_FLAG_NONE)
  {
    CD3DX12_RESOURCE_BARRIER result;
    ZeroMemory(&result, sizeof(result));
```

```
        D3D12_RESOURCE_BARRIER &barrier = result;
        result.Type = D3D12_RESOURCE_BARRIER_TYPE_TRANSITION;
        result.Flags = flags;
        barrier.Transition.pResource = pResource;
        barrier.Transition.StateBefore = stateBefore;
        barrier.Transition.StateAfter = stateAfter;
        barrier.Transition.Subresource = subresource;
        return result;
    }

    // [...] 중략--편의용 메서드들
};
```

CD3DX12_RESOURCE_BARRIER가 D3D12_RESOURCE_BARRIER_DESC를 상속하고 거기에 여러 편의용 메서드들을 추가한 일종의 '확장 버전'임을 주목하기 바란다. Direct3D 12의 구조체들 대부분에는 이런 편의용 확장 버전들이 존재하며, 이 책의 예제들도 편의상 그런 버전들을 즐겨 사용한다. CD3DX12_로 시작하는 확장 버전들은 모두 *d3dx12.h*에 정의되어 있다. 이헤더 파일은 공식 DirectX 12 SDK의 일부가 아니라서 Microsoft 사이트에서 따로 내려받아야 한다. 독자의 편의를 위해, 이 책의 소스 코드의 *Common* 디렉터리에 이 파일의 복사본을 포함해 두었다.

한 예로, 이번 장의 예제 응용 프로그램은 이 함수를 다음과 같이 호출한다.

```
mCommandList->ResourceBarrier(1,
    &CD3DX12_RESOURCE_BARRIER::Transition(
        CurrentBackBuffer(),
        D3D12_RESOURCE_STATE_PRESENT,
        D3D12_RESOURCE_STATE_RENDER_TARGET));
```

이 코드는 화면에 표시할 이미지를 나타내는 텍스처 자원을 제시 상태(presentation state)에서 렌더 대상 상태로 전이한다. 자원 장벽이 명령 목록에 추가됨을 주목하기 바란다. 전이 자원 장벽이라는 것을, GPU에게 자원의 상태가 전이됨을 알려주는 하나의 명령이라고 생각하기 바란다. 명령을 통해서 자원 상태 전이를 알려주는 덕분에, GPU는 이후의 명령들을 실행할 때 자원 위험 상황을 피하는 데 필요한 단계들을 밟을 수 있다.

> **참고:** 자원 상태 전이에 관한 장벽 이외의 자원 장벽들도 있지만, 지금 필요한 것은 전이용 장벽뿐이다. 다른 종류의 장벽들은 나중에 관련 주제가 나올 때 함께 이야기하겠다.

4.2.4 명령 목록을 이용한 다중 스레드 활용

Direct3D 12는 다중 스레드를 효율적으로 활용할 수 있도록 설계되었다. 명령 목록의 설계는 Direct3D가 다중 스레드 적용의 장점을 취하는 한 방법이다. 물체가 많은 큰 장면을 다룰 때, 장면 전체를 하나의 명령 목록으로 그리려 한다면 명령 목록을 구축하는 데 시간(CPU 시간)이 오래 걸린다. 이에 대한 자명한 해결책은 여러 개의 명령 목록을 병렬로 구축하는 것이다. 예를 들어 스레드 네 개를 띄워서 각자 하나의 명령 목록을 구축하게 하면, 전체적인 시간이 기존의 25%로 줄어든다.

다음은 명령 목록 구축에 다중 스레드를 적용할 때 주의해야 할 점 몇 가지이다.

1. 명령 목록은 자유 스레드(free-threaded) 모형을 따르지 않는다. 즉, 보통의 경우 여러 스레드가 같은 명령 목록을 공유하지 않으며, 그 메서드들을 동시에 호출하지 않는다. 따라서, 일반적으로 각 스레드는 각자 자신만의 명령 목록을 가지게 된다.
2. 명령 할당자도 자유 스레드가 아니다. 즉, 보통의 경우 여러 스레드가 같은 명령 할당자를 공유하지 않으며, 그 메서드들을 동시에 호출하지 않는다. 따라서, 일반적으로 각 스레드는 각자 자신만의 명령 할당자를 가지게 된다.
3. 명령 대기열은 자유 스레드 모형을 따른다. 즉, 여러 스레드가 같은 명령 대기열에 접근해서 그 메서드들을 동시에 호출할 수 있다. 특히, 스레드들이 각자 자신이 생성한 명령 목록을 동시에 명령 대기열에 제출할 수 있다.
4. 성능상의 이유로, 응용 프로그램은 동시에 기록할 수 있는 명령 목록들의 최대 개수를 반드시 초기화 시점에서 설정해야 한다.

단순함을 위해, 이 책에서는 다중 스레드를 사용하지 않는다. 이 책을 다 읽고 난 후에, DirectX SDK의 Multithreading12 예제를 공부해서 명령 목록들을 병렬적으로 생성하는 방법을 파악하길 권한다. 시스템 자원 사용을 극대화하려는 응용 프로그램은 반드시 다중 스레드를 이용해서 다중 CPU 코어들의 장점을 최대한 활용할 필요가 있다.

4.3 Direct3D의 초기화

이제부터 Direct3D를 초기화하는 구체적인 방법을 살펴보자. Direct3D의 초기화 과정은 꽤 길지만, 응용 프로그램 실행 시 한 번만 해 주면 된다. 이 책에서 말하는 Direct3D 초기화 과정은 다음과 같은 단계들로 구성된다.

1. D3D12CreateDevice 함수를 이용해서 ID3D12Device를 생성한다.
2. ID3D12Fence 객체를 생성하고 서술자들의 크기를 얻는다.
3. 4X MSAA* 품질 수준 지원 여부를 점검한다.
4. 명령 대기열과 명령 목록 할당자, 그리고 주 명령 목록을 생성한다.
5. 교환 사슬을 서술하고 생성한다.
6. 응용 프로그램에 필요한 서술자 힙들을 생성한다.
7. 후면 버퍼의 크기를 설정하고, 후면 버퍼에 대한 렌더 대상 뷰를 생성한다.
8. 깊이·스텐실 버퍼를 생성하고, 그와 연관된 깊이·스텐실 뷰를 생성한다.
9. 뷰포트와 가위 판정용 사각형들을 설정한다.

4.3.1 장치 생성

Direct3D 초기화는 Direct3D 12 장치(ID3D12Device)를 생성하는 것으로 시작한다. 장치 (device)는 디스플레이 어댑터를 나타내는 객체이다. 일반적으로 디스플레이 어댑터는 물리적인 3차원 그래픽 하드웨어 장치(이를테면 그래픽 카드)이지만, 하드웨어 그래픽 기능성을 흉내 내는 소프트웨어 디스플레이 어댑터(이를테면 WARP 어댑터)도 존재한다. Direct3D 12 장치는 기능 지원 점검에 쓰이며, 자원이나 뷰, 명령 목록 등의 다른 모든 Direct3D 인터페이스 객체들의 생성에도 쓰인다. 장치를 생성할 때에는 다음과 같은 함수를 사용한다.

```
HRESULT WINAPI D3D12CreateDevice(
    IUnknown* pAdapter,
    D3D_FEATURE_LEVEL MinimumFeatureLevel,
    REFIID riid, // ID3D12Device에 해당하는 ID를 넣어야 함
    void** ppDevice );
```

1. pAdapter: 장치가 나타내는 디스플레이 어댑터를 지정한다. 이 매개변수에 널 포인터 를 지정하면 시스템의 기본(primary) 디스플레이 어댑터가 쓰인다. 이 책의 예제 프 로그램들은 항상 기본 어댑터를 사용한다. 시스템의 모든 디스플레이 어댑터를 나열하 는 방법은 §4.1.10에서 설명했다.

....

* **옮긴이** MSAA는 multisample anti-aliasing의 약자로, 다중표본화를 이용한 앨리어싱 제거를 뜻한다.

2. MinimumFeatureLevel: 응용 프로그램이 요구하는 최소 기능 수준. 만일 디스플레이
    어댑터가 이 수준을 지원하지 않으면 장치 생성이 실패한다. 이 책의 예제 프레임워크
    에서는 항상 D3D_FEATURE_LEVEL_11_0을 지정한다(즉, 최소한 Direct3D 11 수준
    의 기능을 요구한다).

3. riid: 생성하고자 하는 ID3D12Device 인터페이스의 COM ID.

4. ppDevice: 생성된 장치가 이 매개변수에 설정된다(출력 매개변수).

다음은 이 함수의 호출 예이다.

```
#if defined(DEBUG) || defined(_DEBUG)
// D3D12 디버그층을 활성화한다.
{
  ComPtr<ID3D12Debug> debugController;
  ThrowIfFailed(D3D12GetDebugInterface(IID_PPV_ARGS(&debugController)));
  debugController->EnableDebugLayer();
}
#endif

ThrowIfFailed(CreateDXGIFactory1(IID_PPV_ARGS(&mdxgiFactory)));

// 하드웨어 어댑터를 나타내는 장치를 생성해 본다.
HRESULT hardwareResult = D3D12CreateDevice(
  nullptr,           // 기본 어댑터
  D3D_FEATURE_LEVEL_11_0,
  IID_PPV_ARGS(&md3dDevice));

// 실패했다면 WARP 어댑터를 나타내는 장치를 생성한다.
if(FAILED(hardwareResult))
{
  ComPtr<IDXGIAdapter> pWarpAdapter;
  ThrowIfFailed(mdxgiFactory->EnumWarpAdapter(IID_PPV_ARGS(&pWarpAdapter)));

  ThrowIfFailed(D3D12CreateDevice(
    pWarpAdapter.Get(),
    D3D_FEATURE_LEVEL_11_0,
    IID_PPV_ARGS(&md3dDevice)));
}
```

디버그 모드 빌드를 위해 우선 디버그층을 활성화했음을 주목하기 바란다. 디버그층(debug
layer)이 활성화되어 있으면 Direct3D는 추가적인 디버깅을 활성화해서, VC++의 출력창에

다음과 같은 형태의 디버그 메시지를 보낸다.

```
D3D12 ERROR: ID3D12CommandList::Reset: Reset fails because the command list was
not closed.
```

또한, 첫 D3D12CreateDevice 호출이 실패하면 한발 물러나서 소프트웨어 어댑터인 WARP
를 나타내는 장치를 생성한다는 점도 주목하기 바란다. WARP는 Windows Advanced
Rasterization Platform(Windows 고급 래스터화 플랫폼)의 약자이다. Windows 7과 그
이전 버전에서 WARP 장치는 기능 수준 10.1까지 지원하고, Windows 8의 WARP 장치는
기능 수준 11.1까지 지원한다. WARP 어댑터에 대한 장치를 생성하려면 그 전에 다음과 같이
IDXGIFactory4의 EnumWarpAdapter 메서드를 호출해 주어야 한다. 이렇게 해야 디스플레이
어댑터 나열 시 WARP 어댑터가 나타난다.

```
ComPtr<IDXGIFactory4> mdxgiFactory;
CreateDXGIFactory1(IID_PPV_ARGS(&mdxgiFactory));
mdxgiFactory->EnumWarpAdapter(
    IID_PPV_ARGS(&pWarpAdapter));
```

mdxgiFactory 객체는 교환 사슬을 생성하는 데에도 쓰인다(이는 교환 사슬이 Direct3D가
아니라 DXGI의 일부이기 때문이다).

4.3.2 울타리 생성과 서술자 크기 얻기

장치를 생성한 다음에는 CPU와 GPU의 동기화를 위한 울타리 객체를 생성한다. 또한, 이후
에 필요한 서술자들의 크기도 미리 조회해서 설정해 둔다. 서술자 크기는 GPU마다 다를 수 있
으므로, 이처럼 실행시점에서 적절한 메서드를 호출해서 알아내야 한다. 나중에 서술자 크기가
필요할 때 바로 사용할 수 있도록, 크기들을 적절한 멤버 변수들에 저장해 둔다.

```
ThrowIfFailed(md3dDevice->CreateFence(
    0, D3D12_FENCE_FLAG_NONE, IID_PPV_ARGS(&mFence)));

mRtvDescriptorSize = md3dDevice->GetDescriptorHandleIncrementSize(
    D3D12_DESCRIPTOR_HEAP_TYPE_RTV);
mDsvDescriptorSize = md3dDevice->GetDescriptorHandleIncrementSize(
    D3D12_DESCRIPTOR_HEAP_TYPE_DSV);
mCbvSrvDescriptorSize = md3dDevice->GetDescriptorHandleIncrementSize(
    D3D12_DESCRIPTOR_HEAP_TYPE_CBV_SRV_UAV);
```

4.3.3 4X MSAA 품질 수준 지원 점검

이 책의 예제들은 4X MSAA 지원 여부를 점검한다. 4X MSAA를 기본으로 선택한 이유는 비용이 그리 크지 않으면서도 화질이 많이 개선된다는 점과 모든 Direct3D 11급 장치가 모든 렌더 대상 형식에서 4X MSAA를 지원한다는 점이다. 현재 장치의 기능 수준이 Direct3D 11 이상임을 확인했다면 4X MSAA 지원 여부는 따로 확인할 필요가 없지만, 그래도 이 책의 예제들은 다음과 같은 코드를 통해서 4X MSAA 지원 여부를 명시적으로 점검한다.

```
D3D12_FEATURE_DATA_MULTISAMPLE_QUALITY_LEVELS msQualityLevels;
msQualityLevels.Format = mBackBufferFormat;
msQualityLevels.SampleCount = 4;
msQualityLevels.Flags = D3D12_MULTISAMPLE_QUALITY_LEVELS_FLAG_NONE;
msQualityLevels.NumQualityLevels = 0;
ThrowIfFailed(md3dDevice->CheckFeatureSupport(
  D3D12_FEATURE_MULTISAMPLE_QUALITY_LEVELS,
  &msQualityLevels,
  sizeof(msQualityLevels)));

m4xMsaaQuality = msQualityLevels.NumQualityLevels;
assert(m4xMsaaQuality > 0 && "Unexpected MSAA quality level.");
```

4X MSAA가 항상 지원되므로, 반환된 품질 수준(m4xMsaaQuality)은 항상 0보다 커야 한다. 위의 코드는 이 점을 단언문(assert)을 이용해서 확인한다.

4.3.4 명령 대기열과 명령 목록 생성

§4.2.1에서 말했듯이, 명령 대기열을 대표하는 인터페이스는 ID3D12CommandQueue이고 명령 할당자를 대표하는 인터페이스는 ID3D12CommandAllocator, 명령 목록을 대표하는 인터페이스는 ID3D12GraphicsCommandList이다. 다음 함수는 명령 대기열과 명령 할당자, 명령 목록을 생성하는 방법을 보여준다.

```
ComPtr<ID3D12CommandQueue> mCommandQueue;
ComPtr<ID3D12CommandAllocator> mDirectCmdListAlloc;
ComPtr<ID3D12GraphicsCommandList> mCommandList;
void D3DApp::CreateCommandObjects()
{
  D3D12_COMMAND_QUEUE_DESC queueDesc = {};
  queueDesc.Type = D3D12_COMMAND_LIST_TYPE_DIRECT;
```

```
queueDesc.Flags = D3D12_COMMAND_QUEUE_FLAG_NONE;
ThrowIfFailed(md3dDevice->CreateCommandQueue(
    &queueDesc, IID_PPV_ARGS(&mCommandQueue)));

ThrowIfFailed(md3dDevice->CreateCommandAllocator(
    D3D12_COMMAND_LIST_TYPE_DIRECT,
    IID_PPV_ARGS(mDirectCmdListAlloc.GetAddressOf())));

ThrowIfFailed(md3dDevice->CreateCommandList(
    0,
    D3D12_COMMAND_LIST_TYPE_DIRECT,
    mDirectCmdListAlloc.Get(),    // 연관된 명령 할당자
    nullptr,                      // 초기 파이프라인 상태 객체
    IID_PPV_ARGS(mCommandList.GetAddressOf())));

// 닫힌 상태로 시작한다. 이후 명령 목록을 처음 참조할 때
// Reset을 호출하는데, Reset을 호출하려면 명령 목록이
// 닫혀 있어야 하기 때문이다.
mCommandList->Close();
}
```

CreateCommandList 호출 시 파이프라인 상태 객체 매개변수에 널 포인터를 지정했음을 주목하기 바란다. 이번 장의 예제 프로그램에서는 그 어떤 그리기 명령도 제출하지 않으므로 유효한 파이프라인 상태 객체를 지정하지 않아도 된다. 파이프라인 상태 객체는 제6장에서 논의한다.

4.3.5 교환 사슬의 서술과 생성

초기화 공정의 다음 단계는 교환 사슬(swap chain)을 생성하는 것이다. 이를 위해서는 우선 DXGI_SWAP_CHAIN_DESC 구조체 인스턴스의 멤버들을 지금 생성하고자 하는 교환 사슬에 맞게 설정해야 한다. 이 구조체의 정의는 다음과 같다.

```
typedef struct DXGI_SWAP_CHAIN_DESC
{
  DXGI_MODE_DESC BufferDesc;
  DXGI_SAMPLE_DESC SampleDesc;
  DXGI_USAGE BufferUsage;
  UINT BufferCount;
  HWND OutputWindow;
  BOOL Windowed;
```

```
    DXGI_SWAP_EFFECT SwapEffect;
    UINT Flags;
  } DXGI_SWAP_CHAIN_DESC;
```

DXGI_MODE_DESC 형식은 또 다른 구조체로, 다음과 같이 정의되어 있다.

```
typedef struct DXGI_MODE_DESC
{
    UINT Width;                              // 버퍼 해상도 너비(가로)
    UINT Height;                             // 버퍼 해상도 높이(세로)
    DXGI_RATIONAL RefreshRate;
    DXGI_FORMAT Format;                      // 버퍼 디스플레이 형식
    DXGI_MODE_SCANLINE_ORDER ScanlineOrdering; // 순차 주사 대 비월 주사
    DXGI_MODE_SCALING Scaling;               // 이미지를 모니터에 맞게
                                             // 확대·축소하는 방식

} DXGI_MODE_DESC;
```

다음은 DXGI_SWAP_CHAIN_DESC의 자료 멤버들에 대한 설명인데, 여기에서는 이 책의 수준에서 중요한 공통의 플래그들과 옵션들만 이야기한다. 추가적인 플래그들과 옵션들에 대한 상세한 정보는 SDK 문서화를 보기 바란다.

1. BufferDesc: 이 구조체는 생성하고자 하는 후면 버퍼의 속성들을 서술한다. 지금 수준에서 중요한 속성은 너비(Width)와 높이(Height), 그리고 픽셀 형식(Format)이다. 다른 멤버들에 관한 세부사항은 SDK 문서화를 보기 바란다.

2. SampleDesc: 다중표본화 표본 개수와 품질 수준을 서술하는 구조체이다. §4.1.8.를 참고하기 바란다. 단일표본화를 사용하고 싶으면 표본 개수를 1, 품질 수준을 0으로 설정하면 된다.

3. BufferUsage: 후면 버퍼에 렌더링할 것이므로(즉, 후면 버퍼를 렌더 대상으로 사용할 것이므로) 이 멤버에는 DXGI_USAGE_RENDER_TARGET_OUTPUT을 지정한다.

4. BufferCount: 교환 사슬이 사용할 버퍼 개수이다. 이중 버퍼링에서는 2를 지정한다.

5. OutputWindow: 렌더링 결과가 표시될 창의 핸들.

6. Windowed: 창 모드이면 true, 전체화면 모드이면 false.

7. SwapEffect: 이 멤버에는 DXGI_SWAP_EFFECT_FLIP_DISCARD를 지정한다.

8. Flags: 추가적인 플래그들. 여기에 DXGI_SWAP_CHAIN_FLAG_ALLOW_MODE_SWITCH 를 지정하면, 응용 프로그램이 전체화면으로 전환될 때 Direct3D는 응용 프로그램 창

의 현재 크기에 가장 잘 맞는 디스플레이 모드를 선택한다. 이 플래그를 지정하지 않으면, 응용 프로그램이 전체화면으로 전환될 때 Direct3D는 현재 데스크톱 디스플레이 모드를 사용한다.

교환 사슬을 서술하는 구조체를 다 채웠으면, IDXGIFactory::CreateSwapChain 메서드를 호출해서 교환 사슬을 생성한다.

```
HRESULT IDXGIFactory::CreateSwapChain(
 IUnknown *pDevice,               // ID3D12CommandQueue 포인터
 DXGI_SWAP_CHAIN_DESC *pDesc,  // 교환 사슬 서술 구조체 포인터
 IDXGISwapChain **ppSwapChain); // 생성된 교환 사슬 인터페이스를 돌려준다.
```

다음 코드는 이 책의 예제 프레임워크에서 교환 사슬을 생성하는 방법을 보여준다. 이 함수가 여러 번 호출되어도 문제가 없도록 설계되어 있음을 주목하기 바란다. 이 함수는 기존 교환 사슬을 먼저 해제한 후 새 교환 사슬을 생성한다. 이 덕분에 응용 프로그램은 이전과는 다른 설정으로 교환 사슬을 다시 생성할 수 있다. 특히, 실행 도중에 다중표본화 설정을 변경할 수 있다.

```
DXGI_FORMAT mBackBufferFormat = DXGI_FORMAT_R8G8B8A8_UNORM;
void D3DApp::CreateSwapChain()
{
    // 새 교환 사슬을 생성하기 전에 먼저 기존 교환 사슬을 해제한다.
    mSwapChain.Reset();

    DXGI_SWAP_CHAIN_DESC sd;
    sd.BufferDesc.Width = mClientWidth;
    sd.BufferDesc.Height = mClientHeight;
    sd.BufferDesc.RefreshRate.Numerator = 60;
    sd.BufferDesc.RefreshRate.Denominator = 1;
    sd.BufferDesc.Format = mBackBufferFormat;
    sd.BufferDesc.ScanlineOrdering = DXGI_MODE_SCANLINE_ORDER_UNSPECIFIED;
    sd.BufferDesc.Scaling = DXGI_MODE_SCALING_UNSPECIFIED;
    sd.SampleDesc.Count = m4xMsaaState ? 4 : 1;
    sd.SampleDesc.Quality = m4xMsaaState ? (m4xMsaaQuality - 1) : 0;
    sd.BufferUsage = DXGI_USAGE_RENDER_TARGET_OUTPUT;
    sd.BufferCount = SwapChainBufferCount;
    sd.OutputWindow = mhMainWnd;
    sd.Windowed = true;
    sd.SwapEffect = DXGI_SWAP_EFFECT_FLIP_DISCARD;
    sd.Flags = DXGI_SWAP_CHAIN_FLAG_ALLOW_MODE_SWITCH;
    // 참고: 교환 사슬은 명령 대기열을 이용해서 방출(flush)을 수행한다.
```

```
ThrowIfFailed(mdxgiFactory->CreateSwapChain(
    mCommandQueue.Get(),
    &sd,
    mSwapChain.GetAddressOf()));
}
```

4.3.6 서술자 힙 생성

다음으로, 응용 프로그램에 필요한 서술자/뷰(§4.1.6)들을 담을 서술자 힙을 만들어야 한다.
서술자 힙(descriptor heap)은 ID3D12DescriptorHeap 인터페이스로 대표된다. 힙을 생성
하는 메서드는 ID3D12Device::CreateDescriptorHeap이다. 이번 장의 예제 프로그램에는
SwapChainBufferCount에 설정된 개수만큼의 렌더 대상 뷰(render target view, RTV)들
과 하나의 깊이·스텐실 뷰(depth/stencil view, DSV)가 필요하다. 렌더 대상 뷰는 교환 사
슬에서 렌더링의 대상이 되는 버퍼 자원을 서술하고, 깊이·스텐실 뷰는 깊이 판정을 위한 버퍼
자원을 서술한다. 서술자 힙은 서술자 종류마다 따로 만들어야 한다. 따라서, 이번 장의 예에서
는 SwapChainBufferCount 개의 RTV들을 담을 힙 하나와 하나의 DSV를 담을 힙이 필요하
다. 다음은 이 힙들을 생성하는 코드이다.

```
ComPtr<ID3D12DescriptorHeap> mRtvHeap;
ComPtr<ID3D12DescriptorHeap> mDsvHeap;
void D3DApp::CreateRtvAndDsvDescriptorHeaps()
{
  D3D12_DESCRIPTOR_HEAP_DESC rtvHeapDesc;
  rtvHeapDesc.NumDescriptors = SwapChainBufferCount;
  rtvHeapDesc.Type = D3D12_DESCRIPTOR_HEAP_TYPE_RTV;
  rtvHeapDesc.Flags = D3D12_DESCRIPTOR_HEAP_FLAG_NONE;
  rtvHeapDesc.NodeMask = 0;
  ThrowIfFailed(md3dDevice->CreateDescriptorHeap(
      &rtvHeapDesc, IID_PPV_ARGS(mRtvHeap.GetAddressOf())));


  D3D12_DESCRIPTOR_HEAP_DESC dsvHeapDesc;
  dsvHeapDesc.NumDescriptors = 1;
  dsvHeapDesc.Type = D3D12_DESCRIPTOR_HEAP_TYPE_DSV;
  dsvHeapDesc.Flags = D3D12_DESCRIPTOR_HEAP_FLAG_NONE;
  dsvHeapDesc.NodeMask = 0;
  ThrowIfFailed(md3dDevice->CreateDescriptorHeap(
      &dsvHeapDesc, IID_PPV_ARGS(mDsvHeap.GetAddressOf())));
}
```

예제 프레임워크에는 다음과 같은 정의가 있다.

```
static const int SwapChainBufferCount = 2;
int mCurrBackBuffer = 0;
```

렌더링 시 예제 프레임워크는 mCurrBackBuffer를 현재 후면 버퍼의 색인으로 갱신한다(페이지 전환에 의해 전면 버퍼와 후면 버퍼가 교환됨을 기억할 것이다. 어떤 버퍼를 렌더 대상으로 사용해야 하는지 알려면 현재 후면 버퍼가 무엇인지 알아야 한다).

힙을 성공적으로 생성하고 나면 힙에 저장된 서술자들에 접근할 수 있다. 예제 프로그램은 핸들을 통해서 서술자들을 참조한다. 힙의 첫 서술자에 대한 핸들은 ID3D12DescriptorHeap ::GetCPUDescriptorHandleForHeapStart 메서드로 얻는다. 다음은 각각 현재의 후면 버퍼 RTV와 DSV에 대한 핸들을 얻는 함수들이다.

```
D3D12_CPU_DESCRIPTOR_HANDLE CurrentBackBufferView()const
{
  // 편의를 위해 CD3DX12_CPU_DESCRIPTOR_HANDLE의 생성자를
  // 사용한다. 이 생성자는 주어진 오프셋에 해당하는 후면 버퍼
  // RTV의 핸들(D3D12_CPU_DESCRIPTOR_HANDLE)을 돌려준다.
  return CD3DX12_CPU_DESCRIPTOR_HANDLE(
    mRtvHeap->GetCPUDescriptorHandleForHeapStart(), // 첫 핸들
    mCurrBackBuffer,                                // 오프셋 색인
    mRtvDescriptorSize);                            // 서술자의 바이트 크기
}

D3D12_CPU_DESCRIPTOR_HANDLE DepthStencilView()const
{
  return mDsvHeap->GetCPUDescriptorHandleForHeapStart();
}
```

첫 함수는 서술자의 크기가 필요한 상황의 예이다. 현재 후면 버퍼 RTV 서술자의 오프셋을 얻으려면 RTV 서술자의 크기(바이트 개수)를 알아야 한다.

4.3.7 렌더 대상 뷰(RTV) 생성

§4.1.6에서 말했듯이, 자원 자체를 직접 파이프라인의 단계에 묶지는 않는다. 대신 반드시 자원에 대한 뷰(서술자)를 생성해서 그 뷰를 파이프라인 단계에 묶어야 한다. 특히, 후면 버퍼를 파이프라인의 출력 병합기(output merger) 단계에 묶으려면(그래야 Direct3D가 장면을 후면

버퍼에 렌더링할 수 있다) 후면 버퍼에 대한 렌더 대상 뷰를 생성해야 한다. 우선 할 일은 교환 사슬에 저장되어 있는 버퍼 자원을 얻는 것인데, 이를 위해 다음과 같은 메서드를 사용한다.

```
HRESULT IDXGISwapChain::GetBuffer(
  UINT Buffer,
  REFIID riid,
  void **ppSurface);
```

1. Buffer: 얻고자 하는 특정 후면 버퍼를 식별하는 색인(교환 사슬에 버퍼가 여러 개 있을 수 있으므로 이런 정보가 필요하다).
2. riid: 그 후면 버퍼를 나타내는 ID3D12Resource 인터페이스의 COM ID.
3. ppSurface: 그 후면 버퍼를 나타내는 ID3D12Resource를 가리키는 포인터가 이 매개변수를 통해서 반환된다.

IDXGISwapChain::GetBuffer를 호출하면 해당 후면 버퍼의 COM 참조 횟수가 증가한다. 따라서 버퍼를 다 사용한 후에는 반드시 해제해야 한다. ComPtr을 사용하면 해제가 자동으로 처리된다.

렌더 대상 뷰를 생성할 때에는 ID3D12Device::CreateRenderTargetView 메서드를 사용한다.

```
void ID3D12Device::CreateRenderTargetView(
  ID3D12Resource *pResource,
  const D3D12_RENDER_TARGET_VIEW_DESC *pDesc,
  D3D12_CPU_DESCRIPTOR_HANDLE DestDescriptor);
```

1. pResource: 렌더 대상으로 사용할 자원을 가리키는 포인터. 지금 예에서 자원은 후면 버퍼이다(즉, 후면 버퍼에 대한 렌더 대상 뷰를 생성한다).
2. pDesc: D3D12_RENDER_TARGET_VIEW_DESC를 가리키는 포인터. 이 구조체는 렌더 대상 뷰를 서술하는데, 특히 자원에 담긴 원소들의 자료 형식에 관한 멤버를 가지고 있다. 구체적인 자료 형식을 지정해서 자원을 생성했다면(즉, 무형식 자원이 아니면) 이 매개변수에 널 포인터를 지정해도 된다. 그런 경우 이 메서드는 그 자원을 생성할 때 지정한 자료 형식을 적용해서 그 자원의 첫 번째 밉맵 수준에 대한 뷰를 생성한다(후면 버퍼에는 밉맵 수준이 하나뿐이다). (밉맵은 제9장에서 논의한다.) 지금은 후면 버퍼에 대한 뷰를 생성하는 중이므로, 이 매개변수에 널 포인터를 지정한다.

3. DestDescriptor: 생성된 렌더 대상 뷰가 저장될 서술자의 핸들.

다음은 이 메서드를 이용해서 교환 사슬의 두 버퍼에 대해 각각 RTV를 생성하는 코드이다.

```
ComPtr<ID3D12Resource> mSwapChainBuffer[SwapChainBufferCount];
CD3DX12_CPU_DESCRIPTOR_HANDLE rtvHeapHandle(
  mRtvHeap->GetCPUDescriptorHandleForHeapStart());
for (UINT i = 0; i < SwapChainBufferCount; i++)
{
  // 교환 사슬의 i번째 버퍼를 얻는다.
  ThrowIfFailed(mSwapChain->GetBuffer(
    i, IID_PPV_ARGS(&mSwapChainBuffer[i])));

  // 그 버퍼에 대한 RTV를 생성한다.
  md3dDevice->CreateRenderTargetView(
    mSwapChainBuffer[i].Get(), nullptr, rtvHeapHandle);

  // 힙의 다음 항목으로 넘어간다.
  rtvHeapHandle.Offset(1, mRtvDescriptorSize);
}
```

4.3.8 깊이·스텐실 버퍼와 뷰 생성

이제 깊이·스텐실 버퍼를 생성해야 한다. §4.1.5에서 설명했듯이, 깊이 버퍼는 그냥 가장 가까운 가시 물체들의 깊이 정보를(그리고 스텐실을 사용하는 경우에는 스텐실 정보도) 저장하는 2차원 텍스처이다. 텍스처는 GPU 자원의 하나이므로, 텍스처 자원을 서술하는 D3D12_RESOURCE_DESC 구조체를 채운 후 ID3D12Device::CreateCommittedResource를 호출하면 깊이·스텐실 버퍼를 생성할 수 있다. D3D12_RESOURCE_DESC 구조체의 정의는 다음과 같다.

```
typedef struct D3D12_RESOURCE_DESC
{
  D3D12_RESOURCE_DIMENSION Dimension;
  UINT64 Alignment;
  UINT64 Width;
  UINT Height;
  UINT16 DepthOrArraySize;
  UINT16 MipLevels;
  DXGI_FORMAT Format;
```

```
  DXGI_SAMPLE_DESC SampleDesc;
  D3D12_TEXTURE_LAYOUT Layout;
  D3D12_RESOURCE_MISC_FLAG MiscFlags;
} D3D12_RESOURCE_DESC;
```

1. Dimension: 자원의 차원. 다음과 같은 열거형 값들 중 하나를 지정한다.

```
enum D3D12_RESOURCE_DIMENSION
{
  D3D12_RESOURCE_DIMENSION_UNKNOWN = 0,
  D3D12_RESOURCE_DIMENSION_BUFFER = 1,
  D3D12_RESOURCE_DIMENSION_TEXTURE1D = 2,
  D3D12_RESOURCE_DIMENSION_TEXTURE2D = 3,
  D3D12_RESOURCE_DIMENSION_TEXTURE3D = 4
} D3D12_RESOURCE_DIMENSION;
```

2. Width: 텍스처의 너비(텍셀 단위). 버퍼 자원의 경우에는 버퍼의 바이트 개수를 지정한다.

3. Height: 텍스처의 높이(텍셀 단위).

4. DepthOrArraySize: 3차원 텍스처의 깊이(텍셀 단위) 또는 1차원 및 2차원 텍스처 배열 크기. 3차원 텍스처들의 배열은 지원하지 않음을 주의할 것.

5. MipLevels: 밉맵 수준 개수. 밉맵은 텍스처 적용을 다루는 제9장에서 설명한다. 깊이·스텐실 버퍼로 사용할 텍스처에는 밉맵 수준이 하나만 있으면 된다.

6. Format: 텍셀의 자료 형식. DXGI_FORMAT 열거형의 한 멤버를 지정한다. 깊이·스텐실 버퍼에는 §4.1.5.에 나온 형식 중 하나를 지정해야 한다.

7. SampleDesc: 다중표본화의 표본 개수와 품질 수준. §4.1.7과 §4.1.8을 참고하기 바란다. 깊이·스텐실 버퍼에 적용하는 다중표본화 설정들은 렌더 대상에 쓰인 설정들과 부합해야 한다. 4X MSAA에서는 픽셀당 네 개의 부분픽셀에 대한 색상과 깊이·스텐실 정보를 저장해야 하므로 후면 버퍼와 깊이 버퍼가 화면 해상도의 네 배(4X)이어야 함을 기억할 것이다.

8. Layout: 텍스처의 배치(layout). D3D12_TEXTURE_LAYOUT 열거형의 한 멤버를 지정한다. 일단 지금은 텍스처 배치에 신경쓸 필요가 없다. 그냥 D3D12_TEXTURE_LAYOUT_UNKNOWN을 지정하면 된다.

9. MiscFlags: 기타 자원 플래그들. 깊이·스텐실 버퍼 자원의 경우에는 D3D12_RESOURCE_MISC_DEPTH_STENCIL을 지정한다.

GPU 자원들은 GPU의 힙에 존재한다. 본질적으로 GPU 힙은 GPU 메모리의 블록인데, 특정한 속성들을 가지고 있다. `ID3D12Device::CreateCommittedResource` 메서드는 자원을 생성하고, 지정된 속성들에 부합하는 힙에 그 자원을 맡긴다(commit).

```
HRESULT ID3D12Device::CreateCommittedResource(
  const D3D12_HEAP_PROPERTIES *pHeapProperties,
  D3D12_HEAP_MISC_FLAG HeapMiscFlags,
  const D3D12_RESOURCE_DESC *pResourceDesc,
  D3D12_RESOURCE_USAGE InitialResourceState,
  const D3D12_CLEAR_VALUE *pOptimizedClearValue,
  REFIID riidResource,
  void **ppvResource);

typedef struct D3D12_HEAP_PROPERTIES {
  D3D12_HEAP_TYPE      Type;
  D3D12_CPU_PAGE_PROPERTIES CPUPageProperties;
  D3D12_MEMORY_POOL    MemoryPoolPreference;
  UINT CreationNodeMask;
  UINT VisibleNodeMask;
} D3D12_HEAP_PROPERTIES;
```

1. `pHeapProperties`: 자원을 맡길 힙의 속성들을 담은 구조체를 가리키는 포인터. 일부 속성들은 고급 응용에나 필요하다. 지금 우리의 주된 관심사는 힙의 종류를 뜻하는 `D3D12_HEAP_TYPE` 형식의 멤버인데, 이 열거형에는 다음과 같은 멤버들이 있다.

   (a) `D3D12_HEAP_TYPE_DEFAULT`: 기본 힙. 전적으로 GPU가 접근할 자원들이 담긴다. 깊이·스텐실 버퍼가 그런 자원의 예이다. 깊이·스텐실 버퍼를 읽고 쓰는 것은 전적으로 GPU이기 때문이다. CPU가 깊이·스텐실 버퍼에 접근할 필요는 전혀 없으므로, 깊이·스텐실 버퍼는 기본 힙에 넣는 것이 좋다.

   (b) `D3D12_HEAP_TYPE_UPLOAD`: 자료 올리기(upload) 힙. CPU에서 GPU로 자료를 올려서 갱신해야 할 자원들을 이 힙에 맡긴다.

   (c) `D3D12_HEAP_TYPE_READBACK`: 다시 읽기(read-back) 힙. CPU가 읽어야 할 자원들을 이 힙에 맡긴다.

   (d) `D3D12_HEAP_TYPE_CUSTOM`: 고급 응용을 위한 것으로, 좀 더 자세한 사항은 MSDN 문서화를 보기 바란다.

2. **HeapMiscFlags**: 자원을 맡길 힙이 가졌으면 하는 속성들을 나타내는 추가적인 플래그들. 흔히 D3D12_HEAP_MISC_NONE을 지정한다.

3. **pResourceDesc**: 생성하고자 하는 자원을 서술하는 D3D12_RESOURCE_DESC 인스턴스의 포인터.

4. **InitialResourceState**: §4.2.3에서 이야기했듯이, 자원에는 상태(현재 어떤 용도인지를 나타내는)가 있다. 이 매개변수에는 자원의 초기 상태를 지정한다. 깊이·스텐실 버퍼로 사용할 자원은 D3D12_RESOURCE_USAGE_INITIAL을 초기 상태로 지정하고, 생성 후 D3D12_RESOURCE_USAGE_DEPTH 상태로 전이해서 깊이·스텐실 버퍼로서 파이프라인에 묶으면 된다.

5. **pOptimizedClearValue**: 자원 지우기에 최적화된 값을 나타내는 D3D12_CLEAR_VALUE 구조체를 가리키는 포인터. 최적화된 지우기 값과 부합하는 지우기 호출은 부합하지 않는 호출보다 빠를 수 있다. 최적화된 지우기 값을 설정하지 않으려면 널을 지정하면 된다.

```
struct D3D12_CLEAR_VALUE
{
  DXGI_FORMAT Format;
  union
  {
    FLOAT Color[ 4 ];
    D3D12_DEPTH_STENCIL_VALUE DepthStencil;
  };
} D3D12_CLEAR_VALUE;
```

6. **riidResource**: 생성하려는 자원에 해당하는 ID3D12Resource 인터페이스의 COM ID.

7. **ppvResource**: 새로 생성된 자원을 나타내는 ID3D12Resource의 포인터를 이 매개변수를 통해 돌려준다.

> **참고:** 최적의 성능을 위해서는 자원들을 기본 힙에 넣어야 한다. 자료 올리기 힙이나 다시 읽기 힙은 해당 기능이 필요할 때에만 사용해야 한다.

또한, 깊이·스텐실 버퍼를 사용하기 전에 반드시 그와 연관된 깊이·스텐실 뷰를 생성해서 파이프라인에 묶어야 한다. 구체적인 방법은 렌더 대상 뷰를 생성할 때와 비슷하다.

다음은 깊이·스텐실 텍스처와 해당 깊이·스텐실 뷰를 생성하는 방법을 보여주는 예제 코드이다.

```cpp
// 깊이·스텐실 버퍼와 뷰를 생성한다.
D3D12_RESOURCE_DESC depthStencilDesc;
depthStencilDesc.Dimension = D3D12_RESOURCE_DIMENSION_TEXTURE2D;
depthStencilDesc.Alignment = 0;
depthStencilDesc.Width = mClientWidth;
depthStencilDesc.Height = mClientHeight;
depthStencilDesc.DepthOrArraySize = 1;
depthStencilDesc.MipLevels = 1;
depthStencilDesc.Format = mDepthStencilFormat;
depthStencilDesc.SampleDesc.Count = m4xMsaaState ? 4 : 1;
depthStencilDesc.SampleDesc.Quality = m4xMsaaState ? (m4xMsaaQuality - 1) : 0;
depthStencilDesc.Layout = D3D12_TEXTURE_LAYOUT_UNKNOWN;
depthStencilDesc.Flags = D3D12_RESOURCE_FLAG_ALLOW_DEPTH_STENCIL;

D3D12_CLEAR_VALUE optClear;
optClear.Format = mDepthStencilFormat;
optClear.DepthStencil.Depth = 1.0f;
optClear.DepthStencil.Stencil = 0;
ThrowIfFailed(md3dDevice->CreateCommittedResource(
  &CD3DX12_HEAP_PROPERTIES(D3D12_HEAP_TYPE_DEFAULT),
  D3D12_HEAP_FLAG_NONE,
  &depthStencilDesc,
  D3D12_RESOURCE_STATE_COMMON,
  &optClear,
  IID_PPV_ARGS(mDepthStencilBuffer.GetAddressOf())));

// 전체 자원이 밉맵 수준 0에 대한 서술자를,
// 해당 자원의 픽셀 형식을 적용해서 생성한다.
md3dDevice->CreateDepthStencilView(
  mDepthStencilBuffer.Get(),
  nullptr,
  DepthStencilView());

// 자원을 초기 상태에서 깊이 버퍼로 사용할 수 있는 상태로 전이한다.
mCommandList->ResourceBarrier(
  1,
  &CD3DX12_RESOURCE_BARRIER::Transition(
    mDepthStencilBuffer.Get(),
    D3D12_RESOURCE_STATE_COMMON,
    D3D12_RESOURCE_STATE_DEPTH_WRITE));
```

힙 속성 구조체를 생성할 때, 그 구조체의 확장 버전인 CD3DX12_HEAP_PROPERTIES의 생성자를 사용했음을 주목하기 바란다. 이 생성자의 구현은 다음과 같다.

```
explicit CD3DX12_HEAP_PROPERTIES(
    D3D12_HEAP_TYPE type,
    UINT creationNodeMask = 1,
    UINT nodeMask = 1 )
{
  Type = type;
  CPUPageProperty = D3D12_CPU_PAGE_PROPERTY_UNKNOWN;
  MemoryPoolPreference = D3D12_MEMORY_POOL_UNKNOWN;
  CreationNodeMask = creationNodeMask;
  VisibleNodeMask = nodeMask;
}
```

CreateDepthStencilView 메서드의 둘째 매개변수는 D3D12_DEPTH_STENCIL_VIEW_DESC를 가리키는 포인터이다. 이 구조체는 깊이·스텐실 뷰를 서술하는데, 특히 자원에 담긴 원소들의 자료 형식에 관한 멤버를 가지고 있다. 구체적인 자료 형식을 지정해서 자원을 생성했다면(즉, 무형식 자원이 아니면) 이 매개변수에 널 포인터를 지정해도 된다. 그런 경우 이 메서드는 그 자원을 생성할 때 지정한 자료 형식을 적용해서 그 자원의 첫 번째 밉맵 수준에 대한 뷰를 생성한다(깊이·스텐실 버퍼에는 밉맵 수준이 하나뿐이다). (밉맵은 제9장에서 논의한다.) 지금은 깊이·스텐실 버퍼에 대한 뷰를 생성하는 중이므로, 이 매개변수에 널 포인터를 지정한다.

4.3.9 뷰포트 설정

보통은 3차원 장면을 화면 전체에 해당하는 후면 버퍼(전체 화면 모드의 경우) 또는 창의 클라이언트 영역 전체에 해당하는 후면 버퍼 전체에 그리지만, 필요하다면 3차원 장면을 후면 버퍼의 일부를 차지하는 직사각형 영역에만 그리는 것도 가능하다. [그림 4.9]에 그러한 예가 나와 있다.

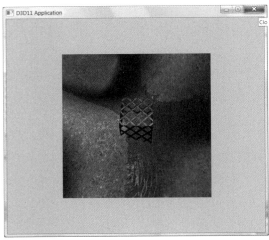

그림 4.9 뷰포트를 수정함으로써 3차원 장면을 후면 버퍼의 한 부분직사각형에 그릴 수 있다. 이후 후면 버퍼가 응용 프로그램 창의 클라이언트 영역에 제시된다.

장면을 그려 넣고자 하는 후면 버퍼의 부분직사각형(subrectangle) 영역을 **뷰포트**^{viewport} 라고 부른다. 다음은 이 뷰포트를 서술하는 데 쓰이는 구조체이다.

```
typedef struct D3D12_VIEWPORT {
  FLOAT TopLeftX;
  FLOAT TopLeftY;
  FLOAT Width;
  FLOAT Height;
  FLOAT MinDepth;
  FLOAT MaxDepth;
} D3D12_VIEWPORT;
```

이 구조체의 처음 네 자료 멤버는 뷰포트 직사각형의 위치와 크기를 결정한다(자료 멤버들의 형식이 float이므로 분수(소수점) 픽셀 좌표도 사용할 수 있음을 주목하기 바란다). Direct3D에서 깊이 값들은 0 이상 1 이하의 구간(범위)으로 정규화된다. MinDepth 멤버와 MaxDepth 멤버는 깊이 구간 [0, 1]을 깊이 구간 [MinDepth, MaxDepth]로 변환하는 데 쓰인다. 이러한 깊이 구간 변환을 활용하면 몇 가지 특별한 효과를 구현할 수 있다. 예를 들어 MinDepth=0, MaxDepth=0으로 설정하면 이 뷰포트에 그려진 모든 물체는 깊이 값이 0이 되어서 장면의 다른 모든 객체보다 앞에 나타나게 된다. 그렇지만 보통은 MinDepth를 0으로, MaxDepth를 1로 설정해서 깊이 값들이 바뀌지 않게 한다.

D3D12_VIEWPORT 구조체를 모두 채운 후에는 ID3D12CommandList::RSSetViewports 메서드를 이용해서 뷰포트를 Direct3D에 설정한다. 다음은 후면 버퍼 전체에 장면을 그리는 뷰포트를 설정하는 예이다.

```
D3D12_VIEWPORT vp;
vp.TopLeftX = 0.0f;
vp.TopLeftY = 0.0f;
vp.Width    = static_cast<float>(mClientWidth);
vp.Height   = static_cast<float>(mClientHeight);
vp.MinDepth = 0.0f;
vp.MaxDepth = 1.0f;

mCommandList->RSSetViewports(1, &vp);
```

RSSetViewports 메서드의 첫 매개변수는 설정할 뷰포트들의 개수이고(고급 효과에는 여러 개의 뷰포트가 필요할 수 있다), 둘째 매개변수는 뷰포트 구조체들의 배열을 가리키는 포인터이다.

> **참고:** 하나의 렌더 대상에 여러 개의 뷰포트를 지정할 수는 없다. 다중 뷰포트는 장면을 동시에 여러 개의 렌더 대상에 렌더링하는 고급 기법들에 쓰인다.

> **참고:** 명령 목록을 재설정(Reset)하면 뷰포트들도 재설정해야 한다.

뷰포트의 한 가지 용도는 2인용 모드를 위한 화면 분할이다. 그런 경우 화면 왼쪽 절반을 위한 뷰포트와 화면 오른쪽 절반을 위한 뷰포트를 만들고, 플레이어 1의 관점에서 본 3차원 장면을 왼쪽 뷰포트에, 플레이어 2의 관점에서 본 장면은 오른쪽 뷰포트에 그리면 된다.

4.3.10 가위 직사각형 설정

가위 **직사각형**(scissor rectangle)은 특정 픽셀들을 선별(culling)하는 용도로 쓰인다. 후면 버퍼를 기준으로 가위 직사각형을 정의, 설정하면, 렌더링 시 가위 직사각형의 바깥에 있는 픽셀들은 후면 버퍼에 래스터화되지 않는다. 이러한 픽셀 선별은 일종의 최적화 기법이다. 예를 들어 다른 모든 것을 가리는 직사각형 UI 요소가 화면의 특정 영역에 있다면, 그 부분에 있는

3차원 세계의 픽셀들은 처리할 필요가 없다(어차피 그 UI 요소가 가릴 것이므로).

가위 직사각형은 D3D12_RECT라는 구조체로 서술한다. 사실 이 구조체는 구조체 RECT에 typedef를 이용해서 다른 이름을 붙인 것이다. 구조체 RECT의 정의는 다음과 같다.

```
typedef struct tagRECT
{
  LONG  left;
  LONG  top;
  LONG  right;
  LONG  bottom;
} RECT;
```

가위 직사각형을 Direct3D에 설정할 때에는 ID3D12CommandList::RSSetScissorRects라는 메서드를 사용한다. 다음은 후면 버퍼의 왼쪽 위 사분면(제2사분면)을 덮는 가위 사각형을 설정하는 예이다.

```
mScissorRect = { 0, 0, mClientWidth/2, mClientHeight/2 };
mCommandList->RSSetScissorRects(1, &mScissorRect);
```

RSSetViewports 메서드와 비슷하게, 이 메서드의 첫 매개변수는 설정할 가위 직사각형들의 개수이고(고급 효과에는 여러 개의 가위 직사각형이 필요할 수 있다), 둘째 매개변수는 직사각형 구조체들의 배열을 가리키는 포인터이다.

> **참고:** 하나의 렌더 대상에 여러 개의 가위 직사각형을 지정할 수는 없다. 다중 가위 직사각형은 장면을 동시에 여러 개의 렌더 대상에 렌더링하는 고급 기법들에 쓰인다.

> **참고:** 명령 목록을 재설정(Reset)하면 가위 직사각형들도 재설정해야 한다.

4.4 시간 측정과 애니메이션

애니메이션을 정확히 수행하려면 시간을 측정해야 한다. 특히, 프레임 간 경과 시간(elapsed time), 다시 말해 애니메이션의 인접한 두 프레임 사이에 흐른 시간의 양을 측정할 수 있어야 한다. 프레임률이 높은 경우 프레임 간 경과 시간이 상당히 짧으므로, 정밀도가 높은 타이머를 사용할 필요가 있다.

4.4.1 성능 타이머

정밀한 시간 측정을 위해, 이 책의 예제들은 Windows가 제공하는 성능 타이머 (performance timer)를 사용한다. 이를 성능 카운터(performance counter)라고도 부른 다. 성능 타이머를 조회하는 Win32 함수를 사용하려면 반드시 *Windows.h*를 포함시켜야 한 다(#include <Windows.h>).

성능 타이머의 시간 측정 단위는 '지나간 클럭 틱tick들의 개수(count)'(이하 간단 히 틱 수)이다. 성능 타이머로부터 틱 수 단위의 현재 시간을 얻을 때에는 다음과 같이 QueryPerformanceCounter 함수를 사용한다.

```
__int64 currTime;
QueryPerformanceCounter((LARGE_INTEGER*)&currTime);
```

이 함수가 함수의 반환값이 아니라 매개변수를 통해서 현재 시간 값을 돌려줌을 주목하기 바란 다. 함수가 돌려주는 현재 시간 값은 64비트 정수이다.

초 단위 시간을 얻으려면, 우선 QueryPerformanceFrequency 함수를 이용해서 성능 타 이머의 주파수(초당 틱 수)를 알아내야 한다.

```
__int64 countsPerSec;
QueryPerformanceFrequency((LARGE_INTEGER*)&countsPerSec);
```

다음으로, 주파수의 역수를 취해서 틱당 초 수를 얻는다.

```
mSecondsPerCount = 1.0 / (double)countsPerSec;
```

이제 틱당 초 수 mSecondsPerCount에 틱 수 valueInCounts를 곱하면 초 단위 시간이 나 온다.

```
valueInSecs = valueInCounts * mSecondsPerCount;
```

그런데 QueryPerformanceCounter 함수가 돌려준 개별 측정치 자체는 별 의미가 없다. 애니 메이션에 필요한 것은 두 측정치의 차이, 즉 한 번의 QueryPerformanceCounter 호출로 얻은 값을 그 다음 번 QueryPerformanceCounter 호출로 얻은 값에서 뺀 결과이다. 그것이 바로 지난 번 호출로부터 흐른 경과 시간이다. 다시 말하자면, 우리에게 중요한 것은 항상 성능 타이머가 돌려준 실제 값들 자체가 아니라 측정한 두 시간 값 사이의 상대적 차이이다. 코드를 보면 이 개념을 쉽게 이해할 수 있을 것이다.

```
__int64 A = 0;
QueryPerformanceCounter((LARGE_INTEGER*)&A);

/* 어떤 작업을 수행한다. */

__int64 B = 0;
QueryPerformanceCounter((LARGE_INTEGER*)&B);
```

이 경우 '어떤 작업'에 걸린 시간은 (B-A) 개, 즉 (B-A)*mSecondsPerCount 초이다.

> **참고:** MSDN에는 QueryPerformanceCounter에 관한 다음과 같은 주의 사항이 있다: "다중 프로세서 컴퓨터의 경우 이 함수가 어떤 프로세서에서 실행되는지에 따라 결과가 달라져서는 안 된다. 그러나 기본 입출력 시스템(BIOS) 또는 하드웨어 추상층(HAL)의 버그 때문에 프로세서에 따라 다른 결과가 나올 수 있다." SetThreadAffinityMask 함수를 적절히 이용하면 응용 프로그램의 주 스레드가 다른 프로세서로 전환되는 일을 방지할 수 있다.

4.4.2 GameTimer 클래스

이번 절과 다음 두 절(§4.4.3, §4.4.4)에서는 아래에 나온 GameTimer 클래스의 구현을 논의한다.

```
class GameTimer
{
public:
    GameTimer();

    float GameTime()const;  // 초 단위
    float DeltaTime()const; // 초 단위

    void Reset(); // 메시지 루프 이전에 호출해야 함
    void Start(); // 타이머를 시작 또는 재개할 때 호출해야 함
    void Stop();  // 타이머를 정지(일시 정지)할 때 호출해야 함
```

```
        void Tick();  // 매 프레임 호출해야 함

    private:
        double mSecondsPerCount;
        double mDeltaTime;

        __int64 mBaseTime;
        __int64 mPausedTime;
        __int64 mStopTime;
        __int64 mPrevTime;
        __int64 mCurrTime;

        bool mStopped;
    };
```

생성자의 주된 임무는 성능 타이머의 주파수를 조회해서 틱당 초 수를 설정하는 것이다. 그 외의 멤버 함수들은 다음 두 절에서 논의한다..

```
GameTimer::GameTimer()
: mSecondsPerCount(0.0), mDeltaTime(-1.0), mBaseTime(0),
  mPausedTime(0), mPrevTime(0), mCurrTime(0), mStopped(false)
{
    __int64 countsPerSec;
    QueryPerformanceFrequency((LARGE_INTEGER*)&countsPerSec);
    mSecondsPerCount = 1.0 / (double)countsPerSec;
}
```

GameTimer 클래스의 정의와 구현은 웹 부록 *Common* 디렉터리의 *GameTimer.h* 파일과 *GameTimer.cpp* 파일에 있다.

4.4.3 프레임 간 경과 시간

애니메이션의 프레임들을 렌더링할 때에는 프레임들 사이에서 시간이 얼마나 흘렀는지 알아야 한다. 그래야 게임의 물체들을 경과 시간에 기초해서 적절히 갱신할 수 있다. 프레임 간 경과 시간을 계산하는 과정은 이렇다. t_i가 i번째 프레임을 렌더링할 때 측정한 성능 타이머 값이고 t_{i-1}이 그 이전 프레임에서의 성능 타이머 값이라고 하자. 그러면, 측정치 t_{i-1}과 t_i의 차이인 $\Delta t = t_i - t_{i-1}$이 바로 그 두 프레임 사이의 경과 시간이다. 실시간 렌더링을 위해서는 프레임률 (framerate; 초당 프레임 수)이 적어도 30은 넘어야 한다(그리고 보통은 그보다 훨씬 큰 프레임률이 쓰인다). 따라서 $\Delta t = t_i - t_{i-1}$은 상당히 작은 수치일 때가 많다.

다음 메서드는 코드에서 Δt를 계산하는 방법을 보여준다.

```
void GameTimer::Tick()
{
    if( mStopped )
    {
      mDeltaTime = 0.0;
      return;
    }

    // 이번 프레임의 시간을 얻는다.
    __int64 currTime;
    QueryPerformanceCounter((LARGE_INTEGER*)&currTime);
    mCurrTime = currTime;

    // 이번 프레임의 시간과 이전 프레임의 시간의 차이를 구한다.
    mDeltaTime = (mCurrTime - mPrevTime)*mSecondsPerCount;

    // 다음 프레임을 준비한다.
    mPrevTime = mCurrTime;

    // 음수가 되지 않게 한다. SDK 문서화의 CDXUTTimer 항목에 따르면,
    // 프로세서가 절전 모드로 들어가거나 실행이 다른 프로세서와
    // 엉키는 경우 mDeltaTime이 음수가 될 수 있다.
    if(mDeltaTime < 0.0)
    {
      mDeltaTime = 0.0;
    }
}

float GameTimer::DeltaTime()const
{
    return (float)mDeltaTime;
}
```

응용 프로그램의 메시지 루프에서는 이 Tick 메서드를 다음과 같은 방식으로 호출한다.

```
int D3DApp::Run()
{
  MSG msg = {0};

  mTimer.Reset();
```

```
    while(msg.message != WM_QUIT)
  {
    // Windows 메시지가 있으면 처리한다.
    if(PeekMessage( &msg, 0, 0, 0, PM_REMOVE ))
    {
      TranslateMessage( &msg );
      DispatchMessage( &msg );
    }
    // 없으면 애니메이션/게임 작업을 수행한다.
    else
    {
      mTimer.Tick();

      if( !mAppPaused )
      {
        CalculateFrameStats();
        Update(mTimer);
        Draw(mTimer);
      }
      else
      {
        Sleep(100);
      }
    }
  }

  return (int)msg.wParam;
}
```

이 예에서 보듯이, 응용 프로그램은 프레임마다 Δt를 계산해서 UpdateScene에 넘겨준다. 이에 의해 응용 프로그램은 애니메이션의 이전 프레임으로부터 흐른 시간에 기초해서 장면을 적절히 갱신할 수 있게 된다. 이 예에 나오는 Reset 메서드의 구현은 다음과 같다.

```
void GameTimer::Reset()
{
    __int64 currTime;
    QueryPerformanceCounter((LARGE_INTEGER*)&currTime);

    mBaseTime = currTime;
    mPrevTime = currTime;
    mStopTime = 0;
    mStopped = false;
}
```

아직 설명하지 않은 멤버 변수들이 있는데, 그 변수들은 다음 절(§4.4.4)에 나온다. 지금 주목할 것은 Reset 메서드가 mPrevTime을 현재 시간으로 설정한다는 점이다. 이것이 중요한 이유는, 애니메이션의 첫 프레임에서는 이전 프레임이라는 것이 없으므로 이전 시간 값 t_{i-1}도 없다는 점이다. 따라서 메시지 루프를 시작하기 전에 이처럼 Reset 메서드 안에서 이전 시간 값을 초기화해 주어야 한다.

4.4.4 전체 시간

유용하게 사용할 수 있는 또 다른 시간 측정치로, 응용 프로그램이 시작된 이후에 흐른 시간(일시 정지된 시간은 제외)이 있다. 이 책에서는 그런 시간을 **전체 시간**(total time)이라고 부른다. 전체 시간이 유용한 상황의 예를 하나 들어 보겠다. 플레이어가 어떤 레벨을 300초 안에 깨야 한다고 하자. 레벨을 시작할 때, 응용 프로그램이 시작된 후 그때까지 흐른 전체 시간 t_{start}를 저장해 둔다. 레벨이 시작된 후에는 주기적으로 전체 시간 t를 점검한다. 만일 $t - t_{start} >$ 300s 이면(그림 4.10) 플레이어는 300초 내에 레벨을 깨지 못한 것이므로, 응용 프로그램은 플레이어의 패배를 선언한다. 이 예의 경우 플레이어가 게임을 일시정지시킨 동안 흐른 시간은 전체 시간에 포함시키지 말아야 함이 명백하다.

전체 시간은 어떤 수량을 시간의 함수로서 애니메이션할 때에도 유용하다. 예를 들어 장면의 주변을 도는 광원의 운동을 시간의 함수로 표현한다고 하자. 그런 경우 광원의 위치를 다음과 같은 매개변수 방정식으로 서술할 수 있다.

$$\begin{cases} x = 10\cos t \\ y = 20 \\ z = 10\sin t \end{cases}$$

여기서 t는 시간을 나타낸다. 이 방정식을 이용해서 t(시간)의 증가에 따른 광원의 좌표를 계산하면, 광원은 $y = 20$ 평면에서 반지름이 10인 원을 따라 움직이게 된다. 이런 종류의 애니메이션에서도 일시정지 누적 시간을 전체 시간에 포함하지 말아야 함이 명백하다(그림 4.11 참고).

전체 시간을 구현하기 위해 GameTime 클래스는 다음과 같은 멤버 변수들을 사용한다.

```
__int64 mBaseTime;
__int64 mPausedTime;
__int64 mStopTime;
```

§4.4.3에서 보았듯이, mBaseTime은 Reset이 호출될 때 현재 시간으로 초기화된다. 그 시간을 응용 프로그램이 시작한 시간으로 간주할 수 있다. 대부분의 경우 Reset은 메시지 루프로 진입하기 전에 한 번만 호출한다. 그런 경우 mBaseTime은 응용 프로그램의 수명 전체에서 변하지 않는다. mPausedTime 멤버 변수는 타이머가 일시 정지된 동안 계속해서 누적된다. 유효한 전체 시간을 구하려면 실제로 흐른 전체 시간에서 누적된 일시 정지 시간을 빼야 하므로, 이 변수에 일시 정지 시간을 누적해 둘 필요가 있다. mStopTime 변수는 타이머가 정지(일시 정지)된 시점의 시간으로, 일시 정지 누적 시간을 계산하는 데 쓰인다.

GameTimer 클래스의 중요한 두 메서드로 Stop과 Start가 있다. 응용 프로그램은 타이머를 일시 정지하거나 재개할 때 이 메서드들을 호출해야 한다. 그래야 GameTimer가 누적 시간을 적절히 갱신할 수 있다. 다음은 이 두 메서드의 구현 코드이다. 세부사항이 코드의 주석에 적혀 있다.

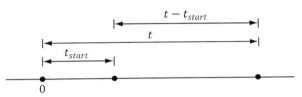

그림 4.10 레벨 시작 시점부터 흐른 시간의 계산. 응용 프로그램의 시작 시간을 원점(0)으로 간주하고, 그것을 기준으로 시간 값을 측정한다.

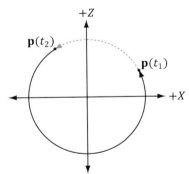

그림 4.11 t_1에서 타이머를 일시 정지하고 t_2에서 재개한다고 하자. 만일 일시 정지 누적 기간을 전체 시간에 포함한다면, 타이머 재개 시 광원의 위치가 $\mathbf{p}(t_1)$에서 갑자기 $\mathbf{p}(t_2)$로 도약할 것이다.

```
void GameTimer::Stop()
{
    // 이미 정지 상태이면 아무 일도 하지 않는다.
    if( !mStopped )
    {
        __int64 currTime;
        QueryPerformanceCounter((LARGE_INTEGER*)&currTime);

        // 그렇지 않다면 현재 시간을 타이머 정지 시점 시간으로 저장하고,
        // 타이머가 정지되었음을 뜻하는 부울 플래그를 설정한다.
        mStopTime = currTime;
        mStopped = true;
    }
}


void GameTimer::Start()
{
    __int64 startTime;
    QueryPerformanceCounter((LARGE_INTEGER*)&startTime);

    // 정지(일시 정지)와 시작(재개) 사이에 흐른 시간을 누적한다.
    //
    //            |<-------d------->|
    // ---------------*-----------------*-----------> time
    //            mStopTime      startTime

    // 정지 상태에서 타이머를 재개하는 경우:
    if( mStopped )
    {
        // 일시 정지된 시간을 누적한다.
        mPausedTime += (startTime - mStopTime);

        // 타이머를 다시 시작하는 것이므로, 현재의 mPrevTime(이전 시간)은
        // 유효하지 않다(일시 정지 도중에 갱신되었을 것이므로).
        // 따라서 현재 시간으로 다시 설정한다.
        mPrevTime = startTime;

        // 이제는 정지 상태가 아니므로 관련 멤버들을 갱신한다.
        mStopTime = 0;
        mStopped = false;
    }
}
```

마지막으로, TotalTime 멤버 함수는 Reset이 호출된 이후 흐른 시간에서 일시 정지된 시간을 제외한 시간을 돌려준다. 구현은 다음과 같다.

```
float GameTimer::TotalTime()const
{
// 타이머가 정지 상태이면, 정지된 시점부터 흐른 시간은 계산하지 말아야 한다.
// 또한, 이전에 이미 일시 정지된 적이 있다면 시간차 mStopTime - mBaseTime에는
// 일시 정지 누적 시간이 포함되어 있는데, 그 누적 시간은 전체 시간에 포함하지
// 말아야 한다. 이를 바로잡기 위해, mStopTime에서 일시 정지 누적 시간을
// 뺀다.
//
//          이전에 일시 정지된 시간
//        |<---------->|
// ---*------------*-------------*-------*-----------*------> time
// mBaseTime              mStopTime  mCurrTime

    if( mStopped )
    {
        return (float)(((mStopTime - mPausedTime)-
            mBaseTime)*mSecondsPerCount);
    }

// 시간차 mCurrTime - mBaseTime에는 일시 정지 누적 시간이 포함되어 있다. 이를
// 전체 시간에 포함하면 안 되므로, 그 시간을 mCurrTime에서 뺀다.
//
// (mCurrTime - mPausedTime) - mBaseTime
//
//           |<--일시 정지 누적 시간-->|
// ----*---------------*-----------------*-----------*------> time
// mBaseTime    mStopTime     startTime    mCurrTime

    else
    {
        return (float)(((mCurrTime-mPausedTime)-
            mBaseTime)*mSecondsPerCount);
    }
}
```

이 책의 예제 프레임워크는 GameTimer의 인스턴스를 하나만 생성해서 응용 프로그램 시작 이후의 전체 시간과 프레임 간 경과 시간을 측정한다. 그러나 응용 프로그램에서 추가적인 인스턴스들을 생성해서 범용 '스톱워치'로 사용하는 것도 얼마든지 가능하다. 예를 들어 어떤 폭탄

의 도화선에 불이 붙었을 때 새 GameTimer 인스턴스를 생성하고, 이후 TotalTime이 5초가 넘으면 폭탄이 폭발하는 사건을 촉발하는 등으로 활용할 수 있을 것이다.

4.5 예제 응용 프로그램 프레임워크

이 책의 예제 프로그램들은 *d3dUtil.h* 파일과 *d3dUtil.cpp* 파일, *d3dApp.h* 파일, *d3dApp. cpp* 파일의 코드를 사용한다. *d3dUtil.h* 파일과 *d3dUtil.cpp* 파일에는 유용한 편의용 코드가 들어 있고, *d3dApp.h* 파일과 *d3dApp.cpp* 파일에는 Direct3D 예제 응용 프로그램을 캡슐화 하는 데 쓰이는 핵심 Direct3D 응용 프로그램 클래스 코드가 들어 있다. 이 책에서 이 파일들 의 코드를 일일이 설명하지는 않으므로(이를테면 창을 생성하는 방법은 따로 설명하지 않는 다. 기본적인 Win32 프로그래밍 지식은 이 책의 전제조건이기 때문이다), 이번 장을 다 읽고 나서 파일들을 직접 보고 공부하길 권한다. 이 프레임워크의 목표는 창 생성 코드와 Direct3D 초기화 코드를 숨기는 것이다. 필자의 판단으로는, 그러한 코드를 숨긴 덕분에 예제 코드가 덜 장황해졌으며, 결과적으로 독자가 해당 예제가 보여주고자 하는 구체적인 세부사항에 집중할 수 있다.

4.5.1 D3DApp 클래스

D3DApp 클래스는 Direct3D 응용 프로그램 클래스들의 기반(base) 클래스로 쓰인다. 이 클래스는 응용 프로그램의 주 창(main window) 생성, 응용 프로그램 메시지 루프 실행, Windows 메시지 처리, Direct3D 초기화를 위한 함수들을 제공한다. 또한, 이 클래스는 예제 응용 프로그램을 위한 프레임워크 함수들도 정의한다. 클라이언트(이 클래스를 사용하는 응용 프로그램)는 D3DApp를 상속하는 클래스(D3DApp 파생 클래스)를 만들어서 가상 함수로 선언 된 프레임워크 함수들을 재정의하고, D3DApp 파생 클래스의 인스턴스를 하나만 생성해서 사용 해야 한다. D3DApp 클래스의 정의는 다음과 같다.

```
#include "d3dUtil.h"
#include "GameTimer.h"

// 필요한 d3d12 라이브러리들을 링크한다.
#pragma comment(lib,"d3dcompiler.lib")
```

```cpp
#pragma comment(lib, "D3D12.lib")
#pragma comment(lib, "dxgi.lib")

class D3DApp
{
protected:

  D3DApp(HINSTANCE hInstance);
  D3DApp(const D3DApp& rhs) = delete;
  D3DApp& operator=(const D3DApp& rhs) = delete;
  virtual ~D3DApp();

public:

  static D3DApp* GetApp();

  HINSTANCE AppInst()const;
  HWND      MainWnd()const;
  float     AspectRatio()const;

  bool Get4xMsaaState()const;
  void Set4xMsaaState(bool value);

  int Run();

  virtual bool Initialize();
  virtual LRESULT MsgProc(HWND hwnd, UINT msg, WPARAM wParam, LPARAM lParam);

protected:
  virtual void CreateRtvAndDsvDescriptorHeaps();
  virtual void OnResize();
  virtual void Update(const GameTimer& gt)=0;
  virtual void Draw(const GameTimer& gt)=0;

  // 간편한 마우스 입력 처리를 위한 가상 함수들
  virtual void OnMouseDown(WPARAM btnState, int x, int y){ }
  virtual void OnMouseUp(WPARAM btnState, int x, int y) { }
  virtual void OnMouseMove(WPARAM btnState, int x, int y){ }

protected:

  bool InitMainWindow();
  bool InitDirect3D();
  void CreateCommandObjects();
```

```
    void CreateSwapChain();

    void FlushCommandQueue();

    ID3D12Resource* CurrentBackBuffer()const
    {
      return mSwapChainBuffer[mCurrBackBuffer].Get();
    }

    D3D12_CPU_DESCRIPTOR_HANDLE CurrentBackBufferView()const
    {
      return CD3DX12_CPU_DESCRIPTOR_HANDLE(
        mRtvHeap->GetCPUDescriptorHandleForHeapStart(),
        mCurrBackBuffer,
        mRtvDescriptorSize);
    }

    D3D12_CPU_DESCRIPTOR_HANDLE DepthStencilView()const
    {
      return mDsvHeap->GetCPUDescriptorHandleForHeapStart();
    }

    void CalculateFrameStats();

    void LogAdapters();
    void LogAdapterOutputs(IDXGIAdapter* adapter);
    void LogOutputDisplayModes(IDXGIOutput* output, DXGI_FORMAT format);

protected:

    static D3DApp* mApp;

    HINSTANCE mhAppInst = nullptr;    // 응용 프로그램 인스턴스 핸들
    HWND      mhMainWnd = nullptr;    // 주 창 행들
    bool      mAppPaused = false;     // 응용 프로그램이 일시 정지된 상태인가?
    bool      mMinimized = false;     // 응용 프로그램이 최소화된 상태인가?
    bool      mMaximized = false;     // 응용 프로그램이 최대화된 상태인가?
    bool      mResizing = false;      // 사용자가 크기 조정용 테두리를 끌고 있는 상태인가?
    bool      mFullscreenState = false; // 전체화면 활성화 여부

    // ture로 설정하면 4X MSAA(§4.1.8)가 적용된다. 기본은 false이다.
    bool      m4xMsaaState = false;   // 4X MSAA 활성화 여부
    UINT      m4xMsaaQuality = 0;     // 4X MSAA의 품질 수준
```

```cpp
// 경과 시간과 게임 전체 시간을 측정하는 데 쓰인다(§4.4).
GameTimer mTimer;

Microsoft::WRL::ComPtr<IDXGIFactory4> mdxgiFactory;
Microsoft::WRL::ComPtr<IDXGISwapChain> mSwapChain;
Microsoft::WRL::ComPtr<ID3D12Device> md3dDevice;

Microsoft::WRL::ComPtr<ID3D12Fence> mFence;
UINT64 mCurrentFence = 0;

Microsoft::WRL::ComPtr<ID3D12CommandQueue> mCommandQueue;
Microsoft::WRL::ComPtr<ID3D12CommandAllocator> mDirectCmdListAlloc;
Microsoft::WRL::ComPtr<ID3D12GraphicsCommandList> mCommandList;

static const int SwapChainBufferCount = 2;
int mCurrBackBuffer = 0;
Microsoft::WRL::ComPtr<ID3D12Resource> mSwapChainBuffer[SwapChainBufferCount];
Microsoft::WRL::ComPtr<ID3D12Resource> mDepthStencilBuffer;

Microsoft::WRL::ComPtr<ID3D12DescriptorHeap> mRtvHeap;
Microsoft::WRL::ComPtr<ID3D12DescriptorHeap> mDsvHeap;

D3D12_VIEWPORT mScreenViewport;
D3D12_RECT mScissorRect;

UINT mRtvDescriptorSize = 0;
UINT mDsvDescriptorSize = 0;
UINT mCbvSrvDescriptorSize = 0;

// 파생 클래스는 자신의 생성자에서 이 멤버 변수들을
// 자신의 목적에 맞는 초기 값들로 설정해야 한다.
std::wstring mMainWndCaption = L"d3d App";
D3D_DRIVER_TYPE md3dDriverType = D3D_DRIVER_TYPE_HARDWARE;
DXGI_FORMAT mBackBufferFormat = DXGI_FORMAT_R8G8B8A8_UNORM;
DXGI_FORMAT mDepthStencilFormat = DXGI_FORMAT_D24_UNORM_S8_UINT;
int mClientWidth = 800;
int mClientHeight = 600;
};
```

자료 멤버(멤버 변수)들에 대한 설명은 코드의 주석으로 충분할 것이다. 다음 절들에서는 메서드들을 논의한다.

4.5.2 프레임워크 메서드가 아닌 메서드들

1. D3DApp: 생성자는 그냥 자료 멤버들을 해당 기본값으로 초기화한다.

2. ~D3DApp: 소멸자는 D3DApp가 획득한 COM 인터페이스들을 해제하고, 명령 대기열을 비운다. 소멸자에서 명령 대기열을 비우는 이유는, GPU가 참조하는 자원들을 안전하게 파괴하려면 GPU가 명령 대기열에 있는 명령들의 처리를 마칠 때까지 기다려야 하기 때문이다. 그렇게 하지 않으면 응용 프로그램 종료 시 GPU가 충돌(crash)할 수 있다.

```
D3DApp::~D3DApp()
{
  if(md3dDevice != nullptr)
      FlushCommandQueue();
}
```

3. AppInst: 응용 프로그램 인스턴스 핸들의 복사본을 돌려주는 자명한 접근 함수.

4. MainWnd: 주 창 핸들의 복사본을 돌려주는 자명한 접근 함수.

5. AspectRatio: 후면 버퍼의 종횡비(aspect ratio), 즉 높이에 대한 너비의 비율을 돌려준다. 종횡비는 다음 장에 쓰인다. 구현은 다음과 같이 자명하다.

```
float D3DApp::AspectRatio()const
{
  return static_cast<float>(mClientWidth) / mClientHeight;
}
```

6. Get4xMsaaState: 4X MSAA가 활성화되어 있으면 true를, 그렇지 않으면 false를 돌려준다.

7. Set4xMsaaState: 4X MSAA를 활성화 또는 비활성화한다.

8. Run: 응용 프로그램 메시지 루프를 감싼 메서드이다. Windows 메시지가 전혀 없을 때에도 게임의 논리(logic)를 처리할 수 있도록, 이 메서드는 Win32 PeekMessage 함수를 사용한다. 이 메서드의 구현은 §4.4.3에 나왔다.

9. InitMainWindow: 응용 프로그램의 주 창을 초기화한다. 이 책은 독자가 기본적인 Win32 창 초기화에 익숙하다고 가정하므로, 이 메서드에 대한 설명은 생략한다.

10. InitDirect3D: Direct3D를 초기화한다. §4.3에서 논의한 단계들을 구현한 메서드이다.

11. CreateSwapChain: 교환 사슬(§4.3.5)을 생성한다.

12. `CreateCommandObjects`: §4.3.4에 나온 대로 명령 대기열 하나와 명령 목록 할당자 하나, 명령 목록 하나를 생성한다.

13. `FlushCommandQueue`: GPU가 명령 대기열에 있는 모든 명령의 처리를 마칠 때까지 CPU가 기다리게 만든다(§4.2.2).

14. `CurrentBackBuffer`: 교환 사슬의 현재 후면 버퍼에 대한 `ID3D12Resource`를 돌려준다.

15. `CurrentBackBufferView`: 현재 후면 버퍼에 대한 RTV(렌더 대상 뷰)를 돌려준다.

16. `DepthStencilView`: 현재 후면 버퍼에 대한 DSV(깊이·스텐실 뷰)를 돌려준다.

17. `CalculateFrameStats`: 평균 초당 프레임 수(FPS)와 평균 프레임당 밀리초를 계산한다. 이 메서드의 구현은 §4.4.4에서 논의한다.

18. `LogAdapters`: 시스템의 모든 디스플레이 어댑터를 열거한다(§4.1.10).

19. `LogAdapterOutputs`: 주어진 어댑터와 연관된 모든 출력을 열거한다(§4.1.10).

20. `LogOutputDisplayModes`: 주어진 출력과 픽셀 형식의 조합이 지원하는 모든 디스플레이 모드를 나열한다(§4.1.10).

4.5.3 프레임워크 메서드들

이 책의 모든 예제 응용 프로그램은 일관되게 D3DApp의 여섯 가상 함수를 재정의한다. 그 여섯 가상 함수는 특정 예제에 고유한 코드를 구현하는 데 쓰인다. 이러한 구조의 장점은, 초기화 코드나 메시지 처리 등이 D3DApp 클래스에 구현되어 있으므로 응용 프로그램을 위한 파생 클래스는 응용 프로그램에 필요한 구체적인 코드에만 집중할 수 있다는 것이다. 여섯 프레임워크 메서드들을 간단히 설명하자면 다음과 같다.

1. `Initialize`: 이 메서드에는 자원 할당, 장면 물체 초기화, 광원 설정 등 응용 프로그램 고유의 초기화 코드를 넣는다. 이 메서드의 기본 구현(D3DApp의 구현)은 `InitMainWindow`와 `InitDirect3D`를 호출하는 것이다. 따라서, 파생 클래스의 구현에서 D3DApp의 초기화된 멤버들에 접근해야 한다면 다음과 같이 D3DApp의 기본 구현을 먼저 호출해 주어야 한다.

```
bool TestApp::Initialize()
{
  if(!D3DApp::Initialize())
```

```
        return false;

        /* ...응용 프로그램에 고유한 초기화 코드... */
    }
```

2. MsgProc: 이 메서드에는 응용 프로그램 주 창의 메시지 처리부(소위 '윈도우 프로시저' 함수)를 넣는다. 일반적으로는, D3DApp::MsgProc이 처리하지 않거나 처리한다고 해도 그 처리 방식이 응용 프로그램에 적합하지 않은 어떤 메시지를 응용 프로그램이 직접 처리하고 싶은 경우에만 이 메서드를 재정의하면 된다. 이 메서드의 기본 구현은 §4.5.5에서 설명한다. 이 메서드를 재정의하는 경우, 재정의된 메서드에서 처리하지 않는 모든 메시지는 반드시 D3DApp::MsgProc으로 전달해야 한다.

3. CreateRtvAndDsvDescriptorHeaps: RTV 서술자와 DSV 서술자를 응용 프로그램에 맞게 생성하는 데 쓰이는 가상 함수이다. 기본 구현은 SwapChainBufferCount개의 서술자들(교환 사슬의 버퍼들에 대한)를 담는 RTV 힙 하나와 서술자 하나(깊이·스텐실 버퍼에 대한)를 담는 DSV 힙 하나를 생성한다. 이 책의 대부분의 예제들에는 기본 구현으로 충분하다. 여러 개의 렌더 대상을 사용하는 좀 더 고급의 렌더링 기법을 위해서는 이 메서드를 재정의해야 할 것이다.

4. OnResize: 응용 프로그램의 창이 WM_SIZE 메시지를 받으면 D3DApp::MsgProc이 이 메서드를 호출한다. 창의 크기가 변하면 클라이언트 영역의 크기에 의존하는 Direct3D의 속성 몇 가지를 갱신해 주어야 한다. 특히, 후면 버퍼와 깊이·스텐실 버퍼를 창의 새 클라이언트 영역에 맞게 조정하거나 다시 생성해야 한다. 후면 버퍼의 크기는 IDXGISwapChain::ResizeBuffers로 변경할 수 있지만, 깊이·스텐실 버퍼는 먼저 버퍼를 파괴하고 새 크기에 맞게 다시 생성해야 한다. 그리고 렌더 대상 뷰와 깊이·스텐실 뷰도 다시 생성할 필요가 있다. D3DApp의 OnResize 구현에는 후면 버퍼와 깊이·스텐실 버퍼의 크기 갱신에 필요한 코드가 갖추어져 있다. 세부사항(간단하다)은 소스 코드를 참고하기 바란다. 버퍼들 외에도 클라이언트 영역의 크기에 의존하는 속성들이 있으므로(이를테면 투영 행렬 등), 창의 크기가 변했을 때 수행해야 하는 구체적인 작업은 응용 프로그램마다 다를 수 있다. 그래서 이 메서드를 프레임워크의 일부로 만들었다.

5. Update: 이 추상 메서드는 매 프레임 호출된다. 시간의 흐름에 따른 응용 프로그램 갱신(이를테면 애니메이션 수행, 카메라 이동, 충돌 검출, 사용자 입력 처리 등)을 이 메서드로 구현해야 한다.

6. **Draw**: 이 추상 메서드도 매 프레임 호출된다. 이 메서드에서는 현재 프레임을 후면 버퍼에 실제로 그리기 위한 렌더링 명령들을 제출하는 작업을 수행해야 한다. 그리고 프레임을 다 그린 후에는 `IDXGISwapChain::Present` 메서드를 호출해서 후면 버퍼를 화면에 제시해야 한다.

참고: 이상의 여섯 가지 프레임워크 메서드 외에도, 프레임워크는 마우스 버튼의 눌림, 떼어짐, 마우스 이동 시 발생하는 사건들을 편리하게 처리하기 위한 세 개의 가상 함수를 제공한다.

```
virtual void OnMouseDown(WPARAM btnState, int x, int y){ }
virtual void OnMouseUp(WPARAM btnState, int x, int y) { }
virtual void OnMouseMove(WPARAM btnState, int x, int y){ }
```

마우스 메시지를 처리하고자 하는 응용 프로그램은 **MsgProc**을 재정의하는 대신 이 메서드들을 재정의해도 된다. 세 메서드 모두, 첫 매개변수는 Windows의 여러 마우스 메시지들에 대한 **WPARAM**과 같다. 여기에는 마우스 버튼의 상태(즉, 마우스 사건 발생 시 눌린 구체적인 마우스 버튼에 대한 정보)가 담겨 있다. 둘째, 셋째 매개변수는 클라이언트 영역 안에서의 마우스 커서의 좌표 (x, y)이다.

4.5.4 프레임 통계치

게임이나 그래픽 응용 프로그램은 흔히 초당 프레임 수(FPS), 즉 1초에 렌더링되는 프레임 개수를 측정한다. 이 책의 예제 프레임워크는 FPS를 간단하게 계산하는데, 그 방법은 이렇다. 일정한 기간 t동안 처리한 프레임 개수를 세어서 변수 n에 저장한다. 그것을 기간 t로 나누면 평균 FPS가 된다. 즉, $fps_{avg} = n/t$이다. 만일 $t = 1$로 두면 $fps_{avg} = n/1 = n$이다. 실제로 예제 프레임워크의 구현은 $t = 1$(초 단위)로 두는데, 그러면 나눗셈을 피할 수 있다. 게다가 1초는 평균을 내기에 적당한(너무 짧지도 않고 너무 길지도 않은) 기간이다. 다음은 FPS를 계산하는 코드가 담긴 D3DApp::CalculateFrameStats 메서드이다.

```
void D3DApp::CalculateFrameStats()
{
    // 이 메서드는 평균 FPS를 계산하며, 하나의 프레임을
    // 렌더링하는 데 걸리는 평균 시간도 계산한다. 또한,
    // 이 통계치들을 창의 제목줄에 추가한다.

    static int frameCnt = 0;
    static float timeElapsed = 0.0f;
```

```
        frameCnt++;

        // 1초 동안의 평균 프레임 수를 계산한다.
        if( (mTimer.TotalTime() - timeElapsed) >= 1.0f )
        {
            float fps = (float)frameCnt; // fps = frameCnt / 1
            float mspf = 1000.0f / fps;

            wstring fpsStr = to_wstring(fps);
            wstring mspfStr = to_wstring(mspf);

            wstring windowText = mMainWndCaption +
                L"   fps: " + fpsStr +
                L"   mspf: " + mspfStr;

            SetWindowText(mhMainWnd, windowText.c_str());

            // 다음 번 평균을 위해 수치들을 초기화한다.
            frameCnt = 0;
            timeElapsed += 1.0f;
        }
    }
```

프레임 수를 측정하기 위해서는 이 메서드를 매 프레임 호출해야 한다.

이 메서드는 FPS뿐만 아니라 한 프레임을 처리하는 데 걸리는 평균 시간(밀리초 단위)도
계산한다.

```
    float mspf = 1000.0f / fps;
```

프레임당 초 수는 그냥 FPS의 역수이지만, 초 단위를 밀리초(ms) 단위로 바꾸기 위해
1000ms / 1s를 곱한다(1초가 1,000밀리초임을 기억할 것이다).

이 코드가 계산하는 시간, 즉 한 프레임을 렌더링하는 데 걸린 밀리초 단위의 시간은 FPS과
는 다른 수량이다(물론, 위의 코드에서 보듯이 FPS로부터 유도할 수 있는 값이다). 사실 프레
임 시간이 FPS보다 훨씬 유용하다. 장면을 변경했을 때 한 프레임을 렌더링하는 데 걸리는 시
간이 얼마나 늘거나 주는지를 직관적으로 알 수 있기 때문이다. 반면 FPS만 봐서는 장면의 변
경에 따른 시간의 증가/감소를 직관적으로 파악하기 어렵다. 더 나아가서, 던롭[Dunlop]이 그의 글
FPS versus Frame Time([Dunlop03])에서 지적했듯이, FPS의 변화는 선형(일차)이 아니
라 곡선 형태이기 때문에 오해의 여지가 있다. 예를 들어 다음 두 상황을 생각해 보자: (1) 응

용 프로그램이 1000FPS로 실행된다면 프레임 하나를 렌더링하는 데 1밀리초가 걸리는 것이다. 만일 프레임률이 250FPS로 떨어졌다면 한 프레임을 렌더링하는 데 4밀리초가 걸리게 된것이다. (2) 응용 프로그램이 100FPS로 실행된다면 한 프레임을 렌더링하는 시간은 10ms이다. 프레임률이 76.9FPS로 떨어졌다면 한 프레임의 렌더링 시간은 약 13ms가 된 것이다. 두 상황 모두, 한 프레임을 렌더링하는 데 걸린 시간이 똑같이 3밀리초 증가했다. 프레임당 렌더링 시간은 이를 직접 보여주지만, FPS의 경우에는 100FPS에서 76.9FPS로 변한 상황 (2)에 비해 1000FPS에서 250FPS로 변한 상황 (1)이 훨씬 나빠 보인다. 그러나, 방금 말했듯이 실제로는 두 상황에서 프레임을 렌더링하는 데 걸리는 시간의 증가량이 동일하다.

4.5.5 메시지 처리부

예제 프레임워크는 창 메시지 처리부를 최소한의 형태로만 구현한다. 대체로 게임 응용 프로그램들은 Win32 메시지를 그리 많이 다루지 않는다. 사실, 응용 프로그램 코드의 핵심부는 유휴 (idle) 처리 도중에(즉 창 메시지가 전혀 없을 때) 실행된다. 그래도 반드시 처리해야 할 주요 메시지들이 있긴 하다. 예제 프레임워크의 메시지 처리부 구현 코드가 상당히 길기 때문에, 여기서 코드 전체를 제시하지는 않겠다. 대신, 구현이 처리하는 각 메시지에 깔린 의도만 설명하기로 한다. 그렇긴 하지만, 예제 응용 프로그램 프레임워크는 이 책의 모든 예제의 기반인 만큼 소스 코드 파일을 내려받아서 찬찬히 읽어 보면서 프레임워크 코드에 익숙해지길 권한다.

예제 프레임워크의 메시지 처리부가 처리하는 첫 메시지는 WM_ACTIVATE 메시지이다. 이 메시지는 응용 프로그램이 활성화 또는 비활성화될 때 전달된다. 프레임워크는 이 메시지를 다음과 같이 처리한다.

```
case WM_ACTIVATE:
  if( LOWORD(wParam) == WA_INACTIVE )
  {
    mAppPaused = true;
    mTimer.Stop();
  }
  else
  {
    mAppPaused = false;
    mTimer.Start();
  }
  return 0;
```

코드에서 보듯이, 응용 프로그램이 비활성화되면 메시지 처리부는 자료 멤버 mAppPaused를 true로 설정하고, 활성화되면 mAppPaused를 false로 설정한다. 또한, 타이머도 적절히 정지(비활성화 시) 또는 재개(활성화 시)한다. D3DApp::Run의 구현(§4.4.3)에서 보았듯이, 만일 응용 프로그램이 일시 정지되면 프레임워크는 응용 프로그램의 상태를 갱신하지 않고, 대신 여분의 CPU 주기(cycle)를 OS에게 돌려준다. 덕분에 비활성화된 상태에서도 응용 프로그램이 CPU 주기를 낭비하는 일이 없다.

그다음으로 처리하는 메시지는 WM_SIZE이다. 이 메시지는 응용 프로그램 창의 크기가 바뀔 때 발생한다. 이 메시지를 처리하는 주된 이유는 후면 버퍼와 깊이·스텐실 버퍼의 크기를 클라이언트 영역 직사각형에 맞게 갱신해야 한다는 점이다. 장면을 렌더링한 이미지가 비정상적으로 늘어나거나 줄어들지 않으려면 창의 크기가 변할 때마다 버퍼들의 크기를 바꾸어 주어야 한다. 버퍼 크기 변경은 D3DApp::OnResize에 구현되어 있다. 이전에도 말했듯이, 후면 버퍼의 크기는 IDXGISwapChain::ResizeBuffers 메서드로 변경할 수 있다. 깊이·스텐실 버퍼는 파괴한 후 새 크기로 다시 생성해야 한다. 버퍼들뿐만 아니라 렌더 대상 뷰와 깊이·스텐실 뷰도 다시 생성해야 한다. 그런데 이 메시지를 처리할 때에는 사용자가 창의 크기 조정 테두리를 끄는 경우를 고려해야 한다. 그런 경우 WM_SIZE 메시지가 계속 전달되는데, 그럴 때마다 버퍼들을 계속해서 갱신하는 것은 바람직하지 않기 때문이다. 해결책은, 사용자가 크기 조정 테두리를 끄는 도중에는 아무 일도 하지 않다가 끌기를 멈추면 비로소 버퍼들을 갱신하는 것이다. 구체적으로, 메시지 처리부는 WM_EXITSIZEMOVE 메시지가 오면 버퍼들을 갱신한다. 이 메시지는 사용자가 크기 변경 테두리를 놓으면(마우스 버튼을 떼면) 발생한다.

```
// WM_ENTERSIZEMOVE는 사용자가 크기 변경 테두리를 잡으면 전달된다.
case WM_ENTERSIZEMOVE:
  mAppPaused = true;
  mResizing  = true;
  mTimer.Stop();
  return 0;

// WM_EXITSIZEMOVE는 사용자가 크기 변경 테두리를 놓으면 전달된다.
// 그러면 창의 새 크기에 맞게 모든 것을 재설정한다.
case WM_EXITSIZEMOVE:
  mAppPaused = false;
  mResizing  = false;
  mTimer.Start();
  OnResize();
  return 0;
```

그 다음 세 메시지는 그냥 자명한 방식으로 구현하므로, 코드만 제시하겠다.

```
// WM_DESTROY는 창이 파괴되려 할 때 전달된다.
case WM_DESTROY:
  PostQuitMessage(0);
  return 0;

// WM_MENUCHAR 메시지는 메뉴가 활성화되어서 사용자가 키를
// 눌렀지만 그 키가 그 어떤 니모닉이나 단축키에도 해당하지
// 않을 때 전달된다.
case WM_MENUCHAR:
  // Alt-Enter를 눌렀을 때 삐 소리가 나지 않게 한다.
  return MAKELRESULT(0, MNC_CLOSE);

// 창이 너무 작아지지 않게 하기 위해 이 메시지를 처리한다.
case WM_GETMINMAXINFO:
  ((MINMAXINFO*)lParam)->ptMinTrackSize.x = 200;
  ((MINMAXINFO*)lParam)->ptMinTrackSize.y = 200;
  return 0;
```

마지막으로, 마우스 입력 처리용 가상 함수들을 위해 마우스 메시지들을 다음과 같이 처리한다.

```
case WM_LBUTTONDOWN:
case WM_MBUTTONDOWN:
case WM_RBUTTONDOWN:
  OnMouseDown(wParam, GET_X_LPARAM(lParam), GET_Y_LPARAM(lParam));
  return 0;
case WM_LBUTTONUP:
case WM_MBUTTONUP:
case WM_RBUTTONUP:
  OnMouseUp(wParam, GET_X_LPARAM(lParam), GET_Y_LPARAM(lParam));
  return 0;
case WM_MOUSEMOVE:
  OnMouseMove(wParam, GET_X_LPARAM(lParam), GET_Y_LPARAM(lParam));
  return 0;
```

GET_X_LPARAM 매크로와 GET_Y_LPARAM 매크로를 사용하려면 반드시 *Windowsx.h*를 포함해야 한다(#include <Windowsx.h>).

4.5.6 Direct3D 초기화 예제('Init Direct3D')

그럼 지금까지 설명한 응용 프로그램 프레임워크를 이용해서 간단한 예제 응용 프로그램을 하나 만들어 보자. 지금 살펴볼 예제의 주된 기능은 부모 클래스 D3DApp이 대부분 담당하기 때문에, 이 예제만의 코드는 거의 없다. 이 Direct3D 초기화 예제('Init Direct3D')*에서 주목할 부분은 D3DApp를 상속하는 파생 클래스를 만들고 이 예제만의 고유한 코드로 프레임워크 메서드들(가상 함수들)을 구현함으로써 하나의 예제 프로그램을 구축하는 방식이다. 이 책의 모든 예제는 이 예제에 쓰인 것과 동일한 틀을 따른다.

```cpp
#include "../../Common/d3dApp.h"
#include <DirectXColors.h>

using namespace DirectX;

class InitDirect3DApp : public D3DApp
{
public:
  InitDirect3DApp(HINSTANCE hInstance);
  ~InitDirect3DApp();

  virtual bool Initialize()override;

private:
  virtual void OnResize()override;
  virtual void Update(const GameTimer& gt)override;
  virtual void Draw(const GameTimer& gt)override;

};

int WINAPI WinMain(HINSTANCE hInstance, HINSTANCE prevInstance,
            PSTR cmdLine, int showCmd)
{
  // 디버그 빌드에서는 실행시점 메모리 점검 기능을 켠다.
#if defined(DEBUG) | defined(_DEBUG)
  _CrtSetDbgFlag( _CRTDBG_ALLOC_MEM_DF | _CRTDBG_LEAK_CHECK_DF );
#endif

  try
```

---

* 옮긴이 이 책에서 무슨무슨 예제 다음에 괄호와 작은 따옴표로 감싸인 영문 문구는 웹 부록의 이번 장 디렉터리에서 그 예제의 프로젝트와 소스 파일이 들어 있는 디렉터리의 이름이다. 대부분의 경우 그 이름은 Visual Studio용 프로젝트의 이름이기도 하다.

```
  {
    InitDirect3DApp theApp(hInstance);
    if(!theApp.Initialize())
      return 0;

    return theApp.Run();
  }
  catch(DxException& e)
  {
    MessageBox(nullptr, e.ToString().c_str(), L"HR Failed", MB_OK);
    return 0;
  }
}

InitDirect3DApp::InitDirect3DApp(HINSTANCE hInstance)
: D3DApp(hInstance)
{
}

InitDirect3DApp::~InitDirect3DApp()
{
}

bool InitDirect3DApp::Initialize()
{
  if(!D3DApp::Initialize())
    return false;

  return true;
}

void InitDirect3DApp::OnResize()
{
  D3DApp::OnResize();
}

void InitDirect3DApp::Update(const GameTimer& gt)
{

}

void InitDirect3DApp::Draw(const GameTimer& gt)
{
  // 명령 기록에 관련된 메모리의 재활용을 위해 명령 할당자를 재설정한다.
```

```
// 재설정은 GPU가 관련 명령 목록들을
// 모두 처리한 후에 일어난다.
ThrowIfFailed(mDirectCmdListAlloc->Reset());

// 명령 목록을 ExecuteCommandList를 통해서 명령 대기열에
// 추가했다면 명령 목록을 재설정할 수 있다. 명령 목록을
// 재설정하면 메모리가 재활용된다.
ThrowIfFailed(mCommandList->Reset(
  mDirectCmdListAlloc.Get(), nullptr));

// 자원 용도에 관련된 상태 전이를 Direct3D에 통지한다.
mCommandList->ResourceBarrier(
  1, &CD3DX12_RESOURCE_BARRIER::Transition(
    CurrentBackBuffer(),
    D3D12_RESOURCE_STATE_PRESENT,
    D3D12_RESOURCE_STATE_RENDER_TARGET));

// 뷰포트와 가위 직사각형을 설정한다.
// 명령 목록을 재설정할 때마다 이들도 재설정해야 한다.
mCommandList->RSSetViewports(1, &mScreenViewport);
mCommandList->RSSetScissorRects(1, &mScissorRect);

// 후면 버퍼와 깊이 버퍼를 지운다.
mCommandList->ClearRenderTargetView(
  CurrentBackBufferView(),
  Colors::LightSteelBlue, 0, nullptr);
mCommandList->ClearDepthStencilView(
  DepthStencilView(), D3D12_CLEAR_FLAG_DEPTH |
  D3D12_CLEAR_FLAG_STENCIL, 1.0f, 0, 0, nullptr);

// 렌더링 결과가 기록될 렌더 대상 버퍼들을 지정한다.
mCommandList->OMSetRenderTargets(1, &CurrentBackBufferView(),
  true, &DepthStencilView());

// 자원 용도에 관련된 상태 전이를 Direct3D에 통지한다.
mCommandList->ResourceBarrier(
  1, &CD3DX12_RESOURCE_BARRIER::Transition(
  CurrentBackBuffer(),
  D3D12_RESOURCE_STATE_RENDER_TARGET,
  D3D12_RESOURCE_STATE_PRESENT));

// 명령들의 기록을 마친다.
ThrowIfFailed(mCommandList->Close());
```

```
    // 명령 실행을 위해 명령 목록을 명령 대기열에 추가한다.
    ID3D12CommandList* cmdsLists[] = { mCommandList.Get() };
    mCommandQueue->ExecuteCommandLists(_countof(cmdsLists), cmdsLists);

    // 후면 버퍼와 전면 버퍼를 교환한다.
    ThrowIfFailed(mSwapChain->Present(0, 0));
    mCurrBackBuffer = (mCurrBackBuffer + 1) % SwapChainBufferCount;

    // 이 프레임의 명령들이 모두 처리되길 기다린다. 이러한 대기는
    // 비효율적이다. 이번에는 예제의 간단함을 위해 이 방법을 사용하지만,
    // 이후의 예제들에서는 렌더링 코드를 적절히 조직화해서 프레임마다 대기할
    // 필요가 없게 만든다.
    FlushCommandQueue();
}
```

이 코드에는 아직 설명하지 않은 새 메서드들이 등장한다. 그중 ClearRenderTargetView 메서드는 지정된 렌더 대상을 지정된 색으로 지우고, ClearDepthStencilView 메서드는 지정된 깊이·스텐실 버퍼를 지운다. 이 책의 예제들은 매번 새로운 이미지로 프레임을 시작하기 위해, 프레임마다 먼저 후면 버퍼 렌더 대상과 깊이·스텐실 버퍼를 지운 후에 그리기 명령들을 실행한다. 다음은 이 두 메서드의 선언과 매개변수 설명이다.

```
void ID3D12GraphicsCommandList::ClearRenderTargetView(
    D3D12_CPU_DESCRIPTOR_HANDLE RenderTargetView,
    const FLOAT ColorRGBA[ 4 ],
    UINT NumRects,
    const D3D12_RECT *pRects);
```

1. RenderTargetView: 지울 렌더 대상을 서술하는 RTV.

2. ColorRGBA: 렌더 대상을 지우는 데 사용할 색상.

3. NumRects: pRects 배열의 원소 개수. pRects가 널 포인터이면 0을 지정하면 된다.

4. pRects: 렌더 대상에서 지울 직사각 영역들을 나타내는 D3D12_RECT들의 배열. 렌더 대상 전체를 지우고 싶으면 nullptr를 지정하면 된다.

```
void ID3D12GraphicsCommandList::ClearDepthStencilView(
    D3D12_CPU_DESCRIPTOR_HANDLE DepthStencilView,
    D3D12_CLEAR_FLAGS ClearFlags,
    FLOAT Depth,
    UINT8 Stencil,
    UINT NumRects,
    const D3D12_RECT *pRects);
```

1. DepthStencilView: 지울 깊이·스텐실 버퍼를 서술하는 DSV.

2. ClearFlags: 깊이·스텐실 버퍼 중 지우고자 하는 요소(깊이 값 또는 스텐실 값)들을 나타내는 플래그. D3D12_CLEAR_FLAG_DEPTH나 D3D12_CLEAR_FLAG_STENCIL 또는 그 둘을 비트별 OR(논리합)로 결합한 값을 지정하면 된다.

3. Depth: 깊이 버퍼를 지우는 데 사용할 깊이 값.

4. Stencil: 스텐실 버퍼를 지우는 데 사용할 스텐실 값.

5. NumRects: pRects 배열의 원소 개수. pRects가 널 포인터이면 0을 지정하면 된다.

6. pRects: 깊이·스텐실 버퍼에서 지울 직사각 영역들을 나타내는 D3D12_RECT들의 배열. 깊이·스텐실 버퍼 전체를 지우고 싶으면 nullptr를 지정하면 된다.

또 다른 새 메서드는 ID3D12GraphicsCommandList::OMSetRenderTargets이다. 이 메서드는 렌더링에 사용할 렌더 대상과 깊이·스텐실 버퍼를 파이프라인에 묶는다. 일단 지금은 현재 후면 버퍼 하나와 주 깊이·스텐실 버퍼 하나를 각각 렌더 대상과 깊이·스텐실 버퍼로 지정하지만, 이후에는 여러 개의 렌더 대상을 활용하는 기법들도 배우게 될 것이다. 이 메서드의 원형(prototype)은 다음과 같다.

```
void ID3D12GraphicsCommandList::OMSetRenderTargets(
  UINT NumRenderTargetDescriptors,
  const D3D12_CPU_DESCRIPTOR_HANDLE *pRenderTargetDescriptors,
  BOOL RTsSingleHandleToDescriptorRange,
  const D3D12_CPU_DESCRIPTOR_HANDLE *pDepthStencilDescriptor);
```

1. NumRenderTargetDescriptors: 파이프라인에 묶을 렌더 대상들을 서술하는 RTV들의 개수. 일부 고급 기법은 동시에 여러 개의 렌더 대상을 사용하지만, 지금은 RTV 하나만 사용한다.

2. pRenderTargetDescriptors: 파이프라인에 묶을 렌더 대상들을 서술하는 RTV들의 배열을 가리키는 포인터.

3. RTsSingleHandleToDescriptorRange: 앞의 배열의 모든 RTV가 서술자 힙 안에 연속적으로 저장되어 있으면 true, 그렇지 않으면 false를 지정한다.

4. pDepthStencilDescriptor: 파이프라인에 묶을 깊이·스텐실 버퍼를 서술하는 DSV를 가리키는 포인터.

마지막으로, IDXGISwapChain::Present 메서드는 후면 버퍼와 전면 버퍼를 교환한다. 예제는 Present를 호출해서 후면 버퍼와 전면 버퍼를 교환한 후에는 현재 후면 버퍼의 색인을 갱신한다. 이에 의해, 다음 프레임에서는 장면이 새 후면 버퍼에 렌더링된다.

```
ThrowIfFailed(mSwapChain->Present(0, 0));
mCurrBackBuffer = (mCurrBackBuffer + 1) % SwapChainBufferCount;
```

그림 4.12 제4장 예제 프로그램의 실행 모습.

4.6 Direct3D 응용 프로그램의 디버깅

Direct3D의 여러 함수는 HRESULT 형식의 오류 부호(error code)를 돌려준다. 이 책의 예제 프로그램들은 간단한 오류 처리 시스템을 이용해서 HRESULT 형식의 반환값을 점검한다. 만일 반환값이 실패를 뜻하는 값이면 예외를 던지는데, 그 예외에는 오류 부호, 문제를 일으킨 함수 호출 표현식과 그 표현식이 있는 파일 이름 및 행 번호가 들어 있다. 다음은 그 예외를 대표하는 DxException 클래스와 편의용 매크로의 정의이다(*d3dUtil.h*에 있음).

```
class DxException
{
public:
  DxException() = default;
  DxException(HRESULT hr, const std::wstring& functionName,
    const std::wstring& filename, int lineNumber);
```

```
    std::wstring ToString()const;

    HRESULT ErrorCode = S_OK;
    std::wstring FunctionName;
    std::wstring Filename;
    int LineNumber = -1;
};

#ifndef ThrowIfFailed
#define ThrowIfFailed(x) \
{ \
    HRESULT hr__ = (x); \
    std::wstring wfn = AnsiToWString(__FILE__); \
    if(FAILED(hr__)) { throw DxException(hr__, L#x, wfn, __LINE__); } \
}
#endif
```

ThrowIfFailed를 보통의 함수가 아니라 매크로로 정의해야 함을 주목하기 바란다. ThrowIfFailed를 매크로가 아니라 함수로 구현하면 __FILE__과 __LINE__이 ThrowIfFailed 호출이 있는 파일과 행 번호가 아니라 그 함수가 구현된 파일과 행 번호로 치환되므로 쓸모가 없다.

L#x는 ThrowIfFailed 매크로의 인수 토큰을 하나의 유니코드 문자열로 바꾼다. 이 덕분에 오류를 일으킨 함수 호출 표현식 전체를 메시지 상자에 출력할 수 있다.

다음은 HRESULT를 돌려주는 Direct3D 함수를 호출할 때 이 매크로를 적용하는 방법을 보여주는 예이다.

```
ThrowIfFailed(md3dDevice->CreateCommittedResource(
    &CD3D12_HEAP_PROPERTIES(D3D12_HEAP_TYPE_DEFAULT),
    D3D12_HEAP_MISC_NONE,
    &depthStencilDesc,
    D3D12_RESOURCE_USAGE_INITIAL,
    IID_PPV_ARGS(&mDepthStencilBuffer)));
```

하나의 예제 프로그램 전체는 다음과 같은 try/catch 블록 안에 존재한다.

```
try
{
    InitDirect3DApp theApp(hInstance);
    if(!theApp.Initialize())
        return 0;
```

```
        return theApp.Run();
    }
    catch(DxException& e)
    {
        MessageBox(nullptr, e.ToString().c_str(), L"HR Failed", MB_OK);
        return 0;
    }
```

만일 응용 프로그램 어딘가에서 실패를 뜻하는 HRESULT 값이 반환되면 해당 ThrowIfFailed
가 예외를 던진다. 그 예외는 위의 catch 절까지 올라오며, catch 절은 그 예외에 담긴 정보
를 MessageBox 함수를 이용해서 출력한 후 응용 프로그램을 종료한다. 예를 들어 유효하지 않
은 인수로 CreateCommittedResource를 호출하면 다음과 같은 모습의 메시지 상자가 나타
난다.

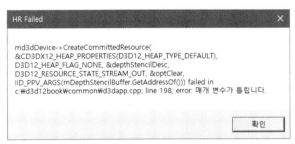

그림 4.13 HRESULT 실패 시 나타나는 오류 메시지의 예.

4.7 요약

1. Direct3D는 프로그래머와 그래픽 하드웨어 사이의 중재자라고 할 수 있다. 예를 들어
   프로그래머는 Direct3D의 함수를 호출함으로써 자원 뷰를 하드웨어 렌더링 파이프라
   인에 묶거나, 렌더링 파이프라인의 출력을 설정하거나, 3차원 기하구조를 그린다.

2. COM(Component Object Model)은 DirectX의 프로그래밍 언어 독립성과 하위
   호환성을 가능하게 하는 기술이다. Direct3D 프로그래머가 COM과 그 작동 방식을
   세부적으로 알 필요는 없다. COM 인터페이스를 획득하고 해제하는 방법만 알면 된다.

3. 1차원 텍스처는 자료 원소들의 1차원 배열과 비슷하고, 2차원 텍스처는 자료 원소들의 2차원 배열과 비슷하고, 3차원 텍스처는 자료 원소들의 3차원 배열과 비슷하다. 텍스처의 원소들의 형식은 반드시 DXGI_FORMAT 열거형의 한 멤버에 해당하는 것이어야 한다. 일반적으로 텍스처는 이미지 자료를 담지만, 깊이 정보 같은 다른 자료를 담기도 한다(이를테면 깊이 버퍼 등). GPU는 텍스처에 대해 필터링이나 다중 표본 추출 같은 특별한 연산을 수행할 수 있다.

4. 애니메이션이 껌벅이는 현상을 피하려면 애니메이션의 한 프레임 전체를 화면 바깥의 텍스처에 그리는 것이 최선의 방법이다. 그런 텍스처를 후면 버퍼라고 부른다. 주어진 한 프레임을 위해 장면 전체를 후면 버퍼에 그린 다음에는, 그 후면 버퍼를 하나의 완전한 프레임으로서 화면에 표시한다. 이렇게 하면 화면을 보는 사용자에게는 프레임이 그려지는 과정이 나타나지 않는다. 프레임을 후면 버퍼에 그린 후에는 후면 버퍼와 전면 버퍼의 역할을 바꾼다. 즉, 후면 버퍼가 새 전면 버퍼가 되어서 그 내용이 화면에 표시되고, 전면 버퍼가 새 후면 버퍼가 되어서 다음 프레임이 그려진다. 이처럼 후면 버퍼와 전면 버퍼의 역할을 교환해서 페이지가 전환되게 하는 것을 제시라고 부른다. 전면 버퍼와 후면 버퍼는 하나의 교환 사슬을 형성한다. Direct3D에서 교환 사슬을 대표하는 인터페이스는 IDXGISwapChain이다. 이처럼 버퍼 두 개(전면과 후면)를 사용하는 기법을 이중 버퍼링이라고 부른다.

5. 장면의 물체들이 불투명하다고 할 때, 카메라에 가장 가까운 점들은 그 뒤에 있는 모든 점을 가린다. 깊이 버퍼링은 카메라에 가장 가까운 장면의 점들을 알아내는 기법이다. 깊이 버퍼링을 이용하면 장면 물체들을 그리는 순서를 신경 쓰지 않아도 된다.

6. Direct3D 응용 프로그램은 자원을 직접 파이프라인에 묶지 않는다. 대신, 그리기 호출이 참조할 서술자들을 지정함으로써 자원을 파이프라인에 묶는다. 서술자 객체는 자원을 GPU에게 서술해주는 경량의 자료구조라고 할 수 있다. 하나의 자원에 대해 서로 다른 여러 서술자 객체를 만들 수 있다. 이를 통해서 하나의 자원을 여러 용도로 사용할 수 있는데, 예를 들어 한 자원을 렌더링 파이프라인의 서로 다른 단계들에 묶거나 자원의 비트들을 서로 다른 DXGI_FORMAT으로 해석할 수 있다. 응용 프로그램은 서술자 객체들을 담을 메모리 영역에 해당하는 서술자 힙도 생성해야 한다.

7. 주된 Direct3D 인터페이스는 `ID3D12Device`이다. 이 인터페이스는 물리적인 그래픽 장치 하드웨어에 대한 소프트웨어적인 제어기라고 할 수 있다. 응용 프로그램은 이 인터페이스를 통해서 GPU 자원들을 생성할 뿐만 아니라, 그래픽 하드웨어들을 제어하는 데 쓰이는 특화된 여러 인터페이스를 생성해서 하드웨어에 명령을 내린다.

8. GPU에는 명령 대기열이 있다. CPU는 그리기 명령들이 담긴 명령 목록을 Direct3D API를 통해서 그 대기열에 제출한다. 하나의 명령은 GPU에게 특정 작업을 수행하라고 지시하는 역할을 한다. 제출된 명령들은 명령 대기열의 앞단에 도달해야 비로소 GPU에 의해 실행된다. 명령 대기열이 비면 GPU는 할 일이 없으므로 그냥 놀게 된다. 반대로, 대기열이 꽉 차면 GPU가 명령들을 처리해서 대기열에 자리가 생길 때까지 CPU가 놀게 된다. 두 상황 모두, 시스템의 하드웨어 자원을 최대로 활용하지 못하는 것이므로 피해야 한다.

9. GPU는 CPU와 병렬로 실행되는, 시스템의 두 번째 처리 장치(프로세서)이다. 때에 따라서는 CPU와 GPU를 동기화해야 한다. 예를 들어 GPU에서 실행될 한 명령이 어떤 자원을 참조한다면, CPU는 GPU가 그 명령을 완료하기 전까지는 그 자원을 수정하거나 파괴하지 말아야 한다. 어떤 동기화 기법을 적용했을 때 두 처리 장치 중 하나가 다른 하나의 작업 완료를 기다리면서 아무 일도 하지 않는다면 두 처리 장치를 최대한 활용하지 못하게 되므로, 그런 동기화 기법은 최소한으로만 사용해야 한다.

10. 성능 카운터라고도 부르는 성능 타이머는 정밀한 시간 측정 능력(프레임 간 경과 시간 같은 작은 시간 차이의 측정에 필요한)을 제공하는 고해상도 타이머이다. 성능 타이머는 시간을 틱 수 단위로 측정한다. `QueryPerformanceFrequency` 함수는 성능 타이머의 초당 틱 수를 알려준다. 성능 타이머의 현재 시간 값(틱 수 단위)은 `QueryPerformanceCounter` 함수로 얻는다.

11. 평균 초당 프레임 수(FPS)는 일정한 시간 기간 Δt에서 처리된 프레임의 수를 이용해서 계산한다. 기간 Δt에서 처리된 프레임이 n개라면, 그 기간의 평균 초당 프레임은 $fps_{avg}\dfrac{n}{\Delta t}$이다. 그런데 프레임률은 성능에 대한 오해를 불러일으킬 수 있다. 한 프레임을 처리하는 데 걸린 시간이 FPS보다 더 유익하다. 한 프레임을 처리하는 데 걸린 초 단위 평균 시간은 FPS의 역수, 즉 $1/fps_{avg}$이다.

12. 이 책의 예제 프레임워크는 모든 예제 프로그램이 따르는 일관된 인터페이스를 제공한다. *d3dUtil.h* 파일과 *d3dUtil.cpp* 파일, *d3dApp.h* 파일, *d3dApp.cpp* 파일의 코드는 모든 Direct3D 응용 프로그램이 반드시 구현해야 하는 표준 초기화 코드를 캡슐화하고 있다. 그런 코드를 캡슐화해서 숨긴 덕분에, 각 예제 프로그램은 관련 주제를 보여주는 데 집중할 수 있다.

13. 디버그 모드 빌드의 경우 예제 프레임워크는 디버그층을 활성화한다 (debugController->EnableDebugLayer()). 디버그층이 활성화되면 Direct3D는 디버그 메시지를 VC++의 출력 창으로 보낸다.

CHAPTER 5

렌더링 파이프라인

제5장의 주된 주제는 렌더링 파이프라인이다. 3차원 장면의 기하학적 서술과 가상 카메라의 위치 및 방향이 주어졌을 때, 현재 가상 카메라에 비친 3차원 장면의 모습에 근거해서 2차원 이미지를 생성하는 데 필요한 일련의 단계들 전체를 **렌더링 파이프라인**rendering pipeline이라고 부른다(그림 5.1). 이번 장은 주로 이론을 다룬다. 그 이론은 다음 장에서 Direct3D을 이용한 장면 그리기를 설명하면서 실천해 볼 것이다. 렌더링 파이프라인을 구체적으로 살펴보기 전에 먼저 두 가지 사항을 짧게나마 짚어보는데, 첫째는 3차원적 환상(즉, 평평한 2차원 모니터 화면을 통해서 3차원 세상을 보고 있다는 환상)의 주요 요소들이고, 둘째는 색상을 수학과 Direct3D 코드로 표현하고 다루는 방법이다.

목표

1. 사람이 2차원 이미지에서 부피와 공간적 깊이감을 실제처럼 느끼게 만드는 핵심 단서들을 살펴본다.
2. 3차원 물체를 Direct3D에서 표현하는 방법을 파악한다.
3. 가상 카메라를 정의하고 조작하는 방법을 배운다.
4. 렌더링 파이프라인, 즉 3차원 장면의 기하학적 서술로부터 2차원 이미지를 생성하는 단계들을 이해한다.

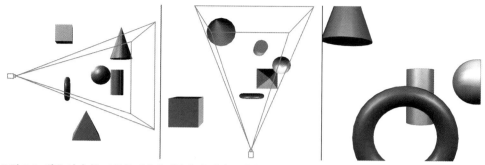

그림 5.1 왼쪽 이미지는 3차원 세계에 배치된 몇 가지 물체와 그것들을 바라보도록 방향과 위치가 설정된 카메라를 옆에서 본 모습이고, 가운데 이미지는 같은 물체들과 카메라를 위에서 내려다본 모습이다. '피라미드' 모양의 입체는 관찰자에게 보이는 입체 공간을 나타낸다. 이 입체의 바깥에 있는 물체(그리고 물체의 일부)는 보이지 않는다. 오른쪽 이미지는 카메라로 '보이는' 부분에 근거해서 만들어진 2차원 이미지이다.

5.1 3차원의 환상

3차원 컴퓨터 그래픽으로의 여행을 떠나기 전에, 간단하지만 중요한 질문 하나에 답할 필요가 있다. 바로, "3차원 세계의 깊이와 부피를 어떻게 평평한 2차원 모니터 화면에 나타낼 것인가?"라는 질문이다. 다행히 이 문제는 잘 연구된 주제이다. 이미 수세기 동안 화가들은 3차원의 장면을 2차원 화폭에 담아왔다. 이번 절에서는 2차원 평면에 그려진 이미지가 마치 3차원처럼 보이게 하는 핵심 기법 몇 가지를 개괄한다.

　직선으로 멀리까지 뻗어 있는 철로를 생각해 보자. 철로의 두 궤도(레일)는 시작부터 끝까지 평행하지만, 철도에 올라서 철도 방향을 바라보면 두 궤도가 점점 가까워지다가 결국은 아주 먼 지점에서 하나로 합쳐지는 모습을 볼 수 있다. 이는 시각의 평행선들이 무한히 멀리 있는 하나의 **소실점**消失點(vanishing point)으로 수렴한다는 인간 시각의 한 특징을 보여 주는 예이다. [그림 5.2]가 이러한 현상을 나타낸 것이다.

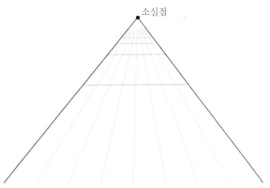

소실점

그림 5.2 시각 평행선들은 하나의 소실점으로 수렴한다. 화가들은 종종 이를 선 **원근법**(linear perspective; 또는 직선 원근법, 선형 원근법)이라고 부른다.

사람이 깊이감을 느끼는 또 다른 명백한 단서는 물체의 크기가 깊이에 따라 감소하는 현상, 다시 말해 가까이 있는 물체가 멀리 있는 것보다 더 크게 보이는 현상이다. 예를 들어 멀리 있는 언덕 위의 집은 아주 작게 보이지만 가까이 있는 나무는 그에 비해 아주 크게 보인다. [그림 5.3]은 기둥들이 평행하게 줄지어 있는 간단한 장면이다. 이 기둥들은 크기가 모두 같지만, 관찰자로부터의 깊이가 증가함에 따라 점점 작게 나타난다. 기둥들이 지평선에서 소실점으로 수렴한다는 점도 주목하기 바란다.

그림 5.3 이 장면의 모든 기둥은 크기가 같지만, 관찰자는 깊이에 따른 크기 감소 현상을 체험하게 된다.

그림 5.4 자신의 뒤에 있는 다른 물체를 부분적으로 가리는 일단의 물체들.

그리고 불투명한 물체가 그 뒤에 있는 물체의 일부 또는 전체를 가리는 **물체 겹침**(object overlap)도 우리 모두가 체험하는 현상이다(그림 5.4). 장면에 있는 물체들의 깊이 순서를 암시해 준다는 점에서, 이는 중요한 인식 현상이다. Direct3D가 다른 물체에 가려진(따라서 그리지 말아야 할) 픽셀들을 깊이 버퍼를 이용해서 선별하는 방법은 제4장에서 이미 이야기했다.

다음으로, 조명이라는 단서를 살펴보자. [그림 5.5]의 왼쪽은 조명을 가하지 않은 구이고 오른쪽은 조명을 가한 것이다. 그림에서 보듯이 왼쪽은 상당히 평평하다. 구라기보다는 그냥 하나의 2차원 원처럼 보인다. 이처럼 조명과 음영은 3차원 물체의 입체적 형태와 부피를 묘사하는 데 아주 중요한 역할을 한다.

마지막은 그림자이다. [그림 5.6]에 우주선과 그 그림자의 예가 나와 있다. 그림자는 3차원 환상에 대한 핵심 단서 두 가지를 제공한다. 첫째로, 그림자는 장면에서 광원이 있는 위치를 말해 준다. 둘째로, 그림자는 우주선이 지면에서 얼마나 떠 있는지를 대략이나마 제시한다.

지금까지 말한 사항들은 우리의 일상 체험에서 명백하게 느낄 수 있는 것들이므로 당연하게 느껴질 것이다. 그렇긴 하지만, 당연한 것들도 글로 명확히 서술하고 머릿속에 담아 두면 3차원 컴퓨터 그래픽을 학습하고 실천하는 데 도움이 된다.

그림 5.5 (a) 조명이 가해지지 않아서 2차원처럼 보이는 구. (b) 조명을 가하면 3차원처럼 보인다.

그림 5.6 우주선과 그 그림자. 그림자는 장면에서 광원이 있는 위치를 암시하며, 또한 우주선이 지면에서 어느 정도나 떠 있는지 짐작하게 한다.

5.2 모형의 표현

일반적으로 Direct3D 응용 프로그램에서는 고형(solid)의 3차원 **물체를 삼각형** 메시(mesh)로 근사(approximation)해서 표현한다. 따라서, 우리가 모형화하는(본뜨는) 물체의 기본적인 구축 요소는 삼각형이다. [그림 5.7]의 예처럼, 실제 세상의 그 어떤 3차원 물체도 삼각형 메시로 근사할 수 있다. 일반적으로 삼각형을 더 많이 사용할수록 물체를 좀 더 잘 근사할 수 있다. 삼각형이 많으면 물체의 세부사항을 좀 더 잘 본뜰 수 있기 때문이다. 그러나 삼각형이 많을수록 메시를 처리하는 데 필요한 처리량도 늘어난다. 따라서 응용 프로그램 개발자는 응용 프로그램의 대상 사용자층이 주로 사용하는 하드웨어의 능력에 근거해서 적절한 균형점을 찾을 필요가 있다. 삼각형 외에 선이나 점도 물체를 근사하는 데 유용할 때 있다. 예를 들어 곡선은 한 픽셀 굵기의 일련의 짧은 선분들로 근사할 수 있다.

[그림 5.7]의 예들에는 수많은 삼각형이 쓰였다. 이 예들이 말해 주듯이, 3차원 모형의 삼각형들을 사람이 일일이 나열한다는 것이 대단히 힘들고 성가신 일임은 명백하다. 극도로 간단한 모형이 아닌 이상, 3차원 물체의 모형을 생성하고 조작할 때에는 소위 *3D 모델러*^{modeler}라고 하는 3차원 모형 제작 응용 프로그램을 사용한다. 그러한 모형 제작기들은 복잡하고 사실적인 메시를 만드는 데 필요한 다양한 도구들이 갖추어져 있는 시각적이고 상호작용적인 환경을 제공하므로, 이들을 이용하면 전체적인 모형화 공정이 훨씬 수월해진다. 게임 개발에 흔히 쓰이는 유명한 3차원 모형 제작기로는 3D Studio Max(*http://usa.autodesk.com/3ds-max/*), LightWave 3D(*https://www.lightwave3d.com/*), Maya(*http://usa.autodesk.com/maya/*), Softimage|XSI(*www.softimage.com*), Blender(*www.blender.org/*)가 있다. (취미로 게임을 개발하는 사람이라면 오픈소스이자 무료인 Blender가 유익할 것이다.) 그렇긴 하지만, 이 책의 전반부에서는 3차원 모형을 코드에서 수치들을 직접 지정하거나 수학 공식을 이용해서 생성한다(예를 들어 원기둥이나 구를 위한 삼각형 목록은 매개변수 공식들을 이용해서 손쉽게 생성할 수 있다). 3차원 모형 제작 프로그램으로 만든 3차원 모형을 적재하고 표시하는 방법은 제3부에서 설명한다.

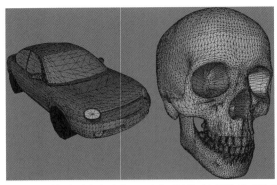

그림 5.7 (왼쪽) 삼각형 메시로 근사한 자동차. (오른쪽) 삼각형 메시로 근사한 두개골.

5.3 컴퓨터 색상의 기본 개념

컴퓨터 모니터는 픽셀마다 빨간색, 녹색, 파란색 빛을 섞어서 방출한다. 혼합된 빛이 눈으로 들어와서 망막의 한 지점을 때리면 그곳의 원추세포들이 자극되고, 그로부터 발생한 신경 신호가 시신경을 따라 뇌에 전달된다. 뇌는 그 신호를 해석해서 색을 인식한다. 세 가지 빛의 혼합 비율이 다르면 원추세포들이 자극되는 방식도 다르며, 결과적으로 뇌는 서로 다른 색을 인식하게 된다. [그림 5.8]에 적, 녹, 청색광을 섞었을 때 나오는 여러 가지 색상의 예가 나와 있다. [그림 5.8]은 또한 빛의 세기(intensity)에 따른 빨간색의 변화도 보여 준다. 다양한 세기의 색상 성분들을 섞음으로써, 사실적인 이미지를 표시하는 데 필요한 모든 색상을 묘사할 수 있다.

적(red), 녹(green), 청(blue) 세 가지 색상 성분(채널)을 통칭해서 RGB라고 부른다. RGB 값들로 색상을 표현하는 방식에 쉽게 익숙해지는 한 가지 방법은 Adobe Photoshop 같은 페인트 프로그램으로 여러 가지 색을 만들어 보는 것이다. 사실 그런 목적이라면 Win32의 ChooseColor 함수로 열 수 있는 색 편집 대화상자로도 충분하다(그림 5.9). RGB 값들을 여러 가지로 조합하면서 색이 어떻게 바뀌는지 체험해보기 바란다.

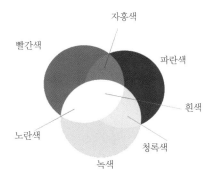

어두운 빨간색   밝은 빨간색

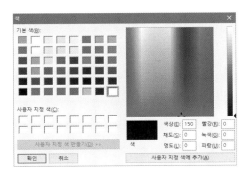

그림 5.8 (위) 순적색광, 순녹색광, 순청색광을 섞어서 새로운 색상을 만든다. (아래) 적색광의 세기를 제어함으로써 다양한 색조의 빨간색을 얻는다.

그림 5.9 ChooseColor 대화상자.

모니터가 방출하는 적, 녹, 청색광의 세기에는 상한이 존재한다. 빛의 세기를 나타낼 때에는 0에서 1까지로 정규화된 값을 사용하는 것이 편리하다. 0은 빛이 전혀 없는 것이고 1은 빛의 세기가 최대인 것이다. 그리고 그 중간의 값은 해당 중간 세기를 뜻한다. 예를 들어 (0.25, 0.67, 1.0)은 25% 세기의 적색광과 67% 세기의 녹색광, 100% 세기의 청색광의 혼합을 뜻한다. 이 예는 또한 하나의 색상을 하나의 3차원 색상 벡터 (r, g, b)로 나타낼 수 있음을 말해 준다. 여기서 r, g, b는 각각 혼합색의 적색광, 녹색광, 청색광의 세기이고, $0 \leq r, g, b \leq 1$이다.

5.3.1 색상 연산

일부 벡터 연산은 색상 벡터에도 적용된다. 예를 들어 두 색상 벡터를 더해서 새로운 색상을 얻을 수 있다.

$$(0.0, 0.5, 0) + (0, 0.0, 0.25) = (0.0, 0.5, 0.25)$$

중간 세기 녹색에 어두운 청색을 더했더니 좀 더 탁한 녹색이 되었다.

한 색상에서 다른 색상을 빼서 새 색상을 얻는 것도 가능하다.

$$(1, 1, 1) - (1, 1, 0) = (0, 0, 1)$$

이 예에서는 순백색에서 적색 성분과 녹색 성분을 빼서 청색을 얻었다.

스칼라 곱셈도 의미 있는 결과를 낸다. 다음 예를 보자.

$$0.5(1, 1, 1) = (0.5, 0.5, 0.5)$$

순백색에 0.5를 곱했더니 중간 수준의 회색이 되었다. 한편, $2(0.25, 0, 0) = (0.5, 0, 0)$이라는 연산은 적색 성분의 세기를 두 배로 만든다.

한편, 내적이나 외적 같은 연산은 색상 벡터에 대해 별로 의미가 없다. 그러나 색상 벡터만의 연산도 있는데, **변조**(modulation)라고도 하는 **성분별 곱셈**(componentwise multiplication)이 바로 그것이다. 이 연산은 다음과 같이 정의된다.

$$(c_r, c_g, c_b) \otimes (k_r, k_g, k_b) = (c_r k_r, c_g k_g, c_b k_b)$$

이 연산은 주로 조명 공식에 쓰인다. 예를 들어 입사광선의 색상이 (r, g, b)라고 하자. 그리고 표면이 입사광선의 적색광을 50%, 녹색광을 75%, 청색광을 25% 반사하고 나머지는 흡수한다고 하자. 그러면 표면에 반사된 광선의 색은 다음과 같이 주어진다.

$$(r, g, b) \otimes (0.5, 0.75, 0.25) = (0.5r, 0.75g, 0.25b)$$

이 수식은 표면을 때린 광선의 세기가 다소 약해짐을 보여준다. 이는 표면이 빛의 일부를 흡수하기 때문이다.

색상 연산을 수행하다 보면 색상 성분들이 [0, 1] 구간 바깥으로 나갈 수 있다. 이를테면 $(1, 0.1, 0.6) + (0, 0.3, 0.5) = (1, 0.4, 1.1)$이 그러한 예이다. 1.0은 색상 성분의 최대 세기를 나타내므로, 그보다 큰 성분이 나와서는 안 된다. 즉, 1.1은 그냥 1.0만큼만 센 빛이 되어야 한다. 결론적으로, $1.1 \rightarrow 1.0$으로 값을 보정해야 한다. 이처럼 어떤 값을 특정 구간을 벗어나지 않게 보정하는 것을 한정(clamping)이라고 부른다. 색상 구간의 하한에 대해서도 마찬가지이다. 모니터는 음의 세기의 빛을 방출하지 못하므로, 음의 색상 성분은 반드시 0.0으로 한정해야 한다.

5.3.2 128비트 색상

그래픽 응용 프로그램에서 색을 다룰 때에는 흔히 적, 녹, 청 외에 **알파**라고 부르는 색상 성분 하나를 색상 벡터에 도입한다. 알파 성분은 주로 색상의 불투명도를 나타내는 데 쓰인다. 불투명도는 색상 혼합에 유용하다. (혼합은 제9장에서 설명한다. 그전까지의 예제들은 알파 성분을 그냥 1로 설정한다.) 알파 성분을 도입한다는 것은 하나의 색상을 4차원 색상 벡터 $(r, g,$

b, a)로 표현한다는 뜻이다. 여기서 $0 \leq r, g, b, a \leq 1$이다. 각 성분을 32비트 부동소수점 값 하나로 표현한다면, 하나의 색상을 표현하는 데 128비트가 필요하다. 수학적으로 색상은 하나의 4차원 벡터이므로, 코드에서도 그냥 XMVECTOR 형식을 이용해서 색상을 표현할 수 있다. 그러면 DirectXMath 라이브러리의 벡터 함수들로 색상 연산(이를테면 색상 덧셈, 뺄셈, 스칼라 곱셈)을 수행할 때 SIMD의 혜택을 받게 된다. 성분별 곱셈은 DirectXMath 라이브러리의 다음 함수로 수행한다.

```
XMVECTOR XM_CALLCONV XMColorModulate(    // c₁ ⊗ c₂를 돌려준다.
    FXMVECTOR C1,
    FXMVECTOR C2);
```

5.3.3 32비트 색상

각 성분당 1바이트(8비트)를 할당해서 하나의 색상을 32비트로 표현할 수도 있다. 성분당 8비트이므로 한 성분에 대해 총 256가지의 세기를 표현할 수 있는데, 0은 해당 성분이 전혀 없는 것이고 255는 세기가 최대, 그리고 그 중간은 해당 중간 세기이다. 색상 성분당 1바이트라는 것이 적어 보이겠지만, 세 성분의 조합은 $256 \times 256 \times 256 = 16,777,216$이므로 하나의 32비트 색상으로 천만 가지 이상의 색을 표현할 수 있다. DirectXMath 라이브러리는 32비트 색상의 저장을 위해 다음과 같은 구조체를 제공한다(#include <DirectXPackedVector.h>가 필요함).

```
namespace DirectX
{
namespace PackedVector
{
// ARGB 색상; 8-8-8-8비트 부호 없는 정규화된 정수 성분들을 하나의
// 32비트 레지스터에 채운 형식이다. 적, 녹, 청, 알파 성분은 8비트의
// 부호 없는, 정규화된 정수들이다.
// 다음 도식처럼, 알파 성분이 최상위 비트들을 차지하고 청색 성분이
// 최하위 비트들을 차지한다(즉 A8R8G8B8).
// [32] aaaaaaaa rrrrrrrr gggggggg bbbbbbbb [0]
struct XMCOLOR
{
  union
  {
    struct
    {
```

```
        uint8_t b; // 청:      0/255에서 255/255
        uint8_t g; // 녹:      0/255에서 255/255
        uint8_t r; // 적:      0/255에서 255/255
        uint8_t a; // 알파:    0/255에서 255/255
    };
    uint32_t c;
};

XMCOLOR() {}
XMCOLOR(uint32_t Color) : c(Color) {}
XMCOLOR(float _r, float _g, float _b, float _a);
explicit XMCOLOR(_In_reads_(4) const float *pArray);

operator uint32_t () const { return c; }

XMCOLOR& operator= (const XMCOLOR& Color) { c = Color.c; return *this; }
XMCOLOR& operator= (const uint32_t Color) { c = Color; return *this; }
};
} // PackedVector 이름공간의 끝
} // DirectX 이름공간의 끝
```

정수 구간 [0, 255]를 실숫값 구간 [0, 1]로 사상함으로써 32비트 색상을 128비트로 변환하는 것이 가능하다. 즉, $0 \leq n \leq 255$가 세기를 나타내는 정수라고 할 때, $0 \leq \frac{n}{255} \leq 1$은 그 세기를 0 이상 1 이하의 구간으로 정규화한 세기이다. 예를 들어 다음은 32비트 색상 (80, 140, 200, 255)를 128비트로 변환한 예이다.

$$(80, 140, 200, 255) \rightarrow (\frac{80}{255}, \frac{140}{255}, \frac{200}{255}, \frac{255}{255}) \approx (0.31, 0.55, 0.78, 1.0)$$

반대로, 128비트 색상을 32비트 색상으로 변환할 때에는 각 성분에 255를 곱하고 그 결과를 가장 가까운 정수로 올리면 된다. 예를 들면 다음과 같다.

$$(0.3, 0.6, 0.9, 1.0) \rightarrow (0.3 \cdot 255, 0.6 \cdot 255, 0.9 \cdot 255, 1.0 \cdot 255) = (77, 153, 230, 255)$$

그런데 일반적으로 32비트 색상은 8비트 색상 성분 네 개를 하나의 32비트 정수 값(이를테면 unsigned int)에 채워 넣은(packed) 형태이기 때문에, 그런 32비트 색상을 128비트 색상으로 변환하려면 추가적인 비트 연산들이 필요하다. XMCOLOR가 실제로 그런 32비트 색상 형식인데, 다행히 DirectXMath 라이브러리는 XMCOLOR 하나를 받아서 XMVECTOR를 돌려주는 다음과 같은 메서드를 제공한다.

그림 5.10 알파, 적색, 녹색, 청색 성분에 각각 1바이트가 할당된 32비트 색상.

```
XMVECTOR XM_CALLCONV PackedVector::XMLoadColor(
    const XMCOLOR* pSource);
```

[그림 5.10]은 8비트 색상 성분들을 하나의 UINT에 채워 넣는 방식을 보여준다. 이는 색상 성분들을 채워 넣는 여러 방식 중 하나일 뿐임을 주의하기 바란다. ARGB 대신 이를테면 ABGR이나 RGBA를 사용하는 경우도 있다. 그러나 XMCOLOR는 ARGB 배치를 사용한다. DirectXMath 라이브러리는 XMVECTOR 색상을 XMCOLOR로 변환하는 다음과 같은 메서드도 제공한다.

```
void XM_CALLCONV PackedVector::XMStoreColor(
    XMCOLOR* pDestination,
    FXMVECTOR V);
```

대체로 128비트 색상은 정밀도가 높은 색상 연산이 필요한 곳(이를테면 픽셀 셰이더 등)에 쓰인다. 128비트 색상은 유효자릿수가 많아서 산술 정밀도가 높다. 이 덕분에 산술 오차가 과도하게 누적되는 일이 없다. 그러나 최종적인 픽셀 색상은 일반적으로 후면 버퍼에 32비트 색상으로 저장된다. 현재의 물리적 디스플레이 장치들은 고해상도 색상의 장점을 취하지 못한다 ([Verth04]).

5.4 렌더링 파이프라인의 개요

이번 장 도입부에서 말했듯이, 렌더링 파이프라인은 3차원 장면의 기하학적 서술과 가상 카메라의 위치 및 방향이 주어졌을 때 현재 가상 카메라에 비친 3차원 장면의 모습에 근거해서 2차원 이미지를 생성하는 데 필요한 일련의 단계들 전체를 가리키는 용어이다. [그림 5.11]은 렌더링 파이프라인을 구성하는 단계(stage)들과 관련 GPU 메모리 자원들을 도식화한 것이다. 자원 메모리 풀에서 파이프라인의 단계로 가는 화살표는 그 단계가 자원을 입력으로 사용할 수 있음을 뜻하고, 단계에서 자원으로 가는 화살표는 그 단계가 GPU 자원에 자료를 기록할 수 있음을 뜻한다. 예를 들어 출력 병합기 단계는 후면 버퍼나 깊이·스텐실 버퍼 같은 텍스처에 자료를 기록한다. 출력 병합기 단계의 화살표는 양방향인데, 이는 이 단계가 GPU 자원을 읽기도 하고 쓰기도 함을 뜻한다. 그림에서 보듯이 대부분의 단계는 GPU 자원에 자료를 기록하지 않는다. 대신 단계의 출력은 그냥 파이프라인의 다음 단계의 입력으로 들어간다.

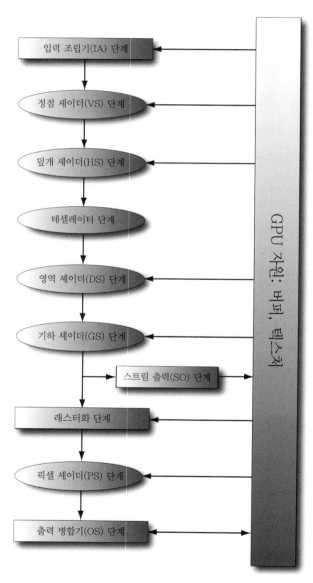

그림 5.11 렌더링 파이프라인의 단계들.

예를 들어 정점 세이더 단계는 입력 조립기 단계로부터 자료를 받아서 작업을 수행하고 그 결과를 기하 세이더 단계로 출력한다. 다음 절부터 렌더링 파이프라인의 각 단계를 개괄적으로 살펴보겠다.

5.5 입력 조립기 단계

입력 조립기(input assembler, IA) 단계는 메모리에서 기하 자료(정점들과 색인들)를 읽어서 기하학적 기본도형(primitive; 삼각형, 선분, 점 등, 더 복잡한 형태를 만드는 데 사용할 수 있는 기본적인 도형)을 조립한다. (색인은 이번 장에서 나중에 자세히 설명한다. 일단 간단하게만 말하자면, 색인들은 정점들을 모아서 기본도형을 형성하는 방식을 결정한다.)

5.5.1 정점

수학에서 삼각형의 정점^{頂點}(vertex)은 두 변이 만나는 점이고, 선분의 정점은 선분의 양 끝점이다. 그리고 하나의 점의 정점은 그 점 자체이다. [그림 5.12]에 이러한 정점들이 나와 있다.

　[그림 5.12]를 보고 정점이 그냥 기하 도형을 특징짓는 고유한 점이라는 인상을 받을 수도 있다. 그러나 Direct3D의 정점은 그보다 훨씬 일반적이다. 본질적으로, Direct3D의 정점은 공간적 위치 이외의 정보도 담을 수 있다. 이 덕분에 좀 더 복잡한 렌더링 효과의 구현이 가능해진다. 예를 들어 제8장에서는 조명을 구현하기 위해 정점에 법선 벡터를 추가하며, 제9장에서는 텍스처 적용을 위해 정점에 텍스처 좌표를 추가한다. Direct3D는 응용 프로그램이 자신만의 정점 형식을 정의할 수 있는(즉, 정점의 성분들을 직접 정의할 수 있는) 유연성을 제공한다. 다음 장에서 실제로 그러한 유연성을 코드에서 활용해 본다. 그리고 이 책 전반의 여러 예제는 주어진 렌더링 효과에 맞게 다양한 정점 형식들을 정의한다.

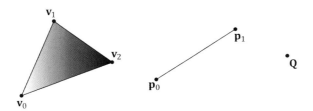

그림 5.12 세 정점 $\mathbf{v}_0$, $\mathbf{v}_1$, $\mathbf{v}_2$로 정의된 삼각형과 두 정점 $\mathbf{p}_0$, $\mathbf{p}_1$로 정의된 선분, 그리고 정점 $\mathbf{Q}$로 정의된 점.

5.5.2 기본도형 위상구조

정점들은 **정점 버퍼**(vertex buffer)라고 하는 특별한 Direct3D 자료구조 안에 담겨서 렌더링 파이프라인에 묶인다. 정점 버퍼는 그냥 일단의 정점들을 연속적인 메모리에 저장하는 자료구조이다. 정점 버퍼 자체에는 기본도형을 형성하기 위해 정점들을 조합하는 방법에 관한 정보가 들어 있지 않다. 예를 들어 한 정점 버퍼 안에 담긴 정점들을 두 개씩 사용해서 선분을 만들어야 하는지, 아니면 세 개씩 사용해서 삼각형을 형성해야 하는지에 대한 정보는 없다. 정점 자료를 이용해서 기하학적 기본도형을 형성하는 방법을 Direct3D에 알려주려면 **기본도형 위상구조** (primitive topology)라는 것을 설정해야 한다. 다음은 위상구조를 설정하는 데 쓰이는 메서드와 관련 열거형이다.

```
void ID3D12GraphicsCommandList::IASetPrimitiveTopology(
    D3D_PRIMITIVE_TOPOLOGY Topology);

typedef enum D3D_PRIMITIVE_TOPOLOGY
{
  D3D_PRIMITIVE_TOPOLOGY_UNDEFINED = 0,
  D3D_PRIMITIVE_TOPOLOGY_POINTLIST = 1,
  D3D_PRIMITIVE_TOPOLOGY_LINELIST = 2,
  D3D_PRIMITIVE_TOPOLOGY_LINESTRIP = 3,
  D3D_PRIMITIVE_TOPOLOGY_TRIANGLELIST = 4,
  D3D_PRIMITIVE_TOPOLOGY_TRIANGLESTRIP = 5,
  D3D_PRIMITIVE_TOPOLOGY_LINELIST_ADJ = 10,
  D3D_PRIMITIVE_TOPOLOGY_LINESTRIP_ADJ = 11,
  D3D_PRIMITIVE_TOPOLOGY_TRIANGLELIST_ADJ = 12,
  D3D_PRIMITIVE_TOPOLOGY_TRIANGLESTRIP_ADJ = 13,
  D3D_PRIMITIVE_TOPOLOGY_1_CONTROL_POINT_PATCHLIST = 33,
  D3D_PRIMITIVE_TOPOLOGY_2_CONTROL_POINT_PATCHLIST = 34,
    .
    .
    .
  D3D_PRIMITIVE_TOPOLOGY_32_CONTROL_POINT_PATCHLIST = 64,
} D3D_PRIMITIVE_TOPOLOGY;
```

이후의 모든 그리기 호출은 현재 설정된 기하구조 위상구조를 사용한다(명령 목록을 통해서 다른 위상구조가 설정될 때까지는). 다음은 이 점을 보여주는 예제이다.

```
mCommandList->IASetPrimitiveTopology(
    D3D_PRIMITIVE_TOPOLOGY_LINELIST);
/* ...선 목록을 적용해서 물체들을 그린다... */

mCommandList->IASetPrimitiveTopology(
    D3D_PRIMITIVE_TOPOLOGY_TRIANGLELIST);
/* ...삼각형 목록을 적용해서 물체들을 그린다... */

mCommandList->IASetPrimitiveTopology(
    D3D_PRIMITIVE_TOPOLOGY_TRIANGLESTRIP);
/* ...삼각형 띠를 적용해서 물체들을 그린다... */
```

몇몇 예외는 있지만 이 책의 예제들은 거의 항상 삼각형 목록을 사용한다. 그럼 여러 가지 기본도형 위상구조들을 좀 더 자세히 살펴보자.

5.5.2.1 점 목록

D3D_PRIMITIVE_TOPOLOGY_POINTLIST를 지정해서 IASetPrimitiveTopology를 호출하면 점 목록(point list)이 현재 위상구조로 설정된다. 점 목록이 설정된 상태에서 그리기 호출의 모든 정점은 개별적인 점으로 그려진다. [그림 5.13]의 (a)가 그러한 예이다.

5.5.2.2 선 띠

D3D_PRIMITIVE_TOPOLOGY_LINESTRIP을 지정하면 선 띠(line strip; 또는 선분 띠) 또는 선분 띠가 설정된다. 선 띠가 설정된 상태에서 그리기 호출의 정점들은 차례로 연결된 선분들을 형성한다. [그림 5.13]의 (b)가 그러한 예이다. 그림에서 보듯이, $n + 1$개의 정점으로 n개의 선분이 만들어진다.

5.5.2.3 선 목록

D3D_PRIMITIVE_TOPOLOGY_LINELIST를 지정하면 선 목록(line list; 또는 선분 목록)이 설정된다. 선 목록이 설정된 상태에서 그리기 호출의 매 정점 두 개가 하나의 선분을 형성한다 (그림 5.13의 (c)). 따라서 정점 $2n$개로 선분 n개가 만들어진다. 선분들이 자동으로 연결되는 선 띠와는 달리, 선 목록에서는 선 목록으로는 분리된 선분들을 형성할 수 있다. 선 띠에서는 선분들이 모두 연결되어 있다는 가정하에서 두 선분이 정점을 공유하므로, 정점 개수가 더 적다.

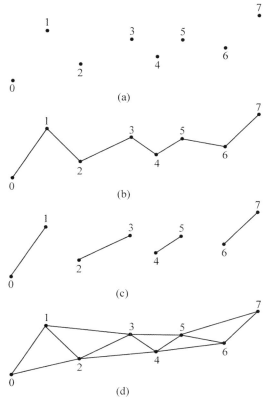

그림 5.13 (a) 점 목록. (b) 선 띠. (c) 선 목록. (d) 삼각형 띠.

5.5.2.4 삼각형 띠

`D3D_PRIMITIVE_TOPOLOGY_TRIANGLESTRIP`을 지정하면 삼각형 띠(triangle strip)가 설정된다. 삼각형 띠가 설정된 상태에서 그리기 호출의 정점들은 [그림 5.13]의 (d)에 나온 방식대로 연결되어서 삼각형들을 형성한다. 그림에서 보듯이, 삼각형 띠 위상구조에서는 삼각형들이 연결되어 있다는 가정하에서 인접한 두 삼각형이 정점들을 공유하며, 결과적으로 n개의 정점으로 $n - 2$개의 삼각형이 만들어진다.

삼각형 띠에서 짝수 번째 삼각형과 홀수 번째 삼각형의 정점들이 감기는 순서(winding order)가 다르다는 점을 주목하기 바란다. 이 때문에 후면 선별(§5.10.2 참고) 시 문제가 발생한다. 이를 바로잡기 위해, GPU는 내부적으로 짝수 번째 삼각형의 처음 두 정점의 순서를 맞바꾸어서 홀수 번째 삼각형과 같은 순서가 되게 만든다.

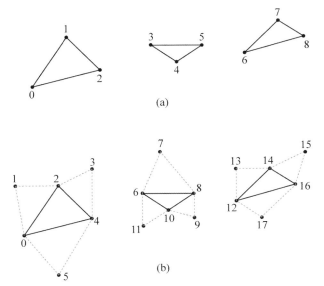

그림 5.14 (a) 삼각형 목록. (b) 인접성 정보를 가진 삼각형 목록. 삼각형 하나와 그 인접 삼각형들을 서술하는 데 총 여섯 개의 정점이 필요함을 주목하기 바란다. 따라서 정점 $6n$개로 인접성 정보를 포함한 삼각형 n개를 서술할 수 있다.

5.5.2.5 삼각형 목록

`D3D_PRIMITIVE_TOPOLOGY_TRIANGLELIST`를 지정하면 삼각형 목록(triangle list)이 설정 된다. 삼각형 목록이 설정된 상태에서 그리기 호출의 매 정점 세 개가 하나의 삼각형을 형성한 다(그림 5.14의 (a)). 따라서 $3n$개의 정점으로 n개의 삼각형이 만들어진다. 삼각형들이 모두 연결되는 삼각형 띠와는 달리, 삼각형 목록으로는 따로 떨어진 삼각형들을 형성할 수 있다.

5.5.2.6 인접성 정보를 가진 기본도형

삼각형 목록을 만들 때, 각 삼각형에 그에 접한 이웃 삼각형 세 개에 관한 정보를 포함할 수 있 다. 그렇게 만든 삼각형 목록을 "인접성(adjacency) 정보를 가진 삼각형 목록"이라고 부르 고, 주어진 삼각형에 접한 삼각형들을 **인접 삼각형**(adjacent triangle)이라고 부른다. [그림 5.14]의 (b)에 인접 삼각형들을 지정하는 방식이 나와 있다. 이러한 삼각형 목록은 인접 삼각 형들에 접근해야 하는 특정한 기하 셰이딩 알고리즘을 기하 셰이더에서 구현할 때 쓰인다. 기 하 셰이더가 그런 인접 삼각형들에 접근하려면 삼각형 자체와 함께 인접 삼각형들의 정보도 정 점 버퍼와 색인 버퍼(§6.3)에 담아서 파이프라인에 제출해야 한다. 또한, 반드시 위상구조를

`D3D_PRIMITIVE_TOPOLOGY_TRIANGLELIST_ADJ`로 지정해야 한다. 그래야 파이프라인이 정점 버퍼로부터 삼각형과 그 인접 삼각형들을 구축할 수 있다. 인접 기본도형의 정점들은 오직 기하 셰이더의 입력으로만 쓰일 뿐, 실제로 그려지는 것은 아님을 주의하기 바란다. 기하 셰이더가 아예 없는 경우에도 인접 기본도형들은 그려지지 않는다.

인접성 정보를 가진 삼각형 목록 외에 인접성 정보를 가진 선 목록이나 인접성 정보를 가진 선 띠, 인접성 정보를 가진 삼각형 띠도 가능하다. 자세한 사항은 SDK 문서화를 보기 바란다.

5.5.2.7 제어점 패치 목록

`D3D_PRIMITIVE_TOPOLOGY_`N`_CONTROL_POINT_PATCHLIST` 위상구조는 정점 자료를 N개의 제어점(control point)들로 이루어진 패치 목록으로 해석해야 함을 뜻한다. 이 제어점 패치는 렌더링 파이프라인의 테셀레이션 단계들(생략 가능함)에 쓰이는데, 자세한 논의는 제 14장으로 미루기로 한다.

5.5.3 색인

앞에서 이야기했듯이, 고형 3차원 물체의 기본 구축 요소는 삼각형이다. 예를 들어, 사각형 하나와 팔각형 하나를 삼각형 목록을 이용해서(즉, 정점 세 개당 삼각형 하나를 형성해서) 구축한다고 하자. 다음은 이에 필요한 정점 배열들이다.

```
Vertex quad[6] = {
    v0, v1, v2,  // 삼각형 0
    v0, v2, v3,  // 삼각형 1
};

Vertex octagon[24] = {
    v0, v1, v2,  // 삼각형 0
    v0, v2, v3,  // 삼각형 1
    v0, v3, v4,  // 삼각형 2
    v0, v4, v5,  // 삼각형 3
    v0, v5, v6,  // 삼각형 4
    v0, v6, v7,  // 삼각형 5
    v0, v7, v8,  // 삼각형 6
    v0, v8, v1   // 삼각형 7
};
```

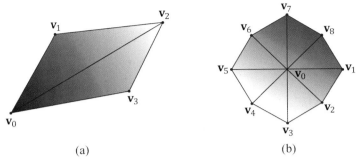

(a)   (b)

그림 5.15 (a) 삼각형 두 개로 만든 사각형. (b) 삼각형 여덟 개로 만든 팔각형.

삼각형의 정점들을 지정하는 순서가 중요한데, 이를 감기 순서(winding order; 또는 감는 순서)라고 부른다. 자세한 사항은 §5.10.2에 나온다.

그림 5.15에서 보듯이, 하나의 3차원 물체를 형성하는 삼각형들은 여러 개의 정점을 공유한다. 좀 더 구체적으로, [그림 5.15(a)]의 사각형을 구성하는 두 삼각형은 정점 v_0과 v_2를 공유한다. 배열에는 이 정점들이 두 번 들어 있음을 주목하기 바란다. 정점 두 개가 중복되는 것은 그리 큰 문제가 아니지만, 팔각형(그림 5.15(b))의 경우에는 문제가 좀 더 심각해진다. 이 팔각형은 모든 삼각형이 중심 정점 v_0을 공유하며, 팔각형 테두리의 각 정점을 인접한 두 삼각형이 공유한다. 일반적으로, 모형이 세밀하고 복잡할수록 중복되는 정점들도 많다.

정점들의 중복이 바람직하지 않은 이유는 크게 두 가지이다.

1. 메모리 요구량이 증가한다. (같은 정점 자료를 여러 번 저장할 필요가 있겠는가?)
2. 그래픽 하드웨어의 처리량이 증가한다. (같은 정점 자료를 여러 번 처리할 필요가 있겠는가?)

삼각형 띠를 이용하면 중복 정점 문제가 완화된다. 단, 모형의 기하구조를 삼각형 띠 형태로 구성할 수 있어야 하는데, 항상 가능하지는 않다. 삼각형 띠보다는 삼각형 목록이 더 유연하므로(삼각형들이 연결될 필요가 없다는 점에서), 삼각형 목록에서 중복 정점들을 제거하는 방법을 고안하는 것은 가치가 있는 일이다. 해결책은 **색인**(index)을 사용하는 것이다. 색인을 이용하는 정점 목록과 함께 색인 목록을 하나 만든다. 정점 목록은 모든 **고유한** 정점들로 이루어지고, 색인 목록은 어떤 정점들을 어떤 순서로 사용해서 삼각형을 형성해야 하는지를 나타내는 색인들로 이루어진다. [그림 5.15]의 예로 돌아가서, 색인을 사용한다면 사각형을 위한 정점 목록은 정점 네 개로 충분하다.

```
Vertex v[4] = {v0, v1, v2, v3};
```

다음으로, 정점 목록의 정점들로 두 개의 삼각형을 형성하는 방법을 결정하는 색인 목록을 만들어야 한다.

```
UINT indexList[6] = {0, 1, 2,  // 삼각형 0
                     0, 2, 3}; // 삼각형 1
```

삼각형 목록을 위한 색인 목록은 매 원소(색인) 세 개가 하나의 삼각형을 정의한다. 따라서 이 색인 목록은 "정점 v[0], v[1], v[2]로 삼각형 0을 만들고, 정점 v[0], v[2], v[3]으로 삼각형 1을 만들어라"라는 뜻이다.

마찬가지로, 팔각형을 위한 정점 목록은

```
Vertex v [9] = {v0, v1, v2, v3, v4, v5, v6, v7, v8};
```

로 두고, 색인 목록은

```
UINT indexList[24] = {
  0, 1, 2, // 삼각형 0
  0, 2, 3, // 삼각형 1
  0, 3, 4, // 삼각형 2
  0, 4, 5, // 삼각형 3
  0, 5, 6, // 삼각형 4
  0, 6, 7, // 삼각형 5
  0, 7, 8, // 삼각형 6
  0, 8, 1 // 삼각형 7
};
```

로 두면 된다. 그래픽 카드는 정점 목록의 고유한 정점들을 처리한 후, 색인 목록을 이용해서 정점들을 조합해 삼각형을 형성한다. 정점 목록의 '중복'이 색인 목록으로 옮겨간 셈인데, 별로 문제가 되지 않는다. 이유는 다음 두 가지이다.

1. 색인은 그냥 정수이므로 완전한 정점 구조체보다 적은 양의 메모리를 차지한다(정점에 새로운 성분을 더 추가하면 정점 구조체가 더욱 커진다).
2. 정점들이 적절한 순서로 캐시에 저장된다면, 그래픽 하드웨어는 중복된 정점들을 (너무 자주) 처리할 필요가 없다.

5.6 정점 셰이더 단계

입력 조립기 단계는 기본도형들을 조립한 후 해당 정점들을 정점 셰이더 단계로 넘겨준다. 정점 셰이더(vertex shader)를, 정점 하나를 받아서 정점 하나를 출력하는 함수로 생각해도 된다. 화면에 그려질 모든 정점은 이 정점 셰이더를 거쳐 간다. 개념적으로, 하드웨어 안에서 다음과 같은 일이 일어난다고 할 수 있다.

```
for(UINT i = 0; i < numVertices; ++i)
  outputVertex[i] = VertexShader( inputVertex[i] );
```

정점 셰이더 함수의 구체적인 내용은 프로그래머가 구현해서 GPU에 제출한다. 그 함수는 각 정점에 대해 GPU에서 실행되기 때문에 아주 빠르다.

변환, 조명, 변위 매핑 등 수많은 특수 효과를 정점 셰이더에서 수행할 수 있다. 정점 셰이더에서 입력 정점 자료에 접근하는 것은 물론이고, 텍스처라던가 변환 행렬, 장면 광원 정보 등 GPU 메모리에 담긴 다른 자료에도 접근할 수 있음을 기억하기 바란다.

이 책 전반에 다양한 정점 셰이더 예제들이 나온다. 따라서, 독자가 이 책을 다 마치고 나면 정점 셰이더로 무엇을 할 수 있는지 확실하게 파악할 수 있을 것이다. 그러나 첫 정점 셰이더 예제는 그냥 정점들을 변환하기만 한다. 그럼 정점 셰이더에서 흔히 수행하는 변환들을 살펴보자.

5.6.1 국소 공간과 세계 공간

독자가 영화 제작팀의 일원인데 어떤 특수효과 장면을 위해 축소된 철로 장면(train scene) 세트를 만들어야 한다고 상상해 보자. 좀 더 구체적으로, 독자에게 주어진 일은 철로 장면 세트의 일부인 작은 다리(bridge)를 하나 만드는 것이다. 그런데 철로 장면 세트 자체에서 직접 다리를 만든다면 다리에 접근하는 각도나 거리에 제한이 있을 것이며, 그러다 보면 다른 지형지물을 망가뜨리지 않는 데 신경을 써야 한다. 따라서 세트에서 좀 떨어진 작업대에서 다리를 다 만든 후에 그 다리를 철로 세트로 가지고 가서 적절한 위치에 적절한 방향으로 설치하는 것이 훨씬 편할 것이다.

3D 아티스트들도 3차원 장면을 위한 물체 모형을 만들 때 그런 식으로 작업한다. 즉, 물체의 기하구조를 장면 전역의 좌표계를 기준으로 직접 구축하는 것이 아니라 물체 자신의 국소 좌표계를 기준으로 구축하는 것이다. 전자의 좌표계를 **세계 공간**(world space)이라고

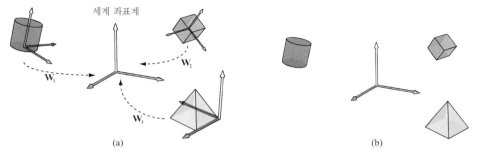

그림 5.16 (a) 각 물체의 정점들을 물체 자신의 국소 좌표계를 기준으로 정의한다. 또한, 물체를 장면의 어떤 위치에 어떤 방향으로 놓고자 하는가에 근거해서, 해당 국소 좌표계의 세계 공간 좌표계에 상대적인 위치와 방향을 정의한다. 그런 다음에는 좌표 변경 변환을 수행해서 모든 좌표가 세계 공간 좌표계를 기준으로 하게 만든다. (b) 세계 변환 이후에는 물체의 정점들의 좌표가 모두 동일한 세계 좌표계에 상대적인 좌표가 된다.

부르고 후자를 **국소 공간**(local space; 또는 지역 공간)이라고 부른다. 국소 공간에서 작업하면 좌표계 원점을 물체의 중심 가까이에 둘 수 있고 좌표축들을 물체에 맞게 정렬할 수 있어서 편하다. 국소 공간에서 3차원 모형의 정점들을 모두 정의했다면, 다음으로 할 일은 그것들을 세계 공간에 적절한 위치와 방향으로 배치하는 것이다. 이를 위해서는 국소 공간과 세계 공간의 관계를 정의해야 한다. 좀 더 구체적으로는, 전역 공간 좌표계에 상대적인 국소 공간 좌표계의 원점 위치와 축 방향들을 지정하고, 그에 해당하는 좌표 변경 변환을 수행해야 한다(그림 5.16과 §3.4 참고). 국소 좌표계에 상대적인 좌표를 전역 장면 좌표계에 상대적인 좌표로 바꾸는 것을 **세계 변환**(world transform)이라고 부르고, 해당 행렬을 **세계 행렬**(world matrix) 이라고 부른다. 장면의 모든 물체에는 각자의 세계 행렬이 있다. 각 물체를 자신의 국소 공간에서 세계 공간으로 변환하고 나면 모든 물체의 좌표가 동일한 좌표계(세계 공간)에 상대적인 좌표가 된다. 만일 물체를 세계 공간 안에서 직접 정의하고 싶다면, 그 물체의 세계 행렬을 단위 행렬로 설정하면 된다.

각 모형을 자신의 국소 좌표계에서 정의하는 데에는 여러 가지 장점이 있다.

1. 더 쉽다. 일반적으로 국소 공간에서는 물체의 중심이 원점과 일치하며, 물체가 주축 중 하나에 대칭이다. 예를 들어 입방체(정육면체)를 정의할 때 입방체의 중심을 국소 좌표계의 원점에 두고 각 면이 좌표계 축에 직각이 되게 하면 그렇게 하지 않을 때보다 입방체를 정의하기가 훨씬 쉽다. [그림 5.17]을 보라.

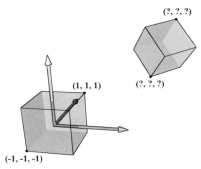

그림 5.17 입방체의 중심을 좌표계의 원점에 두고 입방체의 면들이 축에 정렬되게 하면 입방체의 정점들을 정의하기가 쉽다. 입방체가 좌표계 기준으로 임의의 위치와 방향에 있다면 정점들을 정의하기가 까다롭다. 따라서 물체의 기하구조를 구축할 때에는 물체에 가깝고 물체의 자연스러운 방향에 맞게 정렬되어 있는 좌표계를 택해서 그 좌표계를 기준으로 하는 것이 바람직하다.

2. 한 물체가 여러 장면에 재사용될 수 있는데, 그런 경우 물체의 좌표들을 특정 장면을 기준으로 고정시키는 것은 비합리적이다. 그보다는 좌표들을 하나의 국소 좌표계를 기준으로 저장하고, 각 장면마다 국소 좌표계를 해당 세계 좌표계로 적절히 변환하는 좌표 변경 행렬을 정의해서 적용하는 것이 낫다.

3. 마지막으로, 한 물체를 하나의 장면 안에 위치나 방향, 비례를 달리해서 여러 번 그리기도 한다(이를테면 나무 모형을 여러 번 그려서 숲을 만드는 등). 인스턴스마다 물체의 정점 및 색인 자료를 중복해서 지정한다면 낭비가 심하다. 그보다는, 물체의 국소 공간을 기준으로 한 기하구조의 복사본 하나(즉 정점 목록과 색인 목록)만 저장해 두고, 물체의 개별 인스턴스마다 세계 공간 안에서의 위치와 방향, 비례를 정의하는 세계 행렬을 적절히 다르게 설정해서 그리는 것이 효율적이다. 이런 기법을 인스턴싱(instancing)이라고 부른다.

§3.4.3에서 보았듯이, 물체의 국소 공간을 세계 공간에 상대적인 좌표들로 서술하고 그 좌표들을 행들로 사용해서 하나의 행렬을 만들면 그 물체의 세계 행렬이 된다. 다시 말해서, $\mathbf{Q}_w = (Q_x, Q_y, Q_z, 1)$과 $\mathbf{u}_w = (u_x, u_y, u_z, 0)$, $\mathbf{v}_w = (v_x, v_y, v_z, 0)$, $\mathbf{w}_w = (w_x, w_y, w_z, 0)$이 각각 국소 공간의 원점과 x, y, z축들을 세계 공간에 상대적인 동차좌표로 나타낸 것이라고 할때, §3.4.3에서 배웠듯이 국소 공간을 세계 공간으로 변환하는 좌표 변경 행렬은 다음과 같다.

$$\mathbf{W} = \begin{bmatrix} u_x & u_y & u_z & 0 \\ v_x & v_y & v_z & 0 \\ w_x & w_y & w_z & 0 \\ Q_x & Q_y & Q_z & 1 \end{bmatrix}$$

이러한 세계 행렬을 만들기 위해서는 국소 공간 원점 및 축들의 세계 공간에 상대적인 좌표를 알아야 한다. 그런데 그런 좌표들을 구하기가 쉽지 않거나 직관적이지 않은 경우가 있다. 좀 더 흔한 접근방식은 **W**를 일련의 변환들의 형태로 정의하는 것이다. 예를 들어 **W** = **SRT**로 둘 수 있다. 즉, 물체를 세계 공간 안에서 적절한 크기가 되게 만드는 비례행렬 **S**에 국소 공간에서 의 물체의 방향을 세계 공간에 상대적인 방향으로 바꾸는 회전행렬 **R**을 곱하고, 거기에 국소 공간에서의 물체의 원점을 세계 공간에 상대적인 위치로 바꾸는 이동행렬 **T**를 곱한 것을 세계 행렬로 사용한다. §3.5에서 보았듯이 이러한 일련의 변환들을 하나의 좌표 변경 변환으로 해석 할 수 있으며, **W** = **SRT**의 행벡터들은 국소 공간의 x, y, z축과 원점의 세계 공간에 상대적인 동차 좌표들을 담는다.

예

어떤 국소 공간을 기준으로 최솟점이 $(-0.5, 0, -0.5)$이고 최댓점이 $(0.5, 0, 0.5)$인 단위 정 사각형이 있다고 하자. 그러한 정사각형을, 세계 공간에서 한 변의 길이가 2이고 xz 평면에서 시계방향으로 $45°$ 회전된 방향을 가리키며 중심이 $(10, 0, 10)$에 놓인 정사각형으로 변환하려 고 한다. 이를 위해 우선 개별 변환 **S**, **R**, **T**를 정의하고 그것들을 모두 곱해서 **W**를 구한다.

$$\mathbf{S} = \begin{bmatrix} 2 & 0 & 0 & 0 \\ 0 & 1 & 0 & 0 \\ 0 & 0 & 2 & 0 \\ 0 & 0 & 0 & 1 \end{bmatrix} \quad \mathbf{R} = \begin{bmatrix} \sqrt{2}/2 & 0 & -\sqrt{2}/2 & 0 \\ 0 & 1 & 0 & 0 \\ \sqrt{2}/2 & 0 & \sqrt{2}/2 & 0 \\ 0 & 0 & 0 & 1 \end{bmatrix} \quad \mathbf{T} = \begin{bmatrix} 1 & 0 & 0 & 0 \\ 0 & 1 & 0 & 0 \\ 0 & 0 & 1 & 0 \\ 10 & 0 & 10 & 1 \end{bmatrix}$$

$$\mathbf{W} = \mathbf{SRT} = \begin{bmatrix} \sqrt{2} & 0 & -\sqrt{2} & 0 \\ 0 & 1 & 0 & 0 \\ \sqrt{2} & 0 & \sqrt{2} & 0 \\ 10 & 0 & 10 & 1 \end{bmatrix}$$

§3.5에서 보았듯이 **W**의 행들은 국소 공간의 좌표축들과 원점을 세계 공간에 상대적으로 나타 낸 것이다. 즉, $\mathbf{u}_W = (\sqrt{2}, 0, -\sqrt{2}, 0)$, $\mathbf{v}_W = (0, 1, 0, 0)$, $\mathbf{w}_W = (\sqrt{2}, 0, \sqrt{2}, 0)$이고 $\mathbf{Q}_W = (10, 0, 10, 1)$이다. 이제 이 **W**를 이용해서 정사각형의 국소 공간 좌표들을 세계 공간 좌표들

로 변환하면 정사각형이 세계 공간 안에서 원했던 형태로 배치된다.

$$[-0.5, 0, -0.5, 1] \, \mathbf{W} = [10 - \sqrt{2}, 0, 0, 1]$$

$$[-0.5, 0, +0.5, 1] \, \mathbf{W} = [0, 0, 10 + \sqrt{2}, 1]$$

$$[+0.5, 0, +0.5, 1] \, \mathbf{W} = [10 + \sqrt{2}, 0, 0, 1]$$

$$[+0.5, 0, -0.5, 1] \, \mathbf{W} = [0, 0, 10 - \sqrt{2}, 1]$$

이 예의 요지는 $\mathbf{Q}_W$와 $\mathbf{u}_W$, $\mathbf{v}_W$, $\mathbf{w}_W$를 직접 구해서 세계 행렬을 얻을 필요 없이 일련의 단순한 변환들을 조합함으로써 세계 행렬을 얻을 수 있다는 것이다. 후자가 전자, 즉 $\mathbf{Q}_W$와 $\mathbf{u}_W$, $\mathbf{v}_W$, $\mathbf{w}_W$를 직접 구하는 것보다 훨씬 쉬운 경우가 많다. 후자에서는 세계 공간에서 물체가 얼마나 큰 가, 세계 공간에서 물체가 어떤 방향인가, 세계 공간에서 물체의 위치는 어디인가라는 간단한 질문 세 개만 답하면 되기 때문이다.

세계 공간으로의 변환을 이런 식으로 생각할 수도 있다. 일단은 물체의 국소 공간 좌표들이 곧 세계 공간 좌표들이라고 간주한다(이는 단위행렬을 세계 행렬로 사용하는 것에 해당한다). 즉, 물체를 해당 국소 공간의 원점을 중심으로 정의했다면, 세계 공간에서도 물체는 세계 공간의 원점에 놓인다. 그런데 일반적으로 모든 물체를 세계의 원점에 배치한다면 제대로 된 장면을 구성할 수 없다. 따라서 장면을 구성할 때에는 각 물체가 적절한 크기와 방향, 위치가 되도록 일련의 비례, 회전, 이동변환을 적용한다. 이런 식으로 진행해도 결국에는 국소 공간에서 세계 공간으로의 좌표 변경 행렬을 구축하는 것과 수학적으로 동일한 세계 변환에 도달하게 된다.

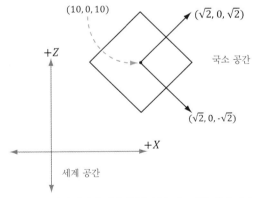

그림 5.18 세계 행렬의 행벡터들은 국소 좌표계를 세계 좌표계에 상대적으로 서술한다.

5.6.2 시야 공간

3차원 장면의 2차원 이미지를 만들어 내려면 장면에 가상의 카메라를 배치해야 한다. 그 카메라는 세계에서 관찰자에게 보이는 영역을 결정한다. 그 영역이 바로 응용 프로그램이 2차원 이미지로 만들어서 화면에 표시할 영역이다. [그림 5.19]에 나온 것처럼, 그러한 가상 카메라에 국소 좌표계를 부여한다고 하자. 이 좌표계는 시점 공간(eye space)이나 카메라 공간(camera space)이라고도 하는 시야 공간(view space)을 정의한다. 카메라는 이 시야 공간의 원점에 놓여서 양의 z 축을 바라본다. x 축은 카메라의 오른쪽 방향이고 y 축은 카메라의 위쪽 방향이다. 렌더링 파이프라인의 후반부 단계들에서는 장면의 정점들을 세계 공간이 아니라 이 시야 공간을 기준으로 서술하는 것이 편한 경우가 있다. 세계 공간에서 시야 공간으로의 좌표 변경 변환을 시야 변환(view transform)이라고 부르고, 해당 변환 행렬을 시야 행렬(view matrix)이라고 부른다.

국소 공간 원점 및 x, y, z 축의 세계 공간에 상대적인 동차좌표들이 $\mathbf{Q}_W = (Q_x, Q_y, Q_z, 1)$, $\mathbf{u}_W = (u_x, u_y, u_z, 0)$, $\mathbf{v}_W = (v_x, v_y, v_z, 0)$, $\mathbf{w}_W = (w_x, w_y, w_z, 0)$이라고 하자. §3.4.3의 공식에 의해, 시야 공간에서 세계 공간으로의 좌표 변경 행렬은 다음과 같다.

$$\mathbf{W} = \begin{bmatrix} u_x & u_y & u_z & 0 \\ v_x & v_y & v_z & 0 \\ w_x & w_y & w_z & 0 \\ Q_x & Q_y & Q_z & 1 \end{bmatrix}$$

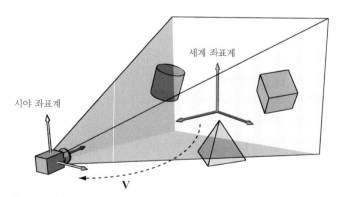

그림 5.19 정점의 세계 공간 기준 좌표를 카메라 공간 기준 좌표로 변환한다.

그런데 이것이 우리가 원하는 변환 행렬은 아니다. 지금 필요한 것은 그 반대 방향의 변환, 즉 세계 공간에서 시야 공간으로의 변환이다. §3.4.5에서 보았듯이 어떤 변환의 역변환을 위한 행렬은 해당 변환 행렬의 역행렬이다. 따라서 세계 공간에서 시야 공간으로의 변환 행렬은 바로 $\mathbf{W}^{-1}$이다.

일반적으로 세계 좌표계와 시야 좌표계는 위치와 방향만 다르므로, $\mathbf{W} = \mathbf{RT}$라고 둘 수 있다(직관적으로 이는 세계 행렬이 회전을 적용한 후 이동을 적용하는 행렬임을 뜻한다). 세계 행렬을 이처럼 회전행렬과 이동행렬로 분해하면 그 역행렬을 구하기가 쉬워진다.

$$\mathbf{V} = \mathbf{W}^{-1} = (\mathbf{RT})^{-1} = \mathbf{T}^{-1}\mathbf{R}^{-1} = \mathbf{T}^{-1}\mathbf{R}^{T}$$

$$= \begin{bmatrix} 1 & 0 & 0 & 0 \\ 0 & 1 & 0 & 0 \\ 0 & 0 & 1 & 0 \\ -Q_x & -Q_y & -Q_z & 1 \end{bmatrix} \begin{bmatrix} u_x & v_x & w_x & 0 \\ u_y & v_y & w_y & 0 \\ u_z & v_z & w_z & 0 \\ 0 & 0 & 0 & 1 \end{bmatrix} = \begin{bmatrix} u_x & v_x & w_x & 0 \\ u_y & v_y & w_y & 0 \\ u_z & v_z & w_z & 0 \\ -\mathbf{Q}\cdot\mathbf{u} & -\mathbf{Q}\cdot\mathbf{v} & -\mathbf{Q}\cdot\mathbf{w} & 1 \end{bmatrix}$$

결론적으로, 시야 행렬은 다음과 같이 정의된다.

$$\mathbf{V} = \begin{bmatrix} u_x & v_x & w_x & 0 \\ u_y & v_y & w_y & 0 \\ u_z & v_z & w_z & 0 \\ -\mathbf{Q}\cdot\mathbf{u} & -\mathbf{Q}\cdot\mathbf{v} & -\mathbf{Q}\cdot\mathbf{w} & 1 \end{bmatrix}$$

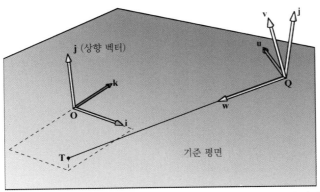

그림 5.20 카메라의 위치와 대상점, 그리고 세계 공간 상향 벡터를 이용한 카메라 좌표계 구축.

이제 시야 행렬을 구축하는 데 필요한 벡터들을 직관적으로 구하는 방법을 살펴보자. $\mathbf{Q}$가 카메라의 위치이고 $\mathbf{T}$가 카메라가 바라보는 지점, 즉 대상점(target point)이라고 하자. 더 나아가서, $\mathbf{j}$가 세계 공간의 '위쪽'을 가리키는 단위 벡터, 즉 '상향 벡터(up vector)'라고 하자. (이 책은 xz 평면이 세상의 '기준 평면(ground plane; 지면에 해당하는 평면)'이고 y축이 세상의 '위쪽'을 가리킨다고 가정한다. 그러나 이는 하나의 관례일 뿐이며, 응용 프로그램에 따라서는 xy 평면을 기준 평면으로 두고 z 축을 상향 벡터에 둘 수도 있다.) [그림 5.20]에서 보듯이, 카메라가 바라보는 방향은 다음과 같이 주어진다.

$$\mathbf{w} = \frac{\mathbf{T} - \mathbf{Q}}{\|\mathbf{T} - \mathbf{Q}\|}$$

이 벡터는 카메라의 국소 z 축에 해당한다. $\mathbf{w}$의 '오른쪽'을 가리키는 단위벡터는 다음과 같이 주어진다.

$$\mathbf{u} = \frac{\mathbf{j} \times \mathbf{w}}{\|\mathbf{j} \times \mathbf{w}\|}$$

이 벡터는 카메라의 국소 x 축에 해당한다. 마지막으로, 카메라의 국소 y 축을 서술하는 벡터는 다음과 같이 주어진다.

$$\mathbf{v} = \mathbf{w} \times \mathbf{u}$$

$\mathbf{w}$와 $\mathbf{u}$가 서로 직교인 단위벡터이므로, $\mathbf{w} \times \mathbf{u}$도 반드시 단위벡터이다. 따라서 정규화할 필요가 없다.

이상에서 보듯이, 카메라의 위치와 대상점, 그리고 세계 상향 벡터만 있으면 카메라를 서술하는 국소 좌표계를 유도할 수 있으며, 그것을 이용해서 시야 행렬을 구할 수 있다.

DirectXMath 라이브러리는 방금 설명한 절차를 따라서 시야 행렬을 계산하는 다음과 같은 함수를 제공한다.

```
XMMATRIX XM_CALLCONV XMMatrixLookAtLH( // 시야 행렬 v를 출력한다.
    FXMVECTOR EyePosition,            // 입력 카메라 위치 Q
    FXMVECTOR FocusPosition,          // 입력 대상 점 T
    FXMVECTOR UpDirection);           // 입력 세계 상향 벡터 j
```

일반적으로 세계 공간의 y 축이 장면의 "위쪽" 방향에 해당하며, 그런 경우 보통의 카메라 설정에서 상향 벡터는 $\mathbf{j} = (0, 1, 0)$이다. 한 예로 카메라를 세계 공간의 $(5, 3, -10)$에 두고 세계 공간 원점 $(0, 0, 0)$을 바라보게 한다고 할 때, 해당 시야 행렬을 구하는 코드는 다음과 같다.

```
XMVECTOR pos      = XMVectorSet(5, 3, -10, 1.0f);
XMVECTOR target   = XMVectorZero();
XMVECTOR up       = XMVectorSet(0.0f, 1.0f, 0.0f, 0.0f);

XMMATRIX V        = XMMatrixLookAtLH(pos, target, up);
```

5.6.3 투영과 동차 절단 공간

지금까지 세계 공간 안의 카메라의 위치와 방향을 설명했다. 그런데 카메라를 서술하는 요소가 하나 더 있다. 바로, 카메라에 보이는 공간이다. 그 공간은 [그림 5.21]과 같이 하나의 절두체^{截頭體}(frustum; 각뿔대, 즉 끝이 잘린 사각뿔)로 정의된다.

3차원 장면을 2차원 이미지로 표현하려면 절두체 안에 있는 3차원 기하구조를 2차원 투영 창으로 투영해야 한다. 3차원의 환상을 만들어 내려면 그러한 투영^{投影}(projection; 또는 사영^{射影})을 반드시 평행선들이 하나의 소실점으로 수렴하는 방식으로, 그리고 물체의 3차원 깊이가 증가함에 따라 그 투영의 크기가 감소하는 방식으로 수행해야 한다. [그림 5.22]에 나온 원근투영(perspective projection)이 바로 그런 방식이다. 3차원 기하구조의 한 정점에서 시점^{視點}(eye point)으로의 직선을 **정점의 투영선**(line of projection)이라고 부른다. **원근투영 변환**은 하나의 3차원 정점 **v**를 그 투영선이 2차원 투영 평면과 만나는 점 **v′**으로 변환하는 변환이다. 그러한 점 **v′**을 **v**의 투영이라고 부른다. 그리고 3차원 물체의 투영은 그 물체를 구성하는 모든 정점의 투영을 뜻한다.

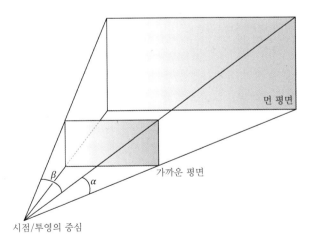

그림 5.21 절두체는 카메라에 "보이는" 공간을 정의한다.

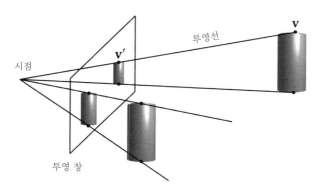

v

투영선

v'

시점

투영 창

그림 5.22 두 원기둥은 크기가 같지만 3차원 공간에 배치된 깊이가 다르다. 시점에 가까운(즉, 깊이가 얕은) 원기둥의 투영이 먼 원기둥의 투영보다 크다. 절두체 안의 기하구조는 투영 창에 투영된다. 절두체 바깥의 기하구조는 투영 평면에 투영되긴 하지만, 투영 창의 바깥에 놓인다.

5.6.3.1 절두체의 정의

시야 공간에서 투영의 중심을 원점에 두고 양의 z 축을 바라보는 시야 절두체를 네 가지 수량을 이용해서 정의할 수 있다. 네 가지 수량은 원점과 가까운 평면 사이의 거리 n, 먼 평면 사이의 거리 f, 수직 시야각 a, 종횡비 r이다(그림 5.23). 시야 공간에서 가까운 평면과 먼 평면이 xy 평면과 평행임을 주목하기 바란다. 따라서 원점과 가까운/먼 평면 사이의 거리들을 그냥 z 축 상의 거리들로 지정할 수 있다. 종횡비縱橫比(aspect ratio)는 $r = w/h$로 정의되는데, 여기서 w는 투영 창(projection window) 너비이고 h는 투영 창의 높이이다(둘 다 시야 공간의 단위를 따름). 투영 창은 본질적으로 시야 공간 안에 있는 장면의 2차원 이미지이다. 이 이미지가 결국에는 후면 버퍼에 사상되므로, 투영 창의 종횡비를 후면 버퍼의 종횡비와 일치시키는 것이 바람직하다. 그래서 일반적으로 투영 창의 종횡비(이는 비율이므로 단위가 없다)는 후면 버퍼의 너비와 높이에 맞게 설정한다. 예를 들어 후면 버퍼가 800 × 600이라면 투영 창의 종횡비를 $r = \frac{800}{600} \approx 1.333$으로 설정한다. 투영 창의 종횡비와 후면 버퍼의 종횡비가 다르면 투영 창을 후면 버퍼에 사상할 때 비균등 비례를 적용해야 하는데, 그러면 이미지가 왜곡된다(이를테면 투영 창의 원이 후면 버퍼에는 한쪽으로 긴 타원으로 사상되는 등).

수평 시야각은 β로 표기한다. 이 시야각은 수직 시야각 α와 종횡비 r로 결정된다. [그림 5.23]은 β를 구하는 데 r이 어떻게 도움이 되는지를 보여준다. 여기서 종횡비는 이미 결정된 값이므로 마음대로 바꿀 수 없지만, 투영 창의 실제 크기(너비와 높이)는 우리가 임의로 선택할 수 있다. 따라서, 계산하기 쉽도록 투영 창의 높이를 2로 두기로 한다. 그러면 너비는 다음과 같이 주어진다.

$$r = \frac{w}{h} = \frac{w}{2} \Rightarrow w = 2r$$

수직 시야각이 α가 되는 투영 창 거리(원점과 투영 창 사이의 z 축 거리) d는 다음과 같이 구할 수 있다.

$$\tan\left(\frac{\alpha}{2}\right) = \frac{1}{d} \Rightarrow d = \cot\left(\frac{\alpha}{2}\right)$$

이렇게 해서 투영 창의 높이가 2일 때 수직 시야각이 α가 되는 투영 창 거리 d까지 구했다. 이 제 우리가 원했던 수평 시야각 β를 구해 보자. [그림 5.23]의 오른쪽에 나온 xz 평면을 참고하면 다음과 같은 식을 유도할 수 있다.

$$\tan\left(\frac{\beta}{2}\right) = \frac{r}{d} = \frac{r}{\cot\left(\frac{\alpha}{2}\right)}$$

$$= r \cdot \tan\left(\frac{\alpha}{2}\right)$$

이를 정리하면, 투영 창의 높이가 2일 때 수직 시야각 α와 종횡비 r로부터 수평 시야각 β를 구하는 다음과 같은 공식이 나온다.

$$\beta = 2\tan^{-1}\left(r \cdot \tan\left(\frac{\alpha}{2}\right)\right)$$

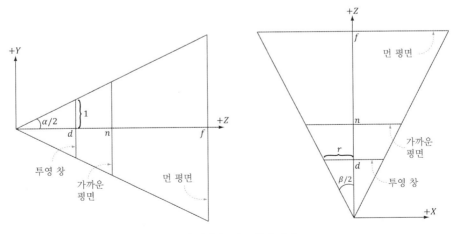

그림 5.23 수직 시야각 α와 종횡비 r로 수평 시야각 β를 구할 수 있다.

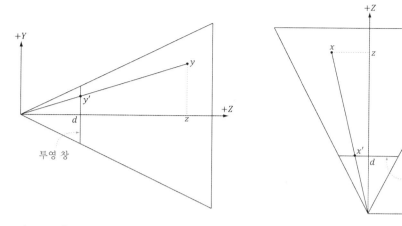

그림 5.24 닮은꼴 삼각형.

5.6.3.2 정점의 투영

[그림 5.24]를 보자. 점 (x, y, z)를 $z = d$ 평면에 투영한 점 (x', y', d)를 구하고자 한다. 좌표 성분 x과 y를 따로 고찰하고 닮은꼴 삼각형의 원리를 적용하면

$$\frac{x'}{d} = \frac{x}{z} \Rightarrow x' = \frac{xd}{z} = \frac{x \cot(\alpha/2)}{z} = \frac{x}{z \tan(\alpha/2)}$$

이고

$$\frac{y'}{d} = \frac{y}{z} \Rightarrow y' = \frac{yd}{z} = \frac{y \cot(\alpha/2)}{z} = \frac{y}{z \tan(\alpha/2)}$$

임을 알 수 있다. 이때 점 (x, y, z)가 절두체 안에 있을 필요충분조건은 다음과 같음을 주목하기 바란다.

$$-r \leq x' \leq r$$
$$-1 \leq y' \leq 1$$
$$n \leq z \leq f$$

5.6.3.3 정규화된 장치 좌표(NDC)

앞에서는 투영된 점의 좌표를 시야 공간에서 계산했다. 시야 공간에서는 투영 창의 높이가 2이고 너비가 $2r$이다(여기서 r은 종횡비). 이 방식의 문제점은 투영 창의 크기가 종횡비에 의존

한다는 것이다. 나중에 하드웨어가 투영 창의 크기에 관련된 연산들을 수행할 때(이를테면 투영 창을 후면 버퍼에 사상하는 등) 종횡비를 알아야 하므로, 응용 프로그램이 종횡비를 하드웨어에 알려 주어야 한다. 만일 종횡비에 대한 이러한 의존성을 없앨 수 있다면 작업이 더 수월할 것이다. 해결책은, 투영된 점의 x 성분을 다음과 같이 $[-r, r]$ 구간에서 $[-1, 1]$으로 비례하는 것이다.

$$-r \le x' \le r$$

$$-1 \le x'/r \le 1$$

x, y 성분을 이렇게 사상한 후의 좌표를 **정규화된 장치 좌표**(normalized device coordinates, NDC)라고 부른다(z 성분은 아직 정규화되지 않았음을 주의할 것). 이 경우 점 (x, y, z)가 절두체 안에 있을 필요충분조건은 다음과 같다.

$$-1 \le x'/r \le 1$$

$$-1 \le y' \le 1$$

$$n \le z \le f$$

시야 공간에서 NDC 공간으로의 이러한 변환을 일종의 단위 변환(unit conversion)으로 볼 수도 있다. x 축에서 NDC의 한 단위는 시야 공간의 r단위와 같다(즉, 1 ndc = r vs). 따라서, 시야 공간의 x단위를 NDC의 단위로 변환하고 싶다면 다음 공식을 사용하면 된다.

$$x \text{ vs} \cdot \frac{1 \text{ ndc}}{r \text{ vs}} = \frac{x}{r} \text{ ndc}$$

이제 투영 공식들을 다음과 같이 변경한다면, 투영된 x와 y의 NDC 좌표성분들을 직접 얻을 수 있다.

$$x' = \frac{x}{rz \tan(\alpha/2)}$$

$$y' = \frac{x}{z \tan(\alpha/2)}$$ **(식 5.1)**

NDC 좌표에서는 투영 창의 높이가 2이고 너비도 2이다. 투영 창의 크기가 고정되었으므로 하드웨어는 종횡비를 몰라도 된다. 대신, 실제로 NDC 공간을 기준으로 한 투영 좌표들을 공급하는 것은 이제 프로그래머의 몫이다(그래픽 하드웨어는 항상 투영된 좌표들이 NDC 공간 기준이라고 가정할 것이므로).

5.6.3.4 투영 변환을 행렬로 표현

일관성을 위해서는 투영 변환을 하나의 행렬로 표현하는 것이 바람직하다. 그러나 식 5.1은 비선형(nonlinear)이므로 행렬 표현이 없다. 이를 해결하는 "요령"은 식을 두 부분, 즉 선형인 부분과 비선형인 부분으로 나누는 것이다. 식에서 z로 나누기가 바로 비선형 부분이다. 다음 절에서 보겠지만, 투영 시 x와 y뿐만 아니라 z 성분도 정규화된다. 이는 투영 변환 단계에서 나누기에 사용할 원래의 z 성분이 더 이상 남아 있지 않음을 뜻한다. 따라서 반드시 투영 변환 전에 입력 z 성분을 어딘가에 저장해 두어야 한다. 이를 위해, 동차 좌표의 w 성분에 입력 z 성분을 복사해 둔다. 행렬 곱셈의 관점에서 이는 [2][3] 성분(색인들이 0부터 시작하므로 3행 4열 성분)을 1로, [3][3] 성분을 0으로 두는 것에 해당한다. 결론적으로, 투영 행렬(투영 변환을 나타내는 행렬)은 다음과 같은 모습이다.

$$
\mathbf{P} = \begin{bmatrix}
\dfrac{1}{r\tan(\alpha/2)} & 0 & 0 & 0 \\[2ex]
0 & \dfrac{1}{\tan(\alpha/2)} & 0 & 0 \\[2ex]
0 & 0 & A & 1 \\[1ex]
0 & 0 & B & 0
\end{bmatrix}
$$

이 행렬에 상수 A와 B가 배치되어 있음을 주목하기 바란다(이들은 다음 절에서 계산한다). 이 상수들은 입력 z 좌표를 정규화된 구간 $[-1, 1]$로 변환하는 데 쓰인다. 임의의 점 $(x, y, z, 1)$에 이 행렬을 곱하면 다음이 나온다.

$$
[x, y, z, 1] \begin{bmatrix}
\dfrac{1}{r\tan(\alpha/2)} & 0 & 0 & 0 \\[2ex]
0 & \dfrac{1}{\tan(\alpha/2)} & 0 & 0 \\[2ex]
0 & 0 & A & 1 \\[1ex]
0 & 0 & B & 0
\end{bmatrix}
$$

$$
= \left[\frac{x}{r\tan(\alpha/2)}, \frac{y}{\tan(\alpha/2)}, Az + B, z \right] \qquad \text{(식 5.2)}
$$

이처럼 투영 행렬을 곱하는 것이 전체 투영 변환의 선형 부분이다. 이제 비선형 부분을 적용하면, 다시 말해서 각 좌표성분을 $w = z$로 나누면 투영 변환이 완성된다.

$$\left[\frac{x}{r\tan(\alpha/2)}, \frac{y}{\tan(\alpha/2)}, Az+B, z \right] \xrightarrow{\text{w로 나누기}} \left[\frac{x}{rz\tan(\alpha/2)}, \frac{y}{z\tan(\alpha/2)}, A+\frac{B}{z}, 1 \right] \quad \text{(식 5.3)}$$

한 가지 덧붙이자면, 여기서 0으로 나누기를 걱정하는 독자도 있을 것이다. 그러나 가까운 평면과의 거리는 반드시 0보다 커야 하며, 따라서 z 성분이 0인 점은 시야 절두체 바깥에 있다. 즉, 그런 점은 이미 절단된(§5.9) 후이므로 투영 변환의 대상이 아니다. w로 나누기를 원근 나누기(perspecitve divide)나 동차 나누기(homogeneous divide)라고 부르기도 한다. 투영된 x 성분과 y 성분이 식 5.1과 일치함을 주목하기 바란다.

5.6.3.5 정규화된 깊이 값

투영이 끝났다면 투영된 점들이 모두 2차원 투영 창에 놓여서 관찰자에게 보이는 2차원 이미지를 형성할 것이므로, 원래의 3차원 z 성분은 이제 폐기해도 될 것이라고 생각하는 독자도 있을 것이다. 그러나 깊이 버퍼링 알고리즘을 위해서는 3차원 깊이 정보가 여전히 필요하다. 투영된 x, y 성분을 일정 구간으로 정규화하는 것과 마찬가지로, Direct3D는 깊이 성분도 일정 구간으로 정규화한다. 단, 깊이 성분의 정규화 구간은 [-1, 1]이 아니라 [0, 1]이다. 이러한 정규화를 위해서는 구간 $[n, f]$를 구간 [0, 1]로 사상하는 함수 $g(z)$가 필요하다. 그러한 함수는 순서를 보존하는 함수이어야 한다. 순서를 보존한다는 것은, z_1, $z_2 \in [n, f]$이라 할 때 만일 $z_1 \langle z_2$이면 $g(z_1) \langle g(z_2)$이라는 뜻이다. 이런 함수로 깊이 값들을 변환하면 깊이 값들의 상대적 관계가 유지된다. 따라서 정규화된 구간의 깊이들을 비교해도 결과(가려짐 여부)가 정확하다. 그리고 깊이 버퍼링 알고리즘에 필요한 것은 깊이들 사이의 상대적 순서 관계뿐이다.

$[n, f]$를 비례 연산 1회와 이동 연산 1회를 통해서 [0, 1]로 사상할 수 있다. 그러나 그러한 접근 방식은 현재의 투영 전략과 잘 통합되지 않는다. 식 5.3에 의해 z 성분은 다음과 같은 변환을 거친다.

$$g(z) = A + \frac{B}{z}$$

이제 다음 두 구속조건을 만족하는 A와 B를 선택해야 한다.

- 조건 1: $g(n) = A + B/n = 0$ (가까운 평면이 0으로 사상됨)
- 조건 2: $g(f) = A + B/f = 1$ (먼 평면이 1로 사상됨)

조건 1을 B에 대해 정리하면 $B = -An$이 나온다. 이를 조건 2에 대입해서 A에 대해 정리하면 다음이 나온다.

$$A + \frac{-An}{f} = 1$$

$$\frac{Af - An}{f} = 1$$

$$Af - An = f$$

$$A = \frac{f}{f - n}$$

따라서

$$g(z) = \frac{f}{f - n} - \frac{nf}{(f - n)z}$$

이다. g의 그래프(그림 5.25)는 이 함수가 순증가(strictly increasing) 함수이자 비선형 함
수임을 보여준다. 순증가 함수는 곧 순서 보존 함수이다. 그 그래프는 또한 가까운 평면에 근접
한 깊이 값들이 구간의 대부분을 "차지한다"는 점도 보여준다. 즉, 깊이 값들의 대부분이 치역
(함수 값들의 구간)의 작은 부분 집합에 몰려 있는 것이다. 이는 깊이 버퍼 정밀도 문제(유한
한 수치 표현 때문에, 변환된 두 깊이 값이 약간만 다른 경우 컴퓨터가 그 둘을 구분하지 못하
는 것)로 이어진다. 이에 대한 일반적인 조언은, 가까운 평면과 먼 평면을 최대한 가깝게 해서
깊이 정밀도 문제를 최소화하라는 것이다.

이제 앞에서 구한 A와 B로 **원근투영 행렬**을 완성하면 다음이 나온다.

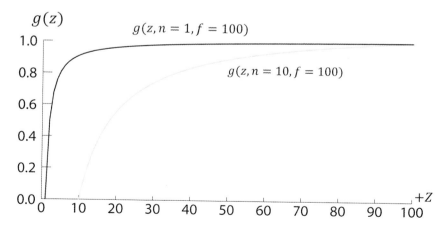

그림 5.25 서로 다른 가까운 평면에 대한 $g(z)$ 그래프들.

$$\mathbf{P} = \begin{bmatrix} \dfrac{1}{r\tan(\alpha/2)} & 0 & 0 & 0 \\[2ex] 0 & \dfrac{1}{\tan(\alpha/2)} & 0 & 0 \\[2ex] 0 & 0 & \dfrac{f}{f-n} & 1 \\[2ex] 0 & 0 & \dfrac{-nf}{f-n} & 0 \end{bmatrix}$$

이 투영 행렬을 곱한 후의, 그러나 원근 나누기는 아직 수행하기 전의 기하구조를 가리켜 **동차 절단 공간**(homogeneous clip space) 또는 **투영 공간**에 있다고 말한다. 원근 나누기를 수행한 후의 기하구조를 가리켜 정규화된 장치 좌표(NDC) 공간에 있다고 말한다.

5.6.3.6 XMMatrixPerspectiveFovLH 함수

DirectXMath 라이브러리의 다음 함수를 이용해서 원근투영 행렬을 구축할 수 있다.

```
// 투영 행렬을 돌려준다.
XMMATRIX XM_CALLCONV XMMatrixPerspectiveFovLH(
    float FovAngleY,    // 수직 시야각(라디안 단위)
    float Aspect,       // 종횡비 = 너비 / 높이
    float NearZ,        // 가까운 평면 거리
    float FarZ);        // 먼 평면 거리
```

다음은 이 XMMatrixPerspectiveFovLH 함수의 사용법을 보여주는 예제 코드이다. 이 예제는 수직 시야각을 $45°$로 설정하고, 가까운 평면은 $z = 1$에, 그리고 먼 평면은 $z = 1000$에 둔다(이 수치들은 시야 공간 기준이다).

```
XMMATRIX P = XMMatrixPerspectiveFovLH(0.25f*XM_PI,
    AspectRatio(), 1.0f, 1000.0f);
```

종횡비는 다음과 같이 응용 프로그램 창의 너비와 높이에 부합하도록 계산한다.

```
float D3DApp::AspectRatio()const
{
    return static_cast<float>(mClientWidth) / mClientHeight;
}
```

5.7 테셀레이션 단계들

테셀레이션tessellation은 주어진 메시의 삼각형들을 더 잘게 쪼개서(세분) 새로운 삼각형들을 만드는 과정을 말한다. 새 삼각형들을 새로운 위치로 이동함으로써 원래 메시에는 없는 세부적인 특징(detail)을 만들어 낼 수 있다(그림 5.26 참고).

테셀레이션에는 여러 가지 장점이 있다.

1. 카메라에 가까운 삼각형들에는 테셀레이션을 적용해서 세부도를 높이고, 먼 삼각형들에는 테셀레이션을 적용하지 않는 방식의 세부수준(level-of-detail, LOD) 메커니즘을 구현할 수 있다. 이렇게 하면 세부 특징을 관찰자가 실제로 볼 수 있는 부분에만 더 많은 삼각형을 사용하게 되므로 효율적이다.
2. 메모리에는 저다각형(low-poly) 메시, 즉 적은 수의 삼각형들로 이루어진 메시를 담아두고 즉석에서 삼각형들을 추가함으로써 메모리를 절약할 수 있다.
3. 애니메이션이나 물리 처리 같은 연산들을 단순한 저다각형 메시에 대해 수행하고, 테셀레이션된 고다각형 메시는 렌더링에만 사용함으로써 계산량을 줄일 수 있다.

테셀레이션 단계들은 Direct3D 11에서 새로 도입되었다. 이 단계들은 기하구조를 GPU에서 테셀레이션하는 수단을 제공한다. Direct3D 11 이전에는 테셀레이션(어떤 형태이든)을 구현하려면 CPU에서 삼각형들을 분할해서 새 기하구조를 만들고, 그것을 다시 GPU에 올려서 렌더링해야 했다. 그런데 새 기하구조를 CPU 메모리에서 GPU 메모리로 올리는 것은 느린 연산이다. 게다가 CPU에서 테셀레이션을 계산하는 것은 CPU에 부담이 된다. 그래서 Direct3D 11 이전에는 실시간 그래픽에서 테셀레이션이 그리 많이 쓰이지 않았다. Direct3D 11이 제공하는 API를 이용하면 테셀레이션이 전적으로 하드웨어에서 일어난다(단, 시스템에 Direct3D 11급 이상의 그래픽 처리 장치가 장착되어 있다고 할 때). 테셀레이션 단계들은 선택적이다(즉, 테셀레이션이 필요하지 않으면 이 단계들을 생략할 수 있다). 테셀레이션는 제14장에서 좀 더 자세히 설명한다.

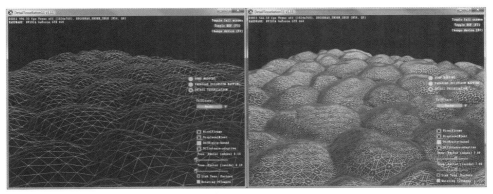

그림 5.26 왼쪽은 원래의 메시이고 오른쪽은 테셀레이션 이후의 메시이다.

5.8 기하 셰이더 단계

기하 셰이더 단계(geometry shader stage)는 선택적이며, 이 책에서는 제12장에서부터 사용한다. 따라서 이번 절에서는 간단하게만 소개하겠다. 기하 셰이더는 하나의 온전한 기본도형을 입력받아서 그것을 임의로 변형한다. 예를 들어 삼각형 목록을 그리는 경우 기하 셰이더에는 삼각형을 정의하는 정점 세 개가 입력된다(그 세 정점은 이미 정점 셰이더의 처리를 거친 것임을 주의할 것). 기하 셰이더의 주된 장점은 기하구조를 GPU에서 생성하거나 파괴할 수 있다는 것이다. 예를 들어 입력 기하구조를 여러 개의 기하구조들로 확장할 수도 있고, 조건에 따라 입력 기하구조를 폐기할(즉, 다음 단계로 출력하지 않을) 수도 있다. 이와는 달리 정점 셰이더는 정점을 생성하지 못한다. 정점 셰이더는 항상 정점 하나를 받아서 정점 하나를 출력한다. 기하 셰이더의 흔한 용도는 점이나 선분을 사각형으로 확장하는 것이다.

또 한 가지 주목할 것은, [그림 5.11]를 보면 기하 셰이더로부터 '스트림 출력' 단계로 화살표가 이어진다는 점이다. 즉, 기하 셰이더의 출력을 스트림 출력 단계를 통해 메모리의 버퍼에 저장해 두고 나중에 활용하는 것이 가능하다. 이는 고급 기법이므로 이후에 다른 장에서 이야기하겠다.

> **참고:** 기하 셰이더에서 출력된 정점 위치들은 반드시 동차 절단 공간으로 변환된 것이어야 한다.

5.9 절단

완전히 시야 절두체 바깥에 있는(절두체에 조금이라도 걸치지 않은) 기하구조는 폐기해야 하며, 절두체의 경계면과 교차하는 기하구조는 절두체 내부의 것만 남도록 잘라내야 한다. 이를 절단(clipping) 연산이라고 부른다. [그림 5.27]은 이러한 개념을 2차원으로 나타낸 것이다.

시야 절두체를 여섯 개의 평면(상·하·좌·우 네 평면과 가까운 평면 및 먼 평면)을 경계로 하는 영역이라고 생각할 수 있다. 다각형을 절두체로 절단하려면 먼저 다각형을 절두체의 여섯 평면 각각으로 절단해야 한다. 다각형을 하나의 평면으로 절단한다는 것은, 다각형 중 평면의 양의 반공간(half space)에 있는 부분을 남기고 음의 반공간에 있는 부분은 폐기하는 것을 뜻한다(그림 5.28). 볼록 다각형을 평면으로 절단하면 항상 볼록 다각형이 남는다.

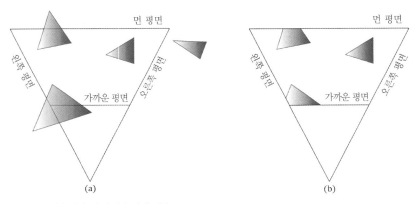

그림 5.27 (a) 절단 이전. (b) 절단 이후.

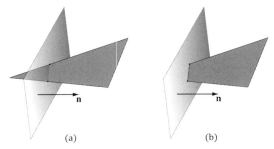

그림 5.28 (a) 삼각형을 평면으로 자른다. (b) 삼각형을 잘라낸 결과. 이 경우 절단 결과가 더 이상 삼각형이 아니라 사각형임을 주목하기 바란다. 따라서 하드웨어는 이러한 사각형을 삼각화(주어진 도형을 여러 삼각형으로 분할하는 것) 해야 한다. 볼록 다각형의 경우 그러한 삼각화는 간단한 연산이다.

이러한 절단 연산은 하드웨어가 수행해 주므로, 여기서 자세히 이야기하지는 않겠다. 관심 있는 독자라면 서덜런드-호지먼 절단 알고리즘(Sutherland-Hodgeman clipping algorithm, [Sutherland74])을 살펴보기 바란다. 기본적으로 그 알고리즘은 평면과 다각형 변들의 교점들을 구하고, 정점들을 다시 배열해서 새로운 절단된 다각형을 형성한다.

[Blinn78]에 4차원 동차공간에서 절단을 수행하는 방법이 나온다. 어떤 점이 시야 절두체 안에 있는 경우, 원근 나누기 이후의 그 점의 NDC 좌표 $\left(\frac{x}{w}, \frac{y}{w}, \frac{z}{w}, 1\right)$은 다음 부등식들을 만족한다.

$$-1 \leq x/w \leq 1$$
$$-1 \leq y/w \leq 1$$
$$0 \leq z/w \leq 1$$

따라서, 원근 나누기 이전의 동차 절단 공간에서 4차원 점 (x, y, z, w)가 시야 절두체 안에 있으려면 다음 조건들을 만족해야 한다.

$$-w \leq x \leq w$$
$$-w \leq y \leq w$$
$$0 \leq z \leq w$$

결론적으로, 시야 절두체 안의 점들은 다음과 같은 4차원 평면들로 이루어진 영역 안에 있다.

$$왼쪽 평면: w = -x$$
$$오른쪽 평면: w = x$$
$$아래 평면: w = -y$$

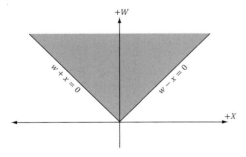

그림 5.29 동차 절단 공간의 xw 평면에서의 절두체 경계.

$$위 평면: w = y$$
$$가까운 평면: z = 0$$
$$먼 평면: z = w$$

동차 공간에서의 절두체 평면 방정식들만 알면 절단 알고리즘(서덜런드–호지만 등)을 적용할 수 있다. 그런데 선분 대 평면 교차 판정은 $\mathbb{R}^4$로 일반화되므로, 동차 절단 공간에서 4차원 점과 4차원 평면의 교차도 판정할 수 있다.

5.10 래스터화 단계

래스터화기 단계(rasterizer stage)라고도 하는 래스터화 단계(rasterization stage)의 주 임무는 투영된 3차원 삼각형으로부터 픽셀 색상들을 계산하는 것이다.

5.10.1 뷰포트 변환

절단을 마치고 나면 하드웨어는 원근 나누기를 수행해서 동차 절단 공간 좌표를 정규화된 장치 좌표(NDC)로 변환할 수 있다. 그리고 일단 정점들이 NDC 공간으로 들어오면, 2차원 이미지를 형성하는 점들의 2차원 x, y 좌표성분들이 후면 버퍼의 한 직사각형 영역으로 변환된다. 그 직사각형 영역이 바로 §4.3.9에서 말한 뷰포트이다. 이러한 뷰포트 변환을 마치고 나면 x, x 성분은 픽셀 단위의 값이 된다. 일반적으로 뷰포트 변환 시 z 성분은 변경하지 않는다(그 성분은 깊이 버퍼링에 사용해야 하므로). 그러나 D3D12_VIEWPORT 구조체의 MinDepth와 MaxDepth를 변경함으로써 깊이 값에 영향을 미칠 수는 있다. MinDepth와 MaxDepth의 값들은 반드시 0 이상 1 이하이어야 한다.

5.10.2 후면 선별

하나의 삼각형에는 면이 두 개 있다. 두 면을 구분하기 위해 Direct3D는 다음과 같은 관례를 사용한다. 삼각형 정점들이 $\mathbf{v}_0$, $\mathbf{v}_1$, $\mathbf{v}_2$의 순서로 감긴다고 할 때, 삼각형의 법선 $\mathbf{n}$은 다음과 같이 정의된다.

$$\mathbf{e}_0 = \mathbf{v}_1 - \mathbf{v}_0$$

$$\mathbf{e}_1 = \mathbf{v}_2 - \mathbf{v}_0$$

$$\mathbf{n} = \frac{\mathbf{e}_0 \times \mathbf{e}_1}{\|\mathbf{e}_0 \times \mathbf{e}_1\|}$$

이 법선이 가리키는 방향이 삼각형의 **앞쪽**(front side)에 해당하고, 그 반대 방향은 삼각형의 **뒤쪽**(back side)이다. [그림 5.30]은 이를 도식화한 것이다.

관찰자에게 보이는 면이 앞쪽 면인 삼각형을 가리켜 **전면**(front-facing; 또는 전향) 삼각형이라고 부른다. 반대로, 삼각형의 뒤쪽 면이 보인다면 그 삼각형은 **후면**(back-facing; 또는 후향) 삼각형이다. [그림 5.30]이 관찰자에게 보이는 두 삼각형을 나타낸 것이라고 하면, 왼쪽 삼각형은 전면 삼각형이고 오른쪽은 후면 삼각형이다. 더 나아가서, 왼쪽 삼각형은 정점들이 시계방향으로 감기고 오른쪽은 반시계방향으로 감긴다. 이는 우연의 일치가 아니다. 앞에서 말한 Direct3D의 관례(즉, 삼각형 법선을 계산하는 방식)에서, 감는 순서가 시계방향(관찰자를 기준으로)인 삼각형은 전면이고 반시계방향(관찰자를 기준으로)인 삼각형은 후면이다.

3차원 장면에서 대부분의 물체는 닫힌 다면체 도형이다. 물체를 구성하는 삼각형들의 법선이 항상 물체의 바깥쪽을 향하도록 물체의 모형을 만든다고 가정하자. 그러면 카메라(관찰자)에는 다면체의 후면 삼각형들이 보이지 않는다. 후면 삼각형들은 모두 전면 삼각형들에 가려지기 때문이다. [그림 5.31]은 이를 2차원으로 나타낸 것이고, [그림 5.32]는 3차원으로 나타낸 것이다. 전면 삼각형들이 후면 삼각형들을 가리므로, 후면 삼각형들은 그릴 필요가 전혀 없다. 파이프라인에서 그러한 후면 삼각형을 골라서 폐기하는 공정을 **후면 선별**(backface culling; 또는 후면 제외)이라고 부른다. 후면 선별에 의해, 파이프라인이 처리해야 할 처리할 삼각형의 수가 거의 절반으로 줄어들 수 있다.

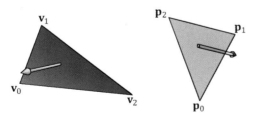

그림 5.30 독자의 시점에서 왼쪽은 전면 삼각형이고 오른쪽은 후면 삼각형이다.

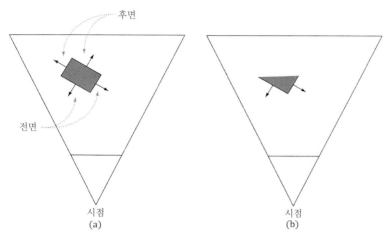

그림 5.31 (a) 전면 삼각형들과 후면 삼각형들로 이루어진 다면체. (b) 후면 삼각형들을 선별한 후의 장면. 후면 삼각형들이 모두 전면 삼각형들에 가려지므로, 후면 선별은 최종 이미지에 영향을 미치지 않는다.

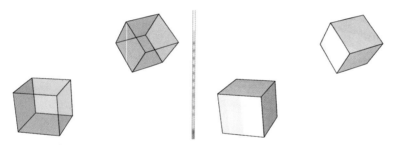

그림 5.32 (왼쪽) 입방체의 여섯 면이 모두 보이도록 면들을 반투명하게 그린 모습. (오른쪽) 입방체를 불투명한 다면체로 그린 모습. 세 개의 후면은 보이지 않음을 주목하기 바란다. 그 삼각형들을 세 개의 전방 삼각형이 가리기 때문이다. 따라서 후면 삼각형들을 이후 처리에서 제외해도 관찰자는 눈치채지 못한다.

기본적으로 Direct3D는 시계방향(관찰자 기준)으로 감긴 삼각형을 전면으로 간주하고 반시계방향(관찰자 기준)으로 감긴 삼각형을 후면으로 간주한다. 그러나 Direct3D 렌더 상태의 설정에 따라서는 그 반대의 방식도 가능하다.

5.10.3 정점 특성의 보간

이전에 말했듯이 삼각형은 그 정점들로 정의된다. 또한, 정점 자료에는 위치 정보뿐만 아니라 색상이나 법선 벡터, 텍스처 좌표 같은 추가적인 특성을 붙일 수 있다는 점도 이야기했다. 뷰포트 변환을 거친 후에는 정점의 그러한 특성들을 삼각형을 덮는 각 픽셀에 대해 보간해야 한다. 또한, 정점의 깊이 값도 그런 식으로 보간해서, 각 픽셀에 깊이 버퍼링 알고리즘을 위한 깊이 값을 부여해야 한다. [그림 5.33]에서 보듯이, 정점 특성들은 3차원 공간에서 삼각형의 면을 따라 선형으로 보간된다. 그런데 보간된 특성을 그대로 화면 공간에 사상하면 간격이 고르지 않다(그림 5.34). 다행히, Direct3D에 쓰이는 **원근 보정 보간**(perspective correct interpolation)이라고 하는 보간 방법에서는 그런 문제가 발생하지 않는다. 어쨌거나, 이러한 정점 특성 보간 덕분에 삼각형 내부 픽셀들을 위한 값들을 정점에 부착된 값들로부터 계산할 수 있게 된다.

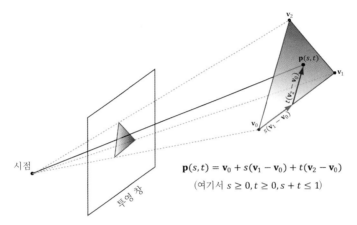

$$\mathbf{p}(s, t) = \mathbf{v}_0 + s(\mathbf{v}_1 - \mathbf{v}_0) + t(\mathbf{v}_2 - \mathbf{v}_0)$$

(여기서 $s \geq 0, t \geq 0, s + t \leq 1$)

그림 5.33 삼각형 정점들에 있는 특성 값들을 보간해서 삼각형의 한 점의 특성 값 $\mathbf{p}(s, t)$ 을 구한다.

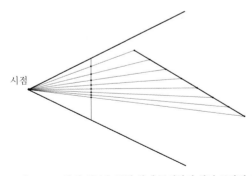

그림 5.34 3차원 선분을 투영 창에 투영하면 화면 공간의 2차원 선분이 된다. 3차원 선분에서 균등하게 나누어진 구간들이, 2차원 화면 공간으로 투영된 후에는 더 이상 균등하지 않음을 주목하기 바란다. 이 때문에, 3차원 공간에서의 선형 보간을 위해서는 화면 공간에서 비선형 보간을 수행해야 한다.

원근 보정 보간은 하드웨어가 수행하는 것이므로, 그에 깔린 수학적 세부사항을 독자가 알 필요는 없다. [그림 5.34]를 보고 어느 정도 감을 잡기만 하면 될 것이다. 좀 더 관심이 있는 독자라면 [Eberly01]에 나온 수학적 유도 과정을 참고하기 바란다.

5.11 픽셀 셰이더 단계

픽셀 셰이더$^{pixel\ shader}$(PS)는 프로그래머가 작성하고 GPU가 실행하는 프로그램이다. 픽셀 셰이더는 각각의 픽셀 단편(pixel fragment)*에 대해 실행된다. 기본적으로 픽셀 셰이더는 보간된 정점 특성들을 입력받아서 하나의 색상을 출력한다. 픽셀 셰이더는 그냥 고정된 상수 색상을 돌려주는 아주 간단한 것에서부터 픽셀당 조명, 반사, 그림자 효과 등 좀 더 복잡한 작업을 수행하는 것에 이르기까지 다양하다.

5.12 출력 병합기 단계

픽셀 셰이더가 생성한 픽셀 단편들은 렌더링 파이프라인의 출력 병합기(output merger, OM) 단계로 입력된다. 이 단계에서 일부 픽셀 단편들이 기각될 수 있다(이를테면 깊이 판정이나 스텐실 판정에 의해). 기각(폐기)되지 않은 픽셀 단편들은 후면 버퍼에 기록된다. 혼합(blending)도 이 단계에서 일어난다. 혼합이란, 새 픽셀이 후면 버퍼의 기존 픽셀을 완전히 덮어쓰는 것이 아니라 두 픽셀을 일정한 공식에 따라 섞은 결과를 기록하는 것을 말한다. 혼합은 반투명 같은 특수 효과를 내는 데 쓰인다. 제10장에서 혼합을 본격적으로 다룬다.

....
* 옮긴이 픽셀 단편(fragment)은 화면에 표시되는 최종적인 색상으로서의 픽셀과 그 색상을 계산하기 위한 중간적인 픽셀 자료를 구분하기 위해 도입된 것이다. 후자가 바로 픽셀 단편으로, 보통은 그냥 '단편'이라고 부른다. 예를 들어 OpenGL에서는 픽셀 셰이더를 단편 프로그램(fragment program)이라고 부른다. 셰이더가 아니라 프로그램이라고 부르는 것은, 현재 기술 수준에서 픽셀 셰이더가 단순한 '셰이딩(음영 및 색조 적용)' 이상의 일을 할 수 있기 때문이다.

5.13 요약

1. 3차원 장면을 2차원 이미지로 흉내 내기 위해, 실생활에서 사람이 사물을 보는 방식에 근거한 기법들을 적용한다. 실생활에서 평행선들은 소실점으로 수렴하고, 물체의 크기가 깊이에 따라 감소하고, 다른 물체에 가려진 물체는 보이지 않게 되며, 조명과 그림자는 3차원 물체의 입체적 형상과 부피감을 두드러지게 한다. 그림자는 또한 광원의 위치와 장면의 다른 물체에 상대적인 물체의 위치를 암시해주는 역할도 한다.

2. 3차원 물체를 삼각형 메시로 근사한다. 하나의 삼각형은 세 개의 정점으로 정의된다. 그런데 메시 중에는 정점들을 여러 삼각형이 공유하는 형태의 것들이 많다. 색인 목록을 이용하면 정점 중복을 줄일 수 있다.

3. 색상은 적, 녹, 청색광의 세기로 정의된다. 이 빛의 삼원색을 그 세기를 달리해서 혼합함으로써 수백만 개의 색상을 묘사할 수 있다. 적, 녹, 청 성분의 세기는 0에서 1까지의 범위로 정규화된 수치로 표현한다. 0은 해당 색상이 전혀 없는 것이고, 1은 세기가 최대인 것이다. 색상에 적, 녹, 청 외에 **알파 성분**을 포함하는 경우도 흔하다. 일반적으로 알파 성분은 색상의 불투명도를 나타내는 데 쓰인다. 불투명도는 혼합 연산에 유용하다. 색상에 알파 성분을 포함한다는 것은 하나의 색상을 4차원 색상 벡터 (r, g, b, a)로 표현할 수 있음을 뜻한다. 여기서 $0 \le r, g, b, a \le 1$이다. 하나의 색상을 나타내는 데 필요한 자료가 4차원 벡터이므로, 코드에서는 XMVECTOR 형식으로 색상을 나타낼 수 있다. 그러면 DirectXMath 라이브러리의 벡터 함수들로 색상 연산들을 수행할 때 SIMD의 혜택을 받게 된다. 하나의 색상을 32비트로 나타낼 때에는 성분당 1바이트(8비트)를 할당한다. DirectXMath 라이브러리는 그러한 32비트 색상을 저장하는 데 사용할 수 있는 XMCOLOR라는 구조체를 제공한다. 색상 벡터를 보통의 벡터처럼 더하거나 뺄 수 있으며, 스칼라를 곱할 수도 있다. 단, 벡터의 성분들을 반드시 [0, 1] 구간(32비트 색상의 경우에는 [0, 255] 구간)으로 한정시켜야 한다. 내적이나 외적 같은 다른 벡터 연산은 색상 벡터에 대해 별로 의미가 없다. $\otimes$이라는 기호는 색상 벡터들의 성분별 곱셈을 뜻하는데, 그 정의는 다음과 같다:

$$(c_1, c_2, c_3, c_4) \otimes (k_1, k_2, k_3, k_4) = (c_1 k_1, c_2 k_2, c_3 k_3, c_4 k_4)$$

4. 3차원 장면의 기하학적 서술과 가상 카메라의 위치 및 방향이 주어졌을 때 현재 가상 카메라에 비친 3차원 장면의 모습에 근거해서 2차원 이미지(모니터에 표시할 수 있는)를 생성하는 데 필요한 일련의 단계들 전체를 **렌더링 파이프라인**이라고 부른다.

5. 렌더링 파이프라인은 다음과 같은 주요 단계들로 구성된다: 입력 조립기(IA) 단계, 정점 셰이더(VS) 단계, 테셀레이션 단계들, 기하 셰이더(GS) 단계, 절단 단계, 래스터화 단계, 픽셀 셰이더(PS) 단계, 출력 병합기(OM) 단계.

5.14 연습문제

1. [그림 5.35]와 같은 피라미드(사각뿔)의 정점 목록과 색인 목록을 작성하라.

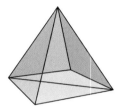

그림 5.35 피라미드를 구성하는 삼각형들.

2. [그림 5.36]에 나온 두 도형이 각자 개별적인 정점 목록과 색인 목록으로 정의되어 있다고 하자. 그 둘을 하나의 정점 목록과 하나의 색인 목록으로 병합하라. (여기서 핵심은, 둘째 색인 목록을 첫째 색인 목록에 합칠 때 둘째 색인 목록의 색인들을 원래의 정점 목록에 있는 정점들이 아니라 합쳐진 정점 목록의 정점들을 지칭하도록 갱신해야 한다는 것이다.)

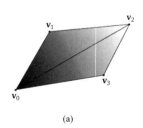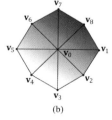

(a)   (b)

그림 5.36 연습문제 2를 위한 도형들.

3. 카메라가 세계 좌표계를 기준으로 (−20, 35, −50)에서 대상점 (10, 0, 30)을 바라본다고 하자. 세계 공간의 상향 벡터가 (0, 1, 0)이라고 가정하고 이 카메라의 시야 행렬

을 구하라.

4. 수직 시야각이 θ = 45°이고 종횡비가 a = 4/3, 가까운 평면 거리가 n = 1, 먼 평면 거리가 f = 100이라 할 때 그에 해당하는 원근투영 행렬을 구하라.

5. 시야 창의 높이가 4라고 할 때, 수직 시야각이 θ = 60°가 되려면 시야 창과 원점의 거리 d를 몇으로 설정해야 할까?

6. 다음과 같은 원근투영 행렬이 있다고 하자.

$$\begin{bmatrix} 1.86603 & 0 & 0 & 0 \\ 0 & 3.73205 & 0 & 0 \\ 0 & 0 & 1.02564 & 1 \\ 0 & 0 & -5.12821 & 0 \end{bmatrix}$$

이 행렬을 구축하는 데 쓰인 수직 시야각 α와 종횡비 r, 가까운 평면 거리, 먼 평면 거리를 구하라.

7. 다음과 같이 상수 A, B, C, D가 포함된 원근투영 행렬이 주어졌다고 하자.

$$\begin{bmatrix} A & 0 & 0 & 0 \\ 0 & B & 0 & 0 \\ 0 & 0 & C & 1 \\ 0 & 0 & D & 0 \end{bmatrix}$$

이 행렬을 만드는 데 쓰인 수직 시야각 α와 종횡비 r, 가까운 평면 거리, 먼 평면 거리를 A, B, C, D로 표현하라. 즉, 다음 방정식들을 풀어라.

(a) $A = \dfrac{1}{r \tan(\alpha/2)}$

(b) $B = \dfrac{1}{\tan(\alpha/2)}$

(c) $C = \dfrac{f}{f-n}$

(d) $D = \dfrac{-nf}{f-n}$

이 연립방정식을 풀면 이 책에서 설명하는 종류에 속하는 임의의 원근투영 행렬에서 수직 시야각 α와 종횡비 r, 가까운 평면 거리, 먼 평면 거리를 추출하는 공식들이 나온다.

8. 투영 텍스처 적용 알고리즘들을 위해서는 투영 행렬 다음에 아핀변환 행렬 $\mathbf{T}$를 곱해야 한다. $\mathbf{T}$를 곱하는 연산을 원근 나누기 이전에 하든 이후에 하든 차이가 없음을 증명하

라. 구체적으로 말해서, $\mathbf{v}$가 4차원 벡터, $\mathbf{P}$가 투영 행렬, $\mathbf{T}$가 4×4 아핀변환 행렬이고 아래첨자 w가 4차원 벡터의 w 성분을 뜻한다고 할 때, 다음을 증명하라.

$$\left(\frac{\mathbf{vP}}{(\mathbf{vP})_w}\right)\mathbf{T} = \frac{(\mathbf{vPT})}{(\mathbf{vPT})_w}$$

9. 투영 행렬의 역행렬이 다음과 같이 주어짐을 증명하라.

$$\mathbf{P}^{-1} = \begin{bmatrix} r\tan\left(\dfrac{\alpha}{2}\right) & 0 & 0 & 0 \\[2ex] 0 & \tan\left(\dfrac{\alpha}{2}\right) & 0 & 0 \\[2ex] 0 & 0 & 0 & -\dfrac{f-n}{nf} \\[2ex] 0 & 0 & 1 & \dfrac{1}{n} \end{bmatrix}$$

10. $[x, y, z, 1]$이 시야 공간의 한 점의 좌표이고 $[x_{ndc}, y_{ndc}, z_{ndc}, 1]$이 그 점의 NDC 공간에서의 좌표라고 하자. NDC 공간에서 시야 공간으로의 변환을 다음과 같이 수행할 수 있음을 증명하라.

$$[x_{ndc}, y_{ndc}, z_{ndc}, 1]\mathbf{P}^{-1} = \left[\frac{x}{z}, \frac{y}{z}, 1, \frac{1}{z}\right] \xrightarrow{w\text{로 나누기}} [x, y, z, 1]$$

w로 나누기가 왜 필요한지 설명하라. 동차 절단 공간에서 시야 공간으로의 변환에서도 w로 나누기가 필요할까?

11. 시야 절두체를 가까운 평면에서의 시야 공간의 너비와 높이를 지정해서 정의할 수도 있다. 가까운 평면에서의 시야 공간의 너비 w와 높이 h가 주어졌을 때, 그리고 가까운 평면 거리 n과 먼 평면 거리 f가 주어졌을 때, 해당 원근투영 행렬이 다음과 같이 주어짐을 증명하라.

$$\mathbf{P} = \begin{bmatrix} \dfrac{2n}{w} & 0 & 0 & 0 \\[2ex] 0 & \dfrac{2n}{h} & 0 & 0 \\[2ex] 0 & 0 & \dfrac{f}{f-n} & 1 \\[2ex] 0 & 0 & \dfrac{-nf}{f-n} & 0 \end{bmatrix}$$

12. 수직 시야각이 θ이고 종횡비가 a, 가까운 평면 거리가 n, 먼 평면거리가 f인 시야 절두체의 여덟 꼭짓점(모퉁이 정점)의 좌표를 구하라.

13. $S_{xy}(x, y, z) = (x + zt_x, y + zt_y, z)$로 주어진 3차원 전단변환(shear transform; 또는 층밀림변환)을 생각해 보자. [그림 5.37]에 이 변환이 나와 있다. 이것이 선형변환이며 행렬 표현이 다음과 같음을 증명하라.

$$\mathbf{S}_{xy} = \begin{bmatrix} 1 & 0 & 0 \\ 0 & 1 & 0 \\ t_x & t_y & 1 \end{bmatrix}$$

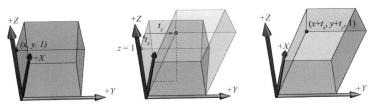

그림 5.37 전단변환은 x 성분과 y 성분을 z 성분에 비례해서 밀어낸다. 상자의 윗면은 $z = 1$ 평면에 있다. 전단변환이 이 평면의 점들을 이동함을 주목하기 바란다.

14. $z = 1$ 평면에 놓인 3차원 점들, 즉 좌표가 $(x, y, 1)$ 형태인 점들을 생각해 보자. 한 점 $(x, y, 1)$을 이전 연습문제에 나온 전단변환 $\mathbf{S}_{xy}$로 변환하는 것은 $z = 1$ 평면에서 다음과 같은 2차원 이동을 적용하는 것에 해당함을 주목하기 바란다.

$$[x, y, 1] \begin{bmatrix} 1 & 0 & 0 \\ 0 & 1 & 0 \\ t_x & t_y & 1 \end{bmatrix} = [x + t_x, y + t_y, 1]$$

2차원 그래픽 응용 프로그램에서도 3차원 좌표를 사용할 수 있다. 2차원 세계의 모든 사물이 $z = 1$ 평면에 놓여 있다고 가정하면 된다. 그러면 2차원 공간에서의 이동을 $\mathbf{S}_{xy}$를 이용해서 수행할 수 있다.

다음과 같은 일반화들을 입증하라.

(a) 3차원 공간의 한 평면(plane)이 2차원 공간인 것처럼, 4차원 공간의 한 '평면'은 3차원 공간이다. 어떠한 점을 동차좌표 $(x, y, z, 1)$로 나타낸다는 것은 4차원 평면 $w = 1$에 놓인 3차원 공간을 다루는 것에 해당한다.

(b) 이동행렬은 4차원 전단변환 $S_{xyz}(x, y, z, w) = (x + wt_x, y + wt_y, z + wt_z, w)$의 행렬 표현이다. 4차원 전단변환은 $w = 1$ 평면에서 점을 이동하는 효과를 낸다.

CHAPTER 6

Direct3D의 그리기 연산

제5장에서는 주로 Direct3D 렌더링 파이프라인의 개념적, 수학적 측면에 집중했다. 이번 장에서는 초점을 바꾸어서, 렌더링 파이프라인을 구성하고, 정점 셰이더와 픽셀 셰이더를 정의하고, 기하구조를 렌더링 파이프라인에 제출해서 3차원 물체를 그리는 데 필요한 Direct3D API의 여러 인터페이스와 메서드를 중점적으로 살펴본다. 이번 장을 다 읽고 나면 적어도 3차원 상자에 색을 입혀서 또는 와이어프레임 형태로 그릴 수 있게 될 것이다.

목표

1. 기하 자료의 정의와 저장, 그리기(drawing)를 위한 Direct3D의 여러 인터페이스와 메서드를 파악한다.
2. 기본적인 정점, 픽셀 셰이더를 작성하는 방법을 배운다.
3. 파이프라인 상태 객체들을 이용해서 렌더링 파이프라인을 구성하는 방법을 파악한다.
4. 상수 버퍼 자료를 생성해서 파이프라인에 묶는 방법을 배우고, 루트 서명에 익숙해진다.

6.1 정점과 입력 배치

§5.5.1에서 말했듯이, Direct3D의 정점에 공간적 위치 이외의 추가적인 자료를 부여할 수 있다. 원하는 자료('특성'들)를 가진 커스텀 정점 형식(vertex format)을 만들려면 우선 그러한 자료를 담을 구조체를 정의해야 한다. 다음은 서로 다른 두 가지 정점 형식의 예이다. 하나는 위

치와 색상으로 구성되고 또 하나는 위치, 법선, 그리고 두 개의 2차원 텍스처 좌표로 구성된다.

```
struct Vertex1
{
  XMFLOAT3 Pos;
  XMFLOAT4 Color;
};

struct Vertex2
{
  XMFLOAT3 Pos;
  XMFLOAT3 Normal;
  XMFLOAT2 Tex0;
  XMFLOAT2 Tex1;
};
```

정점 구조체를 정의한 다음에는 정점 구조체의 각 필드, 즉 정점의 각 성분으로 무엇을 해야 하는지를 Direct3D에게 알려주어야 한다. 그러한 정보를 Direct3D에게 알려주는 수단으로 쓰이는 것이 **입력 배치 서술**(input layout description)이다. 이 서술은 다음과 같은 D3D12_INPUT_LAYOUT_DESC라는 구조체로 대표된다.

```
typedef struct D3D12_INPUT_LAYOUT_DESC
{
  const D3D12_INPUT_ELEMENT_DESC *pInputElementDescs;
  UINT NumElements;
} D3D12_INPUT_LAYOUT_DESC;
```

이 구조체에서 보듯이, 입력 배치 서술은 그냥 D3D12_INPUT_ELEMENT_DESC 형식의 원소들을 담은 배열과 그 원소들의 개수이다.

D3D12_INPUT_ELEMENT_DESC 배열의 각 원소는 정점 구조체의 각 성분을 서술한다. 이 배열의 원소들과 정점 구조체의 성분들은 일대일로 대응되어야 한다. 따라서, 정점 구조체의 성분이 두 개이면 그에 해당하는 D3D12_INPUT_ELEMENT_DESC 배열에는 원소가 두 개 있어야 한다. D3D12_INPUT_ELEMENT_DESC 구조체는 다음과 같이 정의되어 있다.

```
typedef struct D3D12_INPUT_ELEMENT_DESC
{
  LPCSTR SemanticName;
  UINT SemanticIndex;
  DXGI_FORMAT Format;
  UINT InputSlot;
```

```
    UINT AlignedByteOffset;
    D3D12_INPUT_CLASSIFICATION InputSlotClass;
    UINT InstanceDataStepRate;
} D3D12_INPUT_ELEMENT_DESC;
```

1. SemanticName: 성분에 부여된 문자열 이름. 이것은 정점 셰이더에서 의미소
    (semantic)* 이름으로 쓰이므로, 반드시 유효한 변수 이름이어야 한다. 의미소는 정
    점 구조체의 성분을 정점 셰이더 입력 서명과 대응시키는 역할을 한다. [그림 6.1]을 참
    고하기 바란다.

```
struct Vertex
{
    XMFLOAT3 Pos;
    XMFLOAT3 Normal;
    XMFLOAT2 Tex0;
    XMFLOAT2 Tex1;
};

D3D12_INPUT_ELEMENT_DESC vertexDesc[] =
{
    {"POSITION", 0, DXGI_FORMAT_R32G32B32_FLOAT, 0, 0,
        D3D12_INPUT_CLASSIFICATION_PER_VERTEX_DATA, 0},
    {"NORMAL", 0, DXGI_FORMAT_R32G32B32_FLOAT, 0, 12,
        D3D12_INPUT_CLASSIFICATION_PER_VERTEX_DATA, 0},
    {"TEXCOORD", 0, DXGI_FORMAT_R32G32_FLOAT, 0, 24,
        D3D12_INPUT_CLASSIFICATION_PER_VERTEX_DATA, 0},
    {"TEXCOORD", 1, DXGI_FORMAT_R32G32_FLOAT, 0, 32,
        D3D12_INPUT_CLASSIFICATION_PER_VERTEX_DATA, 0}
};

VertexOut VS(float3 iPos : POSITION,
             float3 iNormal : NORMAL,
             float2 iTex0 : TEXCOORD0,
             float2 iTex1 : TEXCOORD1)
```

그림 6.1 정점 구조체의 각 성분을 D3D12_INPUT_ELEMENT_DESC 배열의 각 원소를 통해서 서술한다. 의미소 이
름과 의미소 색인은 정점 성분들을 정점 셰이더의 해당 매개변수들에 대응시키는 수단으로 쓰인다.

----

* **옮긴이** 일반적으로 단수 semantic은 형용사이며, 언어학에서 의미소라는 용어는 semantic이 아니라 semantic feature 또는
semantic primitive에 대응된다. 그러나 적어도 Direct3D와 셰이더 언어의 문맥에서 단수 semantic은 하나의 명사로 쓰이며(이를테
면 DirectX HLSL 문서화에는 "A semantic is a string attached to a ..." 같은 문장이 나온다), semantic이라는 것이 변수의 전체
명세 중 변수의 '의미'를 결정하는 역할을 한다는 점에서, 이 책에서는 단수 semantic 자체를 '의미소'라고 번역하기로 한다. 한편, 복수
semantics는 문맥에 따라 의미소들의 복수형인 '의미소들' 또는 불가산 집합 명사로서의 '의미론'으로 적절히 번역했다.

2. SemanticIndex: 의미소에 부여된 색인. 이런 색인이 필요한 이유가 [그림 6.1]에 나와 있다. [그림 6.1]의 예에서 보듯이 하나의 정점 구조체에 텍스처 좌표가 여러 개 있을 수 있는데, 각 텍스처 좌표에 개별적인 의미소 이름을 부여하는 대신 그냥 색인을 통해서 구별해도 된다. 셰이더 코드에서 색인이 지정되지 않은 의미소는 색인이 0인 의미소로 간주된다. 예를 들어 [그림 6.1]에서 POSITION은 POSITION0에 해당한다.

3. Format: DXGI_FORMAT 열거형의 한 멤버로, 이 정점 성분의 자료 형식을 Direct3D에게 알려주는 역할을 한다. 다음은 흔히 쓰이는 형식들이다.

```
DXGI_FORMAT_R32_FLOAT            // 1차원 32비트 부동소수점 스칼라
DXGI_FORMAT_R32G32_FLOAT        // 2차원 32비트 부동소수점 벡터
DXGI_FORMAT_R32G32B32_FLOAT     // 3차원 32비트 부동소수점 벡터
DXGI_FORMAT_R32G32B32A32_FLOAT  // 4차원 32비트 부동소수점 벡터

DXGI_FORMAT_R8_UINT             // 1차원 8비트 부호 없는 정수 스칼라
DXGI_FORMAT_R16G16_SINT         // 2차원 16비트 부호 있는 정수 벡터
DXGI_FORMAT_R32G32B32_UINT      // 3차원 32비트 부호 없는 정수 벡터
DXGI_FORMAT_R8G8B8A8_SINT       // 4차원 8비트 부호 있는 정수 벡터
DXGI_FORMAT_R8G8B8A8_UINT       // 4차원 8비트 부호 없는 정수 벡터
```

4. InputSlot: 이 성분의 자료를 가져올 정점 버퍼 슬롯의 색인이다. Direct3D에서는 총 16개의 정점 버퍼 슬롯(색인은 0에서 15까지)을 통해서 정점 자료를 공급할 수 있다. 일단 지금은 입력 슬롯을 하나만 사용하지만(즉, 모든 정점 성분은 동일한 입력 슬롯으로부터 자료를 공급받는다), 이번 장 연습문제 2에서 입력 슬롯을 여러 개 사용해 볼 것이다.

5. AlignedByteOffset: 지정된 입력 슬롯에서, C++ 정점 구조체의 시작 위치와 이 정점 성분의 시작 위치 사이의 거리를 나타내는 오프셋(바이트 단위)이다. 예를 들어 다음 정점 구조체에서 Pos 성분의 오프셋은 0바이트이다. 구조체의 시작 위치와 성분의 시작 위치가 일치하기 때문이다. 반면 Normal 성분은 Pos 성분의 바이트들을 지나친 위치에서 시작하므로 오프셋이 12바이트이다. 마찬가지로 Tex0 성분의 오프셋은 Pos와 Normal을 지나친 위치에 해당하는 24바이트이고 Tex1의 오프셋은 Pos, Normal, Tex0을 지나친 위치에 해당하는 32바이트이다.

```
struct Vertex2
{
    XMFLOAT3 Pos;        // 오프셋: 0바이트
    XMFLOAT3 Normal;     // 오프셋: 12바이트
    XMFLOAT2 Tex0;       // 오프셋: 24바이트
    XMFLOAT2 Tex1;       // 오프셋: 32바이트
};
```

6. InputSlotClass: 일단 지금은 이 필드에 항상 D3D12_INPUT_PER_VERTEX_DATA를 지정한다. 다른 값은 고급 기법인 인스턴싱에 쓰인다.

7. InstanceDataStepRate: 일단 지금은 0을 지정한다. 다른 값들은 고급 기법인 인스턴싱에 쓰인다.

이번 절 처음에 나온 두 정점 구조체 Vertex1과 Vertex2에 대해서는 각각 다음과 같은 입력 배치 서술 배열들을 사용하면 된다.

```
D3D12_INPUT_ELEMENT_DESC desc1[] =
{
    {"POSITION", 0, DXGI_FORMAT_R32G32B32_FLOAT, 0, 0,
        D3D12_INPUT_PER_VERTEX_DATA, 0},
    {"COLOR", 0, DXGI_FORMAT_R32G32B32A32_FLOAT, 0, 12,
        D3D12_INPUT_PER_VERTEX_DATA, 0}
};

D3D12_INPUT_ELEMENT_DESC desc2[] =
{
    {"POSITION", 0, DXGI_FORMAT_R32G32B32_FLOAT, 0, 0,
        D3D12_INPUT_PER_VERTEX_DATA, 0},
    {"NORMAL",   0, DXGI_FORMAT_R32G32B32_FLOAT, 0, 12,
        D3D12_INPUT_PER_VERTEX_DATA, 0},
    {"TEXCOORD", 0, DXGI_FORMAT_R32G32_FLOAT,  0, 24,
        D3D12_INPUT_PER_VERTEX_DATA, 0}
    {"TEXCOORD", 1, DXGI_FORMAT_R32G32_FLOAT,  0, 32,
        D3D12_INPUT_PER_VERTEX_DATA, 0}
};
```

6.2 정점 버퍼

GPU가 정점들의 배열에 접근하려면, 그 정점들을 **버퍼**^{buffer}라고 부르는 GPU 자원(ID3D12Resource)에 넣어 두어야 한다. 정점들을 저장하는 버퍼를 **정점 버퍼**(vertex buffer)라고 부른다. 버퍼는 텍스처보다 단순한 자원이다. 버퍼는 다차원이 아니며, 밉맵이나 필터, 다중표본화 기능이 없다. 응용 프로그램에서 정점 같은 자료 원소들의 배열을 GPU에 제공해야 할 때에는 항상 버퍼를 사용한다.

정점 버퍼를 생성하려면, §4.3.8에서 했던 것처럼 버퍼 자원을 서술하는 D3D12_RESOURCE_DESC를 채우고 ID3D12Device::CreateCommittedResource 메서드를 호출해서 ID3D12Resource 객체를 생성한다. D3D12_RESOURCE_DESC 구조체의 모든 멤버는 이미 §4.3.8에서 설명했다. Direct3D 12는 D3D12_RESOURCE_DESC를 상속해서 편의용 생성자들과 메서드들을 추가한 C++ 래퍼 클래스 CD3DX12_RESOURCE_DESC를 제공한다. 특히, 이 클래스의 다음 메서드를 이용하면 버퍼를 서술하는 D3D12_RESOURCE_DESC 구조체 인스턴스를 간단히 생성할 수 있다.

```
static inline CD3DX12_RESOURCE_DESC Buffer(
    UINT64 width,
    D3D12_RESOURCE_FLAGS flags = D3D12_RESOURCE_FLAG_NONE,
    UINT64 alignment = 0 )
{
  return CD3DX12_RESOURCE_DESC( D3D12_RESOURCE_DIMENSION_BUFFER,
    alignment, width, 1, 1, 1,
    DXGI_FORMAT_UNKNOWN, 1, 0,
    D3D12_TEXTURE_LAYOUT_ROW_MAJOR, flags );
}
```

범용 GPU 자원으로서의 버퍼에서 너비(width)는 가로 길이가 아니라 버퍼의 바이트 개수를 뜻한다. 예를 들어 float 64개를 담는 버퍼의 너비는 64*sizeof(float)이다.

> **참고:** CD3DX12_RESOURCE_DESC 클래스는 또한 텍스처 자원을 서술하는 D3D12_RESOURCE_DESC의 생성을 돕는 편의용 메서드들(아래)과 자원에 관한 정보를 조회하는 편의 메서드들도 제공한다.
>
> 1. CD3DX12_RESOURCE_DESC::Tex1D
> 2. CD3DX12_RESOURCE_DESC::Tex2D
> 3. CD3DX12_RESOURCE_DESC::Tex3D

> **참고:** 제4장에서 보았듯이, 본질적으로 2차원 텍스처인 깊이·스텐실 버퍼 역시 `ID3D12Resource` 객체로 대표된다. 사실 `ID3D12Resource` 인터페이스는 Direct3D 12의 모든 자원을 대표한다. 반면 Direct3D 11에서는 자원마다 인터페이스가 달랐다(`ID3D11Buffer`와 `ID3D11Texture2D` 등등). Direct3D 12에서 자원의 구체적인 종류는 `D3D12_RESOURCE_DESC::D3D12_RESOURCE_DIMENSION` 필드로 지정한다. 예를 들어 차원이 있는 버퍼는 이 필드의 값이 `D3D12_RESOURCE_DIMENSION_BUFFER`이고, 차원이 있는 2차원 텍스처는 `D3D12_RESOURCE_DIMENSION_TEXTURE2D`이다.

정적 기하구조(즉, 프레임마다 변하지는 않는 기하구조)를 그릴 때에는 최적의 성능을 위해 정점 버퍼들을 기본 힙(`D3D12_HEAP_TYPE_DEFAULT`)에 넣는다. 일반적으로 게임의 기하구조들은 대부분 정적이다(이를테면 나무, 건물, 지형, 무기 등). 정적 기하구조의 경우, 정점 버퍼를 초기화한 후에는 GPU만 버퍼의 정점들을 읽으므로(기하구조를 그리기 위해), 기본 힙에 넣는 것이 합당하다. CPU는 기본 힙에 있는 정점 버퍼를 수정하지 못한다. 그렇다면, 애초에 응용 프로그램이 어떻게 정점 버퍼를 초기화하는 것일까?

실제 정점 버퍼 자원을 생성하는 것과 더불어, 응용 프로그램은 `D3D12_HEAP_TYPE_UPLOAD` 형식의 힙에 임시 **업로드**용 버퍼 자원을 생성해야 한다. §4.3.8에서 보았듯이, CPU 메모리에서 GPU 메모리로 자료를 복사하려면 업로드 힙에 자원을 맡겨야 한다. 업로드 버퍼를 생성한 다음에는 시스템 메모리에 있는 정점 자료를 업로드 버퍼에 복사하고, 그런 다음 업로드 버퍼의 정점 자료를 실제 정점 버퍼로 복사한다.

기본 버퍼(`D3D12_HEAP_TYPE_DEFAULT` 형식의 힙에 있는 버퍼)의 자료를 초기화하려면 항상 임시 업로드 버퍼가 필요하므로, 이 책의 예제 프레임워크는 다음과 같은 편의용 함수를 제공한다(*d3dUtil.h/.cpp*). 이 함수를 이용하면 기본 버퍼가 필요할 때마다 같은 코드를 반복하지 않아도 된다.

```
Microsoft::WRL::ComPtr<ID3D12Resource> d3dUtil::CreateDefaultBuffer(
    ID3D12Device* device,
    ID3D12GraphicsCommandList* cmdList,
    const void* initData,
    UINT64 byteSize,
    Microsoft::WRL::ComPtr<ID3D12Resource>& uploadBuffer)
{
    ComPtr<ID3D12Resource> defaultBuffer;

    // 실제 기본 버퍼 자원을 생성한다.
```

```
ThrowIfFailed(device->CreateCommittedResource(
    &CD3DX12_HEAP_PROPERTIES(D3D12_HEAP_TYPE_DEFAULT),
    D3D12_HEAP_FLAG_NONE,
    &CD3DX12_RESOURCE_DESC::Buffer(byteSize),
    D3D12_RESOURCE_STATE_COMMON,
    nullptr,
    IID_PPV_ARGS(defaultBuffer.GetAddressOf())));

// CPU 메모리의 자료를 기본 버퍼에 복사하려면
// 임시 업로드 힙을 만들어야 한다.
ThrowIfFailed(device->CreateCommittedResource(
    &CD3DX12_HEAP_PROPERTIES(D3D12_HEAP_TYPE_UPLOAD),
    D3D12_HEAP_FLAG_NONE,
    &CD3DX12_RESOURCE_DESC::Buffer(byteSize),
    D3D12_RESOURCE_STATE_GENERIC_READ,
    nullptr,
    IID_PPV_ARGS(uploadBuffer.GetAddressOf())));

// 기본 버퍼에 복사할 자료를 서술한다.
D3D12_SUBRESOURCE_DATA subResourceData = {};
subResourceData.pData = initData;
subResourceData.RowPitch = byteSize;
subResourceData.SlicePitch = subResourceData.RowPitch;

// 기본 버퍼 자원으로의 자료 복사를 요청한다.
// 개략적으로 말하자면, 보조 함수 UpdateSubresources는 CPU 메모리를
// 임시 업로드 힙에 복사하고, ID3D12CommandList::CopySubresourceRegion을
// 이용해서 임시 업로드 힙의 자료를 mBUffer에 복사한다.
cmdList->ResourceBarrier(1,
    &CD3DX12_RESOURCE_BARRIER::Transition(defaultBuffer.Get(),
    D3D12_RESOURCE_STATE_COMMON,
    D3D12_RESOURCE_STATE_COPY_DEST));
UpdateSubresources<1>(cmdList,
    defaultBuffer.Get(), uploadBuffer.Get(),
    0, 0, 1, &subResourceData);
cmdList->ResourceBarrier(1,
    &CD3DX12_RESOURCE_BARRIER::Transition(defaultBuffer.Get(),
    D3D12_RESOURCE_STATE_COPY_DEST,
    D3D12_RESOURCE_STATE_GENERIC_READ));

// 주의: 위의 함수 호출 이후에도 uploadBuffer를 계속
// 유지해야 한다. 실제로 복사를 수행하는 명령 목록이
// 아직 실행되지 않았기 때문이다.
// 복사가 완료되었음이 확실해진 후에 호출자가 uploadBuffer를
```

```
    // 해제하면 된다.
    return defaultBuffer;
}
```

D3D12_SUBRESOURCE_DATA 구조체는 다음과 같이 정의되어 있다.

```
typedef struct D3D12_SUBRESOURCE_DATA
{
  const void *pData;
  LONG_PTR RowPitch;
  LONG_PTR SlicePitch;
} D3D12_SUBRESOURCE_DATA;
```

1. pData: 버퍼 초기화용 자료를 담은 시스템 메모리 배열을 가리키는 포인터. 버퍼에 n 개의 정점을 담을 수 있다고 할 때, 버퍼 전체를 초기화하려면 해당 시스템 메모리 배열에 적어도 n개의 정점이 있어야 한다.
2. RowPitch: 버퍼의 경우, 복사할 자료의 크기(바이트 개수).
3. SlicePitch: 버퍼의 경우, 복사할 자료의 크기(바이트 개수).

다음 코드는 입방체의 정점 여덟 개(각자 다른 색상이 부여되었다)를 저장하는 기본 버퍼를 이 클래스를 이용해서 생성하는 방법을 보여준다.

```
Vertex vertices[] =
{
  { XMFLOAT3(-1.0f, -1.0f, -1.0f), XMFLOAT4(Colors::White) },
  { XMFLOAT3(-1.0f, +1.0f, -1.0f), XMFLOAT4(Colors::Black) },
  { XMFLOAT3(+1.0f, +1.0f, -1.0f), XMFLOAT4(Colors::Red) },
  { XMFLOAT3(+1.0f, -1.0f, -1.0f), XMFLOAT4(Colors::Green) },
  { XMFLOAT3(-1.0f, -1.0f, +1.0f), XMFLOAT4(Colors::Blue) },
  { XMFLOAT3(-1.0f, +1.0f, +1.0f), XMFLOAT4(Colors::Yellow) },
  { XMFLOAT3(+1.0f, +1.0f, +1.0f), XMFLOAT4(Colors::Cyan) },
  { XMFLOAT3(+1.0f, -1.0f, +1.0f), XMFLOAT4(Colors::Magenta) }
};

const UINT64 vbByteSize = 8 * sizeof(Vertex);

ComPtr<ID3D12Resource> VertexBufferGPU = nullptr;
ComPtr<ID3D12Resource> VertexBufferUploader = nullptr;
VertexBufferGPU = d3dUtil::CreateDefaultBuffer(md3dDevice.Get(),
  mCommandList.Get(), vertices, vbByteSize, VertexBufferUploader);
```

이 코드에 쓰인 Vertex 형식의 정의는 다음과 같다.

```
struct Vertex
{
  XMFLOAT3 Pos;
  XMFLOAT4 Color;
};
```

정점 버퍼를 파이프라인에 묶으려면 정점 버퍼 자원을 서술하는 정점 버퍼 뷰를 만들어야 한다. RTV(렌더 대상 뷰)와는 달리, 정점 버퍼 뷰에는 서술자 힙이 필요하지 않다. 정점 버퍼 뷰를 대표하는 형식은 D3D12_VERTEX_BUFFER_VIEW 구조체이다.

```
typedef struct D3D12_VERTEX_BUFFER_VIEW
{
  D3D12_GPU_VIRTUAL_ADDRESS BufferLocation;
  UINT SizeInBytes;
  UINT StrideInBytes;
} D3D12_VERTEX_BUFFER_VIEW;
```

1. BufferLocation: 생성할 뷰의 대상이 되는 정점 버퍼 자원의 가상 주소. 이 주소는 ID 3D12Resource::GetGPUVirtualAddress 메서드로 얻을 수 있다.
2. SizeInBytes: BufferLocation에서 시작하는 정점 버퍼의 크기(바이트 개수).
3. StrideInBytes: 버퍼에 담긴 한 정점 원소의 크기(바이트 개수).

정점 버퍼를 생성하고 그에 대한 뷰까지 생성했다면, 이제 정점 버퍼를 파이프라인의 한 입력 슬롯에 묶을 수 있다. 그러면 정점들이 파이프라인의 입력 조립기 단계로 공급된다. 다음은 정점 버퍼를 파이프라인에 묶는 메서드이다.

```
void ID3D12GraphicsCommandList::IASetVertexBuffers(
  UINT StartSlot,
  UINT NumBuffers,
  const D3D12_VERTEX_BUFFER_VIEW *pViews);
```

1. StartSlot: 시작 슬롯, 즉 첫째 정점 버퍼를 묶을 입력 슬롯의 색인. 입력 슬롯은 총 16개이다(슬롯 색인은 0에서 15까지).
2. NumBuffers: 입력 슬롯들에 묶을 정점 버퍼 개수. 시작 슬롯의 색인이 k이고 묶을 버퍼가 n개이면, 버퍼들은 입력 슬롯 $I_k, I_{k+1}, \ldots, I_{k+n-1}$에 묶이게 된다.

3. pViews: 정점 버퍼 뷰 배열의 첫 원소를 가리키는 포인터.

다음은 이 메서드의 호출 예이다.

```
D3D12_VERTEX_BUFFER_VIEW vbv;
vbv.BufferLocation = VertexBufferGPU->GetGPUVirtualAddress();
vbv.StrideInBytes = sizeof(Vertex);
vbv.SizeInBytes = 8 * sizeof(Vertex);

D3D12_VERTEX_BUFFER_VIEW vertexBuffers[1] = { vbv };
mCommandList->IASetVertexBuffers(0, 1, vertexBuffers);
```

한 번의 호출로 여러 개의 정점 버퍼들을 여러 입력 슬롯들에 묶을 수 있게 하려다 보니 IASetVertexBuffers 메서드의 매개변수들이 다소 복잡해졌다. 그러나 이 책의 예제들은 입력 슬롯을 하나만 사용한다. 이번 장 끝의 연습문제에서 입력 슬롯을 두 개 사용해 볼 기회가 있을 것이다.

일단 입력 슬롯에 묶은 정점 버퍼는 다시 변경하지 않는 한 계속 그 입력 슬롯에 묶여 있다. 따라서, 정점 버퍼를 여러 개 사용하는 경우 코드의 전반적인 구조를 다음과 같이 짜면 될 것이다.

```
ID3D12Resource* mVB1; // Vertex1 형식의 정점들을 담는 정점 버퍼
ID3D12Resource* mVB2; // Vertex2 형식의 정점들을 담는 정점 버퍼

D3D12_VERTEX_BUFFER_VIEW mVBView1; // mVB1에 대한 뷰
D3D12_VERTEX_BUFFER_VIEW mVBView2; // mVB2에 대한 뷰

/* ...정점 버퍼들과 뷰들을 생성한다... */

mCommandList->IASetVertexBuffers(0, 1, &VBView1);
/* ...정점 버퍼 1을 이용해서 물체들을 그린다... */

mCommandList->IASetVertexBuffers(0, 1, &mVBView2);
/* ...정점 버퍼 2를 이용해서 물체들을 그린다... */
```

정점 버퍼를 입력 슬롯에 설정한다고 해서 버퍼의 정점들이 그려지는 것은 아니다. 단지 그 정점들을 파이프라인에 공급할 준비가 된 것일 뿐이다. 정점들을 실제로 그리려면 ID3D12 GraphicsCommandList::DrawInstanced 메서드를 호출해야 한다.

```
void ID3D12CommandList::DrawInstanced(
    UINT VertexCountPerInstance,
    UINT InstanceCount,
    UINT StartVertexLocation,
    UINT StartInstanceLocation);
```

1. VertexCountPerInstance: 그릴 정점들의 개수(인스턴스당).

2. InstanceCount: 그릴 인스턴스 개수. 인스턴싱이라고 부르는 고급 기법에서는 여러 개의 인스턴스를 그리지만, 보통의 경우에는 인스턴스를 하나만 그리므로 1로 설정한다.

3. StartVertexLocation: 정점 버퍼에서 이 그리기 호출로 그릴 일련의 정점들 중 첫 정점의 색인(0 기반).

4. StartInstanceLocation: 고급 기법인 인스턴싱에 쓰이며, 지금은 그냥 0으로 설정한다.

두 매개변수 VertexCountPerInstance와 StartVertexLocation에 의해, 정점 버퍼의 정점들 중 이 그리기 호출에 쓰이는 일련의 정점들이 결정된다. [그림 6.2]을 참고하기 바란다.

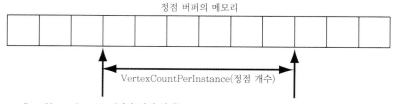

그림 6.2 StartVertexLocation은 정점 버퍼에서 이 그리기 호출로 그릴 일련의 정점들 중 첫 정점의 색인을 지정하고, VertexCountPerInstance는 그릴 정점들의 개수를 지정한다.

그런데 DrawInstanced 메서드를 보면 주어진 정점들로 그릴 기본도형이 어떤 종류인지에 관한 매개변수는 없다. 지정된 정점들을 Direct3D가 점들로 취급할지 아니면 선 목록이나 삼각형 목록 등으로 취급할지는 §5.5.2에서 이야기했듯이 ID3D12GraphicsCommandList::IASetPrimitiveTopology 메서드로 설정하는 기본도형 위상구조 상태가 결정한다. 다음은 이 메서드의 호출 예이다.

```
cmdList->IASetPrimitiveTopology(D3D_PRIMITIVE_TOPOLOGY_TRIANGLELIST);
```

6.3 색인과 색인 버퍼

정점들과 마찬가지로, GPU가 색인들의 배열에 접근할 수 있으려면 색인들을 버퍼 GPU 자원 (ID3D12Resource)에 넣어 두어야 한다. 색인(index)들을 담는 버퍼를 색인 버퍼라고 부른다. 예제 프레임워크의 d3dUtil::CreateDefaultBuffer 함수는 void*를 통해서 일반적 자료를 처리하므로, 색인 버퍼(그리고 그 외의 모든 기본 버퍼)도 이 함수로 생성할 수 있다.

색인 버퍼를 파이프라인에 묶으려면 색인 버퍼 자원을 서술하는 색인 버퍼 뷰를 만들어야 한다. 정점 버퍼 뷰처럼 색인 버퍼 뷰에도 서술자 힙이 필요하지 않다. 색인 버퍼 뷰를 대표하는 형식은 D3D12_INDEX_BUFFER_VIEW 구조체이다.

```
typedef struct D3D12_INDEX_BUFFER_VIEW
{
  D3D12_GPU_VIRTUAL_ADDRESS BufferLocation;
  UINT SizeInBytes;
  DXGI_FORMAT Format;
} D3D12_INDEX_BUFFER_VIEW;
```

1. BufferLocation: 생성할 뷰의 대상이 되는 색인 버퍼 자원의 가상 주소. 이 주소는 ID3D12Resource::GetGPUVirtualAddress 메서드로 얻을 수 있다.
2. SizeInBytes: BufferLocation에서 시작하는 색인 버퍼의 크기(바이트 개수).
3. Format: 색인의 형식. 16비트 색인이면 DXGI_FORMAT_R16_UINT를, 32비트 색인이면 DXGI_FORMAT_R32_UINT를 지정해야 한다. 메모리와 대역폭을 절약하려면 16비트 색인을 사용해야 하며, 32비트 색인은 색인 값들에 추가적인 32비트 범위가 필요한 경우에만 사용해야 한다.

정점 버퍼와 마찬가지로(그리고 사실 다른 모든 Direct3D 자원과 마찬가지로), 색인 버퍼를 사용하려면 파이프라인에 묶어야 한다. 색인 버퍼는 ID3D12CommandList::SetIndexBuffer 메서드를 통해서 입력 조립기 단계에 묶는다. 다음 코드는 한 입방체의 삼각형들을 정의하는 색인 버퍼를 하나 생성하고, 그에 대한 뷰를 생성하고, 그것을 파이프라인에 묶는 방법을 보여준다.

```
std::uint16_t indices[] = {
  // 앞면
  0, 1, 2,
```

```
    0, 2, 3,

    // 뒷면
    4, 6, 5,
    4, 7, 6,

    // 왼쪽 면
    4, 5, 1,
    4, 1, 0,

    // 오른쪽 면
    3, 2, 6,
    3, 6, 7,

    // 윗면
    1, 5, 6,
    1, 6, 2,

    // 아랫면
    4, 0, 3,
    4, 3, 7
};

const UINT ibByteSize = 36 * sizeof(std::uint16_t);

ComPtr<ID3D12Resource> IndexBufferGPU = nullptr;
ComPtr<ID3D12Resource> IndexBufferUploader = nullptr;
IndexBufferGPU = d3dUtil::CreateDefaultBuffer(md3dDevice.Get(),
  mCommandList.Get(), indices, ibByteSize, IndexBufferUploader);

D3D12_INDEX_BUFFER_VIEW ibv;
ibv.BufferLocation = IndexBufferGPU->GetGPUVirtualAddress();
ibv.Format = DXGI_FORMAT_R16_UINT;
ibv.SizeInBytes = ibByteSize;

mCommandList->IASetIndexBuffer(&ibv);
```

마지막으로, 색인들을 이용해서 기본도형을 그리려면 `DrawInstanced` 메서드가 아니라
`ID3D12GraphicsCommandList::DrawIndexedInstanced` 메서드를 사용해야 한다.

```
void ID3D12GraphicsCommandList::DrawIndexedInstanced(
  UINT IndexCountPerInstance,
  UINT InstanceCount,
```

```
UINT StartIndexLocation,
INT BaseVertexLocation,
UINT StartInstanceLocation);
```

1. IndexCountPerInstance: 그리기에 사용할 색인들의 개수(인스턴스당)
2. InstanceCount: 그릴 인스턴스 개수. 인스턴싱이라고 부르는 고급 기법에서는 여러 개의 인스턴스를 그리지만, 지금은 인스턴스를 하나만 그리므로 1로 설정한다.
3. StartIndexLocation: 색인 버퍼의 색인들 중 이 그리기 호출에서 사용할 첫 색인의 색인(0 기반).
4. BaseVertexLocation: 이 그리기 호출에 쓰이는 색인들에 더할 정수 값. 더한 결과를 최종 색인으로 사용해서 정점 버퍼에서 정점을 가져온다.
5. StartInstanceLocation: 고급 기법인 인스턴싱에 쓰이며, 지금은 그냥 0으로 설정한다.

이해를 돕기 위해 다음과 같은 상황을 예로 들겠다. 구, 상자(직육면체), 원기둥으로 이루어진 장면을 그린다고 하자. 처음에는 세 물체에 각자 개별적인 정점 버퍼와 색인 버퍼가 있다. 각 지역 색인 버퍼의 색인들은 그에 해당하는 지역 정점 버퍼를 기준으로 한다. 그러나 실제로 장면을 그릴 때에는 구, 상자, 원기둥의 정점들과 색인들을 [그림 6.3]과 같은 하나의 전역 정점 버퍼와 하나의 색인 버퍼로 합친다고 하자. (정점 버퍼들과 색인 버퍼들을 합치는 한 가지 이유는 정점 버퍼나 색인 버퍼의 전환에 따른 API 추가 비용을 피하자는 것이다. 사실 버퍼 전환이 병목이 될 가능성은 별로 없지만, 그래도 작은 정점 버퍼들과 색인 버퍼들이 많이 있다면 버퍼들을 합치는 것이 성능에 도움이 될 수 있다.) 버퍼들을 합치고 나면 색인들이 잘못된 정점을 가리키게 된다. 개별 색인 버퍼의 색인들은 자신만의 개별 정점 버퍼를 기준으로 한 것이지 전체 정점 버퍼를 기준으로 한 것이 아니기 때문이다. 따라서 전역 정점 버퍼에 맞게 색인들을 다시 계산할 필요가 있다. 예를 들어 원래의 상자 색인들은 상자 정점들의 색인이 다음과 같다는 가정 하에서 계산된 것이다.

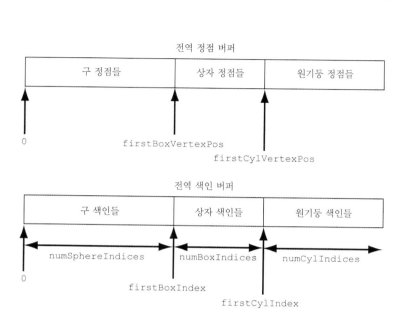

그림 6.3 여러 정점 버퍼를 연결해서 하나의 커다란 정점 버퍼를 만들고, 여러 색인 버퍼를 연결해서 하나의 커다란 색인 버퍼를 만든다.

```
0, 1, ..., numBoxVertices-1
```

그러나 버퍼들을 [그림 6.3]처럼 병합하고 나면, 상자 정점들의 실제 색인은 다음이 된다.

```
firstBoxVertexPos,
firstBoxVertexPos+1,
...,
firstBoxVertexPos+numBoxVertices-1
```

따라서 색인 버퍼의 색인들을 갱신하려면 모든 상자 색인에 firstBoxVertexPos(정점 버퍼에서 첫 번째 상자 정점의 위치)를 더해야 한다. 마찬가지로, 모든 원기둥 색인에는 firstCylVertexPos를 더해야 한다. 구의 색인들은 변경할 필요가 없음을 주목하기 바란다(첫 구 정점이 위치 0에 있으므로). 전역 정점 버퍼에서 한 물체의 첫 번째 정점의 위치를 그 물체의 **기준 정점 위치**(base vertex location)라고 부르기로 하자. 일반적으로, 한 물체의 새 색인들은 각 색인에 해당 기준 정점 위치를 더한 것이다. 그런데 이러한 색인 갱신 작업을 CPU에서 직접 수행할 필요가 없다. DrawIndexedInstanced의 넷째 매개변수로 기준 정점 위치를 지정하면 Direct3D가 처리해 준다.

이제 구와 상자, 원기둥을 다음과 같은 세 번의 그리기 호출로 그릴 수 있다.

```
mCmdList->DrawIndexedInstanced(
    numSphereIndices, 1, 0, 0, 0);
mCmdList->DrawIndexedInstanced(
    numBoxIndices, 1, firstBoxIndex, firstBoxVertexPos, 0);
mCmdList->DrawIndexedInstanced(
    numCylIndices, 1, firstCylIndex, firstCylVertexPos, 0);
```

다음 장(제7장)의 도형 예제('Shapes') 프로젝트가 이러한 기법을 사용한다.

6.4 예제 정점 셰이더

§5.6에서 정점 셰이더 단계를 소개했었다. 다음은 간단한 정점 셰이더의 구현이다.

```
cbuffer cbPerObject : register(b0)
{
    float4x4 gWorldViewProj;
};

void VS(float3 iPosL : POSITION,
        float4 iColor : COLOR,
        out float4 oPosH : SV_POSITION,
        out float4 oColor : COLOR)
{
    // 동차 절단 공간으로 변환한다.
    oPosH = mul(float4(iPosL, 1.0f), gWorldViewProj);

    // 정점 색상을 그대로 픽셀 셰이더에 전달한다.
    oColor = iColor;
}
```

셰이더는 *HLSL*(high level shading language; 고수준 셰이딩 언어)이라고 하는 언어로 작성한다. 이 언어는 문법이 C++과 비슷하기 때문에, C++ 프로그래머라면 쉽게 배울 수 있다. 부록 B에 이 언어가 간략하게나마 정리되어 있다. 이 책의 본문은 HLSL과 셰이더 프로그래밍을 예제를 통해서 가르치는 접근방식을 사용한다. 즉, HLSL 자체를 따로 설명하는 대신, 내용을 진행하다가 예제의 구현에 필요해지면 HLSL의 새로운 개념을 소개하는 방식이다. C++ 소스 코드와 마찬가지로, 일반적으로 셰이더 소스 코드는 보통의 텍스트 파일로 작성한다(확장자는 .hlsl).

본질적으로 정점 셰이더는 하나의 함수이다. 지금 예에서는 VS라는 이름을 사용했지만, 유효한 함수 이름이면 어떤 것이든 정점 셰이더의 이름으로 사용할 수 있다. 지금 예의 정점 셰이더는 매개변수가 네 개인데, 처음 둘은 **입력** 매개변수이고 나머지 둘은 출력 매개변수(out 키워드가 붙어 있으므로)이다. HLSL에는 참조나 포인터가 없으므로, 함수가 여러 개의 값을 돌려주려면 구조체를 사용하거나 이처럼 out이 지정된 출력 매개변수를 사용해야 한다. HLSL에서 함수는 항상 인라인화된다.

```
struct Vertex
{
    XMFLOAT3 Pos;
    XMFLOAT4 Color;
};

D3D12_INPUT_ELEMENT_DESC vertexDesc[] =
{
    {"POSITION", 0, DXGI_FORMAT_R32G32B32_FLOAT, 0, 0,
        D3D12_INPUT_PER_VERTEX_DATA, 0},
    {"COLOR",    0, DXGI_FORMAT_R32G32B32A32_FLOAT, 0, 12,
        D3D12_INPUT_PER_VERTEX_DATA, 0}
};

void VS(float3 iPosL : POSITION,
        float4 iColor : COLOR,
        out float4 oPosH : SV_POSITION,
        out float4 oColor : COLOR)
{
    // 동차 절단 공간으로 변환한다.
    oPosH = mul(float4(iPosL, 1.0f), gWorldViewProj);

    // 정점 색상을 그대로 픽셀 셰이더에 전달한다.
    oColor = iColor;
}
```

그림 6.4 D3D12_INPUT_ELEMENT_DESC 배열에 의해 정점의 각 특성(성분)에 의미소가 부여된다. 정점 셰이더의 각 매개변수에도 의미소가 부여된다. 이 의미소들은 정점 성분들을 정점 셰이더 매개변수들에 대응시키는 역할을 한다.

처음 두 입력 매개변수는 정점 셰이더의 **입력 서명**(input signature)을 형성한다. 이들은 현재의 그리기 작업에 쓰이는 커스텀 정점 구조체의 멤버들에 대응된다. 매개변수 의미소 ":POSITION"과 ":COLOR"는 정점 구조체의 멤버들을 정점 셰이더 입력 매개변수들에 대응시키는 역할을 한다. [그림 6.4]가 이를 보여준다.

출력 매개변수에도 의미소가 부여되어 있다(":SV_POSITION"과 ":COLOR"). 이들은 정점 셰이더의 출력을 파이프라인의 다음 단계(기하 셰이더 또는 픽셀 셰이더)의 해당 입력에 대응시키는 역할을 한다. SV_POSITION 의미소가 특별한 의미소임을 주목하기 바란다. SV는 이것이 system value(시스템 값) 의미소임을 뜻한다. 이 의미소는 해당 정점 셰이더 출력 성분이 정점의 위치(동차 절단 공간에서의)를 담고 있음을 나타낸다. GPU는 절단, 깊이 판정, 래스터화 등등 다른 특성들에는 적용하지 않는 특별한 연산들을 위치에 적용하므로, 이처럼 SV_POSITION 의미소를 지정해서 GPU에게 이것이 위치를 담은 출력 성분임을 알려주어야 한다. 반면 "COLOR"는 그냥 응용 프로그램이 D3D12_INPUT_ELEMENT_DESC 배열을 통해 지정한 이름이다. 시스템 값 의미소가 아닌 출력 매개변수 의미소에는 HLSL의 유효한 식별자이기만 하면 그 어떤 이름도 사용할 수 있다.

정점 셰이더 함수 본문의 첫 줄은 정점 위치에 4×4 행렬 gWorldViewProj를 곱해서 정점을 국소 공간에서 동차 절단 공간으로 변환한다.

```
// 동차 절단 공간으로 변환한다.
oPosH = mul(float4(iPosL, 1.0f), gWorldViewProj);
```

생성자 구문 float4(iPosL, 1.0f)는 하나의 4차원 벡터를 생성한다. 이는 float4(iPosL.x, iPosL.y, iPosL.z, 1.0f)와 같다. 정점의 위치는 벡터가 아니라 점이므로 넷째 성분을 1로 두었다($w = 1$). float2 형식과 float3 형식은 각각 2차원, 3차원 벡터를 나타낸다. 행렬 변수 gWorldViewProj는 상수 버퍼라고 부르는 버퍼에 들어 있는 것인데, 상수 버퍼에 관해서는 다음 절에서 논의한다. mul은 HLSL의 내장 함수로, 벡터 대 행렬 곱셈을 수행한다. 덧붙이자면, mul 함수는 여러 크기의 행렬 곱셈들에 대해 중복적재되어 있다. 예를 들어 이 함수를 이용해서 두 개의 4×4 행렬이나 두 개의 3×3 행렬을 곱할 수 있으며, 1×3 행렬(행벡터)와 3×3 행렬을 곱할 수도 있다. 셰이더 본문의 마지막 줄은 입력 색상을 그대로 출력 매개변수에 복사한다. 이에 의해 그 색상이 파이프라인의 다음 단계에 공급된다.

```
oColor = iColor;
```

이 정점 셰이더를 다음과 같이 구현할 수도 있다. 하는 일은 동일하지만, 반환 형식과 입력 서명에 구조체를 사용한다는 점이 다르다. 덕분에 매개변수 목록이 짧아졌다.

```
cbuffer cbPerObject : register(b0)
{
  float4x4 gWorldViewProj;
};

struct VertexIn
{
  float3 PosL  : POSITION;
  float4 Color : COLOR;
};

struct VertexOut
{
  float4 PosH  : SV_POSITION;
  float4 Color : COLOR;
};

VertexOut VS(VertexIn vin)
{
  VertexOut vout;

  // 동차 절단 공간으로 변환한다.
  vout.PosH = mul(float4(vin.PosL, 1.0f), gWorldViewProj);

  // 정점 색상을 그대로 픽셀 셰이더에 전달한다.
  vout.Color = vin.Color;

  return vout;
}
```

참고: 기하 셰이더(제12장)를 사용하지 않는다면, 정점 셰이더의 출력은 반드시 의미소가 SV_POSITION인, 동차 절단 공간에서의 정점 위치이어야 한다. 기하 셰이더가 없을 때 하드웨어는 정점 셰이더를 떠난 정점들이 동차 절단 공간에 있다고 가정하기 때문이다. 기하 셰이더를 사용하는 경우에는 동차 절단 공간 위치의 출력을 기하 셰이더에 미룰 수 있다.

참고: 정점 셰이더(또는 기하 셰이더)가 원근 나누기까지 수행하지는 말아야 한다. 투영 행렬을 곱하는 부분만 책임지면 된다. 원근 나누기는 나중에 하드웨어가 수행한다.

6.4.1 입력 배치 서술과 입력 서명 연결

[그림 6.4]에서 보았듯이, 파이프라인에 공급되는 정점들의 특성들과 정점 셰이더의 매개변수들 사이에는 연관 관계가 존재한다. 그러한 관계를 정의하는 것은 입력 배치 서술이다. 파이프라인에 공급된 정점들이 정점 셰이더가 기대하는 모든 입력을 제공하지 못하면 오류가 발생한다. 예를 들어 다음의 정점 셰이더 입력 서명과 정점 자료는 호환되지 않는다.

```
//-----------------------
// C++ 응용 프로그램 코드
//-----------------------
struct Vertex
{
  XMFLOAT3 Pos;
  XMFLOAT4 Color;
};

D3D12_INPUT_ELEMENT_DESC desc[] =
{
  {"POSITION", 0, DXGI_FORMAT_R32G32B32_FLOAT, 0, 0,
    D3D12_INPUT_PER_VERTEX_DATA, 0},
  {"COLOR", 0, DXGI_FORMAT_R32G32B32A32_FLOAT, 0, 12,
    D3D12_INPUT_PER_VERTEX_DATA, 0}
};

//-------------
// 정점 셰이더
//-------------
struct VertexIn
{
  float3 PosL   : POSITION;
  float4 Color  : COLOR;
  float3 Normal : NORMAL;
};

struct VertexOut
{
  float4 PosH  : SV_POSITION;
  float4 Color : COLOR;
};


VertexOut VS(VertexIn vin) { ... }
```

§6.9에서 보겠지만, ID3D12PipelineState 객체를 생성할 때 반드시 입력 배치 서술과 정점 셰이더를 함께 지정해야 한다. 그러면 Direct3D는 주어진 입력 배치 서술과 정점 셰이더가 호환되는지 점검한다.

정점 자료와 입력 서명이 정확히 일치할 필요는 없다. 중요한 것은 정점 셰이더가 기대하는 모든 정보를 정점 자료가 제공하느냐이다. 따라서, 정점 셰이더가 사용하지 않는 추가적인 정보를 정점 자료가 제공하는 것은 오류가 아니다. 예를 들어 다음의 정점 자료와 정점 셰이더는 호환된다.

```
//-----------------------
// C++ 응용 프로그램 코드
//-----------------------
struct Vertex
{
  XMFLOAT3 Pos;
  XMFLOAT4 Color;
  XMFLOAT3 Normal;
};

D3D12_INPUT_ELEMENT_DESC desc[] =
{
  {"POSITION", 0, DXGI_FORMAT_R32G32B32_FLOAT, 0, 0,
    D3D12_INPUT_PER_VERTEX_DATA, 0},
  {"COLOR", 0, DXGI_FORMAT_R32G32B32A32_FLOAT, 0, 12,
    D3D12_INPUT_PER_VERTEX_DATA, 0},
  { "NORMAL", 0, DXGI_FORMAT_R32G32B32_FLOAT, 0, 28,
    D3D12_INPUT_PER_VERTEX_DATA, 0 }
};

//-------------
// 정점 셰이더
//-------------
struct VertexIn
{
  float3 PosL  : POSITION;
  float4 Color : COLOR;
};

struct VertexOut
{
  float4 PosH  : SV_POSITION;
  float4 Color : COLOR;
```

```
};


VertexOut VS(VertexIn vin) { ... }
```

다음으로, 정점 구조체와 입력 서명의 정점 특성들이 부합하긴 하지만 구체적인 형식이 다른 경우를 살펴보자. 다음 예에서 정점의 색상 특성(Color 성분)의 자료 형식을 주목하기 바란다.

```
//-----------------------
// C++ 응용 프로그램 코드
//-----------------------
struct Vertex
{
  XMFLOAT3 Pos;
  XMFLOAT4 Color;
};

D3D12_INPUT_ELEMENT_DESC desc[] =
{
  {"POSITION", 0, DXGI_FORMAT_R32G32B32_FLOAT, 0, 0,
    D3D12_INPUT_PER_VERTEX_DATA, 0},
  {"COLOR", 0, DXGI_FORMAT_R32G32B32A32_FLOAT, 0, 12,
    D3D12_INPUT_PER_VERTEX_DATA, 0}
};

//-------------
// 정점 셰이더
//-------------
struct VertexIn
{
  float3 PosL  : POSITION;
  int4 Color   : COLOR;
};

struct VertexOut
{
  float4 PosH  : SV_POSITION;
  float4 Color : COLOR;
};

VertexOut VS(VertexIn vin) { ... }
```

이는 사실 위법이 아니다. Direct3D는 입력 레지스터 비트들의 재해석(reinterpret)을 허용하기 때문이다. 그러나 VC++의 디버그 출력 창은 다음과 같은 경고 메시지를 낸다.*

```
D3D12 WARNING: ID3D12Device::CreateInputLayout: The provided input signature
expects to read an element with SemanticName/Index: 'COLOR'/0 and component(s)
of the type 'int32'. However, the matching entry in the Input Layout declaration,
element[1], specifies mismatched format: 'R32G32B32A32_FLOAT'. This is not an
error, since behavior is well defined: The element format determines what data
conversion algorithm gets applied before it shows up in a shader register.
Independently, the shader input signature defines how the shader will interpret
the data that has been placed in its input registers, with no change in the
bits stored. It is valid for the application to reinterpret data as a different
type once it is in the vertex shader, so this warning is issued just in case
reinterpretation was not intended by the author.
```

6.5 예제 픽셀 셰이더

§5.10.3에서 논의했듯이, 정점 셰이더(또는 기하 셰이더)가 출력한 정점 특성들은 래스터화 단계에서 삼각형의 픽셀들을 따라 보간되며, 보간된 결과는 픽셀 셰이더(§5.11)에 입력된다. [그림 6.5]는 기하 셰이더가 없는 경우에서 정점 자료가 픽셀 셰이더에 도달하는 경로를 나타낸 것이다.

정점 셰이더처럼 픽셀 셰이더도 본질적으로 하나의 함수이나, 정점 셰이더와는 달리 픽셀 단편마다 실행된다. 픽셀 셰이더의 임무는 주어진 입력으로부터 픽셀 단편의 색상을 계산하는 것이다. 그런데 픽셀 단편이 도중에 기각되어서 후면 버퍼까지 도달하지 못할 수도 있음을 주목하기 바란다. 예를 들어 픽셀 셰이더에서 절단될 수도 있고(HLSL은 픽셀 단편을 더 이상 처리하지 않도록 폐기하는 clip 함수를 제공한다), 깊이 값이 더 작은 다른 픽셀 단편에 가려질 수도 있고, 스텐실 판정 등 파이프라인의 이후 단계에서 적용되는 판정에 의해 폐기될 수도 있다. 따라서, 후면 버퍼의 한 픽셀에는 최종적으로 그 픽셀이 될 수 있는 '후보'로서의 픽셀 단편들이 여러 개 존재할 수 있다. 이것이 '픽셀'과는 구분되는 '픽셀 단편'이라는 용어를 사용하는 이유이다. 단, 문맥에서 오해의 여지가 없는 경우에는 둘 다 그냥 픽셀이라고 부르기도 한다.

....

* 옮긴이 독자의 편의를 위해 간단히 요약하면, 셰이더 레지스터에 담긴 비트들을 어떻게 해석해서 사용하는지는 응용 프로그램과 셰이더의 몫이므로 입력 자료 형식의 불일치가 오류는 아니지만, 혹시 셰이더 작성자가 의도적으로 그런 것이 아니라 실수일 수도 있으므로 경고 메시지를 출력했다는 뜻이다.

```
struct Vertex
{
    XMFLOAT3 Pos;
    XMFLOAT3 Normal;
    XMFLOAT2 Tex0;
};

D3D11_INPUT_ELEMENT_DESC vertexDesc[] =
{
    {"POSITION", 0, DXGI_FORMAT_R32G32B32_FLOAT, 0, 0,
        D3D11_INPUT_PER_VERTEX_DATA, 0},
    {"NORMAL", 0, DXGI_FORMAT_R32G32B32_FLOAT, 0, 12,
        D3D11_INPUT_PER_VERTEX_DATA, 0},
    {"TEXCOORD", 0, DXGI_FORMAT_R32G32_FLOAT, 0, 24,
        D3D11_INPUT_PER_VERTEX_DATA, 0}
};

void VS(float3 iPosL     : POSITION,
    float3 iNormalL      : NORMAL,
    float2 iTex0         : TEXCOORD,
    out float4 oPosH     : SV_POSITION,
    out float3 oPosW     : POSITION,
    out float3 oNormalW  : NORMAL,
    out float2 oTex0     : TEXCOORD0,
    out float oFog       : TEXCOORD1)
{

}
void PS(float4 posH : SV_POSITION,
    float3 posW      : POSITION,
    float3 normalW   : NORMAL,
    float2 tex0      : TEXCOORD0,
    float fog        : TEXCOORD1)
{

}
```

그림 6.5 D3D12_INPUT_ELEMENT_DESC 배열에 의해 정점의 각 특성(성분)에 의미소가 부여된다. 정점 셰이더의 각 매개변수에도 의미소가 부여된다. 이 의미소들은 정점 성분들을 정점 셰이더 매개변수들에 대응시키는 역할을 한다. 마찬가지로, 정점 셰이더의 각 출력과 픽셀 셰이더의 각 입력 매개변수에도 의미소가 부여된다. 그 의미소들은 정점 셰이더의 출력을 픽셀 셰이더의 입력 매개변수들에 대응시키는 역할을 한다.

다음은 §6.4에 나온 정점 셰이더에 대응되는 간단한 픽셀 셰이더이다. 전체적인 모습을 파악할 수 있도록 정점 셰이더 코드도 다시 제시한다.

```
cbuffer cbPerObject : register(b0)
{
  float4x4 gWorldViewProj;
};

void VS(float3 iPos : POSITION, float4 iColor : COLOR,
    out float4 oPosH : SV_POSITION,
    out float4 oColor : COLOR)
{
  // 동차 절단 공간으로 변환한다.
  oPosH = mul(float4(iPos, 1.0f), gWorldViewProj);

  // 정점 색상을 그대로 픽셀 셰이더에 전달한다.
  oColor = iColor;
}

float4 PS(float4 posH : SV_POSITION, float4 color : COLOR) : SV_Target
{
  return color;
}
```

이 예에서 픽셀 셰이더 함수는 그냥 보간된 색상 값을 돌려준다. 픽셀 셰이더의 입력이 정점 셰이더의 출력과 정확히 일치함을 주목하기 바란다. 이는 필수조건이다. 한편, 픽셀 셰이더의 출력(반환값)은 하나의 4차원 색상 값이다. 함수의 매개변수 목록 다음에 있는 SV_TARGET이라는 의미소는 이 함수의 반환값의 형식이 렌더 대상(render target)의 형식과 일치해야 함을 뜻한다.

이 정점 셰이더와 픽셀 셰이더를 다음과 같이 입력 구조체들과 출력 구조체들을 이용하도록 구현할 수도 있다. 이전과는 달리 의미소들이 매개변수들이 아니라 입·출력 구조체의 멤버들에 지정되었고, 정점 셰이더는 출력 매개변수 대신 return 문으로 결과를 출력한다.

```
cbuffer cbPerObject : register(b0)
{
    float4x4 gWorldViewProj;
};

struct VertexIn
{
  float3 Pos   : POSITION;
  float4 Color : COLOR;
};

struct VertexOut
{
  float4 PosH  : SV_POSITION;
  float4 Color : COLOR;
};

VertexOut VS(VertexIn vin)
{
  VertexOut vout;

  // 동차 절단 공간으로 변환한다.
  vout.PosH = mul(float4(vin.Pos, 1.0f), gWorldViewProj);

  // 정점 색상을 그대로 픽셀 셰이더에 전달한다.
  vout.Color = vin.Color;

  return vout;
}

float4 PS(VertexOut pin) : SV_Target
{
  return pin.Color;
}
```

6.6 상수 버퍼

6.6.1 상수 버퍼의 생성

상수 버퍼(contant buffer)는 셰이더 프로그램에서 참조하는 자료를 담는 GPU 자원(ID3D12Resource)의 예이다. 앞에서 말했듯이 텍스처나 기타 버퍼 자원 역시 셰이더 프로그램에서 참조할 수 있다. §6.4의 정점 셰이더에 다음과 같은 코드가 있었다.

```
cbuffer cbPerObject : register(b0)
{
    float4x4 gWorldViewProj;
};
```

이 코드는 cbPerObject라는 cbuffer 객체(상수 버퍼)를 참조한다. 이 예에서 상수 버퍼는 gWorldViewProj라는 4×4 행렬 하나만 저장한다. 이 행렬은 한 점을 국소 공간에서 동차 절단 공간으로 변환하는 데 쓰이는 세계 행렬, 시야 행렬, 투영 행렬을 하나로 결합한 것이다. HLSL에서 4×4 행렬은 내장 형식 float4x4로 대표된다. 그 외에도 여러 행렬 형식이 있는데, 예를 들어 3×4 행렬이나 2×2 행렬을 선언하려면 float3x4 형식이나 float2x2 형식을 사용하면 된다.

정점 버퍼나 색인 버퍼와는 달리 상수 버퍼는 CPU가 프레임당 한 번 갱신하는 것이 일반적이다. 예를 들어 카메라가 매 프레임 이동한다면, 프레임마다 상수 버퍼를 새 시야 행렬로 갱신해야 할 것이다. 따라서 상수 버퍼는 기본 힙이 아니라 업로드 힙에 만들어야 한다. 그래야 CPU가 버퍼의 내용을 갱신할 수 있다.

또한, 상수 버퍼에는 특별한 하드웨어 요구조건이 있다. 바로, 크기가 반드시 최소 하드웨어 할당 크기(256바이트)의 배수이어야 한다는 것이다.

같은 종류의 상수 버퍼를 여러 개 사용해야 하는 경우가 많다. 예를 들어 위의 상수 버퍼 cbPerObject는 물체마다 달라지는 상수들을 담으므로, 만일 장면의 물체가 n개이면 이 종류의 상수 버퍼가 n개 필요하다. 다음 코드는 NumElements 개의 상수 버퍼 객체를 담는 하나의 버퍼를 생성하는 방법을 보여준다.

```
struct ObjectConstants
{
    DirectX::XMFLOAT4X4 WorldViewProj = MathHelper::Identity4x4();
};
```

```
UINT elementByteSize = d3dUtil::CalcConstantBufferByteSize(sizeof(ObjectConstants));

ComPtr<ID3D12Resource> mUploadCBuffer;
device->CreateCommittedResource(
   &CD3DX12_HEAP_PROPERTIES(D3D12_HEAP_TYPE_UPLOAD),
   D3D12_HEAP_FLAG_NONE,
   &CD3DX12_RESOURCE_DESC::Buffer(mElementByteSize * NumElements),
   D3D12_RESOURCE_STATE_GENERIC_READ,
   nullptr,
   IID_PPV_ARGS(&mUploadCBuffer));
```

mUploadCBuffer를, ObjectConstants 형식의 상수 버퍼들의 배열을 담는(256바이트의 배수가 되게 하는 채움 바이트들과 함께) 버퍼라고 간주할 수 있다. 어떤 물체를 그릴 때가 되면, 이 버퍼에서 해당 물체를 위한 상수들이 있는 부분 영역을 서술하는 상수 버퍼 뷰를 파이프라인에 묶는다. 이후의 논의에서는 상수 버퍼들의 배열을 담은 mUploadCBuffer 자체를 그냥 상수 버퍼라고 부르는 경우도 많다는 점을 염두에 두기 바란다.

편의용 함수 d3dUtil::CalcConstantBufferByteSize는 버퍼의 크기(바이트 개수)를 최소 하드웨어 할당 크기(256바이트)의 배수가 되게 하는 계산을 수행해 준다.

```
UINT d3dUtil::CalcConstantBufferByteSize(UINT byteSize)
{
   // 상수 버퍼의 크기는 반드시 최소 하드웨어 할당 크기(흔히 256바이트)의
   // 배수이어야 한다. 이 메서드는 주어진 크기에 가장 가까운 256의
   // 배수를 구해서 돌려준다. 이를 위해 이 메서드는 크기에 255를 더하고
   // 비트마스크를 이용해서 하위 2바이트, 즉 256보다 작은 모든 비트를 0으로
   // 만든다. 예: byteSize = 300이라 할 때
   // (300 + 255) & ~255
   // 555 & ~255
   // 0x022B & ~0x00ff
   // 0x022B & 0xff00
   // 0x0200
   // 512
   return (byteSize + 255) & ~255;
}
```

> **참고:** 상수 자료를 256의 배수 크기로 할당하지만, HLSL 구조체에서 해당 상수 자료에 여분의 바이트들을 명시적으로 채울 필요는 없다. 채움은 암묵적으로 일어난다.

```
// 256바이트 경계에 맞게 바이트들이 암묵적으로 채워진다.
cbuffer cbPerObject : register(b0)
{
  float4x4 gWorldViewProj;
};

// 256 바이트 경계에 맞게 명시적으로 바이트들을 채운다.
cbuffer cbPerObject : register(b0)
{
  float4x4 gWorldViewProj;
  float4x4 Pad0;
  float4x4 Pad1;
  float4x4 Pad1;
};
```

> **참고:** 애초에 모든 상수 버퍼 구조체를 256바이트의 배수가 되도록 정의하면(적절한 채움 필드들을 이용
> 해서) 상수 버퍼 원소들을 일일이 256바이트의 배수로 만드는 번거로움을 피할 수 있다.

Direct3D 12는 셰이더 모형(shader model) 5.1을 도입했다. 셰이더 모형 5.1은 상수 버퍼
를 정의하는 또 다른 HLSL 문법을 지원한다. 다음이 그러한 예이다.

```
struct ObjectConstants
{
  float4x4 gWorldViewProj;
  uint matIndex;
};
ConstantBuffer<ObjectConstants> gObjConstants : register(b0);
```

이 방식에서는 상수 버퍼에 담을 자료의 형식을 개별적인 구조체로 정의하고, 그 구조체
를 이용해서 상수 버퍼를 정의한다. 이후 셰이더 프로그램에서는 다음과 같이 자료 멤버
구문을 이용해서 상수 버퍼의 필드들에 접근한다.

```
uint index = gObjConstants.matIndex;
```

6.6.2 상수 버퍼의 갱신

앞에서 상수 버퍼를 업로드 힙, 즉 D3D12_HEAP_TYPE_UPLOAD 형식의 힙에 생성했으므로,
CPU에서 상수 버퍼 자원에 자료를 올릴 수 있다. 자료를 올리려면 먼저 자원 자료를 가리키는

포인터를 얻어야 하는데, 그러려면 다음과 같이 Map 메서드를 호출해야 한다.

```
ComPtr<ID3D12Resource> mUploadBuffer;
BYTE* mMappedData = nullptr;
mUploadBuffer->Map(0, nullptr, reinterpret_cast<void**>(&mMappedData));
```

이 메서드의 첫 매개변수는 CPU 메모리에 대응(mapping; 사상)시키려는 부분 자원의 색인이다. 버퍼의 경우에는 버퍼 자체가 유일한 부분 자원이므로 그냥 0을 지정하면 된다. 둘째 매개변수는 대응시킬 메모리의 범위를 서술하는 D3D12_RANGE 구조체의 포인터인데, 자원 전체를 대응시키려면 지금처럼 널 포인터를 지정하면 된다. 출력 매개변수인 셋째 매개변수에는 대응된 자료를 가리키는 포인터가 설정된다. 시스템 메모리에 있는 자료를 상수 버퍼에 복사하려면 다음처럼 memcpy를 이용한다.

```
memcpy(mMappedData, &data, dataSizeInBytes);
```

상수 버퍼에 자료를 다 복사했으면, 해당 메모리를 해제하기 전에 Unmap을 호출해 주어야 한다.

```
if(mUploadBuffer != nullptr)
    mUploadBuffer->Unmap(0, nullptr);

mMappedData = nullptr;
```

Unmap의 첫 매개변수는 대응을 해제할 부분 자원의 색인인데, 버퍼의 경우에는 0이다. Unmap의 둘째 매개변수는 대응을 해제할 메모리 범위를 서술하는 D3D12_RANGE 구조체의 포인터인데, 자원 전체의 대응을 해제하려면 널 포인터를 지정하면 된다.

6.6.3 업로드 버퍼 보조 클래스

업로드 버퍼 관련 기능을 담은 가벼운 클래스가 있으면 편리할 것이다. 예제 프레임워크의 *UploadBuffer.h*에는 업로드 버퍼를 손쉽게 다룰 수 있는 UploadBuffer 클래스가 정의되어 있다. 이 클래스는 업로드 버퍼 자원의 생성 및 파괴와 자원의 메모리 대응 및 해제를 처리해 준다. 또한, 버퍼의 특정 항목을 갱신하는 CopyData 메서드도 제공한다. 이 책의 예제들은 CPU에서 업로드 버퍼의 내용을 변경해야 할 때(이를테면 시야 행렬이 변했을 때) 이 CopyData 메서드를 사용한다. 이 클래스를 상수 버퍼뿐만 아니라 그 어떤 업로드 버퍼에도 사용할 수 있음을 기억하기 바란다. 그런데 이 클래스를 상수 버퍼에 사용할 때에는 반드시 생성자의 isConstantBuffer 매개변수에 true를 지정해야 한다. 그러면 이 클래스는 각 상수 버퍼가 256바이트의 배수가 되도록 적절히 바이트들을 채운다.

```
template<typename T>
class UploadBuffer
{
public:
  UploadBuffer(ID3D12Device* device, UINT elementCount, bool isConstantBuffer) :
    mIsConstantBuffer(isConstantBuffer)
  {
    mElementByteSize = sizeof(T);

    // 상수 버퍼 원소의 크기는 반드시 256바이트의 배수이어야 한다.
    // 이는 하드웨어가 m*256바이트 오프셋에서 시작하는 n*256바이트 길이의
    // 상수 자료만 볼 수 있기 때문이다.
    // typedef struct D3D12_CONSTANT_BUFFER_VIEW_DESC {
    // UINT64 OffsetInBytes; // 256의 배수
    // UINT   SizeInBytes;    // 256의 배수
    // } D3D12_CONSTANT_BUFFER_VIEW_DESC;
    if(isConstantBuffer)
      mElementByteSize = d3dUtil::CalcConstantBufferByteSize(sizeof(T));

    ThrowIfFailed(device->CreateCommittedResource(
      &CD3DX12_HEAP_PROPERTIES(D3D12_HEAP_TYPE_UPLOAD),
      D3D12_HEAP_FLAG_NONE,
      &CD3DX12_RESOURCE_DESC::Buffer(mElementByteSize*elementCount),
      D3D12_RESOURCE_STATE_GENERIC_READ,
      nullptr,
      IID_PPV_ARGS(&mUploadBuffer)));

    ThrowIfFailed(mUploadBuffer->Map(0, nullptr,
        reinterpret_cast<void**>(&mMappedData)));

    // 자원을 다 사용하기 전에는 대응을 해제할 필요가 없다.
    // 그러나, 자원을 GPU가 사용하는 중에는 CPU에서 자원을
    // 갱신하지 않아야 한다(따라서 반드시 동기화 기법을 사용해야 한다).
  }

  UploadBuffer(const UploadBuffer& rhs) = delete;
  UploadBuffer& operator=(const UploadBuffer& rhs) = delete;
  ~UploadBuffer()
  {
```

```
    if(mUploadBuffer != nullptr)
        mUploadBuffer->Unmap(0, nullptr);

    mMappedData = nullptr;
}

ID3D12Resource* Resource()const
{
    return mUploadBuffer.Get();
}

void CopyData(int elementIndex, const T& data)
{
    memcpy(&mMappedData[elementIndex*mElementByteSize], &data, sizeof(T));
}

private:
    Microsoft::WRL::ComPtr<ID3D12Resource> mUploadBuffer;
    BYTE* mMappedData = nullptr;

    UINT mElementByteSize = 0;
    bool mIsConstantBuffer = false;
};
```

일반적으로 물체의 세계 행렬은 장면 안에서 물체가 이동하거나, 회전하거나, 크기가 변하면 바뀌고, 물체의 시야 행렬은 카메라가 이동하거나 회전하면 바뀐다. 그리고 투영 행렬은 창의 크기가 변하면 바뀐다. 이번 장의 예제 프로그램에서 사용자는 마우스를 이용해서 카메라를 이동·회전할 수 있다. 이를 위해, 매 프레임 호출되는 Update 함수에서 세계-시야-투영 행렬 (세계 행렬, 시야 행렬, 투영 행렬을 결합한 행렬)을 새 시야 행렬로 갱신한다.

```
void BoxApp::OnMouseMove(WPARAM btnState, int x, int y)
{
    if((btnState & MK_LBUTTON) != 0)
    {
        // 마우스 한 픽셀 이동을 4분의 1도에 대응시킨다.
        float dx = XMConvertToRadians(0.25f*static_cast<float> (x - mLastMousePos.x));
        float dy = XMConvertToRadians(0.25f*static_cast<float> (y - mLastMousePos.y));

        // 입력에 기초해 각도를 갱신해서 카메라가 상자를 중심으로 공전하게 한다.
        mTheta += dx;
        mPhi += dy;
```

```
          // mPhi 각도를 제한한다.
          mPhi = MathHelper::Clamp(mPhi, 0.1f, MathHelper::Pi - 0.1f);
      }
      else if((btnState & MK_RBUTTON) != 0)
      {
          // 마우스 한 픽셀 이동을 장면의 0.005단위에 대응시킨다.
          float dx = 0.005f*static_cast<float>(x - mLastMousePos.x);
          float dy = 0.005f*static_cast<float>(y - mLastMousePos.y);

          // 입력에 기초해서 카메라 반지름을 갱신한다.
          mRadius += dx - dy;

          // 반지름을 제한한다.
          mRadius = MathHelper::Clamp(mRadius, 3.0f, 15.0f);
      }

      mLastMousePos.x = x;
      mLastMousePos.y = y;
}


void BoxApp::Update(const GameTimer& gt)
{
      // 구면 좌표를 데카르트 좌표(직교 좌표)로 변환한다.
      float x = mRadius*sinf(mPhi)*cosf(mTheta);
      float z = mRadius*sinf(mPhi)*sinf(mTheta);
      float y = mRadius*cosf(mPhi);

      // 시야 행렬을 구축한다.
      XMVECTOR pos = XMVectorSet(x, y, z, 1.0f);
      XMVECTOR target = XMVectorZero();
      XMVECTOR up = XMVectorSet(0.0f, 1.0f, 0.0f, 0.0f);

      XMMATRIX view = XMMatrixLookAtLH(pos, target, up);
      XMStoreFloat4x4(&mView, view);

      XMMATRIX world = XMLoadFloat4x4(&mWorld);
      XMMATRIX proj = XMLoadFloat4x4(&mProj);
      XMMATRIX worldViewProj = world*view*proj;

      // 최신의 worldViewProj 행렬로 상수 버퍼를 갱신한다.
      ObjectConstants objConstants;
      XMStoreFloat4x4(&objConstants.WorldViewProj,  XMMatrixTranspose(worldViewProj));
      mObjectCB->CopyData(0, objConstants);
}
```

6.6.4 상수 버퍼 서술자

§4.1.6에서 말했듯이, 자원을 렌더링 파이프라인에 묶으려면 서술자 객체가 필요하다. 지금까지 렌더 대상, 깊이·스텐실 버퍼, 정점 버퍼, 색인 버퍼를 위한 서술자/뷰들을 보았다. 상수 버퍼를 파이프라인에 묶을 때에도 역시 서술자가 필요하다. 상수 버퍼 서술자는 D3D12_DESCRIPTOR_HEAP_TYPE_CBV_SRV_UAV 형식의 서술자 힙에 담긴다. 이 힙은 상수 버퍼, 셰이더 자원 뷰(SRV), 순서 없는 접근 뷰(UAV) 서술자들을 섞어서 담을 수 있다. 그런 새로운 형식의 서술자들을 저장하기 위해서는 이 형식의 서술자 힙을 생성해야 한다.

```
D3D12_DESCRIPTOR_HEAP_DESC cbvHeapDesc;
cbvHeapDesc.NumDescriptors = 1;
cbvHeapDesc.Type = D3D12_DESCRIPTOR_HEAP_TYPE_CBV_SRV_UAV;
cbvHeapDesc.Flags = D3D12_DESCRIPTOR_HEAP_FLAG_SHADER_VISIBLE;
cbvHeapDesc.NodeMask = 0;

ComPtr<ID3D12DescriptorHeap> mCbvHeap = nullptr;
md3dDevice->CreateDescriptorHeap(&cbvHeapDesc,
   IID_PPV_ARGS(&mCbvHeap));
```

이 코드는 렌더 대상이나 깊이·스텐실 버퍼 서술자 힙을 생성하는 코드와 비슷하다. 한 가지 중요한 차이는 셰이더 프로그램에서 이 서술자들에 접근할 것임을 뜻하는 D3D12_DESCRIPTOR_HEAP_FLAG_SHADER_VISIBLE 플래그를 지정했다는 점이다. 이번 장의 예제 프로그램은 셰이더 자원이나 순서 없는 접근 뷰를 사용하지 않으며 물체를 하나만 그리므로, 이 힙에는 상수 버퍼 뷰에 대한 서술자 하나만 담으면 된다.

상수 버퍼 뷰를 생성하려면 D3D12_CONSTANT_BUFFER_VIEW_DESC 인스턴스를 채운 후 ID3D12Device::CreateConstantBufferView를 호출해야 한다.

```
// 물체당 상수 자료
struct ObjectConstants
{
  XMFLOAT4X4 WorldViewProj = MathHelper::Identity4x4();
};

// 물체 n개의 상수 자료를 담을 상수 버퍼
std::unique_ptr<UploadBuffer<ObjectConstants>> mObjectCB = nullptr;
mObjectCB = std::make_unique<UploadBuffer<ObjectConstants>>(
  md3dDevice.Get(), n, true);

UINT objCBByteSize = d3dUtil::CalcConstantBufferByteSize(sizeof(ObjectConstants));
```

```
// 버퍼 자체의 시작 주소(0번째 상수 버퍼의 주소)
D3D12_GPU_VIRTUAL_ADDRESS cbAddress = mObjectCB->Resource()->
GetGPUVirtualAddress();

// 버퍼에 담긴 i번째 상수 버퍼의 오프셋
int boxCBufIndex = i;
cbAddress += boxCBufIndex*objCBByteSize;

D3D12_CONSTANT_BUFFER_VIEW_DESC cbvDesc;
cbvDesc.BufferLocation = cbAddress;
cbvDesc.SizeInBytes = d3dUtil::CalcConstantBufferByteSize(sizeof(ObjectConstants));

md3dDevice->CreateConstantBufferView(
  &cbvDesc,
  mCbvHeap->GetCPUDescriptorHandleForHeapStart());
```

D3D12_CONSTANT_BUFFER_VIEW_DESC 구조체는 상수 버퍼 자원 중 HLSL 상수 버퍼 구조체에 묶일 부분을 서술한다. 앞에서 이야기했듯이, 흔히 상수 버퍼에는 물체당 상수 자료 n개의 배열을 저장한다. BufferLocation과 SizeInBytes를 적절히 지정함으로써 i번째 물체의 상수 자료에 대한 뷰를 얻을 수 있다. 하드웨어의 제약 때문에, D3D12_CONSTANT_BUFFER_VIEW_DESC::SizeInBytes 멤버와 D3D12_CONSTANT_BUFFER_VIEW_DESC::OffsetInBytes 멤버는 반드시 256바이트의 배수이어야 한다. 예를 들어 만일 이 멤버들에 64를 지정하면 다음과 같은 디버그 오류 메시지가 나온다.

```
D3D12 ERROR: ID3D12Device::CreateConstantBufferView: SizeInBytes of 64 is invalid.
Device requires SizeInBytes be a multiple of 256.

D3D12 ERROR: ID3D12Device:: CreateConstantBufferView: OffsetInBytes of 64 is
invalid. Device requires OffsetInBytes be a multiple of 256.
```

6.6.5 루트 서명과 서술자 테이블

셰이더 프로그램들은 특정 종류의 자원들이 렌더링 파이프라인에 묶인 상태에서 그리기 호출이 실행되었다고 기대한다. 자원들은 특정 레지스터 슬롯에 묶이며, 셰이더 프로그램들은 그 슬롯들을 통해서 자원들에 접근한다. 예를 들어 이전의 정점 셰이더와 픽셀 셰이더는 상수 버퍼 하나가 레지스터 b0에 묶여 있다고 기대한다. 이 책의 이후 예제들에 나오는 좀 더 복잡한 정점 셰이더들과 픽셀 셰이더들은 여러 개의 상수 버퍼들과 텍스처들, 그리고 표본추출기

(sampler)들이 다양한 레지스터 슬롯들에 묶여 있다고 기대한다. 다음은 파이프라인에 묶인 다양한 자원들의 예이다.

```
// 텍스처 레지스터 슬롯 0에 묶인 텍스처 자원
Texture2D  gDiffuseMap : register(t0);

// 표본추출기 레지스터 슬롯 0~5에 묶인 표본추출기 자원들
SamplerState gsamPointWrap         : register(s0);
SamplerState gsamPointClamp        : register(s1);
SamplerState gsamLinearWrap        : register(s2);
SamplerState gsamLinearClamp       : register(s3);
SamplerState gsamAnisotropicWrap   : register(s4);
SamplerState gsamAnisotropicClamp  : register(s5);

// 상수 버퍼 레지스터 슬롯 0-2에 묶인 cbuffer 자원
cbuffer cbPerObject : register(b0)
{
  float4x4 gWorld;
  float4x4 gTexTransform;
};

// 재질마다 달라지는 상수 자료
cbuffer cbPass : register(b1)
{
  float4x4 gView;
  float4x4 gProj;
  [...] // 간결함을 위해 다른 필드들은 생략했음.
};

cbuffer cbMaterial : register(b2)
{
  float4  gDiffuseAlbedo;
  float3  gFresnelR0;
  float  gRoughness;
  float4x4 gMatTransform;
};
```

루트 서명(root signature)은 그리기 호출 전에 응용 프로그램이 반드시 렌더링 파이프라인에 묶어야 하는 자원들이 무엇이고 그 자원들이 셰이더 입력 레지스터들에 어떻게 대응되는지를 정의한다. 루트 서명은 반드시 그리기 호출에 쓰이는 셰이더들과 호환되어야 한다(즉, 루트 서명은 그리기 호출 전에 렌더링 파이프라인에 묶였다고 셰이더들이 기대하는 모든 자원을 제

공해야 한다). 루트 서명의 유효성은 파이프라인 상태 객체(§6.9)를 생성할 때 검증된다. 그리기 호출마다 서로 다른 셰이더 프로그램들을 사용할 수 있으며, 그런 경우 루트 서명도 달라야 한다.

> **참고:** 셰이더 프로그램은 본질적으로 하나의 함수이고 셰이더에 입력되는 자원들은 함수의 매개변수들에 해당하므로, 루트 서명은 곧 함수의 서명을 정의하는 수단이라 할 수 있다(그래서 루트 '서명'이라는 이름이 붙었다). 매개변수에 어떤 자원을 인수로서 묶느냐에 따라 셰이더 출력이 달라진다. 예를 들어 정점 셰이더의 출력은 셰이더에 입력되는 실제 정점들에 의존하며, 따라서 해당 파이프라인 단계에 묶인 자원들에 의존한다.

Direct3D에서 루트 서명을 대표하는 인터페이스는 ID3D12RootSignature이다. 루트 서명은 주어진 그리기 호출에서 셰이더들이 기대하는 자원들을 서술하는 루트 매개변수들의 배열로 정의된다. 여기서 **루트 매개변수**(root parameter)는 하나의 **루트 상수**(root constant)나 **루트 서술자**(root descriptor)일 수도 있고 **서술자 테이블**(descriptor table)일 수도 있다. 루트 상수와 루트 서술자는 다음 장(제7장)에서 설명한다. 이번 장의 예제는 서술자 테이블만 사용한다. 서술자 테이블은 서술자 힙 안에 있는 연속된 서술자들의 구간을 지정한다.

다음 코드는 루트 매개변수 하나로 된 루트 서명을 생성한다. 그 루트 매개변수는 CBV(상수 버퍼 뷰) 하나를 담기에 충분한 크기의 서술자 테이블이다.

```
// 루트 매개변수는 테이블이거나 루트 서술자 또는 루트 상수이다.
CD3DX12_ROOT_PARAMETER slotRootParameter[1];

// CVB 하나를 담는 서술자 테이블을 생성한다.
CD3DX12_DESCRIPTOR_RANGE cbvTable;
cbvTable.Init(
  D3D12_DESCRIPTOR_RANGE_TYPE_CBV,
  1,  // 테이블의 서술자 개수
  0); // 이 루트 매개변수에 묶일 셰이더 인수들의 기준 레지스터 번호.

slotRootParameter[0].InitAsDescriptorTable(
  1,             // 구간(range) 개수
  &cbvTable); // 구간들의 배열을 가리키는 포인터

// 루트 서명은 루트 매개변수들의 배열이다.
CD3DX12_ROOT_SIGNATURE_DESC rootSigDesc(1, slotRootParameter, 0, nullptr,
  D3D12_ROOT_SIGNATURE_FLAG_ALLOW_INPUT_ASSEMBLER_INPUT_LAYOUT);
```

```
// 상수 버퍼 하나로 구성된 서술자 구간을 가리키는
// 슬롯 하나로 이루어진 루트 서명을 생성한다.
ComPtr<ID3DBlob> serializedRootSig = nullptr;
ComPtr<ID3DBlob> errorBlob = nullptr;
HRESULT hr = D3D12SerializeRootSignature(&rootSigDesc,
  D3D_ROOT_SIGNATURE_VERSION_1,
  serializedRootSig.GetAddressOf(),
  errorBlob.GetAddressOf());

ThrowIfFailed(md3dDevice->CreateRootSignature(
  0,
  serializedRootSig->GetBufferPointer(),
  serializedRootSig->GetBufferSize(),
  IID_PPV_ARGS(&mRootSignature)));
```

CD3DX12_ROOT_PARAMETER와 CD3DX12_DESCRIPTOR_RANGE는 다음 장에서 좀 더 설명하겠다. 일단 지금은 다음 코드가 CBV 하나(상수 버퍼 레지스터 0에 묶이는, 즉 HLSL 코드의 register(b0)에 대응되는)를 담은 서술자 테이블을 기대하는 루트 매개변수를 생성한다는 점만 이해하고 넘어가자.

```
CD3DX12_ROOT_PARAMETER slotRootParameter[1];

CD3DX12_DESCRIPTOR_RANGE cbvTable;
cbvTable.Init(
  D3D12_DESCRIPTOR_RANGE_TYPE_CBV,
  1,  // 테이블의 서술자 개수
  0); // 이 루트 매개변수에 묶일 셰이더 인수들의 기준 레지스터 번호.

slotRootParameter[0].InitAsDescriptorTable(
  1,          // 구간(range) 개수
  &cbvTable); // 구간들의 배열을 가리키는 포인터
```

> **참고:** 이번 장의 루트 서명 예제는 아주 단순하다. 이후 책의 여러 예제에서 점점 더 복잡한 루트 서명을 보게 될 것이다.

루트 서명은 응용 프로그램이 렌더링 파이프라인에 묶을 자원들을 정의하기만 한다. 루트 서명이 실제로 자원들을 묶지는 않는다. 명령 목록을 통해서 루트 서명을 설정한 후에는 ID3D12 GraphicsCommandList::SetGraphicsRootDescriptorTable을 호출해서 서술자 테이블

을 파이프라인에 묶는다.

```
void ID3D12GraphicsCommandList::SetGraphicsRootDescriptorTable(
  UINT RootParameterIndex,
  D3D12_GPU_DESCRIPTOR_HANDLE BaseDescriptor);
```

1. RootParameterIndex: 설정하고자 하는 루트 서명의 색인.
2. BaseDescriptor: 설정하고자 하는 서술자 테이블의 첫 서술자에 해당하는 서술자(힙에 있는)의 핸들. 예를 들어 서술자 다섯 개를 담는 서술자 테이블로 정의된 루트 서명의 경우, 힙에서 BaseDescriptor에 해당하는 서술자와 그 다음의 네 서술자가 루트 서명의 서술자 테이블에 설정된다.

다음 코드는 루트 서명과 CBV 힙을 명령 목록에 설정하고, 파이프라인에 묶을 자원들을 지정하는 서술자 테이블을 설정한다.

```
mCommandList->SetGraphicsRootSignature(mRootSignature.Get());
ID3D12DescriptorHeap* descriptorHeaps[] = { mCbvHeap.Get() };
mCommandList->SetDescriptorHeaps(_countof(descriptorHeaps), descriptorHeaps);

// 이번 그리기 호출에서 사용할 CBV의 오프셋
CD3DX12_GPU_DESCRIPTOR_HANDLE cbv(mCbvHeap ->GetGPUDescriptorHandleForHeapStart());
cbv.Offset(cbvIndex, mCbvSrvUavDescriptorSize);

mCommandList->SetGraphicsRootDescriptorTable(0, cbv);
```

참고: 성능을 위해서는 루트 서명을 최대한 작게 만들고, 한 프레임을 렌더링하는 과정에서 루트 서명의 변경을 최소화해야 한다.

참고: 응용 프로그램이 묶은 루트 서명의 구성물(서술자 테이블, 루트 상수, 루트 서술자)이 그리기/분배 (dispatch) 호출들 사이에서 변할 때마다, Direct3D 12 드라이버가 해당 내용물에 자동으로 버전 번호를 부여한다. 따라서 각각의 그리기/분배 호출은 고유한 루트 서명 상태들의 전체 집합을 받게 된다.

참고: 루트 서명을 바꾸면 기존의 모든 바인딩이 사라진다. 따라서 새 루트 서명이 기대하는 모든 자원을 파이프라인에 다시 묶어야 한다.

6.7 셰이더의 컴파일

Direct3D에서 셰이더 프로그램은 먼저 이식성 있는 바이트 코드로 컴파일되어야 한다. 그래픽 드라이버는 그 바이트코드를 다시 시스템의 GPU에 맞게 최적의 네이티브 명령들로 컴파일한다([ATI1]). 실행 시점에서 다음과 같은 함수를 이용해서 셰이더를 컴파일할 수 있다.

```
HRESULT D3DCompileFromFile(
  LPCWSTR pFileName,
  const D3D_SHADER_MACRO *pDefines,
  ID3DInclude *pInclude,
  LPCSTR pEntrypoint,
  LPCSTR pTarget,
  UINT Flags1,
  UINT Flags2,
  ID3DBlob **ppCode,
  ID3DBlob **ppErrorMsgs);
```

1. pFileName: 컴파일할 HLSL 소스 코드를 담은 .hlsl 파일의 이름.

2. pDefines: 고급 옵션으로, 이 책에서는 사용하지 않는다. 자세한 사항은 SDK 문서화를 보기 바란다. 이 책의 예제들은 이 매개변수에 항상 널 포인터를 지정한다.

3. pInclude: 고급 옵션으로, 이 책에서는 사용하지 않는다. 자세한 사항은 SDK 문서화를 보기 바란다. 이 책의 예제들은 이 매개변수에 항상 널 포인터를 지정한다.

4. pEntrypoint: 셰이더 프로그램의 진입점 함수의 이름. 하나의 .hlsl 파일에 여러 개의 셰이더 프로그램이 있을 수 있으므로(이를테면 정점 셰이더 하나와 픽셀 셰이더 하나), 컴파일할 특정 셰이더의 진입점을 명시해 주어야 한다.

5. pTarget: 사용할 셰이더 프로그램의 종류와 대상 버전을 나타내는 문자열. 이 책의 예제들은 5.0과 5.1을 사용한다.

   (a) vs_5_0과 vs_5_1: 각각 정점 셰이더 5.0과 5.1.

   (b) hs_5_0과 hs_5_1: 각각 덮개 셰이더(§14.2) 5.0과 5.1.

   (c) ds_5_0과 ds_5_1: 각각 영역 셰이더(§14.4) 5.0과 5.1.

   (d) gs_5_0과 gs_5_1: 각각 기하 셰이더(제12장) 5.0과 5.1.

   (e) ps_5_0과 ps_5_1: 각각 픽셀 셰이더 5.0과 5.1.

   (f) cs_5_0과 cs_5_1: 각각 계산 셰이더(제13장) 5.0과 5.1.

6. `Flags1`: 셰이더 코드의 세부적인 컴파일 방식을 제어하는 플래그들. SDK 문서화에는 상당히 많은 플래그가 나오지만, 이 책에서는 다음 두 가지만 사용한다.

   (a) `D3DCOMPILE_DEBUG`: 셰이더를 디버그 모드에서 컴파일한다.

   (b) `D3DCOMPILE_SKIP_OPTIMIZATION`: 최적화를 생략한다(디버깅에 유용함).

7. `Flags2`: 효과(effect)의 컴파일에 관한 고급 옵션으로, 이 책에서는 사용하지 않는다. SDK 문서화를 참고하기 바란다.

8. `ppCode`: 컴파일된 셰이더 목적 바이트코드(shader object bytecode)를 담은 `ID3DBlob` 구조체의 포인터를 이 매개변수를 통해서 돌려준다.

9. `ppErrorMsgs:`: 컴파일 오류가 발생한 경우 오류 메시지 문자열을 담은 `ID3DBlob` 구조체의 포인터를 이 매개변수를 통해서 돌려준다.

`ID3DBlob`은 범용 메모리 버퍼를 나타내는 형식으로, 다음 두 메서드를 제공한다.

   (a) `LPVOID GetBufferPointer`: 버퍼를 가리키는 `void*` 포인터를 돌려준다. 그 블록에 담긴 객체를 실제로 사용하려면 먼저 적절한 형식으로 캐스팅해야 한다(아래 예제 참고).

   (b) `SIZE_T GetBufferSize`: 버퍼의 크기(바이트 개수)를 돌려준다.

예제 프레임워크는 실행 시점에서 셰이더 프로그램을 좀 더 손쉽게 컴파일하기 위한 다음과 같은 보조 함수를 제공한다(*d3dUtil.h/.cpp*). 이 함수는 특히 컴파일 오류 메시지를 Visual Studio의 디버그 창에 출력한다(디버그 모드에서).

```
ComPtr<ID3DBlob> d3dUtil::CompileShader(
    const std::wstring& filename,
    const D3D_SHADER_MACRO* defines,
    const std::string& entrypoint,
    const std::string& target)
{
  // 디버그 모드에서는 디버깅 관련 플래그들을 사용한다.
  UINT compileFlags = 0;
#if defined(DEBUG) || defined(_DEBUG)
  compileFlags = D3DCOMPILE_DEBUG | D3DCOMPILE_SKIP_OPTIMIZATION;
#endif

  HRESULT hr = S_OK;
```

```
  ComPtr<ID3DBlob> byteCode = nullptr;
  ComPtr<ID3DBlob> errors;
  hr = D3DCompileFromFile(filename.c_str(), defines,
    D3D_COMPILE_STANDARD_FILE_INCLUDE,
    entrypoint.c_str(), target.c_str(), compileFlags, 0, &byteCode, &errors);

  // 오류 메시지를 디버그 창에 출력한다.
  if(errors != nullptr)
    OutputDebugStringA((char*)errors->GetBufferPointer());

  ThrowIfFailed(hr);

  return byteCode;
}
```

다음은 이 함수의 호출 예이다.

```
  ComPtr<ID3DBlob> mvsByteCode = nullptr;
  ComPtr<ID3DBlob> mpsByteCode = nullptr;
  mvsByteCode = d3dUtil::CompileShader(L"Shaders\\color.hlsl",
    nullptr, "VS", "vs_5_0");
  mpsByteCode = d3dUtil::CompileShader(L"Shaders\\color.hlsl",
    nullptr, "PS", "ps_5_0");
```

HLSL의 오류 메시지와 경고 메시지는 ppErrorMsgs 매개변수를 통해서 반환된다. 예를 들어 셰이더 소스 코드에서 mul 함수의 이름을 mu로 잘못 입력했다면, 디버그 창에 다음과 같은 오류 메시지가 나온다.

```
  Shaders\color.hlsl(29,14-55): error X3004: undeclared identifier 'mu'
```

셰이더를 컴파일한다고 해서 셰이더가 렌더링 파이프라인에 묶이지는 않는다. 셰이더를 파이프라인에 묶는 구체적인 방법은 §6.9에서 이야기한다.

6.7.1 오프라인 컴파일

셰이더를 실행 시점에서 컴파일하지 않고 오프라인에서 개별적인 단계로(이를테면 빌드 과정의 한 단계 또는 자산 내용 파이프라인 공정의 일부로) 컴파일할 수도 있다. 오프라인 컴파일이 필요한 이유를 몇 가지 들자면 다음과 같다.

1. 복잡한 셰이더는 컴파일에 시간이 오래 걸릴 수 있다. 셰이더를 오프라인에서 컴파일하면 게임의 적재(loading) 시간이 빨라진다.
2. 셰이더 컴파일 오류들은 실행 시점이 아니라 빌드 과정에서 일찍 점검하는 것이 편하다.
3. Windows 8 스토어 앱은 반드시 오프라인 컴파일을 사용해야 한다.

컴파일된 셰이더를 담는 파일의 확장자로는 .cso(compiled shader object)를 사용하는 것이 관례이다.

셰이더를 오프라인에서 컴파일할 때에는 DirectX에 포함된 *FXC* 도구를 사용한다. 이것은 명령줄 도구이다. 예를 들어 *color.hlsl*에 담긴, 진입점이 VS인 정점 셰이더와 진입점이 PS인 픽셀 셰이더를 디버그 모드로 각각 컴파일하려면 콘솔 창에서 다음과 같은 명령들을 실행하면 된다.

```
fxc "color.hlsl" /Od /Zi /T vs_5_0 /E "VS" /Fo "color_vs.cso" /Fc "color_vs.asm"
fxc "color.hlsl" /Od /Zi /T ps_5_0 /E "PS" /Fo "color_ps.cso" /Fc "color_ps.asm"
```

다음은 *color.hlsl*에 담긴, 진입점이 VS인 정점 셰이더와 진입점이 PS인 픽셀 셰이더를 릴리스 모드로 각각 컴파일하는 명령들이다.

```
fxc "color.hlsl" /T vs_5_0 /E "VS" /Fo "color_vs.cso" /Fc "color_vs.asm"
fxc "color.hlsl" /T ps_5_0 /E "PS" /Fo "color_ps.cso" /Fc "color_ps.asm"
```

명령줄 옵션	설명
/Od	최적화를 비활성화한다(디버깅 시 유용함).
/Zi	디버그 정보를 활성화한다.
/T ⟨문자열⟩	셰이더의 종류와 대상 버전.
/E ⟨문자열⟩	셰이더 진입점.
/Fo ⟨문자열⟩	컴파일된 셰이더 바이트코드 목적 파일(object file).
/Fc ⟨문자열⟩	어셈블리 코드 목록을 출력한다(디버깅, 명령 개수 점검, 생성된 코드의 종류 확인 등에 유용하다).

구문 오류가 있는 셰이더 프로그램을 컴파일하면 FXC는 콘솔 창에 오류/경고 메시지를 출력한다. 예를 들어 *color.hlsl* 파일에서 다음처럼 변수 이름을 틀리게 적었다고 하자.

```
// worldViewProj가 아니라 gWorldViewProj이어야 함!
vout.PosH = mul(float4(vin.Pos, 1.0f), worldViewProj);
```

이 실수 하나 때문에 콘솔 창에 상당히 많은 오류 메시지가 나온다(핵심은 제일 처음 나온 오류이다).

```
color.hlsl(29,42-54): error X3004: undeclared identifier 'worldViewProj'
color.hlsl(29,14-55): error X3013: 'mul': no matching 2 parameter intrinsic function
color.hlsl(29,14-55): error X3013: Possible intrinsic functions are:
color.hlsl(29,14-55): error X3013:    mul(float|half...
```

이런 오류 메시지는 컴파일 시점에서 얻는 것이 실행 시점에서 얻는 것보다 훨씬 편하다.

지금까지 오프라인에서 정점 셰이더와 픽셀 셰이더를 컴파일해서 .cso 파일을 얻는 방법을 살펴보았다. 셰이더들을 미리 컴파일했으므로, 실행 시점에서는 컴파일할 필요가 없다(즉, D3DCompileFromFile을 호출하지 않아도 된다). 대신, .cso 파일에 담긴 셰이더 바이트코드를 응용 프로그램으로 적재해야 한다. 예제 프레임워크는 컴파일된 셰이더 바이트코드를 C++ 표준 파일 입출력 라이브러리를 이용해서 적재하는 다음과 같은 함수를 제공한다.

```
ComPtr<ID3DBlob> d3dUtil::LoadBinary(const std::wstring& filename)
{
  std::ifstream fin(filename, std::ios::binary);

  fin.seekg(0, std::ios_base::end);
  std::ifstream::pos_type size = (int)fin.tellg();
  fin.seekg(0, std::ios_base::beg);

  ComPtr<ID3DBlob> blob;
  ThrowIfFailed(D3DCreateBlob(size, blob.GetAddressOf()));

  fin.read((char*)blob->GetBufferPointer(), size);
  fin.close();

  return blob;
}
...
ComPtr<ID3DBlob> mvsByteCode = d3dUtil::LoadBinary(L"Shaders\\color_vs.cso");
ComPtr<ID3DBlob> mpsByteCode = d3dUtil::LoadBinary(L"Shaders\\color_ps.cso");
```

6.7.2 어셈블리 코드 생성

실행 시 /Fc 옵션을 주면 FXC는 이식성 있는 어셈블리 코드를 생성한다. 종종 셰이더의 어셈블리 코드를 출력해서 셰이더 명령 개수를 확인하거나 어떤 종류의 코드가 생성되었는지 살펴보면 도움이 된다. 독자가 기대한 것과는 다른 코드가 생성되는 경우도 있다. 예를 들어 HLSL 코드에서 어떤 조건문을 사용했다면, 어셈블리 코드에 분기 명령이 있을 거라고 생각하기 쉽다. 프로그래밍 가능(programmable) GPU의 초창기에는 셰이더에서 분기 명령을 사용하는 비용이 높았기 때문에 컴파일러가 조건문을 평평하게 만들어서(flattening) 분기 명령을 제거하기도 했다. 흔히 쓰이던 기법은 두 분기 경로를 모두 평가하고 적절히 보간해서 정확한 답을 생성하는 것이었다. 예를 들어 다음 두 코드는 같은 답을 낸다.

조건문을 포함한 코드	평평하게 만든 코드

```float x = 0;```
 	
```// s == 1 (참) 또는 s == 0 (거짓)```
```if(s)```
  ```x = sqrt(y);```
```else```
  ```x = 2*y;```
	```float a = 2*y;```
	```float b = sqrt(y);```
	```float x = a + s*(b-a);```
	
	```// s == 1: x = a + b - a = b = sqrt(y)```
	
	```// s == 0: x = a + 0*(b-a) = a = 2*y```

이처럼, 평평하게 만든 코드는 분기 명령 없이도 원래의 코드와 같은 결과를 낸다. 그러나 어셈블리 코드를 보지 않고서는 평탄화가 적용되었는지 아니면 실제로 분기 명령들이 생성되었는지 알 수 없다. 어쨌든 요지는, 종종 어셈블리 코드를 살펴보면서 코드가 어떻게 생성되는지 확인하면 유익하다는 것이다. 다음은 *color.hlsl*의 정점 셰이더로부터 생성된 어셈블리 코드의 예이다.

```
//
// Generated by Microsoft (R) HLSL Shader Compiler 6.4.9844.0
//
//
// Buffer Definitions:
//
// cbuffer cbPerObject
// {
//
//   float4x4 gWorldViewProj;      // Offset:  0 Size:  64
//
// }
//
//
// Resource Bindings:
//
```

```
// Name                          Type  Format            Dim  Slot  Elements
// ---------------------------    ------  --------     ----------- ----  ----------
// cbPerObject                    cbuffer    NA              NA    0         1
//
//
//
// Input signature:
//
// Name                   Index   Mask Register SysValue  Format    Used
// ---------------------  -----  ------ -------- -------- -------  ------
// POSITION                   0    xyz         0     NONE    float    xyz
// COLOR                      0    xyzw        1     NONE    float    xyzw
//
//
// Output signature:
//
// Name                   Index   Mask Register SysValue  Format    Used
// ---------------------  -----  ------ -------- -------- -------  ------
// SV_POSITION                0    xyzw        0      POS    float    xyzw
// COLOR                      0    xyzw        1     NONE    float    xyzw
//
vs_5_0
dcl_globalFlags refactoringAllowed | skipOptimization
dcl_constantbuffer cb0[4], immediateIndexed
dcl_input v0.xyz
dcl_input v1.xyzw
dcl_output_siv o0.xyzw, position
dcl_output o1.xyzw
dcl_temps 2
//
// Initial variable locations:
//   v0.x <- vin.PosL.x; v0.y <- vin.PosL.y; v0.z <- vin.PosL.z;
//   v1.x <- vin.Color.x; v1.y <- vin.Color.y; v1.z <- vin.Color.z; v1.w <- vin.Color.w;
//   o1.x <- <VS return value>.Color.x;
//   o1.y <- <VS return value>.Color.y;
//   o1.z <- <VS return value>.Color.z;
//   o1.w <- <VS return value>.Color.w;
//   o0.x <- <VS return value>.PosH.x;
//   o0.y <- <VS return value>.PosH.y;
//   o0.z <- <VS return value>.PosH.z;
//   o0.w <- <VS return value>.PosH.w
//
#line 29 "color.hlsl"
mov r0.xyz, v0.xyzx
```

```
mov r0.w, l(1.000000)
dp4 r1.x, r0.xyzw, cb0[0].xyzw // r1.x <- vout.PosH.x
dp4 r1.y, r0.xyzw, cb0[1].xyzw // r1.y <- vout.PosH.y
dp4 r1.z, r0.xyzw, cb0[2].xyzw // r1.z <- vout.PosH.z
dp4 r1.w, r0.xyzw, cb0[3].xyzw // r1.w <- vout.PosH.w

#line 32
mov r0.xyzw, v1.xyzw      // r0.x <- vout.Color.x; r0.y <- vout.Color.y;
                         // r0.z <- vout.Color.z; r0.w <- vout.Color.w
mov o0.xyzw, r1.xyzw
mov o1.xyzw, r0.xyzw
ret
// Approximately 10 instruction slots used
```

6.7.3 Visual Studio를 이용한 오프라인 셰이더 컴파일

Visual Studio 2015에는 셰이더 프로그램 컴파일 기능이 어느 정도 갖추어져 있다. .hlsl 파일을 프로젝트에 추가하면 Visual Studio(VS)는 그것이 셰이더 파일임을 인식하고 [그림 6.6]과 같은 속성 페이지를 통해서 컴파일 옵션들을 제공한다. 이 속성 페이지에서 설정한 값들은 FXC 실행 시 명령줄 옵션들로 쓰인다. HLSL 파일을 VS 프로젝트에 추가하면 그 파일은 빌드 공정의 일부가 되며, 프로젝트를 빌드하면 FXC가 셰이더 파일을 컴파일한다.

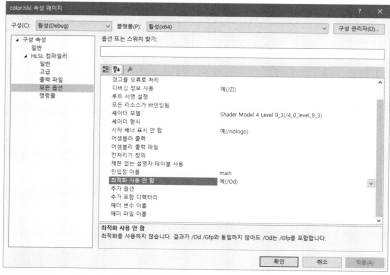

그림 6.6 Visual Studio 프로젝트에 추가된 HLSL 파일의 속성 페이지.

Visual Studio의 내장 HLSL 지원 기능을 사용하는 것의 한 가지 단점은 파일당 셰이더 프로그램을 하나만 둘 수 있다는 것이다. 즉, 하나의 파일에 정점 셰이더와 픽셀 셰이더를 함께 둘 수 없다. 게다가, 같은 셰이더 프로그램을 전처리 지시자들을 다르게 해서 컴파일함으로써 여러 변형들을 얻고 싶은 경우가 종종 있는데, VS의 내장 HLSL 지원 기능에서는 .hlsl 파일당 하나의 .cso 목적 파일만 가능하기 때문에 그런 응용이 불가능하다.

6.8 래스터화기 상태

렌더링 파이프라인의 많은 부분이 프로그래밍이 가능하지만, 일부는 구성(설정)만 가능하다. 렌더링 파이프라인의 래스터화 단계가 그런 예이다. 래스터화 단계는 **래스터화기 상태**(rasterizer state)를 통해서 구성한다. 이 상태를 대표하는 것은 다음과 같은 D3D12_RASTERIZER_DESC 구조체이다.

```
typedef struct D3D12_RASTERIZER_DESC {
    D3D12_FILL_MODE FillMode;          // 기본값: D3D12_FILL_SOLID
    D3D12_CULL_MODE CullMode;          // 기본값: D3D12_CULL_BACK
    BOOL FrontCounterClockwise;        // 기본값: false
    INT DepthBias;                     // 기본값: 0
    FLOAT DepthBiasClamp;              // 기본값: 0.0f
    FLOAT SlopeScaledDepthBias;        // 기본값: 0.0f
    BOOL DepthClipEnable;              // 기본값: true
    BOOL ScissorEnable;                // 기본값: false
    BOOL MultisampleEnable;            // 기본값: false
    BOOL AntialiasedLineEnable;        // 기본값: false
    UINT ForcedSampleCount;            // 기본값: 0

    // 기본값: D3D12_CONSERVATIVE_RASTERIZATION_MODE_OFF
    D3D12_CONSERVATIVE_RASTERIZATION_MODE ConservativeRaster;
} D3D12_RASTERIZER_DESC;
```

다음 네 멤버 이외의 멤버들은 고급 기법을 위한 것이거나 그리 자주 쓰이지 않는 것들이므로 이 책에서는 설명을 생략한다. 자세한 사항은 SDK 문서화를 참고하기 바란다.

1. **FillMode**: 와이어프레임^{wireframe} 렌더링을 위해서는 D3D12_FILL_WIREFRAME을, 면의 속을 채운(solid) 렌더링을 위해서는 D3D12_FILL_SOLID를 지정한다. 기본은 속을 채운 렌더링이다.

2. CullMode: 선별을 *끄려면* D3D12_CULL_NONE을, 후면 삼각형들을 선별(제외)하려면 D3D12_CULL_BACK을, 전면 삼각형들을 선별하려면 D3D12_CULL_FRONT를 지정한다. 기본은 후면 삼각형 선별이다.

3. FrontCounterClockwise: 정점들이 시계방향(카메라 기준)으로 감긴 삼각형을 전면 삼각형으로 취급하고 반시계방향(카메라 기준)으로 감긴 삼각형을 후면 삼각형으로 취급하려면 false를 지정한다. 정점들이 반시계방향(카메라 기준)으로 감긴 삼각형을 전면 삼각형으로 취급하고 시계방향(카메라 기준)으로 감긴 삼각형을 후면 삼각형으로 취급하려면 true를 지정한다. 기본은 false이다.

4. ScissorEnable: 가위 판정(§4.3.10)을 활성화하려면 true를, 비활성화하려면 false를 지정한다. 기본은 false이다.

다음 코드는 와이어프레임 모드를 켜고 후면 선별을 *끄는* 래스터화기 상태를 생성하는 방법을 보여준다.

```
CD3DX12_RASTERIZER_DESC rsDesc(D3D12_DEFAULT);
rsDesc.FillMode = D3D12_FILL_WIREFRAME;
rsDesc.CullMode = D3D12_CULL_NONE;
```

CD3DX12_RASTERIZER_DESC는 D3D12_RASTERIZER_DESC를 상속해서 몇 가지 편의용 생성자들을 추가한 보조 클래스이다. 특히, 이 클래스는 CD3D12_DEFAULT 형식의 객체를 받는 생성자를 제공하는데, 이 생성자는 래스터화기 상태의 멤버들을 모두 기본값으로 초기화한다. CD3D12_DEFAULT는 그냥 중복적재를 위해(즉, 기본 생성자와의 차별화를 위해) 도입한 빈 구조체이다. CD3D12_DEFAULT와 D3D12_DEFAULT의 정의는 다음과 같다.

```
struct CD3D12_DEFAULT {};
extern const DECLSPEC_SELECTANY CD3D12_DEFAULT D3D12_DEFAULT;
```

D3D12_DEFAULT는 여러 편의용 Direct3D 클래스들에 쓰인다.

6.9 파이프라인 상태 객체

지금까지 입력 배치 서술 구조체를 만드는 방법과 정점 셰이더 및 픽셀 셰이더를 만드는 방법, 그리고 래스터화기 상태 그룹을 구성하는 방법 등 여러 가지 렌더링 준비 과정을 살펴보았다. 그런데 그런 객체들을 실제로 사용하기 위해 렌더링 파이프라인에 묶는 방법은 아직 이야기하지 않았다. 렌더링 파이프라인의 상태를 제어하는 대부분의 객체는 **파이프라인 상태 객체**(pipeline state object, PSO)라고 부르는 집합체(aggregate)를 통해서 지정된다. Direct3D에서 PSO를 대표하는 인터페이스는 ID3D12PipelineState이다. PSO를 생성하려면 우선 파이프라인 상태를 서술하는 D3D12_GRAPHICS_PIPELINE_STATE_DESC 구조체의 인스턴스를 채워야 한다.

```
typedef struct D3D12_GRAPHICS_PIPELINE_STATE_DESC
{   ID3D12RootSignature *pRootSignature;
    D3D12_SHADER_BYTECODE VS;
    D3D12_SHADER_BYTECODE PS;
    D3D12_SHADER_BYTECODE DS;
    D3D12_SHADER_BYTECODE HS;
    D3D12_SHADER_BYTECODE GS;
    D3D12_STREAM_OUTPUT_DESC StreamOutput;
    D3D12_BLEND_DESC BlendState;
    UINT SampleMask;
    D3D12_RASTERIZER_DESC RasterizerState;
    D3D12_DEPTH_STENCIL_DESC DepthStencilState;
    D3D12_INPUT_LAYOUT_DESC InputLayout;
    D3D12_PRIMITIVE_TOPOLOGY_TYPE PrimitiveTopologyType;
    UINT NumRenderTargets;
    DXGI_FORMAT RTVFormats[8];
    DXGI_FORMAT DSVFormat;
    DXGI_SAMPLE_DESC SampleDesc;
} D3D12_GRAPHICS_PIPELINE_STATE_DESC;
```

1. pRootSignature: 이 PSO와 함께 묶을 루트 서명을 가리키는 포인터. 루트 서명은 반드시 이 PSO로 묶는 셰이더들과 호환되어야 한다.

2. VS: 묶을 정점 셰이더를 서술하는 D3D12_SHADER_BYTECODE 구조체. 이 구조체는 컴파일된 바이트코드 자료를 가리키는 포인터와 그 바이트코드 자료의 크기(바이트 개수)로 구성된다.

```
typedef struct D3D12_SHADER_BYTECODE {
    const BYTE *pShaderBytecode;
    SIZE_T   BytecodeLength;
} D3D12_SHADER_BYTECODE;
```

3. PS: 묶을 픽셀 셰이더.

4. DS: 묶을 영역 셰이더(영역 셰이더는 §14.4에서 논의한다).

5. HS: 묶을 덮개 셰이더(덮개 셰이더는 §14.2에서 논의한다).

6. GS: 묶을 기하 셰이더(기하 셰이더는 제12장에서 논의한다).

7. StreamOutput: 스트림 출력이라고 하는 고급 기법에 쓰인다. 일단 지금은 이 필드에 그냥 0을 지정한다.

8. BlendState: 혼합 방식을 서술하는 혼합 상태를 지정한다. 혼합과 혼합 상태 그룹은 제10장에서 이야기한다. 일단 지금은 기본값에 해당하는 CD3DX12_BLEND_DESC(D3D12_DEFAULT)를 지정한다.

9. SampleMask: 다중표본화는 최대 32개의 표본을 취할 수 있다. 이 32비트 정수 필드의 각 비트는 각 표본의 활성화/비활성화 여부를 결정한다. 예를 들어 다섯 번째 비트를 끄면(0) 다섯 번째 표본은 추출되지 않는다. 물론, 다중표본화가 다섯 개 이상의 표본을 사용하지 않는다면 다섯 번째 표본을 비활성화하는 것은 렌더링 결과에 영향을 미치지 않는다. 만일 응용 프로그램이 단일 표본화를 사용한다면, 이 필드에서 의미가 있는 것은 첫 비트뿐이다. 일반적으로 이 필드에는 기본값인 0xffffffff(그 어떤 표본도 비활성화하지 않는다)를 지정한다.

10. RasterizerState: 래스터화 단계를 구성하는 래스터화기 상태를 지정한다.

11. DepthStencilState: 깊이·스텐실 판정을 구성하는 깊이·스텐실 상태를 지정한다. 이 상태 그룹은 제11장에서 논의한다. 일단 지금은 기본값에 해당하는 CD3DX12_DEPTH_STENCIL_DESC(D3D12_DEFAULT)를 지정한다.

12. InputLayout: 입력 배치를 서술하는 구조체를 지정한다. 이 구조체는 다음과 같이 그냥 D3D12_INPUT_ELEMENT_DESC 원소들의 배열과 그 배열의 원소 개수로 구성되어 있다.

```
typedef struct D3D12_INPUT_LAYOUT_DESC
{
  const D3D12_INPUT_ELEMENT_DESC *pInputElementDescs;
  UINT NumElements;
} D3D12_INPUT_LAYOUT_DESC;
```

13. PrimitiveTopologyType: 기본도형 위상구조 종류를 지정한다.

```
typedef enum D3D12_PRIMITIVE_TOPOLOGY_TYPE {
  D3D12_PRIMITIVE_TOPOLOGY_TYPE_UNDEFINED = 0,
```

```
        D3D12_PRIMITIVE_TOPOLOGY_TYPE_POINT    = 1,
        D3D12_PRIMITIVE_TOPOLOGY_TYPE_LINE     = 2,
        D3D12_PRIMITIVE_TOPOLOGY_TYPE_TRIANGLE = 3,
        D3D12_PRIMITIVE_TOPOLOGY_TYPE_PATCH    = 4
    } D3D12_PRIMITIVE_TOPOLOGY_TYPE;
```

14. NumRenderTargets: 동시에 사용할 렌더 대상 개수.

15. RTVFormats: 렌더 대상 형식들. 동시에 여러 렌더 대상에 장면을 그릴 수 있도록, 렌더 대상 형식들의 배열을 지정한다. 그 형식들은 이 PSO와 함께 사용할 렌더 대상의 설정들과 부합해야 한다.

16. DSVFormat: 깊이·스텐실 버퍼의 형식. 이 PSO와 함께 사용할 깊이·스텐실 버퍼의 설정들과 부합해야 한다.

17. SampleDesc: 다중표본화의 표본 개수와 품질 수준을 서술한다. 이 PSO와 함께 사용할 렌더 대상의 설정들과 부합해야 한다.

D3D12_GRAPHICS_PIPELINE_STATE_DESC 인스턴스를 채운 후에는 ID3D12Device:: CreateGraphicsPipelineState 메서드를 이용해서 ID3D12PipelineState 객체를 생성한다.

```
ComPtr<ID3D12RootSignature> mRootSignature;
std::vector<D3D12_INPUT_ELEMENT_DESC> mInputLayout;
ComPtr<ID3DBlob> mvsByteCode;
ComPtr<ID3DBlob> mpsByteCode;
...
D3D12_GRAPHICS_PIPELINE_STATE_DESC psoDesc;
ZeroMemory(&psoDesc, sizeof(D3D12_GRAPHICS_PIPELINE_STATE_DESC));
psoDesc.InputLayout = { mInputLayout.data(), (UINT)mInputLayout.size() };
psoDesc.pRootSignature = mRootSignature.Get();
psoDesc.VS =
{
  reinterpret_cast<BYTE*>(mvsByteCode->GetBufferPointer()),
  mvsByteCode->GetBufferSize()
};
psoDesc.PS =
{
  reinterpret_cast<BYTE*>(mpsByteCode->GetBufferPointer()),
  mpsByteCode->GetBufferSize()
};
```

```
psoDesc.RasterizerState = CD3D12_RASTERIZER_DESC(D3D12_DEFAULT);
psoDesc.BlendState = CD3D12_BLEND_DESC(D3D12_DEFAULT);
psoDesc.DepthStencilState = CD3D12_DEPTH_STENCIL_DESC(D3D12_DEFAULT);
psoDesc.SampleMask = UINT_MAX;
psoDesc.PrimitiveTopologyType = D3D12_PRIMITIVE_TOPOLOGY_TYPE_TRIANGLE;
psoDesc.NumRenderTargets = 1;
psoDesc.RTVFormats[0] = mBackBufferFormat;
psoDesc.SampleDesc.Count = m4xMsaaState ? 4 : 1;
psoDesc.SampleDesc.Quality = m4xMsaaState ? (m4xMsaaQuality - 1) : 0;
psoDesc.DSVFormat = mDepthStencilFormat;

ComPtr<ID3D12PipelineState> mPSO;
md3dDevice->CreateGraphicsPipelineState(&psoDesc, IID_PPV_ARGS(&mPSO)));
```

하나의 집합적 ID3D12PipelineState 객체에 상당히 많은 상태가 들어 있다. 이 모든 객체를 하나의 집합체로서 렌더링 파이프라인에 지정하는 이유는 성능 때문이다. 이 모든 것을 하나의 집합체로 지정하는 덕분에 Direct3D는 모든 상태가 호환되는지 미리 검증할 수 있으며, 드라이버는 하드웨어 상태의 프로그래밍을 위한 모든 코드를 미리 생성할 수 있다. Direct3D 11의 상태 모형에서는 이 렌더 상태 조각들을 개별적으로 설정했다. 그러나 이 렌더 상태 조각들은 서로 연관되어 있다. 만일 한 조각의 상태가 변하면, 그에 의존하는 다른 조각을 위해 드라이버가 하드웨어를 다시 프로그래밍해야 할 수 있다. 파이프라인을 구성하는 과정에서 다수의 상태 조각을 변경하면 드라이버가 하드웨어를 중복해서 다시 프로그래밍하기 쉽다. 이러한 중복을 피하려고 드라이버들이 흔히 사용하는 기법 하나는 하드웨어의 프로그래밍을 모든 파이프라인 상태가 알려진 시점인 그리기 호출 시점으로 미루는 것이다. 그러나 하드웨어 프로그래밍을 그런 식으로 미루려면 실행 시점에서 드라이버가 추가적인 관리 작업을 수행해야 한다. Direct3D 12의 새 모형에서는 응용 프로그램이 파이프라인 상태의 대부분을 하나의 집합체로서 지정하므로, 드라이버는 파이프라인의 프로그래밍에 필요한 모든 코드를 초기화 시점에서 생성할 수 있다.

> **참고:** PSO 검증과 생성에는 많은 시간이 걸릴 수 있으므로, PSO는 초기화 시점에서 생성해야 한다. 한 가지 예외라면, 실행 시점에서 PSO가 처음 언급될 때 비로소 PSO를 생성하고, 그것을 해시 테이블처럼 빠르게 조회할 수 있는 컬렉션에 담아 두고 이후에 필요할 때마다 꺼내 쓰는 기법도 있다.

PSO가 모든 렌더 상태를 포함하는 것은 아니다. 뷰포트나 가위 직사각형 같은 상태들은

PSO와는 따로 지정한다. 그런 상태들은 다른 파이프라인 상태들과 독립적으로 지정해도 비효율적이지 않기 때문에, PSO에 포함해도 이득이 없다.

Direct3D는 기본적으로 하나의 상태 기계(state machine)이다. Direct3D에는 명시적으로 변경하지 않는 한 그대로 남아 있는 것들이 많다. 한 장면에서 여러 부류의 물체들을 각자 다른 PSO를 이용해서 그린다면, 코드의 구조를 다음과 같이 짜야 한다.

```
// Reset을 호출해서 초기 PSO를 지정한다.
mCommandList->Reset(mDirectCmdListAlloc.Get(), mPSO1.Get())
/* ...PSO 1을 이용해서 물체들을 그린다... */

// PSO를 변경한다.
mCommandList->SetPipelineState(mPSO2.Get());
/* ...PSO 2를 이용해서 물체들을 그린다... */

// PSO를 변경한다.
mCommandList->SetPipelineState(mPSO3.Get());
/* ...PSO 3을 이용해서 물체들을 그린다... */
```

다른 말로 하면, 어떤 PSO를 명령 목록에 묶었다면, 다른 PSO가 묶이기까지는(또는 명령 목록이 재설정되기까지는) 그 PSO가 계속 적용된다.

> **참고:** 성능을 위해서는 PSO 상태 변경을 최소화해야 한다. 같은 PSO를 사용할 수 있는 물체들은 모두 함께 그려야 마땅하다. 그리기 호출마다 PSO를 변경하지는 말아야 한다.

6.10 기하구조 보조 구조체

이번 절에서는 하나의 기하구조 그룹을 정의하는 정점 버퍼와 색인 버퍼를 한데 엮는 편리한 보조 구조체를 설명한다. 이 구조체는 실제 정점 자료와 색인 자료를 시스템 메모리에 유지해서 CPU가 그 자료를 언제라도 읽을 수 있게 하는 역할도 한다. 선택(picking)이나 충돌 검출을 위해서는 CPU가 기하구조 자료에 접근해야 한다. 더 나아가서, 이 구조체는 버퍼 형식이나 보폭(stride) 같은 정점 버퍼와 색인 버퍼의 주요 속성들도 담아 두며, 버퍼에 대한 뷰를 돌려주는 메서드도 제공한다. 다음의 MeshGeometry(*d3dUtil.h*에 정의되어 있다)가 바로 그러한 구조체이다. 이 책의 예제들은 일단의 기하구조들이 필요할 때마다 이 구조체를 사용한다.

```cpp
// 이 구조체는 MeshGeometry가 대표하는 기하구조 그룹(메시)의 부분 구간, 부분
// 메시를 정의한다. 부분 메시는 하나의 정점/색인 버퍼에 여러 개의 기하구조가
// 들어 있는 경우에 쓰인다. 이 구조체는 정점/색인 버퍼에 저장된 메시의 부분
// 메시를 그리는 데 필요한 오프셋들과 자료를 제공한다. 이를 통해서 [그림 6.3]에
// 나온 기법을 구현할 수 있다.
struct SubmeshGeometry
{
  UINT IndexCount = 0;
  UINT StartIndexLocation = 0;
  INT  BaseVertexLocation = 0;

  // 이 부분 메시가 정의하는 기하구조의 경계 상자(bounding box).
  // 경계 상자는 이 책의 이후 장들에서 쓰인다.
  DirectX::BoundingBox Bounds;
};

struct MeshGeometry
{
  // 이 메시를 이름으로 조회할 수 있도록 이름을 부여한다.
  std::string Name;

  // 시스템 메모리 복사본. 정점/색인 형식이 범용적일 수 있으므로
  // 블로브(ID3DBlob)를 사용한다.
  // 실제로 사용할 때에는 클라이언트에서 적절한 캐스팅해야 한다.
  Microsoft::WRL::ComPtr<ID3DBlob> VertexBufferCPU = nullptr;
  Microsoft::WRL::ComPtr<ID3DBlob> IndexBufferCPU = nullptr;

  Microsoft::WRL::ComPtr<ID3D12Resource> VertexBufferGPU = nullptr;
  Microsoft::WRL::ComPtr<ID3D12Resource> IndexBufferGPU = nullptr;

  Microsoft::WRL::ComPtr<ID3D12Resource> VertexBufferUploader = nullptr;
  Microsoft::WRL::ComPtr<ID3D12Resource> IndexBufferUploader = nullptr;

  // 버퍼들에 관한 자료.
  UINT VertexByteStride = 0;
  UINT VertexBufferByteSize = 0;
  DXGI_FORMAT IndexFormat = DXGI_FORMAT_R16_UINT;
  UINT IndexBufferByteSize = 0;

  // 한 MeshGeometry 인스턴스의 한 정점/색인 버퍼에 여러 개의
  // 기하구조를 담을 수 있다.
  // 부분 메시들을 개별적으로 그릴 수 있도록, 부분 메시 기하구조들을
```

```
    // 컨테이너에 담아 둔다.
    std::unordered_map<std::string, SubmeshGeometry> DrawArgs;

    D3D12_VERTEX_BUFFER_VIEW VertexBufferView()const
    {
      D3D12_VERTEX_BUFFER_VIEW vbv;
      vbv.BufferLocation = VertexBufferGPU->GetGPUVirtualAddress();
      vbv.StrideInBytes = VertexByteStride;
      vbv.SizeInBytes = VertexBufferByteSize;

      return vbv;
    }

    D3D12_INDEX_BUFFER_VIEW IndexBufferView()const
    {
      D3D12_INDEX_BUFFER_VIEW ibv;
      ibv.BufferLocation = IndexBufferGPU->GetGPUVirtualAddress();
      ibv.Format = IndexFormat;
      ibv.SizeInBytes = IndexBufferByteSize;

      return ibv;
    }

    // 자료를 GPU에 모두 올린 후에는 메모리를 해제해도 된다.
    void DisposeUploaders()
    {
      VertexBufferUploader = nullptr;
      IndexBufferUploader = nullptr;
    }
};
```

6.11 상자 예제

이제, 지금까지 배운 내용으로 충분히 이해할 수 있는 간단한 예제를 하나 살펴보자. 색깔 있는 상자 하나를 렌더링하는 이 상자 예제('Box')는 이번 장에서 지금까지 논의한 모든 것을 하나의 프로그램에 집어넣은 것이라 할 수 있다. 독자는 이 예제 코드의 모든 줄을 이해할 수 있어야 한다. 혹시 이해가 안 되는 부분이 있으면 이번 장의 해당 절을 다시 읽어보기 바란다. 참고로, 이 프로그램은 §6.5의 끝에 나온 *Shaders\color.hlsl* 효과 파일을 그대로 사용한다.

```
//************************************************************************
// BoxApp.cpp by Frank Luna (C) 2015 All Rights Reserved.
//
// Direct3D 12에서 상자(정육면체)를 그리는 방법을 보여준다.
//
// 조작 방법:
//      왼쪽 버튼을 누른 채로 마우스를 움직이면 상자가 회전한다.
//      오른쪽 버튼을 누른 채로 마우스를 움직이면 상자가 커지거나
//      작아진다.
//************************************************************************

#include "../../Common/d3dApp.h"
#include "../../Common/MathHelper.h"
#include "../../Common/UploadBuffer.h"

using Microsoft::WRL::ComPtr;
using namespace DirectX;
using namespace DirectX::PackedVector;

struct Vertex
{
  XMFLOAT3 Pos;
  XMFLOAT4 Color;
};

struct ObjectConstants
{
  XMFLOAT4X4 WorldViewProj = MathHelper::Identity4x4();
};

class BoxApp : public D3DApp
{
public:
  BoxApp(HINSTANCE hInstance);
  BoxApp(const BoxApp& rhs) = delete;
  BoxApp& operator=(const BoxApp& rhs) = delete;
  ~BoxApp();

  virtual bool Initialize()override;

private:
  virtual void OnResize()override;
  virtual void Update(const GameTimer& gt)override;
  virtual void Draw(const GameTimer& gt)override;
```

```cpp
    virtual void OnMouseDown(WPARAM btnState, int x, int y)override;
    virtual void OnMouseUp(WPARAM btnState, int x, int y)override;
    virtual void OnMouseMove(WPARAM btnState, int x, int y)override;

    void BuildDescriptorHeaps();
    void BuildConstantBuffers();
    void BuildRootSignature();
    void BuildShadersAndInputLayout();
    void BuildBoxGeometry();
    void BuildPSO();

private:

    ComPtr<ID3D12RootSignature> mRootSignature = nullptr;
    ComPtr<ID3D12DescriptorHeap> mCbvHeap = nullptr;

    std::unique_ptr<UploadBuffer<ObjectConstants>> mObjectCB = nullptr;

    std::unique_ptr<MeshGeometry> mBoxGeo = nullptr;

    ComPtr<ID3DBlob> mvsByteCode = nullptr;
    ComPtr<ID3DBlob> mpsByteCode = nullptr;

    std::vector<D3D12_INPUT_ELEMENT_DESC> mInputLayout;

    ComPtr<ID3D12PipelineState> mPSO = nullptr;

    XMFLOAT4X4 mWorld = MathHelper::Identity4x4();
    XMFLOAT4X4 mView = MathHelper::Identity4x4();
    XMFLOAT4X4 mProj = MathHelper::Identity4x4();

    float mTheta = 1.5f*XM_PI;
    float mPhi = XM_PIDIV4;
    float mRadius = 5.0f;

    POINT mLastMousePos;
};

int WINAPI WinMain(HINSTANCE hInstance, HINSTANCE prevInstance,
                   PSTR cmdLine, int showCmd)
{
    // 디버그 빌드에서는 실행시점 메모리 점검 기능을 켠다.
#if defined(DEBUG) | defined(_DEBUG)
```

```
    _CrtSetDbgFlag( _CRTDBG_ALLOC_MEM_DF | _CRTDBG_LEAK_CHECK_DF );
#endif

  try
  {
    BoxApp theApp(hInstance);
    if(!theApp.Initialize())
      return 0;

    return theApp.Run();
  }
  catch(DxException& e)
  {
    MessageBox(nullptr, e.ToString().c_str(), L"HR Failed", MB_OK);
    return 0;
  }
}

BoxApp::BoxApp(HINSTANCE hInstance)
: D3DApp(hInstance)
{
}

BoxApp::~BoxApp()
{
}

bool BoxApp::Initialize()
{
  if(!D3DApp::Initialize())
    return false;

  // 초기화 명령들을 준비하기 위해 명령 목록을 재설정한다.
  ThrowIfFailed(mCommandList->Reset(mDirectCmdListAlloc.Get(), nullptr));

  BuildDescriptorHeaps();
  BuildConstantBuffers();
  BuildRootSignature();
  BuildShadersAndInputLayout();
  BuildBoxGeometry();
  BuildPSO();

  // 초기화 명령들을 실행한다.
  ThrowIfFailed(mCommandList->Close());
```

```
  ID3D12CommandList* cmdsLists[] = { mCommandList.Get() };
  mCommandQueue->ExecuteCommandLists(_countof(cmdsLists), cmdsLists);

  // 초기화가 완료될 때까지 기다린다.
  FlushCommandQueue();

  return true;
}

void BoxApp::OnResize()
{
  D3DApp::OnResize();

  // 창의 크기가 바뀌었으므로 종횡비를 갱신하고
  // 투영 행렬을 다시 계산한다.
  XMMATRIX P = XMMatrixPerspectiveFovLH(0.25f*MathHelper::Pi,
    AspectRatio(), 1.0f, 1000.0f);
  XMStoreFloat4x4(&mProj, P);
}

void BoxApp::Update(const GameTimer& gt)
{
  // 구면 좌표를 데카르트 좌표(직교 좌표)로 변환한다.
  float x = mRadius*sinf(mPhi)*cosf(mTheta);
  float z = mRadius*sinf(mPhi)*sinf(mTheta);
  float y = mRadius*cosf(mPhi);

  // 시야 행렬을 구축한다.
  XMVECTOR pos    = XMVectorSet(x, y, z, 1.0f);
  XMVECTOR target = XMVectorZero();
  XMVECTOR up     = XMVectorSet(0.0f, 1.0f, 0.0f, 0.0f);

  XMMATRIX view = XMMatrixLookAtLH(pos, target, up);
  XMStoreFloat4x4(&mView, view);

  XMMATRIX world = XMLoadFloat4x4(&mWorld);
  XMMATRIX proj  = XMLoadFloat4x4(&mProj);
  XMMATRIX worldViewProj = world*view*proj;

  // 최신의 worldViewProj 행렬로 상수 버퍼를 갱신한다.
  ObjectConstants objConstants;
  XMStoreFloat4x4(&objConstants.WorldViewProj, XMMatrixTranspose(worldViewProj));
  mObjectCB->CopyData(0, objConstants);
}
```

```
void BoxApp::Draw(const GameTimer& gt)
{
  // 명령 기록에 관련된 메모리의 재활용을 위해 명령 할당자를
  // 재설정한다. 재설정은 GPU가 관련 명령 목록들을
  // 모두 처리한 후에 일어난다.
  ThrowIfFailed(mDirectCmdListAlloc->Reset());

  // 명령 목록을 ExecuteCommandList를 통해서 명령 대기열에
  // 추가했다면 명령 목록을 재설정할 수 있다. 명령 목록을
  // 재설정하면 메모리가 재활용된다.
  ThrowIfFailed(mCommandList->Reset(mDirectCmdListAlloc.Get(), mPSO.Get()));

  mCommandList->RSSetViewports(1, &mScreenViewport);
  mCommandList->RSSetScissorRects(1, &mScissorRect);

  // 자원 용도에 관련된 상태 전이를 Direct3D에 통지한다.
  mCommandList->ResourceBarrier(1,
    &CD3DX12_RESOURCE_BARRIER::Transition(CurrentBackBuffer(),
    D3D12_RESOURCE_STATE_PRESENT, D3D12_RESOURCE_STATE_RENDER_TARGET));

  // 후면 버퍼와 깊이 버퍼를 지운다.
  mCommandList->ClearRenderTargetView(CurrentBackBufferView(),
    Colors::LightSteelBlue, 0, nullptr);
  mCommandList->ClearDepthStencilView(DepthStencilView(),
    D3D12_CLEAR_FLAG_DEPTH | D3D12_CLEAR_FLAG_STENCIL,
    1.0f, 0, 0, nullptr);

  // 렌더링 결과가 기록될 렌더 대상 버퍼들을 지정한다.
  mCommandList->OMSetRenderTargets(1, &CurrentBackBufferView(),
    true, &DepthStencilView());

  ID3D12DescriptorHeap* descriptorHeaps[] = { mCbvHeap.Get() };
  mCommandList->SetDescriptorHeaps(_countof(descriptorHeaps), descriptorHeaps);

  mCommandList->SetGraphicsRootSignature(mRootSignature.Get());

  mCommandList->IASetVertexBuffers(0, 1, &mBoxGeo->VertexBufferView());
  mCommandList->IASetIndexBuffer(&mBoxGeo->IndexBufferView());
  mCommandList->IASetPrimitiveTopology(D3D_PRIMITIVE_TOPOLOGY_TRIANGLELIST);

  mCommandList->SetGraphicsRootDescriptorTable(
    0, mCbvHeap->GetGPUDescriptorHandleForHeapStart());
```

```
mCommandList->DrawIndexedInstanced(
    mBoxGeo->DrawArgs["box"].IndexCount,
    1, 0, 0, 0);

// 자원 용도에 관련된 상태 전이를 Direct3D에 통지한다.
mCommandList->ResourceBarrier(1,
    &CD3DX12_RESOURCE_BARRIER::Transition(CurrentBackBuffer(),
    D3D12_RESOURCE_STATE_RENDER_TARGET, D3D12_RESOURCE_STATE_PRESENT));

// 명령들의 기록을 마친다.
ThrowIfFailed(mCommandList->Close());

// 명령 실행을 위해 명령 목록을 명령 대기열에 추가한다.
ID3D12CommandList* cmdsLists[] = { mCommandList.Get() };
mCommandQueue->ExecuteCommandLists(_countof(cmdsLists), cmdsLists);

// 후면 버퍼와 전면 버퍼를 교환한다.
ThrowIfFailed(mSwapChain->Present(0, 0));
mCurrBackBuffer = (mCurrBackBuffer + 1) % SwapChainBufferCount;

// 이 프레임의 명령들이 모두 처리되길 기다린다. 이러한 대기는
// 비효율적이다. 이번에는 예제의 간단함을 위해 이 방법을 사용하지만,
// 이후의 예제들에서는 렌더링 코드를 적절히 조직화해서 프레임마다 대기할
// 필요가 없게 만든다.
FlushCommandQueue();
}

void BoxApp::OnMouseDown(WPARAM btnState, int x, int y)
{
    mLastMousePos.x = x;
    mLastMousePos.y = y;

    SetCapture(mhMainWnd);
}

void BoxApp::OnMouseUp(WPARAM btnState, int x, int y)
{
    ReleaseCapture();
}

void BoxApp::OnMouseMove(WPARAM btnState, int x, int y)
{
    if((btnState & MK_LBUTTON) != 0)
    {
```

```
        // 마우스 한 픽셀 이동을 4분의 1도에 대응시킨다.
        float dx = XMConvertToRadians(0.25f*static_cast<float>(x - mLastMousePos.x));
        float dy = XMConvertToRadians(0.25f*static_cast<float>(y - mLastMousePos.y));

        // 마우스 입력에 기초해 각도를 갱신한다. 이에 의해 카메라가 상자를 중심으로
        // 공전하게 된다.
        mTheta += dx;
        mPhi += dy;

        // mPhi 각도를 제한한다.
        mPhi = MathHelper::Clamp(mPhi, 0.1f, MathHelper::Pi - 0.1f);
    }
    else if((btnState & MK_RBUTTON) != 0)
    {
        // 마우스 한 픽셀 이동을 장면의 0.005단위에 대응시킨다.
        float dx = 0.005f*static_cast<float>(x - mLastMousePos.x);
        float dy = 0.005f*static_cast<float>(y - mLastMousePos.y);

        // 마우스 입력에 기초해서 카메라 반지름을 갱신한다.
        mRadius += dx - dy;

        // 반지름을 제한한다.
        mRadius = MathHelper::Clamp(mRadius, 3.0f, 15.0f);
    }

    mLastMousePos.x = x;
    mLastMousePos.y = y;
}

void BoxApp::BuildDescriptorHeaps()
{
    D3D12_DESCRIPTOR_HEAP_DESC cbvHeapDesc;
    cbvHeapDesc.NumDescriptors = 1;
    cbvHeapDesc.Type = D3D12_DESCRIPTOR_HEAP_TYPE_CBV_SRV_UAV;
    cbvHeapDesc.Flags = D3D12_DESCRIPTOR_HEAP_FLAG_SHADER_VISIBLE;
    cbvHeapDesc.NodeMask = 0;
    ThrowIfFailed(md3dDevice->CreateDescriptorHeap(&cbvHeapDesc,
        IID_PPV_ARGS(&mCbvHeap)));
}

void BoxApp::BuildConstantBuffers()
{
    mObjectCB = std::make_unique<UploadBuffer<ObjectConstants>>(md3dDevice.Get(), 1, true);
```

```
UINT objCBByteSize = d3dUtil::CalcConstantBufferByteSize(sizeof(ObjectConstants));

D3D12_GPU_VIRTUAL_ADDRESS cbAddress =
  mObjectCB->Resource()-> GetGPUVirtualAddress();
// 버퍼에서 i번째 물체의 상수 버퍼의 오프셋을 얻는다.
// 지금은 i = 0이다.
int boxCBufIndex = 0;
cbAddress += boxCBufIndex*objCBByteSize;

D3D12_CONSTANT_BUFFER_VIEW_DESC cbvDesc;
cbvDesc.BufferLocation = cbAddress;
cbvDesc.SizeInBytes = d3dUtil::CalcConstantBufferByteSize(sizeof(ObjectConstants));

md3dDevice->CreateConstantBufferView(
  &cbvDesc,
  mCbvHeap->GetCPUDescriptorHandleForHeapStart());
}


void BoxApp::BuildRootSignature()
{
  // 일반적으로 셰이더 프로그램은 특정 자원들(상수 버퍼, 텍스처, 표본추출기 등)이
  // 입력된다고 기대한다. 루트 서명은 셰이더 프로그램이 기대하는 자원들을
  // 정의한다. 셰이더 프로그램은 본질적으로 하나의 함수이고 셰이더에 입력되는
  // 자원들은 함수의 매개변수들에 해당하므로, 루트 서명은 곧 함수 서명을 정의하는
  // 수단이라 할 수 있다.

  // 루트 매개변수는 서술자 테이블이거나 루트 서술자 또는 루트 상수이다.
  CD3DX12_ROOT_PARAMETER slotRootParameter[1];

  // CBV 하나를 담는 서술자 테이블을 생성한다.
  CD3DX12_DESCRIPTOR_RANGE cbvTable;
  cbvTable.Init(D3D12_DESCRIPTOR_RANGE_TYPE_CBV, 1, 0);
  slotRootParameter[0].InitAsDescriptorTable(1, &cbvTable);

  // 루트 서명은 루트 매개변수들의 배열이다.
  CD3DX12_ROOT_SIGNATURE_DESC rootSigDesc(1, slotRootParameter, 0, nullptr,
    D3D12_ROOT_SIGNATURE_FLAG_ALLOW_INPUT_ASSEMBLER_INPUT_LAYOUT);

  // 상수 버퍼 하나로 구성된 서술자 구간을 가리키는
  // 슬롯 하나로 이루어진 루트 서명을 생성한다.
  ComPtr<ID3DBlob> serializedRootSig = nullptr;
  ComPtr<ID3DBlob> errorBlob = nullptr;
  HRESULT hr = D3D12SerializeRootSignature(&rootSigDesc,
```

```
        D3D_ROOT_SIGNATURE_VERSION_1,
        serializedRootSig.GetAddressOf(), errorBlob.GetAddressOf());

    if(errorBlob != nullptr)
    {
        ::OutputDebugStringA((char*)errorBlob->GetBufferPointer());
    }
    ThrowIfFailed(hr);

    ThrowIfFailed(md3dDevice->CreateRootSignature(
        0,
        serializedRootSig->GetBufferPointer(),
        serializedRootSig->GetBufferSize(),
        IID_PPV_ARGS(&mRootSignature)));
}

void BoxApp::BuildShadersAndInputLayout()
{
    HRESULT hr = S_OK;

    mvsByteCode = d3dUtil::CompileShader(L"Shaders\\color.hlsl", nullptr, "VS", "vs_5_0");
    mpsByteCode = d3dUtil::CompileShader(L"Shaders\\color.hlsl", nullptr, "PS", "ps_5_0");

    mInputLayout =
    {
        { "POSITION", 0, DXGI_FORMAT_R32G32B32_FLOAT, 0, 0,
            D3D12_INPUT_CLASSIFICATION_PER_VERTEX_DATA, 0 },
        { "COLOR", 0, DXGI_FORMAT_R32G32B32A32_FLOAT, 0, 12,
            D3D12_INPUT_CLASSIFICATION_PER_VERTEX_DATA, 0 }
    };
}

void BoxApp::BuildBoxGeometry()
{
    std::array<Vertex, 8> vertices =
    {
        Vertex({ XMFLOAT3(-1.0f, -1.0f, -1.0f), XMFLOAT4(Colors::White) }),
        Vertex({ XMFLOAT3(-1.0f, +1.0f, -1.0f), XMFLOAT4(Colors::Black) }),
        Vertex({ XMFLOAT3(+1.0f, +1.0f, -1.0f), XMFLOAT4(Colors::Red) }),
        Vertex({ XMFLOAT3(+1.0f, -1.0f, -1.0f), XMFLOAT4(Colors::Green) }),
        Vertex({ XMFLOAT3(-1.0f, -1.0f, +1.0f), XMFLOAT4(Colors::Blue) }),
        Vertex({ XMFLOAT3(-1.0f, +1.0f, +1.0f), XMFLOAT4(Colors::Yellow) }),
        Vertex({ XMFLOAT3(+1.0f, +1.0f, +1.0f), XMFLOAT4(Colors::Cyan) }),
```

```cpp
    Vertex({ XMFLOAT3(+1.0f, -1.0f, +1.0f), XMFLOAT4(Colors::Magenta) })
};

std::array<std::uint16_t, 36> indices =
{
  // 앞면
  0, 1, 2,
  0, 2, 3,

  // 뒷면
  4, 6, 5,
  4, 7, 6,

  // 왼쪽 면
  4, 5, 1,
  4, 1, 0,

  // 오른쪽 면
  3, 2, 6,
  3, 6, 7,

  // 윗면
  1, 5, 6,
  1, 6, 2,

  // 아랫면
  4, 0, 3,
  4, 3, 7
};

const UINT vbByteSize = (UINT)vertices.size() * sizeof(Vertex);
const UINT ibByteSize = (UINT)indices.size() * sizeof(std::uint16_t);

mBoxGeo = std::make_unique<MeshGeometry>();
mBoxGeo->Name = "boxGeo";

ThrowIfFailed(D3DCreateBlob(vbByteSize, &mBoxGeo->VertexBufferCPU));
CopyMemory(mBoxGeo->VertexBufferCPU->GetBufferPointer(),
  vertices.data(), vbByteSize);

ThrowIfFailed(D3DCreateBlob(ibByteSize, &mBoxGeo->IndexBufferCPU));
CopyMemory(mBoxGeo->IndexBufferCPU->GetBufferPointer(),
  indices.data(), ibByteSize);
```

```
  mBoxGeo->VertexBufferGPU = d3dUtil::CreateDefaultBuffer(
    md3dDevice.Get(), mCommandList.Get(),
    vertices.data(), vbByteSize,
    mBoxGeo->VertexBufferUploader);

  mBoxGeo->IndexBufferGPU = d3dUtil::CreateDefaultBuffer(
    md3dDevice.Get(), mCommandList.Get(),
    indices.data(), ibByteSize,
    mBoxGeo->IndexBufferUploader);

  mBoxGeo->VertexByteStride = sizeof(Vertex);
  mBoxGeo->VertexBufferByteSize = vbByteSize;
  mBoxGeo->IndexFormat = DXGI_FORMAT_R16_UINT;
  mBoxGeo->IndexBufferByteSize = ibByteSize;

  SubmeshGeometry submesh;
  submesh.IndexCount = (UINT)indices.size();
  submesh.StartIndexLocation = 0;
  submesh.BaseVertexLocation = 0;

  mBoxGeo->DrawArgs["box"] = submesh;
}

void BoxApp::BuildPSO()
{
  D3D12_GRAPHICS_PIPELINE_STATE_DESC psoDesc;
  ZeroMemory(&psoDesc, sizeof(D3D12_GRAPHICS_PIPELINE_STATE_DESC));
  psoDesc.InputLayout = { mInputLayout.data(), (UINT)mInputLayout.size() };
  psoDesc.pRootSignature = mRootSignature.Get();
  psoDesc.VS =
    {
        reinterpret_cast<BYTE*>(mvsByteCode->GetBufferPointer()),
        mvsByteCode->GetBufferSize()
    };
  psoDesc.PS =
    {
        reinterpret_cast<BYTE*>(mpsByteCode->GetBufferPointer()),
        mpsByteCode->GetBufferSize()
    };
  psoDesc.RasterizerState = CD3DX12_RASTERIZER_DESC(D3D12_DEFAULT);
  psoDesc.BlendState = CD3DX12_BLEND_DESC(D3D12_DEFAULT);
  psoDesc.DepthStencilState = CD3DX12_DEPTH_STENCIL_DESC(D3D12_DEFAULT);
  psoDesc.SampleMask = UINT_MAX;
```

```
psoDesc.PrimitiveTopologyType = D3D12_PRIMITIVE_TOPOLOGY_TYPE_TRIANGLE;
psoDesc.NumRenderTargets = 1;
psoDesc.RTVFormats[0] = mBackBufferFormat;
psoDesc.SampleDesc.Count = m4xMsaaState ? 4 : 1;
psoDesc.SampleDesc.Quality = m4xMsaaState ? (m4xMsaaQuality - 1) : 0;
psoDesc.DSVFormat = mDepthStencilFormat;
ThrowIfFailed(md3dDevice->CreateGraphicsPipelineState(&psoDesc, IID_PPV_ARGS(&mPSO)));
}
```

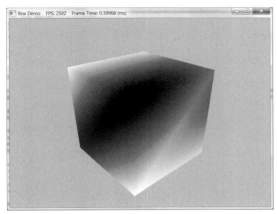

그림 6.7 상자 예제의 실행 모습.

6.12 요약

1. Direct3D의 정점에 공간적 위치 이외의 추가적인 자료를 부여할 수 있다. 커스텀 정점
   형식을 만들려면 우선 원하는 정점 자료를 담을 구조체를 정의해야 한다. 정점 구조체
   를 정의한 다음에는 입력 배치 서술을 이용해서 정점 형식을 Direct3D에게 알려주어
   야 한다. 입력 배치 서술을 대표하는 D3D12_INPUT_LAYOUT_DESC 구조체는 D3D12_
   INPUT_ELEMENT_DESC 형식의 원소들을 담은 배열과 그 배열의 원소 개수로 구성된
   다. D3D12_INPUT_ELEMENT_DESC 배열의 각 원소는 정점 구조체의 각 성분을 서술한
   다. 이 배열의 원소들과 정점 구조체의 성분들은 일대일로 대응되어야 한다. 입력 배치
   서술은 D3D12_GRAPHICS_PIPELINE_STATE_DESC 구조체의 한 필드로 설정되며, 그
   구조체는 PSO의 일부가 된다. Direct3D는 주어진 PSO가 정점 셰이더의 입력 서명과

호환되는지 점검한다. 입력 배치 서술을 포함한 PSO를 파이프라인의 입력 조립기(IA)에 묶으면 비로소 입력 배치 서술이 파이프라인에 묶인다.

2. GPU가 정점 또는 색인들의 배열에 접근하려면 정점 또는 색인들을 **버퍼**라고 부르는 GPU 자원(ID3D12Resource)에 넣어 두어야 한다. 정점들을 저장하는 버퍼를 **정점 버퍼**라고 부르고, 색인들을 담는 버퍼를 **색인 버퍼**라고 부른다. 버퍼 자원을 생성할 때에는 먼저 D3D12_RESOURCE_DESC 구조체를 적절히 채운 후 ID3D12Device::CreateCommittedResource 메서드를 호출한다. 정점 버퍼에 대한 뷰를 서술하는 구조체는 D3D12_VERTEX_BUFFER_VIEW이고 색인 버퍼에 대한 뷰를 서술하는 구조체는 D3D12_INDEX_BUFFER_VIEW이다. 정점 버퍼와 색인 버퍼는 각각 ID3D12GraphicsCommandList::IASetVertexBuffers 메서드와 ID3D12GraphicsCommandList::IASetIndexBuffer 메서드를 통해서 입력 조립기 단계에 묶인다. 색인을 사용하지 않는 기하구조는 ID3D12GraphicsCommandList::DrawInstanced 메서드로 그릴 수 있고, 색인을 사용하는 기하구조는 ID3D12GraphicsCommandList::DrawIndexedInstanced 메서드로 그릴 수 있다.

3. 정점 셰이더는 HLSL로 작성된 하나의 프로그램으로, GPU에서 실행된다. 정점 셰이더는 정점 하나를 입력받아서 정점 하나를 출력한다. 그려진 모든 정점은 정점 셰이더를 거친다. 따라서 프로그래머는 정점별로 특화된 처리를 정점 셰이더로 수행해서 다양한 렌더링 효과를 낼 수 있다. 정점 셰이더가 출력한 값들은 파이프라인의 다음 단계로 전달된다.

4. 상수 버퍼는 셰이더 프로그램 안에서 참조할 수 있는 자료 내용을 담은 GPU 자원(ID3D12Resource)이다. 상수 버퍼는 기본 힙이 아니라 업로드 힙에 생성되므로, 응용 프로그램에서 시스템 메모리를 GPU 메모리로 복사해서 상수 버퍼의 자료를 갱신할 수 있다. C++ 응용 프로그램은 그런 식으로 셰이더가 사용하는 상수 버퍼 안의 값들을 갱신함으로써 셰이더와 통신할 수 있다. 예를 들어 C++ 응용 프로그램은 셰이더가 사용하는 세계·시야·투영 행렬을 상수 버퍼를 통해서 갱신할 수 있다. 일반적으로, 상수 버퍼들은 그 내용을 갱신해야 하는 빈도에 기초해서 생성하는 것이 바람직하다. 효율을 위해서는 자료를 여러 상수 버퍼에 나누어 담는 것이 좋다. 하나의 상수 버퍼가 갱신되면 그 안의 모든 변수가 갱신되어야 하므로, 중복된 갱신을 최소화하려면 갱신 빈도에 따라 변수들을 묶어서 개별 버퍼에 담아야 한다.

5. 픽셀 셰이더는 HLSL로 작성된 하나의 프로그램으로, GPU에서 실행된다. 픽셀 셰이더는 보간된 정점 자료를 입력받아서 하나의 색상 값을 출력한다. 하드웨어 최적화의 일환으로, 파이프라인은 픽셀 단편을 미쳐 픽셀 셰이더에 도달하기 전에 폐기할 수도 있다(이를테면 이른 Z 기각 기법). 프로그래머는 픽셀별로 특화된 처리를 픽셀 셰이더로 수행해서 다양한 렌더링 효과를 낼 수 있다. 픽셀 셰이더가 출력한 값들은 파이프라인의 다음 단계로 전달된다.

6. 렌더링 파이프라인의 상태를 제어하는 대부분의 Direct3D 객체는 파이프라인 상태 객체(PSO)라고 부르는 집합체(aggregate)를 통해서 지정된다. PSO를 대표하는 인터페이스는 ID3D12PipelineState이다. 상태 객체들을 하나의 집합체로서 지정하는 덕분에 Direct3D는 모든 상태가 호환되는지 미리 검증할 수 있으며, 드라이버는 하드웨어 상태의 프로그래밍을 위한 모든 코드를 미리 생성할 수 있다.

6.13 연습문제

1. 다음 정점 구조체를 위한 D3D12_INPUT_ELEMENT_DESC 배열을 작성하라.

```
struct Vertex
{
    XMFLOAT3 Pos;
    XMFLOAT3 Tangent;
    XMFLOAT3 Normal;
    XMFLOAT2 Tex0;
    XMFLOAT2 Tex1;
    XMCOLOR  Color;
};
```

2. 상자 예제('Box')를, 정점 버퍼 두 개(그리고 입력 슬롯 두 개)를 사용해서 파이프라인에 정점들을 공급하도록 수정하라. 정점 버퍼 하나는 정점의 위치 성분을, 다른 하나는 정점의 색상 성분을 담으면 된다. 이를 위해 정점 구조체를 다음 두 구조체로 분할해야 할 것이다.

```
struct VPosData
{
    XMFLOAT3 Pos;
};
```

```
struct VColorData
{
  XMFLOAT4 Color;
};
```

그리고 D3D12_INPUT_ELEMENT_DESC 배열은 다음과 같은 모습이 되어야 할 것이다.

```
D3D12_INPUT_ELEMENT_DESC vertexDesc[] =
{
  {"POSITION", 0, DXGI_FORMAT_R32G32B32_FLOAT, 0, 0,
    D3D12_INPUT_PER_VERTEX_DATA, 0},
  {"COLOR",  0, DXGI_FORMAT_R32G32B32A32_FLOAT, 1, 0,
    D3D12_INPUT_PER_VERTEX_DATA, 0}
};
```

위치 성분은 입력 슬롯 0에, 색상 성분은 입력 슬롯 1에 연결한다. 또한, 이제는 하나의 입력 슬롯에 위치 성분과 색상 성분이 번갈아 공급되는 것이 아니므로, 두 성분 모두 D3D12_INPUT_ELEMENT_DESC::AlignedByteOffset을 0으로 설정한다는 점을 주의하기 바란다. 이런 배열들을 마련한 다음에는 ID3D12CommandList::IASetVertexBuffers를 호출해서 두 정점 버퍼를 슬롯 0과 1에 묶으면 된다. 그러면 Direct3D는 두 입력 슬롯으로 공급된 성분들을 조립해서 정점을 만든다. 이를 일종의 최적화로 사용할 수도 있다. 예를 들어 그림자 매핑 알고리즘에서는 프레임마다 장면을 두 번 그려야 한다. 한 번은 광원의 관점에서 그리고(그림자 패스), 또 한 번은 주 카메라의 관점에서 그린다(주 패스). 그림자 패스에서는 정점의 위치 자료와 텍스처 좌표(기하구조의 알파 판정에 필요한)만 있으면 된다. 따라서 정점 자료를 위치와 텍스처 좌표들만 담는 입력 슬롯 하나와 그 밖의 정점 특성들(법선, 접선 벡터 등)을 담는 입력 슬롯으로 분할해 두면, 그림자 패스에서는 그 패스에 필요한 정점 자료들(위치와 텍스처 좌표)만 손쉽게 파이프라인에 공급할 수 있으므로 자료의 대역폭을 절약할 수 있다. 주 렌더링 패스에서는 두 슬롯을 모두 사용해서 완전한 정점 자료를 공급한다. 성능을 위해서는 입력 슬롯 개수를 3 이하로 최소화하는 것이 바람직하다.

3. 다음을 그려라.

   (a) [그림 5.13(a)]에 나온 것 같은 점 목록.

   (b) [그림 5.13(b)]에 나온 것 같은 선 띠.

   (c) [그림 5.13(c)에 나온 것 같은 선 목록.

(d) [그림 5.13 (d)]에 나온 것 같은 삼각형 띠.

(e) [그림 5.14 (a)]에 나온 것 같은 삼각형 목록.

4. [그림 6.8]에 나온 것 같은 피라미드(사각뿔)의 정점 목록과 색인 목록을 구축해서 그려보라. 밑면 정점들은 녹색으로, 꼭대기 정점은 빨간색으로 설정하라.

그림 6.8 피라미드를 구성하는 삼각형들.

5. 상자 예제의 코드를 보면 색상은 정점들에만 지정되어 있다. 상자 예제를 실행하고, 삼각형 면의 픽셀들이 왜 그런 색이 되었는지 설명하라.

6. 상자 예제를, 정점 셰이더에서 정점을 세계 공간으로 변환하기 전에 다음과 같은 변환을 적용하도록 수정하라.

```
vin.PosL.xy += 0.5f*sin(vinL.Pos.x)*sin(3.0f*gTime);
vin.PosL.z *= 0.6f + 0.4f*sin(2.0f*gTime);
```

이 코드가 제대로 실행되려면 상수 버퍼 변수 gTime을 추가해야 한다. 이 변수는 현재의 GameTimer::TotalTime() 값에 대응된다. 이에 의해 상자의 정점들이 사인 함수에 따라 주기적으로 왜곡되며, 결과적으로 상자가 시간에 따라 애니메이션된다.

7. 상자 예제를 다음과 같이 수정하라: 상자의 정점들과 피라미드(연습문제 4)의 정점들을 하나의 큰 정점 버퍼로 병합한다. 또한, 상자의 색인들과 피라미드의 색인들도 하나의 큰 색인 버퍼로 병합한다(단, 색인 값들은 갱신하지 않는다). 그런 다음 ID3D12 CommandList::DrawIndexedInstanced의 매개변수들을 적절히 설정해서 상자와 피라미드를 하나씩 그린다. 세계 변환 행렬을 적절히 사용해서, 세계 공간에서 상자와 피라미드가 겹쳐 있지 않게 해야 한다.

8. 상자 예제를, 상자를 와이어프레임 모드로 렌더링하도록 수정하라.

9. 상자 예제에서 후면 선별을 비활성화하라(D3D12_CULL_NONE). 또한, 후면 선별 대신 전면 선별(D3D12_CULL_FRONT)을 사용해 보라. 선별 설정의 차이가 확실하게 나타나

도록, 상자를 와이어프레임 모드로 렌더링하라.

10. 정점들의 메모리 소비량이 중요할 때에는 128비트 색상 값들을 32비트 색상 값들로 줄이는 것이 도움이 될 수 있다. 상자 예제를, 정점 구조체에서 128비트 색상 대신 32비트 색상을 사용하도록 수정하라. 정점 구조체와 해당 입력 배치 서술 배열은 다음과 같은 모습이 되어야 할 것이다.

```
struct Vertex
{
  XMFLOAT3 Pos;
  XMCOLOR  Color;
};


D3D12_INPUT_ELEMENT_DESC vertexDesc[] =
{
  {"POSITION", 0, DXGI_FORMAT_R32G32B32_FLOAT, 0, 0,
    D3D12_INPUT_PER_VERTEX_DATA, 0},
  {"COLOR",  0, DXGI_FORMAT_B8G8R8A8_UNORM, 0, 12,
    D3D12_INPUT_PER_VERTEX_DATA, 0}
};
```

이 예에서 정점 색상 형식으로 지정된 DXGI_FORMAT_B8G8R8A8_UNORM(8비트 적, 녹, 청, 알파)은 흔히 쓰이는* 32비트 그래픽 색상 형식 ARGB에 해당한다. DXGI_FORMAT 열거형 멤버 이름들은 바이트들이 메모리 안에 실제로 배치된 순서를 따른다. **리틀엔디언**little-endian 순서를 따르는 컴퓨터는 다중 바이트 자료의 바이트들을 최하위 바이트에서 최상위 바이트의 순서로 기록하므로, 32비트 ARGB 색상의 바이트들(B가 최하위 바이트)은 메모리 안에서 BGRA 순으로(B가 가장 낮은 메모리 주소) 저장된다. 따라서 리틀엔디언 방식의 컴퓨터(이 책이 대상으로 하는 일반적인 Windows 데스크톱 등)에서 32비트 ARGB 색상을 사용하려면 지금 예처럼 DXGI_FORMAT_B8G8R8A8_UNORM을 지정해야 한다.

11. 다음과 같은 C++ 정점 구조체를 생각해 보자.

```
struct Vertex
{
  XMFLOAT3 Pos;
  XMFLOAT4 Color;
};
```

---

* **옮긴이** 특히, DirectXMath의 표준 32비트 색상 형식인 XMColor 구조체(§5.3.3)가 ARGB를 사용한다.

(a) 입력 배치 서술들의 순서가 정점 구조체 성분들의 순서와 일치해야 할까? 다른 말로 하면, 다음의 배열이 이 정점 구조체를 제대로 서술하는가? 실제 코드로 실험해서 독자의 추측을 확인해 보고, 추측이 옳은/틀린 이유를 설명하라.

```
D3D12_INPUT_ELEMENT_DESC vertexDesc[] =
{
  {"COLOR",  0, DXGI_FORMAT_R32G32B32A32_FLOAT, 0, 12,
    D3D12_INPUT_PER_VERTEX_DATA, 0},
  {"POSITION", 0, DXGI_FORMAT_R32G32B32_FLOAT, 0, 0,
    D3D12_INPUT_PER_VERTEX_DATA, 0},
};
```

(b) 정점 셰이더 구조체의 성분 순서가 C++ 정점 구조체 성분 순서와 일치해야 할까? 즉, 다음 정점 셰이더 구조체가 앞에 나온 정점 구조체에 맞을까? 실제 코드로 실험해서 독자의 추측을 확인해 보고, 추측이 옳은/틀린 이유를 설명하라.

```
struct VertexIn
{
  float4 Color : COLOR;
  float3 Pos   : POSITION;
};
```

12. 상자 예제에서 뷰포트를 후면 버퍼의 왼쪽 절반으로 설정하라.

13. 상자 예제에 가위 판정을 도입해서, 후면 버퍼 중심에 놓인 너비 mClientWidth/2, 높이 mClientHeight/2 직사각형 외부에 있는 모든 픽셀을 폐기하라. 이를 위해서는 가위 직사각형을 적절히 설정해야 할뿐만 아니라, 래스터화 상태 그룹에서 가위 판정을 활성화해야 한다.

14. 상자 예제를, 상수 버퍼를 이용해서 색상이 시간에 따라 애니메이션되도록 수정하라. 매끄러운 가감속 함수(smooth easing function)를 이용해서 색이 자연스럽게 변하게 할 것. 색상을 정점 셰이더에서 변경하는 버전뿐만 아니라 픽셀 셰이더에서 변경하는 버전도 만들어 보라.

15. 상자 예제의 픽셀 셰이더를 다음과 같이 수정하라.

```
float4 PS(VertexOut pin) : SV_Target
{
  clip(pin.Color.r - 0.5f);
  return pin.Color;
}
```

예제를 실행하고, 내장 함수 clip이 하는 일을 추측하라.

16. 상자 예제를, 픽셀 셰이더가 보간된 정점 색상과 상수 버퍼를 통해 주어진 gPulseColor 색상 사이에서 매끄럽게 진동하는 색상을 출력하도록 수정하라. 또한, 상수 버퍼를 적절히 갱신하도록 응용 프로그램도 수정해야 한다. HLSL 코드의 상수 버퍼 정의와 픽셀 셰이더는 다음과 같은 모습이 되어야 한다.

```
cbuffer cbPerObject : register(b0)
{
    float4x4 gWorldViewProj;
    float4 gPulseColor;
    float gTime;
};

float4 PS(VertexOut pin) : SV_Target
{
    const float pi = 3.14159;

    // 사인 함수를 이용해서, 시간에 따라 [0,1] 구간에서 진동하는 값을 구한다.
    float s = 0.5f*sin(2*gTime - 0.25f*pi)+0.5f;

    // 매개변수 s에 기초해서 pin.Color와 gPulseColor 사이를 매끄럽게
    // 보간한 값을 구한다.
    float4 c = lerp(pin.Color, gPulseColor, s);

    return c;
}
```

gTime 변수는 현재의 GameTimer::TotalTime( ) 값에 해당한다.

CHAPTER 7

Direct3D의 그리기 연산 제2부

이번 장에서는 이 책의 나머지 부분에 쓰이는 몇 가지 그리기 연산 패턴들을 소개한다. 이번 장은 그리기 연산을 최적화하는 수단 하나를 제시하는 것으로 시작한다. 이 책에서 '프레임 자원'이라고 부르는 그 수단을 렌더링 루프에서 활용하면 프레임마다 명령 대기열을 완전히 비우지 않아도 되어서 CPU와 GPU의 활용도가 높아진다. 그런 다음에는 렌더 항목이라는 개념을 소개하고 상수 자료를 갱신 주기에 근거해서 분할하는 방법을 설명한다. 이번 장에서는 또한 루트 서명을 좀 더 자세히 살펴보고, 제6장에서 이야기하지 않은 종류의 루트 매개변수들인 루트 서술자와 루트 상수를 설명한다. 마지막으로는 상자보다 복잡한 몇 가지 물체를 그리는 방법을 제시한다. 이번 장을 마치고 나면 독자는 자연 지형(언덕과 계곡 비슷한 표면)과 원기둥, 구를 그릴 수 있게 되며, 파도를 애니메이션하는 방법도 알게 된다.

목표

1. 프레임마다 명령 대기열을 비우지 않아도 되도록 렌더링 공정을 수정함으로써 성능을 향상하는 방법을 배운다.
2. 다른 두 종류의 루트 서명 매개변수인 루트 서술자와 루트 상수를 배운다.
3. 격자, 원기둥, 구 같은 일반적인 기하 도형들을 절차적으로 생성하고 그리는 방법을 파악한다.
4. CPU에서 정점들을 애니메이션하고 새 정점 위치들을 동적 정점 버퍼를 이용해서 GPU에 올리는 방법을 알아본다.

7.1 프레임 자원

§4.2에서 말했듯이, CPU와 GPU는 병렬로 작동한다. CPU는 명령 목록들을 구축하고 제출하며(물론 그 외의 CPU 작업들도 수행한다), GPU는 명령 대기열에 담긴 명령들을 처리한다. 성능의 관점에서 목표는, 시스템의 가용 하드웨어 자원을 최대한 활용하도록 CPU와 GPU를 계속해서 바쁘게 돌리는 것이다. 제6장까지의 예제들에서는 프레임마다 CPU와 GPU를 한 번씩 동기화했다. 그러한 동기화가 필요한 예를 두 가지 들자면 다음과 같다.

1. GPU가 명령들을 모두 실행하기 전까지는 CPU에서 명령 할당자를 재설정하지 말아야 한다. 동기화를 생략한다고 가정하자. 그러면 GPU가 현재 프레임 n의 처리를 마치기 전에 CPU가 다음 프레임 $n + 1$로 넘어갈 수 있다. 만일 CPU가 프레임 $n+1$에서 명령 할당자를 재설정하는 시점에서 GPU가 아직도 프레임 n의 명령들을 처리하고 있다면, GPU가 아직 실행하지 않은 명령들을 CPU가 삭제해 버리는 셈이 된다.

2. GPU가 상수 버퍼를 참조하는 그리기 명령들을 모두 실행하기 전까지는 CPU에서 상수 버퍼를 갱신하지 말아야 한다. 그런 상황을 §4.2.2과 [그림 4.7]에서 설명했었다. 동기화를 생략한다고 가정하자. 그러면 GPU가 현재 프레임 n의 처리를 마치기 전에 CPU가 다음 프레임 $n + 1$으로 넘어갈 수 있다. 만일 CPU가 프레임 $n + 1$에서 상수 버퍼를 새로운 자료로 덮어쓰는 시점에서 GPU가 아직도 프레임 n에서 상수 버퍼를 참조하는 그리기 명령들을 처리하고 있다면, GPU는 프레임 n을 위한 자료가 아닌 잘못된 자료를 참조하게 된다.

이런 이유로 예제들은 매 프레임의 끝에서 `D3DApp::FlushCommandQueue`를 호출해서 해당 프레임의 모든 명령이 실행되길 기다린다. 이 해법이 동기화 문제를 확실히 해결해주긴 하지만, 다음과 같은 이유로 비효율적이다.

1. 한 프레임의 시작에서 GPU는 처리할 명령이 하나도 없는 상황에 부닥친다. 이전 프레임의 끝에서 대기열이 빌 때까지 기다렸다가 현재 프레임으로 넘어왔기 때문이다. 따라서 GPU는 CPU가 명령 목록을 구축해서 제출할 때까지 아무 일도 하지 않고 놀게 된다.

2. 반대로, 한 프레임의 끝에서 CPU는 GPU가 명령들을 모두 처리할 때까지 기다려야 한다.

결국, 프레임마다 특정 시점들에서 CPU와 GPU가 할 일 없이 시간을 허비하게 된다.

이 문제의 한 가지 해결책은 매 프레임 CPU가 수정해야 하는 자원들을 순환 배열(circular

array)로 관리하는 것이다. 그러한 자원들을 이 책에서는 **프레임 자원**(frame resource)이라고 부르며, 이후의 예제들은 일반적으로 프레임 자원 세 개를 담은 순환 배열을 사용한다. 프레임 자원 순환 배열을 이용한 기법은 이런 것이다. 프레임 n에서 CPU는 프레임 자원 배열을 훑으면서 다음번 가용 프레임 자원(즉, GPU가 사용하지 않는 자원)을 찾는다. GPU가 이전 프레임들을 처리하는 동안 CPU는 그런 가용 프레임 자원을 적절히 갱신하고 프레임 n을 위한 명령 목록들을 구축해서 제출한다. 그런 다음에는 프레임 $n+1$로 넘어가서 같은 과정을 반복한다. 프레임 자원 배열의 원소가 세 개라면 CPU는 GPU보다 최대 두 프레임 앞서갈 수 있으며, GPU는 CPU를 따라잡기 위해 쉼 없이 일하게 된다. 다음은 이번 장의 도형 예제('Shapes')에 쓰이는 프레임 자원 클래스의 예이다. 이 예제에서 CPU가 수정할 것은 상수 버퍼들뿐이므로, 프레임 자원 클래스는 상수 버퍼들만 담는다.

```cpp
// CPU가 한 프레임의 명령 목록들을 구축하는 데 필요한 자원들을 대표하는
// 클래스. 응용 프로그램마다 필요한 자원이 다를 것이므로,
// 이런 클래스의 멤버 구성 역시 응용 프로그램마다 달라야 할 것이다.
struct FrameResource
{
public:

    FrameResource(ID3D12Device* device, UINT passCount,  UINT objectCount);
    FrameResource(const FrameResource& rhs) = delete;
    FrameResource& operator=(const FrameResource& rhs) = delete;
    ~FrameResource();

    // 명령 할당자는 GPU가 명령들을 다 처리한 후 재설정해야 한다.
    // 따라서 프레임마다 할당자가 필요하다.
    Microsoft::WRL::ComPtr<ID3D12CommandAllocator> CmdListAlloc;

    // 상수 버퍼는 그것을 참조하는 명령들을 GPU가 다 처리한 후에
    // 갱신해야 한다. 따라서 프레임마다 상수 버퍼를 새로 만들어야 한다.
    std::unique_ptr<UploadBuffer<PassConstants>> PassCB = nullptr;
    std::unique_ptr<UploadBuffer<ObjectConstants>> ObjectCB = nullptr;

    // Fence는 현재 울타리 지점까지의 명령들을 표시하는 값이다.
    // 이 값은 GPU가 아직 이 프레임 자원들을 사용하고 있는지
    // 판정하는 용도로 쓰인다.
    UINT64 Fence = 0;
};

FrameResource::FrameResource(ID3D12Device* device, UINT passCount, UINT
    objectCount)
```

```
  {
    ThrowIfFailed(device->CreateCommandAllocator(
      D3D12_COMMAND_LIST_TYPE_DIRECT,
      IID_PPV_ARGS(CmdListAlloc.GetAddressOf())));

    PassCB = std::make_unique<UploadBuffer<PassConstants>>(device, passCount, true);
    ObjectCB = std::make_unique<UploadBuffer<ObjectConstants>>(device, objectCount,
      true);
  }
FrameResource::~FrameResource() { }
```

응용 프로그램 클래스는 프레임 자원 세 개를 담는 벡터(std::vector)를 생성하고, 현재 프레임 자원을 가리키는 멤버 변수들도 적절히 관리한다.

```
static const int NumFrameResources = 3;
std::vector<std::unique_ptr<FrameResource>> mFrameResources;
FrameResource* mCurrFrameResource = nullptr;
int mCurrFrameResourceIndex = 0;

void ShapesApp::BuildFrameResources()
{
  for(int i = 0; i < gNumFrameResources; ++i)
  {
    mFrameResources.push_back(std::make_unique<FrameResource>(
      md3dDevice.Get(), 1, (UINT)mAllRitems.size()));
  }
}
```

다음 메서드들은 프레임 n에서 CPU가 하는 일을 보여준다.

```
void ShapesApp::Update(const GameTimer& gt)
{
  // 순환적으로 자원 프레임 배열의 다음 원소에 접근한다.
  mCurrFrameResourceIndex = (mCurrFrameResourceIndex + 1) % NumFrameResources;
  mCurrFrameResource = mFrameResources[mCurrFrameResourceIndex];

  // GPU가 현재 프레임 자원의 명령들을 다 처리했는지 확인한다. 아직
  // 다 처리하지 않았으면 GPU가 이 울타리 지점까지의 명령들을 처리할
  // 때까지 기다린다.
  if(mCurrFrameResource->Fence != 0 &&
    mCommandQueue->GetLastCompletedFence() < mCurrFrameResource->Fence)
  {
    HANDLE eventHandle = CreateEventEx(nullptr, false, false, EVENT_ALL_ACCESS);
```

```
    ThrowIfFailed(mCommandQueue->SetEventOnFenceCompletion(
      mCurrFrameResource->Fence, eventHandle));
    WaitForSingleObject(eventHandle, INFINITE);
    CloseHandle(eventHandle);
  }

  // [...] mCurrFrameResource의 자원들(상수 버퍼 등)을 갱신한다.
}

void ShapesApp::Draw(const GameTimer& gt)
{
  // [...] 이 프레임의 명령 목록들을 구축하고 제출한다.

  // 현재 울타리 지점까지의 명령들을 표시하도록 울타리 값(Fence 멤버)을
  // 전진시킨다.
  mCurrFrameResource->Fence = ++mCurrentFence;

  // 새 울타리 지점을 설정하는 명령(Signal)을 명령 대기열에 추가한다.
  // 지금 우리는 GPU 시간선(timeline) 상에 있으므로, 새 울타리 지점은
  // GPU가 이 Signal() 명령 이전까지의 모든 명령을 처리하기 전까지는
  // 설정되지 않는다.
  mCommandQueue->Signal(mFence.Get(), mCurrentFence);

  // GPU가 아직도 이전 프레임들의 명령을 처리하고 있을 수 있지만,
  // 그 프레임들에 연관된 프레임 자원들은 여기서 전혀 건드리지
  // 않으므로 문제가 되지 않는다.
}
```

이 해법이 대기(waiting)를 완전히 없애지는 않음을 주의하기 바란다. 한 프로세서가 프레임
들을 다른 프로세서보다 훨씬 빠르게 처리한다면, 언젠가는 한 프로세서가 다른 프로세서를 기
다려 주어야 한다(한 프로세서만 너무 앞서 나갈 수는 없으므로). GPU가 명령들을 처리하는
속도가 CPU가 명령들을 제출하는 속도보다 빠르면 GPU가 놀게 된다. 일반적으로, 만일 응용
프로그램이 그래픽의 한계를 밀어붙이려 한다면 GPU가 노는 상황(즉, GPU를 최대한 활용하
지 못하는)을 피해야 할 것이다. 반대로 CPU가 프레임들을 항상 GPU보다 빠르게 처리한다
면, 언젠가는 CPU가 기다려야 한다. 이는 GPU를 최대로 활용한다는 점에서 바람직한 상황이
다. 여분의 CPU 주기(사이클)들은 언제라도 인공지능이나 물리, 게임 플레이 논리 같은 게임
의 다른 부분에 활용할 수 있다.

다중 프레임 자원이 대기를 완전히 없애지는 않지만, GPU가 놀지 않도록 계속해서 일거리
를 공급함으로써 성능에 도움을 준다. 자원 프레임들 덕분에, GPU가 프레임 n의 명령들을 처

리하는 동안 CPU는 프레임 $n + 1$과 $n + 2$를 위한 명령들을 만들어서 제출할 수 있다. 그러면 명령 대기열이 비는 일이 없어서 GPU가 계속해서 일하게 된다.

7.2 렌더 항목

하나의 물체를 그리려면 정점 버퍼와 색인 버퍼를 묶고, 물체의 상수들을 묶고, 기본도형 종류를 설정하고, `DrawIndexedInstanced` 매개변수들을 지정하는 등의 여러 가지 매개변수 설정 작업이 필요하다. 한 장면에서 그릴 물체가 여러 개이면 그런 설정들을 관리하기가 상당히 복잡할 수 있다. 따라서, 하나의 물체를 그리는 데 필요한 자료를 캡슐화하는 경량의 구조체를 정의해 두면 도움이 된다. 하나의 완전한 그리기 호출 명령을 렌더링 파이프라인에 제출하는 데 필요한 자료 집합을 이 책에서는 렌더 항목(render item)이라고 부른다. 응용 프로그램마다 구현하고자 하는 효과나 렌더링 기법이 다를 수 있으므로, 물체를 그리는 데 필요한 자료 역시 응용 프로그램마다 다를 수 있다. 이번 예제 프로그램을 위한 렌더 항목을 나타내는 `RenderItem` 구조체는 다음과 같은 모습이다.

```
// 하나의 물체를 그리는 데 필요한 매개변수들을 담는 가벼운 구조체.
// 이런 구조체의 구체적인 구성은 응용 프로그램마다 다를 수 있다.
struct RenderItem
{
  RenderItem() = default;

  // 세계 공간을 기준으로 물체의 국소 공간을 서술하는 세계 행렬.
  // 이 행렬은 세계 공간 안에서의 물체의 위치와 방향, 크기를
  // 결정한다.
  XMFLOAT4X4 World = MathHelper::Identity4x4();

  // 물체의 자료가 변해서 상수 버퍼를 갱신해야 하는지의 여부를
  // 뜻하는 '더러움' 플래그. FrameResource마다 물체의 cbuffer가
  // 있으므로, FrameResource마다 갱신을 적용해야 한다. 따라서,
  // 물체의 자료를 수정할 때에는 반드시
  // NumFramesDirty = gNumFrameResources
  // 로 설정해야 한다. 그래야 각각의 프레임 자원이 갱신된다.
  int NumFramesDirty = gNumFrameResources;

  // 이 렌더 항목의 물체 상수 버퍼에 해당하는
  // GPU 상수 버퍼의 색인.
```

```
    UINT ObjCBIndex = -1;

    // 이 렌더 항목에 연관된 기하구조. 여러 렌더 항목이 같은
    // 기하구조를 참조할 수 있음을 주의하기 바란다.
    MeshGeometry* Geo = nullptr;

    // 기본도형 위상구조.
    D3D12_PRIMITIVE_TOPOLOGY PrimitiveType = D3D_PRIMITIVE_TOPOLOGY_TRIANGLELIST;

    // DrawIndexedInstanced 매개변수들.
    UINT IndexCount = 0;
    UINT StartIndexLocation = 0;
    int BaseVertexLocation  = 0;
};
```

응용 프로그램은 물체들을 그리는 방식에 기초해서 해당 렌더 항목들을 여러 목록으로 조직화한다. 좀 더 구체적으로, 같은 PSO를 사용하는 렌더 항목들은 같은 목록에 둔다.

```
// 모든 렌더 항목의 목록.
std::vector<std::unique_ptr<RenderItem>> mAllRitems;

// PSO별 렌더 항목들.
std::vector<RenderItem*> mOpaqueRitems;
std::vector<RenderItem*> mTransparentRitems;
```

7.3 패스별 상수 버퍼

§7.1절의 FrameResource 클래스에 다음과 같은 새로운 종류의 상수 버퍼가 도입되었음을 주목하기 바란다.

```
std::unique_ptr<UploadBuffer<PassConstants>> PassCB = nullptr;
```

이후의 예제 프로그램들에서 이 버퍼는 하나의 렌더링 패스^{pass} 전체에서 변하지 않는 상수 자료를 저장한다. 이를테면 시점 위치, 시야 행렬과 투영 행렬, 그리고 화면(렌더 대상) 크기에 관한 정보가 이런 버퍼에 저장된다. 또한 셰이더 프로그램들이 유용하게 사용할 게임 시간 측정치 같은 정보도 이 버퍼에 저장된다. 이 책의 예제 프로그램들이 아래에 나열된 모든 상수 자료를 항상 사용하는 것은 아니지만, 여분의 자료를 제공하는 데 드는 비용이 아주 낮으므로 그

냥 모든 패스 상수 자료를 버퍼에 담아두는 것이 편하다. 예를 들어 이번 예제에는 렌더 대상 크기가 필요하지 않지만, 나중에 후처리 효과를 구현할 때가 되면 렌더 대상 크기 정보가 필요해진다.

```
cbuffer cbPass : register(b1)
{
  float4x4 gView;
  float4x4 gInvView;
  float4x4 gProj;
  float4x4 gInvProj;
  float4x4 gViewProj;
  float4x4 gInvViewProj;
  float3 gEyePosW;
  float   cbPerObjectPad1;
  float2 gRenderTargetSize;
  float2 gInvRenderTargetSize;
  float gNearZ;
  float gFarZ;
  float gTotalTime;
  float gDeltaTime;
};
```

패스 관련 상수 자료들을 개별 버퍼에 넣어 두었으므로, 물체별 상수 버퍼는 해당 물체와 연관된 상수들만 담도록 수정한다. 지금 예제에서 물체를 그리는 데 필요한 상수 자료는 물체의 세계 행렬뿐이다.

```
cbuffer cbPerObject : register(b0)
{
    float4x4 gWorld;
};
```

이러한 수정들에는 상수들을 갱신 빈도에 근거해서 조직화한다는 개념이 깔렸다. 패스별 상수들은 렌더링 패스당 한 번씩만 갱신하면 되고, 물체 상수들은 지금 예제의 경우 물체의 세계 행렬이 변할 때에만 변경하면 된다. 장면에 나무 같은 정적 물체가 있다면, 해당 세계 행렬을 해당 상수 버퍼에 한 번만 설정하면 된다. 이후 그 상수 버퍼는 갱신할 필요가 없다. 이 책의 예제 프로그램들은 패스별 상수 버퍼들과 물체별 상수 버퍼들의 갱신을 처리하기 위해 다음과 같은 메서드들을 구현한다. 이 메서드들은 Update 메서드가 프레임당 한 번씩 호출한다.

```
void ShapesApp::UpdateObjectCBs(const GameTimer& gt)
{
  auto currObjectCB = mCurrFrameResource->ObjectCB.get();
  for(auto& e : mAllRitems)
  {
    // 상수들이 바뀌었을 때에만 cbuffer 자료를 갱신한다.
    // 이러한 갱신을 프레임 자원마다 수행해야 한다.
    if(e->NumFramesDirty > 0)
    {
      XMMATRIX world = XMLoadFloat4x4(&e->World);

      ObjectConstants objConstants;
      XMStoreFloat4x4(&objConstants.World, XMMatrixTranspose(world));

      currObjectCB->CopyData(e->ObjCBIndex, objConstants);

      // 다음 프레임 자원으로 넘어간다.
      e->NumFramesDirty--;
    }
  }
}


void ShapesApp::UpdateMainPassCB(const GameTimer& gt)
{
  XMMATRIX view = XMLoadFloat4x4(&mView);
  XMMATRIX proj = XMLoadFloat4x4(&mProj);

  XMMATRIX viewProj = XMMatrixMultiply(view, proj);
  XMMATRIX invView = XMMatrixInverse(&XMMatrixDeterminant(view), view);
  XMMATRIX invProj = XMMatrixInverse(&XMMatrixDeterminant(proj), proj);
  XMMATRIX invViewProj = XMMatrixInverse(&XMMatrixDeterminant(viewProj),
    viewProj);

  XMStoreFloat4x4(&mMainPassCB.View, XMMatrixTranspose(view));
  XMStoreFloat4x4(&mMainPassCB.InvView, XMMatrixTranspose(invView));
  XMStoreFloat4x4(&mMainPassCB.Proj, XMMatrixTranspose(proj));
  XMStoreFloat4x4(&mMainPassCB.InvProj, XMMatrixTranspose(invProj));
  XMStoreFloat4x4(&mMainPassCB.ViewProj, XMMatrixTranspose(viewProj));
  XMStoreFloat4x4(&mMainPassCB.InvViewProj, XMMatrixTranspose(invViewProj));
  mMainPassCB.EyePosW = mEyePos;
  mMainPassCB.RenderTargetSize = XMFLOAT2((float)mClientWidth,
    (float)mClientHeight);
  mMainPassCB.InvRenderTargetSize = XMFLOAT2(1.0f / mClientWidth,
    1.0f / mClientHeight);
```

```
    mMainPassCB.NearZ = 1.0f;
    mMainPassCB.FarZ = 1000.0f;
    mMainPassCB.TotalTime = gt.TotalTime();
    mMainPassCB.DeltaTime = gt.DeltaTime();

    auto currPassCB = mCurrFrameResource->PassCB.get();
    currPassCB->CopyData(0, mMainPassCB);
}
```

상수 버퍼들의 이러한 변화에 맞게 정점 셰이더도 적절히 수정한다.

```
VertexOut VS(VertexIn vin)
{
    VertexOut vout;

    // 동차 절단 공간으로 변환한다.
    float4 posW = mul(float4(vin.PosL, 1.0f), gWorld);
    vout.PosH = mul(posW, gViewProj);

    // 정점 색상을 그대로 픽셀 셰이더에 전달한다.
    vout.Color = vin.Color;

    return vout;
}
```

이러한 수정으로 정점마다 벡터 대 행렬 곱셈이 하나 늘었지만, 넉넉한 계산 능력을 갖춘 현세대 GPU들에서는 무시할 수 있는 비용이다.

　예제의 셰이더들이 기대하는 자원들도 변했다. 따라서 루트 서명도 갱신해야 한다. 다음에서 보듯이 새 루트 서명은 두 개의 서술자 테이블을 받는다(CBV들이 서로 다른 빈도로 설정되므로 테이블이 두 개 필요하다. 패스별 CBV는 렌더링 패스당 한 번씩만 설정하면 되지만, 물체별 CBV는 렌더 항목마다 설정해야 한다).

```
CD3DX12_DESCRIPTOR_RANGE cbvTable0;
cbvTable0.Init(D3D12_DESCRIPTOR_RANGE_TYPE_CBV, 1, 0);

CD3DX12_DESCRIPTOR_RANGE cbvTable1;
cbvTable1.Init(D3D12_DESCRIPTOR_RANGE_TYPE_CBV, 1, 1);

// 루트 매개변수는 서술자 테이블이거나 루트 서술자 또는 루트 상수이다.
CD3DX12_ROOT_PARAMETER slotRootParameter[2];
```

```
// 루트 CBV들을 생성한다.
slotRootParameter[0].InitAsDescriptorTable(1, &cbvTable0);
slotRootParameter[1].InitAsDescriptorTable(1, &cbvTable1);

// 루트 서명은 루트 매개변수들의 배열이다.
CD3DX12_ROOT_SIGNATURE_DESC rootSigDesc(2, slotRootParameter, 0, nullptr,
  D3D12_ROOT_SIGNATURE_FLAG_ALLOW_INPUT_ASSEMBLER_INPUT_LAYOUT);
```

참고: 셰이더가 사용하는 상수 버퍼가 너무 많아지지 않도록 할 것. [Thibieroz13]은 성능을 위해서는 그 수를 5 미만으로 두라고 권한다.

7.4 도형 기하구조

이번 절에서는 타원체, 구, 원기둥, 원뿔을 그리기 위한 기하구조를 생성하는 방법을 살펴본다. 이런 입체 도형들은 하늘 돔 그리기나 디버깅, 충돌 검출 시각화, 지연 렌더링에 유용하다. 예를 들어 응용 프로그램을 디버깅할 때에는 모든 게임 캐릭터를 구(공) 형태로 그리는 것이 도움이 될 수 있다.

도형들의 기하구조를 절차적으로 생성하는 모든 코드는 예제 프레임워크의 GeometryGenerator 클래스(*GeometryGenerator.h/.cpp*)에 들어 있다. GeometryGenerator 는 격자, 구, 원기둥, 상자 같은 간단한 기하 도형의 생성을 위한 편의용 클래스로, 이 책 전반의 예제 프로그램들에 쓰인다. 이 클래스는 자료를 시스템 메모리에 생성하므로, 도형을 그리려면 그 자료를 반드시 정점 버퍼와 색인 버퍼로 복사해야 한다. GeometryGenerator가 생성하는 일부 정점 자료는 이후 장들에 쓰인다. 이번 장의 예제에서는 그런 자료가 필요하지 않으므로, 그 자료는 정점 버퍼에 복사하지 **않는다.** GeometryGenerator 안에 정의된 MeshData는 정점 목록과 색인 목록을 담는 간단한 구조체이다.

```
class GeometryGenerator
{
public:

  using uint16 = std::uint16_t;
  using uint32 = std::uint32_t;
```

```
struct Vertex
{
  Vertex(){}
  Vertex(
    const DirectX::XMFLOAT3& p,
    const DirectX::XMFLOAT3& n,
    const DirectX::XMFLOAT3& t,
    const DirectX::XMFLOAT2& uv) :
    Position(p),
    Normal(n),
    TangentU(t),
    TexC(uv){}
  Vertex(
    float px, float py, float pz,
    float nx, float ny, float nz,
    float tx, float ty, float tz,
    float u, float v) :
    Position(px,py,pz),
    Normal(nx,ny,nz),
    TangentU(tx, ty, tz),
    TexC(u,v){}

  DirectX::XMFLOAT3 Position;
  DirectX::XMFLOAT3 Normal;
  DirectX::XMFLOAT3 TangentU;
  DirectX::XMFLOAT2 TexC;
};

struct MeshData
{
  std::vector<Vertex> Vertices;
  std::vector<uint32> Indices32;

  std::vector<uint16>& GetIndices16()
  {
    if(mIndices16.empty())
    {
      mIndices16.resize(Indices32.size());
      for(size_t i = 0; i < Indices32.size(); ++i)
        mIndices16[i] = static_cast<uint16>(Indices32[i]);
    }

    return mIndices16;
  }
```

```
    private:
       std::vector<uint16> mIndices16;
    };

  ...

    };
```

7.4.1 원기둥 메시의 생성

원기둥(cylinder)은 밑면 반지름과 윗면 반지름, 높이, 그리고 조각(slice) 개수와 더미 (stack) 개수로 정의된다(그림 7.1). 원기둥 메시는 크게 세 부분으로 구성되는데, 하나는 옆면 기하구조이고 또 하나는 위 마개(윗면)의 기하구조, 그리고 마지막은 아래 마개(밑면)의 기하구조이다.

7.4.1.1 원기둥 옆면 기하구조

여기서 생성하는 원기둥은 중심이 원점이고 y 축 방향으로 서 있는 형태이다. [그림 7.1]에서 보듯이, 모든 정점은 원기둥의 '고리'들에 있다. 층층이 싸인 더미들의 개수가 $stackCount$라 할 때, 고리들은 총 $stackCount + 1$개이다. 그리고 각 고리는 $sliceCount$개(마개를 구성하는 조각 개수)의 고유한 정점들로 구성된다. 인접한 고리들 사이의 반지름 차이는 $\Delta r = (topRadius$

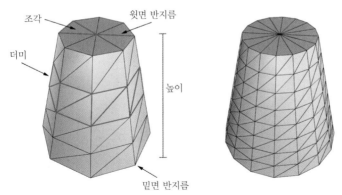

그림 7.1 이 그림에서 왼쪽 원기둥은 조각이 8개, 더미가 4개이고 오른쪽 것은 조각이 16개, 더미가 8개이다. 조각과 더미 개수는 원기둥의 삼각형 밀도를 결정한다. 윗면 반지름과 밑면 반지름이 다를 수 있음을 주목할 것. 따라서 '순수한' 원기둥뿐만 아니라 원뿔 형태의 도형도 만들 수 있다.

$-$ *bottomRadius*) / *stackCount*)이다. 최하단 고리가 0번째 고리라고 할 때, *i*번째 고리의 반지름은 r_i = *bottomRadius* + $i\Delta r$이고 높이는 $h_i = -\frac{h}{2} + i\Delta h$이다. 여기서 Δh는 더미 하나의 높이이고 h는 원기둥의 높이이다. 각 고리마다 이 공식들을 이용해서 고리의 정점들을 생성하면 원기둥을 위한 정점들이 만들어진다. 다음은 이를 구현한 코드이다.

```
GeometryGenerator::MeshData
GeometryGenerator::CreateCylinder(
  float bottomRadius, float topRadius,
  float height, uint32 sliceCount, uint32 stackCount)
{
  MeshData meshData;

  //
  // 더미들을 만든다.
  //

  float stackHeight = height / stackCount;

  // 한 층 위의 더미로 올라갈 때의 반지름 변화량을 구한다.
  float radiusStep = (topRadius - bottomRadius) / stackCount;

  uint32 ringCount = stackCount+1;

  // 최하단 고리에서 최상단 고리로 올라가면서
  // 각 고리의 정점들을 계산한다.
  for(uint32 i = 0; i < ringCount; ++i)
  {
    float y = -0.5f*height + i*stackHeight;
    float r = bottomRadius + i*radiusStep;

    // 고리의 정점들.
    float dTheta = 2.0f*XM_PI/sliceCount;
    for(uint32 j = 0; j <= sliceCount; ++j)
    {
      Vertex vertex;

      float c = cosf(j*dTheta);
      float s = sinf(j*dTheta);

      vertex.Position = XMFLOAT3(r*c, y, r*s);
```

```
      vertex.TexC.x = (float)j/sliceCount;
      vertex.TexC.y = 1.0f - (float)i/stackCount;

      // 원기둥을 다음과 같이 매개변수화할 수 있다. 이를 위해
      // 텍스처 좌표 v 성분과 동일한 방향으로 나아가는 매개변수 v를
      // 도입했다. 이렇게 하면 종접선(bitangent)이 텍스처 좌표 v
      // 성분과 동일한 방향이 된다.
      // 밑면 반지름이 r0, 윗면 반지름이 r1이라고 할 때,
      // [0, 1] 구간의 v에 대해:
      // y(v) = h - hv
      // r(v) = r1 + (r0-r1)v
      //
      // x(t, v) = r(v)*cos(t)
      // y(t, v) = h - hv
      // z(t, v) = r(v)*sin(t)
      //
      // dx/dt = -r(v)*sin(t)
      // dy/dt = 0
      // dz/dt = +r(v)*cos(t)
      //
      // dx/dv = (r0-r1)*cos(t)
      // dy/dv = -h
      // dz/dv = (r0-r1)*sin(t)

      // TangentU는 단위 길이 벡터이다.
      vertex.TangentU = XMFLOAT3(-s, 0.0f, c);

      float dr = bottomRadius-topRadius;
      XMFLOAT3 bitangent(dr*c, -height, dr*s);

      XMVECTOR T = XMLoadFloat3(&vertex.TangentU);
      XMVECTOR B = XMLoadFloat3(&bitangent);
      XMVECTOR N = XMVector3Normalize(XMVector3Cross(T, B));
      XMStoreFloat3(&vertex.Normal, N);

      meshData.Vertices.push_back(vertex);
    }
  }
```

> **참고:** 각 고리의 첫 정점과 마지막 정점의 위치가 중복되지만 텍스처 좌표는 중복되지 않음을 주목하기 바란다. 원기둥에 텍스처를 제대로 입히려면 이렇게 해야 한다.

[그림 7.2]를 보면 각 더미의 각 옆면 조각이 하나의 사각형(삼각형 두 개)으로 구성됨을 알수 있다. [그림 7.2]와 같은 구성에서 i번째 더미의 j번째 조각을 형성하는 두 삼각형의 정점 색인들은 다음과 같이 주어진다.

$$\Delta ABC = (i \cdot n + j, (i+1) \cdot n + j, (i+1) \cdot n + j + 1)$$
$$\Delta ACD = (i \cdot n + j, (i+1) \cdot n + j + 1, i \cdot n + j + 1)$$

여기서 n은 한 고리의 정점 개수이다. 이제 남은 일은 모든 더미의 모든 조각을 훑으면서 이 공식들을 적용해서 색인들을 구하는 것이다.

```
// 한 고리의 첫 정점과 마지막 정점은 위치가 같지만 텍스처 좌표들이
// 다르므로 서로 다른 정점으로 간주해야 한다. 이를 위해 고리의 정점
// 개수에 1을 더한다.
uint32 ringVertexCount = sliceCount+1;

// 각 더미의 색인들을 구한다.
for(uint32 i = 0; i < stackCount; ++i)
{
  for(uint32 j = 0; j < sliceCount; ++j)
  {
    meshData.Indices32.push_back(i*ringVertexCount + j);
    meshData.Indices32.push_back((i+1)*ringVertexCount + j);
    meshData.Indices32.push_back((i+1)*ringVertexCount + j+1);

    meshData.Indices32.push_back(i*ringVertexCount + j);
    meshData.Indices32.push_back((i+1)*ringVertexCount + j+1);
    meshData.Indices32.push_back(i*ringVertexCount + j+1);
  }
}

BuildCylinderTopCap(bottomRadius, topRadius, height,
  sliceCount, stackCount, meshData);
BuildCylinderBottomCap(bottomRadius, topRadius, height,
  sliceCount, stackCount, meshData);

return meshData;
}
```

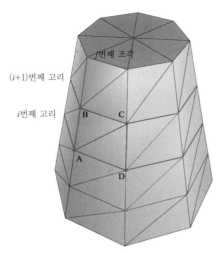

i번째 조각

$(i+1)$번째 고리

i번째 고리

B　C

A

D

그림 7.2 i번째 고리 및 $i + 1$번째 고리와 j번째 조각에 해당하는 정점 A, B, C, D.

7.4.1.2 위, 아래 마개 기하구조

위, 아래 마개 기하구조는 그냥 최상단, 최하단 고리의 정점들로 원을 근사해서 생성하면 된다.

```
void GeometryGenerator::BuildCylinderTopCap(
  float bottomRadius, float topRadius, float height,
  uint32 sliceCount, uint32 stackCount, MeshData& meshData)
{
  uint32 baseIndex = (uint32)meshData.Vertices.size();

  float y = 0.5f*height;
  float dTheta = 2.0f*XM_PI/sliceCount;

  // 위 마개 정점들은 최상단 고리 정점들과 위치가 같지만
  // 텍스처 좌표와 법선이 다르므로 이처럼 따로 추가해야 한다.
  for(uint32 i = 0; i <= sliceCount; ++i)
  {
    float x = topRadius*cosf(i*dTheta);
    float z = topRadius*sinf(i*dTheta);

    // 위 마개의 텍스처 좌표 면적이 밑면에 비례하도록,
    // 높이에 비례한 값으로 텍스처 좌표성분들을 설정한다.
    float u = x/height + 0.5f;
    float v = z/height + 0.5f;
```

```
    meshData.Vertices.push_back(
        Vertex(x, y, z, 0.0f, 1.0f, 0.0f, 1.0f, 0.0f, 0.0f, u, v) );
    }

    // 마개의 중심 정점.
    meshData.Vertices.push_back(
        Vertex(0.0f, y, 0.0f, 0.0f, 1.0f, 0.0f, 1.0f, 0.0f, 0.0f, 0.5f, 0.5f) );

    // 중심 정점의 색인.
    uint32 centerIndex = (uint32)meshData.Vertices.size()-1;

    for(uint32 i = 0; i < sliceCount; ++i)
    {
        meshData.Indices32.push_back(centerIndex);
        meshData.Indices32.push_back(baseIndex + i+1);
        meshData.Indices32.push_back(baseIndex + i);
    }
}
```

아래 마개도 이와 비슷한 방식이다.

7.4.2 구 메시의 생성

구球(sphere) 메시도 원기둥처럼 다수의 더미와 조각으로 이루어진다(그림 7.3). 따라서 구
는 반지름과 더미 개수, 그리고 더미별 조각 개수로 정의된다. 구 메시를 생성하는 알고리즘은
원기둥 생성과 거의 비슷하다. 주된 차이점은 더미 고리들의 반지름이 삼각함수에 따라 비선형
으로 변한다는 것이다. 이를 구현한 `GeometryGenerator::CreateSphere`의 코드를 읽고 공
부하는 것은 독자의 숙제로 남기기로 하겠다. 비균등 비례 세계 변환을 적용하면 구를 타원체
로 변환할 수 있다는 점도 주목하기 바란다.

7.4.3 측지구 메시의 생성

[그림 7.3]을 보면 구의 삼각형들의 면적이 일정하지 않다. 상황에 따라서는 이러한 특징이 단
점이 될 수 있다. 반면 측지구(geosphere)*는 면적이 거의 같고 변의 길이도 같은 삼각형들

---

* **옮긴이** 여기서 말하는 geosphere는 geodesic sphere 또는 geodesic dome에 해당하는 것으로, '지권(地圈)'에 해당하는 지구
과학 용어 geosphere와는 다른 것이다(무관하지는 않다고 해도). geodesics를 흔히 '측지선(測地線)'으로 옮기는 것에 착안해서 '측지
구'라는 조어를 선택했다.

로 구를 근사한다(그림 7.4).

이 책에서 측지구 메시를 생성하는 방법은 이렇다. 정이십면체에서 출발해서 각 삼각형을 세분(subdivision)한 후 새로 생긴 정점들을 주어진 반지름의 구에 투영한다. 이러한 과정을 반복해서 테셀레이션 수준을 높여 나가면 실제 구에 좀 더 가까운 측지구 메시가 만들어진다.

[그림 7.5]는 하나의 삼각형을 같은 크기의 삼각형 네 개로 세분하는 방법을 보여준다. 원래의 삼각형 각 변의 중점을 취해서 새 정점들을 얻고, 반지름이 r인 구에 투영한다. 투영 부분을 좀 더 구체적으로 말하면, 정점을 단위 구에 투영한 후 스칼라 r을 곱해서 비례한다. 즉, $r : \mathbf{v}' = r \dfrac{\mathbf{v}}{\|\mathbf{v}\|}$이다.

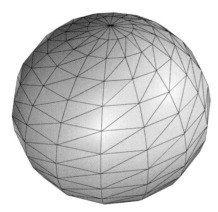

그림 7.3 구 메시도 더미 개수와 조각 개수를 통해서 테셀레이션(삼각형 분할) 수준을 제어한다.

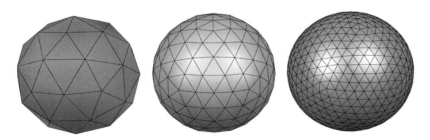

그림 7.4 세분과 구로의 재투영을 반복해서 측지구를 근사한다.

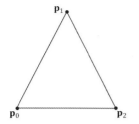 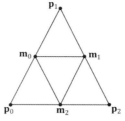

그림 7.5 하나의 삼각형을 면적이 같은 삼각형 네 개로 세분한다.

측지구 메시를 생성하는 코드는 다음과 같다.

```
GeometryGenerator::MeshData
GeometryGenerator::CreateGeosphere(float radius, uint32 numSubdivisions)
{
  MeshData meshData;

  // 세분 횟수에 상한을 둔다.
  numSubdivisions = std::min<uint32>(numSubdivisions, 6u);

  // 정이십면체를 테셀레이션해서 구를 근사한다.

  const float X = 0.525731f;
  const float Z = 0.850651f;

  XMFLOAT3 pos[12] =
  {
    XMFLOAT3(-X, 0.0f, Z),  XMFLOAT3(X, 0.0f, Z),
    XMFLOAT3(-X, 0.0f, -Z), XMFLOAT3(X, 0.0f, -Z),
    XMFLOAT3(0.0f, Z, X),   XMFLOAT3(0.0f, Z, -X),
    XMFLOAT3(0.0f, -Z, X),  XMFLOAT3(0.0f, -Z, -X),
    XMFLOAT3(Z, X, 0.0f),   XMFLOAT3(-Z, X, 0.0f),
    XMFLOAT3(Z, -X, 0.0f),  XMFLOAT3(-Z, -X, 0.0f)
  };

  uint32 k[60] =
  {
    1,4,0,  4,9,0,  4,5,9,  8,5,4,  1,8,4,
    1,10,8, 10,3,8, 8,3,5,  3,2,5,  3,7,2,
    3,10,7, 10,6,7, 6,11,7, 6,0,11, 6,1,0,
    10,1,6, 11,0,9, 2,11,9, 5,2,9,  11,2,7
  };
```

```
meshData.Vertices.resize(12);
meshData.Indices32.assign(&k[0], &k[60]);

for(uint32 i = 0; i < 12; ++i)
  meshData.Vertices[i].Position = pos[i];

for(uint32 i = 0; i < numSubdivisions; ++i)
  Subdivide(meshData);

// 정점들을 구에 투영하고 비례한다.
for(uint32 i = 0; i < meshData.Vertices.size(); ++i)
{
  // 단위 구에 투영한다.
  XMVECTOR n = XMVector3Normalize(XMLoadFloat3(&meshData.Vertices[i].Position));

  // 주어진 반지름으로 비례한다(원래의 구에 투영).
  XMVECTOR p = radius*n;

  XMStoreFloat3(&meshData.Vertices[i].Position, p);
  XMStoreFloat3(&meshData.Vertices[i].Normal, n);

  // 구면 좌표로부터 텍스처 좌표를 구한다.
  float theta = atan2f(meshData.Vertices[i].Position.z,
                        meshData.Vertices[i].Position.x);

  // 각도 세타를 [0, 2pi]로 한정한다.
  if(theta < 0.0f)
    theta += XM_2PI;

  float phi = acosf(meshData.Vertices[i].Position.y / radius);

  meshData.Vertices[i].TexC.x = theta/XM_2PI;
  meshData.Vertices[i].TexC.y = phi/XM_PI;

  // 세타에 대한 P의 편미분계수를 계산한다.
  meshData.Vertices[i].TangentU.x = -radius*sinf(phi)*sinf(theta);
  meshData.Vertices[i].TangentU.y = 0.0f;
  meshData.Vertices[i].TangentU.z = +radius*sinf(phi)*cosf(theta);

  XMVECTOR T = XMLoadFloat3(&meshData.Vertices[i].TangentU);
  XMStoreFloat3(&meshData.Vertices[i].TangentU, XMVector3Normalize(T));
}

return meshData;
}
```

7.5 도형 예제

이번 장의 도형 예제('Shapes')는 지금까지 살펴본 구와 원기둥 생성 코드를 실제로 사용해 본다. [그림 7.6]에 이 예제의 실행 모습이 나와 있다. 이 예제는 또한 한 장면에 여러 개의 물체를 배치해서 그리는(다른 말로 하면 여러 개의 세계 변환 행렬을 만들어서 적용하는) 방법도 보여준다. 더 나아가서, 이 예제는 장면의 모든 기하구조를 하나의 커다란 정점 버퍼와 색인 버퍼에 넣고, 물체당 한 번씩 DrawIndexedInstanced 메서드를 호출해서 물체들을 그린다(물체마다 세계 행렬이 다르므로 이처럼 메서드를 여러 번 호출해야 한다). 따라서 이번 예제에서는 DrawIndexedInstanced 메서드의 StartIndexLocation 매개변수와 BaseVertexLocation 매개변수의 용법도 볼 수 있다.

7.5.1 정점 버퍼와 색인 버퍼

[그림 7.6]에서 보듯이 이 예제는 상자 하나와 격자 하나, 그리고 여러 개의 원기둥과 구를 그린다. 이 예제가 여러 개의 구와 원기둥을 그리긴 하지만, 구와 원기둥의 기하구조 자체는 각각 하나뿐임을 주목하기 바란다. 그냥 같은 구, 원기둥 메시를 세계 행렬을 달리해서 여러 번 그리는 것일 뿐이다. 이는 기하구조 인스턴싱instancing의 예로, 이 기법을 이용하면 메모리가 절약된다.

　이 예제는 모든 정점과 색인을 하나의 정점 버퍼와 색인 버퍼에 넣는다. 이를 위해 정점 배열들과 색인 배열들을 연결(concatenating)한다. 이런 방식에서 특정한 하나의 물체를 그린다는 것은 정점 버퍼와 색인 버퍼의 한 부분집합을 그리는 것을 뜻한다. ID3D12CommandList::

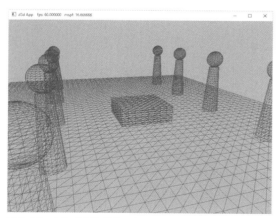

그림 7.6 도형 예제의 실행 모습.

DrawIndexedInstanced 메서드를 이용해서 전체 기하구조의 한 부분집합만 그리려면 세 가지 수량이 필요하다(제6장의 [그림 6.3]과 관련 논의를 떠올리기 바란다). 연결된 색인 버퍼 안에서 물체의 시작 색인의 위치와 물체의 색인 개수를 알아야 하며, 기준 정점 위치, 즉 연결된 정점 버퍼 안에서 물체의 첫 정점의 위치도 알아야 한다. 기준 정점 위치는 그리기 명령이 정점들을 버퍼에서 가져올 때 먼저 색인에 더하는 정수 값임을 기억할 것이다. 결과적으로 색인들은 연결된 정점 버퍼의 적절한 부분집합을 참조하게 된다. (제5장의 연습문제 2도 보기 바란다.)

다음 코드는 기하구조의 정점 버퍼와 색인 버퍼를 생성하고, 필요한 그리기 수량들을 구해서 보관하고, 실제로 물체들을 그리는 과정을 보여준다.

```
void ShapesApp::BuildShapeGeometry()
{
  GeometryGenerator geoGen;
  GeometryGenerator::MeshData box = geoGen.CreateBox(1.5f, 0.5f, 1.5f, 3);
  GeometryGenerator::MeshData grid = geoGen.CreateGrid(20.0f, 30.0f, 60, 40);
  GeometryGenerator::MeshData sphere = geoGen.CreateSphere(0.5f, 20, 20);
  GeometryGenerator::MeshData cylinder = geoGen.CreateCylinder(0.5f, 0.3f,
    3.0f, 20, 20);

  //
  // 이 예제는 모든 기하구조를 하나의 커다란 정점/색인 버퍼에 담는다.
  // 따라서 버퍼에서 각 부분 메시가 차지하는 영역들을 정의할 필요가 있다.
  //

  // 연결된 정점 버퍼에서의 각 물체의 정점 오프셋을
  // 적절한 변수들에 보관해 둔다.
  UINT boxVertexOffset = 0;
  UINT gridVertexOffset = (UINT)box.Vertices.size();
  UINT sphereVertexOffset = gridVertexOffset + (UINT)grid.Vertices.size();
  UINT cylinderVertexOffset = sphereVertexOffset + (UINT)sphere.Vertices.size();

  // 연결된 색인 버퍼에서의 각 물체의 시작 색인을
  // 적절한 변수들에 보관해 둔다.
  UINT boxIndexOffset = 0;
  UINT gridIndexOffset = (UINT)box.Indices32.size();
  UINT sphereIndexOffset = gridIndexOffset + (UINT)grid.Indices32.size();
  UINT cylinderIndexOffset = sphereIndexOffset + (UINT)sphere.Indices32.size();

  // 정점/색인 버퍼에서 각 물체가 차지하는 영역을 나타내는
  // SubmeshGeometry 객체들을 정의한다.
```

```
SubmeshGeometry boxSubmesh;
boxSubmesh.IndexCount = (UINT)box.Indices32.size();
boxSubmesh.StartIndexLocation = boxIndexOffset;
boxSubmesh.BaseVertexLocation = boxVertexOffset;

SubmeshGeometry gridSubmesh;
gridSubmesh.IndexCount = (UINT)grid.Indices32.size();
gridSubmesh.StartIndexLocation = gridIndexOffset;
gridSubmesh.BaseVertexLocation = gridVertexOffset;

SubmeshGeometry sphereSubmesh;
sphereSubmesh.IndexCount = (UINT)sphere.Indices32.size();
sphereSubmesh.StartIndexLocation = sphereIndexOffset;
sphereSubmesh.BaseVertexLocation = sphereVertexOffset;

SubmeshGeometry cylinderSubmesh;
cylinderSubmesh.IndexCount = (UINT)cylinder.Indices32.size();
cylinderSubmesh.StartIndexLocation = cylinderIndexOffset;
cylinderSubmesh.BaseVertexLocation = cylinderVertexOffset;

//
// 필요한 정점 성분들을 추출하고, 모든 메시의 정점들을
// 하나의 정점 버퍼에 넣는다.
//

auto totalVertexCount =
  box.Vertices.size() +
  grid.Vertices.size() +
  sphere.Vertices.size() +
  cylinder.Vertices.size();

std::vector<Vertex> vertices(totalVertexCount);

UINT k = 0;
for(size_t i = 0; i < box.Vertices.size(); ++i, ++k)
{
  vertices[k].Pos = box.Vertices[i].Position;
  vertices[k].Color = XMFLOAT4(DirectX::Colors::DarkGreen);
}

for(size_t i = 0; i < grid.Vertices.size(); ++i, ++k)
{
  vertices[k].Pos = grid.Vertices[i].Position;
```

```
    vertices[k].Color = XMFLOAT4(DirectX::Colors::ForestGreen);
}

for(size_t i = 0; i < sphere.Vertices.size(); ++i, ++k)
{
  vertices[k].Pos = sphere.Vertices[i].Position;
  vertices[k].Color = XMFLOAT4(DirectX::Colors::Crimson);
}

for(size_t i = 0; i < cylinder.Vertices.size(); ++i, ++k)
{
  vertices[k].Pos = cylinder.Vertices[i].Position;
  vertices[k].Color = XMFLOAT4(DirectX::Colors::SteelBlue);
}

std::vector<std::uint16_t> indices;
indices.insert(indices.end(),
  std::begin(box.GetIndices16()),
  std::end(box.GetIndices16()));
indices.insert(indices.end(),
  std::begin(grid.GetIndices16()),
  std::end(grid.GetIndices16()));
indices.insert(indices.end(),
  std::begin(sphere.GetIndices16()),
  std::end(sphere.GetIndices16()));
indices.insert(indices.end(),
  std::begin(cylinder.GetIndices16()),
  std::end(cylinder.GetIndices16()));

const UINT vbByteSize = (UINT)vertices.size() * sizeof(Vertex);
const UINT ibByteSize = (UINT)indices.size() * sizeof(std::uint16_t);

auto geo = std::make_unique<MeshGeometry>();
geo->Name = "shapeGeo";

ThrowIfFailed(D3DCreateBlob(vbByteSize, &geo->VertexBufferCPU));
CopyMemory(geo->VertexBufferCPU->GetBufferPointer(), vertices.data(),
  vbByteSize);

ThrowIfFailed(D3DCreateBlob(ibByteSize, &geo->IndexBufferCPU));
CopyMemory(geo->IndexBufferCPU->GetBufferPointer(), indices.data(),
  ibByteSize);

geo->VertexBufferGPU = d3dUtil::CreateDefaultBuffer(md3dDevice.Get(),
```

```
                  mCommandList.Get(), vertices.data(), vbByteSize, geo->VertexBufferUploader);

               geo->IndexBufferGPU = d3dUtil::CreateDefaultBuffer(md3dDevice.Get(),
                  mCommandList.Get(), indices.data(), ibByteSize, geo->IndexBufferUploader);

               geo->VertexByteStride = sizeof(Vertex);
               geo->VertexBufferByteSize = vbByteSize;
               geo->IndexFormat = DXGI_FORMAT_R16_UINT;
               geo->IndexBufferByteSize = ibByteSize;

               geo->DrawArgs["box"] = boxSubmesh;
               geo->DrawArgs["grid"] = gridSubmesh;
               geo->DrawArgs["sphere"] = sphereSubmesh;
               geo->DrawArgs["cylinder"] = cylinderSubmesh;

               mGeometries[geo->Name] = std::move(geo);
            }
```

이 메서드의 마지막 줄에 쓰인 mGeometries 변수는 다음과 같이 정의되어 있다.

```
    std::unordered_map<std::string, std::unique_ptr<MeshGeometry>> mGeometries;
```

이는 이 책의 나머지 예제들에서도 쓰이는 하나의 공통 패턴이다. 기하구조와 PSO, 텍스처, 셰이더 등등 필요한 객체마다 새 변수 이름을 만드는 것은 번거로운 일이므로, C++ 표준 라이브러리의 순서 없는 연관 컨테이너인 std::unordered_map에 객체들을 담아 두고 특정 객체를 이름으로 조회한다(이름을 통한 std::unordered_map 조회에는 상수 시간이 걸린다). 다음은 이 패턴의 또 다른 예들이다.

```
    std::unordered_map<std::string, std::unique_ptr<MeshGeometry>> mGeometries;
    std::unordered_map<std::string, ComPtr<ID3DBlob>> mShaders;
    std::unordered_map<std::string, ComPtr<ID3D12PipelineState>> mPSOs;
```

7.5.2 렌더 항목

다음은 이번 예제를 위한 장면 렌더 항목들을 정의하는 코드이다. 모든 렌더 항목이 동일한 MeshGeometry를 공유하는 방식과 정점/색인 버퍼의 부분 영역을 그리기 위해 DrawArgs에서 DrawIndexedInstanced 매개변수들을 가져오는 방식을 유심히 살펴보기 바란다.

```
// ShapesApp 멤버 변수들.
std::vector<std::unique_ptr<RenderItem>> mAllRitems;
std::vector<RenderItem*> mOpaqueRitems;

void ShapesApp::BuildRenderItems()
{
  auto boxRitem = std::make_unique<RenderItem>();
  XMStoreFloat4x4(&boxRitem->World,
    XMMatrixScaling(2.0f, 2.0f, 2.0f)*XMMatrixTranslation(0.0f, 0.5f,
    0.0f));
  boxRitem->ObjCBIndex = 0;
  boxRitem->Geo = mGeometries["shapeGeo"].get();
  boxRitem->PrimitiveType = D3D_PRIMITIVE_TOPOLOGY_TRIANGLELIST;
  boxRitem->IndexCount = boxRitem->Geo->DrawArgs["box"].IndexCount;
  boxRitem->StartIndexLocation =
    boxRitem->Geo->DrawArgs["box"].StartIndexLocation;
  boxRitem->BaseVertexLocation =
    boxRitem->Geo->DrawArgs["box"].BaseVertexLocation;
  mAllRitems.push_back(std::move(boxRitem));

  auto gridRitem = std::make_unique<RenderItem>();
  gridRitem->World = MathHelper::Identity4x4();
  gridRitem->ObjCBIndex = 1;
  gridRitem->Geo = mGeometries["shapeGeo"].get();
  gridRitem->PrimitiveType = D3D_PRIMITIVE_TOPOLOGY_TRIANGLELIST;
  gridRitem->IndexCount = gridRitem->Geo->DrawArgs["grid"].IndexCount;
  gridRitem->StartIndexLocation =
    gridRitem->Geo->DrawArgs["grid"].StartIndexLocation;
  gridRitem->BaseVertexLocation =
    gridRitem->Geo->DrawArgs["grid"].BaseVertexLocation;
  mAllRitems.push_back(std::move(gridRitem));

  // [그림 7.6]에 나온 것처럼 기둥들과 구들을 두 줄로 배치한다.
  UINT objCBIndex = 2;
  for(int i = 0; i < 5; ++i)
  {
    auto leftCylRitem = std::make_unique<RenderItem>();
    auto rightCylRitem = std::make_unique<RenderItem>();
    auto leftSphereRitem = std::make_unique<RenderItem>();
    auto rightSphereRitem = std::make_unique<RenderItem>();

    XMMATRIX leftCylWorld =
      XMMatrixTranslation(-5.0f, 1.5f, -10.0f + i*5.0f);
    XMMATRIX rightCylWorld =
```

```
    XMMatrixTranslation(+5.0f, 1.5f, -10.0f + i*5.0f);

  XMMATRIX leftSphereWorld =
    XMMatrixTranslation(-5.0f, 3.5f, -10.0f + i*5.0f);
  XMMATRIX rightSphereWorld =
    XMMatrixTranslation(+5.0f, 3.5f, -10.0f + i*5.0f);


  XMStoreFloat4x4(&leftCylRitem->World, rightCylWorld);
  leftCylRitem->ObjCBIndex = objCBIndex++;
  leftCylRitem->Geo = mGeometries["shapeGeo"].get();
  leftCylRitem->PrimitiveType = D3D_PRIMITIVE_TOPOLOGY_TRIANGLELIST;
  leftCylRitem->IndexCount =
    leftCylRitem->Geo->DrawArgs["cylinder"].IndexCount;
  leftCylRitem->StartIndexLocation =
    leftCylRitem->Geo->DrawArgs["cylinder"].StartIndexLocation;
  leftCylRitem->BaseVertexLocation =
    leftCylRitem->Geo->DrawArgs["cylinder"].BaseVertexLocation;

  XMStoreFloat4x4(&rightCylRitem->World, leftCylWorld);
  rightCylRitem->ObjCBIndex = objCBIndex++;
  rightCylRitem->Geo = mGeometries["shapeGeo"].get();
  rightCylRitem->PrimitiveType = D3D_PRIMITIVE_TOPOLOGY_TRIANGLELIST;
  rightCylRitem->IndexCount =
    rightCylRitem->Geo->DrawArgs["cylinder"].IndexCount;
  rightCylRitem->StartIndexLocation =
    rightCylRitem->Geo->DrawArgs["cylinder"].StartIndexLocation;
  rightCylRitem->BaseVertexLocation =
    rightCylRitem->Geo->DrawArgs["cylinder"].BaseVertexLocation;

  XMStoreFloat4x4(&leftSphereRitem->World, leftSphereWorld);
  leftSphereRitem->ObjCBIndex = objCBIndex++;
  leftSphereRitem->Geo = mGeometries["shapeGeo"].get();
  leftSphereRitem->PrimitiveType = D3D_PRIMITIVE_TOPOLOGY_TRIANGLELIST;
  leftSphereRitem->IndexCount =
    leftSphereRitem->Geo->DrawArgs["sphere"].IndexCount;
  leftSphereRitem->StartIndexLocation =
    leftSphereRitem->Geo->DrawArgs["sphere"].StartIndexLocation;
  leftSphereRitem->BaseVertexLocation =
    leftSphereRitem->Geo->DrawArgs["sphere"].BaseVertexLocation;

  XMStoreFloat4x4(&rightSphereRitem->World, rightSphereWorld);
  rightSphereRitem->ObjCBIndex = objCBIndex++;
  rightSphereRitem->Geo = mGeometries["shapeGeo"].get();
  rightSphereRitem->PrimitiveType = D3D_PRIMITIVE_TOPOLOGY_TRIANGLELIST;
```

```
rightSphereRitem->IndexCount =
    rightSphereRitem->Geo->DrawArgs["sphere"].IndexCount;
rightSphereRitem->StartIndexLocation =
    rightSphereRitem->Geo->DrawArgs["sphere"].StartIndexLocation;
rightSphereRitem->BaseVertexLocation =
    rightSphereRitem->Geo->DrawArgs["sphere"].BaseVertexLocation;

mAllRitems.push_back(std::move(leftCylRitem));
mAllRitems.push_back(std::move(rightCylRitem));
mAllRitems.push_back(std::move(leftSphereRitem));
mAllRitems.push_back(std::move(rightSphereRitem));
}

// 이 예제의 모든 렌더 항목은 불투명하다.
for(auto& e : mAllRitems)
    mOpaqueRitems.push_back(e.get());
}
```

7.5.3 프레임 자원들과 상수 버퍼 뷰들

앞에서 언급했듯이 이 예제는 여러 FrameResource들을 벡터 자료구조에 보관하며, 각 FrameResource에는 패스별 상수 버퍼들과 장면의 모든 렌더 항목을 위한 상수 버퍼들을 담는 업로드 버퍼가 있다.

```
std::unique_ptr<UploadBuffer<PassConstants>> PassCB = nullptr;
std::unique_ptr<UploadBuffer<ObjectConstants>> ObjectCB = nullptr;
```

프레임 자원이 3개이고 렌더 항목이 n개라고 하면, 전체적으로 물체별 상수 버퍼가 $3n$개, 패스별 상수 버퍼가 3개이다. 따라서 총 $3(n+1)$개의 상수 버퍼 뷰(CBV)가 필요하다. 다음은 추가적인 서술자들을 포함하도록 구현된 서술자 힙 구축 메서드이다.

```
void ShapesApp::BuildDescriptorHeaps()
{
    UINT objCount = (UINT)mOpaqueRitems.size();

    // 각 프레임 자원의 물체마다 하나씩 CBV 서술자가 필요하다.
    // +1은 각 프레임 자원에 필요한 패스별 CBV를 위한 것이다.
    UINT numDescriptors = (objCount+1) * gNumFrameResources;

    // 패스별 CBV의 시작 오프셋을 저장해 둔다.
```

```
    // 이들은 마지막 세 서술자이다.
    mPassCbvOffset = objCount * gNumFrameResources;

    D3D12_DESCRIPTOR_HEAP_DESC cbvHeapDesc;
    cbvHeapDesc.NumDescriptors = numDescriptors;
    cbvHeapDesc.Type = D3D12_DESCRIPTOR_HEAP_TYPE_CBV_SRV_UAV;
    cbvHeapDesc.Flags = D3D12_DESCRIPTOR_HEAP_FLAG_SHADER_VISIBLE;
    cbvHeapDesc.NodeMask = 0;
    ThrowIfFailed(md3dDevice->CreateDescriptorHeap(&cbvHeapDesc,
        IID_PPV_ARGS(&mCbvHeap)));
}
```

이제 CBV 힙을 채우는 메서드를 보자. 다음 메서드에서 0번에서 $n-1$번까지의 서술자들은 0
번 프레임 자원을 위한 물체별 CBV들을 담고, n번에서 $2n-1$번까지의 서술자들은 1번 프레임
자원을 위한 물체별 CBV들을, 그리고 $2n$번에서 $3n-1$번까지의 서술자들은 2번 프레임 자원
을 위한 물체별 CBV들을 담는다. 나머지 세 서술자 $3n$, $3n+1$, $3n+2$는 각각 0, 1, 2번 프레
임 자원을 위한 패스별 CBV를 담는다.

```
void ShapesApp::BuildConstantBufferViews()
{
    UINT objCBByteSize = d3dUtil::CalcConstantBufferByteSize(sizeof
        (ObjectConstants));

    UINT objCount = (UINT)mOpaqueRitems.size();

    // 각 프레임 자원의 물체마다 하나씩 CBV 서술자가 필요하다.
    for(int frameIndex = 0; frameIndex < gNumFrameResources;
        ++frameIndex)
    {
        auto objectCB = mFrameResources[frameIndex]->ObjectCB->Resource();
        for(UINT i = 0; i < objCount; ++i)
        {
            D3D12_GPU_VIRTUAL_ADDRESS cbAddress = objectCB->GetGPUVirtualAddress();

            // 현재 버퍼에서 i번째 물체별 상수 버퍼의 오프셋을 가상 주소에 더한다.
            cbAddress += i*objCBByteSize;

            // 서술자 힙에서 i번째 물체별 CBV의 오프셋.
            int heapIndex = frameIndex*objCount + i;
            auto handle = CD3DX12_CPU_DESCRIPTOR_HANDLE(
                mCbvHeap->GetCPUDescriptorHandleForHeapStart());
            handle.Offset(heapIndex, mCbvSrvUavDescriptorSize);
```

```
        D3D12_CONSTANT_BUFFER_VIEW_DESC cbvDesc;
        cbvDesc.BufferLocation = cbAddress;
        cbvDesc.SizeInBytes = objCBByteSize;

        md3dDevice->CreateConstantBufferView(&cbvDesc, handle);
    }
}

UINT passCBByteSize = d3dUtil::CalcConstantBufferByteSize(
    sizeof(PassConstants));

// 마지막 세 서술자는 각 프레임 자원의 패스별 CBV들이다.
for(int frameIndex = 0; frameIndex < gNumFrameResources; ++frameIndex)
{
    auto passCB = mFrameResources[frameIndex]->PassCB->Resource();

    // 패스별 버퍼는 프레임 자원당 하나의 cbuffer만 저장한다.
    D3D12_GPU_VIRTUAL_ADDRESS cbAddress = passCB->GetGPUVirtualAddress();

    // 서술자 힙 안에서 패스별 CBV의 오프셋.
    int heapIndex = mPassCbvOffset + frameIndex;
    auto handle = CD3DX12_CPU_DESCRIPTOR_HANDLE(
        mCbvHeap->GetCPUDescriptorHandleForHeapStart());
    handle.Offset(heapIndex, mCbvSrvUavDescriptorSize);

    D3D12_CONSTANT_BUFFER_VIEW_DESC cbvDesc;
    cbvDesc.BufferLocation = cbAddress;
    cbvDesc.SizeInBytes = passCBByteSize;

    md3dDevice->CreateConstantBufferView(&cbvDesc, handle);
  }
}
```

힙의 첫 서술자의 핸들을 ID3D12DescriptorHeap::GetCPUDescriptorHandleForHeap
Start 메서드로 얻을 수 있음을 기억할 것이다. 그런데 이번 예제에는 힙이 여러 개이므로 이
메서드로는 부족하다. 힙의 다른 서술자들의 오프셋도 얻을 수 있어야 한다. 그러려면 다음 서
술자까지의 오프셋 증가치를 알아야 하는데, 이 값은 하드웨어에 따라, 그리고 힙의 종류에 따
라 다르다. 따라서 실행 시점에서 장치에 질의해서 얻어야 한다. 그런데 제4장에서 보았듯이,
이미 **D3DApp** 클래스가 다음과 같은 코드로 이 증가분들을 미리 조회해서 저장해 두고 있다.

```
mRtvDescriptorSize = md3dDevice->GetDescriptorHandleIncrementSize(
    D3D12_DESCRIPTOR_HEAP_TYPE_RTV);
mDsvDescriptorSize = md3dDevice->GetDescriptorHandleIncrementSize(
    D3D12_DESCRIPTOR_HEAP_TYPE_DSV);
mCbvSrvUavDescriptorSize = md3dDevice->GetDescriptorHandleIncrementSize(
    D3D12_DESCRIPTOR_HEAP_TYPE_CBV_SRV_UAV);
```

서술자 오프셋 증가치를 알고 있으면 두 CD3DX12_CPU_DESCRIPTOR_HANDLE::Offset 메서드 중 하나를 이용해서 n번 서술자 핸들의 오프셋을 구할 수 있다.

```
// n(서술자 번호) 곱하기 서술자 오프셋 증가치를 지정해서
// n번 서술자 핸들의 오프셋을 얻는다.
CD3DX12_CPU_DESCRIPTOR_HANDLE handle =
    mCbvHeap->GetCPUDescriptorHandleForHeapStart();
handle.Offset(n * mCbvSrvDescriptorSize);

// 또는, 다음처럼 서술자 번호와 오프셋 증가치를 각각
// 지정해서 핸들 오프셋을 얻을 수도 있다.
CD3DX12_CPU_DESCRIPTOR_HANDLE handle =
    mCbvHeap->GetCPUDescriptorHandleForHeapStart();
handle.Offset(n, mCbvSrvDescriptorSize);
```

> **참고:** CD3DX12_GPU_DESCRIPTOR_HANDLE에도 동일한 Offset 메서드들이 있다.

7.5.4 장면 그리기

드디어 렌더 항목들을 그릴 준비가 끝났다. 다음은 렌더 항목들을 그리는 메서드인데, 까다로운 부분은 그릴 물체의 CBV의 오프셋(힙 안에서의)을 구하는 부분뿐일 것이다. 렌더 항목이 자신과 연관된 상수 버퍼의 색인을 저장하는 방식을 주목하기 바란다.

```
void ShapesApp::DrawRenderItems(
    ID3D12GraphicsCommandList* cmdList,
    const std::vector<RenderItem*>& ritems)
{
    UINT objCBByteSize = d3dUtil::CalcConstantBufferByteSize(
        sizeof(ObjectConstants));

    auto objectCB = mCurrFrameResource->ObjectCB->Resource();
```

```
// 각 렌더 항목에 대해:
for(size_t i = 0; i < ritems.size(); ++i)
{
  auto ri = ritems[i];

  cmdList->IASetVertexBuffers(0, 1, &ri->Geo->VertexBufferView());
  cmdList->IASetIndexBuffer(&ri->Geo->IndexBufferView());
  cmdList->IASetPrimitiveTopology(ri->PrimitiveType);

  // 현재 프레임 자원에 대한 서술자 힙에서 이 물체를 위한
  // CBV의 오프셋을 구한다.
  UINT cbvIndex = mCurrFrameResourceIndex*(UINT)mOpaqueRitems.size()
    + ri->ObjCBIndex;
  auto cbvHandle = CD3DX12_GPU_DESCRIPTOR_HANDLE(
    mCbvHeap->GetGPUDescriptorHandleForHeapStart());
  cbvHandle.Offset(cbvIndex, mCbvSrvUavDescriptorSize);

  cmdList->SetGraphicsRootDescriptorTable(0, cbvHandle);

  cmdList->DrawIndexedInstanced(ri->IndexCount, 1,
    ri->StartIndexLocation, ri->BaseVertexLocation, 0);
}
}
```

이 DrawRenderItems 메서드는 주 루프에서 호출하는 Draw 메서드 안에서 호출된다.

```
void ShapesApp::Draw(const GameTimer& gt)
{
  auto cmdListAlloc = mCurrFrameResource->CmdListAlloc;

  // 명령 기록에 관련된 메모리의 재활용을 위해 명령 할당자를
  // 재설정한다. 재설정은 GPU가 관련 명령 목록들을
  // 모두 처리한 후에 일어난다.
  ThrowIfFailed(cmdListAlloc->Reset());

  // 명령 목록을 ExecuteCommandList를 통해서 명령 대기열에
  // 추가했다면 명령 목록을 재설정할 수 있다. 명령 목록을
  // 재설정하면 메모리가 재활용된다.
  if(mIsWireframe)
  {
    ThrowIfFailed(mCommandList->Reset(
      cmdListAlloc.Get(), mPSOs["opaque_wireframe"].Get()));
  }
```

```
else
{
  ThrowIfFailed(mCommandList->Reset(cmdListAlloc.Get(), mPSOs["opaque"].Get()));
}

mCommandList->RSSetViewports(1, &mScreenViewport);
mCommandList->RSSetScissorRects(1, &mScissorRect);

// 자원 용도에 관련된 상태 전이를 Direct3D에 통지한다.
mCommandList->ResourceBarrier(1,
  &CD3DX12_RESOURCE_BARRIER::Transition(CurrentBackBuffer(),
  D3D12_RESOURCE_STATE_PRESENT,
  D3D12_RESOURCE_STATE_RENDER_TARGET));

// 후면 버퍼와 깊이 버퍼를 지운다.
mCommandList->ClearRenderTargetView(CurrentBackBufferView(),
  Colors::LightSteelBlue, 0, nullptr);
mCommandList->ClearDepthStencilView(DepthStencilView(),
  D3D12_CLEAR_FLAG_DEPTH | D3D12_CLEAR_FLAG_STENCIL,
  1.0f, 0, 0, nullptr);

// 렌더링 결과가 기록될 렌더 대상 버퍼들을 지정한다.
mCommandList->OMSetRenderTargets(1, &CurrentBackBufferView(),
  true, &DepthStencilView());

ID3D12DescriptorHeap* descriptorHeaps[] = { mCbvHeap.Get() };
mCommandList->SetDescriptorHeaps(_countof(descriptorHeaps), descriptorHeaps);

mCommandList->SetGraphicsRootSignature(mRootSignature.Get());

int passCbvIndex = mPassCbvOffset + mCurrFrameResourceIndex;
auto passCbvHandle = CD3DX12_GPU_DESCRIPTOR_HANDLE(
  mCbvHeap->GetGPUDescriptorHandleForHeapStart());
passCbvHandle.Offset(passCbvIndex, mCbvSrvUavDescriptorSize);
mCommandList->SetGraphicsRootDescriptorTable(1, passCbvHandle);

DrawRenderItems(mCommandList.Get(), mOpaqueRitems);

// 자원 용도에 관련된 상태 전이를 Direct3D에 통지한다.
mCommandList->ResourceBarrier(1,
  &CD3DX12_RESOURCE_BARRIER::Transition(CurrentBackBuffer(),
  D3D12_RESOURCE_STATE_RENDER_TARGET,
  D3D12_RESOURCE_STATE_PRESENT));
```

```
    // 명령들의 기록을 마친다.
    ThrowIfFailed(mCommandList->Close());

    // 명령 실행을 위해 명령 목록을 명령 대기열에 추가한다.
    ID3D12CommandList* cmdsLists[] = { mCommandList.Get() };
    mCommandQueue->ExecuteCommandLists(_countof(cmdsLists), cmdsLists);

    // 후면 버퍼와 전면 버퍼를 교환한다.
    ThrowIfFailed(mSwapChain->Present(0, 0));
    mCurrBackBuffer = (mCurrBackBuffer + 1) % SwapChainBufferCount;

    // 현재 울타리 지점까지의 명령들을 표시하도록 울타리 값(Fence 멤버)을
    // 전진시킨다.
    mCurrFrameResource->Fence = ++mCurrentFence;

    // 새 울타리 지점을 설정하는 명령(Signal)을 명령 대기열에 추가한다.
    // 지금 우리는 GPU 시간선(timeline) 상에 있으므로, 새 울타리 지점은
    // GPU가 이 Signal() 명령까지의 모든 명령을 처리하기 전까지는 설정되지
    // 않는다.
    mCommandQueue->Signal(mFence.Get(), mCurrentFence);
}
```

7.6 루트 서명 추가 설명

루트 서명은 제6장의 §6.6.5에서 소개했다. 루트 서명은 그리기 명령을 제출하기 전에 파이프라인에 묶어야 할 자원들이 무엇이고 그 자원들이 셰이더 입력 레지스터들에 어떻게 대응되는지를 정의한다. 묶어야 할 자원들은 현재 셰이더 프로그램이 어떤 자원들을 기대하는가에 따라 달라진다. 루트 서명과 셰이더 프로그램의 조합이 유효한지는 PSO를 생성할 때 검증된다.

7.6.1 루트 매개변수

루트 서명이 루트 매개변수들의 배열로 정의된다는 점을 기억할 것이다. 지금까지의 예제들에 쓰인 루트 서명은 서술자 테이블에 해당하는 루트 매개변수 하나로만 이루어졌다. 그러나 루트 매개변수가 반드시 서술자 테이블이어야 하는 것은 아니다. 사실 루트 매개변수는 다음 세 종류 중 하나이다.

1. **서술자 테이블**: 힙 안에 있는 일련의 서술자들(묶을 자원들을 식별하는)의 구간을 지정한다.

2. **루트 서술자**(root descriptor; 인라인 서술자라고도 한다): 묶을 자원을 직접 식별하는 하나의 서술자이다. 이 서술자는 힙에 둘 필요가 없다. 상수 버퍼에 대한 CBV나 기타 자원 버퍼들에 대한 SRV/UAV만 루트 서술자로 묶을 수 있다. 특히, 텍스처에 대한 SRV는 루트 서술자로 묶을 수 없다.

3. **루트 상수**(root constant): 직접 묶을 32비트 상수 값들의 목록이다.

성능상의 이유로, 하나의 루트 서명에는 최대 64개의 DWORD만 넣을 수 있다. 세 가지 루트 매개변수의 비용은 다음과 같다.

1. 서술자 테이블: DWORD 하나.
2. 루트 서술자: DWORD 두 개.
3. 루트 상수: 32비트 상수당 DWORD 하나.

DWORD 64개라는 최대 용량을 넘기지 않는다면 세 종류의 루트 매개변수들을 임의의 방식으로 조합해서 루트 서명을 만들 수 있다. 루트 상수는 아주 편리하지만, 남용하면 금세 최대 용량에 도달하게 됨을 주의해야 한다. 예를 들어, 필요한 상수 자료가 세계-시야-투영 행렬 하나뿐이라면 굳이 번거롭게 상수 버퍼와 CBV 힙을 만들 필요가 없다. 그러나 그런 행렬 하나가 루트 서명 용량의 4분의 1을 차지함을 주의해야 한다. 반면 루트 서술자는 DWORD 두 개만 차지하며, 서술자 테이블은 DWORD 하나밖에 되지 않는다. 응용 프로그램이 좀 더 복잡해지면 상수 버퍼 자료도 커질 것이며, 그러면 루트 상수들로만 버티기가 점점 불가능해진다. 독자가 나중에 실질적인 응용 프로그램을 만들게 되면, 세 가지 루트 매개변수들을 적절히 조합해서 사용하게 될 가능성이 크다.

코드에서 루트 매개변수를 나타낼 때에는 CD3DX12_ROOT_PARAMETER 구조체를 사용한다. 이전에 나온 여러 CD3DX 구조체들과 비슷하게, CD3DX12_ROOT_PARAMETER는 다음과 같은 D3D12_ROOT_PARAMETER 구조체를 확장해서 몇 가지 편리한 초기화 메서드들을 추가한 것이다.

```
typedef struct D3D12_ROOT_PARAMETER
{
  D3D12_ROOT_PARAMETER_TYPE ParameterType;
```

```
  union
  {
    D3D12_ROOT_DESCRIPTOR_TABLE DescriptorTable;
    D3D12_ROOT_CONSTANTS Constants;
    D3D12_ROOT_DESCRIPTOR Descriptor;
  };
  D3D12_SHADER_VISIBILITY ShaderVisibility;
} D3D12_ROOT_PARAMETER;
```

1. ParameterType: 다음 열거형의 한 멤버로, 루트 매개변수의 종류(서술자 테이블, 루트 상수, CBV 루트 서술자, SRV 루트 서술자, UAV 루트 서술자)를 지정한다.

```
enum D3D12_ROOT_PARAMETER_TYPE
{
  D3D12_ROOT_PARAMETER_TYPE_DESCRIPTOR_TABLE = 0,
  D3D12_ROOT_PARAMETER_TYPE_32BIT_CONSTANTS  = 1,
  D3D12_ROOT_PARAMETER_TYPE_CBV              = 2,
  D3D12_ROOT_PARAMETER_TYPE_SRV              = 3,
  D3D12_ROOT_PARAMETER_TYPE_UAV              = 4
} D3D12_ROOT_PARAMETER_TYPE;
```

2. DescriptorTable/Constants/Descriptor: 루트 매개변수를 서술하는 구조체. 이들은 한 공용체(union)의 멤버들이며, 루트 매개변수의 종류에 해당하는 것으로 채우면 된다. §7.6.2와 §7.6.3, §7.6.4에서 이 구조체들을 설명한다.

3. ShaderVisibility: 다음 열거형의 한 멤버로, 이 루트 매개변수를 보게 될 셰이더 프로그램들을 결정한다. 이 책의 예제들은 주로 D3D12_SHADER_VISIBILITY_ALL을 사용한다. 그러나 해당 자원을 이를테면 픽셀 셰이더만 사용할 것임을 알고 있다면 D3D12_SHADER_VISIBILITY_PIXEL을 지정해도 된다. 루트 매개변수의 가시성을 제한하면 특정한 최적화의 여지가 생길 수 있다.

```
enum D3D12_SHADER_VISIBILITY
{
  D3D12_SHADER_VISIBILITY_ALL      = 0,
  D3D12_SHADER_VISIBILITY_VERTEX   = 1,
  D3D12_SHADER_VISIBILITY_HULL     = 2,
  D3D12_SHADER_VISIBILITY_DOMAIN   = 3,
  D3D12_SHADER_VISIBILITY_GEOMETRY = 4,
  D3D12_SHADER_VISIBILITY_PIXEL    = 5
} D3D12_SHADER_VISIBILITY;
```

7.6.2 서술자 테이블

서술자 테이블 루트 매개변수를 정의하려면 D3D12_ROOT_PARAMETER의 DescriptorTable 멤버를 채워서 서술자 테이블에 대한 좀 더 구체적인 정보를 제공해야 한다. 이 멤버는 다음과 같은 구조체이다.

```
typedef struct D3D12_ROOT_DESCRIPTOR_TABLE
{
  UINT NumDescriptorRanges;
  const D3D12_DESCRIPTOR_RANGE *pDescriptorRanges;
} D3D12_ROOT_DESCRIPTOR_TABLE;
```

그냥 D3D12_DESCRIPTOR_RANGE 배열과 배열의 구간(range) 개수를 지정하면 된다.

D3D12_DESCRIPTOR_RANGE 구조체는 다음과 같이 정의되어 있다.

```
typedef struct D3D12_DESCRIPTOR_RANGE
{
  D3D12_DESCRIPTOR_RANGE_TYPE RangeType;
  UINT NumDescriptors;
  UINT BaseShaderRegister;
  UINT RegisterSpace;
  UINT OffsetInDescriptorsFromTableStart;
} D3D12_DESCRIPTOR_RANGE;
```

1. RangeType: 다음 열거형의 한 멤버로, 이 구간에 있는 서술자들의 종류를 나타낸다.

```
enum D3D12_DESCRIPTOR_RANGE_TYPE
{
  D3D12_DESCRIPTOR_RANGE_TYPE_SRV     = 0,
  D3D12_DESCRIPTOR_RANGE_TYPE_UAV     = 1,
  D3D12_DESCRIPTOR_RANGE_TYPE_CBV     = 2,
  D3D12_DESCRIPTOR_RANGE_TYPE_SAMPLER = 3
} D3D12_DESCRIPTOR_RANGE_TYPE;
```

> **참고:** 표본추출기(sampler) 서술자는 텍스처 적용을 다루는 제9장에서 논의한다.

2. NumDescriptors: 이 구간의 서술자 개수.

3. BaseShaderRegister: 묶을 셰이더 인수들의 기준 레지스터 번호. 예를 들어 NumDescriptors를 3으로 설정하고 BaseShaderRegister를 1로 설정했으며 구간

서술자 종류가 CBV(상수 버퍼들에 대한)라면, 상수 버퍼들은 HLSL 레지스터들에 다음과 같이 연결된다.

```
cbuffer cbA : register(b1) {...};
cbuffer cbB : register(b2) {...};
cbuffer cbC : register(b3) {...};
```

4. RegisterSpace: 레지스터 공간(register space)은 셰이더 레지스터들을 지정하는 또 다른 차원이다. 예를 들어 다음 두 레지스터는 레지스터 슬롯 t0에 겹쳐질 것 같지만, 각자 다른 공간에 있으므로 실제로는 서로 다른 레지스터들이다.

```
Texture2D gDiffuseMap : register(t0, space0);
Texture2D gNormalMap  : register(t0, space1);
```

셰이더에서 레지스터 공간을 명시적으로 지정하지 않으면 자동으로 0번 공간 (space0)이 된다. 보통은 그냥 space0을 사용하지만, 자원들의 배열의 경우에는 여러 개의 공간을 사용하는 것이 유용하며, 크기를 미리 알 수 없는 배열을 사용할 때에는 다중 공간 사용이 필수이다.

5. OffsetInDescriptorsFromTableStart: 서술자 테이블의 시작에서 이 서술자 구간까지의 오프셋. 아래 예제를 참고하기 바란다.

슬롯 매개변수 하나를 서술자 테이블로서 초기화하려면 D3D12_DESCRIPTOR_RANGE 인스턴스들의 배열을 만들어야 한다. 하나의 테이블에 다양한 종류의 서술자들을 담을 수 있으므로 이런 배열이 필요하다. 예를 들어 순서대로 CBV 두 개, SRV 세 개, UAV 하나의 세 구간으로 이루어진 서술자 여섯 개짜리 테이블을 정의한다면 다음과 같은 모습이 될 것이다.

```
// CBV 두 개, SRV 세 개, UAV 하나를 담는 서술자 테이블을 만든다.
CD3DX12_DESCRIPTOR_RANGE descRange[3];
descRange[0].Init(
  D3D12_DESCRIPTOR_RANGE_TYPE_CBV, // 서술자 종류
  2, // 서술자 개수
  0, // 이 루트 매개변수에 묶일 셰이더 인수들의 기준 레지스터 번호
  0, // 레지스터 공간
  0);// 테이블 시작으로부터의 오프셋
descRange[1].Init(
  D3D12_DESCRIPTOR_RANGE_TYPE_SRV, // 서술자 종류
  3, // 서술자 개수
  0, // 이 루트 매개변수에 묶일 셰이더 인수들의 기준 레지스터 번호
  0, // 레지스터 공간
```

```
       2);// 테이블 시작으로부터의 오프셋
   descRange[2].Init(
       D3D12_DESCRIPTOR_RANGE_TYPE_UAV, // 서술자 종류
       1, // 서술자 개수
       0, // 이 루트 매개변수에 묶일 셰이더 인수들의 기준 레지스터 번호
       0, // 레지스터 공간
       5);// 테이블 시작으로부터의 오프셋

   slotRootParameter[0].InitAsDescriptorTable(
       3, descRange, D3D12_SHADER_VISIBILITY_ALL);
```

다른 구조체들과 마찬가지로, 이 D3D12_DESCRIPTOR_RANGE를 확장해서 편의용 메서드들을 추가하는 CD3DX12_DESCRIPTOR_RANGE라는 구조체가 있다. 특히 이 구조체는 다음과 같은 초기화 메서드를 제공한다.

```
   void CD3DX12_DESCRIPTOR_RANGE::Init(
       D3D12_DESCRIPTOR_RANGE_TYPE rangeType,
       UINT numDescriptors,
       UINT baseShaderRegister,
       UINT registerSpace = 0,
       UINT offsetInDescriptorsFromTableStart =
         D3D12_DESCRIPTOR_RANGE_OFFSET_APPEND);
```

이 테이블은 총 6개의 서술자를 포괄하며, 이후 응용 프로그램은 CBV 두 개, SRV 세 개, UAV 하나가 연달아 들어 있는 서술자 힙을 통해서 해당 서술자들을 파이프라인에 묶게 된다. CBV 구간과 SRV 구간, UAV 구간이 모두 레지스터 0으로 시작하지만, 시작 번호가 같을 뿐이지 묶이는 레지스터들의 종류는 각자 다르므로 '중첩' 충돌이 발생하지는 않는다.

CD3DX12_DESCRIPTOR_RANGE::Init의 OffsetInDescriptorsFromTableStart 매개변수에 D3D12_DESCRIPTOR_RANGE_OFFSET_APPEND를 지정하면 해당 구간 오프셋을 Direct3D가 알아서 설정해 준다. 이 값은 Direct3D에게 테이블의 이전 구간 서술자 개수를 이용해서 오프셋을 계산하라고 지시하는 역할을 한다. 메서드의 서명에서 보듯이 D3D12_DESCRIPTOR_RANGE_OFFSET_APPEND는 OffsetInDescriptorsFromTableStart 매개변수의 기본값이므로 생략해도 된다. 그 앞의 매개변수, 즉 레지스터 공간 번호의 기본값이 0이라는 점도 기억하기 바란다.

7.6.3 루트 서술자

루트 서술자 루트 매개변수를 정의하려면 D3D12_ROOT_PARAMETER의 Descriptor 멤버를 채워서 루트 서술자에 대한 좀 더 구체적인 정보를 제공해야 한다. 이 멤버는 다음과 같은 구조체이다.

```
typedef struct D3D12_ROOT_DESCRIPTOR
{
  UINT ShaderRegister;
  UINT RegisterSpace;
} D3D12_ROOT_DESCRIPTOR;
```

1. ShaderRegister: 서술자와 묶일 셰이더 레지스터. 예를 들어 이 필드에 2를 지정하면, 그리고 현재 루트 매개변수가 CBV라면, 현재 루트 매개변수는 register(b2)의 상수 버퍼에 대응된다.

    ```
    cbuffer cbPass : register(b2) {…};
    ```

2. RegisterSpace: D3D12_DESCRIPTOR_RANGE::RegisterSpace(§7.6.2)를 보라.

서술자 테이블에서는 서술자 핸들을 서술자 힙에 설정해야 했지만, 루트 서술자에서는 그냥 자원의 가상 주소를 직접 묶으면 된다.

```
UINT objCBByteSize = d3dUtil::CalcConstantBufferByteSize(sizeof
  (ObjectConstants));

D3D12_GPU_VIRTUAL_ADDRESS objCBAddress =  objectCB->GetGPUVirtualAddress();

// 버퍼에서 이 물체에 대한 상수들의 오프셋.
objCBAddress += ri->ObjCBIndex*objCBByteSize;

cmdList->SetGraphicsRootConstantBufferView(
    0, // 루트 매개변수 색인
    objCBAddress);
```

7.6.4 루트 상수

루트 상수 루트 매개변수를 정의하려면 D3D12_ROOT_PARAMETER의 Constants 멤버를 채워서 루트 상수에 대한 좀 더 구체적인 정보를 제공해야 한다. 이 멤버는 다음과 같은 구조체이다.

```
typedef struct D3D12_ROOT_CONSTANTS
{
  UINT ShaderRegister;
  UINT RegisterSpace;
  UINT Num32BitValues;
} D3D12_ROOT_CONSTANTS;
```

1. ShaderRegister: D3D12_ROOT_DESCRIPTOR::ShaderRegister(§7.6.3)를 보라.

2. RegisterSpace: D3D12_DESCRIPTOR_RANGE::RegisterSpace(§7.6.2)를 보라.

3. Num32BitValues: 이 루트 매개변수가 기대하는 32비트 상수들의 개수.

셰이더의 관점에서, 응용 프로그램이 설정한 루트 상수는 그냥 상수 버퍼의 한 자료와 다를 바
없다. 다음은 이 점을 보여주는 예이다.

```
// 응용 프로그램 코드: 루트 서명 정의.
CD3DX12_ROOT_PARAMETER slotRootParameter[1];
slotRootParameter[0].InitAsConstants(12, 0);

// 루트 서명은 루트 매개변수들의 배열이다.
CD3DX12_ROOT_SIGNATURE_DESC rootSigDesc(1, slotRootParameter,
  0, nullptr,
  D3D12_ROOT_SIGNATURE_FLAG_ALLOW_INPUT_ASSEMBLER_INPUT_LAYOUT);

// 응용 프로그램 코드: 상수들을 레지스터 b0에 설정한다.
auto weights = CalcGaussWeights(2.5f);
int blurRadius = (int)weights.size() / 2;

cmdList->SetGraphicsRoot32BitConstants(0, 1, &blurRadius, 0);
cmdList->SetGraphicsRoot32BitConstants(0, (UINT)weights.size(), weights.data(), 1);

// HLSL 코드:
cbuffer cbSettings : register(b0)
{
    // 루트 상수들에 대응되는 상수 버퍼에 배열을 둘 수는 없으므로,
    // 다음처럼 배열 원소들을 개별 변수로서 나열해야 한다.

    int gBlurRadius;

    // 최대 11개의 흐리기(blur) 가중치를 지원한다.
    float w0;
    float w1;
    float w2;
```

```
        float w3;
        float w4;
        float w5;
        float w6;
        float w7;
        float w8;
        float w9;
        float w10;
    };
```

ID3D12GraphicsCommandList::SetGraphicsRoot32BitConstants 메서드의 원형은 다음과 같다.

```
void ID3D12GraphicsCommandList::SetGraphicsRoot32BitConstants(
    UINT RootParameterIndex,
    UINT Num32BitValuesToSet,
    const void *pSrcData,
    UINT DestOffsetIn32BitValues);
```

1. RootParameterIndex: 설정할 루트 매개변수의 색인.

2. Num32BitValuesToSet: 설정할 32비트 상수들의 개수.

3. pSrcData: 설정할 32비트 상수들을 담은 배열을 가리키는 포인터.

4. DestOffsetIn32BitValues: 상수 버퍼에서 32비트 상수들의 오프셋.

루트 서술자처럼, 루트 상수를 설정할 때에는 서술자 힙이 필요하지 않다.

7.6.5 좀 더 복잡한 루트 서명 예제

다음과 같은 자원들을 기대하는 셰이더가 있다고 하자.

```
Texture2D gDiffuseMap : register(t0);

cbuffer cbPerObject : register(b0)
{
    float4x4 gWorld;
    float4x4 gTexTransform;
};

cbuffer cbPass : register(b1)
```

```
{
  float4x4 gView;
  float4x4 gInvView;
  float4x4 gProj;
  float4x4 gInvProj;
  float4x4 gViewProj;
  float4x4 gInvViewProj;
  float3   gEyePosW;
  float    cbPerObjectPad1;
  float2   gRenderTargetSize;
  float2   gInvRenderTargetSize;
  float    gNearZ;
  float    gFarZ;
  float    gTotalTime;
  float    gDeltaTime;
  float4   gAmbientLight;
  Light    gLights[MaxLights];
};

cbuffer cbMaterial : register(b2)
{
  float4   gDiffuseAlbedo;
  float3   gFresnelR0;
  float    gRoughness;
  float4x4 gMatTransform;
};
```

이 셰이더를 위한 루트 서명을 정의하는 코드는 다음과 같은 모습일 것이다.

```
CD3DX12_DESCRIPTOR_RANGE texTable;
texTable.Init(
  D3D12_DESCRIPTOR_RANGE_TYPE_SRV,
  1,  // 서술자 개수
  0); // 레지스터 t0

  // 루트 매개변수는 서술자 테이블이거나 루트 서술자 또는 루트 상수이다.
  CD3DX12_ROOT_PARAMETER slotRootParameter[4];

  // 성능 팁: 사용 빈도가 높은 것에서 낮은 것의 순서로 나열한다.
  slotRootParameter[0].InitAsDescriptorTable(1, &texTable,
    D3D12_SHADER_VISIBILITY_PIXEL);
  slotRootParameter[1].InitAsConstantBufferView(0); // 레지스터 b0
  slotRootParameter[2].InitAsConstantBufferView(1); // 레지스터 b1
  slotRootParameter[3].InitAsConstantBufferView(2); // 레지스터 b2
```

```
// 루트 서명은 루트 매개변수들의 배열이다.
CD3DX12_ROOT_SIGNATURE_DESC rootSigDesc(4, slotRootParameter,
  0, nullptr,
  D3D12_ROOT_SIGNATURE_FLAG_ALLOW_INPUT_ASSEMBLER_INPUT_LAYOUT);
```

7.6.6 루트 인수의 버전 적용

응용 프로그램이 루트 매개변수에 실제로 전달하는 값을 **루트 인수**(root argument)라고 부른다. 다음은 그리기 호출들 사이에서 루트 인수들을(이 예에서는 서술자 테이블만) 변경하는 코드의 예이다.

```
for(size_t i = 0; i < mRitems.size(); ++i)
{
  const auto& ri = mRitems[i];

  ...

  // 현재 프레임 자원과 이 렌더 항목을 위한 CBV의 오프셋.
  int cbvOffset = mCurrFrameResourceIndex*(int)mRitems.size();
  cbvOffset += ri.CbIndex;
  cbvHandle.Offset(cbvOffset, mCbvSrvDescriptorSize);

  // 이 그리기 호출에 사용할 서술자들을 지정한다.
  cmdList->SetGraphicsRootDescriptorTable(0, cbvHandle);

  cmdList->DrawIndexedInstanced(
    ri.IndexCount, 1,
    ri.StartIndexLocation,
    ri.BaseVertexLocation, 0);
}
```

각각의 그리기 명령은 해당 그리기 호출 시점에서 설정되어 있었던 루트 인수들로 실행된다. 이는 하드웨어가 각 그리기 호출 시점에서의 루트 인수들의 상태('스냅숏')를 자동으로 저장해 두기 때문이다. 다른 말로 하면, 그리기 호출마다 루트 인수들의 고유한 버전이 만들어진다.

　루트 서명이 셰이더가 실제로 사용하는 것보다 많은 필드를 제공할 수 있음을 주의하기 바란다. 예를 들어 루트 서명이 루트 매개변수 2로 루트 CBV 하나를 지정하지만 셰이더가 해당 상수 버퍼를 사용하지 않는다고 해서 오류가 되지는 않는다. 셰이더가 실제로 사용하는 모든 자원을 루트 서명이 제공하는 한, 루트 서명과 셰이더의 조합은 유효하다.

성능을 위해서는 루트 서명의 크기를 최소한으로 유지하는 것이 바람직하다. 한 가지 이유는 루트 인수들의 그리기 호출별 자동 버전 생성이다. 루트 서명이 크면 루트 인수들의 그러한 스냅숏들도 커진다. 한 가지 덧붙이자면, SDK 문서화는 루트 서명에서 루트 매개변수들을 가장 자주 변하는 것에서 가장 덜 변하는 것의 순서로 배치하라고 권한다. Direct3D 12 문서화는 또한 루트 서명의 전환을 최대한 피하라고 권한다. 따라서 응용 프로그램이 생성하는 여러 PSO들이 가능하면 동일한 루트 서명을 공유하게 하는 것이 바람직하다. 특히, 여러 셰이더 프로그램들과 호환되는 '슈퍼' 루트 서명을 두는 것이 도움이 된다(비록 그 셰이더들이 슈퍼 루트 서명이 정의하는 매개변수들을 모두 사용하지는 않는다고 해도). 단, 그러한 기법의 이득은 '슈퍼' 루트 서명의 크기에 의존한다는 점도 주의해야 할 것이다. 만일 슈퍼 루트 서명이 너무 크면 그 비용 때문에 루트 서명의 전환을 피함으로써 얻는 이득이 사라질 수 있다.

7.7 지형과 파도 예제

이번 절에서는 [그림 7.7]에 나온 지형과 파도 예제('Land and Waves')의 구축 과정을 설명한다. 이 예제는 삼각형 격자 메시 하나를 절차적으로 생성한 후 정점들의 높이를 적절히 조정해서 지형을 만든다. 또한, 이 예제는 물을 나타내는 또 다른 삼각형 격자를 생성하고 정점 높이들을 애니메이션해서 파도를 만든다. 이전 예제와는 달리 이 예제는 상수 버퍼들을 루트 서술자들을 이용해서(서술자 테이블이 아니라) 셰이더에 연결한다. 그 덕분에 CBV를 위한 서술

그림 7.7 지형과 파도 예제('Lands and Waves')의 실행 모습. 아직 조명이 없어서 파도의 형체를 알아보기 힘들다. '1' 키를 눌러서(계속 누르고 있어야 함) 장면을 와이어프레임 모드로 표시하면 파도가 조금은 더 잘 보일 것이다.

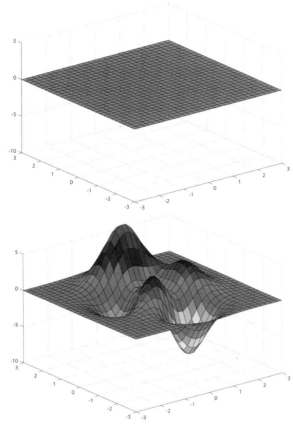

그림 7.8 (위) xz 평면에 격자를 배치한다. (아래) 격자 점마다 함수 $f(x, z)$를 적용해서 y 좌표성분을 구한다. 점 $(x,$ $f(x, z), z)$들을 그리면 하나의 표면의 그래프가 만들어진다.

자 힙은 필요하지 않다.

'적절한' 실숫값 함수 $y = f(x, z)$의 그래프는 하나의 표면(surface)을 형성한다. 이 예제에서는 xz 평면에 각 사각형이 삼각형 두 개로 이루어진 격자를 만들고, 각 격자 점에 높이 함수를 적용해서 그러한 표면을 근사한다. [그림 7.8]이 이러한 개념을 나타낸 것이다.

7.7.1 격자 정점 생성

따라서 이번 예제의 주된 과제는 xz 평면에 격자를 구축하는 것이다. [그림 7.9]에서 보듯이, 정점이 $m \times n$개인 격자는 $(m - 1) \times (n - 1)$개의 사각형 또는 낱칸(cell)으로 이루어진다. 한 낱칸이 삼각형 두 개이므로 전체 삼각형 개수는 $2 \cdot (m - 1) \times (n - 1)$이다. 격자의 너비가 w이고 깊이가 d라고 할 때, 한 낱칸의 x축 너비는 $dx = w/(n - 1)$이고 z축 너비는 $dz = d/(m - 1)$이다. 격자의 왼쪽 위 모퉁이에서 시작해서 한 행씩 격자 정점 좌표들을 생성해서 격자를 구축한다. xz 평면에서 ij번째 격자 정점의 좌표는 다음과 같다.

$$\mathbf{v}_{ij} = [-0.5w + j \cdot dx, 0.0, 0.5d - i \cdot dz]$$

다음은 격자 정점들을 생성하는 코드이다.

```
GeometryGenerator::MeshData
GeometryGenerator::CreateGrid(float width, float depth, uint32 m, uint32 n)
{
  MeshData meshData;

  uint32 vertexCount = m*n;
  uint32 faceCount   = (m-1)*(n-1)*2;

  float halfWidth = 0.5f*width;
  float halfDepth = 0.5f*depth;

  float dx = width / (n-1);
  float dz = depth / (m-1);

  float du = 1.0f / (n-1);
  float dv = 1.0f / (m-1);

  meshData.Vertices.resize(vertexCount);
  for(uint32 i = 0; i < m; ++i)
  {
    float z = halfDepth - i*dz;
    for(uint32 j = 0; j < n; ++j)
    {
      float x = -halfWidth + j*dx;

      meshData.Vertices[i*n+j].Position = XMFLOAT3(x, 0.0f, z);
      meshData.Vertices[i*n+j].Normal   = XMFLOAT3(0.0f, 1.0f, 0.0f);
      meshData.Vertices[i*n+j].TangentU = XMFLOAT3(1.0f, 0.0f, 0.0f);

      // 텍스처가 격자 전체에 입혀지게 한다.
      meshData.Vertices[i*n+j].TexC.x = j*du;
      meshData.Vertices[i*n+j].TexC.y = i*dv;
    }
  }
```

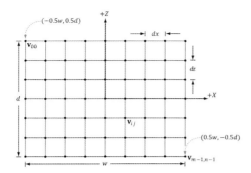

그림 7.9 격자 생성.

7.7.2 격자 색인 생성

격자의 정점들을 모두 계산한 후에는 적절한 색인들을 지정해서 격자 삼각형들을 정의해야 한다. 이를 위해 격자의 왼쪽 상단에서부터 행별로 각 사각형을 훑으면서 해당 낱칸 사각형의 두 삼각형을 정의하는 색인을 계산한다. [그림 7.10]에서 보듯이, $m \times n$ 정점 격자에서 ij번째 사각형에 해당하는 두 삼각형의 선형(1차원) 배열 색인들은 다음과 같이 주어진다.

$$\Delta ABC = (i \cdot n + j, i \cdot n + j + 1, (i+1) \cdot n + j)$$
$$\Delta CBD = ((i+1) \cdot n + j, i \cdot n + j + 1, (i+1) \cdot n + j + 1)$$

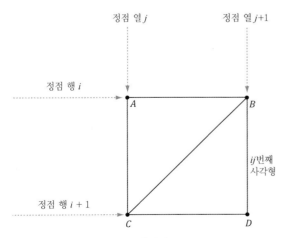

그림 7.10 ij번째 사각형의 정점 색인들.

다음은 이에 해당하는 코드이다.

```
meshData.Indices32.resize(faceCount*3); // 면(삼각형)당 색인 3개

// 각 사각형을 훑으면서 색인들을 계산한다.
uint32 k = 0;
for(uint32 i = 0; i < m-1; ++i)
{
  for(uint32 j = 0; j < n-1; ++j)
  {
    meshData.Indices32[k]   = i*n+j;
    meshData.Indices32[k+1] = i*n+j+1;
    meshData.Indices32[k+2] = (i+1)*n+j;

    meshData.Indices32[k+3] = (i+1)*n+j;
    meshData.Indices32[k+4] = i*n+j+1;
    meshData.Indices32[k+5] = (i+1)*n+j+1;

    k += 6; // 다음 사각형
  }
}

return meshData;
}
```

7.7.3 높이 함수 적용

격자를 만든 다음에는, 필요한 격자 정점 성분들을 MeshData에서 추출해서 높이(y 성분)를 조정한다. 그러면 평평한 격자가 언덕 모양의 표면으로 변한다. 또한, 정점마다 정점의 높이에 기초해서 색상도 부여한다.

```
// GeometryGenerator::Vertex와는 다른 것임.
struct Vertex
{
  XMFLOAT3 Pos;
  XMFLOAT4 Color;
};
void LandAndWavesApp::BuildLandGeometry()
{
  GeometryGenerator geoGen;
  GeometryGenerator::MeshData grid = geoGen.CreateGrid(160.0f, 160.0f, 50, 50);
```

```
//
// 필요한 정점 성분들을 추출해서 각 정점에 높이 함수를 적용한다. 또한,
// 그 높이에 기초해서 정점의 색상도 적절히 설정한다. 이를 통해서
// 모래색의 해변과 녹색의 언덕, 그리고 흰 눈이 덮인 봉우리 같은 모습이
// 만들어진다.
//

std::vector<Vertex> vertices(grid.Vertices.size());
for(size_t i = 0; i < grid.Vertices.size(); ++i)
{
  auto& p = grid.Vertices[i].Position;
  vertices[i].Pos = p;
  vertices[i].Pos.y = GetHillsHeight(p.x, p.z);

  // 높이에 기초해서 정점의 색상을 설정한다.
  if(vertices[i].Pos.y < -10.0f)
  {
    // 해변의 모래색.
    vertices[i].Color = XMFLOAT4(1.0f, 0.96f, 0.62f, 1.0f);
  }
  else if(vertices[i].Pos.y < 5.0f)
  {
    // 밝은 녹황색.
    vertices[i].Color = XMFLOAT4(0.48f, 0.77f, 0.46f, 1.0f);
  }
  else if(vertices[i].Pos.y < 12.0f)
  {
    // 짙은 녹황색.
    vertices[i].Color = XMFLOAT4(0.1f, 0.48f, 0.19f, 1.0f);
  }
  else if(vertices[i].Pos.y < 20.0f)
  {
    // 짙은 갈색.
    vertices[i].Color = XMFLOAT4(0.45f, 0.39f, 0.34f, 1.0f);
  }
  else
  {
    // 흰색(눈).
    vertices[i].Color = XMFLOAT4(1.0f, 1.0f, 1.0f, 1.0f);
  }
}

const UINT vbByteSize = (UINT)vertices.size() * sizeof(Vertex);
```

```
std::vector<std::uint16_t> indices = grid.GetIndices16();
const UINT ibByteSize = (UINT)indices.size() * sizeof(std::uint16_t);

auto geo = std::make_unique<MeshGeometry>();
geo->Name = "landGeo";

ThrowIfFailed(D3DCreateBlob(vbByteSize, &geo->VertexBufferCPU));
CopyMemory(geo->VertexBufferCPU->GetBufferPointer(), vertices.data(),
    vbByteSize);

ThrowIfFailed(D3DCreateBlob(ibByteSize, &geo->IndexBufferCPU));
CopyMemory(geo->IndexBufferCPU->GetBufferPointer(), indices.data(),
    ibByteSize);

geo->VertexBufferGPU = d3dUtil::CreateDefaultBuffer(md3dDevice.Get(),
    mCommandList.Get(), vertices.data(), vbByteSize,
    geo->VertexBufferUploader);

geo->IndexBufferGPU = d3dUtil::CreateDefaultBuffer(md3dDevice.Get(),
    mCommandList.Get(), indices.data(), ibByteSize,
    geo->IndexBufferUploader);

geo->VertexByteStride = sizeof(Vertex);
geo->VertexBufferByteSize = vbByteSize;
geo->IndexFormat = DXGI_FORMAT_R16_UINT;
geo->IndexBufferByteSize = ibByteSize;

SubmeshGeometry submesh;
submesh.IndexCount = (UINT)indices.size();
submesh.StartIndexLocation = 0;
submesh.BaseVertexLocation = 0;

geo->DrawArgs["grid"] = submesh;

mGeometries["landGeo"] = std::move(geo);
}
```

다음은 이 예제에 쓰인 높이 함수 $f(x, z)$를 구현하는 함수이다.

```
float LandAndWavesApp::GetHeight(float x, float z)const
{
  return 0.3f*(z*sinf(0.1f*x) + x*cosf(0.1f*z));
}
```

이 함수의 그래프는 언덕과 계곡이 있는 지형과 비슷한 모습이다(그림 7.7을 보라).

7.7.4 루트 CBV

이 지형과 파도 예제가 §7.5의 도형 예제와 다른 점 또 하나는 서술자 테이블 대신 루트 서술자를 사용한다는 것이다. 이 덕분에 서술자 힙을 사용할 필요 없이 CBV들을 직접 파이프라인에 묶을 수 있다. 이전 도형 예제와 달라진 점을 구체적으로 나열하자면 다음과 같다.

1. 루트 서명이 서술자 테이블 두 개가 아니라 루트 CBV 두 개를 받는다.
2. CBV 힙은 더 이상 필요하지 않으며, 힙에 서술자들을 채울 필요도 없다.
3. 이전과는 다른 구문을 이용해서 루트 서술자를 설정한다.

새 루트 서명을 정의하는 코드는 다음과 같은 모습이다.

```
// 루트 매개변수는 서술자 테이블이거나 루트 서술자 또는 루트 상수이다.
CD3DX12_ROOT_PARAMETER slotRootParameter[2];

// 루트 CBV들을 생성한다.
slotRootParameter[0].InitAsConstantBufferView(0); // 물체별 CBV
slotRootParameter[1].InitAsConstantBufferView(1); // 패스별 CBV

// 루트 서명은 루트 매개변수들의 배열이다.
CD3DX12_ROOT_SIGNATURE_DESC rootSigDesc(2, slotRootParameter, 0,
  nullptr, D3D12_ROOT_SIGNATURE_FLAG_ALLOW_INPUT_ASSEMBLER_INPUT_LAYOUT);
```

루트 CBV 생성 시 InitAsConstantBufferView라는 보조 메서드를 사용했음을 주목하기 바란다. 이 메서드의 매개변수는 이 루트 매개변수가 연결될 셰이더 레지스터(지금 예에서는 셰이더 상수 버퍼 레지스터 'b0'과 'b1')를 결정한다.

다음으로, 다음 메서드를 이용해서 CBV(루트 매개변수의 한 인수로서의)를 루트 서술자에 묶는다.

```
void
ID3D12GraphicsCommandList::SetGraphicsRootConstantBufferView(
  UINT RootParameterIndex,
  D3D12_GPU_VIRTUAL_ADDRESS BufferLocation);
```

1. RootParameterIndex: CBV를 묶을 루트 매개변수의 색인.
2. BufferLocation: 상수 버퍼 자료를 담은 자원의 가상 주소.

이러한 변화에 따라, 그리기 코드도 다음과 같이 바뀌었다.

```
void LandAndWavesApp::Draw(const GameTimer& gt)
{
  [...]

  // 패스별 상수 버퍼를 묶는다.
  // 이 작업은 패스당 한 번만 하면 된다.
  auto passCB = mCurrFrameResource->PassCB->Resource();
  mCommandList->SetGraphicsRootConstantBufferView(1,
    passCB->GetGPUVirtualAddress());

  DrawRenderItems(mCommandList.Get(),
    mRitemLayer[(int)RenderLayer::Opaque]);

  [...]
}

void LandAndWavesApp::DrawRenderItems(
  ID3D12GraphicsCommandList* cmdList,
  const std::vector<RenderItem*>& ritems)
{
  UINT objCBByteSize = d3dUtil::CalcConstantBufferByteSize(sizeof
    (ObjectConstants));

  auto objectCB = mCurrFrameResource->ObjectCB->Resource();

  // 각 렌더 항목에 대해:
  for(size_t i = 0; i < ritems.size(); ++i)
  {
    auto ri = ritems[i];

    cmdList->IASetVertexBuffers(0, 1, &ri->Geo->VertexBufferView());
    cmdList->IASetIndexBuffer(&ri->Geo->IndexBufferView());
    cmdList->IASetPrimitiveTopology(ri->PrimitiveType);

    D3D12_GPU_VIRTUAL_ADDRESS objCBAddress =
      objectCB->GetGPUVirtualAddress();
    objCBAddress += ri->ObjCBIndex*objCBByteSize;
```

```
cmdList->SetGraphicsRootConstantBufferView(0, objCBAddress);

  cmdList->DrawIndexedInstanced(ri->IndexCount, 1,
    ri->StartIndexLocation, ri->BaseVertexLocation, 0);
  }
}
```

7.7.5 동적 정점 버퍼

지금까지의 예제들은 정점들을 하나의 기본 버퍼 자원에 저장했다. 그런 종류의 자원은 정적인 기하구조, 즉 형태와 위치가 변하지 않는 기하구조에 적합하다. 정적인 기하구조를 그릴 때에는 그냥 CPU에서 정점 자료를 설정하고, GPU가 그 자료를 읽어서 그리게 하면 끝이다. 그러나 정점 자료가 자주(이를테면 프레임마다) 변할 때에는 동적 정점 버퍼가 필요하다. 예를 들어 파동 방정식의 해 함수(solution function) $f(x, z, t)$를 구해서 파도를 시뮬레이션한다고 하자. 이 함수는 시간 t에서의 xz 평면의 각 점의 파도 높이를 나타낸다. 이 함수를 이용해서 파도를 그리려면 언덕과 계곡을 그릴 때처럼 사각 격자 메시(삼각형들로 이루어진)를 사용하되, $f(x, z, t)$를 각 격자 점에 적용해서 그 점에서의 파도 높이를 반영하면 된다. 이 함수는 시간 t에도 의존하므로(즉, 파도 표면은 시간에 따라 변하므로), 매끄러운 애니메이션을 위해서는 짧은 간격으로(이를테면 30분의 1초) 이 함수를 격자 점들에 거듭 적용해야 할 것이다. 시간의 흐름에 따라 사각 격자 메시 정점들을 이처럼 자주 갱신하기 위해서는 동적 정점 버퍼가 필요하다. 동적 정점 버퍼가 필요한 또 다른 예는 복잡한 물리 계산과 충돌 검출을 수반하는 입자 시스템이다. 이 경우 프레임마다 CPU에서 물리 계산과 충돌 검출을 수행해서 입자들의 새 위치를 구한다. 입자들의 위치가 프레임마다 바뀌므로, 프레임마다 입자들을 그리려면 동적 정점 버퍼를 이용해서 입자 위치들을 갱신해야 한다.

프레임마다 CPU에서 GPU로 자료를 올리는 방법은 이미 앞에서 보았다. §6.2에서 업로드 버퍼를 이용해서 상수 버퍼 자료를 갱신했는데, 이번에도 그 기법과 UploadBuffer 클래스를 사용하면 된다. 단, 이번에는 상수 버퍼들의 배열이 아니라 정점들의 배열을 업로드 버퍼에 담는다.

```
std::unique_ptr<UploadBuffer<Vertex>> WavesVB = nullptr;

WavesVB = std::make_unique<UploadBuffer<Vertex>>(
  device, waveVertCount, false);
```

프레임마다 CPU에서 새로운 자료를 파도의 동적 정점 버퍼로 올려야 하므로, 동적 정점 버퍼는 프레임 자원으로 두어야 마땅하다. 그렇지 않다면 GPU가 이전 프레임을 다 처리하기도 전에 메모리를 덮어쓸 위험이 있다.

다음은 매 프레임 호출되는 메서드로, 파도 시뮬레이션을 실행하고 정점 버퍼를 갱신한다.

```
void LandAndWavesApp::UpdateWaves(const GameTimer& gt)
{
  // 4분의 1초마다 무작위로 파도를 생성한다.
  static float t_base = 0.0f;
  if((mTimer.TotalTime() - t_base) >= 0.25f)
  {
    t_base += 0.25f;

    int i = MathHelper::Rand(4, mWaves->RowCount() - 5);
    int j = MathHelper::Rand(4, mWaves->ColumnCount() - 5);

    float r = MathHelper::RandF(0.2f, 0.5f);

    mWaves->Disturb(i, j, r);
  }

  // 파도 시뮬레이션을 갱신한다.
  mWaves->Update(gt.DeltaTime());

  // 새 정점들로 파도 정점 버퍼를 갱신한다.
  auto currWavesVB = mCurrFrameResource->WavesVB.get();
  for(int i = 0; i < mWaves->VertexCount(); ++i)
  {
    Vertex v;

    v.Pos = mWaves->Position(i);
    v.Color = XMFLOAT4(DirectX::Colors::Blue);

    currWavesVB->CopyData(i, v);
  }

  // 파도 렌더 항목의 동적 VB를 현재 프레임 VB로 설정한다.
  mWavesRitem->Geo->VertexBufferGPU = currWavesVB->Resource();
}
```

이처럼 동적 버퍼를 사용하면 CPU에서 새 자료를 GPU 메모리에 전송하는 데 따른 추가부담이 발생한다. 따라서, 정적 버퍼로도 충분할 때에는 동적 버퍼를 사용하지 말고 그냥 정적 버퍼를 사용하는 것이 바람직하다. Direct3D의 최근 버전들에는 동적 버퍼의 필요성을 줄여주는 새로운 기능들이 추가되었다. 몇 가지를 들자면 다음과 같다.

1. 간단한 애니메이션은 정점 셰이더에서 수행할 수 있다.
2. 텍스처로의 렌더링 기능이나 계산 셰이더 또는 정점 텍스처 조회 기능을 이용하면 앞에서 설명한 것 같은 파도 시뮬레이션을 전적으로 GPU에서 실행하는 것이 가능하다.
3. 기하 셰이더를 이용하면 예전에는 CPU에서 수행해야 했던 기본도형의 생성 및 파괴 작업을 GPU에서 수행할 수 있다.
4. 테셀레이션 단계들을 이용하면 GPU에서 세밀한 기하구조를 장면에 추가할 수 있다. 하드웨어 테셀레이션 기능이 없다면 보통은 CPU에서 그런 작업을 수행한다.

색인 버퍼도 동적 자원으로 둘 수 있다. 그러나 이번 장의 지형과 파도 예제에서 격자의 삼각형 위상구조는 프레임마다 일정하다. 변하는 것은 정점 높이뿐이므로, 정점 버퍼만 동적으로 두면 된다.

이번 장의 지형과 파도 예제는 동적 버퍼를 이용해서 이번 절 도입부에서 설명한 종류의 간단한 파도 시뮬레이션을 구현한다. 이 책의 목적에서 중요한 것은 파도 시뮬레이션 알고리즘의 구체적인 세부사항이 아니다(그 부분은 [Lengyel02]를 보라). 그보다는 동적 버퍼의 용법, 즉 CPU에서 시뮬레이션을 수행하고 업로드 버퍼를 이용해서 정점 자료를 갱신하는 과정에 초점을 두고 코드를 살펴보기 바란다.

7.8 요약

1. 프레임의 끝에서 매번 GPU가 명령 대기열에 있는 모든 명령의 처리를 마치길 기다리는 것은 비효율적이다. 그러면 CPU와 GPU가 각자 특정 시점에서 유휴(idle) 상태에 빠지기 때문이다. 좀 더 효율적인 기법은 **프레임 자원**들, 즉 CPU가 프레임마다 수정해야 하는 자원들을 순환 배열에 담아 두고 갱신/제출하는 것이다. 이 기법을 이용하면 CPU는 GPU의 작업 완료를 기다리지 않고도 다음 프레임으로 넘어갈 수 있다. CPU가 항상 GPU보다 프레임들을 더 빨리 처리한다면 언젠가는 CPU가 GPU를 기다려 주어야 한다. 그러나, GPU가 최대한 활용된다는 점에서, 그리고 여분의 CPU 주기(사이클)들은 언제라도 인공지능이나 물리, 게임 플레이 논리 같은 게임의 다른 부분에 활용할 수 있다는 점에서, 이는 바람직한 상황이다.

2. 힙의 첫 서술자의 핸들은 ID3D12DescriptorHeap::GetCPUDescriptorHandleForHeapStart 메서드로 얻을 수 있다. 서술자의 크기(하드웨어와 서술자 종류에 따라 다르다)는 ID3D12Device::GetDescriptorHandleIncrementSize(DescriptorHeapType type) 메서드로 얻을 수 있다. 서술자 오프셋 증가치를 알아냈다면, 다음과 같이 두 CD3DX12_CPU_DESCRIPTOR_HANDLE::Offset 메서드 중 하나를 이용해서 n번 서술자 핸들의 오프셋을 구할 수 있다.

```
// n(서술자 번호) 곱하기 서술자 오프셋 증가치를 지정해서
D3D12_CPU_DESCRIPTOR_HANDLE handle =
    mCbvHeap->GetCPUDescriptorHandleForHeapStart();
handle.Offset(n * mCbvSrvDescriptorSize);

// 또는, 다음처럼 서술자 번호와 오프셋 증가치를 각각 지정해서
// 핸들 오프셋을 설정해도 된다.
D3D12_CPU_DESCRIPTOR_HANDLE handle =
    mCbvHeap->GetCPUDescriptorHandleForHeapStart();
handle.Offset(n, mCbvSrvDescriptorSize);
```

   CD3DX12_GPU_DESCRIPTOR_HANDLE에도 동일한 Offset 메서드들이 있다.

3. 루트 서명은 그리기 명령을 제출하기 전에 파이프라인에 묶어야 할 자원들이 무엇이고 그 자원들이 셰이더 입력 레지스터들에 어떻게 대응되는지를 정의한다. 묶어야 할 자원들은 현재 셰이더 프로그램이 어떤 자원들을 기대하는가에 따라 달라진다. 루트 서명과 셰이더 프로그램의 조합이 유효한지는 PSO를 생성할 때 검증된다. 루트 서명은 루

트 매개변수들의 배열로 정의된다. 하나의 루트 매개변수는 서술자 테이블이거나 루트 서술자 또는 루트 상수이다. 서술자 테이블은 힙 안에 있는 일련의 서술자들의 구간을 지정한다. 루트 서술자는 하나의 서술자를 직접 루트 서명에 묶는 데 쓰인다(그 서술자는 힙에 둘 필요가 없다). 루트 상수는 상수 값을 직접 루트 서명에 묶는 데 쓰인다. 성능상의 이유로, 하나의 루트 서명에는 최대 64개의 DWORD만 넣을 수 있다. 서술자 테이블 하나는 DWORD 하나를 차지하고, 루트 서술자 하나는 DWORD 두 개를 차지하고, 루트 상수(32비트 값) 하나는 DWORD 하나를 차지한다. 하드웨어는 그리기 호출마다 루트 인수들의 스냅숏을 자동으로 저장한다. 따라서 그리기 호출마다 루트 인수들을 바꾸어도 안전하다. 그러나 루트 서명을 작게 유지하는 데에도 신경을 써야 한다. 루트 서명이 작으면 스냅숏 크기도 작아져서 메모리가 덜 낭비되기 때문이다.

4. 동적 정점 버퍼는 정점 버퍼의 내용을 실행시점에서 자주(이를테면 프레임마다 또는 30분의 1초마다) 갱신해야 할 때 쓰인다. UploadBuffer(제6장)를 동적 정점 버퍼의 구현에도 사용할 수 있다. 물론 이번에는 상수 버퍼들의 배열이 아니라 정점들의 배열을 저장해야 한다. 이번 장의 지형과 파도 예제에서 CPU는 매 프레임 새 내용을 파도의 동적 정점 버퍼에 올린다. 따라서 그 동적 정점 버퍼는 프레임 자원이 되어야 한다. 동적 버퍼를 사용하면 CPU에서 새 자료를 GPU 메모리에 전송하는 데 따른 추가부담이 발생한다. 따라서, 정적 버퍼로도 충분할 때에는 동적 버퍼를 사용하지 말고 그냥 정적 버퍼를 사용하는 것이 바람직하다. Direct3D의 최근 버전들에는 동적 버퍼의 필요성을 줄여주는 새로운 기능들이 추가되었다.

7.9 연습문제

1. 도형 예제('Shape')를, GeometryGenerator::CreateSphere 대신 GeometryGenerator::CreateGeosphere를 사용하도록 수정하라. 세분 수준을 0, 1, 2, 3으로 바꾸어 가면서 시험해 보라.

2. 도형 예제('Shape')를, 서술자 테이블 하나가 아니라 루트 상수 16개로 물체별 세계 행렬을 설정하도록 수정하라.

3. 웹 부록의 제8장 'LitColumns' 예제 폴더에는 *Models/Skull.txt*라는 파일이 있다. 이 파일에는 [그림 7.11]과 같은 두개골을 렌더링하는 데 필요한 정점 목록과 색인 목록이 들어 있다. 이 파일을 메모장 같은 텍스트 편집기를 이용해서 조사하고, 이 두개골 메시를 적재해서 렌더링하도록 도형 예제를 수정하라.

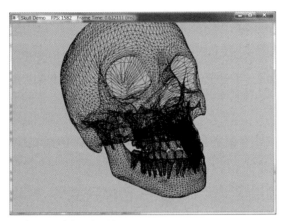

그림 7.11 연습문제 3 참고.

CHAPTER 8

조명

[그림 8.1]을 보자. 왼쪽은 빛을 비추지 않은 구이고 오른쪽은 빛을 비춘 구이다. 왼쪽 그림은 상당히 평평해 보인다. 사실 구가 아니라 그냥 2차원 원처럼 보일 정도이다! 반면 오른쪽의 구는 실제로 3차원의 구처럼 보인다. 이처럼 조명(lighting)과 음영(shading)은 물체의 입체감과 부피감을 묘사하는 데 큰 도움이 된다. 실제로, 세상에 대한 인간의 시각적 인식은 빛과 물체 재질의 상호작용에 의존한다. 따라서 실사實寫적인(photorealistic, 진짜 사진 같은) 장면을 생성하는 문제의 상당 부분은 물리적으로 정확한 조명 모형과 관련이 있다.

물론, 일반적으로 조명 모형이 정확할수록 그 계산 비용이 높다. 따라서 사실감과 속도의 균형을 맞추는 것이 중요하다. 예를 들어 영화에 쓰이는 3차원 특수효과 장면은 게임의 장면보다 훨씬 복잡하며, 아주 사실적인 조명 모형을 사용한다. 이것이 가능한 이유는, 영화의 프레임들이 실시간으로 생성되는 것이 아니라 미리 렌더링해 두는 것이기 때문이다. 따라서 한 프레임에 몇 시간, 심지어 며칠이 걸려도 된다. 반면 게임은 실시간 응용 프로그램이므로 프레임들을 적어도 초당 30프레임의 속도로 렌더링해야 한다.

그림 8.1 (a) 조명하지 않은 구는 2차원처럼 보인다. (b) 조명한 구는 3차원처럼 보인다.

이 책에서 설명하고 구현하는 조명 모형은 주로 [Möller02]에 나온 모형을 바탕으로 한 것임을 밝혀 둔다.

목표

1. 빛과 재질 사이의 기본적인 상호작용을 이해한다.
2. 국소(지역) 조명과 전역 조명의 차이를 이해한다.
3. 표면의 한 점이 "면한" 방향을 수학적으로 서술하는 방법과 그것을 이용해서 입사광이 표면을 때리는 각도를 구하는 방법을 파악한다.
4. 법선 벡터를 제대로 변환하는 방법을 배운다.
5. 주변광, 분산광, 반영광을 구분한다.
6. 지향광, 점광, 점적광을 구현하는 방법을 배운다.
7. 감쇠 매개변수들을 제어함으로써 빛의 세기를 깊이의 함수로서 변화시키는 방법을 이해한다.

8.1 빛과 재질의 상호작용

이전 예제들에서는 정점들의 색상을 응용 프로그램이 직접 지정했지만, 조명을 사용할 때에는 정점 색상을 직접 지정하지 않는다. 대신 표면의 재질들과 표면에 비출 빛들을 지정하고 조명 방정식을 적용해서 정점 색상이 결정되게 한다. 조명 방정식은 빛과 재질의 상호작용에 기초해서 정점 색상을 산출한다. 결과적으로 물체의 색이 훨씬 더 사실적으로 나타난다(그림 8.1의 (a)와 (b)를 비교해 볼 것).

재질(material)은 빛이 물체의 표면과 상호작용하는 방식을 결정하는 속성들의 집합이라고 할 수 있다. 그러한 속성들의 예로는 표면이 반사, 흡수하는 빛의 색상, 표면 아래 재질의 굴절률, 표면의 매끄러운 정도, 투명도 등이 있다. 재질 속성들을 적절히 지정함으로써 나무나 돌, 유리, 금속, 물 같은 현실 세계의 다양한 표면을 본뜰 수 있다.

이 책의 조명 모형에서 하나의 광원은 빨간색과 녹색, 파란색의 빛을 여러 가지 세기(intensity)로 방출한다. 이를 통해서 다양한 빛 색상을 흉내 낼 수 있다. 광원에서 나온 빛이 물체와 충돌하면, 그 빛의 일부는 흡수되고 일부는 반사된다(그리고 유리 같은 투명한 물체의 경우에는 빛의 일부가 매질을 통과하지만, 이번 장에서는 투명을 고려하지 않는다). 반사된 빛은 새로운 경로를 따라 이동하다가 다른 물체와 부딪힐 수 있으며, 그러면 또다시 반사와 흡수가 일어난다. 하나의 광선이 여러 물체와 부딪히다 보면 언젠가는 완전히 흡수되기도 한다. 그렇지 않은 경우에는 결국 광선의 일부가 관찰자의 눈에까지 도달해서(그림 8.2), 망막의 광수용세포(원추세포와 간상세포)들을 자극하게 된다.

삼원색(trichromatic) 이론에 따르면([Santrock03] 참고), 망막에는 각각(일부는 겹치긴 하지만) 적색광, 녹색광, 청색광에 민감한 세 종류의 광수용세포가 있다고 한다. 눈으로 들어온 RGB 빛은 해당 광수용세포를 해당 빛의 세기에 비례하는 강도로 자극한다. 광수용세포의 자극 여부에 따라 신경 펄스가 시신경세포를 따라 뇌에 전달되며, 결과적으로 머릿속에 심상(이미지)이 만들어진다. (물론 눈을 감거나 가리면 광수용세포들이 전혀 자극을 받지 못하며, 뇌는 이를 암흑으로 인식한다.)

예를 들어 [그림 8.2]를 다시 생각해 보자. 원기둥의 재질이 적색광을 75%, 녹색광을 75% 반사하고 나머지는 모두 흡수하며, 구는 적색광을 25% 반사하고 나머지는 모두 흡수한다고 하자. 그리고 광원에서 순백색 빛이 나온다고 하자. 원기둥을 때린 광선의 청색광은 모두 흡수되고 적색광과 녹색광만 75% 반사된다(결과적으로 중간 세기의 노란색 빛이 반사된다). 반사된 빛은 분산되는데, 그중 일부는 눈으로 가고 일부는 구로 간다. 눈으로 온 광선은 기본적으로 적색과 녹색 원추세포들을 중상 정도의 세기로 자극한다. 따라서 관찰자는 원기둥이 약간 어두운 노란색이라고 느끼게 된다. 한편, 구로 간 빛은 적색광이 25% 반사되고 나머지는 모두 흡수된다. 따라서 입사광에 있던 중상 세기의 적색광이 더욱 줄어들고, 녹색광은 아예 사라진다. 나머지 적색광이 눈으로 들어와서 적색 원추세포를 낮은 세기로 자극하며, 결과적으로 관찰자는 구를 어두운 빨간 색으로 인식한다.

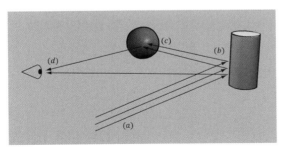

그림 8.2 (a) 입사 백색광의 광선 다발. (b) 원기둥을 때린 광선들의 일부는 흡수되고 일부는 눈과 구로 분산된다. (c) 원기둥에서 반사되어 구로 간 빛은 흡수, 반사되어서 다시 눈으로 간다. (d) 눈으로 들어온 빛의 적, 녹, 청 성분이 해당 광수용세포를 자극한다.

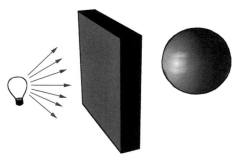

그림 8.3 물리적으로, 전구에서 나온 빛을 벽이 가로막으므로 구는 조명을 받지 못한다. 그러나 국소 조명 모형에서는 마치 벽이 존재하지 않는 것처럼 구에 조명이 가해진다.

이 책이(그리고 대부분의 실시간 응용 프로그램이) 사용하는 조명 모형은 **국소 조명 모형**(local illumination model)이다. 국소 모형에서는 각 물체를 다른 물체와는 독립적으로 처리하며, 오직 광원에서 직접 방출된 빛만 다룬다(즉, 장면의 다른 물체에 반사되어서 현재 물체에 도달한 빛은 무시한다). [그림 8.3]은 이러한 국소 조명 모형에서 비롯된 한 가지 문제점을 보여준다.

반면 전역 조명 모형(global illumination model)에서는 광원에서 비롯된 직접광뿐만 아니라 장면의 다른 물체에서 반사된 간접광도 고려한다. 이를 전역 모형이라고 부르는 것은, 하나의 물체에 조명을 가할 때 장면 전체의 모든 것을 고려하기 때문이다. 전역 조명은 거의 실사적인 장면을 만들어 낼 수 있지만, 일반적으로 실시간 게임에 사용하기에는 비용이 너무 크다. 실시간 전역 조명 방법은 아직 연구가 진행 중인 분야이다. 이를테면 복셀 전역 조명(*http://on-demand.gputechconf.com/gtc/2014/presentations/S4552-rt-voxel-based-global-illumination-gpus.pdf*) 같은 기법이 있다. 한편, 정적 물체들(벽, 조각상 등)에 대한 간접광을 미리 계산해 두고, 그것을 이용해서 동적 물체(움직이는 게임 캐릭터 등)의 간접광을 근사하는 방법도 즐겨 쓰인다.

8.2 법선 벡터

면 법선(face normal)은 다각형이 면한 방향을 나타내는 단위벡터로, 다른 식으로 표현하면 다각형의 모든 점에 수직인 단위벡터이다. [그림 8.4]의 (a)에 면 법선이 나와 있다. 한편,

표면 법선(surface normal)은 표면의 한 점의 접평면(tangent plane)에 수직인 단위벡터이다. [그림 8.4]의 (b)에 예가 나와 있다. 표면 법선은 표면의 한 점이 "면한(facing; 향한, 바라보는)" 방향을 결정한다는 것을 주목하기 바란다.

조명 계산을 위해서는 삼각형 메시의 표면의 모든 점에서 표면 법선이 필요하다. 표면 법선이 있어야 광선이 메시 표면의 점으로 입사한 각도를 구할 수 있기 때문이다. 그런데 삼각형 정점들, 즉 세 꼭짓점에서만 표면 법선을 지정해도 필요한 모든 표면 법선을 얻을 수 있다. 정점에 지정한 표면 법선을 흔히 **정점 법선**이라고 부른다. 파이프라인은 래스터화 과정에서 그 세 정점 법선을 보간해서 표면 법선들을 생성한다(§5.10.3과 [그림 8.5] 참고).

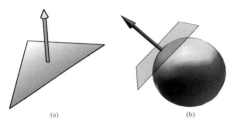

그림 8.4 (a) 면 법선은 면의 모든 점에 수직인 벡터이다. (b) 표면 법선은 표면의 한 점의 접평면에 수직인 벡터이다.

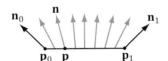

그림 8.5 정점 법선 $\mathbf{n}_0$과 $\mathbf{n}_1$은 선분(다각형의 한 변)의 양 끝점 $\mathbf{p}_0$과 $\mathbf{p}_1$에서 정의된다. 두 정점 법선들을 보간해서(가중 평균) 선분 안의 임의의 점 $\mathbf{p}$의 정점 법선 $\mathbf{n}$을 구한다. 즉, t가 $\mathbf{p} = \mathbf{p}_0 + t(\mathbf{p}_1 - \mathbf{p}_0)$을 만족하는 실수일 때, $\mathbf{n} = \mathbf{n}_0 + t(\mathbf{n}_1 - \mathbf{n}_0)$이다. 단순함을 위해 여기에서는 선분의 예를 들었지만, 이러한 개념을 3차원 삼각형으로도 어렵지 않게 일반화할 수 있다.

> **참고:** 법선의 보간과 조명 계산을 픽셀마다 수행하는 것을 **픽셀별 조명**(per pixel ligthing) 또는 **퐁 조명**(Phong lighting)이라고 부른다. 조명을 정점마다 계산할 수도 있는데, 픽셀별 조명보다 덜 정확하지만 비용은 더 싸다. 정점별 조명 계산은 정점 셰이더에서 수행한다. 래스터화 단계는 정점 셰이더의 계산 결과를 삼각형 표면을 따라 보간해서 각 픽셀의 조명 값을 결정한다. 픽셀 셰이더의 계산을 정점 셰이더로 옮기는 것은 품질을 희생해서 성능을 높인다는 흔한 최적화 기법의 하나이다. 품질을 희생해도 시각적인 차이가 별로 없는 경우에는 이러한 최적화 기법이 아주 매력적이다.

8.2.1 법선 벡터의 계산

삼각형 $\Delta\mathbf{p}_0\mathbf{p}_1\mathbf{p}_2$의 면 법선을 구할 때에는 우선 삼각형의 두 변에 놓인 두 벡터를 구한다.

$$\mathbf{u} = \mathbf{p}_1 - \mathbf{p}_0$$

$$\mathbf{v} = \mathbf{p}_2 - \mathbf{p}_0$$

이제 면 법선을 다음과 같이 구한다.

$$\mathbf{n} = \frac{\mathbf{u} \times \mathbf{v}}{\|\mathbf{u} \times \mathbf{v}\|}$$

다음은 삼각형의 세 정점으로부터 삼각형 앞면(§5.10.2)의 면 법선을 구하는 함수이다.

```
XMVECTOR ComputeNormal(FXMVECTOR p0,
         FXMVECTOR p1,
         FXMVECTOR p2)
{
  XMVECTOR u = p1 - p0;
  XMVECTOR v = p2 - p0;

  return XMVector3Normalize(
    XMVector3Cross(u,v));
}
```

미분이 가능한 표면이라면 미적분 기법들을 이용해서 표면에 있는 점들의 법선을 구할 수 있다. 그러나 일반적으로 다각형 메시는 미분가능(diffrentiable)이 아니다. 삼각형 메시의 정점 법선들을 구할 때에는 흔히 **정점 법선 평균 기법**(vertex normal averaging)을 사용한다. 이 기법에서는 메시의 임의의 정점 $\mathbf{v}$의 정점 법선 $\mathbf{n}$을, 그 정점을 공유하는 메시의 모든 다각형의 면 법선의 평균으로 근사한다. 예를 들어 [그림 8.6]에 나온 메시의 네 다각형은 정점 $\mathbf{v}$를 공유하며, 따라서 $\mathbf{v}$의 정점 법선은 다음과 같이 주어진다.

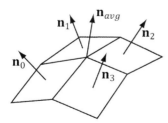

그림 8.6 가운데 정점을 주변의 네 다각형이 공유하므로, 네 다각형의 면 법선을 평균 내서 가운데 정점 법선을 근사한다.

$$\mathbf{n}_{avg} = \frac{\mathbf{n}_0 + \mathbf{n}_1 + \mathbf{n}_2 + \mathbf{n}_3}{\lVert \mathbf{n}_0 + \mathbf{n}_1 + \mathbf{n}_2 + \mathbf{n}_3 \rVert}$$

보통의 산술 평균이라면 분모가 4이겠지만, 지금은 그냥 합한 벡터들의 크기를 분모로 사용했음을 주목하기 바란다. 즉, 이 기법에서 법선들의 평균은 곧 법선들의 합을 정규화해서 얻은 단위벡터이다. 이보다 좀 더 정교한 평균 기법도 가능함을 기억하기 바란다. 예를 들어 다각형의 면적에 따라 가중치를 달리한(이를테면 더 큰 다각형이 더 작은 다각형보다 가중치가 더 크도록) 가중 평균 기법을 사용할 수도 있다.

다음은 삼각형 메시의 정점 목록과 색인 목록이 주어졌을 때 이러한 평균 기법을 이용해서 정점 법선들을 구하는 방법을 보여주는 의사코드이다.

```
// 입력:
// 1. 정점들의 배열(mVertices). 각 정점은 위치 성분(pos)과
//    법선 성분(normal)으로 구성된다.
// 2. 색인들의 목록(mIndices).

// 메시의 각 삼각형에 대해:
for(UINT i = 0; i < mNumTriangles; ++i)
{
  // i번째 삼각형의 색인들
  UINT i0 = mIndices[i*3+0];
  UINT i1 = mIndices[i*3+1];
  UINT i2 = mIndices[i*3+2];

  // i번째 삼각형의 정점들
  Vertex v0 = mVertices[i0];
  Vertex v1 = mVertices[i1];
  Vertex v2 = mVertices[i2];

  // 면 법선을 계산한다.
  Vector3 e0 = v1.pos - v0.pos;
  Vector3 e1 = v2.pos - v0.pos;
  Vector3 faceNormal = Cross(e0, e1);

  // 이 삼각형의 세 정점을 다른 삼각형들도 공유하므로,
  // 면 법선을 각 정점의 법선에 누적한다.
  mVertices[i0].normal += faceNormal;
  mVertices[i1].normal += faceNormal;
  mVertices[i2].normal += faceNormal;
}
```

```
// 이제 각 정점 v의 normal 성분은 그 정점을 공유하는 모든 삼각형의 면 법선이
// 누적된 결과이다. 이를 정규화하면 결과적으로 그 법선들의 평균이 된다.
for(UINT i = 0; i < mNumVertices; ++i)
  mVertices[i].normal = Normalize(&mVertices[i].normal));
```

8.2.2 법선 벡터의 변환

[그림 8.7]을 생각해 보자. (a)에서 접선 벡터 $\mathbf{u} = \mathbf{v}_1 - \mathbf{v}_0$은 법선 벡터 $\mathbf{n}$과 수직이다. (b)는 여기에 비균등 비례변환 $\mathbf{A}$를 적용한 결과인데, 변환된 접선 벡터 $\mathbf{uA} = \mathbf{v}_1\mathbf{A} - \mathbf{v}_0\mathbf{A}$와 변환된 법선 벡터 $\mathbf{nA}$는 더 이상 수직이 아니다.

따라서 우리에게 주어진 문제는, 점과 벡터(법선이 아닌 벡터)를 변환하는 변환 행렬 $\mathbf{A}$가 주어졌을 때, 변환된 접선 벡터와 변환된 법선 벡터가 여전히 직교가 되는 법선 변환 행렬 $\mathbf{B}$를 $\mathbf{A}$로부터 구하는 것이다. 즉, $\mathbf{uA} \cdot \mathbf{nB} = 0$인 $\mathbf{B}$를 구해야 한다. 다음은 이미 알고 있는 사실인 법선 벡터 $\mathbf{n}$이 접선 벡터 $\mathbf{u}$와 수직이라는 점에서 시작해서 $\mathbf{B}$에 도달하는 과정을 정리한 것이다.

$$\mathbf{u} \cdot \mathbf{n} = 0 \qquad \text{접선 벡터와 법선 벡터가 직교임}$$

$$\mathbf{u}\mathbf{n}^T = 0 \qquad \text{내적을 행렬 곱셈 형태로 표현}$$

$$\mathbf{u}(\mathbf{A}\mathbf{A}^{-1})\mathbf{n}^T = 0 \qquad \text{단위행렬 } \mathbf{I} = \mathbf{A}\mathbf{A}^{-1}\text{을 대입}$$

$$(\mathbf{uA})(\mathbf{A}^{-1}\mathbf{n}^T) = 0 \qquad \text{행렬 곱셈의 배분법칙을 적용}$$

$$(\mathbf{uA})((\mathbf{A}^{-1}\mathbf{n}^T)^T)^T = 0 \qquad \text{전치 항등식 } (\mathbf{A}^T)^T = \mathbf{A}\text{를 적용}$$

$$(\mathbf{uA})(\mathbf{n}(\mathbf{A}^{-1})^T)^T = 0 \qquad \text{전치 항등식 } (\mathbf{A}\mathbf{B}^T)^T = \mathbf{B}^T\mathbf{A}^T\text{를 적용}$$

$$\mathbf{uA} \cdot \mathbf{n}(\mathbf{A}^{-1})^T = 0 \qquad \text{행렬 곱셈을 내적 형태로 표현}$$

$$\mathbf{uA} \cdot \mathbf{nB} = 0 \qquad \text{변환된 접선 벡터와 변환된 법선 벡터가 실제로 직교임}$$

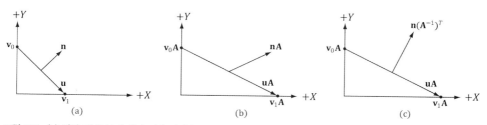

그림 8.7 (a) 변환 전의 표면 법선. (b) 법선을 x 축에서 2단위 비례하면 더 이상 표면과 직교가 아니게 된다. (c) 비례변환 행렬의 역전치를 사용하면 표면 법선이 제대로 변환된다.

이 과정에서 보듯이, 변환된 법선 벡터가 변환된 해당 접선 벡터 **u**A와 수직이 되게 하는 법선 변환 행렬은 $\mathbf{B} = (\mathbf{A}^{-1})^T$, 즉 **A**의 역행렬의 전치행렬(이하 역전치행렬 또는 역전치)이다.

여기서 한 가지 주목할 점은, 만일 변환 행렬 **A**가 직교 행렬이면(즉, $\mathbf{A}^T = \mathbf{A}^{-1}$이면) $\mathbf{B} = (\mathbf{A}^{-1})^T = (\mathbf{A}^T)^T = \mathbf{A}$라는 점이다. 즉, **A**가 직교행렬이면 역전치를 따로 구할 필요 없이 그대로 사용하면 된다. 정리하자면, 법선 벡터를 비균등 비례변환이나 전단변환으로 변환할 때에는 해당 변환 행렬의 역전치행렬을 사용해야 한다.

다음은 역전치행렬을 계산하는 보조 함수이다(*MathHelper.h*에 있음).

```
static XMMATRIX InverseTranspose(CXMMATRIX M)
{
    XMMATRIX A = M;
    A.r[3] = XMVectorSet(0.0f, 0.0f, 0.0f, 1.0f);

    XMVECTOR det = XMMatrixDeterminant(A);
    return XMMatrixTranspose(XMMatrixInverse(&det, A));
}
```

이 함수는 우선 변환 행렬에서 이동변환을 제거한다. 어차피 이 역전치행렬은 벡터를 변환하는 데 사용하는 것이고, 이동은 점에만 적용되기 때문이다. 사실, §3.2.1에서 보았듯이 벡터에 대해 $w = 0$으로 두면(동차좌표를 사용해서) 벡터가 이동에 의해 수정되지 않으므로, 행렬의 이동 부분을 반드시 0으로 설정해야 하는 것은 아니다. 그러나 이동 부분을 0으로 설정하지 않으면, 한 변환 행렬의 역전치행렬을 비균등 비례가 없는 다른 어떤 변환 행렬과 결합해서 사용할 때 문제가 된다. 예를 들어 변환 행렬의 역전치와 시야 행렬을 결합해서 $(\mathbf{A}^{-1})^T\mathbf{V}$를 만들었다고 하자. 그러면 $(\mathbf{A}^{-1})^T$의 넷째 열에 있는 전치된 이동 성분들이 최종 행렬로 "스며들어서" 변환에 오차가 생긴다. 위의 함수는 그러한 오차를 방지하기 위해 미리 이동 성분들을 0으로 설정한다. 정석은 법선을 $((\mathbf{A}\mathbf{V})^{-1})^T$를 이용해서 변환하는 것일 것이다. 다음은 비례 및 이동행렬의 역전치행렬의 넷째 열이 $[0, 0, 0, 1]^T$가 아님을 보여주는 예이다.

$$\mathbf{A} = \begin{bmatrix} 1 & 0 & 0 & 0 \\ 0 & 0.5 & 0 & 0 \\ 0 & 0 & 0.5 & 0 \\ 1 & 1 & 1 & 1 \end{bmatrix} \quad (\mathbf{A}^{-1})^T = \begin{bmatrix} 1 & 0 & 0 & -1 \\ 0 & 2 & 0 & -2 \\ 0 & 0 & 2 & -2 \\ 0 & 0 & 0 & 1 \end{bmatrix}$$

참고: 역전치행렬을 사용한다고 해도, 변환된 법선 벡터가 더 이상 단위벡터가 아닐 수 있다. 따라서 변환 후에 벡터를 다시 정규화해야 할 수 있다.

8.3 조명의 주요 벡터

이번 절에서는 조명에 관여하는 주요 벡터 몇 가지를 개괄하겠다. [그림 8.8]을 보자. $\mathbf{E}$는 눈 (eye), 즉 시점의 위치이다. $\mathbf{v}$는 점 $\mathbf{p}$에서 눈을 가리키는 방향에 해당하는 벡터이고, $\mathbf{n}$은 점 $\mathbf{p}$에서의 표면 법선이다. 그리고 $\mathbf{I}$는 점 $\mathbf{p}$에 도달하는 빛, 즉 입사광의 진행 방향이다. $\mathbf{L}$은 표면의 점에서 광원을 가리키는 방향에 해당하는 **빛 벡터**(light vector)로, 입사광 진행 방향과는 반대이다. 개념적으로는 빛이 나아가는 방향인 $\mathbf{I}$가 더 이해하기 쉽지만, 실제 조명 계산에서는 빛 벡터 $\mathbf{L}$이 주로 쓰인다. 특히, 람베르트 코사인 법칙을 계산할 때 벡터 $\mathbf{L}$은 $\mathbf{L} \cdot \mathbf{n} = \cos \theta_i$(여기서 θ_i는 $\mathbf{L}$과 $\mathbf{n}$ 사이의 각도)를 평가하는 데 쓰인다. 반사 벡터 $\mathbf{r}$은 입사광이 표면 법선 $\mathbf{n}$을 기준으로 반사된 방향에 해당한다. 시점 벡터(view vector 또는 to-eye vector) $\mathbf{v} =$ normalize($\mathbf{E} - \mathbf{p}$)는 표면의 점 $\mathbf{p}$에서 시점 $\mathbf{E}$로의 단위벡터이다. 종종 $-\mathbf{v}$, 즉 시점에서 표면 점(조명을 계산하는)으로의 단위벡터를 사용해야 할 때도 있다.

반사 벡터는 $\mathbf{r} = \mathbf{I} - 2(\mathbf{n} \cdot \mathbf{I})\mathbf{n}$으로 주어진다. [그림 8.9]를 보기 바란다. ($\mathbf{n}$이 단위벡터라고 가정한 것이다.) 그런데 셰이더 프로그램에서는 그냥 HLSL의 내장 함수 `reflect`를 이용해서 $\mathbf{r}$을 구할 수 있다.

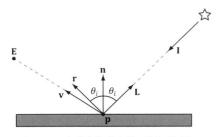

그림 8.8 조명 계산에 관여하는 주요 벡터들.

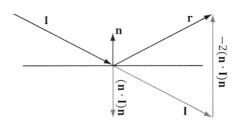

그림 8.9 반사의 기하학.

8.4 람베르트 코사인 법칙

빛을, 일정한 방향으로 공간을 나아가는 광자(photon)들의 집단으로 생각할 수 있다. 각 광자는 어느 정도의 에너지(빛 에너지)를 가지고 있다. 빛이 1초에 방출하는 에너지(빛 에너지)를 복사 선속(radiant flux; 또는 방사속)이라고 부른다. 조명에서 중요한 것은 단위 면적당 복사 선속의 밀도, 즉 **복사조도**(irradiance)이다. 표면의 한 영역이 받는 빛의 양을 결정하는 (따라서 그 부분이 얼마나 밝게 보이는지 결정하는) 것이 바로 복사조도이기 때문이다. 대략 말하자면, 복사조도는 표면의 한 영역을 때리는 빛의 양 또는 공간의 상상 속의 한 영역을 통과하는 빛의 양이라고 할 수 있다.

표면을 정면으로 때리는(즉, 빛 벡터 $\mathbf{L}$이 법선 벡터 $\mathbf{n}$과 같은) 빛이 표면을 비스듬하게 때리는 빛보다 더 강하다. 단면적이 A_1이고 그 면적을 통과하는 복사 선속이 P인 작은 빛다발 (light beam)을 생각해 보자. 만일 빛다발이 표면을 정면으로 비추면(그림 8.10의 (a)), 빛을 받는 표면 영역의 면적은 A_1이고 복사조도는 $E_1 = P/A_1$이다. 이제 빛다발을 회전해서 표면을 비스듬하게 비춘다고 하자. 그러면 이전보다 더 넓은 영역이 빛을 받는다(그림 8.10의 (b)). 그 면적이 A_2라고 하면, 해당 영역의 복사조도는 $E_2 = P/A_2$이다. 삼각법에 따라, A_1과 A_2의 관계는 다음과 같다.

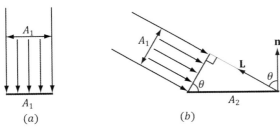

그림 8.10 (a) 단면적이 A_1인 빛다발이 표면을 정면으로 때린다. (b) 단면적이 A_1인 빛다발이 표면을 비스듬하게 때리면 더 넓은 면적 A_2를 비추게 된다. 빛 에너지가 더 넓은 영역으로 분산되므로 빛이 더 "어두워" 보인다.

$$\cos\theta = \frac{A_1}{A_2} \Rightarrow \frac{1}{A_2} = \frac{\cos\theta}{A_1}$$

따라서

$$E_2 = \frac{P}{A_2} = \frac{P}{A_1}\cos\theta = E_1\cos\theta = E_1(\mathbf{n} \cdot \mathbf{L})$$

이다. 다른 말로 하면, 면적 A_2를 비추는 복사조도는 빛의 방향에 수직인 면적 A_1의 복사조도에 $\mathbf{n} \cdot \mathbf{L} = \cos\theta$를 곱한 것이다. 이를 람베르트 코사인 법칙(Lambert's Cosine Law)이라고 부른다. 빛이 표면의 뒷면을 비추는 상황(그러면 내적이 음수가 된다)을 처리하기 위해, 곱한 결과를 다음과 같이 max 함수로 한정한다.

$$f(\theta) = \max(\cos\theta, 0) = \max(\mathbf{L} \cdot \mathbf{n}, 0)$$

[그림 8.11]은 θ의 변화에 따라 $f(\theta)$가 0.0에서 1.0(즉, 0%에서 100%)까지의 구간 안에서 변하는 모습을 그래프로 표현한 것이다.

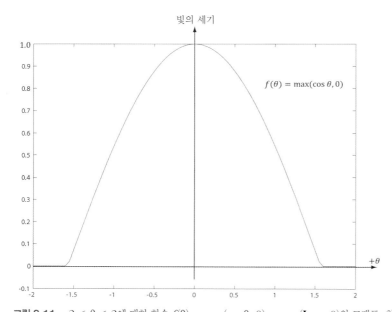

그림 8.11 $-2 \leq \theta \leq 2$에 대한 함수 $f(\theta) = \max(\cos\theta, 0) = \max(\mathbf{L} \cdot \mathbf{n}, 0)$의 그래프. 참고로 $\pi/2 \approx 1.57$이다.

8.5 분산 조명

[그림 8.12]는 어떤 불투명한 물체의 표면이다. 빛이 표면의 한 점을 때리면, 그 빛의 일부는 물체의 내부로 들어가서 표면 근처의 물질과 상호작용한다. 물체 내부를 이리저리 반사하던 빛의 일부는 물체에 흡수되고, 나머지는 표면 바깥으로 나와 모든 방향으로 흩어진다. 이를

분산 반사(diffuse reflection; 또는 난반사, 확산 반사)라고 부른다. 계산을 단순화하기 위해, 빛이 진입한 점 자체에서 빛이 분산 반사된다고 가정한다. 빛이 흡수되는 정도와 반사되는 정도는 재질에 따라 다르다. 예를 들어 나무나 흙, 벽돌, 타일, 벽토(stucco)는 각자 다른 정도로 빛을 흡수, 반사한다. 3차원 그래픽을 위해 이런 종류의 빛과 재질 상호작용을 근사적으로 모형화할 때에는 빛이 표면 위쪽의 모든 방향으로 고르게 흩어진다고 가정한다. 결과적으로, 반사된 빛은 시점의 위치와는 무관하게 눈에 도달한다. 따라서 이런 조명을 계산할 때에는 시점을 고려하지 않아도 되며, 표면의 한 점의 색상은 항상 시점과는 무관하게 동일하다. 다른 말로 하면, 분산 조명 계산은 시점에 독립적이다.

분산 조명의 계산은 두 부분으로 나뉜다. 첫 부분에서는 응용 프로그램이 지정한 빛의 색상과 **분산 반사율**(diffuse albedo)이 관여한다. 분산 반사율은 입사광 중 분산 반사에 의해 반사되는 양을 나타낸다(에너지 보존 법칙에 의해, 반사되지 않은 양은 물체에 흡수된다). 빛의 색상과 분산 반사율을 성분별 색상 곱셈 방식으로 곱하면(빛에는 색이 있으므로 색상 곱셈을 사용한다) 반사된 빛의 색이 나온다. 예를 들어 표면의 한 점이 입사된 적색광, 녹색광, 청색광을 각각 50%, 100%, 75% 반사한다고 하자. 그리고 입사광이 80% 세기의 순백색이라고 하자. 즉, 입사광은 $\mathbf{B}_L = (0.8, 0.8, 0.8)$이고 분산 반사율은 $\mathbf{m}_d = (0.5, 1.0, 0.75)$이다. 그러면, 그 점에서 반사된 빛의 양은 다음과 같이 주어진다.

$$\mathbf{c}_d = \mathbf{B}_L \otimes \mathbf{m}_d = (0.8, 0.8, 0.8) \otimes (0.5, 1.0, 0.75) = (0.4, 0.8, 0.6)$$

분산 반사율의 성분들은 반사된 빛의 비율을 뜻하므로, 반드시 0.0에서 1.0까지의 값이어야 한다.

그런데 앞의 공식이 아주 정확한 것은 아니다. 람베르트 코사인 법칙(표면이 원래의 빛을 얼마나 받는지를 표면 법선과 빛 벡터 사이의 각도에 근거에서 결정하는)을 도입해서 빛의 양을

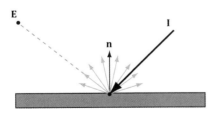

그림 8.12 분산 표면을 때린 입사광은 모든 방향으로 고르게 흩어진다. 이는 빛이 표면 아래의 물체 내부로 들어가서 반사를 거듭하다가 일부는 흡수되고 나머지가 다시 표면 바깥으로 흩어져서 생기는 현상이다. 이러한 표면하 산란(subsurface scattering)을 그대로 모형화하기가 힘들기 때문에, 그냥 빛이 닿은 그 점에서 빛이 반사되어 모든 방향으로 흩어진다고 가정한다.

보정해 주어야 한다. 이것이 분산 조명의 둘째 부분이다. $\mathbf{B}_L$이 입사광의 양이고 $\mathbf{m}_d$가 분산 반사율, $\mathbf{L}$이 빛 벡터, $\mathbf{n}$이 표면 법선이라고 하자. 그러면, 한 점에서 반사된 분산광의 양은 다음과 같이 주어진다.

$$\mathbf{c}_d = \max(\mathbf{L} \cdot \mathbf{n}, 0) \cdot \mathbf{B}_L \otimes \mathbf{m}_d \qquad \text{(식 8.1)}$$

8.6 주변 조명

앞에서 언급했듯이, 이 책의 조명 모형은 장면의 다른 물체에 반사된 간접광은 고려하지 않는다. 그러나 실생활에서 접하는 빛의 상당 부분은 간접광이다. 예를 들어 방에 있는 전구의 빛이 방과 연결된 복도에 직접 닿는 양은 전체의 일부이다. 그외에, 방의 벽에 반사된 일부 빛도 복도에 도달해서 복도가 조금은 더 밝아진다. 또 다른 예로, 방에 전구가 하나이고, 탁자 위에 주전자가 하나 있다고 하자. 전구의 빛은 주전자의 한쪽만 직접 비춘다. 그렇다고 해서 주전자의 반대쪽이 완전히 검지는 않는다. 이는 벽이나 방의 다른 물체에 반사된 빛이 주전자의 반대쪽을 비추기 때문이다.

이런 간접광의 효과를 근사적으로 흉내 내기 위해, 조명 공식에 다음과 같은 주변광 항(ambient term)을 도입한다.

$$\mathbf{c}_a = \mathbf{A}_L \otimes \mathbf{m}_d \qquad \text{(식 8.2)}$$

색상 $\mathbf{A}_L$은 표면이 받는 전체 주변광(ambient light; 물체 주변에 있는 모든 간접광을 근사하는 가상의 빛)의 양을 나타낸다. 이 주변광은 광원에서 나온 빛이 주변의 표면들에서 반사, 흡수된 결과를 나타내므로, 광원에서 나온 빛과는 다를 수 있다. 분산 반사율 $\mathbf{m}_d$는 표면의 분산 반사에 의해 반사된 입사광의 양을 나타낸다. 이 책의 조명 모형에서는 표면이 반사하는 입사 주변광의 양을 지정할 때에도 이 반사율 값을 사용한다. 즉, 이 책의 주변 조명은 간접광(주변광)의 분산 반사를 모형화한 것에 해당한다. 모든 주변광은 일정하게 물체를 조금 더 밝게 만든다. 여기에는 그 어떤 실질적인 물리 계산도 관여하지 않는다. 가상의 빛인 주변광은 장면 전체에서 반사, 분산되어 도달한 간접광들이 물체를 모든 방향에서 고르게 비춘다는 가정을 깔고 있다.

8.7 반영 조명

분산 조명은 분산 반사, 즉 빛이 물체의 내부로 들어와서 여러 번 반사된 후 일부는 흡수되고 나머지가 모든 방향으로 반사되어 흩어지는 현상을 모형화한 것이다. 그런 반사 말고, 프레넬 효과(Fresnel effect)라고 부르는 물리 현상 때문에 생기는 또 다른 종류의 반사가 있다. 굴절률이 다른 두 매질 사이의 경계면에 빛이 도달하면 빛의 일부는 반사되고 나머지는 굴절된다(그림 8.13). 여기서 굴절률(index of refraction; 굴절지수)은 매질의 물리적 속성으로, 진공에서의 빛의 속도를 해당 매질 안에서의 빛의 속도로 나눈 것이다. 이런 종류의 빛 반사 과정을 **반영 반사**(specular reflection; 또는 거울 반사)라고 부르고, 반사된 빛을 **반영광**(specular light)이라고 부른다.[그림 8.13]의 (a)에 반영광이 나와 있다.

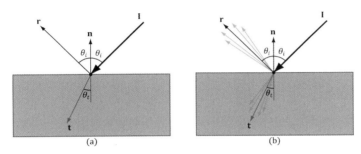

그림 8.13 (a) 완벽하게 평평한 거울에서의 프레넬 효과. $\mathbf{n}$은 법선이다. 입사광 $\mathbf{l}$의 일부는 반사 방향 $\mathbf{r}$로 반사되고, 나머지는 굴절 방향 $\mathbf{t}$로 매질 안으로 굴절된다. 이 벡터들은 모두 같은 평면에 있다. 반사 벡터와 법선 사이의 각도는 항상 θ_i인데, 이 각도는 빛 벡터 $\mathbf{L} = -\mathbf{l}$와 법선 $\mathbf{n}$ 사이의 각도와 같다. 굴절 벡터와 $-\mathbf{n}$ 사이의 각도 θ_t는 두 매질 사이의 굴절률에 따라 다른데, 스넬의 법칙으로 구할 수 있다. (b) 대부분의 물체는 완벽하게 평평한 거울이 아니고, 미세하게 거칠거칠한 표면을 가지고 있다. 이 때문에 반사된 빛과 굴절된 빛이 반사 벡터와 굴절 벡터를 중심으로 분산된다.

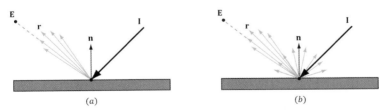

그림 8.14 (a) 거친 표면의 반영광은 반사 벡터 $\mathbf{r}$을 중심으로 분산된다. (b) 눈에 도달한 반사광은 반영광과 분산 반사의 조합이다.

굴절 벡터 방향으로 나아가는 빛이 매질을 떠나서(반대쪽으로) 눈에 들어오면 물체가 투명해 보인다. 즉, 빛이 투명한 물체를 통과한 것이다. 실시간 그래픽에서는 알파 혼합이나 후처리 효과를 이용해서 투명한 물체의 굴절을 근사하는데, 구체적인 방법은 나중에 다른 장에서 설명하겠다. 일단 지금은 불투명한 물체만 고려하기로 하자.

불투명한 물체의 경우 굴절된 빛은 매체 안으로 들어가서 분산 반사 과정을 거친다. [그림 8.14]의 (b)에서 보듯이, 불투명한 물체의 경우 표면에서 반사된 빛의 양과 눈에 도달한 빛의 양은 반사된 빛(분산광)과 반영광의 조합이다. 분산광과는 달리 반영광은 특정 방향으로만 반사되므로 눈에 도달하지 않을 수도 있다. 즉, 반영 조명은 시점 의존적이다. 이는 장면을 바라보는 눈의 위치가 바뀌면 눈에 도달하는 반영광의 양도 달라짐을 뜻한다.

8.7.1 프레넬 효과

굴절률이 다른 두 재질 사이에 있는, 법선이 $\mathbf{n}$인 평평한 표면을 생각해 보자. 그 표면을 경계로 굴절률이 달라지므로, 표면에 도달한 빛의 일부는 굴절되고 나머지는 반사된다(그림 8.13). 프레넬 방정식은 입사광 중 반사되는 빛의 비율인 $\mathbf{R}_F$(여기서 $0 \leq \mathbf{R}_F \leq 1$)를 수학적으로 서술한 것이다. 에너지 보존 법칙에 의해, 반사된 빛의 양이 $\mathbf{R}_F$이면 굴절된 빛의 양은 $(1 - \mathbf{R}_F)$이다. 빛의 색에 따라 반사의 양이 다르므로, 실제 응용에서 $\mathbf{R}_F$의 값은 스칼라가 아니라 3차원 벡터이다.

반사된 빛의 양은 매질에 따라(빛을 더 잘 반사하는 재질이 있다), 그리고 법선 벡터 $\mathbf{n}$과 빛 벡터 $\mathbf{L}$ 사이의 각도 θ_i에 따라 달라진다. 완전한 프레넬 방정식은 상당히 복잡하기 때문에 실시간 렌더링에서 그대로 사용하는 경우는 드물다. 대신, 다음과 같은 슐릭 근사(Schlick approximation)가 흔히 쓰인다.

$$\mathbf{R}_F(\theta_i) = \mathbf{R}_F(0°) + (1 - \mathbf{R}_F(0°))(1 - \cos\theta_i)^5$$

여기서 $\mathbf{R}_F(0°)$는 매질의 한 속성이다. 다음은 흔히 볼 수 있는 매질들의 값이다([Möller08]).

매질	$\mathbf{R}_F(0°)$	매질	$\mathbf{R}_F(0°)$
물	(0.02, 0.02, 0.02)	금	(1.0, 0.71, 0.29)
유리	(0.08, 0.08, 0.08)	은	(0.95, 0.93, 0.88)
플라스틱	(0.05, 0.05, 0.05)	동	(0.95, 0.64, 0.54)

[그림 8.15]는 몇 가지 $\mathbf{R}_F(0°)$ 값에 대한 슐릭 근사를 그래프로 그린 것이다. 여기서 주목할 점은, θ_i가 90°에 가까워짐에 따라 반사광의 양도 증가한다는 것이다. 여기서 실제 세계의 예를 하나 살펴보자. [그림 8.16]을 참고하기 바란다. 물이 비교적 맑은 잔잔한 연못으로 걸어 들어가서, 수심이 50cm인 지점에서 아래를 내려다보면 연못 바닥의 모래와 돌들이 잘 보일 것이다. 이는 주변 환경에서 비롯된 빛이 수면에 반사되어 눈으로 들어올 때 그 반사각 θ_i가 $0.0°$에 가까운 작은 값이기 때문이다. 각도가 작으므로 반사광의 양이 적으며, 따라서 (에너지 보존 법칙에 의해) 굴절되는 양은 많다. 결과적으로 주변 환경의 방해 없이 연못 바닥을 잘 볼 수 있다. 그러나 고개를 들어서 지평선 쪽을 보면 주변 환경이 반사된 모습을 더 많이 보게 된다. 이는 환경에서 비롯된 빛이 눈으로 들어오는 각도 θ_i가 90°에 가까워져서 반사광의 양이 증가하기 때문이다. 이러한 현상을 흔히 **프레넬 효과**(Fresnel effect)라고 부른다. 프레넬 효과를 간단히 말하면, 반사광의 양은 법선과 빛 벡터 사이의 각도와 재질($\mathbf{R}_F(0°)$)에 의존한다.

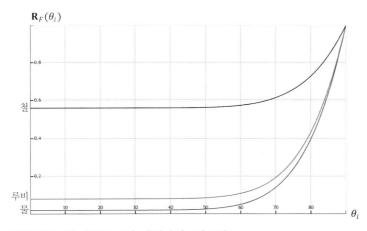

그림 8.15 여러 재질(물, 루비, 철)의 슐릭 근사 그래프.

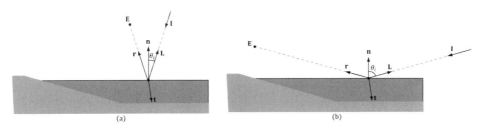

그림 8.16 연못을 내려다보면 $\mathbf{L}$과 $\mathbf{n}$ 사이의 각도가 작아서 반사가 적고 굴절이 많다. (b) 지평선 쪽을 바라보면 $\mathbf{L}$과 $\mathbf{n}$ 사이의 각도가 90°에 가까워서 반사가 많고 굴절이 적다.

금속은 투과된 빛을 흡수한다([Möller08]). 즉, 금속에는 체반사(body reflectance)가 없다. 그렇지만 금속이 검게 보이지는 않는데, 이는 금속의 $\mathbf{R}_F(0°)$ 값이 커서 상당한 양의 반영광을 반사하기 때문이다(심지어 입사각이 0°에 가까운 경우에도).

8.7.2 표면 거칠기

현실에서 반사 물체가 완벽한 거울인 경우는 드물다. 물체의 표면이 평평해 보여도, 미시적 수준에서는 표면에 들쭉날쭉한 요철이 있다. 표면이 들쭉날쭉한 정도를 **표면 거칠기**(surface roughness; 또는 표면 조도^{粗度})라고 부른다. 완벽한 거울은 그러한 표면 거칠기가 없으며, 미시적 수준의 법선들이 모두 거시적 수준의 법선과 같은 방향을 가리킨다고 할 수 있다. [그림 8.17]은 이러한 개념을 나타낸 것이다. 표면이 거칠수록 미시 법선들의 방향이 거시 법선 방향에서 더 많이 벗어나며, 따라서 반사된 빛이 일정 범위로 퍼진다. 그러한 범위를 **반영 돌출부** (specular lobe)라고 부른다.

표면 거칠기를 수학적으로 모형화하기 위해 **미세면**(microfacet) 모형을 도입한다. 이 모형에서는 미시적 표면을 미세면이라고 부르는 작은 평면 요소들의 집합으로 간주한다. 앞에서 언급한 미시 법선(micro-normal)은 그러한 미세면의 법선이다. 미세면 모형에서는 시점 벡터 $\mathbf{v}$와 빛 벡터 $\mathbf{L}$이 주어졌을 때 $\mathbf{L}$을 $\mathbf{v}$ 방향으로 반사하는 미세면들의 비율, 다시 말해 법선이 $\mathbf{h} = \text{normalize}(\mathbf{L} + \mathbf{v})$인 미세면들의 비율을 계산한다(그림 8.18 참고). 그러한 비율은 반영 반사에 의해 눈에 도달하는 빛의 양을 말해준다. $\mathbf{L}$을 $\mathbf{v}$로 반사하는 미세면이 많을수록 눈에는 더 밝은 반영광이 도달한다.

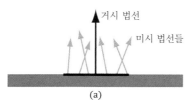
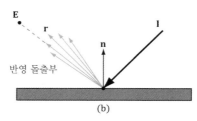

그림 8.17 (a) 검은 수평 가로줄은 작은 표면 요소를 확대한 것이다. 미시적 수준에서, 해당 영역의 미시 법선들은 거친 표면 때문에 서로 다른 방향을 가리키게 된다. 표면이 매끄러울수록 미시 법선들의 방향이 거시 법선의 방향으로 좀 더 집중되고, 표면이 거칠수록 미시 법선들의 방향이 거시 법선 방향에서 더 많이 벗어난다. (b) 이러한 표면 거칠기 때문에, 반영 반사된 빛이 분산된다. 그렇게 반영 반사된 빛들은 반영 돌출부라고 부르는 형태를 형성한다. 일반적으로, 반영 돌출부의 형태는 모형화하려는 표면 재질의 종류에 따라 다르다.

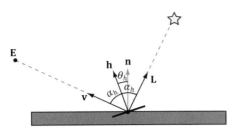

그림 8.18 법선이 **h**인 미세면들이 **L**을 **v** 방향으로 반사한다.

벡터 **h**를 중간 벡터(halfway vector)라고 부른다. 이는 이 벡터가 **L**과 **v**의 중간을 가리키기 때문이다. 더 나아가서, 거시 법선 **n**과 중간 벡터 **h** 사이의 각도인 θ_h도 계산에 쓰인다.

다음으로, 전체 미세면 중 거시 법선 **n**과 미시 법선(미세면의 법선) 사이의 각도가 θ_h인 미세면들의 비율을 나타내는 정규 분포 함수 $\rho(\theta_h) \in [0, 1]$을 정의해야 한다. 직관적으로, $\rho(\theta_h)$는 $\theta_h = 0°$일 때 최대가 되어야 할 것이다. 그런 경우 미세면 법선들이 대체로 거시 법선과 같은 방향을 가리킨다. 반대로, θ_h가 증가할수록 **h**가 거시 법선 **n**과 멀어지므로 법선이 **h**인 미세면들의 비율이 감소해야 할 것이다. $\rho(\theta_h)$가 가져야 할 이상의 조건들을 만족하며 손쉽게 제어할 수 있는 함수로 유명한 것이 다음 함수이다.

$$\rho(\theta_h) = \cos^m(\theta_h)$$
$$= \cos^m(\mathbf{n} \cdot \mathbf{h})$$

두 벡터 모두 단위 길이이면 $\cos(\theta_h) = (\mathbf{n} \cdot \mathbf{h})$임을 주목하기 바란다. [그림 8.19]는 여러 m에 대한 $\rho(\theta_h) = \cos^m(\theta_h)$의 그래프이다. 여기서 m은 표면 거칠기를 제어하는 계수로, 결과적으로는 거시 법선 **n**과의 각도가 θ_h인 법선 **h**를 가진 미세면들의 비율을 제어하게 된다. m이 감소하면 표면이 더 거칠어져서 미세면 법선들이 거시 법선 방향에서 좀 더 벗어난다. m이 증가하면 표면이 더 매끄러워져서 미세면 법선들이 거시 법선 방향으로 좀 더 수렴한다.

$\rho(\theta_h)$에 정규화 계수(normalization factor)를 결합해서, 표면 거칠기에 근거해서 빛의 반영 반사량을 모형화하는 새로운 함수를 만들 수 있다. 다음이 그러한 함수이다.

$$S(\theta_h) = \frac{m + 8}{8} \cos^m(\theta_h)$$
$$= \frac{m + 8}{8} (\mathbf{n} \cdot \mathbf{h})^m$$

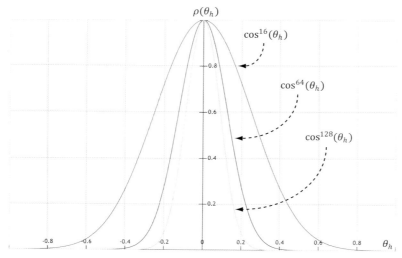

그림 8.19 표면 거칠기를 모형화하는 함수.

[그림 8.20]은 여러 m에 대한 이 함수의 그래프이다. m이 표면 거칠기를 제어한다는 점은 이전 수식과 동일하지만, 빛의 에너지를 보존하기 위해 정규화 계수 $\dfrac{m+8}{8}$ 을 추가했다는 점이다르다. 본질적으로 이 계수는 [그림 8.20]에 나온 그래프의 높이를 결정한다. 이 덕분에, m에따라 반영 돌출부가 넓어지거나 좁아져서 전체적인 빛 에너지가 보존된다. m이 작으면 표면이

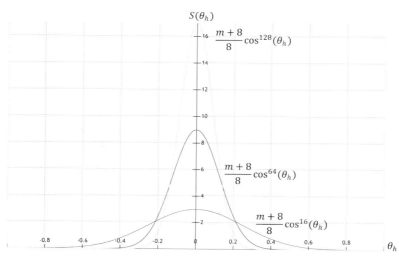

그림 8.20 표면 거칠기에 의한 빛의 반영 반사를 모형화하는 함수.

더 거칠어서 빛 에너지가 좀 더 넓게 퍼지므로 반영 돌출부가 넓어진다. 에너지가 분산되므로 반영 하이라이트도 더 어두워진다. 반대로, m이 크면 표면이 더 매끄러워서 반영 돌출부가 좁아지며, 빛 에너지가 집중되어서 반영 하이라이트가 밝아진다. 일반적으로, m은 반영 돌출부의 너비를 결정한다. 단순화하자면, 매끄러운 표면(잘 닦은 금속 같은)을 본뜨려면 큰 m을, 거친 표면을 본뜨려면 작은 m을 사용하면 된다.

이번 절을 마무리하는 의미로, 프레넬 반사와 표면 거칠기를 결합해 보자. 목표는 시점 방향 $\mathbf{v}$로 반사되는 빛의 양을 계산하는 것이다(그림 8.18 참고). 법선이 $\mathbf{h}$인 미세면들은 빛을 $\mathbf{v}$ 방향으로 반사함을 기억할 것이다. α_h가 빛 벡터와 중간 벡터 $\mathbf{h}$ 사이의 각도라고 할 때, $\mathbf{R}_F(\alpha_h)$는 프레넬 효과 때문에 $\mathbf{h}$를 중심으로 해서 $\mathbf{v}$ 방향으로 반사된 빛의 양에 해당한다. 프레넬 효과에 의해 반사된 빛의 양 $\mathbf{R}_F(\alpha_h)$에 표면 거칠기에 의해 반사된 빛의 양 $S(\theta_h)$를 곱하면 전체적인 반영 반사광의 양이 나온다. 조명하는 표면 점을 때린 입사광의 양을 $(\max(\mathbf{L} \cdot \mathbf{n}, 0) \cdot \mathbf{B}_L)$로 나타낸다고 할 때, $(\max(\mathbf{L} \cdot \mathbf{n}, 0) \cdot \mathbf{B}_L)$ 중 눈에 도달한 반영 반사광(프레넬 효과와 표면 거칠기에 의한)의 양은 다음과 같이 주어진다.

$$\mathbf{c}_s = \max(\mathbf{L} \cdot \mathbf{n}, 0) \cdot \mathbf{B}_L \otimes \mathbf{R}_F(\alpha_h) \frac{m+8}{8} (\mathbf{n} \cdot \mathbf{h})^m \qquad \text{(식 8.3)}$$

만일 $\mathbf{L} \cdot \mathbf{n} \leq 0$이면 빛이 해당 표면의 뒷면을 때린 것임을 주의하기 바란다. 그런 경우 앞면은 아무 빛도 받지 않는다.

8.8 조명 모형 정리

이상의 모든 것을 결합해 보자. 표면이 반사하는 전체 빛은 주변광과 분산광, 반영광의 합이다.

1. 주변광 $\mathbf{c}_a$: 간접광에 의해 표면에서 반사된 빛의 양을 모형화한 것이다.
2. 분산광 $\mathbf{c}_d$: 매질의 내부로 들어가 여러 번 반사된 후 일부는 흡수되고 나머지가 표면 바깥으로 흩어져 나온 빛을 모형화한 것이다. 이러한 표면하 산란을 정확하게 계산하기가 어렵기 때문에, 표면 바깥으로 나온 빛이 진입한 표면 점에서 모든 방향으르 고르게 산란한다고 가정한다.
3. 반영광 $\mathbf{c}_s$: 표면 거칠기와 프레넬 효과 때문에 표면에서 반사된 빛을 모형화한 것이다.

결론적으로, 이 책의 예제 셰이더들이 구현하는 조명 방정식은 다음과 같다.

$$LitColor = \mathbf{c}_a + \mathbf{c}_d + \mathbf{c}_s$$

$$= \mathbf{A}_L \otimes \mathbf{m}_d + \max(\mathbf{L} \cdot \mathbf{n}, 0) \cdot \mathbf{B}_L \otimes \left(\mathbf{m}_d + \mathbf{R}_F(\alpha_h) \frac{m+8}{8} (\mathbf{n} \cdot \mathbf{h})^m\right) \qquad \text{(식 8.4)}$$

이 방정식의 모든 벡터는 단위 길이라고 가정한다.

1. $\mathbf{L}$: 광원을 향한 빛 벡터.

2. $\mathbf{n}$: 표면 법선.

3. $\mathbf{h}$: 빛 벡터와 시점 벡터(조명되는 표면 점에서 시점을 향한 벡터)의 중간에 노인 벡터, 즉 중간 벡터.

4. $\mathbf{A}_L$: 입사 주변광의 양을 나타낸다.

5. $\mathbf{B}_L$: 입사 직접광의 양을 나타낸다.

6. $\mathbf{m}_d$: 입사광 중 분산 반사에 의해 표면에서 반사된 빛의 양을 나타낸다.

7. $\mathbf{L} \cdot \mathbf{n}$: 람베르트 코사인 법칙.

8. α_h: 중간 벡터 $\mathbf{h}$와 빛 벡터 $\mathbf{L}$ 사이의 각도.

9. $\mathbf{R}_F(\alpha_h)$: 프레넬 효과에 의해 반사되어($\mathbf{h}$를 중심으로) 눈에 도달한 반영광의 양을 나타낸다.

10. m: 표면 거칠기를 제어한다.

11. $(\mathbf{n} \cdot \mathbf{h})^m$: 거시 법선 $\mathbf{n}$과의 각도가 θ_h인 법선 $\mathbf{h}$를 가진 미세면들의 비율을 나타낸다.

12. $\frac{m+8}{8}$: 반영 반사에서 에너지 보존을 모형화하기 위한 정규화 계수.

[그림 8.21]에 이 구성요소들의 조합이 조명 결과에 미치는 영향이 나와 있다.

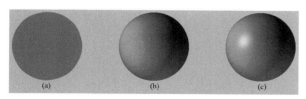

그림 8.21 (a) 주변광만으로 색상을 계산한 구. 모든 부분의 밝기가 고르다. (b) 주변 조명과 분산 조명을 결합한 결과. 람베르트 코사인 법칙 덕분에 밝은 부분에서 어두운 부분으로 매끄럽게 전이된다. (c) 주변 조명, 분산 조명, 반영 조명을 결합한 결과. 반영 조명 때문에 반영 하이라이트가 생겼다.

8.9 재질의 구현

다음은 이 책의 예제들이 사용하는 재질 구조체이다(*d3dUtil.h*).

```cpp
// 예제들에서 재질을 나타내는 데 쓰이는 간단한 구조체
struct Material
{
  // 고유한 재질 이름(재질 조회에 쓰임).
  std::string Name;

  // 이 재질에 해당하는 상수 버퍼의 색인.
  int MatCBIndex = -1;

  // SRV 힙에서 이 재질에 해당하는 분산 텍스처의 색인. 텍스처 적용은
  // 제9장에서 다룬다.
  int DiffuseSrvHeapIndex = -1;

  // 재질이 변해서 해당 상수 버퍼를 갱신해야 하는지의 여부를
  // 나타내는 '더러움' 플래그. FrameResource마다 물체의 cbuffer가
  // 있으므로, FrameResource마다 갱신을 적용해야 한다. 따라서,
  // 물체의 자료를 수정할 때에는 반드시
  // NumFramesDirty = gNumFrameResources
  // 로 설정해야 한다. 그래야 각각의 프레임 자원이 갱신된다.
  int NumFramesDirty = gNumFrameResources;

  // 셰이딩에 쓰이는 재질 상수 버퍼 자료.
  DirectX::XMFLOAT4 DiffuseAlbedo = { 1.0f, 1.0f, 1.0f, 1.0f };
  DirectX::XMFLOAT3 FresnelR0 = { 0.01f, 0.01f, 0.01f };
  float Roughness = 0.25f;
  DirectX::XMFLOAT4X4 MatTransform = MathHelper::Identity4x4();
};
```

현실의 재질들을 충실하게 본뜨려면 DiffuseAlbedo와 FresnelR0에 사실적인 값들을 설정해야 할 뿐만 아니라, 미술적 감각으로 설정들을 조율할 필요가 있다. 예를 들어 금속 전도체는

금속 내부로 진입한 굴절광을 흡수한다([Möller08]). 따라서 금속에서는 분산 반사가 일어나지 않는다(즉, DiffuseAlbedo를 0으로 두어야 한다). 그러나 우리의 조형 모형이 100%의 물리 시뮬레이션이 아니라는 점을 감안하면, DiffuseAlbedo를 0이 아닌 작은 값으로 설정했을 때 미학적으로 더 나은 결과가 나올 수도 있다. 핵심은, 가능하면 물리적으로 사실적인 재질 값들을 사용하되, 미학적 관점에서 더 나은 결과를 낼 수만 있다면 그 값들을 얼마든지 조율해도 좋다는 것이다.

이러한 재질 구조체에서 표면 거칠기는 [0, 1] 구간으로 정규화된 부동소수점 값으로 지정한다. 거칠기가 0이면 완벽하게 매끄러운 표면이고 거칠기가 1이면 최대로(물리적으로 가능한) 거친 표면이다. 거칠기를 이처럼 일정 구간으로 정규화하면 거칠기를 설정하기 쉬울 뿐만 아니라 서로 다른 재질의 거칠기를 비교하기도 쉽다. 예를 들어 거칠기가 0.6인 재질은 거칠기가 0.3인 재질보다 두 배 더 거칠다. 셰이더 코드에서는 거칠기를 이용해서 식 8.4의 지수 m을 유도한다. 지금 말하는 거칠기의 정의에서, 표면의 광택도(shininess)는 거칠기와 반대되는 수치임을 주목하기 바란다. 구체적으로 말하면, 광택도 = 1 − 거칠기 ∈ [0, 1]이다.

이제 답해야 할 질문은, 이러한 재질 값을 어느 정도나 세밀하게 지정할 것인가이다. 하나의 표면에서 재질 값들이 변할 수도 있다. 즉, 한 표면의 서로 다른 점들에서 재질 값들이 다를 수도 있다. 예를 들어 [그림 8.22]와 같은 자동차 모형을 생각해 보자. 차체와 차창, 차등, 타이어는 빛을 각자 다른 정도로 반사·흡수하므로, 차 표면의 각 영역에서 재질 값들을 다르게 둘 필요가 있다.

이러한 다양성을 구현하는 한 가지 방법은 정점별로 재질 값을 설정하는 것이다. 그러한 정점별 재질은 래스터화 도중에 삼각형을 따라 보간되며, 그러면 삼각형 메시의 표면의 각 점에 재질 값이 부여된다. 그러나 제7장의 지형과 파도 예제에서 보았듯이 정점별 색상은 세부사항을 사실적으로 본뜰 정도로 세밀하지 않다. 게다가, 정점별 색상을 위해서는 정점 구조체에 자료를 추가해야 하며, 3차원 모형에서 정점별로 색상을 지정할 수 있는 도구도 마련해야 한다. 대신 널리 쓰이는 해법은 텍스처 매핑인데, 이에 대해서는 다음 장에서 이야기하겠다. 이번 장에서는 그리기 호출마다 재질을 다르게 두는 방법을 사용하기로 하자. 이를 위해, 각각의 고유한 재질의 속성들을 정의해서 하나의 테이블에 담아 둔다. 다음이 그러한 예이다.

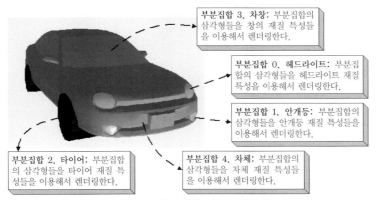

부분집합 3. 차창: 부분집합의 삼각형들을 창의 재질 특성들을 이용해서 렌더링한다.

부분집합 0. 헤드라이트: 부분집합의 삼각형들을 헤드라이트 재질 특성을 이용해서 렌더링한다.

부분집합 1. 안개등: 부분집합의 삼각형들을 안개등 재질 특성들을 이용해서 렌더링한다.

부분집합 2. 타이어: 부분집합의 삼각형들을 타이어 재질 특성들을 이용해서 렌더링한다.

부분집합 4. 차체: 부분집합의 삼각형들을 차체 재질 특성들을 이용해서 렌더링한다.

그림 8.22 자동차 메시를 다섯 가지 재질 특성 그룹으로 분할한 모습.

```cpp
std::unordered_map<std::string, std::unique_ptr<Material>> mMaterials;

void LitWavesApp::BuildMaterials()
{
  auto grass = std::make_unique<Material>();
  grass->Name = "grass";
  grass->MatCBIndex = 0;
  grass->DiffuseAlbedo = XMFLOAT4(0.2f, 0.6f, 0.6f, 1.0f);
  grass->FresnelR0 = XMFLOAT3(0.01f, 0.01f, 0.01f);
  grass->Roughness = 0.125f;

  // 그리 바람직한 물 재질 설정은 아니지만, 필요한 렌더링 효과
  // (투명, 환경 반사)를 아직 배우지 않았으므로 지금 수준에서
  // 최대한 그럴듯하게 보이는 값들을 사용한다.
  auto water = std::make_unique<Material>();
  water->Name = "water";
  water->MatCBIndex = 1;
  water->DiffuseAlbedo = XMFLOAT4(0.0f, 0.2f, 0.6f, 1.0f);
  water->FresnelR0 = XMFLOAT3(0.1f, 0.1f, 0.1f);
  water->Roughness = 0.0f;

  mMaterials["grass"] = std::move(grass);
  mMaterials["water"] = std::move(water);
}
```

이 코드는 재질 자료를 시스템 메모리의 테이블에 저장한다. GPU상의 셰이더에서 그 재질 자료에 접근하려면 해당 자료를 상수 버퍼에 넣어야 한다. 물체별 상수 버퍼에 대해 했던 것처럼, 재질마다 재질 특성 상수들을 담은 상수 버퍼를 각 FrameResource에 추가한다.

```
struct MaterialConstants
{
  DirectX::XMFLOAT4 DiffuseAlbedo = { 1.0f, 1.0f, 1.0f, 1.0f };
  DirectX::XMFLOAT3 FresnelR0 = { 0.01f, 0.01f, 0.01f };
  float Roughness = 0.25f;

  // 이 행렬은 텍스처 매핑을 다루는 장에서 쓰인다.
  DirectX::XMFLOAT4X4 MatTransform = MathHelper::Identity4x4();
};

struct FrameResource
{
public:
  ...

  std::unique_ptr<UploadBuffer<MaterialConstants>> MaterialCB = nullptr;

  ...
};
```

MaterialConstants 구조체는 Material 자료의 한 부분집합을 담을 뿐임을 주의하기 바란다. 구체적으로, 이 구조체는 셰이더가 렌더링하는 데 필요한 자료만 담는다.

응용 프로그램의 갱신 함수에서는 변경된("더러운") 재질 자료가 있으면 그것을 상수 버퍼의 해당 영역에 복사한다. 이에 의해, GPU의 재질 상수 버퍼 자료가 항상 시스템 메모리의 최신 재질 자료를 반영하게 된다.

```
void LitWavesApp::UpdateMaterialCBs(const GameTimer& gt)
{
  auto currMaterialCB = mCurrFrameResource->MaterialCB.get();
  for(auto& e : mMaterials)
  {
    // 상수들이 변했을 때에만 cbuffer 자료를 갱신한다.
    // 이러한 갱신을 프레임 자원마다 수행해야 한다.
    Material* mat = e.second.get();
    if(mat->NumFramesDirty > 0)
    {
      XMMATRIX matTransform = XMLoadFloat4x4(&mat->MatTransform);

      MaterialConstants matConstants;
      matConstants.DiffuseAlbedo = mat->DiffuseAlbedo;
      matConstants.FresnelR0 = mat->FresnelR0;
      matConstants.Roughness = mat->Roughness;
```

```
        currMaterialCB->CopyData(mat->MatCBIndex, matConstants);

        // 다음 프레임 자원으로 넘어간다.
        mat->NumFramesDirty--;
      }
    }
  }
```

이제 각 렌더 항목에는 **Material** 인스턴스를 가리키는 포인터가 있다. 여러 렌더 항목이 같은 **Material** 객체를 참조할 수 있음을 주목하기 바란다. 예를 들어, 여러 렌더 항목이 같은 '벽돌' 재질을 사용할 수 있다. 한편, 각 **Material** 객체에는 재질 상수 버퍼에서 자신의 상수 자료를 가리키는 색인이 있다. 현재 그리는 렌더 항목에 필요한 상수 자료의 가상 주소를 이 색인을 이용해서 구하고, 그 주소를 재질 상수 자료를 기대하는 루트 서술자에 설정한다. (또는, 힙의 CBV 서술자의 오프셋을 구해서 서술자 테이블을 설정할 수도 있다. 그러나 이번 예제에서는 테이블이 아니라 루트 서술자를 이용해서 재질 상수 버퍼를 루트 서명에 추가한다.) 다음 코드는 서로 다른 재질을 가진 렌더 항목들을 그리는 방법을 보여준다.

```
void LitWavesApp::DrawRenderItems(
  ID3D12GraphicsCommandList* cmdList,
  const std::vector<RenderItem*>& ritems)
{
  UINT objCBByteSize = d3dUtil::CalcConstantBufferByteSize
    (sizeof(ObjectConstants));
  UINT matCBByteSize = d3dUtil::CalcConstantBufferByteSize
    (sizeof(MaterialConstants));

  auto objectCB = mCurrFrameResource->ObjectCB->Resource();
  auto matCB = mCurrFrameResource->MaterialCB->Resource();

  // 각 렌더 항목에 대해:
  for(size_t i = 0; i < ritems.size(); ++i)
  {
    auto ri = ritems[i];

    cmdList->IASetVertexBuffers(0, 1,
      &ri->Geo->VertexBufferView());
    cmdList->IASetIndexBuffer(&ri->Geo->IndexBufferView());
    cmdList->IASetPrimitiveTopology(ri->PrimitiveType);
```

```
    D3D12_GPU_VIRTUAL_ADDRESS objCBAddress =
      objectCB->GetGPUVirtualAddress() +
      ri->ObjCBIndex*objCBByteSize;
    D3D12_GPU_VIRTUAL_ADDRESS matCBAddress =
      matCB->GetGPUVirtualAddress() +
      ri->Mat->MatCBIndex*matCBByteSize;

    cmdList->SetGraphicsRootConstantBufferView(0, objCBAddress);
    cmdList->SetGraphicsRootConstantBufferView(1, matCBAddress);

    cmdList->DrawIndexedInstanced(ri->IndexCount, 1,
      ri->StartIndexLocation, ri->BaseVertexLocation, 0);
  }
}
```

빛이 삼각형 메시 표면의 한 점에 도달하는 각도를 구하려면(람베르트 코사인 법칙을 위해) 표면의 점마다 법선 벡터가 필요함을 기억할 것이다. 삼각형 메시 표면의 각 점에서 법선 벡터를 근사하기 위해, 정점 수준에서 법선을 지정한다. 파이프라인은 래스터화 과정에서 그 정점 법선들을 삼각형을 따라 보간해서 각 점의 법선을 생성한다.

지금까지 빛의 구성요소들을 논의했다. 그런데 빛 자체는 그리 많이 이야기하지 않았다. 3차원 그래픽에는 여러 종류의 빛이 쓰이는데, 다음 세 절에서는 가장 중요한 세 가지 빛인 평행광, 점광, 점적광을 논의한다.

8.10 평행광

지향광(directional light)이라고도 하는 평행광(parallel light)은 아주 멀리 있는 광원에서 온 빛을 근사한다. 광원이 아주 멀리 있으므로, 모든 입사광선이 서로 평행하다고 가정해도 안전하다(그림 8.23). 또한, 광원이 아주 멀리 있으므로 물체와 광원의 거리가 내는 효과는 무시하고 그냥 물체에 도달한 빛의 세기만 지정해도 된다.

평행광원은 광원에서 나온 광선들이 나아가는 방향을 뜻하는 벡터 하나로 정의된다. 광선들이 평행하므로, 방향 벡터는 하나만 있으면 된다. 빛 벡터는 광선이 나아가는 방향의 반대 방향을 가리키는 벡터이다. 평행광으로 정확하게 본뜰 수 있는 대표적인 광원은 바로 태양이다(그림 8.24).

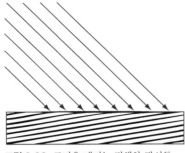

그림 8.23 표면을 때리는 평행한 광선들.

그림 8.24 (실제 축척에 맞는 그림은 아님.) 지구의 한 작은 표면 영역을 선택했을 때, 그 표면 영역을 때리는 태양 광선들은 근사적으로 평행이다.

8.11 점광

현실에서 점광(point light)의 좋은 예는 전구이다. 전구는 빛을 모든 방향으로 뿜어낸다(그림 8.25). 구체적으로, 임의의 점 **P**에 대해, 점광원 위치 **Q**에서 나와서 그 점에 도달하는 하나의 광선이 존재한다. 다른 경우들처럼, 빛 벡터는 광선의 반대 방향이다. 즉, 빛 벡터는 점 **P**에서 점광원 **Q**를 가리킨다.

$$\mathbf{L} = \frac{\mathbf{Q} - \mathbf{P}}{\|\mathbf{Q} - \mathbf{P}\|}$$

점광과 평행광의 본질적인 차이는 빛 벡터의 계산 방식뿐이다. 점광의 경우에는 점마다 빛 벡터를 달리 계산해야 하지만 평행광의 경우에는 모든 점에 대해 동일한 빛 벡터를 사용한다.

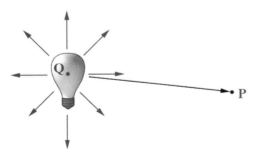

그림 8.25 점광원은 빛을 모든 방향으로 뿜어낸다. 특히, 임의의 점 **P**에 대해 광원 위치 **Q**로부터 **P**로 가는 광선이 존재한다.

8.11.1 빛의 감쇠

물리적으로, 빛의 세기는 역제곱 법칙에 근거한 거리의 함수로서 약해진다. 다른 말로 하면, 광원에서 d만큼 떨어진 점이 받는 빛의 세기는 다음과 같이 주어진다.

$$I(d) = \frac{I_0}{d^2}$$

여기서 I_0은 광원과의 거리가 $d = 1$인 지점에서의 빛의 세기이다. 이 함수는 물리에 근거한 빛 속성 값들을 설정하고 HDR(high dynamic range; 고동적범위) 조명과 톤매핑을 사용할 때에는 좋은 결과를 낸다. 그러나 좀 더 쉽게 접근할 수 있는 감쇠 함수들도 있다. 이 책의 예제들은 다음과 같이 선형 감쇠(attenuation 또는 falloff) 함수를 사용한다.

$$att(d) = saturate\left(\frac{falloffEnd - d}{falloffEnd - falloffStart} \right)$$

[그림 8.26]은 이 함수의 그래프이다. saturate 함수는 주어진 인수를 [0, 1] 구간으로 한정한다.

$$saturate(x) = \begin{cases} x, & 0 \le x \le 1 \\ 0, & x < 0 \\ 1, & x > 1 \end{cases}$$

점광의 세기를 평가하는 공식은 식 8.4와 같되, 광원 값 $\mathbf{B}_L$에 감쇠 계수 $att(d)$를 곱한 것이다. 이 감쇠가 주변광 항에는 영향을 미치지 않음을 주목하기 바란다. 주변광 항은 장면 곳곳을 반사해서 도달한 간접광을 본뜬 것이기 때문이다.

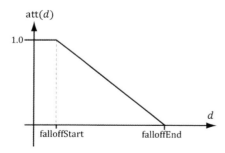

그림 8.26 감쇠 계수는 거리 d가 $falloffStart$에 도달하기 전까지는 1.0을 유지하다가, $falloffStart$부터 $falloffEnd$까지 점차 0.0으로 감소한다.

이러한 감쇠 함수를 사용하면 광원과의 거리가 *falloffEnd* 이상인 점은 빛을 전혀 받지 못한다. 이를 유용한 조명 최적화 기회로 삼을 수 있다. 셰이더 프로그램에서, 만일 주어진 점이 범위 밖이면 동적 분기를 이용해서 조명 계산을 완전히 생략하고 결과를 일찍 반환하면 된다.

8.12 점적광

현실에서 점적광點滴光(spotlight)의 좋은 예는 손전등(플래시)이다. 본질적으로 점적광은 위치 $\mathbf{Q}$에서 $\mathbf{d}$ 방향으로 뻗어 나가는 원뿔 형태의 빛이다(그림 8.27).

점적광을 구현하는 과정은 이렇다. 점광에서와 마찬가지로, 빛 벡터는 다음과 같이 주어진다.

$$\mathbf{L} = \frac{\mathbf{Q} - \mathbf{P}}{\|\mathbf{Q} - \mathbf{P}\|}$$

여기서 $\mathbf{P}$는 조명을 받는 점의 위치이고 $\mathbf{Q}$는 점적광원의 위치이다. [그림 8.27]에서 보듯이, $\mathbf{P}$가 원뿔 안에 있을 필요충분조건은 $-\mathbf{L}$과 $\mathbf{d}$ 사이의 각도 ϕ가 원뿔 각도 ϕ_{max}보다 작다는 것이다. 더 나아가서, 점적광 원뿔 안의 모든 빛의 세기가 일정해서는 안 된다. 원뿔 중심축에 놓인 빛이 가장 강하고, ϕ가 0에서 ϕ_{max}로 증가함에 따라 빛의 세기가 0으로 감소해야 한다.

그렇다면 빛의 감쇠를 ϕ의 함수로서 제어하려면, 그리고 점적광 원뿔의 크기를 제어하려면 어떻게 해야 할까? [그림 8.19]에 나온 형태의 그래프를 산출하는 함수를 사용하면 된다. 물론 θ_h 대신 ϕ, m 대신 s를 사용하는 함수이어야 한다. 다음이 그러한 함수이다.

$$k_{spot}(\phi) = \max(\cos\phi, 0)^s = \max(-\mathbf{L} \cdot \mathbf{d}, 0)^s$$

이 함수는 우리가 원하는 조건, 즉 ϕ가 증가함에 따라 빛의 세기가 매끄럽게 감소해야 한다는

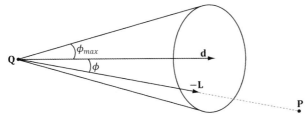

그림 8.27 점적광은 위치 $\mathbf{Q}$에서 $\mathbf{d}$ 방향으로 뻗어 나가는, 각도가 φ_{max}인 원뿔 형태의 빛이다.

점을 만족한다. 게다가, 지수 s를 조율함으로써 ϕ_{max}(빛의 세기가 0으로 떨어지는 각도)를 간접적으로 제어할 수 있다. 즉, s를 변경함으로써 점적광 원뿔을 줄이거나 키울 수 있는 것이다. 예를 들어 $s = 8$로 두면 원뿔의 절반 각도가 약 $45°$가 된다.

이 점적광 공식은 식 8.4와 비슷하되, 광원 값 $\mathbf{B}_L$에 감쇠 계수 $\text{att}(d)$뿐만 아니라 점적광 계수 k_{spot}도 곱한다. 이에 의해, 점적광 원뿔에 상대적인 점의 위치에 따라 빛의 세기가 적절히 줄어든다.

추가적인 k_{spot} 계수를 계산해서 곱해야 한다는 점에서, 점적광 계산이 점광 계산보다 비용이 높다. 마찬가지로, 점광 계산은 거리 d를 계산하며(제곱근 계산이 필요하기 때문에, 거리 계산은 실제로 상당히 비싼 연산이다) 감쇠 계수를 곱해야 하므로 지향광(평행광) 계산보다 비싸다. 정리하자면, 계산 비용이 가장 낮은 빛은 지향광이고, 그다음이 점광이며, 가장 비싼 빛은 점적광이다.

8.13 조명 구현

이번 절에서는 지향광, 점광, 점적광 구현의 세부사항을 논의한다.

8.13.1 빛 구조체

*d3dUtil.h*에는 여러 종류의 빛을 대표하는 다음과 같은 구조체가 있다. 이 구조체 하나로 지향광과 점광, 점적광을 표현할 수 있다. 빛의 종류에 따라서는 일부 멤버가 쓰이지 않음을 주의하기 바란다. 예를 들어 점광은 Direction 자료 멤버를 사용하지 않는다.

```
struct Light
{
  DirectX::XMFLOAT3 Strength;    // 빛의 색상.
  float FalloffStart;            // 점광과 점적광에만 쓰인다.
  DirectX::XMFLOAT3 Direction;   // 지향광과 점적광에만 쓰인다.
  float FalloffEnd;              // 점광과 점적광에만 쓰인다.
  DirectX::XMFLOAT3 Position;    // 점광과 점적광에만 쓰인다.
  float SpotPower;               // 점적광에만 쓰인다.
};
```

*LightingUtils.hlsl*에는 이에 대응되는 셰이더용 구조체가 정의되어 있다.

```
struct Light
{
  float3 Strength;
  float  FalloffStart;    // 점광과 점적광에만 쓰인다.
  float3 Direction;       // 지향광과 점적광에만 쓰인다.
  float  FalloffEnd;      // 점광과 점적광에만 쓰인다.
  float3 Position;        // 점광과 점적광에만 쓰인다.
  float  SpotPower;       // 점적광에만 쓰인다.
};
```

Light 구조체(또한 MaterialConstants 구조체)의 자료 멤버들의 순서는 아무렇게나 정한 것이 아니라, HLSL 구조체 채우기(packing) 규칙을 고려한 것이다. 자세한 사항은 부록 B('구조체 채우기')를 참고하기 바란다. 핵심은, HLSL은 구조체 멤버들을 4차원 벡터 단위로 채워 넣는데, 이때 하나의 성분을 두 4차원 벡터로 나누어 담지는 않는다는 점이다. 위의 구조체는 다음과 같이 세 개의 4차원 벡터들에 깔끔하게 들어간다.

```
벡터 1: (Strength.x, Strength.y, Strength.z, FalloffStart)
벡터 2: (Direction.x, Direction.y, Direction.z, FalloffEnd)
벡터 3: (Position.x, Position.y, Position.z, SpotPower)
```

그러나, 만일 Light 구조체를 다음과 같이 정의했다면 사정이 달라진다.

```
struct Light
{
  DirectX::XMFLOAT3 Strength;     // 빛의 색상.
  DirectX::XMFLOAT3 Direction;    // 지향광과 점적광에만 쓰인다.
  DirectX::XMFLOAT3 Position;     // 점광과 점적광에만 쓰인다.
  float FalloffStart;             // 점광과 점적광에만 쓰인다.
  float FalloffEnd;               // 점광과 점적광에만 쓰인다.
  float SpotPower;                // 점적광에만 쓰인다.
};

struct Light
{
  float3 Strength;
  float3 Direction;       // 지향광과 점적광에만 쓰인다.
  float3 Position;        // 점광과 점적광에만 쓰인다.
  float  FalloffStart;    // 점광과 점적광에만 쓰인다.
  float  FalloffEnd;      // 점광과 점적광에만 쓰인다.
  float  SpotPower;       // 점적광에만 쓰인다.
};
```

그러면 구조체는 다음과 같이 네 개의 4차원 벡터로 채워진다.

```
벡터 1: (Strength.x, Strength.y, Strength.z, empty)
벡터 2: (Direction.x, Direction.y, Direction.z, empty)
벡터 3: (Position.x, Position.y, Position.z, empty)
벡터 4: (FalloffStart, FalloffEnd, SpotPower, empty)
```

이처럼, 두 번째 접근 방식은 메모리를 더 많이 차지한다. 그러나 그것이 주된 문제는 아니다. 좀 더 심각한 문제는, C++ 응용 프로그램 쪽 구조체가 HLSL 구조체의 구조를 반영하고 있지만, C++ 구조체의 채우기 규칙이 HLSL의 구조체 채우기 규칙과 같지는 않다는 것이다. 즉, 양쪽의 채우기 규칙들을 잘 파악해서 멤버들을 세심하게 배치하지 않는다면 두 구조체의 배치가 어긋날 수 있으며, 만일 그런 일이 생기면 CPU에서 구조체 자료를 memcpy를 이용해서 그대로 GPU 상수 버퍼들로 업로드했을 때 렌더링 결과가 이상하게 나올 수 있다.

8.13.2 공통 보조 함수들

다음 세 함수는 *LightingUtils.hlsl*에 정의되어 있는 보조(helper) 함수들이다. 이들은 여러 종류의 빛에 공통인 코드를 담고 있기 때문에 공통의 .hlsl 파일에서 보조 함수들로 정의한다.

1. CalcAttenuation: 점광과 점적광에 적용하는 선형 감쇠 계수를 계산한다.
2. SchlickFresnel: 프레넬 방정식의 슐릭 근사를 구한다. 즉, 법선이 **n**인 표면에서 프레넬 효과에 의해 반사되는 빛의 비율을 빛 벡터 **L**과 표면 법선 **n** 사이의 각도에 근거해서 근사한다.
3. BlinnPhong: 눈에 도달한 반사광의 양을 계산한다. 즉, 분산 반사와 반영 반사의 합을 구한다.

```
float CalcAttenuation(float d, float falloffStart, float falloffEnd)
{
  // 선형 감쇠.
  return saturate((falloffEnd-d) / (falloffEnd - falloffStart));
}

// 슐릭 근사는 프레넬 반사의 근삿값을 제공한다.
// ("Real-Time Rendering 3rd Ed." p.233 참고)
// R0 = ( (n-1)/(n+1) )^2, 여기서 n은 굴절 지수이다.
float3 SchlickFresnel(float3 R0, float3 normal, float3 lightVec)
```

```
{
  float cosIncidentAngle = saturate(dot(normal, lightVec));

  float f0 = 1.0f - cosIncidentAngle;
  float3 reflectPercent = R0 + (1.0f - R0)*(f0*f0*f0*f0*f0);

  return reflectPercent;
}

struct Material
{
  float4 DiffuseAlbedo;
  float3 FresnelR0;

  // 광택도는 거칠기의 반대이다: 광택도 = 1 - 거칠기
  float Shininess;
};

float3 BlinnPhong(float3 lightStrength, float3 lightVec,
                  float3 normal, float3 toEye, Material mat)
{
  // 거칠기에서 얻은 광택도로부터 m을 유도한다.
  const float m = mat.Shininess * 256.0f;
  float3 halfVec = normalize(toEye + lightVec);

  float roughnessFactor =
    (m + 8.0f)*pow(max(dot(halfVec, normal), 0.0f), m) / 8.0f;
  float3 fresnelFactor =
    SchlickFresnel(mat.FresnelR0, halfVec, lightVec);

  // 반영 반사율 공식이 [0,1] 구간 바깥의 값을 낼 수도 있지만,
  // 우리는 LDR 렌더링을 구현하므로, 반사율을 1 미만으로 낮춘다.
  specAlbedo = specAlbedo / (specAlbedo + 1.0f);

  return (mat.DiffuseAlbedo.rgb + specAlbedo) * lightStrength;
}
```

이 코드는 HLSL 내장 함수 dot, pow, max를 사용하는데, 이들은 각각 내적, 거듭제곱, 최댓값을 계산한다. 부록 B에 HLSL 내장 함수들 대부분이 설명되어 있으며, 기타 HLSL 문법도 간략히 정리되어 있다. 한 가지 주의할 점은, 두 벡터를 operator*로 곱하면 성분별 곱셈이 수행된다는 것이다.

참고: 이 책의 반영 반사율 계산 공식에서는 1보다 큰 반영 반사율이 나올 수 있다. 그러면 아주 밝은 하이라이트가 생긴다. 그런데 이 책의 렌더 대상은 색상 값이 저동적범위(low dynamic range, LDR)의 [0, 1] 구간에 있다고 기대한다. 렌더 대상은 색상 성분들이 [0, 1] 구간 안에 있어야 한다고 요구하므로, 1.0을 넘는 값은 그냥 1.0으로 한정된다. 따라서, 하이라이트가 갑자기 사라지는 어색한 모습을 피하려면 반영 반사율을 다음과 같이 조금 줄여서 좀 더 부드러운 반영 하이라이트를 만들어야 한다.

```
specAlbedo = specAlbedo / (specAlbedo + 1.0f);
```

고동적범위(high dynamic range, HDR) 조명은 빛 값들이 [0, 1] 구간을 벗어날 수 있는 부동소수점 렌더 대상들을 사용하며, 디스플레이를 위해 고동적범위 값들을 다시 [0, 1]로 사상하는 톤매핑 과정을 거친다. 이때 중요한 세부사항은 유지된다. HDR 렌더링과 톤매핑은 그 자체로 책 한 권이 필요한 주제이다 ([Reinhard10]). 그렇긴 하지만, [Pettineo12]는 톤매핑을 훌륭하게 소개하며, 실험해 볼 예제 프로그램도 제공한다.

참고: PC에서 HLSL 함수들은 항상 인라인 함수가 되므로 함수 호출과 매개변수 전달에 따른 성능상의 추가부담은 없다.

8.13.3 지향광의 구현

시점 위치 $\mathbf{E}$, 눈에 보이는 표면의 한 점 $\mathbf{p}$, 그 점의 표면 법선 $\mathbf{n}$, 그리고 재질 속성들이 주어졌을 때, 다음 HLSL 함수는 지향광원에서 비롯된 빛이 표면의 점에서 시점 벡터(눈을 향한 벡터) $\mathbf{v} = \text{normalize}(\mathbf{E} - \mathbf{p})$ 방향으로 반사되는 양을 산출한다. 이 책의 예제들에서는 픽셀 셰이더가 조명에 근거해서 픽셀의 색상을 결정할 때 이 함수를 호출한다.

```
float3 ComputeDirectionalLight(Light L, Material mat, float3 normal, float3 toEye)
{
    // 빛 벡터는 광선들이 나아가는 방향의 반대 방향을 가리킨다.
    float3 lightVec = -L.Direction;

    // 람베르트 코사인 법칙에 따라 빛의 세기를 줄인다.
    float ndotl = max(dot(lightVec, normal), 0.0f);
    float3 lightStrength = L.Strength * ndotl;

    return BlinnPhong(lightStrength, lightVec, normal, toEye, mat);
}
```

8.13.4 점광의 구현

시점 위치 **E**, 눈에 보이는 표면의 한 점 **p**, 그 점의 표면 법선 **n**, 그리고 재질 속성들이 주어졌을 때, 다음 HLSL 함수는 점광원에서 비롯된 빛이 표면의 점에서 시점 벡터 **v** = normalize(**E** - **p**) 방향으로 반사되는 양을 산출한다. 이 책의 예제들에서는 픽셀 셰이더가 조명에 근거해서 픽셀의 색상을 결정할 때 이 함수를 호출한다.

```
float3 ComputePointLight(Light L, Material mat, float3 pos, float3 normal, float3 toEye)
{
    // 표면에서 광원으로의 벡터.
    float3 lightVec = L.Position - pos;

    // 광원과 표면 사이의 거리.
    float d = length(lightVec);

    // 범위 판정.
    if(d > L.FalloffEnd)
        return 0.0f;

    // 빛 벡터를 정규화한다.
    lightVec /= d;

    // 람베르트 코사인 법칙에 따라 빛의 세기를 줄인다.
    float ndotl = max(dot(lightVec, normal), 0.0f);
    float3 lightStrength = L.Strength * ndotl;

    // 거리에 따라 빛을 감쇠한다.
    float att = CalcAttenuation(d, L.FalloffStart, L.FalloffEnd);
    lightStrength *= att;

    return BlinnPhong(lightStrength, lightVec, normal, toEye, mat);
}
```

8.13.5 점적광의 구현

시점 위치 **E**, 눈에 보이는 표면의 한 점 **p**, 그 점의 표면 법선 **n**, 그리고 재질 속성들이 주어졌을 때, 다음 HLSL 함수는 점적광원에서 비롯된 빛이 표면의 점에서 시점 벡터 **v** = normalize(**E** - **p**) 방향으로 반사되는 양을 산출한다. 이 책의 예제들에서는 픽셀 셰이더가 조명에 근거해서 픽셀의 색상을 결정할 때 이 함수를 호출한다.

```
float3 ComputeSpotLight(Light L, Material mat, float3 pos, float3 normal, float3 toEye)
{
  // 표면에서 광원으로의 벡터.
  float3 lightVec = L.Position - pos;

  // 광원과 표면 사이의 거리.
  float d = length(lightVec);

  // 범위 판정.
  if(d > L.FalloffEnd)
    return 0.0f;

  // 빛 벡터를 정규화한다.
  lightVec /= d;

  // 람베르트 코사인 법칙에 따라 빛의 세기를 줄인다.
  float ndotl = max(dot(lightVec, normal), 0.0f);
  float3 lightStrength = L.Strength * ndotl;

  // 거리에 따라 빛을 감쇠한다.
  float att = CalcAttenuation(d, L.FalloffStart, L.FalloffEnd);
  lightStrength *= att;

  // 점적광 계수로 비례한다.
  float spotFactor = pow(max(dot(-lightVec, L.Direction), 0.0f), L.SpotPower);
  lightStrength *= spotFactor;

  return BlinnPhong(lightStrength, lightVec, normal, toEye, mat);
}
```

8.13.6 여러 빛의 누적

조명은 가산적이다. 따라서, 하나의 장면에서 여러 개의 광원을 지원하려면 그냥 각 광원을 훑으면서 조명하려는 점 또는 픽셀에 그 광원이 기여하는 정도를 계속 누적하면 된다. 이 책의 예제 프레임워크는 최대 16개의 광원을 지원한다. 지향광원, 점광원, 점적광원을 임의의 개수로 조합할 수 있으나, 전체 광원의 수가 16을 넘어서는 안 된다. 또한, 이 책의 예제 코드는 광원 설정 배열에서 지향광들이 제일 먼저 오고 그 다음이 점광들, 마지막이 점적광들이라는 관례를 따른다. 다음은 한 점에 대해 조명 방정식을 평가하는 코드이다.

```
#define MaxLights 16

// 재질마다 달라지는 상수 자료
cbuffer cbPass : register(b2)
{
  ...
// 최대 MaxLights개의 물체별 광원 중에서
// [0, NUM_DIR_LIGHTS) 구간의 색인들은 지향광들이고
// [NUM_DIR_LIGHTS, NUM_DIR_LIGHTS+NUM_POINT_LIGHTS) 구간의
// 색인들은 점광들이다.
// 그리고 [NUM_DIR_LIGHTS+NUM_POINT_LIGHTS,
// NUM_DIR_LIGHTS+NUM_POINT_LIGHT+NUM_SPOT_LIGHTS) 구간의
// 색인들은 점적광들이다.

  Light gLights[MaxLights];
};

float4 ComputeLighting(Light gLights[MaxLights], Material mat,
                       float3 pos, float3 normal, float3 toEye,
                       float3 shadowFactor)
{
  float3 result = 0.0f;

  int i = 0;

#if (NUM_DIR_LIGHTS > 0)
  for(i = 0; i < NUM_DIR_LIGHTS; ++i)
  {
    result += shadowFactor[i] * ComputeDirectionalLight(gLights[i],
      mat, normal, toEye);
  }
#endif

#if (NUM_POINT_LIGHTS > 0)
  for(i = NUM_DIR_LIGHTS; i < NUM_DIR_LIGHTS+NUM_POINT_LIGHTS; ++i)
  {
    result += ComputePointLight(gLights[i], mat, pos, normal, toEye);
  }
#endif

#if (NUM_SPOT_LIGHTS > 0)
  for(i = NUM_DIR_LIGHTS + NUM_POINT_LIGHTS;
    i < NUM_DIR_LIGHTS + NUM_POINT_LIGHTS + NUM_SPOT_LIGHTS;
    ++i)
```

```
  {
    result += ComputeSpotLight(gLights[i], mat, pos, normal, toEye);
  }
#endif

  return float4(result, 0.0f);
}
```

각 종류의 광원 개수를 #define으로 정의한 매크로 상수들로 제어한다는 점을 주목하기 바란다. 여기에 깔린 개념은, 셰이더가 실제로 필요한 개수의 빛들에 대해서만 조명 계산을 수행하게 한다는 것이다. 예를 들어 응용 프로그램에 필요한 광원이 세 개이면 셰이더는 세 개의 빛에 대해서만 조명 계산을 수행해야 한다. 응용 프로그램에 필요한 광원의 수가 실행의 여러 단계에서 달라진다면, 단계마다 적절한 #define 정의가 있는 서로 다른 셰이더들을 만들어서 사용하면 된다.

> **참고:** shadowFactor 매개변수는 이후의 장들에서 그림자를 적용할 때 쓰인다. 그때까지는 그냥 이 매개변수에 벡터 (1, 1, 1)을 설정한다. 그러면 그림자 계수가 조명 방정식에 아무런 영향도 미치지 않는다.

8.13.7 주 HLSL 파일

다음은 이번 장의 예제에 쓰이는 정점 셰이더와 픽셀 셰이더를 담은 HLSL 파일의 내용이다. 픽셀 셰이더는 앞에서 본, *LightingUtil.hlsl*에 있는 HLSL 함수들을 활용한다.

```
//***********************************************************************
// Default.hlsl by Frank Luna (C) 2015 All Rights Reserved.
//
// 기본 셰이더. 조명을 지원함.
//***********************************************************************

// 광원 개수들이 정의되어 있지 않으면 기본값으로 정의한다.
#ifndef NUM_DIR_LIGHTS
  #define NUM_DIR_LIGHTS 1
#endif

#ifndef NUM_POINT_LIGHTS
  #define NUM_POINT_LIGHTS 0
```

```
#endif

#ifndef NUM_SPOT_LIGHTS
  #define NUM_SPOT_LIGHTS 0
#endif

// 조명을 위한 구조체들과 함수들을 여기에 포함한다.
#include "LightingUtil.hlsl"

// 프레임마다 달라지는 상수 자료.

cbuffer cbPerObject : register(b0)
{
  float4x4 gWorld;
};

cbuffer cbMaterial : register(b1)
{
  float4 gDiffuseAlbedo;
  float3 gFresnelR0;
  float  gRoughness;
  float4x4 gMatTransform;
};

// 재질마다 달라지는 상수 자료.
cbuffer cbPass : register(b2)
{
  float4x4 gView;
  float4x4 gInvView;
  float4x4 gProj;
  float4x4 gInvProj;
  float4x4 gViewProj;
  float4x4 gInvViewProj;
  float3 gEyePosW;
  float  cbPerObjectPad1;
  float2 gRenderTargetSize;
  float2 gInvRenderTargetSize;
  float  gNearZ;
  float  gFarZ;
  float  gTotalTime;
  float  gDeltaTime;
  float4 gAmbientLight;

// 최대 MaxLights개의 물체별 광원 중에서
```

```
// [0, NUM_DIR_LIGHTS) 구간의 색인들은 지향광들이고
// [NUM_DIR_LIGHTS, NUM_DIR_LIGHTS+NUM_POINT_LIGHTS) 구간의
// 색인들은 점광들이다.
// 그리고 [NUM_DIR_LIGHTS+NUM_POINT_LIGHTS,
// NUM_DIR_LIGHTS+NUM_POINT_LIGHT+NUM_SPOT_LIGHTS) 구간의
// 색인들은 점적광들이다.
  Light gLights[MaxLights];
};

struct VertexIn
{
  float3 PosL    : POSITION;
  float3 NormalL : NORMAL;
};

struct VertexOut
{
  float4 PosH    : SV_POSITION;
  float3 PosW    : POSITION;
  float3 NormalW : NORMAL;
};

VertexOut VS(VertexIn vin)
{
   VertexOut vout = (VertexOut)0.0f;

  // 세계 공간으로 변환한다.
  float4 posW = mul(float4(vin.PosL, 1.0f), gWorld);
  vout.PosW = posW.xyz;

  // 세계 행렬에 비균등 비례가 없다고 가정하고 법선을 변환한다.
  // 비균등 비례가 있다면 역전치 행렬을 사용해야 한다.
  vout.NormalW = mul(vin.NormalL, (float3x3)gWorld);

  // 동차 절단 공간으로 변환한다.
  vout.PosH = mul(posW, gViewProj);

  return vout;
}

float4 PS(VertexOut pin) : SV_Target
{
  // 법선을 보간하면 단위 길이가 아니게 될 수 있으므로
  // 다시 정규화한다.
```

```
    pin.NormalW = normalize(pin.NormalW);

    // 조명되는 점에서 눈으로의 벡터.
    float3 toEyeW = normalize(gEyePosW - pin.PosW);

    // 간접 조명을 흉내 내는 주변광 항.
    float4 ambient = gAmbientLight*gDiffuseAlbedo;

    // 직접 조명.
    const float shininess = 1.0f - gRoughness;
    Material mat = { gDiffuseAlbedo, gFresnelR0, shininess };
    float3 shadowFactor = 1.0f;
    float4 directLight = ComputeLighting(gLights, mat,
      pin.PosW, pin.NormalW, toEyeW, shadowFactor);

    float4 litColor = ambient + directLight;

    // 흔히 하는 방식대로, 분산 재질에서 알파를 가져온다.
    litColor.a = gDiffuseAlbedo.a;

    return litColor;
}
```

8.14 파도 조명 예제

이번 장의 파도 조명 예제('LitWaves')는 제7장의 지형과 파도 예제('LandAndWaves')에 기초한 것이다. 이번 예제는 태양을 본뜬 지향광원 하나로 장면을 조명한다. 사용자는 상하좌우 화살표 키를 이용해서 태양의 위치를 변경(장면을 중심으로 선회)할 수 있다. 재질과 빛을 구현하는 방법은 앞에서 논의했고, 다음 소단원들에서는 아직 논의하지 않은 구현 세부사항들을 이야기하겠다. [그림 8.28]은 이 예제의 실행 모습이다.

그림 8.28 파도 조명 예제의 실행 모습.

8.14.1 정점 형식

조명을 계산하려면 표면 법선이 있어야 한다. 이를 위해 예제는 정점 수준에서 법선을 지정한다. 픽셀별 조명을 지원하기 위해, 파이프라인은 래스터화 과정에서 그 정점 법선들을 삼각형을 따라 보간해서 각 픽셀의 법선을 생성한다. 이전 예제들과는 달리 이번에는 정점 색상을 지정하지 않고, 대신 픽셀별 조명으로 표면의 색상을 결정한다. 즉, 픽셀마다 조명 방정식을 적용해서 픽셀의 색상을 계산한다. 다음은 정점 법선을 담도록 수정된 정점 구조체이다.

```
// C++ 정점 구조체
struct Vertex
{
  DirectX::XMFLOAT3 Pos;
  DirectX::XMFLOAT3 Normal;
};

// 대응되는 HLSL 정점 구조체
struct VertexIn
{
  float3 PosL    : POSITION;
  float3 NormalL : NORMAL;
};
```

이전과는 다른 정점 구조체를 사용하므로, 입력 배치 서술도 바꾸어야 한다.

```
mInputLayout =
{
  { "POSITION", 0, DXGI_FORMAT_R32G32B32_FLOAT, 0, 0,
    D3D12_INPUT_CLASSIFICATION_PER_VERTEX_DATA, 0 },
  { "NORMAL", 0, DXGI_FORMAT_R32G32B32_FLOAT, 0, 12,
    D3D12_INPUT_CLASSIFICATION_PER_VERTEX_DATA, 0 }
};
```

8.14.2 법선 계산

GeometryGenerator의 도형 생성 메서드들은 정점 법선들도 함께 생성하도록 만들어져 있으므로, 기본적인 입체 도형만 그린다면 법선 계산을 신경 쓰지 않아도 된다. 그러나 이번 예제는 격자 점들의 높이를 임의로 조정해서 지형과 파도를 흉내 내므로, 그 격자들의 법선 벡터는 예제에서 직접 계산해야 한다.

지형 표면이 미분가능 함수 $y = f(x, z)$로 정의되므로, §8.2.1.에서 설명한 정점 법선 평균 기법 대신 미적분을 이용해서 이 함수로부터 직접 법선 벡터를 계산할 수 있다. 방법은 이렇다. 이 함수의 편도함수(partial derivative)들을 취해서, 표면의 점마다 $+x$ 방향과 $+z$ 방향의 두 접선 벡터(tangent vector; 줄여서 접벡터)를 얻는다.

$$\mathbf{T}_x = \left(1, \frac{\partial f}{\partial x}, 0\right)$$

$$\mathbf{T}_z = \left(0, \frac{\partial f}{\partial z}, 1\right)$$

이 두 벡터는 표면 점의 접선 평면에 놓인다. 이 둘의 외적을 취하면 법선 벡터가 나온다.

$$\mathbf{n} = \mathbf{T}_z \times \mathbf{T}_x = \begin{vmatrix} \mathbf{i} & \mathbf{j} & \mathbf{k} \\ 0 & \dfrac{\partial f}{\partial z} & 1 \\ 1 & \dfrac{\partial f}{\partial x} & 0 \end{vmatrix}$$

$$= \left(\begin{vmatrix} \dfrac{\partial f}{\partial z} & 1 \\ \dfrac{\partial f}{\partial x} & 0 \end{vmatrix}, -\begin{vmatrix} 0 & 1 \\ 1 & 0 \end{vmatrix}, \begin{vmatrix} 0 & \dfrac{\partial f}{\partial z} \\ 1 & \dfrac{\partial f}{\partial x} \end{vmatrix} \right)$$

$$= \left(-\frac{\partial f}{\partial x} , 1, -\frac{\partial f}{\partial z} \right)$$

지형 메시를 생성하는 데 쓰이는 함수는 구체적으로 다음과 같다.

$$f(x, z) = 0.3z \cdot \sin(0.1x) + 0.3x \cdot \cos(0.1z)$$

편도함수들은 다음과 같다.

$$\frac{\partial f}{\partial x} = 0.03z \cdot \cos(0.1x) + 0.3\cos(0.1z)$$

$$\frac{\partial f}{\partial z} = 0.3\sin(0.1x) - 0.03x \cdot \sin(0.1z)$$

이제 표면 점 $(x, f(x, z), z)$에서의 표면 법선은 다음과 같이 주어진다.

$$\mathbf{n}(x, z) = \left(-\frac{\partial f}{\partial x} , 1, -\frac{\partial f}{\partial z} \right) = \begin{bmatrix} -0.03z \cdot \cos(0.1x) - 0.3\cos(0.1z) \\ 1 \\ -0.3\sin(0.1x) + 0.03x \cdot \sin(0.1z) \end{bmatrix}^T$$

이 표면 법선이 단위 길이라는 보장은 없으므로, 조명 계산에 사용하려면 먼저 정규화해야 함을 기억하기 바란다.

구현으로 넘어가서, 다음은 각 격자 점에 대해 위의 법선 계산을 수행해서 정점 법선을 구하는 코드이다.

```
XMFLOAT3 LitWavesApp::GetHillsNormal(float x, float z)const
{
  // n = (-df/dx, 1, -df/dz)
  XMFLOAT3 n(
    -0.03f*z*cosf(0.1f*x) - 0.3f*cosf(0.1f*z),
    1.0f,
    -0.3f*sinf(0.1f*x) + 0.03f*x*sinf(0.1f*z));

  XMVECTOR unitNormal = XMVector3Normalize(XMLoadFloat3(&n));
  XMStoreFloat3(&n, unitNormal);

  return n;
}
```

물 표면의 법선 벡터들도 비슷한 방식으로 구한다. 단, 파도를 정의하는 함수가 없으므로 앞에서처럼 편미분으로 접벡터들을 구할 수는 없다. 다행히, 각 격자 점의 접선 벡터들을 유한차분법(finite difference scheme; [Lengyel02]나 다른 수치 해석 교재를 참고하기 바란다)으로 근사할 수 있다.

> **참고:** 미적분이 잘 기억나지 않아도 걱정할 필요는 없다. 이 책에서 미적분은 그리 중요하지 않다. 이번 예제에서는 다른 흥미로운 물체(파도)를 그리기 위한 배경으로서의 지형을 간단히 생성하기 위해 수학적 표면을 이용하다 보니 미적분이 유용해진 것일 뿐이다. 어차피 나중에는 3차원 모델링 프로그램에서 내보낸 파일에서 3차원 메시들을 불러와서 렌더링한다.

8.14.3 빛 방향의 갱신

§8.13.7에 나와 있듯이, 예제 프레임워크는 Light 배열을 패스별 상수 버퍼에 담아 둔다. 이 예제는 지향광 하나로 태양을 표현하며, 사용자가 상하좌우 화살표 키를 이용해서 태양을 선회하게 한다. 이를 위해 프레임마다 태양으로부터의 빛 방향을 다시 계산해서 패스별 상수 버퍼에 설정한다.

태양의 위치는 구면 좌표 (ρ, θ, ϕ)로 표현하는데, 태양이 무한히 멀리 있다고 가정하므로 반지름 ρ는 중요하지 않다. 그래서 그냥 $\rho = 1$로 둔다. 즉, 이 예제에서 태양은 단위 구면을 따라 움직이며, $(1, \theta, \phi)$가 태양을 향한 벡터이다. 빛의 방향은 태양 방향의 반대 방향이다. 예제 코드에서 태양의 갱신에 관련된 부분은 다음과 같다.

```
float mSunTheta = 1.25f*XM_PI;
float mSunPhi = XM_PIDIV4;

void LitWavesApp::OnKeyboardInput(const GameTimer& gt)
{
  const float dt = gt.DeltaTime();

  if(GetAsyncKeyState(VK_LEFT) & 0x8000)
    mSunTheta -= 1.0f*dt;

  if(GetAsyncKeyState(VK_RIGHT) & 0x8000)
    mSunTheta += 1.0f*dt;

  if(GetAsyncKeyState(VK_UP) & 0x8000)
    mSunPhi -= 1.0f*dt;
```

```
  if(GetAsyncKeyState(VK_DOWN) & 0x8000)
    mSunPhi += 1.0f*dt;

  mSunPhi = MathHelper::Clamp(mSunPhi, 0.1f, XM_PIDIV2);
}

void LitWavesApp::UpdateMainPassCB(const GameTimer& gt)
{
    ...
  XMVECTOR lightDir = -MathHelper::SphericalToCartesian(1.0f, mSunTheta, mSunPhi);

  XMStoreFloat3(&mMainPassCB.Lights[0].Direction, lightDir);
  mMainPassCB.Lights[0].Strength = { 0.8f, 0.8f, 0.7f };

  auto currPassCB = mCurrFrameResource->PassCB.get();
  currPassCB->CopyData(0, mMainPassCB);
}
```

> **참고:** **Light** 배열을 패스별 상수 버퍼에 두기 때문에, 렌더링 패스당 사용할 수 있는 빛은 최대 16개이
> 다. 즉, 예제 프레임워크의 조명 모형은 최대 16개의 광원만 지원한다. 작은 예제들에는 그 정도로도 충분
> 하지만, 좀 더 큰 게임 세계에는 충분하지 않을 수 있다. 예를 들어 하나의 게임 레벨 전체에 수백 개의 광
> 원을 배치해야 할 수도 있다. 한 가지 해결책은 **Light** 배열을 물체별 상수 버퍼로 옮기는 것이다. 좀 더
> 구체적으로, 각 물체 O에 대해 장면을 검색해서 물체 O에 영향을 미치는 빛들을 찾아내서 해당 상수 버퍼
> 에 추가해야 한다. 만일 어떤 광원의 경계입체(점광의 경우 구, 점적광의 경우 원뿔 등)가 물체 O와 교차
> 한다면 그 광원은 물체에 영향을 미치는 것이다. 그 외에, 지연 렌더링이나 Forward+ 렌더링(빛 색인 기
> 반 지연 렌더링) 같은 전략도 흔히 쓰인다.

8.14.4 루트 서명 갱신

이번 예제는 조명을 지원하기 위해 새로운 재질 상수 버퍼를 셰이더 프로그램들에 도입한
다. 추가된 버퍼에 맞게 루트 서명도 갱신할 필요가 있다. 물체별 상수 버퍼처럼 재질 상
수 루트 서술자를 사용해서 지정한다(서술자 힙을 거치지 않고 직접 묶을 수 있도록).

8.15 요약

1. 조명을 사용할 때에는 정점마다 색상을 직접 지정하는 것이 아니라 장면의 광원들과 정점별 재질들을 설정한다. 재질은 빛이 물체의 표면과 상호작용하는 방식을 결정하는 속성들의 집합이라고 할 수 있다. 정점별 재질은 삼각형 표면을 따라 보간되며, 이에 의해 삼각형 메시의 각 표면 점의 재질 값이 만들어진다. 조명 단계에서는 빛과 표면 재질 사이의 상호작용에 근거한 조명 방정식을 계산해서 눈에 보이는 표면의 색을 결정한다. 그러한 계산에는 표면 법선과 시점 위치 같은 다른 매개변수들도 관여한다.

2. **표면 법선**은 표면의 한 점의 접평면에 수직인 단위벡터이다. 표면 법선은 표면의 한 점이 "면한" 방향을 결정한다. 조명 계산을 위해서는 삼각형 메시 표면의 각 점의 표면 법선이 필요하다. 그래야 메시 표면의 점을 빛이 어떤 각도로 때리는지 알 수 있기 때문이다. 실제로 모든 표면 점에 표면 법선을 지정할 필요는 없다. 정점들에 대해서만 표면 법선을 지정해 두면(그런 법선을 **정점 법선**이라고 부른다), 파이프라인이 래스터화 과정에서 그 세 정점 법선을 보간해서 표면 점들의 법선들을 생성한다. 임의의 삼각형 메시에 대해, 흔히 정점 법선 평균 기법을 이용해서 정점 법선들을 구한다. 점과 벡터(법선이 아닌 벡터)를 변환하는 데 쓰이는 행렬이 $\mathbf{A}$라고 할 때, 표면 법선을 변환할 때에는 반드시 $(\mathbf{A}^{-1})^T$를 사용해야 한다.

3. 평행광(지향광)은 아주 멀리 있는 광원에서 온 빛을 근사한다. 광원이 아주 멀리 있으므로, 모든 입사광선이 서로 평행하다고 가정해도 안전하다. 평행광의 실제 예는 태양에서 지구에 도달한 빛이다. 점광원은 **모든** 방향으로 빛을 내뿜는다. 점광원의 실제 예는 전구이다. 점적광원은 원뿔 형태로 빛을 내뿜는다. 점적광원의 실제 예는 손전등(플래시)이다.

4. 굴절률이 다른 두 매질의 경계면에 빛이 도달하면 프레넬 효과에 의해 빛의 일부는 흡수되고 나머지는 굴절되어 매질 안으로 들어간다. 반사되는 빛의 비율은 매질에 따라(어떤 물질은 다른 물질보다 빛을 더 잘 반사한다), 그리고 법선 벡터 $\mathbf{n}$과 빛 벡터 $\mathbf{L}$ 사이의 각도 θ_i에 따라 달라진다. 완전한 프레넬 방정식은 복잡하기 때문에, 실시간 렌더링에서는 그 방정식을 직접 사용하는 대신 **슐릭 근사**를 사용한다.

5. 현실에서 반사 물체가 항상 완벽한 거울인 경우는 드물다. 물체의 표면이 평평해 보여도, 미시적 수준에서는 표면에 들쭉날쭉한 요철이 있다. 표면이 들쭉날쭉한 정도를 **표면 거칠기**라고 부른다. 완벽한 거울은 그러한 표면 거칠기가 없으며, 미시적 수준의 법

선들이 모두 거시적 수준의 법선과 같은 방향을 가리킨다고 할 수 있다. 표면이 거칠수록 미시 법선들의 방향이 거시 법선 방향에서 더 많이 벗어나며, 따라서 반사된 빛이 일정 범위로 퍼진다. 그러한 범위를 **반영 돌출부**라고 부른다.

6. 주변광은 장면에서 수없이 반사되고 산란된 후 물체를 모든 방향에서 비추는, 따라서 물체를 균일하게 밝게 만드는 간접광을 본뜬 것이다. 분산광은 물체의 내부로 들어가서 산란되다가 흡수되고 남은 부분이 다시 표면 밖으로 나온 빛을 본뜬 것이다. 그러한 표면하 산란을 그대로 모형화하기가 힘들기 때문에, 그냥 빛이 닿은 그 점에서 빛이 반사되어 모든 방향으로 흩어진다고 가정한다. 반영광은 프레넬 효과와 표면 거칠기에 의해 표면에서 반사된 빛을 본뜬 것이다.

8.16 연습문제

1. 이번 장의 파도 조명 예제를, 지향광원이 빨간빛만 방출하도록 수정하라. 또한, 빛의 세기가 시간의 함수(구체적으로는 사인 함수)로서 진동하게 해서 빛이 마치 껌벅이는 것처럼 보이게 수정하라. 색깔 있는 빛은 게임의 특정 분위기를 표현할 때 유용하다. 예를 들어 위급한 상황을 껌벅이는 빨간 빛으로 표현할 수 있다.

2. 이번 장의 파도 조명 예제에서, 재질들의 거칠기를 여러 가지로 변경하면서 시험해 보라.

3. 제7장의 도형 예제('Shapes')에 재질들과 3점 조명(three-point lighting) 시스템을 추가하라. 영화와 사진에서 흔히 쓰이는 3점 조명 시스템은 광원 하나를 사용할 때보다 나은 조명 결과를 낸다. 이 시스템은 **주광**(key light)이라고 부르는 1차적인 광원과 2차 광원인 **보조광**(fill light; 채움 빛), 그리고 **역광**(back light)으로 이루어진다. 3차원 그래픽에서 3점 조명은 간접광을 흉내 내는 한 방법이다. 3점 조명을 이용하면, 그냥 주변광 항만으로 간접광을 흉내 낼 때보다 물체의 특징이 좀 더 잘 드러난다. 지향광 세 개를 이용해서 3점 조명 시스템을 구현해 보기 바란다.

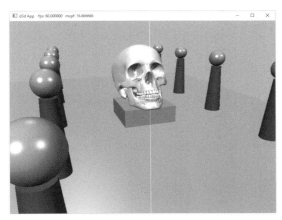

그림 8.29 연습문제 3 해답의 예.*

4. 연습문제 3의 해답에서 3점 조명 시스템을 제거하고 기둥에 놓인 구마다 그 중심에 점 광원을 추가하라.

5. 연습문제 3의 해답에서 3점 조명 시스템을 제거하고 기둥에 놓인 구마다 그 중심에 기 둥 아래쪽을 향한 점적광원을 추가하라.

6. 만화(카툰) 스타일 조명의 한 가지 특징은 한 색조에서 갑자기 다른 색조로 넘어간다는 점이다(색조가 차츰 매끄럽게 변하는 것이 아니라). [그림 8.30]에 그런 예가 나와 있 다. 이를 구현하는 한 가지 방법은 평소대로 계산한 k_d와 k_s를 다음과 같은 이산 함수들 을 이용해서 변환한 결과를 픽셀 셰이더에서 사용하는 것이다.

$$k_d' = f(k_d) \begin{cases} -\infty < k_d \leq 0.0 \text{ 이면 } 0.4 \\ 0.0 < k_d \leq 0.5 \text{ 이면 } 0.6 \\ 0.5 < k_d \leq 1.0 \text{ 이면 } 1.0 \end{cases}$$

$$k_s' = g(k_s) \begin{cases} 0.0 \leq k_s \leq 0.1 \text{ 이면 } 0.0 \\ 0.1 < k_s \leq 0.8 \text{ 이면 } 0.5 \\ 0.8 < k_s \leq 1.0 \text{ 이면 } 0.8 \end{cases}$$

이런 부류의 툰 셰이딩$^{toon \ shanding}$을 수행하도록 이번 장의 조명 예제를 수정하라. (참 고: 위의 함수 f와 g는 그냥 출발점으로 삼을만한 예일 뿐이다. 원하는 결과가 나올 때 까지 좀 더 조율해보기 바란다.)

----

* **옮긴이** 참고로 장면 중앙의 두개골 메시는 제7장 연습문제 3에서 추가한 것이다.

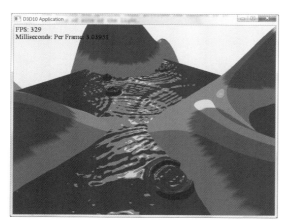

그림 8.30 만화 스타일 조명의 예.

CHAPTER 9

텍스처 적용

조명 덕분에 예제들이 좀 더 그럴듯한 모습을 렌더링하게 되었지만, 그래도 실제 세상의 물체들은 조명과 정점별 색상만으로는 표현할 수 없는 훨씬 더 세밀한 모습을 가지고 있다. 텍스처 매핑texture mapping은 메시의 삼각형에 이미지 자료를 입히는 기법으로, 이를 통해서 장면의 세부도와 사실감을 높일 수 있다. 예를 들어 입방체의 각 면에 나무 상자 텍스처를 입히면 그럴듯한 나무 상자가 만들어진다(그림 9.1).

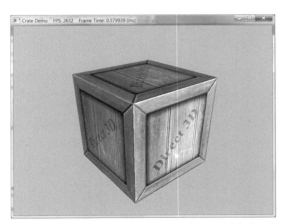

그림 9.1 이번 장의 나무 상자 예제('Crate')는 입방체에 나무 상자 텍스처를 입힌다.

목표

1. 텍스처 이미지 중 주어진 삼각형에 입힐 부분을 지정하는 방법을 배운다.
2. 텍스처를 생성하고 텍스처 매핑을 활성화하는 방법을 파악한다.
3. 텍스처를 필터링해서 더 매끄러운 모습을 만들어 내는 방법을 배운다.
4. 좌표 지정 모드를 이용해서 하나의 텍스처를 타일처럼 여러 번 적용하는 방법을 알아본다.
5. 여러 장의 텍스처를 조합해서 새로운 텍스처를 만들고 특수효과를 구현하는 방법을 파악한다.
6. 텍스처 애니메이션으로 기본적인 효과 몇 가지를 만들어 내는 방법을 배운다.

9.1 텍스처와 자원의 개괄

사실 텍스처는 이미 제4장에서부터 사용해 왔다. 구체적으로 말하면, 깊이 버퍼와 후면 버퍼는 ID3D12Resource 인터페이스로 대표되는, 그리고 D3D12_RESOURCE_DESC::Dimension이 D3D12_RESOURCE_DIMENSION_TEXTURE2D인 2차원 텍스처 객체들이다. 독자의 편의를 위해 이번 절에서는 제4장에서 다룬 텍스처에 관한 내용 대부분을 다시 정리한다.

2차원 텍스처는 자료 원소들의 행렬(2차원 배열)이다. 2차원 텍스처의 용도 하나는 2차원 이미지 자료를 저장하는 것인데, 이때 텍스처의 각 원소는 픽셀 하나의 색상을 담는다. 그러나 이것이 텍스처의 유일한 용도는 아니다. 예를 들어 법선 매핑이라고 하는 고급 기법에서는 텍스처의 각 원소가 색상이 아니라 3차원 벡터를 담는다. 텍스처라고 하면 흔히 이미지 자료의 저장을 떠올리지만, 법선 매핑의 예에서 보듯이 실제로는 훨씬 범용적이다. 1차원 텍스처(D3D12_RESOURCE_DIMENSION_TEXTURE1D)는 자료 원소들의 1차원 배열에 해당하고, 3차원 텍스처(D3D12_RESOURCE_DIMENSION_TEXTURE3D)는 자료 원소들의 3차원 배열에 해당한다. 코드에서는 1차원, 2차원, 3차원 텍스처 모두 범용 ID3D12Resource로 표현된다.

텍스처는 버퍼 자원과는 다르다. 버퍼 자원은 그냥 자료 배열만 저장하지만, 텍스처에는 밉맵 수준들이 존재할 수 있다. 또한, GPU는 필터링, 다중표본화 등의 특별한 연산을 텍스처에 적용할 수 있다. 텍스처 자원에 적용되는 이러한 특별한 연산들 때문에, 텍스처는 특정 종류의 자료 형식들만 담을 수 있다. 반면 버퍼 자원은 임의의 자료를 담을 수 있다. 텍스처에 담을 구체적인 자료 형식은 DXGI_FORMAT 열거형으로 지정한다. 다음은 몇 가지 자료 형식의 예이다.

1. DXGI_FORMAT_R32G32B32_FLOAT: 각 원소는 32비트 부동소수점 성분 세 개로 이루어진다.

2. DXGI_FORMAT_R16G16B16A16_UNORM: 각 원소는 [0, 1] 구간으로 사상되는 16비트 성분 네 개로 이루어진다.

3. DXGI_FORMAT_R32G32_UINT: 각 원소는 부호 없는 32비트 정수 성분 두 개로 이루어진다.

4. DXGI_FORMAT_R8G8B8A8_UNORM: 각 원소는 [0, 1] 구간으로 사상되는 부호 없는 8비트 성분 네 개로 이루어진다.

5. DXGI_FORMAT_R8G8B8A8_SNORM:각 원소는 [-1, 1] 구간으로 사상되는 부호 있는 8비트 성분 네 개로 이루어진다.

6. DXGI_FORMAT_R8G8B8A8_SINT: 각 원소는 [-128, 127] 구간으로 사상되는 부호 있는 8비트 정수 성분 네 개로 이루어진다.

7. DXGI_FORMAT_R8G8B8A8_UINT: 각 원소는 [0, 255] 구간으로 사상되는 부호 없는 8비트 정수 성분 네 개로 이루어진다.

여기서 R, G, B, A는 각각 적(red), 녹(green), 청(blue), 알파(alpha) 성분을 뜻한다. 그러나, 앞에서 이야기했듯이 텍스처에 반드시 색상 정보를 담아야 하는 것은 아니다. 예를 들어

    DXGI_FORMAT_R32G32B32_FLOAT

이라는 텍스처 원소 형식은 세 개의 부동소수점 성분으로 구성되며, 따라서 부동소수점 좌표 성분들로 이루어진 하나의 3차원 벡터(꼭 색상 벡터일 필요는 없다)를 담을 수 있다. 또한, 무형식(typeless)의 텍스처 형식도 있다. 무형식 텍스처는 그냥 메모리만 확보해 두고 자료의 구체적인 해석 방식은 나중에 텍스처를 파이프라인에 묶을 때 지정(일종의 캐스팅)하는 용도로 쓰인다. 예를 들어 다음의 무형식 텍스처 형식은 원소마다 8비트 성분 네 개를 할당하되, 각 8비트 성분의 구체적인 자료 형식(즉 정수, 부동소수점, 부호 없는 정수 등)은 지정하지 않는다.

    DXGI_FORMAT_R8G8B8A8_TYPELESS

렌더링 파이프라인에는 텍스처를 묶을 수 있는 단계들이 여럿 있다. 흔한 예는 텍스처를 렌더 대상으로 묶는 것(Direct3D가 장면을 텍스처에 렌더링)과 셰이더 자원으로서 묶는 것(셰이더에서 텍스처를 추출)이다. 하나의 텍스처를 렌더 대상이자 셰이더 자원으로 사용하는 것도 가능하나, 동시에 그렇게 사용할 수는 없다. 장면을 텍스처에 렌더링한 후 그 텍스처를 셰이더 자원으로 사용하는 기법을 **텍스처 대상 렌더링**(render-to-texture)이라고 부르는데, 이 기법을 이용하면 여러 흥미로운 특수 효과가 가능해진다(몇 가지는 실제로 이 책의 이후 장들에서 구현한다). 하나의 텍스처를 렌더 대상이자 셰이더 자원으로 사용하려면 그 텍스처 자원에 대한 뷰 서술자를 두 개 만들어야 하는데, 하나는 렌더 대상 힙(즉, D3D12_DESCRIPTOR_HEAP_TYPE_RTV)에 두고 다른 하나는 셰이더 자원 힙(즉, D3D12_DESCRIPTOR_HEAP_TYPE_CBV_SRV_UAV)에 두어야 한다. (셰이더 자원 힙에는 상수 버퍼 뷰 서술자와 순서 없는 접근 뷰 서술자도 담을 수 있음을 기억하기 바란다.) 그런 다음에는 다음과 같이 자원을 렌더 대상으로 묶거나, 아니면 루트 서명의 루트 매개변수에 대한 입력으로 묶으면 된다(동시에 둘 다 묶을 수는 없다).

```
// 렌더 대상으로 묶는다.
CD3DX12_CPU_DESCRIPTOR_HANDLE rtv = ...;
CD3DX12_CPU_DESCRIPTOR_HANDLE dsv = ...;
cmdList->OMSetRenderTargets(1, &rtv, true, &dsv);

// 루트 매개변수에 대한 셰이더 입력으로 묶는다.
CD3DX12_GPU_DESCRIPTOR_HANDLE tex = ...;
cmdList->SetGraphicsRootDescriptorTable(rootParamIndex, tex);
```

자원 서술자들은 본질적으로 두 가지 일을 한다. 하나는 Direct3D에게 자원의 용도(즉, 자원을 파이프라인의 어떤 단계에 묶어야 하는가)를 말해주는 것이고, 다른 하나는 무형식으로 생성한 자원의 경우 구체적인 형식을 결정하는 것이다. 따라서, 무형식 자원의 경우 파이프라인의 한 단계에서는 텍스처의 요소들을 부동소수점 값들로 간주하고 다른 한 단계에서는 정수 값들로 간주하는 것이 가능하다. 본질적으로 이는 C++의 reinterpret_cast<> 같은 강제적인 형식 재해석에 해당한다.

이번 장에서는 픽셀 셰이더에서 텍스처의 표본을 추출해 픽셀의 색상으로 사용할 수 있도록 텍스처를 셰이더 자원으로 묶어서 사용하는 방식만 이야기한다.

9.2 텍스처 좌표

Direct3D는 u 축이 이미지의 가로 방향이고 v 축이 이미지의 세로 방향인 텍스처 좌표계를 사용한다. 텍스처를 구성하는 요소들을 **텍셀**(texel; texture element)이라고 부른다. 특정한 텍셀 하나는 $0 \leq u, v \leq 1$인 텍스처 좌표 (u, v)로 식별한다. 보통의 좌표계와는 달리 v 축이 위에서 아래로 향함을 주의하기 바란다(그림 9.2). 또한, 텍스처 좌표는 $[0, 1]$ 구간으로 정규화된 좌표성분들을 사용한다는 점도 주목하기 바란다. 이는 Direct3D가 텍스처 이미지의 크기와는 독립적인 구간의 좌표들을 다룰 수 있게 하기 위한 것이다. 예를 들어 텍스처 좌표 $(0.5, 0.5)$는 텍스처의 실제 크기가 256×256픽셀이든 아니면 512×1024나 2048×2048이든 항상 정중앙의 텍셀에 해당한다. 마찬가지로 $(0.25, 0.75)$는 가로 방향 전체 너비의 1/4과 세로 방향 전체 높이의 3/4에 해당하는 텍셀이다. $[0, 1]$ 구간 바깥의 값을 사용하는 것도 가능하지만, 구체적인 활용법은 나중에 설명하겠다. 일단 지금은 텍스처 좌표의 성분들이 항상 $[0, 1]$ 구간에 속한다고 가정한다.

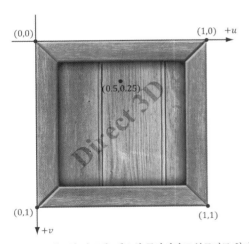

그림 9.2 텍스처 좌표계. 텍스처 공간이라고 부르기도 한다.

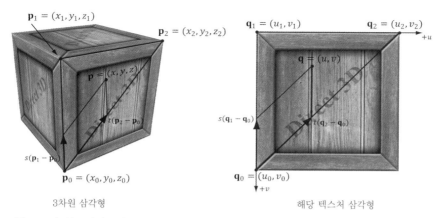

| 3차원 삼각형 | 해당 텍스처 삼각형 |

그림 9.3 왼쪽은 3차원 공간의 한 삼각형이고 오른쪽은 그 3차원 삼각형에 입혀질 텍스처상의 2차원 삼각형을 정의한 것이다.

물체에 텍스처를 입히려면, 물체의 각 3차원 삼각형마다 그 삼각형에 입힐 텍스처 이미지상의 삼각형을 지정해야 한다(그림 9.3 참고). $\mathbf{p}_0$, $\mathbf{p}_1$, $\mathbf{p}_2$가 한 3차원 삼각형의 정점들이고 $\mathbf{q}_0$, $\mathbf{q}_1$, $\mathbf{q}_2$가 그에 해당하는 텍스처 좌표들이라고 하자. Direct3D는 3차원 삼각형의 임의의 점 (x, y, z)에 대해, 정점에 지정된 텍스처 좌표들을 3차원 삼각형 면을 따라 삼각형 정점들과 동일한 s, t 매개변수로 보간해서 텍스처 좌표 (u, v)를 구한다. 즉, $s \geq 0$, $t \geq 0$, $s+t \leq 1$에 대해 만일

$$(x, y, z) = \mathbf{p} = \mathbf{p}_0 + s(\mathbf{p}_1 - \mathbf{p}_0) + t(\mathbf{p}_2 - \mathbf{p}_0)$$

이면

$$(u, v) = \mathbf{q} = \mathbf{q}_0 + s(\mathbf{q}_1 - \mathbf{q}_0) + t(\mathbf{q}_2 - \mathbf{q}_0)$$

이다. 이런 보간에 의해, 삼각형의 모든 점마다 그에 대응되는 텍스처 좌표가 결정된다.

코드에서 이를 지원하기 위해, 정점 구조체에 텍스처의 한 점을 지정하는 텍스처 좌표성분 두 개를 추가하자. 이제는 각 3차원 정점마다 그에 해당하는 2차원 텍스처 정점이 존재한다. 즉, 세 개의 정점으로 정의되는 모든 3차원 삼각형은 텍스처 공간의 2차원 삼각형도 정의하게 된다(다른 말로 하면, 각 3차원 삼각형마다 하나씩의 2차원 텍스처 삼각형이 연관된다).

```
struct Vertex
{
  DirectX::XMFLOAT3 Pos;
  DirectX::XMFLOAT3 Normal;
  DirectX::XMFLOAT2 TexC;
};
```

```
std::vector<D3D12_INPUT_ELEMENT_DESC> mInputLayout =
{
  { "POSITION", 0, DXGI_FORMAT_R32G32B32_FLOAT, 0, 0,
    D3D12_INPUT_CLASSIFICATION_PER_VERTEX_DATA, 0 },
  { "NORMAL", 0, DXGI_FORMAT_R32G32B32_FLOAT, 0, 12,
    D3D12_INPUT_CLASSIFICATION_PER_VERTEX_DATA, 0 },
  { "TEXCOORD", 0, DXGI_FORMAT_R32G32_FLOAT, 0, 24,
    D3D12_INPUT_CLASSIFICATION_PER_VERTEX_DATA, 0 },
};
```

참고: 3차원 삼각형과는 상당히 다른 모습의 2차원 텍스처 삼각형을 사용하는 '이상한' 텍스처 매핑도 가능하다. 그런 경우 3차원 삼각형에 2차원 텍스처가 입혀지면 이미지가 많이 늘어나거나 왜곡되어서 그리 보기 좋지 않은 결과가 생긴다. 예를 들어 예각 삼각형을 직각 삼각형에 입히면 이미지가 늘어날 수밖에 없다. 일반적으로 텍스처 왜곡은 그래픽 아티스트가 의도적으로 왜곡된 모습을 원하는 것이 아닌 한 최소화해야 한다.

[그림 9.3]에서는 텍스처 이미지 전체를 입방체의 각 면에 입힌다. 그런데 반드시 그렇게 해야 하는 것은 아니다. 텍스처의 한 부분집합만 기하구조에 입히는 것도 가능하다. 실제 응용에서는 여러 종류의 서로 무관한 이미지들을 하나의 커다란 텍스처 맵(이를 텍스처 대지도(texture altas)라고 부른다)에 모아 두고 각 부분 이미지를 서로 다른 여러 물체에 적용하기도 한다(그림 9.4). 각 삼각형에 텍스처의 어떤 부분이 입혀질 것인지는 바로 텍스처 좌표가 결정한다.

그림 9.4 네 개의 부분 텍스처를 하나의 커다란 텍스처로 모은 텍스처 대지도. 각 정점의 텍스처 좌표를 적절히 지정함으로써, 전체 텍스처 중 기하구조에 입혀질 부분을 선택한다.

9.3 텍스처 자료 원본

게임용 텍스처를 만들어 내는 가장 흔한 방법은 아티스트가 Photoshop이나 기타 이미지 편집기에서 이미지를 작성한 후 BMP나 DDS, TGA, PNG 같은 이미지 파일로 저장하는 것이다. 게임 응용 프로그램은 게임 적재 시점에서 그 이미지 자료를 ID3D12Resource 객체로 불러들인다. 실시간 그래픽 응용 프로그램에서 즐겨 쓰이는 이미지 파일 형식은 GPU가 직접 이해할 수 있는 다양한 이미지 형식들을 지원한다는 장점이 있는 DDS(DirectDraw Surface format)이다. 특히 DDS는 GPU가 직접 압축을 해제할 수 있는 이미지 압축 형식들을 지원한다.

> **참고:** 작업용 이미지 형식으로 DDS를 사용하라고 아티스트들에게 요구하는 것은 바람직하지 않다. 작업 도중에는 아티스트 자신이 선호하는 형식을 사용하고, 텍스처 이미지를 다 만든 후에 게임 응용 프로그램을 위해 이미지를 DDS로 저장하는 것이 시간 절약에 도움이 된다.

9.3.1 DDS의 개요

DDS 형식은 3차원 그래픽에 특화된 특별한 이미지 형식들과 텍스처 형식들을 지원한다는 점에서 3차원 그래픽에 이상적이다. 본질적으로 DDS는 GPU를 위해 만들어진 이미지 형식이다. 예를 들어 DDS 텍스처는 3차원 그래픽 개발에 쓰이는 다음과 같은 기능들(아직 이 책에서 논의하지는 않았음)을 지원한다.

1. 밉맵
2. GPU가 직접 해제할 수 있는 압축 형식
3. 텍스처 배열
4. 입방체 맵
5. 입체(볼륨) 텍스처

DDS 형식은 다양한 픽셀 형식을 지원한다. 픽셀 형식은 DXGI_FORMAT 열거형의 한 멤버로 지정하는데, DDS 텍스처가 그 열거형의 모든 멤버를 지원하지는 않는다. 일반적으로, 압축되지 않은 이미지 자료에 대해서는 주로 다음 형식들이 쓰인다.

1. 저동적대역(LDR) 이미지: DXGI_FORMAT_B8G8R8A8_UNORM 또는 DXGI_FORMAT_B8G8R8X8_UNORM

2. 고동적대역(HDR) 이미지: DXGI_FORMAT_R16G16B16A16_FLOAT

가상 세계가 커져서 텍스처를 수백 장씩 사용하다 보면 텍스처들을 담을 GPU 메모리 요구량이 급격히 늘어난다(텍스처들을 장면에 빠르게 입히려면 텍스처들을 모두 GPU 메모리에 담아 두어야 함을 기억하기 바란다). 메모리 요구량을 낮추기 위해, Direct3D는 다음과 같은 압축 텍스처 형식들을 지원한다.

1. BC1(DXGI_FORMAT_BC1_UNORM): 세 가지 색상 채널이 필요하지만 알파 성분은 1비트(온/오프)로 충분한 텍스처를 압축할 때 이 형식을 사용한다.

2. BC2(DXGI_FORMAT_BC2_UNORM): 세 가지 색상 채널이 필요하지만 알파 성분은 4비트로 충분한 텍스처를 압축할 때 이 형식을 사용한다.

3. BC3(DXGI_FORMAT_BC3_UNORM): 세 가지 색상 채널과 8비트 알파 성분이 필요한 텍스처를 압축할 때 이 형식을 사용한다.

4. BC4(DXGI_FORMAT_BC4_UNORM): 단 하나의 색상 채널로만 이루어진 텍스처(이를테면 회색조 이미지)를 압축할 때 이 형식을 사용한다.

5. BC5(DXGI_FORMAT_BC5_UNORM): 두 가지 색상 채널이 필요한 텍스처를 압축할 때 이 형식을 사용한다.

6. BC6(DXGI_FORMAT_BC6_UF16): 압축된 HDR 이미지 자료를 압축할 때 이 형식을 사용한다.

7. BC7(DXGI_FORMAT_BC7_UNORM): 고품질 RGBA 압축이 필요할 때 이 형식을 사용한다. 특히 이 형식에서는 법선 맵의 압축에 의한 오차가 크게 줄어든다.

> **참고:** 압축된 텍스처는 렌더링 파이프라인의 셰이더 단계에 대한 입력으로만 사용할 수 있다. 렌더 대상으로는 사용할 수 없다.

> **참고:** 이 블록 압축(block compression) 알고리즘들은 4×4픽셀 블록 단위로 작동하므로 텍스처의 가로, 세로가 둘 다 4의 배수이어야 한다.

이 압축 형식들의 장점은 압축된 자료를 GPU 메모리에 담아 두고 필요할 때 GPU가 즉석에서 압축을 풀 수 있다는 것이다. 또한, 텍스처들을 압축해서 DDS 파일에 저장하면 하드 디스크 공간이 절약된다는 장점도 생긴다.

9.3.2 DDS 파일 만들기

그래픽 프로그래밍 초보자라면 아마 DDS 형식이 낯설 것이며, DDS보다는 BMP나 TGA, PNG 같은 형식을 더 많이 사용할 것이다. 다음은 전통적인 이미지 형식들을 DDS 형식으로 변환하는 두 가지 방법이다.

1. NVIDIA는 이미지들을 DDS 형식으로 내보내는(export) Adobe Photoshop 플러그인을 제공한다. 그 플러그인은 *https://developer.nvidia.com/nvidia-texture-tools-adobe-photoshop*에서 내려받을 수 있다. 이 플러그인은 여러 옵션을 제공하는데, 특히 DDS 파일의 `DXGI_FORMAT`을 지정하는 옵션과 밉맵 생성 옵션이 유용하다.

2. Microsoft는 *texconv*라는 명령줄 도구를 제공한다. 이 도구를 이용하면 전통적인 이미지 형식들을 DDS로 변환할 수 있다. *texconv* 프로그램은 또한 이미지 크기 변경, 픽셀 형식 변경, 밉맵 생성을 비롯한 다른 여러 기능도 제공한다. 이 도구의 문서화와 다운로드 링크가 *https://github.com/Microsoft/DirectXTex/wiki/Texconv*에 있다.

다음은 *bricks.bmp*라는 BMP 파일을 압축 형식이 `BC3_UNORM`이고 10개의 밉맵들로 이루어진 밉맵 사슬을 가진 *bricks.dds*라는 DDS 파일로 변환하는 예이다.

```
texconv -m 10 -f BC3_UNORM treeArray.dds
```

> **참고:** Microsoft는 *texassemble*이라는 명령줄 도구도 제공한다. 이 도구를 이용하면 텍스처 배열, 입체 텍스처, 입방체 텍스처를 담은 DDS 파일을 만들어 낼 수 있다. 이 책에서도 나중에 이 도구를 사용한다. 해당 문서화와 다운로드 링크는 *https://github.com/Microsoft/DirectXTex/wiki/Texassemble*에 있다.

> **참고:** Visual Studio 2015에는 DDS와 여러 인기 있는 이미지 형식들을 지원하는 내장 이미지 편집기가 있다. 이미지 파일을 Visual Studio 2015에 끌어다 놓으면 이미지 편집기가 뜬다. DDS 파일의 경우 이 편집기에서 밉맵 수준들을 보거나, DDS 형식을 변경하거나, 여러 색상 채널들을 살펴볼 수 있다.

9.4 텍스처 생성 및 활성화

9.4.1 DDS 파일 불러오기

Microsoft는 가벼운 DDS 파일 적재 라이브러리를 제공한다. 다음 주소에서 소스 코드를 구할 수 있다.

https://github.com/Microsoft/DirectXTK/wiki/DDSTextureLoader

그런데 이 글을 쓰는 현재 이 라이브러리는 DirectX 11만 지원한다. 그래서 필자는 *DDSTextureLoader.h/.cpp* 파일들을 적절히 수정하고, DirectX 12를 위한 함수를 추가했다 (수정된 파일들은 웹 부록의 *Common* 폴더에 있다). 그 함수는 다음과 같다.

```
HRESULT DirectX::CreateDDSTextureFromFile12(
  _In_ ID3D12Device* device,
  _In_ ID3D12GraphicsCommandList* cmdList,
  _In_z_ const wchar_t* szFileName,
  _Out_ Microsoft::WRL::ComPtr<ID3D12Resource>& texture,
  _Out_ Microsoft::WRL::ComPtr<ID3D12Resource>& textureUploadHeap);
```

1. device: 텍스처 자원을 생성할 Direct3D 장치를 가리키는 포인터.
2. cmdList: GPU에 제출할 명령들(업로드 힙의 텍스처 자료를 기본 힙으로 복사하는 등)을 담은 명령 목록.
3. szFileName: 적재할 이미지 파일의 이름.
4. texture: 적재된 이미지 자료로 만들어진 텍스처 자원을 이 출력 매개변수로 돌려준다.
5. textureUploadHeap: 이미지 자료를 기본 힙 텍스처 자료로 복사할 때 업로드 힙으로 쓰인 텍스처 자원을 이 출력 매개변수로 돌려준다. 이 자원을 GPU가 복사 명령을 완료하기 전에 파괴하면 안 된다.

다음은 *WoodCreate01.dds*라는 이미지 파일로부터 텍스처를 생성하는 예이다.

```
struct Texture
{
  // 조회 시 사용할 고유한 재질 이름.
  std::string Name;

  std::wstring Filename;
```

```
    Microsoft::WRL::ComPtr<ID3D12Resource> Resource = nullptr;
    Microsoft::WRL::ComPtr<ID3D12Resource> UploadHeap = nullptr;
};

auto woodCrateTex = std::make_unique<Texture>();
woodCrateTex->Name = "woodCrateTex";
woodCrateTex->Filename = L"Textures/WoodCrate01.dds";
ThrowIfFailed(DirectX::CreateDDSTextureFromFile12(
  md3dDevice.Get(), mCommandList.Get(),
  woodCrateTex->Filename.c_str(),
  woodCrateTex->Resource, woodCrateTex->UploadHeap));
```

9.4.2 SRV 힙

텍스처 자원을 성공적으로 생성했다면, 다음으로 할 일은 그에 대한 SRV 서술자를 생성하는 것
이다. 그래야 자원을 셰이더 프로그램이 사용할 루트 서명 매개변수 슬롯에 설정할 수 있다. 먼저
SRV 서술자를 저장할 서술자 힙을 만들어야 한다. ID3D12Device::CreateDescriptorHeap
메서드를 이용하면 된다. 다음은 CBV 서술자나 SRV 서술자, UAV 서술자를 저장할 수 있는,
그리고 셰이더들이 접근할 수 있는 서술자 세 개짜리 힙을 생성하는 코드이다.

```
D3D12_DESCRIPTOR_HEAP_DESC srvHeapDesc = {};
srvHeapDesc.NumDescriptors = 3;
srvHeapDesc.Type = D3D12_DESCRIPTOR_HEAP_TYPE_CBV_SRV_UAV;
srvHeapDesc.Flags = D3D12_DESCRIPTOR_HEAP_FLAG_SHADER_VISIBLE;
ThrowIfFailed(md3dDevice->CreateDescriptorHeap(
  &srvHeapDesc, IID_PPV_ARGS(&mSrvDescriptorHeap)));
```

9.4.3 SRV 서술자 생성

SRV 힙을 생성한 다음에는 실제 서술자들을 생성해야 한다. SRV 서술자를 만들려면 D3D12_
SHADER_RESOURCE_VIEW_DESC 구조체를 적절히 채워야 한다. 이 구조체는 자원의 용도와 기
타 정보(형식, 차원, 밉맵 개수 등)를 서술하는 역할을 한다.

```
typedef struct D3D12_SHADER_RESOURCE_VIEW_DESC
{
  DXGI_FORMAT Format;
```

```
  D3D12_SRV_DIMENSION ViewDimension;
  UINT Shader4ComponentMapping;
  union
  {
    D3D12_BUFFER_SRV Buffer;
    D3D12_TEX1D_SRV Texture1D;
    D3D12_TEX1D_ARRAY_SRV Texture1DArray;
    D3D12_TEX2D_SRV Texture2D;
    D3D12_TEX2D_ARRAY_SRV Texture2DArray;
    D3D12_TEX2DMS_SRV Texture2DMS;
    D3D12_TEX2DMS_ARRAY_SRV Texture2DMSArray;
    D3D12_TEX3D_SRV Texture3D;
    D3D12_TEXCUBE_SRV TextureCube;
    D3D12_TEXCUBE_ARRAY_SRV TextureCubeArray;
  };
} D3D12_SHADER_RESOURCE_VIEW_DESC;

typedef struct D3D12_TEX2D_SRV
{
  UINT MostDetailedMip;
  UINT MipLevels;
  UINT PlaneSlice;
  FLOAT ResourceMinLODClamp;
} D3D12_TEX2D_SRV;
```

구조체 내부 공용체에 여러 필드가 있는데, 2차원 텍스처에 필요한 것은 D3D12_TEX2D_SRV
형식의 필드이다. 이 구조체의 필드들은 다음과 같다.

1. Format: 자원의 형식. 자원 생성 시 지정했던 DXGI_FORMAT 멤버를 그대로 지정하면
   된다. 만일 자원을 무형식으로 생성했다면, 반드시 구체적인(무형식이 아닌) 형식에
   해당하는 DXGI_FORMAT 멤버를 이 필드에 지정해야 한다(그래야 GPU가 자원의 자료
   를 어떻게 해석할지 결정할 수 있다).

2. ViewDimension: 자원의 차원. 지금은 2차원 텍스처를 사용하므로 D3D12_SRV_
   DIMENSION_TEXTURE2D를 지정하면 된다. 그 밖의 텍스처 차원으로는 다음과 같은 것
   들이 있다.

   (a) D3D12_SRV_DIMENSION_TEXTURE1D: 1차원 텍스처 차원
   (b) D3D12_SRV_DIMENSION_TEXTURE3D: 3차원 텍스처 차원
   (c) D3D12_SRV_DIMENSION_TEXTURECUBE: 입방체 텍스처 차원

3. `Shader4ComponentMapping`: 셰이더에서 텍스처의 표본을 추출하면 지정된 텍스처 좌표에 있는 텍스처 자료를 담은 벡터가 반환된다. 이 필드는 텍스처 추출 시 반환되는 벡터 성분들의 순서를 바꾸는 수단을 제공한다. 예를 들어 이 필드를 이용해서 적색 색상 성분과 녹색 색상 성분을 맞바꿀 수 있다. 특별한 시나리오에서는 그런 교환이 필요한데, 이 책에서는 다루지 않는다. 따라서 이 책에서는 그냥 성분들을 순서 변경 없이 텍스처 자원에 저장된 원래 순서대로 돌려주는 `D3D12_DEFAULT_SHADER_4_COMPONENT_MAPPING`을 지정한다.

4. `MostDetailedMip`: 이 뷰에 대해 가장 세부적인 밉맵 수준의 색인을 지정한다. 0 이상, $MipCount - 1$ 이하의 값을 지정해야 한다.

5. `MipLevels`: `MostDetailedMip`에서 시작하는, 이 뷰의 밉맵 수준 개수이다. 이 필드와 `MostDetailedMip` 필드를 조합하면 이 뷰에 대한 밉맵 수준들의 부분 구간을 지정할 수 있다. `MostDetailedMip`에서 마지막 밉맵 수준까지 모든 밉맵 수준을 포함하려면 −1을 지정하면 된다.

6. `PlaneSlice`: 평면 색인.*

7. `ResourceMinLODClamp`: 접근 가능한 최소 밉맵 수준을 지정한다. 예를 들어 3.0을 지정하면 밉맵 수준 3.0에서 $MipCount - 1$까지 접근할 수 있게 된다. 0.0은 모든 밉맵 수준에 접근할 수 있음을 뜻한다.

다음 코드는 세 자원에 대한 실제 서술자들을 앞에서(§9.4.2) 마련한 힙에 생성한다.

```
// 다음 텍스처 자원들이 이미 만들어져 있다고 가정한다.
// ID3D12Resource* bricksTex;
// ID3D12Resource* stoneTex;
// ID3D12Resource* tileTex;

// 힙의 시작을 가리키는 포인터를 얻는다.
CD3DX12_CPU_DESCRIPTOR_HANDLE hDescriptor(
  mSrvDescriptorHeap->GetCPUDescriptorHandleForHeapStart());

D3D12_SHADER_RESOURCE_VIEW_DESC srvDesc = {};
srvDesc.Shader4ComponentMapping = D3D12_DEFAULT_SHADER_4_COMPONENT_MAPPING;
srvDesc.Format = bricksTex->GetDesc().Format;
```

---

* **옮긴이** 특정 자원 형식들에서는 이미지가 여러 개의 색상 성분별 평면으로 이루어져 있다. 이 책의 예제들은 그런 형식을 사용하지 않으며, 이 필드에 항상 0을 설정한다.

```
srvDesc.ViewDimension = D3D12_SRV_DIMENSION_TEXTURE2D;
srvDesc.Texture2D.MostDetailedMip = 0;
srvDesc.Texture2D.MipLevels = bricksTex->GetDesc().MipLevels;
srvDesc.Texture2D.ResourceMinLODClamp = 0.0f;
md3dDevice->CreateShaderResourceView(bricksTex.Get(), &srvDesc, hDescriptor);

// 힙의 다음 서술자로 넘어간다.
hDescriptor.Offset(1, mCbvSrvDescriptorSize);

srvDesc.Format = stoneTex->GetDesc().Format;
srvDesc.Texture2D.MipLevels = stoneTex->GetDesc().MipLevels;
md3dDevice->CreateShaderResourceView(stoneTex.Get(), &srvDesc, hDescriptor);

// 힙의 다음 서술자로 넘어간다.
hDescriptor.Offset(1, mCbvSrvDescriptorSize);

srvDesc.Format = tileTex->GetDesc().Format;
srvDesc.Texture2D.MipLevels = tileTex->GetDesc().MipLevels;
md3dDevice->CreateShaderResourceView(tileTex.Get(), &srvDesc, hDescriptor);
```

9.4.4 텍스처를 파이프라인에 묶기

지금까지는 그리기 호출마다 재질 상수 버퍼를 변경해서 해당 그리기 호출에 사용할 재질들을 지정했다. 이런 방식에서는 주어진 그리기 호출의 모든 기하구조에 같은 재질 값들이 적용된다. 이는 상당히 제한된 접근 방식이다. 픽셀마다 재질을 다르게 할 수 없으므로 장면의 세밀함이 떨어진다. 텍스처 매핑에 깔린 착안은 재질 자료를 재질 상수 버퍼가 아니라 텍스처 맵에서 가져온다는 것이다. 그러면 픽셀마다 재질을 다르게 적용해서 [그림 9.1]에 나온 것처럼 좀 더 세부적이고 사실적인 모습을 만들어 낼 수 있다.

이번 장에서는 분산광 반사율 텍스처 맵을 응용 프로그램에 추가하고 그 텍스처에서 재질의 분산광 반사율 성분을 가져온다. FresnelR0과 Roughness 재질 값들은 여전히 재질 상수 버퍼를 통해서 그리기 호출별로 지정한다. 텍스처를 이용해서 표면 거칠기(roughness)를 픽셀 수준에서 지정하는 방법은 이후 '법선 매핑'을 다루는 장에서 이야기하겠다. 텍스처를 적용하는 경우에도 DiffuseAlbedo 성분은 여전히 재질 상수 버퍼에 둔다는 점을 주의하기 바란다. 실제로, 이 성분은 픽셀 셰이더에서 다음과 같은 방식으로 텍스처 분산광 반사율 값과 결합된다.

```
// 이 픽셀에서의 분산광 반사율을 텍스처에서 가져온다.
float4 texDiffuseAlbedo = gDiffuseMap.Sample(
```

```
    gsamAnisotropicWrap, pin.TexC);

    // 텍스처에서 추출한 반사율에 상수 버퍼에 있는 반사율을 곱한다.
    float4 diffuseAlbedo = texDiffuseAlbedo * gDiffuseAlbedo;
```

일반적으로는 DiffuseAlbedo=(1,1,1,1)로 두므로, texDiffuseAlbedo는 사실 변하지 않
는다. 그러나 어떤 효과들은 아티스트가 새 텍스처를 만들 필요 없이 그냥 상수 분산광 반사율
을 조금 조정하는 것으로도 구현할 수 있다. 예를 들어 벽돌 텍스처가 조금 푸르스름하게 보이
게 하고 싶다면, DiffuseAlbedo=(0.9,0.9,1,1)로 설정해서 적색 성분과 녹색 성분을 줄이
면 된다.

재질을 정의하는 구조체에 서술자 힙의 SRV(재질과 연관된 텍스처)를 가리키는 색인에 해
당하는 필드를 추가한다.

```
struct Material
{
  ...

  // SRV 힙의 분산 반사율 텍스처 색인
  int DiffuseSrvHeapIndex = -1;

  ...
};
```

셰이더 자원 뷰들의 테이블이 0번 슬롯 매개변수에 묶이도록 루트 서명을 정의했다고 할 때,
다음은 텍스처를 적용해서 렌더 항목들을 그리는 코드이다.

```
void CrateApp::DrawRenderItems(
  ID3D12GraphicsCommandList* cmdList,
  const std::vector<RenderItem*>& ritems)
{
  UINT objCBByteSize = d3dUtil::CalcConstantBufferByteSize(sizeof(ObjectConstants));
  UINT matCBByteSize = d3dUtil::CalcConstantBufferByteSize(sizeof(MaterialConstants));

  auto objectCB = mCurrFrameResource->ObjectCB->Resource();
  auto matCB = mCurrFrameResource->MaterialCB->Resource();

  // 각 렌더 항목에 대해:
  for(size_t i = 0; i < ritems.size(); ++i)
  {
    auto ri = ritems[i];
```

```
cmdList->IASetVertexBuffers(0, 1, &ri->Geo->VertexBufferView());
cmdList->IASetIndexBuffer(&ri->Geo->IndexBufferView());
cmdList->IASetPrimitiveTopology(ri->PrimitiveType);

CD3DX12_GPU_DESCRIPTOR_HANDLE tex(
  mSrvDescriptorHeap->GetGPUDescriptorHandleForHeapStart());
tex.Offset(ri->Mat->DiffuseSrvHeapIndex, mCbvSrvDescriptorSize);

D3D12_GPU_VIRTUAL_ADDRESS objCBAddress =
  objectCB->GetGPUVirtualAddress() +
  ri->ObjCBIndex*objCBByteSize;
D3D12_GPU_VIRTUAL_ADDRESS matCBAddress =
  matCB->GetGPUVirtualAddress() +
  ri->Mat->MatCBIndex*matCBByteSize;

cmdList->SetGraphicsRootDescriptorTable(0, tex);
cmdList->SetGraphicsRootConstantBufferView(1, objCBAddress);
cmdList->SetGraphicsRootConstantBufferView(3, matCBAddress);

cmdList->DrawIndexedInstanced(ri->IndexCount,
  1, ri->StartIndexLocation,
  ri->BaseVertexLocation, 0);
  }
}
```

참고: 텍스처 자원은 모든 종류의 셰이더(정점, 픽셀, 기하)가 사용할 수 있다. 그러나 일단은 텍스처를 픽셀 셰이더에서만 사용하기로 한다. 앞에서 언급했듯이 텍스처는 본질적으로 GPU의 특별한 연산들을 지원하는 특별한 배열이므로, 텍스처를 픽셀 셰이더 이외의 셰이더들도 사용할 수 있다는 점을 이해하기가 어렵지는 않을 것이다.

참고: 텍스처 대지도를 사용하면 한 번의 그리기 호출로 좀 더 많은 기하구조를 그릴 수 있으므로 성능이 향상된다. 예를 들어 [그림 9.4]처럼 나무 상자, 풀, 벽돌 텍스처를 담은 텍스처 대지도를 사용한다면, 각 물체의 텍스처 좌표를 해당 부분 텍스처에 맞게 조정함으로써 한 번의 그리기 호출로 나무 상자와 풀, 벽돌을 모두 그릴 수 있다(물체마다 따로 설정할 다른 매개변수가 없다고 할 때). 그리기 호출에는 일정한 추가부담(overhead)이 있으므로, 이런 기법들을 이용해서 그리기 호출 횟수를 줄이는 것은 바람직한 일이다. 단, Direct3D의 이전 버전들에 비해 Direct3D 12에서는 그러한 추가부담이 훨씬 줄었다는 점도 염두에 두어야 할 것이다.

9.5 필터

9.5.1 확대

텍스처 맵의 요소(텍셀)들은 하나의 연속된 이미지로부터 추출하는 이산적인 색상 표본(sample)이라고 간주할 수 있다. 텍셀을 면적을 가진 직사각형이라고 생각하지는 말아야 한다. 그렇다면, 실제 텍셀 점과 정확히 일치하지 않는 텍스처 좌표 (u, v)를 사용하면 어떻게 될까? 다음과 같은 시나리오에서 그런 상황이 발생할 수 있다. 플레이어가 장면의 어떤 벽에 가까이 다가가서, 그 벽이 화면 전체를 채우게 되었다고 하자. 편의상 모니터 해상도가 1024 × 1024이고 벽의 텍스처 이미지가 256 × 256이라고 하겠다. 이 경우 화면이 텍스처보다 크므로 텍스처의 확대(magnification)가 일어난다. 즉, 적은 수의 텍셀들로 더 많은 수의 픽셀들을 채우게 된다. 지금 예에서 두 텍셀 점 사이에는 네 개의 픽셀이 있으며, 각 픽셀에는 정점 텍스처 좌표를 삼각형을 따라 보간해서 결정된 고유한 텍스처 좌표가 부여되어 있다. 따라서 텍셀 점과 정확히 일치하지 않는 텍스처 좌표를 가진 픽셀들이 존재한다. 그런 픽셀들의 색을 결정하는 한 가지 방법은 픽셀 부근에 있는 텍셀들의 색들을 보간하는 것이다. 이를 위해 그래픽 하드웨어는 두 종류의 보간 방법을 지원하는데, 하나는 상수 보간(constant interpolation)이고 또 하나는 선형 보간(linear interpolation)이다. 실제 응용에서는 거의 항상 선형 보간이 쓰인다.

[그림 9.5]는 이러한 선형 보간을 1차원으로 나타낸 것이다. 1차원 텍스처가 표본 256개로 이루어져 있으며 보간된 텍스처 좌표가 $u = 0.126484375$라고 하자. 이 정규화된 텍스처 좌표에 해당하는 텍셀 위치는 $0.126484375 \times 256 = 32.38$이다. 텍셀 표본들은 이산적이므로, 이

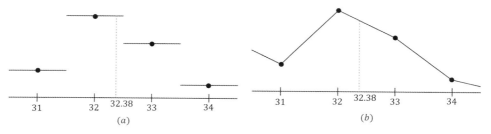

그림 9.5 (a) 텍셀 점들이 주어졌을 때, 성분별 상수 함수를 적용해서 텍셀 점들 사이의 값을 근사한다. 이를 **최근접 이웃점 표본화**(nearest neighbor point sampling)라고도 부른다. (b) 텍셀 점들이 주어졌을 때, 성분별 선형 함수를 적용해서 텍셀 점들 사이의 값을 근사한다.

위치는 두 표본 사이의 한 지점에 해당한다. 따라서 보간을 이용해서 표본 값을 근사해야 한다.

[그림 9.6]에 나온 2차원 선형 보간을 겹선형 보간(bilinear interpolation)이라고 부른다. 그림에서 보듯이, 겹선형 보간에서는 네 텍셀 사이의 한 지점을 가리키는 텍스처 좌표가 주어졌을 때 u 방향으로 1차원 선형 보간을 수행하고 v 방향으로 1차원 선형 보간을 수행해서 최종 결과를 얻는다.

[그림 9.7]은 상수 보간과 선형 보간의 차이를 보여 준다. 그림에서 보듯이 상수 보간에서는 색이 덩어리진 모습이 나타난다. 선형 보간은 그보다 매끄럽지만, 보간으로 유도한 자료가 아닌 실제 자료(이를테면 더 높은 해상도의 텍스처)를 사용했을 때보다는 품질이 떨어진다.

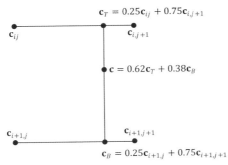

그림 9.6 네 개의 텍셀 점 c_{ij}, $c_{i,j+1}$, $c_{i+1,j}$, $c_{i+1,j+1}$이 주어졌을 때, 그 사이에 놓인 점 c의 색상을 근사하고자 한다. 이 예에서 점 c는 c_{ij} 오른쪽으로 0.75단위, c_{ij} 아래로 0.38단위 떨어진 곳에 있다. 우선 상단 두 텍셀 점의 색상들로 1차원 선형 보간을 수행해서 c_T를 얻고, 하단 두 텍셀 색상들에 마찬가지 방법을 적용해서 c_B를 얻는다. 마지막으로, c_T와 c_B를 선형 보간해서 c를 얻는다.

그림 9.7 나무 텍스처를 입힌 입방체를 크게 표시하면 텍스처 확대가 일어난다. 왼쪽은 상수 보간을 사용한 것으로, 색들이 덩어리져 보인다. 해당 보간 함수가 불연속적이기 때문에(그림 9.5의 (a)) 이처럼 색의 변화가 매끄럽지 않고 급하게 일어난 것이다. 오른쪽은 선형 보간을 사용한 것으로, 보간 함수의 연속성 때문에 색이 매끄럽게 전이되었다.

이 논의에서 한 가지 주목할 점은, 가상 카메라가 장면을 자유로이 돌아다닐 수 있는 대화식(상호작용적) 3차원 프로그램에서는 확대 문제가 필연적으로 발생할 수밖에 없다는 점이다. 어느 정도 거리를 두고 보면 텍스처가 그럴듯해 보이지만, 시점이 표면에 너무 가까워지면 확대 현상이 발생해서 품질이 나빠진다. 그래서 어떤 게임들은 가상 카메라가 표면에 일정 거리 이하로 다가가지 못하게 해서 과도한 확대를 피하는 우회책을 사용한다. 확대 문제를 완화하는 데에는 더 높은 해상도의 텍스처를 사용하는 것이 도움이 된다.

> **참고:** 텍스처 적용 문맥에서, 텍셀들 사이의 텍스처 좌표에 대한 텍스처 값을 상수 보간으로 구하는 것을 점 필터링(point filtering)이라고 부르기도 한다. 그리고 텍셀들 사이의 텍스처 좌표에 대한 텍스처 값을 선형 보간으로 구하는 것을 선형 필터링(linear filtering)이라고 부르기도 한다. Direct3D가 사용하는 용어도 점 필터링과 선형 필터링이다.

9.5.2 축소

축소(minification)는 확대의 반대이다. 축소에서는 너무 많은 텍셀이 너무 적은 픽셀들에 사상된다. 예를 들어 어떤 벽에 256×256짜리 텍스처를 입힌다고 하자. 시점이 벽에서 점점 멀어져서 벽이 화면의 64×64픽셀을 차지할 정도로 작아지면 256×256개의 텍셀이 64×64개의 화면 픽셀에 입혀지게 된다. 이 경우에도 대체로 픽셀의 텍스처 좌표가 텍스처 맵의 그 어떤 텍셀 점과도 일치하지 않으며, 따라서 축소에서도 여전히 상수 보간 필터링이나 선형 보간 필터링이 적용된다. 그런데 축소에 대해서는 그런 필터링 이외의 처리가 가능하다. 이런 상황에서는 256×256텍셀 크기의 맵이 일종의 평균 하향표본화(donwsampling)를 통해 64×64 크기의 더 작은 맵으로 줄여야 마땅함을 눈치챘을 것이다. 이 점을 이용해서 축소를 효율적으로(대신 메모리를 조금 더 사용하지만) 근사하는 기법이 바로 밉매핑^{mipmapping}이다. 밉매핑에서는 텍스처 초기화 시점(또는 생성 시점)에서 주어진 이미지를 하향표본화해서 텍스처의 더 작은 버전들을 만든다. 그런 버전들을 밉맵 수준(mipmap level)들이라고 부르며, 그러한 밉맵 수준들이 하나의 밉맵 사슬(mipmap chain)을 형성한다(그림 9.8). 즉, 평균을 이용한 하향표본화로 밉맵 수준들을 생성하는 작업은 렌더링 이전에 미리 수행되는 것이다. 이후 렌더링 도중에 텍스처를 적용할 때 그래픽 하드웨어는 응용 프로그램이 제공한 밉맵 설정에 기초해서 다음 두 방식 중 하나를 적용한다.

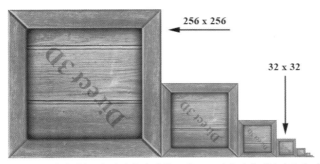

그림 9.8 밉맵 사슬. 각 밉맵의 각 차원 크기는 그 이전 밉맵 세부 수준의 절반이다. 그런 식으로 최하 1×1까지 내려간다.

1. 화면에 투영된 기하구조의 해상도에 가장 잘 부합하는 밉맵 수준 하나를 선택해서 텍스처로 사용한다. 이때 필요하다면 상수 보간이나 선형 보간을 적용한다. 이처럼 가장 가까운 밉맵 수준을 사용하는 방식을 밉맵의 **점 필터링**이라고 부르는데, 텍스처 적용 시 상수 보간을 통해서 가장 가까운 텍셀 값을 선택하는 점 필터링과 비슷한 방식이기 때문이다.

2. 화면에 투영된 기하구조의 해상도에 가장 가까운 이웃한 두 밉맵 수준(하나는 화면 기하구조 해상도보다 큰 것, 다른 하나는 더 작은 것)을 선택한다. 그런 다음 그 두 밉맵 수준에 각각 상수 필터링이나 선형 필터링을 적용해서 텍스처 색상을 하나씩 뽑는다. 마지막으로, 그 두 텍스처 색상을 보간해서 최종 색상을 결정한다. 이처럼 가장 가까운 두 밉맵 수준을 선형 보간하는 방식을 밉맵의 **선형 필터링**이라고 부르는데, 텍스처 적용 시 가장 가까운 두 텍셀 값을 보간하는 선형 필터링과 비슷한 방식이기 때문이다.

이처럼 밉맵 사슬에서 가장 적합한 밉맵 수준을 선택하면 축소가 일어나는 정도가 크게 줄어든다.

9.5.3 비등방 필터링

지금까지 말한 필터링 외에 사용할 수 있는 필터링이 하나 더 있는데, 바로 **비등방**^{非等方} 필터링(anisotropic filtering)이다. 이 필터링을 이용하면 다각형의 법선 벡터와 카메라의 시선 벡터 사이의 각도가 클 때(이를테면 다각형이 시야 창과 수직에 가까울 때) 발생하는 왜곡 현상이 완화된다. 비등방 필터링은 비용이 가장 비싼 필터링이지만, 왜곡에 의한 결함을 제거함으로써 품질이 크게 향상된다면 시도해 볼 만하다. [그림 9.9]는 비등방 필터링과 선형 필터링을 비교한 것이다.

그림 9.9 나무 상자의 윗면이 시야 창과 거의 수직이다. (왼쪽) 선형 필터링을 적용한 상자 윗면은 심하게 흐리다. (오른쪽) 이 각도에서 상자 윗면을 렌더링하는 데에는 비등방 필터링이 낫다.

> **참고:** §9.3.2에서 언급했듯이, 밉맵들은 Photoshop DDS 익스포터 플러그인으로 만들 수도 있고 texconv 프로그램으로 만들 수도 있다. 이 프로그램들은 기본 이미지 자료에 하향표본화 알고리즘을 적용해서 더 낮은 밉맵 수준들을 생성한다. 그런데 그런 알고리즘들을 적용하다 보면 보존되면 좋을 세부사항들이 소실되기도 한다. 그런 경우, 낮은 밉맵 수준들에서 중요한 세부사항을 유지하려면 아티스트가 낮은 밉맵 수준들을 직접 생성/수정해야 한다.

9.6 텍스처 좌표 지정 모드

텍스처와 상수 보간 또는 선형 보간의 조합은 하나의 벡터값 함수 $T(u, v) = (r, g, b, a)$를 정의한다. 다른 말로 하면, 텍스처 좌표 $(u, v) \in [0, 1]^2$이 주어졌을 때 텍스처 함수 T는 하나의 색상 (r, g, b, a)를 돌려준다. 이 함수의 정의역 바깥의 좌표가 주어졌을 때의 처리 방식을 좌표 지정 모드(address mode)라고 부르는데, Direct3D가 지원하는 좌표 지정 모드는 순환(wrap), 테두리 색(border color), 한정(clamp), 거울(mirror) 네 가지이다.

1. 순환 모드에서는 이미지가 정수 경계마다 반복된다(그림 9.10).*
2. 테두리 색상 모드에서 텍스처 함수는 $[0, 1]^2$ 구간 바깥의 각 텍스처 좌표 (u, v)에 대해 프로그래머가 지정한 색상을 돌려준다(그림 9.11).
3. 한정 모드에서 텍스처 함수는 $[0, 1]^2$ 구간 바깥의 각 텍스처 좌표 (u, v)에 대해 색상

---

* **옮긴이** 다른 말로 하면, 좌표성분이 1을 넘기면 다시 0부터 증가하고, 반대로 0보다 작아지면 1부터 감소하는 식으로 '순환'된다.

$T(u_0, v_0)$을 돌려주는데, 여기서 (u_0, v_0)은 (u, v)에 가장 가까운 $[0, 1]^2$ 구간 안의 점이다(그림 9.12).*

4. 반사 모드에서는 이미지가 정수 경계마다 반사, 즉 반대 방향으로 반복된다(그림 9.13).

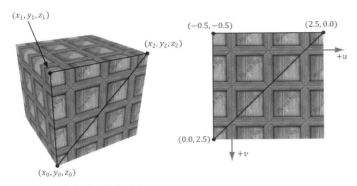

그림 9.10 순환 좌표 지정 모드.

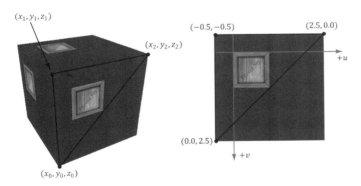

그림 9.11 테두리 색상 좌표 지정 모드.

* 옮긴이　결과적으로 1보다 큰 값은 1로, 0보다 작은 값은 0으로 '한정'된다.

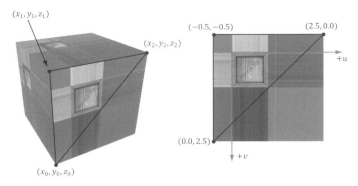

그림 9.12 한정 좌표 지정 모드.

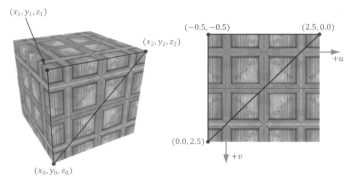

그림 9.13 거울 좌표 지정 모드.

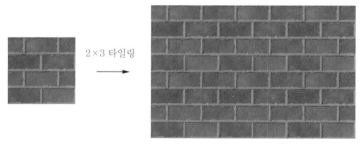

2×3 타일링

그림 9.14 벽돌 텍스처 하나를 2×3회 타일링한 결과. 텍스처에 이음매가 없어서 반복 패턴이 잘 드러나지 않는다.

좌표 지정 모드는 항상 적용된다(기본은 순환 모드이다). 따라서 [0, 1] 구간 바깥의 텍스처 좌표는 항상 적절한 의미를 가진다.

가장 흔히 쓰이는 좌표 지정 모드는 순환 모드이다. 이 모드를 이용하면 하나의 텍스처를 표면에 마치 타일을 깔듯이 반복해서 적용할 수 있다. 이러한 '타일링^{tiling}'은 추가적인 자료 없이 텍스처의 해상도를 높이는 효과를 낸다(물론 같은 이미지가 반복해서 나타나지만). 타일링을 적용할 때 중요한 것은 텍스처에 이음매가 없도록(seamless)* 하는 것이다. 예를 들어 나무 상자 텍스처에는 이음매가 있어서 반복 패턴이 뚜렷이 드러난다. 반면 [그림 9.14]는 이음매 없는 벽돌 텍스처를 2 × 3회 반복한 모습이다.

Direct3D에서 좌표 지정 모드를 나타내는 데 사용하는 수단은 D3D12_TEXTURE_ADDRESS_MODE 열거형이다.

```
typedef enum D3D12_TEXTURE_ADDRESS_MODE
{
  D3D12_TEXTURE_ADDRESS_MODE_WRAP        = 1,
  D3D12_TEXTURE_ADDRESS_MODE_MIRROR      = 2,
  D3D12_TEXTURE_ADDRESS_MODE_CLAMP       = 3,

  D3D12_TEXTURE_ADDRESS_MODE_BORDER       = 4,
  D3D12_TEXTURE_ADDRESS_MODE_MIRROR_ONCE = 5
} D3D12_TEXTURE_ADDRESS_MODE;
```

9.7 표본추출기 객체

이전 두 절에서는 텍스처를 적용할 때 필요한 것이 텍스처 자료 외에도 두 가지가 더 있음을 살펴보았다. 하나는 텍스처 필터링이고 또 하나는 좌표 지정 모드이다. 텍스처 자원에서 표본을 추출할 때 구체적으로 어떤 필터링 방식과 좌표 지정 모드를 적용할 것인지는 **표본추출기 객체**(sampler object)로 지정한다. 일반적으로 하나의 응용 프로그램은 텍스처를 여러 가지 방식으로 추출하기 위해 여러 개의 표본추출기 객체를 사용한다.

---

* **옮긴이** 여기서 이음매가 없다는 것은 텍스처의 왼쪽 가장자리와 오른쪽 가장자리, 위 가장자리와 아래 가장자리를 이었을 때 어색하지 않게 연결되는 것을 뜻한다. 사실 나무 상자 텍스처도 이음매 없는 텍스처라 할 수 있다(그러나 반복에 적합한 텍스처는 아닌데, 이음매 때문이 아니라 반복 패턴 자체가 인위적인 모습이기 때문일 것이다).

9.7.1 표본추출기 생성

다음 절에서 보겠지만, 표본추출기는 셰이더에서 쓰인다. 셰이더에서 표본추출기를 사용하려면 표본추출기 객체에 대한 서술자를 원하는 셰이더에 묶어야 한다. 다음은 셰이더의 표본추출기 레지스터 슬롯 0번에 묶이도록 설정된 표본추출기 서술자 하나를 담은 테이블을 루트 서명의 두 번째 슬롯에 배정하는 예이다.

```
CD3DX12_DESCRIPTOR_RANGE descRange[3];
descRange[0].Init(D3D12_DESCRIPTOR_RANGE_TYPE_SRV, 1, 0);
descRange[1].Init(D3D12_DESCRIPTOR_RANGE_TYPE_SAMPLER, 1, 0);
descRange[2].Init(D3D12_DESCRIPTOR_RANGE_TYPE_CBV, 1, 0);

CD3DX12_ROOT_PARAMETER rootParameters[3];
rootParameters[0].InitAsDescriptorTable(1, &descRange[0],
  D3D12_SHADER_VISIBILITY_PIXEL);
rootParameters[1].InitAsDescriptorTable(1, &descRange[1],
  D3D12_SHADER_VISIBILITY_PIXEL);
rootParameters[2].InitAsDescriptorTable(1, &descRange[2],
  D3D12_SHADER_VISIBILITY_ALL);

CD3DX12_ROOT_SIGNATURE_DESC descRootSignature;
descRootSignature.Init(3, rootParameters, 0, nullptr,
  D3D12_ROOT_SIGNATURE_FLAG_ALLOW_INPUT_ASSEMBLER_INPUT_LAYOUT);
```

표본추출기 서술자들을 설정하려면 표본추출기 힙이 필요하다. 표본추출기 힙을 생성하려면 D3D12_DESCRIPTOR_HEAP_DESC 인스턴스를 채울 때 힙의 종류를 D3D12_DESCRIPTOR_HEAP_TYPE_SAMPLER로 지정해야 한다.

```
D3D12_DESCRIPTOR_HEAP_DESC descHeapSampler = {};
descHeapSampler.NumDescriptors = 1;
descHeapSampler.Type = D3D12_DESCRIPTOR_HEAP_TYPE_SAMPLER;
descHeapSampler.Flags = D3D12_DESCRIPTOR_HEAP_FLAG_SHADER_VISIBLE;

ComPtr<ID3D12DescriptorHeap> mSamplerDescriptorHeap;
ThrowIfFailed(mDevice->CreateDescriptorHeap(&descHeapSampler,
  __uuidof(ID3D12DescriptorHeap),
  (void**)&mSamplerDescriptorHeap));
```

표본추출기 힙을 마련했다면 이제 표본추출기 서술자들을 생성할 수 있다. 이때 D3D12_SAMPLER_DESC 구조체의 여러 필드에 좌표 지정 모드와 필터 종류, 그리고 기타 여러 매개변수를 지정한다.

```
typedef struct D3D12_SAMPLER_DESC
{
  D3D12_FILTER Filter;
  D3D12_TEXTURE_ADDRESS_MODE AddressU;
  D3D12_TEXTURE_ADDRESS_MODE AddressV;
  D3D12_TEXTURE_ADDRESS_MODE AddressW;
  FLOAT MipLODBias;
  UINT MaxAnisotropy;
  D3D12_COMPARISON_FUNC ComparisonFunc;
  FLOAT BorderColor[ 4 ];
  FLOAT MinLOD;
  FLOAT MaxLOD;
} D3D12_SAMPLER_DESC;
```

1. Filter: 사용할 필터의 종류를 뜻하는 D3D12_FILTER 열거형의 한 멤버.

2. AddressU: 텍스처의 수평 방향(u 축) 좌표 지정 모드.

3. AddressV: 텍스처의 수직 방향(v 축) 좌표 지정 모드.

4. AddressW: 텍스처의 깊이 방향(w 축) 좌표 지정 모드(3차원 텍스처에만 적용됨).

5. MipLODBias: 밉맵 수준 선택 시 적용되는 편향치(오프셋). 편향이 없는 경우에는 0.0 을 지정한다.

6. MaxAnisotropy: 최대 비등방 값. 1 이상, 16 이하의 값이어야 한다. 필터 종류가 D3D12_FILTER_ANISOTROPIC이나 D3D12_FILTER_COMPARISON_ANISOTROPIC인 경우에만 적용된다. 이 값이 클수록 비용이 비싸지지만 화질은 좋아진다.

7. ComparisonFunc: 그림자 매핑 같은 몇몇 특화된 응용에 쓰이는 고급 옵션. 그림자 매핑을 설명하기 전에는 그냥 D3D12_COMPARISON_FUNC_ALWAYS로 설정한다.

8. BorderColor: 테두리 색상 좌표 지정 모드(D3D12_TEXTURE_ADDRESS_MODE_BORDER)에 쓰이는 테두리 색상.

9. MinLOD: 선택 가능한 최소 밉맵 수준.

10. MaxLOD: 선택 가능한 최대 밉맵 수준.

다음은 몇 가지 흔히 쓰이는 D3D12_FILTER 값과 그에 해당하는 필터링 방식을 요약한 것이다.

1. D3D12_FILTER_MIN_MAG_MIP_POINT: 텍스처 맵에 점 필터링 적용, 밉맵 수준들에 점 필터링 적용(즉, 가장 가까운 밉맵 수준을 선택).

2. D3D12_FILTER_MIN_MAG_LINEAR_MIP_POINT: 텍스처 맵에 겹선형 필터링, 밉맵 수준들에 점 필터링(즉, 가장 가까운 밉맵 수준을 선택).

3. D3D12_FILTER_MIN_MAG_MIP_LINEAR: 텍스처 맵에 겹선형 필터링, 가장 가까운 두 상/하 밉맵 수준에 겹선형 필터링. 이를 흔히 삼선형 필터링(trilinear filtering)이라고 부른다.

4. D3D12_FILTER_ANISOTROPIC: 축소, 확대, 밉매핑에 비등방 필터링 적용.

아마 이 예들에서 다른 텍스처/밉맵 수준 필터링 조합들도 추측할 수 있을 것이다. 좀 더 자세하고 확실하게 알고 싶다면 SDK 문서화의 D3D12_FILTER 열거형 항목을 참고하기 바란다.

다음 예는 겹선형 필터링과 순환 좌표 지정 모드를 사용하는 표본추출기에 대한 서술자를 힙에 생성하는 방법을 보여준다. 필터링과 좌표 지정 모드 이외의 항목들에는 그냥 흔히 쓰이는 기본값을 설정한다.

```
D3D12_SAMPLER_DESC samplerDesc = {};
samplerDesc.Filter    = D3D12_FILTER_MIN_MAG_MIP_LINEAR;
samplerDesc.AddressU = D3D12_TEXTURE_ADDRESS_MODE_WRAP;
samplerDesc.AddressV = D3D12_TEXTURE_ADDRESS_MODE_WRAP;
samplerDesc.AddressW = D3D12_TEXTURE_ADDRESS_MODE_WRAP;
samplerDesc.MinLOD = 0;
samplerDesc.MaxLOD = D3D12_FLOAT32_MAX;
samplerDesc.MipLODBias = 0.0f;
samplerDesc.MaxAnisotropy = 1;
samplerDesc.ComparisonFunc = D3D12_COMPARISON_FUNC_ALWAYS;

md3dDevice->CreateSampler(&samplerDesc,
  mSamplerDescriptorHeap->GetCPUDescriptorHandleForHeapStart());
```

다음은 이 표본추출기 서술자를 셰이더 프로그램이 사용할 루트 서명의 한 매개변수에 묶는 방법을 보여주는 코드이다.

```
commandList->SetGraphicsRootDescriptorTable(1,
  samplerDescriptorHeap->GetGPUDescriptorHandleForHeapStart());
```

9.7.2 정적 표본추출기

대체로 그래픽 응용 프로그램이 사용하는 표본추출기의 수는 그리 많지 않다. 그래서 Direct3D는 표본추출기 배열을 만들고 그것을 표본추출기 힙을 생성하지 않고도 설정할 수 있는 특별한 단축 수단을 제공한다. CD3DX12_ROOT_SIGNATURE_DESC 클래스의 Init 메서드의 두 매개변수를 적절히 설정하면 응용 프로그램이 사용할 수 있는 소위 정적 표본추출기 (static sampler)들의 배열을 정의할 수 있다. 정적 표본추출기는 D3D12_STATIC_SAMPLER_DESC 구조체로 서술한다. 이 구조체는 D3D12_SAMPLER_DESC와 아주 비슷하나, 다음과 같은 차이점이 있다.

1. 테두리 색상 설정에 제한이 있다. 구체적으로, 정적 표본추출기의 테두리 색상은 반드시 다음 열거형의 한 멤버이어야 한다.

```
enum D3D12_STATIC_BORDER_COLOR
{
    D3D12_STATIC_BORDER_COLOR_TRANSPARENT_BLACK   = 0,
    D3D12_STATIC_BORDER_COLOR_OPAQUE_BLACK   = (
      D3D12_STATIC_BORDER_COLOR_TRANSPARENT_BLACK + 1 ) ,
    D3D12_STATIC_BORDER_COLOR_OPAQUE_WHITE   = (
      D3D12_STATIC_BORDER_COLOR_OPAQUE_BLACK + 1 )
} D3D12_STATIC_BORDER_COLOR;
```

2. 셰이더 레지스터, 레지스터 공간, 셰이더 가시성을 지정하는 추가적인 필드들이 있다. 보통은 이들을 표본추출기 힙 설정의 일부로 지정한다.

또한, 정적 표본추출기는 최대 2,032개만 정의할 수 있다. 대부분의 응용 프로그램에서 이는 충분히 많은 개수이다. 표본추출기가 더 필요하다면, 정적이 아닌 표본추출기들과 표본추출기 힙을 사용하면 된다.

이 책의 예제들은 정적 표본추출기를 사용한다. 다음은 예제들에 쓰이는 정적 표본추출기를 정의하는 방법을 보여주는 코드이다. 모든 예제가 이 정적 표본추출기들을 모두 사용하는 것은 아니지만, 필요해지면 언제라도 사용할 수 있도록 이들을 이처럼 모두 정의해 둔다. 어차피 그리 많지 않으며, 사용하지 않는 여분의 표본추출기를 몇 개 정의한다고 해서 문제가 되지는 않는다.

```
std::array<const CD3DX12_STATIC_SAMPLER_DESC, 6>  TexColumnsApp::GetStaticSamplers()
{
    // 그래픽 응용 프로그램이 사용하는 표본추출기의 수는 그리 많지 않으므로,
```

```
// 미리 만들어서 루트 서명에 포함시켜 둔다.

const CD3DX12_STATIC_SAMPLER_DESC pointWrap(
  0,                                  // shaderRegister
  D3D12_FILTER_MIN_MAG_MIP_POINT,    // filter
  D3D12_TEXTURE_ADDRESS_MODE_WRAP,   // addressU
  D3D12_TEXTURE_ADDRESS_MODE_WRAP,   // addressV
  D3D12_TEXTURE_ADDRESS_MODE_WRAP);  // addressW

const CD3DX12_STATIC_SAMPLER_DESC pointClamp(
  1,                                  // shaderRegister
  D3D12_FILTER_MIN_MAG_MIP_POINT,    // filter
  D3D12_TEXTURE_ADDRESS_MODE_CLAMP,  // addressU
  D3D12_TEXTURE_ADDRESS_MODE_CLAMP,  // addressV
  D3D12_TEXTURE_ADDRESS_MODE_CLAMP); // addressW

const CD3DX12_STATIC_SAMPLER_DESC linearWrap(
  2,                                  // shaderRegister
  D3D12_FILTER_MIN_MAG_MIP_LINEAR,   // filter
  D3D12_TEXTURE_ADDRESS_MODE_WRAP,   // addressU
  D3D12_TEXTURE_ADDRESS_MODE_WRAP,   // addressV
  D3D12_TEXTURE_ADDRESS_MODE_WRAP);  // addressW

const CD3DX12_STATIC_SAMPLER_DESC linearClamp(
  3,                                  // shaderRegister
  D3D12_FILTER_MIN_MAG_MIP_LINEAR,   // filter
  D3D12_TEXTURE_ADDRESS_MODE_CLAMP,  // addressU
  D3D12_TEXTURE_ADDRESS_MODE_CLAMP,  // addressV
  D3D12_TEXTURE_ADDRESS_MODE_CLAMP); // addressW

const CD3DX12_STATIC_SAMPLER_DESC anisotropicWrap(
  4,                                  // shaderRegister
  D3D12_FILTER_ANISOTROPIC,          // filter
  D3D12_TEXTURE_ADDRESS_MODE_WRAP,   // addressU
  D3D12_TEXTURE_ADDRESS_MODE_WRAP,   // addressV
  D3D12_TEXTURE_ADDRESS_MODE_WRAP,   // addressW
  0.0f,                               // mipLODBias
  8);                                 // maxAnisotropy

const CD3DX12_STATIC_SAMPLER_DESC anisotropicClamp(
  5,                                  // shaderRegister
  D3D12_FILTER_ANISOTROPIC,          // filter
  D3D12_TEXTURE_ADDRESS_MODE_CLAMP,  // addressU
  D3D12_TEXTURE_ADDRESS_MODE_CLAMP,  // addressV
```

```
      D3D12_TEXTURE_ADDRESS_MODE_CLAMP,  // addressW
      0.0f,                               // mipLODBias
      8);                                 // maxAnisotropy

  return {
    pointWrap, pointClamp,
    linearWrap, linearClamp,
    anisotropicWrap, anisotropicClamp };
}

void TexColumnsApp::BuildRootSignature()
{
  CD3DX12_DESCRIPTOR_RANGE texTable;
  texTable.Init(D3D12_DESCRIPTOR_RANGE_TYPE_SRV, 1, 0);

  // 루트 매개변수는 테이블이거나 루트 서술자 또는 루트 상수이다.
  CD3DX12_ROOT_PARAMETER slotRootParameter[4];

  slotRootParameter[0].InitAsDescriptorTable(1,
    &texTable, D3D12_SHADER_VISIBILITY_PIXEL);
  slotRootParameter[1].InitAsConstantBufferView(0);
  slotRootParameter[2].InitAsConstantBufferView(1);
  slotRootParameter[3].InitAsConstantBufferView(2);

  auto staticSamplers = GetStaticSamplers();

  // 루트 서명은 루트 매개변수들의 배열이다.
  CD3DX12_ROOT_SIGNATURE_DESC rootSigDesc(4, slotRootParameter,
    (UINT)staticSamplers.size(), staticSamplers.data(),
    D3D12_ROOT_SIGNATURE_FLAG_ALLOW_INPUT_ASSEMBLER_INPUT_LAYOUT);

  // 상수 버퍼 하나로 구성된 서술자 구간을 가리키는
  // 슬롯 하나로 이루어진 루트 서명을 생성한다.
  ComPtr<ID3DBlob> serializedRootSig = nullptr;
  ComPtr<ID3DBlob> errorBlob = nullptr;
  HRESULT hr = D3D12SerializeRootSignature(&rootSigDesc,
    D3D_ROOT_SIGNATURE_VERSION_1,
    serializedRootSig.GetAddressOf(), errorBlob.GetAddressOf());

  if(errorBlob != nullptr)
  {
    ::OutputDebugStringA((char*)errorBlob->GetBufferPointer());
  }
  ThrowIfFailed(hr);
```

```
ThrowIfFailed(md3dDevice->CreateRootSignature(
    0,
    serializedRootSig->GetBufferPointer(),
    serializedRootSig->GetBufferSize(),
    IID_PPV_ARGS(mRootSignature.GetAddressOf())));
}
```

9.8 셰이더에서 텍스처 표본 추출

다음은 셰이더 프로그램에서 텍스처 객체를 정의하고 그것을 특정 텍스처 레지스터에 배정하는 HLSL 구문이다.

```
Texture2D gDiffuseMap : register(t0);
```

텍스처 레지스터 이름이 tn 형태임을 주목하기 바란다. 여기서 n은 특정 텍스처 레지스터 슬롯을 식별하는 정수이다. 루트 서명 정의는 어떤 슬롯의 매개변수가 어떤 셰이더 레지스터에 대응되는지를 결정한다. 이를 통해서 응용 프로그램은 하나의 SRV를 셰이더의 특정 Texture2D 객체에 묶는다.

이와 비슷하게, 다음 코드는 셰이더에서 표본추출기 객체를 정의하고 특정 표본추출기 레지스터에 배정하는 HLSL 구문을 보여준다.

```
SamplerState gsamPointWrap        : register(s0);
SamplerState gsamPointClamp       : register(s1);
SamplerState gsamLinearWrap       : register(s2);
SamplerState gsamLinearClamp      : register(s3);
SamplerState gsamAnisotropicWrap  : register(s4);
SamplerState gsamAnisotropicClamp : register(s5);
```

이 표본추출기들은 앞 절에서 설정한 정적 표본추출기 배열에 대응된다. 표본추출기 레지스터들이 sn 형태임을 주목하기 바란다. n은 특정 표본추출기 레지스터 슬롯을 식별하는 정수이다.

픽셀 셰이더에서 한 픽셀의 텍스처 좌표 (u, v)가 주어졌을 때, Texture2D::Sample 메서드를 이용해서 그 픽셀에 해당하는 표본을 텍스처로부터 실제로 추출한다. 다음이 그러한 예이다.

```
Texture2D gDiffuseMap : register(t0);
SamplerState gsamPointWrap        : register(s0);
SamplerState gsamPointClamp       : register(s1);
SamplerState gsamLinearWrap       : register(s2);
SamplerState gsamLinearClamp      : register(s3);
SamplerState gsamAnisotropicWrap  : register(s4);
SamplerState gsamAnisotropicClamp : register(s5);

struct VertexOut
{
  float4 PosH    : SV_POSITION;
  float3 PosW    : POSITION;
  float3 NormalW : NORMAL;
  float2 TexC    : TEXCOORD;
};

float4 PS(VertexOut pin) : SV_Target
{
  float4 diffuseAlbedo = gDiffuseMap.Sample(gsamAnisotropicWrap, pin.TexC)
    * gDiffuseAlbedo;
  ...
```

Sample 메서드의 첫 매개변수에는 SamplerState 객체를 넘겨준다. 이 객체는 텍스처 자료의
추출 방법을 결정한다. 둘째 매개변수에는 픽셀의 텍스처 좌표 (u, v)를 넘겨준다. 이 메서드
는 SamplerState 객체로 지정된 필터링 방법들을 이용해서 텍스처 맵의 (u, v) 위치에서 추
출, 보간한 색상을 돌려준다.

9.9 나무 상자 예제

이번 장의 나무 상자 예제('Crate')는 입방체에 나무 상자 텍스처를 입힌다(그림 9.1처럼). 그
럼 이 예제의 주요 부분을 살펴보자.

9.9.1 텍스처 좌표의 지정

GeometryGenerator::CreateBox 메서드는 입방체의 면마다 텍스처 이미지 전체가 입혀지
도록 텍스처 좌표들을 적절히 설정한다. 다음은 해당 정점 배열을 설정하는 코드로, 간결함을

위해 입방체 앞면, 뒷면, 윗면의 정점들만 표시했다. 또한, 각 Vertex 생성자 호출에서 법선 벡터와 접선 벡터 설정 부분도 생략했다(텍스처 좌표들은 굵은 글씨로 표시했음).

```
GeometryGenerator::MeshData GeometryGenerator::CreateBox(
    float width, float height, float depth,
    uint32 numSubdivisions)
{
    MeshData meshData;

    Vertex v[24];

    float w2 = 0.5f*width;
    float h2 = 0.5f*height;
    float d2 = 0.5f*depth;

    // 앞면 정점 자료를 채운다.
    v[0] = Vertex(-w2, -h2, -d2, ..., 0.0f, 1.0f);
    v[1] = Vertex(-w2, +h2, -d2, ..., 0.0f, 0.0f);
    v[2] = Vertex(+w2, +h2, -d2, ..., 1.0f, 0.0f);
    v[3] = Vertex(+w2, -h2, -d2, ..., 1.0f, 1.0f);

    // 뒷면 정점 자료를 채운다.
    v[4] = Vertex(-w2, -h2, +d2, ..., 1.0f, 1.0f);
    v[5] = Vertex(+w2, -h2, +d2, ..., 0.0f, 1.0f);
    v[6] = Vertex(+w2, +h2, +d2, ..., 0.0f, 0.0f);
    v[7] = Vertex(-w2, +h2, +d2, ..., 1.0f, 0.0f);

    // 윗면 정점 자료를 채운다.
    v[8]  = Vertex(-w2, +h2, -d2, ..., 0.0f, 1.0f);
    v[9]  = Vertex(-w2, +h2, +d2, ..., 0.0f, 0.0f);
    v[10] = Vertex(+w2, +h2, +d2, ..., 1.0f, 0.0f);
    v[11] = Vertex(+w2, +h2, -d2, ..., 1.0f, 1.0f);
```

텍스처 좌표들을 왜 이런 식으로 지정했는지 잘 이해가 되지 않는다면 [그림 9.3]을 다시 보기 바란다.

9.9.2 텍스처 생성

다음은 응용 프로그램 초기화 시점에서 텍스처를 생성하는 부분이다.

```
// 텍스처 관련 자료를 한데 묶어 편하게 관리하기 위한 구조체
struct Texture
{
  // 조회 시 사용할 고유한 재질 이름.
  std::string Name;

  std::wstring Filename;

  Microsoft::WRL::ComPtr<ID3D12Resource> Resource = nullptr;
  Microsoft::WRL::ComPtr<ID3D12Resource> UploadHeap = nullptr;
};

std::unordered_map<std::string, std::unique_ptr<Texture>> mTextures;

void CrateApp::LoadTextures()
{
  auto woodCrateTex = std::make_unique<Texture>();
  woodCrateTex->Name = "woodCrateTex";
  woodCrateTex->Filename = L"Textures/WoodCrate01.dds";
  ThrowIfFailed(DirectX::CreateDDSTextureFromFile12(md3dDevice.Get(),
    mCommandList.Get(), woodCrateTex->Filename.c_str(),
    woodCrateTex->Resource, woodCrateTex->UploadHeap));

  mTextures[woodCrateTex->Name] = std::move(woodCrateTex);
}
```

응용 프로그램이 사용하는 모든 텍스처를 각자 고유한 이름과 함께 순서 없는 맵 자료구조
(std::unordered_map)에 넣어 둔다. 이렇게 하면 이름으로 특정 텍스처를 조회할 수 있다.
실무 코드에서는 텍스처를 적재하기 전에 해당 텍스처 자료가 이미 적재되어 있는지(즉, 순
서 없는 맵에 이미 들어 있는지) 점검해서 같은 텍스처를 여러 번 적재하는 일을 피해야 할 것
이다.

9.9.3 텍스처 설정

텍스처를 생성하고 해당 SRV를 서술자 힙에 만들었다면, 다음으로 할 일은 그 텍스처를 셰이
더 프로그램이 사용할 수 있도록 파이프라인에 묶는 것이다. 다음처럼 그냥 텍스처 자원을 기
대하는 루트 서명 매개변수에 해당 SRV 서술자를 설정하면 된다.

```
// 묶고자 하는 텍스처의 SRV를 얻는다.
CD3DX12_GPU_DESCRIPTOR_HANDLE tex(
mSrvDescriptorHeap->GetGPUDescriptorHandleForHeapStart());
tex.Offset(ri->Mat->DiffuseSrvHeapIndex, mCbvSrvDescriptorSize);

...

// 루트 매개변수 0에 묶는다. 이 매개변수가 어떤 셰이더 레지스터
// 슬롯에 배정되는지는 루트 매개변수 서술 구조체에 지정되어 있다.
cmdList->SetGraphicsRootDescriptorTable(0, tex);
```

9.9.4 갱신된 HLSL

다음은 텍스처를 적용하도록 갱신된 *Default.hlsl* 파일이다(텍스처 적용 관련 코드를 굵게 표시했음).

```
// 광원 개수들이 정의되어 있지 않으면 기본값으로 정의한다.
#ifndef NUM_DIR_LIGHTS
  #define NUM_DIR_LIGHTS 3
#endif

#ifndef NUM_POINT_LIGHTS
  #define NUM_POINT_LIGHTS 0
#endif

#ifndef NUM_SPOT_LIGHTS
  #define NUM_SPOT_LIGHTS 0
#endif

// 조명을 위한 구조체들과 함수들을 여기에 포함한다.
#include "LightingUtil.hlsl"

Texture2D  gDiffuseMap : register(t0);


SamplerState gsamPointWrap        : register(s0);
SamplerState gsamPointClamp       : register(s1);
SamplerState gsamLinearWrap       : register(s2);
SamplerState gsamLinearClamp      : register(s3);
SamplerState gsamAnisotropicWrap  : register(s4);
SamplerState gsamAnisotropicClamp : register(s5);
```

```
// 프레임마다 달라지는 상수 자료.
cbuffer cbPerObject : register(b0)
{
  float4x4 gWorld;
  float4x4 gTexTransform;
};

// 재질마다 달라지는 상수 자료.
cbuffer cbPass : register(b1)
{
  float4x4 gView;
  float4x4 gInvView;
  float4x4 gProj;
  float4x4 gInvProj;
  float4x4 gViewProj;
  float4x4 gInvViewProj;
  float3 gEyePosW;
  float   cbPerObjectPad1;
  float2 gRenderTargetSize;
  float2 gInvRenderTargetSize;
  float   gNearZ;
  float   gFarZ;
  float   gTotalTime;
  float   gDeltaTime;
  float4 gAmbientLight;

  // 최대 MaxLights개의 물체별 광원 중에서
  // [0, NUM_DIR_LIGHTS) 구간의 색인들은 지향광들이고
  // [NUM_DIR_LIGHTS, NUM_DIR_LIGHTS+NUM_POINT_LIGHTS) 구간의
  // 색인들은 점광들이다.
  // 그리고 [NUM_DIR_LIGHTS+NUM_POINT_LIGHTS,
  // NUM_DIR_LIGHTS+NUM_POINT_LIGHT+NUM_SPOT_LIGHTS) 구간의
  // 색인들은 점적광들이다.
  Light gLights[MaxLights];
};

cbuffer cbMaterial : register(b2)
{
  float4    gDiffuseAlbedo;
  float3    gFresnelR0;
  float     gRoughness;
  float4x4 gMatTransform;
};
```

```
struct VertexIn
{
  float3 PosL    : POSITION;
  float3 NormalL : NORMAL;
  float2 TexC    : TEXCOORD;
};

struct VertexOut
{
  float4 PosH    : SV_POSITION;
  float3 PosW    : POSITION;
  float3 NormalW : NORMAL;
  float2 TexC    : TEXCOORD;
};

VertexOut VS(VertexIn vin)
{
  VertexOut vout = (VertexOut)0.0f;

  // 세계 공간으로 변환한다.
  float4 posW = mul(float4(vin.PosL, 1.0f), gWorld);
  vout.PosW = posW.xyz;

  // 세계 행렬에 비균등 비례가 없다고 가정하고 법선을 변환한다.
  // 비균등 비례가 있다면 역전치 행렬을 사용해야 한다.
  vout.NormalW = mul(vin.NormalL, (float3x3)gWorld);

  // 동차 절단 공간으로 변환한다.
  vout.PosH = mul(posW, gViewProj);

  // 텍스처 좌표를 출력 정점의 해당 특성에 설정한다.
  // 출력 정점 특성들은 이후 삼각형을 따라 보간된다.
  float4 texC = mul(float4(vin.TexC, 0.0f, 1.0f), gTexTransform);
  vout.TexC = mul(texC, gMatTransform).xy;

  return vout;
}

float4 PS(VertexOut pin) : SV_Target
{
  float4 diffuseAlbedo = gDiffuseMap.Sample(gsamAnisotropicWrap,
    pin.TexC) * gDiffuseAlbedo;

  // 법선을 보간하면 단위 길이가 아니게 될 수 있으므로
```

```
    // 다시 정규화한다.
    pin.NormalW = normalize(pin.NormalW);

    // 조명되는 점에서 눈으로의 벡터.
    float3 toEyeW = normalize(gEyePosW - pin.PosW);

    // 조명 계산에 포함되는 항들.
    float4 ambient = gAmbientLight*diffuseAlbedo;

    const float shininess = 1.0f - gRoughness;
    Material mat = { diffuseAlbedo, gFresnelR0, shininess };
    float3 shadowFactor = 1.0f;
    float4 directLight = ComputeLighting(gLights, mat, pin.PosW,
      pin.NormalW, toEyeW, shadowFactor);

    float4 litColor = ambient + directLight;

    // 흔히 하는 방식대로, 분산 재질에서 알파를 가져온다.
    litColor.a = diffuseAlbedo.a;

    return litColor;
}
```

9.10 텍스처 변환

앞에 나온 셰이더 코드에는 아직 설명한 적이 없는 gTexTransform과 gMatTransform이라는 두 상수 버퍼 변수가 등장한다. 이들은 정점 셰이더에서 입력 텍스처 좌표를 변환하는 데 쓰인다.

```
    // 텍스처 좌표를 출력 정점의 해당 특성에 설정한다.
    // 출력 정점 특성들은 이후 삼각형을 따라 보간된다.
    float4 texC = mul(float4(vin.TexC, 0.0f, 1.0f), gTexTransform);
    vout.TexC = mul(texC, gMatTransform).xy;
```

텍스처 좌표는 텍스처 평면의 2차원 점을 나타낸다. 따라서 다른 점처럼 이동하거나 회전, 비례할 수 있다. 다음은 텍스처 좌표 변환(줄여서 텍스처 변환)의 몇 가지 용례이다.

1. 커다란 벽보다 작은 벽돌 텍스처를 늘려서 벽 전체에 입힌다. 벽의 정점의 텍스처 좌표 성분들이 [0, 1] 구간이라고 할 때, 텍스처 좌표를 4배로 비례해서 [0, 4] 구간이 되게

하면 텍스처가 벽에 4×4 패턴으로 반복된다.

2. 하나의 사각형으로 이루어진 파란 하늘 전체에 구름 텍스처를 입힌다고 할 때, 텍스처 좌표를 시간에 따라 이동하면 구름이 흘러가는 효과를 낼 수 있다.

3. 텍스처 회전은 입자 비슷한 효과를 낼 때 유용하다. 이를테면 화염구(fireball) 텍스처를 시간에 따라 회전하는 등.

이 나무 상자 예제에서는 텍스처 좌표 변환에 단위행렬을 이용하므로 입력 텍스처 좌표가 변하지 않는다. 그러나 다음 절(§9.11)에서는 텍스처 변환을 실제로 활용하는 예제를 설명한다.

2차원 텍스처 좌표를 4×4 행렬을 이용해서 변환하기 위해, 텍스처 좌표를 다음과 같이 4차원 벡터로 확장함을 주목하기 바란다.

```
vin.TexC ⇒ float4(vin.TexC, 0.0f, 1.0f)
```

그러한 벡터에 변환 행렬을 곱한 후, 결과의 z 성분과 w 성분을 폐기해서 다시 2차원 벡터를 얻는다.

```
vout.TexC = mul(float4(vin.TexC, 0.0f, 1.0f), gTexTransform).xy;
```

gTexTransform과 gMatTransform이라는 두 가지 텍스처 변환 행렬을 사용하는 이유는, 재질에 대해 텍스처 변환을 적용하는 것이 합당할 때도 있고(이를테면 물처럼 애니메이션되는 재질의 경우) 텍스처 변환을 물체의 한 속성으로 두는 것이 합당할 때도 있기 때문이다.

텍스처 변환은 2차원 텍스처 좌표를 다루는 것이므로 처음 두 성분에만 신경을 쓰면 된다는 점을 주목하기 바란다. 예를 들어 z 좌표를 이동하는 변환 행렬은 텍스처 좌표에 아무런 영향도 미치지 않는다.

9.11 텍스처 입힌 언덕과 파도 예제

이번 장의 텍스처 입힌 언덕과 파도 예제('TexWaves')는 땅과 물로 이루어진 장면에 텍스처를 입힌다. 이를 위해 해결해야 하는 첫 번째 핵심 과제는 땅에 풀 텍스처를 타일 방식으로 입히는 것이다. 땅 메시는 커다란 표면이므로, 풀 텍스처 한 장을 그 표면 전체에 늘려서 입힌다면 각 삼각형을 덮는 텍셀들이 너무 적어서 보기가 좋지 않을 것이다. 다른 말로 하면,

그림 9.15 텍스처 입힌 언덕과 파도 예제의 실행 모습.

풀 텍스처의 해상도는 표면을 충분히 묘사하기에 부족하기 때문에 확대에 의한 결함이 생긴다. 그래서 풀 텍스처를 땅 메시에 반복 적용함으로써 추가적인 해상도를 얻도록 한다. 두 번째 핵심 과제는 물 텍스처가 수면 기하구조 위에서 시간의 함수로서 스크롤되게 하는 것이다. 그러면 물의 움직임이 좀 더 그럴듯해 보일 것이다. [그림 9.15]에 이 예제의 실행 모습이 나와 있다.

9.11.1 격자 텍스처 좌표 생성

[그림 9.16]은 xz 평면의 $m \times n$ 격자(grid)와 그에 대응되는 정규화된 텍스처 공간 정의역 $[0, 1]^2$의 격자를 나타낸 것이다. 그림에서 보듯이 xz 평면의 ij번째 격자 정점의 텍스처 좌표는 텍스처 공간의 ij번째 격자 정점의 좌표에 대응된다. 좀 더 구체적으로, ij번째 정점의 텍스처 공간 좌표는 다음과 같이 주어진다.

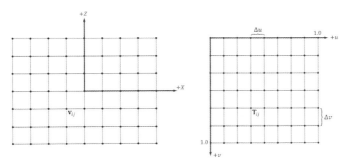

그림 9.16 xz 평면의 격자 정점 $\mathbf{v}_{ij}$의 텍스처 좌표는 uv 공간의 격자 정점 $\mathbf{T}_{ij}$에 대응된다.

$$u_{ij} = j \cdot \Delta u$$
$$v_{ij} = i \cdot \Delta v$$

여기서 $\Delta u = \dfrac{1}{n-1}$ 이고 $\Delta v = \dfrac{1}{m-1}$ 이다.

다음의 GeometryGenerator::CreateGrid 메서드는 이러한 대응 관계에 근거해서 격자 정점들과 해당 텍스처 좌표들을 생성한다.

```
GeometryGenerator::MeshData
GeometryGenerator::CreateGrid(float width, float depth, uint32 m, uint32 n)
{
  MeshData meshData;

  uint32 vertexCount = m*n;
  uint32 faceCount   = (m-1)*(n-1)*2;

  float halfWidth = 0.5f*width;
  float halfDepth = 0.5f*depth;

  float dx = width / (n-1);
  float dz = depth / (m-1);

  float du = 1.0f / (n-1);
  float dv = 1.0f / (m-1);

  meshData.Vertices.resize(vertexCount);
  for(uint32 i = 0; i < m; ++i)
  {
    float z = halfDepth - i*dz;
    for(uint32 j = 0; j < n; ++j)
    {
      float x = -halfWidth + j*dx;

      meshData.Vertices[i*n+j].Position = XMFLOAT3(x, 0.0f, z);
      meshData.Vertices[i*n+j].Normal   = XMFLOAT3(0.0f, 1.0f, 0.0f);
      meshData.Vertices[i*n+j].TangentU = XMFLOAT3(1.0f, 0.0f, 0.0f);

      // 텍스처를 늘려서 격자 전체를 덮게 한다.
      meshData.Vertices[i*n+j].TexC.x = j*du;
      meshData.Vertices[i*n+j].TexC.y = i*dv;
    }
  }
```

9.11.2 텍스처 타일링

앞에서 말했듯이 이 예제는 풀 텍스처를 타일 방식으로 땅 메시 전체에 입힌다. 그런데 앞에서 계산한 텍스처 좌표들은 모두 단위 정의역 $[0, 1]^2$ 안에 있으므로 타일링이 일어나지 않는다. 텍스처를 타일 방식으로 입히기 위해, 이 예제는 좌표 지정 모드를 순환 모드로 설정하고 텍스처 변환 행렬을 이용해서 텍스처 좌표성분들을 5배로 비례해서 치역 $[0, 5]^2$으로 사상한다. 이렇게 하면 풀 텍스처가 지형 메시 표면에 5×5회 반복된다.

```
void TexWavesApp::BuildRenderItems()
{
  auto gridRitem = std::make_unique<RenderItem>();
  gridRitem->World = MathHelper::Identity4x4();
  XMStoreFloat4x4(&gridRitem->TexTransform,
    XMMatrixScaling(5.0f, 5.0f, 1.0f));
  ...
}
```

9.11.3 텍스처 애니메이션

물 기하구조 위로 물 텍스처가 스크롤되게 하기 위해, AnimateMaterials 메서드(갱신 주기마다 호출된다)에서 텍스처 좌표들을 텍스처 평면 위에서 시간의 함수로서 이동시킨다. 각 프레임의 변위(이동량)가 충분히 작다고 할 때, 이러한 이동변환에 의해 물이 매끄럽게 스크롤되는 환상이 만들어진다. 순환 지정 모드와 이음매 없는 물 텍스처를 사용한 덕분에 텍스처 공간 평면 주위로 텍스처 좌표들을 이음매 없이 이동시킬 수 있다. 다음 코드는 물 텍스처의 이동 벡터를 계산하는 방법과 물 텍스처의 변환 행렬을 만들고 설정하는 방법을 보여 준다.

```
void TexWavesApp::AnimateMaterials(const GameTimer& gt)
{
  // 물 재질 텍스처 좌표를 스크롤한다.
  auto waterMat = mMaterials["water"].get();

  float& tu = waterMat->MatTransform(3, 0);
  float& tv = waterMat->MatTransform(3, 1);

  tu += 0.1f * gt.DeltaTime();
  tv += 0.02f * gt.DeltaTime();

  if(tu >= 1.0f)
```

```
      tu -= 1.0f;

   if(tv >= 1.0f)
      tv -= 1.0f;

   waterMat->MatTransform(3, 0) = tu;
   waterMat->MatTransform(3, 1) = tv;

   // 재질이 변했으므로 상수 버퍼를 갱신해야 한다.
   waterMat->NumFramesDirty = gNumFrameResources;
}
```

9.12 요약

1. 텍스처 좌표는 3차원 공간의 삼각형에 입혀질 텍스처 이미지 상의 삼각형을 정의하는 데 쓰인다.

2. 게임용 텍스처를 만들어 내는 가장 흔한 방법은 아티스트가 Photoshop이나 기타 이미지 편집기에서 이미지를 작성한 후 BMP나 DDS, TGA, PNG 같은 이미지 파일로 저장하는 것이다. 게임 응용 프로그램은 게임 적재 시점에서 그 이미지 자료를 ID3D12Resource 객체로 불러들인다. 실시간 그래픽 응용 프로그램에서 즐겨 쓰이는 이미지 파일 형식은 GPU가 직접 이해할 수 있는 다양한 이미지 형식들을 지원한다는 장점이 있는 DDS(DirectDraw Surface format)이다. 특히 DDS는 GPU가 직접 압축을 해제할 수 있는 이미지 압축 형식들을 지원한다.

3. 전통적인 이미지 형식들을 DDS 형식으로 변환할 때 흔히 사용하는 두 가지 방법은 이미지 편집기의 DDS 내보내기(export) 기능을 사용하는 것과 *texconv*라는 Microsoft의 명령줄 도구를 사용하는 것이다.

4. CreateDDSTextureFromFile12라는 메서드를 이용하면 디스크에 저장된 이미지 파일로부터 텍스처를 생성할 수 있다. 이 메서드는 웹 부록의 *Common/DDSTextureLoader.h/.cpp*에 정의되어 있다.

5. 카메라가 표면에 가까이 다가간 탓에 적은 수의 텍셀들로 많은 수의 화면 픽셀들을 채우게 되면 확대가 발생한다. 반대로, 카메라가 표면에서 멀어져서 너무 많은 텍셀이 너무 적은 화면 픽셀들에 사상되면 축소가 발생한다. 밉맵과 텍스처 필터는 이러한 확대

와 축소를 처리하는 수단이다. GPU는 다음 세 종류의 필터링을 고유하게 지원한다(저화질·저비용에서 고화질·고비용 순으로): 점 필터링, 선형 필터링, 비등방 필터링.

6. 좌표 지정 모드는 [0, 1] 구간 밖의 텍스처 좌표를 Direct3D가 처리하는 방식을 결정한다. 예를 들어 텍스처를 타일 방식으로 순환 반복하거나, 반사시키거나, 한정하는 등의 모드가 있다.

7. 텍스처 좌표도 보통의 점처럼 비례하거나 회전, 이동할 수 있다. 텍스처 좌표를 매 프레임 조금씩 점차 변환하면 텍스처가 애니메이션된다.

9.13 연습문제

1. 나무 상자 예제의 텍스처 좌표들과 좌표 지정 모드, 필터링 옵션들을 여러 가지로 변경하면서 실험하라. 특히, [그림 9.7, 9.9, 9.10, 9.11, 9.12, 9.13]과 같은 모습이 나오게 해보라.

2. DirectX Texture Tool*을 이용하면 각 밉맵 수준을 직접 지정할 수 있다(**File > Open Onto This Surface** 선택). [그림 9.17]에 나온 것처럼 밉맵 수준들의 이미지 안의 문구와 색상이 모두 다른(렌더링 결과에서 각 밉맵 수준을 식별할 수 있도록) 밉맵 사슬을 가진 DDS 파일을 생성하고, 그 파일로 텍스처를 생성해서 입방체에 적용하도록 나무 상자 예제를 수정하라. 예제를 실행한 후 상자를 줌인, 줌아웃해서 밉맵 수준의 변화를 실제로 확인해 보라. 또한, 예제를 적절히 수정해서 점 밉맵 필터링과 선형 밉맵 필터링의 차이를 확인해 보라.

그림 9.17 각 밉맵 수준을 쉽게 구별할 수 있게 만든 밉맵 사슬.

....
* **옮긴이** 이 도구를 찾으려면 프로그램 메뉴의 DirectX SDK 항목을 뒤져도 되겠지만, Windows 검색(Win 키+S)에서 'DirectX Texture Tool'을 검색하는 것이 가장 빠를 것이다.

3. 같은 크기의 텍스처 두 개를 여러 가지 방식으로 결합해서 새로운 모습의 텍스처를 만들어 낼 수 있다. 이를 일반화해서, 여러 개의 텍스처를 이용해서 새로운 모습의 텍스처를 표면에 입히는 것을 **다중 텍스처 적용**(multitexturing)이라고 부른다. 두 텍스처를 결합할 때에는 서로 대응되는 텍셀들을 더하거나, 빼거나, 성분별로 곱하는 등의 다양한 연산이 가능하다. [그림 9.18]은 두 장의 텍스처를 성분별로 곱해서 화염구 비슷한 결과를 낸 예이다. 나무 상자의 여섯 면에 화염구 모습이 나타나도록 나무 상자 예제를 수정하라. 좀 더 구체적으로 말하면, [그림 9.18]의 두 원본 텍스처를 픽셀 셰이더에서 결합해서 입방체의 각 면에 입혀야 한다(해당 텍스처 이미지는 웹 부록에 포함되어 있다). 둘 이상의 텍스처를 지원하려면 *Default.hlsl*도 수정해야 함을 주의하기 바란다.

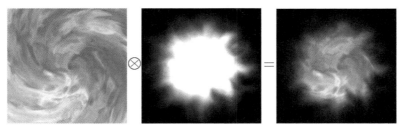

그림 9.18 두 텍스처의 대응되는 텍셀들의 성분별 곱셈으로 새로운 텍스처를 만들어낸다.

4. 연습문제 3을 이어서, 화염구 텍스처를 시간의 함수로서 회전해서 각 면에 입히도록 예제를 수정하라.

5. p_0, p_1, p_2가 어떤 3차원 삼각형의 정점들이고 그에 해당하는 텍스처 좌표가 q_0, q_1, q_2라고 하자. §9.2에서 보았듯이, 3차원 삼각형의 임의의 한 점 $p(s, t) = p_0 + s(p_1 - p_0) + t(p_2 - p_0)$(여기서 $s \geq 0$, $t \geq 0$, $s + t \leq 1$)의 텍스처 좌표 (u, v)는 삼각형 정점들에 지정된 텍스처 좌표들을 삼각형을 따라 보간해서, 좀 더 구체적으로 말하면 점 p의 정의에 쓰인 것과 동일한 s, t 매개변수들로 다음과 같이 보간해서 구할 수 있다.

$$(u, v) = q_0 + s(q_1 - q_0) + t(q_2 - q_0)$$

(a) (u, v)와 q_0, q_1, q_2가 주어졌을 때, 위의 방정식을 풀어서 (s, t)를 u와 v로 표현하라. (힌트: 벡터 방정식 $(u, v) = q_0 + s(q_1 - q_0) + t(q_2 - q_0)$을 고려할 것.)

(b) p를 u와 v의 함수로 표현하라. 즉, $p = p(u, v)$의 공식을 구하라.

(c) $\partial p / \partial u$와 $\partial p / \partial v$를 구하고, 그 벡터들의 기하학적 의미를 설명하라.

6. 웹 부록의 제8장 디렉터리에 있는 'LitColumns' 예제(제8장 연습문제 3번 참고)의 지면과 기둥, 구에 텍스처를 입혀 보라(그림 9.19).* 텍스처들은 웹 부록의 이번 장 디렉터리에 있다.

그림 9.19 텍스처를 입힌 기둥 장면.

---

* **옮긴이** 제8장의 'LitColumns' 예제는 두개골 메시도 렌더링하지만, 해당 메시 파일에 텍스처 좌표들이 포함되어 있지 않아서 텍스처를 입히기가 곤란하다. [그림 9.19]처럼 두개골은 생략하고 문제를 풀면 된다.

혼합

[그림 10.1]을 보자. 이런 장면을 만들려면 우선 지형을 그리고, 그다음에 나무 상자들을 그린다. 그러면 후면 버퍼에 지형과 나무 상자의 픽셀들이 채워진다. 그런 다음에는 수면을 후면 버퍼에 그리되, 물 픽셀들이 후면 버퍼에 이미 있는 지형, 나무 상자 픽셀들과 섞여서 땅과 나무 상자가 물을 통해서 보이는 효과가 나도록 혼합을 적용해서 렌더링한다. 이번 장에서는 현재 래스터화하는 픽셀(소위 **원본** 픽셀)을 후면 버퍼에 이미 래스터화되어 있는 픽셀(소위 **대상** 픽셀)과 섞는(결합하는) **혼합**(blending)기법을 살펴본다. 혼합 기법을 이용하면 무엇보다도 물이나 유리 같은 반투명 물체를 렌더링할 수 있게 된다.

그림 10.1 반투명 수면.

목표

1. 혼합의 작동 방식과 Direct3D에서 혼합을 사용하는 법을 이해한다.
2. Direct3D가 지원하는 여러 혼합 모드를 배운다.
3. 기본도형의 투명도를 알파 성분을 이용해서 제어하는 방법을 파악한다.
4. HLSL의 `clip` 함수를 이용해서 한 픽셀이 후면 버퍼에 아예 그려지지 않게 만드는 방법을 배운다.

10.1 혼합 공식

현재 래스터화 중인 ij번째 픽셀, 즉 원본 픽셀(source pixel)에 대해 픽셀 셰이더가 출력한 색상이 C_{src}라고 하자. 그리고 현재 후면 버퍼에 있는 ij번째 픽셀, 즉 대상 픽셀(destination pixel)의 색상이 C_{dst}라고 하자. 혼합을 적용하지 않는다면 C_{src}가 C_{dst}를 덮어써서(원본이 깊이·스텐실 판정을 통과했다고 할 때) 후면 버퍼의 ij번째 픽셀의 새로운 색상이 된다. 그러나 혼합을 적용하면 C_{src}와 C_{dst}를 일정한 공식에 따라 혼합해서 얻은 새로운 색상 C가 C_{dst}를 덮어쓰게 된다(즉, 혼합된 색상 C가 후면 버퍼 ij번째 픽셀의 새로운 색이 된다). 원본 픽셀 색상과 대상 픽셀 색상을 섞을 때 Direct3D가 사용하는 혼합 공식은 다음과 같다.

$$C = C_{src} \otimes F_{src} \boxplus C_{dst} \otimes F_{dst}$$

F_{src}와 F_{dst}는 각각 원본과 대상의 혼합 계수(blend factor)로, §10.3에서 설명하는 값 중 하나이다. 이 혼합 계수들을 적절히 설정하면 원본 픽셀과 대상 픽셀을 다양한 방식으로 혼합할 수 있으며, 그럼으로써 여러 가지 효과를 낼 수 있다. $\otimes$ 연산자는 §5.3.1에서 정의한 색상 벡터들의 성분별 곱셈을 뜻하고, $\boxplus$ 연산자는 §10.2에 정의된 여러 이항 연산자 중 하나이다.

위의 혼합 공식은 색상의 RGB 성분들에만 적용된다. 알파 성분은 다음과 같은 개별적인 공식으로 처리한다.

$$A = A_{src} F_{src} \boxplus A_{dst} F_{dst}$$

공식 자체는 앞의 공식과 같지만, 색상 혼합의 것과는 다른 혼합 계수들과 이항 연산자를 사용할 수 있다. RGB와 알파의 처리를 이처럼 분리한 이유는 그냥 그 둘을 독립적으로, 따라서 다른 방식으로 혼합할 수 있게 하기 위한 것이다. 이 덕분에 혼합을 아주 다양한 방식으로 적용할 수 있다.

> **참고:** 알파 성분의 혼합은 RGB 성분들의 혼합에 비해 훨씬 덜 쓰인다. 이는 일반적으로 후면 버퍼의 알파 값들이 별로 중요하지 않기 때문이다. 후면 버퍼의 알파 성분은 대상 알파 값을 필요로 하는 일부 알고리즘에서만 중요하다.

10.2 혼합 연산

다음은 혼합 공식의 이항 $\boxplus$ 연산자로 사용할 수 있는 연산자들이다.

```
typedef enum D3D12_BLEND_OP
{
  D3D12_BLEND_OP_ADD = 1,
  D3D12_BLEND_OP_SUBTRACT = 2,
  D3D12_BLEND_OP_REV_SUBTRACT = 3,
  D3D12_BLEND_OP_MIN = 4,
  D3D12_BLEND_OP_MAX = 5,
} D3D12_BLEND_OP;
```

$$\mathbf{C} = \mathbf{C}_{src} \otimes \mathbf{F}_{src} + \mathbf{C}_{dst} \otimes \mathbf{F}_{dst}$$
$$\mathbf{C} = \mathbf{C}_{dst} \otimes \mathbf{F}_{dst} - \mathbf{C}_{src} \otimes \mathbf{F}_{src}$$
$$\mathbf{C} = \mathbf{C}_{src} \otimes \mathbf{F}_{src} - \mathbf{C}_{dst} \otimes \mathbf{F}_{dst}$$
$$\mathbf{C} = \min(\mathbf{C}_{src}, \mathbf{C}_{dst})$$
$$\mathbf{C} = \max(\mathbf{C}_{src}, \mathbf{C}_{dst})$$

> **참고:** min, max 연산에는 혼합 계수들이 아무런 영향을 미치지 않는다.

알파 혼합 공식에도 동일한 연산자들이 쓰인다. 다시 이야기하지만, RGB 성분 혼합의 연산자와 알파 성분 혼합의 연산자를 따로 선택할 수 있다. 예를 들어 RGB 성분들은 더하되 알파 성분들은 하나에서 하나를 뺄 수도 있는 것이다.

$$\mathbf{C} = \mathbf{C}_{src} \otimes \mathbf{F}_{src} + \mathbf{C}_{dst} \otimes \mathbf{F}_{dst}$$
$$A = A_{dst} F_{dst} - A_{src} F_{src}$$

최근 Direct3D에는 원본 색상과 대상 색상을 방금 본 전통적인 혼합 공식 대신 논리 연산자를 이용해서 섞는 기능이 추가되었다. 사용할 수 있는 논리 연산자들은 다음과 같다.

```
typedef
enum D3D12_LOGIC_OP
{
  D3D12_LOGIC_OP_CLEAR = 0,
  D3D12_LOGIC_OP_SET    = ( D3D12_LOGIC_OP_CLEAR + 1 ),
  D3D12_LOGIC_OP_COPY   = ( D3D12_LOGIC_OP_SET + 1 ),
  D3D12_LOGIC_OP_COPY_INVERTED = ( D3D12_LOGIC_OP_COPY + 1 ),
  D3D12_LOGIC_OP_NOOP   = ( D3D12_LOGIC_OP_COPY_INVERTED + 1 ),
  D3D12_LOGIC_OP_INVERT = ( D3D12_LOGIC_OP_NOOP + 1 ),
  D3D12_LOGIC_OP_AND    = ( D3D12_LOGIC_OP_INVERT + 1 ),
  D3D12_LOGIC_OP_NAND   = ( D3D12_LOGIC_OP_AND + 1 ),
  D3D12_LOGIC_OP_OR     = ( D3D12_LOGIC_OP_NAND + 1 ),
  D3D12_LOGIC_OP_NOR    = ( D3D12_LOGIC_OP_OR + 1 ),
  D3D12_LOGIC_OP_XOR    = ( D3D12_LOGIC_OP_NOR + 1 ),
  D3D12_LOGIC_OP_EQUIV  = ( D3D12_LOGIC_OP_XOR + 1 ),
  D3D12_LOGIC_OP_AND_REVERSE   = ( D3D12_LOGIC_OP_EQUIV + 1 ),
  D3D12_LOGIC_OP_AND_INVERTED  = ( D3D12_LOGIC_OP_AND_REVERSE + 1 ),
  D3D12_LOGIC_OP_OR_REVERSE    = ( D3D12_LOGIC_OP_AND_INVERTED + 1 ),
  D3D12_LOGIC_OP_OR_INVERTED   = ( D3D12_LOGIC_OP_OR_REVERSE + 1 )
} D3D12_LOGIC_OP;
```

전통적인 혼합과 논리 연산자 혼합을 동시에 사용할 수는 없음을 주의하기 바란다. 즉, 둘 중 하나만 사용할 수 있다. 또한, 논리 연산자 혼합은 그것을 지원하는 렌더 대상에서만 사용할 수 있다. 특히, 픽셀 형식이 반드시 부호 없는 정수 형식이어야 한다. 그렇지 않으면 다음과 같이 픽셀 형식이 논리 연산자 혼합을 지원하지 않는다는 뜻의 오류 메시지가 나온다.

```
D3D12 ERROR: ID3D12Device::CreateGraphicsPipelineState: The render
target format at slot 0 is format (R8G8B8A8_UNORM). This format
does not support logic ops. The Pixel Shader output signature
indicates this output could be written, and the Blend State indicates
logic op is enabled for this slot. [ STATE_CREATION ERROR #678:
CREATEGRAPHICSPIPELINESTATE_OM_RENDER_TARGET_DOES_NOT_SUPPORT_LOGIC_OPS]

D3D12 WARNING: ID3D12Device::CreateGraphicsPipelineState: Pixel Shader
output 'SV_Target0' has type that is NOT unsigned int, while the
corresponding Output Merger RenderTarget slot [0] has logic op enabled.
This happens to be well defined: the raw bits output from the shader
will simply be interpreted as UINT bits in the blender without any data
```

conversion. This warning is to check that the application developer
really intended to rely on this behavior. [STATE_CREATION WARNING
#677: CREATEGRAPHICSPIPELINESTATE_PS_OUTPUT_TYPE_MISMATCH]

10.3 혼합 계수

혼합 연산자들과 원본 혼합 계수, 대상 혼합 계수를 여러 가지로 조합함으로써 수십 가지의 서로 다른 혼합 효과를 얻을 수 있다. §10.5에 그러한 조합의 예가 몇 가지 나오지만, 독자 스스로 여러 조합을 시험해 보면 연산자들과 계수들이 미치는 영향에 대해서 좀 더 확실하게 감을 잡을 수 있을 것이다. 다음은 $\mathbf{F}_{src}$와 $\mathbf{F}_{dst}$ 모두에 적용되는 기본적인 혼합 계수들이다. 추가적인 고급 혼합 계수들에 관해서는 SDK 문서화의 D3D12_BLEND 열거형 항목을 참고하기 바란다. 다음 목록에서 $\mathbf{C}_{src} = (r_s,\ g_s,\ b_s)$, $A_{src} = a_s$(픽셀 셰이더가 출력한 RGBA 값들)이고 $\mathbf{C}_{dst} = (r_d,\ g_d,\ b_d)$, $A_{dst} = a_d$(렌더 대상에 이미 저장되어 있는 값들)이며, $\mathbf{F}$는 $\mathbf{F}_{src}$ 또는 $\mathbf{F}_{dst}$이고 F는 F_{src} 또는 F_{dst}이다.

D3D12_BLEND_ZERO: $\mathbf{F} = (0,\ 0,\ 0)$, $F = 0$

D3D12_BLEND_ONE: $\mathbf{F} = (1,\ 1,\ 1)$, $F = 1$

D3D12_BLEND_SRC_COLOR: $\mathbf{F} = (r_s,\ g_s,\ b_s)$

D3D12_BLEND_INV_SRC_COLOR: $\mathbf{F}_{src} = (1 - r_s,\ 1 - g_s,\ 1 - b_s)$

D3D12_BLEND_SRC_ALPHA: $\mathbf{F} = (a_s,\ a_s,\ a_s)$, $F = a_s$

D3D12_BLEND_INV_SRC_ALPHA: $\mathbf{F} = (1 - a_s,\ 1 - a_s,\ 1 - a_s)$, $F = (1 - a_s)$

D3D12_BLEND_DEST_ALPHA: $\mathbf{F} = (a_d,\ a_d,\ a_d)$, $F = a_d$

D3D12_BLEND_INV_DEST_ALPHA: $\mathbf{F} = (1 - a_d,\ 1 - a_d,\ 1 - a_d)$, $F = (1 - a_d)$

D3D12_BLEND_DEST_COLOR: $\mathbf{F} = (r_d,\ g_d,\ b_d)$

D3D12_BLEND_INV_DEST_COLOR: $\mathbf{F} = (1 - r_d,\ 1 - g_d,\ 1 - b_d)$

D3D12_BLEND_SRC_ALPHA_SAT: $\mathbf{F} = (a_s',\ a_s',\ a_s')$, $F = a_s'$, 여기서 $a_s' = \text{clamp}(a_s,\ 0,\ 1)$

D3D12_BLEND_BLEND_FACTOR: $\mathbf{F} = (r,\ g,\ b)$, $F = a$, 여기서 $(r,\ g,\ b,\ a)$는 ID3D12
GraphicsCommandList::OMSetBlendFactor 메서드의 둘째 매개변수로 주어진 색상이다. 응용 프로그램은 이 매개변수를 통해서 혼합 계수 색상을 직접 지정할 수 있다. 일단 지정된 색상은 혼합 상태를 다시 변경하기 전까지는 변하지 않는다.

D3D12_BLEND_INV_BLEND_FACTOR: $\mathbf{F} = (1 - r, 1 - g, 1 - b)$, $F = 1 - a$. 여기서 (r, g, b, a)는 ID3D12GraphicsCommandList::OMSetBlendFactor 메서드의 둘째 매개변수로 주어진 색상이다. 응용 프로그램은 이 매개변수를 통해서 혼합 계수 색상을 직접 지정할 수 있다. 일단 지정된 색상은 혼합 상태를 다시 변경하기 전까지는 변하지 않는다.

RGB 혼합 공식에는 이상의 혼합 계수들을 모두 사용할 수 있다. 알파 혼합 공식의 경우 _COLOR로 끝나는 계수들은 **사용할 수 없다.**

> **참고:** clamp 함수는 다음과 같이 정의되어 있다.
>
> $$\text{clamp}(x, a, b) = \begin{cases} x, & a \le x \le b \\ a, & x < a \\ b, & x > b \end{cases}$$

> **참고:** 혼합 계수 색상은 다음 메서드로 설정할 수 있다.
>
> ```
> void ID3D12GraphicsCommandList::OMSetBlendFactor(
>   const FLOAT BlendFactor[ 4 ]);
> ```
>
> nullptr를 지정해서 이 메서드를 호출하면 기본 혼합 계수인 $(1, 1, 1, 1)$이 복원된다.

10.4 혼합 상태

지금까지 혼합 연산자와 혼합 계수를 살펴보았다. 그런데 Direct3D 응용 프로그램에서 이들을 설정하려면 어떻게 해야 할까? Direct3D의 다른 상태들과 마찬가지로, 혼합 설정들을 담은 혼합 상태는 PSO(파이프라인 상태 객체)의 일부이다. 지금까지의 예제들은 혼합이 비활성화된 기본 혼합 상태를 사용했다.

```
D3D12_GRAPHICS_PIPELINE_STATE_DESC opaquePsoDesc;
ZeroMemory(&opaquePsoDesc, sizeof(D3D12_GRAPHICS_PIPELINE_STATE_DESC));
...
opaquePsoDesc.BlendState = CD3DX12_BLEND_DESC(D3D12_DEFAULT);
```

혼합 상태를 기본 상태와는 다르게 설정하려면 D3D12_BLEND_DESC 구조체를 채워야 한다. D3D12_BLEND_DESC 구조체의 정의는 다음과 같다.

```
typedef struct D3D12_BLEND_DESC {
  BOOL AlphaToCoverageEnable;    // 기본값: FALSE
  BOOL IndependentBlendEnable;   // 기본값: FALSE
  D3D12_RENDER_TARGET_BLEND_DESC RenderTarget[8];
} D3D12_BLEND_DESC;
```

1. AlphaToCoverageEnable: TRUE로 설정하면 알파-포괄도(alpha-to-coverage) 변환이 활성화되고, FALSE로 설정하면 비활성화된다. 알파-포괄도 변환은 군엽(식물의)이나 창살 텍스처의 렌더링에 유용한 다중표본화(multisampling) 기법이다. 알파-포괄도 변환을 사용하려면 반드시 다중표본화가 활성화되어 있어야 한다(즉, 다중표본화에 맞는 후면 버퍼와 깊이 버퍼를 생성해 두어야 한다).

2. IndependentBlendEnable: Direct3D에서 한 장면을 동시에 렌더링할 수 있는 렌더 대상은 최대 8개이다. 이 플래그를 TRUE로 설정하면 렌더 대상마다 혼합을 다른 방식으로(혼합 활성화 여부, 혼합 계수, 연산자 등을 다르게 두어서) 수행할 수 있다. FALSE로 설정하면 모든 렌더 대상의 혼합 연산이 D3D12_BLEND_DESC::RenderTarget 배열의 첫 원소에 있는 설정에 따라 동일하게 수행된다. 다중 렌더 대상은 고급 알고리즘에 쓰이는 것이므로, 일단 지금은 장면을 한 번에 하나의 렌더 대상에만 렌더링한다고 가정한다.

3. RenderTarget: D3D12_RENDER_TARGET_BLEND_DESC 원소 여덟 개짜리 배열로, 이 배열의 i번째 원소는 장면을 동시에 여러 렌더 대상에 렌더링할 때 i번째 렌더 대상에 적용할 혼합 설정을 담은 구조체이다. IndependentBlendEnable을 FALSE로 설정했다면 RenderTarget[0]이 모든 렌더 대상의 혼합에 쓰인다.

D3D12_RENDER_TARGET_BLEND_DESC 구조체의 정의는 다음과 같다.

```
typedef struct D3D12_RENDER_TARGET_BLEND_DESC
{
  BOOL BlendEnable;              // 기본값: FALSE
  BOOL LogicOpEnable;            // 기본값: FALSE
  D3D12_BLEND SrcBlend;          // 기본값: D3D12_BLEND_ONE
  D3D12_BLEND DestBlend;         // 기본값: D3D12_BLEND_ZERO
  D3D12_BLEND_OP BlendOp;        // 기본값: D3D12_BLEND_OP_ADD
```

```
  D3D12_BLEND SrcBlendAlpha;     // 기본값: D3D12_BLEND_ONE
  D3D12_BLEND DestBlendAlpha;    // 기본값: D3D12_BLEND_ZERO
  D3D12_BLEND_OP BlendOpAlpha;   // 기본값: D3D12_BLEND_OP_ADD
  D3D12_LOGIC_OP LogicOp;        // 기본값: D3D12_LOGIC_OP_NOOP
  UINT8 RenderTargetWriteMask;   // 기본값: D3D12_COLOR_WRITE_ENABLE_ALL
} D3D12_RENDER_TARGET_BLEND_DESC;
```

1. BlendEnable: 혼합을 활성화하려면 TRUE를, 비활성화하려면 FALSE를 지정한다. BlendEnable과 LogicOpEnable을 둘 다 TRUE로 설정할 수는 없음을 주의하기 바란다. 보통의 혼합과 논리 연산자 혼합 중 하나만 사용할 수 있다.

2. LogicOpEnable: 논리 연산자 혼합을 활성화하려면 TRUE를, 비활성화하려면 FALSE를 지정한다. BlendEnable과 LogicOpEnable을 둘 다 TRUE로 설정할 수는 없음을 주의하기 바란다. 보통의 혼합과 논리 연산자 혼합 중 하나만 사용할 수 있다.

3. SrcBlend: RGB 혼합의 원본 혼합 계수 $\mathbf{F}_{src}$에 해당한다. D3D12_BLEND 열거형의 한 멤버를 지정해야 한다.

4. DestBlend: RGB 혼합의 대상 혼합 계수 $\mathbf{F}_{dst}$에 해당한다. D3D12_BLEND 열거형의 한 멤버를 지정해야 한다.

5. BlendOp: RGB 혼합의 혼합 연산자에 해당한다. D3D12_BLEND_OP 열거형의 한 멤버를 지정해야 한다.

6. SrcBlendAlpha: 알파 혼합의 원본 혼합 계수 $\mathbf{F}_{src}$에 해당한다. D3D12_BLEND 열거형의 한 멤버를 지정해야 한다.

7. DestBlendAlpha: 알파 혼합의 대상 혼합 계수 $\mathbf{F}_{dst}$에 해당한다. D3D12_BLEND 열거형의 한 멤버를 지정해야 한다.

8. BlendOpAlpha: 알파 혼합의 혼합 연산자에 해당한다. D3D12_BLEND_OP 열거형의 한 멤버를 지정해야 한다.

9. LogicOp: 논리 연산자 혼합에서 원본 색상과 대상 색상을 섞는 데 사용할 논리 연산자에 해당한다. D3D12_LOGIC_OP 열거형의 한 멤버를 지정해야 한다.

10. RenderTargetWriteMask: 렌더 대상 쓰기 마스크로, 다음 플래그 중 하나 또는 여러 개의 조합을 지정할 수 있다.

```
typedef enum D3D12_COLOR_WRITE_ENABLE {
 D3D12_COLOR_WRITE_ENABLE_RED   = 1,
 D3D12_COLOR_WRITE_ENABLE_GREEN = 2,
```

```
    D3D12_COLOR_WRITE_ENABLE_BLUE  = 4,
    D3D12_COLOR_WRITE_ENABLE_ALPHA = 8,
    D3D12_COLOR_WRITE_ENABLE_ALL   =
      ( D3D12_COLOR_WRITE_ENABLE_RED | D3D12_COLOR_WRITE_ENABLE_GREEN |
        D3D12_COLOR_WRITE_ENABLE_BLUE | D3D12_COLOR_WRITE_ENABLE_ALPHA )
  } D3D12_COLOR_WRITE_ENABLE;
```

이 플래그들은 혼합의 결과가 기록될 후면 버퍼 색상 채널들을 결정한다. 예를 들어 결과가 RGB 채널들에는 기록되지 않고 알파 채널에만 기록되게 하고 싶으면 D3D12_COLOR_WRITE_ENABLE_ALPHA를 지정하면 된다. 이러한 유연성은 고급 기법들에 유용하게 쓰인다. 혼합을 비활성화한 경우에는 픽셀 셰이더가 돌려준 색상에 그 어떤 쓰기 마스크도 적용되지 않는다.

> **참고:** 혼합은 공짜가 아니다. 혼합 연산을 위해서는 픽셀마다 추가적인 작업이 필요하므로, 필요한 경우에만 혼합을 활성화하고, 다 적용했으면 비활성화해야 한다.

다음은 혼합 상태를 생성, 설정하는 방법을 보여주는 코드이다.

```
// 혼합이 비활성화된 PSO로 시작한다.
D3D12_GRAPHICS_PIPELINE_STATE_DESC transparentPsoDesc = opaquePsoDesc;

D3D12_RENDER_TARGET_BLEND_DESC transparencyBlendDesc;
transparencyBlendDesc.BlendEnable       = true;
transparencyBlendDesc.LogicOpEnable     = false;
transparencyBlendDesc.SrcBlend          = D3D12_BLEND_SRC_ALPHA;
transparencyBlendDesc.DestBlend         = D3D12_BLEND_INV_SRC_ALPHA;
transparencyBlendDesc.BlendOp           = D3D12_BLEND_OP_ADD;
transparencyBlendDesc.SrcBlendAlpha     = D3D12_BLEND_ONE;
transparencyBlendDesc.DestBlendAlpha    = D3D12_BLEND_ZERO;
transparencyBlendDesc.BlendOpAlpha      = D3D12_BLEND_OP_ADD;
transparencyBlendDesc.LogicOp           = D3D12_LOGIC_OP_NOOP;
transparencyBlendDesc.RenderTargetWriteMask = D3D12_COLOR_WRITE_ENABLE_ALL;

transparentPsoDesc.BlendState.RenderTarget[0] = transparencyBlendDesc;
ThrowIfFailed(md3dDevice->CreateGraphicsPipelineState(
  &transparentPsoDesc, IID_PPV_ARGS(&mPSOs["transparent"])));
```

다른 PSO들과 마찬가지로, 혼합 상태들은 응용 프로그램 초기화 시점에서 모두 만들어 두고 응용 프로그램 실행 도중 필요에 따라 ID3D12GraphicsCommandList::SetPipelineState

메서드로 특정 혼합 상태를 적용하면 된다.

10.5 예제

다음은 특정 효과를 위한 혼합 계수들과 혼합 연산자 조합의 예 몇 가지이다. 이 예들은 RGB 성분 혼합만 다루지만, 알파 성분 혼합도 마찬가지 방식으로 적용할 수 있다.

10.5.1 색상 기록 금지

첫째 예로, 원본 픽셀이 대상 픽셀을 덮어쓰거나 대상 픽셀과 섞이게 하지 않고 항상 대상 픽셀이 그대로 유지되게 하고 싶다고 하자. 이런 방식은 이를테면 렌더링 결과를 깊이·스텐실 버퍼에만 기록하고 후면 버퍼에는 기록하지 않고자 할 때 유용하다. 이렇게 하고 싶으면 원본 픽셀의 혼합 계수를 D3D12_BLEND_ZERO로, 대상 혼합 계수를 D3D12_BLEND_ONE으로, 그리고 혼합 연산자를 D3D12_BLEND_OP_ADD로 설정하면 된다. 그러면 혼합 공식은 다음과 같이 정리된다.

$$\mathbf{C} = \mathbf{C}_{src} \otimes \mathbf{F}_{src} \boxplus \mathbf{C}_{dst} \otimes \mathbf{F}_{dst}$$
$$\mathbf{C} = \mathbf{C}_{src} \otimes (0, 0, 0) + \mathbf{C}_{dst} \otimes (1, 1, 1)$$
$$\mathbf{C} = \mathbf{C}_{dst}$$

이는 다소 작위적인 예이다. D3D12_RENDER_TARGET_BLEND_DESC 구조체의 RenderTargetWriteMask 멤버를 0으로 설정해서 어떤 색상 채널에도 값이 기록되지 않게 해도 같은 효과를 얻을 수 있다.

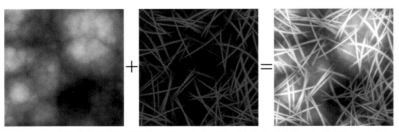

그림 10.2 대상 색상에 원본 색상을 더하는 가산 혼합. 색(빛)이 더해지므로 더 밝은 이미지가 만들어진다.

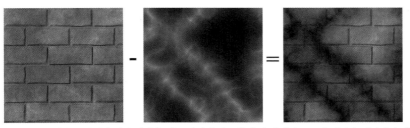

그림 10.3 대상 색상에서 원본 색상을 빼는 감산 혼합. 색(빛)이 제거되므로 더 어두운 이미지가 만들어진다.

10.5.2 가산 혼합과 감산 혼합

원본 픽셀을 대상 픽셀에 더하려면(가산 혼합; [그림 10.2]), 원본 혼합 계수를 D3D12_BLEND_ONE으로 설정하고 대상 혼합 계수를 D3D12_BLEND_ONE으로, 혼합 연산자는 D3D12_BLEND_OP_ADD로 설정하면 된다. 이 조합의 혼합 공식은 다음과 같이 정리된다.

$$\mathbf{C} = \mathbf{C}_{src} \otimes \mathbf{F}_{src} \boxplus \mathbf{C}_{dst} \otimes \mathbf{F}_{dst}$$

$$\mathbf{C} = \mathbf{C}_{src} \otimes (1, 1, 1) + \mathbf{C}_{dst} \otimes (1, 1, 1)$$

$$\mathbf{C} = \mathbf{C}_{src} + \mathbf{C}_{dst}$$

대상 픽셀에서 원본 픽셀을 빼려면(감산 혼합; [그림 10.3]), 혼합 계수들은 위와 같게 설정하되 혼합 연산자를 D3D12_BLEND_OP_SUBTRACT로 설정하면 된다.

10.5.3 승산 혼합

원본 픽셀을 대상 픽셀에 성분별로 곱하는 승산 혼합(그림 10.4)을 원한다면, 원본 혼합 계수를 D3D12_BLEND_ZERO로 하고 대상 혼합 계수를 D3D12_BLEND_SRC_COLOR로, 그리고 혼합 연산자는 D3D12_BLEND_OP_ADD로 설정하면 된다. 이 조합의 혼합 공식은 다음과 같이 정리된다.

$$\mathbf{C} = \mathbf{C}_{src} \otimes \mathbf{F}_{src} \boxplus \mathbf{C}_{dst} \otimes \mathbf{F}_{dst}$$

$$\mathbf{C} = \mathbf{C}_{src} \otimes (0, 0, 0) + \mathbf{C}_{dst} \otimes \mathbf{C}_{src}$$

$$\mathbf{C} = \mathbf{C}_{dst} \otimes \mathbf{C}_{src}$$

그림 10.4 원본 색상과 대상 색상을 곱하는 승산 혼합.

10.5.4 투명도

원본 알파 성분 a_s가 원본 픽셀의 불투명도(opacity)를 제어하는 비율이라고 생각해 보자. 예를 들어 알파가 0이면 0% 불투명한, 즉 완전히 투명한 것이고 0.4이면 40% 불투명한 것, 1.0이면 100% 불투명한 것이다. 불투명도가 A이고 투명도(transparency)가 T라고 할 때, 둘의 관계는 그냥 $T = 1 - A$이다. 한 예로, 어떤 픽셀이 0.4만큼 불투명하다는 것은 $1 - 0.4 = 0.6$만큼 투명하다는 것과 같은 뜻이다. 원본 픽셀과 대상 픽셀을 원본 픽셀의 불투명도에 비례해서 혼합한다고 하자. 이를 위해서는 원본 혼합 계수를 D3D12_BLEND_SRC_ALPHA로, 대상 혼합 계수를 D3D12_BLEND_INV_SRC_ALPHA로, 그리고 혼합 연산자를 D3D12_BLEND_OP_ADD로 두면 된다. 이 조합의 혼합 공식은 다음과 같이 정리된다.

$$\mathbf{C} = \mathbf{C}_{src} \otimes \mathbf{F}_{src} \boxplus \mathbf{C}_{dst} \otimes \mathbf{F}_{dst}$$
$$\mathbf{C} = \mathbf{C}_{src} \otimes (a_s, a_s, a_s) + \mathbf{C}_{dst} \otimes (1 - a_s, 1 - a_s, 1 - a_s)$$
$$\mathbf{C} = a_s \mathbf{C}_{src} + (1 - a_s) \mathbf{C}_{dst}$$

예를 들어 $a_s = 0.25$라고 하자. 이는 원본 픽셀이 25%만큼만 불투명하다는 뜻이다. 이 조합으로 원본 픽셀을 대상 픽셀과 섞으면 최종 색상은 원본 픽셀 색상의 25%와 대상 픽셀(원본 픽셀 "뒤에" 있는) 색상의 75%를 결합한 것이 된다. 원본 픽셀이 75% 투명하므로 대상 픽셀의 75%가 보존된 것이라고 생각하면 될 것이다. 이 예에서 혼합 공식은 다음 같은 모습이다.

$$\mathbf{C} = a_s \mathbf{C}_{src} + (1 - a_s) \mathbf{C}_{dst}$$
$$\mathbf{C} = 0.25 \mathbf{C}_{src} + 0.75 \mathbf{C}_{dst}$$

이 혼합 방법을 이용하면 [그림 10.1]의 물처럼 투명(반투명)한 물체를 그릴 수 있다. 이 혼합 방법에서는 물체들을 그리는 순서가 중요함을 주목하기 바란다. 이 책에서 투명한 물체를 그릴 때에는 다음과 같은 규칙을 사용한다.

혼합을 사용하지 않는 물체들을 먼저 그린다. 그런 다음, 혼합을 사용하는 물체들을 카메라와의 거리에 따라 정렬하고, 그 물체들을 뒤에서 앞의 순서로(즉, 카메라와 먼 것부터 가까운 것의 순서로) 그린다.

혼합을 사용하는 물체들을 뒤에서 앞의 순서로 그리는 이유는, 각 물체가 부분적으로 그 뒤의 물체와 섞이기 때문이다. 만일 어떤 물체가 투명하다면, 물체 뒤의 장면이 물체를 통해서 보여야 한다. 그러려면 투명한 물체 뒤에 있는 모든 픽셀이 이미 후면 버퍼에 기록되어 있어야 한다. 그래야 투명한 원본 픽셀을 그 뒤에 있는 장면의 대상 픽셀과 혼합할 수 있다.

§10.5.1에서 말한 혼합 방법을 사용하는 경우에는 원본 픽셀이 후면 버퍼에 아예 그려지지 않으므로 그리기 순서가 중요하지 않다. §10.5.2와 §10.5.3의 혼합 방법에서는 지금 방법처럼 비혼합 물체들을 먼저 그리고 혼합 물체들을 나중에 그려야 한다. 비혼합 기하구조를 모두 후면 버퍼에 깔아둔 후에 혼합을 시작해야 하기 때문이다. 그러나 혼합 물체들을 정렬할 필요는 없다. 혼합 연산들이 교환법칙을 만족하기 때문이다. 좀 더 구체적으로 말하자면, 후면 버퍼의 픽셀 색상이 $\mathbf{B}$이고 가산이나 감산, 승산 혼합을 다음과 같이 n회 수행한다고 할 때, 그 연산들을 어떤 순서로 수행하든 결과는 동일하다.

$$\mathbf{B}' = \mathbf{B} + \mathbf{C}_0 + \mathbf{C}_1 + \cdots + \mathbf{C}_{n-1}$$

$$\mathbf{B}' = \mathbf{B} - \mathbf{C}_0 - \mathbf{C}_1 - \cdots - \mathbf{C}_{n-1}$$

$$\mathbf{B}' = \mathbf{B} \otimes \mathbf{C}_0 \otimes \mathbf{C}_1 \otimes \cdots \otimes \mathbf{C}_{n-1}$$

10.5.5 혼합과 깊이 버퍼

가산·감산·승산 혼합에서는 깊이 판정과 관련해서 문제점이 하나 발생한다. 지금 설명에서는 가산 혼합만 예로 들지만, 감산이나 승산 혼합에서도 원리는 같다. 물체들의 집합 S를 가산 혼합으로 렌더링한다고 하자. 이러한 혼합의 의도는, S의 물체들이 서로를 가리는 것이 아니라 해당 색상들이 모두 누적되어서 더 밝은 모습이 되게 한다는 것이다(그림 10.5). 이러한 의도를 만족하려면 S의 물체들에 대해 깊이 판정을 수행하지 말아야 한다. 만일 깊이 판정을 수행한다면, 물체들을 뒤에서 앞의 순서로 정렬해서 그리지 않는 한 어떤 물체가 다른 물체를 가릴 것이며, 그러면 가려진 물체의 픽셀 단편들이 깊이 판정에 실패해서 해당 픽셀 색상들이 누적되지 않는다. S의 물체들 사이의 깊이 판정을 비활성화하는 한 가지 방법은 S의 물체들을 렌더링

그림 10.5 가산 혼합을 이용한 입자 시스템에서는 입자들이 많이 겹치는 방출점 부근이 더 밝게 나타난다. 입자들이 분산되면 같은 곳에 겹치는(따라서 색이 더해지는) 입자들이 줄어서 빛이 약해진다.

하는 동안에는 깊이 버퍼 기록(쓰기)을 비활성화하는 것이다. 깊이 버퍼 기록을 비활성화한 상태에서 S의 물체들을 가산 혼합으로 그리면, 한 물체의 깊이 값이 깊이 버퍼에 기록되지 않으므로 그 이후의 물체들이 깊이 판정 때문에 그 물체에 가려지는 일도 생기지 않는다. S의 물체들(가산 혼합을 적용해서 누적할 물체들)을 그릴 때 깊이 기록만 비활성화한다는 점을 주의하기 바란다. 깊이 읽기와 깊이 판정 자체는 여전히 활성화한다. 그래야 여전히 비혼합 기하구조(혼합 물체들을 그리기 전에 렌더링된)가 그 뒤에 있는 혼합 물체들을 가리게 된다. 예를 들어 일단의 가산 혼합 물체들이 어떤 벽 뒤에 있다면, 가산 혼합 물체들은 최종 결과에 나타나지 않아야 한다(고체의 벽은 그 뒤의 장면을 가리므로). 깊이 쓰기 비활성 방법을 비롯한 전반적인 깊이 판정 설정 방법은 다음 장에서 설명하기로 한다.

10.6 알파 채널

§10.5.4의 예에서 보듯이, RGB 성분 혼합 시 원본 알파 성분을 투명도 제어의 목적으로 활용할 수 있다. 혼합 공식에 쓰이는 원본 색상은 픽셀 셰이더가 출력한 것이다. 제9장에서 보았듯이, 예제 프레임워크의 기본 픽셀 셰이더는 분산광 재질의 알파 값을 출력 알파 성분으로 사용한다. 따라서 분산광 텍스처 맵에 담긴 알파 채널이 물체의 투명도를 제어하게 된다.

```
float4 PS(VertexOut pin) : SV_Target
{
  float4 diffuseAlbedo = gDiffuseMap.Sample(
    gsamAnisotropicWrap, pin.TexC) * gDiffuseAlbedo;

  ...

  // 흔히 하는 방식대로, 분산 재질에서 알파를 가져온다.
  litColor.a = diffuseAlbedo.a;
  return litColor;
}
```

일반적으로 Adobe Photoshop 같은 이미지 편집 소프트웨어들은 이미지에 알파 채널을 추가하는 기능을 제공한다. 그런 기능을 이용해서 이미지에 알파 채널을 추가한 다음, 이미지를 알파 채널을 지원하는 파일 형식(이를테면 DDS)으로 저장하면 된다.

10.7 픽셀 잘라내기

종종, 원본 픽셀을 완전히 '기각(reject)'해서 더 이상의 처리가 일어나지 않게 해야 할 때가 있다. 그러한 픽셀 잘라내기(clipping; 또는 절단)를 수행하는 한 가지 방법은 내장 HLSL 함수 clip(x)를 이용하는 것이다. 픽셀 셰이더에서만 호출할 수 있는 이 함수는 만일 x < 0이면 현재 픽셀을 폐기해서 더 이상의 처리가 일어나지 않게 한다. 이 함수는 이를테면 [그림 10.6]에 나온 철망 텍스처처럼 완전히 투명한 픽셀들과 완전히 불투명한 픽셀들을 렌더링할 때 유용하다.

RGB 채널   알파 채널

그림 10.6 철망 텍스처와 그 알파 채널. 알파 채널이 검은색인 픽셀들은 clip 함수에 의해 기각되고, 철망에 해당하는 픽셀들만 그려진다. 본질적으로, 알파 채널은 철망에 해당하지 않는 픽셀들을 제외시키는(masking out) 역할을 한다.

다음은 이 함수의 용법을 보여 주는 픽셀 셰이더이다. 픽셀 셰이더는 텍스처에서 알파 성분을 가져온다. 만일 알파 값이 0에 가까우면 현재 픽셀이 완전히 투명하다고 간주해서, 이상의 처리가 일어나지 않도록 잘라낸다.

```
float4 PS(VertexOut pin) : SV_Target
{
  float4 diffuseAlbedo = gDiffuseMap.Sample(
    gsamAnisotropicWrap, pin.TexC) * gDiffuseAlbedo;

#ifdef ALPHA_TEST
  // 텍스처 알파가 0.1보다 작으면 픽셀을 폐기한다. 셰이더 안에서
  // 이 판정을 최대한 일찍 수행하는 것이 바람직하다. 그러면 폐기 시
  // 셰이더의 나머지 코드의 실행을 생략할 수 있으므로 효율적이다.
  clip(diffuseAlbedo.a - 0.1f);
#endif

  ...

  // 흔히 하는 방식대로, 분산 재질에서 알파를 가져온다.
  litColor.a = diffuseAlbedo.a;

  return litColor;
}
```

ALPHA_TEST가 정의되어 있는 경우에만 픽셀 잘라내기를 적용한다는 점을 주의하기 바란다. clip을 호출하지 않는 것이 바람직한 렌더 항목들도 있으므로, 이처럼 특화된 셰이더를 이용해서 픽셀 잘라내기를 활성화/비활성화해야 한다. 또한, 이러한 알파 판정에는 비용이 따르므로, 필요한 경우에만 사용해야 한다.

혼합을 이용해도 같은 효과를 얻을 수 있지만, 지금 방법이 더 효율적이다. 무엇보다도 이 방법에서는 혼합 계산이 필요하지 않다(혼합을 꺼버릴 수 있다). 또한, 그리기 순서가 결과에 영향을 미치지 않는다. 더 나아가서, 픽셀 셰이더에서 픽셀을 일찌감치 폐기하면 픽셀 셰이더의 나머지 명령들을 생략할 수 있다(폐기된 픽셀에 대해 계산을 수행할 필요는 전혀 없다).

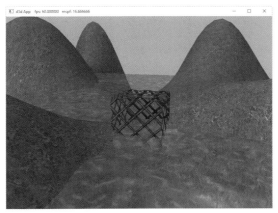

그림 10.7 혼합 예제의 실행 모습.

> **참고:** 필터링 때문에 알파 채널이 약간 뭉개질 수 있으므로, 알파 성분을 비교할 때 판정에 약간의 여유를
> 두어야 한다. 즉, 알파 값이 정확히 0이 아니더라도 0에 어느 정도 가까우면 픽셀을 폐기해야 한다.

[그림 10.7]은 이번 장의 혼합 예제('BlendDemo')의 실행 모습이다. 이 예제는 투명도에 기초한 혼합을 이용해서 반투명한 물을 렌더링하고, clip 함수를 통한 알파 판정을 이용해서 철망 상자를 렌더링한다. 언급할 만한 또 다른 차이점(이전의 지형과 파도 예제에 비한)은, 철망 상자 뒷면의 철망이 앞면의 철망을 통해서 보이도록 알파 판정 물체들에 대해 후면 선별(back face culling)을 비활성화한다는 것이다. 다음은 해당 코드이다.

```
// 알파 판정 물체를 위한 PSO
D3D12_GRAPHICS_PIPELINE_STATE_DESC alphaTestedPsoDesc = opaquePsoDesc;
alphaTestedPsoDesc.PS =
{
  reinterpret_cast<BYTE*>(mShaders["alphaTestedPS"]->GetBufferPointer()),
    mShaders["alphaTestedPS"]->GetBufferSize()
};
alphaTestedPsoDesc.RasterizerState.CullMode = D3D12_CULL_MODE_NONE;
ThrowIfFailed(md3dDevice->CreateGraphicsPipelineState(
  &alphaTestedPsoDesc, IID_PPV_ARGS(&mPSOs["alphaTested"])));
```

10.8 안개

게임에서 특정한 기상(weather) 조건을 흉내 낼 때 유용한 것이 안개 효과이다(그림 10.8).
안개 효과는 말 그대로 안개가 낀 모습을 만들어 내는 데 유용할 뿐만 아니라, 다른 부차적인
장점도 제공한다. 예를 들어 안개를 적절히 이용하면 먼 거리의 렌더링 결함이나 파핑^{popping} 현
상을 숨길 수 있다. 파핑은 절두체의 먼 평면 뒤에 있던 물체가 카메라가 이동함에 따라 절두
체 안으로 들어오면서 갑자기 화면에 '튀어나오는(popping)' 것을 말한다. 먼 거리에 안개를
깔아 두면 그런 파핑이 가려진다. 게임이 묘사하는 세계의 날씨가 맑다고 해도 먼 거리에 약간
의 안개를 포함시키는 것이 바람직함을 주의하기 바란다. 맑은 날이라도 지평선 부근의 산처럼
멀리 있는 물체는 흐릿해 보이기 때문이다(깊이에 비례해서 선명함이 줄어든다). 안개 효과는
그러한 대기 원근(atmospheric perspective) 현상을 흉내 내기에 적합하다.

이 책의 예제들이 안개를 구현하는 방법은 이렇다. 우선 안개 색상과 안개가 시작하는 거리
(카메라 기준), 그리고 안개의 범위(안개 시작 지점에서 물체가 안개에 완전히 묻혀서 보이지
않게 되는 지점까지)를 설정해 둔다. 렌더링 도중에는 삼각형의 한 점의 색상을 다음과 같이
원래 색상과 안개 색상의 가중 평균으로 구한다.

$$foggedColor = litColor + s(fogColor - litColor)$$
$$= (1 - s) \cdot litColor + s \cdot fogColor$$

매개변수 s는 카메라 위치와 표면 점 사이의 거리의 함수로, 값(치역)은 0 이상 1 이하이다. 표
면 점과 카메라(시점) 사이의 거리가 멀수록 이 값이 1에 가까워져서 표면 점이 안개에 더 많

그림 10.8 안개를 활성화한 혼합 예제에 실행 모습.

이 묻힌다. 이 매개변수의 정의는 다음과 같다.

$$s = \text{saturate}\left(\frac{\text{dist}(\mathbf{p}, \mathbf{E}) - fogStart}{fogRange} \right)$$

여기서 $\text{dist}(\mathbf{p}, \mathbf{E})$는 표면 점 $\mathbf{p}$와 카메라 위치 $\mathbf{E}$ 사이의 거리이고 saturate는 주어진 인수를 $[0, 1]$ 구간으로 한정하는 함수이다(해당 HLSL 함수는 saturate). 즉,

$$\text{saturate}(x) = \begin{cases} x, & 0 \le x \le 1 \\ 0, & x < 0 \\ 1, & x > 1 \end{cases}$$

이다. [그림 10.10]은 거리의 함수로서의 s를 그래프로 그린 것이다. $\text{dist}(\mathbf{p}, \mathbf{E}) \le fogStart$ 일 때 $s = 0$이 되며, 따라서 안개가 적용된 색상은 다음과 같이 주어짐을 주목하기 바란다.

$$foggedColor = litColor$$

다른 말로 하면, 카메라와의 거리가 *fogStart* 이하인 표면 점은 안개 색에 영향을 전혀 받지 않는다. 이는 애초에 *fogStart*가 안개가 시작하는 거리라는 점과 일치한다. 그 거리보다 가까운 곳에는 안개가 없는 것이므로 안개가 영향을 색상에 미치는 일도 없어야 마땅하다.

한편, *fogEnd* = *fogStart* + *fogRange*라고 하자. $\text{dist}(\mathbf{p}, \mathbf{E}) \ge fogEnd$일 때에는 $s = 1$ 이 되며, 안개가 적용된 색상은 다음과 같이 주어진다.

$$foggedColor = fogColor$$

다른 말로 하면, 카메라와의 거리가 *fogEnd* 이상인 표면 점은 안개에 완전히 묻혀서 안개 색만 보이게 된다.

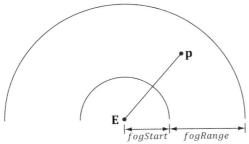

그림 10.9 표면 점과 시점(카메라) 사이의 거리, 그리고 *fogStart* 매개변수와 *fogRange* 매개변수.

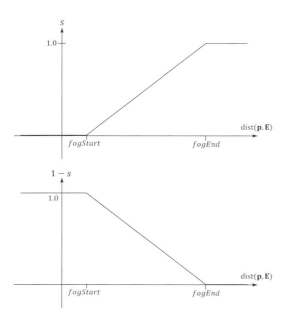

그림 10.10 (위) 거리의 함수로서의 s(안개 색 가중치)의 그래프. (아래) 거리의 함수로서의 $1 - s$ (조명된 색상의 가중치)의 그래프. $(1 - s)$는 s가 증가한 만큼 감소한다.

마지막으로, $fogStart < \text{dist}(\mathbf{p}, \mathbf{E}) < fogEnd$일 때에는 $\text{dist}(\mathbf{p}, \mathbf{E})$가 $fogStart$에서 $fogEnd$로 증가함에 따라 s가 0에서 1로 선형 증가함을 알 수 있다. 이는 거리가 증가함에 따라 안개 색의 가중치가 점차 커지고 원 색상의 가중치가 점점 작아짐을 뜻한다. 결과적으로, 거리가 멀어질수록 표면 점이 점점 더 안개에 묻히는 효과가 생긴다.

다음은 이상의 논의에 기초해서 안개 효과를 구현하는 픽셀 셰이더 코드이다. 주어진 픽셀의 조명 색상을 계산한 후, 픽셀 수준에서 거리를 계산하고 보간을 수행해서 안개 효과를 적용한다.

```
// 광원 개수들이 정의되어 있지 않으면 기본값으로 정의한다.
#ifndef NUM_DIR_LIGHTS
  #define NUM_DIR_LIGHTS 3
#endif

#ifndef NUM_POINT_LIGHTS
  #define NUM_POINT_LIGHTS 0
#endif

#ifndef NUM_SPOT_LIGHTS
```

```
    #define NUM_SPOT_LIGHTS 0
#endif

// 조명을 위한 구조체들과 함수들을 여기에 포함한다.
#include "LightingUtil.hlsl"

Texture2D  gDiffuseMap : register(t0);


SamplerState gsamPointWrap        : register(s0);
SamplerState gsamPointClamp       : register(s1);
SamplerState gsamLinearWrap       : register(s2);
SamplerState gsamLinearClamp      : register(s3);
SamplerState gsamAnisotropicWrap  : register(s4);
SamplerState gsamAnisotropicClamp : register(s5);

// 프레임마다 달라지는 상수 자료.
cbuffer cbPerObject : register(b0)
{
  float4x4 gWorld;
  float4x4 gTexTransform;
};

// 재질마다 달라지는 상수 자료.
cbuffer cbPass : register(b1)
{
  float4x4 gView;
  float4x4 gInvView;
  float4x4 gProj;
  float4x4 gInvProj;
  float4x4 gViewProj;
  float4x4 gInvViewProj;
  float3 gEyePosW;
  float  cbPerPassPad1;
  float2 gRenderTargetSize;
  float2 gInvRenderTargetSize;
  float  gNearZ;
  float  gFarZ;
  float  gTotalTime;
  float  gDeltaTime;
  float4 gAmbientLight;

  // 응용 프로그램이 안개 매개변수들을 프레임별로 변경할 수 있게 한다.
  // 예를 들어 하루 중 특정 시간대에만 안개를 적용할 수도 있다.
```

```
    float4 gFogColor;
    float  gFogStart;
    float  gFogRange;
    float2 cbPerPassPad2;

    // 최대 MaxLights개의 물체별 광원 중에서
    // [0, NUM_DIR_LIGHTS) 구간의 색인들은 지향광들이고
    // [NUM_DIR_LIGHTS, NUM_DIR_LIGHTS+NUM_POINT_LIGHTS) 구간의
    // 색인들은 점광들이다.
    // 그리고 [NUM_DIR_LIGHTS+NUM_POINT_LIGHTS,
    // NUM_DIR_LIGHTS+NUM_POINT_LIGHT+NUM_SPOT_LIGHTS) 구간의
    // 색인들은 점적광들이다.
    Light gLights[MaxLights];
};

cbuffer cbMaterial : register(b2)
{
    float4   gDiffuseAlbedo;
    float3   gFresnelR0;
    float    gRoughness;
    float4x4 gMatTransform;
};

struct VertexIn
{
    float3 PosL    : POSITION;
    float3 NormalL : NORMAL;
    float2 TexC    : TEXCOORD;
};

struct VertexOut
{
    float4 PosH    : SV_POSITION;
    float3 PosW    : POSITION;
    float3 NormalW : NORMAL;
    float2 TexC    : TEXCOORD;
};

VertexOut VS(VertexIn vin)
{
    VertexOut vout = (VertexOut)0.0f;

    // 세계 공간으로 변환한다.
    float4 posW = mul(float4(vin.PosL, 1.0f), gWorld);
```

```
  vout.PosW = posW.xyz;

  // 세계 행렬에 비균등 비례가 없다고 가정하고 법선을 변환한다.
  // 비균등 비례가 있다면 역전치 행렬을 사용해야 한다.
  vout.NormalW = mul(vin.NormalL, (float3x3)gWorld);

  // 동차 절단 공간으로 변환한다.
  vout.PosH = mul(posW, gViewProj);

  // 출력 정점 특성들은 이후 삼각형을 따라 보간된다.
  float4 texC = mul(float4(vin.TexC, 0.0f, 1.0f), gTexTransform);
  vout.TexC = mul(texC, gMatTransform).xy;

  return vout;
}

float4 PS(VertexOut pin) : SV_Target
{
  float4 diffuseAlbedo = gDiffuseMap.Sample(
    gsamAnisotropicWrap, pin.TexC) * gDiffuseAlbedo;

#ifdef ALPHA_TEST
  // 텍스처 알파가 0.1보다 작으면 픽셀을 폐기한다. 셰이더 안에서
  // 이 판정을 최대한 일찍 수행하는 것이 바람직하다. 그러면 폐기 시
  // 셰이더의 나머지 코드의 실행을 생략할 수 있으므로 효율적이다.
  clip(diffuseAlbedo.a - 0.1f);
#endif

  // 법선을 보간하면 단위 길이가 아니게 될 수 있으므로 다시 정규화한다.
  pin.NormalW = normalize(pin.NormalW);

  // 조명되는 점에서 눈으로의 벡터.
  float3 toEyeW = gEyePosW - pin.PosW;
  float distToEye = length(toEyeW);
  toEyeW /= distToEye; // 정규화

  // 조명 계산에 포함되는 항들.
  float4 ambient = gAmbientLight*diffuseAlbedo;

  const float shininess = 1.0f - gRoughness;
  Material mat = { diffuseAlbedo, gFresnelR0, shininess };
  float3 shadowFactor = 1.0f;
  float4 directLight = ComputeLighting(gLights, mat, pin.PosW,
    pin.NormalW, toEyeW, shadowFactor);
```

```
    float4 litColor = ambient + directLight;

#ifdef FOG
    float fogAmount = saturate((distToEye - gFogStart) / gFogRange);
    litColor = lerp(litColor, gFogColor, fogAmount);
#endif

    // 흔히 하는 방식대로, 분산 재질에서 알파를 가져온다.
    litColor.a = diffuseAlbedo.a;

    return litColor;
}
```

그런데 장면에 따라서는 안개를 적용하지 않는 게 나을 수도 있다. 그래서 컴파일 시 FOG
가 정의되어 있을 때에만 안개 관련 코드가 컴파일되게 만들었다. 이 덕분에, 안개를 적용
하지 않을 때에는 안개 계산에 따른 비용을 물지 않아도 된다. 응용 프로그램 쪽에서는 다
음과 같은 D3D_SHADER_MACRO로 CompileShader를 호출해서 안개를 활성화한다.

```
const D3D_SHADER_MACRO defines[] =
{
  "FOG", "1",
  NULL, NULL
};

mShaders["opaquePS"] = d3dUtil::CompileShader(
  L"Shaders\\Default.hlsl", defines, "PS", "ps_5_0");
```

> **참고:** 이 셰이더는 안개 계산에 쓰이는 **distToEye** 값을 **toEye** 벡터의 정규화에 재활용한다. 덜 최적화
> 된 구현이라면 다음과 같이 했을 것이다.
>
> ```
>     float3 toEye = normalize(gEyePosW - pin.PosW);
>     float distToEye = distance(gEyePosW, pin.PosW);
> ```
>
> 본질적으로 이는 **toEye** 벡터의 길이를 두 번 계산하는(한 번은 **normalize** 함수 호출 시, 또 한 번은
> **distance** 함수 호출 시) 것이므로 낭비이다.

10.9 요약

1. 혼합은 현재 래스터화하는 픽셀(소위 **원본** 픽셀)을 후면 버퍼에 이미 래스터화되어 있는 픽셀(소위 **대상** 픽셀)과 섞는(결합하는) 기법이다. 혼합 기법을 이용하면 무엇보다도 물이나 유리 같은 반투명 물체를 렌더링할 수 있게 된다.

2. 혼합 공식은 다음과 같다.

$$\mathbf{C} = \mathbf{C}_{src} \otimes \mathbf{F}_{src} \boxplus \mathbf{C}_{dst} \otimes \mathbf{F}_{dst}$$

$$A = A_{src} F_{src} \boxplus A_{dst} F_{dst}$$

RGB 성분들과 알파 성분들을 개별적으로 혼합함을 주의하기 바란다. 이항 연산자 $\boxplus$는 D3D12_BLEND_OP 열거형으로 정의된 여러 연산자 중 하나이다.

3. $\mathbf{F}_{src}$, $\mathbf{F}_{dst}$, F_{src}, F_{dst}를 혼합 계수라고 부른다. 이들은 혼합 공식을 커스텀화하는 수단으로 쓰인다. 혼합 계수는 D3D12_BLEND 열거형의 한 멤버로 지정한다. 알파 혼합 공식에는 _COLOR로 끝나는 멤버를 사용할 수 없다.

4. 흔히 분산 재질의 알파를 원본 픽셀의 알파로 사용한다. 이 책의 예제 프레임워크에서 분산 재질은 하나의 텍스처 맵으로 정의되며, 그 텍스처의 알파 채널에 알파 정보가 들어 있다.

5. 내장 HLSL 함수 clip(x)를 이용해서 원본 픽셀을 완전히 '기각(reject)'할 수 있다. 픽셀 셰이더에서만 호출할 수 있는 이 함수는 만일 x < 0이면 현재 픽셀을 폐기해서 더 이상의 처리가 일어나지 않게 한다. 특히 이 함수는 완전히 투명한 픽셀들과 완전히 불투명한 픽셀들을 렌더링할 때 유용하다(그런 경우 완전히 투명한 픽셀, 즉 알파 값이 0에 가까운 픽셀들을 완전히 기각하는 용도로 이 함수를 사용한다).

6. 안개는 다양한 기상 조건과 대기 원근을 흉내 내거나, 멀리 있는 물체의 렌더링 결함을 숨기거나, 파핑을 숨기는 용도로 쓰인다. 이 책이 사용하는 선형 안개 모형에서 응용 프로그램은 안개 색상과 안개 시작 거리(카메라 기준) 및 안개 범위를 지정한다. 그러한 매개변수들에 기초해서, 픽셀 셰이더는 삼각형의 한 점의 색상을 다음과 같이 원래 색상과 안개 색상의 가중 평균으로 구한다.

$$foggedColor = litColor + s(fogColor - litColor)$$

$$= (1-s) \cdot litColor + s \cdot fogColor$$

매개변수 s는 카메라 위치와 표면 점 사이의 거리의 함수로, 값(치역)은 0 이상 1 이하이다. 표면 점과 카메라(시점) 사이의 거리가 멀수록 이 값이 1에 가까워져서 표면 점이 안개에 더 많이 묻힌다.

10.10 연습문제

1. 혼합 연산자와 혼합 계수들의 여러 조합을 실험해 보라.

2. 이번 장의 혼합 예제('BlendDemo')를 물을 제일 먼저 렌더링하도록 수정하고, 그 실행 결과를 설명하라.

3. $fogStart$ = 10이고 $fogRange$ = 200이라 할 때, 다음의 여러 카메라–표면 점 거리들에 대해 $foggedColor$를 각각 계산하라.

   (a) dist$(\mathbf{p}, \mathbf{E})$ = 160
   (b) dist$(\mathbf{p}, \mathbf{E})$ = 110
   (c) dist$(\mathbf{p}, \mathbf{E})$ = 60
   (d) dist$(\mathbf{p}, \mathbf{E})$ = 30

4. ALPHA_TEST를 정의하지 않고 컴파일한 픽셀 셰이더에 실제로 discard 명령이 존재하지 않는지, 그리고 ALPHA_TEST를 정의하고 컴파일한 픽셀 셰이더에 실제로 discard 명령이 존재하는지를 생성된 셰이더 어셈블리를 조사해서 확인하라. discard는 HLSL의 clip 명령에 대응되는 셰이더 어셈블리 명령이다.

5. 혼합 예제를, 적색 채널과 녹색 채널로의 색상 기록을 비활성화하는 혼합 상태를 생성해서 혼합에 적용하도록 수정하라.

스텐실 적용

스텐실 버퍼^{stencil buffer}는 여러 특수 효과에 쓰이는 화면 밖 버퍼이다. 스텐실 버퍼는 후면 버퍼 및 깊이 버퍼와 해상도가 같다. 특히, 스텐실 버퍼의 ij번째 픽셀은 후면 버퍼나 깊이 버퍼의 ij번째 픽셀과 대응된다. §4.1.5에서 말했듯이, 스텐실 버퍼를 지정하면 그 스텐실 버퍼는 깊이 버퍼에 부착된다. 스텐실 버퍼의 용도는 현실에서 포스터나 판화를 만들 때 쓰이는 스텐실의 용도와 같다. 즉, 스텐실 버퍼는 특정 픽셀 단편들이 후면 버퍼에 기록되지 못하게 하는 역할을 한다.

예를 들어 거울의 모습을 제대로 구현하려면 물체가 반사된 이미지(반사상)를 거울의 평면에 그려야 한다. 그런데 거울의 테두리 바깥에까지 반사상이 그려지게 하면 안 된다(그림 11.1의 왼쪽). 스텐실 버퍼를 이용하면 거울 테두리 안에만 반사상이 그려지게 할 수 있다(그림 11.1의 오른쪽).

응용 프로그램에서는 `D3D12_DEPTH_STENCIL_DESC` 구조체를 채우고 그것을 파이프라인 상태 객체(PSO)의 `D3D12_GRAPHICS_PIPELINE_STATE_DESC::DepthStencilState` 필드에 설정해서 스텐실 버퍼를(그리고 깊이 버퍼도) 설정한다. 효율적인 학습을 위해, 이번 장에서는 기존의 예제 응용 프로그램을 수정해 가면서 스텐실 버퍼의 사용법을 설명한다. 스텐실 버퍼의 몇 가지 응용 방법을 파악하고 나면 독자의 프로젝트의 고유한 요구사항에 맞게 스텐실 버퍼를 활용하는 방법도 떠올릴 수 있을 것이다.

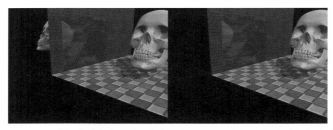

그림 11.1 (왼쪽) 반사된 두개골이 거울에 제대로 나타나 있다. 반사상이 벽의 벽돌들을 통과해서 보이지 않는 이유는, 그 부분에서 깊이 판정에 실패하기 때문이다. 그러나 벽 뒤로는 여전히 반사상이 보여서 환상이 깨진다(반사상은 오직 거울을 통해서만 보여야 한다). (오른쪽) 스텐실 버퍼를 이용하면 거울면을 벗어난 두개골 반사상 픽셀들을 차단할 수 있다.

목표

1. 파이프라인 상태 객체의 D3D12_DEPTH_STENCIL_DESC 필드를 채워서 깊이·스텐실 버퍼 상태를 제어하는 방법을 파악한다.

2. 스텐실 버퍼로 거울면 바깥에 반사상이 그려지지 않게 해서 거울을 구현하는 방법을 배운다.

3. 이중 혼합이 무엇이고 스텐실 버퍼를 이용해서 이중 혼합을 방지하려면 어떻게 해야 하는지 살펴본다.

4. 깊이 복잡도를 이해하고, 장면의 깊이 복잡도를 측정하는 두 가지 방법을 알아본다.

11.1 깊이·스텐실 버퍼의 자료 형식과 버퍼 지우기

이전에 말했듯이 깊이·스텐실 버퍼는 그냥 하나의 텍스처이다. 따라서 깊이·스텐실 버퍼를 생성하려면 특정한 자료 형식을 지정할 필요가 있다. 다음은 깊이·스텐실 버퍼에 사용할 수 있는 형식들이다.

1. DXGI_FORMAT_D32_FLOAT_S8X24_UINT: 각 텍셀은 32비트 부동소수점 깊이 값과 [0, 255] 구간으로 사상되는 8비트 부호 없는 정수 스텐실 값(스텐실 버퍼에 쓰임), 그리고 다른 용도 없이 채움(padding) 용으로만 쓰이는 24비트로 구성된다.

2. DXGI_FORMAT_D24_UNORM_S8_UINT: 텍셀은 [0, 1] 구간으로 사상되는 부호 없는

24비트 깊이 값 하나와 [0, 255] 구간으로 사상되는 부호 없는 8비트 정수 스텐실 값으로 구성된다.

이 책의 예제 프레임워크(D3DApp)는 깊이 버퍼를 생성할 때 형식을 다음과 같이 지정한다.

```
DXGI_FORMAT mDepthStencilFormat = DXGI_FORMAT_D24_UNORM_S8_UINT;
depthStencilDesc.Format = mDepthStencilFormat;
```

그리고 스텐실 버퍼는 각 프레임의 시작에서 특정한 값으로 재설정해야 한다. 다음은 그러한 스텐실 버퍼 지우기(clearing)를 수행하는 메서드이다(이 메서드는 깊이 버퍼도 함께 지운다).

```
void ID3D12GraphicsCommandList::ClearDepthStencilView(
    D3D12_CPU_DESCRIPTOR_HANDLE DepthStencilView,
    D3D12_CLEAR_FLAGS ClearFlags,
    FLOAT Depth,
    UINT8 Stencil,
    UINT NumRects,
    const D3D12_RECT *pRects);
```

1. DepthStencilView: 지우고자 하는 깊이·스텐실 버퍼의 뷰 서술자.
2. ClearFlags: 깊이 버퍼만 지우려면 D3D12_CLEAR_FLAG_DEPTH를, 스텐실 버퍼만 지우려면 D3D12_CLEAR_FLAG_STENCIL을, 둘 다 지우려면 D3D12_CLEAR_FLAG_DEPTH | D3D12_CLEAR_FLAG_STENCIL을 이 필드에 지정한다.
3. Depth: 깊이 버퍼의 모든 픽셀에 설정되는 값이다. 반드시 0 이상, 1 이하의 부동소수점 값이어야 한다.
4. Stencil: 스텐실 버퍼의 모든 픽셀에 설정되는 값이다. 반드시 0 이상, 255 이하의 정수 값이어야 한다.
5. NumRects: pRects가 가리키는 배열에 담긴 D3D12_RECT 개수.
6. pRects: 깊이·스텐실 버퍼 중 지우고자 하는 사각형 영역을 나타내는 D3D12_RECT 구조체들의 배열이다. 깊이·스텐실 버퍼 전체를 지우려면 nullptr을 지정한다.

이 메서드는 이미 이전 예제들에서 매 프레임 호출했었다. 예를 들면 다음과 같다.

```
mCommandList->ClearDepthStencilView(DepthStencilView(),
    D3D12_CLEAR_FLAG_DEPTH | D3D12_CLEAR_FLAG_STENCIL,
    1.0f, 0, 0, nullptr);
```

11.2 스텐실 판정

앞에서 언급했듯이, 스텐실 버퍼를 이용하면 장면이 후면 버퍼의 특정 영역에만 렌더링되지 않게 만들 수 있다. 스텐실을 적용하는 경우, 주어진 한 픽셀이 후면 버퍼에 기록되는지 아닌지는 스텐실 판정(stencil test)의 결과에 따라 결정된다. 스텐실 판정을 의사코드로 표현하면 다음과 같다.

```
if( StencilRef & StencilReadMask ⊴ Value & StencilReadMask )
    픽셀을 허용
else
    픽셀을 기각
```

스텐실 판정은 픽셀이 래스터화되는 과정에서, 즉 출력 병합기 단계에서 일어난다(물론 스텐실 적용이 활성화되었다고 할 때). 앞의 의사코드에서 ⊴는 응용 프로그램이 선택한 비교 함수에 해당하는 비교 연산자이다. 비교 연산에 관여하는 두 피연산자는 다음과 같다.

1. 연산자 좌변의 피연산자는 응용 프로그램이 지정한 **스텐실 기준값**(stencil reference value; 앞의 의사코드의 `StencilRef`)과 응용 프로그램이 지정한 **마스킹 값**(masking value; `StencilReadMask`)을 비트별 논리곱(bitwise AND)으로 결합한 것이다.
2. 연산자 우변의 피연산자는 스텐실 버퍼에 이미 있던 픽셀의 값(`Value`)과 응용 프로그램이 지정한 마스킹 값(`StencilReadMask`)을 비트별 논리곱으로 결합한 것이다.

좌변과 우변의 `StencilReadMask`가 같은 값임을 주의하기 바란다. 스텐실 판정은 두 피연산자를 응용 프로그램이 선택한 **비교 함수**(comparison function)를 이용해서 비교한다. 비교 함수는 참(true) 또는 거짓(false)을 돌려준다. 비교 함수가 참을 돌려주면 픽셀이 후면 버퍼에 기록되고(물론 픽셀이 깊이 판정까지 통과한다고 할 때), 거짓이면 후면 버퍼에 기록되지 않는다. 물론, 픽셀이 스텐실 판정에 실패해서 기각되면 깊이 버퍼에도 기록되지 않는다.

비교 연산자(⊴)로는 D3D12_COMPARISON_FUNC 열거형에 정의된 것 중 하나를 사용할 수 있다.

```
typedef enum D3D12_COMPARISON_FUNC
{
  D3D12_COMPARISON_NEVER = 1,
  D3D12_COMPARISON_LESS = 2,
  D3D12_COMPARISON_EQUAL = 3,
```

```
        D3D12_COMPARISON_LESS_EQUAL = 4,
        D3D12_COMPARISON_GREATER = 5,
        D3D12_COMPARISON_NOT_EQUAL = 6,
        D3D12_COMPARISON_GREATER_EQUAL = 7,
        D3D12_COMPARISON_ALWAYS = 8,
    } D3D12_COMPARISON_FUNC;
```

1. D3D12_COMPARISON_NEVER: 이 함수는 항상 거짓을 돌려준다.

2. D3D12_COMPARISON_LESS: < 연산자를 ⊴로 사용한다.

3. D3D12_COMPARISON_EQUAL: = 연산자를 ⊴로 사용한다.

4. D3D12_COMPARISON_LESS_EQUAL: ≤ 연산자를 ⊴로 사용한다.

5. D3D12_COMPARISON_GREATER: > 연산자를 ⊴로 사용한다.

6. D3D12_COMPARISON_NOT_EQUAL: ≠ 연산자를 ⊴로 사용한다.

7. D3D12_COMPARISON_GREATER_EQUAL: ≥ 연산자를 ⊴로 사용한다.

8. D3D12_COMPARISON_ALWAYS: 이 함수는 항상 참을 돌려준다.

11.3 깊이·스텐실 상태의 서술

깊이·스텐실 상태는 D3D12_DEPTH_STENCIL_DESC 구조체를 채워서 서술한다.

```
typedef struct D3D12_DEPTH_STENCIL_DESC {
    BOOL DepthEnable; // 기본값: TRUE

    // 기본값: D3D12_DEPTH_WRITE_MASK_ALL
    D3D12_DEPTH_WRITE_MASK DepthWriteMask;

    // 기본값: D3D12_COMPARISON_LESS
    D3D12_COMPARISON_FUNC DepthFunc;

    BOOL  StencilEnable;       // 기본값: FALSE
    UINT8 StencilReadMask;     // 기본값: 0xff
    UINT8 StencilWriteMask;    // 기본값: 0xff
    D3D12_DEPTH_STENCILOP_DESC FrontFace;
    D3D12_DEPTH_STENCILOP_DESC BackFace;
} D3D12_DEPTH_STENCIL_DESC;
```

11.3.1 깊이 설정들

1. DepthEnable: 깊이 버퍼링을 활성화하려면 TRUE를, 비활성화하려면 FALSE를 지정한다. 깊이 버퍼링을 비활성화하면 깊이 판정이 일어나지 않으므로, 어떤 픽셀 단편이 이미 렌더링된 다른 물체 뒤에 있다고 해도 그 물체의 픽셀을 덮어쓰게 된다(§4.1.5 참고). 따라서 그리기 순서가 중요해진다. 또한, 깊이 버퍼링을 비활성화하면 DepthWriteMask가 어떻게 설정되어 있든 깊이 버퍼의 요소들도 갱신되지 않는다.

2. DepthWriteMask: 여기에는 D3D12_DEPTH_WRITE_MASK_ZERO 아니면 D3D12_DEPTH_WRITE_MASK_ALL을 지정할 수 있다. 둘 다 지정할 수는 없다. DepthEnable이 TRUE로 설정되었다고 할 때, 이 필드에 D3D12_DEPTH_WRITE_MASK_ZERO를 지정하면 깊이 버퍼 쓰기(기록)가 비활성화된다. 단, 깊이 판정은 여전히 수행된다. D3D12_DEPTH_WRITE_MASK_ALL을 지정하면 깊이 버퍼 쓰기가 활성화되며, 만일 픽셀이 스텐실 판정과 깊이 판정을 모두 통과한다면 그 픽셀의 깊이가 깊이 버퍼에 기록된다. 특수 효과 중에는 깊이 버퍼 읽기와 쓰기를 적절히 제어해야 하는 것들이 있다.

3. DepthFunc: 깊이 판정에 쓰이는 비교 함수에 해당하는 필드로, D3D12_COMPARISON_FUNC 열거형의 한 멤버를 지정해야 한다. 일반적으로 이 필드에는 항상 D3D12_COMPARISON_LESS를 지정한다. 이는 §4.1.5에 나온 통상적인 깊이 판정, 즉 후면 버퍼에 이미 기록되어 있는 픽셀 깊이보다 현재 픽셀 깊이가 더 작은 경우에만 참이 되는 방식의 깊이 판정에 해당한다. 그러나 차차 보겠지만 필요하다면 다른 방식의 깊이 판정도 가능하다.

11.3.2 스텐실 설정들

1. StencilEnable: 스텐실 판정을 활성화하려면 TRUE를, 비활성화하려면 FALSE를 지정한다.

2. StencilReadMask: 다음과 같은 스텐실 판정 의사코드의 StencilReadMask에 해당하는 값이다.

```
if( StencilRef & StencilReadMask ⊴ Value & StencilReadMask )
    픽셀을 허용
else
    픽셀을 기각
```

이 필드의 기본값은 다음과 같다. 이는 그 어떤 비트도 마스킹(0으로 설정)하지 않는 것에 해당한다.

```
#define    D3D12_DEFAULT_STENCIL_READ_MASK    ( 0xff )
```

3. StencilWriteMask: 스텐실 버퍼를 갱신할 때 특정 비트 값들이 기록되지 않게 하는 비트 마스크이다. 예를 들어 최상위 비트 네 개가 기록되지 않게 하려면 0x0f를 사용하면 된다. 기본값은 다음과 같이 그 어떤 비트도 막지 않는 마스크이다.

```
#define    D3D12_DEFAULT_STENCIL_WRITE_MASK    ( 0xff )
```

4. FrontFace: 전면 삼각형에 대한 스텐실 버퍼 적용 방식을 서술하는 D3D12_DEPTH_STENCILOP_DESC 구조체를 지정한다.

5. BackFace: 후면 삼각형에 대한 스텐실 버퍼 적용 방식을 서술하는 D3D12_DEPTH_STENCILOP_DESC 구조체를 지정한다.

D3D12_DEPTH_STENCILOP_DESC 구조체의 정의는 다음과 같다.

```
typedef struct D3D12_DEPTH_STENCILOP_DESC {
  D3D12_STENCIL_OP StencilFailOp;      // 기본값: D3D12_STENCIL_OP_KEEP
  D3D12_STENCIL_OP StencilDepthFailOp; // 기본값: D3D12_STENCIL_OP_KEEP
  D3D12_STENCIL_OP StencilPassOp;      // 기본값: D3D12_STENCIL_OP_KEEP
  D3D12_COMPARISON_FUNC StencilFunc;   // 기본값: D3D12_COMPARISON_ALWAYS
} D3D12_DEPTH_STENCILOP_DESC;
```

1. StencilFailOp: 픽셀 단편이 스텐실 판정에 실패했을 때 스텐실 버퍼를 갱신하는 방식을 결정하는 필드로, D3D12_STENCIL_OP 열거형의 한 멤버를 지정해야 한다.

2. StencilDepthFailOp: 픽셀 단편이 스텐실 판정을 통과했지만 깊이 판정에는 실패했을 때 스텐실 버퍼를 갱신하는 방식을 결정하는 필드로, D3D12_STENCIL_OP 열거형의 한 멤버를 지정해야 한다.

3. StencilPassOp: 픽셀 단편이 스텐실 판정과 깊이 판정을 모두 통과했을 때 스텐실 버퍼를 갱신하는 방식을 결정하는 필드로, D3D12_STENCIL_OP 열거형의 한 멤버를 지정해야 한다.

4. StencilFunc: 스텐실 판정 비교 함수를 결정하는 멤버로, D3D12_COMPARISON_FUNC 열거형의 한 멤버를 지정해야 한다.

D3D12_COMPARISON_FUNC 열거형의 정의는 다음과 같다.

```
typedef
enum D3D12_STENCIL_OP
{
  D3D12_STENCIL_OP_KEEP       = 1,
  D3D12_STENCIL_OP_ZERO       = 2,
  D3D12_STENCIL_OP_REPLACE    = 3,
  D3D12_STENCIL_OP_INCR_SAT   = 4,
  D3D12_STENCIL_OP_DECR_SAT   = 5,
  D3D12_STENCIL_OP_INVERT     = 6,
  D3D12_STENCIL_OP_INCR       = 7,
  D3D12_STENCIL_OP_DECR       = 8
} D3D12_STENCIL_OP;
```

1. D3D12_STENCIL_OP_KEEP: 스텐실 버퍼를 변경하지 않도록 한다. 즉, 해당 스텐실 버퍼 항목의 현재 값을 유지한다.

2. D3D12_STENCIL_OP_ZERO: 스텐실 버퍼 항목을 0으로 설정한다.

3. D3D12_STENCIL_OP_REPLACE: 스텐실 판정에 쓰인 스텐실 기준값(StencilRef)을 스텐실 버퍼 항목에 덮어쓴다. 잠시 후(§11.3.3) 보겠지만, StencilRef 값은 스텐실 버퍼 상태 집합을 렌더링 파이프라인에 묶을 때 응용 프로그램이 설정한다.

4. D3D12_STENCIL_OP_INCR_SAT: 스텐실 버퍼 항목의 값을 1 증가한다. 증가된 값이 최댓값(예를 들어 8비트 스텐실 버퍼이면 255)을 넘기면 그 최댓값으로 한정된다.

5. D3D12_STENCIL_OP_DECR_SAT: 스텐실 버퍼 항목의 값을 1 감소한다. 감소된 값이 0보다 작으면 0으로 한정된다.

6. D3D12_STENCIL_OP_INVERT: 스텐실 버퍼 항목의 비트들을 뒤집는다(0을 1로, 1을 0으로).

7. D3D12_STENCIL_OP_INCR: 스텐실 버퍼 항목을 1 증가한다. 증가된 값이 최댓값(예를 들어 8비트 스텐실 버퍼이면 255)을 넘기면 다시 0으로 순환된다.

8. D3D12_STENCIL_OP_DECR: 스텐실 버퍼 항목의 값을 1 감소한다. 감소된 값이 0보다 작으면 다시 최댓값으로 순환된다.

11.3.3 깊이·스텐실 상태의 생성 및 묶기

원하는 깊이·스텐실 버퍼를 서술하는 D3D12_DEPTH_STENCIL_DESC 구조체를 다 채웠다면, 이제 그것을 PSO의 D3D12_GRAPHICS_PIPELINE_STATE_DESC::DepthStencilState 필드에 배정하면 된다. 그 PSO와 함께 렌더링되는 모든 기하구조에는 해당 깊이·스텐실 버퍼 설정들이 적용된다.

마지막으로, 스텐실 기준값을 설정하는 구체적인 방법을 살펴보자. 스텐실 기준값은 ID3D12 GraphicsCommandList::OMSetStencilRef 메서드로 설정한다. 이 메서드는 설정할 스텐실 기준값에 해당하는 부호 없는 정수 매개변수 하나를 받는다. 다음은 스텐실 기준값을 1로 설정하는 예이다.

```
mCommandList->OMSetStencilRef(1);
```

11.4 평면거울 구현

세상에는 거울 역할을 하는, 즉 물체의 반사상을 보여 주는 표면이 많이 있다. 이번 절에서는 3차원 그래픽 응용 프로그램에서 거울을 흉내 내는 방법을 살펴본다. 단순함을 위해, 이 거울 예제('StencilDemo')에서는 표면이 평평한 거울만 다룬다. 예를 들어 자동차의 빛나는 차체도 거울처럼 사물을 비추지만, 차체는 평면이 아니라 매끄럽고 둥근 표면으로 이루어져 있다. 이 예제는 그런 표면이 아니라 잘 닦인 대리석 바닥이나 벽에 걸린 거울처럼 평면적인 표면을 흉내 낸다.

프로그램에서 거울을 구현하려면 두 가지 문제를 풀어야 한다. 첫째로, 물체의 반사상을 정확히 그리려면 물체를 임의의 평면에 대해 반사하는 방법을 알아야 한다. 둘째로, 반사상이 거울 안에만 나타나게 해야 한다. 즉, 렌더링 시 거울이 놓인 평면 중 거울에 해당하는 표면을 어떤 방식으로든 '식별'해서 반사된 물체가 그 표면에만 그려지게 해야 한다. 이런 개념이 처음 등장한 [그림 11.1]을 다시 참고하기 바란다.

첫째 문제는 해석 기하학을 조금 적용하면 쉽게 풀리는데, 부록 C에 해석 기하학에 대한 논의가 있다. 둘째 문제는 스텐실 버퍼를 이용해서 해결할 수 있다.

11.4.1 거울 예제의 개요

> **참고:** 반사상을 그릴 때에는 광원도 거울 평면에 대해 반사시켜야 한다. 그렇게 하지 않으면 반사상에 조명이 제대로 적용되지 않는다.

[그림 11.2]에서 보듯이, 물체의 반사상을 그린다는 것은 그냥 물체의 메시를 거울 평면에 대해 반사시킨 메시를 렌더링하는 것이다. 그러나 그렇게만 하면 [그림 11.1]에서 본 문제가 발생한다. 즉, 물체(지금 예에서는 두개골)의 반사상은 장면의 또 다른 물체일 뿐이므로, 다른 물체에 가려지지 않는 한 물체 전체가 화면에 나타난다는 것이다. 그러나 거울을 제대로 구현하려면 반사상이 오직 거울을 통해서만 보여야 한다. 애초에 스텐실 버퍼는 후면 버퍼의 특정 영역에 대한 렌더링을 방지하는 수단이므로, 이 문제는 스텐실 버퍼를 이용해서 해결할 수 있다. 좀 더 구체적으로 말하면, 반사된 두개골의 픽셀 중 거울 표면 영역 바깥에 있는 픽셀들은 스텐실 버퍼를 통해서 기각(폐기)하면 된다. 다음은 이를 실현하는 과정을 개괄적으로 정리한 것이다.

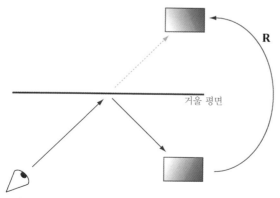

그림 11.2 눈은 거울을 통해서 상자의 반사상을 본다. 이를 흉내 내기 위해, 상자를 거울 평면에 대해 반사시켜서 렌더링한다(렌더링 자체는 평소 방식 그대로이다).

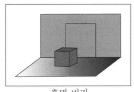

후면 버퍼

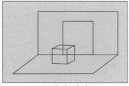

스텐실 버퍼

그림 11.3 바닥과 벽, 두개골을 후면 버퍼에 그린 후 스텐실 버퍼를 0(밝은 회색으로 표시되었음)으로 지운다. 스텐실 버퍼에 그려진 검은 외곽선은 후면 버퍼 픽셀들과 스텐실 버퍼 픽셀들의 관계를 보여 주기 위한 것일 뿐, 실제로 스텐실 버퍼에 기록된 자료를 나타내는 것은 아니다.

1. 바닥과 벽, 두개골을 평소대로 렌더링한다. 거울은 아직 그리지 않는다. 이 단계에서는 스텐실 버퍼를 갱신하지 않음을 주목하기 바란다.

2. 스텐실 버퍼를 0으로 지운다. [그림 11.3]은 이 지점에서의 후면 버퍼와 스텐실 버퍼를 나타낸 것이다(도식을 간단하게 만들기 위해 두개골을 상자로 대체했음).

3. 거울을 스텐실 버퍼에만 렌더링한다. D3D12_RENDER_TARGET_BLEND_DESC 구조체의 RenderTargetWriteMask를 0으로 설정해서 혼합 상태를 생성하면 색상 성분들이 후면 버퍼에 기록되지 않는다. 그리고 D3D12_DEPTH_STENCIL_DESC 의 DepthWriteMask를 0으로 설정하면 깊이 버퍼 쓰기가 비활성화된다.

   거울을 스텐실 버퍼에 렌더링할 때에는 스텐실 판정이 항상 성공(통과)하도록 비교 함수를 D3D12_COMPARISON_ALWAYS로 설정한다. 그리고 판정 성공 시 기존 스텐실 항목이 항상 1로 대체되도록 StencilRef를 1로, StencilpassOp을 D3D12_STENCIL_OP_REPLACE로 설정한다. 깊이 판정이 실패할 때의 행동 방식으로는 D3D12_STENCIL_OP_KEEP을 설정한다. 이렇게 하면 깊이 판정이 실패해도(이를테면 두개골이 거울 일부를 가릴 때) 스텐실 버퍼는 변하지 않는다. 이 단계에서는 거울만 스텐실 버퍼에 렌더링하므로, 스텐실 버퍼 항목 중 거울의 가시적인 부분(반사상이 나타날 수 있는 영역)의 픽셀에 해당하는 항목들은 모두 1이고 그 외의 항목들은 모두 0이 된다. [그림 11.4]에 갱신된 스텐실 버퍼가 나와 있다. 본질적으로, 이 단계에 의해 스텐실 버퍼는 거울의 가시적 픽셀들이 표시된 상태가 된다.

참고: 장면의 보통 물체들(이 경우 두개골)을 먼저 그린 후에 거울을 그린다는 점이 중요하다. 그래야 거울 픽셀 중 두개골에 가려진 픽셀들이 깊이 판정에 실패해서 스텐실 버퍼가 수정되지 않는다. 가려진 픽셀들이 스텐실 버퍼를 변경하게 하면 반사상이 두개골(반사되지 않은)을 통과해서 보이는 결함이 발생한다.

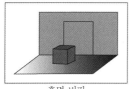
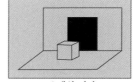

| 후면 버퍼 | 스텐실 버퍼 |

그림 11.4 거울을 스텐실 버퍼에 렌더링해서, 거울의 가시적 부분에 해당하는 영역을 스텐실 버퍼에 표시해 둔다. 그림에서 검은색 영역이 거울의 가시적 부분, 즉 스텐실 항목이 1로 설정된 부분이다. 가시적 부분에 해당하는 스텐실 버퍼 항목 중에서 상자에 가려진 부분에 해당하는 항목들은 깊이 판정에 실패해서(상자가 거울의 그 부분보다 앞에 있으므로) 값이 1로 설정되지 않았음을 주목하기 바란다.

4. 이제 반사된 두개골을 후면 버퍼와 스텐실 버퍼에 렌더링한다. 스텐실 판정을 통과한 픽셀들만 후면 버퍼에 기록되어야 함을 기억하기 바란다. 이번에는 스텐실 버퍼 항목이 1인 경우에만 판정이 성공하게 설정한다. 이를 위해 StencilRef를 1로 설정하고 비교 연산자는 D3D12_COMPARISON_EQUAL로 설정한다. 이렇게 하면 스텐실 항목이 1인 영역에만 반사된 두개골이 그려진다. 스텐실 항목이 1인 영역은 단계 3에서 렌더링한 거울의 가시적 부분에 해당하므로, 결과적으로 반사된 두개골은 거울의 가시적 부분에만 렌더링된다.

5. 마지막으로, 거울 자체를 후면 버퍼에 통상적인 방식으로 렌더링한다. 단, 반사된 두개골(거울 평면 뒤에 있다)이 가려지지 않도록 투명도 혼합을 적용한다. 거울의 깊이가 반사상의 깊이보다 작으므로, 투명도 혼합을 이용해서 거울을 반투명하게 그리지 않으면 거울이 반사상을 완전히 가려버린다. 이러한 반투명 효과를 구현하기 위해, 다음처럼 거울에 적용할 새로운 재질 인스턴스를 만들고 분산 성분의 알파 채널을 0.3으로 설정한다(즉, 거울을 30% 불투명하게 만든다). 그런 다음 §10.5.4에서 설명한 것처럼 투명도 혼합을 적용해서 거울을 렌더링한다.

```
auto icemirror = std::make_unique<Material>();
icemirror->Name = "icemirror";
icemirror->MatCBIndex = 2;
icemirror->DiffuseSrvHeapIndex = 2;
icemirror->DiffuseAlbedo = XMFLOAT4(1.0f, 1.0f, 1.0f, 0.3f);
icemirror->FresnelR0 = XMFLOAT3(0.1f, 0.1f, 0.1f);
icemirror->Roughness = 0.5f;
```

이 설정들은 다음과 같은 혼합 공식에 해당한다.

$$\mathbf{C} = 0.3 \cdot \mathbf{C}_{src} + 0.7 \cdot \mathbf{C}_{dst}$$

반사된 두개골의 픽셀들이 후면 버퍼에 기록되어 있다고 할 때, 이러한 혼합에 의해 거울 색상(원본)의 30%와 두개골 색상(대상)의 70%를 결합한 색이 나온다.

11.4.2 거울 예제의 깊이·스텐실 상태 정의

앞에서 설명한 알고리즘을 구현하려면 다음과 같이 두 개의 깊이·스텐실 상태 집합이 필요하다. 첫째 것은 거울 픽셀들을 스텐실 버퍼에 기록하기 위해 거울을 렌더링할 때 사용하고, 둘째 것은 반사된 두개골을 거울의 가시적 부분에만 그릴 때 사용한다.

```
//
// 스텐실 거울 영역 표시용 PSO
//

// 렌더 대상 쓰기를 비활성화한다.
CD3DX12_BLEND_DESC mirrorBlendState(D3D12_DEFAULT);
mirrorBlendState.RenderTarget[0].RenderTargetWriteMask = 0;

D3D12_DEPTH_STENCIL_DESC mirrorDSS;
mirrorDSS.DepthEnable = true;
mirrorDSS.DepthWriteMask = D3D12_DEPTH_WRITE_MASK_ZERO;
mirrorDSS.DepthFunc = D3D12_COMPARISON_FUNC_LESS;
mirrorDSS.StencilEnable = true;
mirrorDSS.StencilReadMask = 0xff;
mirrorDSS.StencilWriteMask = 0xff;

mirrorDSS.FrontFace.StencilFailOp = D3D12_STENCIL_OP_KEEP;
mirrorDSS.FrontFace.StencilDepthFailOp = D3D12_STENCIL_OP_KEEP;
mirrorDSS.FrontFace.StencilPassOp = D3D12_STENCIL_OP_REPLACE;
mirrorDSS.FrontFace.StencilFunc = D3D12_COMPARISON_FUNC_ALWAYS;

// 후면 다각형은 렌더링하지 않으므로 다음 설정들은
// 중요하지 않다.
mirrorDSS.BackFace.StencilFailOp = D3D12_STENCIL_OP_KEEP;
mirrorDSS.BackFace.StencilDepthFailOp = D3D12_STENCIL_OP_KEEP;
mirrorDSS.BackFace.StencilPassOp = D3D12_STENCIL_OP_REPLACE;
mirrorDSS.BackFace.StencilFunc = D3D12_COMPARISON_FUNC_ALWAYS;

D3D12_GRAPHICS_PIPELINE_STATE_DESC markMirrorsPsoDesc = opaquePsoDesc;
markMirrorsPsoDesc.BlendState = mirrorBlendState;
markMirrorsPsoDesc.DepthStencilState = mirrorDSS;
ThrowIfFailed(md3dDevice->CreateGraphicsPipelineState(
```

```
   &markMirrorsPsoDesc,
   IID_PPV_ARGS(&mPSOs["markStencilMirrors"])));

//
// 스텐실 반사상을 위한 PSO
//

D3D12_DEPTH_STENCIL_DESC reflectionsDSS;
reflectionsDSS.DepthEnable = true;
reflectionsDSS.DepthWriteMask = D3D12_DEPTH_WRITE_MASK_ALL;
reflectionsDSS.DepthFunc = D3D12_COMPARISON_FUNC_LESS;
reflectionsDSS.StencilEnable = true;
reflectionsDSS.StencilReadMask = 0xff;
reflectionsDSS.StencilWriteMask = 0xff;

reflectionsDSS.FrontFace.StencilFailOp = D3D12_STENCIL_OP_KEEP;
reflectionsDSS.FrontFace.StencilDepthFailOp = D3D12_STENCIL_OP_KEEP;
reflectionsDSS.FrontFace.StencilPassOp = D3D12_STENCIL_OP_KEEP;
reflectionsDSS.FrontFace.StencilFunc = D3D12_COMPARISON_FUNC_EQUAL;

// 후면 다각형들은 렌더링하지 않으므로 다음 설정들은
// 중요하지 않다.
reflectionsDSS.BackFace.StencilFailOp = D3D12_STENCIL_OP_KEEP;
reflectionsDSS.BackFace.StencilDepthFailOp = D3D12_STENCIL_OP_KEEP;
reflectionsDSS.BackFace.StencilPassOp = D3D12_STENCIL_OP_KEEP;
reflectionsDSS.BackFace.StencilFunc = D3D12_COMPARISON_FUNC_EQUAL;

D3D12_GRAPHICS_PIPELINE_STATE_DESC drawReflectionsPsoDesc =
    opaquePsoDesc;
drawReflectionsPsoDesc.DepthStencilState = reflectionsDSS;
drawReflectionsPsoDesc.RasterizerState.CullMode = D3D12_CULL_MODE_BACK;
drawReflectionsPsoDesc.RasterizerState.FrontCounterClockwise = true;
ThrowIfFailed(md3dDevice->CreateGraphicsPipelineState(
   &drawReflectionsPsoDesc,
   IID_PPV_ARGS(&mPSOs["drawStencilReflections"])));
```

11.4.3 장면 그리기

다음은 거울 렌더링 코드의 주요 부분이다. 간결함과 명확함을 위해, 상수 버퍼 값을 설정하는
부분 등 지금 주제와는 무관한 세부사항은 생략했다(전체 코드는 웹 부록에 있다).

```
// 불투명한 항목(바닥, 벽, 두개골)을 그린다.
auto passCB = mCurrFrameResource->PassCB->Resource();
mCommandList->SetGraphicsRootConstantBufferView(2,
   passCB->GetGPUVirtualAddress());
DrawRenderItems(mCommandList.Get(), mRitemLayer[(int)RenderLayer::Opaque]);

// 가시적 거울 픽셀들을 스텐실 버퍼에 1로 표시해 둔다.
mCommandList->OMSetStencilRef(1);
mCommandList->SetPipelineState(mPSOs["markStencilMirrors"].Get());
DrawRenderItems(mCommandList.Get(), mRitemLayer[(int)RenderLayer::Mirrors]);

// 반사상을 거울 영역에만 그린다(스텐실 버퍼 항목이 1인 픽셀들만
// 그려지게 한다).
// 이전과는 다른 패스별 상수 버퍼를 지정해야 함을 주목하기 바란다.
// 거울 평면에 대해 반사된 광원 설정을 담은 패스별 상수 버퍼를
// 지정한다.
mCommandList->SetGraphicsRootConstantBufferView(2,
    passCB->GetGPUVirtualAddress() + 1 * passCBByteSize);
mCommandList->SetPipelineState(mPSOs["drawStencilReflections"].Get());
DrawRenderItems(mCommandList.Get(),
    mRitemLayer[(int)RenderLayer::Reflected]);

// 기본 패스별 상수들과 스텐실 기준값을 복원한다.
mCommandList->SetGraphicsRootConstantBufferView(2,
    passCB->GetGPUVirtualAddress());
mCommandList->OMSetStencilRef(0);

// 반사상이 비치도록 투명도 혼합을 적용해서 거울을 그린다.
mCommandList->SetPipelineState(mPSOs["transparent"].Get());
DrawRenderItems(mCommandList.Get(),
    mRitemLayer[(int)RenderLayer::Transparent]);
```

이 코드에서 한 가지 주목할 점은, RenderLayer::Reflected 계층을 그릴 때 개별적인 패스별 상수 버퍼를 지정한다는 것이다. 이는 반사상을 그릴 때 장면 조명도 거울 평면에 대해 반사해야 하기 때문이다. 조명 설정들은 패스별 상수 버퍼에 담아서 파이프라인에 전달하므로, 예제는 반사된 장면 조명 설정을 담은 또 다른 패스별 상수 버퍼를 생성한다. 다음은 반사상을 그리는 데 쓰이는 패스별 상수 버퍼를 설정하는 메서드이다.

```
PassConstants StencilApp::mMainPassCB;
PassConstants StencilApp::mReflectedPassCB;
void StencilApp::UpdateReflectedPassCB(const GameTimer& gt)
{
```

```
      mReflectedPassCB = mMainPassCB;

      XMVECTOR mirrorPlane = XMVectorSet(0.0f, 0.0f, 1.0f, 0.0f); // xy 평면
      XMMATRIX R = XMMatrixReflect(mirrorPlane);

      // 조명을 반사시킨다.
      for(int i = 0; i < 3; ++i)
      {
        XMVECTOR lightDir = XMLoadFloat3(&mMainPassCB.Lights[i].Direction);
        XMVECTOR reflectedLightDir = XMVector3TransformNormal(lightDir, R);
        XMStoreFloat3(&mReflectedPassCB.Lights[i].Direction, reflectedLightDir);
      }

      // 반사된 조명 설정을 패스별 상수 버퍼 색인 1에 저장한다.
      auto currPassCB = mCurrFrameResource->PassCB.get();
      currPassCB->CopyData(1, mReflectedPassCB);
    }
```

11.4.4 정점 감김 순서와 반사

삼각형을 한 평면에 대해 반사해도 정점들이 감기는 순서가 뒤집히지는 않으며, 따라서 면 법선도 뒤집히지 않는다. 결과적으로 원래 바깥을 향해 있던 법선이 반사 후에는 안쪽을 향하게 된다(그림 11.5). 이 때문에 생기는 문제를 피하려면 Direct3D에게 반시계방향으로 감긴 삼각형을 전면 삼각형으로 간주하고 시계방향으로 감긴 삼각형을 후면 삼각형으로 간주하라고 (이는 §5.10.2에서 설명한 이 책의 통상적인 관례와는 반대이다) 알려 주어야 한다. 그렇게 하면 본질적으로 법선 방향이 반대가 되므로, 반사 후에도 여전히 법선들이 바깥을 향하게 된다. 다음은 이처럼 감김 순서를 보통 방식과 반대가 되도록 PSO의 해당 래스터화 속성을 설정하는 코드이다.

```
    drawReflectionsPsoDesc.RasterizerState.FrontCounterClockwise = true;
```

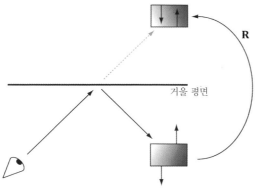

그림 11.5 메시를 반사해도 다각형 법선들은 뒤집히지 않으므로, 반사 후에는 법선들이 물체의 안쪽을 가리키게 된다.

11.5 평면 그림자의 구현

참고: 이번 절의 일부 내용은 Frank D. Luna의 책 *Introduction to 3D Game Programming with DirectX 9.0c: A Shader Approach*(2006, Jones and Bartlett Learning, Burlington, MA. *www.jblearning.com*)에 나온 것이다. 허락 하에 재인쇄했음을 밝힌다.

그림자를 보면 광원이 장면의 어디에서 어떤 방향으로 빛을 보내는지 짐작할 수 있다. 결과적으로, 그림자가 있으면 장면의 사실감이 높아진다. 이번 절에서는 평면 그림자(planar shadow), 즉 평평한 표면에 놓인 그림자(그림 11.6)를 구현하는 방법을 살펴본다.

평면 그림자를 구현하려면 우선 물체가 평면에 드리우는 그림자를 계산하고, 그것을 렌더링에 사용할 수 있는 기하구조 형태로 만들어야 한다. 다행히 3차원 선형대수를 이용하면 그림자의 기하구조를 어렵지 않게 구할 수 있다. 그런 다음에는 그림자 기하구조의 삼각형들을 50% 투명한 검은색으로 그리면 된다. 그런데 그림자를 이런 식으로 렌더링하면 '이중 혼합(double blending)'이라고 부르는 렌더링 결함이 생길 수 있다. 기본적인 평면 그림자 구현 방법을 설명한 후에는 이중 혼합이 구체적으로 무엇인지 살펴보고, 스텐실 버퍼를 이용해서 이중 혼합을 방지하는 방법도 소개한다.

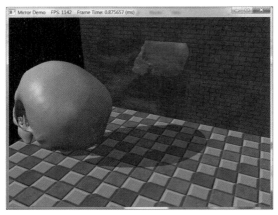

그림 11.6 거울 예제('StencilDemo')의 주 광원은 평면 그림자를 드리운다.

11.5.1 평행광 그림자

[그림 11.7]은 평행광원에 의한 물체의 그림자를 도식화한 것이다. 평행광의 방향이 $\mathbf{L}$이라고 할 때, 정점 $\mathbf{p}$를 거쳐 가는 광선에 해당하는 반직선(즉, 그 점에서 시작해서 광선 방향으로 나아가는 반직선)은 $\mathbf{r}(t) = \mathbf{p} + t\mathbf{L}$로 정의된다. 이 반직선 $\mathbf{r}(t)$와 그림자 평면 $(\mathbf{n}, d)$의 교점을 $\mathbf{s}$라고 하자. (반직선과 평면에 관련된 수학을 좀 더 배우고 싶다면 부록 C를 보기 바란다.) 이 교점이 곧 정점 $\mathbf{p}$를 그림자 평면에 투영한 점(줄여서 그림자 투영)이다. 물체의 정점마다 반직선을 쏘아서 구한 그림자 투영 점들을 모으면 평면에 투영된 그림자의 기하구조가 만들어진다. 정점 $\mathbf{p}$의 그림자 투영 $\mathbf{s}$는 다음과 같이 주어진다.

$$\mathbf{s} = \mathbf{r}(t_s) = \mathbf{p} - \frac{\mathbf{n} \cdot \mathbf{p} + d}{\mathbf{n} \cdot \mathbf{L}} \mathbf{L} \qquad \text{(식 11.1)}$$

반직선 대 평면 교차 판정의 자세한 내용은 부록 C에 나온다.

식 11.1을 다음과 같은 행렬 방정식으로도 표기할 수 있다.

$$\mathbf{s}' = [p_x \ \ p_y \ \ p_z \ \ 1] \begin{bmatrix} \mathbf{n} \cdot \mathbf{L} - L_x n_x & -L_y n_x & -L_z n_x & 0 \\ -L_x n_y & \mathbf{n} \cdot \mathbf{L} - L_y n_y & -L_z n_y & 0 \\ -L_x n_z & -L_y n_z & \mathbf{n} \cdot \mathbf{L} - L_z n_z & 0 \\ -L_x d & -L_y d & -L_z d & \mathbf{n} \cdot \mathbf{L} \end{bmatrix}$$

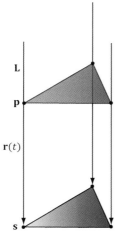

그림 11.7 평행광원이 드리우는 그림자.

이 수식의 4×4 행렬을 지향 그림자 행렬(directional shadow matrix)이라고 부르고 $\mathbf{S}_{dir}$ 라고 표기한다. 이 공식이 식 11.1과 동치임은 그냥 벡터 대 행렬 곱셈을 전개해서 정리해 보면 확인할 수 있다. 확인 시 주의할 점은, 행렬 곱셈에 의해 $s_w = \mathbf{n} \cdot \mathbf{L}$이 된다는 것이다. 따라서 원근 나누기(§5.6.3.4)가 일어나면 $\mathbf{s}$의 성분들이 $\mathbf{n} \cdot \mathbf{L}$로 나누어진다. 식 11.1의 분모 $\mathbf{n} \cdot \mathbf{L}$은 바로 이 점을 반영한 것이다. 실제로, 행렬 곱셈 결과를 전개해서 $i \in \{1, 2, 3\}$에 대해 s'_i의 i번째 좌표성분을 구하고 원근 나누기를 적용하면 다음과 같은 수식이 나온다.

$$s'_i = \frac{(\mathbf{n} \cdot \mathbf{L})p_i - L_i n_x p_x - L_i n_y p_y - L_i n_z p_z - L_i d}{\mathbf{n} \cdot \mathbf{L}}$$

$$= \frac{(\mathbf{n} \cdot \mathbf{L})p_i - (\mathbf{n} \cdot \mathbf{p} + d)L_i}{\mathbf{n} \cdot \mathbf{L}}$$

$$= p_i - \frac{\mathbf{n} \cdot \mathbf{p} + d}{\mathbf{n} \cdot \mathbf{L}}L_i$$

이는 식 11.1에 나온 $\mathbf{s}$의 i번째 좌표성분과 일치한다. 따라서 $\mathbf{s} = \mathbf{s}'$이다.

그림자를 렌더링할 때에는 그림자 행렬을 세계 행렬과 결합해서 적용한다. 그런데 세계 변환 후에 아직 원근 나누기가 일어나지 않은 시점에서는 기하구조가 제대로 그림자 평면에 투영된 상태가 아니다. 만일 $s_w = \mathbf{n} \cdot \mathbf{L} < 0$이면 w 성분이 음수가 되므로 문제가 발생한다. 일반적으로 원근투영 과정에서는 z 성분을 w 성분에 복사하는데, w 성분이 음이면 그 점은 시야 공간 바깥에 있는 것이다. 따라서 그 점은 절단된다(시야 절두체에 의한 절단은 원근 나누기 이전

의 동차공간에서 일어난다). 평면 그림자 구현에서는 w 성분을 원근 나누기뿐만 아니라 그림자 투영에도 사용하므로 이것이 문제가 된다. [그림 11.8]의 예처럼, 그림자가 드리우는 유효한 상황에서도 얼마든지 $\mathbf{n} \cdot \mathbf{L} < 0$일 수 있다. 이 문제를 해결하지 않으면 이런 유효한 상황에서 그림자가 나타나지 않는 결함이 발생한다.

해결책은 광선 방향 $\mathbf{L}$ 대신 무한히 멀리 있는 광원을 향한 벡터 $\tilde{\mathbf{L}} = -\mathbf{L}$을 사용하는 것이다. $\mathbf{r}(t) = \mathbf{p} + t\mathbf{L}$과 $\mathbf{r}(t) = \mathbf{p} + t\tilde{\mathbf{L}}$이 정의하는 3차원 반직선은 동일하며, 따라서 반직선과 평면의 교점도 동일하다는($\tilde{\mathbf{L}}$과 $\mathbf{L}$의 부호가 반대이므로 교차 매개변수 t_s는 다르긴 하지만) 점에 주목하기 바란다. 그러므로 $\tilde{\mathbf{L}} = -\mathbf{L}$을 사용해서 그림자 기하구조를 구해도 같은 결과가 나온다. 게다가 그림자가 유효한 상황에서는 항상 $\mathbf{n} \cdot \tilde{\mathbf{L}} > 0$이므로, w 성분이 음수가 되는 문제도 생기지 않는다.

11.5.2 점광 그림자

[그림 11.9]는 위치 $\mathbf{L}$에 있는 점광원이 내뿜는 빛을 물체가 가려서 생기는 그림자를 보여준다. 점광원에서 나와서 임의의 정점 $\mathbf{p}$를 거쳐 가는 광선에 해당하는 반직선은 $\mathbf{r}(t) = \mathbf{p} + t(\mathbf{p} - \mathbf{L})$로 정의된다. 이 반직선 $\mathbf{r}(t)$와 그림자 평면 $(\mathbf{n}, d)$의 교점을 $\mathbf{s}$라고 하자. 이 교점이 곧 정점 $\mathbf{p}$를 그림자 평면에 투영한 점(줄여서 그림자 투영)이다. 물체의 정점마다 반직선을 쏘아서 구한 그림자 투영 점들을 모으면 평면에 투영된 그림자의 기하구조가 만들어진다. 정점 $\mathbf{p}$의 그림자 투영 $\mathbf{s}$는 다음과 같이 주어진다.

$$\mathbf{s} = \mathbf{r}(t_s) = \mathbf{p} - \frac{\mathbf{n} \cdot \mathbf{p} + d}{\mathbf{n} \cdot (\mathbf{p} - \mathbf{L})}(\mathbf{p} - \mathbf{L}) \qquad \text{(식 11.2)}$$

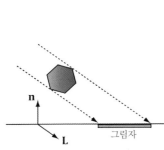

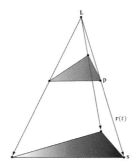

그림 11.8 $\mathbf{n} \cdot \mathbf{L} < 0$인 상황.　　　**그림 11.9** 점광원이 드리우는 그림자.

식 11.2 역시 행렬 방정식으로 표기할 수 있다. 이때 그림자 행렬은 다음과 같다.

$$
\mathbf{S}_{point} = \begin{bmatrix}
\mathbf{n} \cdot \mathbf{L} + d - L_x n_x & -L_y n_x & -L_z n_x & -n_x \\
-L_x n_y & \mathbf{n} \cdot \mathbf{L} + d - L_y n_y & -L_z n_y & -n_y \\
-L_x n_z & -L_y n_z & \mathbf{n} \cdot \mathbf{L} + d - L_z n_z & -n_z \\
-L_x d & -L_y d & -L_z d & \mathbf{n} \cdot \mathbf{L}
\end{bmatrix}
$$

이 그림자 행렬을 사용한 행렬 방정식이 식 11.2과 동치임은 이전 절에서처럼 그냥 벡터 대 행렬 곱셈을 전개해서 정리해 보면 확인할 수 있다. 이 행렬의 마지막 열에 값이 0인 성분이 없음을 주목하기 바란다. 점광 그림자에서 w 성분은 다음과 같이 주어진다.

$$
s_w = -p_x n_x - p_y n_y - p_z n_z + \mathbf{n} \cdot \mathbf{L}
$$
$$
= -\mathbf{p} \cdot \mathbf{n} + \mathbf{n} \cdot \mathbf{L}
$$
$$
= -\mathbf{n} \cdot (\mathbf{p} - \mathbf{L})
$$

이는 식 11.2의 분모와 부호가 반대이다. 분자도 부호를 반대로 하면 같은 공식이 나온다.

> **참고:** 평행광 그림자와 점광 그림자에서 $\mathbf{L}$은 글자만 같을 뿐 그 의미는 다르다. 점광 그림자에서 $\mathbf{L}$은 점광원의 위치를 뜻하지만, 평행광 그림자에서 $\mathbf{L}$은 무한히 멀리 있는 광원을 향한 방향(즉, 평행광선이 나아가는 방향의 반대 방향)을 뜻한다.

11.5.3 범용 그림자 행렬

동차좌표를 이용하면 점광과 평행광(지향광) 모두에 적용할 수 있는 범용 그림자 행렬을 만들 수 있다. 이 범용 그림자 행렬은 다음과 같은 관례를 사용한다.

1. $L_w = 0$이면 $\mathbf{L}$은 무한히 멀리 있는 광원을 향한 방향(즉, 평행광선이 나아가는 방향의 반대 방향)을 뜻한다.
2. $L_w = 1$이면 $\mathbf{L}$은 점광원의 위치를 뜻한다.

다음은 정점 $\mathbf{p}$를 그림자 투영 $\mathbf{s}$로 변환하는 **범용 그림자 행렬**이다.

$$\mathbf{S} = \begin{bmatrix} \mathbf{n} \cdot \mathbf{L} + dL_w - L_x n_x & -L_y n_x & -L_z n_x & -L_w n_x \\ -L_x n_y & \mathbf{n} \cdot \mathbf{L} + dL_w - L_y n_y & -L_z n_y & -L_w n_y \\ -L_x n_z & -L_y n_z & \mathbf{n} \cdot \mathbf{L} + dL_w - L_z n_z & -L_w n_z \\ -L_x d & -L_y d & -L_z d & \mathbf{n} \cdot \mathbf{L} \end{bmatrix}$$

잠깐 계산해 보면 $L_w = 0$일 때에는 $\mathbf{S}$가 $\mathbf{S}_{dir}$와 같아지고 $L_w = 1$일 때에는 $\mathbf{S}$가 $\mathbf{S}_{point}$와 같아짐을 확인할 수 있다.

DirectXMath 라이브러리에는 그림자를 드리울 평면과 평행광선 방향 또는 점광원 위치를 지정하면 그에 해당하는 그림자 행렬을 만들어 주는 다음과 같은 함수가 있다. 평행광 그림자를 원하면 둘째 매개변수에 $w = 0$인 벡터를 지정하고, 점광 그림자를 원하면 $w = 1$인 벡터를 지정하면 된다.

```
inline XMMATRIX XM_CALLCONV XMMatrixShadow(
  FXMVECTOR ShadowPlane,
  FXMVECTOR LightPosition);
```

추가적인 읽을거리로, [Blinn96]과 [Moller02] 둘 다 평면 그림자를 논의한다.

11.5.4 스텐실 버퍼를 이용한 이중 혼합 방지

그림자를 묘사하기 위해 물체의 기하구조를 평면에 평평하게 투영하면 둘 이상의 투영된 삼각형이 겹쳐질 수 있다(그리고 사실 그럴 가능성이 크다). 혼합을 이용해서 그림자를 반투명하게 렌더링하면 삼각형들이 겹치는 영역이 여러 번 혼합되어서 더 어둡게 나타난다. [그림 11.10]이 그러한 예이다.

이 문제를 다음과 같이 스텐실 버퍼를 이용해서 해결할 수 있다.

1. 그림자를 렌더링할 스텐실 버퍼의 픽셀들이 0으로 지워져 있다고 가정한다. 이번 장의 거울 예제('StencilDemo')는 그림자를 바닥 평면(지면)에만 드리우므로, 그리고 거울의 가시적 영역에 해당하는 스텐실 버퍼 항목(픽셀)들만 1로 설정하므로, 이 가정이 참이다.

2. 스텐실 버퍼 항목이 0인 픽셀만 판정에 성공하도록 스텐실 판정을 설정한다. 그리고 판정 성공 시에는 해당 버퍼 항목을 1 증가해서 값이 1이 되도록 스텐실 연산을 설정한다.

그림 11.10 왼쪽 그림을 보면 그림자에 좀 더 어두운 '얼룩'들이 있다. 이들은 평면에 투영된 두개골 삼각형들이 겹쳐져서 '이중 혼합'이 발생한 결과이다. 오른쪽은 이중 혼합 없이 제대로 렌더링된 그림자이다.

하나의 그림자 픽셀이 처음 렌더링될 때에는 해당 스텐실 버퍼 항목이 0이므로 스텐실 판정이 성공한다. 그러면 그 항목은 1이 된다. 이후에 같은 위치에 그림자 픽셀이 또다시 렌더링되면, 해당 항목이 1이므로 판정이 실패한다. 이렇게 하면 이미 렌더링된 영역(스텐실 버퍼에 값이 1로 표시된 영역)에는 픽셀들이 겹쳐 그려지지 않으며, 따라서 이중 혼합이 방지된다.

11.5.5 평면 그림자 구현 코드

다음은 그림자의 색상을 결정하는 그림자 재질이다. 그냥 50% 투명한 검은색 재질일 뿐이다.

```
auto shadowMat = std::make_unique<Material>();
shadowMat->Name = "shadowMat";
shadowMat->MatCBIndex = 4;
shadowMat->DiffuseSrvHeapIndex = 3;
shadowMat->DiffuseAlbedo = XMFLOAT4(0.0f, 0.0f, 0.0f, 0.5f);
shadowMat->FresnelR0 = XMFLOAT3(0.001f, 0.001f, 0.001f);
shadowMat->Roughness = 0.0f;
```

이중 혼합을 방지하기 위해, PSO의 깊이·스텐실 상태를 다음과 같이 설정한다.

```
// 투명도 혼합을 적용해서 그림자를 그릴 것이므로, 기존의 투명도 혼합
// 설정을 바탕으로 삼아서 이 예제에 필요한 부분만 변경한다.
D3D12_DEPTH_STENCIL_DESC shadowDSS;
shadowDSS.DepthEnable = true;
shadowDSS.DepthWriteMask = D3D12_DEPTH_WRITE_MASK_ALL;
shadowDSS.DepthFunc = D3D12_COMPARISON_FUNC_LESS;
shadowDSS.StencilEnable = true;
shadowDSS.StencilReadMask = 0xff;
shadowDSS.StencilWriteMask = 0xff;
```

```
shadowDSS.FrontFace.StencilFailOp = D3D12_STENCIL_OP_KEEP;
shadowDSS.FrontFace.StencilDepthFailOp = D3D12_STENCIL_OP_KEEP;
shadowDSS.FrontFace.StencilPassOp = D3D12_STENCIL_OP_INCR;
shadowDSS.FrontFace.StencilFunc = D3D12_COMPARISON_FUNC_EQUAL;

// 후면 다각형들은 렌더링하지 않으므로 다음 설정들은 중요하지 않다.
shadowDSS.BackFace.StencilFailOp = D3D12_STENCIL_OP_KEEP;
shadowDSS.BackFace.StencilDepthFailOp = D3D12_STENCIL_OP_KEEP;
shadowDSS.BackFace.StencilPassOp = D3D12_STENCIL_OP_INCR;
shadowDSS.BackFace.StencilFunc = D3D12_COMPARISON_FUNC_EQUAL;

D3D12_GRAPHICS_PIPELINE_STATE_DESC shadowPsoDesc = transparentPsoDesc;
shadowPsoDesc.DepthStencilState = shadowDSS;
ThrowIfFailed(md3dDevice->CreateGraphicsPipelineState(
  &shadowPsoDesc,
  IID_PPV_ARGS(&mPSOs["shadow"])));
```

두개골 그림자를 그릴 때에는 그림자 PSO의 StencilRef를 0으로 설정한다.

```
// 그림자를 그린다.
mCommandList->OMSetStencilRef(0);
mCommandList->SetPipelineState(mPSOs["shadow"].Get());
DrawRenderItems(mCommandList.Get(),
    mRitemLayer[(int)RenderLayer::Shadow]);
```

이때 쓰이는 두개골 그림자 렌더 항목의 세계 행렬은 다음과 같이 계산한 것이다.

```
// 그림자 세계 행렬을 갱신한다.
XMVECTOR shadowPlane = XMVectorSet(0.0f, 1.0f, 0.0f, 0.0f); // xz plane
XMVECTOR toMainLight = -XMLoadFloat3(&mMainPassCB.Lights[0].Direction);
XMMATRIX S = XMMatrixShadow(shadowPlane, toMainLight);
XMMATRIX shadowOffsetY = XMMatrixTranslation(0.0f, 0.001f, 0.0f);
XMStoreFloat4x4(&mShadowedSkullRitem->World, skullWorld * S * shadowOffsetY);
```

투영된 그림자 메시를 y 축을 따라 약간 이동했음을 주목하기 바란다. 이처럼 그림자 메시를 바닥 메시 위로 살짝 띄워 주면 z 경쟁(z-fighting) 문제를 피할 수 있다. 만일 그림자 메시가 바닥 메시와 같은 평면에 있으면 깊이 버퍼의 정밀도 한계 때문에 바닥 메시 픽셀들과 그림자 메시 픽셀들이 자리를 다투게 되며, 그러면 해당 부분이 깜박거리는 결함이 발생한다.

11.6 요약

1. 스텐실 버퍼는 특정 픽셀 단편이 후면 버퍼에 렌더링되지 않게 하는 용도로 사용할 수 있는 화면 밖 버퍼이다. 스텐실 버퍼는 깊이 버퍼와 같은 저장 공간을 공유하며, 따라서 깊이 버퍼와 해상도가 같다. 유효한 깊이·스텐실 버퍼 형식은 DXGI_FORMAT_D32_FLOAT_S8X24_UINT와 DXGI_FORMAT_D24_UNORM_S8_UINT이다.

2. 특정 픽셀이 후면 버퍼에 기록되는지 아닌지는 스텐실 판정이 결정한다. 스텐실 판정을 의사코드로 표현하면 다음과 같다.

```
if( StencilRef & StencilReadMask ⊴ Value & StencilReadMask )
     픽셀을 허용
  else
     픽셀을 기각
```

여기서 ⊴는 응용 프로그램이 선택한 비교 함수에 해당하는 비교 연산자로, 사용 가능한 비교 함수들은 D3D12_COMPARISON_FUNC 열거형에 정의되어 있다. StencilRef와 StencilReadMask, 비교 연산자 ⊴는 모두 응용 프로그램이 Direct3D 깊이·스텐실 API를 이용해서 설정하는 값들이다. Value는 해당 스텐실 버퍼 항목의 현재 값이다.

3. 깊이·스텐실 상태는 PSO 서술의 일부이다. 구체적으로, 깊이·스텐실 버퍼 상태는 D3D12_GRAPHICS_PIPELINE_STATE_DESC::DepthStencilState 필드를 채워서 설정한다. 이 DepthStencilState 필드는 D3D12_DEPTH_STENCIL_DESC 구조체이다.

4. 스텐실 기준값은 ID3D12GraphicsCommandList::OMSetStencilRef 메서드로 설정한다. 이 메서드는 설정할 스텐실 기준값에 해당하는 부호 없는 정수 매개변수 하나를 받는다.

11.7 연습문제

1. 범용 그림자 행렬 $\mathbf{S}$가 $L_w = 0$일 때에는 $\mathbf{S}_{dir}$와 같아지고 $L_w = 1$일 때에는 $\mathbf{S}_{point}$와 같아짐을 증명하라.

2. $\mathbf{s} = \mathbf{p} - \dfrac{\mathbf{n} \cdot \mathbf{p} + d}{\mathbf{n} \cdot (\mathbf{p} - \mathbf{L})}(\mathbf{p} - \mathbf{L}) = \mathbf{p}\mathbf{S}_{point}$임을 증명하라. §11.5.1에서 평행광 그림자에 대해 했던 것처럼 벡터 대 행렬 곱셈을 전개해서 각 성분을 확인하면 된다.

3. [그림 11.1]의 왼쪽 모습이 나오도록 거울 예제('StencilDmeo')를 수정하라.

4. [그림 11.10]의 왼쪽 모습이 나오도록 거울 예제를 수정하라.

5. 거울 예제를 다음과 같이 수정하라. 먼저, 벽을 다음과 같은 깊이 설정을 적용해서 그린다.

```
depthStencilDesc.DepthEnable    = false;
depthStencilDesc.DepthWriteMask = D3D12_DEPTH_WRITE_MASK_ALL;
depthStencilDesc.DepthFunc      = D3D12_COMPARISON_LESS;
```

다음으로, 벽 뒤의 두개골을 다음과 같은 깊이 설정을 적용해서 그린다.

```
depthStencilDesc.DepthEnable    = true;
depthStencilDesc.DepthWriteMask = D3D12_DEPTH_WRITE_MASK_ALL;
depthStencilDesc.DepthFunc      = D3D12_COMPARISON_LESS;
```

이렇게 하면 두개골이 벽에 가려질까? 결과를 설명하라. 벽을 다음과 같은 설정으로 렌더링하면 어떤 일이 생길까?

```
depthStencilDesc.DepthEnable    = true;
depthStencilDesc.DepthWriteMask = D3D12_DEPTH_WRITE_MASK_ALL;
depthStencilDesc.DepthFunc      = D3D12_COMPARISON_LESS;
```

이 연습문제는 스텐실 버퍼를 사용하지 않으므로 스텐실 버퍼를 비활성화해야 함을 주의하기 바란다.

6. 거울 반사상을 렌더링할 때 삼각형 감기 순서를 통상적인 관례의 반대로 설정하지 않도록 거울 예제를 수정하라. 반사된 두개골이 제대로 나타나는가?

7. 제10장의 혼합 예제('BlendDemo')를 다음과 같이 수정하라. 장면 중앙에 원기둥 하나를 그린다(꼭대기의 구 없이 원기둥만). 이번 장 예제 코드 디렉터리에 있는* 60프레임짜리 번개 애니메이션을 가산 혼합을 이용해서 원기둥에 텍스처로 입힌다. [그림 11.11]에 이렇게 수정한 예제의 실행 모습이 나와 있다.

힌트 가산 혼합으로 기하구조를 렌더링할 때 사용할 깊이 상태 설정은 §10.5.5를 참고하라.

---

* **옮긴이** 2017년 2월 현재, 이 번개 애니메이션 이미지 파일들은 *http://www.d3dcoder.net/d3d12.htm*을 통해서 내려받는 웹 부록에는 없다. 웹 부록의 *Exercise Media\BoltAnim* 디렉터리 또는 DirectX 11 버전 웹 부록(*http://www.d3dcoder.net/d3d11.htm*)의 제10장 디렉터리에 있는 것을 사용하면 된다.

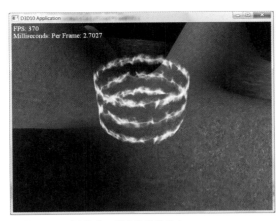

그림 11.11 연습문제 7 해답의 실행 모습.

8. 깊이 복잡도(depth complexity)는 후면 버퍼의 특정 항목에 기록되기 위해 경쟁하는 (깊이 판정을 통해서) 픽셀 단편들의 개수를 말한다. 후면 버퍼에 기록된 픽셀 단편이라도, 나중에 자신보다 카메라에 더 가까운 다른 픽셀 단편이 등장하면 자리를 내주어야 한다(그리고 하나의 픽셀에 대해 이런 경쟁이 여러 번 반복될 수 있으며, 화면에는 그런 경쟁을 모두 이긴 픽셀 단편이 나타난다). [그림 11.12]에 나온 픽셀의 깊이 복잡도는 3이다. 그 픽셀을 두고 경쟁하는 픽셀 단편이 세 개이기 때문이다.

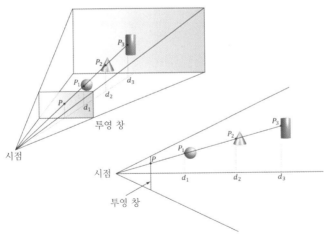

그림 11.12 투영 창의 한 픽셀에 렌더링되기 위해 경쟁하는 여러 개의 픽셀 단편들. 이 장면에서 픽셀 **P**의 깊이 복잡도는 3이다.

장면 구성이나 카메라 배치에 따라서는 그래픽 카드가 한 프레임에서 하나의 픽셀을 여러 번 그리게 될 수 있다. 이러한 겹쳐 그리기(overdraw)는 성능에 악영향을 준다. 어차피 다른 픽셀 단편이 덮어 써서 보이지 않게 될 픽셀을 처리하느라 시간을 낭비하기 때문이다. 따라서 성능 분석을 위해서는 장면의 깊이 복잡도를 측정해 보는 것이 도움이 된다.

깊이 복잡도를 측정하는 한 가지 방법은, 장면을 평소대로 렌더링하되 스텐실 버퍼를 계수기(counter)로 사용하는 것이다. 렌더링 시작 시 스텐실 버퍼를 0으로 지운다. 그런 다음 장면을 렌더링하되, 스텐실 연산을 D3D12_STENCIL_OP_INCR로 지정해서 각 픽셀 단편이 처리될 때마다 해당 스텐실 버퍼 항목이 1씩 증가되게 한다. 모든 픽셀 단편에 대해 스텐실 버퍼 항목이 항상 증가되게 해야 하므로, 비교 함수로는 D3D12_COMPARISON_ALWAYS를 지정한다. 이런 식으로 한 프레임을 렌더링하고 나면 스텐실 버퍼에는 각 픽셀의 깊이 복잡도가 들어 있는 상태가 된다. 예를 들어 ij번째 픽셀에 해당하는 스텐실 버퍼 항목의 값이 5라는 것은 그 프레임을 렌더링하는 동안 그 픽셀을 두고 다섯 개의 픽셀 단편이 경쟁했다는 뜻이다(즉, 그 픽셀의 깊이 복잡도는 5이다). 장면을 화면에 표시할 것이 아니라 그냥 깊이 복잡도만 측정하는 것이 목적이라면 장면을 스텐실 버퍼에만 렌더링해도 됨을 참고하기 바란다.

다음은 깊이 복잡도(스텐실 버퍼에 담긴)를 시각화하는 한 방법이다.

(a) 각각의 깊이 복잡도 수준 k에 색상 c_k를 정해 둔다. 예를 들어 깊이 복잡도 1은 파란색, 2는 녹색, 3은 빨간색 등으로 지정하면 될 것이다. (아주 복잡한 장면이라면 한 픽셀의 깊이 복잡도가 아주 커질 수 있으므로, 모든 수준에 일일이 색상을 배정하는 것이 힘들 수 있다. 그런 경우에는 복잡도 1에서 5까지는 파란색, 6에서 10까지는 녹색 등으로 구간별 색상을 사용하면 될 것이다.)

(b) 스텐실 버퍼 연산을 D3D12_STENCIL_OP_KEEP으로 설정해서 스텐실 버퍼가 수정되지 않게 한다. (장면을 렌더링할 때에는 D3D12_STENCIL_OP_INCR로 스텐실 버퍼를 수정하지만, 스텐실 버퍼를 시각화할 때에는 스텐실 버퍼를 읽기만 해야 한다. 스텐실 버퍼에 다른 값을 **기록하면 안 된다.**)

(c) 각 깊이 복잡도 k에 대해

  (i) 스텐실 비교 함수를 D3D12_COMPARISON_EQUAL로 설정하고, 스텐실 기준값은 k로 설정한다.

(ii) 투영 창 전체를 덮는 직사각형 하나를 c_k 색으로 그린다. 위에서 설정한 스텐실 비교 함수와 기준값 때문에, 깊이 복잡도가 k인 픽셀들만 c_k 색이 된다.

이런 식으로 장면을 그리면 모든 픽셀이 자신의 깊이 복잡도에 해당하는 색이 되므로 장면의 깊이 복잡도를 수월하게 파악할 수 있다. 이상의 설명을 참고해서, 제10장 혼합 예제('BlendDemo')에 쓰인 장면의 깊이 복잡도를 렌더링하라. [그림 11.13]에 한 예가 나와 있다.

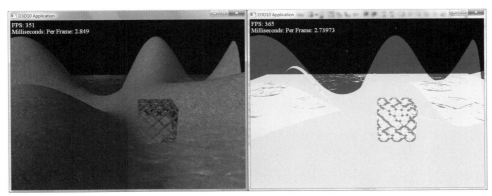

그림 11.13 연습문제 8의 해답 실행 모습.

참고: 깊이 판정은 렌더링 파이프라인의 출력 병합기 단계에서 일어나는데, 그 단계는 픽셀 셰이더 단계의 다음 단계이다. 따라서 깊이 판정에서 폐기될 픽셀 단편도 일단은 픽셀 셰이더를 거쳐 간다. 그러나 현세대 그래픽 하드웨어들은 깊이 판정을 픽셀 셰이더보다 먼저 수행하는 '이른 Z 판정(early Z-test)'을 적용한다. 이른 Z 판정을 통과하지 못한 단편은 픽셀 셰이더(처리 비용이 잠재적으로 비싼)까지 가지 않고 폐기된다. 이러한 최적화의 이점을 취하려면 장면의 비혼합 물체들을 카메라를 기준으로 앞에서 뒤의 순서로 렌더링하는 것이 바람직하다. 그러면 카메라에 가장 가까운 물체가 먼저 그려지며 그 뒤의 물체들은 이른 Z 판정에 실패해서 더 이상 처리되지 않는다. 깊이 복잡도가 높아서 겹쳐 그리기가 많이 일어나는, 따라서 성능 하락이 심한 장면의 경우 이러한 최적화로 성능이 크게 향상될 수 있다. 이른 Z 판정은 Direct3D API로 직접 제어할 수 없다. 이른 Z 판정이 가능한지는 그래픽 드라이버가 결정한다. 예를 들어 픽셀 셰이더가 픽셀 단편의 깊이 값을 수정한다면 이른 Z 판정이 불가능하다. 이른 Z 판정이 일어나는 시점에서는 이후에 픽셀 셰이더가 깊이 값을 어떻게 수정할 것인지를 미리 알 수 없기 때문이다.

참고: 앞에서 픽셀 셰이더에서 픽셀 단편의 깊이를 수정하는 예를 이야기했다. 그런데 실제로 어떻게 수정할 수 있는 것일까? 지금까지의 예제들에서는 픽셀 셰이더가 색상 벡터 하나만 출력했지만, 사실은 하나의 구조체를 출력할 수 있다.

```
struct PixelOut
{
    float4 color : SV_Target;
    float depth  : SV_Depth;
};

PixelOut PS(VertexOut pin)
{
    PixelOut pout;

    // ... 통상적인 픽셀 작업 ...

    pout.Color = float4(litColor, alpha);

    // 정규화된 [0, 1] 구간의 깊이 값을 설정한다.
    pout.depth = pin.PosH.z - 0.05f;

    return pout;
}
```

SV_Position 멤버의 z 좌표성분(pin.PosH.z)은 수정되지 않은 픽셀 깊이 값을 담고 있다. 특별한 시스템 값 의미소 SV_Depth를 사용하면 픽셀 셰이더에서 수정된 깊이 값을 출력할 수 있다.

9. 깊이 복잡도를 가산 혼합을 이용해서 시각화할 수도 있다. 우선 후면 버퍼를 지우고 깊이 판정을 비활성화한다. 다음으로, 원본 혼합 계수와 대상 혼합 계수를 둘 다 D3D12_BLEND_ONE으로 설정하고, 혼합 연산은 D3D12_BLEND_OP_ADD로 설정한다. 그러면 혼합 공식은 $C = C_{src} + C_{dst}$가 된다. 이 공식을 적용하면 각 픽셀에 그 픽셀을 두고 경쟁하는 모든 픽셀 단편의 색상이 누적됨을 주의하기 바란다. 이제 장면의 모든 물체를 (0.05, 0.05, 0.05) 같이 명도가 낮은 색으로 렌더링한다. 픽셀에 겹쳐 그리기가 많이 일어날수록 그 저명도 색상이 누적되어서 그 픽셀이 점점 더 밝아진다. 예를 들어 픽셀이 10번 겹쳐 그려지면 픽셀 밝기는 (0.5, 0.5, 0.5)가 된다. 이런 식으로 장면을 렌더링해서 픽셀들의 밝기를 살펴보면 장면의 깊이 복잡도를 짐작할 수 있다. 제10장 혼합 예제의 장면을 시험용 장면으로 삼아서 깊이 복잡도 시각화 방법을 구현하라.

10. 깊이 판정을 통과한 픽셀들의 개수를 세는 방법을 설명하라. 깊이 판정에 실패한 픽셀들의 개수를 세는 방법을 설명하라.

11. 두개골뿐만 아니라 장면의 바닥도 거울에 반사되도록 거울 예제('StencilDemo')를 수정하라.

12. 거울 예제의 그림자 렌더 항목 세계 행렬에서 수직 오프셋(y 축 이동)을 제거해서, z 경쟁이 일어나는 모습을 눈으로 확인해 보라.

CHAPTER 12

기하 셰이더

기하 셰이더는 렌더링 파이프라인에서 정점 셰이더 단계와 픽셀 셰이더 단계 사이에 있는 생략 가능한 단계이다. 단, 테셀레이션 단계들을 사용하는 경우에는 기하 셰이더를 생략할 수 없다. 정점 셰이더는 개별 정점들을 입력받지만, 기하 셰이더는 온전한 기본도형을 입력받는다. 예를 들어 삼각형 목록을 그린다면 그 목록의 각 삼각형 T에 대해 기하 셰이더가 실행된다. 이를 의 사코드로 표현하면 다음과 같다.

```
for(UINT i = 0; i < numTriangles; ++i)
    OutputPrimitiveList = GeometryShader( T[i].vertexList );
```

이 경우 기하 셰이더는 삼각형마다 삼각형 정점 세 개를 입력받아서 기본도형들의 목록을 출력한다. 정점을 파괴하거나 생성할 수 없는 정점 셰이더와는 달리 기하 셰이더는 기하구조를 새로 생성하거나 파괴할 수 있다는 것이 주된 장점이다. 이 덕분에 GPU 상에서 흥미로운 효과들을 구현할 수 있다. 예를 들어 하나의 입력 기본도형을 여러 개의 다른 기본도형들로 확장한다거나, 반대로 주어진 조건에 따라 특정 기본도형을 폐기할 수 있다. 입력 기본도형과는 다른 종류의 기본도형을 기하 셰이더가 출력할 수 있음을 주목하기 바란다. 예를 들어 기하 셰이더의 흔한 용도 하나는 점 하나를 사각형 하나(삼각형 두 개)로 확장하는 것이다.

기하 셰이더가 출력한 기본도형들은 하나의 정점 목록으로 정의된다. 기하 셰이더에서 나오는 정점 위치들은 반드시 동차 절단 공간으로 변환된 것이어야 한다. 즉, 기하 셰이더 단계 이후 파이프라인에는 동차 절단 공간에서 기본도형들을 정의하는 정점들의 목록이 존재하게 된다. 파이프라인은 이 정점들을 투영(원근 나누기)한 후에 평소대로 래스터화한다.

목표

1. 기하 셰이더를 프로그래밍하는 방법을 배운다.

2. 기하 셰이더를 이용해서 빌보드를 효율적으로 구현하는 방법을 알아본다.

3. 자동으로 생성되는 기본도형 ID들과 그 용도 몇 가지를 파악한다.

4. 텍스처 배열을 생성하고 사용하는 방법을 살펴보고, 텍스처 배열이 왜 유용한지 이해한다.

5. 알파–포괄도 변환이 알파 잘림의 앨리어싱 문제에 어떻게 도움이 되는지 이해한다.

12.1 기하 셰이더 프로그래밍

기하 셰이더 프로그래밍은 정점 셰이더나 픽셀 셰이더 프로그래밍과 상당히 비슷하나, 차이점이 몇 가지 있다. 다음은 기하 셰이더 프로그램의 일반적인 틀이다.

```
[maxvertexcount(N)]
void ShaderName (
 PrimitiveType InputVertexType InputName [NumElements],
 inout StreamOutputObject<OutputVertexType> OutputName)
{
    // ... 기하 셰이더 함수 본문 ...
}
```

기하 셰이더 프로그램을 작성할 때에는 우선 기하 셰이더의 한 실행(호출)에서 출력할 정점들의 최대 개수를 지정해야 한다(기하 셰이더는 기본도형마다 호출된다). 구체적으로 말하면, 기하 셰이더 주 함수 앞에 다음과 같은 구문으로 최대 정점 개수 **특성**(attribute)을 지정해 주어야 한다.

```
[maxvertexcount(N)]
```

여기서 N은 기하 셰이더가 한 번의 실행에서 출력하는 정점 개수의 최댓값이다. 기하 셰이더가 실행 당 출력할 수 있는 정점의 개수는 가변적이나, 이 특성으로 정의한 최대 개수를 넘기지는 못한다. 성능을 위해서는 이 maxvertexcount 특성의 값을 가능하면 작게 설정해야 한다. [NVIDIA08]에 따르면 기하 셰이더는 1에서 20개의 스칼라를 출력할 때 순간 최대 성능(peak performance)을 보이고, 27~40개의 스칼라를 출력하면 성능이 50% 떨어진다고 한다. 호출 당 스칼라 출력 개수는 maxvertexcount에 출력 정점 형식 구조체의 스칼라 개수를 곱한 것이다. 스칼라 개수를 20개 이하로 유지하는 것이 현실적으로 힘들다면 그냥 최대 성능에 못 미치는 성능으로 만족하거나, 아니면 원하는 효과를 기하 셰이더를 사용하지 않고 다른 방식으로 구현해야 할 것이다. 단, 다른 방식의 구현 역시 또 다른 단점이 있을 수 있음을 주의해야 한다. 어쩌면 그냥 기하 셰이더를 사용하는 것이 더 나은 선택일 수 있다. 더 나아가서, 앞에서 인용한 [NVIDIA08]의 수치들은 2008년(기하 셰이더 1세대)의 것이므로, 지금은 상황이 더 나아졌을 것이다.

기하 셰이더는 두 개의 매개변수를 받는다. 하나는 입력 매개변수이고 또 하나는 출력 매개변수이다. (사실은 매개변수를 더 받을 수 있는데, 이는 특별한 주제이다. §12.2.4를 보라.) 입력 매개변수는 항상 기본도형을 정의하는 정점들의 배열이다. 그 배열은 기본도형이 점이면 정점 하나, 선(선분)이면 정점 두 개, 삼각형이면 세 개, 인접성 정보를 가진 선이면 네 개, 인접성 정보를 가진 삼각형이면 여섯 개를 담는다. 입력 정점들의 정점 형식은 정점 셰이더가 출력한 정점의 형식(이를테면 VertexOut)이다. 입력 매개변수 앞에는 반드시 해당 기본도형의 종류를 뜻하는 키워드를 붙여야 한다. 사용 가능한 키워드는 다음과 같다.

1. point: 입력 기본도형이 점인 경우.
2. line: 입력 기본도형이 선(목록 또는 띠)인 경우.
3. triangle: 입력 기본도형이 삼각형(목록 또는 띠)인 경우.
4. lineadj: 입력 기본도형이 인접성 정보를 가진 선(목록 또는 띠)인 경우.
5. triangleadj: 입력 기본도형이 인접성 정보를 가진 삼각형(목록 또는 띠)인 경우.

> **참고:** 기하 셰이더의 입력 기본도형은 항상 온전한 기본도형(예를 들어 선이면 정점 두 개, 삼각형이면 정점 세 개)이다. 따라서 기하 셰이더에서는 목록과 띠(strip)를 구분할 필요가 없다. 예를 들어 삼각형 띠(추가적인 삼각형이 정점 하나로만 정의되는)를 그릴 때에도 삼각형 띠의 모든 삼각형 각각에 대해 기하 셰이더가 실행되어서 각 삼각형의 정점 세 개가 기하 셰이더에 입력된다. 그런 경우 여러 기본도형이 공유하는 정점들을 기하 셰이더가 여러 번 처리해야 하므로 추가 부담이 발생함을 기억하기 바란다.

출력 매개변수 앞에는 항상 inout 수정자를 붙여야 한다. 또한, 출력 매개변수는 항상 스트림 형식이다. 그 스트림 형식의 객체는 기하 셰이더가 출력하는 기본도형의 정점들을 담는 목록으로 쓰인다. 기하 셰이더는 다음과 같은 내장 Append 메서드를 이용해서 출력 스트림 목록에 정점을 추가한다.

```
void StreamOutputObject<OutputVertexType>::Append(OutputVertexType v);
```

스트림 형식들은 템플릿 형식인데, 템플릿 인수는 출력 정점의 정점 형식(이를테면 GeoOut)을 지정하는 데 쓰인다. 사용 가능한 스트림 형식은 다음 세 가지이다.

1. PointStream<OutputVertexType>: 점 목록을 정의하는 정점들의 목록.
2. LineStream<OutputVertexType>: 선 띠를 정의하는 정점들의 목록.
3. TriangleStream<OutputVertexType>: 삼각형 띠를 정의하는 정점들의 목록.

기하 셰이더가 출력하는 정점들은 기본도형을 형성하는데, 그 기본도형의 종류는 스트림 형식(PointStream, LineStream, TriangleStream)에 의해 결정된다. 선과 삼각형의 경우 출력 기본도형은 항상 띠이다. 그러나 다음과 같은 RestartStrip 메서드를 이용하면 선 목록 이나 삼각형 목록을 흉내 낼 수 있다.

```
void StreamOutputObject<OutputVertexType>::RestartStrip();
```

예를 들어 삼각형 목록을 출력하고 싶다면, 출력 스트림에 정점 세 개를 추가할 때마다 RestartStrip을 호출해 주면 된다.

다음은 기하 셰이더 함수 서명의 구체적인 예 몇 가지이다.

```
// 예 1: 기하 셰이더는 최대 4개의 정점을 출력한다.
// 입력 기본도형은 선이고, 출력 기본도형은
// 삼각형 띠이다.
//
[maxvertexcount(4)]
void GS(line VertexOut gin[2],
    inout TriangleStream<GeoOut> triStream)
{
    // ... 기하 셰이더 함수 본문 ...
}
//
// 예 2: 기하 셰이더는 최대 32개의 정점을 출력한다.
// 입력 기본도형은 삼각형이고 출력 기본도형은 삼각형 띠이다.
//
[maxvertexcount(32)]
void GS(triangle VertexOut gin[3],
    inout TriangleStream<GeoOut> triStream)
{
    // ... 기하 셰이더 함수 본문 ...
```

```
    }
    //
    // 예 3: 기하 셰이더는 최대 4개의 정점을 출력한다.
    // 입력 기본도형은 점이고 출력 기본도형은 삼각형 띠이다.
    //
    [maxvertexcount(4)]
    void GS(point VertexOut gin[1],
        inout TriangleStream<GeoOut> triStream)
    {
        // ... 기하 셰이더 함수 본문 ...
    }
```

다음은 Append 메서드와 RestartStrip 메서드의 용법을 보여주는 기하 셰이더 프로그램이다. 이 기하 셰이더는 입력된 삼각형을 [그림 12.1]처럼 같은 크기의 작은 삼각형 네 개로 세분(subdivision)해서 만든 네 개의 삼각형을 출력한다.

```
    struct VertexOut
    {
        float3 PosL    : POSITION;
        float3 NormalL : NORMAL;
        float2 Tex     : TEXCOORD;
    };

    struct GeoOut
    {
        float4 PosH    : SV_POSITION;
        float3 PosW    : POSITION;
        float3 NormalW : NORMAL;
        float2 Tex     : TEXCOORD;
        float FogLerp  : FOG;
    };
```

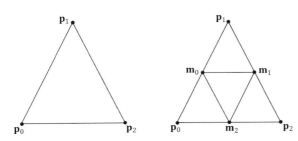

그림 12.1 하나의 삼각형을 같은 크기의 삼각형 네 개로 세분한다. 새로 생성되는 세 개의 정점은 원래의 삼각형 각 변의 중점이다.

```
void Subdivide(VertexOut inVerts[3], out VertexOut outVerts[6])
{
    //       1
    //       *
    //      / \
    //     /   \
    //  m0*-----*m1
    //   / \   / \
    //  /   \ /   \
    // *-----*-----*
    // 0    m2     2

    VertexOut m[3];

    // 각 변의 중점을 계산한다.
    m[0].PosL = 0.5f*(inVerts[0].PosL+inVerts[1].PosL);
    m[1].PosL = 0.5f*(inVerts[1].PosL+inVerts[2].PosL);
    m[2].PosL = 0.5f*(inVerts[2].PosL+inVerts[0].PosL);

    // 단위 구에 투영한다.
    m[0].PosL = normalize(m[0].PosL);
    m[1].PosL = normalize(m[1].PosL);
    m[2].PosL = normalize(m[2].PosL);

    // 법선을 유도한다.
    m[0].NormalL = m[0].PosL;
    m[1].NormalL = m[1].PosL;
    m[2].NormalL = m[2].PosL;

    // 텍스처 좌표를 보간한다.
    m[0].Tex = 0.5f*(inVerts[0].Tex+inVerts[1].Tex);
    m[1].Tex = 0.5f*(inVerts[1].Tex+inVerts[2].Tex);
    m[2].Tex = 0.5f*(inVerts[2].Tex+inVerts[0].Tex);

    outVerts[0] = inVerts[0];
    outVerts[1] = m[0];
    outVerts[2] = m[2];
    outVerts[3] = m[1];
    outVerts[4] = inVerts[2];
    outVerts[5] = inVerts[1];
};

void OutputSubdivision(VertexOut v[6],
    inout TriangleStream<GeoOut> triStream)
```

```
{
    GeoOut gout[6];

    [unroll]
    for(int i = 0; i < 6; ++i)
    {
        // 세계 공간으로 변환한다.
        gout[i].PosW    = mul(float4(v[i].PosL, 1.0f), gWorld).xyz;
        gout[i].NormalW = mul(v[i].NormalL,
            (float3x3)gWorldInvTranspose);

        // 동차 절단 공간으로 변환한다.
        gout[i].PosH = mul(float4(v[i].PosL, 1.0f), gWorldViewProj);

        gout[i].Tex  = v[i].Tex;
    }

    //        1
    //        *
    //       / \
    //      /   \
    //  m0*-----*m1
    //   / \   / \
    //  /   \ /   \
    // *-----*-----*
    // 0     m2    2

    // 세분된 삼각형들을 두 개의 띠로 그린다.
    //   띠 1: 아래쪽 삼각형 세 개
    //   띠 2: 위쪽 삼각형 하나

    [unroll]
    for(int j = 0; j < 5; ++j)
    {
        triStream.Append(gout[j]);
    }
    triStream.RestartStrip();

    triStream.Append(gout[1]);
    triStream.Append(gout[5]);
    triStream.Append(gout[3]);
}

[maxvertexcount(8)]
```

```
void GS(triangle VertexOut gin[3], inout TriangleStream <GeoOut> triStream)
{
    VertexOut v[6];
    Subdivide(gin, v);
    OutputSubdivision(v, triStream);
}
```

기하 셰이더를 컴파일하는 방법은 정점 셰이더나 픽셀 셰이더를 컴파일하는 방법과 아주 비슷하다. 예를 들어 *TreeSprite.hlsl* 파일에 'GS'라는 이름의 기하 셰이더 함수가 있다고 할 때, 다음은 그 기하 셰이더를 바이트코드로 컴파일하는 코드이다.

```
mShaders["treeSpriteGS"] = d3dUtil::CompileShader(
    L"Shaders\\TreeSprite.hlsl", nullptr, "GS", "gs_5_0");
```

정점 셰이더나 픽셀 셰이더처럼, 기하 셰이더도 파이프라인 상태 객체(PSO)에 포함시켜서 렌더링 파이프라인에 묶어야 한다.

```
D3D12_GRAPHICS_PIPELINE_STATE_DESC treeSpritePsoDesc = opaquePsoDesc;
...
treeSpritePsoDesc.GS =
{
    reinterpret_cast<BYTE*>(mShaders["treeSpriteGS"]->GetBufferPointer()),
    mShaders["treeSpriteGS"]->GetBufferSize()
};
```

참고: 필요하다면 기하 셰이더가 아무것도 출력하지 않을 수도 있다. 이는 주어진 입력 기본도형을 기하 셰이더가 '파괴'하는 것에 해당한다. 몇몇 알고리즘에서는 이러한 파괴 능력이 유용하게 쓰인다.

참고: 기하 셰이더가 하나의 기본도형을 완성하기에 충분한 개수의 정점들을 출력하지 않으면, 파이프라인은 미완성된 기본도형을 폐기한다.

12.2 나무 빌보드 예제

12.2.1 개요

멀리 있는 나무를 그릴 때에는 **빌보드**(billboard) 기법이 효율적이다. 이 기법에서는 완전한 3차원 나무의 기하구조를 렌더링하는 대신 3차원 나무의 모습을 담은 2차원 텍스처(그림 12.2)를 사각형에 입힌다. 그런 사각형을 빌보드 사각형 또는 그냥 빌보드라고 부른다. 먼 거리에서는 그것이 3차원 나무를 렌더링한 것인지 아니면 그냥 빌보드인지 구분하기 어렵다. 단, 이 기법이 효과를 내려면 빌보드가 항상 카메라를 향하게 해야 한다(그렇게 하지 않으면 환상이 깨진다).

y 축이 세계의 위쪽 방향이고 xz 평면이 지면이라고 가정할 때, 나무 빌보드는 xz 평면에 붙어서 y 방향으로 세워진 상태에서 카메라를 바라보아야 한다. [그림 12.3]은 여러 빌보드의 국소 좌표계를 위에서 내려다본 모습이다. 빌보드들이 모두 카메라를 '바라보고' 있음을 주목하기 바란다.

세계 공간에서 빌보드의 중심 위치 $\mathbf{C} = (C_x, C_y, C_z)$와 카메라 위치 $\mathbf{E} = (E_x, E_y, E_z)$만 알면 세계 공간을 기준으로 한 빌보드의 국소 좌표계를 구할 수 있다. 바로 다음과 같다.

$$\mathbf{w} = \frac{(E_x - C_x,\, 0,\, E_z - C_z)}{\lVert (E_x - C_x,\, 0,\, E_z - C_z) \rVert}$$

$$\mathbf{v} = (0,\, 1,\, 0)$$

$$\mathbf{u} = \mathbf{v} \times \mathbf{w}$$

RGB 채널   알파 채널

그림 12.2 나무 빌보드 텍스처의 RGB 채널과 알파 채널.

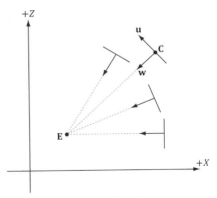

그림 12.3 카메라를 향한 빌보드들.

그리고 세계 공간을 기준으로 한 빌보드의 국소 좌표계와 세계 공간을 기준으로 한 빌보드의 크기(너비, 높이)를 알고 있으면 빌보드 사각형의 정점들을 다음과 같이 구할 수 있다(그림 12.4 참고).

```
v[0] = float4(gin[0].CenterW + halfWidth*right - halfHeight*up, 1.0f);
v[1] = float4(gin[0].CenterW + halfWidth*right + halfHeight*up, 1.0f);
v[2] = float4(gin[0].CenterW - halfWidth*right - halfHeight*up, 1.0f);
v[3] = float4(gin[0].CenterW - halfWidth*right + halfHeight*up, 1.0f);
```

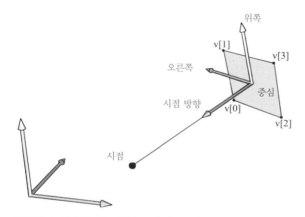

그림 12.4 세계 공간을 기준으로 한 빌보드의 국소 좌표계와 크기에 기초해서 빌보드 정점들을 계산한다.

그림 12.5 나무 빌보드 예제의 실행 모습.

빌보드마다 국소 좌표계가 다르므로, 이 정점들도 빌보드마다 따로 계산해야 함을 주의하기 바란다.

이번 장의 나무 빌보드 예제('TreeBilllboards')는 지면 약간 위쪽에 있는 점 기본도형들의 목록(PSO의 PrimitiveTopologyType을 D3D12_PRIMITIVE_TOPOLOGY_TYPE_POINT로 설정하고, 위상구조 설정 시에는 D3D_PRIMITIVE_TOPOLOGY_POINTLIST를 인수로 사용해서 ID3D12GraphicsCommandList::IASetPrimitiveTopology를 호출한다)을 이용해서 빌보드들을 만든다. 이 점들은 그리고자 하는 빌보드들의 중심 위치를 나타낸다. 기하 셰이더는 각 점을 빌보드 사각형으로 확장한다. 또한, 빌보드의 세계 변환 행렬도 기하 셰이더에서 계산한다. [그림 12.5]에 이 예제의 실행 모습이 나와 있다.

[그림 12.5]에서 보듯이, 이 예제는 제10장의 혼합 예제('BlendDemo')에 기초한 것이다.

> **참고:** 빌보드 기법을 CPU에서 구현할 때에는 흔히 동적 정점 버퍼에(즉, 업로드 힙에) 담긴 정점 네 개로 빌보드 하나를 만든다. 카메라가 움직일 때마다 CPU에서 그 정점들을 카메라를 향하도록 갱신한 후 memcpy를 이용해서 GPU에 올린다. 이 접근 방식에는 빌보드 당 네 개의 정점을 입력 조립기 단계에 제출해야 하며 동적 정점 버퍼도 매번 갱신해야 하므로 성능에 부담이 생긴다. 기하 셰이더 접근 방식을 사용하면 빌보드 사각형을 만들고 카메라로 향하게 하는 작업을 기하 셰이더에서 수행하므로 정적 정점 버퍼를 사용할 수 있다. 또한, 빌보드당 정점 하나만 입력 조립기 단계에 제출하면 되므로 빌보드들의 메모리 요구량도 상당히 적다.

12.2.2 정점 구조체

다음은 빌보드 중심을 나타내는 점들에 쓰이는 정점 구조체이다.

```
struct TreeSpriteVertex
{
  XMFLOAT3 Pos;
  XMFLOAT2 Size;
}

mTreeSpriteInputLayout =
{
  { "POSITION", 0, DXGI_FORMAT_R32G32B32_FLOAT, 0, 0,
    D3D12_INPUT_CLASSIFICATION_PER_VERTEX_DATA, 0 },
```

```
    { "SIZE", 0, DXGI_FORMAT_R32G32_FLOAT, 0, 12,
      D3D12_INPUT_CLASSIFICATION_PER_VERTEX_DATA, 0 },
  };
```

정점 구조체는 세계 공간에서의 빌보드 중심 위치를 나타내는 점의 좌표를 담는다. 이 구조체에는 빌보드의 너비와 높이(세계 공간 단위로 비례된)를 담는 Size라는 멤버도 있다. 기하 셰이더는 주어진 점을 이 너비와 높이만큼의 사각형으로 확장한다(그림 12.6). 이처럼 사각형 크기를 정점마다 따로 설정하므로, 한 장면에서 다양한 크기의 빌보드들을 표현할 수 있다.

텍스처 배열(§12.3)에 관련된 부분을 제외하면 이 나무 빌보드 예제의 나머지 C++ 코드는 이미 독자에게 익숙한 Direct3D 작업들(정점 버퍼 생성, 각종 상태 설정, 그리기 메서드 호출 등등)이므로 따로 설명하지 않겠다. 그럼 핵심인 *TreeSprite.hlsl* 파일로 바로 넘어가자.

12.2.3 HLSL 파일

이번 예제는 기하 셰이더를 사용하는 첫 번째 예제이니만큼, 기하 셰이더가 정점 셰이더와 픽셀 셰이더와 어떻게 연동하는지 독자가 파악하기 쉽도록 HLSL 파일 전체를 제시하겠다. 이 HLSL 파일에는 기하 셰이더 외에도 아직 설명하지 않은 새로운 항목 몇 개(구체적으로는 SV_PrimitiveID와 Texture2DArray)가 등장하는데, 이들은 이번 장에서 나중에 설명한다. 일단 지금은 기하 셰이더 프로그램 GS에 집중하기로 하자. 이 기하 셰이더는 주어진 점을 §12.2.1에서 설명한 것처럼 세계의 y 축에 정렬된, 그리고 카메라를 향한 사각형으로 확장한다.

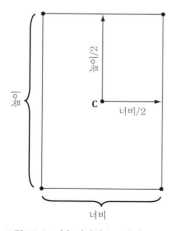

그림 12.6 점을 사각형으로 확장.

```
//***********************************************************************
// TreeSprite.hlsl by Frank Luna (C) 2015 All Rights Reserved.
//***********************************************************************

// 광원 개수들이 정의되어 있지 않으면 기본값으로 정의한다.
#ifndef NUM_DIR_LIGHTS
  #define NUM_DIR_LIGHTS 3
#endif

#ifndef NUM_POINT_LIGHTS
  #define NUM_POINT_LIGHTS 0
#endif

#ifndef NUM_SPOT_LIGHTS
  #define NUM_SPOT_LIGHTS 0
#endif

// 조명을 위한 구조체들과 함수들을 여기에 포함한다.
#include "LightingUtil.hlsl"

Texture2DArray gTreeMapArray : register(t0);


SamplerState gsamPointWrap        : register(s0);
SamplerState gsamPointClamp       : register(s1);
SamplerState gsamLinearWrap       : register(s2);
SamplerState gsamLinearClamp      : register(s3);
SamplerState gsamAnisotropicWrap  : register(s4);
SamplerState gsamAnisotropicClamp : register(s5);

// 프레임마다 달라지는 상수 자료.
cbuffer cbPerObject : register(b0)
{
  float4x4 gWorld;
  float4x4 gTexTransform;
};

// 재질마다 달라지는 상수 자료.
cbuffer cbPass : register(b1)
{
  float4x4 gView;
  float4x4 gInvView;
  float4x4 gProj;
  float4x4 gInvProj;
```

```
    float4x4 gViewProj;
    float4x4 gInvViewProj;
    float3 gEyePosW;
    float  cbPerPassPad1;
    float2 gRenderTargetSize;
    float2 gInvRenderTargetSize;
    float  gNearZ;
    float  gFarZ;
    float  gTotalTime;
    float  gDeltaTime;
    float4 gAmbientLight;
    float4 gFogColor;
    float  gFogStart;
    float  gFogRange;
    float2 cbPerPassPad2;

    // 최대 MaxLights개의 물체별 광원 중에서
    // [0, NUM_DIR_LIGHTS) 구간의 색인들은 지향광들이고
    // [NUM_DIR_LIGHTS, NUM_DIR_LIGHTS+NUM_POINT_LIGHTS) 구간의
    // 색인들은 점광들이다.
    // 그리고 [NUM_DIR_LIGHTS+NUM_POINT_LIGHTS,
    // NUM_DIR_LIGHTS+NUM_POINT_LIGHT+NUM_SPOT_LIGHTS) 구간의
    // 색인들은 점적광들이다.
    Light gLights[MaxLights];
};

cbuffer cbMaterial : register(b2)
{
  float4 gDiffuseAlbedo;
  float3 gFresnelR0;
  float  gRoughness;
  float4x4 gMatTransform;
};

struct VertexIn
{
  float3 PosW  : POSITION;
  float2 SizeW : SIZE;
};

struct VertexOut
{
  float3 CenterW : POSITION;
  float2 SizeW   : SIZE;
```

```
};

struct GeoOut
{
    float4 PosH    : SV_POSITION;
    float3 PosW    : POSITION;
    float3 NormalW : NORMAL;
    float2 TexC    : TEXCOORD;
    uint   PrimID  : SV_PrimitiveID;
};

VertexOut VS(VertexIn vin)
{
    VertexOut vout;

    // 자료를 그대로 기하 셰이더에 넘겨준다.
    vout.CenterW = vin.PosW;
    vout.SizeW   = vin.SizeW;

    return vout;
}

// 각 점을 사각형(정점 네 개)으로 확장하므로, 기하 셰이더 호출당
// 최대 출력 정점 개수는 4이다.
[maxvertexcount(4)]
void GS(point VertexOut gin[1],
        uint primID : SV_PrimitiveID,
        inout TriangleStream<GeoOut> triStream)
{
    //
    // 빌보드가 xz 평면에 붙어서 y 방향으로 세워진 상태에서 카메라를
    // 향하게 만드는 세계 공간 기준 빌보드 국소 좌표계를 계산한다.
    //

    float3 up = float3(0.0f, 1.0f, 0.0f);
    float3 look = gEyePosW - gin[0].CenterW;
    look.y = 0.0f; // y 축 정렬이므로 xz 평면에 투영.
    look = normalize(look);
    float3 right = cross(up, look);

    //
    // 세계 공간 기준의 삼각형 띠 정점들(사각형을 구성하는)을 계산한다.
    //
    float halfWidth = 0.5f*gin[0].SizeW.x;
```

```
    float halfHeight = 0.5f*gin[0].SizeW.y;

    float4 v[4];
    v[0] = float4(gin[0].CenterW + halfWidth*right - halfHeight*up, 1.0f);
    v[1] = float4(gin[0].CenterW + halfWidth*right + halfHeight*up, 1.0f);
    v[2] = float4(gin[0].CenterW - halfWidth*right - halfHeight*up, 1.0f);
    v[3] = float4(gin[0].CenterW - halfWidth*right + halfHeight*up, 1.0f);

    //
    // 사각형 정점들을 동차 절단 공간으로 변환하고, 그것들을
    // 하나의 삼각형 띠로 출력한다.
    //

    float2 texC[4] =
    {
      float2(0.0f, 1.0f),
      float2(0.0f, 0.0f),
      float2(1.0f, 1.0f),
      float2(1.0f, 0.0f)
    };

    GeoOut gout;
    [unroll]
    for(int i = 0; i < 4; ++i)
    {
      gout.PosH    = mul(v[i], gViewProj);
      gout.PosW    = v[i].xyz;
      gout.NormalW = look;
      gout.TexC    = texC[i];
      gout.PrimID  = primID;

      triStream.Append(gout);
    }
}

float4 PS(GeoOut pin) : SV_Target
{
  float3 uvw = float3(pin.TexC, pin.PrimID%4);
  float4 diffuseAlbedo = gTreeMapArray.Sample(
    gsamAnisotropicWrap, uvw) * gDiffuseAlbedo;

#ifdef ALPHA_TEST
  // 텍스처 알파가 0.1보다 작으면 픽셀을 폐기한다. 셰이더 안에서
  // 이 판정을 최대한 일찍 수행하는 것이 바람직하다. 그러면 폐기 시
```

```
    // 셰이더의 나머지 코드의 실행을 생략할 수 있으므로 효율적이다.
    clip(diffuseAlbedo.a - 0.1f);
#endif

    // 법선을 보간하면 단위 길이가 아니게 될 수 있으므로
    // 다시 정규화한다.
    pin.NormalW = normalize(pin.NormalW);

    // 조명되는 점에서 눈으로의 벡터.
    float3 toEyeW = gEyePosW - pin.PosW;
    float distToEye = length(toEyeW);
    toEyeW /= distToEye; // 정규화

    // 조명 계산에 포함되는 항들.
    float4 ambient = gAmbientLight*diffuseAlbedo;

    const float shininess = 1.0f - gRoughness;
    Material mat = { diffuseAlbedo, gFresnelR0, shininess };
    float3 shadowFactor = 1.0f;
    float4 directLight = ComputeLighting(gLights, mat, pin.PosW,
      pin.NormalW, toEyeW, shadowFactor);

    float4 litColor = ambient + directLight;

#ifdef FOG
    float fogAmount = saturate((distToEye - gFogStart) / gFogRange);
    litColor = lerp(litColor, gFogColor, fogAmount);
#endif

    // 흔히 하는 방식대로, 분산 재질에서 알파를 가져온다.
    litColor.a = diffuseAlbedo.a;

    return litColor;
}
```

12.2.4 SV_PrimitiveID

이번 예제의 기하 셰이더가 입력받는 부호 없는 정수 매개변수는 의미소 형식이 SV_ PrimitiveID라는 점에서 다소 특별하다.

```
[maxvertexcount(4)]
void GS(point VertexOut gin[1],
    uint primID : SV_PrimitiveID,
    inout TriangleStream<GeoOut> triStream)
```

이 의미소를 지정하면 입력 조립기 단계는 기본도형마다 ID(식별 번호)를 부여한다. 한 번의 그리기 호출로 *n*개의 기본도형을 그린다고 할 때, 첫 기본도형에는 0, 둘째 기본도형에는 1, 마지막 기본도형에는 *n*−1 등으로 기본도형들에 ID가 부여된다. 이러한 기본도형 ID들은 주어진 하나의 그리기 호출에서만 고유하게 쓰인다. 나무 빌보드 예제에서는 기본도형 ID를 기하 셰이더가 사용하지 않는다(물론 원한다면 기하 셰이더에서도 사용할 수 있다). 기하 셰이더는 기본도형 ID를 그냥 출력 정점 구조체에 담아서 픽셀 셰이더에 넘겨주기만 한다. 픽셀 셰이더는 텍스처 배열의 특정 텍스처를 선택하는 용도로 기본도형 ID를 사용한다. 그럼 다음 절에서 텍스처 배열을 좀 더 자세히 살펴보자.

> **참고:** 파이프라인에 기하 셰이더 단계가 없어도, 픽셀 셰이더에서 기본도형 ID를 사용할 수 있다. 다음처럼 기본도형 ID를 픽셀 셰이더의 매개변수 목록에 추가하면 된다.
>
> ```
> float4 PS(VertexOut pin, uint primID : SV_PrimitiveID) : SV_Target
> {
>     // ... 픽셀 셰이더 함수 본문 ...
> }
> ```
>
> 그러나, 기하 셰이더가 존재하면 기하 셰이더 서명에 반드시 기본도형 ID 매개변수가 포함되어 있어야 한다. 기하 셰이더는 그 ID를 자신이 직접 사용할 수도 있고, 지금처럼 그냥 픽셀 셰이더에 넘겨줄 수도 있다(그리고 둘 다도 가능하다).

> **참고:** 또한, 입력 조립기에서 정점 ID를 생성할 수도 있다. 의미소가 SV_VertexID인 uint 형식의 매개변수를 정점 셰이더의 서명에 추가하면 된다.
>
> 다음은 정점 ID를 받는 정점 셰이더 서명의 예이다.
>
> ```
> VertexOut VS(VertexIn vin, uint vertID : SV_VertexID)
> {
>     // ... 정점 셰이더 함수 본문 ...
> }
> ```

DrawInstanced 메서드를 이용해서 그리기 명령을 제출하는 경우, 해당 정점들에는 0, 1, ⋯ *n*−1의 ID가 부여된다. 여기서 *n*은 그리기 호출의 정점 개수이다. DrawIndexedInstanced 메서드의 경우에는 정점의 색인 값과 동일한 식별 번호가 부여된다.

12.3 텍스처 배열

12.3.1 개요

텍스처 배열(texture array)은 말 그대로 텍스처들을 담은 배열이다. C++ 코드에서 텍스처 배열은 텍스처 자원들이나 버퍼 자원들과 마찬가지로 ID3D12Resource 인터페이스로 대표된다. 자원을 생성하는 데 쓰이는 자원 서술 구조체들에 DepthOrArraySize라는 필드가 있음을 기억할 것이다. 예를 들어 *d3dApp.cpp*에서 깊이·스텐실 텍스처를 생성할 때에는 이 필드를 항상 1로 설정한다. 텍스처 배열을 만들 때에는 이 필드에 원하는 배열 크기(원소 개수)를 지정하면 된다. *Common/DDSTextureLoader.cpp*의 CreateD3DResources12 함수를 보면 텍스처 배열과 입체(3차원) 텍스처를 지원하는 코드가 있으니 참고하기 바란다. HLSL 파일에서는 텍스처 배열을 Texture2DArray 형식으로 나타낸다.

```
Texture2DArray gTreeMapArray;
```

그런데 텍스처 배열이라는 개별적인 종류의 자원이 왜 필요한지 궁금한 독자도 있을 것이다. 그냥 다음처럼 하면 되지 않을까?

```
Texture2D TexArray[4];

...

float4 PS(GeoOut pin) : SV_Target
{
    float4 c = TexArray[pin.PrimID%4].Sample(samLinear, pin.Tex);
```

셰이더 모형 5.1(Direct3D 12에 새로 도입된)에서는 실제로 이렇게 할 수 있다. 그러나 이전의 Direct3D 버전들에서는 이런 용법이 허용되지 않는다. 게다가, 하드웨어에 따라서는 이런 방식의 텍스처 색인 접근이 추가부담을 유발할 수 있다. 그래서 이 책의 예제들은 텍스처 배열을 사용한다.

12.3.2 텍스처 배열의 표본 추출

나무 빌보드 예제는 텍스처 배열에서 표본을 다음과 같은 코드로 추출한다.

```
float3 uvw = float3(pin.Tex, pin.PrimID%4);
float4 diffuseAlbedo = gTreeMapArray.Sample(
   gsamAnisotropicWrap, uvw) * gDiffuseAlbedo;
```

2차원 텍스처 배열에서 표본을 추출하려면 세 개의 좌표성분이 필요하다. 한 텍스처 좌표의 처음 두 성분은 통상적인 2차원 텍스처 좌표에 해당하고, 셋째 것은 텍스처 배열의 한 텍스처를 선택하는 색인으로 쓰인다. 예를 들어 0은 배열의 첫 텍스처, 1은 둘째 텍스처, 2는 셋째 텍스처 등등이다.

나무 빌보드 예제는 텍스처 원소가 네 개인 텍스처 배열 하나를 사용한다. 텍스처 배열의 원소들은 각자 다른 나무 이미지를 담은 텍스처들이다(그림 12.7). 그런데 한 번의 그리기 호출로 그리는 나무 빌보드들의 개수가 4보다 크므로, 기본도형 ID가 3(텍스처 배열의 최대 색인)보다 커진다. 그래서 기본도형 ID를 4로 나눈 나머지인 pin.PrimID % 4를 색인으로 사용한다. 이렇게 하면 항상 기본도형 ID들이 0, 1, 2, 3(원소가 네 개인 텍스처 배열의 유효한 색인들) 중 하나로 변환된다.

텍스처 배열의 한 가지 장점은 한 번의 그리기 호출에서 여러 기본도형에 서로 다른 텍스처를 입힐 수 있다는 것이다. 텍스처 배열이 없다면 다음처럼 메시마다 개별적인(서로 다른 텍스처가 지정된) 렌더 항목을 적용해야 한다.

그림 12.7 나무 빌보드 이미지들.

```
SetTextureA();
DrawPrimitivesWithTextureA();

SetTextureB();
DrawPrimitivesWithTextureB();

...

SetTextureZ();
DrawPrimitivesWithTextureZ();
```

각각의 텍스처 설정 및 그리기 호출에 일정한 추가부담이 따름을 기억하기 바란다. 텍스처 배열을 이용하면 이를 한 번의 설정 및 그리기 호출로 끝낼 수 있다.

```
SetTextureArray();
DrawPrimitivesWithTextureArray();
```

12.3.3 텍스처 배열의 적재

*Common/DDSTextureLoader.h/.cpp*의 DDS 적재 코드는 텍스처 배열을 담은 DDS 파일의 적재를 이미 지원한다. 따라서 텍스처 배열을 담은 DDS 파일을 만들 수만 있으면 텍스처 배열을 활용할 수 있다. 이 책에서는 Microsoft가 제공하는 *texassemble*이라는 도구를 사용한다. 이 도구는 *https://github.com/Microsoft/DirectXTex/wiki/Texassemble*에서 내려받을 수 있다. 다음은 네 장의 이미지(*t0.dds*, *t1.dds*, *t2.dds*, *t3.dds*)로 텍스처 배열을 만들어서 *treeArray.dds*라는 DDS 파일에 저장하는 예이다.

```
texassemble -array -o treeArray.dds t0.dds t1.dds t2.dds t3.dds
```

*texassemble*로 텍스처 배열을 생성할 때에는 반드시 밉맵 수준이 하나인 이미지들을 입력으로 사용해야 함을 주의하기 바란다. *texassemble*로 텍스처 배열을 생성한 후에 *texconv*(*https://github.com/Microsoft/DirectXTex/wiki/Texconv*)를 이용해서 밉맵들을 생성할 수 있으며, 필요하다면 픽셀 형식도 변경할 수 있다. 다음이 그러한 예이다.

```
texconv -m 10 -f BC3_UNORM treeArray.dds
```

12.3.4 텍스처 부분자원

텍스처 배열이 무엇인지 알았으니, 이제 텍스처의 부분자원(subresource)을 설명할 수 있다. [그림 12.8]은 여러 장의 텍스처로 된 텍스처 배열의 한 예이다. 한 배열에 여러 장의 텍스처 가 있고, 각 텍스처에는 여러 밉맵 수준으로 이루어진 밉맵 사슬이 있다. Direct3D API에서는 텍스처 배열의 한 원소, 즉 완전한 밉맵 사슬을 가진 하나의 텍스처를 **배열 조각**(array slice) 이라고 부르고, 텍스처 배열의 모든 텍스처의 밉맵 사슬 중 한 수준의 밉맵들 전체를 **밉 조각** (mip slice)이라고 부른다. 그리고 텍스처 배열의 한 원소의 특정 밉맵 수준 하나가 바로 지금 논의하는 부분자원이다.

텍스처 배열의 어떤 한 부분자원에 접근하려면 해당 텍스처 배열 색인과 밉맵 수준을 알아 야 한다. 그런데 하나의 선형적인(1차원) 색인을 이용해서 특정 부분자원에 접근하는 것도 가 능하다. Direct3D는 부분자원들에 [그림 12.9]에 나온 순서로 선형 색인을 부여한다.

다음은 밉맵 수준과 배열 색인, 밉맵 수준 개수로부터 선형 부분자원 색인을 계산해 주는 편의용 함수이다.

```
inline UINT D3D12CalcSubresource( UINT MipSlice, UINT ArraySlice,
   UINT PlaneSlice, UINT MipLevels, UINT ArraySize )
{
   return MipSlice + ArraySlice * MipLevels + PlaneSlice * MipLevels * ArraySize;
}
```

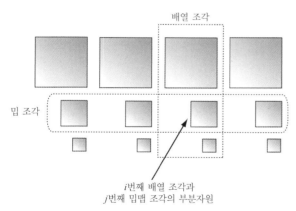

배열 조각

밉 조각

*i*번째 배열 조각과
*j*번째 밉맵 조각의 부분자원

그림 12.8 네 장의 텍스처로 이루어진 텍스처 배열. 각 텍스처에 세 개의 밉맵 수준이 있다.

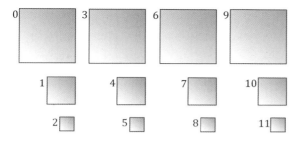

그림 12.9 텍스처 배열 부분자원들의 선형 색인.

12.4 알파-포괄도 변환

나무 빌보드 예제('TreeBillboards')를 실행해 보면, 시점과 어느 정도 가까이 있는 나무 빌보드들의 가장자리에 소위 계단 현상이 나타남을 알 수 있다. 이는 텍스처 중 나무의 일부가 아닌 픽셀을 잘라내기 위해 사용한 clip 함수 때문에 생기는 현상이다. clip 함수는 주어진 픽셀을 허용하거나 기각할 뿐이므로, 이 함수로는 그 둘 사이의 어떤 매끄러운 전이를 표현하지는 못한다. 이 현상에는 시점과 빌보드 사이의 거리가 중요하게 작용한다. 거리가 짧으면 확대가 발생할 뿐만 아니라 더 낮은 해상도의 밉맵 수준이 선택되므로 계단 현상이 더욱 두드러진다.

이 문제를 해결하는 한 가지 방법은 알파 판정 대신 투명도 혼합을 사용하는 것이다. 그러면 선형 텍스처 필터링 덕분에 가장자리 픽셀이 약간 흐려져서 흰색(불투명 픽셀)과 검은색(폐기되는 픽셀) 사이의 매끄러운 전이가 일어나며, 결과적으로 나무 가장자리가 주변 장면에 매끄럽게 녹아들어서 계단 현상이 완화된다. 그러나 투명도 혼합을 위해서는 나무 빌보드들을 거리에 따라 정렬해서 뒤에서 앞 순서로 렌더링해야 한다. 나무 빌보드들이 별로 많지 않으면 정렬 비용이 그리 크지 않지만, 숲이나 초원을 렌더링한다면 매 프레임 많은 수의 빌보드를 정렬해야 하므로 비용이 커진다. 게다가 뒤에서 앞 순서로 렌더링하다 보면 겹쳐 그리기(제11장의 연습문제 8 참고)가 대량으로 발생해서 성능이 떨어질 여지가 있다.

다각형의 깔쭉깔쭉한 가장자리를 매끄럽게 만드는 데 쓰이는 MSAA(다중표본화 앨리어싱 제거, §4.1.7 참고)가 도움이 될 거라고 생각하는 독자도 있을 것이다. 사실 도움이 되겠지만, 빌보드와 관련해서는 문제가 하나 있다. MSAA에서는 각 픽셀의 중심에 대해 픽셀 셰이더가 실행되며, 각 부분픽셀의 색상은 그 픽셀 셰이더가 출력한 색상 정보와 부분픽셀의 가시성

(깊이·스텐실 판정은 부분픽셀마다 수행된다) 및 포괄도(coverage; 부분픽셀이 다각형에 어느 정도나 걸쳐 있는지, 또는 부분픽셀의 중심이 다각형 안에 있는지 아니면 바깥에 있는지를 나타내는 값)에 기초해서 결정된다. 여기서 핵심은, **포괄도가 다각형 수준에서 결정된다**는 것이다. 따라서 MSAA는 알파 채널에 의해 결정되는 나무 빌보드 이미지의 가장자리를 검출하지 못한다. 단지 나무 이미지를 담은 텍스처가 입혀진 사각형의 가장자리만 고려할 뿐이다. 만일 Direct3D가 포괄도 계산 시 알파 채널을 고려하게 만들 수 있다면 이 문제가 해결될 텐데, 다행히 그것이 가능하다. **알파-포괄도 변환**(alpha-to-coverage)이라는 기법을 사용하면 된다.

MSAA가 활성화되어 있고 알파-포괄도 변환도 활성화되어 있으면(D3D12_BLEND_DESC 의 `AlphaToCoverageEnable`이 true이면) 하드웨어는 픽셀 셰이더가 돌려준 알파 값을 이용해서 포괄도를 결정한다([NVIDIA05]). 예를 들어 4X MSAA에서 픽셀 셰이더가 출력한 알파 값이 0.5이면 가장자리 픽셀의 네 부분픽셀 중 두 개가 나무 이미지 안에 있으며, 따라서 매끄러운 가장자리가 만들어질 것이라고 가정할 수 있다.

일반적으로, 불규칙한 형태를 알파 채널로 오려내는 식으로 활용하는 텍스처(군엽이나 울타리 등)에 대해서는 항상 알파-포괄도 변환을 사용하는 것이 바람직하다. 물론 이를 위해서는 MSAA를 활성화해야 한다. 이번 예제의 경우 응용 프로그램 클래스의 생성자에 다음과 같은 배정문이 있음을 주목하기 바란다.

```
mEnable4xMsaa = true;
```

이에 의해 예제 프레임워크는 4X MSAA 지원을 활성화해서 후면 버퍼와 깊이 버퍼를 생성한다.

12.5 요약

1. 기하 셰이더는 렌더링 파이프라인에서 정점 셰이더 단계와 픽셀 셰이더 단계 사이에 있는 생략 가능한 단계이다. 단, 테셀레이션 단계들을 사용하는 경우에는 기하 셰이더를 생략할 수 없다. 입력 조립기에서 나온 기본도형마다 한 번씩 기하 셰이더가 호출(실행)되는데, 한 번의 호출에서 기하 셰이더는 하나 이상의 기본도형을 출력할 수 있으며, 아예 출력하지 않을 수도 있다. 입력 기본도형과 다른 종류의 기본도형을 출력하는

것도 가능하다. 기하 셰이더가 출력하는 기본도형의 정점들은 반드시 동차 절단 공간으로 변환된 것이어야 한다. 기하 셰이더가 출력한 기본도형들은 렌더링 파이프라인의 다음 단계인 래스터화 단계로 입력된다. 기하 셰이더 프로그램은 정점, 픽셀 셰이더 프로그램과 함께 HLSL 파일 안에서 정의한다.

2. 빌보드 기법은 어떤 물체의 진정한 3차원 모형 대신 그 물체의 2차원 이미지를 담은 텍스처를 사각형에 입혀서 표시하는 것을 말한다. 거리가 멀면 관찰자는 그것이 단지 빌보드임을 알아채지 못한다. 빌보드 기법의 장점은 완전한 3차원 물체를 렌더링하는 데 GPU의 능력을 소비하지 않고도 원하는 결과를 얻을 수 있다는 것이다(물론 텍스처를 입힌 사각형으로 충분히 그럴듯한 결과가 나온다고 할 때). 이 기법은 나무들로 이루어진 숲에 유용하다. 카메라에 가까운 나무들은 진짜 3차원 기하구조로 표현하고, 멀리 있는 나무들은 빌보드로 그리면 된다. 이 기법으로 그럴듯한 결과를 얻으려면 빌보드 사각형이 항상 카메라를 향하게 해야 한다. 빌보드 기법은 기하 셰이더에서 효율적으로 구현할 수 있다.

3. 기하 셰이더의 매개변수 목록에 특별한, uint 형식의 SV_PrimitiveID 의미소 매개변수를 추가할 수 있다. 다음이 그러한 예이다.

```
[maxvertexcount(4)]
void GS(point VertexOut gin[1],
    uint primID : SV_PrimitiveID,
    inout TriangleStream<GeoOut> triStream);
```

이 의미소를 지정하면 입력 조립기 단계는 기본도형마다 ID(식별 번호)를 부여한다. 한 번의 그리기 호출로 n개의 기본도형을 그린다고 할 때, 첫 기본도형에는 0, 둘째 기본도형에는 1, 마지막 기본도형에는 $n-1$ 등으로 기본도형들에 ID가 부여된다. 파이프라인에 기하 셰이더 단계가 없어도, 픽셀 셰이더에서 기본도형 ID를 사용할 수 있다. 그러나, 기하 셰이더가 존재하면 기하 셰이더 서명에 반드시 기본도형 ID 매개변수가 포함되어 있어야 한다. 기하 셰이더는 그 ID를 자신이 직접 사용할 수도 있고, 그냥 픽셀 셰이더에 넘겨줄 수도 있다(그리고 둘 다도 가능하다).

4. 입력 조립기에서 정점 ID를 생성할 수도 있다. 의미소가 SV_VertexID인 uint 형식의 매개변수를 정점 셰이더의 서명에 추가하면 된다. DrawInstanced 메서드를 이용해서 그리기 명령을 제출하는 경우, 해당 정점들에는 0, 1, ⋯ $n-1$의 ID가 부여된다. 여기서 n은 그리기 호출의 정점 개수이다. DrawIndexedInstanced 메서드의 경우에는 정점

의 색인 값과 동일한 식별 번호가 부여된다.

5. 텍스처 배열(texture array)은 말 그대로 텍스처들을 담은 배열이다. C++ 코드에서 텍스처 배열은 텍스처 자원들이나 버퍼 자원들과 마찬가지로 `ID3D12Resource` 인터페이스로 대표된다. 자원 서술 구조체의 `DepthOrArraySize` 필드에 텍스처 배열의 원소(텍스처) 개수를 지정해서 자원을 생성하면 텍스처 배열이 만들어진다(3차원 텍스처를 만들 때에는 그 필드에 텍스처 깊이를 지정한다). HLSL 파일에서는 텍스처 배열을 `Texture2DArray` 형식으로 나타낸다. 2차원 텍스처 배열에서 표본을 추출하려면 세 개의 좌표성분이 필요하다. 처음 두 텍스처 좌표성분은 통상적인 2차원 텍스처 좌표이고, 셋째 것은 텍스처 배열의 한 텍스처를 선택하는 색인으로 쓰인다. 예를 들어 0은 배열의 첫 텍스처, 1은 둘째 텍스처, 2는 셋째 텍스처 등등이다. 텍스처 배열의 한 가지 장점은 한 번의 그리기 호출에서 여러 기본도형들에 서로 다른 텍스처를 입힐 수 있다는 것이다. 이 경우 각 기본도형에는 자신에 적용할 텍스처를 식별하는 텍스처 배열 색인이 주어진다.

6. 알파-포괄도 변환을 적용하면 하드웨어는 픽셀 셰이더가 돌려준 알파 값을 이용해서 포괄도를 결정한다. 이렇게 하면 불규칙한 형태를 알파 채널로 오려내는 식으로 활용하는 텍스처(군엽이나 울타리 등)의 가장자리가 매끄럽게 표현된다. 알파-포괄도 변환은 PSO의 `D3D12_BLEND_DESC::AlphaToCoverageEnable` 필드로 활성화한다.

12.6 연습문제

1. *xz* 평면에 선 띠(line strip)를 이용해서 원을 그린다고 하자. 그러한 선 띠를, 기하 셰이더를 이용해서 마개가 없는 원기둥으로 확장하라.

2. 정이십면체는 원을 대충 근사한 다면체이다. 이 다면체의 각 삼각형을 같은 크기의 더 작은 삼각형들로 세분해서(그림 12.10 참고) 새 정점들을 구에 투영하면 원을 좀 더 잘 근사하는 기하구조가 만들어진다. (정점을 단위 구(unit sphere)에 투영하는 것은 그냥 위치벡터를 정규화하는 것과 같다. 모든 단위벡터의 머리는 단위 구의 표면과 일치하기 때문이다.) 이번 연습문제에서 할 일은 다음과 같은 응용 프로그램을 작성하는 것이다. 응용 프로그램은 정이십면체를 구축하고 렌더링한다. 응용 프로그램의 기하 셰이더는 카메라와 정이십면체의 거리 *d*에 따라 정이십면체를 더욱 세분한다. 좀 더 구체

적으로, 만일 $d < 15$이면 정이십면체를 두 번 세분하고, $15 \leq d < 30$이면 정이십면체를 한 번 세분한다. 그리고 $d \geq 30$이면 정이십면체를 그냥(세분 없이) 렌더링한다. 이 연습문제의 목적은 물체가 카메라에 가까우면 다각형이 많은 메시를 사용하되 물체가 멀리 있으면 성긴 메시를 이용해서 GPU 처리 능력을 절약한다는 '세부수준(LOD)' 개념을 시험해 보는 것이다. [그림 12.10]에 세 가지 세부수준의 와이어프레임 모형과 면을 채운(그리고 조명된) 모형이 나와 있다. 정이십면체를 세분하는 방법은 §7.4.3을 참고하기 바란다.

3. 삼각형들을 각자 자신의 면 법선 방향으로 시간에 따라 이동해서 간단한 폭발 효과를 흉내 낼 수 있다. 이 시뮬레이션을 기하 셰이더에서 구현하는 것이 가능하다. 이 경우 기하 셰이더는 입력된 삼각형의 면 법선 $\mathbf{n}$을 계산하고, 삼각형의 세 정점 $\mathbf{p}_0$, $\mathbf{p}_1$, $\mathbf{p}_2$를 폭발이 시작된 후 흐른 시간 t에 비례해서 $\mathbf{n}$ 방향으로 이동한다. 즉,

$$i = 0, 1, 2\text{에 대해} \quad \mathbf{p}'_i = \mathbf{p}_i + t\mathbf{n}$$

이다. 이때 면 법선 $\mathbf{n}$이 반드시 단위 길이일 필요는 없다. 폭발의 속력에 따라 적절히 비례시켜도 된다. 기본도형 ID에 따라 배율을 다르게 해서 기본도형들이 각자 다른 속도로 날아가게 할 수도 있다. 정이십면체(세분되지 않은)에 이러한 폭발 효과를 적용하라.

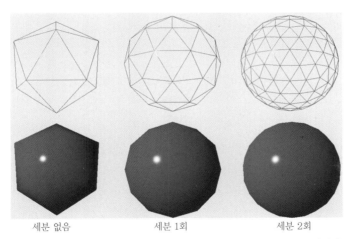

세분 없음　　　　　　세분 1회　　　　　　세분 2회

그림 12.10 정이십면체의 세분. 새 정점들을 단위 구에 투영해서 원을 근사한다.

4. 메시의 정점 법선들을 시각화하면 디버깅에 도움이 된다. 메시의 정점 법선들을 짧은 선분으로 렌더링하는 셰이더 프로그램을 작성하라. 좀 더 구체적으로 말하면, 기하 셰이더는 메시의 점 기본도형(즉 위상구조가 D3D_PRIMITIVE_TOPOLOGY_POINTLIST 인 정점)들을 입력받아야 한다. 그래야 메시의 모든 정점이 각각 기하 셰이더에 입력된다. 기하 셰이더는 주어진 정점을 적당한 길이(L이라고 하자)의 선분으로 확장한다. 정점 위치가 **p**이고 법선이 **n**이라고 할 때, 정점 법선을 나타내는 선분의 양 끝점은 **p**와 **p** + L**n**이다. 이를 구현한 후, 장면을 보통 방식으로 한 번 그리고 이 법선 벡터 시각화를 적용해서 다시 한 번 그리면 장면 메시에 법선들이 나타난다. 제10장 혼합 예제('BlendDemo')의 장면을 이런 식으로 렌더링하라.

5. 4번 문제와 비슷하게, 메시의 면 법선을 짧은 선분으로 표시하는 셰이더 프로그램을 작성하라. 이 경우에는 기하 셰이더가 삼각형을 입력받아서 면 법선을 계산한 후 선분을 출력하면 된다.

6. 이번 연습문제의 목표는 DrawInstanced 메서드를 이용해서 그리기 명령을 제출하면 해당 정점들에 0, 1, … n-1의 ID가 부여되고(여기서 n은 그리기 호출의 정점 개수) DrawIndexedInstanced 메서드를 사용하면 정점의 색인 값과 동일한 ID가 부여된다는 점을 실제로 확인하는 것이다.

   나무 빌보드 예제를 다음과 같이 수정하라. 우선, 정점 셰이더를 다음과 같이 바꾼다.

```
VertexOut VS(VertexIn vin, uint vertID : SV_VertexID)
{
  VertexOut vout;

  // 빌보드 크기를 변경한다.
  vout.CenterW = vin.PosW;
  vout.SizeW   = float2(2+vertID, 2+vertID);

  return vout;
}
```

즉, 나무 빌보드의 크기를 정점 ID에 따라 결정하는 것이다. 나무 빌보드 예제는 빌보드를 16개 그리므로, 이대로 실행하면 빌보드 크기는 2에서 17까지가 될 것이다. 다음으로, *TreeBillboardsApp.cpp*에서

```
cmdList->DrawIndexedInstanced(ri->IndexCount, 1, ri->StartIndexLocation,
    ri->BaseVertexLocation, 0);
```

를

```
cmdList->DrawIndexedInstanced(ri->IndexCount - 16, 1, ri->StartIndexLocation,
    ri->BaseVertexLocation, 0);
cmdList->DrawInstanced(4, 1, 0, 0);
cmdList->DrawInstanced(4, 1, 4, 0);
cmdList->DrawInstanced(4, 1, 8, 0);
cmdList->DrawInstanced(4, 1, 12, 0);
```

로 변경한다. 빌보드 사각형을 정의하는 16개의 점을 한 번에 그리는 것이 아니라 네 개씩 네 번에 그리도록 바꾼 것이다. 이제는 한 번의 그리기 명령으로 네 개의 정점을 그리므로, 한 그리기 명령에서 정점 ID는 0에서 3이다. 따라서 빌보드 크기는 정점 셰이더에 의해 2에서 5가 된다. 예제를 실행해서 이를 확인한 후, *TreeBillboardsAp.cpp*의 코드를 원래대로 되돌리자. 색인 버퍼와 DrawIndexedInstanced를 사용하는 경우 정점 색인 값이 정점 ID가 되므로, 빌보드 크기는 2에서 17이 된다.

7. 나무 빌보드 예제를 다음과 같이 수정하라. 우선 픽셀 셰이더에서 4로 나눈 나머지 연산(%4)을 제거한다.

```
float3 uvw = float3(pin.Tex, pin.PrimID);
```

프로그램을 실행하면, 그리는 기본도형이 16개이므로 기본도형 ID는 0~15이며, 따라서 텍스처 배열의 범위를 넘는 색인이 적용된다. 그래도 오류가 나지는 않는다. 왜냐하면, 범위 밖의 색인은 가장 큰 색인(이 경우 3)으로 한정되기 때문이다. 이제, 점 16개를 한 번의 그리기 호출로 모두 그리는 대신 다음과 같이 네 개씩 네 번에 걸쳐서 그려 보자(연습문제 6 참고).

```
cmdList->DrawInstanced(4, 1, 0, 0);
cmdList->DrawInstanced(4, 1, 4, 0);
cmdList->DrawInstanced(4, 1, 8, 0);
cmdList->DrawInstanced(4, 1, 12, 0);
```

프로그램을 실행하면 이번에는 색인 한정이 일어나지 않는다. 한 번의 그리기 호출에서 네 개의 기본도형을 그리므로 각 그리기 호출의 기본도형 ID는 0~3이다. 따라서 그 ID들을 텍스처 배열의 색인으로 사용해도 범위를 벗어나지 않는다. 이는 기본도형 ID들이 그리기 호출마다 0에서 다시 시작함을 보여 준다.

CHAPTER 13

계산 셰이더

GPU는 하나의 저장 장소 또는 연속된 저장 장소들에서 대량의 메모리를 읽어서 처리하는 작업(소위 '스트리밍 연산')에 최적화되어 있다. 이는 임의 메모리 접근을 염두에 두고 설계된 CPU와 대조적인 특징이다([Boyd10]). 게다가 정점들과 픽셀들을 독립적으로 처리할 수 있어야 한다는 점 때문에, GPU는 대규모 병렬 처리에 맞게 설계되었다. 예를 들어 NVIDIA의 '페르미Fermi' 아키텍처는 CUDA 코어가 32개인 스트리밍 다중처리기(streaming multiprocessor, SM; 이하 간단히 '다중처리기')를 최대 16개까지 지원한다([NVIDIA09]). 즉, 최대 512개의 CUDA 코어를 지원하는 것이다.*

이러한 GPU 아키텍처가 그래픽 연산에 도움이 됨은 분명하다. 애초에 GPU 아키텍처가 그래픽을 위해서 설계된 것이니만큼 당연한 일이다. 그러나 GPU의 병렬 아키텍처와 대규모 자료 처리 능력을 활용할 수 있는 분야가 그래픽만은 아니다. GPU를 비그래픽 분야에 응용하는 것을 **범용 GPU**(general purpose GPU, GPGPU) 프로그래밍이라고 부른다. 그런데 모든 알고리즘이 GPU 구현에 적합하지는 않다. GPU의 병렬 아키텍처의 장점을 취하려면 알고리즘에 자료 병렬성(data parallelism)이 있어야 한다. 다른 말로 하면, 많은 양의 자료 원소에 비슷한 연산을 적용함으로써 원소들을 병렬로 처리할 수 있어야 한다. 화면에 그려질 픽셀 단편마다 픽셀 셰이더가 실행되는 형태의 픽셀 셰이딩 같은 그래픽 연산이 그런 연산의 좋은 예이다. 또 다른 예로, 이전 장들에 나온 파도 시뮬레이션 예제의 코드를 보면 갱신 단계에서

---

* 옮긴이 2016년 상반기에 발표된 NVIDIA '파스칼' 아키텍처는 스트리밍 다중처리기가 56개, FP32 CUDA 코어 수는 3천 개 이상이다.

격자의 요소마다 일정한 계산을 수행함을 알 수 있다. 각 격자 요소를 GPU에서 병렬로 갱신할 수 있다는 점에서, 이런 시뮬레이션도 GPU로 구현하기에 적합하다. 입자 시스템 역시 좋은 예이다. 입자들이 상호 작용하지 않는다는 가정을 둔다면 각 입자의 물리 역학을 개별적으로 계산할 수 있다.

GPGPU 프로그래밍에서는 GPU가 계산한 결과를 CPU에서 읽어야 하는 경우가 많다. 이를 위해서는 비디오 메모리에 담긴 결과를 시스템 메모리로 복사해야 한다(그림 13.1). 그러한 복사에는 추가부담이 따르지만, GPU에서 계산을 수행해서 얻는 속도 향상에 비하면 그런 추가부담은 무시할 수 있는 수준일 것이다. 그래픽의 경우에는 일반적으로 계산 결과를 렌더링 파이프라인의 입력으로 사용하므로, GPU에서 CPU로의 자료 전송이 필요하지 않다. 예를 들어 계산 셰이더에서 텍스처를 흐린(blur) 다음, 흐려진 텍스처에 대한 셰이더 자원 뷰를 다른 셰이더의 입력에 묶는 것이 가능하다.

계산 셰이더(compute shader)는 Direct3D가 제공하는 프로그램 가능 셰이더의 하나로, 사실 렌더링 파이프라인에 직접 포함되는 것은 아니다. 계산 셰이더는 파이프라인 옆에 따로 존재하며, GPU 자원의 자료를 직접 읽어 들이거나 GPU 자원에 직접 자료를 기록할 수 있다(그림 13.2). 본질적으로 계산 셰이더는 응용 프로그램이 화면에 아무것도 그리지 않고도 GPU에 직접 접근할 수 있게 하는 수단으로, 이를 통해서 자료 병렬적 알고리즘을 구현할 수 있다. 앞에서 언급했듯이, 이는 GPGPU 프로그래밍에 유용한 능력이다. 그러나 계산 셰이더로 구현할 수 있는 그래픽 효과들도 많이 있으므로, 계산 셰이더는 그래픽 프로그래머에게도 중요한 도구이다. 이미 말했듯이 계산 셰이더는 Direct3D의 일부이고 Direct3D 자원들을 읽거나 쓸 수 있으므로, 계산 셰이더의 출력을 렌더링 파이프라인에 직접 묶는 것이 가능하다.

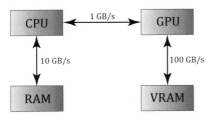

그림 13.1 CPU와 RAM, CPU와 GPU, GPU와 RAM, GPU와 VRAM의 상대적인 메모리 대역폭 속도를 나타낸 도식([Boyd10]에 나온 것을 다시 그렸음). 이 수치들은 단지 대역폭들의 차이가 몇 자릿수 정도인지를 보여 주기 위한 것일 뿐이다. CPU와 GPU 사이의 메모리 전송이 병목임을 주목하기 바란다.

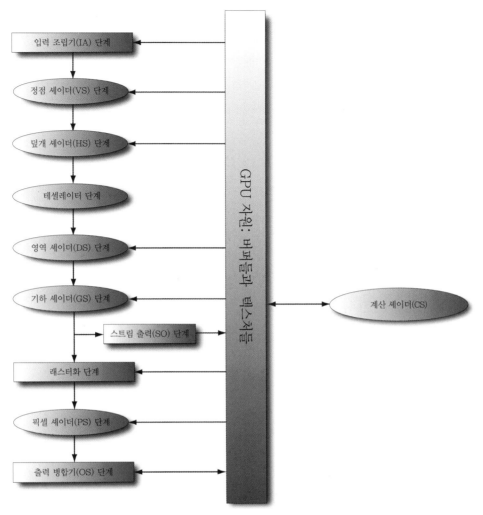

그림 13.2 계산 셰이더는 렌더링 파이프라인의 일부가 아니라 그 옆에 존재하는 개별적인 처리 단위이다. 계산 셰이더는 GPU 자원을 읽고 쓸 수 있다. 계산 셰이더를 그래픽 렌더링과 함께 사용할 수도 있고, GPGPU 프로그래밍에만 사용할 수도 있다.

목표

1. 계산 셰이더 프로그래밍 방법을 배운다.
2. 하드웨어가 스레드 그룹 및 그룹 안의 스레드들을 처리하는 방법을 개괄적으로 이해한다.

3. 계산 셰이더의 입력으로 설정할 수 있는 Direct3D 자원의 종류와 계산 셰이더의 출력으로 설정할 수 있는 Direct3D 자원의 종류를 파악한다.

4. 여러 종류의 스레드 ID와 그 용도를 이해한다.

5. 공유 메모리가 무엇이고 성능 최적화에 어떻게 활용하는지 배운다.

6. GPGPU 프로그래밍에 대한 좀 더 자세한 정보를 얻을 수 있는 곳들을 살펴본다.

13.1 스레드와 스레드 그룹

GPU 프로그래밍에서는 작업을 실행할 다수의 스레드를 스레드 그룹(thread group)들로 묶고, 그러한 스레드 그룹들로 하나의 격자(grid)를 형성한다. 하나의 스레드 그룹은 하나의 다중처리기에서 실행된다. 예를 들어서 사용하는 GPU의 다중처리기가 16개라면, 풀고자 하는 문제를 적어도 16개의 스레드 그룹으로 나누어야 모든 다중처리기에 작업을 나누어 줄 수 있다. 그리고 더 나은 성능을 위해서는 다중처리기 당 적어도 두 개의 스레드 그룹을 두는 것이 바람직하다. 왜냐하면, 하나의 다중처리기는 정체 현상(stall; 멈춤)을 숨기기 위해 다른 그룹의 스레드들로 처리를 전환하는 능력을 갖추고 있기 때문이다([Fung10]; 정체 현상은 이를테면 어떤 텍스처 연산의 결과가 나오기까지는 셰이더가 다음 명령으로 넘어가지 못하는 상황에서 발생할 수 있다).

각 스레드 그룹에는 그룹의 모든 스레드가 접근할 수 있는 공유 메모리가 주어진다. 스레드들은 자신이 속한 그룹이 아닌 다른 그룹의 공유 메모리에는 접근하지 못한다. 한 스레드 그룹 안의 스레드들 사이에서는 스레드 동기화 연산이 가능하지만, 서로 다른 그룹 사이의 동기화는 불가능하다. 사실 응용 프로그램은 서로 다른 그룹들의 수행 순서를 전혀 제어하지 못한다. 스레드 그룹들이 서로 다른 다중처리기에서 실행된다는 점을 생각하면 당연한 일이다.

하나의 스레드 그룹은 다수의 스레드로 이루어진다. 사실 하드웨어는 한 그룹의 스레드들을 워프^{warp}*라는 단위로 분할하며(워프당 스레드 32개), 다중처리기는 하나의 워프를 SIMD32 단위로 처리한다(즉, 32개의 스레드가 동시에 같은 명령을 실행한다). 다중처리기의 CUDA 코어들은 각각 하나씩의 스레드를 처리한다. 앞에서 말했듯이 '페르미' 아키텍처에서 다중처리기당 CUDA 코어 개수는 32이다(따라서 CUDA 코어는 SIMD '레인^{lane}'에 해당한

---

* 옮긴이 warp는 '씨실, 날실' 할 때의 날실이다. 스레드가 원래 실을 뜻하므로 스레드 관련 논의에서는 실이나 섬유에 관련된 비유가 종종 등장하는데, 예를 들어 스레드 동기화에서 말하는 spin(회전)도 원래는 섬유와 관련된 용어이다.

다). Direct3D에서 한 스레드 그룹의 크기(스레드 개수)를 32의 배수가 아닌 값으로 설정하는 것이 가능하지만, 성능을 위해서는 스레드 그룹의 크기를 항상 워프 크기의 배수로 두는 것이 바람직하다([Fung10]).

일단은 스레드 그룹 크기를 256으로 두고 시작하는 것이 바람직할 것이다. 256은 실제로 다양한 하드웨어에 적합한 수치이다. 스레드 그룹의 스레드 개수를 변경하면 배분(dispatch)*되는 그룹들의 개수가 변한다.

> **참고:** NVIDIA 하드웨어는 스레드 32개로 이루어진 워프를 사용한다. AMD(구 ATI)는 '웨이브프런트'라는 단위를 사용하는데, 웨이브프런트^{wavefront} 하나는 스레드 64개로 이루어진다. AMD는 스레드 그룹의 크기를 항상 웨이브프런트 크기의 배수로 설정하라고 권한다([Bilodeau10]). 물론 이후 세대의 하드웨어에서는 워프 크기나 웨이브프런트 크기가 변할 수 있다.

Direct3D에서 스레드 그룹들을 실행할 때 사용하는 메서드는 다음과 같다.

```
void ID3D12GraphicsCommandList::Dispatch(
    UINT ThreadGroupCountX,
    UINT ThreadGroupCountY,
    UINT ThreadGroupCountZ);
```

매개변수들에서 짐작하겠지만, 스레드 그룹들을 3차원 격자 형태로 구성할 수도 있다. 그러나 이 책에서는 스레드 그룹들의 2차원 격자만 논의한다. 다음 절에서 살펴볼 예제는 6개의 스레드

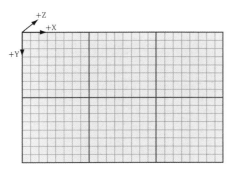

그림 13.3 3 × 2 격자 형태로 배치된 스레드 그룹들. 각 그룹은 8 × 8개의 스레드로 구성된다.

---

* **옮긴이** 드라이버와 하드웨어가 스레드 그룹들을(그리고 그 안의 스레드들) 각각의 일감에 나누어 배정하는 것을 배분이라고 부른다. 상황에 따라서는 스레드들을 일감에 배분하는 것이 아니라 일감들을 스레드들에 배분한다고 생각하는 것이 이해에 더 도움이 될 수도 있다(이를테면 §13.5의 추가·소비 버퍼의 경우).

그룹들을 x 방향으로 세 그룹, y 방향으로 두 그룹씩 3×2 격자 형태로 구성해서 사용한다(그림 13.3).

13.2 간단한 계산 셰이더 예제

다음은 크기가 같은 두 텍스처의 합을 구하는 간단한 계산 셰이더이다. 그리 흥미로운 일을 하는 것은 아니지만, 계산 셰이더 프로그램 작성을 위한 기본적인 구문을 보여 주기에는 충분하다.

```
cbuffer cbSettings
{
  // 계산 셰이더에서 상수 버퍼의 값들에 접근할 수 있다.
};

// 자료 원본 및 출력.
Texture2D gInputA;
Texture2D gInputB;
RWTexture2D<float4> gOutput;

// 스레드 그룹 하나의 스레드 개수와 구성. 한 그룹의 스레드들을
// 1차원이나 2차원, 3차원 격자 형태로 배치할 수 있다.
[numthreads(16, 16, 1)]
void CS(int3 dispatchThreadID : SV_DispatchThreadID) // 스레드 ID
{
  // 두 텍스처의 xy번째 텍셀들을 합해서 gOutput의
  // xy번째 텍셀에 저장한다.
  gOutput[dispatchThreadID.xy] =
    gInputA[dispatchThreadID.xy] +
    gInputB[dispatchThreadID.xy];
}
```

하나의 계산 셰이더 프로그램은 다음과 같은 요소들로 구성된다.

1. 상수 버퍼들을 통한 전역 변수 접근.
2. 입력 자원과 출력 자원(다음 절에서 좀 더 이야기한다).
3. 스레드 그룹의 구성(3차원 격자 형태)과 스레드 개수를 지정하는 [numthreads(X, Y, Z)] 특성.
4. 각 스레드에서 실행될 명령들을 담은 계산 셰이더 함수 본문.

5. 스레드 식별을 위한 시스템 값 의미소 매개변수(§13.4에서 논의한다).

numthreads 특성을 이용해서 다양한 스레드 그룹 위상구조(topology)를 구성할 수 있음을 주목하기 바란다. X개의 스레드들이 하나의 행으로 배치된 1차원 스레드 그룹을 원한다면 [numthreads(X, 1, 1)] 형태를 사용하면 되고, Y개의 스레드가 하나의 열로 배치된 1차원 스레드 그룹을 원한다면 [numthreads(1, Y, 1)] 형태를 사용하면 된다. 지금 예제에서처럼 z 성분을 1로 설정한 [numthreads(X, Y, 1)] 형태는 X×Y개의 스레드들이 2차원 격자를 이루는 스레드 그룹에 해당한다. 어떤 위상구조를 선택할 것인가는 풀고자 하는 문제에 따라 결정해야 한다. 이전 절에서 언급했듯이, 그룹당 총 스레드 개수는 반드시 워프 크기(32, NVIDIA 카드의 경우)의 배수 또는 웨이브프런트 크기(64, AMD 카드의 경우)의 배수이어야 한다. 웨이브프런트 크기의 정수배는 워프 크기의 정수배이기도 하므로, 웨이브프런트 크기의 배수를 선택하면 두 종류의 카드 모두를 만족할 수 있다.

13.2.1 계산 셰이더 설정

계산 셰이더를 활성화하려면 특별한 파이프라인 상태 서술 구조체인 D3D12_COMPUTE_PIPELINE_STATE_DESC를 사용해야 한다. 이 구조체는 다른 상태 서술 구조체들보다 필드가 훨씬 적다. 계산 셰이더가 그래픽 파이프라인의 일부가 아니라 한쪽에 따로 있는 것이라서 그래픽 파이프라인의 상태 중 계산 셰이더에 적용되지 않는(따라서 설정할 필요가 없는) 것들이 많다는 것이 그 이유이다. 이 구조체의 인스턴스를 '계산 PSO(compute PSO)'라고 부른다. 다음은 계산 PSO를 생성하는 예이다.

```
D3D12_COMPUTE_PIPELINE_STATE_DESC wavesUpdatePSO = {};
wavesUpdatePSO.pRootSignature = mWavesRootSignature.Get();
wavesUpdatePSO.CS =
{
  reinterpret_cast<BYTE*>(mShaders["wavesUpdateCS"]->GetBufferPointer()),
  mShaders["wavesUpdateCS"]->GetBufferSize()
};

wavesUpdatePSO.Flags = D3D12_PIPELINE_STATE_FLAG_NONE;
ThrowIfFailed(md3dDevice->CreateComputePipelineState(
  &wavesUpdatePSO, IID_PPV_ARGS(&mPSOs["wavesUpdate"])));
```

다른 셰이더들과 마찬가지로, 루트 서명은 셰이더가 기대하는 입력 매개변수들(CBV, SRV

등)을 정의한다. 계산 PSO의 CS 필드에는 계산 셰이더 프로그램을 설정한다. 다음 코드는 계산 셰이더를 바이트코드로 컴파일하는 방법을 보여준다.

```
mShaders["wavesUpdateCS"] = d3dUtil::CompileShader(
    L"Shaders\\WaveSim.hlsl", nullptr, "UpdateWavesCS", "cs_5_0");
```

13.3 자료 입력 자원과 출력 자원

계산 셰이더에 묶을 수 있는 자원은 두 종류로, 버퍼와 텍스처이다. 버퍼의 세 종류인 정점 버퍼와 색인 버퍼, 상수 버퍼는 이전 장들에서 이미 다루어 보았다. 또한 텍스처 자원은 제9장에서 충분히 살펴보았다.

13.3.1 텍스처 입력

앞의 예제 계산 셰이더는 다음과 같은 두 개의 입력 텍스처 자원을 정의했다.

```
Texture2D gInputA;
Texture2D gInputB;
```

계산 셰이더에서 입력 텍스처 gInputA와 gInputB를 읽으려면 응용 프로그램에서 그 텍스처들에 대한 SRV들을 생성하고 그것들을 루트 매개변수의 인수로서 계산 셰이더에 넘겨 주어야 한다. 다음이 그러한 코드이다.

```
cmdList->SetComputeRootDescriptorTable(1, mSrvA);
cmdList->SetComputeRootDescriptorTable(2, mSrvB);
```

이는 셰이더 자원 뷰를 픽셀 셰이더에 묶는 것과 정확히 동일한 방식이다. SRV는 읽기 전용임을 주의하기 바란다.

13.3.2 텍스처 출력과 순서 없는 접근 뷰(UAV)

앞의 예제 계산 셰이더는 다음과 같은 하나의 출력 텍스처 자원을 정의했다.

```
RWTexture2D<float4> gOutput;
```

출력 자원은 특별하게 취급되며, 자원 형식 이름에 읽기-쓰기(read-write)를 뜻하는 접두사 'RW'가 붙는다. 접두사에서 짐작하겠지만, 계산 셰이더는 이 자원의 원소들을 읽거나 쓸 수 있다. 반면 입력 텍스처 gInputA와 gInputB는 읽기 전용이다. 또한, 출력 자원을 정의할 때에는 출력 원소의 형식과 차원을 홑화살괄호(꺾음괄호) 쌍 안의 템플릿 인수로 지정해 주어야 한다. 지금 예의 <float4>가 바로 그것이다. 만일 출력이 DXGI_FORMAT_R8G8_SINT 같은 2차원 정수였다면 출력 자원을 다음과 같이 정의해야 했을 것이다.

```
RWTexture2D<int2> gOutput;
```

출력 자원을 계산 셰이더에 묶는 방법은 입력 자원의 경우와 좀 다르다. 계산 셰이더에서 자료를 기록할 자원을 묶으려면 순서 없는 접근 뷰(unordered access view, UAV)라고 하는 새로운 종류의 뷰를 사용해야 한다. 응용 프로그램(C++)에서는 이 뷰를 D3D12_UNORDERED_ACCESS_VIEW_DESC 구조체로 서술한다. 이 뷰를 생성하는 방법은 셰이더 자원 뷰를 생성하는 방법과 비슷하다. 다음은 텍스처 자원에 대한 UAV를 생성하는 예이다.

```
D3D12_RESOURCE_DESC texDesc;
ZeroMemory(&texDesc, sizeof(D3D12_RESOURCE_DESC));
texDesc.Dimension = D3D12_RESOURCE_DIMENSION_TEXTURE2D;
texDesc.Alignment = 0;
texDesc.Width = mWidth;
texDesc.Height = mHeight;
texDesc.DepthOrArraySize = 1;
texDesc.MipLevels = 1;
texDesc.Format = DXGI_FORMAT_R8G8B8A8_UNORM;
texDesc.SampleDesc.Count = 1;
texDesc.SampleDesc.Quality = 0;
texDesc.Layout = D3D12_TEXTURE_LAYOUT_UNKNOWN;
texDesc.Flags = D3D12_RESOURCE_FLAG_ALLOW_UNORDERED_ACCESS;

ThrowIfFailed(md3dDevice->CreateCommittedResource(
  &CD3DX12_HEAP_PROPERTIES(D3D12_HEAP_TYPE_DEFAULT),
  D3D12_HEAP_FLAG_NONE,
  &texDesc,
  D3D12_RESOURCE_STATE_COMMON,
  nullptr,
  IID_PPV_ARGS(&mBlurMap0)));

D3D12_SHADER_RESOURCE_VIEW_DESC srvDesc = {};
srvDesc.Shader4ComponentMapping = D3D12_DEFAULT_SHADER_4_COMPONENT_MAPPING;
```

```
srvDesc.Format = mFormat;
srvDesc.ViewDimension = D3D12_SRV_DIMENSION_TEXTURE2D;
srvDesc.Texture2D.MostDetailedMip = 0;
srvDesc.Texture2D.MipLevels = 1;

D3D12_UNORDERED_ACCESS_VIEW_DESC uavDesc = {};

uavDesc.Format = mFormat;
uavDesc.ViewDimension = D3D12_UAV_DIMENSION_TEXTURE2D;
uavDesc.Texture2D.MipSlice = 0;

md3dDevice->CreateShaderResourceView(mBlurMap0.Get(),
   &srvDesc, mBlur0CpuSrv);
md3dDevice->CreateUnorderedAccessView(mBlurMap0.Get(),
   nullptr, &uavDesc, mBlur0CpuUav);
```

UAV로 묶을 텍스처는 반드시 D3D12_RESOURCE_FLAG_ALLOW_UNORDERED_ACCESS 플래그를 지정해서 생성해야 한다. 앞의 예제는 텍스처를 UAV로도 묶고 SRV로도 묶는다(단, 동시에 묶지는 않는다). 계산 셰이더를 그래픽 작업에 활용할 때에는 흔히 이처럼 두 플래그를 결합해서 텍스처를 지정한다. 그런 응용에서는 계산 셰이더로 텍스처를 일정한 방식으로 변경하고(이를 위해 UAV가 필요하다), 이후 그 텍스처를 어떤 기하구조에 입히는(이를 위해 SRV가 필요하다) 경우가 많기 때문이다.

D3D12_DESCRIPTOR_HEAP_TYPE_CBV_SRV_UAV 형식의 서술자 힙 하나에 CBV들과 SRV들, UAV들을 섞어서 담을 수 있음을 기억할 것이다. 따라서, 계산 셰이더를 위한 UAV 서술자들도 그 형식의 힙에 담을 수 있다. 일단 서술자들을 힙에 넣었다면, 해당 서술자 핸들들을 루트 매개변수의 인수로 넘겨주면 자원들이 파이프라인에 묶인다(그러면 이후 분배 호출 시 자원들이 계산 셰이더에 전달된다). 계산 셰이더를 위한 루트 서명을 다음과 같이 정의한다고 하자.

```
void BlurApp::BuildPostProcessRootSignature()
{
  CD3DX12_DESCRIPTOR_RANGE srvTable;
  srvTable.Init(D3D12_DESCRIPTOR_RANGE_TYPE_SRV, 1, 0);

  CD3DX12_DESCRIPTOR_RANGE uavTable;
  uavTable.Init(D3D12_DESCRIPTOR_RANGE_TYPE_UAV, 1, 0);

  // 루트 매개변수는 테이블이거나 루트 서술자 또는 루트 상수이다.
```

```
CD3DX12_ROOT_PARAMETER slotRootParameter[3];

// 성능 팁: 가장 자주 쓰이는 것부터 설정한다.
slotRootParameter[0].InitAsConstants(12, 0);
slotRootParameter[1].InitAsDescriptorTable(1, &srvTable);
slotRootParameter[2].InitAsDescriptorTable(1, &uavTable);

// 루트 서명은 루트 매개변수들의 배열이다.
CD3DX12_ROOT_SIGNATURE_DESC rootSigDesc(3, slotRootParameter,
  0, nullptr,
  D3D12_ROOT_SIGNATURE_FLAG_ALLOW_INPUT_ASSEMBLER_INPUT_LAYOUT);

// 상수 버퍼 하나로 구성된 서술자 구간을 가리키는
// 슬롯 하나로 이루어진 루트 서명을 생성한다.
ComPtr<ID3DBlob> serializedRootSig = nullptr;
ComPtr<ID3DBlob> errorBlob = nullptr;
HRESULT hr = D3D12SerializeRootSignature(&rootSigDesc,
  D3D_ROOT_SIGNATURE_VERSION_1, serializedRootSig.GetAddressOf(),
  errorBlob.GetAddressOf());

if(errorBlob != nullptr)
{
  ::OutputDebugStringA((char*)errorBlob->GetBufferPointer());
}
ThrowIfFailed(hr);

ThrowIfFailed(md3dDevice->CreateRootSignature(
  0,
  serializedRootSig->GetBufferPointer(),
  serializedRootSig->GetBufferSize(),
  IID_PPV_ARGS(mPostProcessRootSignature.GetAddressOf())));
}
```

이 루트 서명에 의해, 셰이더는 루트 매개변수 슬롯 0번으로 상수 버퍼가 들어오고 루트 매개
변수 슬롯 1번으로 SRV가, 슬롯 2번으로 UAV가 들어오리라고 기대하게 된다. Dispatch 메
서드를 호출해서 배분 명령을 명령 목록에 추가하기 전에, 해당 배분 호출에 쓰이는 상수들과
서술자들을 다음과 같이 파이프라인에 묶는다.

```
cmdList->SetComputeRootSignature(rootSig);

cmdList->SetComputeRoot32BitConstants(0, 1, &blurRadius, 0);
cmdList->SetComputeRoot32BitConstants(0, (UINT)weights.size(), weights.data(), 1);
```

```
cmdList->SetComputeRootDescriptorTable(1, mBlur0GpuSrv);
cmdList->SetComputeRootDescriptorTable(2, mBlur1GpuUav);

UINT numGroupsX = (UINT)ceilf(mWidth / 256.0f);
cmdList->Dispatch(numGroupsX, mHeight, 1);
```

13.3.3 텍스처 색인화 및 표본 추출

2차원 텍스처의 한 원소(텍셀)에는 2차원 색인을 통해서 접근할 수 있다. §13.2의 예제 계산 세이더에서는 배분 스레드 ID(dispatch thread ID; 스레드 ID는 §13.4에서 논의한다)에 기 초해서 텍스처 색인을 결정했다. 각 스레드에는 고유한 배분 스레드 ID(줄여서 배분 ID)가 부 여된다.

```
[numthreads(16, 16, 1)]
void CS(int3 dispatchThreadID : SV_DispatchThreadID)
{
    // 두 텍스처의 xy번째 텍셀들을 합해서 gOutput의
    // xy번째 텍셀에 저장한다.
    gOutput[dispatchThreadID.xy] =
        gInputA[dispatchThreadID.xy] +
        gInputB[dispatchThreadID.xy];
}
```

텍스처를 모두 덮을 정도로 충분히 많은 스레드 그룹들에 호출이 배분된다면(즉, 하나의 텍셀에 대해 하나의 스레드가 실행된다면), 이 코드는 두 텍스처 이미지를 합한 이미지를 gOutput 텍스처에 저장한다.

> **참고:** 계산 세이더에서 범위를 벗어난 색인을 사용하는 것은 오류가 아닌, 잘 정의된 행동이다. 범위 밖 색 인으로 텍스처를 읽으면 0이 반환되고, 범위 밖 색인으로 텍스처에 자료를 기록하려 하면 아무 일도 일어 나지 않는다([Boyd08]).

계산 세이더는 GPU에서 실행되므로, 통상적인 GPU 연산 기능들을 계산 세이더 안에서 사 용할 수 있다. 특히, 텍스처 필터링을 통해서 텍스처의 표본을 추출할 수 있다. 그런데 문제점 이 두 가지 있다. 첫째로, Sample 메서드는 사용할 수 없고, 대신 SampleLevel 메서드를 사 용해야 한다. Sample 메서드는 매개변수가 두 개지만, SampleLevel에는 추출할 텍스처 밉

맵 수준을 지정하는 세 번째 매개변수가 있다. 0은 최상위 수준, 1은 둘째 밉맵 수준 등이며, 선형 밉맵 필터링이 활성화된 경우 분수(소수점 이하가 존재하는 수)를 지정함으로써 두 밉 맵 수준을 보간할 수도 있다. 반면 Sample은 항상 텍스처가 덮을 화면상의 픽셀 수에 기초해서 최상의 밉맵 수준을 자동으로 선택한다. 계산 셰이더는 렌더링에 직접 쓰이는 것이 아니라서, 그런 식으로 밉맵 수준을 자동으로 선택하는 방법을 알지 못한다. 그래서 계산 셰이더에서는 SampleLevel을 통해서 밉맵 수준을 명시적으로 지정해 주어야 한다. 둘째 문제점은, 텍스처 를 추출할 때에는 정수 색인이 아니라 $[0, 1]^2$ 구간으로 정규화된 텍스처 좌표를 사용해야 한 다는 것이다. 이 문제는 계산 셰이더에서 다음과 같은 공식을 이용해서 정수 색인 (x, y)에 해 당하는 정규화된 텍스처 좌표를 구하면 해결된다. $width$와 $height$는 텍스처의 너비와 높이인 데, 응용 프로그램이 상수 버퍼에 담아서 계산 셰이더에 넘겨주면 된다.

$$u = \frac{x}{width}$$

$$v = \frac{y}{height}$$

다음은 정수 색인들을 사용하는 계산 셰이더와 정규화된 텍스처 좌표 및 SampleLevel을 사용 하는 또 다른 계산 셰이더의 예로, 둘 다 하는 일은 동일하다. 두 셰이더 모두 텍스처가 512× 512라고 가정하며, 텍스처의 최상위 밉맵 수준만 사용한다.

```
//
// 버전 1: 정수 색인 사용.
//

cbuffer cbUpdateSettings
{
    float gWaveConstant0;
    float gWaveConstant1;
    float gWaveConstant2;

    float gDisturbMag;
    int2 gDisturbIndex;
};

RWTexture2D<float> gPrevSolInput  : register(u0);
RWTexture2D<float> gCurrSolInput  : register(u1);
RWTexture2D<float> gNextSolOutput : register(u2);
```

```
[numthreads(16, 16, 1)]
void CS(int3 dispatchThreadID : SV_DispatchThreadID)
{
    int x = dispatchThreadID.x;
    int y = dispatchThreadID.y;

    gNextSolOutput[int2(x,y)] =
        gWaveConstants0*gPrevSolInput[int2(x,y)].r +
        gWaveConstants1*gCurrSolInput[int2(x,y)].r +
        gWaveConstants2*(
            gCurrSolInput[int2(x,y+1)].r +
            gCurrSolInput[int2(x,y-1)].r +
            gCurrSolInput[int2(x+1,y)].r +
            gCurrSolInput[int2(x-1,y)].r);
}

//
// 버전 2: SampleLevel과 텍스처 좌표 사용.
//

cbuffer cbUpdateSettings
{
    float gWaveConstant0;
    float gWaveConstant1;
    float gWaveConstant2;

    float gDisturbMag;
    int2  gDisturbIndex;
};

SamplerState samPoint : register(s0);

RWTexture2D<float> gPrevSolInput : register(u0);
RWTexture2D<float> gCurrSolInput : register(u1);
RWTexture2D<float> gOutput       : register(u2);

[numthreads(16, 16, 1)]
void CS(int3 dispatchThreadID : SV_DispatchThreadID)
{
    // [] 연산자 대신 SampleLevel()을 사용해도 같은 결과를 얻을 수 있다.
    int x = dispatchThreadID.x;
    int y = dispatchThreadID.y;

    float2 c = float2(x,y)/512.0f;
```

```
float2 t = float2(x,y-1)/512.0;
float2 b = float2(x,y+1)/512.0;
float2 l = float2(x-1,y)/512.0;
float2 r = float2(x+1,y)/512.0;

gNextSolOutput[int2(x,y)] =
    gWaveConstants0*gPrevSolInput.SampleLevel(samPoint, c, 0.0f).r +
    gWaveConstants1*gCurrSolInput.SampleLevel(samPoint, c, 0.0f).r +
    gWaveConstants2*(
        gCurrSolInput.SampleLevel(samPoint, b, 0.0f).r +
        gCurrSolInput.SampleLevel(samPoint, t, 0.0f).r +
        gCurrSolInput.SampleLevel(samPoint, r, 0.0f).r +
        gCurrSolInput.SampleLevel(samPoint, l, 0.0f).r);
}
```

13.3.4 구조적 버퍼 자원

다음은 HLSL 안에서 구조적 버퍼(structured buffer) 자원을 정의하는 방법을 보여 주는 예이다.

```
struct Data
{
    float3 v1;
    float2 v2;
};

StructuredBuffer<Data> gInputA    : register(t0);
StructuredBuffer<Data> gInputB    : register(t1);
RWStructuredBuffer<Data> gOutput : register(u0);
```

구조적 버퍼는 같은 형식의 원소들을 담는 버퍼로, 본질적으로 하나의 배열이다. 예제 코드에서 보듯이, 구조적 버퍼는 사용자가 정의한 HLSL 구조체를 원소의 형식으로 사용할 수 있다.

SRV로 쓰이는 구조적 버퍼를 생성하는 방법은 정점 버퍼나 색인 버퍼를 생성하는 방법과 다를 바 없다. UAV로 쓰이는 구조적 버퍼도 그와 거의 동일한 방법으로 생성할 수 있다. 단, 반드시 D3D12_RESOURCE_FLAG_ALLOW_UNORDERED_ACCESS 플래그를 지정해야 한다. 이를 흔히 D3D12_RESOURCE_STATE_UNORDERED_ACCESS 상태 서술 구조체에 포함시킨다.

```
struct Data
{
  XMFLOAT3 v1;
  XMFLOAT2 v2;
};

// SRV 버퍼들에 채울 자료를 마련한다.
std::vector<Data> dataA(NumDataElements);
std::vector<Data> dataB(NumDataElements);
for(int i = 0; i < NumDataElements; ++i)
{
  dataA[i].v1 = XMFLOAT3(i, i, i);
  dataA[i].v2 = XMFLOAT2(i, 0);

  dataB[i].v1 = XMFLOAT3(-i, i, 0.0f);
  dataB[i].v2 = XMFLOAT2(0, -i);
}

UINT64 byteSize = dataA.size()*sizeof(Data);

// SRV로 사용할 버퍼들을 생성한다.
mInputBufferA = d3dUtil::CreateDefaultBuffer(
  md3dDevice.Get(),
  mCommandList.Get(),
  dataA.data(),
  byteSize,
  mInputUploadBufferA);

mInputBufferB = d3dUtil::CreateDefaultBuffer(
  md3dDevice.Get(),
  mCommandList.Get(),
  dataB.data(),
  byteSize,
  mInputUploadBufferB);

// UAV로 사용할 버퍼를 생성한다.
ThrowIfFailed(md3dDevice->CreateCommittedResource(
  &CD3DX12_HEAP_PROPERTIES(D3D12_HEAP_TYPE_DEFAULT),
  D3D12_HEAP_FLAG_NONE,
  &CD3DX12_RESOURCE_DESC::Buffer(byteSize,
    D3D12_RESOURCE_FLAG_ALLOW_UNORDERED_ACCESS),
    D3D12_RESOURCE_STATE_UNORDERED_ACCESS,
    nullptr,
    IID_PPV_ARGS(&mOutputBuffer)));
```

구조적 버퍼를 파이프라인에 묶는 방법은 텍스처를 묶는 방법과 다를 바 없다. 구조적 버퍼에 대한 SRV나 UAV 서술자를 생성해서 서술자 테이블에 넣은 후 서술자 테이블을 받는 루트 매개변수들에 넘겨주면 된다. 아니면 루트 서술자들을 받는 루트 서명을 정의해도 된다. 그러면 서술자 힙을 거치지 않고 자원의 가상 주소를 루트 인수로서 직접 전달할 수 있다(단, 이 방법은 텍스처가 아니라 버퍼 자원에 대한 SRV와 UAV에만 가능하다). 다음과 같은 루트 서명 서술을 생각해 보자.

```
// 루트 매개변수는 테이블이거나 루트 서술자 또는 루트 상수이다.
CD3DX12_ROOT_PARAMETER slotRootParameter[3];

// 성능 팁: 가장 자주 쓰이는 것부터 설정한다.
slotRootParameter[0].InitAsShaderResourceView(0);
slotRootParameter[1].InitAsShaderResourceView(1);
slotRootParameter[2].InitAsUnorderedAccessView(0);

// 루트 서명은 루트 매개변수들의 배열이다.
CD3DX12_ROOT_SIGNATURE_DESC rootSigDesc(3, slotRootParameter,
   0, nullptr,
   D3D12_ROOT_SIGNATURE_FLAG_NONE);
```

다음은 배분 호출에 쓰이는 버퍼들을 이 루트 서명을 이용해서 파이프라인에 묶는 코드이다.

```
mCommandList->SetComputeRootSignature(mRootSignature.Get());

mCommandList->SetComputeRootShaderResourceView(0,
   mInputBufferA->GetGPUVirtualAddress());
mCommandList->SetComputeRootShaderResourceView(1,
   mInputBufferB->GetGPUVirtualAddress());
mCommandList->SetComputeRootUnorderedAccessView(2,
   mOutputBuffer->GetGPUVirtualAddress());

mCommandList->Dispatch(1, 1, 1);
```

참고: 생(raw) 버퍼(또는 미가공 버퍼)라는 것도 있는데, 본질적으로 이것은 임의의 자료를 담는 바이트 배열이다. 이 버퍼를 사용할 때에는 원하는 자료의 시작 위치를 바이트 오프셋으로 지정하고 적절한 캐스팅(명시적 형식 변환)을 적용해서 원하는 형식의 값을 얻는다. 이러한 유연성 덕분에, 이를테면 하나의 버퍼에 서로 다른 형식의 자료 항목들을 담는 것이 가능하다. 생 버퍼로 사용할 자원은 반드시 자원 형식을 DXGI_FORMAT_R32_TYPELESS로 해서 생성해야 하며, 해당 UAV 생성 시 D3D12_BUFFER_UAV_FLAG_RAW 플래그를 지정해야 한다. 이 책에서는 생 버퍼를 사용하지 않는다. 좀 더 자세한 내용은 SDK 문서화를 보기 바란다.

13.3.5 계산 셰이더의 결과를 시스템 메모리에 복사

텍스처 처리에 계산 셰이더를 사용하는 경우, 처리를 마친 텍스처는 기하구조에 입혀서 화면에 표시하는 용도로 사용하는 것이 일반적이다. 이런 용법에서는 계산 셰이더가 작업을 정확히 수행했는지를 눈으로 확인할 수 있다. 그러나 구조적 버퍼를 사용할 때에는, 그리고 일반적으로 GPGPU 프로그래밍에서는 계산 셰이더의 결과를 화면에 전혀 표시하지 않는다. 따라서, 계산 결과를 확인하려면 GPU 메모리에 담긴 자료(순서 없는 뷰를 통해서 구조적 버퍼에 자료를 기록하면 그 결과는 GPU 메모리에 남게 됨을 기억할 것)를 시스템 메모리에 복사해야 한다. 그러려면 반드시 힙 속성이 D3D12_HEAP_TYPE_READBACK인 시스템 메모리 버퍼를 생성해야 한다. 그런 버퍼가 있으면 ID3D12GraphicsCommandList::CopyResource 메서드를 이용해서 GPU 자원을 시스템 메모리 자원에 복사할 수 있다. 시스템 메모리 자원은 복사하고자 하는 자원과 같은 형식, 같은 크기이어야 한다. 복사를 마친 다음에는 CPU에서 매핑 API를 이용해서 시스템 메모리 버퍼의 내용을 읽을 수 있다. 이를 통해서 자료를 시스템 메모리 배열에 복사한 후, CPU에서 추가 분석을 수행한다거나 자료를 파일에 저장하는 등등 원하는 작업을 진행하면 된다.

웹 부록의 이번 장 디렉터리에는 구조적 버퍼의 활용법을 보여주는 벡터 합산 예제 ('VectorAdd')가 있다. 이 예제는 그냥 두 개의 구조적 버퍼에 담긴 벡터들을 합한다.

```
struct Data
{
  float3 v1;
  float2 v2;
};

StructuredBuffer<Data> gInputA   : register(t0);
StructuredBuffer<Data> gInputB   : register(t1);
RWStructuredBuffer<Data> gOutput : register(u0);

[numthreads(32, 1, 1)]
void CS(int3 dtid : SV_DispatchThreadID)
{
  gOutput[dtid.x].v1 = gInputA[dtid.x].v1 + gInputB[dtid.x].v1;
  gOutput[dtid.x].v2 = gInputA[dtid.x].v2 + gInputB[dtid.x].v2;
}
```

예제를 간단하게 만들기 위해, 구조적 버퍼에는 원소를 32개만 담는다. 따라서 스레드 그룹 하나만 분배하면 된다(스레드 그룹 하나가 처리하는 원소 개수가 32이므로). 모든 스레드가 계산 셰이더의 작업을 마치면 예제는 그 결과를 시스템 메모리에 복사한 후 파일에 저장한다. 다음 코드는 시스템 메모리 버퍼를 생성하고 GPU 결과를 CPU 메모리에 복사하는 방법을 보여준다.

```
// GPU의 결과를 읽어 들일 시스템 메모리 버퍼를 생성한다.
// GPU 쪽 버퍼와 자료 형식 및 크기가 동일하다.
ThrowIfFailed(md3dDevice->CreateCommittedResource(
    &CD3DX12_HEAP_PROPERTIES(D3D12_HEAP_TYPE_READBACK),
    D3D12_HEAP_FLAG_NONE,
    &CD3DX12_RESOURCE_DESC::Buffer(byteSize),
    D3D12_RESOURCE_STATE_COPY_DEST,
    nullptr,
    IID_PPV_ARGS(&mReadBackBuffer)));

// ...
//
// 계산 셰이더 실행 완료!

struct Data
{
    XMFLOAT3 v1;
    XMFLOAT2 v2;
};

// 기본 버퍼의 자료를 읽기 버퍼에 복사하는 명령을 등록한다.
mCommandList->ResourceBarrier(1, &CD3DX12_RESOURCE_BARRIER::Transition(
    mOutputBuffer.Get(),
    D3D12_RESOURCE_STATE_COMMON,
    D3D12_RESOURCE_STATE_COPY_SOURCE));

mCommandList->CopyResource(mReadBackBuffer.Get(), mOutputBuffer.Get());

mCommandList->ResourceBarrier(1, &CD3DX12_RESOURCE_BARRIER::Transition(
    mOutputBuffer.Get(),
    D3D12_RESOURCE_STATE_COPY_SOURCE,
    D3D12_RESOURCE_STATE_COMMON));

// 명령 등록을 마친다.
ThrowIfFailed(mCommandList->Close());
```

```
// 명령 실행을 위해 명령 목록을 명령 대기열에 추가한다.
ID3D12CommandList* cmdsLists[] = { mCommandList.Get() };
mCommandQueue->ExecuteCommandLists(_countof(cmdsLists), cmdsLists);

// 작업이 끝나길 기다린다.
FlushCommandQueue();

// CPU에서 읽을 수 있도록 자료를 매핑한다.
Data* mappedData = nullptr;
ThrowIfFailed(mReadBackBuffer->Map(0, nullptr,
    reinterpret_cast<void**>(&mappedData)));

std::ofstream fout("results.txt");

for(int i = 0; i < NumDataElements; ++i)
{
  fout << "(" << mappedData[i].v1.x << ", " <<
              mappedData[i].v1.y << ", " <<
              mappedData[i].v1.z << "   , " <<
              mappedData[i].v2.x << ", " <<
              mappedData[i].v2.y << ")" << std::endl;
}

mReadBackBuffer->Unmap(0, nullptr);
```

이 예제는 두 입력 버퍼에 다음과 같이 초기 자료를 채운다.

```
std::vector<Data> dataA(NumDataElements);
std::vector<Data> dataB(NumDataElements);
for(int i = 0; i < NumDataElements; ++i)
{
  dataA[i].v1 = XMFLOAT3(i, i, i);
  dataA[i].v2 = XMFLOAT2(i, 0);

  dataB[i].v1 = XMFLOAT3(-i, i, 0.0f);
  dataB[i].v2 = XMFLOAT2(0, -i);
}
```

예제를 실행하면 다음과 같은 내용을 담은 텍스트 파일이 만들어진다. 수치들을 살펴 보면 계산 세이더가 일을 제대로 했음을 알 수 있다.

```
(0, 0, 0, 0, 0)
(0, 2, 1, 1, -1)
(0, 4, 2, 2, -2)
(0, 6, 3, 3, -3)
(0, 8, 4, 4, -4)
(0, 10, 5, 5, -5)
(0, 12, 6, 6, -6)
(0, 14, 7, 7, -7)
(0, 16, 8, 8, -8)
(0, 18, 9, 9, -9)
(0, 20, 10, 10, -10)
(0, 22, 11, 11, -11)
(0, 24, 12, 12, -12)
(0, 26, 13, 13, -13)
(0, 28, 14, 14, -14)
(0, 30, 15, 15, -15)
(0, 32, 16, 16, -16)
(0, 34, 17, 17, -17)
(0, 36, 18, 18, -18)
(0, 38, 19, 19, -19)
(0, 40, 20, 20, -20)
(0, 42, 21, 21, -21)
(0, 44, 22, 22, -22)
(0, 46, 23, 23, -23)
(0, 48, 24, 24, -24)
(0, 50, 25, 25, -25)
(0, 52, 26, 26, -26)
(0, 54, 27, 27, -27)
(0, 56, 28, 28, -28)
(0, 58, 29, 29, -29)
(0, 60, 30, 30, -30)
(0, 62, 31, 31, -31)
```

참고: [그림 13.1]에서 보았듯이, CPU 메모리와 GPU 메모리 사이의 자료 복사가 가장 느리다. 그래픽 응용 프로그램에서 프레임마다 이런 복사를 수행한다면 성능이 크게 떨어질 것이다. GPGPU 프로그래밍 에서는 반드시 결과를 CPU로 가져와야 하는 경우가 많지만, 일반적으로 이에 의한 성능 하락이 큰 문제가 되지는 않는다. 왜냐하면 GPU를 사용함으로써 얻는 이득이 GPU-CPU 복사 비용을 능가하기 때문이다. 더 나아가서, GPGPU 프로그래밍에서는 복사가 '프레임마다'보다는 덜 빈번하다. 예를 들어 GPGPU를 이용해서 고비용 이미지 처리 계산을 수행하는 응용 프로그램이 있다고 하자. 어떤 한 이미지에 대한 계산 이 끝나서 결과를 CPU에 복사하고 나면 그것으로 작업이 끝난다. GPU를 이용한 이미지 처리는(그리고 CPU로의 자료 복사는) 사용자가 또 다른 계산을 요청해야 다시 시작된다.

13.4 스레드 식별 시스템 값

[그림 13.4]를 보자.

1. 시스템은 각 스레드 그룹에 고유한 ID를 배정한다. 그러한 ID를 스레드 그룹 ID, 줄여서 **그룹 ID**$^{\text{group ID}}$라고 부른다. 그리고 이에 해당하는 시스템 값 의미소는 SV_GroupID이다. $G_x \times G_y \times G_z$개의 스레드 그룹들을 배분한다고 할 때, 그룹 ID의 범위는 $(0, 0, 0)$에서 $(G_x - 1, G_y - 1, G_z - 1)$이다.

2. 한 스레드 그룹 안의 각 스레드에는 그 그룹 안에서 고유한 ID가 배정된다. 그러한 ID를 **그룹 스레드 ID**$^{\text{group thread ID}}$라고 부른다. 스레드 그룹의 크기가 $X \times Y \times Z$라고 할 때, 그룹 스레드 ID의 범위는 $(0, 0, 0)$에서 $(X - 1, Y - 1, Z - 1)$이다. 그룹 스레드 ID에 대한 시스템 값 의미소는 SV_GroupThreadID이다.

3. 배분 호출이 일어나면(즉, Dispatch 메서드로 등록한 배분 명령이 실행되면) 스레드 그룹들이 격자 형태로 배분된다. 이때 해당 배분 호출에서 생성된 각 스레드에는 그 호출 안에서 고유한 **배분 스레드 ID**(dispatch thread ID)가 배정된다. 정리하자면, 그룹 스레드 ID는 한 스레드 그룹 안의 특정 스레드 하나를 식별하는 값이고 배분 스레드 ID는 한 배분 호출의 모든 스레드 그룹의 모든 스레드 중 특정 스레드 하나를 식별하는 값이다. ThreadGroupSize = (X, Y, Z)가 스레드 그룹의 크기라고 할 때, 다음은 그룹 ID와 그룹 스레드 ID로부터 배분 스레드 ID를 구하는 공식이다.

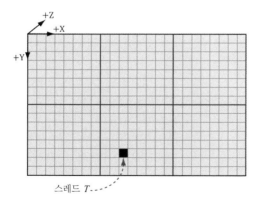

스레드 T

그림 13.4 T로 표시된 스레드의 스레드 그룹 ID는 $(1, 1, 0)$이고 그룹 스레드 ID는 $(2, 5, 0)$, 배분 스레드 ID는 $(1, 1, 0) \otimes (8, 8, 0) + (2, 5, 0) = (10, 13, 0)$이다. 선형 그룹 색인은 $5 \cdot 8 + 2 = 42$이다.

```
dispatchThreadID.xyz =  groupID.xyz * ThreadGroupSize.xyz +
                        groupThreadID.xyz;
```

배분 스레드 ID의 시스템 값 의미소는 SV_DispatchThreadID이다. 스레드 그룹들이 3×2이고 각 스레드 그룹의 스레드들이 10×10이라고 할 때, 한 배분 호출에서는 총 600개의 스레드가 배분되며, 배분 스레드 ID의 범위는 $(0, 0, 0)$에서 $(29, 19, 0)$이다.

4. Direct3D는 또한 그룹 스레드 ID의 선형(1차원) 버전을 SV_GroupIndex 시스템 값을 통해서 계산 셰이더에 넘겨준다. 이 선형 그룹 색인을 계산하는 공식은 다음과 같다.

```
groupIndex = groupThreadID.z*ThreadGroupSize.x*ThreadGroupSize.y +
             groupThreadID.y*ThreadGroupSize.x + groupThreadID.x;
```

> **참고:** 이 ID의 성분들과 관련해서 주의할 점은, 첫째 성분이 x 위치(즉 열 번호)이고 둘째 성분이 y 위치(즉 행 번호)라는 것이다. 이는 M_{ij}가 i번째 행, j번째 열의 성분인 일반적인 행렬 성분 표기 관례와는 반대이다.

이렇게 다양한 스레드 ID들이 있는 이유는 무엇일까? 일반적으로 계산 셰이더는 어떤 자료구조를 입력받아서 어떤 자료구조를 출력한다. 여러 스레드 ID들은 흔히 그런 자료구조들을 다양한 방식으로 색인화(indexing; 색인을 지정해서 특정 요소에 접근하는 것)하는 데 흔히 쓰인다. 다음은 배분 스레드 ID를 활용하는 예이다.

```
Texture2D gInputA;
Texture2D gInputB;
RWTexture2D<float4> gOutput;

[numthreads(16, 16, 1)]
void CS(int3 dispatchThreadID : SV_DispatchThreadID)
{
    // 배분 스레드 ID를 이용해서 출력 텍스처와 입력 텍스처를 색인화한다.
    gOutput[dispatchThreadID.xy] =
        gInputA[dispatchThreadID.xy] +
        gInputB[dispatchThreadID.xy];
}
```

또 다른 예로, §13.6에서는 그룹 스레드 ID(SV_GroupThreadID)를 스레드 지역 저장소 메모리를 색인화하는 데 사용한다.

13.5 추가 버퍼와 소비 버퍼

어떤 입자 시스템이 다음과 같은 구조체로 정의되는 입자(particle)들을 버퍼에 담아서 사용한다고 하자.

```
struct Particle
{
    float3 Position;
    float3 Velocity;
    float3 Acceleration;
};
```

그리고 계산 셰이더에서 각 입자의 속도와 위치를 입자의 가속도를 이용해서 갱신한다고 하자. 더 나아가서, 입자들이 갱신되는 순서나 새 자료가 출력 버퍼에 기록되는 순서는 중요하지 않다고 하자. 이런 경우에는 소비 버퍼(comsume buffer)와 추가 버퍼(append buffer)라고 부르는 종류의 구조적 버퍼들이 이상적이다. 이들을 이용하면 색인화에 신경 쓸 필요가 없기 때문이다.

```
struct Particle
{
    float3 Position;
    float3 Velocity;
    float3 Acceleration;
};

float TimeStep = 1.0f / 60.0f;

ConsumeStructuredBuffer<Particle> gInput;
AppendStructuredBuffer<Particle> gOutput;
[numthreads(16, 16, 1)]
void CS()
{
    // 입력 버퍼에서 자료 원소 하나를 소비한다.
    Particle p = gInput.Consume();

    p.Velocity += p.Acceleration*TimeStep;
    p.Position += p.Velocity*TimeStep;

    // 정규화된 벡터를 출력 버퍼에 추가한다.
    gOutput.Append( p );
}
```

일단 소비된 자료 원소는 다른 스레드에서 다시 소비하지 못한다. 즉, 한 원소는 정확히 하나의 스레드에서 소비된다. 그리고 다시 강조하지만, 원소들이 소비되고 추가되는 순서는 스레드들이 전혀 알 수 없다. 따라서, 일반적으로 입력 버퍼의 i번째 원소가 반드시 출력 버퍼의 i번째 원소에 기록되리라는 보장은 없다.

> **참고:** 추가 버퍼의 크기가 동적으로 늘어나지는 않는다. 따라서, 추가하고자 하는 모든 원소를 담을 만한 크기로 만들어 두어야 한다.

13.6 공유 메모리와 동기화

각 스레드 그룹에는 **공유 메모리**(shared memory)* 또는 **스레드 지역 저장소**(thread local storage)라고 부르는 공간이 주어진다. 접근 속도가 빠르다는 점에서, 이 메모리 공간을 일종의 하드웨어 캐시라고 생각해도 될 것이다. 계산 셰이더에서 공유 메모리를 선언하는 구문은 다음과 같다.

```
groupshared float4 gCache[256];
```

이런 식으로 할당하는 배열 크기는 그룹 공유 메모리 크기의 상한인 32KB를 넘지 않는 한에서 개발자가 임의로 정할 수 있다. 공유 메모리는 개별 스레드 그룹의 지역 저장 공간이므로, 각 스레드는 스레드 그룹 ID(`SV_ThreadGroupID`)를 색인으로 사용해서 자신이 속한 그룹의 공유 메모리에 접근할 수 있다. 이를 통해서, 예를 들어 그룹의 각 스레드가 공유 메모리의 슬롯 하나를 사용하는 식으로 공유 메모리를 활용할 수 있다.

공유 메모리를 너무 많이 사용하면 성능 문제가 발생할 수 있다([Fung10]). 한 예로, 다중처리기 하나가 32KB의 공유 메모리를 지원하는 어떤 시스템에서 20KB의 공유 메모리를 사용하는 계산 셰이더를 실행한다고 하자. 그러면 하나의 다중처리기로 돌릴 수 있는 스레드 그룹은 단 하나이다. 20KB + 20KB = 40KB > 32KB이므로, 스레드 그룹이 두 개만 되어도 메모리가 모자란다. 다중처리기가 스레드 그룹을 하나만 지원하면 정체 현상을 감추기 위한 스

---

* 옮긴이 MSDN에 나오는 좀 더 완전한 용어는 'thread group shared memory(TGSM; 스레드 그룹 공유 메모리)'이다.

레드 그룹 전환이 불가능해지므로 GPU의 병렬성이 낮아진다(§13.1에서 다중처리기당 적어도 두 개의 스레드 그룹이 권장된다고 말했음을 기억할 것이다). 따라서, 하드웨어가 기술적으로는 32KB의 공유 메모리를 지원한다고 해도, 실제로는 그보다 작은 메모리를 사용해야 성능 향상을 꾀할 수 있다.

공유 메모리의 흔한 용도 하나는 텍스처 값을 저장하는 것이다. 흐리기(blur) 같은 알고리즘에서는 동일한 텍스처를 여러 번 추출해야 한다. GPU의 계산 능력은 빠르게 향상되지만 메모리 대역폭과 잠복지연(latency)은 상대적으로 발전이 더디기 때문에, 텍스처 표본화(표본 추출)는 여전히 GPU의 연산들 중 상대적으로 느린 연산에 속한다([Möller08]). 스레드 그룹이 필요한 텍스처 표본들을 공유 메모리의 배열에 미리 담아둔다면 중복된 텍스처 추출을 피할 수 있다. 매번 텍스처를 추출하는 대신 공유 메모리 배열에 담긴 표본을 조회하면(이는 아주 빠른 연산이다) 성능이 크게 향상될 것이다. 그런데 이러한 전략을 적용할 때 주의할 점이 있다. 다음은 잘못된 구현의 예이다.

```
Texture2D gInput;
RWTexture2D<float4> gOutput;

groupshared float4 gCache[256];

[numthreads(256, 1, 1)]
void CS(int3 groupThreadID    : SV_GroupThreadID,
        int3 dispatchThreadID : SV_DispatchThreadID)
{
  // 각 스레드는 텍스처에서 표본을 추출해서
  // 공유 메모리에 저장한다.
  gCache[groupThreadID.x] = gInput[dispatchThreadID.xy];

  // 계산 작업을 수행한다. 계산 도중, 다른 스레드들이 공유 메모리에
  // 저장해 둔 값들에 접근한다.

  // 위험!!! 왼쪽, 오른쪽 이웃 스레드가 텍스처 표본 추출 및
  // 공유 메모리 저장을 아직 마치지 않았을 수 있다.
  float4 left  = gCache[groupThreadID.x - 1];
  float4 right = gCache[groupThreadID.x + 1];

  ...
}
```

여기서 문제의 핵심은 스레드 그룹의 모든 스레드가 동시에 작업을 진행하리라는 보장이 없다는 것이다. 즉, 한 스레드가 미처 공유 메모리 배열의 한 원소를 초기화하기 전에 다른 한 스레드가 그 원소에 접근하는 일이 얼마든지 일어날 수 있다. 이러한 문제를 피하려면, 모든 스레드가 텍스처 표본을 공유 메모리에 채울 때까지 기다렸다가 실제 계산 단계로 들어가야 한다. 다음은 이를 위해 동기화 함수 호출을 추가한 예이다.

```
Texture2D gInput;
RWTexture2D<float4> gOutput;

groupshared float4 gCache[256];

[numthreads(256, 1, 1)]
void CS(int3 groupThreadID    : SV_GroupThreadID,
        int3 dispatchThreadID : SV_DispatchThreadID)
{
  // 각 스레드는 텍스처에서 표본을 추출해서
  // 공유 메모리에 저장한다.
  gCache[groupThreadID.x] = gInput[dispatchThreadID.xy];

  // 모든 스레드가 이 지점에 도달할 때까지 기다린다.
  GroupMemoryBarrierWithGroupSync();

  // 이제 안심하고 공유 메모리에서 임의의 원소를 읽어서
  // 계산 작업을 수행할 수 있다.
  float4 left  = gCache[groupThreadID.x - 1];
  float4 right = gCache[groupThreadID.x + 1];

  ...
}
```

13.7 흐리기 예제

이번 절에서는 계산 셰이더로 흐리기(blurring; 또는 번지기) 알고리즘을 구현하는 방법을 살펴본다. 우선 흐리기에 깔린 수학 이론을 살펴보고, 그런 다음에는 이 흐리기 예제('Blur')에서 흐리기를 적용할 원본 이미지를 생성하는 데 쓰인 텍스처 대상 렌더링(render-to-texture) 기법을 논의한다. 마지막으로는 계산 셰이더 구현 코드를 살펴보고, 구현하기에 약간 까다로운 세부사항을 어떻게 처리했는지 논의한다.

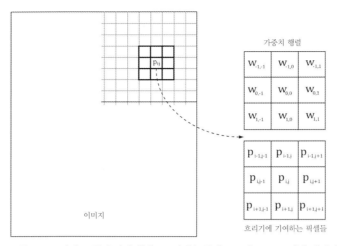

가중치 행렬

$w_{-1,-1}$	$w_{-1,0}$	$w_{-1,1}$
$w_{0,-1}$	$w_{0,0}$	$w_{0,1}$
$w_{1,-1}$	$w_{1,0}$	$w_{1,1}$

$p_{i-1,j-1}$	$p_{i-1,j}$	$p_{i-1,j+1}$
$p_{i,j-1}$	p_{ij}	$p_{i,j+1}$
$p_{i+1,j-1}$	$p_{i+1,j}$	$p_{i+1,j+1}$

흐리기에 기여하는 픽셀들

그림 13.5 픽셀 P_{ij}를 흐리기 위해, 그 픽셀을 중심으로 한 $m \times n$ 픽셀 행렬의 가중 평균을 구한다. 이 그림에서 픽셀 행렬은 3×3 정방 행렬이고 흐리기 반지름들은 $a = b = 1$이다. 가운데 가중치 $w_{0,0}$이 픽셀 P_{ij}에 대응됨을 주목하기 바란다.

13.7.1 흐리기의 이론

이 예제에 쓰이는 흐리기 알고리즘은 다음과 같다. 원본 이미지의 각 픽셀 P_{ij}에 대해, 그 픽셀 P_{ij}를 중심으로 한 $m \times n$ 행렬(격자)에 속하는 픽셀들(그림 13.5)의 가중 평균을 구하고, 그 가중 평균을 결과(흐려진 이미지)의 ij번째 픽셀의 값으로 설정한다. 수식으로 표현하면 다음과 같다.

$$\sum_{r=-a}^{a} \sum_{c=-b}^{b} w_{rc} = 1 \text{에 대해} \quad Blur(P_{ij}) = \sum_{r=-a}^{a} \sum_{c=-b}^{b} w_{rc} P_{i+r,\, j+c}$$

여기서 $m = 2a + 1$이고 $n = 2b + 1$이다. m과 n을 홀수로 두면 $m \times n$에는 항상 자연스러운 '중앙' 성분이 존재한다. 위의 공식에서 a를 수직 흐리기 반지름, b를 수평 흐리기 반지름이라고 부른다. $a = b$일 때에는 수평, 수직을 구분하지 않고 그냥 **흐리기 반지름**이라고 부른다. $m \times n$ 가중치 행렬을 흐리기의 **핵**(kernel)이라고 부른다. 이 가중치들의 합이 1이라는 점도 주목하기 바란다. 가중치들의 합이 1보다 작으면 가중 평균에 의해 색상 성분들의 값이 작아지므로, 흐려진 이미지가 원본 이미지보다 어두워진다. 반대로 가중치들의 합이 1보다 크면 색상 성분들의 값이 커지므로 흐려진 이미지가 더 밝아진다.

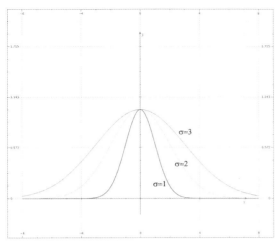

그림 13.6 σ = 1, 2, 3에 대한 $G(x)$의 그래프들. σ가 클수록 그래프가 평평해져서 이웃 픽셀들에 더 큰 가중치가 부여됨을 주목하기 바란다.

합이 1인 가중치들을 결정하는 방법은 다양한데, 여러 이미지 편집 프로그램에서 즐겨 쓰이는 흐리기 연산자인 가우스 흐리기(Gaussian blur)는 가우스 함수 $G(x) = \exp\left(-\frac{x^2}{2\sigma^2}\right)$으로 구한 가중치들을 사용한다. [그림 13.6]에 몇 가지 σ 값에 대한 이 함수의 그래프들이 나와 있다.

예를 들어 1×5 가우스 흐리기(즉, 수평 방향의 1차원 흐리기)를 수행한다고 하자. 그리고 σ = 1로 두어서 가중치들을 구한다고 하자. $x = -2, -1, 0, 1, 2$에 대해 $G(x)$를 구하면 다음과 같다.

$$G(-2) = \exp\left(-\frac{(-2)^2}{2}\right) = e^{-2}$$

$$G(-1) = \exp\left(-\frac{(-1)^2}{2}\right) = e^{-\frac{1}{2}}$$

$$G(0) = \exp(0) = 1$$

$$G(1) = \exp\left(-\frac{1^2}{2}\right) = e^{-\frac{1}{2}}$$

$$G(2) = \exp\left(-\frac{2^2}{2}\right) = e^{-2}$$

그런데 이 함수 값들을 그대로 가중치로 사용할 수는 없다. 합이 1이 아니기 때문이다.

$$\sum_{x=-2}^{x=2} G(x) = G(-2) + G(-1) + G(0) + G(1) + G(2)$$

$$= 1 + 2e^{-\frac{1}{2}} + 2e^{-2}$$

$$\approx 2.48373$$

각 함수 값을 합 $\sum_{x=-2}^{x=2} G(x)$로 나누어서 정규화하면 최종적인 합이 1이 된다.

$$\frac{G(-2) + G(-1) + G(0) + G(1) + G(2)}{\sum_{x=-2}^{x=2} G(x)} = 1$$

결론적으로, 이 가우스 흐리기 예제를 위한 가중치들은 다음과 같다.

$$w_{-2} = \frac{G(-2)}{\sum_{x=-2}^{x=2} G(x)} = \frac{e^{-2}}{1 + 2e^{-\frac{1}{2}} + 2e^{-2}} \approx 0.0545$$

$$w_{-1} = \frac{G(-1)}{\sum_{x=-2}^{x=2} G(x)} = \frac{e^{-\frac{1}{2}}}{1 + 2e^{-\frac{1}{2}} + 2e^{-2}} \approx 0.2442$$

$$w_0 = \frac{G(0)}{\sum_{x=-2}^{x=2} G(x)} = \frac{1}{1 + 2e^{-\frac{1}{2}} + 2e^{-2}} \approx 0.4026$$

$$w_1 = \frac{G(1)}{\sum_{x=-2}^{x=2} G(x)} = \frac{e^{-\frac{1}{2}}}{1 + 2e^{-\frac{1}{2}} + 2e^{-2}} \approx 0.2442$$

$$w_2 = \frac{G(2)}{\sum_{x=-2}^{x=2} G(x)} = \frac{e^{-2}}{1 + 2e^{-\frac{1}{2}} + 2e^{-2}} \approx 0.0545$$

가우스 흐리기는 소위 분리 가능(separable) 흐리기에 속한다. 무슨 말이냐 하면, 2차원 흐리기를 다음과 같이 두 개의 1차원 흐리기로 분리해서 적용해도 된다는 뜻이다.

1. 입력 이미지 I를 1차원 수평 가우스 흐리기 핵을 이용해서 흐린다: $I_H = Blur_H(I)$.
2. 단계 1의 출력을 1차원 수직 가우스 흐리기 핵을 이용해서 흐린다: $Blur(I) = Blur_V(I_H)$.

이를 좀 더 간결하게 표현하면 다음과 같다.

$$Blur(I) = Blur_V(Blur_H(I))$$

흐리기 핵이 9×9 행렬이면 한 픽셀의 2차원 흐리기에 총 81개의 표본이 필요하다. 그러나 이를 두 개의 1차원 흐리기로 분리하면 9 + 9 = 18개만 있으면 된다. 일반적으로 흐리기는 텍스처에 적용한다. 앞에서 언급했듯이 텍스처 표본 추출은 비싼 연산이므로, 흐리기를 분리해서 텍스처 표본 개수를 줄이면 성능에 도움이 된다. 수학적으로 분리 가능성이 아닌 흐리기 연산자도 있지만, 그런 경우에도 최종 이미지가 충분히 그럴듯하다면 성능을 위해 그냥 분리 가능이라고 가정하고 흐리기 연산을 단순화해도 큰 문제가 되지 않는다.

13.7.2 텍스처 대상 렌더링 기법

지금까지의 예제들은 장면을 후면 버퍼에 렌더링했다. 그런데 렌더링의 대상(렌더 대상)으로 쓰이는 후면 버퍼란 과연 무엇일까? 예제 프레임워크 D3DApp 클래스의 코드를 살펴보면 후면 버퍼도 그냥 교환 사슬의 한 텍스처임을 알 수 있다.

```
Microsoft::WRL::ComPtr<ID3D12Resource>
  mSwapChainBuffer[SwapChainBufferCount];
CD3DX12_CPU_DESCRIPTOR_HANDLE
  rtvHeapHandle(mRtvHeap->GetCPUDescriptorHandleForHeapStart());

for (UINT i = 0; i < SwapChainBufferCount; i++)
{
  ThrowIfFailed(mSwapChain->GetBuffer(i,
    IID_PPV_ARGS(&mSwapChainBuffer[i])));
  md3dDevice->CreateRenderTargetView(
    mSwapChainBuffer[i].Get(), nullptr, rtvHeapHandle);
  rtvHeapHandle.Offset(1, mRtvDescriptorSize);
}
```

장면을 후면 버퍼에 렌더링할 때에는 먼저 다음과 같이 후면 버퍼의 렌더 대상 뷰를 렌더링 파이프라인의 출력 병합기 단계에 묶는다.

```
// 장면을 렌더링할 버퍼들을 지정한다.
mCommandList->OMSetRenderTargets(1, &CurrentBackBufferView(),
  true, &DepthStencilView());
```

이후 IDXGISwapChain::Present 메서드를 호출해서 후면 버퍼를 '제시(presenting)'하면, 결과적으로 후면 버퍼의 내용이 화면에 나타난다.

> **참고:** 렌더 대상으로 사용할 텍스처를 생성할 때에는 반드시 D3D12_RESOURCE_FLAG_ALLOW_RENDER_TARGET 플래그를 지정해야 한다.

이 코드를 생각해보면, 사실 또 다른 텍스처를 생성하고 그에 대한 렌더 대상 뷰를 만들어서 렌더링 파이프라인의 출력 병합기 단계에 묶지 못할 이유가 전혀 없음을 알 수 있다. 그런 상태에서 장면을 렌더링하면 장면은 후면 버퍼가 아닌 '화면 밖(off-screen)' 텍스처에 렌더링된다. 이러한 기법을 **화면 밖 텍스처 대상 렌더링**(render-to-off-screen-texture), 줄여서 **텍스처 대상 렌더링**(render-to-texture)이라고 부른다. 보통의 렌더링과의 차이는, 대상 텍스처가 후면 버퍼가 아니라서 제시 연산이 수행되어도 텍스처의 내용이 화면에 표시되지 않는다는 점뿐이다.

화면에 아무것도 표시되지 않는다면 텍스처 대상 렌더링이 무슨 소용이 있을까 하는 생각이 들 수도 있겠다. 그러나, 텍스처 대상 렌더링을 수행한 후 다시 후면 버퍼를 출력 병합기 단계에 묶어서 통상적인 렌더링을 재개하는 것이 가능하다. 이때 앞에서 텍스처 대상 렌더링으로 만든 텍스처를 기하구조에 입힐 수 있다. 이러한 접근방식은 다양한 특수 효과의 구현에 쓰인다. 예를 들어 장면의 조감도(높은 곳에서 내려다본 모습)를 하나의 텍스처에 렌더링하고, 후면 버퍼에 대한 렌더링을 수행할 때 화면 오른쪽 아래 모퉁이의 작은 사각형에 그 텍스처를 입혀서 소위 '미니맵'을 흉내 낼 수 있다(그림 13.7). 그 외에도 텍스처 대상 렌더링 기법에는 다음과 같은 용도가 있다.

1. 그림자 매핑
2. 화면 공간 주변광 차폐(SSAO)
3. 입방체 맵을 이용한 동적 반사

그림 13.7 카메라를 아주 높은 곳에 두고 장면을 내려다본 모습을 화면 밖 텍스처에 렌더링한다. 다시 관찰자의 시점에서 장면을 후면 버퍼에 렌더링할 때, 그 화면 밖 텍스처를 화면 오른쪽 아래 모퉁이의 사각형에 렌더링해서 미니맵을 표시한다.

이번 장의 흐리기 예제('Blur')는 텍스처 대상 렌더링 기법을 이용해서 흐리기 알고리즘을 GPU에서 수행한다. 방법은 이렇다. 우선 예제 장면(이전 예제들에 쓰인 지형과 파도)을 화면 밖 텍스처에 렌더링한다. 그 텍스처를 입력으로 삼아서, 계산 셰이더에서 흐리기 알고리즘을 실행한다. 그런 다음에는 흐려진 텍스처를 화면 전체를 덮는 사각형에 입혀서 후면 버퍼에 그린다. 결과적으로 장면 전체가 흐려진 모습이 나타난다. 그 모습을 보면 예제가 흐리기 알고리즘을 제대로 구현했는지 눈으로 확인할 수 있을 것이다. 이 과정을 간단히 정리하면 다음과 같다.

1. 장면을 화면 밖 텍스처에 그린다.
2. 화면 밖 텍스처를 계산 셰이더 프로그램을 이용해서 흐린다.
3. 후면 버퍼를 다시 렌더 대상으로 설정하고, 흐려진 텍스처를 화면 전체 크기의 사각형에 입힌다.

이처럼 텍스처 대상 렌더링은 흐리기를 구현하는 유효한 수단 중 하나이며, 장면을 후면 버퍼와는 다른 크기의 텍스처에 렌더링하는 경우에는 필수적인 수단이다. 그러나 화면 밖 텍스처가 후면 버퍼와 같은 형식, 같은 크기일 때에는 텍스처 대상 렌더링 기법으로 화면 밖 텍스처를 만드는 대신, 평소대로 후면 버퍼를 대상으로 렌더링을 수행한 후 후면 버퍼의 내용을 다음처럼 CopyResource를 이용해서 화면 밖 텍스처에 복사하는 방법도 있다. 그런 다음에는 화면 밖 텍스처에 대해 계산 셰이더를 적용하고, 흐려진 텍스처를 입힌 화면 전체 크기 사각형을 후면 버퍼에 그려서 최종적인 화면 출력을 얻으면 된다.

```
// input(이 예제에서는 후면 버퍼)을 mBlurMap0(흐리기용 텍스처)에 복사한다.
cmdList->CopyResource(mBlurMap0.Get(), input);
```

실제로 이번 장의 흐리기 예제('Blur')는 이 방법을 사용한다. 텍스처 대상 렌더링을 이용하는 흐리기 필터는 연습문제 6에서 독자가 직접 구현해 볼 것이다.

참고: 앞에서 말한 3단계 과정에서는 보통의 렌더링 파이프라인으로 장면을 그리고, 계산 셰이더로 전환해서 계산 작업을 수행하고, 다시 보통의 렌더링 파이프라인으로 돌아와야 한다. 그런데 렌더링 파이프라인과 계산 셰이더의 이러한 문맥 전환에는 추가부담이 따르기 때문에([NVIDIA10]), 일반적으로 문맥 전환을 최대한 피해야 한다. 이를테면 하나의 프레임을 렌더링할 때 먼저 계산 작업을 모두 몰아서 수행한 다음 렌더링 작업을 모두 몰아서 수행하는 것이 바람직한 방법이다. 그러나 그것이 불가능한 경우도 있다. 예를 들어 앞에서 말한 과정에서는 장면을 텍스처에 렌더링하고, 그것을 계산 셰이더로 흐리고, 흐려진 텍스처를 다시 렌더링해야 한다. 그렇긴 해도, 문맥 전환 횟수를 줄일 수 있다면 가능한 한 줄여야 한다.

13.7.3 흐리기 구현의 개요

이 예제는 2차원 흐리기가 분리 가능이라고 간주하고 두 개의 1차원 흐리기, 즉 수직 흐리기와 수평 흐리기로 분리해서 계산을 수행한다. 흐리기를 구현하려면 텍스처 버퍼 두 개가 필요하며, 두 텍스처 모두 읽기와 쓰기가 가능해야 한다. 따라서 두 텍스처 각각에 대해 SRV와 UAV를 만들어야 한다. 한 텍스처를 **A**, 다른 한 텍스처를 **B**라고 부르기로 하자. 흐리기 알고리즘은 다음과 같이 진행된다.

1. **A**에 대한 SRV를 계산 셰이더의 입력으로 설정한다(이것이 수평으로 흐릴 입력 이미지이다).

2. **B**에 대한 UAV를 계산 셰이더의 출력으로 설정한다(이것이 흐려진 결과를 담을 출력 이미지이다).

3. 스레드 그룹들을 배분해서 수평 흐리기 작업을 수행한다. 작업이 모두 끝나면 텍스처 **B**는 수평으로 흐려진 결과인 $Blur_H(I)$를 담은 상태이다(여기서 I는 흐리고자 하는 원본 이미지).

4. **B**에 대한 SRV를 계산 셰이더의 입력으로 설정한다(이것이 수직으로 흐릴 입력 이미지이다).

5. **A**에 대한 UAV를 계산 셰이더의 출력으로 설정한다(이것이 흐려진 결과를 담을 출력 이미지이다).

6. 스레드 그룹들을 배분해서 수직 흐리기 작업을 수행한다. 작업이 모두 끝나면 텍스처 **A**는 흐려진 최종 결과인 $Blur(I)$를 담은 상태이다(I는 흐리고자 하는 원본 이미지).

이 과정은 분리 가능 흐리기 공식 $Blur(I) = Blur_V(Blur_H(I))$를 구현한다. 텍스처 **A**와 **B**가 번갈아서 계산 셰이더의 입력과 출력으로 쓰이지만, 동시에 입력이자 출력으로 쓰이지는 않음을 주목하기 바란다. (하나의 자원을 동시에 입력과 출력으로 묶으면 Direct3D가 오류를 낸다.) 수평 흐리기 패스와 수직 흐리기 패스가 결합되면 하나의 온전한 흐리기 패스가 된다. 흐려진 결과에 또 다른 흐리기 패스를 적용해서 더욱 흐리는 것도 가능하다. 원하는 수준에 이를 때까지 그런 식으로 흐리기를 반복할 수 있다.

흐리기에 사용하는 화면 밖 텍스처(앞의 텍스처 **A**)의 크기(해상도)는 응용 프로그램 창의 클라이언트 영역의 크기와 같다. 따라서, 창의 크기가 변하면 그 텍스처와 흐리기 알고리즘에 쓰이는 두 번째 텍스처 **B**를 다시 만들어야 한다. 이 문제는 OnResize 메서드들에서 처리한다.

```
void BlurApp::OnResize()
{
  D3DApp::OnResize();

  // 창 크기가 바뀌었으므로 종횡비를 갱신하고
  // 투영 행렬을 다시 만든다.
  XMMATRIX P = XMMatrixPerspectiveFovLH(
    0.25f*MathHelper::Pi, AspectRatio(),
    1.0f, 1000.0f);
  XMStoreFloat4x4(&mProj, P);

  if(mBlurFilter != nullptr)
  {
    mBlurFilter->OnResize(mClientWidth, mClientHeight);
  }
}

void BlurFilter::OnResize(UINT newWidth, UINT newHeight)
{
  if((mWidth != newWidth) || (mHeight != newHeight))
  {
    mWidth = newWidth;
    mHeight = newHeight;

    // 새 크기로 화면 밖 텍스처 자원들을 다시 만든다.
    BuildResources();

    // 자원들이 갱신되었으므로 해당 서술자들도 다시 만든다.
    BuildDescriptors();
  }
}
```

멤버 변수 mBlurFilter는 이 예제를 위해 작성한 BlurFilter라는 보조 클래스의 한 인스턴스이다. 이 클래스는 앞의 설명에서 말한 텍스처 **A**, **B**에 해당하는 텍스처 자원들과 그 자원들에 대한 SRV들과 UAV들을 캡슐화하며, 계산 셰이더에서 실제 흐리기 연산을 시작하는 메서드도 제공한다. 그럼 이 클래스의 주요 메서드를 살펴보자.

BlurFilter 클래스는 텍스처 자원들을 관리한다. 이 자원들을 그리기 호출 또는 배분 호출에 사용하기 위해 파이프라인에 묶으려면 자원들에 대한 서술자들을 만들어야 한다. 이는 그 서술자들을 담을 D3D12_DESCRIPTOR_HEAP_TYPE_CBV_SRV_UAV 서술자 힙에 공간을 마련해야 한다는 뜻이다. BlurFilter::BuildDescriptors 메서드는 흐리기에 사용할 서술자 핸들들과 서술자 힙에서 그 서술자들을 저장할 시작 위치를 받는다. 이 메서드는 필요한 모든 서술자에 대한 핸들을 보관해 둔 후, 서술자들을 실제로 생성하는 또 다른 메서드를 호출한다. 핸들들을 보관해 두는 이유는, 자원들이 변경되었을 때(창 크기가 바뀌면 자원들이 갱신된다) 해당 서술자들을 다시 생성하기 위한 것이다.

```
void BlurFilter::BuildDescriptors(
  CD3DX12_CPU_DESCRIPTOR_HANDLE hCpuDescriptor,
  CD3DX12_GPU_DESCRIPTOR_HANDLE hGpuDescriptor,
  UINT descriptorSize)
{
  // 서술자들에 대한 참조들을 보관해 둔다.
  mBlur0CpuSrv = hCpuDescriptor;
  mBlur0CpuUav = hCpuDescriptor.Offset(1, descriptorSize);
  mBlur1CpuSrv = hCpuDescriptor.Offset(1, descriptorSize);
  mBlur1CpuUav = hCpuDescriptor.Offset(1, descriptorSize);

  mBlur0GpuSrv = hGpuDescriptor;
  mBlur0GpuUav = hGpuDescriptor.Offset(1, descriptorSize);
  mBlur1GpuSrv = hGpuDescriptor.Offset(1, descriptorSize);
  mBlur1GpuUav = hGpuDescriptor.Offset(1, descriptorSize);

  BuildDescriptors();
}

void BlurFilter::BuildDescriptors()
{
  D3D12_SHADER_RESOURCE_VIEW_DESC srvDesc = {};
  srvDesc.Shader4ComponentMapping = D3D12_DEFAULT_SHADER_4_COMPONENT_MAPPING;
  srvDesc.Format = mFormat;
  srvDesc.ViewDimension = D3D12_SRV_DIMENSION_TEXTURE2D;
  srvDesc.Texture2D.MostDetailedMip = 0;
  srvDesc.Texture2D.MipLevels = 1;

  D3D12_UNORDERED_ACCESS_VIEW_DESC uavDesc = {};

  uavDesc.Format = mFormat;
  uavDesc.ViewDimension = D3D12_UAV_DIMENSION_TEXTURE2D;
  uavDesc.Texture2D.MipSlice = 0;

  md3dDevice->CreateShaderResourceView(mBlurMap0.Get(), &srvDesc, mBlur0CpuSrv);
  md3dDevice->CreateUnorderedAccessView(mBlurMap0.Get(),
    nullptr, &uavDesc, mBlur0CpuUav);
```

```
md3dDevice->CreateShaderResourceView(mBlurMap1.Get(), &srvDesc, mBlur1CpuSrv);
md3dDevice->CreateUnorderedAccessView(mBlurMap1.Get(),
    nullptr, &uavDesc, mBlur1CpuUav);
}

// 다음은 BlurApp.cpp의 코드이다. 핸들들과 서술자들이 저장될
// 힙 오프셋을 지정해서 BuildDescriptors를 호출한다.
mBlurFilter->BuildDescriptors(
  CD3DX12_CPU_DESCRIPTOR_HANDLE(
    mCbvSrvUavDescriptorHeap->GetCPUDescriptorHandleForHeapStart(),
    3, mCbvSrvUavDescriptorSize),
  CD3DX12_GPU_DESCRIPTOR_HANDLE(
    mCbvSrvUavDescriptorHeap->GetGPUDescriptorHandleForHeapStart(),
    3, mCbvSrvUavDescriptorSize),
  mCbvSrvUavDescriptorSize);
```

> **참고:** 흐리기는 비싼 연산이며, 흐릴 이미지가 클수록 실행 시간이 길어진다. 장면을 화면 밖 텍스처에 렌더링할 때에는 흔히 그 텍스처의 크기를 후면 버퍼의 4분의 1로 잡는다. 예를 들어 후면 버퍼가 800×600이면 화면 밖 텍스처를 400×300으로 둔다. 이렇게 하면 화면 밖 텍스처로의 렌더링 속도가 빨라지고(채울 픽셀이 더 적으므로) 흐리기도 빨라진다(흐릴 픽셀이 더 적으므로). 그리고 화면 해상도의 4분의 1의 텍스처를 화면 전체로 늘려서 입히는 과정에서 확대 텍스처 필터링이 적용되어서 또다시 흐리기가 발생한다.

입력 이미지의 너비가 w이고 높이가 h라고 하자. 다음 절의 계산 셰이더 구현에서 구체적으로 살펴보겠지만, 이 예제는 256개의 스레드가 하나의 행(수평 선분)을 이루는 형태의 스레드 그룹으로 수평 1차원 흐리기를 실행한다. 그 스레드 그룹의 각 스레드는 이미지의 픽셀 하나를 흐린다. 따라서, 이미지의 모든 픽셀을 흐리려면 x 방향으로 $ceil\left(\frac{w}{256}\right)$개, y 방향으로 h개의 스레드 그룹을 배분해야 한다. 만일 256이 w로 나누어떨어지지 않으면 마지막 수평 스레드 그룹에는 여분의 스레드들이 생긴다(그림 13.8 참고). 스레드 그룹의 크기가 고정되어 있으므로, 이는 어쩔 수 없는 일이다. 이 때문에 발생하는 범위 밖 색인 접근 문제는 셰이더 안에서 색인을 적절히 한정해서 방지한다.

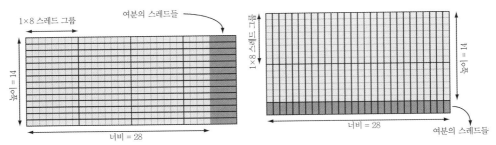

그림 13.8 28 × 14 텍스처의 경우 수평 스레드 그룹은 8 × 1이고 수직 스레드 그룹은 1 × 8이다(둘 다 $X × Y$ 형태). 수평 패스에서 이미지의 모든 픽셀을 처리하려면 x 방향으로 $ceil\left(\frac{w}{8}\right) = ceil\left(\frac{28}{8}\right)$ =4개, y 방향으로 14개의 스레드 그룹을 배분해야 한다. 그런데 14는 8의 배수가 아니므로, 그룹의 제일 오른쪽에 그 어떤 작업도 수행하지 않는 여분의 스레드들이 생긴다. 수직 패스에서 이미지의 모든 픽셀을 처리하려면 y 방향으로 $ceil\left(\frac{h}{8}\right) = ceil\left(\frac{14}{8}\right)$ =2개, x 방향으로 28개의 스레드 그룹을 배분해야 한다. 그런데 28은 8의 배수가 아니므로, 그룹의 제일 아래쪽에 그 어떤 작업도 수행하지 않는 여분의 스레드들이 생긴다. 텍스처가 더 크고 스레드 그룹의 스레드 수가 256일 때에도 마찬가지 개념이 적용된다.

수직 1차원 흐리기의 상황도 비슷하다. 수직의 경우에도 스레드 그룹은 스레드 256개로 이루어진 수직 선분이며, 각 스레드는 이미지의 한 픽셀을 흐린다. 따라서 이미지의 모든 픽셀을 흐리려면 y 방향으로 $ceil\left(\frac{h}{256}\right)$개, x 방향으로 w개의 스레드 그룹을 배분해야 한다.

다음은 각 방향으로 배분할 스레드 그룹 개수를 파악하고, 흐리기 연산을 위한 계산 셰이더 호출 명령을 등록하는 메서드이다.

```
void BlurFilter::Execute(ID3D12GraphicsCommandList* cmdList,
                         ID3D12RootSignature* rootSig,
                         ID3D12PipelineState* horzBlurPSO,
                         ID3D12PipelineState* vertBlurPSO,
                         ID3D12Resource* input,
                         int blurCount)
{
  auto weights = CalcGaussWeights(2.5f);
  int blurRadius = (int)weights.size() / 2;

  cmdList->SetComputeRootSignature(rootSig);

  cmdList->SetComputeRoot32BitConstants(0, 1, &blurRadius, 0);
  cmdList->SetComputeRoot32BitConstants(0, (UINT)weights.size(),
      weights.data(), 1);
```

```
cmdList->ResourceBarrier(1, &CD3DX12_RESOURCE_BARRIER::Transition(input,
  D3D12_RESOURCE_STATE_RENDER_TARGET, D3D12_RESOURCE_STATE_COPY_SOURCE));

cmdList->ResourceBarrier(1,
  &CD3DX12_RESOURCE_BARRIER::Transition(mBlurMap0.Get(),
  D3D12_RESOURCE_STATE_COMMON, D3D12_RESOURCE_STATE_COPY_DEST));

// input(이 예제에서는 후면 버퍼)을 mBlurMap0(흐리기용 텍스처)에 복사한다.
cmdList->CopyResource(mBlurMap0.Get(), input);

cmdList->ResourceBarrier(1,
  &CD3DX12_RESOURCE_BARRIER::Transition(mBlurMap0.Get(),
  D3D12_RESOURCE_STATE_COPY_DEST, D3D12_RESOURCE_STATE_GENERIC_READ));

cmdList->ResourceBarrier(1,
  &CD3DX12_RESOURCE_BARRIER::Transition(mBlurMap1.Get(),
  D3D12_RESOURCE_STATE_COMMON, D3D12_RESOURCE_STATE_UNORDERED_ACCESS));

for(int i = 0; i < blurCount; ++i)
{
  //
  // 수평 흐리기 패스.
  //

  cmdList->SetPipelineState(horzBlurPSO);

  cmdList->SetComputeRootDescriptorTable(1, mBlur0GpuSrv);
  cmdList->SetComputeRootDescriptorTable(2, mBlur1GpuUav);
  // numGroupsX는 한 행(row)의 이미지 픽셀들을 처리하는 데 필요한
  // 스레드 그룹의 개수이다. 각 그룹은 256개의 픽셀을 처리해야 한다.
  // (256은 계산 셰이더에 정의되어 있는 수치이다.)
  UINT numGroupsX = (UINT)ceilf(mWidth / 256.0f);
  cmdList->Dispatch(numGroupsX, mHeight, 1);

  cmdList->ResourceBarrier(1, &CD3DX12_RESOURCE_BARRIER::Transition(
    mBlurMap0.Get(),
    D3D12_RESOURCE_STATE_GENERIC_READ,
    D3D12_RESOURCE_STATE_UNORDERED_ACCESS));

  cmdList->ResourceBarrier(1, &CD3DX12_RESOURCE_BARRIER::Transition(
    mBlurMap1.Get(),
    D3D12_RESOURCE_STATE_UNORDERED_ACCESS,
    D3D12_RESOURCE_STATE_GENERIC_READ));
```

```
//
// 수직 흐리기 패스.
//

cmdList->SetPipelineState(vertBlurPSO);

cmdList->SetComputeRootDescriptorTable(1, mBlur1GpuSrv);
cmdList->SetComputeRootDescriptorTable(2, mBlur0GpuUav);

// numGroupsY는 한 열(column)의 이미지 픽셀들을 처리하는 데 필요한
// 스레드 그룹의 개수이다. 각 그룹은 256개의 픽셀을 처리해야 한다.
// (256은 계산 셰이더에 정의되어 있는 수치이다.)
UINT numGroupsY = (UINT)ceilf(mHeight / 256.0f);
cmdList->Dispatch(mWidth, numGroupsY, 1);

cmdList->ResourceBarrier(1, &CD3DX12_RESOURCE_BARRIER::Transition(
    mBlurMap0.Get(),
    D3D12_RESOURCE_STATE_UNORDERED_ACCESS,
    D3D12_RESOURCE_STATE_GENERIC_READ));

cmdList->ResourceBarrier(1, &CD3DX12_RESOURCE_BARRIER::Transition(
    mBlurMap1.Get(),
    D3D12_RESOURCE_STATE_GENERIC_READ,
    D3D12_RESOURCE_STATE_UNORDERED_ACCESS));
    }
}
```

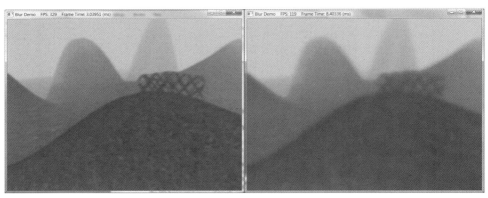

그림 13.9 흐리기 예제의 실행 모습들. (왼쪽) 이미지를 두 번 흐린 결과. (오른쪽) 이미지를 여덟 번 흐린 결과.

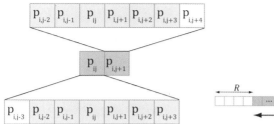

그림 13.10 흐리기 핵이 1 × 7이고 각 픽셀의 흐리기에서 이웃 픽셀 두 개만 고려한다고 할 때, 전체적으로 8개의 픽셀 중 6개를 두 번 (각 픽셀마다 한 번씩) 추출해야 한다.

그림 13.11 흐리기 반지름 때문에, 이미지 가장자리 픽셀들에 대한 스레드들은 스레드 그룹 바깥의 유효하지 않은 픽셀을 참조하게 된다.

13.7.4 계산 셰이더 프로그램

그럼 실제로 흐리기 연산을 수행하는 계산 셰이더 프로그램을 살펴보자. 여기에서는 수평 흐리기의 경우만 이야기하겠다. 수직 흐리기도 방향이 다를 뿐 본질적으로는 같은 방식이다.

이전 절에서 이야기했듯이, 수평 흐리기 패스는 스레드 256개가 수평 선분을 이루는 형태의 스레드 그룹을 사용하며, 각 스레드는 이미지의 픽셀 하나를 흐린다. 그런데 앞에서 말한 흐리기 알고리즘을 곧이곧대로 구현하는 것은 비효율적이다. 그냥 현재 픽셀을 중심으로 한 이웃 픽셀들의 행 행렬(1차원 수평 패스이므로 이웃 픽셀 행렬은 그냥 행 하나로 된 형태이다)의 가중 평균을 구하는 식으로 작업을 진행하다 보면 같은 텍셀을 여러 번 추출하게 되기 때문이다 (그림 13.10 참고).

§13.6에서 설명한 공유 메모리 활용 전략을 이용하면 이 과정을 최적화할 수 있다. 대략적인 방법은 이렇다. 각 스레드는 텍셀 값을 읽어서 공유 메모리에 저장한다. 모든 스레드가 자신의 텍셀을 읽어서 공유 메모리에 넣고 나면, 각 스레드는 공유 메모리에 있는 텍셀들을 읽어서(이는 텍스처 표본 추출보다 빠르다.) 흐리기 연산을 수행한다. 이때 유일한 난제는, 한 스레드 그룹의 스레드가 n개(이 예제에서는 256개)이고 흐리기 반지름이 R이라고 할 때 하나의 스레드가 흐리기를 수행하려면 $n + 2R$개의 텍셀을 읽어야 한다는 점이다(그림 13.11).

해결책은 간단하다. 공유 메모리에 $n + 2R$의 항목을 할당하고, $2R$개의 스레드가 텍셀 값두 개를 조회하게 하면 된다. 이 해결책에서 유일하게 까다로운 점은 공유 메모리의 해당 항목의 색인을 계산하기가 조금 복잡하다는 것이다. 이는 이전과는 달리 i번째 그룹 스레드 ID가 공유 메모리의 *i*번째 요소에 직접 대응되지 않기 때문에 생기는 문제이다. $R = 4$일 때 그룹 스레드 ID와 공유 메모리 색인 사이의 대응 관계가 [그림 13.12]에 나와 있다.

마지막으로, 제일 왼쪽 스레드 그룹의 제일 왼쪽 스레드들과 제일 오른쪽 스레드 그룹에 있는 여분의 스레드들이 범위 밖의 색인으로 입력 이미지에 접근하는 문제도 해결해야 한다(그림 13.13).

범위 밖 색인으로 픽셀을 읽는 것이 오류는 아니다. 그런 경우 0을 돌려주도록 정의되어 있다(그리고 범위 밖 색인으로 픽셀에 값을 기록하는 것은 무연산(no-op), 즉 아무 일도 하지

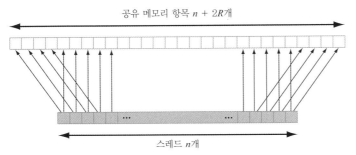

그림 13.12 이 예에서 $R = 4$이다. 제일 왼쪽의 네 스레드는 각각 두 개의 텍셀 값을 읽어서 공유 메모리에 저장한다. 제일 오른쪽의 네 스레드도 각각 두 개의 텍셀 값을 읽어서 공유 메모리에 저장한다. 그 외의 모든 스레드는 텍셀 하나씩만 읽어서 공유메모리에 저장한다. 이렇게 하면 흐리기 반지름 R로 n개의 픽셀을 흐리는 데 필요한 모든 텍셀 값이 마련된다.

흐리기 반지름에 의해, 제일 왼쪽 스레드 그룹의 제일 왼쪽 스레드들은 이미지 범위 밖의 픽셀을 추출하게 된다.

여분의 스레드들도 실행되어서 공유 메모리에 값을 기록한다.

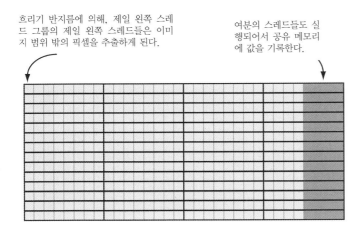

그림 13.13 이미지 범위 밖의 픽셀을 읽게 되는 상황들.

않는 연산이다). 그러나 지금 예제에서 범위 밖 읽기의 결과가 0이어서는 안 된다. 지금 맥락에서 0은 RGB 성분들이 모두 0인 색상(즉, 검은색)이며, 그런 색상이 흐리기에 관여하면 최종 결과의 가장자리가 어두워진다. 한 가지 해결책은, 텍스처 좌표 지정 모드 중 하나인 한정(clamp) 모드를 적용할 때처럼 범위 밖 색인에 대해서는 범위 안 텍셀과 동일한 값을 돌려주게 하는 것이다. 다음은 색인을 한정함으로써 이를 구현하는 셰이더 코드이다.

```
// 이미지 왼쪽 가장자리 바깥의 표본을 왼쪽 가장자리 표본으로 한정한다.
int x = max(dispatchThreadID.x - gBlurRadius, 0);
gCache[groupThreadID.x] = gInput[int2(x, dispatchThreadID.y)];

// 이미지 오른쪽 가장자리 바깥의 표본을 오른쪽 가장자리 표본으로 한정한다.
int x = min(dispatchThreadID.x + gBlurRadius, gInput.Length.x-1);
gCache[groupThreadID.x+2*gBlurRadius] =
    gInput[int2(x, dispatchThreadID.y)];

// 이미지 가장자리 바깥의 표본을 이미지 가장자리 표본으로 한정한다.
gCache[groupThreadID.x+gBlurRadius] =
    gInput[min(dispatchThreadID.xy, gInput.Length.xy-1)];
```

다음은 이상의 논의를 반영한 전체 셰이더 코드이다.

```
//=================================================================
// 최대 5픽셀까지의 흐리기 반지름으로 분리 가능 가우스 흐리기를 수행한다.
//=================================================================

cbuffer cbSettings : register(b0)
{
    // 루트 상수들에 대응되는 상수 버퍼에 배열을 둘 수는 없으므로,
    // 다음처럼 배열 원소들을 개별 변수로서 나열해야 한다.

    int gBlurRadius;

    // 최대 11개의 흐리기 가중치를 지원한다.
    float w0;
    float w1;
    float w2;
    float w3;
    float w4;
    float w5;
    float w6;
    float w7;
```

```
  float w8;
  float w9;
  float w10;
};

static const int gMaxBlurRadius = 5;


Texture2D gInput            : register(t0);
RWTexture2D<float4> gOutput : register(u0);

#define N 256
#define CacheSize (N + 2*gMaxBlurRadius)
groupshared float4 gCache[CacheSize];

[numthreads(N, 1, 1)]
void HorzBlurCS(int3 groupThreadID : SV_GroupThreadID,
                int3 dispatchThreadID  : SV_DispatchThreadID)
{
  // 가중치들을 배열에 넣는다(색인으로 접근할 수 있도록).
  float weights[11] = { w0, w1, w2, w3, w4, w5, w6, w7, w8, w9, w10 };

  //
  // 대역폭을 줄이기 위해 지역 스레드 저장소를 채운다.
  // 흐리기 반지름 때문에, 픽셀 N개를 흐리려면 N + 2*BlurRadius개의
  // 픽셀을 읽어야 한다.
  //

  // 이 스레드 그룹은 N개의 스레드를 실행한다. 여분의 픽셀 2*BlurRadius개를
  // 위해, 2*BlurRadius 개의 스레드가 픽셀을 하나 더 추출하게 한다.
  if(groupThreadID.x < gBlurRadius)
  {
    // 이미지 가장자리 바깥의 표본을 이미지 가장자리 표본으로 한정한다.
    int x = max(dispatchThreadID.x - gBlurRadius, 0);
    gCache[groupThreadID.x] = gInput[int2(x, dispatchThreadID.y)];
  }
  if(groupThreadID.x >= N-gBlurRadius)
  {
    // 이미지 가장자리 바깥의 표본을 이미지 가장자리 표본으로 한정한다.
    int x = min(dispatchThreadID.x + gBlurRadius, gInput.Length.x-1);
    gCache[groupThreadID.x+2*gBlurRadius] = gInput[int2(x, dispatchThreadID.y)];
  }

  // 이미지 가장자리 바깥의 표본을 이미지 가장자리 표본으로 한정한다.
```

```
  gCache[groupThreadID.x+gBlurRadius] = gInput[min(dispatchThreadID.xy,
    gInput.Length.xy-1)];

  // 모든 스레드가 이 지점에 도달할 때까지 기다린다.
  GroupMemoryBarrierWithGroupSync();

  //
  // 이제 각 픽셀을 흐린다.
  //

  float4 blurColor = float4(0, 0, 0, 0);

  for(int i = -gBlurRadius; i <= gBlurRadius; ++i)
  {
    int k = groupThreadID.x + gBlurRadius + i;

    blurColor += weights[i+gBlurRadius]*gCache[k];
  }

  gOutput[dispatchThreadID.xy] = blurColor;
}

[numthreads(1, N, 1)]
void VertBlurCS(int3 groupThreadID : SV_GroupThreadID,
            int3 dispatchThreadID : SV_DispatchThreadID)
{
  // 가중치들을 배열에 넣는다(색인으로 접근할 수 있도록).
  float weights[11] = { w0, w1, w2, w3, w4, w5, w6, w7, w8, w9, w10 };

  //
  // 대역폭을 줄이기 위해 지역 스레드 저장소를 채운다.
  // 흐리기 반지름 때문에, 픽셀 N개를 흐리려면 N + 2*BlurRadius개의
  // 픽셀을 읽어야 한다.
  //

  // 이 스레드 그룹은 N개의 스레드를 실행한다. 여분의 픽셀 2*BlurRadius개를
  // 위해, 2*BlurRadius 개의 스레드가 픽셀을 하나 더 추출하게 한다.
  if(groupThreadID.y < gBlurRadius)
  {
    // 이미지 가장자리 바깥의 표본을 이미지 가장자리 표본으로 한정한다.
    int y = max(dispatchThreadID.y - gBlurRadius, 0);
    gCache[groupThreadID.y] = gInput[int2(dispatchThreadID.x, y)];
  }
  if(groupThreadID.y >= N-gBlurRadius)
```

```
    {
        // 이미지 가장자리 바깥의 표본을 이미지 가장자리 표본으로 한정한다.
        int y = min(dispatchThreadID.y + gBlurRadius, gInput.Length.y-1);
        gCache[groupThreadID.y+2*gBlurRadius] = gInput[int2(dispatchThreadID.x, y)];
    }

    // 이미지 가장자리 바깥의 표본을 이미지 가장자리 표본으로 한정한다.
    gCache[groupThreadID.y+gBlurRadius] = gInput[min(dispatchThreadID.xy,
        gInput.Length.xy-1)];

    // 모든 스레드가 이 지점에 도달할 때까지 기다린다.
    GroupMemoryBarrierWithGroupSync();

    //
    // 이제 각 픽셀을 흐린다.
    //

    float4 blurColor = float4(0, 0, 0, 0);

    for(int i = -gBlurRadius; i <= gBlurRadius; ++i)
    {
        int k = groupThreadID.y + gBlurRadius + i;

        blurColor += weights[i+gBlurRadius]*gCache[k];
    }

    gOutput[dispatchThreadID.xy] = blurColor;
}
```

계산 셰이더의 마지막 줄은 다음과 같다.

```
    gOutput[dispatchThreadID.xy] = blurColor;
```

제일 오른쪽 스레드 그룹에는 출력 텍스처의 그 어떤 텍셀과도 대응되지 않는 여분의 스레드들이 존재할 수 있다(그림 13.13). 다른 말로 하면, 그런 스레드에서는 dispatchThreadID.xy가 출력 텍스처의 범위를 벗어나는 색인이 된다. 그러나 이를 따로 처리할 필요는 없다. 범위밖 쓰기는 아무 일도 일어나지 않는 '무연산(no-op)'으로 처리되기 때문이다.

13.8 더 읽을거리

계산 셰이더 프로그래밍은 그 자체로 온전한 하나의 주제이며, 계산 프로그램 작성에 GPU를 활용하는 문제를 다루는 책이 여러 권 나와 있다.

1. *Programming Massively Parallel Processors: A Hands-on Approach*, David B. Kirk와 Wen-mei W. Hwu. 공저.

2. *OpenCL Programming Guide*, Aaftab Munshi, Benedict R. Gaster, Timothy G. Mattson, James Fung, Dan Ginsburg 공저.

위의 두 책은 CUDA나 OpenCL 같은 기술들을 다루는데, 구체적인 API가 다를 뿐이지 GPU 에서 계산을 수행하는 프로그램을 작성하기 위한 기술이라는 점은 계산 셰이더와 동일하다. CUDA와 OpenCL 프로그램 작성에 적용되는 모범 관행(best practice)들은 계산 셰이더 프로그램 작성에도 적용된다(어차피 그런 프로그램들이 모두 같은 하드웨어에서 실행되므로). 이번 장에서 살펴본 DirectX 계산 셰이더(DirectCompute라고도 부른다)의 주요 구문들에 익숙해지면, CUDA나 OpenCL 프로그램을 계산 셰이더 프로그램으로 이식하는 것도 어렵지 않을 것이다.

척 월번Chuck Walbourn은 자신의 블로그에 여러 계산 셰이더 관련 발표 자료에 대한 링크들을 모은 글을 올린 바 있다. 그 글의 주소는 다음과 같다.

http://blogs.msdn.com/b/chuckw/archive/2010/07/14/directcompute.aspx

그리고 Microsoft의 Channel 9 사이트에는 계산 셰이더 프로그래밍에 관한 일련의 강의 동영상이 있다.

http://channel9.msdn.com/tags/DirectCompute-Lecture-Series/

마지막으로, NVIDIA는 다음 사이트에서 방대한 CUDA 교육 자료를 제공한다.

http://developer.nvidia.com/cuda-training

특히, 이 사이트에는 미국 일리노이 대학교(University of Illinois)의 CUDA 프로그래밍 강의 동영상 전체가 있다. 그 동영상들을 독자에게 강력히 추천한다. 다시 강조하지만, CUDA는 GPU의 계산 기능에 접근하기 위한 또 다른 API일 뿐이다. API나 특정 셰이더 문법을 이해하는 것은 그리 어렵지 않다. 어려운 부분은 효율적인 프로그램을 작성하는 방법을 배우는 것이다. CUDA에 관한 이 강의들을 공부한다면 GPU 하드웨어의 작동 방식을 좀 더 잘 이해하게 될 것이며, 그러면 최적의 코드를 작성할 수 있게 될 것이다.

13.9 요약

1. `ID3D12GraphicsCommandList::Dispatch` API 호출은 스레드 그룹들을 격자 형태로 배분하는 명령을 등록한다. 스레드 그룹은 여러 개의 스레드로 이루어지며, 그 스레드들은 최대 3차원의 격자를 구성한다. 스레드 그룹의 스레드 개수는 계산 셰이더에서 `[numthreads(x, y, z)]` 특성으로 지정한다. 성능을 위해서는 전체 스레드 개수가 워프 크기(32, NVIDIA 카드의 경우)의 정수배 또는 웨이브프런트 크기(64, AMD 카드의 경우)의 정수배이어야 한다.

2. 병렬성을 보장하기 위해서는 다중처리기당 적어도 두 개의 스레드 그룹을 두어야 한다. 그래픽 하드웨어의 다중처리기가 16개라면 적어도 32개의 스레드 그룹을 배분해야 모든 다중처리기가 항상 가동된다. 미래의 하드웨어들은 다중처리기를 더 많이 갖출 것이므로, 미래의 하드웨어들에서도 프로그램의 규모가 잘 확장되게 하려면 스레드 그룹의 수를 더 높게 잡아야 할 것이다.

3. 일단 스레드 그룹들이 각 다중처리기에 배정되고 나면, 스레드 그룹의 스레드들은 NVIDIA 하드웨어의 경우 스레드 32개로 이루어진 워프 단위로 분할된다. 다중처리기는 한 워프의 스레드들을 SIMD 방식으로 실행한다(다른 말로 하면, 한 워프의 모든 스레드는 동일한 명령을 실행한다). 한 워프가 정체되면(이를테면 텍스처 메모리를 조회하기 위해), 다중처리기는 재빨리 문맥을 전환해서 다른 워프의 명령을 실행함으로써 그러한 잠복지연을 숨길 수 있다. 이 덕분에 다중처리기가 정체 없이 계속 가동된다. 스레드 그룹의 크기를 워프 크기의 정수배로 두는 것이 바람직한 이유가 바로 이것이다. 정수배가 아니면, 스레드 그룹의 스레드들을 워프 단위로 분할할 때 아무 일도 하지 않는 스레드들을 가진 워프가 생기게 된다.

4. 텍스처에 대한 SRV를 만들고 그것을 계산 셰이더에 묶으면 계산 셰이더에서 해당 텍스처 자원에 접근할 수 있게 된다. 읽기·쓰기 텍스처(`RWTexture`)는 계산 셰이더에서 읽기와 쓰기가 모두 가능한 텍스처이다. 텍스처를 계산 셰이더가 읽고 쓸 수 있으려면 그

텍스처에 대한 UAV(순서 없는 뷰)를 생성해서 계산 셰이더에 묶어야 한다. 계산 셰이더는 [] 연산자 표기법과 색인을 통해서 특정 텍셀에 접근할 수도 있고, 표본추출기 상태와 텍스처 좌표로 SampleLevel 메서드를 호출해서 해당 표본을 추출할 수도 있다.

5. 구조적 버퍼는 같은 형식의 원소들을 담는 버퍼로, 본질적으로 하나의 배열이다. 구조적 버퍼는 사용자가 정의한 HLSL 구조체를 원소의 형식으로 사용할 수 있다. HLSL에서 읽기 전용 구조적 버퍼는 다음과 같이 정의한다.

```
StructuredBuffer<DataType> gInputA;
```

그리고 읽기-쓰기 구조적 버퍼는 HLSL에서 다음과 같이 정의한다.

```
RWStructuredBuffer<DataType> gOutput;
```

구조적 버퍼에 대한 SRV를 생성해서 계산 셰이더에 붙이면 계산 셰이더는 그 버퍼를 읽기 전용으로 접근할 수 있게 된다. 그리고 구조적 버퍼에 대한 UAV를 생성해서 계산 셰이더에 붙이면 계산 셰이더는 그 버퍼를 읽거나 쓸 수 있게 된다.

6. 다양한 스레드 ID들이 시스템 값 의미소 매개변수들을 통해서 계산 셰이더에는 전달된다. 이 ID들은 흔히 자원이나 공유 메모리의 특정 항목에 접근하기 위한 색인으로 쓰인다.

7. 소비 구조적 버퍼와 추가 구조적 버퍼는 HLSL에서 다음과 같이 정의한다.

```
ConsumeStructuredBuffer<DataType> gInput;
AppendStructuredBuffer<DataType> gOutput;
```

소비·추가 구조적 버퍼는 자료 요소들이 처리되는 순서와 출력 버퍼에 기록되는 순서가 중요하지 않을 때 유용하다. 그런 경우 이 버퍼들을 이용하면 색인 접근 구문을 피할 수 있다. 추가 버퍼의 크기가 동적으로 늘어나지는 않으므로, 애초에 추가하고자 하는 모든 원소를 담을 만한 크기로 만들어 두어야 함을 주의하기 바란다.

8. 각 스레드 그룹에는 공유 메모리 또는 스레드 지역 저장소라고 부르는 공간이 주어진다. 접근 속도가 빠르다는 점에서, 이 메모리 공간을 일종의 하드웨어 캐시라고 생각해도 될 것이다. 이 공유 메모리 캐시는 최적화에 유용하며, 이러한 캐시가 꼭 필요한 알고리즘도 있다. 계산 셰이더에서 공유 메모리를 선언하는 구문은 다음과 같다.

```
groupshared float4 gCache[N];
```

배열 크기는 그룹 공유 메모리 크기의 상한인 32KB를 넘지 않는 한에서 개발자가 임의로 정할 수 있다. 다중처리기 하나가 32KB의 공유 메모리를 지원한다고 가정할 때, 성능을 위해서는 하나의 스레드 그룹이 공유 메모리를 최대 16KB까지만 사용해야 한다. 그렇게 하지 않으면 하나의 다중처리기에서 두 개의 스레드 그룹을 돌릴 수 없게 된다.

9. 렌더링 파이프라인과 계산 셰이더의 전환에는 추가부담이 따르므로, 가능하면 전환 횟수를 줄여야 한다. 일반적으로, 하나의 프레임을 렌더링할 때 먼저 계산 작업을 모두 몰아서 수행한 다음 렌더링 작업을 모두 몰아서 수행하는 것이 바람직한 방법이다.

13.10 연습문제

1. 다음과 같은 계산 셰이더 응용 프로그램을 작성하라: 계산 셰이더는 길이가 [1, 10] 구간인 3차원 벡터 64개를 담은 구조적 버퍼를 입력받아서 그 벡터들의 길이를 계산하고, 계산 결과를 하나의 부동소수점 버퍼에 출력한다. 응용 프로그램은 그 결과를 시스템 메모리에 복사해서 파일에 저장한다. 응용 프로그램을 실행하고, 파일에 기록된 모든 길이가 실제로 [1, 10] 구간인지 검증하라.

2. 연습문제 1의 응용 프로그램을, 구조적 버퍼 대신 형식이 구체적으로 지정된 버퍼들을 이용하도록 수정하라. 좀 더 구체적으로 말하면, 입력 버퍼로는 Buffer<float3>을, 출력 버퍼로는 Buffer<float>를 사용하라.

3. 연습문제 1의 응용 프로그램을, 벡터들을 처리하는 순서가 중요하지 않다는 가정하에서 추가, 소비 버퍼를 이용하도록 수정하라.

4. 양방향 흐리기(bilateral blur) 기법들을 조사해 보고, 계산 셰이더로 구현하라. 그리고 그 계산 셰이더를 이번 장의 흐리기 예제('Blur')에 적용하라.

5. 지금까지 이 책의 예제 중 파도 시뮬레이션을 보여주는 예제들은 CPU에서 Waves 클래스(*Waves.h*/*.cpp*)를 이용해서 2차원 파도 시뮬레이션을 수행한다. 이번 연습문제는 이를 GPU 구현으로 이식하는 것이다. 기본적인 전략은 이렇다. 시뮬레이션의 이전, 현재, 다음 높이 해(solution)들은 다음과 같은 float 텍스처들에 담는다.

```
RWTexture2D<float> gPrevSolInput : register(u0);
RWTexture2D<float> gCurrSolInput : register(u1);
RWTexture2D<float> gOutput       : register(u2);
```

한 계산 셰이더에서 이들을 이용해서 파도 갱신 계산을 수행하고, 그와는 개별적인 계산 셰이더에서 수면을 교란해서 새로운 파도를 만든다. 격자점 높이들을 갱신한 후에는 파도 텍스처와 해상도가 같은 사각 격자(사각형 칸 하나가 삼각형 두 개로 된)를 렌더 링하고(텍스처와 격자의 해상도가 같으므로 격자 정점들에 텍셀들을 일대일로 대응시 킨다), 파도 시뮬레이션의 현재 높이 해들을 담은 텍스처를 'waves'라는 이름의 새 정 점 셰이더에 묶는다. 그 정점 셰이더에서는 해 텍스처에서 높이 값을 추출해서 정점의 높이를 조정하고(이를 **변위 매핑**(displacement mapping)이라고 부른다), 법선을 근사한다. 다음이 'waves' 정점 셰이더의 코드이다.

```
VertexOut VS(VertexIn vin)
{
  VertexOut vout = (VertexOut)0.0f;


#ifdef DISPLACEMENT_MAP
  // 변환되지 않은 [0,1]^2 텍스처 좌표를 이용해서
  // 변위 맵을 추출한다.
  vin.PosL.y += gDisplacementMap.SampleLevel(
      gsamLinearWrap, vin.TexC, 1.0f).r;
  // 유한차분법으로 법선을 근사한다.
  float du = gDisplacementMapTexelSize.x;
  float dv = gDisplacementMapTexelSize.y;
  float l = gDisplacementMap.SampleLevel( gsamPointClamp,
    vin.TexC-float2(du, 0.0f), 0.0f ).r;
  float r = gDisplacementMap.SampleLevel( gsamPointClamp,
    vin.TexC+float2(du, 0.0f), 0.0f ).r;
  float t = gDisplacementMap.SampleLevel( gsamPointClamp,
    vin.TexC-float2(0.0f, dv), 0.0f ).r;
  float b = gDisplacementMap.SampleLevel( gsamPointClamp,
    vin.TexC+float2(0.0f, dv), 0.0f ).r;

  vin.NormalL = normalize( float3(-r+l, 2.0f*gGridSpatialStep, b-t) );

#endif

  // 세계 공간으로 변환한다.
  float4 posW = mul(float4(vin.PosL, 1.0f), gWorld);
  vout.PosW = posW.xyz;

  // 세계 행렬에 비균등 비례가 없다고 가정하고 법선을 변환한다.
  // 비균등 비례가 있다면 역전치 행렬을 사용해야 한다.
  vout.NormalW = mul(vin.NormalL, (float3x3)gWorld);
```

```
    // 동차 절단 공간으로 변환한다.
    vout.PosH = mul(posW, gViewProj);

    // 출력 정점 특성들은 이후 삼각형을 따라 보간된다.
    float4 texC = mul(float4(vin.TexC, 0.0f, 1.0f), gTexTransform);
    vout.TexC = mul(texC, gMatTransform).xy;

    return vout;
}
```

이상을 구현하고, 릴리스 모드에서 512 × 512 격자의 시뮬레이션을 수행해서 기존 CPU 구현의 성능(역시 릴리스 모드)과 비교하라(성능은 평균 프레임당 시간으로 비교하면 될 것이다).

6. 소벨 연산자(Sobel operator)는 이미지의 윤곽선을 검출한다. 이 연산자는 각 픽셀의 기울기(gradient), 즉 색상 변화 정도를 추정한다. 기울기가 크다는 것은 픽셀의 색과 그 이웃 픽셀들의 색이 많이 다르다는 것이다. 이웃 픽셀들과 색이 많이 다른 픽셀은 이미지의 윤곽선에 있는 픽셀일 가능성이 크다. 반대로, 픽셀의 기울기가 작다는 것은 픽셀이 이웃 픽셀들과 비슷한 색이라는 뜻이며, 따라서 윤곽선 픽셀이 아닐 가능성이 크다. 소벨 연산자가 이분법적인 답(윤곽선 픽셀임 또는 윤곽선 픽셀이 아님)을 돌려주지는 않는다. 단지 기울기가 얼마나 급한지를 나타내는 [0, 1] 구간의 회색조(grayscale) 값을 돌려줄 뿐이다. 그 값이 0이면 해당 픽셀은 윤곽선에 있는 것이 아니고(픽셀 주변의 색상 변화가 없으므로), 1이면 픽셀은 윤곽선에 있는 것이다(픽셀 주변의 색상 변화가 크므로). 그러한 값들로 이루어진 소벨 이미지 자체보다, 그 이미지의 흑백을 뒤집은(즉, $1-c$들로 이루어진) 음화 이미지가 유용한 경우가 많다. 그런 이미지에서 흰 점은 윤곽선이 아닌 영역을, 검은 점은 윤곽선을 나타낸다(그림 13.14).

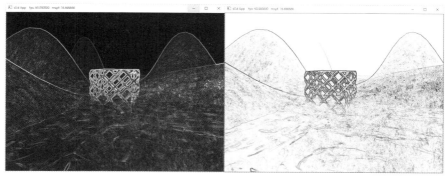

그림 13.14 왼쪽: 소벨 연산자를 적용한 후의 이미지. 흰 픽셀이 윤곽선을 나타낸다. 오른쪽: 소벨 연산자로 얻은 이미지의 음화 이미지. 검은 픽셀이 윤곽선을 나타낸다.

원본 이미지에 소벨 연산자로 얻은 이미지의 음화를 색상 성분별 곱셈으로 곱하면 윤곽선이 검은색 펜으로 칠해진 듯한, 양식화된 카툰/만화 느낌의 효과가 생긴다(그림 13.15). 먼저 원래의 이미지를 흐려서 세부사항을 뭉갠 후에 소벨 연산자를 적용해서 윤곽선 검출 이미지를 만들고 그것을 흐려진 이미지에 곱하면 양식화된 카툰/만화 효과가 더욱 커질 것이다.

이번 연습문제의 목표는 텍스처 대상 렌더링과 계산 셰이더를 이용해서 소벨 연산자를 구현하고, 그 연산자를 이용해서 윤곽선 검출 이미지를 생성한 후에는, 원래의 이미지

그림 13.15 원래의 이미지에 윤곽선 검출 이미지의 음화를 곱하면 윤곽선이 검은색 펜으로 칠해진 듯한, 양식화된 카툰/만화책 효과가 생긴다.

에 윤곽선 검출 이미지의 음화를 곱해서 [그림 13.15]와 같은 결과를 얻는 것이다. 이에 필요한 셰이더 코드는 다음과 같다.

```
//=============================================================
// 소벨 연산자를 이용해서 윤곽선을 검출한다.
//=============================================================

Texture2D gInput              : register(t0);
RWTexture2D<float4> gOutput  : register(u0);


// RGB 값에서 휘도(밝기)를 근사한다. 아래 코드에 쓰인 가중치들은
// 여러 파장의 빛에 대한 눈의 민감도에 기초한 실험으로 얻은 것이다.
float CalcLuminance(float3 color)
{
  return dot(color, float3(0.299f, 0.587f, 0.114f));
}

[numthreads(16, 16, 1)]
void SobelCS(int3 dispatchThreadID : SV_DispatchThreadID)
{
  // 이 픽셀 주변의 이웃 픽셀들을 추출한다.
  float4 c[3][3];
  for(int i = 0; i < 3; ++i)
  {
    for(int j = 0; j < 3; ++j)
    {
      int2 xy = dispatchThreadID.xy + int2(-1 + j, -1 + i);
      c[i][j] = gInput[xy];
    }
  }

  // 각 색상 채널에 대해, 소벨 핵을 이용해서 x의 편미분계수를 추정한다.
  float4 Gx = -1.0f*c[0][0] - 2.0f*c[1][0] - 1.0f*c[2][0] +
    1.0f*c[0][2] + 2.0f*c[1][2] + 1.0f*c[2][2];

  // 각 색상 채널에 대해, 소벨 핵을 이용해서 y의 편미분계수를 추정한다.
  float4 Gy = -1.0f*c[2][0] - 2.0f*c[2][1] - 1.0f*c[2][1] +
    1.0f*c[0][0] + 2.0f*c[0][1] + 1.0f*c[0][2];

  // 이제 (Gx, Gy)가 이 픽셀의 기울기이다. 각 색상 채널에 대해, 변화율이
  // 최대가 되는 크기를 구한다.
  float4 mag = sqrt(Gx*Gx + Gy*Gy);
```

```
  // 윤곽선 픽셀은 검게, 윤곽선이 아닌 픽셀은 희게 만든다.
  mag = 1.0f - saturate(CalcLuminance(mag.rgb));

  gOutput[dispatchThreadID.xy] = mag;
}


//***********************************************************************
// Composite.hlsl by Frank Luna (C) 2015 All Rights Reserved.
//
// 두 이미지를 결합한다.
//***********************************************************************

Texture2D gBaseMap : register(t0);
Texture2D gEdgeMap : register(t1);

SamplerState gsamPointWrap        : register(s0);
SamplerState gsamPointClamp       : register(s1);
SamplerState gsamLinearWrap       : register(s2);
SamplerState gsamLinearClamp      : register(s3);
SamplerState gsamAnisotropicWrap  : register(s4);
SamplerState gsamAnisotropicClamp : register(s5);

static const float2 gTexCoords[6] =
{
  float2(0.0f, 1.0f),
  float2(0.0f, 0.0f),
  float2(1.0f, 0.0f),
  float2(0.0f, 1.0f),
  float2(1.0f, 0.0f),
  float2(1.0f, 1.0f)
};

struct VertexOut
{
  float4 PosH  : SV_POSITION;
  float2 TexC  : TEXCOORD;
};

VertexOut VS(uint vid : SV_VertexID)
{
  VertexOut vout;

  vout.TexC = gTexCoords[vid];
```

```
      // [0,1]^2을 NDC 공간으로 사상한다.
      vout.PosH = float4(2.0f*vout.TexC.x - 1.0f, 1.0f - 2.0f*vout.TexC.y, 0.0f, 1.0f);

      return vout;
}

float4 PS(VertexOut pin) : SV_Target
{
   float4 c = gBaseMap.SampleLevel(gsamPointClamp, pin.TexC, 0.0f);
   float4 e = gEdgeMap.SampleLevel(gsamPointClamp, pin.TexC, 0.0f);

   // 윤곽선 검출 맵을 원본 이미지에 곱한다.
   return c*e;
}
```

테셀레이션 단계들

Direct3D 렌더링 파이프라인에는 기하구조의 테셀레이션에 관련된 세 개의 단계가 있다. 이들을 통칭해서 테셀레이션 단계들(tessellation stages)이라고 부른다. 간단히 말하자면, 테셀레이션이란 주어진 기하구조를 더 작은 삼각형들로 분할하고, 분할로 생긴 새 정점들의 위치를 어떤 방식으로든 조정하는 것이다. 그런 식으로 삼각형 개수를 늘리는 주된 동기는 메시에 세부사항(detail)을 추가하는 것이다. 그런데 그냥 처음부터 세밀한 고다각형 메시(high-poly mesh, 많은 수의 다각형으로 이루어진 메시)를 만들어서 사용하면 되지 않을까? 테셀레이션을 사용하는 이유는 세 가지이다

1. GPU상의 동적 LOD: 메시의 세부수준을 카메라와의 거리나 기타 요인에 따라 동적으로 조정할 수 있다. 예를 들어 아주 멀리 있는 메시에 대해 고다각형 버전을 사용하는 것은 낭비이다. 어차피 모든 세부사항이 잘 보이지는 않을 것이기 때문이다. 테셀레이션을 이용하면 물체가 카메라에 가까워짐에 따라 테셀레이션 수준을 점차 높여서 물체의 세부도를 높여 나갈 수 있다

2. 효율적인 물리 및 애니메이션 계산: 물리와 애니메이션을 저다각형 메시(low-poly mesh)에 대해 수행하고, 그 저다각형 메시를 테셀레이션해서 고다각형 버전을 만든다. 이렇게 하면 물리 및 애니메이션 계산을 낮은 주파수(세부도)에서 수행함으로써 계산량을 줄일 수 있다.

3. 메모리 절약: 메모리(디스크나 RAM, VRAM)에는 저다각형 버전을 담아두고, GPU 테셀레이션으로 즉석에서 고다각형 버전을 생성함으로써 메모리를 절약할 수 있다.

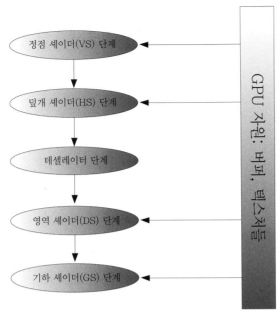

그림 14.1 렌더링 파이프라인의 일부. 테셀레이션 단계들이 나와 있다.

[그림 14.1]에서 보듯이, 세 테셀레이션 단계들은 정점 셰이더와 기하 셰이더 사이에 있다. 이 단계들은 생략할 수 있다. 실제로 지금까지의 예제들에서는 이들을 사용하지 않았다.

목표

1. 테셀레이션에 쓰이는 여러 종류의 패치 기본도형들을 파악한다.

2. 각 테셀레이션 단계가 무슨 일을 하고 무엇을 입력, 출력하는지 이해한다.

3. 덮개 셰이더 프로그램과 영역 셰이더 프로그램을 작성해서 기하구조를 테셀레이션하는 방법을 배운다.

4. 테셀레이션 사용 여부를 결정하는 여러 전략과 하드웨어 테셀레이션에 관련된 성능 고려사항들에 익숙해진다.

5. 베지에 곡선 및 곡면에 깔린 수학과 그것들을 테셀레이션 단계들에서 구현하는 방법을 배운다.

14.1 테셀레이션 기본도형 위상구조

테셀레이션을 위해 렌더링을 수행할 때, 응용 프로그램은 입력 조립기 단계에 삼각형들을 제출하지 않는다. 대신 일단의 제어점(control point)들로 이루어진 패치[patch]들을 입력 조립기에 제출한다. Direct3D는 제어점이 최소 1개에서 최대 32개인 패치들을 지원한다. D3D_PRIMITIVE_TOPOLOGY 열거형에는 이 패치들에 해당하는 다음과 같은 멤버들이 정의되어 있다.

```
D3D_PRIMITIVE_TOPOLOGY_1_CONTROL_POINT_PATCHLIST = 33,
D3D_PRIMITIVE_TOPOLOGY_2_CONTROL_POINT_PATCHLIST = 34,
D3D_PRIMITIVE_TOPOLOGY_3_CONTROL_POINT_PATCHLIST = 35,
D3D_PRIMITIVE_TOPOLOGY_4_CONTROL_POINT_PATCHLIST = 36,
    .
    .
    .
D3D_PRIMITIVE_TOPOLOGY_31_CONTROL_POINT_PATCHLIST = 63,
D3D_PRIMITIVE_TOPOLOGY_32_CONTROL_POINT_PATCHLIST = 64,
```

삼각형은 제어점이 세 개인 삼각형 패치(D3D_PRIMITIVE_3_CONTROL_POINT_PATCH)로 간주할 수 있으므로, 보통의 삼각형 메시도 여전히 테셀레이션을 위해 제출할 수 있다. 간단한 사각형 패치는 제어점이 네 개인 패치 기본도형(D3D_PRIMITIVE_4_CONTROL_POINT_PATCH)으로 제출하면 된다. 이 패치는 테셀레이션 단계들에 의해 결국 삼각형들로 분할된다.

> 참고: ID3D12GraphicsCommandList::IASetPrimitiveTopology 메서드로 제어점 패치 기본도형 위상구조를 설정할 때, D3D12_GRAPHICS_PIPELINE_STATE_DESC 구조체의 PrimitiveTopologyType 필드를 반드시 다음과 같이 설정해야 한다.
> opaquePsoDesc.PrimitiveTopologyType = D3D12_PRIMITIVE_TOPOLOGY_TYPE_PATCH;

그런데 제어점이 5개 이상인 패치는 어떤 용도일까? 제어점이라는 개념은 특정 종류의 수학적 곡선과 곡면의 구축에서 비롯된 것이다. Adobe Illustrator 같은 벡터 그래픽 작성 프로그램에서 베지에 곡선(Bézier curve)을 다루어 본 독자라면, 제어점들을 조정하면 곡선의 형태가 변한다는 점을 알고 있을 것이다. 베지에 곡선에 깔린 수학을 일반화하면 베지에 곡면이 된다. 예를 들어 하나의 베지에 사각형 패치를 제어점 아홉 개로 생성해서 그 모양을 제어할 수도 있고, 16개로 생성해서 제어할 수도 있다. 제어점이 많을수록 패치의 모양을 더욱 자유롭게 제어할 수 있게 된다. 이처럼 다양한 패치 기본도형들은 그런 종류의 곡면들을 지원하기 위한 것이다. 베지에 사각형 패치에 대해서는 이번 장에서 나중에 좀 더 설명하고, 예제도 제시한다.

14.1.1 테셀레이션과 정점 셰이더

테셀레이션에서는 패치 제어점들을 렌더링 파이프라인에 제출하므로, 정점 셰이더에는 제어점들이 입력된다. 즉, 테셀레이션이 활성화되면 정점 셰이더는 '제어점을 위한 정점 셰이더'로 작용한다. 그러한 정점 셰이더에서는 실제 테셀레이션을 시작하기 전에 필요한 임의의 처리를 제어점들에 적용할 수 있다. 흔한 용법 하나는, 기하구조를 테셀레이션하기 전에 정점 셰이더에서 애니메이션이나 물리 계산을 낮은 주파수에서 수행하는 것이다.

14.2 덮개 셰이더

그럼 전체 테셀레이션 단계 중 첫 단계인 덮개 셰이더(hull shader)를 살펴보자. 이 단계는 다음 두 종류의 셰이더로 구성된다.

1. 상수 덮개 셰이더
2. 제어점 덮개 셰이더

14.2.1 상수 덮개 셰이더

상수 덮개 셰이더(constant hull shader)는 패치마다 실행되는 셰이더 함수로,* 패치 제어점들을 받고 메시의 소위 **테셀레이션 계수**(tessellation factor)들을 출력한다. 테셀레이션 계수는 덮개 셰이더 단계 다음에 있는 테셀레이터 단계가 주어진 패치를 얼마나 세분할 것인지를 결정한다. 다음의 예제 상수 덮개 셰이더는 제어점이 네 개인 **사각형 패치**(quad patch)를 테셀레이터 단계가 균등하게 3회 테셀레이션하게 만든다.

---

* **옮긴이** 상수 덮개 셰이더를 패치 상수 함수(patch constant function)라고 부르기도 한다. 실제로, 덮개 셰이더 프로그램 전체에서 상수 덮개 셰이더로 사용할 함수의 이름을 지정하는 데 쓰이는 특성은 `patchconstantfunc`이다.

```
struct PatchTess
{
  float EdgeTess[4]  : SV_TessFactor;
  float InsideTess[2] : SV_InsideTessFactor;

  // ... 패치에 따라서는 추가적인 필드들을 둘 수도 있다 ...
};

PatchTess ConstantHS(InputPatch<VertexOut, 4> patch,
          uint patchID : SV_PrimitiveID)
{
  PatchTess pt;

  // 패치를 균등하게 3회 테셀레이션한다.

  pt.EdgeTess[0] = 3; // 왼쪽 변
  pt.EdgeTess[1] = 3; // 윗변
  pt.EdgeTess[2] = 3; // 오른쪽 변
  pt.EdgeTess[3] = 3; // 밑변

  pt.InsideTess[0] = 3; // u 축(열들)
  pt.InsideTess[1] = 3; // v 축(행들)

  return pt;
}
```

상수 덮개 셰이더는 한 패치의 모든 제어점을 받는다. 그 제어점들은 InputPatch
<VertexOut, 4> 형식의 매개변수로 입력된다. 앞에서 말했듯이, 제어점들이 정점 셰이
더를 거쳐서 상수 덮개 셰이더에 공급된다. 따라서 제어점의 형식은 정점 셰이더의 출력 형
식 VertexOut으로 결정된다. InputPatch의 두 번째 템플릿 매개변수는 패치의 제어점 개
수인데, 지금 예에서 패치의 제어점은 네 개이므로 4를 지정했다. 파이프라인은 또한 SV_
PrimitiveID 의미소를 통해서 패치의 ID도 넘겨준다. 이 ID는 주어진 패치를 고유하게(하나
의 그리기 호출에서) 식별하는 번호이다. 상수 덮개 셰이더는 반드시 테셀레이션 계수들을 출
력해야 한다. 테셀레이션 계수들의 구성은 패치의 위상구조에 따라 다르다.

참고: 상수 덮개 셰이더는 테셀레이션 계수(SV_TessFactor와 SV_InsideTessFactor) 외에도 추
가적인 패치 정보를 출력할 수 있다. 그 추가 정보는 상수 덮개 셰이더의 출력을 입력받는 영역 셰이더에서
활용할 수 있다.

사각형 패치에 대한 테셀레이션 계수는 다음 두 종류이다.

1. 각 변에 대한 테셀레이션 정도를 제어하는 변 테셀레이션 계수(edge tessellation factor) 네 개.
2. 사각형 패치 내부의 테셀레이션 정도를 제어하는 내부 테셀레이션 계수(interior tessellation factor) 두 개(사각형의 수평 차원에 대한 것 하나와 수직 차원에 대한 것 하나).

[그림 14.2]에서 보듯이, 테셀레이션 계수들이 다르면 사각형 패치의 분할 구성도 달라진다. 변 테셀레이션 계수와 내부 테셀레이션 계수가 어떤 방식으로 작용하는지 충분히 감을 잡을 때까지 그 그림을 잘 살펴보기 바란다.

삼각형 패치에 대한 테셀레이션 계수도 두 종류이다.

1. 각 변에 대한 테셀레이션 정도를 제어하는 변 테셀레이션 계수 세 개.
2. 삼각형 패치 내부의 테셀레이션 정도를 제어하는 내부 테셀레이션 계수 하나.

[그림 14.3]에 다양한 테셀레이션 계수 설정에 따른 여러 가지 삼각형 패치 분할 구성이 나와 있다.

Direct3D 11급 하드웨어에서 임의의 테셀레이션 계수에 설정할 수 있는 최댓값은 64이다. 모든 테셀레이션 계수가 0이면 그 패치는 더 이상 처리되지 않고 폐기된다. 따라서, 다음과 같이 패치별로 절두체 선별이나 후면 선별 같은 최적화를 구현하는 것이 가능하다.

1. 패치가 절두체 바깥에 있어서 보이지 않는다면 더 이상의 처리 없이 폐기해도 된다(그 패치를 테셀레이션한다고 해도, 어차피 삼각형 절단 과정에서 기각된다).
2. 패치가 뒤쪽을 바라보고 있다면 더 이상의 처리 없이 폐기해도 된다(그 패치를 테셀레이션한다고 해도 어차피 래스터화 도중 후면 선별 과정에서 기각된다).

테셀레이션 계수와 관련해서 자연스럽게 제기되는 질문은, 패치를 얼마나 잘게 테셀레이션할 것인가이다. 테셀레이션의 기본적인 의도는 메시에 세부사항을 추가하는 것임을 기억할 것이다. 그러나 사용자가 알아채지도 못할 정도로 세부도를 높이는 것은 낭비이다. 다음은 테셀레이션 정도를 결정하는데 흔히 쓰이는 측정치 몇 가지이다.

1. **카메라와의 거리**: 물체가 시점에서 멀수록, 관찰자는 물체의 세부사항을 잘 알아채지 못한다. 따라서, 멀리 있는 물체는 메시의 저다각형 버전으로 렌더링하고, 카메라에 가

까울수록 테셀레이션 정도를 높이면 된다.

2. **화면 영역 포괄도**: 물체가 화면의 픽셀들을 몇 개나 덮을 것인지를 추정하는 것이 가능하다. 그 개수가 작다면 물체의 저다각형 버전을 렌더링하고, 물체의 화면 영역 포괄도(screen area coverage)가 커짐에 따라 테셀레이션 정도도 높여 나가면 된다.

3. **방향**: 시점을 기준으로 한 삼각형 방향도 중요한 고려사항이다. 물체의 윤곽선을 이루는 삼각형들을 다른 삼각형들보다 더 세분하면 물체가 더 그럴듯한 모습이 된다.

4. **표면 거칠기**: 거친, 따라서 세부사항이 많은 표면은 매끄러운 표면보다 테셀레이션 정도를 높일 필요가 있다. 표면 텍스처를 조사해서 표면 거칠기 값을 미리 계산해 두고, 실행 시점에서 테셀레이션 정도를 계산할 때 그 값을 활용하면 될 것이다.

성능과 관련해서 [Story10]에는 다음과 같은 조언이 나온다.

1. 여러 요인을 고려해서 테셀레이션 계수들을 계산했는데 그 값이 1이면(기본적으로 이는 테셀레이션을 적용하지 않는 것과 같다), 메시를 테셀레이션 없이 그대로 렌더링하는 것도 고려해야 한다. 메시가 실제로 분할되지도 않으면서 테셀레이션 단계들을 거치는 것은 GPU 낭비이기 때문이다.

2. GPU 구현에 관련된 성능상의 이유로, 화면 영역 포괄도가 픽셀 여덟 개 미만일 정도로 작은 삼각형은 테셀레이션하지 않는 것이 바람직하다.

3. 테셀레이션을 사용하는 그리기 호출들을 일괄적으로 묶어서 처리한다(그리기 호출들 사이에서 테셀레이션을 켰다 껐다 하면 추가 부담이 크다).

14.2.2 제어점 덮개 셰이더

제어점 덮개 셰이더는 일단의 제어점들을 받아서 일단의 제어점들을 출력한다. 제어점 덮개 셰이더 함수는 출력할 제어점마다 한 번씩 호출된다. 덮개 셰이더의 한 가지 용도는 표면의 표현을 변경하는 것, 이를테면 보통의 삼각형(제어점 세 개로 파이프라인에 제출된 패치)을 삼차 베지에 삼각형 패치(제어점이 10개인 패치)로 바꾸는 것이다. 예를 들어 통상적인 방식으로 만들어진 삼각형(제어점 세 개) 메시가 있다고 할 때, 덮개 셰이더를 이용하면 그 삼각형들을 더 높은 차수의 삼차 베지에 삼각형 패치(제어점 10개)로 증강하고, 그런 다음 추가적인 제어점들을 더해서 그 삼각형 패치를 원하는 만큼 테셀레이션할 수 있다. 이런 전략을 *N-패치 방안*(N-patches scheme) 또는 *PN 삼각형 방안*(PN triangles scheme)이라고 부른다([Vlachos01]). 이런 접근방식은 그래픽 자산(asset) 파이프라인을 수정하지 않고 기존의 삼각형 메시를 그대로 테셀레이션에 사용할 수 있다는 점에서 편리하다. 이번 장의 첫 번째 예제인 기본 테셀레이션 예제('BasicTessellation')에서는 통과(pass-through) 셰이더라고 부르는, 제어점을 수정 없이 그대로 넘겨주는 단순한 제어점 덮개 셰이더를 사용한다. 그 셰이더는 다음과 같다.

참고: 드라이버가 이런 '통과' 셰이더를 인식해서 최적화할 수도 있다([Bilodeau10b]).

```
struct HullOut
{
  float3 PosL : POSITION;
};

[domain("quad")]
[partitioning("integer")]
[outputtopology("triangle_cw")]
[outputcontrolpoints(4)]
[patchconstantfunc("ConstantHS")]
[maxtessfactor(64.0f)]
HullOut HS(InputPatch<VertexOut, 4> p,
      uint i : SV_OutputControlPointID,
      uint patchId : SV_PrimitiveID)
{
  HullOut hout;

  hout.PosL = p[i].PosL;

  return hout;
}
```

이 제어점 덮개 셰이더는 InputPatch 매개변수를 통해서 패치의 모든 제어점을 입력받는다. 시스템 값 의미소 SV_OutputControlPointID는 현재 출력할 제어점의 색인이다. 입력 패치의 제어점 개수와 출력 제어점 개수가 반드시 일치해야 하는 것은 아님을 주의하기 바란다. 예를 들어 입력 패치의 제어점 개수가 4이고 출력 패치 제어점 개수가 16일 수도 있다. 즉, 네 개의 입력 제어점들로부터 추가적인 제어점들을 유도해서 출력할 수도 있는 것이다.

제어점 덮개 셰이더에는 다음과 같은 특성들이 적용된다.

1. domain: 패치의 종류. 가능한 설정은 tri나 quad, isoline이다.

2. partitioning: 테셀레이션의 세분 모드(subdivision mode)를 결정한다. 가능한 설정은 다음과 같다.

   (a) integer: 새 정점들이 정수 테셀레이션 계수 값들에서만 추가·제거된다. 테셀레이션 계수의 소수부(소수점 이하 부분)는 무시된다. 이 때문에, 메시의 테셀레이션 수준이 변할 때 '파핑' 현상이 눈에 띄게 된다.

   (b) fractional_even 또는 fractional_odd: 분수(fraction) 테셀레이션에 해당한다. 새 정점들이 정수 테셀레이션 계수 값들에서 추가·제거되나, 테셀레이션 계수의 소수부에 따라 점차 "끼어 들어온다(slide in)". 이는 테셀레이션을 이용해서 메시를 성긴 버전에서 더 조밀한 버전으로 매끄럽게 전이하고자 할 때(정수 단계들 사이에서 갑자기 변하는 것이 아니라) 유용하다. 정수 테셀레이션과 분수 테셀레이션의 차이는 실제 작동 모습을 보면 즉시 이해할 수 있다. 이번 장 끝의 연습문제들에서 이를 실제로 체험해 볼 것이다.

3. outputtopology: 세분으로 만들어지는 삼각형들의 정점 감김 순서를 결정한다.

   (a) triangle_cw: 시계방향.
   (b) triangle_ccw: 반시계방향.
   (c) line: 선의 테셀레이션에 쓰인다.

4. outputcontrolpoints: 하나의 입력 패치에 대해 덮개 셰이더가 출력할 제어점 개수. 이는 곧 입력 패치에 대한 제어점 덮개 셰이더의 실행 횟수이다. 시스템 값 의미소 SV_OutputControlPointID는 현재 제어점 덮개 셰이더가 다루고 있는 출력 제어점을 식별하는 색인을 제공한다.

5. patchconstantfunc: 상수 덮개 셰이더 함수의 이름(문자열)

6. maxtessfactor: 셰이더가 사용할 테셀레이션 계수들의 최댓값을 드라이버에게 귀띔해 주는 역할을 한다. 하드웨어가 이 최댓값을 미리 알고 있으면 테셀레이션에 얼마나 많은 자원이 필요할지를 추정할 수 있어서 추가적인 최적화의 여지가 생긴다. Direct3D 11급 하드웨어의 테셀레이션 계수 최댓값은 64이다.

14.3 테셀레이터 단계

테셀레이터^{tessellator} 단계에는 응용 프로그램이 관여할 여지가 없다. 이 단계는 상수 덮개 셰이더가 출력한 테셀레이션 계수들에 기초해서 패치들을 실제로 테셀레이션하는데, 구체적인 작업은 전적으로 하드웨어가 제어한다. 다음은 테셀레이션 계수 구성에 따른 여러 세분 형태들을 그림으로 나타낸 것이다.

14.3.1 사각형 패치의 테셀레이션 예

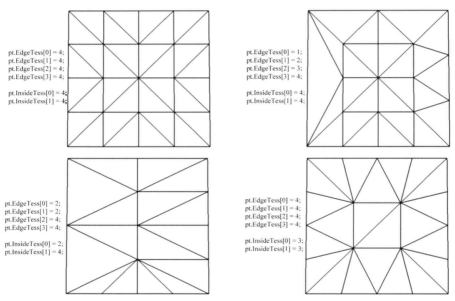

그림 14.2 변 테셀레이션 계수와 내부 테셀레이션 계수의 여러 조합에 따른 사각형 패치 세분 예.

14.3.2 삼각형 패치의 테셀레이션 예

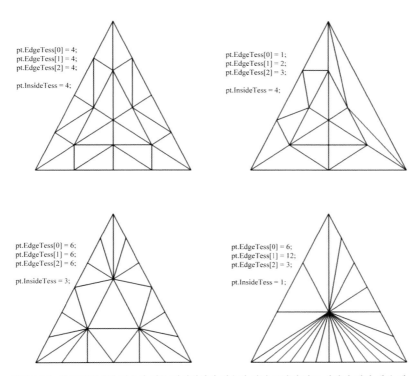

그림 14.3 변 테셀레이션 계수와 내부 테셀레이션 계수의 여러 조합에 따른 삼각형 패치 세분 예.

14.4 영역 셰이더

테셀레이터 단계는 새로 생성된 모든 삼각형 정점들을 출력한다. 영역 셰이더(domain shader; 또는 정의역 셰이더)는 테셀레이터가 출력한 정점마다 한 번씩 호출된다. 테셀레이션 이 활성화되어 있을 때 정점 셰이더는 각 제어점에 대한 정점 셰이더로 작용하는 반면 영역 셰 이더는 본질적으로 테셀레이션된 패치에 대한 정점 셰이더로 작용한다. 특히, 테셀레이션된 패 치의 정점들을 동차 절단 공간으로 변환하는 장소가 바로 이 영역 셰이더이다.

사각형 패치의 경우 영역 셰이더는 상수 덮개 셰이더가 출력한 테셀레이션 계수들(그리 고 패치별 추가 정보)과 테셀레이션된 정점 위치의 매개변수화된 좌표 (u, v), 그리고 제어점 덮개 셰이더가 출력한 모든 출력 패치 제어점을 입력받는다. 영역 셰이더가 테셀레이션된 정점의 실제 위치가 아니라 대신 패치 영역(정의역) 공간 안에서의 그 정점의 매개변수 좌표 (u, v)를 입력받는다는 점을 주의하기 바란다(그림 14.4). 그 매개변수 좌표와 제어점들로부터 정점의 실제 3차원 위치를 유도하는 것은 영역 셰이더 프로그램의 몫이다. 다음의 예제 영역 셰이더는 겹선형 보간(bilinear interpolation; 텍스처의 선형 필터링과 같은 방식이다)을 이용해서 실제 정점 위치를 유도한다.

```
struct DomainOut
{
  float4 PosH : SV_POSITION;
};

// 영역 셰이더는 테셀레이터가 생성한 정점마다 호출된다.
// 테셀레이션 이후에 실행되는 정점 셰이더라고 할 수 있다.
[domain("quad")]
DomainOut DS(PatchTess patchTess,
             float2 uv : SV_DomainLocation,
             const OutputPatch<HullOut, 4> quad)
{
  DomainOut dout;

  // 겹선형 보간.
  float3 v1 = lerp(quad[0].PosL, quad[1].PosL, uv.x);
  float3 v2 = lerp(quad[2].PosL, quad[3].PosL, uv.x);
  float3 p = lerp(v1, v2, uv.y);

  float4 posW = mul(float4(p, 1.0f), gWorld);
  dout.PosH = mul(posW, gViewProj);

  return dout;
}
```

참고: [그림 14.4]에서 보듯이, 사각형 패치 제어점들($\mathbf{C}_0 \sim \mathbf{C}_3$)은 한 행씩 순서가 매겨진다.

삼각형 패치에 대한 영역 셰이더도 이와 비슷하나, 정점의 매개변수 좌표 (u, v) 대신 `float3` 형식의 무게중심 좌표 (u, v, w)가 입력된다는 점이 다르다(무게중심 좌표는 부록 C의 §C.3에서 설명한다). 삼각형 패치에 대해 무게중심 좌표가 쓰이는 이유는 아마도 베지에 삼각형 패치가 무게중심 좌표들로 정의되기 때문일 것이다.

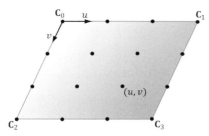

그림 14.4 제어점이 네 개인 사각형 패치를 테셀레이션해서, 정규화된 *uv* 공간 안의 정점 16개를 생성한다. 이 정점들의 좌표는 $[0, 1]^2$ 안에 있다.

14.5 사각형 하나의 테셀레이션

이번 장의 기본 테셀레이션 예제('BasicTessellation')는 사각형 패치 하나를 렌더링 파이프라인에 제출하고, 그것을 카메라와의 거리에 기초해서 테셀레이션하고, 생성된 정점들의 위치를 이전 예제들의 '언덕' 지형에 사용했던 것과 비슷한 수학 함수를 이용해서 조정한다.

다음은 그 예제에서 제어점 네 개를 담는 정점 버퍼를 생성하는 코드이다.

```
void BasicTessellationApp::BuildQuadPatchGeometry()
{
  std::array<XMFLOAT3,4> vertices =
  {
    XMFLOAT3(-10.0f, 0.0f, +10.0f),
    XMFLOAT3(+10.0f, 0.0f, +10.0f),
    XMFLOAT3(-10.0f, 0.0f, -10.0f),
    XMFLOAT3(+10.0f, 0.0f, -10.0f)
  };

  std::array<std::int16_t, 4> indices = { 0, 1, 2, 3 };

  const UINT vbByteSize = (UINT)vertices.size() * sizeof(Vertex);
  const UINT ibByteSize = (UINT)indices.size() * sizeof(std::uint16_t);

  auto geo = std::make_unique<MeshGeometry>();
  geo->Name = "quadpatchGeo";

  ThrowIfFailed(D3DCreateBlob(vbByteSize, &geo->VertexBufferCPU));
```

```
CopyMemory(geo->VertexBufferCPU->GetBufferPointer(), vertices.data(),
  vbByteSize);

ThrowIfFailed(D3DCreateBlob(ibByteSize, &geo->IndexBufferCPU));
CopyMemory(geo->IndexBufferCPU->GetBufferPointer(), indices.data(),
  ibByteSize);

geo->VertexBufferGPU = d3dUtil::CreateDefaultBuffer(md3dDevice.Get(),
  mCommandList.Get(), vertices.data(), vbByteSize,
  geo->VertexBufferUploader);

geo->IndexBufferGPU = d3dUtil::CreateDefaultBuffer(md3dDevice.Get(),
  mCommandList.Get(), indices.data(), ibByteSize,
  geo->IndexBufferUploader);

geo->VertexByteStride = sizeof(XMFLOAT3);
geo->VertexBufferByteSize = vbByteSize;
geo->IndexFormat = DXGI_FORMAT_R16_UINT;
geo->IndexBufferByteSize = ibByteSize;

SubmeshGeometry quadSubmesh;
quadSubmesh.IndexCount = 4;
quadSubmesh.StartIndexLocation = 0;
quadSubmesh.BaseVertexLocation = 0;

geo->DrawArgs["quadpatch"] = quadSubmesh;

mGeometries[geo->Name] = std::move(geo);
}
```

다음은 사각형 패치를 위한 렌더 항목을 생성하는 코드이다.

```
void BasicTessellationApp::BuildRenderItems()
{
  auto quadPatchRitem = std::make_unique<RenderItem>();
  quadPatchRitem->World = MathHelper::Identity4x4();
  quadPatchRitem->TexTransform = MathHelper::Identity4x4();
  quadPatchRitem->ObjCBIndex = 0;
  quadPatchRitem->Mat = mMaterials["whiteMat"].get();
  quadPatchRitem->Geo = mGeometries["quadpatchGeo"].get();
  quadPatchRitem->PrimitiveType =
    D3D_PRIMITIVE_TOPOLOGY_4_CONTROL_POINT_PATCHLIST;
  quadPatchRitem->IndexCount =
    quadPatchRitem->Geo->DrawArgs["quadpatch"].IndexCount;
```

```
    quadPatchRitem->StartIndexLocation =
        quadPatchRitem->Geo->DrawArgs["quadpatch"].StartIndexLocation;
    quadPatchRitem->BaseVertexLocation =
        quadPatchRitem->Geo->DrawArgs["quadpatch"].BaseVertexLocation;
    mRitemLayer[(int)RenderLayer::Opaque].push_back(quadPatchRitem.get());

    mAllRitems.push_back(std::move(quadPatchRitem));
}
```

그럼 덮개 셰이더를 살펴보자. 이 예제의 상수 덮개 셰이더는 §14.2.1과 §14.2.2에 나온 것과 비슷하나, 시점과의 거리에 따라 테셀레이션 계수들을 결정한다는 점이 다르다. 여기에 깔린 의도는, 물체가 멀리 있으면 저다각형 메시를 사용하고 시점에 가까울수록 테셀레이션 정도를 (따라서 삼각형 개수를) 증가한다는 것이다(그림 14.5 참고). 제어점 덮개 셰이더는 단순한 '통과' 셰이더이다.

```
struct VertexIn
{
    float3 PosL  : POSITION;
};

struct VertexOut
{
    float3 PosL  : POSITION;
};

VertexOut VS(VertexIn vin)
{
    VertexOut vout;
    vout.PosL = vin.PosL;
    return vout;
}
```

그림 14.5 카메라에 가까워질수록 메시를 더욱 세분한다.

```
struct PatchTess
{
  float EdgeTess[4]   : SV_TessFactor;
  float InsideTess[2] : SV_InsideTessFactor;
};

PatchTess ConstantHS(InputPatch<VertexOut, 4> patch,
                     uint patchID : SV_PrimitiveID)
{
  PatchTess pt;

  float3 centerL = 0.25f*(patch[0].PosL +
                   patch[1].PosL +
                   patch[2].PosL +
                   patch[3].PosL);

  float3 centerW = mul(float4(centerL, 1.0f), gWorld).xyz;

  float d = distance(centerW, gEyePosW);

  // 시점과의 거리에 따라 패치를 테셀레이션한다. 만일 d >= d1이면
  // 테셀레이션 계수를 0으로 하고, d <= d0이면 64로 한다.
  // 그 사이의 거리이면 [d0, d1] 구간으로 보간한 값을 사용한다

  const float d0 = 20.0f;
  const float d1 = 100.0f;
  float tess = 64.0f*saturate( (d1-d)/(d1-d0) );

  // 패치의 모든 변과 내부를 균등하게 테셀레이션한다.
  pt.EdgeTess[0] = tess;
  pt.EdgeTess[1] = tess;
  pt.EdgeTess[2] = tess;
  pt.EdgeTess[3] = tess;

  pt.InsideTess[0] = tess;
  pt.InsideTess[1] = tess;

  return pt;
}

struct HullOut
{
  float3 PosL : POSITION;
};
```

```
[domain("quad")]
[partitioning("integer")]
[outputtopology("triangle_cw")]
[outputcontrolpoints(4)]
[patchconstantfunc("ConstantHS")]
[maxtessfactor(64.0f)]
HullOut HS(InputPatch<VertexOut, 4> p,
           uint i : SV_OutputControlPointID,
           uint patchId : SV_PrimitiveID)
{
  HullOut hout;
  hout.PosL = p[i].PosL;
  return hout;
}
```

사각형을 세분하는 것만으로는 표면에 세부사항이 추가되지 않는다. 새 삼각형들이 그냥 패치의 평면에 그대로 놓여 있기 때문이다. 표면이 좀 더 세부적인 모습을 나타내려면, 새로 생긴 정점들의 위치를 우리가 묘사하고자 하는 물체의 실체 형태에 좀 더 가깝게 이동해야 한다(변위 매핑). 이 예제에서는 정점의 y 성분을 §7.7.3에 나온 '언덕' 높이 함수를 이용해서 조정한다.

```
struct DomainOut
{
  float4 PosH : SV_POSITION;
};

// 영역 셰이더는 테셀레이터가 생성한 각 정점마다 호출된다.
// 테셀레이션 이후의 정점 셰이더라고 할 수 있다.
[domain("quad")]
DomainOut DS(PatchTess patchTess,
             float2 uv : SV_DomainLocation,
             const OutputPatch<HullOut, 4> quad)
{
  DomainOut dout;

  // 겹선형 보간
  float3 v1 = lerp(quad[0].PosL, quad[1].PosL, uv.x);
  float3 v2 = lerp(quad[2].PosL, quad[3].PosL, uv.x);
  float3 p  = lerp(v1, v2, uv.y);

  // 변위 매핑
  p.y = 0.3f*( p.z*sin(p.x) + p.x*cos(p.z) );
```

```
    float4 posW = mul(float4(p, 1.0f), gWorld);
    dout.PosH = mul(posW, gViewProj);

    return dout;
}

float4 PS(DomainOut pin) : SV_Target
{
    return float4(1.0f, 1.0f, 1.0f, 1.0f);
}
```

14.6 삼차 베지에 사각형 패치

이번 절에서는 다수의 제어점을 이용해서 곡면을 생성하는 방법을 독자에게 보여주기 위해 삼차 베지에 사각형 패치(cubic Bézier quad patch)를 설명한다. 바로 베지에 곡면으로 들어가기 전에, 먼저 베지에 곡선(Bézier curve)을 이해하는 것이 도움이 될 것이다.

14.6.1 베지에 곡선

동일선상이 아닌 세 점 $\mathbf{p}_0$, $\mathbf{p}_1$, $\mathbf{p}_2$를 하나의 베지에 곡선을 정의하는 세 제어점으로 사용한다고 하자. 이때 베지에 곡선의 한 점 $\mathbf{p}(t)$는 다음과 같은 방식으로 정의된다. 우선, $\mathbf{p}_0$과 $\mathbf{p}_1$을 t로 선형 보간해서 하나의 임시점을 얻는다. 그런 다음 $\mathbf{p}_1$과 $\mathbf{p}_2$를 t로 선형 보간해서 또 다른 임시점을 얻는다.

$$\mathbf{p}_0^1 = (1 - t)\mathbf{p}_0 + t\mathbf{p}_1$$
$$\mathbf{p}_1^1 = (1 - t)\mathbf{p}_1 + t\mathbf{p}_2$$

이 두 임시점을 t로 선형 보간하면 곡선의 한 점 $\mathbf{p}(t)$가 나온다.

$$\begin{aligned}
\mathbf{p}(t) &= (1 - t)\mathbf{p}_0^1 + t\mathbf{p}_1^1 \\
&= (1 - t)((1 - t)\mathbf{p}_0 + t\mathbf{p}_1) + t((1 - t)\mathbf{p}_1 + t\mathbf{p}_2) \\
&= (1 - t)^2\mathbf{p}_0 + 2(1 - t)t\mathbf{p}_1 + t^2\mathbf{p}_2
\end{aligned}$$

이처럼 보간을 거듭 적용해서 이차(quadratic) 베지에 곡선을 구축하는 방법을 다음과 같은 매개변수 방정식으로 표현할 수 있다.

$$\mathbf{p}(t) = (1 - t)^2\mathbf{p}_0 + 2(1 - t)t\mathbf{p}_1 + t^2\mathbf{p}_2$$

마찬가지 방식으로, 네 제어점 $\mathbf{p}_0$, $\mathbf{p}_1$, $\mathbf{p}_2$, $\mathbf{p}_3$은 하나의 삼차(cubic) 베지에 곡선을 정의하며, 네 제어점에 선형 보간을 되풀이함으로써 그 곡선의 한 점 $\mathbf{p}(t)$를 구할 수 있다. [그림 14.6]은 이러한 삼차 곡선의 구축 방식을 나타낸 것이다. 우선 네 제어점으로 정의되는 각 선분을 선형 보간해서 세 개의 1세대 임시점을 구한다.

$$\mathbf{p}_0^1 = (1 - t)\mathbf{p}_0 + t\mathbf{p}_1$$
$$\mathbf{p}_1^1 = (1 - t)\mathbf{p}_1 + t\mathbf{p}_2$$
$$\mathbf{p}_2^1 = (1 - t)\mathbf{p}_2 + t\mathbf{p}_3$$

다음으로, 1세대 임시점들로 정의되는 각 선분을 선형 보간해서 2세대 임시점 두 개를 구한다.

$$\begin{aligned}\mathbf{p}_0^2 &= (1 - t)\mathbf{p}_0^1 + t\mathbf{p}_1^1 \\ &= (1 - t)^2\mathbf{p}_0 + 2(1 - t)t\mathbf{p}_1 + t^2\mathbf{p}_2 \\ \mathbf{p}_1^2 &= (1 - t)\mathbf{p}_1^1 + t\mathbf{p}_2^1 \\ &= (1 - t)^2\mathbf{p}_1 + 2(1 - t)t\mathbf{p}_2 + t^2\mathbf{p}_3\end{aligned}$$

마지막으로, 이 2세대 임시점들을 선형 보간해서 $\mathbf{p}(t)$를 구한다.

$$\begin{aligned}\mathbf{p}(t) &= (1 - t)\mathbf{p}_0^2 + t\mathbf{p}_1^2 \\ &= (1 - t)((1 - t)^2\mathbf{p}_0 + 2(1 - t)t\mathbf{p}_1 + t^2\mathbf{p}_2) + t((1 - t)^2\mathbf{p}_1 + 2(1 - t)t\mathbf{p}_2 + t^2\mathbf{p}_3)\end{aligned}$$

다음은 이상의 과정을 하나의 삼차 베지어 곡선 매개변수 공식으로 정리한 것이다.

$$\mathbf{p}(t) = (1 - t)^3\mathbf{p}_0 + 3t(1 - t)^2\mathbf{p}_1 + 3t^2(1 - t)\mathbf{p}_2 + t^3\mathbf{p}_3 \qquad \text{(식 14.1)}$$

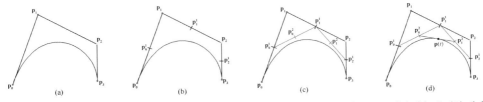

그림 14.6 선형 보간을 되풀이해서 삼차 베지에 곡선의 점들을 구한다. 이 그림에서 $t = 0.5$이다. (a) 네 개의 제어점과 이들로 정의되는 곡선. (b) 제어점들을 선형 보간해서 1세대 임시점들을 구한다. (c) 1세대 임시점들을 선형 보간해서 2세대 임시점들을 구한다. (d) 2세대 임시점들을 선형 보간해서 곡선의 점을 구한다.

일반적으로 사람들은 이러한 삼차 곡선으로 만족한다. 이 정도로도 충분히 매끄러운 곡선이 나오고, 곡선 제어의 자유도도 충분히 높기 때문이다. 그러나, 필요하다면 보간을 같은 방식으로 되풀이함으로써 더 높은 차수의 곡선을 얻을 수 있다.

덧붙이자면, n차 베지에 곡선 공식을 다음과 같이 정의되는 베른슈타인 기저 함수(Bernstein basis function)들로 표현할 수 있다.

$$B_i^n(t) = \frac{n!}{i!(n-i)!} \, t^i(1-t)^{n-i}$$

삼차 베지에 곡선에 대한 베른슈타인 기저 함수들은 다음과 같다.

$$B_0^3(t) = \frac{3!}{0!(3-0)!} \, t^0(1-t)^{3-0} = (1-t)^3$$

$$B_1^3(t) = \frac{3!}{1!(3-1)!} \, t^1(1-t)^{3-1} = 3t(1-t)^2$$

$$B_2^3(t) = \frac{3!}{2!(3-2)!} \, t^2(1-t)^{3-2} = 3t^2(1-t)$$

$$B_3^3(t) = \frac{3!}{3!(3-3)!} \, t^3(1-t)^{3-3} = t^3$$

우변들이 식 14.1의 계수들과 일치한다는 점을 주목하기 바란다. 이에 근거해서, 삼차 베지에 곡선을 다음과 같이 표기할 수 있다.

$$\mathbf{p}(t) = \sum_{j=0}^{3} B_j^3(t)\mathbf{p}_j = B_0^3(t)\mathbf{p}_0 + B_1^3(t)\mathbf{p}_1 + B_2^3(t)\mathbf{p}_2 + B_3^3(t)\mathbf{p}_3$$

거듭제곱과 곱(product)에 대한 미분 공식을 적용해서 삼차 베른슈타인 기저 함수들의 도함수(derivative)를 구하면 다음과 같다.

$$B_0^{3\prime}(t) = -3(1-t)^2$$
$$B_1^{3\prime}(t) = 3(1-t)^2 - 6t(1-t)$$
$$B_2^{3\prime}(t) = 6t(1-t) - 3t^2$$
$$B_3^{3\prime}(t) = 3t^2$$

따라서, 삼차 베지에 곡선의 도함수는

$$\mathbf{p}'(t) = \sum_{j=0}^{3} B_j^{3\prime}(t)\mathbf{p}_j = B_0^{3\prime}(t)\mathbf{p}_0 + B_1^{3\prime}(t)\mathbf{p}_1 + B_2^{3\prime}(t)\mathbf{p}_2 + B_3^{3\prime}(t)\mathbf{p}_3$$

이다. 이 도함수는 곡선의 접선 벡터를 계산할 때 유용하다.

참고: 웹을 검색해 보면 사용자가 제어점들을 직접 조작해서 곡선이 변하는 모습을 볼 수 있는 베지에 곡선 애플릿들이 있다.*

14.6.2 삼차 베지에 곡면

이번 절을 읽으면서 [그림 14.7]를 수시로 참고하기 바란다. 제어점 16개가 4 × 4 격자 형태로 배치된 패치가 있다고 하자. 격자의 한 행(row)은 제어점 네 개로 이루어지며, 각 행의 네 제어점으로 하나의 삼차 베지에 곡선을 정의할 수 있다. i번째 행의 베지에 곡선은 다음과 같이 주어진다.

$$\mathbf{q}_i(u) = \sum_{j=0}^{3} B_j^3(u)\mathbf{p}_{i,j}$$

이러한 베지에 곡선들 각각을 매개변수 u의 특정 값(u_0이라고 하자)으로 평가해서 네 개의 점을 얻을 수 있다. 그 네 점은 격자의 한 열(column)을 이룬다. 이 네 점은 u_0에서 베지에 곡면**에 놓인 또 다른 베지에 곡선을 정의한다. 그 곡선은 다음과 같이 주어진다.

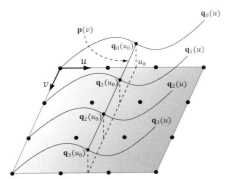

그림 14.7 베지에 곡면의 구축. 그림을 이해하기 쉽도록 몇 가지를 단순화했다. 그림에 나온 것과는 달리 실제로는 제어점들이 모두 평면에 있어야 하는 것은 아니며, 또한 $\mathbf{q}_i(u)$ 들이 모두 같아야 하는 것도 아니다(이들은 모든 행의 제어점들이 동일해서 곡선들도 동일한 경우에만 모두 같다). 그리고 $\mathbf{p}(v)$ 역시 그림처럼 직선이 아니라 삼차 베지에 곡선인 경우가 일반적이다.

---

* **옮긴이**　이를테면 *https://www.jasondavies.com/animated-bezier/*가 있다. 구글 등에서 "interactive bezier curve"를 검색하면 비슷한 페이지들을 발견할 수 있을 것이다.

** **옮긴이**　원문은 Bézier surface로, 직역하면 베지에 '표면'이다. 그러나 일반적으로 베지에 표면은 곡면(curved surface)을 표현하는 데 쓰인다는 점에서, 이 번역서에서는 베지에 곡면이라는 용어를 사용한다.

$$\mathbf{p}(v) = \sum_{i=0}^{3} B_i^3(v)\mathbf{q}_i(u_0)$$

u를 계속 변화시키면 일련의 삼차 베지에 곡선들이 만들어지며, 궁극적으로 그 곡선들은 하나의 삼차 베지에 곡면을 형성한다.

$$\mathbf{p}(u,v) = \sum_{i=0}^{3} B_i^3(v)\mathbf{q}_i(u)$$

$$= \sum_{i=0}^{3} B_i^3(v) \sum_{j=0}^{3} B_j^3(u)\mathbf{p}_{i,j}$$

베지에 곡면의 편도함수들은 다음과 같이 주어진다. 이들은 곡면의 접선 벡터와 법선 벡터를 계산할 때 유용하다.

$$\frac{\partial \mathbf{p}}{\partial u}(u,v) = \sum_{i=0}^{3} B_i^3(v) \sum_{j=0}^{3} \frac{\partial B_j^3}{\partial u}(u)\mathbf{p}_{i,j}$$

$$\frac{\partial \mathbf{p}}{\partial v}(u,v) = \sum_{i=0}^{3} \frac{\partial B_i^3}{\partial u}(v) \sum_{j=0}^{3} B_j^3(u)\mathbf{p}_{i,j}$$

14.6.3 삼차 베지에 곡면 평가 코드

그럼 지금까지 설명한 삼차 베지에 곡면을 평가하는 코드를 살펴보자. 코드를 이해하기 쉽도록, 앞의 공식들에서 합산(시그마) 표기를 다음과 같이 전개해서 코드에 적용하기로 한다.

$$\mathbf{q}_0(u) = B_0^3(u)\mathbf{p}_{0,0} + B_1^3(u)\mathbf{p}_{0,1} + B_2^3(u)\mathbf{p}_{0,2} + B_3^3(u)\mathbf{p}_{0,3}$$

$$\mathbf{q}_1(u) = B_0^3(u)\mathbf{p}_{1,0} + B_1^3(u)\mathbf{p}_{1,1} + B_2^3(u)\mathbf{p}_{1,2} + B_3^3(u)\mathbf{p}_{1,3}$$

$$\mathbf{q}_2(u) = B_0^3(u)\mathbf{p}_{2,0} + B_1^3(u)\mathbf{p}_{2,1} + B_2^3(u)\mathbf{p}_{2,2} + B_3^3(u)\mathbf{p}_{2,3}$$

$$\mathbf{q}_3(u) = B_0^3(u)\mathbf{p}_{3,0} + B_1^3(u)\mathbf{p}_{3,1} + B_2^3(u)\mathbf{p}_{3,2} + B_3^3(u)\mathbf{p}_{3,3}$$

$$\mathbf{p}(u,v) = B_0^3(v)\mathbf{q}_0(u) + B_1^3(v)\mathbf{q}_1(u) + B_2^3(v)\mathbf{q}_2(u) + B_3^3(v)\mathbf{q}_3(u)$$

$$= B_0^3(v)[B_0^3(u)\mathbf{p}_{0,0} + B_1^3(u)\mathbf{p}_{0,1} + B_2^3(u)\mathbf{p}_{0,2} + B_3^3(u)\mathbf{p}_{0,3}]$$

$$+ B_1^3(v)[B_0^3(u)\mathbf{p}_{1,0} + B_1^3(u)\mathbf{p}_{1,1} + B_2^3(u)\mathbf{p}_{1,2} + B_3^3(u)\mathbf{p}_{1,3}]$$

$$+ B_2^3(v)[B_0^3(u)\mathbf{p}_{2,0} + B_1^3(u)\mathbf{p}_{2,1} + B_2^3(u)\mathbf{p}_{2,2} + B_3^3(u)\mathbf{p}_{2,3}]$$

$$+ B_3^3(v)[B_0^3(u)\mathbf{p}_{3,0} + B_1^3(u)\mathbf{p}_{3,1} + B_2^3(u)\mathbf{p}_{3,2} + B_3^3(u)\mathbf{p}_{3,3}]$$

다음 코드는 이 수식들에 직접 대응된다.

```
float4 BernsteinBasis(float t)
{
  float invT = 1.0f - t;

  return float4(
    invT * invT * invT,      // B_0^3(t) = (1 - t)^3
    3.0f * t * invT * invT,  // B_1^3(t) = 3t(1 - t)^2
    3.0f * t * t * inv ,     // B_2^3(t) = 3t^2(1 - t)
    t * t * t );             // B_3^3(t) = t^3
}


float4 dBernsteinBasis(float t)
{
  float invT = 1.0f - t;

  return float4(
    -3 * invT * invT,            // B_0^{3'}(t) = -3(1 - t)^2
    3 * invT * invT - 6 * t * invT, // B_1^{3'}(t) = 3(1 - t)^2 - 6t(1 - t)
    6 * t * invT - 3 * t * t,    // B_2^{3'}(t) = 6t(1 - t) - 3t^2
    3 * t * t );                 // B_3^{3'}(t) = 3t^2
}

float3 CubicBezierSum(const OutputPatch<HullOut, 16> bezpatch,
          float4 basisU, float4 basisV)
{
  float3 sum = float3(0.0f, 0.0f, 0.0f);
  sum = basisV.x * (basisU.x*bezpatch[0].PosL +
          basisU.y*bezpatch[1].PosL +
          basisU.z*bezpatch[2].PosL +
          basisU.w*bezpatch[3].PosL );
  sum += basisV.y * (basisU.x*bezpatch[4].PosL +
          basisU.y*bezpatch[5].PosL +
          basisU.z*bezpatch[6].PosL +
          basisU.w*bezpatch[7].PosL );
  sum += basisV.z * (basisU.x*bezpatch[8].PosL +
          basisU.y*bezpatch[9].PosL +
          basisU.z*bezpatch[10].PosL +
          basisU.w*bezpatch[11].PosL);
  sum += basisV.w * (basisU.x*bezpatch[12].PosL +
          basisU.y*bezpatch[13].PosL +
          basisU.z*bezpatch[14].PosL +
          basisU.w*bezpatch[15].PosL);

  return sum;
}
```

다음은 이상의 함수들을 이용해서 $\mathbf{p}(u,\,v)$를 평가하고 편도함수들을 계산하는 예이다.

```
float4 basisU = BernsteinBasis(uv.x);
float4 basisV = BernsteinBasis(uv.y);

// p(u, v)
float3 p = CubicBezierSum(bezPatch, basisU, basisV);

float4 dBasisU = dBernsteinBasis(uv.x);
float4 dBasisV = dBernsteinBasis(uv.y);

// ∂p/∂u (u,v)
float3 dpdu = CubicBezierSum(bezPatch, dbasisU, basisV);

// ∂p/∂v (u,v)
float3 dpdv = CubicBezierSum(bezPatch, basisU, dbasisV);
```

참고: CubicBezierSum 함수가 기저 함수들을 평가한 값들을 받는다는 점을 주목하기 바란다. 이 덕분에 CubicBezierSum을 $\mathbf{p}(u,\,v)$의 평가와 편도함수의 평가 모두에 사용할 수 있다. 그 둘은 합산 형태가 동일하고 기저 함수만 다르기 때문이다.

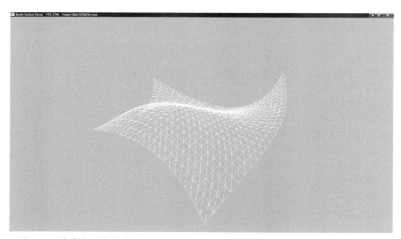

그림 14.8 베지에 곡면 예제의 실행 모습.

14.6.4 패치 기하구조의 정의

다음은 이번 장의 베지에 곡면 예제('BezierPatch')에서 16개의 제어점을 담는 정점 버퍼를
생성하는 코드이다.

```
void BezierPatchApp::BuildQuadPatchGeometry()
{
  std::array<XMFLOAT3,16> vertices =
  {
    // 행 0
    XMFLOAT3(-10.0f, -10.0f, +15.0f),
    XMFLOAT3(-5.0f, 0.0f, +15.0f),
    XMFLOAT3(+5.0f, 0.0f, +15.0f),
    XMFLOAT3(+10.0f, 0.0f, +15.0f),

    // 행 1
    XMFLOAT3(-15.0f, 0.0f, +5.0f),
    XMFLOAT3(-5.0f, 0.0f, +5.0f),
    XMFLOAT3(+5.0f, 20.0f, +5.0f),
    XMFLOAT3(+15.0f, 0.0f, +5.0f),

    // 행 2
    XMFLOAT3(-15.0f, 0.0f, -5.0f),
    XMFLOAT3(-5.0f, 0.0f, -5.0f),
    XMFLOAT3(+5.0f, 0.0f, -5.0f),
    XMFLOAT3(+15.0f, 0.0f, -5.0f),

    // 행 3
    XMFLOAT3(-10.0f, 10.0f, -15.0f),
    XMFLOAT3(-5.0f, 0.0f, -15.0f),
    XMFLOAT3(+5.0f, 0.0f, -15.0f),
    XMFLOAT3(+25.0f, 10.0f, -15.0f)
  };

  std::array<std::int16_t, 16> indices =
  {
    0, 1, 2, 3,
    4, 5, 6, 7,
    8, 9, 10, 11,
    12, 13, 14, 15
  };

  const UINT vbByteSize = (UINT)vertices.size() * sizeof(Vertex);
```

```
const UINT ibByteSize = (UINT)indices.size() * sizeof(std::uint16_t);

auto geo = std::make_unique<MeshGeometry>();
geo->Name = "quadpatchGeo";

ThrowIfFailed(D3DCreateBlob(vbByteSize, &geo->VertexBufferCPU));
CopyMemory(geo->VertexBufferCPU->GetBufferPointer(), vertices.data(),
  vbByteSize);

ThrowIfFailed(D3DCreateBlob(ibByteSize, &geo->IndexBufferCPU));
CopyMemory(geo->IndexBufferCPU->GetBufferPointer(), indices.data(),
  ibByteSize);

geo->VertexBufferGPU = d3dUtil::CreateDefaultBuffer(md3dDevice.Get(),
  mCommandList.Get(), vertices.data(), vbByteSize,
 geo->VertexBufferUploader);

geo->IndexBufferGPU = d3dUtil::CreateDefaultBuffer(md3dDevice.Get(),
  mCommandList.Get(), indices.data(), ibByteSize,
  geo->IndexBufferUploader);

geo->VertexByteStride = sizeof(XMFLOAT3);
geo->VertexBufferByteSize = vbByteSize;
geo->IndexFormat = DXGI_FORMAT_R16_UINT;
geo->IndexBufferByteSize = ibByteSize;

SubmeshGeometry quadSubmesh;
quadSubmesh.IndexCount = (UINT)indices.size();
quadSubmesh.StartIndexLocation = 0;
quadSubmesh.BaseVertexLocation = 0;

geo->DrawArgs["quadpatch"] = quadSubmesh;

mGeometries[geo->Name] = std::move(geo);
}
```

참고: 제어점들을 반드시 같은 간격으로 배치해서 균등 격자를 형성해야 한다는 제약은 없다.

다음은 사각형 패치를 위한 렌더 항목을 생성하는 코드이다.

```
void BezierPatchApp::BuildRenderItems()
{
  auto quadPatchRitem = std::make_unique<RenderItem>();
  quadPatchRitem->World = MathHelper::Identity4x4();
  quadPatchRitem->TexTransform = MathHelper::Identity4x4();
  quadPatchRitem->ObjCBIndex = 0;
  quadPatchRitem->Mat = mMaterials["whiteMat"].get();
  quadPatchRitem->Geo = mGeometries["quadpatchGeo"].get();
  quadPatchRitem->PrimitiveType =
    D3D_PRIMITIVE_TOPOLOGY_16_CONTROL_POINT_PATCHLIST;
  quadPatchRitem->IndexCount =
    quadPatchRitem->Geo->DrawArgs["quadpatch"].IndexCount;
  quadPatchRitem->StartIndexLocation =
    quadPatchRitem->Geo->DrawArgs["quadpatch"].StartIndexLocation;
  quadPatchRitem->BaseVertexLocation =
    quadPatchRitem->Geo->DrawArgs["quadpatch"].BaseVertexLocation;
  mRitemLayer[(int)RenderLayer::Opaque].push_back(
    quadPatchRitem.get());

  mAllRitems.push_back(std::move(quadPatchRitem));
}
```

14.7 요약

1. 테셀레이션 단계들은 렌더링 파이프라인의 생략 가능한 단계들로, 덮개 셰이더와 테셀레이터, 영역 셰이더로 구성된다. 덮개 셰이더와 영역 셰이더는 프로그래밍이 가능하지만 테셀레이터는 전적으로 하드웨어가 제어한다.

2. 하드웨어 테셀레이션을 이용하면 메모리를 절약할 수 있다. 메모리에는 저다각형 자산만 저장해 두고, 좀 더 세밀한 모습이 필요하면 테셀레이션을 통해서 즉석에서 세부사항을 추가할 수 있기 때문이다. 또한 애니메이션이나 물리 계산을 테셀레이션 이전의 저다각형 메시 수준에서 수행함으로써 계산량을 줄일 수 있다. 마지막으로, 연속적인 세부수준(LOD) 알고리즘을 전적으로 GPU에서 구현할 수 있다. 하드웨어 테셀레이션이 없던 시절에는 이를 CPU에서 구현해야 했다.

3. 렌더링 파이프라인에 제어점들을 제출하는 데 쓰이는, 테셀레이션 전용 패치 기본도형들이 있다. Direct3D 12는 최소 1에서 최대 32개의 제어점을 가진 패치 기본도형들

을 지원하며, D3D_PRIMITIVE_TOPOLOGY 열거형에는 그 패치 기본도형들에 해당하는 D3D_PRIMITIVE_1_CONTROL_POINT_PATCH, ..., D3D_PRIMITIVE_32_CONTROL_POINT_PATCH 멤버들이 정의되어 있다.

4. 테셀레이션에서는 정점 셰이더에 제어점들이 입력된다. 이때 정점 셰이더는 주로 제어점별로 애니메이션이나 물리를 계산하는 용도로 쓰인다. 덮개 셰이더는 상수 덮개 셰이더 함수와 제어점 덮개 셰이더 함수로 구성된다. 패치마다 호출되는 상수 덮개 셰이더는 주어진 패치의 테셀레이션 계수들을 출력한다. 그 계수들은 테셀레이터가 패치를 테셀레이션하는 방식과 정도를 결정한다. 상수 덮개 셰이더에서 계수들 외에 패치에 관한 추가적인 자료를 출력할 수도 있다. 제어점 덮개 셰이더 함수는 일단의 제어점들을 받아서 일단의 제어점을 출력한다. 제어점 덮개 셰이더는 각 출력 제어점마다 한 번씩 호출된다. 제어점 덮개 셰이더의 주된 용도는 입력 패치의 표면 표현을 변경하는 것이다. 예를 들어 제어점이 세 개인 삼각형 패치를 입력받아서 제어점이 10개인 베지에 삼각형 표면 패치를 출력할 수도 있다.

5. 영역 셰이더는 테셀레이터가 출력한 정점마다 한 번씩 호출된다. 테셀레이션이 활성화되어 있을 때 정점 셰이더는 각 제어점에 대한 정점 셰이더로 작용하는 반면 영역 셰이더는 본질적으로 테셀레이션된 패치에 대한 정점 셰이더로 작용한다. 특히, 테셀레이션된 패치의 정점들을 동차 절단 공간으로 변환하는 장소가 바로 이 영역 셰이더이다.

6. 물체가 테셀레이션되지 않을 가능성이 크다면(이를테면 테셀레이션 계수들이 1에 가깝다면), 아예 테셀레이션을 비활성화해서 렌더링하는 것이 바람직하다. 테셀레이션에는 추가 부담이 있기 때문이다. 그리고 화면에 나타나는 픽셀이 여덟 개 미만일 정도로 작은 삼각형은 테셀레이션하지 않는 것이 좋다. 또한, 그리기 호출들 사이에서 테셀레이션을 켰다 껐다 하지 말고, 테셀레이션을 사용하는 그리기 호출들을 일괄적으로 묶어서 처리하라. 그리고 덮개 셰이더에서 후면 선별과 절두체 선별을 적용해서, 어차피 보이지 않을 패치는 테셀레이션되지 않게 하라.

7. 매끄러운 곡선과 곡면을 묘사하는 데 쓰이는 베지에 곡선과 베지에 곡면은 매개변수 방정식으로 정의된다. 베지에 곡선과 곡면의 형태는 제어점들이 결정한다. 베지에 곡면의 직접적인 용도는 매끄러운 곡면을 그리는 것이지만, 그 외에 PN 삼각형이나 캐트멀-클라크 근사(Catmull-Clark approximation) 같은 여러 유명 하드웨어 테셀레이션 알고리즘에도 쓰인다.

14.8 연습문제

1. 기본 테셀레이션 예제('BasicTessellation')를, 사각형 대신 삼각형 패치를 테셀레이션하도록 수정하라.

2. 정이십면체를 테셀레이션하되, 테셀레이션의 정도를 거리에 기초해서 결정하라.

3. 기본 테셀레이션 예제를, 평평한 사각형을 항상 일정한 정도로 테셀레이션하도록 수정하라. 테셀레이션 계수들이 어떤 식으로 작동하는지 충분히 이해할 때까지 변 및 내부 테셀레이션 계수들을 여러 가지로 조정해 보기 바란다.

4. 기본 테셀레이션 예제에 다음 두 설정을 각각 적용해서 분수 테셀레이션을 시험해 보라.

```
[partitioning("fractional_even")]
[partitioning("fractional_odd")]
```

5. 이차 베지에 곡선에 대한 베른슈타인 기저 함수 $B_0^2(t)$, $B_1^2(t)$, $B_2^2(t)$를 계산하고, 해당 도함수 $B_0^{2'}(t)$, $B_1^{2'}(t)$, $B_2^{2'}(t)$를 구하라. 이에 기초해서, 이차 베지에 곡면에 대한 매개변수 방정식을 유도하라.

6. 베지에 곡면 예제('BezierPatch')의 제어점들을 변경해 가면서 베지에 곡면이 어떻게 변하는지 시험해 보라.

7. 베지에 곡면 예제를, 제어점이 아홉 개인 이차 베지에 곡면을 사용하도록 수정하라.

8. 베지에 곡면 예제를, 베지에 곡면에 조명과 색조를 적용하도록 수정하라. 그러려면 영역 셰이더에서 정점 법선들을 계산해야 할 것이다. 한 정점 위치에서의 법선은 그 위치에서의 두 편미분계수의 외적으로 구할 수 있다.

9. 베지에 삼각형 패치를 공부해서 구현하라.

Part **III**

응용

제3부에서는 Direct3D를 이용해서 다양한 3차원 그래픽 응용 프로그램을 구현하는 데 초점을 두고, 하늘 렌더링, 주변광 차폐, 캐릭터 애니메이션, 물체 선택, 환경 매핑, 법선 매핑, 그림자 매핑 같은 기법들을 살펴본다.

Part III

응용

- **제15장 1인칭 카메라 구축과 동적 색인화:** 제15장은 1인칭 게임에서 흔히 볼 수 있는 방식으로 작동하는 카메라 시스템을 설계하고 구현하는 방법을 살펴본다. 키보드와 마우스 입력으로 카메라를 제어하는 방법을 배우게 될 것이다. 또한, 제15장에서는 동적 색인화라고 하는 Direct3D 12의 새로운 기법도 소개한다. 이 기법을 이용하면 셰이더 안에서 텍스처 객체들의 배열을 동적으로 색인화할 수 있다.

- **제16장 인스턴싱과 절두체 선별:** 인스턴싱은 같은 기하구조를 서로 다른 속성들로(이를테면 장면의 서로 다른 위치에 서로 다른 색으로) 여러 번 그리는 작업을 최적화해주는 기법으로, 하드웨어가 직접 지원한다. 절두체 선별은 파이프라인에 제출된 물체 중 가상 카메라의 시야에서 완전히 벗어난 물체들을 일찍 폐기해서 렌더링 속도를 높이는 최적화 기법이다. 제16장에서는 메시의 경계상자와 경계구를 구하는 방법도 소개한다.

- **제17장 물체 선택:** 제17장에서는 사용자가 마우스로 선택한 특정 3차원 물체(또는 3차원 기본도형)를 알아내는 방법을 살펴본다. 사용자가 마우스로 3차원 세계와 상호작용하는 3차원 게임이나 응용 프로그램에서는 이러한 선택(picking) 기능이 꼭 필요한 경우가 많다.

- **제18장 입방체 매핑:** 제18장에서는 환경 매핑을 이용해서 임의의 메시가 그 주변 환경을 반사하게 만드는 방법을 살펴본다. 또한, 환경 맵으로 하늘 구에 텍스처를 입히는 방법도 소개한다.

- **제19장 법선 매핑**: 제19장에서는 법선 맵을 이용해서 좀 더 세부적인 실시간 조명 결과를 얻는 방법을 살펴본다. 법선 맵은 법선 벡터들을 담은 텍스처이다. 이러한 법선 매핑을 이용하면 표면의 법선들을 정점당 법선을 사용할 때보다 더욱 세밀하게 지정할 수 있으므로 조명의 결과가 좀 더 사실적인 모습이 된다.

- **제20장 그림자 매핑**: 그림자 매핑은 실시간 그림자 적용 기법의 하나로, 임의의 기하구조에 대한 그림자를 생성할 수 있다(평면 그림자에만 국한되지 않는다). 제20장에서는 투영 텍스처 적용 기법도 설명한다.

- **제21장 주변광 차폐**: 조명은 장면의 사실감을 높이는 데 중요한 역할을 한다. 제21장에서는 장면의 한 점에 들어오는 빛이 다른 물체에 얼마나 가려지는지 추정함으로써 조명 공식의 주변광 항을 개선하는 방법을 설명한다.

- **제22장 사원수**: 제22장에서는 사원수라고 하는 수학적 대상을 공부한다. 단위 사원수가 회전을 표현한다는 점과 단위 사원수를 간단히 보간할 수 있다는 점, 그리고 이를 통해서 회전을 보간할 수 있다는 점을 배우게 될 것이다. 회전을 보간할 수 있으면 3차원 메시 애니메이션이 가능해진다.

- **제23장 캐릭터 애니메이션**: 제23장은 캐릭터 애니메이션의 이론을 개괄하고, 전형적인 인간형 게임 캐릭터의 복잡한 걷기(보행) 애니메이션을 구현하는 방법을 살펴본다.

1인칭 카메라 구축과 동적 색인화

이번 장은 개별적인 두 가지 짧은 주제를 다룬다. 이번 장의 전반부에서는 1인칭 슈팅 게임에서 흔히 볼 수 있는 방식으로 작동하는 카메라 시스템을 설계한다. 이후의 예제들은 지금까지의 예제들에 쓰인 궤도 카메라 시스템 대신 이번 장의 1인칭 카메라를 사용할 것이다. 후반부에서는 동적 색인화라고 하는 Direct3D 12의 새로운 기법(셰이더 모형 5.1에 추가되었다)을 소개한다. 이 기법을 이용하면 셰이더 안에서 텍스처 객체들의 배열(Texture2D gDiffuseMap[n])을 동적으로 색인화할 수 있다. 이 기법은 제12장에서 살펴본 특별한 텍스처 배열 객체(Texture2DArray)의 색인화와 비슷하지만, Texture2DArray와는 달리 이 기법의 텍스처 배열에는 크기와 형식이 서로 다른 텍스처들을 담을 수 있어서 Texture2DArray보다 유연하다.

목표

1. 시야 공간 변환에 깔린 수학을 개괄한다.
2. 1인칭 카메라의 전형적인 기능성을 파악한다.
3. 1인칭 카메라를 구현하는 방법을 배운다.
4. 텍스처들의 배열을 동적으로 색인화하는 방법을 이해한다.

15.1 시야 변환 개괄

시야 공간(view space)은 카메라에 부착된 좌표계이다(그림 15.1). 카메라는 이 좌표계의 원점에서 양의 z 축을 바라본다. x 축은 카메라의 오른쪽을 향하고 y 축은 카메라의 위쪽을 향한다. 렌더링 파이프라인의 후반 단계들에서는 장면의 정점들을 세계 공간이 아니라 시야 공간, 즉 카메라 좌표계를 기준으로 서술하는 것이 더 편리하다. 세계 공간에서 시야 공간으로의 좌표 변경 변환을 **시야 변환**(view transform)이라고 부르고, 해당 변환 행렬을 **시야 행렬**(view matrix)이라고 부른다.

$\mathbf{Q}_W = (Q_x, Q_y, Q_z, 1)$과 $\mathbf{u}_W = (u_x, u_y, u_z, 0)$, $\mathbf{v}_W = (v_x, v_y, v_z, 0)$, $\mathbf{w}_W = (w_x, w_y, w_z, 0)$이 각각 세계 공간을 기준으로 한 시야 공간의 원점과 x 축, y 축, z 축의 동차좌표라고 하자. 그러면, §3.4.3에서 보았듯이 시야 공간에서 세계 공간으로의 좌표 변경 행렬은 다음과 같이 주어진다.

$$\mathbf{W} = \begin{bmatrix} u_x & u_y & u_z & 0 \\ v_x & v_y & v_z & 0 \\ w_x & w_y & w_z & 0 \\ Q_x & Q_y & Q_z & 1 \end{bmatrix}$$

그런데 지금 필요한 변환 행렬은 이것이 아니라 그 반대 방향의 변환 행렬, 즉 세계 공간에서 시야 공간으로의 변환 행렬이다. 다행히, §3.4.5에서 보았듯이 좌표 변경 변환의 역변환에 해당하는 행렬은 원래의 변환 행렬의 역행렬이다. 즉, 세계 공간에서 시야 공간으로의 변환 행렬은 $\mathbf{W}^{-1}$이다.

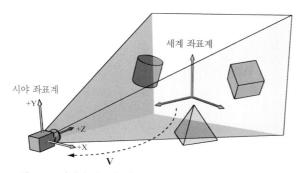

그림 15.1 카메라 좌표계. 이 좌표계를 기준으로, 카메라는 좌표계의 원점에 놓여서 양의 z 축을 바라본다.

일반적으로, 세계 좌표계와 시야 좌표계는 원점의 위치와 좌표축들의 방향만 다르다. 그런 경우 $\mathbf{W} = \mathbf{RT}$라고 두는 것이 이해에 도움이 된다(즉, 세계 행렬을 회전 다음에 이동을 적용하는 변환으로 분해할 수 있다). 이런 형태의 행렬은 그 역행렬을 구하기가 쉽다.

$$\mathbf{V} = \mathbf{W}^{-1} = (\mathbf{RT})^{-1} = \mathbf{T}^{-1}\mathbf{R}^{-1} = \mathbf{T}^{-1}\mathbf{R}^T$$

$$= \begin{bmatrix} 1 & 0 & 0 & 0 \\ 0 & 1 & 0 & 0 \\ 0 & 0 & 1 & 0 \\ -Q_x & -Q_y & -Q_z & 1 \end{bmatrix} \begin{bmatrix} u_x & v_x & w_x & 0 \\ u_y & v_y & w_y & 0 \\ u_z & v_z & w_z & 0 \\ 0 & 0 & 0 & 1 \end{bmatrix} = \begin{bmatrix} u_x & v_x & w_x & 0 \\ u_y & v_y & w_y & 0 \\ u_z & v_z & w_z & 0 \\ -\mathbf{Q} \cdot \mathbf{u} & -\mathbf{Q} \cdot \mathbf{v} & -\mathbf{Q} \cdot \mathbf{w} & 1 \end{bmatrix}$$

결론적으로, 시야 행렬은 다음과 같은 형태이다.

$$\mathbf{V} = \begin{bmatrix} u_x & v_x & w_x & 0 \\ u_y & v_y & w_y & 0 \\ u_z & v_z & w_z & 0 \\ -\mathbf{Q} \cdot \mathbf{u} & -\mathbf{Q} \cdot \mathbf{v} & -\mathbf{Q} \cdot \mathbf{w} & 1 \end{bmatrix} \qquad \text{(식 15.1)}$$

다른 모든 좌표 변경 변환과 마찬가지로, 이 변환은 장면의 물체들을 실제로 이동하는 것이 아니다. 단지 세계 공간 대신 카메라 공간을 기준으로 사용하다 보니 좌표들이 바뀌는 것일 뿐이다.

15.2 카메라를 대표하는 Camera 클래스

카메라 관련 코드를 캡슐화하기 위해, 이 책의 예제 프레임워크는 Camera라는 클래스를 정의하고 구현한다. 이 카메라 클래스는 두 종류의 중요한 정보를 저장한다. 하나는 카메라 좌표계를 정의하는 속성들이고 또 하나는 시야 절두체를 정의하는 속성들이다. 좀 더 구체적으로, 카메라 속성들은 세계 공간에서의 시야 공간 좌표계 원점, x 축, y 축, z 축 벡터들과 상향 벡터, 시선 벡터이고 시야 절두체 속성들은 시야각, 가까운 평면 거리, 먼 평면 거리이다. 이 클래스의 메서드들은 대부분 자명한(이를테면 이 속성들을 그냥 설정하거나 조회하는) 메서드이다. 아래 코드의 주석에 메서드들과 자료 멤버들이 간단하게나마 소개되어 있다. 몇몇 메서드는 다음 절에서 좀 더 자세히 살펴볼 것이다.

```
class Camera
{
public:

    Camera();
    ~Camera();

    // 세계 공간 카메라 위치를 조회·설정하는 메서드들.
    DirectX::XMVECTOR GetPosition()const;
    DirectX::XMFLOAT3 GetPosition3f()const;
    void SetPosition(float x, float y, float z);
    void SetPosition(const DirectX::XMFLOAT3& v);

    // 카메라 기저벡터들을 조회한다.
    DirectX::XMVECTOR GetRight()const;
    DirectX::XMFLOAT3 GetRight3f()const;
    DirectX::XMVECTOR GetUp()const;
    DirectX::XMFLOAT3 GetUp3f()const;
    DirectX::XMVECTOR GetLook()const;
    DirectX::XMFLOAT3 GetLook3f()const;

    // 절두체 속성들을 조회한다.
    float GetNearZ()const;
    float GetFarZ()const;
    float GetAspect()const;
    float GetFovY()const;
    float GetFovX()const;

    // 시야 공간 기준 가까운·먼 평면 거리들을 조회한다.
    float GetNearWindowWidth()const;
    float GetNearWindowHeight()const;
    float GetFarWindowWidth()const;
    float GetFarWindowHeight()const;

    // 시야 절두체를 설정한다.
    void SetLens(float fovY, float aspect, float zn, float zf);

    // 카메라 위치, 시선 벡터, 상향 벡터로 카메라 좌표계를 설정한다.
    void LookAt(DirectX::FXMVECTOR pos,
            DirectX::FXMVECTOR target,
            DirectX::FXMVECTOR worldUp);
    void LookAt(const DirectX::XMFLOAT3& pos,
            const DirectX::XMFLOAT3& target,
            const DirectX::XMFLOAT3& up);
```

```
    // 시야 행렬과 투영 행렬을 조회한다.
    DirectX::XMMATRIX GetView()const;
    DirectX::XMMATRIX GetProj()const;

    DirectX::XMFLOAT4X4 GetView4x4f()const;
    DirectX::XMFLOAT4X4 GetProj4x4f()const;

    // 카메라를 거리 d만큼 횡이동·축이동한다.
    void Strafe(float d);
    void Walk(float d);

    // 카메라를 회전한다.
    void Pitch(float angle);
    void RotateY(float angle);

    // 카메라 위치나 방향을 수정한 후에는 이 메서드를
    // 호출해서 시야 행렬을 재구축해야 한다.
    void UpdateViewMatrix();

private:

    // 세계 공간 기준의 카메라 좌표계.
    DirectX::XMFLOAT3 mPosition = { 0.0f, 0.0f, 0.0f };
    DirectX::XMFLOAT3 mRight = { 1.0f, 0.0f, 0.0f };
    DirectX::XMFLOAT3 mUp = { 0.0f, 1.0f, 0.0f };
    DirectX::XMFLOAT3 mLook = { 0.0f, 0.0f, 1.0f };

    // 절두체 속성들.
    float mNearZ = 0.0f;
    float mFarZ = 0.0f;
    float mAspect = 0.0f;
    float mFovY = 0.0f;
    float mNearWindowHeight = 0.0f;
    float mFarWindowHeight = 0.0f;

    bool mViewDirty = true;

    // 시야 행렬과 투영 행렬.
    DirectX::XMFLOAT4X4 mView = MathHelper::Identity4x4();
    DirectX::XMFLOAT4X4 mProj = MathHelper::Identity4x4();
};
```

참고: 이 클래스를 정의, 구현하는 *Camera.h* 파일과 *Camera.cpp* 파일은 *Common* 디렉터리에 있다.

15.3 주요 메서드 구현

카메라 클래스의 여러 메서드는 자료 멤버를 설정하거나 조회하는 자명한 메서드들이므로 따로 설명하지 않겠다. 다음은 설명이 필요한 주요 메서드들이다.

15.3.1 XMVECTOR를 돌려주는 메서드들

우선, 'Get'으로 시작하는 여러 조회 메서드들에 XMVECTOR를 돌려주는 버전이 마련되어 있음을 주목하기 바란다. 이는 단지 편의를 위한 것일 뿐이다. XMVECTOR 객체가 필요한 클라이언트 코드(클래스를 사용하는 쪽의 코드)에서는 따로 변환을 거칠 필요 없이 그냥 XMVECTOR를 돌려주는 버전을 사용하면 된다.

```
XMVECTOR Camera::GetPosition()const
{
  return XMLoadFloat3(&mPosition);
}

XMFLOAT3 Camera::GetPosition3f()const
{
  return mPosition;
}
```

15.3.2 SetLens 메서드

시야 절두체는 시야를 제어한다는 점에서 카메라의 렌즈에 해당한다고 할 수 있다. SetLens 메서드는 주어진 절두체 속성들을 멤버 변수들에 저장한 후 투영 행렬을 구축한다.

```
void Camera::SetLens(float fovY, float aspect, float zn, float zf)
{
  // 속성들을 보관해 둔다.
  mFovY = fovY;
  mAspect = aspect;
  mNearZ = zn;
  mFarZ = zf;

  mNearWindowHeight = 2.0f * mNearZ * tanf( 0.5f*mFovY );
  mFarWindowHeight = 2.0f * mFarZ * tanf( 0.5f*mFovY );
```

```
    XMMATRIX P = XMMatrixPerspectiveFovLH(mFovY, mAspect, mNearZ, mFarZ);
    XMStoreFloat4x4(&mProj, P);
}
```

15.3.3 절두체 속성 유도

방금 보았듯이 카메라 클래스는 수직 시야각을 비롯한 여러 절두체 속성을 사용자로부터 제공받는다. 반대로, 이 클래스는 그런 속성들로부터 다른 절두체 속성들을 계산해서 돌려주는 메서드들을 제공한다. 다음은 수직 시야각을 계산해서 돌려주는 메서드와 가까운 평면 및 먼 평면에서의 절두체의 너비와 높이(이런 정보가 유용한 경우가 종종 있다)를 계산해서 돌려주는 메서드들이다. 이들의 구현은 그냥 삼각함수를 적절히 적용하는 것일 뿐이므로 따로 설명하지는 않겠다. 혹시 막히는 부분이 있다면 §5.6.3을 다시 보기 바란다.

```
float Camera::GetFovX()const
{
  float halfWidth = 0.5f*GetNearWindowWidth();
  return 2.0f*atan(halfWidth / mNearZ);
}

float Camera::GetNearWindowWidth()const
{
  return mAspect * mNearWindowHeight;
}

float Camera::GetNearWindowHeight()const
{
  return mNearWindowHeight;
}

float Camera::GetFarWindowWidth()const
{
  return mAspect * mFarWindowHeight;
}

float Camera::GetFarWindowHeight()const
{
  return mFarWindowHeight;
}
```

15.3.4 카메라 변환

충돌 검출을 고려하지 않는다고 할 때, 1인칭 카메라는 다음과 같은 능력을 갖추어야 한다.

1. 카메라를 시선 벡터(look vector)를 따라 앞뒤로 움직인다("walk"; 축이동). 이는 카메라 위치를 시선 벡터를 따라 이동해서 구현할 수 있다.

2. 카메라를 오른쪽 벡터를 따라 좌우로 움직인다("strafe"; 횡이동). 이는 카메라 위치를 오른쪽 벡터를 따라 이동해서 구현할 수 있다.

3. 카메라를 오른쪽 벡터에 대해(즉, 오른쪽 벡터를 회전축으로 사용해서) 회전해서 위아래를 훑어본다(피치^{pitch}). 이는 카메라의 시선 벡터와 상향 벡터를 카메라의 오른쪽 벡터에 대해 회전해서(XMMatrixRotationAxis 호출) 구현할 수 있다.

4. 카메라를 세계 공간 y 축에 대해 회전해서 좌우를 훑어본다(y 축이 세계의 '상향' 벡터라고 할 때). 이는 카메라의 모든 기저벡터를 세계 공간의 y에 대해 회전해서 (XMMatrixRotationY 호출) 구현할 수 있다.

```cpp
void Camera::Walk(float d)
{
  // mPosition += d*mLook
  XMVECTOR s = XMVectorReplicate(d);
  XMVECTOR l = XMLoadFloat3(&mLook);
  XMVECTOR p = XMLoadFloat3(&mPosition);
  XMStoreFloat3(&mPosition, XMVectorMultiplyAdd(s, l, p));}

void Camera::Strafe(float d)
{
  // mPosition += d*mRight
  XMVECTOR s = XMVectorReplicate(d);
  XMVECTOR r = XMLoadFloat3(&mRight);
  XMVECTOR p = XMLoadFloat3(&mPosition);
  XMStoreFloat3(&mPosition, XMVectorMultiplyAdd(s, r, p));
}

void Camera::Pitch(float angle)
{
  // 상향 벡터와 시선 벡터를 오른쪽 벡터에 대해 회전한다.
  XMMATRIX R = XMMatrixRotationAxis(XMLoadFloat3(&mRight), angle);

  XMStoreFloat3(&mUp,
    XMVector3TransformNormal(XMLoadFloat3(&mUp), R));
```

```
    XMStoreFloat3(&mLook,
      XMVector3TransformNormal(XMLoadFloat3(&mLook), R));
}


void Camera::RotateY(float angle)
{
    // 기저벡터들을 세계 공간 y축에 대해 회전한다.

    XMMATRIX R = XMMatrixRotationY(angle);

    XMStoreFloat3(&mRight,
      XMVector3TransformNormal(XMLoadFloat3(&mRight), R));
    XMStoreFloat3(&mUp,
      XMVector3TransformNormal(XMLoadFloat3(&mUp), R));
    XMStoreFloat3(&mLook,
      XMVector3TransformNormal(XMLoadFloat3(&mLook), R));
}
```

15.3.5 시야 행렬 구축

시야 행렬을 재구축하는 UpdateViewMatrix 메서드의 전반부는 카메라의 오른쪽 벡터와 상향 벡터, 시선 벡터를 다시 **정규직교화**(orthonormalization)한다. 즉, 그 벡터들이 모두 서로 직교인 단위벡터가 되게 한다. 회전이 여러 번 되풀이되면 수치 오차가 누적되어서 기저벡터들이 더 이상 정규직교벡터가 아니게 될 수 있어서 이런 처리가 꼭 필요하다. 기저벡터들이 정규직교가 아니면 카메라 좌표계가 직교좌표계가 아니라 한 방향으로 기울어진 좌표계가 되기 때문에 문제가 발생한다. 메서드의 후반부에서는 그냥 카메라 기저벡터들을 식 15.1에 대입해서 시야 변환 행렬을 계산한다.

```
void Camera::UpdateViewMatrix()
{
    if(mViewDirty)
    {
        XMVECTOR R = XMLoadFloat3(&mRight);
        XMVECTOR U = XMLoadFloat3(&mUp);
        XMVECTOR L = XMLoadFloat3(&mLook);
        XMVECTOR P = XMLoadFloat3(&mPosition);

        // 카메라의 축들이 서로 직교인 단위벡터가 되게 한다.
```

```
L = XMVector3Normalize(L);
U = XMVector3Normalize(XMVector3Cross(L, R));

// U와 L이 이미 정규직교이므로, 그 외적은 정규화할
// 필요가 없다.
R = XMVector3Cross(U, L);

// 시야 행렬의 성분들을 채운다.
float x = -XMVectorGetX(XMVector3Dot(P, R));
float y = -XMVectorGetX(XMVector3Dot(P, U));
float z = -XMVectorGetX(XMVector3Dot(P, L));

XMStoreFloat3(&mRight, R);
XMStoreFloat3(&mUp, U);
XMStoreFloat3(&mLook, L);

mView(0, 0) = mRight.x;
mView(1, 0) = mRight.y;
mView(2, 0) = mRight.z;
mView(3, 0) = x;

mView(0, 1) = mUp.x;
mView(1, 1) = mUp.y;
mView(2, 1) = mUp.z;
mView(3, 1) = y;

mView(0, 2) = mLook.x;
mView(1, 2) = mLook.y;
mView(2, 2) = mLook.z;
mView(3, 2) = z;

mView(0, 3) = 0.0f;
mView(1, 3) = 0.0f;
mView(2, 3) = 0.0f;
mView(3, 3) = 1.0f;

mViewDirty = false;
    }
}
```

15.4 카메라 예제 해설

이번 장의 카메라 예제('CameraAndDynamicIndexing')에서 이 카메라 클래스와 관련된 부분을 살펴보자. 카메라 클래스 덕분에, 이제는 예제 응용 프로그램 클래스에서 궤도 카메라 시스템에 관련된 멤버 변수들(mPhi, mTheta, mRadius, mView, mProj)을 제거할 수 있다. 대신 다음과 같은 멤버 변수 하나만 추가하면 된다.

```
Camera mCam;
```

창의 크기가 변했을 때 응용 프로그램 클래스가 직접 투영 행렬을 다시 만들 필요가 없어졌다. 대신 Camera 클래스의 SetLens: 메서드에 작업을 위임하면 된다.

```
void CameraApp::OnResize()
{
  D3DApp::OnResize();

  mCamera.SetLens(0.25f*MathHelper::Pi, AspectRatio(), 1.0f, 1000.0f);
}
```

UpdateScene에서는 키보드 입력에 기초해서 카메라를 전후좌우로 이동한다.

```
void CameraApp::UpdateScene(float dt)
{
  if( GetAsyncKeyState('W') & 0x8000 )
    mCamera.Walk(10.0f*dt);

  if( GetAsyncKeyState('S') & 0x8000 )
    mCamera.Walk(-10.0f*dt);

  if( GetAsyncKeyState('A') & 0x8000 )
    mCamera.Strafe(-10.0f*dt);

  if( GetAsyncKeyState('D') & 0x8000 )
    mCamera.Strafe(10.0f*dt);
```

OnMouseMove 메서드에서는 카메라의 시선 방향을 회전한다.

```
void CameraAndDynamicIndexingApp::OnMouseMove(WPARAM btnState, int x, int y)
{
  if( (btnState & MK_LBUTTON) != 0 )
```

```
  {
    // 마우스 좌표의 픽셀 하나 차이가 1/4도 회전에 해당한다.
    float dx = XMConvertToRadians(
      0.25f*static_cast<float>(x - mLastMousePos.x));
    float dy = XMConvertToRadians(
      0.25f*static_cast<float>(y - mLastMousePos.y));

    mCamera.Pitch(dy);
    mCamera.RotateY(dx);
  }

  mLastMousePos.x = x;
  mLastMousePos.y = y;
}
```

마지막으로, 장면을 렌더링할 때 카메라 인스턴스에서 시야 행렬과 투영 행렬을 조회한다.

```
mCamera.UpdateViewMatrix();

XMMATRIX view = mCamera.View();
XMMATRIX proj = mCamera.Proj();
```

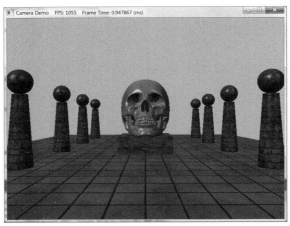

그림 15.2 카메라 예제의 실행 모습. 'W', 'S', 'A', 'D' 키를 이용해서 카메라를 전, 후, 좌, 우로 이동한다. 마우스 왼쪽 버튼을 누른 채로 마우스를 움직이면 '시선' 방향이 달라진다.

15.5 동적 색인화

동적 색인화의 개념은 비교적 간단하다. 동적 색인화(dynamic indexing)란 셰이더 프로그램 안에서 어떤 자원 배열을 말 그대로 동적으로 색인화하는 것일 뿐이다. 이번 장 예제('CameraAndDynamicIndexing')에서는 자원 배열이 텍스처 배열이다. 이 배열의 색인화(색인을 지정해서 특정 원소에 접근하는 것)에 사용할 수 있는 색인은 다양하다.

1. 상수 버퍼의 한 요소를 색인으로 사용할 수 있다.
2. SV_PrimitiveID나 SV_VertexID, SV_DispatchThreadID, SV_InstanceID 같은 시스템 ID를 색인으로 사용할 수 있다.
3. 셰이더 프로그램 안에서 수행한 어떤 계산의 결과를 색인으로 사용할 수 있다.
4. 텍스처에서 추출한 표본의 값을 색인으로 사용할 수 있다.
5. 정점 구조체의 한 성분을 색인으로 사용할 수 있다.

다음 셰이더 코드는 원소가 4개인 텍스처 배열 하나를 선언하고 상수 버퍼에서 뽑은 색인으로 그 텍스처 배열을 색인화하는 방법을 보여준다.

```
cbuffer cbPerDrawIndex : register(b0)
{
  int gDiffuseTexIndex;
};

Texture2D gDiffuseMap[4] : register(t0);

float4 texValue = gDiffuseMap[gDiffuseTexIndex].Sample(
  gsamLinearWrap, pin.TexC);
```

동적 색인화와 관련해서, 이 예제의 목표는 렌더 항목마다 설정하는 서술자 개수를 최소화하는 것이다. 이 예제는 렌더 항목마다 물체별 상수 버퍼와 재질별 상수 버퍼, 그리고 분산 텍스처 맵 SRV를 설정한다. 설정해야 하는 서술자 개수를 최소화하면 루트 서명이 작아지며, 따라서 그리기당 추가부담이 최소화된다. 게다가, 이러한 동적 색인화 기법은 인스턴싱에 특히나 유용하다(인스턴싱은 다음 장에서 다룬다). 서술자 개수 최소화를 위한 우리의 전략은 다음과 같다.

1. 구조적 버퍼를 하나 생성해서 모든 재질 자료를 저장한다. 즉, 재질 자료를 상수 버퍼에 저장하는 것이 아니라 구조적 버퍼에 저장한다. 구조적 버퍼는 셰이더 프로그램 안에서

색인화할 수 있다. 모든 재질 자료를 담은 구조적 버퍼(이하 간단히 재질 구조적 버퍼)를 매 프레임 렌더링 파이프라인에 묶으면 셰이더 프로그램들이 모든 재질 자료에 접근할 수 있게 된다.

2. 객체별 상수 버퍼에 현재 그리기 호출에서 사용할 재질의 색인을 뜻하는 `MaterialIndex` 필드를 추가한다. 셰이더 프로그램들에서는 이 필드를 이용해서 재질 구조적 버퍼를 색인화한다.

3. 프레임마다, 장면에 쓰이는 **모든** 텍스처 SRV 서술자를 렌더링 파이프라인에 묶는다(렌더 항목마다 하나의 텍스처 SRV를 묶는 것이 아니라)

4. 재질과 연관된 텍스처 맵을 식별하는 `DiffuseMapIndex` 필드를 재질 자료에 추가한다. 셰이더 프로그램에서는 이 필드를 이용해서 텍스처 배열(단계 3에서 파이프라인에 묶은)을 색인화한다.

이러한 설정에서는 렌더 항목마다 물체별 상수 버퍼 하나씩만 묶으면 된다. 셰이더 프로그램들에서는 `MaterialIndex`와 `DiffuseMapIndex`를 이용해서 현재 그리기 호출에 사용할 재질 자료와 텍스처를 선택한다.

> **참고:** 구조적 버퍼라는 것이 GPU 메모리에 담긴, 그리고 셰이더 프로그램에서 접근할 수 있는 어떤 형식의 자료 배열일 뿐임을 기억할 것이다. 구조적 버퍼를 사용한다고 해도 재질들을 즉석에서 갱신하는 것은 여전히 가능하므로, 이 예제는 기본 버퍼가 아니라 업로드 버퍼를 사용한다. 다음 코드는 이 예제의 프레임별 자원 클래스가 재질 상수 버퍼 대신 사용하는 구조적 버퍼를 마련하는 방법을 보여준다.

```
struct MaterialData
{
  DirectX::XMFLOAT4 DiffuseAlbedo = { 1.0f, 1.0f, 1.0f, 1.0f };
  DirectX::XMFLOAT3 FresnelR0 = { 0.01f, 0.01f, 0.01f };
  float Roughness = 64.0f;

  // 텍스처 매핑에 쓰인다.
  DirectX::XMFLOAT4X4 MatTransform = MathHelper::Identity4x4();

  UINT DiffuseMapIndex = 0;
  UINT MaterialPad0;
  UINT MaterialPad1;
  UINT MaterialPad2;
};
```

```
MaterialBuffer = std::make_unique<UploadBuffer<MaterialData>>(
  device, materialCount, false);
```

이 부분을 제외하면, 재질 구조적 버퍼를 위한 코드는 재질 상수 버퍼를 위한 코드와 그리 다르지 않다.

다음은 셰이더가 입력으로 기대하는 새 자료에 맞게 갱신된 루트 서명 관련 코드이다.

```
CD3DX12_DESCRIPTOR_RANGE texTable;
texTable.Init(D3D12_DESCRIPTOR_RANGE_TYPE_SRV, 4, 0, 0);

// 루트 매개변수는 테이블이거나 루트 서술자 또는 루트 상수이다.
CD3DX12_ROOT_PARAMETER slotRootParameter[4];

// 성능 팁: 가장 자주 쓰이는 것부터 설정한다.
slotRootParameter[0].InitAsConstantBufferView(0);
slotRootParameter[1].InitAsConstantBufferView(1);
slotRootParameter[2].InitAsShaderResourceView(0, 1);
slotRootParameter[3].InitAsDescriptorTable(1, &texTable,
    D3D12_SHADER_VISIBILITY_PIXEL);


auto staticSamplers = GetStaticSamplers();

// 루트 서명은 루트 매개변수들의 배열이다.
CD3DX12_ROOT_SIGNATURE_DESC rootSigDesc(4, slotRootParameter,
  (UINT)staticSamplers.size(), staticSamplers.data(),
    D3D12_ROOT_SIGNATURE_FLAG_ALLOW_INPUT_ASSEMBLER_INPUT_LAYOUT);
```

다음으로, 각 프레임에서는 첫 렌더 항목을 그리기 전에 모든 재질 자료와 텍스처 SRV를 렌더링 파이프라인에 묶는다(렌더 항목별로 따로 묶는 것이 아니라). 각 렌더 항목에 대해서는 그냥 물체별 상수 버퍼만 설정한다.

```
void CameraAndDynamicIndexingApp::Draw(const GameTimer& gt)
{
  ...
  auto passCB = mCurrFrameResource->PassCB->Resource();
  mCommandList->SetGraphicsRootConstantBufferView(1,
    passCB->GetGPUVirtualAddress());

  // 이 장면에 쓰이는 모든 재질을 묶는다. 구조적 버퍼는
  // 힙을 생략하고 그냥 하나의 루트 서술자로 묶을 수 있다.
  auto matBuffer = mCurrFrameResource->MaterialBuffer->Resource();
```

```
mCommandList->SetGraphicsRootShaderResourceView(2,
  matBuffer->GetGPUVirtualAddress());

// 이 장면에 쓰이는 모든 텍스처를 묶는다. 테이블의 첫 서술자만
// 지정하면 된다는 점을 주목하기 바란다. 테이블에 몇 개의
// 서술자가 있는지는 루트 서명에 설정되어 있다.
mCommandList->SetGraphicsRootDescriptorTable(3,
  mSrvDescriptorHeap->GetGPUDescriptorHandleForHeapStart());

DrawRenderItems(mCommandList.Get(), mOpaqueRitems);
...
}

void CameraAndDynamicIndexingApp::DrawRenderItems(
  ID3D12GraphicsCommandList* cmdList,
  const std::vector<RenderItem*>& ritems)
{
  ...
  // 각 렌더 항목에 대해:
  for(size_t i = 0; i < ritems.size(); ++i)
  {
    auto ri = ritems[i];
    ...

    cmdList->SetGraphicsRootConstantBufferView(0, objCBAddress);

    cmdList->DrawIndexedInstanced(ri->IndexCount, 1,
      ri->StartIndexLocation, ri->BaseVertexLocation, 0);
  }
}
```

앞에서 말했듯이, 물체별 상수 버퍼(ObjectConstants)에는 MaterialIndex라는 필드가 추가되었다. 이 필드에는 재질별 상수 버퍼를 색인화하는 데 사용하는 색인을 지정한다.

```
// UpdateObjectCBs 메서드 중에서...
ObjectConstants objConstants;
XMStoreFloat4x4(&objConstants.World, XMMatrixTranspose(world));
XMStoreFloat4x4(&objConstants.TexTransform, XMMatrixTranspose(texTransform));
objConstants.MaterialIndex = e->Mat->MatCBIndex;
```

다음은 동적 색인화를 사용하도록 수정된 셰이더 코드를 포함한 HLSL 코드 전체이다. 동적 색인화 관련 부분을 굵게 표시해 두었다.

```
// 조명을 위한 구조체들과 함수들을 여기에 포함한다.
#include "LightingUtil.hlsl"

struct MaterialData
{
    float4   DiffuseAlbedo;
    float3   FresnelR0;
    float    Roughness;
    float4x4 MatTransform;
    uint     DiffuseMapIndex;
    uint     MatPad0;
    uint     MatPad1;
    uint     MatPad2;
};


// 셰이더 모형 5.1 이상만 지원하는 텍스처 배열.
// Texture2DArray와는 달리 이 배열에는 크기와 형식이
// 다른 텍스처들을 담을 수 있다. 따라서 좀 더 유연하다.
Texture2D gDiffuseMap[4] : register(t0);

// 재질 자료를 space1에 배정한다. 따라서 위의 텍스처 배열과는
// 겹치지 않는다. 위의 텍스처 배열은 space0의 레지스터 t0, t1,
// ..., t3을 차지한다.
StructuredBuffer<MaterialData> gMaterialData : register(t0, space1);


SamplerState gsamPointWrap        : register(s0);
SamplerState gsamPointClamp       : register(s1);
SamplerState gsamLinearWrap       : register(s2);
SamplerState gsamLinearClamp      : register(s3);
SamplerState gsamAnisotropicWrap  : register(s4);
SamplerState gsamAnisotropicClamp : register(s5);

// 프레임마다 달라지는 상수 자료.
cbuffer cbPerObject : register(b0)
{
    float4x4 gWorld;
    float4x4 gTexTransform;
    uint gMaterialIndex;
    uint gObjPad0;
    uint gObjPad1;
    uint gObjPad2;
};
```

```
// 재질마다 달라지는 상수 자료.
cbuffer cbPass : register(b1)
{
  float4x4 gView;
  float4x4 gInvView;
  float4x4 gProj;
  float4x4 gInvProj;
  float4x4 gViewProj;
  float4x4 gInvViewProj;
  float3 gEyePosW;
  float   cbPerObjectPad1;
  float2 gRenderTargetSize;
  float2 gInvRenderTargetSize;
  float   gNearZ;
  float   gFarZ;
  float   gTotalTime;
  float   gDeltaTime;
  float4 gAmbientLight;

  // 최대 MaxLights개의 물체별 광원 중에서
  // [0, NUM_DIR_LIGHTS) 구간의 색인들은 지향광들이고
  // [NUM_DIR_LIGHTS, NUM_DIR_LIGHTS+NUM_POINT_LIGHTS) 구간의
  // 색인들은 점광들이다.
  // 그리고 [NUM_DIR_LIGHTS+NUM_POINT_LIGHTS,
  // NUM_DIR_LIGHTS+NUM_POINT_LIGHT+NUM_SPOT_LIGHTS) 구간의
  // 색인들은 점적광들이다.
  Light gLights[MaxLights];
};

struct VertexIn
{
  float3 PosL    : POSITION;
  float3 NormalL : NORMAL;
  float2 TexC    : TEXCOORD;
};

struct VertexOut
{
  float4 PosH    : SV_POSITION;
  float3 PosW    : POSITION;
  float3 NormalW : NORMAL;
  float2 TexC    : TEXCOORD;
};

VertexOut VS(VertexIn vin)
```

```
{
    VertexOut vout = (VertexOut)0.0f;

    // 재질 자료를 가져온다.
    MaterialData matData = gMaterialData[gMaterialIndex];

    // 세계 공간으로 변환한다.
    float4 posW = mul(float4(vin.PosL, 1.0f), gWorld);
    vout.PosW = posW.xyz;

    // 세계 행렬에 비균등 비례가 없다고 가정하고 법선을 변환한다.
    // 비균등 비례가 있다면 역전치 행렬을 사용해야 한다.
    vout.NormalW = mul(vin.NormalL, (float3x3)gWorld);

    // 동차 절단 공간으로 변환한다.
    vout.PosH = mul(posW, gViewProj);

    // 출력 정점 특성들은 이후 삼각형을 따라 보간된다.
    float4 texC = mul(float4(vin.TexC, 0.0f, 1.0f), gTexTransform);
    vout.TexC = mul(texC, matData.MatTransform).xy;

    return vout;
}

float4 PS(VertexOut pin) : SV_Target
{
    // 재질 자료를 가져온다.
    MaterialData matData = gMaterialData[gMaterialIndex];
    float4 diffuseAlbedo = matData.DiffuseAlbedo;
    float3 fresnelR0 = matData.FresnelR0;
    float roughness = matData.Roughness;
    uint diffuseTexIndex = matData.DiffuseMapIndex;

    // 텍스처 배열의 텍스처를 동적으로 조회한다.
    diffuseAlbedo *= gDiffuseMap[diffuseTexIndex].Sample(gsamLinearWrap, pin.TexC);

    // 법선을 보간하면 단위 길이가 아니게 될 수 있으므로
    // 다시 정규화한다.
    pin.NormalW = normalize(pin.NormalW);

    // 조명되는 점에서 눈으로의 벡터.
    float3 toEyeW = normalize(gEyePosW - pin.PosW);

    // 조명 계산에 포함되는 항들.
    float4 ambient = gAmbientLight*diffuseAlbedo;
```

```
Material mat = { diffuseAlbedo, fresnelR0, roughness };
float4 directLight = ComputeDirectLighting(gLights, mat, pin.PosW, pin.NormalW,
    toEyeW);

float4 litColor = ambient + directLight;

// 흔히 하는 방식대로, 분산 재질에서 알파를 가져온다.
litColor.a = diffuseAlbedo.a;

return litColor;
}
```

> **참고:** 위의 셰이더 코드는 매개변수가 차지할 레지스터 공간을 명시적으로 지정하는 방법을 보여준다.
>
> ```
> StructuredBuffer<MaterialData> gMaterialData : register(t0, space1);
> ```
>
> 레지스터 공간을 명시적으로 지정하지 않으면 **space0**이 기본으로 쓰인다. 레지스터 공간은 셰이더 레지스터들을 구분하기 위한 또 다른 차원의 '좌표성분'이라 할 수 있다. 레지스터 공간의 중요한 용도는 자원 중첩 방지이다. 예를 들어 다음 코드는 여러 자원을 레지스터 **t0**에 배정하되, 레지스터 공간을 각각 다르게 지정한다.
>
> ```
> Texture2D gDiffuseMap : register(t0, space0);
> Texture2D gNormalMap  : register(t0, space1);
> Texture2D gShadowMap  : register(t0, space2);
> ```
>
> 레지스터 공간은 자원 배열에 흔히 쓰인다. 예를 들어 다음의 4원소 텍스처 배열은 레지스터 **t0, t1, t2, t3**을 차지한다.
>
> ```
> Texture2D gDiffuseMap[4] : register(t0);
> ```
>
> 사용된 레지스터 개수를 세어서 아직 쓰이지 않은 레지스터가 t4임을 알아내는 대신, 다음처럼 그냥 새 공간을 도입하면 같은 레지스터에 둘 이상의 자원이 겹치는 일이 저절로 방지된다.
>
> ```
> // 재질 자료를 space1에 배정한다. 따라서 텍스처 배열과는 겹치지 않는다.
> // 텍스처 배열은 space0의 레지스터 t0, t1, ..., t3을 차지한다.
> StructuredBuffer<MaterialData> gMaterialData : register(t0, space1);
> ```

동적 색인화의 또 다른 용도 세 가지를 제시하는 것으로 이번 절을 마무리하겠다.

1. 인접한, 그러나 텍스처가 다른 여러 메시를 하나의 렌더 항목으로 병합해서 한 번의 그리기 호출로 그린다. 각 메시에 적용할 텍스처/재질 정보는 메시 정점 구조체의 한 특성에 담으면 될 것이다.

2. 크기와 형식이 다른 여러 텍스처를 한 번의 렌더링 패스로 적용한다(다중 텍스처 적용).

3. 텍스처와 재질이 서로 다른 여러 렌더 항목을, `SV_InstanceID` 값을 색인으로 사용해서 인스턴싱한다. 다음 장에 관련 예제가 나온다.

15.6 요약

1. 이번 장에서 구현한 카메라 클래스는 지정된 카메라 위치와 방향으로 카메라의 좌표계를 정의한다. 위치는 세계 좌표계 기준의 한 위치벡터로 지정하고, 방향은 세계 좌표계 기준의 세 정규직교벡터, 즉 오른쪽 벡터, 상향 벡터, 시선 벡터로 지정한다. 카메라를 움직이는 것은 세계 좌표계에 상대적으로 카메라 좌표계를 움직이는 것에 해당한다.

2. 카메라 클래스에는 투영 관련 속성들도 포함되어 있는데, 이는 원근투영 행렬을 규정하는 시야각과 가까운 평면, 먼 평면 거리를 카메라 '렌즈'의 속성들이라고 생각할 수 있기 때문이다.

3. 카메라를 앞뒤로 움직이는 것(축이동)은 그냥 카메라 위치를 그 시선 벡터를 따라 이동함으로써 구현할 수 있다. 좌·우로 움직이는 것(횡이동)은 카메라 위치를 카메라 오른쪽 벡터를 따라 이동해서 구현하면 된다. 위·아래 보기는 카메라의 시선 벡터와 상향 벡터를 오른쪽 벡터에 대해 회전하면 되고, 좌·우 둘러보기는 카메라의 모든 기저벡터를 세계의 y 축에 대해 회전하면 된다.

4. 동적 색인화는 셰이더 모형 5.1에 새로 도입된 기능으로, 이를 이용하면 텍스처 자원들을 담은 배열을 동적으로 색인화할 수 있다. 특히, 크기와 형식이 서로 다른 텍스처들을 담은 배열의 동적 색인화가 가능하다. 이 기능의 한 가지 용도는 한 프레임에서 모든 텍스처 서술자를 한 번만 렌더링 파이프라인에 묶고, 픽셀 셰이더에서 텍스처 배열을 동적으로 색인화해서 적절한 텍스처를 픽셀에 입히는 것이다.

15.7 연습문제

1. 세계 좌표계의 좌표축들과 원점이 $\mathbf{i} = (1, 0, 0)$, $\mathbf{j} = (0, 1, 0)$, $\mathbf{k} = (0, 0, 1)$과 $\mathbf{O} = (0, 0, 0)$이고 세계 좌표계를 기준으로 한 시야 공간 좌표축들과 원점이 $\mathbf{u} = (u_x, u_y,$

u_z), $\mathbf{v} = (v_x, v_y, v_z)$, $\mathbf{w} = (w_x, w_y, w_z)$와 $\mathbf{Q} = (Q_x, Q_y, Q_z)$라고 할 때, 내적을 이용해서 다음과 같은 형태의 시야 행렬을 유도하라.

$$\mathbf{V} = \begin{bmatrix} u_x & v_x & w_x & 0 \\ u_y & v_y & w_y & 0 \\ u_z & v_z & w_z & 0 \\ -\mathbf{Q} \cdot \mathbf{u} & -\mathbf{Q} \cdot \mathbf{v} & -\mathbf{Q} \cdot \mathbf{w} & 1 \end{bmatrix}$$

(기억하겠지만, 세계 공간에서 시야 공간으로의 좌표 변경 행렬을 구하려면 그냥 세계 공간 축들과 원점의 시야 공간 기준 좌표들을 구하기만 하면 된다. 그 좌표들이 곧 시야 행렬의 행들이다.)

2. 이번 장의 카메라 예제에 '롤^{roll}' 기능*, 즉 카메라를 그 시선 벡터에 대해 회전하는 기능을 추가하라. 그런 기능은 비행기를 조종하는 게임에 유용할 수 있다.

3. 이번 연습문제의 목표는 위치와 텍스처가 서로 다른 상자 다섯 개로 이루어진 장면을 렌더링하는 응용 프로그램을 작성하는 것이다. 응용 프로그램은 서로 다른 위치에 있는 상자 다섯 개의 기하구조를 담는 메시 하나와 상자 다섯 개에 대한 렌더 항목 하나를 만들어야 한다. 정점 구조체에는 상자에 입힐 텍스처의 색인에 해당하는 필드를 추가해야 한다. 예를 들어 상자 0의 정점들에 대한 정점 구조체의 해당 필드에는 0을 설정하고 (상자 0에 텍스처 0이 적용되도록), 상자 1의 정점 구조체의 해당 필드에는 1을 설정하는 식으로 필드의 값을 설정해야 한다. 프레임마다 텍스처 다섯 장을 모두 파이프라인에 묶고, 정점 셰이더에서 정점 구조체의 텍스처 색인 필드를 이용해서 텍스처를 선택하게 한다. 픽셀 셰이더는 정점 셰이더가 선택한 텍스처를 픽셀에 적용한다. 한 번의 그리기로 위치와 텍스처가 서로 다른 상자 다섯 개가 모두 그려지는지 확인하기 바란다. 만일 독자가 만든 응용 프로그램에서 그리기 호출이 병목임을 알게 된다면, 거리가 비교적 가까운 기하구조들을 이번 연습문제에서 한 것처럼 하나의 렌더 항목으로 병합해서 한 번의 그리기 호출로 그리는 방식의 최적화가 해결책이 될 수 있다.

---

* 옮긴이 전통적인 3축 카메라 방향 제어 기능은 요–피치–롤이라는 세 가지 회전으로 정의된다. 요(yaw)는 본문에서 말한 좌·우 둘러보기 또는 '도리도리'에 해당하고, 피치(pitch)는 본문에서 말한 위·아래 보기 또는 '끄덕끄덕'에 해당한다. 이번 연습문제의 롤은 '갸웃갸웃'이라 할 수 있다.

인스턴싱과 절두체 선별

이번 장에서는 인스턴싱과 절두체 선별을 살펴본다. 인스턴싱은 한 장면에서 같은 물체를 여러 번 그리는 것을 말한다. 인스턴싱을 이용하면 성능을 크게 향상할 수 있기 때문에, Direct3D 는 인스턴싱을 지원하는 고유한 수단들을 제공한다. 절두체 선별은 시야 절두체 바깥에 있는 일단의 삼각형들을 간단한 판정으로 골라내서 기각하는(더 이상 처리되지 않도록) 기법을 말한다.

목표

1. 하드웨어 인스턴싱을 구현하는 방법을 배운다.
2. 경계입체가 무엇이고 왜 유용한지 살펴보고, 경계입체를 생성하고 활용하는 방법에 익숙해진다.
3. 절두체 선별을 구현하는 방법을 파악한다.

16.1 하드웨어 인스턴싱

인스턴싱instancing은 한 장면에서 같은 물체를 여러 번 그리되 위치나 방향, 축척, 재질, 텍스처 등을 각자 다르게 해서 '한 번에' 그리는 것을 목표로 한다. 다음은 인스턴싱의 용례 몇 가지이다.

1. 서로 다른 나무 모형 몇 개를 여러 번 그려서 숲을 묘사한다.

2. 서로 다른 소행성 모형 몇 개를 여러 번 그려서 소행성대를 묘사한다.

3. 서로 다른 캐릭터 모형 몇 개를 여러 번 그려서 군중을 묘사한다.

한 모형을 여러 번 그린다고 할 때, 만일 인스턴스^{instance}(한 메시지의 각 복사본)마다 정점 자료와 색인 자료를 중복해서 파이프라인에 제출한다면 낭비가 심할 것이다. 그보다는, 물체의 국소 공간을 기준으로 한 기하구조 자료(즉, 정점 목록과 색인 목록)의 복사본 하나만 저장해 두고, 필요에 따라 세계 행렬과 재질들만 다르게 두어서(추가적인 다양성이 필요하다면) 물체를 여러 번 그리는 것이 효율적이다.

그런데 그런 전략을 사용하면 메모리 사용량은 확실히 줄겠지만, 그래도 물체당 API 추가 부담은 줄지 않는다. 즉, 물체마다 재질과 세계 행렬을 설정하고 그리기 명령을 실행해야 한다는 점은 여전하다. Direct3D 12가 그리기 명령 실행 시 API 추가부담이 Direct3D 11보다 훨씬 적도록 재설계되긴 했지만, 그래도 추가부담은 여전히 존재한다. Direct3D 12의 인스턴싱용 API를 이용하면 하나의 물체를 한 번의 그리기 호출로 여러 번 그릴 수 있다. 그리고 제14장에서 살펴본 동적 색인화 덕분에 Direct3D 11에서보다 인스턴싱을 더욱 유연하게 구현할 수 있다.

참고: API 추가부담을 신경 써야 하는 이유가 무엇일까? 예전의 Direct3D 응용 프로그램에서는 API 호출 부담 때문에 응용 프로그램이 CPU에 제한되는 경우가 많았다(즉, GPU가 아니라 CPU가 병목이었다). 이유는 이렇다. 게임의 레벨 디자이너들은 수많은 물체를 고유한 재질과 텍스처로 그리고 싶어 하지만 그렇게 하려면 물체마다 상태를 변경해서 그리기 메서드를 호출해야 한다. 각 API 호출의 CPU 추가부담이 큰 경우, 실시간 렌더링 속도를 유지하기 위해서는 장면당 그리기 호출을 이를테면 수천 회 정도로 제한할 수밖에 없다. 이 때문에 그래픽 엔진들은 흔히 일괄 처리 기법(batching; [Wloka03] 참고)을 이용해서 그리기 호출 횟수를 줄인다. 하드웨어 인스턴싱은 Direct3D API가 그러한 일괄 처리에 도움을 주는 사례의 하나이다.

16.1.1 인스턴싱 방식으로 기하구조 그리기

놀라는 독자도 있겠지만, 사실 이전 장들의 모든 예제에서 이미 인스턴스 방식으로 기하구조를 그렸다. 단, 인스턴스 개수(둘째 매개변수)가 항상 1이었다.

```
cmdList->DrawIndexedInstanced(ri->IndexCount, 1,
    ri->StartIndexLocation, ri->BaseVertexLocation, 0);
```

둘째 매개변수 InstanceCount는 기하구조의 인스턴싱 횟수, 즉 주어진 기하구조로부터 생성할 인스턴스 개수를 뜻한다. 이 매개변수에 10을 지정하면 해당 기하구조는 열 번 그려진다.

그런데 그냥 인스턴스 개수만 늘려서 물체를 여러 번 그리는 것은 별로 도움이 되지 않는다. 그냥 같은 위치에 같은 재질과 텍스처로 여러 번 겹쳐 그려질 뿐이기 때문이다. 그럼 추가적인 인스턴스별 자료를 지정함으로써 인스턴스마다 서로 다른 변환과 재질, 텍스처가 적용되게 하는 방법을 살펴보자.

16.1.2 인스턴스별 자료

이 책의 이전 버전에서는 인스턴스별 자료를 입력 조립기 단계에서 얻었다. 입력 배치(input layout)를 생성할 때 D3D12_INPUT_CLASSIFICATION_PER_VERTEX_DATA 대신 D3D12_INPUT_CLASSIFICATION_PER_INSTANCE_DATA를 지정하면 자료가 정점별로 스트리밍되는 것이 아니라 인스턴스별로 스트리밍된다. 그런 다음 인스턴싱을 위한 자료를 담은 2차 정점 버퍼를 그 입력 스트림에 묶으면 인스턴싱 자료가 파이프라인에 공급된다. Direct3D 12에서도 이런 식으로 인스턴싱 자료를 파이프라인에 공급할 수 있지만, 이 책에서는 좀 더 현대적인 접근방식을 사용하기로 하자.

현대적인 접근방식이란, 그리고자 하는 모든 인스턴스에 대한 인스턴스별 자료를 구조적 버퍼에 담아서 사용하는 것이다. 예를 들어 어떤 물체를 100번 그린다고 하면, 100개의 인스턴스별 자료 항목들을 담은 구조적 버퍼를 만들어서 렌더링 파이프라인에 묶는다. 정점 셰이더에서는 현재 그리고 있는 인스턴스에 해당하는 인스턴스별 자료를 조회한다. 그런데 현재 그리고 있는 인스턴스를 정점 셰이더에서 어떻게 알아내는 것일까? 이를 위해 Direct3D는 SV_InstanceID라는 시스템 값 의미소를 제공한다. 이 의미소 매개변수의 값이 곧 현재 그리는 인스턴스의 ID이다. 예를 들어 첫 인스턴스의 정점들에서는 이 ID가 0이고, 둘째 인스턴스는 ID가 1, 등등이다. 정점 셰이더에서는 이 ID를 색인으로 이용해서 해당 인스턴스별 자료를 구조적 버퍼에서 가져온다. 다음은 이상의 작동방식을 보여주는 셰이더 코드이다.

```
// 광원 개수들이 정의되어 있지 않으면 기본값으로 정의한다.
#ifndef NUM_DIR_LIGHTS
  #define NUM_DIR_LIGHTS 3
```

```
#endif

#ifndef NUM_POINT_LIGHTS
  #define NUM_POINT_LIGHTS 0
#endif

#ifndef NUM_SPOT_LIGHTS
  #define NUM_SPOT_LIGHTS 0
#endif

// 조명을 위한 구조체들과 함수들을 여기에 포함한다.
#include "LightingUtil.hlsl"

struct InstanceData
{
  float4x4 World;
  float4x4 TexTransform;
  uint     MaterialIndex;
  uint     InstPad0;
  uint     InstPad1;
  uint     InstPad2;
};

struct MaterialData
{
  float4   DiffuseAlbedo;
  float3   FresnelR0;
  float    Roughness;
  float4x4 MatTransform;
  uint     DiffuseMapIndex;
  uint     MatPad0;
  uint     MatPad1;
  uint     MatPad2;
};

// 셰이더 모형 5.1 이상만 지원하는 텍스처 배열.
// Texture2DArray와는 달리 이 배열에는 크기와 형식이
// 다른 텍스처들을 담을 수 있다. 따라서 좀 더 유연하다.
Texture2D gDiffuseMap[7] : register(t0);

// 재질 자료를 space1에 배정한다. 따라서 위의 텍스처 배열과는
// 겹치지 않는다. 위의 텍스처 배열은 space0의 레지스터 t0, t1,
// ..., t6을 차지한다.
StructuredBuffer<InstanceData> gInstanceData : register(t0, space1);
```

```
StructuredBuffer<MaterialData> gMaterialData : register(t1, space1);

SamplerState gsamPointWrap          : register(s0);
SamplerState gsamPointClamp         : register(s1);
SamplerState gsamLinearWrap         : register(s2);
SamplerState gsamLinearClamp        : register(s3);
SamplerState gsamAnisotropicWrap    : register(s4);
SamplerState gsamAnisotropicClamp   : register(s5);

// 렌더링 패스마다 달라지는 상수 자료.
cbuffer cbPass : register(b0)
{
  float4x4 gView;
  float4x4 gInvView;
  float4x4 gProj;
  float4x4 gInvProj;
  float4x4 gViewProj;
  float4x4 gInvViewProj;
  float3   gEyePosW;
  float    cbPerObjectPad1;
  float2   gRenderTargetSize;
  float2   gInvRenderTargetSize;
  float    gNearZ;
  float    gFarZ;
  float    gTotalTime;
  float    gDeltaTime;
  float4   gAmbientLight;
  // 최대 MaxLights개의 물체별 광원 중에서
  // [0, NUM_DIR_LIGHTS) 구간의 색인들은 지향광들이고
  // [NUM_DIR_LIGHTS, NUM_DIR_LIGHTS+NUM_POINT_LIGHTS) 구간의
  // 색인들은 점광들이다.
  // 그리고 [NUM_DIR_LIGHTS+NUM_POINT_LIGHTS,
  // NUM_DIR_LIGHTS+NUM_POINT_LIGHT+NUM_SPOT_LIGHTS) 구간의
  // 색인들은 점적광들이다.
  Light gLights[MaxLights];
};

struct VertexIn
{
  float3 PosL    : POSITION;
  float3 NormalL : NORMAL;
  float2 TexC    : TEXCOORD;
};
```

```
struct VertexOut
{
  float4 PosH    : SV_POSITION;
  float3 PosW    : POSITION;
  float3 NormalW : NORMAL;
  float2 TexC    : TEXCOORD;

  // 색인이 삼각형을 따라 보간되지 않도록
  // nointerpolation을 지정한다.
  nointerpolation uint MatIndex : MATINDEX;
};

VertexOut VS(VertexIn vin, uint instanceID : SV_InstanceID)
{
  VertexOut vout = (VertexOut)0.0f;

  // 인스턴스 자료를 가져온다.
  InstanceData instData = gInstanceData[instanceID];
  float4x4 world = instData.World;
  float4x4 texTransform = instData.TexTransform;
  uint matIndex = instData.MaterialIndex;

  vout.MatIndex = matIndex;

  // 재질 자료를 가져온다.
  MaterialData matData = gMaterialData[matIndex];

  // 세계 공간으로 변환한다.
  float4 posW = mul(float4(vin.PosL, 1.0f), world);
  vout.PosW = posW.xyz;

  // 세계 행렬에 비균등 비례가 없다고 가정하고 법선을 변환한다.
  // 비균등 비례가 있다면 역전치 행렬을 사용해야 한다.
  vout.NormalW = mul(vin.NormalL, (float3x3)world);

  // 동차 절단 공간으로 변환한다.
  vout.PosH = mul(posW, gViewProj);

  // 출력 정점 특성들은 이후 삼각형을 따라 보간된다.
  float4 texC = mul(float4(vin.TexC, 0.0f, 1.0f), texTransform);
  vout.TexC = mul(texC, matData.MatTransform).xy;

  return vout;
}
```

```
float4 PS(VertexOut pin) : SV_Target
{
    // 재질 자료를 가져온다.
    MaterialData matData = gMaterialData[pin.MatIndex];
    float4 diffuseAlbedo = matData.DiffuseAlbedo;
    float3 fresnelR0 = matData.FresnelR0;
    float roughness = matData.Roughness;
    uint diffuseTexIndex = matData.DiffuseMapIndex;

    // 텍스처 배열의 텍스처를 동적으로 조회한다.
    diffuseAlbedo *=
        gDiffuseMap[diffuseTexIndex].Sample(gsamLinearWrap, pin.TexC);

    // 법선을 보간하면 단위 길이가 아니게 될 수 있으므로
    // 다시 정규화한다.
    pin.NormalW = normalize(pin.NormalW);

    // 조명되는 점에서 눈으로의 벡터.
    float3 toEyeW = normalize(gEyePosW - pin.PosW);

    // 조명 계산에 포함되는 항들.
    float4 ambient = gAmbientLight*diffuseAlbedo;

    Material mat = { diffuseAlbedo, fresnelR0, roughness };
    float4 directLight = ComputeDirectLighting(gLights, mat,
      pin.PosW, pin.NormalW, toEyeW);

    float4 litColor = ambient + directLight;

    // 흔히 하는 방식대로, 분산 재질에서 알파를 가져온다.
    litColor.a = diffuseAlbedo.a;

    return litColor;
}
```

이제는 물체별 상수 버퍼를 사용하지 않음을 주목하기 바란다. 물체별 자료는 인스턴스별 자료를 담은 구조적 버퍼(이하 간단히 '인스턴스 버퍼')에서 가져온다. 또한, 동적 색인화를 이용해서 인스턴스별로 다른 재질과 텍스처를 적용한다는 점도 주목하기 바란다. 이 덕분에 한 번의 그리기 호출에서도 인스턴스마다 상당히 다른 모습을 만들어 낼 수 있다. 완전함을 위해, 이 셰이더 프로그램들에 대응되는 루트 서명 서술도 살펴보자. 다음이 루트 서명을 설정하는 CPU 쪽 코드이다.

```
CD3DX12_DESCRIPTOR_RANGE texTable;
texTable.Init(D3D12_DESCRIPTOR_RANGE_TYPE_SRV, 7, 0, 0);

// 루트 매개변수는 테이블이거나 루트 서술자 또는 루트 상수이다.
CD3DX12_ROOT_PARAMETER slotRootParameter[4];

// 성능 팁: 가장 자주 쓰이는 것부터 설정한다.
slotRootParameter[0].InitAsShaderResourceView(0, 1);
slotRootParameter[1].InitAsShaderResourceView(1, 1);
slotRootParameter[2].InitAsConstantBufferView(0);
slotRootParameter[3].InitAsDescriptorTable(1, &texTable,
  D3D12_SHADER_VISIBILITY_PIXEL);

auto staticSamplers = GetStaticSamplers();

// 루트 서명은 루트 매개변수들의 배열이다.
CD3DX12_ROOT_SIGNATURE_DESC rootSigDesc(4, slotRootParameter,
  (UINT)staticSamplers.size(), staticSamplers.data(),
  D3D12_ROOT_SIGNATURE_FLAG_ALLOW_INPUT_ASSEMBLER_INPUT_LAYOUT);
```

이전 장(제15장)에서처럼 프레임마다 장면의 모든 재질과 텍스처를 한 번에 묶는다. 그리기 호출마다 설정해야 하는 자원은 인스턴스별 자료를 담은 구조적 버퍼뿐이다.

```
void InstancingAndCullingApp::Draw(const GameTimer& gt)
{
  ...
  // 이 장면에 쓰이는 모든 재질을 묶는다. 구조적 버퍼는
  // 힙을 생략하고 그냥 하나의 루트 서술자로 묶을 수 있다.
  auto matBuffer = mCurrFrameResource->MaterialBuffer->Resource();
  mCommandList->SetGraphicsRootShaderResourceView(1,
    matBuffer->GetGPUVirtualAddress());

  auto passCB = mCurrFrameResource->PassCB->Resource();
  mCommandList->SetGraphicsRootConstantBufferView(2,
    passCB->GetGPUVirtualAddress());

  // 이 장면에 쓰이는 모든 텍스처를 묶는다.
  mCommandList->SetGraphicsRootDescriptorTable(3,
    mSrvDescriptorHeap->GetGPUDescriptorHandleForHeapStart());

  DrawRenderItems(mCommandList.Get(), mOpaqueRitems);
  ...
```

```
}

void InstancingAndCullingApp::DrawRenderItems(
  ID3D12GraphicsCommandList* cmdList,
  const std::vector<RenderItem*>& ritems)
{
  // 각 렌더 항목에 대해:
  for(size_t i = 0; i < ritems.size(); ++i)
  {
    auto ri = ritems[i];

    cmdList->IASetVertexBuffers(0, 1, &ri->Geo->VertexBufferView());
    cmdList->IASetIndexBuffer(&ri->Geo->IndexBufferView());
    cmdList->IASetPrimitiveTopology(ri->PrimitiveType);

    // 이 렌더 항목에 사용할 인스턴스 버퍼를 설정한다.
    // 구조적 버퍼의 경우에는 힙을 생략하고 버퍼를 그냥
    // 루트 서술자로 설정해도 된다.
    auto instanceBuffer =
      mCurrFrameResource->InstanceBuffer->Resource();
    mCommandList->SetGraphicsRootShaderResourceView(
      0, instanceBuffer->GetGPUVirtualAddress());

    cmdList->DrawIndexedInstanced(ri->IndexCount,
      ri->InstanceCount, ri->StartIndexLocation,
      ri->BaseVertexLocation, 0);
  }
}
```

16.1.3 인스턴스 버퍼 생성

인스턴스 버퍼는 인스턴스마다 다를 수 있는 자료를 담는다. 인스턴스별 자료의 구성은 이전에
물체별 상수 버퍼에 담았던 자료의 구성과 상당히 비슷하다. CPU 쪽에서 인스턴스별 자료를
담는 구조체는 다음과 같은 모습이다.

```
struct InstanceData
{
  DirectX::XMFLOAT4X4 World = MathHelper::Identity4x4();
  DirectX::XMFLOAT4X4 TexTransform = MathHelper::Identity4x4();
  UINT MaterialIndex;
  UINT InstancePad0;
```

```
    UINT InstancePad1;
    UINT InstancePad2;
};
```

시스템 메모리에서 인스턴스별 자료는 렌더 항목 구조체의 일부로 저장된다. 인스턴스 개수를
렌더 항목이 알고 있으므로, 인스턴스별 자료도 렌더 항목이 소유하는 것이 합리적이다.

```
struct RenderItem
{
    ...

    std::vector<InstanceData> Instances;

    ...
};
```

GPU에 인스턴스별 자료를 공급하려면 요소 형식이 InstanceData인 구조적 버퍼를 생성해
서 파이프라인에 묶어야 한다. 더 나아가서, 이 버퍼는 동적인 버퍼(즉, 업로드 버퍼)로 만들
어야 한다. 그래야 버퍼를 매 프레임 갱신할 수 있기 때문이다. 이번 장 인스턴싱 및 선별 예제
('InstancingAndCulling')는 오직 가시적인(즉, 카메라에 보이는) 인스턴스들의 자료만 구
조적 버퍼에 담는다(이는 §16.3부터 설명하는 절두체 선별과 관련이 있다). 카메라의 위치나
방향이 변하면 가시적인 인스턴스들도 바뀌므로, 구조적 버퍼를 매 프레임 갱신할 수 있어야
한다. 예제 프레임워크의 보조 클래스 UploadBuffer를 이용하면 동적 버퍼를 손쉽게 생성할
수 있다.

```
struct FrameResource
{
public:

    FrameResource(ID3D12Device* device, UINT passCount,
        UINT maxInstanceCount, UINT materialCount);
    FrameResource(const FrameResource& rhs) = delete;
    FrameResource& operator=(const FrameResource& rhs) = delete;
    ~FrameResource();

    // 명령 할당자는 GPU가 명령들을 다 처리한 후 재설정해야 한다.
    // 따라서 프레임마다 할당자가 필요하다.
    Microsoft::WRL::ComPtr<ID3D12CommandAllocator> CmdListAlloc;
```

```
// 상수 버퍼는 그것을 참조하는 명령들을 GPU가 다 처리한 후에
// 갱신해야 한다. 따라서 프레임마다 상수 버퍼를 새로 만들어야 한다.
// std::unique_ptr<UploadBuffer<FrameConstants>> FrameCB = nullptr;
std::unique_ptr<UploadBuffer<PassConstants>> PassCB = nullptr;
std::unique_ptr<UploadBuffer<MaterialData>> MaterialBuffer = nullptr;

// 참고: 이 예제에서는 렌더 항목 하나에만 인스턴싱을 적용한다. 그래서
// 인스턴스별 자료를 담는 구조적 버퍼도 하나뿐이다. 이 예제의 접근 방식을
// 좀 더 일반화하려면(즉, 여러 렌더 항목의 인스턴싱을 지원하려면) 렌더 항목마다
// 구조적 버퍼를 두고, 하나의 렌더 항목에서 그릴 수 있는 최대 인스턴스 개수에
// 맞는 충분한 공간을 각 버퍼에 마련해야 한다. 꽤 큰 공간이 필요할 것 같지만,
// 사실 인스턴싱을 사용하지 않을 때의 물체별 상수 자료보다 더 많은 공간이
// 필요하지는 않다. 예를 들어 인스턴싱 없이 1000개의 물체를 그릴 때 물체별 자료
// 1,000개를 담기에 충분한 공간을 가진 상수 버퍼를 만들어야 하듯이, 인스턴싱을
// 사용할 때에는 인스턴스별 자료 1,000개를 담기에 충분한 공간을 가진 구조적 버퍼를
// 만들어야 하는 것일 뿐이다.
std::unique_ptr<UploadBuffer<InstanceData>> InstanceBuffer = nullptr;

// Fence는 현재 울타리 지점까지의 명령들을 표시하는 값이다.
// 이 값은 GPU가 아직 이 프레임 자원들을 사용하고 있는지
// 판정하는 용도로 쓰인다.
UINT64 Fence = 0;
};

FrameResource::FrameResource(ID3D12Device* device,
  UINT passCount, UINT maxInstanceCount, UINT materialCount)
{
  ThrowIfFailed(device->CreateCommandAllocator(
    D3D12_COMMAND_LIST_TYPE_DIRECT,
    IID_PPV_ARGS(CmdListAlloc.GetAddressOf())));

  PassCB = std::make_unique<UploadBuffer<PassConstants>>(
    device, passCount, true);
  MaterialBuffer = std::make_unique<UploadBuffer<MaterialData>>(
    device, materialCount, false);
  InstanceBuffer = std::make_unique<UploadBuffer<InstanceData>>(
    device, maxInstanceCount, false);
}
```

InstanceBuffer는 상수 버퍼가 아님을 주의하기 바란다. 마지막 매개변수에 false를 지정한 것은 그 때문이다.

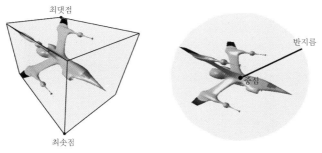

그림 16.1 복잡한 형태의 메시와 그것을 감싸는 AABB(축 정렬 경계상자) 및 경계구.

16.2 경계입체와 절두체

절두체 선별(frustum culling)을 구현하려면 절두체와 여러 경계입체의 수학적 표현에 익숙해질 필요가 있다. 경계입체(bounding volume)는 어떤 물체가 차지하는 입체적 공간(부피)을 근사하는 입체적 기본도형이다. [그림 16.1]에 경계입체들의 예가 나와 있다. 이러한 경계입체는 해당 물체를 대략적으로만 묘사하는 근사(approximation)일 뿐이지만, 대신 수학적 표현이 간단하기 때문에 다루기가 쉽다.

16.2.1 DirectXMath의 충돌 라이브러리

이 책의 예제들은 DirectXMath의 *DirectXCollision.h*에 담긴 편의용 충돌(collision) 라이브러리를 사용한다. 이 라이브러리는 반직선 대 삼각형 교차와 반직선 대 상자(직육면체) 교차는 물론 상자 대 상자, 상자 대 평면, 상자 대 절두체, 구 대 절두체 등 다양한 기본도형 조합의 교차 판정을 빠르게 수행하는 메서드들을 제공한다. 이번 장의 연습문제 3에서 이 라이브러리에 좀 더 익숙해질 기회가 있을 것이다.

16.2.2 경계상자

경계상자(bounding box)는 주어진 메시를 밀접하게 감싸는 상자(직육면체)를 통칭하는 용어이다. 흔히 쓰이는 경계상자로 *AABB*(axis-aligned bounding box; 축에 정렬된 경계 상자, 줄여서 **축 정렬 경계상자**)가 있다. AABB의 특징은 상자의 면들이 좌표축들에 평행하다는 것이다. 이 덕분에 최솟점 $\mathbf{v}_{min}$과 최댓점 $\mathbf{v}_{max}$만으로도 하나의 AABB를 정의할 수 있다(그림 16.2). 주어진 메시의 모든 정점을 훑으면서 최소의 x, y, z 좌표성분을 찾으면 그것이 곧 그 메시를 감싸는 AABB의 최솟점 $\mathbf{v}_{min}$의 좌표이다. 마찬가지로, AABB의 최댓점 $\mathbf{v}_{max}$를 구하려면 메시의 모든 정점의 최대 x, y, z 좌표성분을 찾으면 된다.

아니면, AABB를 상자의 중심 $\mathbf{c}$와 한계 벡터(extents vector) $\mathbf{e}$로 표현할 수도 있다. 한계 벡터의 각 성분은 중심과 축에 정렬된 면(2차원의 경우 변) 사이의 거리이다(그림 16.3).

DirectXMath 충돌 라이브러리는 중심·한계 표현을 사용한다.

```
struct BoundingBox
{
  static const size_t CORNER_COUNT = 8;

  XMFLOAT3 Center;      // 상자의 중심.
  XMFLOAT3 Extents;     // 중심에서 각 면까지의 거리들
  ...
```

한 표현을 다른 표현으로 바꾸는 것은 간단하다. 예를 들어 $\mathbf{v}_{min}$과 $\mathbf{v}_{max}$로 표현된 경계상자*의 중심과 한계 벡터는 다음과 같이 주어진다.

$$\mathbf{c} = 0.5(\mathbf{v}_{min} + \mathbf{v}_{max})$$
$$\mathbf{e} = 0.5(\mathbf{v}_{max} - \mathbf{v}_{min})$$

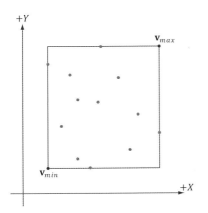

그림 16.2 일단의 점들을 감싸는 AABB를 최댓점과 최솟점으로 표현한 모습.

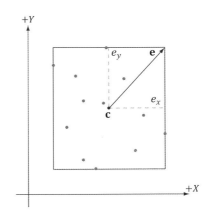

그림 16.3 일단의 점들의 AABB를 중심과 한계 벡터로 표현한 모습.

---

* **옮긴이** 문맥상 혼동의 여지가 없다면 축에 정렬된 경계상자(AABB)를 간단히 '경계상자'로, 또는 더 줄여서 그냥 '상자'로 표기하기도 하겠다. 유향 경계상자(OBB)도 마찬가지이다.

실제로, 다음 코드에서 보듯이 이번 장의 예제는 두개골 메시를 감싸는 경계상자를 계산할 때 우선 최대·최소 표현을 얻은 후 그것을 중심·한계 표현으로 변환한다.

```cpp
XMFLOAT3 vMinf3(+MathHelper::Infinity, +MathHelper::Infinity,
    +MathHelper::Infinity);
XMFLOAT3 vMaxf3(-MathHelper::Infinity, -MathHelper::Infinity,
    -MathHelper::Infinity);

XMVECTOR vMin = XMLoadFloat3(&vMinf3);
XMVECTOR vMax = XMLoadFloat3(&vMaxf3);

std::vector<Vertex> vertices(vcount);
for(UINT i = 0; i < vcount; ++i)
{
  fin >> vertices[i].Pos.x >> vertices[i].Pos.y >> vertices[i].Pos.z;
  fin >> vertices[i].Normal.x >> vertices[i].Normal.y
      >> vertices[i].Normal.z;

  XMVECTOR P = XMLoadFloat3(&vertices[i].Pos);

  // 점을 단위 구에 투영해서 구면 텍스처 좌표를 생성한다.
  XMFLOAT3 spherePos;
  XMStoreFloat3(&spherePos, XMVector3Normalize(P));

  float theta = atan2f(spherePos.z, spherePos.x);

  // [0, 2pi] 구간으로 한정한다.
  if(theta < 0.0f)
    theta += XM_2PI;

  float phi = acosf(spherePos.y);

  float u = theta / (2.0f*XM_PI);
  float v = phi / XM_PI;

  vertices[i].TexC = { u, v };

  vMin = XMVectorMin(vMin, P);
  vMax = XMVectorMax(vMax, P);
}

BoundingBox bounds;
XMStoreFloat3(&bounds.Center, 0.5f*(vMin + vMax));
XMStoreFloat3(&bounds.Extents, 0.5f*(vMax - vMin));
```

XMVectorMin 함수와 XMVectorMax 함수는 각각 다음과 같은 벡터를 돌려준다.

$$\mathbf{min}(\mathbf{u},\ \mathbf{v}) = (\min(u_x, v_x), \min(u_y, v_y), \min(u_z, v_z), \min(u_w, v_w))$$

$$\mathbf{max}(\mathbf{u},\ \mathbf{v}) = (\max(u_x, v_x), \max(u_y, v_y), \max(u_z, v_z), \max(u_w, v_w))$$

16.2.2.1 AABB의 회전

[그림 16.4]는 한 좌표계에서는 축에 정렬된 경계상자가 다른 좌표계에서는 축에 정렬되지 않은 경계상자일 수 있음을 보여준다. 특히, 메시의 국소 공간에서 계산한 메시의 AABB를 세계 공간으로 변환하고 나면 특정 방향을 가리키는 경계 상자(oriented bounding box, OBB), 줄여서 **유향 경계상자**(지향 경계 상자)가 된다. 그러나, 그런 상자라도 메시의 국소 공간으로 변환한 후 축에 정렬된 상태에서 교차 판정을 수행하는 것은 언제나 가능하다.

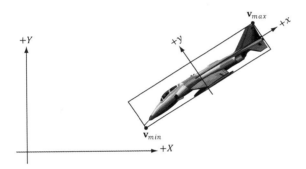

그림 16.4 이 경계상자는 xy 좌표계에서는 축에 정렬되어 있지만 XY 좌표계에서는 그렇지 않다.

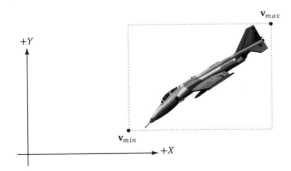

그림 16.5 이 경계상자는 XY 좌표계의 축들에 맞게 정렬되어 있다.

아니면 AABB를 세계 공간에서 다시 계산할 수도 있다. 하지만 그렇게 하면 실제 부피를 덜 정확하게 근사하는, '더 뚱뚱한' 상자가 만들어질 여지가 존재한다(그림 16.5).

또 다른 대안은 축 정렬 경계상자를 포기하고 그냥 유향 경계상자를 사용하는 것이다. 유향 경계상자를 표현하려면 세계 공간을 기준으로 한 경계상자의 방향에 대한 정보도 필요하다. DirectXMath 충돌 라이브러리에서는 다음과 같은 구조체를 이용해서 유향 경계상자를 표현한다.

```
struct BoundingOrientedBox
{
  static const size_t CORNER_COUNT = 8;

  XMFLOAT3 Center;        // 상자의 중심
  XMFLOAT3 Extents;       // 중심에서 각 면까지의 거리들
  XMFLOAT4 Orientation;   // 회전(상자->세계)을 나타내는 단위 사원수

  ...
```

> **참고:** 이번 장에서는 회전이나 방향을 사원수로 표현한다는 말이 종종 나온다. 간략히 소개하자면, 하나의 회전을 회전행렬로 표현하는 것과 마찬가지로, 단위 사원수^{單位四元數}(unit quaternion)로도 하나의 회전을 표현할 수 있다. 사원수는 제22장에서 설명한다. 일단 지금은 그냥 사원수가 회전행렬처럼 회전을 나타낸다고만 알고 넘어가기로 하자.

DirectXMath 충돌 라이브러리에서 AABB와 OBB를 대표하는 구조체들은 일단의 점들로부터 해당 경계상자를 구축하는 다음과 같은 **정적** 멤버 함수들을 제공한다.

```
void BoundingBox::CreateFromPoints(
  _Out_ BoundingBox& Out,
  _In_ size_t Count,
  _In_reads_bytes_(sizeof(XMFLOAT3)+Stride*(Count-1)) const XMFLOAT3* pPoints,
  _In_ size_t Stride );

void BoundingOrientedBox::CreateFromPoints(
  _Out_ BoundingOrientedBox& Out,
  _In_ size_t Count,
  _In_reads_bytes_(sizeof(XMFLOAT3)+Stride*(Count-1)) const XMFLOAT3* pPoints,
  _In_ size_t Stride );
```

예를 들어 정점 구조체가 다음과 같다고 하자.

```
struct Basic32
{
  XMFLOAT3 Pos;
  XMFLOAT3 Normal;
  XMFLOAT2 TexC;
};
```

그리고 메시를 이루는 정점들의 목록을 다음과 같은 배열(벡터)에 담아 둔다고 하자.

```
std::vector<Vertex::Basic32> vertices;
```

이 메시에 대한 축 정렬 경계상자를 만들려면 해당 정적 멤버 함수를 다음과 같이 호출하면 된다.

```
BoundingBox box;
BoundingBox::CreateFromPoints(
  box,
  vertices.size(),
  &vertices[0].Pos,
  sizeof(Vertex::Basic32));
```

마지막 매개변수 Stride는 '보폭(stride)', 즉 정점 목록의 한 요소에서 다음 요소까지의 바이트 수를 뜻한다.

> **참고:** 메시의 경계입체를 계산하려면 정점 목록의 복사본을 시스템 메모리에(이를테면 std::vector에) 두어야 한다. 렌더링을 위해 만들어진 정점 버퍼를 CPU가 직접 읽지는 못하므로 그렇게 할 수밖에 없다. 이 때문에, 응용 프로그램이 경계입체 생성이나 선택(제17장), 충돌 검출을 위해 메시의 시스템 메모리 복사본을 유지하는 경우가 흔하다.

16.2.3 경계구

경계구(bounding sphere)는 메시를 밀접하게 감싸는 구^{球} 기본도형이다. 하나의 경계구는 중심과 반지름으로 정의할 수 있다. 메시의 경계구를 계산하는 한 가지 방법은 먼저 메시의 AABB를 구하고, 그 AABB의 중심을 구의 중심 **c**로 사용하는 것이다.

$$\mathbf{c} = 0.5(\mathbf{v}_{min} + \mathbf{v}_{max})$$

그리고 이 중심 **c**와 임의의 정점 **p** 사이의 최대 거리를 구하면 그것이 곧 경계구의 반지름 r 이다.

$$r = \max \{\|\mathbf{c} - \mathbf{p}\| : \mathbf{p} \in \text{메시}\}$$

메시의 국소 공간에서 계산한 경계구를 세계 공간으로 변환하면, 비례변환 때문에 경계구가 더 이상 메시를 밀접하게 감싸지 못하는 형태가 될 수 있다. 따라서 반지름을 적절히 다시 비례해야 한다. 세계 변환 시 비균등 비례가 적용될 수도 있으므로, 변환된 경계구가 메시를 제대로 감싸려면 가장 큰 비례 성분으로 반지름을 비례해야 한다. 아니면, 애초에 모형들을 만들 때 모든 메시를 게임 세계의 축척(scale)에 맞게 만들어서 실행 시점에서 비례가 아예 필요하지 않게 하는 전략도 있다. 그렇게 하면 일단 적재한 모형들을 응용 프로그램이 다시 비례할 필요가 없다.

DirectXMath 충돌 라이브러리에서 경계구를 나타내는 구조체는 다음과 같다.

```
struct BoundingSphere
{
  XMFLOAT3 Center;     // 구의 중심
  float Radius;        // 구의 반지름
  ...
```

이 구조체는 일단의 점들로부터 경계구를 구축하는 다음과 같은 **정적 멤버 함수**를 제공한다.

```
void BoundingSphere::CreateFromPoints(
  _Out_ BoundingSphere& Out,
  _In_ size_t Count,
  _In_reads_bytes_(sizeof(XMFLOAT3)+Stride*(Count-1)) const XMFLOAT3* pPoints,
  _In_ size_t Stride );
```

16.2.4 절두체

절두체(frustum; 각뿔대)는 제5장에서 살펴보았으므로 이제 익숙할 것이다. 수학적으로 절두체는 여섯 개의 평면, 즉 좌·우 평면과 위·아래 평면, 가까운·먼 평면의 교차에 의해 만들어지는 영역이라고 할 수 있다. 이때 여섯 절두체 평면이 모두 [그림 16.6]처럼 절두체의 안쪽을 향하고 있다고 가정한다.

절두체를 이처럼 여섯 개의 평면으로 표현하면 절두체 대 경계입체의 교차 판정이 수월해진다.

16.2.4.1 절두체 평면 구축

절두체 평면들은 시야 공간에서 손쉽게 구축할 수 있다. 시야 공간에서 절두체의 표준적인 배치는 시점이 좌표계 원점에 놓여 있고 양의 z 축 방향을 바라보는 형태이다. 이 표준 배치에서 절두체의 가까운 평면과 먼 평면은 z 축에 따른 거리로 간단히 지정할 수 있다. 그리고 왼쪽 평면과 오른쪽 평면은 원점에서 만나고 z 축에 대칭이다(그림 16.6). 위 평면과 아래 평면 역시 원점에서 만나고 z 축에 대칭이다. 이러한 규칙적인 배치 덕분에 시야 공간에서 절두체를 나타낼 때 각 평면의 완전한 평면 방정식을 마련할 필요가 없다. 그냥 상하좌우 평면들의 기울기와 가까운·먼 평면까지의 거리만 있으면 된다. DirectXMath 충돌 라이브러리에서 하나의 절두체를 대표하는 구조체는 다음과 같다.

```
struct BoundingFrustum
{
  static const size_t CORNER_COUNT = 8;

  XMFLOAT3 Origin;          // 절두체의(그리고 투영의) 원점
  XMFLOAT4 Orientation;     // 회전(방향)을 나타내는 사원수

  float RightSlope;         // 양의 X 기울기(X/Z).
  float LeftSlope;          // 음의 X 기울기.
  float TopSlope;           // 양의 Y 기울기(Y/Z).
  float BottomSlope;        // 음의 Y 기울기.
  float Near, Far;          // 가까운·먼 평면의 Z
  ...
```

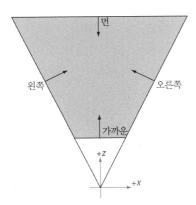

그림 16.6 절두체 평면들의 양의 반공간들이 교차하는 영역이 절두체 입체를 정의한다.

절두체의 국소 공간(즉, 카메라의 시야 공간)에서 Origin은 영벡터(**0**)이고 Orientation은 항등변환(회전 없음)에 해당하는 사원수이다. 위치벡터 Origin과 사원수 Orientation을 적절히 지정함으로써 절두체를 세계 공간의 임의의 위치에 임의의 방향으로 배치할 수 있다.

카메라의 수직 시야각과 종횡비, 가까운 평면과 먼 평면에 대한 정보가 있다면, 그에 해당하는 시야 공간의 절두체 평면 방정식을 구하는 수학 계산은 그리 어렵지 않다. 아니면 투영 행렬로부터 시야 공간의 절두체 평면 방정식을 유도하는 것도 가능하다. 그 방법은 여러 가지인데(이를테면 [Lengyel02]와 [Möller08]은 각각 다른 방법을 제시한다), DirectXMath 충돌 라이브러리는 다음과 같은 전략을 사용한다. NDC(정규화된 장치 좌표) 공간에서 시야 절두체는 $[-1, 1] \times [-1, 1] \times [0, 1]$ 구간의 상자(직육면체)로 변환된다. 즉, 그 공간에서 시야 절두체의 여덟 꼭짓점(모퉁이 정점들)은 다음과 같이 간단하게 정의된다.

```
// 동차 공간에서의 투영 절두체 꼭짓점들.
static XMVECTORF32 HomogenousPoints[6] =
{
  { 1.0f, 0.0f, 1.0f, 1.0f },   // 오른쪽(먼 평면의)
  { -1.0f, 0.0f, 1.0f, 1.0f },  // 왼쪽
  { 0.0f, 1.0f, 1.0f, 1.0f },   // 위
  { 0.0f, -1.0f, 1.0f, 1.0f },  // 아래

  { 0.0f, 0.0f, 0.0f, 1.0f },   // 가까운
  { 0.0f, 0.0f, 1.0f, 1.0f }    // 먼
};
```

투영 행렬의 역행렬(그리고 동차 나누기의 역)을 구하는 것이 가능하며, 그것으로 NDC 공간의 여덟 꼭짓점을 변환하면 시야 공간에서의 여덟 꼭짓점이 나온다. 시야 공간에서의 절두체 꼭짓점들을 구했다면, 그것으로부터 평면 방정식들을 구하는 것은 수학적으로 간단한 일이다(이역시 시야 공간에서 절두체가 원점에 놓이고 축에 정렬된 덕분이다). 다음은 DirectXMath 충돌 라이브러리에서 투영 행렬로부터 시야 공간의 절두체를 계산하는 코드이다.

```
//-----------------------------------------------------------
// 원근투영 행렬로부터 절두체를 구축한다. 그 행렬에는 투영 변환만
// 있어야 한다. 회전이나 이동, 비례가 있으면 절두체가 정확하게
// 만들어지지 않을 수 있다.
//-----------------------------------------------------------
_Use_decl_annotations_
inline void XM_CALLCONV BoundingFrustum::CreateFromMatrix(
```

```
  BoundingFrustum& Out,
  FXMMATRIX Projection )
{
  // 동차 공간에서의 투영 절두체 꼭짓점들.
  static XMVECTORF32 HomogenousPoints[6] =
  {
    { 1.0f, 0.0f, 1.0f, 1.0f },   // 오른쪽(먼 평면의)
    { -1.0f, 0.0f, 1.0f, 1.0f },  // 왼쪽
    { 0.0f, 1.0f, 1.0f, 1.0f },   // 위
    { 0.0f, -1.0f, 1.0f, 1.0f },  // 아래

    { 0.0f, 0.0f, 0.0f, 1.0f },   // 가까운
    { 0.0f, 0.0f, 1.0f, 1.0f }    // 먼
  };

  XMVECTOR Determinant;
  XMMATRIX matInverse = XMMatrixInverse( &Determinant, Projection );

  // 세계 공간에서의 절두체 꼭짓점들을 구한다.
  XMVECTOR Points[6];

  for( size_t i = 0; i < 6; ++i )
  {
    // 점을 변환한다.
    Points[i] = XMVector4Transform( HomogenousPoints[i], matInverse );
  }

  Out.Origin = XMFLOAT3( 0.0f, 0.0f, 0.0f );
  Out.Orientation = XMFLOAT4( 0.0f, 0.0f, 0.0f, 1.0f );

  // 기울기들을 계산한다.
  Points[0] = Points[0] * XMVectorReciprocal( XMVectorSplatZ( Points[0] ) );
  Points[1] = Points[1] * XMVectorReciprocal( XMVectorSplatZ( Points[1] ) );
  Points[2] = Points[2] * XMVectorReciprocal( XMVectorSplatZ( Points[2] ) );
  Points[3] = Points[3] * XMVectorReciprocal( XMVectorSplatZ( Points[3] ) );

  Out.RightSlope = XMVectorGetX( Points[0] );
  Out.LeftSlope = XMVectorGetX( Points[1] );
  Out.TopSlope = XMVectorGetY( Points[2] );
  Out.BottomSlope = XMVectorGetY( Points[3] );

  // 가까운 평면 거리와 먼 평면 거리를 계산한다
  Points[4] = Points[4] * XMVectorReciprocal( XMVectorSplatW( Points[4] ) );
```

```
    Points[5] = Points[5] * XMVectorReciprocal( XMVectorSplatW( Points[5] ) );

    Out.Near = XMVectorGetZ( Points[4] );
    Out.Far = XMVectorGetZ( Points[5] );
}
```

16.2.4.2 절두체 대 구 교차 판정

절두체 선별에 필요한 판정 중 하나는 절두체와 구의 교차 판정이다. 이 판정은 주어진 구가 절두체와 교차하는지를 말해 준다. 그런데 이 책에서는 구가 절두체 안에 완전히 포함되는 것도 절두체와 '교차'하는 것으로 간주함을 주의하기 바란다. 이는, 절두체 선별과 관련해서 절두체를 그냥 경계면들의 집합이 아니라 하나의 입체 영역('부피')으로 취급하기 때문이다. 하나의 절두체는 절두체 안쪽을 향한 여섯 평면으로 정의되므로, 절두체와 구의 교차를 다음과 같은 방식으로 판정할 수 있다: 만일 구가 절두체의 한 평면 L의 음의 반공간(half-space)에 있다면, 구가 절두체를 완전히 벗어나 있다는 결론을 내릴 수 있다. 만일 그런 평면이 하나도 없다면, 구가 절두체와 교차한다는 결론을 내릴 수 있다.

따라서 절두체 대 구 교차 판정은 결국 최대 6회의 구 대 평면 판정으로 환원된다. [그림 16.7]에 구 대 평면 교차 판정의 설정이 나와 있다. 구의 중심이 $\mathbf{c}$이고 반지름이 r이라고 하자. 그러면, 구의 중심과 한 평면 사이의 부호 있는 거리를 k라 할 때 $k = \mathbf{n} \cdot \mathbf{c} + d$이다(부록 C 참고). 만일 $|k| \leq r$이면 구는 그 평면과(따라서 절두체와) 교차하는 것이다. 만일 $k < -r$이면 구는 평면의 뒤쪽에, 즉 음의 반공간에 있는 것이므로 평면과 교차하지 않는다. 만일 $k > r$이면 구는 평면의 앞쪽에, 즉 양의 반공간에 있는 것이다. 만일 여섯 평면 모두에 대해 구가 평면 앞에 있다면 그 구는 절두체에 완전히 포함된 것이며, 앞에서 말했듯이 이 경우도 구가 절두체와 교차하는 것으로 간주한다.

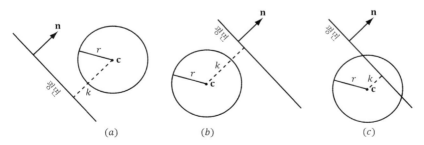

그림 16.7 구 대 평면 교차. (a) 만일 $k > r$이면 구는 평면의 양의 반공간과 교차한다. (b) $k < -r$이면 구 전체는 평면의 뒤쪽인 음의 반공간에 있다. (c) $|k| \leq r$이면 구는 평면과 교차한다.

BoundingFrustum 클래스는 주어진 구가 절두체와 교차하는지를 판정하는 다음과 같은 멤버 함수를 제공한다. 이 판정이 의미가 있으려면 구와 절두체가 반드시 같은 좌표계에 있어야 함을 주의하기 바란다.

```
enum ContainmentType
{
    // 물체가 절두체를 완전히 벗어나 있음.
    DISJOINT = 0,
    // 물체가 절두체 경계 평면(들)과 교차함.
    INTERSECTS = 1,
    // 물체가 절두체 안에 완전히 포함됨.
    CONTAINS = 2,
};
ContainmentType BoundingFrustum::Contains(
    _In_ const BoundingSphere& sphere ) const;
```

참고: 한편, **BoundingSphere**에는 이 멤버 함수와 대칭을 이루는 다음과 같은 멤버 함수가 있다.

```
ContainmentType BoundingSphere::Contains(
    _In_ const BoundingFrustum& fr ) const;
```

16.2.4.3 절두체 대 AABB 교차 판정

절두체 대 AABB 교차 판정은 절두체 대 구 교차 판정과 동일한 전략을 따른다. 하나의 절두체는 절두체 안쪽을 향한 여섯 평면으로 정의되므로, 절두체와 AABB의 교차를 다음과 같은 방식으로 판정할 수 있다: 만일 경계상자가 절두체의 한 평면 L의 음의 반공간에 있다면, 경계상자가 절두체를 완전히 벗어나 있다는 결론을 내릴 수 있다. 만일 그런 평면이 하나도 없다면 경계상자가 절두체와 교차한다는 결론을 내릴 수 있다.

따라서 절두체 대 AABB 교차 판정은 결국 최대 6회의 AABB 대 평면 판정으로 환원된다. AABB 대 평면 교차 판정의 알고리즘은 다음과 같다. 상자의 중심을 지나는 대각선 벡터 중 평면의 법선 $\mathbf{n}$과 가장 잘 정렬된(즉, 방향이 가장 비슷한) 벡터를 선택한다. 그 벡터를 $\mathbf{v} = \overrightarrow{PQ}$ 라고 하자. [그림 16.8]에서 보듯이, (a) 만일 P가 평면의 앞쪽에 있으면 Q도 반드시 평면의 앞쪽에 있다. (b) 만일 Q가 평면의 뒤쪽에 있으면 P도 반드시 평면의 뒤쪽에 있다. (c) 만일 P가 평면의 뒤쪽이고 Q가 앞쪽이면 상자는 평면과 교차한다.

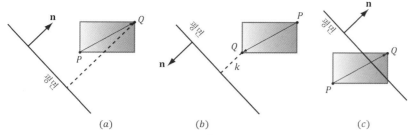

(a) (b) (c)

그림 16.8 AABB 대 평면 교차 판정. 대각선 $\overrightarrow{PQ}$은 항상 평면 법선과 방향이 가장 비슷한 대각선이다.

다음은 평면 법선 벡터 **n**과 가장 잘 정렬되는 대각선 벡터를 이루는 꼭짓점 P와 Q를 구하는 코드이다.

```
// 좌표축 x, y, z 각각에 대해:
for(int j = 0; j < 3; ++j)
{
    // PQ가 이 축에서 평면 법선과
    // 같은 방향을 가리키게 한다.
    if( planeNormal[j] >= 0.0f )
    {
        P[j] = box.minPt[j];
        Q[j] = box.maxPt[j];
    }
    else
    {
        P[j] = box.maxPt[j];
        Q[j] = box.minPt[j];
    }
}
```

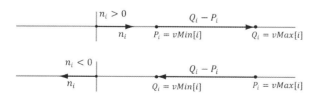

그림 16.9 (위) i번째 축에 대한 법선 성분의 부호가 양일 때를 나타낸 것이다. $Q_i - P_i$의 부호가 평면 법선 성분 n_i의 부호와 같아지는 꼭짓점 $P_i = vMin[i]$와 $Q_i = vMax[i]$를 선택한다. (아래) i번째 축에 대한 법선 성분의 부호가 음일 때를 나타낸 것이다. $Q_i - P_i$의 부호가 평면 법선 성분 n_i의 부호와 같아지는 꼭짓점 $P_i = vMax[i]$와 $Q_i = vMin[i]$를 선택한다.

이 코드는 그냥 각 차원에서 $Q_i - P_i$의 부호가 평면 법선 성분 n_i와 같다는 조건을 만족하는 P_i와 Q_i를 선택함으로써 P와 Q를 구하는 것일 뿐이다(그림 16.9).

BoundingFrustum 클래스는 주어진 AABB가 절두체와 교차하는지를 판정하는 다음과 같은 멤버 함수를 제공한다. 이 판정이 의미가 있으려면 AABB와 절두체가 반드시 같은 좌표계에 있어야 함을 주의하기 바란다.

```
ContainmentType BoundingFrustum::Contains(
    _In_ const BoundingBox& box ) const;
```

참고: BoundingBox에는 이 멤버 함수와 대칭을 이루는 다음과 같은 멤버 함수가 있다.

```
ContainmentType BoundingBox::Contains(
    _In_ const BoundingFrustum& fr ) const;
```

16.3 절두체 선별

제5장에서 말했듯이, 삼각형 절단 단계에서 하드웨어는 시야 절두체 바깥에 있는 삼각형들을 자동으로 폐기한다. 그러나 절단 단계에 도달하기까지 많은 일이 일어난다. 장면의 삼각형이 수백 만개라고 할 때, 그 모든 삼각형이 그리기 호출들(여기에는 API 추가부담이 존재한다)을 통해서 렌더링 파이프라인으로 제출되어야 하며, 그 모든 삼각형이 정점 셰이더를 거쳐야 한다. 상황에 따라서는 테셀레이션 단계들도 거쳐야 하고, 어쩌면 기하 셰이더를 거칠 수도 있다. 그 모든 일을 겪은 후에야 비로소 절단 단계에서 삼각형들이 폐기된다. 이것이 효율성의 낭비임은 명백하다.

절두체 선별에 깔린 의도는 응용 프로그램이 미리 삼각형들을 걸러 낸다는 것이다. 단, 개별 삼각형 수준이 아니라 그보다 좀 더 높은 수준에서 일단의 삼각형들을 한꺼번에 선별한다. [그림 16.10]에 간단한 예가 나와 있다. 이 예에서 보듯이, 장면의 물체마다 그 물체를 감싸는 경계입체(경계구나 경계상자 등)를 만든다. 만일 어떤 물체의 경계입체가 절두체와 교차하지 않는다면 해당 물체(삼각형 수천 개로 이루어진 것일 수도 있다)는 그리기 호출을 통해 파이프라인에 제출할 필요가 없다. CPU에서 미리 저렴한 비용으로 물체들을 선별하면, 어차피 보이지도 않을 기하구조 때문에 GPU가 귀중한 계산 능력을 낭비하는 일이 줄어든다. 카메라의 시야각이 90°이고 먼 평면이 무한히 멀리 있다고 할 때, 카메라 절두체의 부피는 세계 전체의 단 1/6이다. 즉, 물체들이 장면 전체에 고르게 분포되어 있다고 할 때, 물체들의 5/6가 절두체 선별을 통해서 폐기된다. 실제 응용에서는 카메라 시야각이 90° 미만이고 먼 평면의 거리도 유한할 것이므로, 5/6보다 더 많은 장면 물체들이 선별될 것이다.

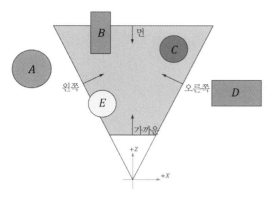

그림 16.10 경계입체 A와 D로 둘러싸인 물체는 절두체에서 완전히 벗어나 있으므로 그릴 필요가 없다. 경계입체 C에 해당하는 물체는 절두체 안에 완전히 포함되어 있으므로 그려야 한다. B와 E에 해당하는 물체는 일부는 절두체 바깥에 있고 일부는 절두체 안쪽에 있다. 이 물체들도 반드시 그려야 한다. 절두체 바깥의 삼각형들은 하드웨어가 잘라낸다.

그림 16.11 인스턴싱 및 선별 예제('InstancingAndCulling')의 실행 모습.

이번 장의 예제는 인스턴싱을 이용해서 두개골 메시를 5 × 5 × 5 격자 형태로 렌더링한다 (그림 16.11). 두개골 메시의 AABB는 메시 국소 공간에서 계산한다. UpdateInstanceData 메서드에서는 모든 인스턴스에 대해 절두체 선별을 수행한다. 절두체와 교차하는 인스턴스는 인스턴스별 자료를 담는 구조적 버퍼의 다음번 가용 슬롯에 해당 자료를 추가하고, visibleInstanceCount 카운터를 증가한다. 그 과정을 마치고 나면 구조적 버퍼의 앞쪽에는 모든 가시적인(현재 카메라에 보이는) 인스턴스의 자료가 들어 있는 상태가 된다. (상황에 따라서는 모든 인스턴스가 보일 수도 있으므로, 구조적 버퍼는 모든 인스턴스의 자료를 담을 수 있을 정도로 크게 잡아야 한다.) 두개골 메시의 AABB는 메시의 국소 공간을 기준으로 한 것이므로, 교차 판정을 위해서는 시야 절두체를 각 인스턴스의 국소 공간으로 변환해야 한다. 물론 다른 방식도 가능하다. 이를테면 AABB를 세계 공간으로 변환하고 절두체도 세계 공간으로 변환해서 교차 판정을 수행할 수도 있다. 다음 코드는 절두체를 각 인스턴스의 국소 공간으로 변환해서 AABB와의 교차 판정을 수행하는 방식을 보여준다.

```
XMMATRIX view = mCamera.GetView();
XMMATRIX invView = XMMatrixInverse(&XMMatrixDeterminant(view), view);

auto currInstanceBuffer = mCurrFrameResource->InstanceBuffer.get();
for(auto& e : mAllRitems)
{
  const auto& instanceData = e->Instances;

  int visibleInstanceCount = 0;
  for(UINT i = 0; i < (UINT)instanceData.size(); ++i)
  {
    XMMATRIX world = XMLoadFloat4x4(&instanceData[i].World);
    XMMATRIX texTransform = XMLoadFloat4x4(&instanceData[i].TexTransform);

    XMMATRIX invWorld = XMMatrixInverse(&XMMatrixDeterminant(world), world);

    // 시야 공간을 물체의 국소 공간으로 변환하는 행렬.
    XMMATRIX viewToLocal = XMMatrixMultiply(invView, invWorld);

    // 카메라 절두체를 시야 공간에서 물체의 국소 공간으로 변환한다.
    BoundingFrustum localSpaceFrustum;
    mCamFrustum.Transform(localSpaceFrustum, viewToLocal);

    // 국소 공간에서 AABB 대 절두체 교차 판정을 수행한다.
    if(localSpaceFrustum.Contains(e->Bounds) != DirectX::DISJOINT)
```

```
    {
        InstanceData data;
        XMStoreFloat4x4(&data.World, XMMatrixTranspose(world));
        XMStoreFloat4x4(&data.TexTransform, XMMatrixTranspose(texTransform));
        data.MaterialIndex = instanceData[i].MaterialIndex;

        // 가시적인 물체의 인스턴스 자료를 구조적 버퍼에 추가한다.
        currInstanceBuffer->CopyData(visibleInstanceCount++, data);
    }
}

e->InstanceCount = visibleInstanceCount;

// 디버깅과 진단을 위해, 가시적인 인스턴스들의 개수와
// 전체 인스턴스 개수를 출력한다.
std::wostringstream outs;
outs.precision(6);
outs << L"Instancing and Culling Demo" <<
    L"   " << e->InstanceCount <<
    L" objects visible out of " << e->Instances.size();
    mMainWndCaption = outs.str();
}
```

다음은 그리기 명령을 제출하는 코드이다. 구조적 버퍼에 모든 인스턴스의 자료를 담을 공간이 있긴 하지만, 이 호출은 0번에서 visibleInstanceCount-1번까지의 인스턴스들만, 다시 말해 실제로 보이는 인스턴스들만 그리도록 한다.

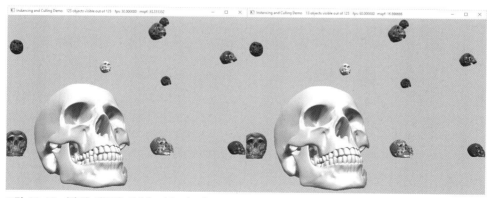

그림 16.12 (왼쪽) 절두체 선별을 껐을 때: 인스턴스 125개를 모두 렌더링하며, 한 프레임을 렌더링하는 데 약 33.33ms가 걸린다. (오른쪽) 절두체 선별을 켰을 때: 인스턴스 125개 중 13개만 보이며, 프레임률은 두 배가 되었다.

```
cmdList->DrawIndexedInstanced(ri->IndexCount,
    ri->InstanceCount,
    ri->StartIndexLocation,
    ri->BaseVertexLocation, 0);
```

[그림 16.12]는 절두체 선별을 활성화했을 때와 하지 않았을 때의 성능 차이를 보여 준다. 절두체 선별을 켰을 때(오른쪽)* 예제는 렌더링 파이프라인에 단 13개의 인스턴스만 제출했다. 반면 절두체 선별을 비활성화했을 때에는 125개의 인스턴스를 모두 렌더링 파이프라인에 제출했다. 결과적으로 눈에 보이는 장면은 동일하지만, 절두체 선별을 비활성화한 경우에는 삼각형 절단 과정에서 어차피 폐기될 100개 이상의 두개골 메시를 그리느라 계산 능력을 낭비하게 된다. 각 두개골의 삼각형 개수는 약 6만 개이므로, 두개골마다 아주 많은 수의 정점과 삼각형을 처리해야 한다. 한 번의 절두체 대 AABB 판정으로 약 6만 개의 삼각형을 아예 렌더링 파이프라인에 보내지도 않을 수 있다. 이것이 바로 절두체 선별의 장점이다. 초당 프레임수들을 보면 이에 의한 성능 차이가 어느 정도인지 짐작할 수 있을 것이다.

16.4 요약

1. 인스턴싱은 한 장면에서 같은 물체를 여러 번 그리되 위치나 방향, 축척, 재질, 텍스처 등을 달리해서 한 번에 그리는 것을 말한다. 인스턴싱을 이용하면 메시의 복사본 하나만 저장해 두고 필요에 따라 세계 행렬과 재질들만 다르게 두어서 물체를 여러 번 그릴 수 있어서 메모리가 절약된다. 또한, 모든 인스턴스 자료를 하나의 구조적 버퍼에 담고 그 버퍼에 SRV를 묶은 후 정점 셰이더에서 SV_InstanceID 값을 이용해서 특정 인스턴스 자료에 접근함으로써, 자원 변경과 여러 번의 그리기 명령 제출에 따른 API 추가 부담을 피할 수 있다. 더 나아가서, 텍스처들의 배열에 대해 동적 색인화를 적용할 수 있다. 한 번의 그리기 명령으로 렌더링할 인스턴스들의 개수는 ID3D12GraphicsCommandList::DrawIndexedInstanced 메서드의 둘째 매개변수 InstanceCount로 지정한다.

2. 경계입체는 어떤 물체가 차지하는 입체적 공간(부피)을 근사하는 입체적 기본도형이다. 경계입체는 해당 물체를 대략적으로만 묘사하는 근사일 뿐이지만, 대신 수학적 표현이 간단하기 때문에 다루기가 쉽다. 경계입체의 예로는 구, 축 정렬 경계상자(AABB),

---

* 옮긴이 예제 실행 도중 키보드의 '1' 키를 누르면 절두체 선별이 활성화되고 '2' 키를 누르면 비활성화된다.

유향 경계상자(OBB)가 있다. DirectXMath 충돌 라이브러리(*DirectXCollision.h*)는 그런 경계입체들을 대표하는 구조체들과 경계입체들 사이의 변환을 수행하는 함수들, 그리고 다양한 교차 판정을 수행하는 함수들을 제공한다.

3. 삼각형 절단 단계에서 하드웨어는 시야 절두체 바깥에 있는 삼각형들을 자동으로 폐기한다. 그러나 절단 단계에 도달하기까지 많은 일이 일어난다. 장면의 삼각형이 수백 만 개라고 할 때, 그 모든 삼각형이 그리기 호출들(여기에는 API 추가부담이 존재한다)을 통해서 렌더링 파이프라인으로 제출되어야 하며, 그 모든 삼각형이 정점 셰이더를 거쳐야 한다. 상황에 따라서는 테셀레이션 단계들도 거쳐야 하고, 어쩌면 기하 셰이더를 거칠 수도 있다. 그 모든 일을 겪은 후에야 비로소 절단 단계에서 삼각형들이 폐기된다. 이러한 비효율성을 피하는 목적으로 흔히 사용하는 것이 절두체 선별이다. 절두체 선별에서는 장면의 물체마다 그 물체를 감싸는 경계입체(경계구나 경계상자 등)를 만든다. 만일 어떤 물체의 경계입체가 절두체와 교차하지 않는다면 해당 물체(삼각형 수천 개로 이루어진 것일 수도 있다)는 그리기 호출을 통해 파이프라인에 제출할 필요가 없다. CPU에서 미리 저렴한 비용으로 물체들을 선별하면, 어차피 보이지도 않을 기하구조 때문에 GPU가 귀중한 계산 능력을 낭비하는 일이 줄어든다.

16.5 연습문제

1. 인스턴싱 및 선별 예제를 경계상자 대신 경계구를 사용하도록 수정하라.
2. NDC 공간의 평면 방정식은 형태가 아주 단순하다. 시야 절두체 안의 모든 점은 다음 구간에 속한다.

$$-1 \leq x_{ndc} \leq 1$$
$$-1 \leq y_{ndc} \leq 1$$
$$0 \leq z_{ndc} \leq 1$$

특히, NDC 공간에서 왼쪽 평면의 방정식은 $x = -1$이고 오른쪽 평면의 방정식은 $x = 1$이다. 원근 나누기 이전의 동차 절단 공간에서는 절두체 안의 모든 점이 다음 구간에 속한다.

$$-w \le x_h \le w$$

$$-w \le y_h \le w$$

$$0 \le z_h \le w$$

이 경우 왼쪽 평면은 $w = -x$로 정의되고 오른쪽 평면은 $w = x$로 정의된다. $\mathbf{M} = \mathbf{VP}$가 시야 행렬과 투영 행렬을 곱한 시야–투영 변환 행렬이고 $\mathbf{v} = (x, y, z, 1)$이 세계 공간을 기준으로 한 절두체 안의 한 점이라고 하자. $(x_h, y_h, z_h, w) = \mathbf{vM} = (\mathbf{v} \cdot \mathbf{M}_{*,1}, \mathbf{v} \cdot \mathbf{M}_{*,2}, \mathbf{v} \cdot \mathbf{M}_{*,3}, \mathbf{v} \cdot \mathbf{M}_{*,4})$라는 점을 고려해서, 세계 공간에서 절두체 안쪽을 향한 절두체 평면들이 다음과 같이 주어짐을 보여라.

왼쪽 평면	$0 = \mathbf{v} \cdot (\mathbf{M}_{*,1} + \mathbf{M}_{*,4})$
오른쪽 평면	$0 = \mathbf{v} \cdot (\mathbf{M}_{*,4} - \mathbf{M}_{*,1})$
아래 평면	$0 = \mathbf{v} \cdot (\mathbf{M}_{*,2} + \mathbf{M}_{*,4})$
위 평면	$0 = \mathbf{v} \cdot (\mathbf{M}_{*,4} - \mathbf{M}_{*,2})$
가까운 평면	$0 = \mathbf{v} \cdot \mathbf{M}_{*,3}$
먼 평면	$0 = \mathbf{v} \cdot (\mathbf{M}_{*,4} - \mathbf{M}_{*,3})$

참고: (a) 문제가 요구하는 것은 절두체 안쪽을 향하는 평면 법선이다. 따라서, 절두체 안의 한 점과 평면 사이의 거리는 양수이어야 한다. 다른 말로 하면, 절두체 안의 한 점 $\mathbf{p}$에 대해 $\mathbf{n} \cdot \mathbf{p} + d \ge 0$이어야 한다.

(b) $v_w = 1$이므로, 위의 내적들을 전개해서 정리하면 $Ax + By + Cz + D = 0$ 형태의 평면 방정식들이 나온다.

(c) 계산된 평면 법선들은 단위 길이가 아니다. 평면을 정규화하는 방법이 부록 C에 나와 있다.

3. *DirectXCollision.h* 헤더 파일을 조사해서, DirectXMath 충돌 라이브러리가 제공하는 여러 교차 판정 함수들과 경계입체 변환 함수들을 숙지하라.

4. OBB(유향 경계상자)는 중심 $\mathbf{C}$와 세 개의 직교축 벡터 $\mathbf{r}_0$, $\mathbf{r}_1$, $\mathbf{r}_2$, 그리고 세 축 방향으로의 한계 거리(상자 중심에서 해당 면까지의 거리) a_0, a_1, a_2로 정의할 수 있다. 중심은 상자의 위치, 세 축은 상자의 방향, 한계 거리들은 상자의 크기를 결정한다.

(a) 길이 r이 다음과 같이 정의된다고 할 때, 하나의 OBB를 평면의 법선 벡터로 정의되는 한 축에 투영한 '그림자'의 길이가 $2r$임을 보여라. [그림 16.13] (2차원으로 단순화했음)을 참고하기 바란다.

$$r = |a_0\mathbf{r}_0 \cdot \mathbf{n}| + |a_1\mathbf{r}_1 \cdot \mathbf{n}| + |a_2\mathbf{r}_2 \cdot \mathbf{n}|$$

(b) 앞의 r의 공식에서, 그냥 $r = (a_0\mathbf{r}_0 + a_1\mathbf{r}_1 + a_2\mathbf{r}_2) \cdot \mathbf{n}$으로 계산하지 않고 반드시 절댓값들을 취해야 하는 이유를 설명하라.

(c) 이로부터, OBB가 평면의 앞쪽에 있는지, 아니면 뒤쪽에 있는지, 아니면 평면과 교차하는지를 결정하는 평면 대 OBB 교차 판정 방법을 고안하라.

(d) AABB는 OBB의 한 특별한 경우이므로 OBB에 대한 판정 방법은 AABB에도 유효하다. 그러나 AABB에서는 r의 공식이 단순해진다. AABB의 경우에 대해 단순화된 r의 공식을 구하라.

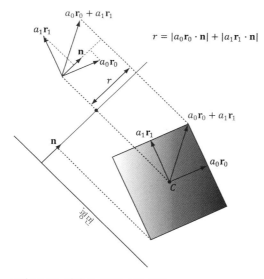

그림 16.13 평면 대 OBB 교차 상황.

CHAPTER 17

3차원 물체의 선택

이번 장에서는 선택(picking) 문제, 즉 사용자가 마우스 커서로 찍은 3차원 물체(또는 기본 도형)가 무엇인지 파악하는 문제를 살펴본다(그림 17.1). 다른 말로 하면, 마우스 커서의 2차원 화면 좌표가 주어졌을 때 그 좌표에 해당하는 점으로 투영된 3차원 물체가 어떤 것인지 알아내는 것이다. 이 문제를 풀려면 통상적인 3차원 그래픽 처리 과정을 뒤집어야 한다. 무슨 말이냐 하면, 보통은 3차원 공간을 2차원 화면 공간으로 변환하지만, 이 문제에서는 화면 공간을 다시 3차원 공간으로 변환해야 한다는 것이다. 그런데 사소한(?) 문제점이 하나 있다.

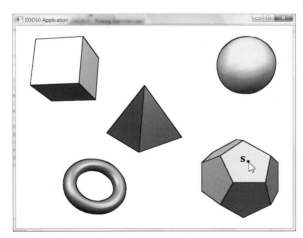

그림 17.1 사용자가 십이면체를 선택했다.

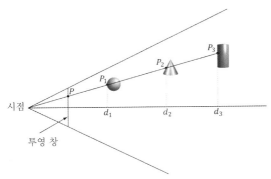

그림 17.2 절두체를 옆에서 본 모습. 투영 창의 한 점에 3차원 공간의 여러 점이 투영됨을 주목하기 바란다.

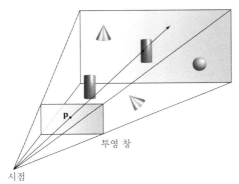

그림 17.3 어떤 물체를 2차원 화면에 투영한 영역에 점 **p**가 포함된다면, 시점에서 시작해서 점 **p**를 거치는 반직선은 반드시 그 물체와 교차한다. 투영 창에 투영된 점 **p**가 곧 클릭된 화면 점 **s**에 대응됨을 주목하기 바란다.

바로, 2차원 화면의 한 점이 3차원 공간의 고유한 한 점에 대응되지는 않는다는 것이다([그림 17.2]에서 보듯이, 여러 개의 3차원 점이 하나의 2차원 화면 점에 투영될 수 있다). 따라서 사용자가 실제로 선택한 것이 어떤 물체인지 결정하는 데 있어 약간의 중의성(ambiquity; 애매모호함)이 존재한다. 이것이 아주 큰 문제는 아니다. 보통의 경우 카메라에 가장 가까운 물체가 바로 사용자가 원한 물체이다.

[그림 17.3]의 시야 절두체를 보자. 여기서 점 **p**는 클릭된 화면 점 **s**에 대응되는 투영 창(시야 창)의 한 점이다. 만일 시점에서 시작해서 **p**를 통과하는 **선택 반직선**(picking ray)을 쏘면 그 반직선은 2차원 화면에 투영한 영역에 점 **p**가 포함되는 어떤 물체와 교차한다. 그림에서는 더 멀리 있는 원기둥이 바로 그런 물체이다. 이에 근거해서 이 책에서는 다음과 같은 전략을 이용해서 선택을 수행한다: 먼저 선택 반직선을 계산하고, 장면의 각 물체와 교차 판정을 수

행한다. 교차하는 물체가 바로 사용자가 선택한 물체이다. 그런데 반직선이 여러 개의 물체와 교차할 수도 있다(이를테면 여러 개의 물체가 서로 다른 깊이로 배치된 경우). 그런 경우에는 그냥 카메라와 가장 가까운 물체를 사용자가 선택한 물체로 간주한다. 마지막으로, 반직선과 교차하는 물체가 하나도 없으면(사용자가 빈 곳을 선택한 경우) 아무 물체도 선택되지 않은 것으로 한다.

목표

1. 선택 알고리즘의 작동 방식과 구현 방법을 배운다. 선택은 크게 다음 네 단계로 진행된다.

   (a) 클릭된 화면 점이 **s**라고 할 때, 그에 해당하는 투영 창의 점 **p**를 구한다.

   (b) 시야 공간에서 선택 반직선을 계산한다. 즉, 시야 공간의 원점에서 시작해서 **p**를 통과하는 반직선을 구한다.

   (c) 교차 판정을 위해 장면의 물체들과 반직선을 같은 공간으로 변환한다.

   (d) 반직선과 교차하는 물체를 찾는다. 그런 물체가 여러 개이면 카메라에 가장 가까운 것을 최종 결과로 선택한다.

17.1 화면에서 투영 창으로의 변환

첫 과제는 클릭된 화면 점을 정규화된 장치 좌표(NDC; §5.4.3.3 참고)로 변환하는 것이다. 뷰포트 행렬은 정점을 정규화된 장치 좌표에서 화면 공간으로 변환한다. 이 행렬은 다음과 같이 주어진다.

$$\mathbf{M} = \begin{bmatrix} \dfrac{Width}{2} & 0 & 0 & 0 \\ 0 & -\dfrac{Height}{2} & 0 & 0 \\ 0 & 0 & MaxDepth - MinDepth & 0 \\ TopLeftX + \dfrac{Width}{2} & TopLeftY + \dfrac{Height}{2} & MinDepth & 1 \end{bmatrix}$$

이 뷰포트 행렬에 나오는 변수들은 D3D12_VIEWPORT 구조체의 멤버들에 대응된다.

```
typedef struct D3D12_VIEWPORT
{
    FLOAT TopLeftX;
    FLOAT TopLeftY;
    FLOAT Width;
    FLOAT Height;
    FLOAT MinDepth;
    FLOAT MaxDepth;
} D3D12_VIEWPORT;
```

일반적으로 게임에서 뷰포트는 후면 버퍼 전체이며, 깊이 버퍼의 깊이 값은 0에서 1까지이다. 그러면 $TopLeftX = 0$, $TopLeftY = 0$, $MinDepth = 0$, $MaxDepth = 1$, $Width = w$, $Height = h$이다(여기서 w와 h는 후면 버퍼의 너비와 높이). 이 경우 뷰포트 행렬은 다음과 같이 간단해진다.

$$\mathbf{M} = \begin{bmatrix} w/2 & 0 & 0 & 0 \\ 0 & -h/2 & 0 & 0 \\ 0 & 0 & 1 & 0 \\ w/2 & h/2 & 0 & 1 \end{bmatrix}$$

$\mathbf{p}_{ndc} = (x_{ndc}, y_{ndc}, z_{ndc}, 1)$이 정규화된 장치 공간의 한 점이라고 하자(즉, $-1 \le x_{ndc} \le 1$이고 $-1 \le y_{ndc} \le 1$, $0 \le z_{ndc} \le 1$이다). $\mathbf{p}_{ndc}$를 화면 공간으로 변환하면 다음과 같은 좌표가 나온다.

$$[x_{ndc}, y_{ndc}, z_{ndc}, 1] \begin{bmatrix} w/2 & 0 & 0 & 0 \\ 0 & -h/2 & 0 & 0 \\ 0 & 0 & 1 & 0 \\ w/2 & h/2 & 0 & 1 \end{bmatrix} = \left[\frac{x_{ndc} w + w}{2}, \frac{-y_{ndc} h + h}{2}, z_{ndc}, 1 \right]$$

좌표성분 z_{ndc}는 그냥 깊이 버퍼에 쓰일 뿐이다. 물체 선택에는 그 어떤 깊이 성분도 관여하지 않는다. 변환된 x 성분과 y 성분이 곧 $\mathbf{p}_{ndc}$에 대응되는 2차원 화면 점 $\mathbf{p}_s = (x_s, y_s)$의 좌표성분들이다. 즉,

$$x_s = \frac{x_{ndc} w + w}{2}$$

$$y_s = \frac{-y_{ndc} h + h}{2}$$

이다. 이 두 공식은 화면 점 $\mathbf{p}_s$를 정규화된 장치 좌표 점 $\mathbf{p}_{ndc}$와 뷰포트 크기들로 표현한 것에

해당한다. 그런데 선택 문제에서는 화면 점 $\mathbf{p}_s$와 뷰포트 크기들을 아는 상태에서 $\mathbf{p}_{ndc}$를 구해야 한다. 위의 공식들을 $\mathbf{p}_{ndc}$에 대해 정리하면 다음이 나온다.

$$x_{ndc} = \frac{2x_s}{w} - 1$$

$$y_{ndc} = -\frac{2y_s}{h} + 1$$

이제 클릭된 점의 NDC 공간 좌표가 나왔다. 그런데 선택 반직선을 쏘려면 시야 공간 기준의 화면 점 좌표가 필요하다. §5.6.3.3에서 보았듯이, 투영된 점을 시야 공간에서 NDC 공간으로 변환할 때에는 x 성분을 종횡비 r로 나눈다.

$$-r \leq x' \leq r$$

$$-1 \leq x'/r \leq 1$$

따라서, NDC 공간에서 다시 시야 공간으로 돌아가려면 그냥 NDC의 x 성분에 종횡비를 곱하면 된다. 정리하자면, 클릭된 점의 시야 공간 좌표는 다음과 같다.

$$x_v = r\left(\frac{2s_x}{w} - 1\right)$$

$$y_v = -\frac{2s_y}{h} + 1$$

> **참고:** 투영된 점의 y 성분은 시야 공간에서나 NDC 공간에서나 동일하다. 이는 애초에 시야 공간에서 투영 창 높이가 $[-1, 1]$ 구간이 되게 설정했기 때문이다.

이제 §5.6.3.1을 떠올려 보자. 투영창과 원점 사이의 거리는 $d = \cot\left(\frac{\alpha}{2}\right)$이다(여기서 α는 수직 시야각). 따라서 원점에서 투영 창의 점 (x_v, y_v, d)를 향해 반직선을 쏘면 그것이 곧 선택 반직선이 된다. 이 반직선을 구하려면 $d = \cot\left(\frac{\alpha}{2}\right)$를 계산해야 하는데, 다행히 비교적 간단한 방법이 있다. 우선, [그림 17.4]에서 다음과 같은 관계들을 끌어낼 수 있음을 주목하기 바란다.

$$x_v' = \frac{x_v}{d} = \frac{x_v}{\cot\left(\frac{\alpha}{2}\right)} = x_v \cdot \tan\left(\frac{\alpha}{2}\right) = \left(\frac{2s_x}{w} - 1\right) r \tan\left(\frac{\alpha}{2}\right)$$

$$y_v' = \frac{y_v}{d} = \frac{y_v}{\cot\left(\frac{\alpha}{2}\right)} = y_v \cdot \tan\left(\frac{\alpha}{2}\right) = \left(-\frac{2s_y}{h} + 1\right) \tan\left(\frac{\alpha}{2}\right)$$

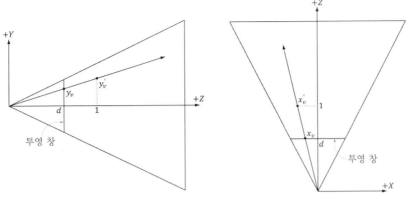

그림 17.4 닮은꼴 삼각형의 성질에 의해 $\dfrac{y_y}{d} = \dfrac{y'_y}{1}$ 이고 $\dfrac{x_y}{d} = \dfrac{x'_y}{1}$ 이다.

그런데 투영 행렬에서 $\mathbf{P}_{00} = \dfrac{1}{r\tan\left(\dfrac{\alpha}{2}\right)}$ 이고 $\mathbf{P}_{11} = \dfrac{1}{\tan\left(\dfrac{\alpha}{2}\right)}$ 이므로, 위의 공식들을 다음과 같이 좀더 간단하게 정리할 수 있다.

$$x'_v = \left(\frac{2s_x}{w} - 1\right)\Big/\mathbf{P}_{00}$$

$$y'_v = \left(-\frac{2s_y}{h} + 1\right)\Big/\mathbf{P}_{11}$$

즉, 점 (x_v, y_v, d) 대신 점 $(x'_v, y'_v, 1)$을 통과하는 반직선을 쏘아도 원했던 것과 동일한 반직선이 나온다. 다음은 이를 이용해서 시야 공간의 선택 반직선을 계산하는 코드이다.

```
void PickingApp::Pick(int sx, int sy)
{
    XMFLOAT4X4 P = mCamera.GetProj4x4f();

    // 시야 공간의 선택 반직선을 계산한다.
    float vx = (+2.0f*sx / mClientWidth - 1.0f) / P(0, 0);
    float vy = (-2.0f*sy / mClientHeight + 1.0f) / P(1, 1);

    // 시야 공간 반직선 정의.
    XMVECTOR rayOrigin = XMVectorSet(0.0f, 0.0f, 0.0f, 1.0f);
    XMVECTOR rayDir = XMVectorSet(vx, vy, 1.0f, 0.0f);
```

이 반직선이 시야 공간의 원점에서 시작함을 주목하기 바란다. 이는 시점(eye)이 바로 시야 공간의 원점에 놓여 있기 때문이다.

17.2 세계 공간과 국소 공간의 선택 반직선

이제 시야 공간의 선택 반직선을 구할 수 있게 되었다. 그런데 이 반직선은 물체 역시 시야 공간에 있어야 적용할 수 있다. 시야 행렬은 기하구조를 세계 공간에서 시야 공간으로 변환하므로, 시야 행렬의 역행렬은 기하구조를 시야 공간에서 세계 공간으로 변환한다. 따라서, 시야 공간 선택 반직선이 $\mathbf{r}_v(t) = \mathbf{q} + t\mathbf{u}$이고 시야 행렬이 $\mathbf{V}$라고 하면, 세계 공간 선택 반직선은 다음과 같이 주어진다.

$$\mathbf{r}_w(t) = \mathbf{q}\mathbf{V}^{-1} + t\mathbf{u}\mathbf{V}^{-1}$$
$$= \mathbf{q}_w + t\mathbf{u}_w$$

이때 반직선 원점 $\mathbf{q}$는 점으로서(즉, $q_w = 1$) 변환되고 반직선 방향 $\mathbf{u}$는 벡터로서(즉, $u_w = 0$) 변환됨을 주의하기 바란다.

세계 공간 선택 반직선은 일부 물체가 세계 공간을 기준으로 정의되어 있는 일부 상황에서 유용할 수 있다. 그러나 대부분의 경우 물체의 기하구조는 그 물체의 국소 공간을 기준으로 정의된다. 따라서 반직선 대 물체 교차 판정을 위해서는 세계 공간 선택 반직선을 물체의 국소 공간으로 변환해야 한다. 물체의 세계 행렬이 $\mathbf{W}$라고 할 때, 그 역행렬 $\mathbf{W}^{-1}$은 기하구조를 세계 공간에서 물체의 국소 공간으로 변환한다. 따라서 국소 공간 선택 반직선은 다음과 같이 주어진다.

$$\mathbf{r}_L(t) = \mathbf{q}_w\mathbf{W}^{-1} + t\mathbf{u}_w\mathbf{W}^{-1}$$

일반적으로 장면의 각 물체는 자신만의 국소 공간을 가진다. 따라서 장면의 물체들에 대해 반직선 교차를 판정하려면 반직선을 각 물체의 국소 공간으로 변환해야 한다.

메시들을 세계 공간으로 변환하고 세계 공간에서 교차 판정을 수행하는 방법도 있지만, 이는 비용이 너무 크다. 한 메시의 정점이 수천 개일 수도 있는데, 그 모든 정점을 세계 공간으로 변환해야 하기 때문이다. 그보다는 반직선 하나를 물체들의 국소 공간들로 변환하는 것이 더 효율적이다.

다음 코드는 시야 공간 선택 반직선을 물체의 국소 공간으로 변환하는 방법을 보여준다.

```
// 처음에는 아무것도 선택되지 않은 상태로 시작한다. 이를 위해, 최종 선택
// 결과에 해당하는 렌더 항목을 일단 보이지 않게 설정한다.
mPickedRitem->Visible = false;

// 불투명한 렌더 항목들만 고려한다. 실제 응용 프로그램이라면 선택 가능한
```

```
// 물체들로 이루어진 "선택 목록(picking list)"을 따로 둘 것이다.
for(auto ri : mRitemLayer[(int)RenderLayer::Opaque])
{
  auto geo = ri->Geo;

  // 보이지 않는 렌더 항목은 건너 뛴다.
  if(ri->Visible == false)
    continue;

  XMMATRIX V = mCamera.GetView();
  XMMATRIX invView = XMMatrixInverse(&XMMatrixDeterminant(V), V);

  XMMATRIX W = XMLoadFloat4x4(&ri->World);
  XMMATRIX invWorld = XMMatrixInverse(&XMMatrixDeterminant(W), W);

  // 반직선을 메시의 국소 공간으로 변환한다.
  XMMATRIX toLocal = XMMatrixMultiply(invView, invWorld);

  rayOrigin = XMVector3TransformCoord(rayOrigin, toLocal);
  rayDir = XMVector3TransformNormal(rayDir, toLocal);

  // 교차 판정을 위해 반직선 방향 벡터를 단위 길이로 만든다.
  rayDir = XMVector3Normalize(rayDir);
```

XMVector3TransformCoord 함수와 XMVector3TransformNormal 함수는 첫 매개변수로 3 차원 벡터를 받는다. XMVector3TransformCoord 함수는 그 벡터의 넷째 성분이 $w = 1$이라 고 가정하고 변환을 수행하는 반면 XMVector3TransformNormal은 넷째 성분이 $w = 0$이라 고 가정한다. 따라서 점을 변환할 때에는 XMVector3TransformCoord를, 벡터를 변환할 때에 는 XMVector3TransformNormal을 사용해야 한다.

17.3 반직선 대 메시 교차 판정

이렇게 해서 선택 반직선과 메시가 같은 공간에 있게 되었다. 이제 선택 반직선이 메시와 실제로 교차하는지 판정할 수 있다. 다음 코드는 메시의 삼각형들을 훑으면서 각 삼각형에 대해 반직선 대 삼각형 교차 판정을 수행한다. 만일 반직선과 교차하는 삼각형이 하나라도 있으면 그 메시는 반직선과 교차하는 것이고, 하나도 없으면 교차하지 않는 것이다. 그런데 때에 따라서

는 반직선 방향으로 여러 개의 삼각형이 겹쳐져서 반직선과 교차하는 삼각형이 여러 개 나올
수도 있다. 그런 경우 카메라에 가장 가까운 삼각형을 선택한다(메시 자체가 아니라 특정 삼각
형을 선택해야 하는 상황이라면).

```
// 반직선이 메시의 경계상자와 교차할 때에만 메시의 삼각형들에 대해
// 반직선 대 삼각형 교차 판정을 수행한다.
//
// 경계상자와 교차하지 않는다면 반직선이 메시와 교차할 가능성이 없으므로,
// 반직선 대 삼각형 교차 판정으로 시간을 낭비할 이유가 없다.
float tmin = 0.0f;
if(ri->Bounds.Intersects(rayOrigin, rayDir, tmin))
{
  // 참고: 이 예제에서는 교차 판정할 삼각형들의 정점 자료 형식이
  // 한 가지로 고정되어 있다. 여러 형식이 섞여 있는 경우라면
  // 일종의 식별용 메타자료를 두어야 할 것이다.
  auto vertices = (Vertex*)geo->VertexBufferCPU->GetBufferPointer();
  auto indices = (std::uint32_t*)geo->IndexBufferCPU->GetBufferPointer();
  UINT triCount = ri->IndexCount / 3;

  // 반직선과 교차하는 가장 가까운 삼각형을 찾는다.
  tmin = MathHelper::Infinity;
  for(UINT i = 0; i < triCount; ++i)
  {
    // 이 삼각형의 색인들.
    UINT i0 = indices[i * 3 + 0];
    UINT i1 = indices[i * 3 + 1];
    UINT i2 = indices[i * 3 + 2];

    // 이 삼각형의 정점들.
    XMVECTOR v0 = XMLoadFloat3(&vertices[i0].Pos);
    XMVECTOR v1 = XMLoadFloat3(&vertices[i1].Pos);
    XMVECTOR v2 = XMLoadFloat3(&vertices[i2].Pos);

    // 반직선과 교차하는 가장 가까운 삼각형을 찾으려면
    // 메시의 모든 삼각형을 훑어야 한다.
    float t = 0.0f;
    if(TriangleTests::Intersects(rayOrigin, rayDir, v0, v1, v2, t))
    {
      if(t < tmin)
      {
        // 이 삼각형이 현재까지 가장 가까운 삼각형이다.
        tmin = t;
        UINT pickedTriangle = i;
```

```
// 선택된 삼각형이 화면에 나타나도록 렌더 항목의 속성들을
// 설정한다. 참고로, 이 렌더 항목에는 삼각형을 강조해서
// 표시하는 "highlight" 재질이 설정되어 있다.
mPickedRitem->Visible = true;
mPickedRitem->IndexCount = 3;
mPickedRitem->BaseVertexLocation = 0;

// 선택된 삼각형에 대한 렌더 항목의 세계 행렬은 선택된
// 물체의 세계 행렬과 동일해야 한다.
mPickedRitem->World = ri->World;
mPickedRitem->NumFramesDirty = gNumFrameResources;

// 메시 색인 버퍼에서 선택된 삼각형이 시작되는 위치를 설정한다.
mPickedRitem->StartIndexLocation = 3 * pickedTriangle;
            }
        }
    }
}
```

이 코드가 시스템 메모리에 있는 메시 기하구조 복사본(MeshGeometry 클래스에 저장된)을 이용해서 선택 알고리즘을 수행함을 주목하기 바란다. 이는, 현재 GPU가 렌더링에 사용 중인 정점·색인 버퍼를 CPU에서 읽을 수는 없기 때문이다. 이처럼 선택이나 충돌 검출 같은 처리를 위해 메시의 복사본을 시스템 메모리에 담아 두는 경우가 많다. 때에 따라서는 그런 목적으로 메시를 단순화한 버전을 저장함으로써 메모리 소비량을 줄이기도 한다.

17.3.1 반직선 대 AABB 교차 판정

앞의 코드는 제일 먼저 DirectXMath 충돌 라이브러리의 BoundingBox::Intersects 메서드를 이용해서 반직선이 메시의 경계상자와 교차하는지 판정한다. 그 의도는 제16장에서 살펴본 절두체 선별 최적화와 동일하다. 장면의 모든 삼각형에 대해 반직선 교차를 판정하면 계산에 많은 시간이 걸린다. 선택 반직선에 가까이 있지 않은 메시의 삼각형들까지 일일이 반직선 교차를 판정해서 삼각형들이 반직선과 교차하지 않는다는 결론을 얻는 것은 낭비이고 비효율적이다. 이 문제에 흔히 쓰이는 전략은, 메시를 구나 상자 같은 간단한 경계입체로 근사하고 그 경계입체와 반직선의 교차를 판정하는 것이다. 만일 경계입체와 반직선이 만나지 않는다면 반직선은 메시의 그 어떤 삼각형과도 만나지 않으므로 더 이상의 계산은 필요하지 않다. 반직선

이 경계입체와 만난다면 좀 더 정밀한 반직선 대 메시 판정이 필요하다. 반직선이 장면의 경계입체들 대부분과 만나지 않는다고 가정할 때, 이러한 전략에 의해 많은 수의 반직선 대 삼각형 교차 판정이 생략될 것이다. BoundingBox::Intersects 메서드는 주어진 반직선이 상자와 교차하면 true를, 그렇지 않으면 false를 돌려준다. 이 멤버 함수의 원형은 다음과 같다.

```
bool XM_CALLCONV
BoundingBox::Intersects(
  FXMVECTOR Origin,      // 반직선 원점
  FXMVECTOR Direction,   // 반직선 방향(반드시 단위 벡터이어야 함)
  float& Dist ) const;   // 반직선 교점 매개변수
```

반직선이 $\mathbf{r}(t) = \mathbf{q} + t\mathbf{u}$라고 할 때, 이 메서드를 호출하면 다음과 같은 실제 교점 $\mathbf{p}$에 해당하는 반직선 매개변수 t_0이 마지막 매개변수에 설정된다.

$$\mathbf{p} = \mathbf{r}(t_0) = \mathbf{q} + t_0\mathbf{u}$$

17.3.2 반직선 대 구 교차 판정

DirectXMath 충돌 라이브러리에는 반직선 대 구 교차 판정을 수행하는 메서드도 있다.

```
bool XM_CALLCONV
BoundingSphere::Intersects(
  FXMVECTOR Origin,
  FXMVECTOR Direction,
  float& Dist ); const
```

반직선 대 구 교차 판정의 이해를 돕기 위해, 반직선과 구의 교점을 구하는 공식을 유도해 보자. 중심이 $\mathbf{c}$이고 반지름이 r인 경계구 표면의 한 점 $\mathbf{p}$는 다음과 같은 구 방정식(sphere equation)을 만족한다.

$$\|\mathbf{p} - \mathbf{c}\| = r$$

반직선이 $\mathbf{r}(t) = \mathbf{q} + t\mathbf{u}$라고 할 때, 위의 구 방정식을 만족하는 점 $\mathbf{r}(t_1)$과 $\mathbf{r}(t_2)$가 바로 구와 반직선이 만나는 두 교점이다. 그러한 두 점에 해당하는 반직선 매개변수 t_1과 t_2를 구해 보자. 우선 구 방정식을 전개한다.

$$r = \|\mathbf{r}(t) - \mathbf{c}\|$$
$$r^2 = (\mathbf{r}(t) - \mathbf{c}) \cdot (\mathbf{r}(t) - \mathbf{c})$$

$$r^2 = (\mathbf{q} + t\mathbf{u} - \mathbf{c}) \cdot (\mathbf{q} + t\mathbf{u} - \mathbf{c})$$

$$r^2 = (\mathbf{q} - \mathbf{c} + t\mathbf{u}) \cdot (\mathbf{q} - \mathbf{c} + t\mathbf{u})$$

표기의 편의를 위해 $\mathbf{m} = \mathbf{q} - \mathbf{c}$로 두어서 식을 정리하면 다음이 나온다.

$$(\mathbf{m} + t\mathbf{u}) \cdot (\mathbf{m} + t\mathbf{u}) = r^2$$

$$\mathbf{m} \cdot \mathbf{m} + 2t\mathbf{m} \cdot \mathbf{u} + t^2\mathbf{u} \cdot \mathbf{u} = r^2$$

$$t^2\mathbf{u} \cdot \mathbf{u} + 2t\mathbf{m} \cdot \mathbf{u} + \mathbf{m} \cdot \mathbf{m} - r^2 = 0$$

마지막 수식은 계수들이 다음과 같은 하나의 이차방정식이다.

$$a = \mathbf{u} \cdot \mathbf{u}$$

$$b = 2(\mathbf{m} \cdot \mathbf{u})$$

$$c = \mathbf{m} \cdot \mathbf{m} - r^2$$

반직선 방향 벡터가 단위 벡터이면 $a = \mathbf{u} \cdot \mathbf{u} = 1$이다. 만일 이 이차방정식의 근이 허수이면 반 직선은 구와 만나지 않는 것이다. 만일 실근이 두 개이면 반직선은 구와 두 점에서 만난다. 이 때 음의 근은 해당 교점이 반직선 "뒤에(즉, 반직선의 반대 방향으로 반직선 원점을 지난 곳 에)" 있음을 뜻한다. 가장 작은 양의 근이 바로 가장 가까운 교점의 매개변수이다.

17.3.3 반직선 대 삼각형 교차 판정

반직선 대 삼각형 교차는 DirectXMath 충돌 라이브러리의 `TriangleTests::Intersects` 메서드로 판정한다.

```
bool XM_CALLCONV
TriangleTests::Intersects(
  FXMVECTOR Origin,     // 반직선 원점
  FXMVECTOR Direction,  // 반직선 방향(단위 벡터)
  FXMVECTOR V0,         // 삼각형 정점 v0
  GXMVECTOR V1,         // 삼각형 정점 v1
  HXMVECTOR V2,         // 삼각형 정점 v2
  float& Dist );        // 반직선 교점 매개변수
```

반직선이 $\mathbf{r}(t) = \mathbf{q} + t\mathbf{u}$라고 하자. 그리고 하나의 삼각형을 $u \geq 0$, $v \geq 0$, $u + v \leq 1$에 대한 $\mathbf{T}(u, v) = \mathbf{v}_0 + u(\mathbf{v}_1 - \mathbf{v}_0) + v(\mathbf{v}_2 - \mathbf{v}_0)$으로 정의한다고 하자(그림 17.5). 이러한 설정에 서, 방정식 $\mathbf{r}(t) = \mathbf{T}(u, v)$를 만족하는 t, u, v를 구하면 삼각형과 반직선의 교점이 나온다. 우

선 이 방정식을 풀어서 다음과 같이 정리한다.

$$\mathbf{r}(t) = \mathbf{T}(u, v)$$

$$\mathbf{q} + t\mathbf{u} = \mathbf{v}_0 + u(\mathbf{v}_1 - \mathbf{v}_0) + v(\mathbf{v}_2 - \mathbf{v}_0)$$

$$-t\mathbf{u} + u(\mathbf{v}_1 - \mathbf{v}_0) + v(\mathbf{v}_2 - \mathbf{v}_0) = \mathbf{q} + \mathbf{v}_0$$

표기의 편의를 위해 $\mathbf{e}_1 = \mathbf{v}_1 - \mathbf{v}_0$, $\mathbf{e}_2 = \mathbf{v}_2 - \mathbf{v}_0$, $\mathbf{m} = \mathbf{q} - \mathbf{v}_0$으로 두어서 식을 정리하면 다음이 나온다.

$$-t\mathbf{u} + u\mathbf{e}_1 + v\mathbf{e}_2 = \mathbf{m}$$

$$\begin{bmatrix} \uparrow & \uparrow & \uparrow \\ -\mathbf{u} & \mathbf{e}_1 & \mathbf{e}_2 \\ \downarrow & \downarrow & \downarrow \end{bmatrix} \begin{bmatrix} t \\ u \\ v \end{bmatrix} = \begin{bmatrix} \uparrow \\ \mathbf{m} \\ \downarrow \end{bmatrix}$$

이는 $\mathbf{A}$가 가역행렬인 행렬 방정식 $\mathbf{Ax} = \mathbf{b}$의 형태로 볼 수 있다. 그러면 크라메르의 법칙(Cramer's Rule)에 의해 $x_i = \det \mathbf{A}_i / \det \mathbf{A}$이다. 여기서 $\mathbf{A}_i$는 $\mathbf{A}$의 i번째 열벡터를 $\mathbf{b}$로 대체한 것이다. 이제 식을 각 매개변수에 대해 전개하면 다음과 같은 공식들이 나온다.

$$t = \det \begin{bmatrix} \uparrow & \uparrow & \uparrow \\ \mathbf{m} & \mathbf{e}_1 & \mathbf{e}_2 \\ \downarrow & \downarrow & \downarrow \end{bmatrix} / \det \begin{bmatrix} \uparrow & \uparrow & \uparrow \\ -\mathbf{u} & \mathbf{e}_1 & \mathbf{e}_2 \\ \downarrow & \downarrow & \downarrow \end{bmatrix}$$

$$u = \det \begin{bmatrix} \uparrow & \uparrow & \uparrow \\ -\mathbf{u} & \mathbf{m} & \mathbf{e}_2 \\ \downarrow & \downarrow & \downarrow \end{bmatrix} / \det \begin{bmatrix} \uparrow & \uparrow & \uparrow \\ -\mathbf{u} & \mathbf{e}_1 & \mathbf{e}_2 \\ \downarrow & \downarrow & \downarrow \end{bmatrix}$$

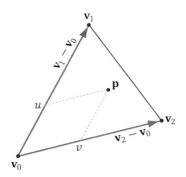

그림 17.5 삼각형 평면의 한 점 $\mathbf{p}$를, 원점이 $\mathbf{v}_0$이고 두 축이 $\mathbf{v}_1 - \mathbf{v}_0$과 $\mathbf{v}_2 - \mathbf{v}_0$인 기울어진 좌표계를 기준으로 한 좌표 (u, v)로 정의할 수 있다.

$$v = \det \begin{bmatrix} \uparrow & \uparrow & \uparrow \\ -\mathbf{u} & \mathbf{e}_1 & \mathbf{m} \\ \downarrow & \downarrow & \downarrow \end{bmatrix} / \det \begin{bmatrix} \uparrow & \uparrow & \uparrow \\ -\mathbf{u} & \mathbf{e}_1 & \mathbf{e}_2 \\ \downarrow & \downarrow & \downarrow \end{bmatrix}$$

다음은 $\det \begin{bmatrix} \uparrow & \uparrow & \uparrow \\ \mathbf{a} & \mathbf{b} & \mathbf{c} \\ \downarrow & \downarrow & \downarrow \end{bmatrix} = \mathbf{a} \cdot (\mathbf{b} \times \mathbf{c})$라는 사실을 이용해서 이들을 좀 더 정리한 것이다.

$$t = -\mathbf{m} \cdot (\mathbf{e}_1 \times \mathbf{e}_2)/\mathbf{u} \cdot (\mathbf{e}_1 \times \mathbf{e}_2)$$
$$u = \mathbf{u} \cdot (\mathbf{m} \times \mathbf{e}_2)/\mathbf{u} \cdot (\mathbf{e}_1 \times \mathbf{e}_2)$$
$$v = \mathbf{u} \cdot (\mathbf{e}_1 \times \mathbf{m})/\mathbf{u} \cdot (\mathbf{e}_1 \times \mathbf{e}_2)$$

한 행렬에서 두 열을 교환할 때마다 행렬식의 부호가 변한다는 사실을 이용하면 계산을 좀 더 최적화할 수 있다.

$$t = \mathbf{e}_2 \cdot (\mathbf{m} \times \mathbf{e}_1)/\mathbf{e}_1 \cdot (\mathbf{u} \times \mathbf{e}_2)$$
$$u = \mathbf{m} \cdot (\mathbf{u} \times \mathbf{e}_2)/\mathbf{e}_1 \cdot (\mathbf{u} \times \mathbf{e}_2)$$
$$v = \mathbf{u} \cdot (\mathbf{m} \times \mathbf{e}_1)/\mathbf{e}_1 \cdot (\mathbf{u} \times \mathbf{e}_2)$$

또한, 세 공식에 두 외적 $\mathbf{m} \times \mathbf{e}_1$과 $\mathbf{u} \times \mathbf{e}_2$가 공통으로 등장함을 주목하기 바란다. 이들을 재활용한다면 계산을 좀 더 최적화할 수 있을 것이다.

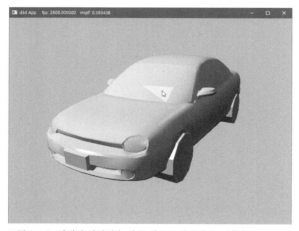

그림 17.6 선택된 삼각형을 밝은 색으로 강조해서 그린다.

17.4 예제 응용 프로그램

이번 장의 선택 예제('Picking')는 자동차 메시를 렌더링한다. 사용자는 오른쪽 마우스 버튼을 눌러서 메시의 한 삼각형을 선택할 수 있다. 선택된 삼각형은 "highlight" 재질로 렌더링되기 때문에 강조된 모습으로 나타난다(그림 17.6). 삼각형을 강조해서 렌더링하기 위해서는 그런 재질을 가진 렌더 항목이 필요하다. 이전 예제들은 응용 프로그램 초기화 시점에서 렌더 항목들을 완전하게 정의하지만, 이 렌더 항목은 초기화 시점에서 부분적으로만 정의할 수 있다. 초기화 시점에서는 사용자가 어떤 삼각형을 선택할지 알 수 없으며, 따라서 삼각형의 시작 색인과 세계 행렬도 알 수 없기 때문이다. 또한, 삼각형이 항상 선택되는 것도 아니다. 이 때문에 이 예제는 렌더 항목 구조체에 렌더 항목의 가시성을 나타내는 Visible이라는 속성을 추가하고, 보이지 않는 렌더 항목은 렌더링하지 않는다. 다음 코드는 PickingApp::Pick 메서드의 일부인데, 초기화 시점에서 설정하지 못한 렌더 항목의 속성들을 선택된 삼각형에 기초해서 설정하는 방법을 보여준다.

```
// 선택된 삼각형의 렌더 항목을 가리키는 포인터를
// PickingApp 클래스에 보관해 둔다.
RenderItem* mPickedRitem;

if(TriangleTests::Intersects(rayOrigin, rayDir, v0, v1, v2, t))
{
  if(t < tmin)
  {
    // 이 삼각형이 현재까지 가장 가까운 선택된 삼각형이다.
    tmin = t;
    UINT pickedTriangle = i;

    // 선택된 삼각형이 화면에 나타나도록 렌더 항목의 속성들을
    // 설정한다. 참고로, 이 렌더 항목에는 삼각형을 강조해서
    // 표시하는 "highlight" 재질이 설정되어 있다.
    mPickedRitem->Visible = true;
    mPickedRitem->IndexCount = 3;
    mPickedRitem->BaseVertexLocation = 0;

    // 선택된 삼각형에 대한 렌더 항목의 세계 행렬은 선택된
    // 물체의 세계 행렬과 동일해야 한다.
    mPickedRitem->World = ri->World;
    mPickedRitem->NumFramesDirty = gNumFrameResources;
```

```
    // 메시 색인 버퍼에서 선택된 삼각형이 시작되는 위치를 설정한다.
    mPickedRitem->StartIndexLocation = 3 * pickedTriangle;
  }
}
```

이 렌더 항목은 다른 불투명 렌더 항목들을 모두 그린 후에 그린다. 이 렌더 항목은 특별한 강조용 PSO를 사용하는데, 그 PSO는 투명도 혼합을 사용하며 깊이 판정 비교 함수를 D3D12_COMPARISON_FUNC_LESS_EQUAL로 설정한다. 선택된 삼각형을 두 번, 즉 보통의 재질로 한 번 그리고 강조용 재질로 또 한 번 그리기 때문에 이런 식의 설정이 필요하다. 만일 비교 함수를 그냥 D3D12_COMPARISON_FUNC_LESS로 설정한다면, 두 번째로 그린 삼각형은 깊이 판정에 실패하게 된다.

```
DrawRenderItems(mCommandList.Get(), mRitemLayer[(int)RenderLayer::Opaque]);
mCommandList->SetPipelineState(mPSOs["highlight"].Get());
DrawRenderItems(mCommandList.Get(), mRitemLayer[(int)RenderLayer::Highlight]);
```

17.5 요약

1. 선택은 화면에 투영된 물체 중 사용자가 마우스로 클릭한 것에 해당하는 3차원 물체를 알아내는 기술이다.

2. 선택 반직선은 시야 공간의 원점에서 시작해서 클릭된 화면 점에 대응되는 투영 창의 한 점을 통과하는 반직선이다.

3. 반직선 $r(t) = q + tu$를 변환하려면 반직선의 원점 q와 방향 u를 변환 행렬로 변환하면 된다. 이때 원점은 점으로서($w = 1$) 변환하고 방향은 벡터로서($w = 0$) 변환해야 함을 주의해야 한다.

4. 반직선이 물체와 교차하는지 판정할 때에는 물체의 모든 삼각형에 대해 반직선 대 삼각형 교차 판정을 수행한다. 반직선과 교차하는 삼각형이 하나라도 있으면 반직선은 그 삼각형이 속한 메시와 교차하는 것이다. 하나도 없으면 반직선은 메시와 만나지 않는다. 때에 따라서는 반직선 방향으로 여러 개의 삼각형이 겹쳐져서 반직선과 교차하는 삼각형이 여러 개 나올 수도 있는데, 그럴 때에는 일반적으로 카메라에 가장 가까운 삼각형을 선택한다.

5. 먼저 메시를 근사하는 경계입체와 반직선의 교차를 판정함으로써 반직선 대 메시 교차

판정의 성능을 최적화한다. 만일 반직선이 경계입체와 만나지 않는다면 반직선은 결코 메시와 만나지 않으므로 더 이상 계산할 필요가 없다. 반직선이 경계입체와 만난다면 좀 더 정밀한 반직선 대 메시 판정을 수행한다. 반직선이 장면의 경계입체들 대부분과 만나지 않는다고 가정할 때, 이러한 전략에 의해 많은 수의 반직선 대 삼각형 교차 판정 이 생략된다.

17.6 연습문제

1. 이번 장의 선택 예제('Picking')를, 메시에 대한 경계입체로 AABB 대신 구를 사용하 도록 수정하라.
2. 반직선 대 AABB 교차 판정을 수행하는 알고리즘을 조사하라.
3. 만일 장면에 물체가 수천 개이면, 선택을 위해서는 여전히 수천 회의 반직선 대 경계입 체 판정이 필요하다. 팔진트리(octree; 또는 팔분트리)를 조사하고, 그것을 반직선 대 경계입체 교차 판정 횟수를 줄이는 데 사용하는 방법을 설명하라. 첨언하자면, 마찬가 지 전략을 절두체 선별을 위한 절두체 대 경계입체 교차 판정 횟수를 줄이는 데에도 사 용할 수 있다.

CHAPTER 18

입방체 매핑

이번 장에서는 입방체 매핑을 공부한다. 입방체 맵(cube map)은 기본적으로 여섯 장의 텍스처로 된 배열인데, 입방체 매핑 기법에서는 그 텍스처들을 특별한 방식으로 해석한다. 입방체 매핑을 이용하면 하늘에 텍스처를 입히거나 물체가 주변 환경을 반사하는 모습을 흉내 내기가 쉬워진다.

목표

1. 입방체 맵이 무엇이고 HLSL 코드에서 어떻게 입방체 맵의 표본을 추출하는지 배운다.
2. DirectX 텍스처 도구들을 이용해서 입방체 맵을 생성하는 방법을 파악한다.
3. 입방체 맵으로 반사를 흉내 내는 방법을 살펴본다.
4. 입방체 맵을 구에 입혀서 하늘과 멀리 있는 산들을 묘사하는 방법을 이해한다.

18.1 입방체 매핑

입방체 매핑(cube mapping)의 핵심은 여섯 장의 텍스처를 어떤 좌표계의 좌표축들에 정렬된 입방체(정육면체)의 여섯 면으로 사용한다는 것이다. 이 때문에 입방체 매핑이라는 이름이 붙었다. 입방체가 좌표축들에 정렬되어 있으므로 입방체의 각 면(텍스처)은 각 좌표축 방향에 대응된다. 따라서, 입방체의 특정 면을 지칭할 때에는 그냥 간단하게 그 면과 교차하는 축 방향($\pm X$, $\pm Y$, $\pm Z$)을 언급하기로 한다(이를테면 +X 면, -Y 면 등).

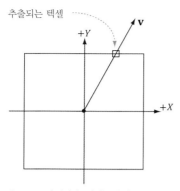

그림 18.1 간결함을 위해 2차원으로 표시했다. 그림의 정사각형은 3차원에서는 입방체가 된다. 이 정사각형은 어떤 좌표계의 중심에 놓이며 좌표축들에 정렬된 하나의 입방체를 나타낸 것이다. 원점에서 벡터 **v** 방향으로 투사한 반직선이 사각형 변(입방체의 면)과 만나는 지점의 텍셀이 바로 추출할 텍셀이다. 이 그림에서 **v**는 +Y 축에 해당하는 입방체 면과 교차한다.

Direct3D에서 하나의 입방체 맵은 원소가 여섯 개인 텍스처 배열인데, 각 원소(텍스처)는 입방체의 면들에 다음과 같이 대응된다.

1. 색인 0 원소는 +X 면.
2. 색인 1 원소는 −X 면.
3. 색인 2 원소는 +Y 면.
4. 색인 3 원소는 −Y 면.
5. 색인 4 원소는 +Z 면.
6. 색인 5 원소는 −Z 면.

2차원 텍스처를 적용할 때와는 달리, 입방체 맵의 한 텍셀을 2차원 텍스처 좌표로 지칭할 수 없다. 입방체 맵의 한 텍셀을 고유하게 식별하려면 3차원 텍스처 좌표가 필요하다. 그러한 텍스처 좌표는 원점에서 시작하는 하나의 3차원 **조회** 벡터(lookup vector) **v**를 정의한다. **v**의 3차원 좌표에 해당하는 텍셀은 원점에서 **v**의 방향으로 나아가는 반직선이 입방체의 한 면과 교차하는 지점에 있는 텍셀이다(그림 18.1). **v**가 텍셀 표본들 사이의 한 점에서 교차할 때에는 제9장에서 말한 텍스처 필터링 개념이 적용된다.

참고: 조회 벡터의 크기는 중요하지 않다. 의미 있는 것은 방향뿐이다. 방향이 같고 크기가 다른 두 조회 벡터는 입방체 맵의 같은 지점에서 표본을 추출한다.

HLSL에서는 입방체 맵을 TextureCube라는 형식으로 나타낸다. 다음은 HLSL에서 입방체 맵을 표본화하는(즉, 입방체 맵에서 표본을 추출하는) 방법을 보여 주는 코드이다.

```
TextureCube gCubeMap;
SamplerState gsamLinearWrap    : register(s2);
...

// 픽셀 셰이더에서:
float3 v = float3(x,y,z); // 조회 벡터
```

> **참고:** 조회 벡터는 입방체 맵과 같은 공간에 있어야 한다. 예를 들어 입방체 맵이 세계 공간을 기준으로 한다면(즉, 입방체 면들이 세계 공간 좌표축들과 정렬되어 있으면) 조회 벡터의 좌표도 세계 공간을 기준으로 한 것이어야 한다.

18.2 환경 매핑

입방체 맵의 주된 용도는 **환경 매핑**(environment mapping)이다. 환경 매핑에서는 수평 시야각과 수직 시야각이 모두 90°인 카메라를 장면의 한 물체 O의 중심에 두고 양의 x 축, 음의 x 축, 양의 y 축, 음의 y 축, 양의 z 축, 음의 z 축 방향으로 각각 장면을 렌더링해서(단, 물체 O는 제외) 총 여섯 장의 이미지를 얻는다. 시야각이 90°이므로 이 여섯 이미지는 주어진 물체 0에서 본 주변 환경 전체를 담게 된다(그림 18.2). 주변 환경을 담은 이 여섯 이미지를 하나의 입방체 맵에 담은 것을 환경 맵이라고 부른다. 다른 말로 하면, **환경 맵**은 여섯 면에 주변 환경의 이미지를 담은 입방체 맵이다.

앞의 설명에서 짐작했겠지만, 환경 매핑을 적용할 물체마다 환경 맵을 따로 만들어야 마땅하다. 그렇게 하는 것이 텍스처 메모리는 많이 들겠지만 더 정확한 방식이다. 그러나 장면의 몇몇 주요 지점에서만 주변 환경을 갈무리해서 환경 맵을 몇 개만 만들어 두고 여러 물체에 재활용하는 방식으로 메모리 사용량 대 품질을 타협하는 것도 가능하다. 그런 경우 물체에 가장 가까운 주요 지점의 환경 맵을 이용해서 환경 매핑을 적용하면 된다. 이러한 단순화는 실제 응용에서 아주 잘 통하는데, 이는 굴곡이 있는 물체들이 주변 환경을 덜 정확하게 반사한다고 해도 사람이 그 사실을 눈치채기가 쉽지 않기 때문이다. 흔히 쓰이는 또 다른 단순화는 환경 맵 이미

지들을 만들 때 장면의 일부 물체를 생략하는 것이다. 예를 들어 [그림 18.2]의 환경 맵은 먼 하늘과 아주 멀리 있는 산들의 '배경' 정보만 담은 것으로, 근처의 장면 물체들은 생략되었다. 이러한 배경 환경 맵은 불완전하다고 할 수 있지만, 실제 응용에서 반영 반사를 묘사하는 데에는 충분하다. 만일 근처의 장면 물체들까지 갈무리한다면 Direct3D를 이용해서 환경 맵의 여섯 면에 장면 전체를 렌더링해야 하는데, 구체적인 방법은 §18.5에서 논의한다. [그림 18.3]은 이번 장의 입방체 맵 예제('CubeMap')의 실행 모습인데, 이 예제는 장면의 모든 물체에 [그림 18.2]에 나온 환경 맵을 적용한다.

그림 18.2 환경 맵으로 쓰이는 입방체 맵을 "펼친" 모습. 이 여섯 면을 접어서 3차원 상자를 만들고 그 상자 안에 들어가서 주위를 둘러본다고 상상하기 바란다. 시선을 어디로 돌리든 주변 환경이 보일 것이다.

그림 18.3 입방체 맵 예제의 실행 모습.

카메라를 세계 공간 좌표축 방향으로 설정해서 환경 맵 이미지들을 생성하는 것을 가리켜 서 "세계 공간을 기준으로 한 환경 맵 생성"이라고 부른다. 물론 다른 방향들(이를테면 물체의 국소 공간 좌표축들)을 이용해서 환경을 갈무리할 수도 있다. 그러나 어떤 경우이든 조회 벡터 의 좌표는 환경 맵이 기준으로 한 것과 같은 공간의 것이어야 한다.

그런데 입방체 맵은 단지 텍스처 여섯 장을 담은 배열일 뿐이다. 그냥 그래픽 아티스트 가 직접 만든 이미지들(지금까지 사용해 온 2차원 텍스처들 같은)로 입방체 맵을 만드는 것 도 얼마든지 가능하다. 즉, 반드시 입방체 맵의 이미지들을 실시간 렌더링으로 만들어 낼 필 요는 없다. 예를 들어 외부의 3차원 세계 편집기에서 장면을 만들고, 그 장면을 미리 여섯 개의 입방체 면 이미지들로 렌더링하는 방법도 있다. 외부 환경을 묘사하는 맵의 경우에는 *Terragen*(*http://www.planetside.co.uk/*)이라는 프로그램(개인적인 용도에는 무료)이 흔히 쓰인다. 이 프로그램으로 사진 같은 야외 장면을 만들어 낼 수 있다. [그림18.2]에 나온 것을 비롯한 이 책의 예제들에 쓰이는 여러 야외 환경 맵들은 이 *Terragen*으로 생성한 것이다.

> **참고:** Terragen으로 환경 맵을 만들기로 했다면, **Camera Settings** 대화상자에서 **zoom** 값을 1.0으 로 설정하면 시야각이 90°가 됨을 기억해 두기 바란다. 또한, 출력 이미지의 너비와 크기를 동일하게 설정 하는 것도 중요하다. 그래야 수평 시야각과 수직 시야각이 같아진다(90°로).

> **참고:** 현재 카메라 위치에서 시야각 90°로 주변 환경의 여섯 이미지를 렌더링해 주는 유용한 Terragen 스크립트를 웹에서 구할 수 있다. URL은 다음과 같다:
>
> *https://developer.valvesoftware.com/wiki/Skybox_(2D)_with_Terragen*

어떤 방식으로든 입방체 맵 이미지 여섯 장을 마련했다면, 다음으로 할 일은 그 여섯 이미지를 모두 담은 하나의 입방체 맵 텍스처를 만드는 것이다. 지금까지 사용해 온 DDS 텍스처 이미지 형식은 입방체 맵을 지원하며, DirectX가 제공하는 *texassemble*이라는 도구를 이용하면 이미 지 여섯 장으로부터 하나의 입방체 맵을 만들어서 DDS 형식으로 저장할 수 있다. 다음은 명령 프롬프트에서 *texassemble*을 이용해서 입방체 맵을 생성하는 예이다(*texassemble*의 문서화 에서 발췌했음).

```
texassemble -cube -w 256 -h 256 -o cubemap.dds lobbyxposjpg lobbyxneg.jpg \
    lobbyypos.jpg lobbyyneg.jpg lobbyzpos.jpg lobbyzneg.jpg
```

18.2.1 입방체 맵의 적재와 적용

앞에서 언급했듯이, Direct3D에서 입방체 맵은 원소가 여섯 개인 텍스처 배열로 표현된다. 예제 프레임워크의 DDS 텍스처 생성 메서드 CreateDDSTextureFromFile12(*DDSTexture Loader.h/.cpp*)는 이미 입방체 맵의 적재를 지원한다. 다른 텍스처를 만들 때와 마찬가지 방식으로 이 메서드를 이용해서 입방체 맵을 불러올 수 있다. 이 메서드는 주어진 DDS 파일에 들어 있는 것이 입방체 맵임을 인식해서 적절한 텍스처 배열을 생성하고 각 면의 자료를 배열의 각 원소에 적재한다.

```
auto skyTex = std::make_unique<Texture>();
skyTex->Name = "skyTex";
skyTex->Filename = L"Textures/grasscube1024.dds";
ThrowIfFailed(DirectX::CreateDDSTextureFromFile12(md3dDevice.Get(),
    mCommandList.Get(), skyTex->Filename.c_str(),
    skyTex->Resource, skyTex->UploadHeap));
```

입방체 맵 텍스처 자원에 대한 SRV를 생성할 때에는 차원 속성(ViewDimension 필드)을 D3D12_SRV_DIMENSION_TEXTURECUBE로 지정해야 한다. 또한, TextureCube 속성의 여러 필드도 적절히 설정해야 한다.

```
D3D12_SHADER_RESOURCE_VIEW_DESC srvDesc = {};
srvDesc.Shader4ComponentMapping = D3D12_DEFAULT_SHADER_4_COMPONENT_MAPPING;
srvDesc.ViewDimension = D3D12_SRV_DIMENSION_TEXTURECUBE;
srvDesc.TextureCube.MostDetailedMip = 0;
srvDesc.TextureCube.MipLevels = skyTex->GetDesc().MipLevels;
srvDesc.TextureCube.ResourceMinLODClamp = 0.0f;
srvDesc.Format = skyTex->GetDesc().Format;
md3dDevice->CreateShaderResourceView(skyTex.Get(), &srvDesc, hDescriptor);
```

18.3 하늘에 텍스처 입히기

환경 맵의 한 가지 용도는 하늘에 텍스처를 입히는 것이다. 하늘 자체는 장면 전체를 감싸는 커다란 구이다. 지평선 멀리 있는 산들과 하늘의 모습을 묘사하기 위해, 그 구에 환경 맵을 이용해서 텍스처를 입힌다. 좀 더 자세한 방법이 [그림 18.4]에 나와 있다. 이 방법을 적용하면 환경 맵이 구의 표면에 투영된다.

이 방법에서는 하늘 구(sky sphere)*가 무한히 멀리 있다고 가정한다(즉, 구의 중심이 세계 공간의 한 지점이고 구의 반지름은 무한하다). 따라서 카메라가 세계 안의 어느 지점으로 가든 하늘 구의 표면에 가까워지거나 멀어지는 일은 없다. 이처럼 무한히 먼 하늘을 구현하는 방법은 간단하다. 그냥 세계 공간에서 하늘 구의 중심을 카메라 위치에 두면 된다. 그러면 카메라가 움직일 때 하늘 구도 따라 움직이므로 카메라가 하늘 구의 표면에 가까워지지도, 멀어지지도 않는다. 이렇게 하지 않고 카메라가 하늘 구의 표면에 가까이 갈 수 있게 허용하면, 하늘의 묘사에 사용한 이 방법의 실체가 드러나서(이를테면 텍셀들이 너무 확대되어서) 사용자의 환상이 깨지게 된다.

다음은 하늘을 위한 셰이더 코드를 담은 HLSL 파일(*Sky.hlsl*)이다.

```
//***********************************************************************
// Sky.hlsl by Frank Luna (C) 2015 All Rights Reserved.
//***********************************************************************

// 공통 HLSL 코드를 여기에 포함한다.
#include "Common.hlsl"

struct VertexIn
{
  float3 PosL    : POSITION;
  float3 NormalL : NORMAL;
  float2 TexC    : TEXCOORD;
};

struct VertexOut
{
  float4 PosH : SV_POSITION;
  float3 PosL : POSITION;
```

---

* **옮긴이** 지평선 위쪽의 하늘만 보이면 될 때에는 구 대신 반구를 사용할 수도 있다. 그런 반구를 하늘 돔(sky dome)이라고 부르기도 한다.

```
    };

    VertexOut VS(VertexIn vin)
    {
        VertexOut vout;

        // 국소 정점 위치를 입방체 맵 조회 벡터로 사용한다.
        vout.PosL = vin.PosL;

        // 세계 공간으로 변환한다.
        float4 posW = mul(float4(vin.PosL, 1.0f), gWorld);

        // 하늘 구의 중심을 항상 카메라 위치에 둔다.
        posW.xyz += gEyePosW;

        // z/w = 1이 되도록(즉, 하늘 구가 항상 먼 평면에 있도록) z = w로 설정한다.
        vout.PosH = mul(posW, gViewProj).xyww;

        return vout;
    }

    float4 PS(VertexOut pin) : SV_Target
    {
        return gCubeMap.Sample(gsamLinearWrap, pin.PosL);
    }
```

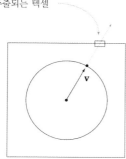

그림 18.4 간결함을 위해 2차원으로 표시했다. 그림의 정사각형은 3차원에서는 입방체가 되고, 원은 구가 된다. 하늘 구와 환경 맵이 같은 원점에 놓여 있다고 가정할 때, 구의 한 점에 입혀지는 텍셀은 원점에서 시작해서 조회 벡터의 방향으로 나아가는 반직선이 입방체 맵의 한 면과 교차하는 지점의 텍셀이다. 결과적으로 입방체 맵이 하늘 구에 투영된다.

하늘을 위한 셰이더 프로그램들은 보통의 물체들을 그리는 데 쓰이는 셰이더 프로그램들
(*Default.hlsl*)과 상당히 다르다. 그러나 이들은 같은 루트 서명을 공유하므로 그리기 도중에
루트 서명을 변경할 필요가 없다. 코드의 중복을 피하기 위해, *Default.hlsl*과 *Sky.hlsl*에 공통
인 코드를 *Common.hlsl*에 옮겨 두었다. 참고로 *Common.hlsl*은 다음과 같은 모습이다.

```
//***************************************************************************
// Common.hlsl by Frank Luna (C) 2015 All Rights Reserved.
//***************************************************************************

// 광원 개수들이 정의되어 있지 않으면 기본값으로 정의한다.
#ifndef NUM_DIR_LIGHTS
  #define NUM_DIR_LIGHTS 3
#endif

#ifndef NUM_POINT_LIGHTS
  #define NUM_POINT_LIGHTS 0
#endif

#ifndef NUM_SPOT_LIGHTS
  #define NUM_SPOT_LIGHTS 0
#endif

// 조명을 위한 구조체들과 함수들을 여기에 포함한다.
#include "LightingUtil.hlsl"

struct MaterialData
{
  float4   DiffuseAlbedo;
  float3   FresnelR0;
  float    Roughness;
  float4x4 MatTransform;
  uint     DiffuseMapIndex;
  uint     MatPad0;
  uint     MatPad1;
  uint     MatPad2;
};

TextureCube gCubeMap : register(t0);

// 셰이더 모형 5.1 이상만 지원하는 텍스처 배열.
// Texture2DArray와는 달리 이 배열에는 크기와 형식이
// 다른 텍스처들을 담을 수 있다. 따라서 좀 더 유연하다.
```

```
Texture2D gDiffuseMap[4] : register(t1);

// 재질 자료를 space1에 배정한다. 따라서 위의 텍스처 배열과는 겹치지 않는다.
// 위의 텍스처 배열은 space0의 레지스터 t0, t1, ..., t3을 차지한다.
StructuredBuffer<MaterialData> gMaterialData : register(t0, space1);


SamplerState gsamPointWrap        : register(s0);
SamplerState gsamPointClamp       : register(s1);
SamplerState gsamLinearWrap       : register(s2);
SamplerState gsamLinearClamp      : register(s3);
SamplerState gsamAnisotropicWrap  : register(s4);
SamplerState gsamAnisotropicClamp : register(s5);

// 프레임마다 달라지는 상수 자료.
cbuffer cbPerObject : register(b0)
{
  float4x4 gWorld;
  float4x4 gTexTransform;
  uint     gMaterialIndex;
  uint     gObjPad0;
  uint     gObjPad1;
  uint     gObjPad2;
};

// 재질마다 다른 상수 자료.
cbuffer cbPass : register(b1)
{
  float4x4 gView;
  float4x4 gInvView;
  float4x4 gProj;
  float4x4 gInvProj;
  float4x4 gViewProj;
  float4x4 gInvViewProj;
  float3   gEyePosW;
  float    cbPerObjectPad1;
  float2   gRenderTargetSize;
  float2   gInvRenderTargetSize;
  float    gNearZ;
  float    gFarZ;
  float    gTotalTime;
  float    gDeltaTime;
  float4   gAmbientLight;
```

```
// 최대 MaxLights개의 물체별 광원 중에서
// [0, NUM_DIR_LIGHTS) 구간의 색인들은 지향광들이고
// [NUM_DIR_LIGHTS, NUM_DIR_LIGHTS+NUM_POINT_LIGHTS) 구간의
// 색인들은 점광들이다.
// 그리고 [NUM_DIR_LIGHTS+NUM_POINT_LIGHTS,
// NUM_DIR_LIGHTS+NUM_POINT_LIGHT+NUM_SPOT_LIGHTS) 구간의
// 색인들은 점적광들이다.
Light gLights[MaxLights];
};
```

> **참고:** 예전에는 응용 프로그램이 하늘을 먼저 그리고, 그것으로 렌더 대상과 깊이·스텐실 버퍼를 특정 값으로 지우는 과정을 대신하곤 했다. 그러나 "ATI Radeon HD 2000 Programming Guide"(*http://developer.amd.com/media/gpu_assets/ATI_Radeon_HD_2000_programming_guide.pdf*)는 다음과 같은 이유로 그러한 방식을 권장하지 않는다. 첫째로, 내부적인 하드웨어 깊이 최적화가 잘 수행되려면 깊이·스텐실 버퍼를 명시적으로 지워야 한다. 렌더 대상도 마찬가지이다. 둘째로, 일반적으로 하늘의 대부분은 건물이나 지형지물 같은 다른 기하구조에 가려진다. 따라서 하늘을 먼저 그린다면 어차피 카메라에 더 가까운 다른 기하구조에 가려질 픽셀들을 처리하느라 자원을 낭비하는 일이 된다. 따라서 이제는 항상 버퍼를 먼저 명시적으로 지우고 하늘을 마지막에 그리는 것이 권장된다.

하늘 렌더링에 개별적인 셰이더 프로그램들이 쓰이므로, PSO도 따로 둔다. 또한, 그리기 코드에서는 다음처럼 하늘을 보통의 물체들과는 개별적인 하나의 렌더층(render layer)으로 취급해서 그리기 명령을 제출한다.

```
// 불투명한 렌더 항목들을 그린다.
mCommandList->SetPipelineState(mPSOs["opaque"].Get());
DrawRenderItems(mCommandList.Get(), mRitemLayer[(int)RenderLayer::Opaque]);

// 하늘 렌더 항목을 그린다.
mCommandList->SetPipelineState(mPSOs["sky"].Get());
DrawRenderItems(mCommandList.Get(), mRitemLayer[(int)RenderLayer::Sky]);
```

더 나아가서, 하늘 렌더링을 위한 몇몇 렌더 상태들이 기존 것들과 조금 다르다. 특히, 카메라가 구의 내부에 있기 때문에 후면 선별을 비활성화해야 한다(또는, 반시계방향으로 감긴 삼각형이 전면이 되도록 설정해도 같은 효과가 난다). 그리고 깊이 비교 함수를 LESS_EQUAL로 설정해야 하늘 구가 깊이 판정을 통과한다.

```
D3D12_GRAPHICS_PIPELINE_STATE_DESC skyPsoDesc = opaquePsoDesc;

// 카메라가 하늘 구 내부에 있으므로 후면 선별을 끈다.
skyPsoDesc.RasterizerState.CullMode = D3D12_CULL_MODE_NONE;

// 깊이 함수를 LESS가 아니라 LESS_EQUAL로 설정한다. 이렇게 하지
// 않으면, 깊이 버퍼를 1로 지우는 경우 z = 1(NDC)에서
// 정규화된 깊이 값이 깊이 판정에 실패한다.
skyPsoDesc.DepthStencilState.DepthFunc = D3D12_COMPARISON_FUNC_LESS_EQUAL;
skyPsoDesc.pRootSignature = mRootSignature.Get();
skyPsoDesc.VS =
{
    reinterpret_cast<BYTE*>(mShaders["skyVS"]->GetBufferPointer()),
    mShaders["skyVS"]->GetBufferSize()
};
skyPsoDesc.PS =
{
    reinterpret_cast<BYTE*>(mShaders["skyPS"]->GetBufferPointer()),
    mShaders["skyPS"]->GetBufferSize()
};
ThrowIfFailed(md3dDevice->CreateGraphicsPipelineState(
  &skyPsoDesc, IID_PPV_ARGS(&mPSOs["sky"])));
```

18.4 물체의 주변 환경 반사

제8장에서 배웠듯이, 광원이 내뿜은 빛이 프레넬 효과와 표면 거칠기에 의해 표면에 반사되어 눈에 도달하면 반영 하이라이트(specular highlight)가 만들어진다. 그런데 표면이 받는 빛이 광원에서 직접 온 광선들만은 아니다. 산란과 반복적인 반사 때문에 표면 위의 모든 방향으로부터 광선들이 도달한다. 이러한 간접적인 분산광을 흉내 내기 위해 조명 방정식에 주변광 항을 포함시킨다. 이번 절에서는 환경 맵을 이용해서 **반영 반사**(specular reflection), 즉 물체가 마치 거울처럼(반영) 주변 환경을 반사하는 현상을 묘사하는 방법을 살펴본다. 이번 장에서 말하는 반영 반사에서는 프레넬 효과에 의해 표면에서 반사된 빛만 고려한다. 이 책에서는 다루지 않지만, 입방체 맵을 이용해서 주변 환경의 분산광을 계산하는 고급 기법도 있다(이를테면 *https://developer.nvidia.com/gpugems/GPUGems2/gpugems2_chapter10.html*을 보라).

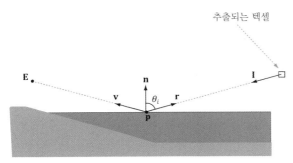

그림 18.5 여기서 **E**는 시점이고 **n**은 점 **p**의 표면 법선이다. 조회 벡터 **r**로 입방체 맵을 추출해서 얻은 텍셀에는 **p**에서 반사되어서 눈에 도달하는 빛의 값이 들어 있다.

이 기법에서는 점 O를 중심으로 장면을 렌더링해서 환경 맵을 만들 때 모든 방향에서 점 O로 들어오는 빛의 값들을 기록한다. 다른 말로 하면, 이 환경 맵은 점 O를 중심으로 모든 방향에서 오는 빛 값들을 기록한 결과이다. 이 환경 맵의 모든 텍셀을 각각 하나의 광원으로 간주할 수 있다. 이 자료를 이용해서 주변 환경에서 온 빛의 반영 반사를 근사한다. [그림 18.5]를 보자. 주변 환경의 빛이 **I** 방향으로 표면의 점 **p**에 들어온다. 그 빛이 표면에서 반사되어서(프레넬 효과에 의해) 눈 **E**에 도달한다면, 반사된 빛의 방향은 **v** = **E** − **p**이다. 환경에서 온 빛은 **r** = reflect(−**v**, **n**)을 조회 벡터로 사용해서 환경 입방체 맵을 추출해서 구한다. 이렇게 하면 표면은 거울과 비슷한 성질을 띠게 된다. 즉, 점 **p**를 보는 눈에는 **p**에 반사된 환경이 보이게 된다.

픽셀 셰이더에서는 현재 픽셀의 반사 벡터를 계산해서 환경 맵을 추출한다.

```
const float shininess = 1.0f - roughness;

// 조명 방정식에 반영 반사 항을 추가한다.
float3 r = reflect(-toEyeW, pin.NormalW);
float4 reflectionColor = gCubeMap.Sample(gsamLinearWrap, r);
float3 fresnelFactor = SchlickFresnel(fresnelR0, pin.NormalW, r);
litColor.rgb += shininess * fresnelFactor * reflectionColor.rgb;
```

반사를 위해서는 당연히 프레넬 효과를 적용해야 한다. 프레넬 효과는 환경의 빛이 어느 정도나 반사되어서 눈에 도달하는지를 표면의 재질 속성들 및 빛 벡터(반사 벡터)와 법선 사이의 각도에 기초해서 결정한다. 또한, 재질의 광택도(shininess)에 기초해서 반사광의 양을 비례해야 한다. 재질이 거칠면 빛이 덜 반사되게 해야 한다(그래도 어느 정도는 반사되게 해야 한다).

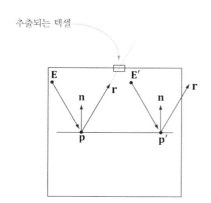

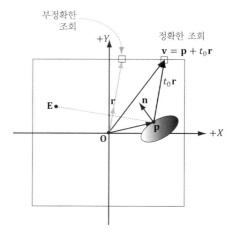

그림 18.6 눈이 각각 위치 **E**와 **E′**에 있을 때의 서로 다른 두 점 **p**와 **p′**에 해당하는 반사 벡터들.

그림 18.7 반사 벡터 **r**로 입방체 맵을 조회하는 대신, 반직선과 상자의 교점 $\mathbf{v} = \mathbf{p} + t_0\mathbf{r}$로 입방체 맵을 조회한다. 점 **p**는 경계상자 대리(proxy) 기하구조의 중심에 상대적이다. 이는 교점을 입방체 맵을 위한 조회 벡터로 사용할 수 있도록 하기 위한 것이다.

한편, [그림 18.6]에서 보듯이 평평한 표면에서는 환경 매핑을 이용한 반영 반사가 작동하지 않는다.

이는 지금까지 말한 기법이 위치가 없고 방향만 있는 반사 벡터로 반영 반사를 계산하기 때문이다. 좀 더 정확한 반영 반사를 위해서는 반사 반직선(reflection ray)을 만들고 그 반직선이 환경 맵과 교차하는 지점의 텍셀을 얻어야 한다. 반사 반직선에는 위치와 방향이 모두 있지만, 벡터에는 방향만 있다. [그림 18.6]의 두 반사 벡터 $\mathbf{q}(t) = \mathbf{p} + t\mathbf{r}$과 $\mathbf{q}'(t) = \mathbf{p}' + t\mathbf{r}$은 입방체 맵의 서로 다른 텍셀들과 교차하므로, 해당 표면 점들에 각자 다른 색을 입혀야 한다. 그러나 두 반직선은 방향 벡터가 **r**로 동일하며, 입방체 맵 조회에는 그 방향 벡터 **r**만 쓰이므로, 눈이 각각 **E**와 **E′**에 있을 때 표면 점 **p**와 **p′**에 같은 텍셀이 적용된다. 평평한 물체에서는 환경 매핑의 이러한 결함이 두드러진다. 다행히 굴곡이 있는 표면에서는 환경 매핑의 이러한 단점이 잘 드러나지 않는다. 표면의 곡률 때문에 표면의 점마다 반사 벡터의 차이가 크기 때문이다.

한 가지 해결책은 환경 맵에 어떤 대리(proxy) 기하구조를 연관시키는 것이다. 예를 들어 정사각형 방에 대한 환경 맵이 있다면, 그 방과 거의 같은 크기의 축 정렬 경계상자를 그 환경 맵에 연관시킨다. [그림 18.7]은 반사 벡터 **r**보다 더 나은 결과를 내는 조회 벡터 **v**를 경계상자와 반사 벡터 반직선의 교점을 이용해서 구하는 방법을 보여준다. 입방체 맵과 연관된 경계

상자에 관한 정보를 셰이더의 입력으로 두면(이를테면 상수 버퍼를 통해서) 반직선 대 상자 교차 판정을 픽셀 셰이더에서 수행할 수 있으며, 개선된 조회 벡터를 픽셀 셰이더에서 구해서 입방체 맵을 추출할 수 있다.

다음의 HLSL 함수는 입방체 맵 조회 벡터를 계산하는 방법을 보여준다.

```
float3 BoxCubeMapLookup(float3 rayOrigin, float3 unitRayDir,
          float3 boxCenter, float3 boxExtents)
{
  // Real-Time Rendering 제3판의 §16.7.1에 나오는
  // 평판법(slab method)에 기초한 구현이다.

  // 상자의 중심을 원점으로 둔다.
  float3 p = rayOrigin - boxCenter;

  // AABB의 i번째 평판* 반직선 대 평면 교차 공식은 다음과 같다.
  //
  // t1 = (-dot(n_i, p) + h_i)/dot(n_i, d) = (-p_i + h_i)/d_i
  // t2 = (-dot(n_i, p) - h_i)/dot(n_i, d) = (-p_i - h_i)/d_i

  // 벡터화한 후 모든 평면에 대해 반직선 대 평면 공식을
  // 한꺼번에 적용한다.
  float3 t1 = (-p+boxExtents)/unitRayDir;
  float3 t2 = (-p-boxExtents)/unitRayDir;

  // 각 좌표성분의 최댓값을 찾는다. 반직선이 상자 내부에 있다고 가정하므로,
  // 교차 매개변수의 최댓값만 찾으면 된다.
  float3 tmax = max(t1, t2);

  // tmax의 모든 성분의 최솟값을 구한다.
  float t = min(min(tmax.x, tmax.y), tmax.z);

  // 입방체 맵의 조회 벡터로 사용할 수 있도록, 상자의 중심에
  // 상대적인 좌표로 만든다.
  return p + t*unitRayDir;
}
```

---

* **옮긴이** 여기서 '평판'은 상자(직육면체)의 마주 보는 두 면과 일치하는 평행한 두 평면을 평판(평평한 널빤지나 석판)에 비유한 용어이다. 하나의 상자에는 세 개의 평판이 있는데, 평판법은 그 세 평판과 반직선의 교점들을 적절히 조사해서 상자 대 반직선 교차를 판정한다. 참고로, 이 구현 코드는 어느 정도 최적화되어 있기 때문에 평판법 알고리즘을 확실히 이해하지 않은 상태에서는 이해하기 힘들 수 있다. 알고리즘의 자세한 사항에 대해서는 주석에 나온 참고문헌을 읽어 보기 바란다. 웹에서 "slab method"를 검색해도 참고할 자료를 발견할 수 있을 것이다.

18.5 동적 입방체 맵

지금까지는 정적 입방체 맵, 즉 미리 만들어진 고정된 이미지들로 이루어진 입방체 맵을 이야기했다. 이 방법은 비용이 비교적 싸고, 적용할 수 있는 상황도 많다. 그러나 장면에 움직이는 물체들이 많다면, 미리 생성된 입방체 맵은 그러한 움직임을 포착하지 못한다. 즉, 움직이는 물체들은 반사할 수 없다. 이러한 한계를 극복하는 한 가지 방법은 입방체 맵을 실행 시점에서 생성하는 것이다. 즉, 프레임마다 입방체 맵의 중심에 카메라를 두고 각각의 좌표축 방향으로 **장면을 입방체 맵의 각 면에 렌더링한다**(총 6회). [그림 18.8]을 참고하기 바란다. 입방체 맵을 매 프레임 구축하므로 장면 안에서 움직이는 물체들이 입방체 맵에 온전히 포착된다. 따라서 반사 물체 주변의 동적 물체들이 반사 물체에 제대로 반사된다(그림 18.9).

> **참고:** 입방체 맵을 동적으로 렌더링하는 것은 비용이 크다. 장면을 무려 여섯 개의 렌더 대상에 렌더링해야 한다! 따라서 장면에 필요한 동적 입방체 맵의 수를 최소화할 필요가 있다. 예를 들어 장면의 물체 중 과시하거나 강조하고자 하는 핵심 물체들에 대해서만 동적 반사를 적용하고, 동적 반사가 잘 보이지 않거나 큰 효과가 없을 만한 덜 중요한 물체들에 대해서는 정적 입방체 맵을 사용하면 도움이 될 것이다. 일반적으로 동적 입방체 매핑에서는 필요한 픽셀 처리량, 즉 채움률(fillrate)을 줄이기 위해* 256×256 같은 저해상도 입방체 맵을 사용한다.

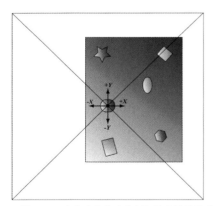

그림 18.8 장면 안에서 카메라를 동적 입방체 맵을 생성하고자 하는 물체의 중심에 해당하는 위치 O에 놓고, 시야각을 $90°$로 두어서 여섯 좌표축 방향으로 각각 장면을 렌더링해서 그 물체를 둘러싼 환경 전체의 이미지를 얻는다.

---

* **옮긴이** 흔히 fillrate는 그래픽 카드가 단위 시간당 버퍼에 채우는(기록하는) 픽셀 개수('채움 속도')를 의미하지만(높을수록 하드웨어가 고성능이다), 지금 문맥에서는 주어진 장면 렌더링 또는 그리기 호출에서 그래픽 카드가 처리해야 하는 픽셀 개수('채움률')를 뜻한다. 이는 하드웨어의 성능보다는 알고리즘이나 구현 기법의 효율성에 관한 것이며, 낮을수록 효율적이다.

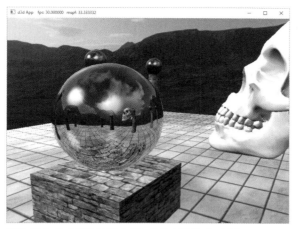

그림 18.9 동적 반사를 보여 주는 동적 입방체 맵 예제('DynamicCubeMap')의 실행 모습. 두개골이 중앙의 구를 중심으로 회전하는 모습이 구에 온전하게 반사된다. 입방체 맵을 장면으로부터 직접 생성하는 덕분에 기둥과 구, 바닥 등 장면의 국소 물체들도 모두 반사된다.

18.5.1 동적 입방체 맵 보조 클래스

입방체 맵을 동적으로 렌더링하는 작업을 돕기 위해, 예제 프레임워크는 다음과 같은 CubeRenderTarget 클래스를 제공한다. 이 클래스는 입방체 맵을 담는 실제 ID3D12Resource 객체와 자원에 대한 여러 서술자, 그리고 입방채 맵의 렌더링에 유용한 기타 자료를 캡슐화한다.

```
class CubeRenderTarget
{
public:
  CubeRenderTarget(ID3D12Device* device,
    UINT width, UINT height,
    DXGI_FORMAT format);

  CubeRenderTarget(const CubeRenderTarget& rhs)=delete;
  CubeRenderTarget& operator=(const CubeRenderTarget& rhs)=delete;
  ~CubeRenderTarget()=default;

  ID3D12Resource* Resource();
  CD3DX12_GPU_DESCRIPTOR_HANDLE Srv();
```

```
    CD3DX12_CPU_DESCRIPTOR_HANDLE Rtv(int faceIndex);

    D3D12_VIEWPORT Viewport()const;
    D3D12_RECT ScissorRect()const;

    void BuildDescriptors(
      CD3DX12_CPU_DESCRIPTOR_HANDLE hCpuSrv,
      CD3DX12_GPU_DESCRIPTOR_HANDLE hGpuSrv,
      CD3DX12_CPU_DESCRIPTOR_HANDLE hCpuRtv[6]);

    void OnResize(UINT newWidth, UINT newHeight);

  private:
    void BuildDescriptors();
    void BuildResource();

  private:

    ID3D12Device* md3dDevice = nullptr;

    D3D12_VIEWPORT mViewport;
    D3D12_RECT mScissorRect;

    UINT mWidth = 0;
    UINT mHeight = 0;
    DXGI_FORMAT mFormat = DXGI_FORMAT_R8G8B8A8_UNORM;

    CD3DX12_CPU_DESCRIPTOR_HANDLE mhCpuSrv;
    CD3DX12_GPU_DESCRIPTOR_HANDLE mhGpuSrv;
    CD3DX12_CPU_DESCRIPTOR_HANDLE mhCpuRtv[6];

    Microsoft::WRL::ComPtr<ID3D12Resource> mCubeMap = nullptr;
};
```

18.5.2 입방체 맵 자원 생성

입방체 맵 텍스처를 만들려면 원소가 여섯 개(입방체 면마다 원소 하나)인 텍스처 배열을 만들어야 한다. 장면을 입방체 맵에 렌더링할 것이므로, 자원 생성 시 D3D12_RESOURCE_FLAG_ALLOW_RENDER_TARGET 플래그를 반드시 지정해야 한다. 다음은 입방체 맵 자원을 생성하는 메서드이다.

```
void CubeRenderTarget::BuildResource()
{
  D3D12_RESOURCE_DESC texDesc;
  ZeroMemory(&texDesc, sizeof(D3D12_RESOURCE_DESC));
  texDesc.Dimension = D3D12_RESOURCE_DIMENSION_TEXTURE2D;
  texDesc.Alignment = 0;
  texDesc.Width = mWidth;
  texDesc.Height = mHeight;
  texDesc.DepthOrArraySize = 6;
  texDesc.MipLevels = 1;
  texDesc.Format = mFormat;
  texDesc.SampleDesc.Count = 1;
  texDesc.SampleDesc.Quality = 0;
  texDesc.Layout = D3D12_TEXTURE_LAYOUT_UNKNOWN;
  texDesc.Flags = D3D12_RESOURCE_FLAG_ALLOW_RENDER_TARGET;

  ThrowIfFailed(md3dDevice->CreateCommittedResource(
    &CD3DX12_HEAP_PROPERTIES(D3D12_HEAP_TYPE_DEFAULT),
    D3D12_HEAP_FLAG_NONE,
    &texDesc,
    D3D12_RESOURCE_STATE_GENERIC_READ,
    nullptr,
    IID_PPV_ARGS(&mCubeMap)));
}
```

18.5.3 추가 서술자 힙 공간

장면을 후면 버퍼뿐만 아니라 입방체 맵에도 렌더링할 것이므로 렌더 대상 뷰가 여섯 개(면마다 하나씩) 더 필요하다. 또한, 깊이·스텐실 버퍼도 하나 더 필요하다. 다음은 그런 추가 서술자들을 할당하도록 수정된 D3DApp::CreateRtvAndDsvDescriptorHeaps 메서드이다.

```
void DynamicCubeMapApp::CreateRtvAndDsvDescriptorHeaps()
{
  // 입방체 맵 대상 렌더링을 위해 RTV 개수를 6 증가한다(+ 6).
  D3D12_DESCRIPTOR_HEAP_DESC rtvHeapDesc;
  rtvHeapDesc.NumDescriptors = SwapChainBufferCount + 6;
  rtvHeapDesc.Type = D3D12_DESCRIPTOR_HEAP_TYPE_RTV;
  rtvHeapDesc.Flags = D3D12_DESCRIPTOR_HEAP_FLAG_NONE;
  rtvHeapDesc.NodeMask = 0;
  ThrowIfFailed(md3dDevice->CreateDescriptorHeap(
    &rtvHeapDesc, IID_PPV_ARGS(mRtvHeap.GetAddressOf())));
```

```
    // 입방체 맵 대상 렌더링을 위해 DSV 개수를 1 증가한다(전체 2개).
    D3D12_DESCRIPTOR_HEAP_DESC dsvHeapDesc;
    dsvHeapDesc.NumDescriptors = 2;
    dsvHeapDesc.Type = D3D12_DESCRIPTOR_HEAP_TYPE_DSV;
    dsvHeapDesc.Flags = D3D12_DESCRIPTOR_HEAP_FLAG_NONE;
    dsvHeapDesc.NodeMask = 0;
    ThrowIfFailed(md3dDevice->CreateDescriptorHeap(
      &dsvHeapDesc, IID_PPV_ARGS(mDsvHeap.GetAddressOf())));

    mCubeDSV = CD3DX12_CPU_DESCRIPTOR_HANDLE(
      mDsvHeap->GetCPUDescriptorHandleForHeapStart(),
      1,
      mDsvDescriptorSize);
}
```

또한, 생성한 입방체 맵을 셰이더 입력으로 묶어야 하므로 SRV도 하나 더 필요하다.

이후 서술자 핸들들은 CubeRenderTarget::BuildDescriptors 메서드로 전달된다. 이 메서드는 그 핸들들의 복사본을 저장한 후 핸들들을 이용해서 실제로 서술자들을 구축한다.

```
auto srvCpuStart = mSrvDescriptorHeap->GetCPUDescriptorHandleForHeapStart();
auto srvGpuStart = mSrvDescriptorHeap->GetGPUDescriptorHandleForHeapStart();
auto rtvCpuStart = mRtvHeap->GetCPUDescriptorHandleForHeapStart();

// 입방체 맵 RTV를 교환 사슬 서술자들 다음에 둔다.
int rtvOffset = SwapChainBufferCount;

CD3DX12_CPU_DESCRIPTOR_HANDLE cubeRtvHandles[6];
for(int i = 0; i < 6; ++i)
  cubeRtvHandles[i] = CD3DX12_CPU_DESCRIPTOR_HANDLE(
    rtvCpuStart, rtvOffset + i, mRtvDescriptorSize);

mDynamicCubeMap->BuildDescriptors(
  CD3DX12_CPU_DESCRIPTOR_HANDLE(
    srvCpuStart, mDynamicTexHeapIndex, mCbvSrvDescriptorSize),
  CD3DX12_GPU_DESCRIPTOR_HANDLE(
    srvGpuStart, mDynamicTexHeapIndex, mCbvSrvDescriptorSize),
  cubeRtvHandles);

void CubeRenderTarget::BuildDescriptors(CD3DX12_CPU_DESCRIPTOR_HANDLE hCpuSrv,
                    CD3DX12_GPU_DESCRIPTOR_HANDLE hGpuSrv,
```

```
                    CD3DX12_CPU_DESCRIPTOR_HANDLE hCpuRtv[6])
{
  // 서술자들에 대한 참조들을 저장해 둔다.
  mhCpuSrv = hCpuSrv;
  mhGpuSrv = hGpuSrv;

  for(int i = 0; i < 6; ++i)
    mhCpuRtv[i] = hCpuRtv[i];

  // 서술자들을 구축한다.
  BuildDescriptors();
}
```

18.5.4 서술자 구축

방금 본 코드는 서술자들을 담을 힙 공간을 할당하고 서술자들에 대한 참조를 저장할 뿐, 자원에 대한 서술자들을 실제로 생성하지는 않는다. 입방체 맵을 생성한 후 반사 물체를 렌더링할 때 픽셀 셰이더에서 입방체 맵을 추출할 수 있으려면 입방체 맵 자원에 대한 SRV를 생성해야한다. 또한, 입방체 맵 텍스처 배열의 각 원소에 대해 RTV(렌더 대상 뷰)를 하나씩 만들어야한다. 그래야 장면을 입방체 맵의 각 면에 렌더링할 수 있다. 다음은 그러한 필수 뷰들을 생성하는 메서드이다.

```
void CubeRenderTarget::BuildDescriptors()
{
  D3D12_SHADER_RESOURCE_VIEW_DESC srvDesc = {};
  srvDesc.Shader4ComponentMapping = D3D12_DEFAULT_SHADER_4_COMPONENT_MAPPING;
  srvDesc.Format = mFormat;
  srvDesc.ViewDimension = D3D12_SRV_DIMENSION_TEXTURECUBE;
  srvDesc.TextureCube.MostDetailedMip = 0;
  srvDesc.TextureCube.MipLevels = 1;
  srvDesc.TextureCube.ResourceMinLODClamp = 0.0f;

  // 입방체 맵 자원 전체에 대한 SRV를 생성한다.
  md3dDevice->CreateShaderResourceView(mCubeMap.Get(), &srvDesc, mhCpuSrv);

  // 입방체 맵 각 면에 대한 RTV를 생성한다.
  for(int i = 0; i < 6; ++i)
  {
    D3D12_RENDER_TARGET_VIEW_DESC rtvDesc;
```

```
    rtvDesc.ViewDimension = D3D12_RTV_DIMENSION_TEXTURE2DARRAY;
    rtvDesc.Format = mFormat;
    rtvDesc.Texture2DArray.MipSlice = 0;
    rtvDesc.Texture2DArray.PlaneSlice = 0;

    // i번째 원소에 대한 렌더 대상.
    rtvDesc.Texture2DArray.FirstArraySlice = i;

    // 배열의 원소 하나에 대한 뷰를 만든다.
    rtvDesc.Texture2DArray.ArraySize = 1;

    // 입방체의 i번째 면에 대한 RTV를 생성한다.
    md3dDevice->CreateRenderTargetView(mCubeMap.Get(), &rtvDesc, mhCpuRtv[i]);
  }
}
```

18.5.5 깊이 버퍼 구축

일반적으로 입방체 맵의 면들은 주 후면 버퍼와는 해상도가 다르다. 따라서 입방체 맵 면들에 장면을 렌더링하려면 입방체 맵 면의 해상도와 일치하는 크기의 깊이 버퍼를 따로 만들어 두어야 한다. 그런데 장면을 한 번에 한 면씩 렌더링하므로, 입방체 맵 렌더링을 위한 깊이 버퍼는 하나만 있으면 된다. 다음은 추가적인 깊이 버퍼 하나와 그에 대한 DSV를 생성하는 코드이다.

```
void DynamicCubeMapApp::BuildCubeDepthStencil()
{
  // 깊이·스텐실 버퍼와 뷰를 생성한다.
  D3D12_RESOURCE_DESC depthStencilDesc;
  depthStencilDesc.Dimension = D3D12_RESOURCE_DIMENSION_TEXTURE2D;
  depthStencilDesc.Alignment = 0;
  depthStencilDesc.Width = CubeMapSize;
  depthStencilDesc.Height = CubeMapSize;
  depthStencilDesc.DepthOrArraySize = 1;
  depthStencilDesc.MipLevels = 1;
  depthStencilDesc.Format = mDepthStencilFormat;
  depthStencilDesc.SampleDesc.Count = 1;
  depthStencilDesc.SampleDesc.Quality = 0;
  depthStencilDesc.Layout = D3D12_TEXTURE_LAYOUT_UNKNOWN;
  depthStencilDesc.Flags = D3D12_RESOURCE_FLAG_ALLOW_DEPTH_STENCIL;

  D3D12_CLEAR_VALUE optClear;
  optClear.Format = mDepthStencilFormat;
```

```
      optClear.DepthStencil.Depth = 1.0f;
      optClear.DepthStencil.Stencil = 0;
      ThrowIfFailed(md3dDevice->CreateCommittedResource(
          &CD3DX12_HEAP_PROPERTIES(D3D12_HEAP_TYPE_DEFAULT),
          D3D12_HEAP_FLAG_NONE,
          &depthStencilDesc,
          D3D12_RESOURCE_STATE_COMMON,
          &optClear,
          IID_PPV_ARGS(mCubeDepthStencilBuffer.GetAddressOf())));

      // 전체 자원의 밉맵 수준 0에 대한 서술자를 자원의 형식을
      // 그대로 적용해서 생성한다.
      md3dDevice->CreateDepthStencilView(
          mCubeDepthStencilBuffer.Get(), nullptr, mCubeDSV);

      // 자원의 상태를 초기 상태에서 깊이 버퍼로 사용할 수 있는
      // 상태로 전이한다.
      mCommandList->ResourceBarrier(1,
          &CD3DX12_RESOURCE_BARRIER::Transition(
          mCubeDepthStencilBuffer.Get(),
          D3D12_RESOURCE_STATE_COMMON,
          D3D12_RESOURCE_STATE_DEPTH_WRITE));
}
```

18.5.6 입방체 맵 뷰포트와 가위 직사각형

입방체 맵 면들의 해상도가 주 후면 버퍼의 것과 다르므로, 입방체 맵 면을 덮는 새 뷰포트와
가위 직사각형을 하나씩 정의해야 한다.

```
CubeRenderTarget::CubeRenderTarget(ID3D12Device* device,
                                   UINT width, UINT height,
                                   DXGI_FORMAT format)
{
  md3dDevice = device;

  mWidth = width;
  mHeight = height;
  mFormat = format;

  mViewport = { 0.0f, 0.0f, (float)width, (float)height, 0.0f, 1.0f };
  mScissorRect = { 0, 0, width, height };
```

```
    BuildResource();
}

D3D12_VIEWPORT CubeRenderTarget::Viewport()const
{
    return mViewport;
}

D3D12_RECT CubeRenderTarget::ScissorRect()const
{
    return mScissorRect
}
```

18.5.7 입방체 맵 카메라 설정

앞에서 언급했듯이, 입방체 맵은 수평 시야각과 수직 시야각이 모두 $90°$인 카메라를 장면의 한 물체 O의 중심에 두고 양의 x 축, 음의 x 축, 양의 y 축, 음의 y 축, 양의 z 축, 음의 z 축 방향으로 각각 장면을 렌더링해서(단, 물체 O는 제외) 얻은 여섯 장의 이미지로 구성된다. 그러한 렌더링 과정을 돕기 위해, 주어진 위치 (x, y, z)에서 입방체의 각 면을 향하는 카메라 여섯 개를 미리 만들어 둔다.

```
Camera mCubeMapCamera[6];
void DynamicCubeMapApp::BuildCubeFaceCamera(float x, float y, float z)
{
  // 카메라 위치(입방체 맵의 중심)와 세계의 상향 벡터.
  XMFLOAT3 center(x, y, z);
  XMFLOAT3 worldUp(0.0f, 1.0f, 0.0f);

  // 각 좌표축 방향의 시선 벡터들.
  XMFLOAT3 targets[6] =
  {
    XMFLOAT3(x + 1.0f, y, z),    // +X
    XMFLOAT3(x - 1.0f, y, z),    // -X
    XMFLOAT3(x, y + 1.0f, z),    // +Y
    XMFLOAT3(x, y - 1.0f, z),    // -Y
    XMFLOAT3(x, y, z + 1.0f),    // +Z
    XMFLOAT3(x, y, z - 1.0f)     // -Z
  };

  // +Y/-Y 방향을 제외한 모든 방향에서는 세계 공간의 위쪽을
  // 향한 벡터 (0,1,0)을 카메라의 상향 벡터로 사용한다.
```

```
  // 시선 방향 자체가 +Y/-Y 방향인 카메라에는 그 벡터와는 다른
  // 벡터를 상향 벡터로 사용한다.
  XMFLOAT3 ups[6] =
  {
    XMFLOAT3(0.0f, 1.0f, 0.0f),  // +X
    XMFLOAT3(0.0f, 1.0f, 0.0f),  // -X
    XMFLOAT3(0.0f, 0.0f, -1.0f), // +Y
    XMFLOAT3(0.0f, 0.0f, +1.0f), // -Y
    XMFLOAT3(0.0f, 1.0f, 0.0f),  // +Z
    XMFLOAT3(0.0f, 1.0f, 0.0f)   // -Z
  };

  for(int i = 0; i < 6; ++i)
  {
    mCubeMapCamera[i].LookAt(center, targets[i], ups[i]);
    mCubeMapCamera[i].SetLens(0.5f*XM_PI, 1.0f, 0.1f, 1000.0f);
    mCubeMapCamera[i].UpdateViewMatrix();
  }
}
```

입방체 맵의 각 면을 각자 다른 카메라를 이용해서 렌더링하므로, 입방체 맵 면마다 개별적인 패스별 상수 자료(PassConstant)가 필요하다. 이는 간단히 해결할 수 있다. 그냥 프레임 자원을 생성할 때 PassConstants 개수를 6 증가하면(총 7개가 된다) 된다.

```
void DynamicCubeMapApp::BuildFrameResources()
{
  for(int i = 0; i < gNumFrameResources; ++i)
  {
    mFrameResources.push_back(std::make_unique<FrameResource>(md3dDevice.Get(),
      7, (UINT)mAllRitems.size(), (UINT)mMaterials.size()));
  }
}
```

0번 요소는 주된 렌더링 패스에 해당하고, 1에서 6까지는 입방체 맵 면 렌더링 패스들에 해당한다.

다음은 각 면의 상수 자료를 설정하는 메서드이다.

```
void DynamicCubeMapApp::UpdateCubeMapFacePassCBs()
{
  for(int i = 0; i < 6; ++i)
  {
```

```
        PassConstants cubeFacePassCB = mMainPassCB;

        XMMATRIX view = mCubeMapCamera[i].GetView();
        XMMATRIX proj = mCubeMapCamera[i].GetProj();

        XMMATRIX viewProj = XMMatrixMultiply(view, proj);
        XMMATRIX invView =
            XMMatrixInverse(&XMMatrixDeterminant(view), view);
        XMMATRIX invProj =
            XMMatrixInverse(&XMMatrixDeterminant(proj), proj);
        XMMATRIX invViewProj =
            XMMatrixInverse(&XMMatrixDeterminant(viewProj), viewProj);

        XMStoreFloat4x4(&cubeFacePassCB.View, XMMatrixTranspose(view));
        XMStoreFloat4x4(&cubeFacePassCB.InvView,
            XMMatrixTranspose(invView));
        XMStoreFloat4x4(&cubeFacePassCB.Proj, XMMatrixTranspose(proj));
        XMStoreFloat4x4(&cubeFacePassCB.InvProj,
            XMMatrixTranspose(invProj));
        XMStoreFloat4x4(&cubeFacePassCB.ViewProj,
            XMMatrixTranspose(viewProj));
        XMStoreFloat4x4(&cubeFacePassCB.InvViewProj,
            XMMatrixTranspose(invViewProj));
        cubeFacePassCB.EyePosW = mCubeMapCamera[i].GetPosition3f();
        cubeFacePassCB.RenderTargetSize =
            XMFLOAT2((float)CubeMapSize, (float)CubeMapSize);
        cubeFacePassCB.InvRenderTargetSize =
            XMFLOAT2(1.0f / CubeMapSize, 1.0f / CubeMapSize);

        auto currPassCB = mCurrFrameResource->PassCB.get();

        // 입방체 맵용 패스별 상수 버퍼들을 요소 1-6에 저장한다.
        currPassCB->CopyData(1 + i, cubeFacePassCB);
    }
}
```

18.5.8 장면을 입방체 맵에 그리기

이 예제에는 총 세 개의 렌더층이 쓰인다.

```
enum class RenderLayer : int
{
    Opaque = 0,
```

```
    OpaqueDynamicReflectors,
    Sky,
    Count
};
```

OpaqueDynamicReflectors 층에는 장면 중앙의 구(그림 18.9 참고)가 포함되어 있다. 이 구를 그릴 때 동적 입방체 맵을 이용해서 주변의 동적 물체들이 구에 반사되게 한다. 이를 위해 우선 장면을 입방체 맵의 각 면에 그리는데, 이때 중앙 구 자체는 그리지 않는다. 즉, 입방체 맵 면들에는 불투명한 물체들(Opaque 층)과 하늘(Sky 층)만 그리면 된다.

```
void DynamicCubeMapApp::DrawSceneToCubeMap()
{
  mCommandList->RSSetViewports(1, &mDynamicCubeMap->Viewport());
  mCommandList->RSSetScissorRects(1, &mDynamicCubeMap->ScissorRect());

  // RENDER_TARGET으로 변경한다.
  mCommandList->ResourceBarrier(1,
    &CD3DX12_RESOURCE_BARRIER::Transition(
    mDynamicCubeMap->Resource(),
    D3D12_RESOURCE_STATE_GENERIC_READ,
    D3D12_RESOURCE_STATE_RENDER_TARGET));

  UINT passCBByteSize =
    d3dUtil::CalcConstantBufferByteSize(sizeof(PassConstants));

  // 입방체 맵의 각 면에 대해:
  for(int i = 0; i < 6; ++i)
  {
    // 후면 버퍼와 깊이 버퍼를 지운다.
    mCommandList->ClearRenderTargetView(
      mDynamicCubeMap->Rtv(i), Colors::LightSteelBlue, 0, nullptr);
    mCommandList->ClearDepthStencilView(mCubeDSV,
      D3D12_CLEAR_FLAG_DEPTH | D3D12_CLEAR_FLAG_STENCIL,
      1.0f, 0, 0, nullptr);

    // 렌더링 결과가 기록될 렌더 대상 버퍼들을 지정한다.
    mCommandList->OMSetRenderTargets(1, &mDynamicCubeMap->Rtv(i),
      true, &mCubeDSV);

    // 현재 입방체 맵 면에 맞는 시야/투영 행렬이 셰이더에 전달되도록,
    // 현재 면을 위한 패스별 상수 버퍼를 파이프라인에 묶는다.
    auto passCB = mCurrFrameResource->PassCB->Resource();
```

```
    D3D12_GPU_VIRTUAL_ADDRESS passCBAddress =
      passCB->GetGPUVirtualAddress() + (1+i)*passCBByteSize;
    mCommandList->SetGraphicsRootConstantBufferView(1, passCBAddress);

    DrawRenderItems(mCommandList.Get(),
      mRitemLayer[(int)RenderLayer::Opaque]);

    mCommandList->SetPipelineState(mPSOs["sky"].Get());
    DrawRenderItems(mCommandList.Get(),
      mRitemLayer[(int)RenderLayer::Sky]);

    mCommandList->SetPipelineState(mPSOs["opaque"].Get());
  }

  // 셰이더에서 텍스처를 읽을 수 있도록 다시 GENERIC_READ로 변경한다.
  mCommandList->ResourceBarrier(1,
    &CD3DX12_RESOURCE_BARRIER::Transition(
    mDynamicCubeMap->Resource(),
    D3D12_RESOURCE_STATE_RENDER_TARGET,
    D3D12_RESOURCE_STATE_GENERIC_READ));
}
```

마지막으로, 장면을 입방체 맵에 렌더링한 후에는 주된 렌더 대상들을 설정해서 장면을 보통의
방식으로 렌더링한다. 단, 중앙의 구에는 동적 입방체 맵을 적용한다.

```
  ...
  DrawSceneToCubeMap();

  // 주된 렌더 대상 설정들을 구성한다.

  mCommandList->RSSetViewports(1, &mScreenViewport);
  mCommandList->RSSetScissorRects(1, &mScissorRect);

  // 자원 용도에 관련된 상태 전이를 Direct3D에 통지한다.
  mCommandList->ResourceBarrier(1,
    &CD3DX12_RESOURCE_BARRIER::Transition(
    CurrentBackBuffer(),
    D3D12_RESOURCE_STATE_PRESENT,
    D3D12_RESOURCE_STATE_RENDER_TARGET));

  // 후면 버퍼와 깊이 버퍼를 지운다.
  mCommandList->ClearRenderTargetView(CurrentBackBufferView(),
    Colors::LightSteelBlue, 0, nullptr);
```

```
mCommandList->ClearDepthStencilView(
  DepthStencilView(),
  D3D12_CLEAR_FLAG_DEPTH | D3D12_CLEAR_FLAG_STENCIL,
  1.0f, 0, 0, nullptr);

// 렌더링 결과가 기록될 렌더 대상 버퍼들을 지정한다.
mCommandList->OMSetRenderTargets(1,
  &CurrentBackBufferView(), true, &DepthStencilView());

auto passCB = mCurrFrameResource->PassCB->Resource();
mCommandList->SetGraphicsRootConstantBufferView(1,
  passCB->GetGPUVirtualAddress());


// 동적 반영 반사 물체 렌더층에는 동적 입방체 맵을 사용한다.
CD3DX12_GPU_DESCRIPTOR_HANDLE dynamicTexDescriptor(
  mSrvDescriptorHeap->GetGPUDescriptorHandleForHeapStart());
dynamicTexDescriptor.Offset(mSkyTexHeapIndex + 1, mCbvSrvDescriptorSize);
mCommandList->SetGraphicsRootDescriptorTable(3, dynamicTexDescriptor);

DrawRenderItems(mCommandList.Get(),
mRitemLayer[(int)RenderLayer::OpaqueDynamicReflectors]);

// 다른 물체들(하늘 포함)에는 정적인 "배경" 입방체 맵을 사용한다.
mCommandList->SetGraphicsRootDescriptorTable(3, skyTexDescriptor);

DrawRenderItems(mCommandList.Get(),
    mRitemLayer[(int)RenderLayer::Opaque]);

mCommandList->SetPipelineState(mPSOs["sky"].Get());

DrawRenderItems(mCommandList.Get(),
    mRitemLayer[(int)RenderLayer::Sky]);

// 자원 용도에 관련된 상태 전이를 Direct3D에 통지한다.
mCommandList->ResourceBarrier(1,
  &CD3DX12_RESOURCE_BARRIER::Transition(
  CurrentBackBuffer(),
  D3D12_RESOURCE_STATE_RENDER_TARGET,
  D3D12_RESOURCE_STATE_PRESENT));
...
```

18.6 기하 셰이더를 이용한 동적 입방체 매핑

앞에서는 장면을 입방체의 면마다 한 번씩 여섯 번 렌더링해서 입방체 맵을 생성했다. 그런데 그리기 호출에는 비용이 따르며, 성능을 위해서는 그리기 호출 횟수를 줄여야 한다. DirectX SDK에는 'CubeMapGS'라는 예제가 있는데,* 이 예제는 기하 셰이더를 이용해서 장면을 한 번만 그려서 입방체 맵을 완성한다. 그럼 이 예제의 주요 코드를 살펴보자. 이 예제의 코드는 Direct3D 10용이지만, 기법 자체는 Direct3D 12에서도 여전히 유효하다. 그리고 코드를 Direct3D 12용으로 이식하는 것도 어렵지 않다.

우선 이 예제는 텍스처 배열 전체에 대한(개별 면 텍스처들이 아니라) 렌더 대상 뷰를 만든다.

```
// 면 텍스처 여섯 개를 담는 텍스처 배열에 대한 렌더 대상 뷰를 생성한다.
D3D10_RENDER_TARGET_VIEW_DESC DescRT;
DescRT.Format = dstex.Format;
DescRT.ViewDimension = D3D10_RTV_DIMENSION_TEXTURE2DARRAY;
DescRT.Texture2DArray.FirstArraySlice = 0;
DescRT.Texture2DArray.ArraySize = 6;
DescRT.Texture2DArray.MipSlice = 0;
V_RETURN( pd3dDevice->CreateRenderTargetView(
    g_pEnvMap, &DescRT, &g_pEnvMapRTV ) );
```

더 나아가서, 이 기법에는 여러 개의 깊이 버퍼(면마다 하나씩)로 된 입방체 맵도 필요하다. 다음은 깊이 버퍼들의 텍스처 배열 전체에 대한 깊이·스텐실 뷰를 생성하는 코드이다.

```
// 입방체 전체에 대한 깊이·스텐실 뷰를 만든다.
D3D10_DEPTH_STENCIL_VIEW_DESC DescDS;
DescDS.Format = DXGI_FORMAT_D32_FLOAT;
DescDS.ViewDimension = D3D10_DSV_DIMENSION_TEXTURE2DARRAY;
DescDS.Texture2DArray.FirstArraySlice = 0;
DescDS.Texture2DArray.ArraySize = 6;
DescDS.Texture2DArray.MipSlice = 0;
V_RETURN( pd3dDevice->CreateDepthStencilView(
    g_pEnvMapDepth, &DescDS, &g_pEnvMapDSV ) );
```

----

* 옮긴이 Windows 8부터는 DirectX SDK가 Windows SDK의 일부가 되었기 때문에 DirectX SDK를 따로 설치할 필요가 없어졌다. 그리고 제공되는 예제들도 DirectX SDK를 따로 설치하던 시절과는 달라졌다. 이 예제의 코드를 보고 싶은데 독자의 시스템에서 이 예제를 찾을 수 없다면, 따로 제공된 DirectX SDK를 찾아서 설치한 후 DirectX Sample Browser를 실행해 보기 바란다. 웹에서 "directx sdk june 2010"을 검색하면 마지막 DirectX SDK를 내려받을 수 있는 Microsoft 웹페이지를 찾을 수 있을 것이다.

그런 다음에는 렌더 대상 뷰와 깊이 스텐실 뷰를 파이프라인의 출력 병합기 단계에 묶는다.

```
ID3D10RenderTargetView* aRTViews[ 1 ] = { g_pEnvMapRTV };
pd3dDevice->OMSetRenderTargets(sizeof(aRTViews)/sizeof(aRTViews[0]),
aRTViews, g_pEnvMapDSV );
```

여기까지 마치면 렌더 대상들의 배열에 대한 뷰 하나와 깊이·스텐실 버퍼들의 배열에 대한 뷰 하나가 출력 병합기 단계에 묶인 상태가 된다. 이제부터 할 일은, 장면을 렌더 대상 배열의 모든 슬라이스(개별 렌더 대상)에 동시에 렌더링하는 것이다.

이제 여섯 개의 시야 행렬들(입방체 각 면 방향당 하나씩)의 배열을 상수 버퍼에 넣고 장면을 한 번 렌더링한다. 기하 셰이더는 입력 삼각형을 여섯 번 복제해서 각 삼각형을 여섯 개의 렌더 대상 배열 슬라이스 중 하나에 배정한다. 삼각형이 각 렌더 대상 배열 슬라이스에 배정되게 하기 위해 시스템 값 SV_RenderTargetArrayIndex를 적절히 설정한다. 이 시스템 값은 기하 셰이더의 출력으로만 설정할 수 있는 정수 색인으로, 이 예제에서는 기본도형을 렌더링할 렌더 대상 배열 슬라이스를 가리키는 색인으로 쓰인다. 이 시스템 값은 렌더 대상 뷰가 실제로 배열 자원에 대한 뷰일 때에만 사용할 수 있다.

```
struct PS_CUBEMAP_IN
{
  float4 Pos   : SV_POSITION;    // 투영 좌표
  float2 Tex   : TEXCOORD0;      // 텍스처 좌표
  uint RTIndex : SV_RenderTargetArrayIndex;
};

[maxvertexcount(18)]
void GS_CubeMap( triangle GS_CUBEMAP_IN input[3],
inout TriangleStream<PS_CUBEMAP_IN> CubeMapStream )
{
  // 각 삼각형에 대해:
  for( int f = 0; f < 6; ++f )
  {
    // 화면 좌표를 계산한다.
    PS_CUBEMAP_IN output;

    // i번째 삼각형을 i번째 렌더 대상에 배정한다.
    output.RTIndex = f;

    // 삼각형의 각 정점에 대해:
    for( int v = 0; v < 3; v++ )
```

```
    {
        // 정점을 입방체 i번째 면의 시야 공간으로 변환한다.
        output.Pos = mul( input[v].Pos, g_mViewCM[f] );

        // 동차 절단 공간으로 변환한다.
        output.Pos = mul( output.Pos, mProj );

        output.Tex = input[v].Tex;
        CubeMapStream.Append( output );
    }
    CubeMapStream.RestartStrip();
    }
}
```

이렇게 하면 여섯 번이 아니라 단 한 번의 렌더링으로 장면을 입방체 맵의 여섯 면에 렌더링할 수 있다.

이 예제는 다중 렌더 대상의 동시 렌더링과 SV_RenderTargetArrayIndex 시스템 값의 용법을 활용하는 흥미로운 전략을 보여 준다. 그러나 이것이 완벽한 전략은 아니다. 특히, 이 예제의 기법을 선뜻 사용하기가 꺼려지게 만드는 문제점이 두 가지 있다.

1. 이 기법은 기하 셰이더를 이용해서 대량의 자료를 출력한다. 제12장에서 이야기했듯이, 대량의 자료를 출력할 때에는 기하 셰이더가 비효율적으로 작동한다. 따라서 이런 목적으로 기하 셰이더를 사용하는 것은 성능에 해가 될 수 있다.

2. 전형적인 장면에서 하나의 삼각형이 입방체의 여러 면에 겹치는 일은 없다(그림 18.9를 다시 볼 것). 따라서 한 삼각형을 여섯 번 복제해서 입방체의 면마다 렌더링해도 어차피 여섯 개 중 다섯 개는 절단되고 만다. 이는 낭비이다. 물론 이번 장의 동적 입방체 맵 예제도 장면 전체를 입방체 맵의 모든 면에 렌더링하지만, 이는 단지 예제 코드를 단순하게 만들기 위한 것일 뿐이다. 실제 응용 프로그램에서는 절두체 선별(제16장)을 이용해서 현재 입방체 면에 보이는 물체들만 렌더링하게 될 것이다. 그런데 물체 수준의 절두체 선별을 기하 셰이더 구현에서 수행하는 것은 불가능하다.

한편, 장면 전체를 감싸는 하나의 메시를 렌더링하는 상황이라면 이 전략이 잘 통할 것이다. 예를 들어 구름이 움직이고 하늘의 색이 시간대에 따라 변하는 동적인 하늘 시스템을 구현한다고 하자. 하늘이 계속 변하므로, 미리 만들어 둔 입방체 맵 텍스처들을 사용한다면 하늘이 물체에 비친 모습을 제대로 표현할 수 없다. 따라서 동적 입방체 맵이 필요하다. 하늘 메시가 장면 전체를 감싸므로, *입방체의 여섯 면 모두에서 하늘이 보인다.* 따라서 앞의 2번 문제점은 적용되지 않으며, 그리기 호출 6회를 기하 셰이더를 이용해서 한 번으로 줄일 수 있다는 것은 확실히 장점이다(출력량이 많아서 기하 셰이더가 성능을 크게 떨어뜨리지는 않는다고 가정할 때).

> **참고:** NVIDIA의 Maxwell 아키텍처부터 도입된 최적화들 덕분에, 기하 셰이더를 이용해서 기하구조를 여러 렌더 대상에 복제해도 성능의 피해를 피할 수 있게 되었다. 이와 관련해서는 *http://docs.nvidia.com/gameworks/content/gameworkslibrary/graphicssamples/opengl_samples/cascadedshadowmapping.htm*을 참고하기 바란다. 그 글의 기법은 Maxwell의 Viewport Multicast 기능과 Fast Geometry Shader 기능을 사용한다. 이 글을 쓰는 현재, Direct3D 12는 아직 이 기능들을 지원하지 않지만, 아마 이후 업데이트에서 포함될 것이다.

18.7 요약

1. 입방체 맵은 입방체 각 면의 모습을 담은 여섯 장의 텍스처로 이루어진 배열이다. Direct3D 12에서는 입방체 맵을 원소가 여섯 개인 텍스처 배열 자원(ID3D12Resource 인터페이스)으로 표현한다. HLSL에서는 입방체 맵을 TextureCube 형식으로 표현한다. 입방체 맵의 한 텍셀을 고유하게 식별하려면 3차원 텍스처 좌표가 필요하다. 그러한 텍스처 좌표는 원점에서 시작하는 하나의 3차원 **조회** 벡터(lookup vector) **v**를 정의한다. **v**의 3차원 좌표에 해당하는 텍셀은 원점에서 **v**의 방향으로 나아가는 반직선이 입방체의 한 면과 교차하는 지점에 있는 텍셀이다.

2. 환경 맵은 주어진 한 점 주변의 환경을 여섯 장의 이미지로 갈무리한 것이다. 이 이미지들을 하나의 입방체 맵에 저장할 수 있다. 환경 맵을 이용하면 하늘에 텍스처를 입히거나 물체가 주변 환경을 반사하는 모습을 흉내 내기가 쉬워진다.

3. *texassemble* 도구를 이용하면 이미지 여섯 장으로부터 하나의 입방체 맵을 만들고 DDS 이미지 형식의 파일에 저장할 수 있다. 입방체 맵은 여섯 장의 2차원 텍스처를 담

기 때문에 메모리 소비가 클 수 있다. 따라서 압축된 DDS 형식을 사용하는 것이 바람직하다.

4. 미리 만들어 둔 입방체 맵은 장면 안을 돌아다니는 물체나 입방체 맵 생성 시 장면에 없던 물체를 포착하지 못한다. 이 한계를 극복하려면 입방체 맵을 실행 시점에서 구축해야 한다. 즉, 프레임마다 입방체 맵의 중심에 카메라를 두고 각각의 좌표축 방향으로 **장면을 입방체 맵의 각 면에 렌더링한다**(총 6회). 입방체 맵을 매 프레임 구축하므로 장면 안에서 움직이는 물체들이 입방체 맵에 온전히 포착된다. 동적 입방체 맵은 비용이 크므로 핵심적인 물체들에만 적용해야 한다.

5. 텍스처 배열에 대한 렌더 대상 뷰 하나를 출력 병합기 단계에 묶는 것이 가능하다. 더 나아가서, 장면을 동시에(한 번의 그리기 호출로) 텍스처 배열의 모든 슬라이스에 렌더링할 수 있다. 이런 기법에서는 시스템 값 SV_RenderTargetArrayIndex를 이용해서 삼각형을 렌더 대상 배열의 특정 슬라이스에 배정한다. 텍스처 배열에 대한 렌더 대상 뷰와 SV_RenderTargetArrayIndex 시스템 값을 활용하면 여섯 번이 아니라 한 번의 그리기 호출로 입방체 맵을 동적으로 생성할 수 있다. 그러나 이 전략이 절두체 선별을 적용해서 장면을 여섯 번 렌더링하는 것보다 항상 우월하지는 않다.

18.8 연습문제

1. 입방체 맵 예제('CubeMap')를 이용해서 여러 FresnelR0 값들과 표면 거칠기 재질 값들을 시험해 보라. 또한, 원기둥들과 상자도 주변을 반사하도록 예제를 수정하라.

2. 적당한 주변 환경을 갈무리한 이미지 여섯 장을 구하고(웹에서 "cube map images"를 검색하거나, *Terragen* 같은 프로그램으로 직접 생성해도 된다) *texassemble* 도구를 이용해서 입방체 맵을 생성하라. 그 입방체 맵을 입방체 맵 예제에 적용해 보라.

3. 빛을 굴절시키는 투명한 매질을 **전매질**電媒質(dielectric) 또는 **유전체**誘電體라고 부른다. 하나의 광선이 전매질에 닿으면 일부는 반사되고 일부는 스넬의 **굴절 법칙**(Snell's Law of Refraction)을 따라 굴절된다. 맞닿은 두 매질의 굴절률(index of refraction; 굴절 지수) n_1과 n_2는 두 매질 사이에서 빛이 얼마나, 어떻게 굽는지를 결정한다(그림 18.10 참고).

1. 만일 $n_1 = n_2$이면 $\theta_1 = \theta_2$이다. (굴절 없음).

2. 만일 $n_2 > n_1$이면 $\theta_2 < \theta_1$이다 (광선이 법선을 향해 굴절).

3. 만일 $n_1 > n_2$이면 $\theta_2 > \theta_1$이다 (광선이 법선에서 멀어지는 쪽으로 굴절).

[그림 18.10]에서는 $n_2 > n_1$이므로 벽돌에 진입한 광선이 법선 쪽으로 굴절한다. 물리적으로는 광선이 벽돌을 벗어날 때 다시 굴절되지만, 실시간 그래픽에서는 그냥 첫 번째 굴절만 고려하는 것이 일반적이다. HLSL에는 굴절 벡터를 계산해 주는 refract라는 내장 함수가 있다.

```
float3 refract(float3 incident, float3 normal, float eta);
```

첫 매개변수 incident는 입사 벡터(incident vector), 즉 들어오는 광선의 방향을 나타내는 벡터(그림 18.10의 $\mathbf{v}_0$)이고 둘째 매개변수 normal은 바깥쪽을 향한 표면 법선에 해당하는 벡터(그림 18.10의 $\mathbf{n}$)이다. 셋째 매개변수는 두 굴절률의 비율, 즉 n_1/n_2이다. 진공의 굴절률은 1.0이고, 물은 1.33, 유리는 1.51 등이다. 이상의 설명을 참고해서, 장면 중심의 구가 주변 환경을 반사하는 것이 아니라 굴절하도록 입방체 맵 예제를 수정하라(그림 18.11). Material::Reflect 값들도 적절히 조율해야 할 것이다. eta = 1.0과 eta = 0.95, eta = 0.9를 시험해 보라.

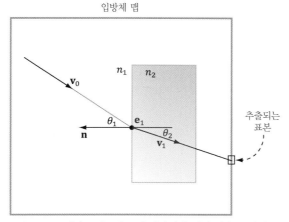

그림 18.10 빛이 굴절률이 n_1인 매질 속을 입사 벡터 $\mathbf{v}_0$ 방향으로 나아가다가 굴절률이 n_2인 매질을 만나서 벡터 $\mathbf{v}_1$ 방향으로 구부러진다. 굴절된 벡터 $\mathbf{v}_1$을 입방체 맵의 조회 벡터로 사용해서 텍셀을 추출하고, 그것을 대상과 투명하게 혼합한다. 이는 알파 혼합 투명 기법과 비슷하나, 알파 혼합 투명 기법에서는 입사 벡터가 구부러지지 않는다.

그림 18.11 반사 대신 굴절을 사용하도록 수정한 입방체 맵 예제의 실행 모습.

4. 표면 거칠기에 의해 광원에 의한 반영 하이라이트가 분산되는 것과 마찬가지로, 반영
   반사도 표면 거칠기에 의해 분산된다. 즉, 표면이 거칠수록 반사된 모습이 흐릿해진다.
   환경 맵에서 여러 개의 표본을 추출해서 평균을 낸 후 시점을 향한 방향을 중심으로 산
   란시킴으로써 그런 현상을 흉내 낼 수 있다. 환경 맵을 이용해서 흐릿한 반사(blurry
   reflection)를 묘사하는 기법들을 조사해 보라.

CHAPTER 19

법선 매핑

제9장에서 텍스처 매핑을 배웠다. 텍스처 매핑을 이용하면 이미지에 담겨 있는 세부사항을 삼각형에 입힐 수 있다. 그런데 보통의 텍스처 매핑에서는 법선들을 정점 수준에서 정의해서 삼각형을 따라 보간되게 하기 때문에 법선들을 세밀하게 지정할 수 없다. 이번 장에서는 표면 법선들을 좀 더 높은 해상도에서 지정하는 데 즐겨 쓰이는 방법인 법선 매핑을 공부한다. 표면 법선을 더 높은 해상도에서 지정하면 조명의 세부도가 높아지지만, 메시 기하구조 자체의 세부도까지 높아지지는 않는다. 연습문제에서는 이에 대한 해결책의 하나인 변위 매핑을 살펴본다.

목표

1. 법선 매핑이 왜 필요한지 이해한다.
2. 법선 맵 저장 방식을 파악한다.
3. 법선 맵을 만드는 방법을 배운다.
4. 법선 맵에서 법선 벡터들의 기준이 되는 좌표계를 살펴보고, 그 좌표계와 삼각형의 물체 공간 좌표계 사이의 관계를 이해한다.
5. 정점 셰이더와 픽셀 셰이더로 법선 매핑을 구현하는 방법을 배운다.

19.1 동기

[그림 19.1]은 제18장 입방체 매핑 예제의 실행 모습이다. 그림을 보면 원기둥의 반영 하이라이트가 별로 그럴듯하지 않다. 울퉁불퉁한 벽돌 텍스처의 모습에 비해 하이라이트가 너무 매끄러워서 부자연스러워 보인다. 바탕 메시 기하구조 자체는 매끄러운 원기둥일 뿐이며, 거기에 그냥 울퉁불퉁한 모습의 벽돌 이미지를 입혔을 뿐이라서 이런 부자연스러운 결과가 나왔다. 지금까지의 예제들에 쓰인 조명 모형은 텍스처 이미지가 아니라 메시 기하구조에(좀 더 구체적으로는 보간된 정점 법선들에) 근거해서 조명 계산을 수행하기 때문에, 조명이 텍스처와 완전하게 조화를 이루지 못한다.

이상적으로는, 벽돌의 요철과 균열이 실제로 나타나도록 메시 기하구조를 더욱 세분해야 할 것이다. 그렇게 하면 조명과 텍스처가 좀 더 조화를 이룰 것이다. 그러한 세분에는 하드웨어 테셀레이션이 도움이 되겠지만, 테셀레이터가 생성한 정점들에 대한 법선들을 어떻게 지정할 것인가는 여전히 풀어야 할 문제이다(그냥 보간된 법선을 사용해서는 법선 해상도가 높아지지 않는다).

또 다른 해법은 조명의 세부사항을 텍스처 이미지 자체에 포함시키는 것이다. 그러나 이 방법은 광원이 움직이는 장면에는 통하지 않는다. 광원이 움직여도 텍셀 색상이 변하지 않기 때문이다.

따라서, 우리의 목표는 텍스처 맵에 있는 세부사항들이 조명 결과에도 제대로 나타나는, 그러면서도 광원의 변화가 제대로 반영되는 동적 조명 구현 방법을 찾는 것이다. 애초에 표면의 세부적인 모습을 제공하는 것은 텍스처이므로, 이 문제의 해답을 텍스처 매핑에서 찾아보는

그림 19.1 매끄러운 반영 하이라이트.

그림 19.2 울퉁불퉁한 모습이 표현된 반영 하이라이트.

것이 자연스러운 접근 방식이다. [그림 19.2]는 [그림 19.1]과 같은 장면에 법선 매핑 (normal mapping)을 적용한 결과이다. 동적 조명 덕분에 벽돌 텍스처가 훨씬 더 자연스러운 모습이 되었다.

19.2 법선 맵

법선 맵(normal map)은 하나의 텍스처이다. 단, 각 텍셀에 RGB 자료를 담는 것이 아니라 압축된 x, y, z 좌표성분들을 각각 적, 녹, 청 채널에 담는다는 점이 보통의 텍스처와 다르다. 그러한 좌표성분들은 하나의 법선 벡터를 정의한다. 즉, 법선 맵은 이름 그대로 각 픽셀에 법선 벡터를 저장한 텍스처이다. [그림 19.3]은 법선 맵을 시각화한 예이다.

　설명을 위해, 법선 맵을 성분당 8비트의 24비트 이미지 형식으로 저장한다고 가정한다. 즉, 각 성분은 0에서 255까지의 1바이트 값을 담을 수 있다. (물론 32비트 형식을 사용할 수도 있는데, 그런 경우 알파 성분은 그냥 사용하지 않거나, 아니면 높이 맵이나 반영 맵에서처럼 높이나 반영 지수 같은 스칼라값을 저장하는 용도로 사용할 수도 있다. 또한, 압축이 필요하지 않은 부동소수점 형식을 사용할 수도 있는데, 그러면 메모리가 훨씬 많이 필요하다.)

> **참고:** [그림 19.3]에서 보듯이, 대체로 법선 벡터들은 z 축에 가장 가깝다. 즉, z 성분의 값이 가장 크다. 법선 맵을 색상 이미지로 표시하면 푸르스름한 모습이 되는 이유가 바로 이것이다. 가장 큰 성분인 z 성분이 청색 채널에 저장되므로, 파란색이 이미지 전반의 지배적인 색이 된다.

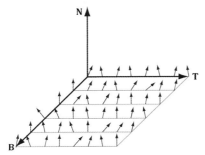

그림 19.3 법선 맵에 저장된 법선들을 시각화한 그림. 법선 맵의 법선들은 세 벡터 **T**(x 축), **B**(y 축), **N**(z 축)으로 정의되는 텍스처 공간 좌표계에 상대적인데, 벡터 **T**는 텍스처 이미지의 오른쪽 가로 방향이고 **B**는 아래 방향, **N**은 텍스처 평면에 수직인 방향이다.

그럼 하나의 단위벡터를 그러한 24비트 형식으로 압축하는 방법을 살펴보자. 우선, 단위벡터의 모든 성분은 [−1, 1] 구간에 속한다는 점에 주목할 필요가 있다. 이를 적절히 이동, 비례해서 [0, 1] 구간으로 만든 다음 255를 곱하고 소수부를 잘라내면 0~255 구간의 정수 값이 된다. 구체적으로, x가 [−1, 1] 구간의 한 좌표성분이라고 할 때, 다음과 같은 함수 $f(x)$는 x를 [0, 255] 구간의 값으로 사상한다.

$$f(x) = (0.5x + 0.5) \cdot 255$$

따라서 하나의 단위벡터를 24비트 이미지의 한 픽셀에 저장하려면 그냥 각 성분에 f를 적용한 결과를 픽셀의 해당 색상 채널에 넣으면 된다.

다음으로, 이러한 '압축'을 푸는 방법이 필요하다. 즉, 앞의 과정을 뒤집어서, 법선 맵에 담긴 [0, 255] 구간의 좌표성분들을 다시 [−1, 1] 구간의 성분으로 복원할 수 있어야 한다. 답은 간단하다. 그냥 f의 역함수를 사용하면 된다. 약간의 계산을 거치면 다음과 같은 역함수를 구할 수 있을 것이다.

$$f^{-1}(x) = \frac{2x}{255} - 1$$

즉, x가 0에서 255까지의 정수이면 $f^{-1}(x)$는 [−1, 1] 구간의 부동소수점 수이다.

법선 맵을 마련할 때, 법선들을 우리가 직접 압축할 필요는 없다. 이미지를 법선 맵으로 변환해 주는 Photoshop 법선 맵 필터를 사용하면 된다. 그러나 픽셀 셰이더에서 법선 맵을 추출할 때에는 복원(압축 해제) 과정을 직접 수행해야 한다. 픽셀 셰이더에서는 다음과 같은 방식으로 법선 맵의 한 표본을 추출한다.

```
float3 normalT = gNormalMap.Sample( gTriLinearSam, pin.Tex );
```

이 색상 벡터 normalT의 성분 r, g, b에는 $0 \leq r, g, b \leq 1$을 만족하는 정규화된 값이 들어 있다. 그런데 Sample 메서드가 이미 복원 과정의 일부를 수행했음을 주목하기 바란다. 구체적으로 말하면, 이 메서드는 [0, 255] 구간의 정수를 255로 나누어서 [0, 1] 구간의 부동소수점 수를 만든다.

이제 남은 일은 [0, 1] 구간의 값을 이동, 비례해서 [−1, 1] 구간의 값을 얻는 것이다. 이를 위한 함수 $g: [0, 1] \rightarrow [−1, 1]$은 다음과 같이 정의된다.

$$g(x) = 2x - 1$$

코드에서는 이 함수를 각 색상 성분에 다음과 같이 적용한다.

```
// 각 성분을 [0,1]에서 [-1,1]로 사상한다.
normalT = 2.0f*normalT - 1.0f;
```

이 코드가 언뜻 이해가 안 될 수도 있지만, 스칼라 1.0이 벡터 (1, 1, 1)로 확장되고 뺄셈이 성분별로 일어나므로 계산이 정확하게 일어난다.

> **참고:** 앞에서 언급한 Photoshop 법선 맵 필터는 *http://developer.nvidia.com/nvidia-texture-tools-adobe-photoshop*에서 내려받을 수 있다. 그 외에도 법선 맵을 생성하는 도구들이 있는데, 이를테면 *http://www.crazybump.com/*이나 *http://shadermap.com/home/*을 보기 바란다. 또한, 고해상도 메시로부터 법선 맵을 만들어 주는 도구도 있다(이를테면 *http://www.nvidia.com/object/melody_home.html*).

만일 법선 맵을 압축 형식의 텍스처에 저장하고 싶다면, 최상의 품질을 위해서는 BC7 형식(DXGI_FORMAT_BC7_UNORM)을 사용하는 것이 좋다. 그러면 법선 벡터의 압축에 의한 오차가 크게 줄기 때문이다. BC6과 BC7과 관련해서 DirectX SDK는 "BC6HBC7EncoderDecoder11"이라는 예제를 제공한다. 이 예제 프로그램으로 텍스처 파일을 BC6이나 BC7 형식으로 변환할 수 있다.

19.3 텍스처 공간 또는 접공간

3차원 텍스처를 삼각형 하나에 입힌다고 하자. 논의의 명확함을 위해, 텍스처 매핑 시 왜곡은 일어나지 않는다고 가정한다. 다른 말로 하면, 텍스처의 삼각형을 3차원 삼각형에 입히는 데에는 오직 강체 변환(이동과 회전)만 필요하다고 가정하겠다. 그런 가정하에서, 텍스처가 스티커나 판박이(decal) 같은 것이라고 상상하기 바란다. 즉, 텍스처 매핑이라는 것은 판박이를 손으로 집어서 삼각형 쪽으로 이동한 후 적절한 방향으로 회전해서 삼각형에 딱 붙이는 것이다. [그림 19.4]에 텍스처 공간과 3차원 삼각형의 관계가 나와 있다. 텍스처 공간(texture space)은 삼각형이 있는 평면에 놓이며, 삼각형에 접한다(tangent). 삼각형의 텍스처 좌표들은 당연히 텍스처 공간을 기준으로 한다. 2차원 텍스처 좌표계의 기저벡터 **T**와 **B**에 삼각형 평면 법선 **N**을 추가하면 하나의 3차원 *TBN* 기저가 형성된다. 이 기저가 정의하는 공간을 **텍스처 공간** 또는 **접공간**(tangent space; 접선공간이라고도 부른다)이라고 부른다. 일반적으로 접공간은 삼각형마다 달라짐을 주의하기 바란다(그림 19.5).

이제 다시 [그림 19.3]을 보자. 법선 맵의 법선 벡터들은 텍스처 공간을 기준으로 정의된다. 그러나 빛은 세계 공간에 상대적이다. 조명 공식을 계산하려면 법선 벡터와 빛이 같은 공간에 있어야 한다. 따라서, 가장 먼저 할 일은 접공간 좌표계를 삼각형 정점들이 기준으로 삼은 물체 공간 좌표계와 연관시키는 것이다. 텍스처 좌표들을 일단 물체 공간으로 옮기고 나면 세계 행렬을 이용해서 물체 공간 좌표를 세계 공간 좌표로 변환할 수 있다(자세한 방법은 다음 절에 나온다). 한 3차원 삼각형의 정점들이 $\mathbf{v}_0$, $\mathbf{v}_1$, $\mathbf{v}_2$이고 텍스처 평면에서 그 삼각형을 정의하는, 해당 텍스처 공간 좌표축들(즉 $\mathbf{T}$와 $\mathbf{B}$)을 기준으로 한 텍스처 좌표들이 (u_0, v_0), (u_1, v_1), (u_2, v_2)라고 하자. 그리고 3차원 삼각형의 두 변 벡터가 $\mathbf{e}_0 = \mathbf{v}_1 - \mathbf{v}_0$과 $\mathbf{e}_1 = \mathbf{v}_2 - \mathbf{v}_0$이고 그에 해당하는 텍스처 삼각형 변 벡터들이 $(\Delta u_0, \Delta v_0) = (u_1 - u_0, v_1 - v_0)$과 $(\Delta u_1, \Delta v_1) = (u_2 - u_0, v_2 - v_0)$이라고 하자. [그림 19.4]에서 보듯이, 이들은 다음과 같은 관계를 만족한다.

$$\mathbf{e}_0 = \Delta u_0 \mathbf{T} + \Delta v_0 \mathbf{B}$$
$$\mathbf{e}_1 = \Delta u_1 \mathbf{T} + \Delta v_1 \mathbf{B}$$

이 벡터들을 물체 공간 기준의 좌표로 표현해 보면 다음과 같은 행렬 방정식을 얻을 수 있다.

$$\begin{bmatrix} e_{0,x} & e_{0,y} & e_{0,z} \\ e_{1,x} & e_{1,y} & e_{1,z} \end{bmatrix} = \begin{bmatrix} \Delta u_0 & \Delta v_0 \\ \Delta u_1 & \Delta v_1 \end{bmatrix} \begin{bmatrix} T_x & T_y & T_z \\ B_x & B_y & B_z \end{bmatrix}$$

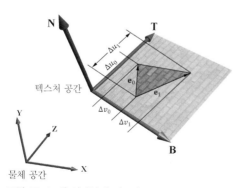

그림 19.4 한 삼각형의 텍스처 공간과 물체 공간(국소 공간)의 관계. 3차원 접벡터 $\mathbf{T}$는 텍스처 좌표계의 u 축 방향이고 3차원 접벡터 $\mathbf{B}$는 텍스처 좌표계의 v 축 방향이다.

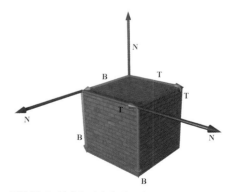

그림 19.5 상자의 면마다 텍스처 공간이 다르다.

삼각형들의 물체 공간 기준 좌표는 이미 알고 있음을 주목하자. 따라서 이들을 이용해서 변 벡터들의 물체 공간 좌표들을 구할 수 있으며, 그러면 다음 행렬을 구할 수 있다.

$$\begin{bmatrix} e_{0,x} & e_{0,y} & e_{0,z} \\ e_{1,x} & e_{1,y} & e_{1,z} \end{bmatrix}$$

마찬가지로, 텍스처 좌표들을 이미 알고 있으므로 다음 행렬도 이미 알고 있는 셈이다.

$$\begin{bmatrix} \Delta u_0 & \Delta v_0 \\ \Delta u_1 & \Delta v_1 \end{bmatrix}$$

이제 이를 **T**와 **B**의 물체 공간 기준 좌표들에 대해 풀어서 정리하면 다음과 같은 공식이 나온다.

$$\begin{bmatrix} T_x & T_y & T_z \\ B_x & B_y & B_z \end{bmatrix} = \begin{bmatrix} \Delta u_0 & \Delta v_0 \\ \Delta u_1 & \Delta v_1 \end{bmatrix}^{-1} \begin{bmatrix} e_{0,x} & e_{0,y} & e_{0,z} \\ e_{1,x} & e_{1,y} & e_{1,z} \end{bmatrix}$$

$$= \frac{1}{\Delta u_0 \Delta v_1 - \Delta v_0 \Delta u_1} \begin{bmatrix} \Delta v_1 & -\Delta v_0 \\ -\Delta u_1 & \Delta u_0 \end{bmatrix} \begin{bmatrix} e_{0,x} & e_{0,y} & e_{0,z} \\ e_{1,x} & e_{1,y} & e_{1,z} \end{bmatrix}$$

이 공식을 유도하는 과정에는 행렬 $\mathbf{A} = \begin{bmatrix} a & b \\ c & d \end{bmatrix}$ 의 역행렬이 다음과 같이 주어진다는 사실이 쓰였다.

$$\mathbf{A}^{-1} = \frac{1}{ad - bc} \begin{bmatrix} d & -b \\ -c & a \end{bmatrix}$$

일반적으로 벡터 **T**와 **B**가 물체 공간에서 단위 길이가 아님을 주의하기 바란다. 그리고 텍스처 왜곡이 있다면 이들은 정규직교도 아니다.

벡터 **T**를 흔히 **접벡터**(tangent vector) 또는 접선 벡터라고 부르고, **B**를 **종법선**(binormal) 또는 **종접선**(bitangent) 벡터, **N**을 법선(normal) 벡터라고 부른다.

19.4 정점 접공간

앞 절에서는 삼각형별 접공간을 유도했다. 그런데 그러한 법선 매핑 시 삼각형별 텍스처 공간을 사용하면 삼각형마다 분리된 듯한 모습의 조명 결과가 나온다. 이는 접공간이 한 삼각형의 면 전체에서 일정하기 때문이다. 이런 현상을 피하려면 접벡터들을 정점별로 지정하고, 정점 법선으로 매끄러운 표면을 흉내 낼 때와 마찬가지 방식으로 그 접벡터들의 평균을 계산해서 적용해야 한다. 좀 더 구체적인 방법은 다음과 같다.

1. 메시의 각 정점 **v**에 대해, **v**를 공유하는 메시의 모든 삼각형의 접벡터들의 평균을 구해서 그 정점의 접벡터 **T**를 결정한다.
2. 메시의 각 정점 **v**에 대해, **v**를 공유하는 메시의 모든 삼각형의 종법선 벡터들의 평균을 구해서 그 정점의 종법선 벡터 **B**를 결정한다.

일반적으로, 평균을 내서 구한 TBN 기저벡터들을 다시 정규직교화해야 한다(즉, 세 벡터를 서로 직교인 단위 벡터들로 만들어야 한다). 이를 위해 흔히 쓰이는 방법이 §1.3.1에서 본 그람-슈미트 정규직교화이다. 웹을 검색해 보면 임의의 삼각형 메시에 대한 정점별 접공간을 구축해 주는 코드를 찾을 수 있다.

이 책의 예제 프레임워크에서는 종접선 벡터 **B**를 메모리에 저장해 두는 대신, **B**가 필요할 때마다 그냥 $\mathbf{B} = \mathbf{N} \times \mathbf{T}$를 계산한다. 여기서 **N**은 통상적인 법선 벡터(주변 정점 법선을 평균한)이다. 정리하자면, 법선 매핑을 위한 정점 구조체는 다음과 같다.

```
struct Vertex
{
  XMFLOAT3 Pos;
  XMFLOAT3 Normal;
  XMFLOAT2 Tex;
  XMFLOAT3 TangentU;
};
```

예제 프레임워크 GeometryGenerator 클래스의 메서드들은 메시를 절차적으로 생성할 때 텍스처 공간의 u 축에 해당하는 접벡터 **T**도 계산한다. 상자와 격자 메시의 경우 접벡터 **T**의 물체 공간 좌표를 구하는 것이 어렵지 않다(그림 19.5 참고). 원기둥과 구의 경우에는 원기둥이나 구의 2변수 벡터값 함수 $\mathbf{P}(u, v)$를 만들고 $\partial\mathbf{p}/\partial u$를 계산해서 접벡터 **T**를 구할 수 있는데, 여기서 매개변수 u는 텍스처 좌표의 u 성분으로도 쓰인다.

19.5 접공간과 물체 공간 사이의 변환

이제 메시의 정점마다 정규직교 TBN-기저가 만들어졌다. 또한, 메시의 물체 공간을 기준으로 한 TBN-기저벡터 좌표들도 알고 있다. 즉, 물체 공간 좌표계에 상대적인 TBN-기저를 알고 있는 것이다. 따라서 접공간의 좌표를 물체 공간의 좌표로 변환하는 행렬은 다음과 같다.

$$\mathbf{M}_{object} = \begin{bmatrix} T_x & T_y & T_z \\ B_x & B_y & B_z \\ N_x & N_y & N_z \end{bmatrix}$$

이 행렬은 직교행렬이므로 전치행렬이 곧 역행렬이다. 즉, 물체 공간에서 접공간으로의 좌표 변경 행렬은 다음과 같다.

$$\mathbf{M}_{tangent} = \mathbf{M}^{-1}{}_{object} = \mathbf{M}^{T}{}_{object} = \begin{bmatrix} T_x & B_x & N_x \\ T_y & B_y & N_y \\ T_z & B_z & N_z \end{bmatrix}$$

그런데 셰이더 프로그램에서 조명을 계산하려면 법선 벡터를 접공간에서 세계 공간으로(물체 공간이 아니라) 변환해야 한다. 이를 위해, 다음처럼 법선을 접공간에서 물체 공간으로 변환한 후 세계 행렬을 이용해서 물체 공간에서 세계 공간으로 변환할 수도 있다.

$$\mathbf{n}_{world} = (\mathbf{n}_{tangent}\mathbf{M}_{object})\mathbf{M}_{world}$$

그러나 행렬 곱셈은 결합 법칙을 만족하므로 다음과 같이 계산해도 된다.

$$\mathbf{n}_{world} = \mathbf{n}_{tangent}(\mathbf{M}_{object}\mathbf{M}_{world})$$

또한, 다음과 같은 관계가 성립함을 주목하기 바란다.

$$\mathbf{M}_{object}\mathbf{M}_{world} = \begin{bmatrix} \leftarrow \mathbf{T} \rightarrow \\ \leftarrow \mathbf{B} \rightarrow \\ \leftarrow \mathbf{N} \rightarrow \end{bmatrix} \mathbf{M}_{world} = \begin{bmatrix} \leftarrow \mathbf{T}' \rightarrow \\ \leftarrow \mathbf{B}' \rightarrow \\ \leftarrow \mathbf{N}' \rightarrow \end{bmatrix} = \begin{bmatrix} T'_x & T'_y & T'_z \\ B'_x & B'_y & B'_z \\ N'_x & N'_y & N'_z \end{bmatrix}$$

여기서 $\mathbf{T}' = \mathbf{T} \cdot \mathbf{M}_{world}$이고 $\mathbf{B}' = \mathbf{B} \cdot \mathbf{M}_{world}$, $\mathbf{N}' = \mathbf{N} \cdot \mathbf{M}_{world}$이다. 즉, 접공간에서 세계 공간으로 직접 가려면 그냥 접공간 기저벡터들을 직접 세계 공간 기준 좌표들로 서술하면 된다. TBN-기저를 물체 공간 좌표에서 세계 공간 좌표로 변환하면 그러한 세계 공간 기준 접공간 기저벡터 좌표들이 나온다.

이러한 과정에 필요한 것은 벡터 변환뿐이다(점의 변환은 관여하지 않는다). 따라서 3×3 행렬만 있으면 된다. 상관 행렬의 넷째 행은 이동을 위한 것인데, 지금 말하는 변환에는 이동이 관여하지 않는다.

19.6 법선 매핑 셰이더 코드

법선 매핑의 전체적인 과정을 정리하면 다음과 같다.

1. 그래픽 프로그램이나 기타 편의용 도구를 이용해서 원하는 법선 맵을 생성하고 적절한 형식의 이미지 파일에 저장한다. 프로그램 초기화 시점에서 그 이미지 파일을 적재해서 2차원 텍스처 자원을 생성한다.

2. 메시의 삼각형마다 접벡터 **T**를 계산한다. 메시의 각 정점 **v**에 대해, 그 정점을 공유하는 모든 삼각형의 접벡터들의 평균을 구해서 정점별 접벡터를 얻는다. (이번 장 법선 맵 예제('NormalMap')는 사용하는 기하구조가 간단해서 접벡터들을 코드에서 직접 지정하지만, 3차원 모델링 프로그램으로 만든 임의의 삼각형 메시를 사용한다면 이러한 평균화 공정이 필요하다.)

3. 정점 셰이더에서는 정점의 법선 벡터와 접벡터를 세계 공간으로 변환한 결과를 출력에 포함시킨다. 그 벡터들은 삼각형 표면을 따라 보간되어서 픽셀 셰이더에 전달된다.

4. 픽셀 셰이더에서는 삼각형을 따라 보간된 접벡터와 법선 벡터를 이용해서 주어진 픽셀 위치에서의 TBN-기저를 구축한다. 법선 맵에서 법선 벡터를 추출하고, TBN-기저를 이용해서 법선 벡터를 접공간에서 세계 공간으로 변환한다. 그런 다음 법선 벡터(세계 공간으로 변환된)를 이용해서 조명을 계산한다.

다음은 법선 매핑의 구현을 돕기 위해 *Common.hlsl*에 추가한 HLSL 함수이다.

```
//--------------------------------------------------------------------
// 법선 맵 표본을 세계 공간으로 변환한다.
//--------------------------------------------------------------------
float3 NormalSampleToWorldSpace(float3 normalMapSample,
                float3 unitNormalW,
                float3 tangentW)
{
    // 각 성분을 [0,1]에서 [-1,1]로 사상한다.
    float3 normalT = 2.0f*normalMapSample - 1.0f;

    // 정규직교 기저를 구축한다.
    float3 N = unitNormalW;
    float3 T = normalize(tangentW - dot(tangentW, N)*N);
    float3 B = cross(N, T);
```

```
        float3x3 TBN = float3x3(T, B, N);

        // 접공간에서 세계 공간으로 변환한다.
        float3 bumpedNormalW = mul(normalT, TBN);

        return bumpedNormalW;
    }
```

응용 프로그램의 픽셀 셰이더에서는 이 함수를 다음과 같이 사용한다.

```
    float3 normalMapSample = gNormalMap.Sample(samLinear, pin.Tex).rgb;
    float3 bumpedNormalW = NormalSampleToWorldSpace(
        normalMapSample,
        pin.NormalW,
        pin.TangentW);
```

함수 본문에서 다음 두 줄은 설명이 좀 더 필요할 것이다.

```
    float3 N = unitNormalW;
    float3 T = normalize(tangentW - dot(tangentW, N)*N);
```

보간을 거치고 난 접벡터와 법선 벡터는 더 이상 정규직교가 아닐 수 있다. 이 두 줄은 **T**의 **N** 방향 부분을 **T**에서 뺀다. 그러면 **T**가 **N**과 직교가 된다(그림 19.6 참고). 여기에는 unitNormalW가 정규화된 벡터라는 가정이 깔려 있다.

법선 맵에서 추출한 표본을 이런 식으로 처리해서 얻는 벡터를 이 책에서는 '융기된 법선 (bumped normal)'이라고 부른다. 이 법선은 이후 법선 벡터가 관여하는 모든 계산(조명, 입방체 매핑 등)에 쓰인다. 논의의 완전함을 위해, 법선 매핑 효과를 지원하는 기본 HLSL 파일(*Default.hlsl*) 전체를 제시한다. 법선 매핑에 관련된 부분은 굵은 글자로 표시해 두었다.

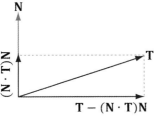

그림 19.6 ||**N**|| = 1이므로 $\text{proj}_N(\mathbf{T}) = (\mathbf{T} \cdot \mathbf{N})\mathbf{N}$이다. 벡터 $\mathbf{T}-\text{proj}_N(\mathbf{T})$는 **T**에서 **N**에 수직인 부분이다.

```
//***********************************************************
// Default.hlsl by Frank Luna (C) 2015 All Rights Reserved.
//***********************************************************

// 광원 개수들이 정의되어 있지 않으면 기본값으로 정의한다.
#ifndef NUM_DIR_LIGHTS
  #define NUM_DIR_LIGHTS 3
#endif

#ifndef NUM_POINT_LIGHTS
  #define NUM_POINT_LIGHTS 0
#endif

#ifndef NUM_SPOT_LIGHTS
  #define NUM_SPOT_LIGHTS 0
#endif

// 공통 HLSL 코드를 여기에 포함한다.
#include "Common.hlsl"

struct VertexIn
{
  float3 PosL    : POSITION;
  float3 NormalL : NORMAL;
  float2 TexC    : TEXCOORD;
  float3 TangentU : TANGENT;
};

struct VertexOut
{
  float4 PosH    : SV_POSITION;
  float3 PosW    : POSITION;
  float3 NormalW : NORMAL;
  float3 TangentW : TANGENT;
  float2 TexC    : TEXCOORD;
};

VertexOut VS(VertexIn vin)
{
  VertexOut vout = (VertexOut)0.0f;

  // 재질 자료를 가져온다.
  MaterialData matData = gMaterialData[gMaterialIndex];
```

```
    // 세계 공간으로 변환한다.
    float4 posW = mul(float4(vin.PosL, 1.0f), gWorld);
    vout.PosW = posW.xyz;


    // 세계 행렬에 비균등 비례가 없다고 가정하고 법선을 변환한다.
    // 비균등 비례가 있다면 역전치 행렬을 사용해야 한다.
    vout.NormalW = mul(vin.NormalL, (float3x3)gWorld);

    vout.TangentW = mul(vin.TangentU, (float3x3)gWorld);


    // 동차 절단 공간으로 변환한다.
    vout.PosH = mul(posW, gViewProj);


    // 출력 정점 특성들은 이후 삼각형을 따라 보간된다.
    float4 texC = mul(float4(vin.TexC, 0.0f, 1.0f), gTexTransform);
    vout.TexC = mul(texC, matData.MatTransform).xy;


    return vout;
}

float4 PS(VertexOut pin) : SV_Target
{
    // 재질 자료를 가져온다.
    MaterialData matData = gMaterialData[gMaterialIndex];
    float4 diffuseAlbedo = matData.DiffuseAlbedo;
    float3 fresnelR0 = matData.FresnelR0;
    float roughness = matData.Roughness;
    uint diffuseMapIndex = matData.DiffuseMapIndex;
    uint normalMapIndex = matData.NormalMapIndex;


    // 법선을 보간하면 단위 길이가 아니게 될 수 있으므로
    // 다시 정규화한다.
    pin.NormalW = normalize(pin.NormalW);

    float4 normalMapSample = gTextureMaps[normalMapIndex].Sample(
        gsamAnisotropicWrap, pin.TexC);
    float3 bumpedNormalW = NormalSampleToWorldSpace(
        normalMapSample.rgb, pin.NormalW, pin.TangentW);

    // 법선 매핑을 끄려면 주석을 해제하면 된다.
    //bumpedNormalW = pin.NormalW;


    // 텍스처 배열의 텍스처를 동적으로 조회한다.
    diffuseAlbedo *= gTextureMaps[diffuseMapIndex].Sample(
```

```
   gsamAnisotropicWrap, pin.TexC);

// 조명되는 점에서 눈으로의 벡터.
float3 toEyeW = normalize(gEyePosW - pin.PosW);

// 조명 계산에 포함되는 항들.
float4 ambient = gAmbientLight*diffuseAlbedo;

// 알파 채널에는 픽셀 수준의 광택계수가 들어 있다.
const float shininess = (1.0f - roughness) * normalMapSample.a;
Material mat = { diffuseAlbedo, fresnelR0, shininess };
float3 shadowFactor = 1.0f;
float4 directLight = ComputeLighting(gLights, mat, pin.PosW,
  bumpedNormalW, toEyeW, shadowFactor);

float4 litColor = ambient + directLight;

// 반영 반사항을 추가한다.
float3 r = reflect(-toEyeW, bumpedNormalW);
float4 reflectionColor = gCubeMap.Sample(gsamLinearWrap, r);
float3 fresnelFactor = SchlickFresnel(fresnelR0, bumpedNormalW, r);
litColor.rgb += shininess * fresnelFactor * reflectionColor.rgb;

// 흔히 하는 방식대로, 분산 재질에서 알파를 가져온다.
litColor.a = diffuseAlbedo.a;

return litColor;
}
```

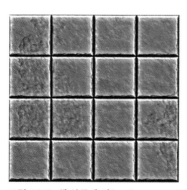

그림 19.7 웹 부록에 있는 *tile_nmap.dds* 이미지의 알파 채널. 알파 채널은 표면의 광택 정도를 나타낸다. 흰 픽셀은 광택계수가 1.0이고 검은 픽셀은 광택계수가 0.0이다. 이러한 알파 채널을 통해서 광택 재질 속성을 픽셀 수준에서 제어할 수 있다.

'융기된 법선' 벡터가 조명 계산에 쓰일 뿐만 아니라, 환경 맵 반사를 묘사하기 위한 반사 계산에도 쓰임을 주목하기 바란다. 또한, 법선 맵의 알파 채널에는 픽셀 수준에서의 광택도를 제어하는 광택계수가 들어 있다는 점도 주목하기 바란다(그림 19.7 참고).

19.7 요약

1. 법선 매핑은 메시에 텍스처를 입힐 때 법선 맵에 담긴 정보를 이용해서 조명의 품질을 높이는 기법이다. 법선 맵에는 요철, 긁힌 자국, 균열 같은 표면의 세부사항을 묘사하는 픽셀별 법선들이 들어 있다. 렌더링 시 법선 맵에서 추출한 픽셀별 법선을(보간된 정점 법선이 아니라) 조명 계산에 사용함으로써 그러한 세부사항을 재현한다.

2. 법선 맵은 하나의 텍스처이지만, 각 텍셀에 RGB 자료를 담는 것이 아니라 압축된 x, y, z 좌표성분들을 각각 적, 녹, 청 채널에 담는다는 점이 보통의 텍스처와 다르다. 그러한 좌표성분들은 하나의 법선 벡터를 정의한다. 흔히 법선 맵은 도구를 이용해서 생성하는데, 그런 도구들은 다양하다. 이를테면 *http://developer.nvidia.com/nvidia-texture-tools-adobe-photoshop*이나 *http://www.crazybump.com/*에서 법선 맵 생성 도구를 구할 수 있다.

3. 법선 맵에 담긴 법선 벡터의 좌표는 텍스처 공간 좌표계를 기준으로 한다. 따라서, 조명 계산을 위해서는 법선을 텍스처 공간에서 세계 공간으로 변환해서 빛과 법선이 같은 좌표계에 있게 해야 한다. 각 정점에서 TBN-기저를 구축하면 텍스처 공간에서 세계 공간으로의 변환을 수월하게 진행할 수 있다.

19.8 연습문제

1. NVIDIA의 Photoshop용 법선 맵 필터(*https://developer.nvidia.com/nvidia-texture-tools-adobe-photoshop*)로 여러 가지 법선 맵을 만들고, 그 법선 맵들을 이번 장 예제('NormalMap') 응용 프로그램에 적용해 보라.

2. *CrazyBump*(*http://www.crazybump.com/*)의 시험용(trial) 버전으로 색상 이미지를 적재해서 다양한 방식으로 법선 맵과 변위 맵(displacement map)을 만들어 보

라. 그 맵들을 이번 장 예제 응용프로그램에 적용해 보라.

3. 만일 텍스처 매핑 시 텍스처 회전변환을 적용한다면, 접공간 좌표계도 그에 맞게 회전해 주어야 한다. 왜 그런지 설명하라. 참고로, 그런 상황에서는 세계 공간에서 $\mathbf{T}$를 $\mathbf{N}$에 대해 회전해야 한다. 그러려면 값비싼 삼각함수 계산(좀 더 정확히는 임의의 축 $\mathbf{N}$에 대한 회전변환)이 필요하다. 또 다른 해법은 $\mathbf{T}$를 세계 공간에서 접공간으로 변환하고, 거기서 텍스처 변환 행렬로 직접 $\mathbf{T}$를 회전하고, 그 결과를 다시 세계 공간으로 변환하는 것이다.

4. 조명 계산을 세계 공간에서 수행하는 대신, 시점과 빛 벡터를 세계 공간에서 접공간으로 변환한 후 모든 조명 계산을 접공간에서 수행할 수도 있다. 이번 장 예제의 법선 매핑 셰이더를, 조명 계산을 접공간에서 수행하도록 수정하라.

5. 변위^{變位} 매핑(displacement mapping)에서는 표면의 요철(굴곡)과 균열을 묘사하는 또 다른 맵을 활용한다. 그런 맵을 흔히 **높이맵**(heightmap)이라고 부른다. 흔히 높이맵을 하드웨어 테셀레이션과 결합해서 변위 매핑을 구현한다. 좀 더 구체적으로는, 테셀레이션을 통해서 새로 생성한 정점들을 영역 셰이더에서 높이맵에 담긴 값('변위')에 따라 법선 벡터 방향으로 이동시킴으로써 기하구조를 좀 더 세부적인 형태로 만든다. 이러한 변위 매핑으로 바다의 파도를 구현할 수 있다. 간단히 이야기하자면 이런 방식이다. 둘 이상의 높이맵을 평평한 정점 격자 위에서 서로 다른 방향과 속도로 스크롤한다. 격자의 정점마다 높이맵들에서 추출한 높이 값들을 모두 더해서, 현재 순간에서의 그 정점의 높이(즉, y 성분)로 사용한다. 높이맵들의 스크롤에 의해 마치 바다의 파도가 끊임없이 솟아오르고 잦아드는 듯한 환상이 만들어진다(그림 19.8). 이 연습문제의 목표는 이러한 방식의 파도 시뮬레이션을 웹 부록의 *Exercise Media* 디렉터리에 있는 두 장의 파도 높이맵(그리고 해당 법선 맵들)으로 구현해 보는 것이다(그림 19.9). 다음은 그럴듯한 모습의 파도를 만들어 내는 데 도움이 될 만한 조언 몇 가지이다.

　(a) 한 높이맵은 넓은(진폭이 큰) 저주파 파도를 흉내 내고 다른 높이맵은 좁은 고주파 파도를 흉내 내도록, 각 높이맵을 각자 다른 방식으로 격자에 타일링한다. 이를 위해서는 높이맵마다 다른 텍스처 좌표와 텍스처 변환 행렬이 필요하다.

그림 19.8 높이맵과 법선 맵, 그리고 환경 매핑으로 묘사한 바다의 파도.

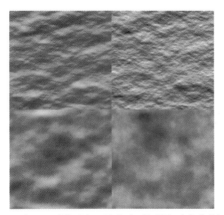

그림 19.9 (위) 좁은 고주파 파도를 위한 법선 맵과 높이맵. (아래) 넓은 저주파 파도를 위한 법선 맵과 높이맵.

(b) 법선 맵 텍스처들을 높이맵 텍스처들보다 더 잘게 타일링해야 한다. 높이맵은 파도의 형태를 결정하고, 법선 맵은 파도의 픽셀별 조명에 쓰인다. 높이맵들처럼 법선맵들도 서로 다른 방향과 시간으로 이동시켜야 새로운 파도가 생기고 사라지는 환상이 만들어진다. 다음은 두 법선 맵에서 추출한 법선들을 결합하는 방법을 보여 주는 코드이다.

```
float3 normalMapSample0 = gNormalMap0.Sample(samLinear, pin.WaveNormalTex0).rgb;
float3 bumpedNormalW0 = NormalSampleToWorldSpace(
    normalMapSample0, pin.NormalW, pin.TangentW);
```

```
float3 normalMapSample1 = gNormalMap1.Sample(samLinear, pin.WaveNormalTex1).rgb;
float3 bumpedNormalW1 = NormalSampleToWorldSpace(
    normalMapSample1, pin.NormalW, pin.TangentW);

float3 bumpedNormalW = normalize(bumpedNormalW0 + bumpedNormalW1);
```

(c) 파도의 재질을 적절히 설정해서 바다가 좀 더 파랗게 보이게 하고, 파도가 주변 환경을 어느 정도 반사하는 모습을 묘사하기 위해 환경 매핑을 적용해도 좋을 것이다.

CHAPTER 20

그림자 매핑

그림자를 보면 빛이 어디에서 오는지 짐작할 수 있다. 그림자는 또한 장면 안의 물체들의 상대적인 위치 관계를 인식하는 데에도 도움이 된다. 이번 장에서는 게임과 3차원 그래픽 응용 프로그램에서 동적인 그림자를 구현하는 데 즐겨 쓰이는 기본적인 그림자 매핑 알고리즘을 소개한다. 이 책은 입문서이니만큼 기본적인 그림자 매핑(shadow mapping) 알고리즘에만 초점을 둔다. 더 나은 품질의 그림자를 만들어 내는 중첩 그림자 맵(cascading shadow map, [Engel06]) 같은 좀 더 정교한 그림자 기법들은 이번 장의 기본적인 그림자 매핑 알고리즘을 확장해서 만든 것이라 할 수 있다.

목표

1. 기본적인 그림자 매핑 알고리즘을 파악한다.
2. 투영 텍스처의 작동 방식을 배운다.
3. 직교투영에 관해 알아본다.
4. 그림자 맵 앨리어싱 문제와 그 문제를 해결하는 데 흔히 쓰이는 전략들을 이해한다.

20.1 장면 깊이의 렌더링

이번 장에서 설명하는 그림자 매핑 알고리즘에는 광원의 시점에서 본 장면의 깊이를 렌더링하는 과정이 꼭 필요하다. 그러한 장면 깊이 렌더링은 §13.7.2에서 처음 소개한 텍스처 대상 렌더링(render-to-texture)의 일종이다. "장면 깊이를 렌더링한다"는 것은 광원의 시점에서 본 장면의 깊이 값들을 깊이 버퍼에 기록하는 것을 뜻한다. 장면을 광원의 시점에서 렌더링하면 광원에 가장 가까운 픽셀 단편들을 파악할 수 있는데, 그런 단편들은 반드시 그림자 바깥에 있다. 이번 절에서는 광원의 시점에서 본 장면 깊이를 렌더링하고 그 결과를 보관하는 데 도움을 주는 ShadowMap이라는 편의용 클래스를 소개한다. 이 클래스는 깊이·스텐실 버퍼와 관련 필수 뷰들, 그리고 뷰포트를 캡슐화하는 간단한 클래스이다. 그림자 매핑에 쓰이는 깊이·스텐실 버퍼를 **그림자 맵**(shadow map)이라고 부른다.

```cpp
class ShadowMap
{
public:
  ShadowMap(ID3D12Device* device,
    UINT width, UINT height);

  ShadowMap(const ShadowMap& rhs)=delete;
  ShadowMap& operator=(const ShadowMap& rhs)=delete;
  ~ShadowMap()=default;

  UINT Width()const;
  UINT Height()const;
  ID3D12Resource* Resource();
  CD3DX12_GPU_DESCRIPTOR_HANDLE Srv()const;
  CD3DX12_CPU_DESCRIPTOR_HANDLE Dsv()const;

  D3D12_VIEWPORT Viewport()const;
  D3D12_RECT ScissorRect()const;

  void BuildDescriptors(
    CD3DX12_CPU_DESCRIPTOR_HANDLE hCpuSrv,
    CD3DX12_GPU_DESCRIPTOR_HANDLE hGpuSrv,
    CD3DX12_CPU_DESCRIPTOR_HANDLE hCpuDsv);

  void OnResize(UINT newWidth, UINT newHeight);

private:
  void BuildDescriptors();
  void BuildResource();

private:

  ID3D12Device* md3dDevice = nullptr;
```

```
    D3D12_VIEWPORT mViewport;
    D3D12_RECT mScissorRect;

    UINT mWidth = 0;
    UINT mHeight = 0;
    DXGI_FORMAT mFormat = DXGI_FORMAT_R24G8_TYPELESS;

    CD3DX12_CPU_DESCRIPTOR_HANDLE mhCpuSrv;
    CD3DX12_GPU_DESCRIPTOR_HANDLE mhGpuSrv;
    CD3DX12_CPU_DESCRIPTOR_HANDLE mhCpuDsv;

    Microsoft::WRL::ComPtr<ID3D12Resource> mShadowMap = nullptr;
};
```

이 클래스의 생성자는 지정된 크기의 텍스처와 뷰포트를 생성한다. 그림자 맵의 해상도가 높을
수록 그림자의 품질이 좋지만, 대신 장면을 렌더링하는 데 필요한 시간과 그림자 맵을 저장하
는 데 필요한 메모리도 늘어남을 주의하기 바란다.

```
ShadowMap::ShadowMap(ID3D12Device* device, UINT width, UINT height)
{
  md3dDevice = device;

  mWidth = width;
  mHeight = height;

  mViewport = { 0.0f, 0.0f, (float)width, (float)height, 0.0f, 1.0f };
  mScissorRect = { 0, 0, (int)width, (int)height };

  BuildResource();
}

void ShadowMap::BuildResource()
{
  D3D12_RESOURCE_DESC texDesc;
  ZeroMemory(&texDesc, sizeof(D3D12_RESOURCE_DESC));
  texDesc.Dimension = D3D12_RESOURCE_DIMENSION_TEXTURE2D;
  texDesc.Alignment = 0;
  texDesc.Width = mWidth;
  texDesc.Height = mHeight;
  texDesc.DepthOrArraySize = 1;
  texDesc.MipLevels = 1;
  texDesc.Format = mFormat;
```

```
texDesc.SampleDesc.Count = 1;
texDesc.SampleDesc.Quality = 0;
texDesc.Layout = D3D12_TEXTURE_LAYOUT_UNKNOWN;
texDesc.Flags = D3D12_RESOURCE_FLAG_ALLOW_DEPTH_STENCIL;

D3D12_CLEAR_VALUE optClear;
optClear.Format = DXGI_FORMAT_D24_UNORM_S8_UINT;
optClear.DepthStencil.Depth = 1.0f;
optClear.DepthStencil.Stencil = 0;

ThrowIfFailed(md3dDevice->CreateCommittedResource(
    &CD3DX12_HEAP_PROPERTIES(D3D12_HEAP_TYPE_DEFAULT),
    D3D12_HEAP_FLAG_NONE,
    &texDesc,
    D3D12_RESOURCE_STATE_GENERIC_READ,
    &optClear,
    IID_PPV_ARGS(&mShadowMap)));
}
```

이후에 보겠지만, 그림자 매핑 알고리즘에는 두 번의 렌더링 패스가 필요하다. 첫 패스에서는 광원의 시점에서 본 장면 깊이를 그림자 맵에 렌더링한다. 둘째 패스에서는 통상적인 '플레이어' 카메라에서 본 장면을 후면 버퍼에 렌더링하되, 그림자 맵을 셰이더의 한 입력으로 두어서 그림자 적용 알고리즘을 구현한다. 응용 프로그램에서는 다음과 같은 메서드를 통해서 그림자 맵 자원과 뷰들에 접근한다.

```
ID3D12Resource* ShadowMap::Resource()
{
  return mShadowMap.Get();
}

CD3DX12_GPU_DESCRIPTOR_HANDLE ShadowMap::Srv()const
{
   return mhGpuSrv;
}

CD3DX12_CPU_DESCRIPTOR_HANDLE ShadowMap::Dsv()const
{
   return mhCpuDsv;
}
```

20.2 직교투영

지금까지 이 책의 기법들과 예제들은 원근투영을 사용했다. 원근투영의 핵심 성질은 물체가 시점에서 멀수록 작게 나타난다는 것이다. 이는 실제로 현실에서 사람이 사물을 볼 때 느끼는 것과 일치한다. 원근투영 외에 직교투영(orthographic projection; 또는 정사영)이라는 투영 방법이 있다. 직교투영은 주로 과학 또는 공학용 3차원 프로그램에 쓰인다. 그런 프로그램들에서는 평행선을 투영해도 여전히 평행선으로 나타나는 것이 바람직하다. 그림자 매핑에서 평행광이 만들어 내는 그림자를 본뜰 때에도 그런 특징을 가진 직교투영이 필요하다. 직교투영의 시야 공간을 나타내는 시야 입체(viewing volume)는 시야 공간의 양의 z 방향을 향해 놓인, 시야 공간 좌표축들에 정렬된 상자(직육면체)의 형태이다(그림 20.1). 흔히 이 상자의 너비를 w, 높이를 h로 표기하고 가까운 평면 거리를 n, 먼 평면 거리를 f로 표기한다. 시야 공간 좌표계를 기준으로 한 이러한 수치들이 직교투영 시야 입체를 정의한다.

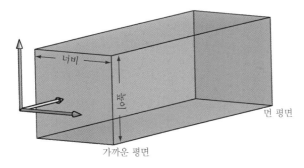

그림 20.1 직교투영 시야 입체는 시야 공간 좌표축들에 정렬된 상자이다.

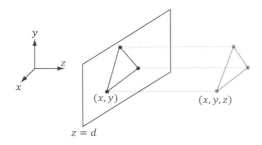

그림 20.2 점들을 투영 평면에 직교투영한 모습. 직교투영에서 투영선들은 시야 공간 z 축에 평행하다.

[그림 20.2]에 나와 있듯이, 직교투영에서 투영선(line of projection)들은 시야 공간 z 축에 평행하다. 그리고 한 정점 (x, y, z)의 2차원 투영은 그냥 (x, y)이다.

원근투영에서처럼, 직교투영에서도 렌더링을 마무리하려면 상대적인 깊이 정보와 정규화된 장치 좌표가 필요하다. 시야 입체를 시야 공간에서 NDC 공간으로 변환하려면 시야 공간 기준의 시야 입체 $\left[-\frac{w}{2}, \frac{w}{2}\right] \times \left[-\frac{h}{2}, \frac{h}{2}\right] \times [n, f]$을 NDC 공간 시야 입체 $[-1, 1] \times [-1, 1] \times [0, 1]$로 비례, 이동해야 한다. 그냥 좌표성분별로 살펴보면 이러한 변환을 위한 비례 계수(비율)와 오프셋을 어렵지 않게 구할 수 있다. 처음 두 성분은 비례 계수만 다르다.

$$\frac{2}{w} \cdot \left[-\frac{w}{2}, \frac{w}{2}\right] = [-1, 1]$$

$$\frac{2}{h} \cdot \left[-\frac{h}{2}, \frac{h}{2}\right] = [-1, 1]$$

셋째 성분은 $[n, f] \rightarrow [0, 1]$로 사상해야 한다. 이 사상이 $g(z) = az + b$ 형태의 함수(즉, 비례 한 번과 이동 한 번)라고 가정하자. $g(n) = 0$이고 $g(f) = 1$임은 이미 알고 있다. 이들로부터 다음과 같은 연립방정식을 만들어서 a와 b에 대해 풀면 된다.

$$an + b = 0$$

$$af + b = 1$$

첫 방정식은 $b = -an$임을 뜻한다. 이를 둘째 방정식에 대입하면 다음이 나온다.

$$af - an = 1$$

$$a = \frac{1}{f - n}$$

그러면

$$-\frac{n}{f - n} = b$$

이다. 따라서

$$g(z) = \frac{z}{f - n} - \frac{n}{f - n}$$

이다. $f > n$을 만족하는 여러 n과 f 값을 이용해서 정의역 $[n, f]$에 대한 $g(z)$의 그래프를 그려 보면 도움이 될 것이다.

결론적으로, 시야 공간 좌표 (x, y, z)를 NDC 공간 좌표 (x', y', z')으로 변환하는 직교투영 변환은 다음과 같다.

$$x' = \frac{2}{w} x$$

$$y' = \frac{2}{h} y$$

$$z' = \frac{z}{f - n} - \frac{n}{f - n}$$

다음은 이를 행렬로 표현한 것이다.

$$[x', \ y', \ z', \ 1] = [x, \ y, \ z, \ 1] \begin{bmatrix} \dfrac{2}{w} & 0 & 0 & 0 \\ 0 & \dfrac{2}{h} & 0 & 0 \\ 0 & 0 & \dfrac{1}{f - n} & 0 \\ 0 & 0 & \dfrac{n}{n - f} & 1 \end{bmatrix}$$

이 수식의 4×4 행렬이 바로 **직교투영** 행렬이다.

원근투영 변환은 두 부분, 즉 투영 행렬로 서술되는 선형변환 부분과 원근 나누기(w 성분으로 나누기)로 서술되는 비선형변환 부분으로 구성됨을 기억할 것이다. 반면 직교투영 변환은 전적으로 선형이다. 원근 나누기는 없다. 그냥 직교투영 행렬을 곱하면 바로 NDC 좌표가 나온다.

20.3 투영 텍스처 좌표

투영 텍스처 적용(projective texturing)은 그 이름에서 짐작하겠지만, 텍스처를 임의의 기하 구조에 투영해서 입히는 기법이다. 이 기법은 슬라이드 영사기(프로젝터)와 상당히 비슷하다. [그림 20.3]에 투영 텍스처 적용의 예가 나와 있다.

투영 텍스처 적용 기법은 슬라이드 영사기를 흉내 내는 데 유용할 뿐만 아니라, §20.4에서 보겠지만 그림자 매핑의 중간 단계로도 유용하게 쓰인다.

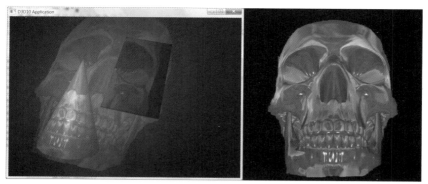

그림 20.3 두개골 텍스처(오른쪽)를 장면 기하구조에 투영한 모습(왼쪽).

투영 텍스처의 관건은 텍스처가 실제로 기하구조에 투영된 것처럼 보이도록 픽셀마다 적절한 텍스처 좌표를 생성하는 것이다. 그런 식으로 생성된 좌표를 **투영 텍스처 좌표**(projective texture coordinates)라고 부른다.

[그림 20.4]를 보자. 텍스처 좌표 (u, v)는 3차원 점 $\mathbf{p}$에 투영될 텍셀을 나타낸다. 그런데 이 좌표 (u, v)는 곧 $\mathbf{p}$를 투영 창에 투영한 위치를 투영 창에서의 한 텍스처 공간 좌표계를 기준으로 표현한 좌표이다. 다음은 이 점에 근거한 투영 텍스처 좌표 생성 전략이다.

1. 점 $\mathbf{p}$를 광원 시점의 투영 창에 투영하고, 그 좌표를 NDC 공간으로 변환한다.
2. 투영된 좌표를 NDC 공간에서 텍스처 공간으로 변환한다. 그 결과가 바로 투영 텍스처 좌표이다.

단계 1은 광원에 카메라 대신 '영사기'가 놓여 있다고 생각하면 이해에 도움이 될 것이다. 카메라에 대해 했던 방식대로 영사기에 대한 시야 행렬 $\mathbf{V}$와 투영 $\mathbf{P}$를 구축한다. 이 두 행렬은 세계 공간에서 영사기의 위치와 방향, 그리고 절두체를 결정한다. 행렬 $\mathbf{V}$는 좌표를 세계 공간에서 영사기 공간, 즉 광원 좌표계로 변환한다. 광원 좌표계 기준의 좌표를 얻은 다음에는 투영 행렬과 동차 나누기를 적용해서 그 좌표를 투영 평면에 투영한다. §5.6.3.5에서 보았듯이, 동차 나누기를 거친 좌표는 NDC 공간을 기준으로 한 좌표이다.

단계 2의 NDC 공간–텍스처 공간 변환은 다음과 같은 좌표 변경 변환으로 수행한다.

$$u = 0.5x + 0.5$$
$$v = -0.5y + 0.5$$

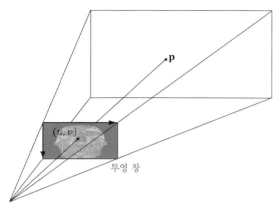

그림 20.4 투영 창에 놓인 텍스처 공간을 기준으로 한 좌표 (u, v)에 해당하는 텍셀을, 광원에서 점 **p**로의 시선을 따라 점 **p**에 투영한다.

단계 1에 의해 $x, y \in [-1, 1]$이므로, $u, v \in [0, 1]$이다. 이 변환에서 y 성분의 비례 계수가 음수인데, 이는 NDC 공간 양의 y 축과 텍스처 공간 양의 v 축의 방향이 서로 반대이기 때문이다. 이러한 텍스처 공간 변환을 다음과 같이 행렬로 표현할 수 있다(제3장의 연습문제 21 참고).

$$[x, y, 0, 1] \begin{bmatrix} 0.5 & 0 & 0 & 0 \\ 0 & -0.5 & 0 & 0 \\ 0 & 0 & 1 & 0 \\ 0.5 & 0.5 & 0 & 1 \end{bmatrix} = [u, v, 0, 1]$$

NDC 공간에서 텍스처 공간으로의 변환에 쓰이는 행렬을 간단히 '텍스처 행렬'이라고 부르기로 하겠다. 텍스처 행렬이 **T**라고 할 때, 합성 변환 행렬 **VPT**는 세계 공간 좌표를 직접 텍스처 공간 좌표로 변환한다. 이 변환 행렬을 곱한 후 원근 나누기를 수행해야 비로소 변환이 완료된다. 원근 나누기를 텍스처 공간 변환 이후에 수행해도 되는 이유는 제5장의 연습문제 8에 나온다.

20.3.1 코드 구현

다음은 투영 텍스처 좌표를 생성하는 HLSL 코드이다.

```
struct VertexOut
{
  float4 PosH     : SV_POSITION;
  float3 PosW     : POSITION;
  float3 TangentW : TANGENT;
```

```
    float3 NormalW  : NORMAL;
    float2 Tex      : TEXCOORD0;
    float4 ProjTex  : TEXCOORD1;
};

VertexOut VS(VertexIn vin)
{
    VertexOut vout;

    [...]

    // 광원의 투영 공간으로 변환한다.
    vout.ProjTex = mul(float4(vIn.posL, 1.0f),
      gLightWorldViewProjTexture);

    [...]

    return vout;
}

float4 PS(VertexOut pin) : SV_Target
{
    // w로 나누어서 투영을 완료한다.
    pin.ProjTex.xyz /= pin.ProjTex.w;

    // NDC 공간 기준의 깊이 값.
    float depth = pin.ProjTex.z;

    // 투영 텍스처 좌표를 이용해서 텍셀을 추출한다.
    float4 c = gTextureMap.Sample(sampler, pin.ProjTex.xy);

    [...]
}
```

20.3.2 절두체 바깥의 점들

절두체 바깥에 있는 기하구조는 렌더링 파이프라인 도중에 잘려나간다(절단). 그런데 영사기
(광원)의 시점에서 기하구조를 투영해서 투영 텍스처 좌표를 생성할 때에는 어떠한 절단도 일
어나지 않는다. 그냥 정점들을 투영하기만 할 뿐이다. 따라서 영사기의 절두체 바깥의 기하구
조에 대해서는 좌표성분들이 [0, 1] 구간을 벗어난 투영 텍스처 좌표가 생성된다. 텍스처 추출
시, [0, 1] 구간 바깥의 투영 텍스처 좌표들은 그냥 [0, 1] 구간 바깥의 보통의 텍스처 좌표들

처럼 현재 좌표 지정 모드(§9.6)에 따라 작동한다.

　일반적으로 영사기 절두체 바깥의 기하구조에는 텍스처를 입힐 필요가 없다(그런 기하구조는 어차피 영사기로부터 빛을 받지 않으므로). 이에 대해 흔히 쓰이는 방법은 테두리 색상(border color) 좌표 지정 모드를 설정하고 검은색(모든 성분이 0)을 테두리 색으로 사용하는 것이다. 또 다른 방법으로, 영사기에 점적광을 연관시켜서 점적광의 원뿔 시야 바깥의 모든 것이 빛을 받지 않게(즉, 해당 표면에는 어떠한 빛도 투영되지 않게) 할 수도 있다. 점적광을 사용하는 방법의 장점은, 영사기로부터 온 빛의 세기가 점적광 원뿔의 중심에서 가장 세고 $-\mathbf{L}$(표면 점으로의 빛 벡터)과 $\mathbf{d}$(점적광의 방향) 사이의 각도 ϕ가 커짐에 따라 매끄럽게 감소한다는 것이다.

20.3.3 직교투영

지금까지 원근투영(시야 입체가 절두체 형태인)을 이용한 투영 텍스처 적용 기법을 살펴보았다. 그런데 투영 과정에서 원근투영 대신 직교투영을 사용할 수도 있다. 직교투영을 사용할 때에는 텍스처가 상자(직육면체) 형태의 광원 공간 시야 입체의 z 방향으로 투영된다.

　지금까지 투영 텍스처 좌표에 관해 말한 모든 것은 직교투영을 사용할 때에도 적용된다. 단, 두 가지 예외가 있다. 첫째로, 직교투영의 경우 영사기 시야 입체 바깥의 점을 점적광을 이용해서 처리하는 방법이 통하지 않는다. 이는 애초에 점적광의 원뿔이 절두체의 영역을 어느 정도 근사하기 위한 것이지 상자를 근사하기 위한 것은 아니기 때문이다. 그러나 영사기 입체 바깥의 점들을 적절한 텍스처 좌표 지정 모드를 이용해서 처리하는 것은 여전히 가능하다. 직교투영의 경우에도 여전히 NDC 좌표들을 생성하며, NDC 공간의 한 점 (x, y, z)는 만일 다음을 만족하면, 그리고 오직 그럴 때에만 영사기 입체 안에 있기 때문이다.

$$-1 \leq x \leq 1$$
$$-1 \leq y \leq 1$$
$$0 \leq z \leq 1$$

둘째로, 직교투영에서는 w로 나누기 과정이 없으며, 따라서 구현 코드에서 다음과 같은 줄은 더 이상 필요하지 않다.

```
// w로 나누어서 투영을 완료한다.
pin.ProjTex.xyz /= pin.ProjTex.w;
```

w로 나눌 필요가 없는 것은, 직교투영 행렬을 적용하고 나면 이미 NDC 공간에 있는 좌표가 되기 때문이다. 직교투영 사용 시 이 코드를 빼버리면 픽셀마다 필요한 원근 나누기를 생략할 수 있으므로 속도가 빨라진다. 한편, 이 코드를 그대로 나누어도 투영 자체의 결과는 같다(직교투영은 w 성분을 변경하지 않으므로 w는 그냥 1이다). 셰이더 코드에 w로 나누기 코드를 그대로 놔두면 하나의 셰이더 프로그램을 원근투영과 직교투영 모두에 사용할 수 있다. 물론 이러한 일관성에는 직교투영 시 불필요한 나누기가 수행된다는 대가가 따른다.

20.4 그림자 매핑

20.4.1 알고리즘 설명

그림자 매핑 알고리즘의 핵심은 광원의 시점에서 본 장면 깊이를 텍스처 대상 렌더링 기법을 이용해서 깊이 버퍼에 기록하는 것이다. 그러한 깊이 버퍼를 **그림자 맵**이라고 부른다. 장면 깊이를 렌더링하고 나면 이 그림자 맵은 광원 시점에서 보이는 모든 픽셀의 깊이 값을 담은 상태가 된다. (다른 픽셀에 가려진 픽셀은 깊이 판정에 실패해서 깊이 버퍼에 기록되지 않거나 다른 픽셀에 의해 덮어 쓰이게 된다.)

광원의 시점에서 장면을 렌더링하려면 두 가지 행렬을 정의해야 한다. 하나는 세계 공간에서 광원 공간으로의 변환을 수행하는 광원 시야 행렬이고 또 하나는 광원의 시야 입체(광원의 빛은 이 입체의 영역 안으로 방출된다)를 정의하는 광원 투영 행렬이다. 그러한 시야 입체는 절두체 형태(원근투영)일 수도 있고 상자 형태(직교투영)일 수도 있다. 원근투영의 경우에는 절두체 안에 점적광의 원뿔을 내장함으로써 점적광을 흉내 내는 것이 가능하다. 직교투영의 상자 입체는 평행광을 흉내 내는 데 유용하다. 이 경우 평행광은 오직 상자 입체 안에서만 나아가므로, 장면의 일부에만 닿게 된다(그림 20.5). 빛이 장면 전체에 닿는 광원(태양 등)을 본뜨고 싶다면 장면 전체를 담을 정도로 큰 광원 시야 입체를 사용하면 된다.

두 행렬을 이용해서 그림자 맵을 만들었다면, 다음으로는 평소대로 장면을 '플레이어' 카메라의 시점에서 렌더링하되, 각 픽셀 p를 렌더링할 때 광원과 픽셀 사이의 거리 $d(p)$를 계산한다. 또한, 투영 텍스처 적용 기법을 이용해서 그림자 맵에 담긴 장면 깊이 값 $s(p)$도 추출한다. 이 값은 광원에서 픽셀 p로의 시선에 있는 픽셀 중 광원에 가장 가까운 픽셀의 깊이이다. [그림 20.6]에서 보듯이, 픽셀 p는 만일 $d(p) > s(p)$이면, 그리고 오직 그럴 때에만 그림자 안에 있는 것이다. 반대로, 픽셀 p는 만일 $d(p) \leq s(p)$이면, 그리고 오직 그럴 때에만 그림자 안에 있지 않은 것이다.

> **참고:** 깊이 값들은 NDC 좌표계를 기준으로 비교해야 한다. 이는 그림자 맵이 깊이 버퍼이며, 깊이 버퍼는 NDC 공간 안에서의 깊이 값들을 저장하기 때문이다. 구체적인 비교 방법은 구현 코드를 보면 충분히 이해할 수 있을 것이다.

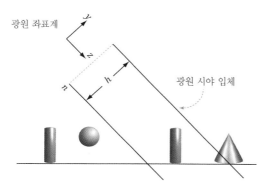

그림 20.5 평행광 광선들은 광원 시야 입체 안에서 나아가므로, 장면 중 그 입체 안에 있는 부분만 빛을 받는다. 장면 전체가 빛을 받아야 한다면 장면 전체를 담을 정도로 광원 입체를 크게 잡으면 된다.

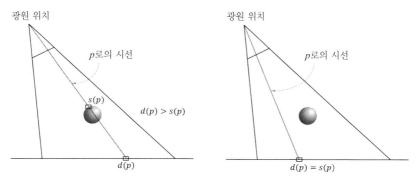

그림 20.6 (왼쪽) 광원에서 본 픽셀 p의 깊이가 $d(p)$이고, 같은 시선에 있는 픽셀 중 광원에 가장 가까운 픽셀의 깊이가 $s(p)$라고 하자. 만일 $d(p) > s(p)$이면 광원의 시점에서 픽셀 p가 다른 어떤 물체에 가려져 있다는 뜻이며, 따라서 픽셀 p는 그림자 안에 있다는 결론을 내릴 수 있다. (오른쪽) 이 경우 픽셀 p가 해당 시선에서 광원에 가장 가까운 픽셀이므로(즉, $s(p) = d(p)$이므로), p는 그림자 안에 있지 않다는 결론을 내릴 수 있다.

20.4.2 편향과 앨리어싱

그림자 맵은 광원을 기준으로 가장 가까운 가시 픽셀들의 깊이를 담는다. 그런데 그림자 맵의 해상도는 유한하다. 따라서 그림자 맵의 한 텍셀은 장면의 한 점이 아니라 한 영역(면적이 있는)에 대응된다. 다른 말로 하면, 그림자 맵은 광원 시점에서 본 장면 깊이의 이산적 표본화(discrete sampling)일 뿐이다. 이 때문에 **그림자 여드름**(shadow acne)이라고도 부르는 앨리어싱^{aliasing} 문제가 발생한다(그림 20.7).

그림 20.7 바닥 평면에 빛과 그림자가 번갈아 나타나서 '계단'처럼 보이는 앨리어싱이 발생했다. 이런 앨리어싱을 종종 '그림자 여드름'이라고 부르기도 한다.

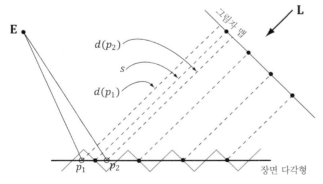

그림 20.8 그림자 맵은 장면의 깊이를 표본화한다. 그림자 맵의 유한한 해상도 때문에 그림자 맵의 한 텍셀이 장면의 한 영역에 대응됨을 주목하기 바란다. 시점 **E**에서 볼 때 장면의 점 p_1과 p_2는 장면의 서로 다른 두 점이다. 그러나 광원에서 보면 두 점은 같은 그림자 맵 텍셀 하나에 대응된다(즉, $s(p_1) = s(p_2) = s$이다). 그림자 맵 판정 시 $d(p_1) > s$이고 $d(p_2) \le s$이므로 p_1에는 그림자 안에 있는 모습에 해당하는 색상이 적용되지만, p_2에는 그림자 안에 있지 않은 모습에 해당하는 색상이 적용된다. 이 때문에 '그림자 여드름'이 생긴다.

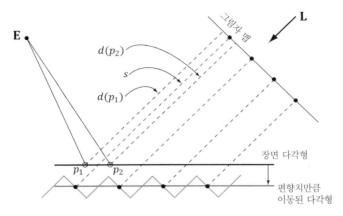

그림 20.9 그림자 맵의 깊이 값들을 일정한 편향치만큼 일괄 이동시키면 가짜 그림자가 발생하지 않는다. 이제는 $d(p_1) \le s$이고 $d(p_2) \le s$이다. 적당한 편향치는 일반적으로 실험을 통해서 찾아낸다.

[그림 20.8]은 이런 그림자 여드름이 생기는 이유를 나타낸 도식이다. 이에 대한 간단한 해결책은 일정한 편향치(bias)를 그림자 맵 깊이들에 더해서 깊이 값들을 일괄적으로 이동하는 것이다. [그림 20.9]는 이 해법이 문제를 어떻게 해결하는지 보여준다.

편향치를 너무 크게 잡으면 [그림 20.10]처럼 그림자와 물체가 분리되는 결함이 생긴다. 이를 **피터 팬 효과**(peter-panning)라고 부르기도 한다.

안타깝게도, 하나의 편향치를 모든 기하구조에 적용할 수는 없다. 좀 더 구체적으로 말하면, [그림 20.11]에서 보듯이 광원 방향을 기준으로 삼각형의 기울기가 클수록 편향치도 커야 한다. 그냥 모든 기울기를 감당할 정도로 큰 편향치 하나를 정해서 적용하면 되지 않을까 생각하는 독자도 있겠지만, 그러면 [그림 20.10]과 같은 피터 팬 효과가 생길 수 있다.

그림 20.10 피터 팬 효과. 깊이 편향치가 너무 커서 기둥의 그림자가 기둥과 분리되었다.

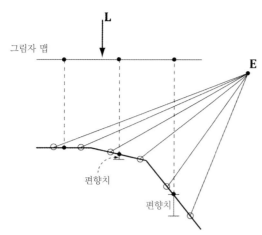

그림 20.11 광원에 대한 기울기가 큰 다각형에는 기울기가 작은 다각형보다 더 큰 편향치를 적용해야 한다.

따라서, 제대로 하려면 다각형마다 광원에 대한 다각형의 기울기를 알아내서 그 기울기에 비례하는 적절한 편향치를 적용해야 한다. 다행히, 그래픽 하드웨어는 이를 위해 **기울기 비례 편향치**(slope-scaled-bias)라고 부르는 래스터화 상태 속성을 제공한다. 다음은 그 속성에 관련된 래스터화기 상태 서술 구조체의 필드들이다.

```
typedef struct D3D12_RASTERIZER_DESC {
  [...]
  INT      DepthBias;
  FLOAT    DepthBiasClamp;
  FLOAT    SlopeScaledDepthBias;
  [...]
} D3D12_RASTERIZER_DESC;
```

1. DepthBias: 적용할 고정된 편향치. UNORM 깊이 버퍼 형식에 이 정수 값을 사용하는 방법이 아래의 예제 코드의 주석에 나온다.

2. DepthBiasClamp: 허용되는 깊이 편향치의 최댓값. 이를 통해서 응용 프로그램은 깊이 편향치의 상한을 정할 수 있다. 기울기가 아주 큰 다각형의 경우 기울기 비례 편향치가 너무 커져서 피터 팬 결함이 발생할 수 있는데, 이 최대 편향치를 통해서 그런 결함을 방지할 수 있을 것이다.

3. SlopeScaledDepthBias: 다각형의 기울기에 기초해서 편향치를 얼마나 조정할 것인지를 결정하는 비례 계수이다. 아래의 예제 코드의 주석에 관련 공식이 나온다.

한 가지 주의할 점은, 기울기 비례 편향치는 **장면을 그림자 맵에 렌더링할 때** 적용해야 한다는 것이다. 이는 편향치를 조정할 다각형의 기울기가 광원 방향을 기준으로 한 기울기이어야 하기 때문이다. 결과적으로, 편향치에 의해 이동되는 값들은 그림자 맵 값들이다. 이번 장의 그림자 맵 예제('Shadows')는 다음과 같은 값들을 사용한다.

```
// [MSDN에서 발췌]
// 현재 출력 병합기 단계에 묶인 깊이 버퍼의 형식이 UNORM이거나
// 출력 병합기 단계에 아무런 깊이 버퍼도 묶여 있지 않다면,
// 편향치를 다음과 같이 계산한다.
//
// Bias = (float)DepthBias * r + SlopeScaledDepthBias * MaxDepthSlope;
//
// 여기서 r은 깊이 버퍼 형식을 float32로 변환했을 때
// 표현 가능한, 0보다 큰 최솟값이다.
// [/MSDN 발췌 끝]
//
// 24비트 깊이 버퍼의 경우 r = 1 / 2^24이다.
//
// 예: DepthBias = 100000 ==> 실제 깊이 편향치 = 100000/2^24 = .006

// 다음 값들은 장면의 특성에 크게 의존하므로, 독자의 장면에
// 잘 맞는 값들은 실험을 거쳐서 구해야 할 것이다.
D3D12_GRAPHICS_PIPELINE_STATE_DESC smapPsoDesc = opaquePsoDesc;
smapPsoDesc.RasterizerState.DepthBias = 100000;
smapPsoDesc.RasterizerState.DepthBiasClamp = 0.0f;
smapPsoDesc.RasterizerState.SlopeScaledDepthBias = 1.0f;
```

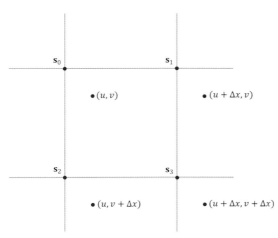

그림 20.12 그림자 맵의 표본 네 개를 가져온다.

20.4.3 비율 근접 필터링(PCF)

일반적으로, 그림자 맵을 추출하는 데 쓰이는 투영 텍스처 좌표 (u, v)가 그림자 맵의 한 텍셀과 정확히 일치하지는 않는다. 보통은 네 텍셀 사이의 어딘가에 해당한다. 색상 텍스처를 적용할 때에는 이를 겹선형 보간으로 해결한다(§9.5.1). 그러나 [Kilgard01]이 지적하듯이 깊이 값들의 평균을 내는 것은 바람직한 방법이 아니다. 그러면 픽셀이 그림자 안에 있는지가 잘못 판정될 수 있다. (같은 이유로, 그림자 맵에 대해서는 밉맵들을 생성할 수 없다.) 해결책은 깊이 값들이 아니라 판정 결과들을 보간하는 것이다. 이를 **비율 근접 필터링**(percentage closer filtering, PCF)이라고 부른다. 비율 근접 필터링에서는 우선 점 필터링(`MIN_MAG_MIP_POINT`)을 이용해서 네 텍스처 좌표 (u, v), $(u + \Delta x, v)$, $(u, v + \Delta x)$, $(u + \Delta x, v + \Delta x)$로 텍셀 네 개를 추출한다. 여기서 $\Delta x = 1/그림자\_맵\_크기$이다(그림자_맵_크기는 그림자 맵 한 변의 픽셀 수; 아래 코드 참고). 점 표본화를 사용하므로, 네 좌표는 각각 (u, v) 주변의 가까운 네 텍셀 s_0, s_1, s_2, s_3에 대응된다(그림 20.12). 추출한 텍셀들, 즉 깊이 값들로 그림자 맵 판정을 수행하고, 그 결과들을 겹선형으로 보간해서 최종적인 판정 결과를 얻는다.

```
static const float SMAP_SIZE = 2048.0f;
static const float SMAP_DX = 1.0f / SMAP_SIZE;

...

    // 그림자 맵을 추출해서 광원에 가장 가까운 깊이들을 얻는다.
    float s0 = gShadowMap.Sample(gShadowSam,
            projTexC.xy).r;
    float s1 = gShadowMap.Sample(gShadowSam,
```

```
            projTexC.xy + float2(SMAP_DX, 0)).r;
    float s2 = gShadowMap.Sample(gShadowSam,
            projTexC.xy + float2(0, SMAP_DX)).r;
    float s3 = gShadowMap.Sample(gShadowSam,
            projTexC.xy + float2(SMAP_DX, SMAP_DX)).r;

    // 각 깊이에 그림자 맵 판정(픽셀 깊이 <= 그림자 맵 값?)을 수행.
    float result0 = depth <= s0;
    float result1 = depth <= s1;
    float result2 = depth <= s2;
    float result3 = depth <= s3;

    // 텍스처 공간으로 변환한다.
    float2 texelPos = SMAP_SIZE*projTexC.xy;

    // 보간의 양을 정한다.
    float2 t = frac( texelPos );

    // 판정 결과들을 보간한다.
    return lerp(lerp(result0, result1, t.x),
            lerp(result2, result3, t.x), t.y);
```

이 방식에서는 픽셀이 "그림자 안 아니면 밖"으로 판정되지 않는다. 이제는 픽셀의 일부만 그림자 안에 있을 수 있다. 예를 들어 네 표본 중 둘이 그림자 안에 있고 다른 둘은 그렇지 않다면, 그 픽셀은 50%만 그림자 안에 있는 것이다. 이에 의해 그림자 안 픽셀에서 그림자 밖 픽셀로의 매끄러운 전이가 일어난다(그림 20.13).

참고: HLSL frac 함수는 부동소수점의 소수부(소수점 이하 부분, 즉 가수(mantissa))를 돌려준다. 예를 들어 SMAP_SIZE == 1024이고 projTex.xy == (0.23, 0.68)이면 texelPos == (235.52, 696.32)이고 frac(texelPos) == (0.52, 0.32)이다. 이러한 소수부들은 표본들을 어느 정도나 보간해야 하는지를 말해준다. HLSL의 선형 보간 함수 lerp(x, y, s)는 $x + s(y - x) = (1 - s)x + sy$를 돌려주는데, 앞의 비율 근접 필터링 구현은 방금 말한 소수부를 s로 사용한다.

참고: 이러한 필터링을 적용한다고 해도 그림자는 여전히 아주 날카롭다. 그리고 그림자에 가까이 다가가면 여전히 보기 싫은 앨리어싱 결함이 나타난다. 좀 더 적극적인 해결책으로는 이를테면 [Uralsky05]가 있다. 더 높은 해상도의 그림자 맵을 사용하는 것도 하나의 해결책이지만, 비용이 너무 커서 적용하기 어려울 수 있다.

그림 20.13 (위) 그림자 가장자리에 소위 '계단 현상'이라고 부르는 결함이 나타나 있음을 주목하기 바란다. (아래) 필터링 덕분에 그러한 앨리어싱 결함이 어느 정도 매끄러워졌다.

지금까지 설명한 비율 근접 필터링(PCF)의 주된 단점은 텍스처 표본이 네 개나 필요하다는 것이다. GPU들의 원천적인 계산 능력은 크게 발전했지만 메모리 대역폭과 메모리 잠복지연(latency)은 그에 비하면 발전이 더디기 때문에, 텍스처 표본화는 상대적으로 비용이 큰 연산에 속한다([Möller08]). 다행히, Direct3D 11급 이상의 그래픽 하드웨어들은 PCF를 직접 지원하며, 셰이더에서는 SampleCmpLevelZero 메서드를 통해서 그 기능을 이용할 수 있다.

```
Texture2D gShadowMap : register(t1);
SamplerComparisonState gsamShadow : register(s6);

// w로 나누어서 투영을 완료한다.
shadowPosH.xyz /= shadowPosH.w;

// NDC 공간의 깊이 값을 얻는다.
float depth = shadowPosH.z;

// 이 호출에 의해, 4표본 PCF가 자동으로 수행된다.
gShadowMap.SampleCmpLevelZero(gsamShadow,
  shadowPosH.xy, depth).r;
```

메서드 이름의 LevelZero는 이 메서드가 최상위 밉맵 수준만 살펴본다는 뜻이다. 이는 그림자 매핑에 딱 맞는 특징이다(그림자 맵에 대해서는 밉맵 사슬을 생성하지 않으므로). 이 메서드는 통상적인 표본추출기 객체를 사용하지 않는다. 대신 소위 **비교 표본추출기**(comparison sampler)라는 것을 사용한다. 이는 하드웨어가 그림자 맵 비교 판정들(결과들을 필터링하기 전에 마쳐야 하는)을 수행할 수 있게 하기 위한 것이다. PCF를 위해서는 필터 종류를 D3D12_ FILTER_COMPARISON_MIN_MAG_LINEAR_MIP_POINT로 설정하고 비교 함수로는 LESS_

EQUAL을 사용해야 한다(깊이 값들을 편향시켰으므로 LESS를 사용해도 된다). 이 메서드의 첫 매개변수는 비교 표본추출기 객체이고 둘째 매개변수는 텍스처 좌표이다. 그리고 셋째 매개변수는 그림자 맵 표본과 비교할 기준값이다. 따라서, 비교 함수를 LESS_EQUAL로 두고 이 매개변수에 depth를 지정해서 메서드를 호출하면 다음과 같은 비교들이 수행된다.

```
float result0 = depth <= s0;
float result1 = depth <= s1;
float result2 = depth <= s2;
float result3 = depth <= s3;
```

하드웨어는 이 비교 결과들을 겹선형으로 보간해서 PCF의 최종 결과를 산출한다.

다음 코드는 그림자 매핑을 위한 비교 표본추출기를 설정하는 방법을 보여준다.

```
const CD3DX12_STATIC_SAMPLER_DESC shadow(
    6,                                              // shaderRegister
    D3D12_FILTER_COMPARISON_MIN_MAG_LINEAR_MIP_POINT,  // filter
    D3D12_TEXTURE_ADDRESS_MODE_BORDER,              // addressU
    D3D12_TEXTURE_ADDRESS_MODE_BORDER,              // addressV
    D3D12_TEXTURE_ADDRESS_MODE_BORDER,              // addressW
    0.0f,                                           // mipLODBias
    16,                                             // maxAnisotropy
    D3D12_COMPARISON_FUNC_LESS_EQUAL,
    D3D12_STATIC_BORDER_COLOR_OPAQUE_BLACK);
```

> **참고:** SDK 문서화에 따르면, 비교 필터를 지원하는 텍스처 형식은 R32_FLOAT_X8X24_TYPELESS, R32_FLOAT, R24_UNORM_X8_TYPELESS, R16_UNORM뿐이다.

이상의 예에서는 4표본 PCF 핵(4-tap PCF kernel)을 사용했다. 그림자의 가장자리를 더 크고 매끄럽게 만들고 싶으면 더 큰 핵을 사용하면 된다. 대신 SampleCmpLevelZero 메서드를 더 많이 호출해야 한다는 대가가 따른다. 이번 장의 예제는 SampleCmpLevelZero를 3×3 정사각 필터 패턴으로 호출한다. SampleCmpLevelZero 호출마다 4표본 PCF가 한 번 수행되므로, 3×3 패턴으로 이 메서드를 호출하면 그림자 맵에서 4×4개의 고유한 표본점들을 사용하게 된다(패턴의 형태상, 일부 표본점들은 겹치게 된다). 큰 필터 핵을 사용하면 그림자 여드름 문제가 다시 등장할 수 있다. 그 이유와 해결책 하나를 §20.5에서 설명한다.

생각해 보면, PCF는 그림자의 가장자리에만 적용하면 된다는 점을 깨달을 수 있다. 그림자 내부와 그림자 바깥에서는 픽셀 전체가 그림자에 완전히 속하거나 속하지 않으므로 빛과 그림자 사이의 혼합이 없다. 이 점에 근거해서 PCF를 그림자 가장자리에서만 수행하는 방법들이 고안되었는데, [Isidoro06b]가 그런 방법 하나를 설명한다. 그런 기법을 위해서는 셰이더 코드에서 동적 분기를 수행해야 한다. 즉, "만일 이 픽셀이 그림자 가장자리에 있는 것이면 비싼 PCF를 수행하고, 그렇지 않으면 그냥 그림자 맵 표본 하나를 추출한다" 같은 작업이 필요하다.

그런 기법에는 추가적인 비용이 따르므로, 이득을 얻으려면 이 PCF 핵이 어느 정도 커야 할 것이다(이를테면 5 × 5 이상). 그러나 이는 그냥 일반적인 조언일 뿐이며, 구체적인 프로파일링을 통해서 비용 대비 이득을 확인하는 것이 바람직하다.

마지막으로, PCF 핵이 꼭 정사각형의 균등 격자일 필요는 없다. PCF 핵 안에서 점들을 무작위로 선택하는 방법에 대한 논문도 많이 나와 있다.

20.4.4 그림자 맵 구축

그림자 매핑의 첫 단계는 그림자 맵을 만드는 것이다. 이번 장의 예제는 이를 위해 ShadowMap의 인스턴스를 하나 생성한다.

```
mShadowMap = std::make_unique<ShadowMap>(
    md3dDevice.Get(), 2048, 2048);
```

그런 다음에는 광원의 시야 행렬과 투영 행렬(광원의 좌표계와 시야 입체를 나타내는)을 정의한다. 광원 시야 행렬은 기본 광원으로부터 유도하고, 광원 시야 입체는 장면 전체를 밀접하게 감싸는 경계구를 이용해서 구한다.

```
DirectX::BoundingSphere mSceneBounds;

ShadowMapApp::ShadowMapApp(HINSTANCE hInstance)
  : D3DApp(hInstance)
{
    // 장면의 구성을 미리 알고 있으므로, 장면의 경계구를 정의하는 수치들을
    // 직접 지정한다.
    // 장면에서 가장 넓은 물체는 바닥의 격자이다. 이 격자는 세계 공간의
    // 원점에 놓여 있고 너비가 20, 깊이는 30.0f이다.
    // 일반적으로는 세계 공간의 모든 정점 위치를 훑어서 경계구의 반지름을 구해야
    // 할 것이다.
    mSceneBounds.Center = XMFLOAT3(0.0f, 0.0f, 0.0f);
    mSceneBounds.Radius = sqrtf(10.0f*10.0f + 15.0f*15.0f);
}
```

```
void ShadowMapApp::Update(const GameTimer& gt)
{
  [...]

  //
  // 광원을 움직인다(따라서 그림자도 움직인다).
  //

  mLightRotationAngle += 0.1f*gt.DeltaTime();

  XMMATRIX R = XMMatrixRotationY(mLightRotationAngle);
  for(int i = 0; i < 3; ++i)
  {
    XMVECTOR lightDir = XMLoadFloat3(&mBaseLightDirections[i]);
    lightDir = XMVector3TransformNormal(lightDir, R);
    XMStoreFloat3(&mRotatedLightDirections[i], lightDir);
  }

  AnimateMaterials(gt);
  UpdateObjectCBs(gt);
  UpdateMaterialBuffer(gt);
  UpdateShadowTransform(gt);
  UpdateMainPassCB(gt);
  UpdateShadowPassCB(gt);
}

void ShadowMapApp::UpdateShadowTransform(const GameTimer& gt)
{
  // 첫 번째 "주" 광원만 그림자를 드리운다.
  XMVECTOR lightDir = XMLoadFloat3(&mRotatedLightDirections[0]);
  XMVECTOR lightPos = -2.0f*mSceneBounds.Radius*lightDir;
  XMVECTOR targetPos = XMLoadFloat3(&mSceneBounds.Center);
  XMVECTOR lightUp = XMVectorSet(0.0f, 1.0f, 0.0f, 0.0f);
  XMMATRIX lightView = XMMatrixLookAtLH(lightPos, targetPos, lightUp);

  XMStoreFloat3(&mLightPosW, lightPos);

  // 경계구를 광원 공간으로 변환한다.
  XMFLOAT3 sphereCenterLS;
  XMStoreFloat3(&sphereCenterLS, XMVector3TransformCoord(targetPos,
    lightView));

  // 장면을 감싸는 광원 공간 직교투영 시야 입체(직육면체).
```

```
    float l = sphereCenterLS.x - mSceneBounds.Radius;
    float b = sphereCenterLS.y - mSceneBounds.Radius;
    float n = sphereCenterLS.z - mSceneBounds.Radius;
    float r = sphereCenterLS.x + mSceneBounds.Radius;
    float t = sphereCenterLS.y + mSceneBounds.Radius;
    float f = sphereCenterLS.z + mSceneBounds.Radius;

    mLightNearZ = n;
    mLightFarZ = f;
    XMMATRIX lightProj = XMMatrixOrthographicOffCenterLH(l, r, b, t, n, f);

    // NDC 공간 [-1,+1]^2을 텍스처 공간 [0,1]^2으로 변환한다.
    XMMATRIX T(
      0.5f, 0.0f, 0.0f, 0.0f,
      0.0f, -0.5f, 0.0f, 0.0f,
      0.0f, 0.0f, 1.0f, 0.0f,
      0.5f, 0.5f, 0.0f, 1.0f);

    XMMATRIX S = lightView*lightProj*T;
    XMStoreFloat4x4(&mLightView, lightView);
    XMStoreFloat4x4(&mLightProj, lightProj);
    XMStoreFloat4x4(&mShadowTransform, S);
}
```

다음은 광원의 시점에서 본 장면을 그림자 맵에 렌더링하는 코드이다.

```
void ShadowMapApp::DrawSceneToShadowMap()
{
  mCommandList->RSSetViewports(1, &mShadowMap->Viewport());
  mCommandList->RSSetScissorRects(1, &mShadowMap->ScissorRect());

  // DEPTH_WRITE로 바꾼다.
  mCommandList->ResourceBarrier(1, &CD3DX12_RESOURCE_BARRIER::Transition(
    mShadowMap->Resource(),
    D3D12_RESOURCE_STATE_GENERIC_READ,
    D3D12_RESOURCE_STATE_DEPTH_WRITE));

  UINT passCBByteSize = d3dUtil::CalcConstantBufferByteSize(sizeof
    (PassConstants));

  // 후면 버퍼와 깊이 버퍼를 지운다.
  mCommandList->ClearDepthStencilView(mShadowMap->Dsv(),
    D3D12_CLEAR_FLAG_DEPTH | D3D12_CLEAR_FLAG_STENCIL, 1.0f, 0, 0, nullptr);
```

```
// 장면을 깊이 버퍼에만 렌더링할 것이므로 렌더 대상은 널로 설정한다.
// 이처럼 널 렌더 대상을 지정하면 색상 쓰기가 비활성화된다.
// 반드시 활성 PSO의 렌더 대상 개수도 0으로 지정해야 함을 주의하기 바란다.
mCommandList->OMSetRenderTargets(0, nullptr, false, &mShadowMap->Dsv());

// 그림자 맵 패스의 패스별 상수 버퍼를 파이프라인에 묶는다.
auto passCB = mCurrFrameResource->PassCB->Resource();
D3D12_GPU_VIRTUAL_ADDRESS passCBAddress = passCB->GetGPUVirtualAddress()
  + 1*passCBByteSize;
mCommandList->SetGraphicsRootConstantBufferView(1, passCBAddress);

mCommandList->SetPipelineState(mPSOs["shadow_opaque"].Get());

DrawRenderItems(mCommandList.Get(), mRitemLayer[(int)RenderLayer::Opaque]);

// 세이더에서 텍스처를 읽을 수 있도록 다시 GENERIC_READ로 바꾼다.
mCommandList->ResourceBarrier(1, &CD3DX12_RESOURCE_BARRIER::Transition(
  mShadowMap->Resource(),
  D3D12_RESOURCE_STATE_DEPTH_WRITE,
  D3D12_RESOURCE_STATE_GENERIC_READ));
}
```

이 코드가 렌더 대상을 널로 설정함을 주목하기 바란다. 널 렌더 대상을 지정하면 본질적으로
색상 쓰기(기록)가 비활성화된다. 장면을 그림자 맵으로 렌더링해서 얻고자 하는 것은 광원을
기준으로 한 장면의 깊이 값뿐이므로, 색상 쓰기는 비활성화하는 것이 바람직하다. 그래픽 하
드웨어는 깊이만 그리는 렌더링 패스에 대해 일정한 최적화를 적용한다. 그래서 깊이만 그리는
것이 색상과 깊이를 모두 그리는 것보다 훨씬 빠르다. 널 렌더 대상을 지정한 경우에는 활성 파
이프라인 상태 객체(PSO)의 렌더 대상 개수도 반드시 0으로 지정해야 한다.

```
D3D12_GRAPHICS_PIPELINE_STATE_DESC smapPsoDesc = opaquePsoDesc;
smapPsoDesc.RasterizerState.DepthBias = 100000;
smapPsoDesc.RasterizerState.DepthBiasClamp = 0.0f;
smapPsoDesc.RasterizerState.SlopeScaledDepthBias = 1.0f;
smapPsoDesc.pRootSignature = mRootSignature.Get();
smapPsoDesc.VS =
{
  reinterpret_cast<BYTE*>(mShaders["shadowVS"]->GetBufferPointer()),
  mShaders["shadowVS"]->GetBufferSize()
};
smapPsoDesc.PS =
{
```

```
    reinterpret_cast<BYTE*>(mShaders["shadowOpaquePS"]->GetBufferPointer()),
    mShaders["shadowOpaquePS"]->GetBufferSize()
};

// 그림자 맵 패스에는 렌더 대상이 없다.
smapPsoDesc.RTVFormats[0] = DXGI_FORMAT_UNKNOWN;
smapPsoDesc.NumRenderTargets = 0;
ThrowIfFailed(md3dDevice->CreateGraphicsPipelineState(
    &smapPsoDesc, IID_PPV_ARGS(&mPSOs["shadow_opaque"])));
```

광원의 관점에서 장면을 렌더링하는 데 쓰이는 셰이더 프로그램들은 상당히 간단하다. 그림자 맵을 구축하기만 하면 되므로, 복잡한 픽셀 셰이더 작업은 전혀 필요하지 않다.

```
//***********************************************************************
// Shadows.hlsl by Frank Luna (C) 2015 All Rights Reserved.
//***********************************************************************

// 공통 HLSL 코드를 여기에 포함한다.
#include "Common.hlsl"

struct VertexIn
{
    float3 PosL  : POSITION;
    float2 TexC  : TEXCOORD;
};

struct VertexOut
{
    float4 PosH  : SV_POSITION;
    float2 TexC  : TEXCOORD;
};

VertexOut VS(VertexIn vin)
{
    VertexOut vout = (VertexOut)0.0f;

    MaterialData matData = gMaterialData[gMaterialIndex];

    // 세계 공간으로 변환한다.
    float4 posW = mul(float4(vin.PosL, 1.0f), gWorld);

    // 동차 절단 공간으로 변환한다.
    vout.PosH = mul(posW, gViewProj);
```

```
    // 출력 정점 특성들은 이후 삼각형을 따라 보간된다.
    float4 texC = mul(float4(vin.TexC, 0.0f, 1.0f), gTexTransform);
    vout.TexC = mul(texC, matData.MatTransform).xy;

    return vout;
}


// 이 픽셀 셰이더는 알파 값 기반 투명 패턴이 적용되는 기하구조에만
// 쓰인다. 깊이 패스의 경우, 텍스처를 추출할 필요가 없는 기하구조에는
// NULL 픽셀 셰이더를 사용해도 된다.
void PS(VertexOut pin)
{
    // 재질 자료를 가져온다.
    MaterialData matData = gMaterialData[gMaterialIndex];
    float4 diffuseAlbedo = matData.DiffuseAlbedo;
    uint diffuseMapIndex = matData.DiffuseMapIndex;

    // 텍스처 배열의 텍스처를 동적으로 조회한다.
    diffuseAlbedo *= gTextureMaps[diffuseMapIndex].Sample(gsamAnisotropicWrap,
        pin.TexC);

#ifdef ALPHA_TEST
    // 텍스처 알파가 0.1보다 작으면 픽셀을 폐기한다. 셰이더 안에서
    // 이 판정을 최대한 일찍 수행하는 것이 바람직하다. 그러면 폐기 시
    // 셰이더의 나머지 코드의 실행을 생략할 수 있으므로 효율적이다.
    clip(diffuseAlbedo.a - 0.1f);
#endif
}
```

픽셀 셰이더가 아무 값도 돌려주지 않음을 주목하기 바란다. 이는, 장면 깊이 렌더링에서는 깊이 값만 출력하면 되기 때문이다. 이 픽셀 셰이더는 알파 값이 0에 가까운 픽셀 단편(그런 픽셀은 완전히 투명하다고 간주된다)을 절단하는 용도로만 쓰인다. 예를 들어 [그림 20.14]의 나뭇잎 텍스처를 생각해 보자. 이 텍스처를 입힌 기하구조의 경우 알파 값이 1인(흰색) 픽셀의 깊이만 그림자 맵에 기록해야 한다. 알파 절단이 필요하지 않은 기하구조들도 있으므로, 이 셰이더는 ALPHA_TEST가 정의되어 있는 경우에만 알파 절단을 수행한다. 더 나아가서, 장면에 알파 절단이 필요한 기하구조가 하나도 없는 경우도 있을 것이다. 그런 경우에는 그냥 널 픽셀 셰이더를 파이프라인에 묶으면 된다. 그러면 텍스처를 추출해서 절단 연산만 수행하는 간단한 픽셀 셰이더를 사용할 때보다도 렌더링이 더 빠르게 실행될 것이다.

그림 20.14 나뭇잎 텍스처.

> **참고:** 간결함을 위해 소스 코드를 표시하지는 않았지만, 테셀레이션된 기하구조의 깊이를 렌더링하는 셰이더들은 이보다 약간 더 복잡하다. 테셀레이션된 기하구조를 그림자 맵에 렌더링할 때에는 후면 버퍼에 렌더링할 때와 마찬가지 방식으로(즉, 플레이어의 시점과의 거리에 기초해서) 기하구조를 테셀레이션해야 한다. 이는 일관성을 위한 것이다. 즉, 플레이어 시점에서 보이는 기하구조와 광원에서 보이는 기하구조가 같아야 한다. 그렇긴 하지만, 만일 테셀레이션된 기하구조의 변위들이 크지 않다면(즉, 새 정점들이 그리 많이 이동하지 않는다면), 어차피 그러한 변위들은 그림자에서도 눈에 잘 띄지 않을 것이다. 따라서 그림자 맵을 렌더링할 때에는 기하구조를 아예 테셀레이션하지 않는 것도 하나의 최적화 방법이 될 수 있다. 이 최적화는 정확도를 희생하는 대신 속도를 얻는다.

20.4.5 그림자 계수

그림자가 실제로 그려지려면, 조명 공식에 그림자 계수(shadow factor)라고 하는 새로운 계수를 추가해야 한다. 그림자 계수는 $[0,1]$ 구간의 스칼라값이다. 0은 주어진 점이 완전히 그림자 안에 있다는 뜻이고 1은 그림자를 완전히 벗어났다는 뜻이다. PCF(§20.4.3)를 사용하는 경우 하나의 점의 일부분만 그림자 안에 있을 수 있다. 그런 경우 그림자 계수는 0과 1 사이의 어떤 값이 된다. 다음은 그림자 계수를 계산하는 CalcShadowFactor 함수이다(*Common.hlsl*에 있음).

```
float CalcShadowFactor(float4 shadowPosH)
{
  // w로 나누어서 투영을 완료한다.
  shadowPosH.xyz /= shadowPosH.w;

  // NDC 공간 기준의 깊이 값.
  float depth = shadowPosH.z;
```

```
    uint width, height, numMips;
    gShadowMap.GetDimensions(0, width, height, numMips);

    // 텍셀 크기.
    float dx = 1.0f / (float)width;

    float percentLit = 0.0f;
    const float2 offsets[9] =
    {
        float2(-dx, -dx), float2(0.0f, -dx), float2(dx, -dx),
        float2(-dx, 0.0f), float2(0.0f, 0.0f), float2(dx, 0.0f),
        float2(-dx, +dx), float2(0.0f, +dx), float2(dx, +dx)
    };

    [unroll]
    for(int i = 0; i < 9; ++i)
    {
        percentLit += gShadowMap.SampleCmpLevelZero(gsamShadow,
            shadowPosH.xy + offsets[i], depth).r;
    }

    return percentLit / 9.0f;
}
```

조명을 계산할 때에는 이 함수가 돌려준 그림자 계수를 직접 조명 항들(분산광 항과 반영광 항)에 곱한다.

```
// 첫 번째 광원만 그림자를 드리운다.
float3 shadowFactor = float3(1.0f, 1.0f, 1.0f);
shadowFactor[0] = CalcShadowFactor(pin.ShadowPosH);

const float shininess = (1.0f - roughness) * normalMapSample.a;
Material mat = { diffuseAlbedo, fresnelR0, shininess };
float4 directLight = ComputeLighting(gLights, mat, pin.PosW,
    bumpedNormalW, toEyeW, shadowFactor);


float4 ComputeLighting(Light gLights[MaxLights], Material mat,
            float3 pos, float3 normal, float3 toEye,
            float3 shadowFactor)
{
    float3 result = 0.0f;
```

```
    int i = 0;

#if (NUM_DIR_LIGHTS > 0)
  for(i = 0; i < NUM_DIR_LIGHTS; ++i)
  {
    result += shadowFactor[i] * ComputeDirectionalLight(gLights[i], mat, normal,
      toEye);
  }
#endif

#if (NUM_POINT_LIGHTS > 0)
  for(i = NUM_DIR_LIGHTS; i < NUM_DIR_LIGHTS+NUM_POINT_LIGHTS; ++i)
  {
    result += ComputePointLight(gLights[i], mat, pos, normal, toEye);
  }
#endif

#if (NUM_SPOT_LIGHTS > 0)
  for(i = NUM_DIR_LIGHTS + NUM_POINT_LIGHTS; i < NUM_DIR_LIGHTS +
    NUM_POINT_LIGHTS + NUM_SPOT_LIGHTS; ++i)
  {
    result += ComputeSpotLight(gLights[i], mat, pos, normal, toEye);
  }
#endif

  return float4(result, 0.0f);
}
```

주변광에는 그림자 계수를 적용하지 않는데, 이는 주변광이 간접광이기 때문이다. 마찬가지 이유로 환경 맵에서 온 반사광에도 그림자 계수를 적용하지 않는다.

20.4.6 그림자 맵 판정

광원의 관점에서 장면을 렌더링해서 그림자 맵을 만든 후, 주 렌더링 패스에서는 그림자 맵에서 표본을 추출해서 현재 픽셀이 그림자 안에 있는지의 여부를 판정한다. 이 판정에서 핵심은 주어진 픽셀 p의 $d(p)$와 $s(p)$를 계산하는 것이다. $d(p)$ 값은 점을 광원의 NDC 공간으로 변환해서 구한다. 변환된 좌표의 z 성분은 곧 그 점의 깊이, 즉 광원으로부터 점까지의 거리를 정규화한 값이다. $s(p)$ 값은 그림자 맵을 광원 시야 입체를 통해 장면에 투영해서 구한다. 이러한 설정에서 $d(p)$와 $s(p)$ 둘 다 광원의 NDC 공간을 기준으로 한 값임을 주의하기 바란다. 두 깊이가 같은 공간이어야 비교가 가능하다. 변환 행렬 gShadowTransform은 세계 공간에서 그림자 맵 텍스처 공간(§20.3)으로의 변환 행렬이다.

```
// 정점 셰이더에서:
// 그림자 맵을 장면에 투영하기 위해 투영 텍스처 좌표를 생성한다.
vout.ShadowPosH = mul(posW, gShadowTransform);

// 픽셀 셰이더에서:
// 그림자 맵 판정을 수행한다.
float3 shadowFactor = float3(1.0f, 1.0f, 1.0f);
shadowFactor[0] = CalcShadowFactor(pin.ShadowPosH);
```

gShadowTransform 행렬은 패스별 상수 버퍼에 들어 있다.

20.4.7 그림자 맵의 시각화

이번 장의 예제는 그림자 맵 자체를 화면 오른쪽 아래에 하나의 사각형으로 렌더링한다. 이 덕분에 사용자는 각 프레임의 그림자 맵 모습을 눈으로 직접 확인할 수 있다. 그림자 맵은 하나의 깊이 버퍼 텍스처일 뿐이므로, SRV를 만들어서 파이프라인에 묶은 후 셰이더 프로그램에서 표본을 추출하는 것이 얼마든지 가능하다. 이번 장 예제는 그림자 맵을 하나의 회색조(grayscale) 이미지로 렌더링한다. 그림자 맵은 각 픽셀에 1차원 값(깊이 값)을 담고 있으므로 회색조 이미지로 표현하는 것이 자연스럽다. [그림 20.15]는 이번 장 그림자 맵 예제('Shadows')의 실행 모습이다.

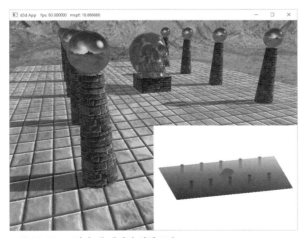

그림 20.15 그림자 맵 예제의 실행 모습.

20.5 큰 PCF 핵

이번 절에서는 큰 PCF 핵을 사용할 때 생기는 문제를 논의한다. 이번 장 예제는 큰 PCF 핵을 사용하지 않으므로, 이번 절을 건너뛰어도 이번 장 예제를 이해하는 데에는 문제가 없다. 그렇 긴 하지만 몇 가지 흥미로운 개념을 소개하므로 읽어두면 좋을 것이다.

[그림 20.16]은 카메라에 보이는 한 픽셀 p의 그림자 판정을 나타낸 것이다. PCF를 적용 하지 않을 때에는 그냥 거리 $d = d(p)$를 계산하고 그것을 해당 그림자 맵 값 $s_0 = s(p)$와 비교 한다. PCF를 적용할 때에는 d를 두 이웃 그림자 값 s_{-1}, s_1과도 비교한다. 그런데 사실 d를 s_{-1}, s_1과 비교하는 것은 유효하지 않다. 깊이 값 s_{-1}, s_1에 해당하는 영역이 장면에서 p가 있는 다각 형과는 다른 다각형에 속할 수도 있기 때문이다.

[그림 20.16]은 PCF 적용 시 실제로 판정 오차가 발생하는 상황을 보여준다. 좀 더 구체적 으로, 그림자 맵 판정 결과들은 다음과 같다.

$$lit_0 = d \le s_0 \ (\text{참})$$
$$lit_{-1} = d \le s_{-1} \ (\text{참})$$
$$lit_1 = d \le s_1 \ (\text{거짓})$$

이 결과들을 보간하면 p는 1/3이 그림자 안에 있다는 판정 결과가 나온다. 그러나 p는 다른 물 체에 전혀 가려지지 않은 가시적 픽셀이므로, 이는 잘못된 판정이다.

[그림 20.16]의 경우 그냥 깊이 편향치를 조금 더 크게 잡으면 오차가 사라질 것이다. 그러 나 이 예는 그림자 맵의 이웃 두 텍셀만 추가로 추출한다. 만일 더 큰 PCF 핵을 사용한다면 편 향치도 더 크게 잡아야 한다. PCF 핵이 작을 때에는 그냥 §20.4.2에서 말한 방법대로 편향치를 계산해서 적용하면 해결되니 문제가 아니다. 그러나 부드러운 그림자(soft shadow)를 만들기 위해 5×5나 9×9처럼 큰 PCF 핵을 사용할 때에는 이러한 판정 오차가 정말로 문제가 된다.

20.5.1 ddx 함수와 ddy 함수

이 문제에 대한 근사적인 해법을 살펴보기 전에, HLSL의 ddx 함수와 ddy 함수를 먼저 논의해 야 할 것이다. 이 함수들은 각각 $\partial \mathbf{p}/\partial x$와 $\partial \mathbf{p}/\partial y$를 평가한다. 여기서 x는 화면 공간 x 축이고 y 는 화면 공간 y 축이다. 이 HLSL 함수들을 이용하면 한 픽셀에서 그 이웃 픽셀로 넘어갈 때 픽 셀의 특성들이 어떻게 변하는지를 알아낼 수 있다. 예를 들어 이 편미분 함수들로 다음과 같은 일을 할 수 있다.

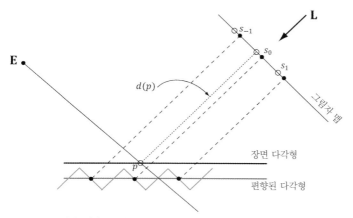

그림 20.16 깊이 $d(p)$를 s_0과 비교하는 것은 유효하다. 텍셀 s_0은 장면에서 p가 있는 영역에 속하기 때문이다. 그러나 $d(p)$를 s_{-1} 및 s_1과 비교하는 것은 유효하지 않다. 그 텍셀들은 p와 무관한 장면 영역에 속할 수 있기 때문이다.

1. 픽셀에서 픽셀로 넘어갈 때 색상이 어떻게 변하는지 추정한다.
2. 픽셀에서 픽셀로 넘어갈 때 깊이가 어떻게 변하는지 추정한다.
3. 픽셀에서 픽셀로 넘어갈 때 법선이 어떻게 변하는지 추정한다.

하드웨어가 이런 편미분들을 추정(근사)하는 방법은 그리 복잡하지 않다. 하드웨어는 픽셀들을 2×2 격자 단위로 묶어서 병렬로 처리한다. 이때 x 방향의 편미분계수는 전진차분(forward difference) $q_{x+1,y} - q_{x,y}$, 즉 픽셀 (x, y)에서 픽셀 $(x + 1, y)$로 넘어갈 때의 수량 q의 변화량을 이용해서 추정할 수 있다. y 방향의 편미분계수도 마찬가지이다.

20.5.2 큰 PCF 핵 문제의 해법

여기서 설명하는 해법은 [Tuft10]에 나온 것이다. 이 해법의 주된 전략은 p의 이웃 픽셀들이 p와 같은 평면에 있다고 가정하는 것이다. 이 가정이 항상 참은 아니지만, 이 문제를 다루는 데 있어 최선의 가정이긴 하다.

$\mathbf{p} = (u, v, z)$가 광원 공간의 한 점의 좌표라고 하자. 이 좌표의 처음 두 성분으로 이루어진 좌표 (u, v)는 그림자 맵을 추출하는 텍스처 좌표로 쓰이고, z 성분은 그림자 맵 판정 시 광원으로부터의 거리로 쓰인다. 다각형의 접평면에 놓인 벡터 $\frac{\partial \mathbf{p}}{\partial x} = \left(\frac{\partial u}{\partial x}, \frac{\partial v}{\partial x}, \frac{\partial z}{\partial x} \right)$와 $\frac{\partial \mathbf{p}}{\partial y} = \left(\frac{\partial u}{\partial y}, \frac{\partial v}{\partial y}, \frac{\partial z}{\partial y} \right)$를 ddx와 ddy를 이용해서 구할 수 있다. 이 벡터들은 화면 공간에서의 이

동에 따른 광원 공간에서의 이동량을 말해준다. 좀 더 구체적으로, 만일 화면 공간에서 $(\Delta x, \Delta y)$ 단위만큼 움직였다면 광원 공간에서는 uv 평면상에서 $\Delta x \left(\frac{\partial u}{\partial x}, \frac{\partial v}{\partial x}, \frac{\partial z}{\partial x} \right) + \Delta y \left(\frac{\partial u}{\partial y}, \frac{\partial v}{\partial y}, \frac{\partial z}{\partial y} \right)$ 단위만큼 움직인다. 잠시 깊이 성분을 무시한다면, 화면 공간의 $(\Delta x, \Delta y)$ 단위 이동은 광원 공간 uv **평면상**의 $\Delta x \left(\frac{\partial u}{\partial x}, \frac{\partial v}{\partial x} \right) + \Delta y \left(\frac{\partial u}{\partial y}, \frac{\partial v}{\partial y} \right)$ 단위 이동에 해당한다. 이를 행렬 방정식으로 표현하면 다음과 같다.

$$[\Delta x, \ \Delta y] \begin{bmatrix} \dfrac{\partial u}{\partial x} & \dfrac{\partial v}{\partial x} \\[2mm] \dfrac{\partial u}{\partial y} & \dfrac{\partial v}{\partial y} \end{bmatrix} = \Delta x \left(\frac{\partial u}{\partial x}, \ \frac{\partial v}{\partial x} \right) + \Delta y \left(\frac{\partial u}{\partial y}, \ \frac{\partial v}{\partial y} \right) = [\Delta u, \ \Delta v]$$

따라서

$$[\Delta x, \ \Delta y] = [\Delta u, \ \Delta v] \begin{bmatrix} \dfrac{\partial u}{\partial x} & \dfrac{\partial v}{\partial x} \\[2mm] \dfrac{\partial u}{\partial y} & \dfrac{\partial v}{\partial y} \end{bmatrix}^{-1}$$

$$= [\Delta u, \ \Delta v] \ \dfrac{1}{\dfrac{\partial u}{\partial x} \dfrac{\partial v}{\partial y} - \dfrac{\partial v}{\partial x} \dfrac{\partial u}{\partial y}} \begin{bmatrix} \dfrac{\partial v}{\partial y} & -\dfrac{\partial v}{\partial x} \\[2mm] -\dfrac{\partial u}{\partial y} & \dfrac{\partial u}{\partial x} \end{bmatrix} \qquad \text{(식 20.1)}$$

이다.

참고: 제2장에서 보았듯이,

$$\begin{bmatrix} A_{11} & A_{12} \\ A_{21} & A_{22} \end{bmatrix}^{-1} = \frac{1}{A_{11}A_{22} - A_{12}A_{21}} \begin{bmatrix} A_{22} & -A_{12} \\ -A_{21} & A_{11} \end{bmatrix}$$

이다.

새 공식(식 20.1)은 광원 공간 uv 평면상의 $(\Delta u, \Delta v)$ 단위 이동이 화면 공간의 $(\Delta x, \Delta y)$ 단위 이동에 해당함을 말해준다. 그런데 지금 문제에서 이 공식이 왜 중요할까? PCF를 적용하는 셰이더 코드에서 그림자 맵의 이웃 값들을 추출하는 데 쓰이는 오프셋들을 다시 살펴보면 그 이유를 알 수 있다.

```
    // 텍셀 크기.
    const float dx = SMAP_DX;

    float percentLit = 0.0f;
    const float2 offsets[9] =
    {
        float2(-dx, -dx), float2(0.0f, -dx), float2(dx, -dx),
        float2(-dx, 0.0f), float2(0.0f, 0.0f), float2(dx, 0.0f),
        float2(-dx, +dx), float2(0.0f, +dx), float2(dx, +dx)
    };

    // 3x3 정사각 필터 패턴. 각 표본에 대해 4표본 PCF를 수행한다.
    [unroll]
    for(int i = 0; i < 9; ++i)
    {
        percentLit += shadowMap.SampleCmpLevelZero(samShadow,
            shadowPosH.xy + offsets[i], depth).r;
    }
```

이 코드에서 보듯이, 광원 공간 uv 평면상에서의 이동 오프셋인 $(\Delta u, \Delta v)$은 이미 알고 있다. 이를 식 20.1에 대입하면 광원 공간에서 $(\Delta u, \Delta v)$만큼 움직였을 때에 해당하는 화면 공간 변위 $(\Delta x, \Delta y)$가 나온다.

지금까지 무시했던 깊이 성분을 다시 살펴보자. 만일 화면 공간에서 $(\Delta x, \Delta y)$만큼 움직이면 광원 공간에서 깊이는 $\Delta z = \Delta x \dfrac{\partial z}{\partial x} + \Delta y \dfrac{\partial z}{\partial y}$ 만큼 변한다. 따라서, PCF를 적용하기 위해

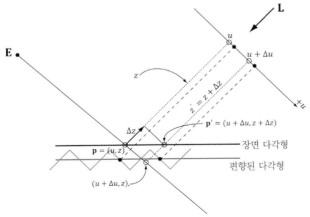

그림 20.17 간단함을 위해 2차원으로 표시했다. 점 $\mathbf{p} = (u, z)$를 u 방향으로 Δu만큼 이동해서 $(u + \Delta u, z)$로 갔다고 할 때, 그 점이 여전히 다각형에 속하게 하려면 깊이를 Δz만큼 조정해서 $\mathbf{p}' = (u + \Delta u, z + \Delta z)$가 되게 해야 한다.

텍스처 좌표들을 이동할 때, 깊이 판정에 쓰이는 깊이 값은 $z' = z + \Delta z$라는 공식을 이용해서 조정하면 된다(그림 20.17 참고).

이상의 논의를 정리해 보자.

1. PCF 구현에서 그림자 맵 이웃 값 추출을 위한 텍스처 좌표 오프셋들은 정해져 있다. 즉, 각 표본에 대한 $(\Delta u, \Delta v)$는 이미 알고 있다.

2. 식 20.1을 이용하면 광원 공간의 $(\Delta u, \Delta v)$ 오프셋에 해당하는 화면 공간 오프셋 $(\Delta x, \Delta y)$를 구할 수 있다.

3. $(\Delta x, \Delta y)$를 구했다면 $\Delta z = \Delta x \frac{\partial z}{\partial x} + \Delta y \frac{\partial z}{\partial y}$를 적용해서 광원 공간에서의 깊이 값을 조정하면 된다.

이러한 해법이 DirectX 11 SDK의 'CascadedShadowMaps11' 예제에 있는 `CalculateRightAndUpTexelDepthDeltas` 함수와 `CalculatePCFPercentLit` 함수에 구현되어 있으니 참고하기 바란다.

20.5.3 큰 PCF 핵 문제의 또 다른 해법

이번 해법은 [Isidoro06]에 나온 것으로, 앞에서 살펴본 해법과 같은 착안에 기초하지만 접근 방식이 약간 다르다.

$\mathbf{p} = (u, v, z)$가 광원 공간의 한 점의 좌표라고 하자. 이 좌표의 처음 두 성분으로 이루어진 좌표 (u, v)는 그림자 맵을 추출하는 텍스처 좌표로 쓰이고, z 성분은 그림자 맵 판정 시 광원으로부터의 거리로 쓰인다. $\frac{\partial \mathbf{p}}{\partial x}\left(\frac{\partial u}{\partial x}, \frac{\partial v}{\partial x}, \frac{\partial z}{\partial x}\right)$와 $\frac{\partial \mathbf{p}}{\partial y}\left(\frac{\partial u}{\partial y}, \frac{\partial v}{\partial y}, \frac{\partial z}{\partial y}\right)$를 ddx와 ddy를 이용해서 구할 수 있다.

이 편미분계수들을 구할 수 있다는 것은 $u = u(x, y)$와 $v = v(x, y)$, $z = z(x, y)$가 모두 x와 y의 함수라는 뜻이다. 그런데 z도 u와 v의 함수로 생각할 수 있다. 즉, $z = z(u, v)$이다. 광원 공간에서 u 방향과 v 방향으로 움직이면 깊이 z는 다각형 평면을 따라 변하게 된다. 연쇄법칙에 의해 다음이 성립한다.

$$\frac{\partial z}{\partial x} = \frac{\partial z}{\partial u}\frac{\partial u}{\partial x} + \frac{\partial z}{\partial v}\frac{\partial v}{\partial x}$$

$$\frac{\partial z}{\partial y} = \frac{\partial z}{\partial u}\frac{\partial u}{\partial y} + \frac{\partial z}{\partial v}\frac{\partial v}{\partial y}$$

이를 행렬로 표현하면 다음과 같다.

$$\begin{bmatrix} \dfrac{\partial z}{\partial x} & \dfrac{\partial z}{\partial y} \end{bmatrix} = \begin{bmatrix} \dfrac{\partial z}{\partial u} & \dfrac{\partial z}{\partial v} \end{bmatrix} \begin{bmatrix} \dfrac{\partial u}{\partial x} & \dfrac{\partial u}{\partial y} \\[2mm] \dfrac{\partial v}{\partial x} & \dfrac{\partial v}{\partial y} \end{bmatrix}$$

이 등식을 역행렬을 이용해서 우변의 첫 행렬에 대해 정리하면 다음과 같은 등식이 나온다.

$$\begin{bmatrix} \dfrac{\partial z}{\partial u} & \dfrac{\partial z}{\partial v} \end{bmatrix} = \begin{bmatrix} \dfrac{\partial z}{\partial x} & \dfrac{\partial z}{\partial y} \end{bmatrix} \begin{bmatrix} \dfrac{\partial u}{\partial x} & \dfrac{\partial u}{\partial y} \\[2mm] \dfrac{\partial v}{\partial x} & \dfrac{\partial v}{\partial y} \end{bmatrix}^{-1}$$

$$= \dfrac{\begin{bmatrix} \dfrac{\partial z}{\partial x} & \dfrac{\partial z}{\partial y} \end{bmatrix}}{\dfrac{\partial u}{\partial x}\dfrac{\partial v}{\partial y} - \dfrac{\partial u}{\partial y}\dfrac{\partial v}{\partial x}} \begin{bmatrix} \dfrac{\partial v}{\partial y} & -\dfrac{\partial u}{\partial y} \\[2mm] -\dfrac{\partial v}{\partial x} & \dfrac{\partial u}{\partial x} \end{bmatrix}$$

이제 $\dfrac{\partial z}{\partial u}$와 $\dfrac{\partial z}{\partial v}$를 직접 구할 수 있다(이 등식 우변의 모든 것은 이미 알고 있는 값들이다). 정리하자면, 광원 공간의 uv 평면에서 $(\Delta u,\ \Delta v)$단위만큼 움직이면 광원 공간의 깊이는 $\Delta z = \Delta u\dfrac{\partial z}{\partial u} + \Delta v\dfrac{\partial z}{\partial v}$ 만큼 변한다.

　이 접근 방식에서는 화면 공간으로의 변환 없이 그냥 광원 공간 안에서 계산을 마칠 수 있음을 주목하기 바란다. 이전 절의 해법에서는 화면 공간에서 x와 y가 변할 때의 깊이 변화량만 알기 때문에 그런 변환이 필요했지만, 이번에는 u와 v의 변화에 따른 깊이 변화를 직접 구할 수 있다.

20.6 요약

1. 항상 후면 버퍼를 렌더 대상으로 사용해야 하는 것은 아니다. 다른 텍스처에도 장면을 렌더링할 수 있다. 텍스처 대상 렌더링 기법은 실행 시점에서 텍스처의 내용을 GPU를 이용해서 효율적으로 갱신하는 한 방법이다. 장면을 텍스처에 렌더링한 후에는, 그 텍스처를 셰이더 입력으로 묶어서 기하구조에 입힐 수 있다. 그림자 매핑이나 물 시뮬레이션 같은 여러 특수 효과들과 범용 GPU 프로그래밍의 여러 알고리즘에는 이러한 텍스처 대상 렌더링 능력이 필요하다.

2. 직교투영에서 시야 입체는 너비가 w이고 높이가 h, 가까운 평면 거리가 n, 먼 평면 거리가 f인 직육면체이고(그림 20.1 참고), 투영선들은 시야 공간의 z 축에 평행하다. 이러한 직교투영은 주로 과학 또는 공학용 3차원 프로그램에 쓰이는데, 그런 프로그램들에서는 평행선을 투영해도 여전히 평행선으로 나타나는 것이 바람직하다. 그림자 매핑에서 평행광이 만들어 내는 그림자를 본뜰 때에도 그런 특징을 가진 직교투영이 필요하다.

3. 투영 텍스처 적용(projective texturing)은 그 이름에서 짐작하겠지만, 텍스처를 임의의 기하구조에 투영해서 입히는 기법이다. 이 기법은 슬라이드 영사기(프로젝터)와 상당히 비슷하다. 투영 텍스처의 관건은 텍스처가 실제로 기하구조에 투영된 것처럼 보이도록 픽셀마다 적절한 텍스처 좌표를 생성하는 것이다. 그런 식으로 생성된 좌표를 **투영 텍스처 좌표**라고 부른다. 투영 텍스처 좌표는 픽셀을 영사기의 투영 평면에 투영한 좌표를 텍스처 좌표계로 변환해서 구한다.

4. 그림자 매핑은 임의의 기하구조에 그림자를 드리울 수 있는(즉, 평면 그림에만 국한되지 않는다) 실시간 그림자 적용 기법이다. 그림자 매핑에서는 광원의 시점에 본 장면의 깊이를 그림자 맵에 렌더링한다. 그러한 그림자 맵은 광원의 관점에서 보이는 모든 픽셀의 깊이를 담고 있다. 그런 다음에는 평상시처럼 장면을 카메라의 시점에서 렌더링하되, 투영 텍스처 적용 기법을 이용해서 그림자 맵을 장면에 투영한다. 픽셀 p에 투영된 그림자 맵의 깊이 값이 $s(p)$이고 광원을 기준으로 한 픽셀 p의 깊이가 $d(p)$라고 하자. 만일 $d(p) > s(p)$이면, 즉 픽셀의 깊이가 투영된 픽셀 깊이보다 크면, 픽셀 p보다 광원에 가까워서 p를 가리는 다른 어떤 픽셀이 존재하는 것이다. 따라서 p는 그림자 안에 있다.

5. 앨리어싱은 그림자 매핑의 가장 큰 난제이다. 그림자 맵은 해당 광원을 기준으로 가장 가까운 가시 픽셀들의 깊이를 담는다. 그런데 그림자 맵의 해상도는 유한하다. 따라서

그림자 맵의 한 텍셀은 장면의 한 점이 아니라 한 영역(면적이 있는)에 대응된다. 다른 말로 하면, 그림자 맵은 광원 시점에서 본 장면 깊이의 이산적 표본화일 뿐이다. 이 때문에 **그림자 여드름**(shadow acne)이라고도 부르는 앨리어싱[aliasing] 문제가 발생한다. 이 여드름을 없애기 위해 흔히 쓰이는 전략은 그래픽 하드웨어가 고유하게 지원하는 **기울기 비례 편향치**(래스터화 상태의 한 속성)를 활용하는 것이다. 그림자 맵의 유한한 해상도는 그림자 가장자리에서도 앨리어싱을 만들어 낸다. 이에 대해 흔히 쓰이는 해법이 PCF이다. 앨리어싱 문제에 대한 좀 더 정교한 해법으로는 **중첩 그림자 맵과 분산 그림자 맵**(variance shadow map)이 있다.

20.7 연습문제

1. 텍스처를 장면에 투영해서 슬라이드 영사기를 흉내 내는 프로그램을 작성하라. 원근투영과 직교투영 둘 다 시험해 보라.

2. 1번 문제의 프로그램을, 텍스처 좌표 지정 모드들을 활용해서 영사기 절두체 바깥의 점이 영사기로부터 전혀 빛을 받지 않도록 수정하라.

3. 1번 문제의 프로그램을, 점적광을 이용해서 점적광 원뿔 바깥의 점이 영사기로부터 전혀 빛을 받지 않도록 수정하라.

4. 이번 장 예제 응용 프로그램을 직교투영 대신 원근투영을 사용하도록 수정하라. 직교투영에서 잘 되던 기울기 비례 편향치 기법이 원근투영에서는 잘 통하지 않을 수 있음을 주의해야 한다. 원근투영을 사용할 때에는 깊이 맵이 흰색(1.0)으로 크게 치우친다는 점을 주목하기 바란다. [그림 5.25]의 그래프를 참고해서 이 현상을 설명해 보라.

5. 4096×4096, 1024×1024, 512×512, 256×256 해상도의 그림자 맵들을 시험해 보라.

6. 상자(직육면체) $[l, r] \times [b, t] \times [n, f]$를 상자 $[-1, 1] \times [-1, 1] \times [0, 1]$로 사상하는 행렬을 유도하라. 이 행렬은 '중심을 벗어난(off-centered, 즉, 상자의 중심이 시야 공간의 원점이 아닌)' 직교투영 시야 입체에 해당한다. 이와는 대조적으로, §20.2에서 유도한 직교투영 행렬은 '중심에 놓인(on-centered)' 직교투영 시야 입체에 해당한다.

7. 제17장에서 원근투영 행렬에 맞는 선택(picking) 방법을 배웠다. 중심을 벗어난 직교 투영에 맞는 선택 공식을 유도하라.

8. 이번 장의 그림자 맵 예제를 단일 점 표본화 그림자 판정을 사용하도록(즉, PCF를 적용하지 않도록) 수정하라. 그림자가 날카롭고 그림자 가장자리에 계단 현상이 나타날 것이다.

9. 그림자 맵 예제를 기울기 비례 편향치를 적용하지 않도록 수정해서 그림자 여드름들을 확인해 보라.

10. 그림자 맵 예제의 기울기 비례 편향치의 비율을 편향치가 아주 커지도록 조정해서 피터 팬 효과를 확인해 보라.

11. 직교투영은 지향광(평행광)을 위한 그림자 맵 생성에, 원근투영은 점적광을 위한 그림자 맵 생성에 유용하다. 입방체 맵과 시야각이 90°인 원근투영 여섯 개를 이용해서 점광원을 위한 그림자 맵을 생성하는 방법을 설명하라. 그리고 입방체 맵을 이용해서 그림자 맵 판정을 수행하는 방법을 설명하라.

힌트 제18장에서 설명한 동적 입방체 맵 생성 방법을 떠올려 볼 것.

CHAPTER 21

주변광 차폐

일반적으로, 실시간 조명 모형에서는 성능상의 제약 때문에 간접광(indirect light; 장면의 다른 물체들에 반사되어서 온 빛)을 고려하지 않는다. 그러나 현실 세계에서 우리가 보는 빛에는 간접광이 많다. 제8장에서는 간접광을 흉내 내기 위해 다음과 같은 주변광(ambient light) 항을 조명 공식에 추가했다.

$$\mathbf{c}_a = \mathbf{A}_L \otimes \mathbf{m}_d$$

색상 $\mathbf{A}_L$은 표면이 광원으로부터 받는 간접광(주변광)의 총량이다. 분산 반사율(diffuse albedo) $\mathbf{m}_d$는 표면의 분산 반사에 의해 반사된 입사광의 양을 결정한다. 이 분산광 항은 물체가 그림자 안에 있어도 완전히 까매지는 일이 없도록 물체를 균일하게 약간 더 밝게 만드는 인위적인 수단일 뿐, 어떤 실질적인 물리 계산을 통해서 얻는 값은 아니다. 이 분산광 항에는 간접광이 장면에서 수없이 산란, 반사된 후라서 모든 방향에서 고르게 물체에 입사한다는 가정이 깔려 있다. [그림 21.1]은 3차원 모형을 주변광 항으로만 조명하면 물체 전체에 하나의 색이 고르게 입혀진 모습이 나옴을 보여준다.

[그림 21.1]에서 보듯이, 이 책의 조명 모형의 주변광 항에는 개선의 여지가 있다. 이번 장에서는 주변광 항을 개선하는 데 즐겨 쓰이는 주변광 차폐(ambient occlusion) 기법을 논의한다.

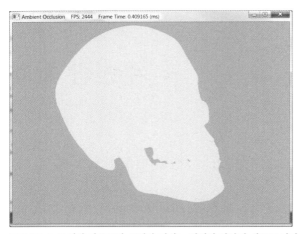

그림 21.1 주변광 항으로만 조명한 메시는 일정한 하나의 색으로 나타난다.

목표

1. 주변광 차폐에 깔린 기본 착안과 반직선 투사를 통한 주변광 차폐 구현 방법을 이해한다.
2. 화면 공간에서 주변광 차폐를 실시간으로 근사하는 기법인 화면 공간 주변광 차폐(SSAO)를 구현하는 방법을 살펴본다.

21.1 반직선 투사를 통한 주변광 차폐

주변광 차폐에 깔린 기본 착안은, 표면의 한 점 **p**가 받는 간접광의 양은 그 점 **p**를 중심으로 한 반구^{半球}로 들어오는 빛(입사광)이 가려진('차폐^{遮蔽}') 정도에 비례한다는 것이다. [그림 21.2]에 이러한 착안이 나와 있다.

점 **p**의 차폐도(가려진 정도)를 추정하는 방법은 여러 가지인데, 여기에서는 반직선 투사^{投射}(ray casting; 또는 광선 투사)를 이용한 방법을 설명한다. 이 방법에서는 **p** 중심의 반구 전반에 무작위로 반직선들을 쏘아서 메시와의 교차를 판정한다(그림 21.3). N개의 반직선을 쏘았는데 그 중 h개가 메시와 교차했다면, 그 점의 차폐도는 다음과 같이 주어진다.

$$\text{차폐도} = \frac{h}{N} \in [0.1]$$

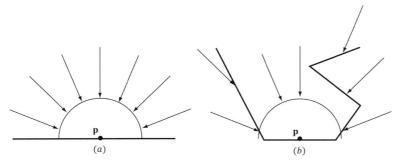

그림 21.2 (a) 점 **p**가 전혀 가려지지 않으면 **p**를 향한 모든 입사광이 **p** 중심의 반구에(따라서 **p**에) 도달한다. (b) **p**가 장면의 기하구조에 부분적으로 가려지면 **p** 중심의 반구로 들어오는 일부 입사광선들이 차단된다.

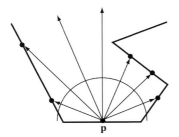

그림 21.3 반직선 투사를 통한 주변광 차폐의 근사.

 h를 구할 때에는 교점 **q**와 점 **p** 사이의 거리가 일정한 문턱값 d보다 작은 반직선들만 주변 메시와 교차하는 것으로 간주해야 한다. 점 **p**에서 너무 멀리 있는 교점 **q**는 **p**를 가리지 않을 것이기 때문이다.

 이러한 차폐도 또는 차폐 계수(occulsion factor)는 주어진 점이 얼마나 가려졌는지, 다시 말해 입사광을 어느 정도나 받지 **못하는지**를 나타낸다. 그런데 조명 계산에서는 그와 반대되는 의미의 값, 즉 입사광을 어느 정도나 받는지를 나타내는 값이 필요하다. 그 값을 **도달도**(accessibility) 또는 주변광 도달도(ambient access)라고 부른다. 도달도는 다음 공식을 이용해서 차폐도로부터 구할 수 있다.

$$\text{도달도} = 1 - \text{차폐도} \ (\text{여기서 차폐도} \in [0, 1])$$

 다음 코드는 각 삼각형에 대해 반직선 투사를 수행하고, 삼각형을 공유하는 정점들에 대한 차폐 결과들의 평균을 계산한다. 반직선의 원점은 삼각형의 무게중심이고, 방향은 그 삼각형의 반구 안에서 무작위로 결정한다.

```
void AmbientOcclusionApp::BuildVertexAmbientOcclusion(
  std::vector<Vertex::AmbientOcclusion>& vertices,
  const std::vector<UINT>& indices)
{
  UINT vcount = vertices.size();
  UINT tcount = indices.size()/3;

  std::vector<XMFLOAT3> positions(vcount);
  for(UINT i = 0; i < vcount; ++i)
    positions[i] = vertices[i].Pos;

  Octree octree;
  octree.Build(positions, indices);

  // 각 정점을 공유하는 삼각형 개수를 여기에 담는다.
  std::vector<int> vertexSharedCount(vcount);

  // 삼각형마다 반직선들을 쏘아서 도달도를 구하고, 그것을
  // 삼각형 정점들의 도달도에 누적한다(이후 평균을 내서 최종적인
  // 정점 도달도를 얻는다).
  for(UINT i = 0; i < tcount; ++i)
  {
    UINT i0 = indices[i*3+0];
    UINT i1 = indices[i*3+1];
    UINT i2 = indices[i*3+2];

    XMVECTOR v0 = XMLoadFloat3(&vertices[i0].Pos);
    XMVECTOR v1 = XMLoadFloat3(&vertices[i1].Pos);
    XMVECTOR v2 = XMLoadFloat3(&vertices[i2].Pos);

    XMVECTOR edge0 = v1 - v0;
    XMVECTOR edge1 = v2 - v0;

    XMVECTOR normal = XMVector3Normalize(
      XMVector3Cross(edge0, edge1));

    XMVECTOR centroid = (v0 + v1 + v2)/3.0f;

    // 자기 교차(자신과의 교차)를 피하기 위한 오프셋.
    centroid += 0.001f*normal;

    const int NumSampleRays = 32;
    float numUnoccluded = 0;
    for(int j = 0; j < NumSampleRays; ++j)
```

```
            {
               XMVECTOR randomDir = MathHelper::RandHemisphereUnitVec3(normal);

               // 무작위 방향의 반직선이 장면 메시와 교차하는지 판정한다.
               //
               // TODO: 엄밀히 말해서 멀리 있는 교점은 삼각형을 가리지 않는다고
               // 간주해야 하지만, 시연의 목적에서는 그냥 넘어가도
               // 무방하다.
               if( !octree.RayOctreeIntersect(centroid, randomDir) )
               {
                  numUnoccluded++;
               }
            }

            float ambientAccess = numUnoccluded / NumSampleRays;

            // 이 삼각형에 속하는 정점들의 도달도를 누적한다.
            vertices[i0].AmbientAccess += ambientAccess;
            vertices[i1].AmbientAccess += ambientAccess;
            vertices[i2].AmbientAccess += ambientAccess;

            vertexSharedCount[i0]++;
            vertexSharedCount[i1]++;
            vertexSharedCount[i2]++;
         }

         // 마지막으로, 각 정점에 누적된 도달도를 그 정점을 공유하는 삼각형들의
         // 개수로 나누어서 최종 도달도를 구하고, 그것을 정점 특성에 저장한다.
         for(UINT i = 0; i < vcount; ++i)
         {
            vertices[i].AmbientAccess /= vertexSharedCount[i];
         }
      }
```

참고: 앞의 예제 코드는 팔진트리(octree^{옥트리}; 또는 팔분트리)를 이용해서 반직선 대 삼각형 교차 판정의 속도를 높인다. 메시의 삼각형이 수천 개이면 무작위 반직선으로 모든 메시 삼각형과의 교차를 판정하는 데 시간이 아주 많이 걸릴 것이다. 팔진트리는 삼각형들을 공간적으로 분류·정렬한다. 따라서 팔진트리를 이용하면 반직선과 교차할 가능성이 큰 삼각형들만 빠르게 골라낼 수 있다. 이에 의해 전체적인 반직선 대 삼각형 교차 판정 횟수가 크게 줄어든다. 팔진트리는 고전적인 공간 자료구조(spartial data structure)의 하나로, 이번 장 연습문제 1에서 좀 더 공부해 볼 기회가 있을 것이다.

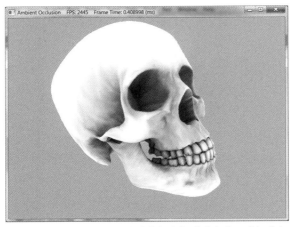

그림 21.4 주변광 차폐로만 렌더링한 메시. 장면에 다른 빛은 하나도 없다. 갈라진 틈이 더 어둡게 나타났음을 주목하기 바란다. 그런 부분에서는 투사된 반직선들이 다른 기하구조와 더 많이 교차해서 차폐도가 높아졌기 때문이다. 반면 정수리 부분은 희게 나타났는데(차폐가 없음), 이는 그 부분에서 반구상으로 투사한 반직선들이 두개골의 다른 기하구조와 전혀 교차하지 않기 때문이다.

[그림 21.4]는 지금까지 말한 알고리즘으로 생성한 주변광 차폐만 적용해서 두개골 메시를 렌더링한 모습이다(장면에 다른 광원은 하나도 없다). 주변광 차폐 자료는 응용 프로그램 초기화 시점의 전처리 단계에서 생성해서 정점 특성에 저장해 둔 것이다. 그림에서 보듯이, [그림 21.1]에 비해 품질이 크게 개선되었다. 이제는 진짜 3차원으로 보인다.

정적 모형에는 이처럼 주변광 차폐를 미리 계산해 두는 방식이 잘 통한다. 심지어 **주변광 차폐 맵**(ambient occlusion map), 즉 주변광 차폐 자료를 담은 텍스처를 생성해 주는 도구도 있다(*http://www.xnormal.net*). 그러나 애니메이션되는 모형에는 이러한 정적 접근방식이 통하지 않는다. 이번 장의 주변광 차폐 예제('Ssao')를 실행해 보면 단 하나의 모형에 대한 주변광 차폐도를 계산하는 데에도 몇 초가 걸림을 알 수 있다. 따라서 실행시점에서 반직선들을 쏘아서 주변광 차폐를 동적으로 계산하는 것은 비현실적이다. 다음 절에서는 화면 공간 정보를 이용해서 주변광 차폐를 실시간으로 계산하는 데 즐겨 쓰이는 방법 하나를 살펴본다.

21.2 화면 공간 주변광 차폐(SSAO)

화면 공간 주변광 차폐(screen space ambient occlusion, SSAO) 기법은 프레임마다 장면의 시야 공간 법선들과 장면 깊이들을 각각 전체 화면 렌더 대상과 보통의 깊이·스텐실 버퍼에 렌더링하고, 시야 공간 법선 렌더 대상과 깊이·스텐실 버퍼만 입력으로 사용해서 각 픽셀의 주변광 차폐도를 추정한다는 전략을 사용한다. 법선과 깊이 렌더링 패스에서 각 픽셀의 주변광 차폐도를 담은 텍스처를 만든 후, 장면을 평소대로 후면 버퍼에 렌더링하되 SSAO 정보를 이용해서 각 픽셀의 주변광 항을 비례시킨다.

21.2.1 법선과 깊이 렌더링 패스

첫 단계는 장면 물체들의 시야 공간 법선 벡터들을 화면 크기의 DXGI_FORMAT_R16G16B16A16_FLOAT 텍스처 맵에 렌더링하는 것이다. 이때 통상적인 깊이 버퍼를 파이프라인에 묶어서 장면 깊이들을 기록한다. 다음은 이 패스를 위한 정점 셰이더와 픽셀 셰이더이다.

```
// 공통 HLSL 코드를 여기에 포함한다.
#include "Common.hlsl"

struct VertexIn
{
  float3 PosL     : POSITION;
  float3 NormalL  : NORMAL;
  float2 TexC     : TEXCOORD;
  float3 TangentU : TANGENT;
};

struct VertexOut
{
  float4 PosH     : SV_POSITION;
  float3 NormalW  : NORMAL;
  float3 TangentW : TANGENT;
  float2 TexC     : TEXCOORD;
};

VertexOut VS(VertexIn vin)
{
  VertexOut vout = (VertexOut)0.0f;
```

```
    // 재질 자료를 가져온다.
    MaterialData matData = gMaterialData[gMaterialIndex];

    // 세계 행렬에 비균등 비례가 없다고 가정하고 법선을 변환한다.
    // 비균등 비례가 있다면 역전치 행렬을 사용해야 한다.
    vout.NormalW = mul(vin.NormalL, (float3x3)gWorld);
    vout.TangentW = mul(vin.TangentU, (float3x3)gWorld);

    // 동차 절단 공간으로 변환한다.
    float4 posW = mul(float4(vin.PosL, 1.0f), gWorld);
    vout.PosH = mul(posW, gViewProj);

    float4 texC = mul(float4(vin.TexC, 0.0f, 1.0f), gTexTransform);
    vout.TexC = mul(texC, matData.MatTransform).xy;

    return vout;
}

float4 PS(VertexOut pin) : SV_Target
{
    // 재질 자료를 가져온다.
    MaterialData matData = gMaterialData[gMaterialIndex];
    float4 diffuseAlbedo = matData.DiffuseAlbedo;
    uint diffuseMapIndex = matData.DiffuseMapIndex;
    uint normalMapIndex  = matData.NormalMapIndex;

    // 텍스처 배열의 텍스처를 동적으로 조회한다.
    diffuseAlbedo *= gTextureMaps[diffuseMapIndex].Sample(gsamAnisotropicWrap,
        pin.TexC);

#ifdef ALPHA_TEST
    // 텍스처 알파가 0.1보다 작으면 픽셀을 폐기한다. 셰이더 안에서
    // 이 판정을 최대한 일찍 수행하는 것이 바람직하다. 그러면 폐기 시
    // 셰이더의 나머지 코드의 실행을 생략할 수 있으므로 효율적이다.
    clip(diffuseAlbedo.a - 0.1f);
#endif

    // 법선을 보간하면 단위 길이가 아니게 될 수 있으므로
    // 다시 정규화한다.
    pin.NormalW = normalize(pin.NormalW);

    // 주목: SSAO에는 보간된 정점 법선을 사용한다.

    // 시야 공간 기준의 법선을 출력한다.
```

```
    float3 normalV = mul(pin.NormalW, (float3x3)gView);
    return float4(normalV, 0.0f);
}
```

코드에서 보듯이, 픽셀 셰이더는 시야 공간 기준의 법선 벡터를 출력한다. 픽셀 형식이 부동소수점 수인 렌더 대상을 사용하므로, 임의의 부동소수점 값을 출력해도 문제가 되지 않는다.

21.2.2 주변광 차폐 패스

시야 공간 법선들과 장면 깊이를 기록한 다음에는 깊이 버퍼를 비활성화하고(주변광 차폐 텍스처를 생성하는 데에는 깊이 버퍼가 필요 없다) 화면 전체를 덮는 사각형 하나를 렌더링해서 픽셀마다 SSAO 픽셀 셰이더가 실행되게 한다. 픽셀 셰이더는 앞에서 만든 법선 텍스처와 깊이 버퍼를 이용해서 각 픽셀의 주변광 도달도를 계산한다. 이 패스에서 만든 텍스처 맵을 SSAO 맵이라고 부른다. 법선 맵은 전체 화면 해상도(즉, 후면 버퍼의 해상도)로 렌더링하지만, 성능상의 이유로 SSAO 맵은 너비와 높이를 각각 후면 버퍼 너비, 높이의 절반으로 두어서 만든다. 주변광 차폐는 저주파(덜 세밀한) 효과에 해당하므로, 이처럼 너비와 높이를 절반으로 해서 렌더링해도 화질이 크게 나빠지지는 않는다. 이하의 설명에서 [그림 21.5]를 계속 참고하기 바란다.

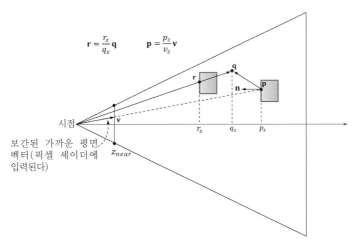

그림 21.5 SSAO에 관여하는 점들. 점 $\mathbf{p}$는 현재 처리 중인 픽셀에 해당한다. 이 점은 깊이 버퍼에 저장된 깊이 값과 이 픽셀에서 가까운 평면을 통과하는 벡터 $\mathbf{v}$로부터 재구축한 것이다. 점 $\mathbf{q}$는 $\mathbf{p}$를 중심으로 한 반구에서 무작위로 선택한 점이다. 점 $\mathbf{r}$은 시점에서 $\mathbf{q}$로의 반직선에 있는, 시점에 가장 가까운 가시 점에 해당한다. 이 점 $\mathbf{r}$은 만일 $|p_z - r_z|$가 충분히 작고 $\mathbf{r} - \mathbf{p}$와 $\mathbf{n}$ 사이의 각도가 $90°$ 이하이면 점 $\mathbf{p}$의 차폐도에 기여한다. 이번 장의 예제는 화면 공간에서 무작위로 표본점 14개를 선택하고, 그 점들에서 추정한 주변광 차폐도들의 평균을 최종적인 차폐도로 사용한다.

21.2.2.1 시야 공간 위치의 재구축

SSAO 맵의 픽셀마다 SSAO 픽셀 셰이더가 실행되게 하기 위해 전체 화면 사각형을 그릴 때, 투영행렬의 역행렬을 이용해서 사각형 네 꼭짓점의 NDC 공간 기준 좌표를 가까운 투영 평면 창 기준 좌표로 변환할 수 있다. 다음은 그러한 변환을 수행하는 정점 셰이더이다.

```
static const float2 gTexCoords[6] =
{
  float2(0.0f, 1.0f),
  float2(0.0f, 0.0f),
  float2(1.0f, 0.0f),
  float2(0.0f, 1.0f),
  float2(1.0f, 0.0f),
  float2(1.0f, 1.0f)
};

// 하나의 그리기 명령은 정점 여섯 개로 이루어진다.
VertexOut VS(uint vid : SV_VertexID)
{
  VertexOut vout;

  vout.TexC = gTexCoords[vid];

  // 화면 전체를 덮는 사각형 꼭짓점들의 NDC 공간 기준 좌표들.
  vout.PosH = float4(2.0f*vout.TexC.x - 1.0f, 1.0f - 2.0f*vout.TexC.y,
      0.0f, 1.0f);

  // 사각형 꼭짓점들을 시야 공간의 가까운 평면으로 변환한다.
  float4 ph = mul(vout.PosH, gInvProj);
  vout.PosV = ph.xyz / ph.w;

  return vout;
}
```

이 정점 셰이더가 출력한 벡터들은 사각형을 따라 보간되어서 픽셀 셰이더에 입력된다. 픽셀 셰이더에 입력된 벡터(보간된 벡터)는 시점에서 현재 픽셀을 향한 반직선이 가까운 평면과 교차하는 점을 가리키는 벡터(그림 21.5의 $\mathbf{v}$)에 해당한다. 각 픽셀에 대해 픽셀 셰이더는 깊이 버퍼에서 현재 픽셀의 깊이 값을 추출한다. 그 값은 시점에 가장 가까운 가시 점의 NDC 공간 기준 좌표의 z 성분인 p_z이다. 픽셀 셰이더에서 해야 할 일은 추출한 NDC 공간 z 성분 p_z로부터 시야 공간 위치 $\mathbf{p} = (p_x, p_y, p_z)$를 재구축하는 것이다. $\mathbf{v}$ 방향의 반직선은 $\mathbf{p}$를 지나가므로, $\mathbf{p}$

$= t\mathbf{v}$를 만족하는 어떤 t가 존재한다. 특히, 반드시 $p_z = tv_z$이며, 따라서 $t = p_z/v_z$이다. 결론적으로 $\mathbf{p} = \dfrac{p_z}{v_z}\mathbf{v}$를 이다. 픽셀 셰이더에서 이러한 위치 재구축을 수행하는 코드는 다음과 같다.

```
float NdcDepthToViewDepth(float z_ndc)
{
    // z 성분에 대해, NDC 공간에서 시야 공간으로의 계산을
    // 역으로 수행할 수 있다. A=gProj[2,2], B=gProj[3,2]로
    // 두었을 때 z_ndc = A + B/viewZ이다.
    // 따라서:
    float viewZ = gProj[3][2] / (z_ndc - gProj[2][2]);
    return viewZ;
}

float4 PS(VertexOut pin) : SV_Target
{
    // NDC 공간에서의 이 픽셀의 z 성분을 깊이 맵에서 추출한다.
    float pz = gDepthMap.SampleLevel(gsamDepthMap, pin.TexC, 0.0f).r;
    // 깊이를 시야 공간으로 변환한다.
    pz = NdcDepthToViewDepth(pz);

    // 깊이 pz를 이용해서 이 픽셀의 시야 공간 위치를 재구축한다.
    float3 p = (pz/pin.PosV.z)*pin.PosV;

    [...]
}
```

21.2.2.2 무작위 표본 생성

이 단계는 원래의 주변광 차폐 알고리즘에서 반구를 향해 반직선들을 무작위로 투사하는 단계에 해당한다. 이 단계에서는 점 **p** 주변에서 점 **p** 앞에* 있는, 그리고 지정된 차폐 반지름 이내에 있는 N개의 점 **q**들을 무작위로 추출한다. 차폐 반지름은 그래픽 아티스트가 정할 수 있는 하나의 매개변수로, 무작위 표본점과 **p** 사이의 허용 가능한 최대 거리를 뜻한다. 점 **p**의 "앞에" 있는 표본점들만 선택하는 이유는 원래의 주변광 차폐에서 완전한 구가 아니라 반구에 대해서만 반직선들을 투사하는 이유와 같다.

이를 위해서는 픽셀 셰이더에서 표본들을 무작위로 추출해야 하는데, 방법은 여러 가지겠지만 이 예제('Ssao')에서는 미리 벡터들을 무작위로 생성해서 텍스처 맵에 저장해 두는 접근 방식을 사용한다. 픽셀 셰이더에서는 서로 다른 N개의 위치에서 텍스처 맵을 추출해서 무작위

---

* 옮긴이 여기서 '앞'은 시점(카메라)에 더 가까운 쪽, 즉 깊이 값이 더 작은 쪽을 말한다.

벡터 N개를 얻는다. 그런데 그 벡터들은 무작위로 생성한 것이므로 고르게 분포(균등분포)되었다는 보장이 없다. 어쩌면 대부분의 벡터가 대략 같은 방향으로 몰려 있을 수도 있는 것이다. 다행히 이 문제를 극복하는 요령이 하나 있다. 예제는 $N = 14$개의 표본을 사용하는데, 응용 프로그램 쪽에서는 다음과 같은 C++ 코드를 통해서 고르게 분포된 벡터 14개를 생성한다.

```cpp
void Ssao::BuildOffsetVectors()
{
    // 고르게 분포된 벡터 14개를 정의해 둔다. 이들은 입방체의
    // 중심에서 입방체의 여덟 꼭짓점과 각 면의 중심 여섯 개를 향한
    // 벡터들이다. 반대쪽을 향하는 두 벡터를 배열 안에서 인접한
    // 원소들로 배치했기 때문에, 14개 미만의 표본을 사용한다고
    // 해도 항상 고르게 분포된 벡터들을 얻게 된다.

    // 입방체 꼭짓점 여덟 개.
    mOffsets[0] = XMFLOAT4(+1.0f, +1.0f, +1.0f, 0.0f);
    mOffsets[1] = XMFLOAT4(-1.0f, -1.0f, -1.0f, 0.0f);

    mOffsets[2] = XMFLOAT4(-1.0f, +1.0f, +1.0f, 0.0f);
    mOffsets[3] = XMFLOAT4(+1.0f, -1.0f, -1.0f, 0.0f);

    mOffsets[4] = XMFLOAT4(+1.0f, +1.0f, -1.0f, 0.0f);
    mOffsets[5] = XMFLOAT4(-1.0f, -1.0f, +1.0f, 0.0f);

    mOffsets[6] = XMFLOAT4(-1.0f, +1.0f, -1.0f, 0.0f);
    mOffsets[7] = XMFLOAT4(+1.0f, -1.0f, +1.0f, 0.0f);

    // 입방체 면 중심 여섯 개.
    mOffsets[8] = XMFLOAT4(-1.0f, 0.0f, 0.0f, 0.0f);
    mOffsets[9] = XMFLOAT4(+1.0f, 0.0f, 0.0f, 0.0f);

    mOffsets[10] = XMFLOAT4(0.0f, -1.0f, 0.0f, 0.0f);
    mOffsets[11] = XMFLOAT4(0.0f, +1.0f, 0.0f, 0.0f);

    mOffsets[12] = XMFLOAT4(0.0f, 0.0f, -1.0f, 0.0f);
    mOffsets[13] = XMFLOAT4(0.0f, 0.0f, +1.0f, 0.0f);

    for(int i = 0; i < 14; ++i)
    {
        // [0.25, 1.0] 구간의 무작위 길이를 얻는다.
        float s = MathHelper::RandF(0.25f, 1.0f);

        XMVECTOR v = s * XMVector4Normalize(XMLoadFloat4(&mOffsets[i]));
```

```
        XMStoreFloat4(&mOffsets[i], v);
    }
}
```

픽셀 셰이더에서는 무작위 벡터 텍스처 맵의 표본을 하나만 추출하고, 그것을 14개의 고르게 분포된 오프셋 벡터들 각각을 기준으로 반사시켜서 14개의 **고른 분포 무작위** 벡터를 얻는다.

21.2.2.3 잠재적인 차폐점 생성

이렇게 해서 $\mathbf{p}$ 주변의 무작위 표본점 $\mathbf{q}$들이 마련되었다. 그런데 아직은 이 점들이 빈 공간에 속한 것인지 아니면 장면의 어떤 물체에 속한 것인지 알지 못한다. 따라서 지금 당장은 이 점들이 $\mathbf{p}$를 가리는지의 여부를 판정할 수 없다. 잠재적인 차폐점들, 즉 $\mathbf{p}$를 가릴 가능성이 있는 점들을 찾아내려면 깊이 버퍼에서 깊이 정보를 가져와야 한다. 이를 위해, 각 $\mathbf{q}$에 대해 카메라를 기준으로 한 투영 텍스처 좌표를 구하고, 그것으로 깊이 버퍼를 추출해서 NDC 공간에서의 깊이를 얻고, 그것을 시야 공간으로 변환해서 시점에서 $\mathbf{q}$를 향한 반직선에 있는 가장 가까운 가시 픽셀의 깊이 r_z를 얻는다. 그 픽셀의 z 성분인 r_z를 알면 §21.2.2.1에서 했던 것과 마찬가지 방법을 통해서 그 픽셀의 완전한 3차원 시야 공간 위치 $\mathbf{r}$을 재구축할 수 있다. 시점에서 $\mathbf{q}$로의 반직선은 $\mathbf{r}$을 지나므로, $\mathbf{r} = t\mathbf{q}$를 만족하는 어떤 t가 존재한다. 구체적으로, $r_z = tq_z$이므로 $t = r_z/q_z$이다. 따라서 $\mathbf{r} = \frac{r_z}{q_z}\mathbf{q}$ 이다. 각각의 무작위 표본점 $\mathbf{q}$에 대해 구한 이러한 점 $\mathbf{r}$들이 바로 잠재적인 차폐점들이다.

21.2.2.4 차폐 판정

잠재적 차폐점 $\mathbf{r}$들을 구했다면, 다음으로 할 일은 실제로 차폐 판정을 수행해서 그 점들이 실제로 $\mathbf{p}$를 가리는지 추정하는 것이다. 이 판정은 다음 두 수량에 의존한다.

1. 시야 공간 깊이 거리 $|p_z - r_z|$. 멀리 있는 점일수록 차폐 효과가 낮아질 것이므로, 이 거리의 증가에 선형 비례해서 차폐도를 감소해야 한다. 이 거리가 미리 정해둔 어떤 최대 거리를 넘기면 차폐는 없는 것으로 간주한다. 또한, 거리가 아주 작다면 $\mathbf{p}$와 $\mathbf{q}$가 같은 평면에 있다고 간주해서 $\mathbf{q}$가 $\mathbf{p}$를 가릴 수 없다고 판정한다.

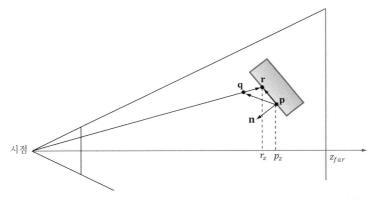

그림 21.6 $\mathbf{r}$이 $\mathbf{p}$와 같은 평면에 있으면 첫 조건, 즉 거리 $|p_z - r_z|$가 $\mathbf{r}$이 $\mathbf{p}$를 가리기에 충분할 정도로 작다는 조건을 통과할 수 있다. 그러나 그림에서 보듯이 $\mathbf{r}$이 자신과 같은 평면에 있는 $\mathbf{p}$를 가리는 것은 불가능하므로 이는 부정확한 판정이다. 차폐도를 $\left(\mathbf{n} \cdot (\frac{\mathbf{r} - \mathbf{p}}{\|\mathbf{r} - \mathbf{p}\|}), 0\right)$ 으로 비례시키면 이러한 상황을 방지할 수 있다.

2. $\left(\mathbf{n} \cdot (\frac{\mathbf{r} - \mathbf{p}}{\|\mathbf{r} - \mathbf{p}\|}), 0\right)$으로 측정한, $\mathbf{n}$과 $\mathbf{r} - \mathbf{p}$ 사이의 각도. 이 각도는 자기 교차(self-intersection; 자신과의 교차)를 방지하는 용도로 쓰인다(그림 21.6 참고).

21.2.2.5 계산 마무리

이런 식으로 얻은 각 표본의 차폐도를 모두 합한 후 그것을 표본 개수로 나누어서 평균을 구한다. 그런 다음 차폐도로부터 주변광 도달도를 구하고, 마지막으로 대비(contrast)를 높이기 위해 그 도달도를 특정한 지수로 거듭제곱한다. 주변광 맵을 전체적으로 좀 더 밝게 만들고 싶다면 거듭제곱한 결과에 일정한 수치를 더해서 세기를 증가시켜도 될 것이다. 대비를 위한 지수와 밝기를 위한 추가 항을 여러 가지로 시험해 보면 그럴듯한 결과를 내는 값들을 얻을 수 있을 것이다.

```
occlusionSum /= gSampleCount;

float access = 1.0f - occlusionSum;

// SSAO가 좀 더 극적인 효과를 내도록, SSAO의 대비(constrast)를 증가한다.
return saturate(pow(access, 4.0f));
```

21.2.2.6 구현

이상으로 SSAO 맵을 생성하는 데 필요한 핵심 요소들을 살펴보았다. 다음은 이를 구현하는 HLSL 프로그램들이다.

```
//===============================================================
// Ssao.hlsl by Frank Luna (C) 2015 All Rights Reserved.
//===============================================================

cbuffer cbSsao : register(b0)
{
  float4x4 gProj;
  float4x4 gInvProj;
  float4x4 gProjTex;
  float4   gOffsetVectors[14];

  // SsaoBlur.hlsl에서 사용하는 가중치들.
  float4 gBlurWeights[3];

  float2 gInvRenderTargetSize;

  // 차폐 판정에 쓰이는 수치들(시야 공간 기준)
  float   gOcclusionRadius;
  float   gOcclusionFadeStart;
  float   gOcclusionFadeEnd;
  float   gSurfaceEpsilon;
};

cbuffer cbRootConstants : register(b1)
{
  bool gHorizontalBlur;
};

// 수치가 아닌 자료는 cbuffer에 추가할 수 없다.
Texture2D gNormalMap    : register(t0);
Texture2D gDepthMap     : register(t1);
Texture2D gRandomVecMap : register(t2);

SamplerState gsamPointClamp  : register(s0);
SamplerState gsamLinearClamp : register(s1);
SamplerState gsamDepthMap    : register(s2);
SamplerState gsamLinearWrap  : register(s3);

static const int gSampleCount = 14;
```

```
static const float2 gTexCoords[6] =
{
  float2(0.0f, 1.0f),
  float2(0.0f, 0.0f),
  float2(1.0f, 0.0f),
  float2(0.0f, 1.0f),
  float2(1.0f, 0.0f),
  float2(1.0f, 1.0f)
};

struct VertexOut
{
  float4 PosH : SV_POSITION;
  float3 PosV : POSITION;
  float2 TexC : TEXCOORD0;
};

VertexOut VS(uint vid : SV_VertexID)
{
  VertexOut vout;

  vout.TexC = gTexCoords[vid];

  // 화면 전체를 덮는 사각형 꼭짓점들의 NDC 공간 기준 좌표들.
  vout.PosH = float4(2.0f*vout.TexC.x - 1.0f, 1.0f - 2.0f*vout.TexC.y,
      0.0f, 1.0f);

  // 사각형 꼭짓점들을 시야 공간의 가까운 평면으로 변환한다.
  float4 ph = mul(vout.PosH, gInvProj);
  vout.PosV = ph.xyz / ph.w;

  return vout;
}

// 표본점 q가 점 p를 얼마나 가리는지를 distZ(깊이 차이)의
// 함수로서 계산한다.
float OcclusionFunction(float distZ)
{
  //
  // 만일 depth(q)가 depth(p)의 "뒤에" 있다면 q는 p를 가릴 수 없다.
  // 또한, depth(q)와 depth(p)가 충분히 가까울 때에도 q가 p를 가리지
  // 않는 것으로 판정한다. 왜냐하면, q가 p를 가리기 위해서는 q가 적어도
  // Epsilon만큼은 p보다 앞에 있어야 하기 때문이다.
```

```
//
// 차폐도 계산에는 다음과 같은 함수를 사용한다.
//
//
//      1.0      ------------\
//                |          | \
//                |          |  \
//                |          |   \
//                |          |    \
//                |          |     \
//                |          |      \
//  ------|------|----------|-------------|---------|--> zv
//        0     Eps        z0            z1
//

  float occlusion = 0.0f;
  if(distZ > gSurfaceEpsilon)
  {
    float fadeLength = gOcclusionFadeEnd - gOcclusionFadeStart;

    // distZ가 gOcclusionFadeStart에서 gOcclusionFadeEnd로 증가함에
    // 따라 차폐도를 1에서 0으로 선형 감소한다.
    occlusion = saturate( (gOcclusionFadeEnd-distZ)/fadeLength );
  }

  return occlusion;
}


float NdcDepthToViewDepth(float z_ndc)
{
  // z_ndc = A + B/viewZ, 여기서 A=gProj[2,2], B=gProj[3,2].
  float viewZ = gProj[3][2] / (z_ndc - gProj[2][2]);
  return viewZ;
}

float4 PS(VertexOut pin) : SV_Target
{
  // p : 지금 주변광 차폐를 계산하고자 하는 픽셀에 해당하는 점.
  // n : p에서의 법선 벡터.
  // q : p 주변의 한 무작위 점(표본점).
  // r : p를 가릴 가능성이 있는 잠재적 차폐점.

  // 이 픽셀의 시야 공간 법선과 z 성분을 가져온다.
  float3 n =
```

```
    gNormalMap.SampleLevel(gsamPointClamp, pin.TexC, 0.0f).xyz;
float pz = gDepthMap.SampleLevel(gsamDepthMap, pin.TexC, 0.0f).r;
pz = NdcDepthToViewDepth(pz);

//
// 완전한 시야 공간 위치 (x,y,z)를 재구축한다.
// 우선 p = t*pin.PosV를 만족하는 t를 구한다.
// p.z = t*pin.PosV.z
// t = p.z / pin.PosV.z
//
float3 p = (pz/pin.PosV.z)*pin.PosV;

// 무작위 벡터를 추출해서 [0,1] --> [-1, +1]로 사상한다.
float3 randVec = 2.0f*gRandomVecMap.SampleLevel(
  gsamLinearWrap, 4.0f*pin.TexC, 0.0f).rgb - 1.0f;

float occlusionSum = 0.0f;

// n 방향의 반구에서 p 주변의 이웃 표본점들을 추출한다.
for(int i = 0; i < gSampleCount; ++i)
{
  // 미리 만들어 둔 상수 오프셋 벡터들은 고르게 분포되어
  // 있다(즉, 오프셋 벡터들은 같은 방향으로 뭉쳐 있지 않다).
  // 한 무작위 벡터를 기준으로 이들을 반사시키면 고르게
  // 분포된 무작위 벡터들이 만들어진다.
  float3 offset = reflect(gOffsetVectors[i].xyz, randVec);

  // 오프셋 벡터가 (p, n)으로 정의되는 평면의 뒤쪽을 향하고 있으면
  // 방향을 반대로 뒤집는다.
  float flip = sign( dot(offset, n) );

  // p를 중심으로 차폐 반지름 이내의 무작위 점 q를 선택한다.
  float3 q = p + flip * gOcclusionRadius * offset;

  // q를 투영해서 투영 텍스처 좌표를 구한다.
  float4 projQ = mul(float4(q, 1.0f), gProjTex);
  projQ /= projQ.w;

  // 시점에서 q를 향한 반직선에서 시점에 가장 가까운 픽셀의 깊이를
  // 구한다(이것이 q의 깊이는 아니다. q는 그냥 p 근처의 임의의
  // 점이며, 장면의 물체가 아닌 빈 공간에 있는 점일 수도 있다).
  // 가장 가까운 깊이는 깊이 맵에서 추출한다.
  float rz = gDepthMap.SampleLevel(gsamDepthMap, projQ.xy, 0.0f).r;
  rz = NdcDepthToViewDepth(rz);
```

```
    // 완전한 시야 공간 위치 r = (rx,ry,rz)를 재구축한다.
    // r은 q를 지나는 반직선에 있으므로, r = t*q를 만족하는
    // t가 존재한다.
    // r.z = t*q.z이므로 t = r.z / q.z이다.

    float3 r = (rz / q.z) * q;

    //
    // r이 p를 가리는지 판정한다.
    //    * 내적 dot(n, normalize(r - p))는 잠재적 차폐점 r이 (p,n)으로
    //      정의되는 평면보다 얼마나 앞에 있는지를 나타낸다. 더 앞에 있는
    //      점일수록 차폐도의 가중치를 더 크게 잡는다. 이렇게 하면 자기
    //      차폐 문제, 즉 r이 시선과 직각인 평면 (p,n)에 있을 때 시점 기준의
    //      깊이 값 차이 때문에 r이 p를 가린다고 잘못 판정하는 문제도
    //      방지된다.
    //    * 차폐도는 현재 점 p와 차폐점 r 사이의 거리에 의존한다.
    //      r이 p에서 너무 멀리 있으면 p를 가리지 않는 것으로 판정한다.
    //

    float distZ = p.z - r.z;
    float dp = max(dot(n, normalize(r - p)), 0.0f);
    float occlusion = dp * OcclusionFunction(distZ);

    occlusionSum += occlusion;
  }

  occlusionSum /= gSampleCount;

  float access = 1.0f - occlusionSum;

  // SSAO가 좀 더 극적인 효과를 내도록, SSAO의 대비(constrast)를
  // 증가한다.
  return saturate(pow(access, 2.0f));
}
```

참고: 시야 거리가 먼 장면에서는 깊이 버퍼의 제한된 정확도 때문에 렌더링 오차가 생길 수 있다. 한 가지 간단한 해결책은 SSAO의 효과를 거리에 따라 점차 감소하는 것이다.

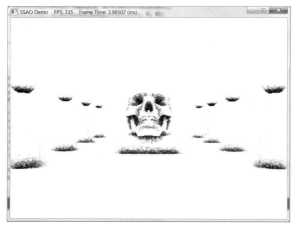

그림 21.7 생성된 SSAO 맵의 모습. 추출하는 무작위 표본점이 그리 많지 않아서 잡음이 섞인 모습이 되었다.

21.2.3 흐리기 패스

[그림 21.7]은 지금까지의 과정으로 생성한 주변광 차폐도 맵을 보여준다. 잡음은 추출한 표본점이 많지 않기 때문에 생긴 것이다. 표본 수를 충분히 늘리면 잡음이 사라지겠지만, 실시간 응용 프로그램에서는 성능 때문에 그런 해결책이 비현실적이다. 흔히 쓰이는 우회책은 SSAO 맵에 가장자리 보존 흐리기(edge-preserving blur), 다시 말해 양방향 흐리기(bilateral blur)를 적용해서 SSAO 맵을 매끄럽게 만드는 것이다. 가장자리를 보존하지 않는 흐리기 알고리즘을 적용하면 날카로운 불연속 경계가 뭉개져서 장면의 윤곽이 훼손된다. 가장자리 보존 흐리기는 제13장에서 구현한 흐리기와 비슷하나, 조건문을 이용해서 장면 물체의 가장자리 변들에 대해서는 흐리기를 적용하지 않는다는 점이 다르다(가장자리는 법선 맵과 깊이 맵을 이용해서 검출한다).

```
//===============================================================
// SsaoBlur.hlsl by Frank Luna (C) 2015 All Rights Reserved.
//
// SSAO 맵에 대해 양방향 가장자리 보존 흐리기를 수행한다. 계산 모드에서
// 렌더링 모드로의 전환을 피하기 위해, 계산 셰이더 대신 픽셀 셰이더에서
// 흐리기를 수행한다. 이제는 공유 메모리를 사용할 수 없으므로, 텍스처를
// 일종의 캐시로 활용한다. SSAO 맵은 16비트 텍스처 형식을 사용하므로
// 한 텍셀의 크기가 작다. 따라서 캐시에 많은 수의 텍셀을 담을 수 있다.
//===============================================================
```

```
cbuffer cbSsao : register(b0)
{
    float4x4 gProj;
    float4x4 gInvProj;
    float4x4 gProjTex;
    float4   gOffsetVectors[14];

    // SsaoBlur.hlsl에 쓰인다.
    float4 gBlurWeights[3];

    float2 gInvRenderTargetSize;

    // 차폐 판정에 쓰이는 수치들(시야 공간 기준)
    float gOcclusionRadius;
    float gOcclusionFadeStart;
    float gOcclusionFadeEnd;
    float gSurfaceEpsilon;


};

cbuffer cbRootConstants : register(b1)
{
    bool gHorizontalBlur;
};

// 수치 값이 아닌 자료는 cbuffer에 추가할 수 없다.
Texture2D gNormalMap : register(t0);
Texture2D gDepthMap  : register(t1);
Texture2D gInputMap  : register(t2);

SamplerState gsamPointClamp  : register(s0);
SamplerState gsamLinearClamp : register(s1);
SamplerState gsamDepthMap    : register(s2);
SamplerState gsamLinearWrap  : register(s3);

static const int gBlurRadius = 5;

static const float2 gTexCoords[6] =
{
    float2(0.0f, 1.0f),
    float2(0.0f, 0.0f),
    float2(1.0f, 0.0f),
    float2(0.0f, 1.0f),
```

```
  float2(1.0f, 0.0f),
  float2(1.0f, 1.0f)
};

struct VertexOut
{
  float4 PosH : SV_POSITION;
  float2 TexC : TEXCOORD;
};

VertexOut VS(uint vid : SV_VertexID)
{
  VertexOut vout;

  vout.TexC = gTexCoords[vid];

  // 화면 전체를 덮는 사각형 꼭짓점들의 NDC 공간 기준 좌표들.
  vout.PosH = float4(2.0f*vout.TexC.x - 1.0f, 1.0f - 2.0f*vout.TexC.y,
      0.0f, 1.0f);

  return vout;
}

float NdcDepthToViewDepth(float z_ndc)
{
  // z_ndc = A + B/viewZ, 여기서 A=gProj[2,2], B=gProj[3,2].
  float viewZ = gProj[3][2] / (z_ndc - gProj[2][2]);
  return viewZ;
}

float4 PS(VertexOut pin) : SV_Target
{
  // 흐리기 핵 가중치들을 1차원 float 배열에 풀어 넣는다.
  float blurWeights[12] =
  {
    gBlurWeights[0].x, gBlurWeights[0].y, gBlurWeights[0].z,
        gBlurWeights[0].w,
    gBlurWeights[1].x, gBlurWeights[1].y, gBlurWeights[1].z,
        gBlurWeights[1].w,
    gBlurWeights[2].x, gBlurWeights[2].y, gBlurWeights[2].z,
        gBlurWeights[2].w,
  };

   float2 texOffset;
```

```
     if(gHorizontalBlur)
     {
         texOffset = float2(gInvRenderTargetSize.x, 0.0f);
     }
     else
     {
         texOffset = float2(0.0f, gInvRenderTargetSize.y);
     }

     // 필터 핵 중앙의 값은 항상 총합에 기여한다.
     float4 color = blurWeights[gBlurRadius] * gInputMap.SampleLevel(
         gsamPointClamp, pin.TexC, 0.0);
     float totalWeight = blurWeights[gBlurRadius];

float3 centerNormal =
     gNormalMap.SampleLevel(gsamPointClamp, pin.TexC, 0.0f).xyz;
float centerDepth = NdcDepthToViewDepth(
     gDepthMap.SampleLevel(gsamDepthMap, pin.TexC, 0.0f).r);

for(float i = -gBlurRadius; i <=gBlurRadius; ++i)
{
   // 중앙의 값은 이미 합산했다.
   if( i == 0 )
     continue;

   float2 tex = pin.TexC + i*texOffset;

   float3 neighborNormal =
       gNormalMap.SampleLevel(gsamPointClamp, tex, 0.0f).xyz;
   float neighborDepth = NdcDepthToViewDepth(
       gDepthMap.SampleLevel(gsamDepthMap, tex, 0.0f).r);

   //
   // 중앙의 값과 그 이웃 값의 차이가 너무 크면(법선이든 깊이이든)
   // 표본이 불연속 경계에 걸쳐 있는 것으로 간주한다. 그런 표본들은
   // 흐리기에서 제외한다.
   //

   if( dot(neighborNormal, centerNormal) >= 0.8f &&
     abs(neighborDepth - centerDepth) <= 0.2f )
   {
     float weight = blurWeights[i + gBlurRadius];

     // 이웃 픽셀들을 추가한다(그러면 현재 픽셀이 더 흐려진다).
```

```
      color += weight*gInputMap.SampleLevel(
        gsamPointClamp, tex, 0.0);

      totalWeight += weight;
    }
  }

  // 계산에서 제외된 표본이 있을 수 있으므로, 실제로 적용된
  // 가중치들의 합으로 나누어 준다.
  return color / totalWeight;
}
```

[그림 21.8]은 가장자리 보존 흐리기를 적용한 SSAO 맵의 모습이다.

21.2.4 주변광 차폐 맵의 적용

이렇게 해서 쓸만한 주변광 차폐 맵을 만들어 냈다. 마지막 단계는 이 맵을 장면에 적용하는 것이다. 그냥 알파 혼합을 이용해서 SSAO 맵으로 후면 버퍼를 변조하면 되지 않겠냐고 생각할 수도 있지만, 그러면 SSAO 맵이 조명 공식의 주변광 항뿐만 아니라 분산광 항과 반영광 항에도 영향을 미친다. 이는 옳지 않은 일이다. SSAO 맵은 주변광 항에만 적용해야 한다. 구체적으로 말하면 이렇다. 장면을 후면 버퍼에 렌더링할 때 SSAO 맵을 하나의 셰이더 입력으로 묶는다. 정점 셰이더에서 투영 텍스처 좌표(카메라를 기준으로 한)를 생성하고, 픽셀 셰이더에서는 그 좌표로 SSAO 맵의 주변광 도달도를 추출해서 조명 공식의 주변광 항에만 적용한다.

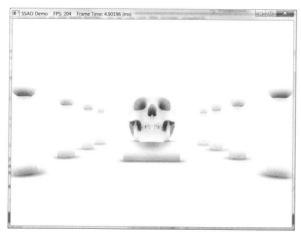

그림 21.8 가장자리 보존 흐리기로 잡음들을 매끄럽게 만든 모습. 이번 장의 예제는 이미지를 네 번 흐린다.

```
// 정점 셰이더에서는 SSAO 맵을 장면에 투영하는 데 사용할
// 투영 텍스처 좌표를 생성한다.
vout.SsaoPosH = mul(posW, gViewProjTex);

// 픽셀 셰이더에서는 텍스처 투영을 통해서 SSAO 맵의 표본을 추출한다.
pin.SsaoPosH /= pin.SsaoPosH.w;
float ambientAccess =
    gSsaoMap.Sample(gsamLinearClamp, pin.SsaoPosH.xy, 0.0f).r;

// 추출한 도달도로 조명 공식의 주변광 항을 비례시킨다.
float4 ambient = ambientAccess*gAmbientLight*diffuseAlbedo;
```

[그림 21.9]은 장면에 SSAO 맵을 적용한 모습이다. 장면의 구성에 따라서는 SSAO의 효과가 미미할 수 있다. 주변광 도달도로 주변광 항을 비례시켰을 때 눈에 띄는 차이가 생기려면, 애초에 장면이 주변광을 충분히 반사해야 한다. SSAO의 장점은 물체가 그림자 안에 있을 때 가장 명백하게 드러난다. 물체가 그림자에 있으면 분산광 항과 반영광 항이 사라지고 주변광 항만 나타난다. SSAO가 없으면 그림자 안의 물체는 상수 주변광 항으로만 조명되어서 평면적인 모습이 되지만, SSAO가 있으면 3차원적인 윤곽이 유지된다.

이 기법에서 장면의 시야 공간 법선들을 렌더링할 때 장면에 대한 깊이 버퍼도 구축된다. 따라서, 장면을 SSAO 맵과 함께 두 번째로 렌더링할 때 깊이 비교 함수를 '상등(equal)'으로 변경하면 오직 가장 가까운 가시 픽셀만 깊이 판정을 통과하므로 겹쳐 그리기(overdraw)가 완전히 방지된다. 게다가, 두 번째 렌더링 패스에서는 깊이 버퍼에 장면 깊이들을 기록할 필요가 없다.

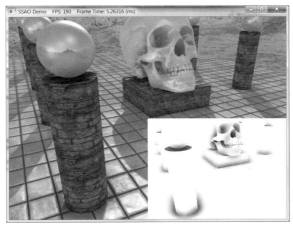

그림 21.9 이번 장 예제의 실행 모습. SSAO가 주변광 항에만 영향을 미치기 때문에 그 효과가 미미하다. 그렇긴 하지만, 기둥과 상자 하단이나 구의 아랫부분, 그리고 두개골 주변이 더욱 어둡게 나타났음은 눈으로 확인할 수 있다.

법선 렌더 대상 패스에서 이미 장면의 깊이들을 깊이 버퍼에 기록했기 때문이다. 다음은 해당 상태 설정들이다.

```
opaquePsoDesc.DepthStencilState.DepthFunc =
    D3D12_COMPARISON_FUNC_EQUAL;
opaquePsoDesc.DepthStencilState.DepthWriteMask =
    D3D12_DEPTH_WRITE_MASK_ZERO;
ThrowIfFailed(md3dDevice->CreateGraphicsPipelineState(
    &opaquePsoDesc, IID_PPV_ARGS(&mPSOs["opaque"])));
```

21.3 요약

1. 조명 공식의 주변광 항은 간접광을 본뜬 것이다. 이전 장까지 사용한 조명 모형에서 주변광 항은 하나의 상수 값이다. 그래서 물체가 그림자 안에 있으면 물체 표면에 주변광만 적용되어서 입체적인 윤곽이 잘 살지 않고 평평한 모습이 된다. 주변광 차폐의 목표는 주변광 항만 적용되는 상황에서도 물체가 3차원적으로 보이도록 주변광 항을 최대한 잘 근사하는 것이다.

2. 주변광 차폐에 깔린 기본 착안은, 표면의 한 점 **p**가 받는 간접광의 양은 그 점 **p**를 중심으로 한 반구로 들어오는 빛(입사광)이 가려진 정도(차폐도)에 비례한다는 것이다. 점 **p**의 차폐도를 반직선 투사를 이용해서 추정할 수 있다. **p** 중심의 반구 전반에 무작위로 반직선들을 쏘아서 주변 메시 기하구조와의 교차를 판정했을 때, 만일 메시와 교차하는 반직선이 하나도 없으면 점 **p**는 전혀 가려지지 않은 것이고, 교차하는 반직선이 많을수록 **p**는 더 많이 가려진 것이다.

3. 반직선 투사를 통한 주변광 차폐는 움직이는 물체들에 대해 실시간으로 적용하기에는 계산 비용이 너무 크다. 화면 공간 주변광 차폐(SSAO)는 시야 공간 법선들과 깊이 값들에 기초해서 주변광 차폐도를 실시간으로 근사하는 기법이다. 찾고자 한다면 이 기법의 결함이나 이 기법이 잘못된 결과를 내는 상황들을 얼마든지 찾을 수 있겠지만, 실제 응용에서 이 기법은 제한된 정보만으로도 상당히 좋은 결과를 낸다.

21.4 연습문제

1. 웹에서 k-d 트리와 사진트리(quadtree^{쿼드트리}; 또는 사분트리), 팔진트리를 검색해서 공부하라.

2. 이번 장의 SSAO 예제('Ssao')를, 가장자리 보존 흐리기 대신 가우스 흐리기를 사용하도록 수정하라. 어느 쪽이 더 나아 보이는가?

3. SSAO를 계산 셰이더에서 구현할 수 있을까? 가능하다면, 구현 방법을 개괄적으로 설명하라.

4. SSAO 맵 생성 시 자기 교차(§21.2.2.4)를 점검하지 않으면 [그림 21.10]과 같은 모습의 맵이 만들어진다. SSO 예제에서 자기 교차 점검 부분을 제거해서 [그림 21.10]과 같은 결과를 재현해 보라.

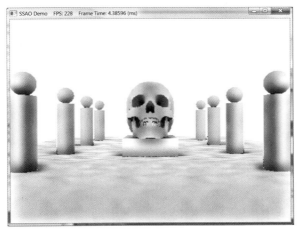

그림 21.10 거의 모든 곳에서 주변광 차폐도가 잘못 계산되었다.

사원수

제1장에서는 벡터라고 하는 새로운 부류의 수학적 대상을 소개했다. 특히 3차원 벡터가 실수實數(real number) 세 개의 순서쌍으로 구성됨을 배웠고, 기하학적으로 유용한 여러 벡터 연산도 정의했다. 제2장에서는 실수들이 2차원 격자 형태로 배열된 행렬을 소개했고 여러 유용한 행렬 연산도 정의했다. 예를 들어 행렬을 이용해서 선형변환과 아핀변환을 나타낼 수 있다는 점과 행렬들의 곱이 변환들의 합성에 해당한다는 점을 배웠다. 이번 장에서는 사원수四元數 (quaternion)라고 하는 또 다른 종류의 수학적 대상을 소개한다. 단위 사원수로 하나의 3차원 회전을 나타낼 수 있다는 점과 회전의 보간을 수월하게 계산할 수 있다는 점을 배우게 될 것이다. 사원수를(그리고 회전을) 좀 더 상세하게 다룬 자료를 원하는 독자에게는 해당 주제만 전문으로 다룬 책 [Kuipers99]를 권한다.

목표

1. 복소수를 개괄한다. 특히, 복소수 곱셈이 2차원 평면상의 회전을 나타내는 방식을 복습한다.
2. 사원수를 소개하고 사원수에 대해 정의되는 연산들을 이해한다.
3. 단위 사원수들의 집합이 3차원 회전들을 나타내는 방식을 파악한다.
4. 여러 회전 표현들 사이의 변환 방법을 살펴본다.
5. 단위 사원수들 사이의 보간 방법을 배우고, 그러한 보간이 3차원 회전들 사이의 보간과 기하학적으로 동등함을 이해한다.
6. DirectXMath 라이브러리의 사원수 함수들과 클래스들에 익숙해진다.

22.1 복소수 개괄

사원수는 복소수^{複素數}(comlex number)를 일반화한 것이라 할 수 있다. 따라서 사원수를 살펴보기 전에 먼저 복소수를 개괄하는 것이 좋겠다. 특히, 이번 절의 목표는 어떤 복소수 $\mathbf{p}$(2차원 벡터나 점으로 간주한다)에 단위 복소수를 곱하는 것이 $\mathbf{p}$를 복소평면 원점을 중심으로 회전하는 것에 해당함을 보이는 것이다. 이후 §22.3에서는 단위 사원수가 관여하는 특별한 사원수 곱셈이 3차원 공간의 한 벡터 또는 점 $\mathbf{p}$의 3차원 회전에 해당함을 증명한다.

22.1.1 정의

복소수를 소개하는 방법은 여러 가지겠지만, 여기서는 복소수를 2차원의 점이나 벡터로 간주하는 데 적합한 방법을 사용하겠다.

두 실수의 순서쌍 $\mathbf{z} = (a, b)$는 하나의 복소수이다. 순서쌍의 첫 성분을 복소수의 **실수부**(real part)라고 부르고, 둘째 성분을 **허수부**(imaginary part)라고 부른다. 더 나아가서, 이러한 복소수들에 대해 상등 비교와 사칙연산(덧셈, 뺄셈, 곱셈, 나눗셈)이 가능하다. 그 정의는 다음과 같다.

1. 만일 $a = c$이고 $b = d$이면, 그리고 오직 그럴 때에만, $(a, b) = (c, d)$.
2. $(a, b) \pm (c, d) = (a \pm c, b \pm d)$.
3. $(a, b)(c, d) = (ac - bd, ad + bc)$.
4. $\frac{(a,b)}{(c,d)} = \left(\frac{ac + bd}{c^2 + d^2}, \frac{bc - ad}{c^2 + d^2} \right)$, 단 $(c,d) \neq (0,0)$일 때에만.

실수에 대한 통상적인 산술 속성들(이를테면 교환법칙, 결합법칙, 분배법칙 등)이 복소수에도 적용됨을 증명하는 것은 어렵지 않다. 연습문제 1을 보기 바란다.

$(x, 0)$ 형태의 복소수는 그냥 실수로 간주해서 x로 표기하는 것이 관례이다. 즉, $x = (x, 0)$이다. 반대로, 모든 실수는 허수부가 0인 복소수로 간주할 수 있다. 실수와 복소수의 곱셈은 $x(a, b) = (x, 0)(a, b) = (xa, xb) = (a, b)(x, 0) = (a, b)x$인데, 이는 스칼라와 벡터의 곱셈을 연상시킨다.

허수부의 단위 i를 $(0, 1)$로 정의한다. 앞의 복소수 곱셈 정의에 의해 $i^2 = (0, 1)(0, 1) = (-1, 0) = -1$임을 주목하기 바란다. 따라서 $i = \sqrt{-1}$이다. 이는 i가 방정식 $x^2 = -1$의 근임을 뜻한다.

복소수 $\mathbf{z} = (a, b)$의 켤레 복소수(complex conjugate; 또는 복소켤레)를 $\bar{\mathbf{z}}$로 표기한다. 그 정의는 $\bar{\mathbf{z}} = (a, -b)$이다. 복소수 나눗셈 공식은 좀 복잡한데, 다음과 같이 분모의 켤레를 분자와 분모에 곱해서 분모를 실수로 만든 후 정리해 보면 좀 더 쉽게 외울 수 있을 것이다.

$$\frac{(a, b)}{(c, d)} = \frac{(a, b)}{(c, d)}\frac{(c, -d)}{(c, -d)} = \frac{(ac + bd, bc - ad)}{c^2 + d^2} = \left(\frac{ac + bd}{c^2 + d^2}, \frac{bc - ad}{c^2 + d^2}\right)$$

다음으로, 복소수 (a, b)를 $a + ib$의 형태로 표기할 수 있다. $a = (a, 0)$이고 $b = (b, 0)$, $i = (0, 1)$이므로

$$a + ib = (a, 0) + (0, 1)(b, 0) = (a, 0) + (0, b) = (a, b)$$

이다. 다음은 이 $a + ib$ 형태를 이용해서 복소수의 사칙연산을 다시 정의한 것이다.

1. $a + ib \pm c + id = (a \pm c) + i(b \pm d)$.
2. $(a + ib)(c + id) = (ac - bd) + i(ad + bc)$.
3. $\dfrac{a + ib}{c + id} = \dfrac{ac + bd}{c^2 + d^2} + i\dfrac{bc - ad}{c^2 + d^2}$, 단 $(c, d) \neq (0, 0)$일 때에만.

그리고 이 형태에서 복소수 $\mathbf{z} = a + ib$의 켤레 복소수는 $\bar{\mathbf{z}} = a - ib$이다.

22.1.2 기하학적 해석

복소수 $a + ib$의 순서쌍 형태 (a, b)가 암시하듯이, 복소수를 복소평면(complex plane)이라고 부르는 2차원 평면의 점 또는 벡터로 생각하는 것은 자연스러운 일이다. 실제로 복소수 덧셈의 정의는 벡터 덧셈의 정의와 일치한다. [그림 22.1]이 이를 나타낸 것이다. 복소수 곱셈의 기하학적 해석은 다음 절에서 설명하겠다.

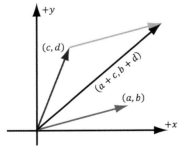

그림 22.1 복소수 덧셈은 2차원 평면상의 벡터 덧셈을 연상시킨다.

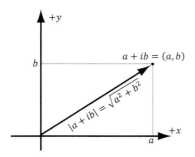

그림 22.2 복소수의 크기.

복소수 $a + ib$의 절댓값 또는 크기(magnitude)는 그 복소수가 나타내는 벡터의 길이(그림 22.2)로 정의된다. 즉,

$$|a + ib| = \sqrt{a^2 + b^2}$$

이다. 크기가 1인 복소수를 단위 복소수(unit complex number)라고 부른다.

22.1.3 극좌표 표현과 회전

복소수를 2차원 복소평면의 한 점 또는 벡터로 간주할 수 있으므로, 복소수의 성분들을 다음과 같이 극좌표를 이용해서 표현하는 것도 가능하다(그림 22.3 참고).

$$r = |a + ib|$$
$$a + ib = r\cos\theta + ir\sin\theta = r(\cos\theta + i\sin\theta)$$

이 등식의 우변을 복소수 $a + ib$의 극좌표 표현(polar representation) 또는 극형식(polar form)이라고 부른다.

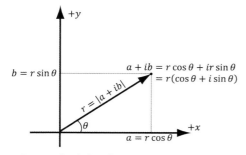

그림 22.3 복소수의 극좌표 표현.

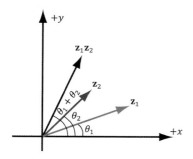

그림 22.4 $z_1 = r_1(\cos\theta_1 + i\sin\theta_1)$이고 $z_2 = (\cos\theta_2 + i\sin\theta_2)$라 할 때, 곱 z_1z_2는 z_1을 각도 θ_2만큼 회전한 것이다.

극형식의 두 복소수를 곱해보자. $z_1 = r_1(\cos\theta_1 + i\sin\theta_1)$이고 $z_2 = r_2(\cos\theta_2 + i\sin\theta_2)$라고 할 때, 다음은 이 둘의 곱을 전개해서 정리한 것이다.

$$z_1z_2 = r_1r_2(\cos\theta_1\cos\theta_2 - \sin\theta_1\sin\theta_2 + i(\cos\theta_1\sin\theta_2 + \sin\theta_1\cos\theta_2))$$
$$= r_1r_2(\cos(\theta_1 + \theta_2) + i\sin(\theta_1 + \theta_2))$$

정리 과정에서 다음과 같은 삼각함수 항등식들이 쓰였다.

$$\sin(\alpha + \beta) = \sin\alpha\,\cos\beta + \cos\alpha\,\sin\beta$$
$$\cos(\alpha + \beta) = \cos\alpha\,\cos\beta - \sin\alpha\,\sin\beta$$

복소수의 곱 공식을 잘 살펴보면, 곱 z_1z_2는 크기가 r_1r_2이고 각도가 $\theta_1 + \theta_2$인 벡터를 나타냄을 알 수 있다. 만일 $r_2 = 1$이면 $z_1z_2 = r_1(\cos(\theta_1 + \theta_2) + i\sin(\theta_1 + \theta_2))$인데, 기하학적으로 이는 z_1을 각도 θ_2만큼 회전한 것이다(그림 22.4 참고). 정리하자면, 복소수 z_1(2차원 벡터나 점에 해당)에 단위 복소수 z_2를 곱하면 z_1이 회전하게 된다.

22.2 사원수 대수학

22.2.1 정의와 기본 연산

실수 네 개의 순서쌍 $q = (x, y, z, w) = (q_1, q_2, q_3, q_4)$는 하나의 사원수이다. 이를 흔히 $q = (u, w) = (x, y, z, w)$로 줄여 쓴다. 그리고 $u = (x, y, z)$를 사원수의 허수 벡터부(imaginary vector part), 줄여서 '벡터부'라고 부르고, w를 실수부라고 부른다. 더 나아가서, 이러한 사원수들에 대해 상등 비교와 덧셈, 뺄셈, 곱셈이 가능하다. 그 정의는 다음과 같다.

1. 만일 $\mathbf{u} = \mathbf{v}$이고 $a = b$이면, 그리고 오직 그럴 때에만, $(\mathbf{u}, a) = (\mathbf{v}, b)$.

2. $(\mathbf{u}, a) \pm (\mathbf{v}, b) = (\mathbf{u} \pm \mathbf{v}, a \pm b)$.

3. $(\mathbf{u}, a)(\mathbf{v}, b) = (a\mathbf{v} + b\mathbf{u} + \mathbf{u} \times \mathbf{v}, ab - \mathbf{u} \cdot \mathbf{v})$

곱셈의 정의가 다소 "괴상하게" 느껴지겠지만, 연산이라는 것은 그냥 정의(defnition)일 뿐이며, 따라서 얼마든지 우리가 원하는 대로 정의할 수 있다. 중요한 것은 그 정의가 유용한가인데, 위의 정의는 실제로 유용하다.

$\mathbf{p} = (\mathbf{u}, p_4) = (p_1, p_2, p_3, p_4)$이고 $\mathbf{q} = (\mathbf{v}, q_4) = (q_1, q_2, q_3, q_4)$라고 하자. 그러면 $\mathbf{u} \times \mathbf{v} = (p_2q_3 - p_3q_2, p_3q_1 - p_1q_3, p_1q_2 - p_2q_1)$이고 $\mathbf{u} \cdot \mathbf{v} = p_1q_1 + p_2q_2 + p_3q_3$이다. 이제 두 사원수의 곱 $\mathbf{r} = \mathbf{pq}$를 성분별로 전개해서 정리하면 다음과 같다.

$$r_1 = p_4q_1 + q_4p_1 + p_2q_3 - p_3q_2 = q_1p_4 - q_2p_3 + q_3p_2 + q_4p_1$$
$$r_2 = p_4q_2 + q_4p_2 + p_3q_1 - p_1q_3 = q_1p_3 + q_2p_4 - q_3p_1 + q_4p_2$$
$$r_3 = p_4q_3 + q_4p_3 + p_1q_2 - p_2q_1 = -q_1p_2 + q_2p_1 + q_3p_4 + q_4p_3$$
$$r_4 = p_4q_4 - p_1q_1 - p_2q_2 - p_3q_3 = -q_1p_1 - q_2p_2 - q_3p_3 + q_4p_4$$

다음은 이를 행렬 곱 형태로 표기한 것이다.

$$\mathbf{pq} = \begin{bmatrix} p_4 & -p_3 & p_2 & p_1 \\ p_3 & p_4 & -p_1 & p_2 \\ -p_2 & p_1 & p_4 & p_3 \\ -p_1 & -p_2 & -p_3 & p_4 \end{bmatrix} \begin{bmatrix} q_1 \\ q_2 \\ q_3 \\ q_4 \end{bmatrix}$$

참고: 행벡터 곱하기 행렬 형태를 선호한다면, 그냥 전치시키면 된다.

$$\left(\begin{bmatrix} p_4 & -p_3 & p_2 & p_1 \\ p_3 & p_4 & -p_1 & p_2 \\ -p_2 & p_1 & p_4 & p_3 \\ -p_1 & -p_2 & -p_3 & p_4 \end{bmatrix} \begin{bmatrix} q_1 \\ q_2 \\ q_3 \\ q_4 \end{bmatrix} \right)^T = \begin{bmatrix} q_1 \\ q_2 \\ q_3 \\ q_4 \end{bmatrix}^T \begin{bmatrix} p_4 & -p_3 & p_2 & p_1 \\ p_3 & p_4 & -p_1 & p_2 \\ -p_2 & p_1 & p_4 & p_3 \\ -p_1 & -p_2 & -p_3 & p_4 \end{bmatrix}^T$$

22.2.2 특별한 곱들

$\mathbf{i} = (1, 0, 0, 0)$, $\mathbf{j} = (0, 1, 0, 0)$, $\mathbf{k} = (0, 0, 1, 0)$이라는 세 사원수의 곱들은 외적의 성질을 연상시킨다는 점에서 특별하다.

$$\mathbf{i}^2 = \mathbf{j}^2 = \mathbf{k}^2 = \mathbf{ijk} = -1$$

$$\mathbf{ij} = \mathbf{k} = -\mathbf{ji}$$

$$\mathbf{jk} = \mathbf{i} = -\mathbf{kj}$$

$$\mathbf{ki} = \mathbf{j} = -\mathbf{ik}$$

이 등식들은 앞에 나온 사원수 곱셈의 정의에서 그대로 유도한 것이다. 이를테면

$$\mathbf{ij} = \begin{bmatrix} 0 & 0 & 0 & 1 \\ 0 & 0 & -1 & 0 \\ 0 & 1 & 0 & 0 \\ -1 & 0 & 0 & 0 \end{bmatrix} \begin{bmatrix} 0 \\ 1 \\ 0 \\ 0 \end{bmatrix} = \begin{bmatrix} 0 \\ 0 \\ 1 \\ 0 \end{bmatrix} = \mathbf{k}$$

이다.

22.2.3 사원수 연산의 성질

사원수 곱셈은 교환법칙을 만족하지 않는다. 한 예로, §22.2.2에서 보듯이 $\mathbf{ij} = -\mathbf{ji}$이다. 그러나 사원수 곱셈이 결합법칙은 만족한다. 이는 사원수 곱셈을 행렬 곱셈으로 표현할 수 있다는 사실과 행렬 곱셈이 결합법칙을 만족한다는 사실로부터 증명할 수 있다. 사원수 곱셈의 항등원은 $\mathbf{e} = (0, 0, 0, 1)$이다.

$$\mathbf{pe} = \mathbf{ep} = \begin{bmatrix} p_4 & -p_3 & p_2 & p_1 \\ p_3 & p_4 & -p_1 & p_2 \\ -p_2 & p_1 & p_4 & p_3 \\ -p_1 & -p_2 & -p_3 & p_4 \end{bmatrix} \begin{bmatrix} 0 \\ 0 \\ 0 \\ 1 \end{bmatrix} = \begin{bmatrix} 1 & 0 & 0 & 0 \\ 0 & 1 & 0 & 0 \\ 0 & 0 & 1 & 0 \\ 0 & 0 & 0 & 1 \end{bmatrix} \begin{bmatrix} p_1 \\ p_2 \\ p_3 \\ p_4 \end{bmatrix} = \begin{bmatrix} p_1 \\ p_2 \\ p_3 \\ p_4 \end{bmatrix}$$

또한, 사원수 곱셈은 덧셈에 대한 분배법칙을 만족한다. 즉, $\mathbf{p}(\mathbf{q} + \mathbf{r}) = \mathbf{pq} + \mathbf{pr}$이고 $(\mathbf{q} + \mathbf{r})\mathbf{p} = \mathbf{qp} + \mathbf{rp}$이다. 이는 사원수 곱셈과 덧셈을 행렬 형태로 표현할 수 있다는 사실과 행렬 곱셈이 행렬 덧셈에 대한 분배법칙을 만족한다는 사실로부터 증명할 수 있다.

22.2.4 변환

실수와 벡터(또는 점), 사원수를 다음과 같이 연관시킬 수 있다. s가 하나의 실수이고 $\mathbf{u}$ $= (x, y, z)$가 하나의 벡터라고 하자. 그러면 다음이 성립한다.

1. $s = (0, 0, 0, s)$
2. $\mathbf{u} = (x, y, z) = (\mathbf{u}, 0) = (x, y, z, 0)$

다른 말로 하면, 임의의 실수는 벡터부가 영벡터인 사원수이고 임의의 벡터는 실수부가 0인 사원수로 간주할 수 있다. 특히 $1 = (0, 0, 0, 1)$인데, 이는 사원수 곱셈의 항등원인 항등 사원수(identity quaternion)이다. 한편, 실수부가 0인 사원수는 순사원수(pure quaternion)라고 부른다.

사원수 곱셈의 정의에 따르면 실수 곱하기 사원수는 그냥 '스칼라 곱셈'이며, 교환법칙이 성립함을 주목하기 바란다. 즉,

$$s(p_1, p_2, p_3, p_4) = (0, 0, 0, s)(p_1, p_2, p_3, p_4) = \begin{bmatrix} s & 0 & 0 & 0 \\ 0 & s & 0 & 0 \\ 0 & 0 & s & 0 \\ 0 & 0 & 0 & s \end{bmatrix} \begin{bmatrix} p_1 \\ p_2 \\ p_3 \\ p_4 \end{bmatrix} = \begin{bmatrix} sp_1 \\ sp_2 \\ sp_3 \\ sp_4 \end{bmatrix}$$

이다. 사원수 곱하기 실수도 마찬가지이다.

$$(p_1, p_2, p_3, p_4)s = (p_1, p_2, p_3, p_4)(0, 0, 0, s) = \begin{bmatrix} p_4 & -p_3 & p_2 & p_1 \\ p_3 & p_4 & -p_1 & p_2 \\ -p_2 & p_1 & p_4 & p_3 \\ -p_1 & -p_2 & -p_3 & p_4 \end{bmatrix} \begin{bmatrix} 0 \\ 0 \\ 0 \\ s \end{bmatrix} = \begin{bmatrix} sp_1 \\ sp_2 \\ sp_3 \\ sp_4 \end{bmatrix}$$

22.2.5 켤레와 크기

사원수 $\mathbf{q} = (q_1, q_2, q_3, q_4) = (\mathbf{u}, q_4)$의 켤레를 $\mathbf{q}^*$로 표기한다. 켤레 사원수의 정의는 다음과 같다.

$$\mathbf{q}^* = (-q_1, -q_2, -q_3, q_4) = (-\mathbf{u}, q_4)$$

다른 말로 하면, 한 사원수의 켤레는 그냥 허수 벡터부를 부정한(부호를 반대로) 것이다. 켤레 복소수의 정의와 비슷하다. 켤레 사원수들은 다음과 같은 성질을 가지고 있다.

1. $(\mathbf{pq})^* = \mathbf{q}^*\mathbf{p}^*$

2. $(\mathbf{p}+\mathbf{q})^* = \mathbf{p}^* + \mathbf{q}^*$

3. $(\mathbf{q}^*)^* = \mathbf{q}$

4. $s \in \mathbb{R}$에 대해 $(s\mathbf{q})^* = s\mathbf{q}^*$

5. $\mathbf{q} + \mathbf{q}^* = (\mathbf{u}, q_4) + (-\mathbf{u}, q_4) = (0, 2q_4) = 2q_4$

6. $\mathbf{qq}^* = \mathbf{q}^*\mathbf{q} = q_1^2 + q_2^2 + q_3^2 + q_4^2 = \|\mathbf{u}\|^2 + q_4^2$

특히, $\mathbf{q} + \mathbf{q}^*$와 $\mathbf{qq}^* = \mathbf{q}^*\mathbf{q}$가 실수로 평가됨을 주목하기 바란다.

사원수의 크기(magnitude) 또는 노름^{norm}은 다음과 같이 정의된다.

$$\|\mathbf{q}\| = \sqrt{\mathbf{qq}^*} = \sqrt{q_1^2 + q_2^2 + q_3^2 + q_4^2} = \sqrt{\|\mathbf{u}\|^2 + q_4^2}$$

크기가 1인 사원수를 단위 사원수(unit quaternion)라고 부른다. 사원수의 크기에는 다음과 같은 성질이 있다.

1. $\|\mathbf{q}^*\| = \|\mathbf{q}\|$

2. $\|\mathbf{pq}\| = \|\mathbf{p}\|\,\|\mathbf{q}\|$

특히, 성질 2는 두 단위 사원수의 곱이 단위 사원수임을 뜻한다. 또한, 만일 $\|\mathbf{p}\| = 1$이면 $\|\mathbf{pq}\| = \|\mathbf{q}\|$이다.

컬레와 크기의 성질들을 그 정의로부터 직접 유도할 수 있다. 이를테면

$$(\mathbf{q}^*)^* = (-\mathbf{u}, q_4)^* = (\mathbf{u}, q_4) = \mathbf{q}$$
$$\|\mathbf{q}^*\| = \|(-\mathbf{u}, q_4)\| = \sqrt{\|-\mathbf{u}\|^2 + q_4^2} = \sqrt{\|\mathbf{u}\|^2 + q_4^2} = \|\mathbf{q}\|$$
$$\|\mathbf{pq}\|^2 = (\mathbf{pq})(\mathbf{pq})^*$$
$$= \mathbf{pqq}^*\mathbf{p}^*$$
$$= \mathbf{p}\|\mathbf{q}\|^2\,\mathbf{p}^*$$
$$= \mathbf{pp}^*\|\mathbf{q}\|^2$$
$$= \|\mathbf{p}\|^2\|\mathbf{q}\|^2$$

이다. 다른 성질들도 이런 식으로 직접 유도해 보기 바란다(연습문제 참고).

22.2.6 역

행렬 곱셈처럼 사원수 곱셈은 교환법칙을 만족하지 않으므로, 사원수 나눗셈은 정의할 수 없다. (나눗셈은 곱셈이 교환법칙을 만족해서 $\frac{a}{b} = ab^{-1} = b^{-1}a$가 성립할 때에만 가능하다.) 그러나 영 사원수(zero quaternion; 모든 성분이 0인 사원수)가 아닌 모든 사원수에는 역(inverse; 곱셈의 역원) 사원수가 존재한다. $\mathbf{q} = (q_1, q_2, q_3, q_4) = (\mathbf{u}, q_4)$가 영이 아닌 사원수라고 할 때, 그 역을 $\mathbf{q}^{-1}$로 표기하고 다음과 같이 정의한다.

$$\mathbf{q}^{-1} = \frac{\mathbf{q}^*}{\|\mathbf{q}\|^2}$$

이것이 실제로 역인지는 다음과 같이 간단하게 확인할 수 있다.

$$\mathbf{q}\mathbf{q}^{-1} = \frac{\mathbf{q}\mathbf{q}^*}{\|\mathbf{q}\|^2} = \frac{\|\mathbf{q}\|^2}{\|\mathbf{q}\|^2} = 1 = (0, 0, 0, 1)$$

$$\mathbf{q}^{-1}\mathbf{q} = \frac{\mathbf{q}^*\mathbf{q}}{\|\mathbf{q}\|^2} = \frac{\|\mathbf{q}\|^2}{\|\mathbf{q}\|^2} = 1 = (0, 0, 0, 1)$$

$\mathbf{q}$가 단위 사원수이면 $\|\mathbf{q}\|^2 = 1$이며, 따라서 $\mathbf{q}^{-1} = \mathbf{q}^*$임을 주목하기 바란다.

사원수의 역에는 다음과 같은 성질이 있다.

1. $(\mathbf{q}^{-1})^{-1} = \mathbf{q}$
2. $(\mathbf{p}\mathbf{q})^{-1} = \mathbf{q}^{-1}\mathbf{p}^{-1}$

22.2.7 극형식

만일 $\mathbf{q} = (q_1, q_2, q_3, q_4) = (\mathbf{u}, q_4)$이면

$$\|\mathbf{q}\|^2 = \|\mathbf{u}\|^2 + q_4^2 = 1$$

이다. 따라서 $q_4^2 \leq 1 \Leftrightarrow |q_4| \leq 1 \Leftrightarrow -1 \leq q_4 \leq 1$이다. [그림 22.5]에서 보듯이, $q_4 = \cos\theta$를 만족하는 각도 $\theta \in [0, \pi]$가 존재한다. 삼각함수 항등식 $\sin^2\theta + \cos^2\theta = 1$을 적용하면 다음과 같은 등식을 유도할 수 있다.

$$\sin^2\theta = 1 - \cos^2\theta = 1 - q_4^2 = \|\mathbf{u}\|^2$$

이는 다음을 함의한다.

$$\theta \in [0, \pi]\text{에 대해} \quad \|\mathbf{u}\| = |\sin\theta| = \sin\theta$$

이제, **u**와 같은 방향의 단위 벡터가 **n**이라고 하자. 그러면

$$\mathbf{n} = \frac{\mathbf{u}}{\|\mathbf{u}\|} = \frac{\mathbf{u}}{\sin\theta}$$

이다. 즉 $\mathbf{u} = \sin\theta\mathbf{n}$이며, 따라서 단위 사원수 $\mathbf{q} = (\mathbf{u}, q_4)$를 다음과 같은 **극좌표 표현**(극형식)으로 표기할 수 있다(**n**은 단위벡터).

$$\theta \in [0,\ \pi]\text{에 대해} \quad \mathbf{q} = (\sin\theta\mathbf{n},\ \cos\theta)$$

예를 들어 사원수 $\mathbf{q} = \left(0, \frac{1}{2}, 0, \frac{\sqrt{3}}{2}\right)$을 극형식으로 표현한다고 하자. $\theta = \arccos\frac{\sqrt{3}}{2} = \frac{\pi}{6}$이고 $\mathbf{n} = \frac{\left(0, \frac{1}{2}, 0\right)}{\sin\frac{\pi}{6}} = (0, 1, 0)$이므로, $\mathbf{q} = \left(\sin\frac{\pi}{6}(0, 1, 0),\ \cos\frac{\pi}{6}\right)$이다.

> **참고:** $\theta \in [0,\ \pi]$라는 제약조건은 사원수 $\mathbf{q} = (q_1, q_2, q_3, q_4)$를 극형식으로 변환할 때 적용되는 것이다. 사원수 $\mathbf{q} = (q_1, q_2, q_3, q_4)$가 하나의 각도에 고유하게 대응되게 하려면 각도를 제한할 필요가 있다. 물론 임의의 각도 θ로 사원수 $\mathbf{q} = (q_1, q_2, q_3, q_4)$를 만드는 것은 얼마든지 가능하나, 모든 정수 n에 대해 $\mathbf{q} = (\sin(\theta + 2\pi n)\mathbf{n}, \cos(\theta + 2\pi n))$이 성립함을 주목할 필요가 있다. 따라서 $\theta \in [0,\ \pi]$라는 각도 제한이 없으면 하나의 고유한 극형식을 얻지 못한다.

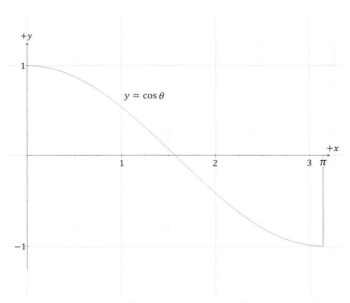

그림 22.5 실수 $y \in [-1,\ 1]$에 대해, $y = \cos\theta$를 만족하는 각도 θ가 존재한다.

θ를 $-\theta$로 대체하는 것은 사원수 벡터부의 부정과 동치임을 주목하기 바란다. 즉,

$$(\mathbf{n}\sin(-\theta),\ \cos(-\theta)) = (-\mathbf{n}\sin\theta,\ \cos\theta) = \mathbf{p}^*$$

이다. 다음 절에서 $\mathbf{n}$이 하나의 회전축을 나타낸다는 점과 이 회전축을 부정함으로써 반대 방향으로의 회전을 수행할 수 있다는 점을 알게 될 것이다.

22.3 단위 사원수와 회전

22.3.1 회전 연산자

$\mathbf{q} = (\mathbf{u},\ w)$가 단위 사원수이고 $\mathbf{v}$가 3차원 점 또는 벡터라고 하자. 이 $\mathbf{v}$를 순사원수 $\mathbf{p} = (\mathbf{v},\ 0)$으로 간주할 수 있다. 또한, $\mathbf{q}$가 단위 사원수이므로 $\mathbf{q}^{-1} = \mathbf{q}^*$가 성립한다는 점도 떠올리기 바란다. 앞에서 보았듯이, 사원수 곱셈은 다음과 같이 정의된다.

$$(\mathbf{m},\ a)(\mathbf{n},\ b) = (a\mathbf{n} + b\mathbf{m} + \mathbf{m} \times \mathbf{n},\ ab - \mathbf{m} \cdot \mathbf{n})$$

이제 다음과 같은 곱셈을 생각해 보자.

$$\begin{aligned}
\mathbf{qpq}^{-1} &= \mathbf{qpq}^* \\
&= (\mathbf{u},\ w)(\mathbf{v},\ 0)(-\mathbf{u},\ w) \\
&= (\mathbf{u},\ w)(w\mathbf{v} - \mathbf{v} \times \mathbf{u},\ \mathbf{v} \cdot \mathbf{u})
\end{aligned}$$

이를 모두 전개해서 정리하자면 좀 복잡할 것이므로, 실수부와 벡터부를 따로 처리하기로 하자. 표기의 간결함을 위해 다음과 같은 기호들을 도입한다.

$$a = w$$
$$b = \mathbf{v} \cdot \mathbf{u}$$
$$\mathbf{m} = \mathbf{u}$$
$$\mathbf{n} = w\mathbf{v} - \mathbf{v} \times \mathbf{u}$$

실수부:

$$\begin{aligned}
ab &- \mathbf{m} \cdot \mathbf{n} \\
&= w(\mathbf{v} \cdot \mathbf{u}) - \mathbf{u} \cdot (w\mathbf{v} - \mathbf{v} \times \mathbf{u}) \\
&= w(\mathbf{v} \cdot \mathbf{u}) - \mathbf{u} \cdot w\mathbf{v} + \mathbf{u} \cdot (\mathbf{v} \times \mathbf{u})
\end{aligned}$$

$$= w(\mathbf{v} \cdot \mathbf{u}) - w(\mathbf{v} \cdot \mathbf{u}) + 0$$
$$= 0$$

여기서 $\mathbf{u} \cdot (\mathbf{v} \times \mathbf{u}) = 0$인 것은 외적의 정의에 의해 $(\mathbf{v} \times \mathbf{u})$가 $\mathbf{u}$와 수직이기 때문이다.

벡터부:

$$a\mathbf{n} + b\mathbf{m} + \mathbf{m} \times \mathbf{n}$$
$$= w(w\mathbf{v} - \mathbf{v} \times \mathbf{u}) + (\mathbf{v} \cdot \mathbf{u})\mathbf{u} + \mathbf{u} \times (w\mathbf{v} - \mathbf{v} \times \mathbf{u})$$
$$= w^2\mathbf{v} - w\mathbf{v} \times \mathbf{u} + (\mathbf{u} \cdot \mathbf{v})\mathbf{u} + \mathbf{u} \times w\mathbf{v} + \mathbf{u} \times (\mathbf{u} \times \mathbf{v})$$
$$= w^2\mathbf{v} + \mathbf{u} \times w\mathbf{v} + (\mathbf{u} \cdot \mathbf{v})\mathbf{u} + \mathbf{u} \times w\mathbf{v} + \mathbf{u} \times (\mathbf{u} \times \mathbf{v})$$
$$= w^2\mathbf{v} + 2(\mathbf{u} \times w\mathbf{v}) + (\mathbf{u} \cdot \mathbf{v})\mathbf{u} + \mathbf{u} \times (\mathbf{u} \times \mathbf{v})$$
$$= w^2\mathbf{v} + 2(\mathbf{u} \times w\mathbf{v}) + (\mathbf{v} \cdot \mathbf{u})\mathbf{u} + (\mathbf{u} \cdot \mathbf{v})\mathbf{u} - (\mathbf{u} \cdot \mathbf{u})\mathbf{v}$$
$$= (w^2 - \mathbf{u} \cdot \mathbf{u})\mathbf{v} + 2w(\mathbf{u} \times \mathbf{v}) + 2(\mathbf{u} \cdot \mathbf{u})\mathbf{v}$$
$$= (w^2 - \mathbf{u} \cdot \mathbf{u})\mathbf{v} + 2(\mathbf{u} \cdot \mathbf{v})\mathbf{u} + 2w(\mathbf{u} \times \mathbf{v})$$

여기서 $\mathbf{u} \times (\mathbf{u} \times \mathbf{v})$의 전개에는 삼중곱(triple product) 항등식 $\mathbf{a} \times (\mathbf{b} \times \mathbf{c}) = (\mathbf{a} \cdot \mathbf{c})\mathbf{b} - (\mathbf{a} \cdot \mathbf{b})\mathbf{c}$가 쓰였다.

이제 곱셈의 결과를 완성하면 다음과 같다.

$$\mathbf{qpq}^* = ((w^2 - \mathbf{u} \cdot \mathbf{u})\mathbf{v} + 2(\mathbf{u} \cdot \mathbf{v})\mathbf{u} + 2w(\mathbf{u} \times \mathbf{v}), \, 0) \tag{식 22.1}$$

이 결과를 보면 실수부가 0이다. 즉, 이 곱셈의 결과는 하나의 벡터 또는 점이다(이 곱셈을 벡터나 점을 회전하는 연산자로 사용하려면 이처럼 반드시 결과가 벡터 또는 점이어야 한다). 그래서 이후의 공식들에서는 실수부를 아예 생략하기로 하겠다.

다음으로, $\mathbf{q}$는 하나의 단위 사원수이므로 아래와 같이 표기할 수 있다.

$$‖\mathbf{n}‖ = 1과 \ \theta \in [0, \, \pi]\text{에 대해} \quad \mathbf{q} = (\sin\theta\mathbf{n}, \, \cos\theta)$$

이를 식 22.1에 대입하면 다음이 나온다.

$$\mathbf{qpq}^* = (\cos^2\theta - \sin^2\theta)\mathbf{v} + 2(\sin\theta\mathbf{n} \cdot \mathbf{v})\sin\theta\mathbf{n} + 2\cos\theta(\sin\theta\mathbf{n} \times \mathbf{v})$$
$$= (\cos^2\theta - \sin^2\theta)\mathbf{v} + 2\sin^2\theta(\mathbf{n} \cdot \mathbf{v})\mathbf{n} + 2\cos\theta\sin\theta(\mathbf{n} \times \mathbf{v})$$

삼각함수 항등식들을 적용해서 이를 좀 더 간단하게 정리할 수 있다.

$$\cos^2\theta - \sin^2\theta = \cos(2\theta)$$
$$2\cos\theta\sin\theta = \sin(2\theta)$$
$$\cos(2\theta) = 1 - 2\sin^2\theta$$

$$\mathbf{qpq}^* = (\cos^2\theta - \sin^2\theta)\mathbf{v} + 2\sin^2\theta(\mathbf{n} \cdot \mathbf{v})\mathbf{n} + 2\cos\theta\sin\theta(\mathbf{n} \times \mathbf{v})$$

$$= \cos(2\theta)\mathbf{v} + (1 - \cos(2\theta))(\mathbf{n} \cdot \mathbf{v})\mathbf{n} + \sin(2\theta)(\mathbf{n} \times \mathbf{v}) \qquad \text{(식 22.2)}$$

식 22.2를 제3장의 식 3.5(축-각도 회전 공식)와 비교해 보면, 식 22.2가 회전 공식 $\mathbf{R_n(v)}$와 같은 것임을 알 수 있다. 즉, 식 22.2는 벡터 또는 점 $\mathbf{v}$를 축 $\mathbf{n}$에 대해 각도 2θ만큼 회전한다.

$$\mathbf{R_n(v)} = \cos\theta\mathbf{v} + (1 - \cos\theta)(\mathbf{n} \cdot \mathbf{v})\mathbf{n} + \sin\theta(\mathbf{n} \times \mathbf{v})$$

정리하자면, 사원수 회전 연산자(quaternion rotation operator)는 다음과 같이 정의된다.

$$R_q(\mathbf{v}) = \mathbf{qvq}^{-1}$$
$$= \mathbf{qvq}^*$$
$$= \cos(2\theta)\mathbf{v} + (1 - \cos(2\theta))(\mathbf{n} \cdot \mathbf{v})\mathbf{n} + \sin(2\theta)(\mathbf{n} \times \mathbf{v}) \qquad \text{(식 22.3)}$$

이렇게 해서 사원수 회전 연산자 $R_q(\mathbf{v}) = \mathbf{qvq}^{-1}$이 벡터 또는 점 $\mathbf{v}$를 축 $\mathbf{n}$에 대해 각도 2θ만큼 회전함을 증명했다.

이제 어떤 벡터나 점을 축 $\mathbf{n}$에 대해 각도 θ만큼 회전하고 싶다면, 그에 해당하는 회전 사원수

$$\mathbf{q} = \left(\sin\left(\frac{\theta}{2}\right)\mathbf{n}, \; \cos\left(\frac{\theta}{2}\right)\right)$$

를 $R_q(\mathbf{v})$에 적용하면 된다. 분모의 2는 원하는 회전각이 2θ가 아니라 θ라는 점 때문에 도입한 것이다.

22.3.2 사원수 회전 연산자를 행렬로 변환

$\mathbf{q} = (\mathbf{u}, w) = (q_1, q_2, q_3, q_4)$가 단위 사원수라고 하자. 식 22.1에 의해

$$\mathbf{r} = R_q(\mathbf{v}) = \mathbf{qvq}^* = (w^2 - \mathbf{u} \cdot \mathbf{u})\mathbf{v} + 2(\mathbf{u} \cdot \mathbf{v})\mathbf{u} + 2w(\mathbf{u} \times \mathbf{v})$$

이다. 그런데 $q_1^2 + q_2^2 + q_3^2 + q_4^2 = 1$이므로 $q_4^2 - 1 = q_1^2 + q_2^2 + q_3^2$이다. 따라서 다음이 성립한다.

$$(w^2 - \mathbf{u} \cdot \mathbf{u})\mathbf{v} = (q_4^2 - q_1^2 - q_2^2 - q_3^2)\mathbf{v}$$

$$= (2q_4^2 - 1)\mathbf{v}$$

이제 $R_q(\mathbf{v})$의 세 항을 다음과 같이 벡터 곱하기 행렬의 형태로 표기할 수 있다.

$$(w^2 - \mathbf{u} \cdot \mathbf{u})\mathbf{v} = [v_x \quad v_y \quad v_z] \begin{bmatrix} 2q_4^2 - 1 & 0 & 0 \\ 0 & 2q_4^2 - 1 & 0 \\ 0 & 0 & 2q_4^2 - 1 \end{bmatrix}$$

$$2(\mathbf{u} \cdot \mathbf{v})\mathbf{u} = [v_x \quad v_y \quad v_z] \begin{bmatrix} 2q_1^2 & 2q_1q_2 & 2q_1q_3 \\ 2q_1q_2 & 2q_2^2 & 2q_2q_3 \\ 2q_1q_3 & 2q_2q_3 & 2q_3^2 \end{bmatrix}$$

$$2w(\mathbf{u} \times \mathbf{v}) = [v_x \quad v_y \quad v_z] \begin{bmatrix} 0 & 2q_4q_3 & -2q_4q_2 \\ -2q_4q_3 & 0 & 2q_4q_1 \\ 2q_4q_2 & -2q_4q_1 & 0 \end{bmatrix}$$

이들을 합해서 정리하면 다음이 나온다.

$$R_q(\mathbf{v}) = \mathbf{vQ} = [v_x \quad v_y \quad v_z] \begin{bmatrix} 2q_1^2 + 2q_4^2 - 1 & 2q_1q_2 + 2q_3q_4 & 2q_1q_3 - 2q_2q_4 \\ 2q_1q_2 - 2q_3q_4 & 2q_2^2 + 2q_4^2 - 1 & 2q_2q_3 + 2q_1q_4 \\ 2q_1q_3 + 2q_2q_4 & 2q_2q_3 - 2q_1q_4 & 2q_3^2 + 2q_4^2 - 1 \end{bmatrix}$$

$\mathbf{q}$의 단위 길이 성질 $q_1^2 + q_2^2 + q_3^2 + q_4^2 = 1$을 적용하면

$$2q_1^2 + 2q_4^2 = 2 - 2q_2^2 - 2q_3^2$$

$$2q_2^2 + 2q_4^2 = 2 - 2q_1^2 - 2q_3^2$$

$$2q_3^2 + 2q_4^2 = 2 - 2q_1^2 - 2q_2^2$$

이다. 이를 이용해서 앞의 행렬 방정식을 적절히 정리하면 다음과 같은 공식이 나온다.

$$R_q(\mathbf{v}) = \mathbf{vQ} = [v_x \quad v_y \quad v_z] \begin{bmatrix} 1 - 2q_2^2 - 2q_3^2 & 2q_1q_2 + 2q_3q_4 & 2q_1q_3 - 2q_2q_4 \\ 2q_1q_2 - 2q_3q_4 & 1 - 2q_1^2 - 2q_3^2 & 2q_2q_3 + 2q_1q_4 \\ 2q_1q_3 + 2q_2q_4 & 2q_2q_3 - 2q_1q_4 & 1 - 2q_1^2 - 2q_2^2 \end{bmatrix} \quad \text{(식 22.4)}$$

참고: 벡터의 변환을 이 책과는 달리 행렬 곱하기 벡터(열벡터)의 형태로 표기하는 3차원 그래픽 서적도 많이 있다. 그런 책들에는 $R_q(\mathbf{v}) = \mathbf{Q}^T\mathbf{v}^T$처럼 행렬 $\mathbf{Q}$ 대신 그 전치행렬이 등장할 것이다.

22.3.3 행렬을 사원수 회전 연산자로 변환

이번에는 회전행렬

$$\mathbf{R} = \begin{bmatrix} R_{11} & R_{12} & R_{13} \\ R_{21} & R_{22} & R_{23} \\ R_{31} & R_{32} & R_{33} \end{bmatrix}$$

이 주어졌을 때 그에 해당하는 회전 사원수 $\mathbf{q} = (q_1,\, q_2,\, q_3,\, q_4)$를 구해 보자. 둘은 같은 회전을 나타내므로, 이 $\mathbf{q}$로부터 식 22.4의 행렬 $\mathbf{Q}$를 구하면 $\mathbf{R}$이 나와야 한다. 따라서

$$\begin{bmatrix} R_{11} & R_{12} & R_{13} \\ R_{21} & R_{22} & R_{23} \\ R_{31} & R_{32} & R_{33} \end{bmatrix} = \begin{bmatrix} 1 - 2q_2^2 - 2q_3^2 & 2q_1q_2 + 2q_3q_4 & 2q_1q_3 - 2q_2q_4 \\ 2q_1q_2 - 2q_3q_4 & 1 - 2q_1^2 - 2q_3^2 & 2q_2q_3 + 2q_1q_4 \\ 2q_1q_3 + 2q_2q_4 & 2q_2q_3 - 2q_1q_4 & 1 - 2q_1^2 - 2q_2^2 \end{bmatrix}$$

로 두고 q_1, q_2, q_3, q_4를 구하면 된다. $\mathbf{R}$이 주어졌으므로, 이 등식 좌변의 모든 성분은 이미 알고 있음을 주목하기 바란다.

우선 대각 성분들을 모두 합한다. 행렬의 대각 성분들의 합을 행렬의 **대각합**(trace)이라고 부른다.

$$\begin{aligned} \mathrm{trace}(\mathbf{R}) &= R_{11} + R_{22} + R_{33} \\ &= 1 - 2q_2^2 - 2q_3^2 + 1 - 2q_1^2 - 2q_3^2 + 1 - 2q_1^2 - 2q_2^2 \\ &= 3 - 4q_1^2 - 4q_2^2 - 4q_3^2 \\ &= 3 - 4(q_1^2 + q_2^2 + q_3^2) \\ &= 3 - 4(1 - q_4^2) \\ &= -1 + 4q_4^2 \\ \therefore q_4 &= \frac{\sqrt{\mathrm{trace}(\mathbf{R}) + 1}}{2} \end{aligned}$$

이제 대각선을 기준으로 반대편에 있는 성분들을 조합해 보면 항들이 적절히 소거되어서 q_1, q_2, q_3을 구할 수 있다.

$$\begin{aligned} R_{23} - R_{32} &= 2q_2q_3 + 2q_1q_4 - 2q_2q_3 + 2q_1q_4 \\ &= 4q_1q_4 \end{aligned}$$

$$\therefore q_1 = \frac{R_{23} - R_{32}}{4q_4}$$

$$R_{31} - R_{13} = 2q_1q_3 + 2q_2q_4 - 2q_1q_3 + 2q_2q_4$$

$$= 4q_2q_4$$

$$\therefore q_2 = \frac{R_{31} - R_{13}}{4q_4}$$

$$R_{12} - R_{21} = 2q_1q_2 + 2q_3q_4 - 2q_1q_2 + 2q_3q_4$$

$$= 4q_3q_4$$

$$\therefore q_3 = \frac{R_{12} - R_{21}}{4q_4}$$

그런데 만일 $q_4 = 0$이면 분모가 0이 되어서 이 등식들은 정의되지 않는다. 그런 경우에는 **R**의 가장 큰 대각 성분을 이용해서 적당한 분모를 정하고, 행렬 성분들의 조합을 다르게 선택해야 한다. 다음은 R_{11}이 가장 큰 대각 성분일 때의 예이다.

$$R_{11} - R_{22} - R_{33} = 1 - 2q_2^2 - 2q_3^2 - 1 + 2q_1^2 + 2q_3^2 - 1 + 2q_1^2 + 2q_2^2$$

$$= -1 + 4q_1^2$$

$$\therefore q_1 = \frac{\sqrt{R_{11} - R_{22} - R_{33} + 1}}{2}$$

$$R_{12} + R_{21} = 2q_1q_2 + 2q_3q_4 + 2q_1q_2 - 2q_3q_4$$

$$= 4q_1q_2$$

$$\therefore q_2 = \frac{R_{12} + R_{21}}{4q_1}$$

$$R_{13} + R_{31} = 2q_1q_3 - 2q_2q_4 + 2q_1q_3 + 2q_2q_4$$

$$= 4q_1q_3$$

$$\therefore q_3 = \frac{R_{13} + R_{31}}{4q_1}$$

$$R_{23} - R_{32} = 2q_2q_3 + 2q_1q_4 - 2q_2q_3 + 2q_1q_4$$

$$= 4q_1q_4$$

$$\therefore q_4 = \frac{R_{23} - R_{32}}{4q_1}$$

R_{22}나 R_{33}이 최대 대각 성분일 때에도 이와 비슷한 패턴으로 미지수들을 구할 수 있다.

22.3.4 합성

$\mathbf{p}$와 $\mathbf{q}$가 단위 사원수이고 해당 회전 연산자가 각각 $R_\mathbf{p}$와 $R_\mathbf{q}$라고 하자. $\mathbf{v}' = R_\mathbf{p}(\mathbf{v})$로 두었을 때, 두 회전 사원수의 합성은 다음과 같이 정의된다.

$$R_\mathbf{q}\left(R_\mathbf{p}(\mathbf{v})\right) = R_\mathbf{q}(\mathbf{v}') = \mathbf{q}\mathbf{v}'\mathbf{q}^{-1} = \mathbf{q}(\mathbf{p}\mathbf{v}\mathbf{p}^{-1})\mathbf{q}^{-1} = (\mathbf{q}\mathbf{p})\mathbf{v}(\mathbf{p}^{-1}\mathbf{q}^{-1}) = (\mathbf{q}\mathbf{p})\mathbf{v}(\mathbf{q}\mathbf{p})^{-1}$$

$\mathbf{p}$와 $\mathbf{q}$가 단위 사원수이므로 곱 $\mathbf{p}\mathbf{q}$도 단위 사원수이다(⊠$\mathbf{p}\mathbf{q}$⊠ = ⊠$\mathbf{p}$⊠⊠$\mathbf{q}$⊠ = 1이므로). 따라서 사원수 곱 $\mathbf{p}\mathbf{q}$도 하나의 회전을 나타낸다. 구체적으로 말하면, 곱 $\mathbf{p}\mathbf{q}$는 합성 $R_\mathbf{q}\left(R_\mathbf{p}(\mathbf{v})\right)$로 주어지는 알짜 회전(net rotation; 합성의 결과로 나온 최종적인 회전)을 나타낸다.

22.4 사원수 보간

사원수는 실수 네 개의 순서쌍이므로, 기하학적으로 사원수를 하나의 4차원 벡터로 간주할 수 있다. 특히, 단위 사원수는 4차원 단위구(unit sphere) 구면에 놓인 4차원 단위벡터이다. 외적을 제외한 3차원 벡터 연산들은 4차원으로, 심지어 n차원으로 일반화된다(외적은 3차원 벡터에 대해서만 정의된다). 무엇보다도, 사원수들에 대해 내적이 성립한다. 두 사원수 $\mathbf{p} = (\mathbf{u}, s)$와 $\mathbf{q} = (\mathbf{v}, t)$의 내적은 다음과 같다.

$$\mathbf{p} \cdot \mathbf{q} = \mathbf{u} \cdot \mathbf{v} + st = ⊠\mathbf{p}⊠⊠\mathbf{q}⊠\cos\theta$$

여기서 θ는 두 사원수 사이의 각도이다. 사원수 $\mathbf{p}$와 $\mathbf{q}$가 둘 다 단위 사원수이면 $\mathbf{p} \cdot \mathbf{q} = \cos\theta$이다. 내적은 단위구 구면에서 두 사원수가 얼마나 "가까운지"를 나타내므로, 내적을 이용해서 둘 사이의 각도를 짐작할 수 있다.

애니메이션에서는 두 방향 사이의 한 방향을 보간으로 구해야 하는 경우가 흔히 생긴다. 사원수들을 보간할 때에는 단위구 구면의 호를 따라 보간해야 한다. 그래야 보간 결과가 단위 사원수가 되기 때문이다. 그런 보간 공식을 [그림 22.6]를 참고해서 유도해 보자. 그림에서 보듯이, 목표는 $\mathbf{a}$와 $\mathbf{b}$ 사이를 각도 $t\theta$만큼 보간하는 것이다. 이를 위해서는 $\mathbf{p} = c_1\mathbf{a} + c_2\mathbf{b}$를 만족하는 가중치 c_1과 c_2를 구해야 한다. 여기서 ⊠$\mathbf{p}$⊠ = ⊠$\mathbf{a}$⊠ = ⊠$\mathbf{b}$⊠이다. 두 미지수를 구하기 위해 다음과 같은 두 방정식을 세운다.

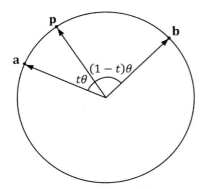

그림 22.6 4차원 단위구 구면에서, **a**에서 **b**로 각도 $t\theta$만큼 보간한 사원수 **p**를 구하고자 한다. **a**와 **b** 사이의 각도는 θ이고 **a**와 **p** 사이의 각도는 $t\theta$, **p**와 **b** 사이의 각도는 $(1 - t)\theta$이다.

$$\mathbf{a} \cdot \mathbf{p} = c_1\mathbf{a} \cdot \mathbf{a} + c_2\mathbf{a} \cdot \mathbf{b}$$

$$\cos(t\theta) = c_1 + c_2\cos(\theta)$$

$$\mathbf{p} \cdot \mathbf{b} = c_1\mathbf{a} \cdot \mathbf{b} + c_2\mathbf{b} \cdot \mathbf{b}$$

$$\cos((1 - t)\theta) = c_1\cos(\theta) + c_2$$

이를 다음과 같은 행렬 방정식으로 표기할 수 있다.

$$\begin{bmatrix} 1 & \cos(\theta) \\ \cos(\theta) & 1 \end{bmatrix}\begin{bmatrix} c_1 \\ c_2 \end{bmatrix} = \begin{bmatrix} \cos(t\theta) \\ \cos((1 - t)\theta) \end{bmatrix}$$

이 방정식은 **A**가 가역행렬인 행렬 방정식 $\mathbf{Ax} = \mathbf{b}$의 형태이다. 따라서 크라메의 법칙에 의해 $x_i = \det \mathbf{A}_i / \det \mathbf{A}$인데, 여기서 $\mathbf{A}_i$는 **A**의 i번째 열벡터에 **b**를 대입한 것이다. 이제 두 미지수(가중치)를 구할 수 있다.

$$c_1 = \frac{\det \begin{bmatrix} \cos(t\theta) & \cos(\theta) \\ \cos((1 - t)\theta) & 1 \end{bmatrix}}{\det \begin{bmatrix} 1 & \cos(\theta) \\ \cos(\theta) & 1 \end{bmatrix}} = \frac{\cos(t\theta) - \cos(\theta)\cos((1 - t)\theta)}{1 - \cos^2(\theta)}$$

$$c_2 = \frac{\det \begin{bmatrix} 1 & \cos(t\theta) \\ \cos(\theta) & \cos((1 - t)\theta) \end{bmatrix}}{\det \begin{bmatrix} 1 & \cos(\theta) \\ \cos(\theta) & 1 \end{bmatrix}} = \frac{\cos((1 - t)\theta) - \cos(\theta)\cos(t\theta)}{1 - \cos^2(\theta)}$$

여기에 피타고라스의 정리와 삼각함수 덧셈 공식

$$1 - \cos^2(\theta) = \sin^2(\theta)$$

$$\cos((1-t)\theta) = \cos(\theta - t\theta) = \cos(\theta)\cos(t\theta) + \sin(\theta)\sin(t\theta)$$

$$\sin((1-t)\theta) = \sin(\theta - t\theta) = \sin(\theta)\cos(t\theta) - \cos(\theta)\sin(t\theta)$$

를 적용하면,

$$
\begin{aligned}
c_1 &= \frac{\cos(t\theta) - \cos(\theta)\left[\cos(\theta)\cos(t\theta) + \sin(\theta)\sin(t\theta)\right]}{\sin^2(\theta)} \\[2mm]
&= \frac{\cos(t\theta) - \cos(\theta)\cos(\theta)\cos(t\theta) - \cos(\theta)\sin(\theta)\sin(t\theta)}{\sin^2(\theta)} \\[2mm]
&= \frac{\cos(t\theta)(1 - \cos^2(\theta)) - \cos(\theta)\sin(\theta)\sin(t\theta)}{\sin^2(\theta)} \\[2mm]
&= \frac{\cos(t\theta)\sin^2(\theta) - \cos(\theta)\sin(\theta)\sin(t\theta)}{\sin^2(\theta)} \\[2mm]
&= \frac{\sin(\theta)\cos(t\theta) - \cos(\theta)\sin(t\theta)}{\sin(\theta)} \\[2mm]
&= \frac{\sin((1-t)\theta)}{\sin(\theta)}
\end{aligned}
$$

이고

$$
\begin{aligned}
c_2 &= \frac{\cos(\theta)\cos(t\theta) + \sin(\theta)\sin(t\theta) - \cos(\theta)\cos(t\theta)}{\sin^2(\theta)} \\[2mm]
&= \frac{\sin(t\theta)}{\sin(\theta)}
\end{aligned}
$$

이다. 이제 다음과 같은 구면 선형 보간(spherical linear interpolation, slerp) 공식을 정의할 수 있다.

$$t \in [0,1] \text{에 대해} \quad \mathrm{slerp}(\mathbf{a}, \mathbf{b}, t) = \frac{\sin((1-t)\theta)\mathbf{a} + \sin(t\theta)\mathbf{b}}{\sin(\theta)}$$

단위 사원수를 4차원 단위벡터로 간주하면 두 사원수 사이의 각도를 구할 수 있다. 그 각도는 $\theta = \arccos(\mathbf{a} \cdot \mathbf{b})$이다.

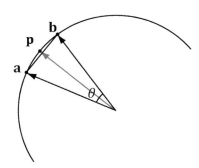

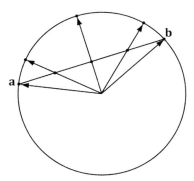

그림 22.7 작은 각도 θ에 대해서는 선형 보간으로 구면 선형 보간을 잘 근사할 수 있다. 그러나 선형 보간을 사용하면 보간된 사원수가 더 이상 단위구 구면에 있지 않게 되므로, 정규화해서 다시 단위구에 투영할 필요가 있다.

그림 22.8 선형 보간 후 정규화한 단위구 구면상의 사원수들은 비선형적이다. 즉, 보간이 진행됨에 따라 회전이 일정한 빠르기로 진행되는 것이 아니라 빨라졌다가 다시 느려지는 현상이 나타난다.

만일 사원수 **a**와 **b** 사이의 각도 θ가 0에 가까우면 sinθ도 0에 가까우며, 그러면 유한한 수치 정밀도 때문에 나눗셈에서 문제가 발생할 수 있다. 그런 경우에는 두 사원수에 보통의(구면이 아닌) 선형 보간을 적용하고 그 결과를 정규화하면 된다. θ가 작을 때에는 이 방법으로 참값에 가까운 근삿값을 얻을 수 있다(그림 22.7 참고).

[그림 22.8]에서 보듯이, 사원수들을 선형 보간한 후 단위구에 투영하면 회전율(rate of rotation)이 선형이 아니게 됨을 주목하기 바란다. 이 때문에, 큰 각도에 대해 선형 보간을 적용하면 회전이 점점 빨라졌다가 점점 느려지는 현상이 나온다. 실제 응용에서는 이런 현상이 바람직하지 않은 경우가 많다. 이는 우리가 보통의 선형 보간보다 구면 선형 보간(회전율이 일정한)을 선호하는 이유 중 하나이다.

다음으로, 사원수의 흥미로운 성질 하나를 살펴보자. $(s\mathbf{q})^* = s\mathbf{q}^*$이고 스칼라 대 사원수 곱셈은 교환법칙을 만족하므로, 다음 등식이 성립한다.

$$R_{-q}(\mathbf{v}) = -\mathbf{q}\mathbf{v}(-\mathbf{q})^*$$
$$= (-1)\mathbf{q}\mathbf{v}(-1)\mathbf{q}^*$$
$$= \mathbf{q}\mathbf{v}\mathbf{q}^*$$

이는 **q**와 **−q**가 같은 회전을 나타낸다는 뜻이다. 이를 다른 식으로 이해할 수도 있다. $\mathbf{q} = \left(\mathbf{n}\sin\dfrac{\theta}{2}, \cos\dfrac{\theta}{2}\right)$라고 할 때,

$$-\mathbf{q} = \left(-\mathbf{n}\sin\frac{\theta}{2}, -\cos\frac{\theta}{2}\right)$$

$$= \left(-\mathbf{n}\sin\left(\pi - \frac{\theta}{2} \right), \cos\left(\pi - \frac{\theta}{2} \right) \right)$$

$$= \left(-\mathbf{n}\sin\left(\frac{2\pi - \theta}{2} \right), \cos\left(\frac{2\pi - \theta}{2} \right) \right)$$

이다. 즉, R_q는 축 $\mathbf{n}$에 대한 각도 θ만큼의 회전이고 R_{-q}는 축 $-\mathbf{n}$에 대한 각도 $2\pi - \theta$만큼의 회전이다. 기하학적으로 4차원 단위구 구면의 단위 사원수 $\mathbf{q}$와 그 극대칭 $-\mathbf{q}$는 같은 방향을 나타낸다. [그림 22.9]에서 보듯이, 이 두 사원수를 이용한 회전은 결국 같은 위치가 된다. 그러나 하나는 작은 각도를 따라 회전하지만, 다른 하나는 큰 각도를 따라 회전한다.

$\mathbf{b}$와 $-\mathbf{b}$가 같은 방향을 나타내므로, 보간 시 선택지가 두 가지이다. 즉, slerp$(\mathbf{a}, \mathbf{b}, t)$를 사용할 수도 있고 아니면 slerp$(\mathbf{a}, -\mathbf{b}, t)$를 사용할 수도 있다. 하나는 가장 직접적인 경로를 따라가므로 회전량이 최소가 되지만(그림 22.9의 왼쪽), 다른 하나는 먼 길을 돌아간다(그림 22.9의 오른쪽). [그림 22.10]은 4차원 단위구 구면상에서 $\mathbf{b}$와 $-\mathbf{b}$ 중 어느 것이 더 짧은 호를 따라 보간되는지에 근거해서 둘 중 하나를 선택하는 방법을 나타낸 것이다. 호가 더 짧은 쪽을 선택하면 물체가 가장 직접적인 경로를 따라 회전하고, 더 긴 쪽을 선택하면 먼 길을 우회하게 되므로 여분의 회전이 발생한다(Eberly0]).

[Watt92]에 따르면, 두 사원수 중 4차원 단위구 구면상의 호가 더 짧은 쪽을 찾으려면 $\|\mathbf{a} - \mathbf{b}\|^2$과 $\|\mathbf{a} - (-\mathbf{b})\|^2 = \|\mathbf{a} + \mathbf{b}\|^2$을 비교하면 된다. 만일 $\|\mathbf{a} + \mathbf{b}\|^2 < \|\mathbf{a} - \mathbf{b}\|^2$이면 $-\mathbf{b}$가 $\mathbf{b}$보다 $\mathbf{a}$에 더 가까운 것이며, 따라서 호가 더 짧다. 이 경우, 만일 물체를 가장 직접적인 경로를 따라 회전하고 싶다면 $-\mathbf{b}$를 보간에 사용하면 된다. 다음은 이상의 보간 방법을 구현한 코드이다.

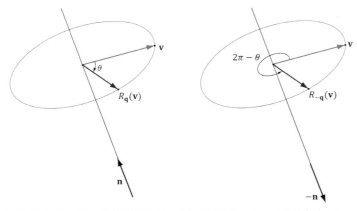

그림 22.9 R_q는 축 $\mathbf{n}$에 대한 각도 θ만큼의 회전이고 R_{-q}는 축 $-\mathbf{n}$에 대한 각도 $2\pi - \theta$만큼의 회전이다.

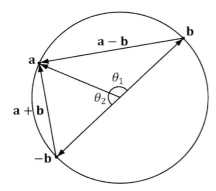

그림 22.10 이 그림에서, **a**에서 **b**로의 보간은 4차원 단위구 구면상의 더 큰 호 θ_1을 따르지만 **a**에서 **-b**로의 보간은 4차원 단위구 구면상의 더 작은 호 θ_2를 따른다. 일반적으로 4차원 단위구 구면상의 호가 더 짧은 쪽을 보간에 사용한다.

```
// 선형 보간(작은 각도용).
public static Quaternion LerpAndNormalize(Quaternion p, Quaternion q, float s)
{
  // 단위 사원수가 되도록 정규화한다.
  return Normalize((1.0f - s)*p + s*q);
}

public static Quaternion Slerp(Quaternion p, Quaternion q, float s)
{
  // 본문에서 말했듯이 q와 -q는 같은 회전을 나타내지만, 보간의 경로는
  // 서로 다르다. 하나는 더 짧은 호를 따라 보간되고 다른 하나는 긴
  // 호를 따른다. 짧은 호를 택하기 위해, p-q의 크기와 p-(-q) = p+q의
  // 크기를 비교한다

  if(LengthSq(p-q) > LengthSq(p+q))
    q = -q;

  float cosPhi = DotP(p, q);

  // 각도가 아주 작으면 그냥 선형 보간을 사용한다.
  if(cosPhi > (1.0f - 0.001))
    return LerpAndNormalize(p, q, s);

  // 두 사원수 사이의 각도를 구한다.
  float phi = (float)Math.Acos(cosPhi);

  float sinPhi = (float)Math.Sin(phi);
```

```
    // p와 q, 그리고 4차원 단위구의 중심을 지나는 평면과
    // 4차원 단위구의 교점들로 형성되는 호를 따라 보간한다.
    return ((float)Math.Sin(phi*(1.0-s))/sinPhi)*p +
        ((float)Math.Sin(phi*s)/sinPhi)*q;
}
```

22.5 DirectXMath 라이브러리의 사원수 함수들

DirectXMath 라이브러리는 사원수를 지원한다. 사원수의 '자료'는 실수 네 개이므로, DirectXMath는 사원수를 XMVECTOR 형식의 객체에 저장한다. 다음은 DirectXMath에 정의되어 있는 공통적인 사원수 함수들이다.

- 사원수 내적 $\mathbf{Q}_1 \cdot \mathbf{Q}_2$를 돌려주는 함수.

  ```
  XMVECTOR XMQuaternionDot(XMVECTOR Q1, XMVECTOR Q2);
  ```

- 항등 사원수 $(0, 0, 0, 1)$을 돌려주는 함수.

  ```
  XMVECTOR XMQuaternionIdentity();
  ```

- 사원수 $\mathbf{Q}$의 켤레를 돌려주는 함수.

  ```
  XMVECTOR XMQuaternionConjugate(XMVECTOR Q);
  ```

- 사원수 $\mathbf{Q}$의 크기를 돌려주는 함수.

  ```
  XMVECTOR XMQuaternionLength(XMVECTOR Q);
  ```

- 사원수를 4차원 벡터로 취급해서 정규화하는 함수.

  ```
  XMVECTOR XMQuaternionNormalize(XMVECTOR Q);
  ```

- 사원수 곱 $\mathbf{Q}_1\mathbf{Q}_2$를 계산하는 함수.

  ```
  XMVECTOR XMQuaternionMultiply(XMVECTOR Q1, XMVECTOR Q2);
  ```

- 축–각도 회전 표현에 해당하는 사원수를 돌려주는 함수.

  ```
  XMVECTOR XMQuaternionRotationAxis(XMVECTOR Axis, FLOAT Angle);
  ```

- 축–각도 회전 표현에 해당하는 사원수를 돌려주는 함수. 축 벡터가 정규화되어 있는 경우에 사용한다. XMQuaternionRotationAxis보다 빠르다.

  ```
  XMVECTOR XMQuaternionRotationNormal(XMVECTOR NormalAxis,FLOAT Angle);
  ```

- 회전행렬에 해당하는 사원수를 돌려주는 함수.

```
XMVECTOR XMQuaternionRotationMatrix(XMMATRIX M);
```

- 단위 사원수에 해당하는 회전행렬을 돌려주는 함수.

```
XMMATRIX XMMatrixRotationQuaternion(XMVECTOR Quaternion);
```

- 사원수 $\mathbf{Q}$에서 회전축과 각도(축-회전 표현에 쓰이는)를 추출하는 함수.

```
VOID XMQuaternionToAxisAngle(XMVECTOR *pAxis, FLOAT *pAngle, XMVECTOR Q);
```

- 구면 선형 보간 slerp $(\mathbf{Q}_1, \mathbf{Q}_2, t)$를 돌려주는 함수.

```
XMVECTOR XMQuaternionSlerp(XMVECTOR Q0, XMVECTOR Q1, FLOAT t);
```

22.6 사원수 회전 예제

이번 장의 사원수 회전 예제('QuatDemo')는 간단한 장면 안에서 두개골 메시를 애니메이션한다. 특히, 두개골 메시의 위치와 크기뿐만 아니라 방향도 변화시킨다. 두개골의 방향은 사원수로 표현하며, 구면 선형 보간을 이용해서 방향들을 보간한다. 위치와 축척(scale; 크기 비율)의 보간에는 보통의 선형 보간을 사용한다. 이 예제는 또한 다음 장에서 설명하는 캐릭터 애니메이션을 위한 '몸풀기' 예제이기도 하다.

흔히 쓰이는 애니메이션 형태의 하나로 키 프레임 애니메이션key frame animation이라는 것이 있다. 하나의 키 프레임은 시간상의 어떤 순간에서의 물체의 위치와 방향, 축척을 지정한다. 다음은 이 예제에서 키 프레임을 나타내는 데 사용하는 구조체이다(*AnimationHelper.h/.cpp*).

```
struct Keyframe
{
  Keyframe();
  ~Keyframe();

  float TimePos;
  XMFLOAT3 Translation;
  XMFLOAT3 Scale;
  XMFLOAT4 RotationQuat;
};
```

키 프레임 애니메이션에서 하나의 애니메이션은 이러한 키 프레임들이 시간순으로 정렬된 목록으로 정의된다.

```cpp
struct BoneAnimation
{
  float GetStartTime()const;
  float GetEndTime()const;

  void Interpolate(float t, XMFLOAT4X4& M)const;

  std::vector<Keyframe> Keyframes;
};
```

구조체 이름에 뼈대를 뜻하는 'Bone'이 포함된 이유는 다음 장(제23장)에서 밝혀질 것이다. 지금 예제에서 두개골 메시는 뼈대 하나로 구성되므로, 뼈대를 애니메이션하는 것이 곧 두개골을 애니메이션하는 것이다. GetStartTime 메서드는 그냥 첫 키 프레임의 시간, 즉 애니메이션의 시작 시간을 돌려준다. 이러한 시작 시간은 예를 들어 어떤 시간선(timeline)에서 처음 10초가 지난 후에야 물체를 애니메이션하기 시작하고 싶을 때 유용하다. 이와 비슷하게, GetEndTime 메서드는 마지막 키 프레임의 시간을 돌려준다. 애니메이션이 끝나는 시점에 도달했을 때 애니메이션을 중지하려면 이러한 시간 정보가 필요하다.

키 프레임들의 목록은 애니메이션의 대략적인 전체상을 정의할 뿐이다. 두 키 프레임 사이의 임의의 시간에서 애니메이션의 구체적인 상 또는 '프레임(위치, 방향, 축척)'을 얻으려면 보간이 필요하다. 다음은 두 키 프레임 K_i와 K_{i+1} 사이의 시간 t에 해당하는 프레임을 보간을 이용해서 구하는 메서드이다.

```cpp
void BoneAnimation::Interpolate(float t, XMFLOAT4X4& M)const
{
  // 만일 t가 애니메이션 시작 시간 이전이면 그냥 첫 키 프레임을
  // 돌려준다.
  if( t <= Keyframes.front().TimePos )
  {
    XMVECTOR S = XMLoadFloat3(&Keyframes.front().Scale);
    XMVECTOR P = XMLoadFloat3(&Keyframes.front().Translation);
    XMVECTOR Q = XMLoadFloat4(&Keyframes.front().RotationQuat);

    XMVECTOR zero = XMVectorSet(0.0f, 0.0f, 0.0f, 1.0f);
    XMStoreFloat4x4(&M, XMMatrixAffineTransformation(S, zero, Q, P));
  }
```

```
// 만일 t가 애니메이션 종료 시간 이후이면 그냥 마지막 프레임을
// 돌려준다.
else if( t >= Keyframes.back().TimePos )
{
  XMVECTOR S = XMLoadFloat3(&Keyframes.back().Scale);
  XMVECTOR P = XMLoadFloat3(&Keyframes.back().Translation);
  XMVECTOR Q = XMLoadFloat4(&Keyframes.back().RotationQuat);

  XMVECTOR zero = XMVectorSet(0.0f, 0.0f, 0.0f, 1.0f);
  XMStoreFloat4x4(&M, XMMatrixAffineTransformation(S, zero, Q, P));
}
// t는 두 키 프레임 사이의 시간이므로 보간을 수행한다.
else
{
  for(UINT i = 0; i < Keyframes.size()-1; ++i)
  {
    if( t >= Keyframes[i].TimePos && t <= Keyframes[i+1].TimePos )
    {
      float lerpPercent = (t - Keyframes[i].TimePos) /
        (Keyframes[i+1].TimePos - Keyframes[i].TimePos);

      XMVECTOR s0 = XMLoadFloat3(&Keyframes[i].Scale);
      XMVECTOR s1 = XMLoadFloat3(&Keyframes[i+1].Scale);

      XMVECTOR p0 = XMLoadFloat3(&Keyframes[i].Translation);
      XMVECTOR p1 = XMLoadFloat3(&Keyframes[i+1].Translation);

      XMVECTOR q0 = XMLoadFloat4(&Keyframes[i].RotationQuat);
      XMVECTOR q1 = XMLoadFloat4(&Keyframes[i+1].RotationQuat);

      XMVECTOR S = XMVectorLerp(s0, s1, lerpPercent);
      XMVECTOR P = XMVectorLerp(p0, p1, lerpPercent);
      XMVECTOR Q = XMQuaternionSlerp(q0, q1, lerpPercent);

      XMVECTOR zero = XMVectorSet(0.0f, 0.0f, 0.0f, 1.0f);
      XMStoreFloat4x4(&M, XMMatrixAffineTransformation(S, zero, Q, P));

      break;
    }
  }
}
}
```

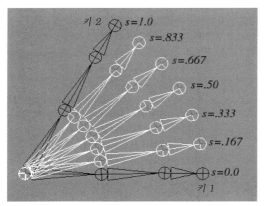

그림 22.11 키 프레임 보간. 키 프레임은 애니메이션의 '주요(key)' 자세들을 정의한다. 보간된 값들은 키 프레임들 사이의 값들을 대표한다.

[그림 22.11]은 키 1과 키 2를 보간해서 나온 중간 프레임들을 나타낸 것이다.

참고: [그림 22.11]은 프랭크 D. 루나[Frank D. Luna]의 책 *Introduction to 3D Game Programming with DirectX 9.0c: A Shader Approach*(2006, Jones and Bartlett Learning, Burlington, MA. *www.jblearning.com*)에 나온 것이다. 허락하에 재사용했다.

키 프레임 보간으로 구체적인 프레임 자료를 얻은 후에는, 그에 해당하는 변환 행렬을 만든다. 셰이더 프로그램들에서는 행렬을 사용하므로 이러한 과정이 필요하다. 이를 위한 XMMatrixAffineTransformation 함수의 선언은 다음과 같다.

```
XMMATRIX XMMatrixAffineTransformation(
  XMVECTOR Scaling,
  XMVECTOR RotationOrigin,
  XMVECTOR RotationQuaternion,
  XMVECTOR Translation);
```

이상이 이번 장의 예제에 쓰이는 간단한 키 프레임 애니메이션 시스템의 전체적인 설계이다. 다음으로, 이 예제가 사용하는 키 프레임들을 살펴보자.

```
// 멤버 자료

float mAnimTimePos = 0.0f;
BoneAnimation mSkullAnimation;
```

```
//
// 생성자에서 애니메이션 키 프레임들을 정의한다.
//

void QuatApp::DefineSkullAnimation()
{
  //
  // 애니메이션 키 프레임들.
  //

  XMVECTOR q0 = XMQuaternionRotationAxis(
    XMVectorSet(0.0f, 1.0f, 0.0f, 0.0f), XMConvertToRadians(30.0f));
  XMVECTOR q1 = XMQuaternionRotationAxis(
    XMVectorSet(1.0f, 1.0f, 2.0f, 0.0f), XMConvertToRadians(45.0f));
  XMVECTOR q2 = XMQuaternionRotationAxis(
    XMVectorSet(0.0f, 1.0f, 0.0f, 0.0f), XMConvertToRadians(-30.0f));
  XMVECTOR q3 = XMQuaternionRotationAxis(
    XMVectorSet(1.0f, 0.0f, 0.0f, 0.0f), XMConvertToRadians(70.0f));

  mSkullAnimation.Keyframes.resize(5);
  mSkullAnimation.Keyframes[0].TimePos = 0.0f;
  mSkullAnimation.Keyframes[0].Translation = XMFLOAT3(-7.0f, 0.0f,
    0.0f);
  mSkullAnimation.Keyframes[0].Scale = XMFLOAT3(0.25f, 0.25f, 0.25f);
  XMStoreFloat4(&mSkullAnimation.Keyframes[0].RotationQuat, q0);

  mSkullAnimation.Keyframes[1].TimePos = 2.0f;
  mSkullAnimation.Keyframes[1].Translation = XMFLOAT3(0.0f, 2.0f,
    10.0f);
  mSkullAnimation.Keyframes[1].Scale = XMFLOAT3(0.5f, 0.5f, 0.5f);
  XMStoreFloat4(&mSkullAnimation.Keyframes[1].RotationQuat, q1);

  mSkullAnimation.Keyframes[2].TimePos = 4.0f;
  mSkullAnimation.Keyframes[2].Translation = XMFLOAT3(7.0f, 0.0f,
    0.0f);
  mSkullAnimation.Keyframes[2].Scale = XMFLOAT3(0.25f, 0.25f, 0.25f);
  XMStoreFloat4(&mSkullAnimation.Keyframes[2].RotationQuat, q2);

  mSkullAnimation.Keyframes[3].TimePos = 6.0f;
  mSkullAnimation.Keyframes[3].Translation = XMFLOAT3(0.0f, 1.0f,
    -10.0f);
  mSkullAnimation.Keyframes[3].Scale = XMFLOAT3(0.5f, 0.5f, 0.5f);
  XMStoreFloat4(&mSkullAnimation.Keyframes[3].RotationQuat, q3);
```

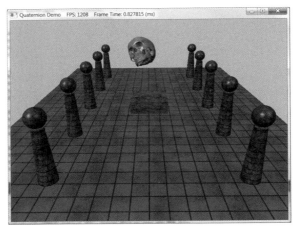

그림 22.12 사원수 회전 예제의 실행 모습.

```
mSkullAnimation.Keyframes[4].TimePos = 8.0f;
mSkullAnimation.Keyframes[4].Translation = XMFLOAT3(-7.0f, 0.0f,
    0.0f);
mSkullAnimation.Keyframes[4].Scale = XMFLOAT3(0.25f, 0.25f, 0.25f);
XMStoreFloat4(&mSkullAnimation.Keyframes[4].RotationQuat, q0);
}
```

이 키 프레임들은 두개골을 장면의 서로 다른 위치에 서로 다른 방향과 축척으로 배치한다. 새로운 키 프레임을 추가하거나 기존 키 프레임의 값을 변경해 보면 재미있을 것이다. 예를 들어 모든 회전과 축척을 동일하게 설정하면, 위치만 바뀌는 애니메이션이 된다.

마지막으로, 다음은 프레임마다 보간을 수행해서 두개골의 새로운 세계 행렬(시간에 따라 변하는)을 구하는 코드이다. 이에 의해 애니메이션이 실제로 진행된다.

```
void QuatApp::UpdateScene(float dt)
{
    ...

    // 시간 위치를 증가한다.
    mAnimTimePos += dt;
    if(mAnimTimePos >= mSkullAnimation.GetEndTime())
    {
        // 애니메이션이 끝까지 진행되면 처음부터 다시 시작한다.
        mAnimTimePos = 0.0f;
    }
```

```
    // 지금 순간에서의 두개골의 세계 행렬을 구한다.
    mSkullAnimation.Interpolate(mAnimTimePos, mSkullWorld);

    ...
    }
```

이처럼 두개골의 세계 행렬을 매 프레임 변경하면 두개골이 애니메이션된다.

22.7 요약

1. 실수 네 개의 순서쌍 $\mathbf{q} = (x, y, z, w) = (q_1, q_2, q_3, q_4)$는 하나의 사원수이다. 이를 흔히 $\mathbf{q} = (\mathbf{u}, w) = (x, y, z, w)$로 줄여 쓴다. 그리고 $\mathbf{u} = (x, y, z)$를 사원수의 허수 벡터부(imaginary vector part), 줄여서 '벡터부'라고 부르고, w를 실수부라고 부른다. 더 나아가서, 이러한 사원수들에 대해 상등 비교와 덧셈, 뺄셈, 곱셈이 가능하다. 그 정의는 다음과 같다.

   (a) 만일 $\mathbf{u} = \mathbf{v}$이고 $a = b$이면, 그리고 오직 그럴 때에만, $(\mathbf{u}, a) = (\mathbf{v}, b)$.

   (b) $(\mathbf{u}, a) \pm (\mathbf{v}, b) = (\mathbf{u} \pm \mathbf{v}, a \pm b)$.

   (c) $(\mathbf{u}, a)(\mathbf{v}, b) = (a\mathbf{v} + b\mathbf{u} + \mathbf{u} \times \mathbf{v}, ab - \mathbf{u} \cdot \mathbf{v})$

2. 사원수 곱셈은 교환법칙을 만족하지 않지만 결합법칙은 만족한다. 사원수 $\mathbf{e} = (0, 0, 0, 1)$은 사원수 곱셈의 항등원이다. 사원수 곱셈은 덧셈에 대한 분배법칙을 만족한다. 즉, $\mathbf{p}(\mathbf{q} + \mathbf{r}) = \mathbf{pq} + \mathbf{pr}$이고 $(\mathbf{q} + \mathbf{r})\mathbf{p} = \mathbf{qp} + \mathbf{rp}$이다.

3. 실수 s를 $s = (0, 0, 0, s)$로 표기함으로써 사원수 공간으로 변환할 수 있다. 또한, 벡터 $\mathbf{u}$를 $\mathbf{u} = (\mathbf{u}, 0)$으로 표기함으로써 사원수 공간으로 변환할 수 있다. 실수부가 0인 사원수를 순사원수라고 부른다. 이러한 정의 덕분에 실수에 사원수를 곱할 수 있다. 그 결과는 $s(p_1, p_2, p_3, p_4) = (sp_1, sp_2, sp_3, sp_4) = (p_1, p_2, p_3, p_4)s$이다. 이처럼 스칼라와 사원수를 곱하는 특수한 사례에서만큼은 교환법칙이 성립한다.

4. 사원수 $\mathbf{q} = (q_1, q_2, q_3, q_4) = (\mathbf{u}, q_4)$의 켤레 사원수를 $\mathbf{q}^*$로 표기하고 $\mathbf{q}^* = (-q_1, -q_2, -q_3, q_4) = (-\mathbf{u}, q_4)$로 정의한다. 사원수의 크기 또는 노름을 $\|\mathbf{q}\| = \sqrt{\mathbf{q}\mathbf{q}^*} = \sqrt{q_1^2 + q_2^2 + q_3^2 + q_4^2} = \sqrt{\|\mathbf{u}\|^2 + q_4^2}$ 으로 정의한다. 크기가 1인 사원수를 단위 사원수라

고 부른다.

5. $\mathbf{q} = (q_1, q_2, q_3, q_4) = (\mathbf{u}, q_4)$가 영 사원수가 아닌 사원수일 때, 그 역을 $\mathbf{q}^{-1}$로 표기하고 $\mathbf{q}^{-1} = \dfrac{\mathbf{q}^*}{\mathbf{q}^2}$로 정의한다. 만일 $\mathbf{q}$가 단위 사원수이면 $\mathbf{q}^{-1} = \mathbf{q}^*$이다.

6. 단위 사원수 $\mathbf{q} = (\mathbf{u}, q_4)$를 **극좌표**로 표현하면 $\mathbf{q} = (\sin\theta\mathbf{n}, \cos\theta)$이다. 여기서 $\mathbf{n}$은 단위벡터이다.

7. 만일 $\mathbf{q}$가 단위 사원수이면 $\|\mathbf{n}\| = 1$과 $\theta \in [0, \pi]$에 대해 $\mathbf{q} = (\sin\theta\mathbf{n}, \cos\theta)$이다. $R_{\mathbf{q}}(\mathbf{v}) = \mathbf{q}\mathbf{v}\mathbf{q}^{-1} = \mathbf{q}\mathbf{v}\mathbf{q}^*$로 정의되는 사원수 회전 연산자는 주어진 점 또는 벡터 $\mathbf{v}$를 축 $\mathbf{n}$에 대해 각도 2θ만큼 회전한다. 이러한 $R_{\mathbf{q}}$를 그와 동일한 회전을 나타내는 회전행렬로 변환할 수 있으며, 마찬가지로 임의의 회전행렬을 그와 동일한 회전을 나타내는 사원수로 변환할 수 있다.

8. 애니메이션에서는 두 방향 사이의 한 방향을 보간으로 구해야 하는 경우가 흔히 생긴다. 각 방향을 단위 사원수로 표현하고 그 단위 사원수들에 구면 선형 보간을 적용하면 보간된 방향을 구할 수 있다.

22.8 연습문제

1. 다음 복소수 연산들을 수행하라.

   (a) $(3 + 2i) + (-1 + i)$

   (b) $(3 + 2i) - (-1 + i)$

   (c) $(3 + 2i)(-1 + i)$

   (d) $4(-1 + i)$

   (e) $(3 + 2i) / (-1 + i)$

   (f) $(3 + 2i)^*$

   (g) $|3 + 2i|$

2. 복소수 $(-1, 3)$을 극형식으로 표현하라.

3. 벡터 $(2, 1)$을 복소수 곱셈을 이용해서 $30°$만큼 회전하라.

4. 복소수 나눗셈의 정의를 이용해서 $\dfrac{a + ib}{a + ib} = 1$임을 증명하라.

5. $\mathbf{z} = a + ib$라고 할 때 $|\mathbf{z}|^2 = \mathbf{z}\bar{\mathbf{z}}$임을 보여라.

6. $\mathbf{M}$이 2×2 행렬이라고 하자. 만일 $\mathbf{M} = \begin{bmatrix} \cos\theta & \sin\theta \\ -\sin\theta & \cos\theta \end{bmatrix}$이면(즉, $\mathbf{M}$이 회전행렬이면), 그리고 오직 그럴 때에만 $\det \mathbf{M} = 1$이고 $\mathbf{M}^{-1} = \mathbf{M}^T$라는 명제를 증명하라. 이 명제는 주어진 행렬이 회전행렬인지 판정하는 한 방법이 된다.

7. 두 사원수 $\mathbf{p} = (1, 2, 3, 4)$와 $\mathbf{q} = (2, -1, 1, -2)$에 대해 다음 연산들을 수행하라.

   (a) $\mathbf{p} + \mathbf{q}$
   (b) $\mathbf{p} - \mathbf{q}$
   (c) $\mathbf{pq}$
   (d) $\mathbf{p}^*$
   (e) $\mathbf{q}^*$
   (f) $\mathbf{p}^*\mathbf{p}$
   (g) ⊠$\mathbf{p}$⊠
   (h) ⊠$\mathbf{q}$⊠
   (i) $\mathbf{p}^{-1}$
   (j) $\mathbf{q}^{-1}$

8. 단위 사원수 $\mathbf{q} = \left(\dfrac{1}{2}, \dfrac{1}{2}, 0, \dfrac{1}{\sqrt{2}}\right)$을 극좌표로 표현하라.

9. 단위 사원수 $\mathbf{q} = \left(\dfrac{\sqrt{3}}{2}, 0, 0, -\dfrac{1}{2}\right)$을 극좌표로 표현하라.

10. 축 $(1, 1, 1)$에 대한 $45°$ 회전을 나타내는 단위 사원수를 구하라.

11. 축 $(0, 0, -1)$에 대한 $60°$ 회전을 나타내는 단위 사원수를 구하라.

12. 사원수 $\mathbf{p} = \left(\dfrac{1}{2}, 0, 0, \dfrac{\sqrt{3}}{2}\right)$과 $\mathbf{q} = \left(\dfrac{\sqrt{3}}{2}, 0, 0, \dfrac{1}{2}\right)$에 대해 slerp $= \left(\mathbf{p}, \mathbf{q}, \dfrac{1}{2}\right)$을 구하고, 그 결과가 단위 사원수인지 확인하라.

13. 사원수 (x, y, z, w)를 $x\mathbf{i} + y\mathbf{j} + z\mathbf{k} + w$ 형태로 표기할 수 있음을 보여라.*

14. $\mathbf{qq}^* = \mathbf{q}^*\mathbf{q} = q_1^2 + q_2^2 + q_3^2 + q_4^2 = $ ⊠$\mathbf{u}$⊠$^2 + q_4^2$임을 증명하라.

15. 임의의 순사원수(실수부가 0인 사원수) $\mathbf{p} = (\mathbf{u}, 0)$과 $\mathbf{q} = (\mathbf{v}, 0)$에 대해 $\mathbf{pq} = (\mathbf{p} \times \mathbf{q}, -\mathbf{p} \cdot \mathbf{q})$임을 보여라.

---

* **옮긴이** 이 표기법에서도 사원수의 여러 연산이 정의됨을 보여야 한다. §22.1.1의 끝에 나온 복소수의 경우를 참고하기 바란다.

16. 다음 성질들을 증명하라.

(a) $(\mathbf{pq})^* = \mathbf{q}^*\mathbf{p}^*$

(b) $(\mathbf{p} + \mathbf{q})^* = \mathbf{p}^* + \mathbf{q}^*$

(c) $s \in$ ⬚ 에 대해 $(s\mathbf{q})^* = s\mathbf{q}^*$

(d) ⬚$\mathbf{pq}$⬚ $=$ ⬚$\mathbf{p}$⬚⬚$\mathbf{q}$⬚

17. $\mathbf{a} \cdot \dfrac{\sin((1-t)\theta)\mathbf{a} + \sin(t\theta)\mathbf{b}}{\sin\theta} = \cos(t\theta)$를 대수적으로 증명하라. 여기서 θ는 $\mathbf{a}$와 $\mathbf{b}$ 사이의 각도이다.

18. $\mathbf{a}$, $\mathbf{b}$, $\mathbf{c}$가 3차원 벡터들이라고 할 때, 다음 항등식들을 증명하라.

(a) $\mathbf{a} \times (\mathbf{b} \times \mathbf{c}) = (\mathbf{a} \cdot \mathbf{c})\mathbf{b} - (\mathbf{a} \cdot \mathbf{b})\mathbf{c}$

(b) $(\mathbf{a} \times \mathbf{b}) \times \mathbf{c} = -(\mathbf{c} \cdot \mathbf{b})\mathbf{a} + (\mathbf{c} \cdot \mathbf{a})\mathbf{b}$

CHAPTER 23

캐릭터 애니메이션

참고: 이번 장의 일부는 프랭크 D. 루나[Frank D. Luna]의 책 *Introduction to 3D Game Programming with DirectX 9.0c: A Shader Approach*(2006, Jones and Bartlett Learning, Burlington, MA. *www.jblearning.com*)에 나온 것이다. 허락하에 재인쇄했다.

이번 장에서는 사람이나 동물 같은 복잡한 형태의 캐릭터를 애니메이션하는 방법을 배운다. 이런 캐릭터들은 움직이는 부분이 여러 개라는 점에서 복잡한(complicated) 또는 복합적인 (complex) 캐릭터라 할 수 있다. 그런 복잡한 캐릭터의 모형과 애니메이션을 사람이 직접 만들어 내는 것은 비현실적이다. 그런 과제를 위한 전문적인 모형 및 애니메이션 제작 도구들이 존재한다. 이번 장에서는 캐릭터 모형과 애니메이션 자료가 이미 만들어져 있다는 가정하에서 Direct3D를 이용해서 캐릭터를 애니메이션하고 렌더링하는 방법을 설명한다.

목표

1. 메시 스키닝 애니메이션의 용어들에 익숙해진다.
2. 메시 계통구조 변환에 깔린 수학과 트리 기반 메시 계통구조 운행 방법을 배운다.
3. 정점 혼합에 깔린 개념과 수학을 이해한다.
4. 파일로부터 애니메이션 자료를 적재하는 방법을 파악한다.
5. Direct3D에서 캐릭터 애니메이션을 구현하는 방법을 살펴본다.

23.1 뼈대 좌표계들의 계통구조

이 세상의 많은 물체는 여러 개의 부분 또는 '부품(part)'이 일종의 부모–자식 관계로 연결된 형태이다. 이때 하나의 부모 부품에는 다수의 자식 부품이 연결될 수 있으며, 각각의 자식 부품은 다른 자식 부품들과는 독립적으로 움직일 수 있다(물론 물리적인 운동 제약하에서; 예를 들어 사람의 관절은 일정 각도 이내로만 회전한다). 그러나 모든 자식 부품은 부모 부품이 이동하면 함께 이동한다. 예를 들어 사람의 팔은 위팔(상박), 아래팔(하박), 손이라는 세 부품으로 이루어진다. 손은 손목 관절을 중심으로 독자적으로 회전하지만, 아래팔이 팔꿈치 관절에 대해 회전하면 손도 그에 따라 회전한다. 마찬가지로, 위팔이 어깨 관절에 대해 회전하면 아래팔도 그에 따라 회전하며, 아래팔이 회전하면 손도 그에 따라 회전한다(그림 23.1). 이 예에서 하나의 명확한 물체 계통구조(hierarchy)를 인식할 수 있다. 즉, 손은 아래팔의 자식이고 아래팔은 위팔의 자식이다. 이를 위팔이 상체(몸통)의 자식 등으로 더욱 확장할 수 있다. 그러면 결국에는 완전한 골격(skeleton) 계통구조가 만들어질 것이다. [그림 23.2]에 좀 더 복잡한 계통구조의 예가 나와 있다.

이번 절의 목표는 하나의 물체를 장면에 배치할 때 물체 자신의 위치는 물론 그 조상들(ancestors, 즉 부모, 조부모, 증조부모 등등)의 위치에도 기초해서 배치하는 방법을 배우는 것이다.

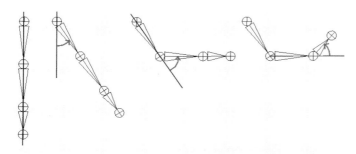

그림 23.1 계통구조 변환들. 한 뼈대의 부모 변환은 자신은 물론 자신의 모든 자식 뼈대에도 영향을 미침을 주목하기 바란다.

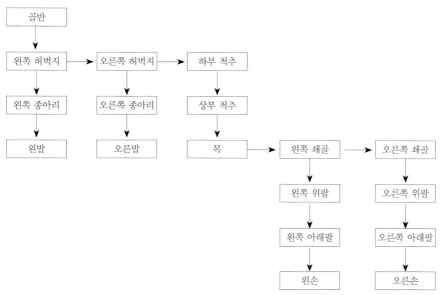

그림 23.2 이족보행 인간형 캐릭터를 본뜬 좀 더 복잡한 골격 계통구조. 아래쪽 화살표는 '첫째 자식' 관계를 뜻하고 오른쪽 화살표는 '동기(sibling; 부모가 같음)' 관계를 뜻한다. 예를 들어 '왼쪽 허벅지'와 '오른쪽 허벅지', '하부 척추'는 모두 '골반' 뼈대의 자식들이다.

23.1.1 수학적 정의

> **참고:** 이번 절을 제대로 이해하는 데에는 제3장의 내용, 특히 좌표 변경 변환을 다시 한 번 살펴보는 것이 도움이 될 것이다.

간결하고 구체적인 설명을 위해, 방금 이야기한 위팔-아래팔-손 계통구조를 예로 들겠다. 세 부품을 각각 뼈대 0, 뼈대 1, 뼈대 2로 부르기로 하자(그림 23.3). 이 계통구조의 뿌리(root)는 뼈대 0, 즉 위팔이다.

일단 기본 개념을 이해하면 좀 더 복잡한 상황으로 일반화하는 것은 그리 어렵지 않다. 우리가 원하는 것은 계통구조의 한 물체(부품)가 주어졌을 때 그것을 세계 공간으로 정확하게 변환하는 방법이다. 그 물체만 따로 고려해서 세계 공간으로 변환할 수는 없다. 계통구조의 한 부품의 위치와 방향은 그 조상들에도 영향을 받으므로, 조상들의 변환도 함께 고려해야 한다.

그림 23.3 간단한 계통구조.

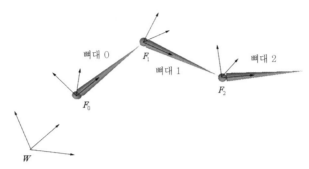

그림 23.4 각 뼈대의 기하구조는 자신의 국소 좌표계를 기준으로 서술된다. 더 나아가서, 모든 좌표계가 같은 우주 안에 있으므로 한 좌표계를 다른 좌표계와 연관시킬 수 있다.

계통구조의 각 물체는 물체 자신의 국소 좌표계와 추축^{樞軸} 접합부(pivot joint) 또는 관절*로 모형화된다. 물체의 회전을 편하게 하기 위해, 관절은 물체 국소 좌표계의 원점에 둔다(그림 23.4).

모든 좌표계는 같은 우주 안에 존재하므로, 좌표계들 사이의 관계를 정의하는 것이 가능하다. 특히, 임의의 한 순간에서(이 논의에서는 시간을 고정시키고 그 순간에서의 '스냅숏'을 고찰한다. 왜냐하면, 일반적으로 우리는 메시 계통구조를 시간의 흐름에 따라 애니메이션하므로 좌표계들 사이의 관계도 시간의 함수로서 변하기 때문이다) 각 국소 좌표계를 그 부모 좌표계를 기준으로 서술할 수 있다. (계통구조 최상위에 있는 뿌리 좌표계 F_0의 부모 좌표계는 세계 공간 좌표계 W이다. 즉, 좌표계 F_0은 세계 좌표계를 기준으로 서술된다.) 부모 좌표계들과 자식 좌표계들을 이런 식으로 연관시키고 나면, 한 자식 뼈대의 좌표계에서 그 부모의 좌표계로의 변환을 변환 행렬 하나로 수행할 수 있다. (이는 국소 공간에서 세계 공간으로의 변환과 동일한 개념이다. 국소 공간에서 세계 공간으로 변환하는 것이 아니라 국소 공간에서 부모 공간으로 변환한다는 점이 다를 뿐이다.) $\mathbf{A}_2$가 기하구조를 좌표계 F_2에서 F_1로 변환하는 행렬이고 $\mathbf{A}_1$이 기하구조를 좌표계 F_1에서 F_0으로 변환하는 행렬이며 $\mathbf{A}_0$은 기하구조를 좌표계 F_0에서

---

* **옮긴이** 접합부와 관절 둘 다 영어로 joint인데, 접합부보다는 관절이 골격 애니메이션에 깔린 '생물체'의 비유에 더 잘 맞으므로 이하의 내용에서는 관절이라는 용어를 주로 사용하기로 한다.

886 23장 캐릭터 애니메이션

W로 변환하는 행렬이라고 하자. ($\mathbf{A}_i$는 기하구조를 자식의 좌표계에서 부모의 좌표계로 변환하는 행렬이므로, 이를 "부모로의(to-parent)" 변환 행렬, 줄여서 **부모 변환 행렬**이라고 부르기로 하겠다.) 그러면, 팔 계통구조의 i번째 물체를 세계 공간으로 변환하는 행렬 $\mathbf{M}_i$는 다음과 같이 정의된다.

$$\mathbf{M}_i = \mathbf{A}_i \mathbf{A}_{i-1} \cdots \mathbf{A}_1 \mathbf{A}_0 \qquad \text{(식 23.1)}$$

지금 예에서 $\mathbf{M}_2 = \mathbf{A}_2\mathbf{A}_1\mathbf{A}_0$과 $\mathbf{M}_1 = \mathbf{A}_1\mathbf{A}_0$, 그리고 $\mathbf{M}_0 = \mathbf{A}_0$은 각각 손, 아래팔, 위팔을 세계 공간으로 변환하는 행렬들이다. 계통구조의 한 물체가 그 조상들의 변환들을 '상속'한다는 점을 주목하기 바란다. 예를 들어 위팔이 움직이면 손도 따라 움직이는 것은 그 때문이다.

[그림 23.5]는 식 23.1을 시각적으로 나타낸 것이다. 본질적으로, 팔 계통구조의 한 물체를 변환하려면 그냥 그 물체가 세계 공간에 도달할 때까지 물체의 부모를 비롯한 모든 조상의 부모 변환들을 오름차순으로 적용하면 된다.

지금까지는 간단한 직선형 계통구조를 예로 들었지만, 트리 형태의 계통구조에도 같은 원리가 적용된다. 즉, 계통구조에 있는 임의의 한 물체를 세계 공간으로 변환하려면 그냥 물체가 세계 공간에 도달할 때까지 물체의 모든 조상의 부모 변환을 오름차순으로(뿌리를 향해 올라가면서) 적용하면 된다(이 경우에도 뿌리 뼈대의 부모 좌표계는 세계 공간이라고 규정한다). 직선형 계통구조와 트리형 계통구조의 실질적인 차이점은, 운행해야 할 자료구조가 간단한 선형 목록이 아니라 좀 더 복잡한 트리 자료구조라는 것뿐이다.

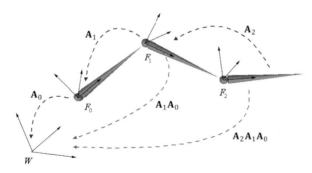

그림 23.5 좌표계들이 같은 우주 안에 있으므로 좌표계들을 서로 연관시킬 수 있으며, 따라서 한 좌표계를 다른 좌표계로 변환할 수 있다. 구체적으로 말하면, 각 뼈대의 좌표계를 그 부모의 좌표계를 기준으로 서술함으로써 계통구조의 좌표계들을 서로 연관시킨다. 일단 그런 관계들이 정립되면 한 뼈대의 기하구조를 그 뼈대의 국소 좌표계로부터 그 부모의 좌표계로 변환하는 부모 변환 행렬을 만들 수 있다. 일단 뼈대를 부모의 좌표계로 옮기고 나면 그 부모의 부모 변환 행렬을 이용해서 조부모의 좌표계로 옮길 수 있으며, 그런 식으로 모든 조상의 좌표계를 거치면 결국에는 세계 공간에 도달한다.

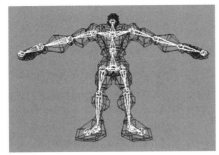

그림 23.6 캐릭터 메시. 희게 강조된 뼈대 사슬은 캐릭터의 골격을 나타낸다. 어두운 색의 다각형들은 캐릭터의 피부이다. 피부의 정점들은 **결속 공간**을 기준으로 하는데, 여기서 결속 공간이란 메시 모형의 기준이 되는 좌표계를 뜻한다.

한 예로 [그림 23.2]의 '왼쪽 쇄골' 뼈대를 생각해 보자. 이 뼈대는 상부 척추의 한 자식 뼈대이며, 목 뼈대와는 동기간이다. 상부 척추는 하부 척추의 자식 뼈대이고 하부 척추는 골반의 자식 뼈대이다. 따라서 왼쪽 쇄골의 세계 변환을 구하려면 왼쪽 쇄골의 부모 변환에 상부 척추의 부모 변환을 결합하고, 거기에 하부 척추의 부모 변환을 결합하고, 마지막으로 골반의 부모 변환을 결합하면 된다.

23.2 메시 스키닝

23.2.1 정의

[그림 23.6]에 캐릭터 메시의 예가 나와 있다. 흰색으로 강조된 뼈대들의 사슬을 **골격**(skeleton)이라고 부른다. 골격은 캐릭터 애니메이션 시스템을 자연스럽게 구동할 수 있는 계통구조를 제공한다. 이러한 골격 주위를 **표피**(skin; 피부)가 감싼다. 이 표피는 3차원 기하구조(정점들과 다각형들)로 정의된다. 초기에는 표피의 정점들이 **결속 공간**(bind space)*을 기준으로 한다. 결속 공간은 전체 표피가 정의된 국소 좌표계로, 보통은 계통구조의 뿌리 좌표계가 곧 결속 공간 좌표계이다. 골격의 각 뼈대는 자신의 주변에 있는 표피 일부분의 형태와 위치에(즉 해당 표피 정점들의 위치에) 영향을 미친다. 따라서, 골격을 애니메이션하면 골격

---

* **옮긴이** bind space는 3차원 모형 제작 시 골격과 피부를 연관시키는, 즉 골격에 피부를 "묶는(bind)" 작업을 진행할 때 기준이 되는 자세(pose)를 뜻하는 'bind pose'와 연관된 용어이다. 또한, bind pose라는 용어 자체는 모형이 마치 뭔가에 "묶여 있는" 것처럼 특정한 자세를 유지하고 있는 모습을 연상시킨다. 두 경우 "묶다"와 관련되어 있다는 점에서, 이 번역서에서는 묶음 또는 묶임을 뜻하는 '결속'에 공간(space)을 덧붙인 '결속 공간'이라는 용어를 사용한다.

에 묶인 표피도 골격의 현재 자세에 맞게 애니메이션된다. 이런 기법을 '스키닝^{skinning}(표피 입히기)'이라고 부른다.

23.2.2 뿌리 변환의 재정의

§23.1에서 설명한 것과는 달리, 스키닝에서는 뿌리 좌표계에서 세계 공간 좌표계로의 변환을 개별적인 단계로 수행하다. 즉, 각 뼈대에 대해 세계 공간으로의 변환 행렬을 구하는 것이 아니라 뿌리 공간으로의 변환 행렬(즉, 주어진 뼈대의 국소 좌표계에서 뿌리 뼈대 국소 좌표계로의 변환 행렬)을 구한다. 그러한 변환을 간단히 **뿌리 변환**(to-root)이라고 부르기로 하겠다.

또 다른 차이점은 계통구조의 운행 방향이다. §23.1에서는 한 노드의 조상들을 상향식으로 운행했다. 즉, 개별 뼈대에서 시작해서 조상들을 따라 거슬러 올라가서 뿌리에 도달했다. 그러나 스키닝에서는 하향식, 즉 뿌리에서 시작해서 개별 뼈대로 내려가는 방식(식 23.2 참고)이 더 효율적이다. 골격을 구성하는 n개의 뼈대에 정수 번호 0, 1, ⋯, $n - 1$을 부여한다고 할 때, i번 뼈대의 뿌리 변환은 다음과 같이 주어진다.

$$뿌리변환_i = 부모변환_i \cdot 뿌리변환_p \qquad \text{(식 23.2)}$$

여기서 p는 i번 뼈대의 부모 뼈대의 번호이다. 이 공식이 잘 이해가 되지 않는다면, 다음 설명을 참고하기 바란다. $뿌리변환_p$는 기하구조를 p번 뼈대의 좌표계에서 뿌리 뼈대의 좌표계로 변환한다. 즉, 일단 기하구조를 i번 뼈대의 좌표계에서 그 부모 뼈대 p로 보낼 수 있다면 결국에는 뿌리 좌표계로도 보낼 수 있다. 전자의 변환(부모 좌표계로의 변환)을 수행하는 것이 바로 $부모변환_i$이다.

이러한 변환을 위해 해결해야 할 문제는 단 하나뿐이다. 바로, i번 뼈대를 처리할 때에는 반드시 그 부모의 뿌리 변환이 계산되어 있어야 한다는 것이다. 그런데 트리를 하향식으로 운행하면 어차피 부모의 뿌리 변환을 자식의 뿌리 변환보다 먼저 계산하게 되므로, 이 문제가 저절로 해결된다.

이 점은 앞에서 하향식이 더 효율적이라고 말한 이유이기도 하다. 하향식에서는 임의의 뼈대 i에 대해 항상 그 부모의 뿌리 변환 행렬이 마련되어 있다. 따라서 i번 뼈대에 대한 뿌리 변환을 단 하나의 단계로 구할 수 있다. 반면 상향식에서는 뼈대마다 그 뼈대의 모든 조상을 훑어야 하며, 공통의 조상을 공유하는 뼈대들에 대해 동일한 행렬 곱셈을 여러 번 중복해서 수행해야 한다.

그림 23.7 우선 뼈대에 영향을 받는 정점들을 결속 공간에서 뼈대 공간으로 변환한다. 이것이 오프셋 변환이다. 그런 다음에는 뼈대 공간의 정점들을 뿌리 뼈대의 공간으로 변환한다. 이것이 뿌리로의(to-root) 변환, 줄여서 뿌리 변환이다. 정점들의 최종적인 변환은 오프셋 변환 다음에 뿌리 변환을 수행하는 합성 변환이다.

23.2.3 오프셋 변환

스키닝에서 한 가지 까다로운 문제는, 한 뼈대에 영향을 받는 정점들이 뼈대의 좌표계를 기준으로 한 것이 아니라는 점이다(정점들은 메시를 만들 때 기준이었던 **결속 공간** 좌표계를 기준으로 한다). 따라서 식 23.2를 적용하기 전에 먼저 정점들을 결속 공간에서 그 정점들에 영향을 미치는 뼈대의 공간(이하 '뼈대 공간')으로 변환해야 한다. 그러한 변환을 **오프셋 변환** (offset transformation)이라고 부른다. [그림 23.7]에 오프셋 변환이 나와 있다.

다시 말하면, 임의의 뼈대 B의 오프셋 행렬을 이용해서 정점들을 변환함으로써 그 정점들을 해당 결속 공간에서 B의 뼈대 공간으로 옮겨야 한다. 일단 정점들이 B의 뼈대 공간에 있게 되면, B의 뿌리 변환을 이용해서 그 정점들을 현재 애니메이션 자세에 해당하는 캐릭터 공간으로 되돌릴 수 있다.

뼈대의 오프셋 변환에 뿌리 변환을 결합한 것을 **최종 변환**(final transform)이라고 부른다. 수학적으로, i번 뼈대의 최종 변환 $\mathbf{F}_i$는 다음과 같이 주어진다.

$$\mathbf{F}_i = \textit{오프셋변환}_i \cdot \textit{뿌리변환}_i \qquad \text{(식 23.3)}$$

23.2.4 골격의 애니메이션

제22장 예제에서 단일 물체(뼈대 하나로 된 물체)를 애니메이션하는 방법을 보았다. 또한, 주어진 한 순간에서의 물체의 위치와 방향, 축척을 지정하는 키 프레임들의 시간순 목록을 이용해서 애니메이션의 전체적인 모습을 개략적으로 정의하는 방법과 그러한 키 프레임들 사이를 보간해서 임의의 순간에서의 물체의 구체적인 위치와 방향, 축척을 구하는 방법도 설명했다. 이번에는 그러한 키 프레임 애니메이션 시스템을 골격 애니메이션으로 확장해 보자.

지금부터 소개하는 애니메이션 클래스들은 이번 장 메시 스키닝 예제('SkinnedMesh')의 *SkinnedData.h/.cpp*에 정의 및 구현되어 있다.

골격 애니메이션이 단일 물체 애니메이션보다 아주 어렵지는 않다. 단일 물체 애니메이션은 뼈대 하나를 변환하는 것이고, 골격 애니메이션은 연결된 일단의 뼈대들을 변환하는 것일 뿐이다. 골격 애니메이션에서는 각 뼈대가 독립적으로 움직일 수 있다고 가정한다. 따라서 골격을 애니메이션하려면 그냥 각 뼈대를 국소적으로 애니메이션하면 된다. 일단 각 뼈대의 국소 애니메이션을 마친 후에는, 해당 조상들의 움직임을 고려해서 각 뼈대를 뿌리 공간으로 변환한다.

하나의 캐릭터가 다양한 동작을 할 수 있다. 하나의 특정한 동작을 구성하는 애니메이션들(골격의 뼈대당 하나씩)의 집합을 애니메이션 클립^{animation clip}*이라고 부르기로 한다. 예를 들어 인간형 캐릭터라면 '걷기' 애니메이션 클립이나 '달리기', '싸우기', '숙이기', '뛰어오르기' 같은 클립들이 있을 것이다. 다음은 하나의 애니메이션 클립을 대표하는 클래스이다.

```
///<summary>
/// AnimationClip 클래스는 '걷기', '뛰기', '공격', '방어' 같은 개별
/// 애니메이션 클립을 대표한다. 하나의 AnimationClip 객체는 애니메이션
/// 클립을 구성하는 BoneAnimation 인스턴스들(뼈대당 하나씩의)을 담는다.
///</summary>
struct AnimationClip
{
    // 이 클립의 모든 뼈대 중 가장 이른 시작 시간을 돌려준다.
    float GetClipStartTime()const;

    // 이 클립의 모든 뼈대 중 가장 늦은 종료 시간을 돌려준다.
    float GetClipEndTime()const;

    // 이 클립의 각 BoneAnimation을 훑으면서 애니메이션을
    // 보간한다.
    void Interpolate(float t, std::vector<XMFLOAT4X4>& boneTransforms)
        const;

    // 이 클립을 구성하는 뼈대별 애니메이션들.
    std::vector<BoneAnimation> BoneAnimations;
};
```

---

* 옮긴이 참고로 '클립'이라는 용어는 필름을 가로로 잘라서 이어 붙이는 식으로 영화를 편집하던 시절에 잘라 낸 필름 조각(clip)을 집게(이 역시 clip)로 집어서 걸어 놓던 데에서 비롯된 것이다.

일반적으로 응용 프로그램에서 캐릭터들은 다양한 동작을 수행하므로, 하나의 캐릭터에 여러 개의 애니메이션 클립을 두게 된다. 그런데 한 캐릭터의 모든 애니메이션 클립은 동일한 골격에 작용하므로, 사용하는 뼈대 개수가 모두 같다(특정 애니메이션 클립에서는 일부 뼈대가 움직이지 않기도 하겠지만, 어쨌든 개수는 동일하다). 이 점을 감안해서, 이번 장의 예제는 모든 애니메이션 클립을 unordered_map 자료 구조에 담아 두고 읽기 쉬운 문자열 이름을 이용해서 개별 클립을 지칭한다.

```
std::unordered_map<std::string, AnimationClip> mAnimations;
AnimationClip& clip = mAnimations["attack"];
```

마지막으로, 앞에서 언급했듯이 각 뼈대에는 정점들을 결속 공간에서 뼈대 공간으로 변환하는 오프셋 변환이 필요하다. 또한, 골격 계통구조를 표현하는 수단도 필요하다(예제는 벡터 자료구조를 이용해서 골격 계통구조를 표현하는데, 자세한 내용은 다음 절에서 이야기하겠다). 다음은 이상의 사항을 고려해서 설계한, 골격 애니메이션 자료를 담는 최종적인 자료구조이다.

```
class SkinnedData
{
public:

  UINT BoneCount()const;

  float GetClipStartTime(const std::string& clipName)const;
  float GetClipEndTime(const std::string& clipName)const;

  void Set(
    std::vector<int>& boneHierarchy,
    std::vector<DirectX::XMFLOAT4X4>& boneOffsets,
    std::unordered_map<std::string, AnimationClip>& animations);

  // 실제 프로젝트에서는, 만일 같은 clipName과 timePos로
  // 이 메서드를 여러 번 호출할 가능성이 크다면 일종의 캐싱
  // 시스템을 도입하는 것이 바람직할 것이다.
  void GetFinalTransforms(const std::string& clipName, float timePos,
    std::vector<DirectX::XMFLOAT4X4>& finalTransforms)const;

private:
  // 뼈대들의 부모 색인들을 담는다.
  std::vector<int> mBoneHierarchy;
```

```
    std::vector<DirectX::XMFLOAT4X4> mBoneOffsets;

    std::unordered_map<std::string, AnimationClip> mAnimations;
};
```

23.2.5 최종 변환 계산

한 캐릭터의 좌표계 계통구조(골격 계통구조)는 일반적으로 [그림 23.2]와 비슷한 모습의 트리 형태이다. 이번 장의 예제는 이러한 계통구조를 하나의 정수 배열(구체적으로는 vector 자료구조)로 표현한다. 이 배열의 *i*번 원소는 *i*번 뼈대의 부모 색인이다. 더 나아가서, 뼈대의 번호(색인) *i*는 해당 애니메이션 클립에서 그 뼈대의 BoneAnimation 인스턴스의 색인과 일치하며, 오프셋 변환 배열에서 해당 오프셋 변환의 색인과도 일치한다. 뿌리 뼈대는 항상 0번 원소이고 부모는 없다. 예를 들어 *i*번 뼈대의 조부모(부모의 부모)의 오프셋 변환을 얻는 코드는 다음과 같다.

```
int parentIndex = mBoneHierarchy[i];
int grandParentIndex = mBoneHierarchy[parentIndex];

XMFLOAT4X4 offset = mBoneOffsets[grandParentIndex];

AnimationClip& clip = mAnimations["attack"];
BoneAnimation& anim = clip.BoneAnimations[grandParentIndex];
```

다음은 이러한 관례에 기초해서 각 뼈대의 최종 변환을 계산하는 메서드이다.

```
void SkinnedData::GetFinalTransforms(const std::string& clipName,
float timePos, std::vector<XMFLOAT4X4>& finalTransforms)const
{
  UINT numBones = mBoneOffsets.size();

  std::vector<XMFLOAT4X4> toParentTransforms(numBones);

  /// 이 클립의 모든 뼈대를 주어진 시간(순간)에 맞게 보간한다.
  auto clip = mAnimations.find(clipName);
  clip->second.Interpolate(timePos, toParentTransforms);

  //
  // 골격 계통구조를 훑으면서 모든 뼈대를 뿌리 공간으로 변환한다.
```

```
    //
    std::vector<XMFLOAT4X4> toRootTransforms(numBones);

    // 뿌리 뼈대의 색인은 0이다. 뿌리 뼈대에는 부모가 없으므로,
    // 뿌리 뼈대의 뿌리 변환은 그냥 자신의 국소 뼈대 변환이다.
    toRootTransforms[0] = toParentTransforms[0];

    // 이제 자식 뼈대들의 뿌리 변환들을 구한다.
    for(UINT i = 1; i < numBones; ++i)
    {
        XMMATRIX toParent = XMLoadFloat4x4(&toParentTransforms[i]);

        int parentIndex = mBoneHierarchy[i];
        XMMATRIX parentToRoot = XMLoadFloat4x4(&toRootTransforms[parentIndex]);

        XMMATRIX toRoot = XMMatrixMultiply(toParent, parentToRoot);

        XMStoreFloat4x4(&toRootTransforms[i], toRoot);
    }

    // 뼈대 오프셋 변환을 먼저 곱해서 최종 변환을 구한다
    for(UINT i = 0; i < numBones; ++i)
    {
        XMMATRIX offset = XMLoadFloat4x4(&mBoneOffsets[i]);
        XMMATRIX toRoot = XMLoadFloat4x4(&toRootTransforms[i]);
        XMStoreFloat4x4(&finalTransforms[i], XMMatrixMultiply(offset, toRoot));
    }
}
```

이 메서드가 §23.2.2에서 말한 조건에 의존함을 주의하기 바란다. 이 메서드의 루프는 뼈대들을 훑으면서 부모 뼈대의 뿌리 변환을 다음과 같이 조회한다.

```
int parentIndex = mBoneHierarchy[i];
XMMATRIX parentToRoot = XMLoadFloat4x4(&toRootTransforms[parentIndex]);
```

이 코드가 제대로 작동하려면 부모 뼈대의 뿌리 반환이 루프의 이전 반복에서 이미 계산되어 있어야 한다. 다행히, 배열들에 뼈대들을 저장할 때 항상 부모 뼈대가 자식 뼈대보다 앞에 오게 하면 그런 조건이 반드시 만족된다. 이번 장 예제의 3차원 모형 자료는 애초에 그런 식으로 작성되어 있다. 다음은 한 캐릭터 모형의 계통구조 배열 중 처음 뼈대 10개에 해당하는 자료이다.

```
ParentIndexOfBone0: -1
ParentIndexOfBone1: 0
ParentIndexOfBone2: 0
ParentIndexOfBone3: 2
ParentIndexOfBone4: 3
ParentIndexOfBone5: 4
ParentIndexOfBone6: 5
ParentIndexOfBone7: 6
ParentIndexOfBone8: 5
ParentIndexOfBone9: 8
```

예를 들어 9번 뼈대의 부모는 8번이고 8번 뼈대의 부모는 5번, 5번의 부모는 4번, 4번의 부모는 3번, 3번의 부모는 2번, 그리고 2번의 부모는 뿌리 뼈대에 해당하는 0번이다. 이러한 뼈대 색인 배열에서 자식 뼈대가 부모 뼈대보다 먼저 오는 일이 결코 없음을 주목하기 바란다.

23.3 정점 혼합

지금까지 골격을 애니메이션하는 방법을 살펴보았다. 이번 절에서는 골격을 감싸는 표피의 정점들을 애니메이션하는 방법에 초점을 둔다. 그러한 작업을 위한 알고리즘을 **정점 혼합**(vertex blending)이라고 부른다.

정점 혼합의 전략을 간단히 설명해 보겠다. 우선 주의할 점은, 골격 계통구조의 뼈대들은 개별적이지만 골격 전체에 입히는 표피는 하나의 연속된 메시라는 점이다(즉, 메시를 뼈대마다 개별적인 부분 메시로 나누어서 따로 애니메이션하는 것이 아니다). 더 나아가서, 표피의 한 정점에 영향을 주는 뼈대가 여러 개일 수 있다. 그런 경우 그 정점의 최종 위치는 영향을 주는 뼈대들의 최종 변환들의 가중 평균으로 결정된다(해당 가중치들은 모형 제작 프로그램으로 모형을 만들 때 아티스트가 지정한다). 이런 식으로 정점들을 '혼합'하면 관절 주변(흔히 문제가 발생하는 영역이다)에서 정점들이 매끄럽게 전이되어서 적당히 탄력있는 모습의 표피가 만들어진다. [그림 23.8]을 참고하기 바란다.

[Möller08]에서 지적했듯이, 대체로 실제 응용에서는 하나의 정점에 영향을 주는 뼈대(줄여서 영향 뼈대)가 최대 네 개 정도면 충분하다. 따라서 이번 장 예제에서는 정점당 영향 뼈대를 최대 네 개로 제한하기로 한다. 앞에서 말했듯이 정점 혼합의 대상이 되는 캐릭터 표피는 하나의 연속적인 메시이다. 메시의 각 정점에 최대 네 개의 뼈대 색인이 있다. 각 색인은 최종

변환 행렬들(골격의 뼈대당 하나씩)을 담은 배열의 한 원소를 가리킨다. 그러한 배열을 흔히 **뼈대 행렬 팔레트**(bone matrix palette)라고 부른다. 또한, 각 정점은 네 영향 뼈대들이 그 정점에 각각 얼마나 영향을 주는지를 나타내는 네 개의 가중치도 가지고 있다. [그림 23.9]는 이상의 요구를 반영한, 정점 혼합을 위한 정점 구조체이다.

이런 형식의 정점들로 구성된, 정점 혼합을 적용할 준비를 마친 연속 메시를 스키닝된 메시(skinned mesh)라고 부른다.

임의의 정점 $\mathbf{v}$에 정점 혼합을 적용해서 나온 정점(간단히 '혼합 정점')의 뿌리 좌표계 기준 위치 $\mathbf{v}'$을 다음과 같은 가중 평균 공식으로 계산할 수 있다.

$$\mathbf{v}' = w_0\mathbf{v}\mathbf{F}_0 + w_1\mathbf{v}\mathbf{F}_1 + w_2\mathbf{v}\mathbf{F}_2 + w_3\mathbf{v}\mathbf{F}_3$$

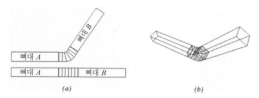

그림 23.8 표피는 뼈대들을 감싸는 하나의 연속된 메시이다. 관절 주변의 정점들이 뼈대 A와 뼈대 B 모두에 영향을 받는다는 점에 주목하기 바란다. 정점들이 두 뼈대 사이에서 매끄럽게 전이됨으로써 유연한 피부의 모습이 만들어진다.

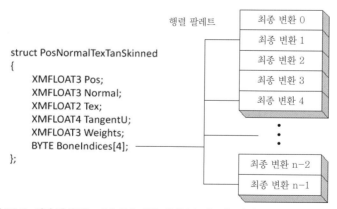

그림 23.9 행렬 팔레트는 뼈대 최종 변환 행렬들을 담는다. 뼈대 색인들(BoneIndices)은 각각 행렬 팔레트의 한 원소에 대한 색인으로 쓰인다. 결과적으로 뼈대 색인들은 골격 계통구조의 뼈대 중 그 정점에 영향을 주는 뼈대들을 식별한다. 정점이 반드시 네 개의 뼈대에 영향을 받아야 하는 것은 아님을 주의하기 바란다. 예를 들어 한 정점에 뼈대 두 개만 영향을 줄 수도 있다. 그런 경우 뼈대 색인 중 두 개만 실제로 사용하고, 나머지 두 뼈대에 대해서는 가중치를 0으로 두어서 정점에 실질적인 영향을 미치지 않게 하면 된다.

여기서 $w_0 + w_1 + w_2 + w_3 = 1$이다. 즉, 가중치들의 합은 1이다.

이 공식을 말로 설명하자면, 주어진 정점 $\mathbf{v}$에 영향을 주는 모든 뼈대의 최종 변환 행렬들 (즉, $\mathbf{F}_0$, $\mathbf{F}_1$, $\mathbf{F}_2$, $\mathbf{F}_3$)을 정점에 각각 적용해서 개별 변환 결과들을 얻고, 그 결과들의 가중 평균을 구해서 최종적인 혼합 정점 위치 $\mathbf{v}'$을 결정한다는 것이다.

법선과 접선도 비슷한 방식으로 변환한다.

$$\mathbf{n}' = \text{normalize}(w_0\mathbf{nF}_0 + w_1\mathbf{nF}_1 + w_2\mathbf{nF}_2 + w_3\mathbf{nF}_3)$$

$$\mathbf{t}' = \text{normalize}(w_0\mathbf{tF}_0 + w_1\mathbf{tF}_1 + w_2\mathbf{tF}_2 + w_3\mathbf{tF}_3)$$

이 공식들은 변환 행렬 $\mathbf{F}_i$들에 비균등 비례가 없다는 가정을 깔고 있다. 만일 비균등 비례가 존재한다면 법선을 변환할 때 역전치 행렬 $(\mathbf{F}_i^{-1})^T$를 사용해야 한다(§8.2.2 참고).

다음은 예제 정점 셰이더의 핵심 부분으로, 정점당 영향 뼈대가 최대 네 개인 정점 혼합을 수행하는 방법을 보여준다.

```
cbuffer cbSkinned : register(b1)
{
    // 캐릭터당 최대 96개의 뼈대를 지원한다.
    float4x4 gBoneTransforms[96];
};

struct VertexIn
{
    float3 PosL     : POSITION;
    float3 NormalL  : NORMAL;
    float2 TexC     : TEXCOORD;
    float4 TangentL : TANGENT;
#ifdef SKINNED
    float3 BoneWeights : WEIGHTS;
    uint4 BoneIndices  : BONEINDICES;
#endif
};

struct VertexOut
{
    float4 PosH       : SV_POSITION;
    float4 ShadowPosH : POSITION0;
    float4 SsaoPosH   : POSITION1;
    float3 PosW       : POSITION2;
    float3 NormalW    : NORMAL;
    float3 TangentW   : TANGENT;
    float2 TexC       : TEXCOORD;
```

```
};

VertexOut VS(VertexIn vin)
{
    VertexOut vout = (VertexOut)0.0f;

    // 재질 자료를 가져온다.
    MaterialData matData = gMaterialData[gMaterialIndex];

#ifdef SKINNED
    float weights[4] = { 0.0f, 0.0f, 0.0f, 0.0f };
    weights[0] = vin.BoneWeights.x;
    weights[1] = vin.BoneWeights.y;
    weights[2] = vin.BoneWeights.z;
    weights[3] = 1.0f - weights[0] - weights[1] - weights[2];

    float3 posL = float3(0.0f, 0.0f, 0.0f);
    float3 normalL = float3(0.0f, 0.0f, 0.0f);
    float3 tangentL = float3(0.0f, 0.0f, 0.0f);
    for(int i = 0; i < 4; ++i)
    {
        // 변환들에 비균등 비례가 전혀 없다고 가정한다(따라서
        // 법선 변환 시 역전치 행렬을 사용할 필요가 없다).

        posL += weights[i] * mul(float4(vin.PosL, 1.0f),
            gBoneTransforms[vin.BoneIndices[i]]).xyz;
        normalL += weights[i] * mul(vin.NormalL,
            (float3x3)gBoneTransforms[vin.BoneIndices[i]]);
        tangentL += weights[i] * mul(vin.TangentL.xyz,
            (float3x3)gBoneTransforms[vin.BoneIndices[i]]);
    }

    vin.PosL = posL;
    vin.NormalL = normalL;
    vin.TangentL.xyz = tangentL;
#endif

    // 세계 공간으로 변환한다.
    float4 posW = mul(float4(vin.PosL, 1.0f), gWorld);
    vout.PosW = posW.xyz;

    // 세계 행렬에 비균등 비례가 없다고 가정하고 법선을 변환한다.
    // 비균등 비례가 있다면 역전치 행렬을 사용해야 한다.
    mul(vin.NormalL, (float3x3)gWorld);
```

```
        vout.TangentW = mul(vin.TangentL, (float3x3)gWorld);

        // 동차 절단 공간으로 변환한다.
        vout.PosH = mul(posW, gViewProj);

        // SSAO 맵을 장면에 투영하는 데 사용할 투영 텍스처 좌표를 생성한다.
        vout.SsaoPosH = mul(posW, gViewProjTex);

        // 출력 정점 특성들은 이후 삼각형을 따라 보간된다.
        float4 texC = mul(float4(vin.TexC, 0.0f, 1.0f), gTexTransform);
        vout.TexC = mul(texC, matData.MatTransform).xy;

        // 그림자 맵을 장면에 투영하는 데 사용할 투영 텍스처 좌표를 생성한다.
        vout.ShadowPosH = mul(posW, gShadowTransform);

        return vout;
    }
```

이 정점 셰이더는 정점당 영향 뼈대가 최대 네 개인 정점 혼합을 수행한다. 그런데 정점당 입력 가중치가 네 개가 아니라 세 개인 이유는 무엇일까? 앞에서 가중치들의 합이 1이라고 했음을 기억할 것이다. 이를 강제하기 위해, $w_0 + w_1 + w_2 + w_3 = 1 \Leftrightarrow w_3 = 1 - w_0 - w_1 - w_2$를 이용해서 처음 세 가중치로부터 네 번째 가중치를 유도한다.

23.4 파일에서 애니메이션 자료 적재

이번 장 예제는 3차원 모형의 스키닝된 메시와 애니메이션 자료를 텍스트 파일에 저장한다. 그 텍스트 파일의 확장자는 "model 3D"를 줄인 .m3d이다. 이 파일 형식은 자료를 쉽게 적재할 수 있고 사람이 눈으로 읽기에도 좋도록 설계된 것일 뿐, 성능을 고려한 것은 아니다. 그리고 이 파일 형식은 이 책에만 쓰인다.

23.4.1 헤더

.m3d 형식의 파일은 3차원 모형의 스키닝된 메시를 구성하는 재질, 정점, 삼각형, 뼈대, 애니메이션의 개수들이 정의된 헤더로 시작한다.

```
***************m3d-File-Header***************
#Materials 3
#Vertices 3121
#Triangles 4062
#Bones 44
#AnimationClips 15
```

1. #Materials: 메시가 사용하는 서로 다른 재질들의 개수.

2. #Vertices: 메시의 정점 개수.

3. #Triangles: 메시의 삼각형 개수.

4. #Bones: 메시의 뼈대 개수.

5. #AnimationClips: 메시의 애니메이션 클립 개수.

23.4.2 재질 목록

.m3d 파일의 헤더 다음에는 재질 목록이 온다. 한 예로, 다음은 *soldier.m3d* 파일의 처음 두 재질 정의이다.

```
***************Materials*********************
Name: soldier_head
Diffuse: 1 1 1
Fresnel0: 0.05 0.05 0.05
Roughness: 0.5
AlphaClip: 0
MaterialTypeName: Skinned
DiffuseMap: head_diff.dds
NormalMap: head_norm.dds

Name: soldier_jacket
Diffuse: 1 1 1
Fresnel0: 0.05 0.05 0.05
Roughness: 0.8
AlphaClip: 0
MaterialTypeName: Skinned
DiffuseMap: jacket_diff.dds
NormalMap: jacket_norm.dds
```

재질 정의에는 분산광(Diffuse), 거칠기(Roughness) 등 이미 익숙한 자료뿐만 아니라 적용할 텍스처(DiffuseMap)나 알파 절단 적용 여부(AlphaClip), 재질 종류 이름

(MaterialTypeName) 같은 추가 정보도 있다. 재질 종류 이름은 주어진 재질에 적용할 셰이더 프로그램들을 식별하는 용도로 쓰인다. 지금 예에서 'Skinned' 종류의 재질에는 메시 스키닝을 지원하는 셰이더 프로그램들을 사용해야 한다.

23.4.3 부분집합 정의

하나의 메시는 하나 이상의 부분집합들로 구성된다. 여기서 **부분집합**(subset)은 메시의 모든 삼각형 중 같은 재질을 이용해서 렌더링할 수 있는 삼각형들의 집합을 뜻한다. [그림 23.10]은 하나의 자동차 메시를 여러 부분집합으로 나눈 예이다.

재질마다 그에 해당하는 부분집합이 있다. i번째 부분집합은 i번째 재질에 대응된다. i번째 부분집합은 전체 메시 중 i번째 재질로 렌더링해야 하는 연속된 기하구조 영역을 정의한다.

```
***************SubsetTable*******************
SubsetID: 0 VertexStart: 0 VertexCount: 3915 FaceStart: 0 FaceCount: 7230
SubsetID: 1 VertexStart: 3915 VertexCount: 2984 FaceStart: 7230 FaceCount: 4449
SubsetID: 2 VertexStart: 6899 VertexCount: 4270 FaceStart: 11679 FaceCount: 6579
SubsetID: 3 VertexStart: 11169 VertexCount: 2305 FaceStart: 18258 FaceCount: 3807
SubsetID: 4 VertexStart: 13474 VertexCount: 274 FaceStart: 22065 FaceCount: 442
```

이 예에서, 메시의 삼각형 중 처음 7,230개(번호가 [0, 3915)인 정점들을 참조하는)는 0번 재질로 렌더링하고 그다음 4,449개(번호가 [3915, 6899)인 정점들을 참조하는)는 1번 재질로 렌더링해야 한다.

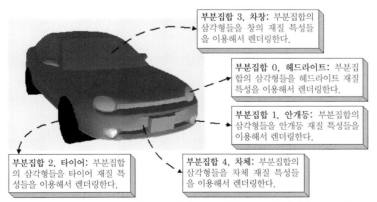

부분집합 3. 차창: 부분집합의 삼각형들을 창의 재질 특성들을 이용해서 렌더링한다.

부분집합 0. 헤드라이트: 부분집합의 삼각형들을 헤드라이트 재질 특성을 이용해서 렌더링한다.

부분집합 1. 안개등: 부분집합의 삼각형들을 안개등 재질 특성들을 이용해서 렌더링한다.

부분집합 2. 타이어: 부분집합의 삼각형들을 타이어 재질 특성들을 이용해서 렌더링한다.

부분집합 4. 차체: 부분집합의 삼각형들을 차체 재질 특성들을 이용해서 렌더링한다.

그림 23.10 하나의 자동차를 여러 부분집합으로 분할한 모습. 이 예에서는 부분집합별로 재질만 다르지만, 실제 응용에서는 텍스처의 종류와 적용 방식까지 다르게 둘 수도 있다(예를 들어 차창은 알파 혼합을 이용해서 투명하게 렌더링하는 등).

23.4.4 정점 및 삼각형 자료

부분집합 정의 다음에는 정점들의 목록과 색인들의 목록이 나온다(삼각형 하나당 색인 세 개).

```
***************Vertices********************
Position: -14.34667 90.44742 -12.08929
Tangent: -0.3069077 0.2750875 0.9111171 1
Normal: -0.3731041 -0.9154652 0.150721
Tex-Coords: 0.21795 0.105219
BlendWeights: 0.483457 0.483457 0.0194 0.013686
BlendIndices: 3 2 39 34

Position: -15.87868 94.60355 9.362272
Tangent: -0.3069076 0.2750875 0.9111172 1
Normal: -0.3731041 -0.9154652 0.150721
Tex-Coords: 0.278234 0.091931
BlendWeights: 0.4985979 0.4985979 0.002804151 0
BlendIndices: 39 2 3 0
...

***************Triangles********************
0 1 2
3 4 5
6 7 8
9 10 11
12 13 14
...
```

23.4.5 뼈대 오프셋 변환 목록

정점 및 색인 목록 다음에는 뼈대 오프셋 변환 목록이 나온다. 각 뼈대 오프셋 변환 자료는 해당 4×4 변환 행렬의 성분들을 나열한 형태이다.

```
***************BoneOffsets*******************
BoneOffset0 -0.8669753 0.4982096 0.01187624 0
0.04897417 0.1088907 -0.9928461 0
-0.4959392 -0.8601914 -0.118805 0
-10.94755 -14.61919 90.63506 1

BoneOffset1 1 4.884964E-07 3.025227E-07 0
-3.145564E-07 2.163151E-07 -1 0
```

```
4.884964E-07 0.9999997 -9.59325E-08 0
3.284225 7.236738 1.556451 1
...
```

23.4.6 골격 계통구조

뼈대 오프셋 변환 목록 다음에는 일련의 정수들로 이루어진 골격 계통구조 정의가 나온다. *i*번째 정수는 *i*번째 뼈대의 부모 색인에 해당한다.

```
***************BoneHierarchy*****************
ParentIndexOfBone0: -1
ParentIndexOfBone1: 0
ParentIndexOfBone2: 1
ParentIndexOfBone3: 2
ParentIndexOfBone4: 3
ParentIndexOfBone5: 4
ParentIndexOfBone6: 5
ParentIndexOfBone7: 6
ParentIndexOfBone8: 7
ParentIndexOfBone9: 7
ParentIndexOfBone10: 7
ParentIndexOfBone11: 7
ParentIndexOfBone12: 6
ParentIndexOfBone13: 12
...
```

23.4.7 애니메이션 자료

m3d 파일의 마지막 부분은 애니메이션 클립들을 정의하는 자료이다. 각 애니메이션 클립 자료는 그 클립을 지칭하는 문자열 이름과 키 프레임 목록들(골격의 뼈대당 하나씩)로 구성된다. 각 키 프레임 목록에는 개별 키 프레임 자료들이 시간순으로 나열되며, 각 키 프레임 자료는 뼈대의 위치를 지정하는 이동 벡터와 뼈대의 축척을 지정하는 축척 벡터, 그리고 뼈대의 방향을 지정하는 사원수로 구성된다.

```
***************AnimationClips****************
AnimationClip run_loop
{
    Bone0 #Keyframes: 18
    {
```

```
      Time: 0
        Pos: 2.538344 101.6727 -0.52932
        Scale: 1 1 1
        Quat: 0.4042651 0.3919331 -0.5853591 0.5833637
      Time: 0.0666666
        Pos: 0.81979 109.6893 -1.575387
        Scale: 0.9999998 0.9999998 0.9999998
        Quat: 0.4460441 0.3467651 -0.5356012 0.6276384

        ...
    }

    Bone1 #Keyframes: 18
    {
      Time: 0
        Pos: 36.48329 1.210869 92.7378
        Scale: 1 1 1
        Quat: 0.126642 0.1367731 0.69105 0.6983587
      Time: 0.0666666
        Pos: 36.30672 -2.835898 93.15854
        Scale: 1 1 1
        Quat: 0.1284061 0.1335271 0.6239273 0.7592083

        ...
    }
    ...
}

AnimationClip walk_loop
{
    Bone0 #Keyframes: 33
    {
      Time: 0
        Pos: 1.418595 98.13201 -0.051082
        Scale: 0.9999985 0.999999 0.9999991
        Quat: 0.3164562 0.6437552 -0.6428624 0.2686314
      Time: 0.0333333
        Pos: 0.956079 96.42985 -0.047988
        Scale: 0.9999999 0.9999999 0.9999999
        Quat: 0.3250651 0.6395872 -0.6386833 0.2781091

        ...
    }

    Bone1 #Keyframes: 33
    {
      Time: 0
```

```
        Pos: -5.831432 2.521564 93.75848
        Scale: 0.9999995 0.9999995 1
        Quat: -0.033817 -0.000631005 0.9097761 0.4137191
     Time: 0.0333333
        Pos: -5.688324 2.551427 93.71078
        Scale: 0.9999998 0.9999998 1
        Quat: -0.033202 -0.0006390021 0.903874 0.426508

      ...
   }
  ...
}

...
```

다음 코드는 애니메이션 클립 자료를 파일에서 읽어 들이는 방법을 보여준다.

```
void M3DLoader::ReadAnimationClips(
  std::ifstream& fin,
  UINT numBones,
  UINT numAnimationClips,
  std::unordered_map<std::string,
  AnimationClip>& animations)
{
  std::string ignore;
  fin >> ignore; // AnimationClips 헤더 문구
  for(UINT clipIndex = 0; clipIndex < numAnimationClips; ++clipIndex)
  {
    std::string clipName;
    fin >> ignore >> clipName;
    fin >> ignore; // {

    AnimationClip clip;
    clip.BoneAnimations.resize(numBones);

    for(UINT boneIndex = 0; boneIndex < numBones; ++boneIndex)
    {
      ReadBoneKeyframes(fin, numBones, clip.BoneAnimations[boneIndex]);
    }
    fin >> ignore; // }

    animations[clipName] = clip;
  }
}
```

```
void M3DLoader::ReadBoneKeyframes(
  std::ifstream& fin,
  UINT numBones,
  BoneAnimation& boneAnimation)
{
  std::string ignore;
  UINT numKeyframes = 0;
  fin >> ignore >> ignore >> numKeyframes;
  fin >> ignore; // {

  boneAnimation.Keyframes.resize(numKeyframes);
  for(UINT i = 0; i < numKeyframes; ++i)
  {
    float t  = 0.0f;
    XMFLOAT3 p(0.0f, 0.0f, 0.0f);
    XMFLOAT3 s(1.0f, 1.0f, 1.0f);
    XMFLOAT4 q(0.0f, 0.0f, 0.0f, 1.0f);
    fin >> ignore >> t;
    fin >> ignore >> p.x >> p.y >> p.z;
    fin >> ignore >> s.x >> s.y >> s.z;
    fin >> ignore >> q.x >> q.y >> q.z >> q.w;

    boneAnimation.Keyframes[i].TimePos      = t;
    boneAnimation.Keyframes[i].Translation  = p;
    boneAnimation.Keyframes[i].Scale        = s;
    boneAnimation.Keyframes[i].RotationQuat = q;
  }

  fin >> ignore; // }
}
```

23.4.8 M3DLoader 클래스

이번 장 예제의 M3DLoader 클래스(*LoadM3D.h*/*.cpp*)는 .m3d 파일의 자료를 적재하는
M3DLoader::LoadM3d 메서드를 제공한다. 다음은 그 메서드의 전체 코드이다.

```
bool M3DLoader::LoadM3d(
  const std::string& filename,
  std::vector<SkinnedVertex>& vertices,
  std::vector<USHORT>& indices,
  std::vector<Subset>& subsets,
  std::vector<M3dMaterial>& mats,
```

```
  SkinnedData& skinInfo)
{
  std::ifstream fin(filename);

  UINT numMaterials = 0;
  UINT numVertices  = 0;
  UINT numTriangles = 0;
  UINT numBones     = 0;
  UINT numAnimationClips = 0;

  std::string ignore;

  if( fin )
  {
    fin >> ignore; // 파일 헤더 문구
    fin >> ignore >> numMaterials;
    fin >> ignore >> numVertices;
    fin >> ignore >> numTriangles;
    fin >> ignore >> numBones;
    fin >> ignore >> numAnimationClips;

    std::vector<XMFLOAT4X4> boneOffsets;
    std::vector<int> boneIndexToParentIndex;
    std::unordered_map<std::string, AnimationClip> animations;

    ReadMaterials(fin, numMaterials, mats);
    ReadSubsetTable(fin, numMaterials, subsets);
    ReadSkinnedVertices(fin, numVertices, vertices);
    ReadTriangles(fin, numTriangles, indices);
    ReadBoneOffsets(fin, numBones, boneOffsets);
    ReadBoneHierarchy(fin, numBones, boneIndexToParentIndex);
    ReadAnimationClips(fin, numBones, numAnimationClips, animations);

    skinInfo.Set(boneIndexToParentIndex, boneOffsets, animations);

    return true;
  }
  return false;
}
```

그 외에도 이 클래스에는 ReadMaterials 등의 여러 보조 메서드들이 있는데, 그냥
std::ifstream을 이용해서 텍스트 파일을 파싱하는 것일 뿐이므로 따로 설명하지 않겠다.
구현 세부사항이 궁금하다면 직접 소스 코드를 읽어 보기 바란다.

23.5 캐릭터 애니메이션 예제

메시 스키닝 셰이더 코드에서 보았듯이, 뼈대의 최종 변환들은 상수 버퍼에 저장된다. 정점 셰이더는 상수 버퍼에서 최종 변환 행렬을 가져와서 애니메이션을 위한 변환을 수행한다.

```
cbuffer cbSkinned : register(b1)
{
    // 캐릭터당 최대 96개의 뼈대를 지원한다.
    fl oat4x4 gBoneTransforms[96];
};
```

이를 위해, 예제 응용 프로그램은 메시 스키닝을 적용할 물체마다 하나씩의 새 상수 버퍼를 프레임 자원에 추가한다.

```
struct SkinnedConstants
{
    DirectX::XMFLOAT4X4 BoneTransforms[96];
};

std::unique_ptr<UploadBuffer<SkinnedConstants>> SkinnedCB = nullptr;

SkinnedCB = std::make_unique<UploadBuffer<SkinnedConstants>>(
    device, skinnedObjectCount, true);
```

스키닝 애니메이션을 적용하는 캐릭터(이하 간단히 애니메이션 캐릭터)의 인스턴스마다 하나씩의 SkinnedConstants 객체가 필요하다. 일반적으로 하나의 애니메이션 캐릭터 인스턴스는 다수의 렌더 항목들(재질당 하나씩)로 이루어지지만, 한 캐릭터 인스턴스의 모든 렌더 항목은 동일한 SkinnedConstants를 공유할 수 있다. 캐릭터 애니메이션을 위한 골격 계통구조가 렌더 항목마다 달라지지는 않기 때문이다.

주어진 순간에서의 애니메이션 캐릭터 인스턴스를 나타내기 위해, 예제는 다음과 같은 구조체를 정의한다.

```
struct SkinnedModelInstance
{
    SkinnedData* SkinnedInfo = nullptr;

    // 주어진 시간에서의 최종 변환들을 담는다.
    std::vector<DirectX::XMFLOAT4X4> FinalTransforms;
```

```
      // 현재 애니메이션 클립.
      std::string ClipName;

      // 애니메이션 시간 위치.
      float TimePos = 0.0f;

      // 매 프레임 이 메서드를 호출하면 애니메이션이 진행된다.
      void UpdateSkinnedAnimation(float dt)
      {
        TimePos += dt;

        // 애니메이션을 순환시킨다.
        if(TimePos > SkinnedInfo->GetClipEndTime(ClipName))
          TimePos = 0.0f;

        // 시간 위치를 증가하고, 현재 애니메이션 클립에
        // 기초해서 각 뼈대의 애니메이션을 보간하고, 최종 변환을
        // 계산한다. 최종 변환은 이후 정점 셰이더에 전달된다.
        // 이러한 과정을 매 프레임 반복하면 애니메이션이 진행된다.
        SkinnedInfo->GetFinalTransforms(ClipName, TimePos, FinalTransforms);
      }
    };
```

다음으로, 스키닝 애니메이션을 위해 렌더 항목 구조체에 다음과 같은 자료 멤버들을 추가
한다.

```
    struct RenderItem
    {
      [...]
      // 뼈대 변환 상수 버퍼의 색인.
      // 스키닝용 렌더 항목에만 쓰인다.
      UINT SkinnedCBIndex = -1;

      // 이 렌더 항목에 연관된 애니메이션 캐릭터 인스턴스를 가리키는 포인터.
      // 스키닝용 렌더 항목이 아니면 그냥 nullptr로 둔다.
      SkinnedModelInstance* SkinnedModelInst = nullptr;
      [...]
    };
```

다음으로, 프레임마다 다음 메서드에서 애니메이션 캐릭터들을 갱신한다(이번 장 예제는 그런
캐릭터가 하나뿐이다).

```
void SkinnedMeshApp::UpdateSkinnedCBs(const GameTimer& gt)
{
  auto currSkinnedCB = mCurrFrameResource->SkinnedCB.get();

  // 이 예제에서는 스키닝 애니메이션을 적용하는 모형이 하나뿐이다.
  mSkinnedModelInst->UpdateSkinnedAnimation(gt.DeltaTime());

  SkinnedConstants skinnedConstants;
  std::copy(
    std::begin(mSkinnedModelInst->FinalTransforms),
    std::end(mSkinnedModelInst->FinalTransforms),
    &skinnedConstants.BoneTransforms[0]);

  currSkinnedCB->CopyData(0, skinnedConstants);
}
```

렌더 항목들을 그릴 때에는, 만일 주어진 렌더 항목이 메시 스키닝 애니메이션을 위한 것이면 연관된 뼈대의 최종 변환을 파이프라인에 묶는다.

```
if(ri->SkinnedModelInst != nullptr)
{
  D3D12_GPU_VIRTUAL_ADDRESS skinnedCBAddress =
    skinnedCB->GetGPUVirtualAddress() +
    ri->SkinnedCBIndex*skinnedCBByteSize;
  cmdList->SetGraphicsRootConstantBufferView(1, skinnedCBAddress);
}
else
{
  cmdList->SetGraphicsRootConstantBufferView(1, 0);
}
```

[그림 23.10]은 이번 장 메시 스키닝 예제('SkinnedMesh')의 실행 모습이다. 이 예제에 쓰인 애니메이션 모형 및 텍스처는 원래 Direct3D SDK에 들어 있던 것인데, 예제를 위해 .m3d 형식으로 변환했다. 이 예제 모형에 담긴 애니메이션 클립은 단 하나로, 이름은 *Take1*이다.

그림 23.10 메시 스키닝 예제의 실행 모습.

23.6 요약

1. 컴퓨터 프로그램에서 그래픽으로 표현하고자 하는 현실의 사물 중에는 여러 개의 부분 또는 '부품'이 일종의 부모–자식 관계로 연결된 형태의 것들이 많다. 자식 부품들은 독립적으로 움직일 수 있지만, 부모가 움직이면 반드시 함께 움직이게 된다. 예를 들어 탱크의 포탑은 탱크 차체와는 독립적으로 회전하지만, 그래도 탱크가 움직이면 함께 움직이게 된다. 또 다른 고전적인 예는 뼈대들이 연결된 골격이다. 한 뼈대가 움직이면 그에 연결된 다른 뼈대도 움직인다. 좀 더 큰 규모의 예로, 게임의 캐릭터가 기차에 타고 있다고 하자. 캐릭터는 기차 안에서 독립적으로 움직이면서도, 기차가 움직임에 따라 함께 움직인다. 이 예는 계통구조가 동적으로 변할 수 있으며, 따라서 동적으로 갱신할 필요가 있음을 보여 준다. 즉, 캐릭터가 기차에 올라타기 전에는 기차가 캐릭터의 계통구조의 일부가 아니지만, 일단 올라타면 기차는 캐릭터의 계통구조의 일부가 된다(캐릭터는 기차의 변환을 상속받는다).

2. 한 메시 계통구조의 각 물체는 물체 자신의 국소 좌표계와 관절로 모형화된다. 물체의 회전을 편하게 표현하고 계산하기 하기 위해, 관절을 물체 국소 좌표계의 원점에 둔다. 모든 좌표계는 같은 우주 안에 존재하므로, 좌표계들 사이의 관계를 정의할 수 있다. 따라서 한 좌표계에서 다른 좌표계로의 변환도 가능하다. 애니메이션의 목적에서는 특히

각 물체의 국소 좌표계를 그 부모의 좌표계를 기준으로 서술함으로써 좌표계들을 연관시킨다. 그렇게 하면 한 자식 뼈대의 좌표계에서 그 부모의 좌표계로의 변환을 변환 행렬 하나로 수행할 수 있다. 그러한 변환을 '부모로의' 변환 행렬, 줄여서 부모 변환 행렬이라고 부른다. 일단 물체를 그 부모의 좌표계로 옮기고 나면 그 부모의 부모 변환 행렬을 이용해서 조부모의 좌표계로 옮길 수 있으며, 그런 식으로 모든 조상의 좌표계를 거치면 결국에는 세계 공간에 도달한다. 다른 말로 하면, 계통구조에 있는 임의의 한 물체를 세계 공간으로 변환하려면 그냥 물체가 세계 공간에 도달할 때까지 물체의 모든 조상의 부모 변환을 오름차순으로(뿌리를 향해 올라가면서) 적용하면 된다. 이러한 설정에서 각 물체는 자신의 조상들의 변환들을 상속하며, 따라서 조상이 움직이면 그에 따라 함께 움직인다.

3. i번 뼈대를 계통구조의 뿌리 뼈대의 좌표계로 변환하는 것을 뿌리로의(to-root) 변환, 줄여서 뿌리 변환이라고 부른다. 이 뿌리 변환은 *뿌리변환*$_i$ = *부모변환*$_i$ · *뿌리변환*$_p$라는 점화식(재귀적 관계식)으로 정의된다. 여기서 p는 i번 뼈대의 부모 뼈대의 번호이다.

4. 뼈대 오프셋 변환은 표피를 구성하는 정점들을 자신의 결속 공간에서 뼈대 공간으로 변환한다. 골격의 뼈대마다 오프셋 변환이 하나씩 있다.

5. 정점 혼합에서 골격 계통구조는 다수의 개별 뼈대들로 이루어지지만, 골격 전체에 입혀지는 표피는 하나의 연속된 메시이다. 그리고 표피의 한 정점에 영향을 주는 뼈대가 여러 개일 수 있다. 뼈대가 정점에 어느 정도의 영향을 미치는지는 뼈대의 가중치가 결정한다. 정점당 뼈대가 최대 네 개라고 할 때, 혼합된 정점 $\mathbf{v}'$의 위치(골격의 뿌리 뼈대 좌표계 기준)는 가중 평균 공식 $\mathbf{v}' = w_0\mathbf{vF}_0 + w_1\mathbf{vF}_1 + w_2\mathbf{vF}_2 + w_3\mathbf{vF}_3$으로 주어진다. 여기서 $w_0 + w_1 + w_2 + w_3 = 1$이다. 연속된 메시를 사용하며 정점 하나에 여러 개의 뼈대가 가중치에 따라 영향을 주는 덕분에, 표피가 좀 더 자연스럽고 신축성 있는 모습이 된다.

6. 정점 혼합의 구현에서는 뼈대 최종 변환 행렬들을 하나의 배열에 저장해 둔다. 그러한 배열을 **행렬 팔레트**라고 부른다. i번 뼈대의 최종 변환은 $\mathbf{F}_i$ = *오프셋변환*$_i$ · *뿌리변환*$_i$로 정의된다. 즉, 최종 행렬은 오프셋 변환 다음에 뿌리 변환을 수행하는 것에 해당한다. 또한, 구현에서는 정점마다 그 정점에 영향을 주는 뼈대의 가중치들과 행렬 팔레트 색인들을 저장한다. 행렬 팔레트 색인은 그 정점에 영향을 주는 뼈대의 최종 변환을 가리킨다.

23.7 연습문제

1. 선형 애니메이션 계통구조를 손으로 직접 작성해서 렌더링하라. 예를 들어 구와 원기둥 메시들로 이루어진 간단한 로봇 팔을 만들어 볼 수 있을 것이다. 관절은 구로, 위팔 또는 아래팔은 원기둥으로 나타내면 된다.

2. [그림 23.11]에 나온 것 같은 트리형 애니메이션 계통구조를 손으로 직접 작성해서 렌더링하라. 이번에도 구와 원기둥을 사용하면 될 것이다.

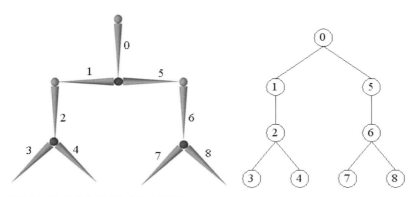

그림 23.11 간단한 트리형 메시 계통구조.

3. 애니메이션 제작 프로그램을 구해서(이를테면 자유/무료 프로그램 Blender를 *http:// www.blender.org/*에서 내려받을 수 있다) 사용법을 배우고, 뼈대와 혼합 가중치를 이용한 간단한 캐릭터 애니메이션을 만들어 보라. 만든 애니메이션 자료를 정점 혼합을 지원하는 .x 파일 형식으로 저장하고, 그것을 .m3d 형식으로 변환해서 이번 장 메시 스키닝 예제로 렌더링해 보기 바란다. 이 과제를 수행하려면 시간이 좀 걸릴 수 있다.

Windows 프로그래밍 입문

Direct3D API(Application Programming Interface, 응용 프로그래밍 인터페이스)를 활용하려면 3차원 장면을 렌더링해서 표시할 공간인 주 창(main window)이 있는 Windows(Win32) 응용 프로그램을 작성해야 한다. 이 부록 A는 네이티브 Win32 API를 이용한 Windows 응용 프로그램 작성 방법을 독자에게 소개하는 입문 자료이다. Win32 API는 간단히 말해서 C 프로그래밍 언어를 이용해서 Windows 응용 프로그램을 작성하는 데 사용할 수 있는 저수준 함수들과 구조체들의 집합이다. 예를 들어 어떤 창 클래스를 정의할 때에는 Win32 API의 `WNDCLASS` 구조체(의 한 인스턴스)를 채우고, 창을 생성할 때에는 Win32 API의 `CreateWindow` 함수를 호출한다. 그리고 특정 창을 화면에 표시하라고 Windows에 알려줄 때에는 Win32 API의 `ShowWindow` 함수를 호출한다.

Windows 프로그래밍은 방대한 주제이며, 이 부록은 Direct3D를 활용하는 데 필요한 만큼의 내용만 소개한다. Win32 API를 이용한 Windows 프로그래밍을 좀 더 알고 싶은 독자에게는 이 주제의 표준 교재라 할 수 있는 찰스 페촐드Charles Petzold의 *Programming Windows* 제5판을 권한다. Microsoft의 기술들을 다룰 때 가치 있는 또 다른 자료로는 MSDN 라이브러리가 있다. MSDN은 보통 Microsoft의 Visual Studio에 포함되어 있으나, *www.msdn.microsoft. com*에서 온라인으로 읽는 것도 가능하다. 일반적으로, 어떤 Win32 함수나 구조체에 대해 뭔가 궁금한 것이 있을 때에는 MSDN으로 가서 그 함수나 구조체를 검색해 완전한 문서화를 찾아보면 원하는 답을 얻을 수 있다. 이 부록에서 Win32 API의 어떤 함수를 언급만 하고 자세히 설명하지 않는다면, 독자가 스스로 MSDN을 찾아보라는 뜻으로 받아들이기 바란다.

목표

1. Windows 프로그래밍에 쓰이는 사건 주도적 프로그래밍 모형을 배우고 이해한다.
2. Direct3D 활용에 필수인 Windows 응용 프로그램을 작성하는 데 꼭 필요한 만큼의 Win32 함수들과 구조체들을 배운다.

A.1 개요

Windows라는 제품명이 암시하듯이, Windows용 응용 프로그램을 프로그래밍할 때 주된 주제 하나는 '창(window)'을 만들고 관리하는 것이다. Windows 응용 프로그램의 여러 구성요소, 이를테면 응용 프로그램의 주 창과 메뉴, 도구 모음, 스크롤바, 버튼, 기타 대화상자 컨트롤은 모두 창이다.* 따라서 Windows 응용 프로그램은 일반적으로 다수의 창으로 구성된다. 그럼 본격적인 논의로 들어가기 전에, 꼭 알아 두어야 할 Windows 프로그래밍 개념들부터 간단히 살펴보기로 하자.

A.1.1 자원

Windows에서는 여러 개의 응용 프로그램이 동시에 실행될 수 있다. 따라서 CPU나 메모리, 모니터 화면 같은 하드웨어 자원들을 여러 응용 프로그램이 공유해야 한다. 여러 응용 프로그램이 그런 자원(resource)에 무질서하게 접근하고 수정한다면 엄청난 혼란이 생길 것이다. 그러한 혼란을 막기 위해 Windows는 응용 프로그램이 하드웨어에 직접 접근하지 못하게 한다. 운영체제로서의 Windows의 주된 임무 중 하나는 현재 인스턴스화되어 있는** 응용 프로그램들을 관리하고 자원을 그 응용 프로그램들에 적절히 분배하는 것이다. 응용 프로그램의 관점에서 이는, 응용 프로그램이 실행 중인 다른 응용 프로그램들에 영향을 미칠 수도 있는 어떤 작업을 수행하려면 반드시 Windows를 거쳐야 한다는 뜻이다. 예를 들어 응용 프로그램의 창

---

* **옮긴이** 창이라는 용어는 화면에 뭔가를 표시하거나 사용자의 입력을 받을 수 있는 직사각형 영역을 현실의 창(창유리(pane)와 창틀(frame)로 구성된)에 비유한, 넓은 범위의 뜻을 가진 용어이다. 단, 이 부록에서 말하는 창은 CreateWindow류의 함수로 생성하고 클라이언트 영역을 가진, 좀 더 좁은 범위의 GUI 구성요소를 뜻하는 경우가 많다.

** **옮긴이** 디스크에 존재하는 응용 프로그램 실행 코드 및 자료는 말하자면 응용 프로그램의 '원본' 또는 '틀'이다. 응용 프로그램을 실제로 실행하기 위해서는 운영체제가 응용 프로그램의 코드와 자료를 메모리에 적재해서 '복사본' 또는 '인스턴스'를 만들어야 한다. 이를 인스턴스화라고 한다. 동시에 여러 개의 응용 프로그램이 실행될 수 있는 것처럼, 동시에 한 응용 프로그램의 여러 인스턴스가 실행될 수 있다 (필요하다면 한 응용 프로그램의 인스턴스 하나만 실행되게 만드는 것도 가능하다).

을 화면에 표시하려면 반드시 Win32 API 함수 ShowWindow를 호출해야 한다. 응용 프로그램이 직접 비디오 메모리에 뭔가를 기록할 수는 없다.

A.1.2 사건, 메시지 대기열, 메시지, 메시지 루프

Windows 응용 프로그램은 사건 주도적 프로그래밍 모형(event-driven programming model)*을 따른다. 대체로 Windows 응용 프로그램은 평소에는 아무 일도 하지 않고 기다리고 있다가 특정한 사건이 발생하면 그에 반응해서 어떤 작업을 수행한다.[1] 사건은 다양한 방식으로 발생하는데, 흔한 예로는 사용자가 키를 누르거나, 마우스를 클릭하면 그에 해당하는 사건이 발생한다. 또한, 창의 생성, 크기 변경, 이동, 최소화, 최대화, 가시화도 흔히 볼 수 있는 사건 발생 원인들이다.

사건이 발생하면 Windows는 그 사건의 대상이 되는 응용 프로그램에 **메시지**[message]를 보낸다. 그 메시지는 응용 프로그램의 메시지 대기열(message queue)에 추가된다. 메시지 대기열은 응용 프로그램에 전달된 메시지들이 저장되는 우선순위 대기열(priority queue)이다. 응용 프로그램은 **메시지 루프**[message loop]를 돌리면서 계속해서 메시지 대기열에 새로 도착한 메시지가 있는지 점검한다. 메시지가 있으면, 응용 프로그램의 여러 창 중 그 메시지의 대상이 되는 창과 연관된 **창 프로시저**(window procedure)에 메시지를 넘겨준다. (한 응용 프로그램에 여러 개의 창이 있을 수 있음을 기억하기 바란다.) 모든 창에는 창 프로시저라고 부르는 함수가 연관되어 있다.[2] 창 프로시저는 특정 메시지에 반응해서 실행되는 코드를 담은 함수로, 개발자가 구현해야 한다. 예를 들어 사용자가 Esc 키를 눌렀을 때 창을 파괴해야 한다면, 창 프로시저 안에 다음과 같은 코드를 집어넣으면 된다.

```
case WM_KEYDOWN:
        if( wParam == VK_ESCAPE )
            DestroyWindow(ghMainWnd);
        return 0;
```

....

* **옮긴이** event를 '이벤트'라고 번역하기도 하지만, 한국어 단어 이벤트는 대체로 스포츠 경기나 행사 등 "일정과 장소가 미리 정해진 사건"을 뜻한다는 점에서 지금 문맥에서 말하는 event에 비해 의미가 제한적이다. event-driven programming에서 말하는 event는 일어나긴 일어나겠지만 구체적으로 언제/어디서 일어날지는 미리 알 수 없는 사건까지도 포함하므로(사실 그런 종류의 사건을 뜻하는 경우가 더 많다). '이벤트'보다는 '사건'이 더 적합하다.

1 어떤 사건이 일어나길 기다리는 동안, 즉 '유휴(idle)' 시간 동안 응용 프로그램이 다른 어떤 일을 수행하는 것도 가능하다는 점을 기억하기 바란다.

2 모든 창에는 하나의 창 프로시저가 있으나, 여러 개의 창이 하나의 창 프로시저를 공유할 수도 있다. 따라서 창마다 창 프로시저를 하나씩 작성할 필요는 없다. 물론, 만일 두 개의 창이 같은 메시지들에 대해 각자 다른 방식으로 작동해야 한다면 개별적인 두 개의 창 프로시저를 작성해야 한다.

창이 직접 처리하지 않는 메시지들은 기본 창 프로시저(default window procedure)로 넘겨주어서 거기에서 처리되게 해야 한다. Win32 API는 DefWindowProc이라는 이름의 기본 창 프로시저를 제공한다.

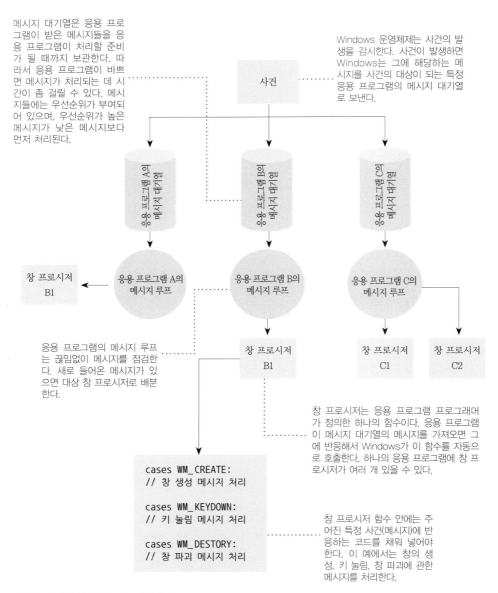

메시지 대기열은 응용 프로그램이 받은 메시지들을 응용 프로그램이 처리할 준비가 될 때까지 보관한다. 따라서 응용 프로그램이 바쁘면 메시지가 처리되는 데 시간이 좀 걸릴 수 있다. 메시지들에는 우선순위가 부여되어 있으며, 우선순위가 높은 메시지가 낮은 메시지보다 먼저 처리된다.

Windows 운영체제는 사건의 발생을 감시한다. 사건이 발생하면 Windows는 그에 해당하는 메시지를 사건의 대상이 되는 특정 응용 프로그램의 메시지 대기열로 보낸다.

사건

응용 프로그램 A의 메시지 대기열

응용 프로그램 B의 메시지 대기열

응용 프로그램 C의 메시지 대기열

창 프로시저 B1

응용 프로그램 A의 메시지 루프

응용 프로그램 B의 메시지 루프

응용 프로그램 C의 메시지 루프

응용 프로그램의 메시지 루프는 끊임없이 메시지를 점검한다. 새로 들어온 메시지가 있으면 대상 창 프로시저로 배분한다.

창 프로시저 B1

창 프로시저 C1

창 프로시저 C2

창 프로시저는 응용 프로그램 프로그래머가 정의한 하나의 함수이다. 응용 프로그램이 메시지 대기열의 메시지를 가져오면 그에 반응해서 Windows가 이 함수를 자동으로 호출한다. 하나의 응용 프로그램에 창 프로시저가 여러 개 있을 수 있다.

```
cases WM_CREATE:
// 창 생성 메시지 처리

cases WM_KEYDOWN:
// 키 눌림 메시지 처리

cases WM_DESTORY:
// 창 파괴 메시지 처리
```

창 프로시저 함수 안에는 주어진 특정 사건(메시지)에 반응하는 코드를 채워 넣어야 한다. 이 예에서는 창의 생성, 키 눌림, 창 파괴에 관한 메시지를 처리한다.

그림 A.1 사건 주도적 프로그래밍 모형.

정리하자면, 사용자나 응용 프로그램이 어떤 일을 하면 사건이 발생한다. 운영체제는 그 사건의 대상이 되는 응용 프로그램을 찾아서 그 사건을 서술하는 메시지를 응용 프로그램에게 보낸다. 그 메시지는 응용 프로그램의 메시지 대기열에 추가된다. 응용 프로그램은 메시지 대기열에 새로 도착한 메시지가 있는지를 끊임없이 점검한다. 메시지가 도착하면 응용 프로그램은 그 메시지를 대상 창의 창 프로시저에 보낸다. 운영체제이든 응용 프로그램이든, 적절한 대상을 찾아서 메시지를 전달하는 것을 배분(dispatch)이라고 부른다. 마지막으로, 창 프로시저는 그 메시지에 반응해서 적절한 명령을 수행한다.

[그림 A.1]에 이러한 사건 주도적 모형이 정리되어 있다.

A.1.3 그래픽 사용자 인터페이스(GUI)

대부분의 Windows 응용 프로그램은 GUI, 즉 그래픽 사용자 인터페이스(Graphical User Interface)를 제공한다. 사용자는 이 GUI를 통해서 자신이 원하는 작업을 진행한다. 전형적인 Windows 응용 프로그램은 주 창 하나와 메뉴, 도구 모음으로 구성되며, 그 외에 여러 컨트롤 (GUI 구성 요소)도 있을 수 있다. [그림 A.2]는 흔히 쓰이는 GUI 구성 요소들을 나타낸 것이다. Direct3D 응용 프로그램에는 화려한 GUI가 필요하지 않다. 주 창 하나면 된다. Direct3D 응용 프로그램은 3차원 장면을 주 창의 클라이언트 영역(client area)에 렌더링한다.

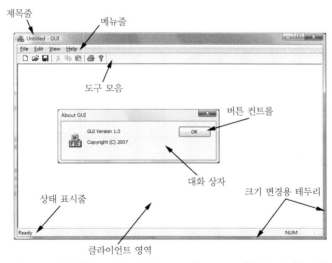

그림 A.2 전형적인 Windows 응용 프로그램 GUI. 클라이언트 영역은 응용 프로그램 주 창의 커다란 흰 직사각형 공간 전체이다. 일반적으로 사용자가 보는 프로그램 출력의 대부분이 여기에 나타난다. Direct3D 응용 프로그램을 만들 때에는 응용 프로그램 주 창의 클라이언트 영역에 3차원 장면을 렌더링하도록 코드를 작성한다.

A.1.4 유니코드

유니코드^{Unicode} (*http://unicode.org/*)는 본질적으로* 하나의 문자를 16비트 값으로 표현한다. 이 덕분에 여러 나라의 문자와 기타 기호를 포함한 커다란 문자 집합을 표현할 수 있다. C++에서 유니코드를 사용할 때에는 넓은(wide; 비트수가 많은) 문자 형식인 wchar_t를 사용한다. 32비트와 64비트 Windows에서 wchar_t는 16비트이다. 넓은 문자를 사용할 때에는 문자열 리터럴 앞에 대문자 L을 붙여야 한다. 예를 들면 다음과 같다.

```
const wchar_t* wcstrPtr = L"Hello, World!";
```

접두사 L은 컴파일러에게 이 문자열 리터럴을 넓은 문자(즉, char가 아니라 wchar_t)들의 문자열로 취급하라고 알려주는 역할을 한다. 또 다른 중요한 문제 하나는, 넓은 문자 문자열을 사용할 때에는 문자열 함수의 넓은 문자 버전을 사용해야 한다는 점이다. 예를 들어 문자열의 길이를 구할 때에는 strlen 대신 wcslen을 사용해야 하고, 문자열을 복사할 때에는 strcpy 대신 wcscpy를, 두 문자열을 비교할 때에는 strcmp 대신 wcscmp를 사용해야 한다.** 넓은 문자용 문자열 함수들은 char 포인터가 아니라 wchar_t 포인터를 다룬다. C++ 표준 라이브러리 역시 넓은 문자를 위해 개별적인 문자열 클래스를 제공한다. 바로 std::wstring이다. 또한, Windows API의 헤더 파일 *WinNT.h*에는 다음과 같은 형식 정의가 있다.

```
typedef wchar_t WCHAR; // wc, 16-bit UNICODE character
```

A.2 기본적인 Windows 응용 프로그램

다음은 간단하지만 완전히 작동하는 Windows 프로그램의 전체 코드이다. 주석의 설명을 참고하면서 이 코드의 흐름을 최대한 따라가 보기 바란다. 다음 절에서 코드를 조각별로 설명하겠다. 연습 삼아, 즐겨 사용하는 IDE에서 새 프로젝트를 만들고 독자가 이 코드를 직접 입력한 후 컴파일하고 실행해 보길 권한다. Visual C++의 경우 'Win32 콘솔 응용 프로그램' 프로젝트가 아니라 'Win32 응용 프로그램' 프로젝트를 만들어야 함을 주의해야 한다.

------

* **옮긴이** 이 절의 논의는 Windows와 Visual C++에만 한정된 것임을 주의하기 바란다. 그런 의미에서 이 "본질적으로(원문은 essentially)"는 "현실적으로"라고 이해하는 것이 나을 것이다. 대체로 유니코드의 표현 및 저장, 특히 C나 C++에서의 유니코드 처리는 여기에 나온 것보다 훨씬 복잡한 주제이다.

** **옮긴이** 더 나아가서, 넓은 문자이든 좁은 문자이든 C 스타일 문자열을 직접 다룰 때에는 _s가 붙은 '안전 버전'들을 사용하는 것이 바람직하다. 이를테면 strcpy나 wcscpy 대신 strcpy_s나 wcscpy_s를 사용해야 한다.

```
//===============================================================
// Win32Basic.cpp by Frank Luna (C) 2008 All Rights Reserved.
//
// Direct3D 프로그래밍에 필요한 최소한의 Win32 코드를 제시한다.
//===============================================================

// windows.h 헤더 파일을 포함시킨다. 여기에 Windows 프로그래밍에 필요한
// 모든 Win32 API 구조체, 형식, 함수 선언이 들어 있다.
#include <windows.h>

// 주 창의 핸들. 창 핸들은 생성된 창을 식별하는 용도로 쓰인다.
HWND ghMainWnd = 0;

// Windows 응용 프로그램의 초기화에 필요한 코드를 담은
// 함수. 초기화에 성공하면 true를, 그렇지 않으면
// false를 돌려준다.
bool InitWindowsApp(HINSTANCE instanceHandle, int show);

// 메시지 루프 코드를 담은 함수.
int Run();

// 주 창이 받은 사건들을 처리하는 창 프로시저 함수.
LRESULT CALLBACK
WndProc(HWND hWnd, UINT msg, WPARAM wParam, LPARAM lParam);

// Windows 응용 프로그램의 주 진입점. 콘솔 프로그램의 main()에 해당.
int WINAPI
WinMain(HINSTANCE hInstance, HINSTANCE hPrevInstance,
  PSTR pCmdLine, int nShowCmd)
{
    // 우선 hInstance와 nShowCmd로 초기화 함수(InitWindowsApp)를
    // 호출해서 응용 프로그램 주 창을 초기화한다.
    if(!InitWindowsApp(hInstance, nShowCmd))
        return 0;


    // 응용 프로그램이 성공적으로 생성, 초기화되었다면 메시지 루프로
    // 진입한다. 그 루프는 응용 프로그램이 종료되어야 함을 뜻하는
    // WM_QUIT 메시지를 받을 때까지 계속 돌아간다.
    return Run();
}

bool InitWindowsApp(HINSTANCE instanceHandle, int show)
{
```

```
// 창을 생성할 때 가장 먼저 할 일은 창의 몇몇 특성을 서술하는
// WNDCLASS 구조체를 채우는 것이다.
WNDCLASS wc;

wc.style         = CS_HREDRAW | CS_VREDRAW;
wc.lpfnWndProc   = WndProc;
wc.cbClsExtra    = 0;
wc.cbWndExtra    = 0;
wc.hInstance     = instanceHandle;
wc.hIcon         = LoadIcon(0, IDI_APPLICATION);
wc.hCursor       = LoadCursor(0, IDC_ARROW);
wc.hbrBackground = (HBRUSH)GetStockObject(WHITE_BRUSH);
wc.lpszMenuName  = 0;
wc.lpszClassName = L"BasicWndClass";


// 다음으로, 이 WNDCLASS 인스턴스('창 클래스')를 Windows에 등록한다.
// 그래야 다음 단계에서 이 창 클래스에 기초해서 창을 생성할 수 있다
if(!RegisterClass(&wc))
{
    MessageBox(0, L"RegisterClass FAILED", 0, 0);
    return false;
}


// WNDCLASS 인스턴스가 성공적으로 등록되었다면 CreateWindow 함수로
// 창을 생성할 수 있다. 이 함수는 성공 시에는 생성된 창의 핸들(HWND
// 형식의 값)을, 실패 시에는 값이 0인 핸들을 돌려준다. 창 핸들은 특정
// 창을 지칭하는 데 쓰이는 값으로, Windows가 내부적으로 관리한다. 창을
// 다루는 Win32 API 함수 중에는 자신이 작업할 창을 식별하기 위해 이
// HWND 값을 받는 것들이 많다.

ghMainWnd = CreateWindow(
    L"BasicWndClass",      // 사용할 창 클래스의 이름(앞에서 등록했던 것)
    L"Win32Basic",         // 창의 제목
    WS_OVERLAPPEDWINDOW,   // 스타일 플래그들
    CW_USEDEFAULT,         // 창 위치의 x 좌표성분
    CW_USEDEFAULT,         // 창 위치의 y 좌표성분
    CW_USEDEFAULT,         // 창의 너비
    CW_USEDEFAULT,         // 창의 높이
    0,                     // 부모 창 핸들
    0,                     // 메뉴 핸들
    instanceHandle,        // 응용 프로그램 인스턴스 핸들
    0);                    // 추가 생성 플래그들
```

```
    if(ghMainWnd == 0)
    {
        MessageBox(0, L"CreateWindow FAILED", 0, 0);
        return false;
    }

    // 창이 생성되어도 바로 화면에 나타나지는 않는다. 생성한 창을
    // 실제로 화면에 표시하고 갱신하기 위해서는 다음 두 함수를 호출해
    // 주어야 한다. 두 함수 모두, 표시 또는 갱신할 창의 핸들을 받는다는
    // 점에 주목하기 바란다. 그 핸들은 함수가 표시 또는 갱신할 창이
    // 무엇인지 알려주는 역할을 한다.
    ShowWindow(ghMainWnd, show);
    UpdateWindow(ghMainWnd);

    return true;
}

int Run()
{
    MSG msg = {0};

    // WM_QUIT 메시지를 받을 때까지 루프를 돌린다. GetMessage() 함수는
    // WM_QUIT 메시지를 받은 경우에만 0을 돌려주며, 그러면 결과적으로
    // 루프가 종료된다. 만일 메시지 수신에서 오류가 있었으면 이 함수는
    // -1을 돌려준다. 또한, GetMessage()를 호출하면 메시지가 도달할 때까지
    // 응용 프로그램 스레드가 수면(sleep) 상태가 된다는 점도 주의하기
    // 바란다.
    BOOL bRet = 1;
    while( (bRet = GetMessage(&msg, 0, 0, 0)) != 0 )
    {
        if(bRet == -1)
        {
            MessageBox(0, L"GetMessage FAILED", L"Error", MB_OK);
            break;
        }
        else
        {
            TranslateMessage(&msg);
            DispatchMessage(&msg);
        }
    }

    return (int)msg.wParam;
}
```

```
LRESULT CALLBACK
WndProc(HWND hWnd, UINT msg, WPARAM wParam, LPARAM lParam)
{
    // 몇몇 메시지를 명시적으로 처리한다. 처리한 메시지에
    // 대해서는 반드시 0을 반환해야 함을 주의할 것.
    switch( msg )
    {
        // 왼쪽 마우스 버튼이 눌렸으면 메시지 상자를 표시한다.
    case WM_LBUTTONDOWN:
        MessageBox(0, L"Hello, World", L"Hello", MB_OK);
        return 0;

        // Esc 키가 눌렸으면 주 응용 프로그램 창을 파괴한다.
    case WM_KEYDOWN:
        if( wParam == VK_ESCAPE )
        DestroyWindow(ghMainWnd);
        return 0;

        // 파괴 메시지의 경우에는 종료 메시지를 보낸다. 그러면
        // 결과적으로 메시지 루프가 종료된다.
    case WM_DESTROY:
        PostQuitMessage(0);
        return 0;
    }
    // 여기서 명시적으로 처리하지 않은 다른 메시지들은 기본 창
    // 프로시저(DefWindowProc)에게 넘겨 준다. 이 창 프로시저가
    // 반드시 DefWindowProc의 반환값을 돌려주어야 함을 주의하기
    // 바란다.
    return DefWindowProc(hWnd, msg, wParam, lParam);
}
```

그림 A.3 이 예제 프로그램의 실행 모습. 창의 클라이언트 영역 안에서 마우스 왼쪽 버튼을 눌렀을 때 그림처럼 메시지 상자가 나타나는지 확인하고, Esc 키를 누르면 응용 프로그램이 종료되는지도 확인해 보라.

A.3 기본 Windows 응용 프로그램 설명

그럼 예제 코드를 처음부터 차례로 살펴보자. 함수 호출이 있으면 해당 함수의 정의로 들어가 볼 것이다. 필요하다면 §A.2에 나온 전체 코드의 해당 부분을 참고해 가면서 이번 절을 읽어 나가기 바란다.

A.3.1 헤더 포함, 전역 변수, 함수 선언

우선 할 일은 헤더 파일 *windows.h*를 소스 코드에 포함시키는 것이다. *windows.h*를 포함시키면 Win32 API의 기본적인 활용에 필요한 모든 구조체와 형식, 함수 선언이 현재 범위에 도입된다.

```
#include <windows.h>
```

그런 다음에는 HWND 형식의 전역 변수 하나를 정의한다. HWND는 'handle to a window'의 약자로, 말 그대로 창 핸들(window handle)을 의미한다. Windows 프로그래밍에서 Windows가 내부적으로 관리하는 객체들을 지칭할 때에는 핸들을 사용하는 경우가 많다. 지금 예제에서는 응용 프로그램 주 창을 지칭하는 용도로 HWND 값을 사용한다. 이 변수는 이후에 Windows가 정해 준 핸들 값을 보관하는 용도로 쓰인다. Win32 API에는 작업의 대상이 되는 창을 식별하기 위해 창 핸들을 요구하는 함수들이 많으므로 이처럼 변수에 핸들 값을 보관해 두어야 한다. 예를 들어 UpdateWindow 함수는 HWND 형식 매개변수 하나를 받아서 자신이 갱신해야 할 창을 알아낸다. 호출하는 쪽에서 창의 핸들을 넘겨주지 않으면 함수로서는 어떤 창을 갱신해야 하는지 알 수가 없다.

```
HWND ghMainWnd = 0;
```

그다음 세 줄은 함수 선언들이다. 간단히 소개하자면, InitWindowsApp은 주 응용 프로그램 창을 생성하고 초기화한다. Run은 응용 프로그램의 메시지 루프를 담고 있다. 그리고 WndProc는 주 응용 프로그램 창의 창 프로시저이다. 이 함수들은 이후 해당 호출 코드가 나올 때 좀 더 자세히 살펴보겠다.

```
bool InitWindowsApp(HINSTANCE instanceHandle, int show);
int Run();
LRESULT CALLBACK
WndProc(HWND hWnd, UINT msg, WPARAM wParam, LPARAM lParam);
```

A.3.2 WinMain 함수

WinMain은 Windows 응용 프로그램의 주 진입점(main entry)으로, 통상적인 C++ 프로그래밍의 main 함수에 해당한다. WinMain의 원형은 다음과 같다.

```
int WINAPI
WinMain(HINSTANCE hInstance, HINSTANCE hPrevInstance,
        PSTR pCmdLine, int nShowCmd)
```

1. hInstance: 현재 응용 프로그램 인스턴스의 핸들. 이 핸들은 이 응용 프로그램을 식별하고 지칭하는 수단으로 쓰인다. 여러 Windows 응용 프로그램이 동시에 실행될 수도 있으므로, 이처럼 각 응용 프로그램을 지칭하는 수단이 있으면 유용하다.
2. hPrevInstance: Win32 프로그래밍에는 쓰이지 않는다. 항상 0을 지정한다.
3. pCmdLine: 프로그램을 실행하는 데 쓰인 명령줄 인수 문자열이다.
4. nCmdShow: 응용 프로그램의 표시 방식을 지정하는 '표시 명령'이다. 흔히 쓰이는 값으로는 SW_SHOW, SW_SHOWMAXIMIZED, SW_SHOWMINIMIZED가 있는데, 각각 응용 프로그램을 현재 크기와 위치로 표시하거나, 최대 크기로 표시하거나, 최소화한다. 완전한 목록은 MSDN 라이브러리를 참고하기 바란다.

WinMain 함수가 성공적으로 실행을 마쳤다면 반드시 WM_QUIT 메시지의 wParam 멤버를 돌려주어야 한다. 만일 메시지 루프에 진입하기도 전에 함수를 종료하게 되었다면 0을 돌려주어야 한다. 함수의 반환 형식 다음에 나온 WINAPI 식별자의 정의는 다음과 같다.

```
#define WINAPI  __stdcall
```

__stdcall은 함수의 호출 규약(calling convention)을 지정하는 키워드 중 하나이다. 호출 규약은 함수의 인수들을 스택에 넣는 방식을 결정한다.

A.3.3 WNDCLASS 구조체와 창 클래스 등록

WinMain 함수의 본문에서는 InitWindowsApp 함수를 호출한다. 이름에서 짐작하겠지만 이 함수는 응용 프로그램의 초기화를 수행한다. 그럼 이 초기화 함수와 그 구현을 좀 더 자세히 살펴보자. InitWindowsApp은 true 아니면 false를 돌려준다. true는 초기화에 성공했다는 뜻이고 false는 실패했다는 뜻이다. WinMain 함수에서는 응용 프로그램 인스턴스 핸들과 '표시 명령' 변수를 인수로 해서 이 InitWindowsApp을 호출한다. 두 인수 모두 WinMain의 매개 변수들로 넘어온 것이다.

```
if(!InitWindowsApp(hInstance, nShowCmd))
```

초기화 함수 InitWindowsApp이 가장 먼저 하는 일은 생성하고자 하는 창의 기본적인 속성들을 서술하는 WNDCLASS 구조체의 인스턴스를 채우는 것이다. 이 구조체의 정의는 다음과 같다.

```
typedef struct _WNDCLASS {
        UINT     style;
        WNDPROC  lpfnWndProc;
        int      cbClsExtra;
        int      cbWndExtra;
        HANDLE   hInstance;
        HICON    hIcon;
        HCURSOR  hCursor;
        HBRUSH   hbrBackground;
        LPCTSTR  lpszMenuName;
        LPCTSTR  lpszClassName;
} WNDCLASS;
```

1. style: 창의 스타일을 지정한다. 지금 예제에서는 CS_HREDRAW와 CS_VREDRAW를 조합한 스타일을 사용한다. 이 두 비트 플래그는 창의 수평 크기나 수직 크기가 변했을 때 창을 다시 그려야 함을 뜻한다. 그 외의 스타일들과 자세한 설명을 원한다면 MSDN 라이브러리를 참고하기 바란다.

   ```
   wc.style = CS_HREDRAW | CS_VREDRAW;
   ```

2. lpfnWndProc: 이 WNDCLASS 인스턴스에 연관시킬 창 프로시저 함수를 가리키는 포인터이다. 이 WNDCLASS 인스턴스를 기반으로 생성된 창들은 모두 이 창 프로시저를 사용하게 된다. 따라서 두 개의 창이 같은 창 프로시저를 사용하게 한다면, 같은 WNDCLASS 인스턴스로 창을 두 개 생성하면 된다. 반대로, 두 창이 서로 다른 창 프로시저를 사용한다면 각각 하나씩 두 개의 WNDCLASS 인스턴스를 채워서 등록해야 한다. 창 프로시저 함수는 §A.3.6에서 설정한다.

   ```
   wc.lpfnWndProc = WndProc;
   ```

3. **cbClsExtra와 cbWndExtra**: 이들은 응용 프로그램 고유의 목적으로 사용할 수 있는 추가적인 메모리 블록들의 크기(바이트 개수)이다. 지금 예제는 추가적인 공간을 사용하지 않으므로 그냥 둘 다 0을 지정한다.

```
wc.cbClsExtra = 0;
wc.cbWndExtra = 0;
```

4. **hInstance**: 응용 프로그램 인스턴스의 핸들이다. 앞에서 보았듯이 응용 프로그램 인스턴스 핸들은 `WinMain`의 한 매개변수로 전달된다.

```
wc.hInstance = instanceHandle;
```

5. **hIcon**: 이 창 클래스를 기반으로 생성한 창에 적용되는 아이콘의 핸들이다. 창 아이콘은 직접 만들어서 사용하는 것이 좋겠지만, 미리 만들어져 있는 내장 아이콘 중 하나를 사용해도 된다. 자세한 사항은 MSDN 라이브러리를 보기 바란다. 지금 예제에서는 그냥 기본 응용 프로그램 아이콘을 사용한다.

```
wc.hIcon = LoadIcon(0, IDI_APPLICATION);
```

6. **hCursor**: : hIcon과 비슷하게, 마우스 위치가 창의 클라이언트 영역 안에 있을 때 사용될 커서의 핸들이다. 아이콘처럼 커서도 미리 만들어진 내장 커서 중 하나를 사용할 수 있는데, 자세한 사항은 MSDN 라이브러리를 보기 바란다. 지금 예제에서는 표준 '화살표' 커서를 사용한다.

```
wc.hCursor = LoadCursor(0, IDC_ARROW);
```

7. **hbrBackground**: 창의 클라이언트 영역의 배경색을 결정하는 브러시[brush](붓)의 핸들을 지정한다. 지금 예제에서는 내장(미리 만들어져 있는) 흰색 브러시의 핸들을 Win32 함수 `GetStockObject`를 호출해서 얻는다. 다른 종류의 내장 브러시들에 대해서는 MSDN 라이브러리를 보기 바란다.

```
wc.hbrBackground = (HBRUSH)GetStockObject(WHITE_BRUSH);
```

8. **lpszMenuName**: 창의 메뉴를 지정한다. 지금 예제에는 메뉴가 없으므로 그냥 0으로 설정한다.

```
wc.lpszMenuName = 0;
```

9. **lpszClassName**: 이 구조체 인스턴스로 등록할 창 클래스의 이름이다. 어떤 이름이든

원하는 이름을 사용하면 된다.* 지금 예제에서는 "BasicWndClass"를 사용한다. 이 이름은 이후에 이 창 클래스를 식별하는 용도로 쓰인다.

```
wc.lpszClassName = L"BasicWndClass";
```

WNDCLASS 인스턴스를 다 채운 후에는 그것을 Windows에 등록해야 한다. 그래야 비로소 이 창 클래스를 기반으로 삼아서 창을 생성할 수 있게 된다. 등록은 RegisterClass 함수로 하는데, 이 함수는 WNDCLASS 구조체를 가리키는 포인터를 받는다. 등록 실패 시 이 함수는 0을 돌려준다.

```
if(!RegisterClass(&wc))
{
    MessageBox(0, L"RegisterClass FAILED", 0, 0);
    return false;
}
```

A.3.4 창의 생성과 표시

WNDCLASS 인스턴스를 이용해서 창 클래스를 Windows에 등록했다면 이제 그 클래스를 기반으로 한 창을 생성할 수 있다. 생성 시 적용할 창 클래스는 WNDCLASS 인스턴스 자체가 아니라 그 인스턴스의 lpszClassName 필드에 설정한 클래스 이름을 이용해서 지정한다. 창을 생성하는 Win32 API 함수는 CreateWindow인데, 함수 선언은 다음과 같다.

```
HWND CreateWindow(
        LPCTSTR lpClassName,
        LPCTSTR lpWindowName,
        DWORD dwStyle,
        int x,
        int y,
        int nWidth,
        int nHeight,
        HWND hWndParent,
        HMENU hMenu,
        HANDLE hInstance,
        LPVOID lpParam
);
```

---

* 옮긴이　단, 이름의 길이에 제한이 있다. 현재의 제한은 256자이다.

1. lpClassName: 원하는 창 클래스의 이름. 이전에 WNDCLASS 구조체(생성하고자 하는 창의 몇 가지 속성들을 서술하는)를 이용해서 등록한 클래스의 이름이어야 한다.

2. lpWindowName: 새 창의 이름. 창의 제목줄에도 나타난다.

3. dwStyle: 새 창의 스타일을 지정하는 플래그들. WS_OVERLAPPEDWINDOW(지금 예제에 쓰인)는 WS_OVERLAPPED(겹친 창), WS_CAPTION(제목 줄), WS_SYSMENU(제목 줄의 시스템 메뉴), WS_THICKFRAME(창 크기를 조절할 수 있는 두꺼운 테두리), WS_MINIMIZEBOX(최소화 버튼), WS_MAXIMIZEBOX(최대화 버튼)의 조합이다. 이들을 포함한 모든 스타일 플래그는 MSDN 라이브러리를 참고하기 바란다.

4. x: 새 창의 왼쪽 상단 모퉁이의 x 좌표성분으로, 기준은 화면 왼쪽 상단 모퉁이이다(그림 A.4 참고). CW_USEDEFAULT를 지정하면 Windows가 적절한 기본값을 선택한다.

5. y: 새 창의 왼쪽 상단 모퉁이의 y 좌표성분으로, 기준은 화면 왼쪽 상단 모퉁이이다. CW_USEDEFAULT를 지정하면 Windows가 적절한 기본값을 선택한다.

6. nWidth: 새 창의 너비(픽셀 개수)이다. CW_USEDEFAULT를 지정하면 Windows가 적절한 기본값을 선택한다.

7. nHeight: 새 창의 높이(픽셀 개수)이다. CW_USEDEFAULT를 지정하면 Windows가 적절한 기본값을 선택한다.

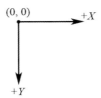

그림 A.4 화면 공간.

8. hWndParent: 새 창의 부모에 해당하는 창의 핸들이다. 지금 예제의 창은 그 어떤 다른 창과도 무관하므로, 이 매개변수에는 그냥 0을 지정한다.

9. hMenu: 메뉴 핸들. 지금 예제는 메뉴를 사용하지 않으므로 그냥 0을 지정한다.

10. hInstance: 새 창이 속할 응용 프로그램의 핸들.

11. lpParam: 응용 프로그램 고유의 목적으로 사용할 사용자 정의 자료를 가리키는 포인터. 이 포인터는 이후 WM_CREATE 메시지에 포함되어서 창 프로시저에 전달된다. WM_CREATE 메시지는 창이 생성되는 도중에, 아직 CreateWindow가 반환되기 전에 전달된

다. 창 생성 시 뭔가를 수행해야 한다면(이를테면 초기화 등) 이 WM_CREATE 메시지를 처리하면 된다.

> **참고:** 창 위치의 (x, y) 좌표는 화면 왼쪽 상단 모퉁이를 원점으로 한다. 이 좌표계에서 양의 x 축은 통상적인 좌표계에서처럼 오른쪽을 향하지만, 양의 y축은 아래쪽을 향한다. [그림 A.4]에 이 좌표계가 나와 있다. 이 좌표계를 화면 좌표계 또는 화면 공간이라고 부른다.

CreateWindow는 자신이 새로 생성한 창의 핸들(HWND)을 돌려준다. 단, 생성하지 못했다면 값이 0인 핸들, 즉 널[null] 핸들을 돌려준다. 앞에서도 이야기했듯이 핸들은 Windows가 관리하는 것으로, 창을 식별하는 수단으로 쓰인다. 창을 다루는 Win32 API 함수 중에는 자신이 작업할 창을 식별하기 위해 HWND를 요구하는 것들이 많다.

```
ghMainWnd = CreateWindow(L"BasicWndClass", L"Win32Basic",
    WS_OVERLAPPEDWINDOW,
    CW_USEDEFAULT, CW_USEDEFAULT,
    CW_USEDEFAULT, CW_USEDEFAULT,
    0, 0, instanceHandle, 0);
if(ghMainWnd == 0)
{
    MessageBox(0, L"CreateWindow FAILED", 0, 0);
    return false;
}
```

InitWindowsApp 함수 제일 끝의 두 함수 호출은 창을 화면에 표시하기 위한 것이다. InitWindowsApp는 먼저 두 개의 인수로 ShowWindow를 호출해서 창을 화면에 표시한다. 첫 인수는 방금 생성한 창의 핸들이다. 이 인수 덕분에 Windows는 어떤 창을 표시해야 하는지 있 수 있다. 둘째 인수는 창의 초기 표시 형태(최대화, 최소화 등)를 나타내는 하나의 정수 값인데, WinMain의 한 매개변수인 nShowCmd를 지정하는 것이 정석이다. 창을 표시한 다음에는 UpdateWindow를 호출해서 창의 내용을 갱신해야 한다. 이 함수는 갱신할 창을 가리키는 핸들 하나만 받는다.

```
ShowWindow(ghMainWnd, show);
UpdateWindow(ghMainWnd);
```

여기까지 왔다면 InitWindowsApp의 초기화 작업이 끝난 것이다. 마지막으로 InitWindowsApp은 모든 작업이 성공했음을 뜻하는 true를 돌려준다.

A.3.5 메시지 루프

초기화를 성공적으로 마쳤다면, 이제 프로그램의 심장부에 해당하는 메시지 루프로 진입할 수 있다. 지금 예제에서는 메시지 루프를 Run이라는 함수로 감싸 두었다.

```
int Run()
{
    MSG msg = {0};

    BOOL bRet = 1;
    while( (bRet = GetMessage(&msg, 0, 0, 0)) != 0 )
    {
        if(bRet == -1)
        {
            MessageBox(0, L"GetMessage FAILED", L"Error", MB_OK);
            break;
        }
        else
        {
            TranslateMessage(&msg);
            DispatchMessage(&msg);
        }
    }

    return (int)msg.wParam;
}
```

Run은 우선 MSG 형식의 변수 msg를 초기화한다. MSG는 Windows 메시지를 대표하는 구조체로, 그 정의는 다음과 같다.

```
typedef struct tagMSG {
    HWND hwnd;
    UINT message;
    WPARAM wParam;
    LPARAM lParam;
    DWORD time;
    POINT pt;
} MSG;
```

1. hwnd: 메시지를 받을 창 프로시저가 속한 창의 핸들.
2. message: 메시지의 종류를 나타내는, 미리 정의된 상수 값(이를테면 WM_QUIT 등).

3. wParam: 메시지의 추가 정보. 구체적인 내용은 메시지의 종류에 따라 다를 수 있다.

4. lParam: 메시지의 추가 정보. 구체적인 내용은 메시지의 종류에 따라 다를 수 있다.

5. time: 메시지가 전송된 시간.

6. pt: 메시지가 전송되었을 때의 마우스 커서의 화면 공간 기준 (x, y) 좌표.

그런 다음에는 이제 실제로 메시지 루프로 진입한다. GetMessage 함수는 메시지 대기열에서 메시지를 하나 가져와서 그 메시지의 세부사항을 msg 인수에 채워 넣는다. 지금 예제에서는 GetMessage의 둘째, 셋째, 넷째 매개변수를 그냥 0으로 설정해도 된다. 오류가 발생하면 GetMessage는 -1을 돌려준다. 받은 메시지가 WM_QUIT이면 GetMessage는 0을 돌려주며, 결과적으로 메시지 루프가 종료된다. GetMessage가 그 외의 값을 돌려주면 메시지 루프는 TranslateMessage와 DispatchMessage를 호출한다. TranslateMessage를 호출하면 Windows는 키보드와 관련된 변환을 수행한다. 좀 더 구체적으로 말하면, Windows는 메시지에 담긴 가상 키 코드를 문자 메시지로 변환한다. 마지막으로, DispatchMessage를 호출하면 메시지가 실제로 해당 창 프로시저로 배분된다.

WM_QUIT 메시지 때문에 메시지 루프가 끝나서 응용 프로그램이 정상적으로 종료되는 경우에는 WinMain이 반드시 WM_QUIT 메시지의 wParam을 반환해야 한다. 그 값은 응용 프로그램의 종료 코드(exit code)에 해당한다.

A.3.6 창 프로시저

이전에 언급했듯이 창 프로시저는 창이 받은 특정 메시지에 반응해서 실행할 코드를 담은 함수로, 개발자가 직접 작성해야 한다. 지금 예제에서는 WndProc이라는 이름의 함수를 창 프로시저로 사용한다. 이 함수의 원형은 다음과 같다(모든 창 프로시저는 이와 동일한 함수 서명을 따라야 한다).

```
LRESULT CALLBACK
WndProc(HWND hWnd, UINT msg, WPARAM wParam, LPARAM lParam);
```

이 함수는 LRESULT 형식(내부적으로 정수 형식으로 정의되어 있다)의 값을 돌려준다. 이 반환값은 함수의 성공 여부를 나타낸다. 반환 형식의 CALLBACK 식별자는 이 함수가 하나의 콜백callback 함수임을, 즉 Windows가 프로그램의 코드 공간 바깥에서 이 함수를 호출할 것임을 나타낸다. 예제의 전체 소스 코드를 살펴보면 알겠지만, 응용 프로그램 자체는 이 함수를 전혀 호출하지 않는다. 이 함수는 창이 메시지를 처리할 때가 되면 Windows가 호출해 준다.

창 프로시저는 다음과 같은 네 개의 매개변수를 받는다.

1. hWnd: 메시지를 받는 창의 핸들.
2. msg: 메시지의 종류를 나타내는, 미리 정의된 상수 값. 예를 들어 응용 프로그램 종료 메시지에 해당하는 상수는 WM_QUIT이다. 접두사 WM은 'Window Message'를 뜻한다. 미리 정의된 창 메시지 상수는 백여 개인데, 자세한 사항은 MSDN 라이브러리를 참고하기 바란다.
3. wParam: 메시지의 추가 정보로, 구체적인 내용은 메시지의 종류에 따라 다를 수 있다.
4. lParam: 메시지의 추가 정보로, 구체적인 내용은 메시지의 종류에 따라 다를 수 있다.

지금 예제의 창 프로시저는 WM_LBUTTONDOWN, WM_KEYDOWN, WM_DESTROY라는 세 개의 메시지를 처리한다. WM_LBUTTONDOWN 메시지는 사용자가 창의 클라이언트 영역 안에서 왼쪽 마우스 버튼을 클릭하면 전달된다. WM_KEYDOWN 메시지는 창에 입력 초점(focus)이 주어져 있는 상태에서 사용자가 키보드의 키를 누르면 전달된다. WM_DESTROY 메시지는 창이 파괴될 때 전달된다.

예제의 창 프로시저는 상당히 간단하다. WM_LBUTTONDOWN 메시지를 받으면 "Hello, World"를 출력하는 메시지 상자를 띄운다.

```
case WM_LBUTTONDOWN:
      MessageBox(0, L"Hello, World", L"Hello", MB_OK);
      return 0;
```

WM_KEYDOWN 메시지를 받았을 때에는, 만일 Esc 키가 눌렸으면 DestroyWindow 함수를 호출해서 주 응용 프로그램 창을 파괴한다. 이때 창 프로시저의 wParam 매개변수에는 눌린 키의 가상 키 코드(virtual key code)가 들어 있다. 가상 키 코드는 간단히 말하면 개별 키의 식별자이다. Windows 헤더 파일들에는 여러 가상 키 코드 상수가 정의되어 있으며, 그것들을 이용하면 특정 키가 눌렸는지를 판정할 수 있다. 예를 들어 Esc 키가 눌렸는지 알고 싶다면 가상 키 코드 상수 VK_ESCAPE를 사용하면 된다.

```
case WM_KEYDOWN:
    if( wParam == VK_ESCAPE )
        DestroyWindow(ghMainWnd);
    return 0;
```

wParam 매개변수와 lParam 매개변수에는 특정 메시지의 추가 정보가 들어 있음을 기억하기
바란다. 앞에서 말했듯이 WM_KEYDOWN 메시지의 경우 wParam에는 눌린 키의 가상 키 코드가
들어 있다. 다른 여러 Windows 메시지의 wParam, lParam 매개변수에 어떤 정보가 들어 있
는지는 MSDN 라이브러리를 참고하기 바란다.

창이 파괴되는 상황이면 PostQuitMessage 함수를 호출한다. 그러면 WM_QUIT 메시지가
창 프로시저에 전송된다(결과적으로 메시지 루프가 종료된다).

```
case WM_DESTROY:
    PostQuitMessage(0);
    return 0;
```

창 프로시저의 끝에서는 DefWindowProc이라는 이름의 또 다른 함수를 호출한다. 이 함수
는 기본 창 프로시저이다. 지금 예제의 창 프로시저는 세 종류의 메시지만 직접 처리하고, 그
외의 메시지들(받긴 했지만 직접 처리하지 않는 메시지들)은 DefWindowProc에게 처리를 맡
긴다. 예를 들어 사용자는 이 예제 응용 프로그램의 창을 최소화하거나, 최대하거나, 크기를 변
경하거나, 닫을 수 있다. 그런 기능들은 기본 창 프로시저가 제공하는 것이다. 창 프로시저가
해당 메시지들을 직접 처리하지는 않는다.

A.3.7 MessageBox 함수

앞에서 설명하지 않은 API 함수가 하나 있는데, 바로 MessageBox 함수이다. 이 함수는 사
용자에게 어떤 정보를 제시하고 간단한 응답(예, 아니요 등)을 입력받을 때 아주 편리하다.
MessageBox 함수의 선언은 다음과 같다.

```
int MessageBox(
    HWND hWnd,          // 메시지 상자가 속한 창의 핸들. NULL 지정 가능.
    LPCTSTR lpText,     // 메시지 상자에 표시할 텍스트.
    LPCTSTR lpCaption,  // 메시지 상자의 제목.
    UINT uType          // 메시지 상자의 스타일
);
```

MessageBox 함수의 반환값은 메시지 상자의 종류(스타일)에 따라 다르다. 가능한 반환값들과 스타일들은 MSDN 라이브러리를 참고하기 바란다. [그림 A.5]는 가능한 스타일 중 하나인 '예/아니요' 메시지 상자이다.

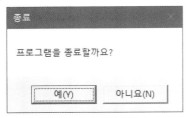

그림 A.5 '예/아니요' 메시지 상자.

A.4 더 나은 메시지 루프

게임은 워드프로세서나 웹 브라우저 같은 전통적인 Windows 데스크톱 응용 프로그램과는 상당히 다른 종류의 응용 프로그램이다. 대체로 게임은 메시지가 올 때까지 아무 일도 하지 않고 기다리는 것이 아니라, 스스로 끊임없이 갱신된다. 그런데 문제는, 메시지 루프에서 호출하는 GetMessage 함수는 메시지 대기열에 메시지가 없으면 스레드를 수면(sleeping) 상태로 전환하며, 메시지가 도착해야 스레드가 다시 깨어난다는 점이다. 이는 게임에 적합한 방식이 결코 아니다. 게임에서는 처리할 Windows 메시지가 없어도 게임 자체의 코드가 계속 실행되어야 한다. 해결책은 GetMessage 대신 PeekMessage 함수를 사용하는 것이다. PeekMessage 함수는 메시지가 없으면 즉시 제어권을 반환한다. 다음은 이 함수를 이용해서 새로 작성한 메시지 루프이다.

```
int Run()
{
    MSG msg = {0};

    while(msg.message != WM_QUIT)
    {
        // 메시지가 있으면 처리한다.
        if(PeekMessage( &msg, 0, 0, 0, PM_REMOVE ))
        {
```

```
                TranslateMessage( &msg );
                DispatchMessage( &msg );
            }
            // 없으면 애니메이션이나 기타 게임 관련 작업을 처리한다.
            else
            {

            }
        }
        return (int)msg.wParam;
    }
```

이 함수는 msg 변수를 초기화한 후 무한 루프에 진입한다. 루프 본문에서는 우선 API 함수
PeekMessage를 호출한다. 이 함수는 메시지 대기열에 메시지가 있는지 점검하는데, 매개변수
들에 관해서는 MSDN을 참고하기 바란다. 이 함수는 메시지가 있으면 true를 돌려준다. 그런
경우 루프는 그 메시지를 처리한다. 메시지가 없으면 PeekMessage는 false를 돌려주며, 그
런 경우 루프는 게임 자체의 코드를 실행한다.

A.5 요약

1. Direct3D를 활용하려면 3차원 장면을 렌더링해서 표시할 공간인 주 창이 있는
   Windows 응용 프로그램을 작성해야 한다. 또한, 게임을 위해서는 메시지의 존재 여
   부를 점검하는 특별한 메시지 루프, 즉 메시지가 있으면 처리하고 없으면 게임 자체의
   논리를 수행하는 메시지 루프를 작성해야 한다.

2. 한 시스템에서 여러 개의 Windows 응용 프로그램이 동시에 실행될 수 있으므로,
   Windows는 반드시 응용 프로그램이 사용할 자원을 관리하고 메시지들을 적절한 대
   상 응용 프로그램으로 보내야 한다. 사건(키 눌림, 마우스 클릭, 타이머 등등)이 발생
   하면 그 사건의 대상인 응용 프로그램의 메시지 대기열로 해당 메시지가 전달된다.

3. 모든 Windows 응용 프로그램에는 응용 프로그램이 받은 메시지들이 저장되는 메시지
   대기열이 있다. 응용 프로그램의 메시지 루프는 끊임없이 메시지 대기열을 점검해서 메
   시지가 있으면 그것을 해당 창의 창 프로시저로 배분한다. 하나의 응용 프로그램이 여
   러 개의 창으로 구성될 수도 있음을 주의하기 바란다.

4. 창 프로시저는 개발자가 구현하는 특별한 콜백 함수로, 응용 프로그램의 창이 메시지를 받으면 Windows가 호출해 준다. 응용 프로그램 개발자는 응용 프로그램의 창이 특정 메시지를 받을 때 수행할 작업을 창 프로시저 안에 채워 넣는다. 창 프로시저에서 직접 처리하지 않는 메시지는 기본 창 프로시저에 보내서 기본적인 처리가 일어나게 해야 한다.

A.6 연습문제

1. §A.2의 예제 프로그램을 소스 코드에 나온 것과는 다른 아이콘과 커서, 배경색을 사용하도록 수정하라.

> **힌트** MSDN에서 LoadIcon, LoadCursor, GetStockObject 함수를 찾아보라.

2. §A.2의 예제 프로그램을 WM_CLOSE 메시지도 처리하도록 수정하라. Windows는 창 또는 응용 프로그램이 이제 곧 닫힐 것임을 알려주기 위해 응용 프로그램에 이 메시지를 보낸다. 이 메시지를 받았을 때 '예/아니요' 스타일의 메시지 상자를 띄워서 사용자가 정말로 창을 닫고자 하는지 확인하라. 만일 사용자가 '예'를 선택했다면 창을 파괴하고, 그렇지 않으면 파괴하지 말아야 한다. 이 기법은 응용 프로그램을 종료하기 전에 사용자에게 현재 작업을 저장할 것이냐고 묻는 용도로도 활용할 수 있다.

3. §A.2의 프로그램을 WM_CREATE 메시지도 처리하도록 수정하라. 이 메시지는 창이 생성되려고 할 때, 그러나 CreateWindow가 반환되기 전에 전달된다. 이 메시지를 받은 경우 창이 생성되었음을 메시지 상자를 통해서 사용자에게 알리도록 프로그램을 수정하라.

4. MSDN에서 Sleep 함수를 찾아보고, 그 함수가 하는 일을 독자 나름의 문장으로 요약해서 설명하라.

5. MSDN에서 WM_SIZE 메시지와 WM_ACTIVATE 메시지를 찾아보고, 그 메시지들이 언제 전달되는지를 독자 나름의 문장으로 요약해서 설명하라.

HLSL 레퍼런스

B.1 변수 형식

B.1.1 스칼라 형식

1. bool: 참 또는 거짓 값. HLSL도 C++처럼 키워드 true와 false를 제공함을 주목하기 바란다.
2. int: 32비트 부호 있는 정수.
3. half: 16비트 부동소수점 수.
4. float: 32비트 부동소수점 수.
5. double: 64비트 부동소수점 수

int와 half, double을 지원하지 않는 플랫폼도 있다. 그런 플랫폼은 그 형식들을 float를 이용해서 에뮬레이션한다.

B.1.2 벡터 형식

1. float2: float 형식의 성분들로 이루어진 2차원 벡터.
2. float3: float 형식의 성분들로 이루어진 3차원 벡터.
3. float4: float 형식의 성분들로 이루어진 4차원 벡터.

벡터를 초기화할 때에는 배열 같은 구문을 사용해도 되고 생성자 비슷한 구문을 사용해도 된다.

```
float3 v = {1.0f, 2.0f, 3.0f};
float2 w = float2(x, y);
float4 u = float4(w, 3.0f, 4.0f); // u = (w.x, w.y, 3.0f, 4.0f)
```

벡터의 특정 성분에 접근할 때에는 배열 첨자(색인) 구문을 사용한다. 예를 들어 다음은 벡터 vec의 i번째 성분을 설정하는 예이다.

```
vec[i] = 2.0f;
```

또한, 객체의 멤버나 구조체의 필드에 접근할 때 사용하는 구문을 이용해서 벡터의 성분에 접근할 수 있다. 사용 가능한 멤버 이름은 x, y, z, w, r, g, b, a이다.

```
vec.x = vec.r = 1.0f;
vec.y = vec.g = 2.0f;
vec.z = vec.b = 3.0f;
vec.w = vec.a = 4.0f;
```

멤버 이름 r, g, b, a는 순서대로 x, y, z, w와 정확히 동일한 성분을 지칭한다. 색상을 나타내는 벡터에 대해서는 RGBA 표기법을 사용하는 것이 바람직하다(그 벡터가 색상을 뜻한다는 점을 잘 전달하므로).

B.1.2.1 스위즐링

벡터 $\mathbf{u} = (u_x, u_y, u_z, u_w)$의 성분들을 벡터 v에 복사하되, $\mathbf{v} = (u_w, u_y, u_y, u_x)$가 되도록 성분들을 뒤섞어서 복사하고 싶다고 하자. 가장 직접적인 방법은 $\mathbf{u}$의 각 성분을 $\mathbf{v}$의 원하는 성분에 일일이 복사하는 것이다. 그러나 HLSL은 이처럼 순서를 벗어난 복사를 위한 특별한 구문을 제공한다. 이런 종류의 복사를 스위즐링^{swizzling}이라고 부르는데, 다음은 스위즐링 구문을 활용한

---

* 옮긴이 벡터 형식의 이름은 스칼라 형식 이름에 성분 개수(차원 수)를 붙인 것이다. 스칼라 형식이 다섯 가지이고 가능한 성분 개수는 1에서 4까지이므로, 이론적으로 bool1에서 double4까지 총 5×4 = 20가지의 벡터 형식이 가능하다.

예이다.

```
float4 u = {1.0f, 2.0f, 3.0f, 4.0f};
float4 v = {0.0f, 0.0f, 5.0f, 6.0f};

v = u.wyyx; // v = {4.0f, 2.0f, 2.0f, 1.0f}
```

또 다른 예:

```
float4 u = {1.0f, 2.0f, 3.0f, 4.0f};
float4 v = {0.0f, 0.0f, 5.0f, 6.0f};

v = u.wzyx; // v = {4.0f, 3.0f, 2.0f, 1.0f}
```

벡터를 복사할 때 반드시 모든 성분을 복사해야 하는 것은 아니다. 예를 들어 다음처럼 x 성분과 y 성분만 복사할 수도 있다.

```
float4 u = {1.0f, 2.0f, 3.0f, 4.0f};
float4 v = {0.0f, 0.0f, 5.0f, 6.0f};

v.xy = u; // v = {1.0f, 2.0f, 5.0f, 6.0f}
```

B.1.3 행렬 형식

HLSL에서 $m \times n$ 행렬(여기서 m과 n은 1에서 4까지)을 나타내는 변수를 정의할 때에는 다음과 같은 구문을 사용한다.

```
floatmxn matmxn;
```

예:

1. float2x2: 성분들의 형식이 float인 2×2 행렬.
2. float3x3: 성분들의 형식이 float인 3×3 행렬.
3. float4x4: 성분들의 형식이 float인 4×4 행렬.
4. float3x4: 성분들의 형식이 float인 3×4 행렬.

> **참고:** 성분들의 형식이 float가 아닌 행렬도 만들 수 있다. 예를 들면 int2x2나 half3x3, bool4x4도 가능하다.

행렬의 특정 성분에 접근할 때에는 이중 배열 첨자(색인) 구문을 사용한다. 예를 들어 다음은 행렬 M의 *ij*번째(0 기준) 성분을 설정하는 예이다.

```
M[i][j] = value;
```

또한, 객체의 멤버나 구조체의 필드에 접근할 때 사용하는 구문을 이용해서 벡터의 성분에 접근할 수 있다. 사용 가능한 멤버 이름은 다음과 같다.

1 기준 색인:

```
M._11 = M._12 = M._13 = M._14 = 0.0f;
M._21 = M._22 = M._23 = M._24 = 0.0f;
M._31 = M._32 = M._33 = M._34 = 0.0f;
M._41 = M._42 = M._43 = M._44 = 0.0f;
```

0 기준 색인:

```
M._m00 = M._m01 = M._m02 = M._m03 = 0.0f;
M._m10 = M._m11 = M._m12 = M._m13 = 0.0f;
M._m20 = M._m21 = M._m22 = M._m23 = 0.0f;
M._m30 = M._m31 = M._m32 = M._m33 = 0.0f;
```

종종 행렬의 특정 행벡터 하나를 지칭하고 싶을 때가 있다. 그럴 때에는 단일 배열 첨자 구문을 사용하면 된다. 다음은 3 × 3 행렬 M의 *i*번째 행 벡터를 얻는 예이다.

```
float3 ithRow = M[i]; // M의 i번째 행벡터를 얻는다.
```

다음은 세 개의 벡터를 각각 행렬의 첫째, 둘째, 셋째 행에 대입하는 방법을 보여준다.

```
float3 N = normalize(pIn.normalW);
float3 T = normalize(pIn.tangentW - dot(pIn.tangentW, N)*N);
float3 B = cross(N,T);
float3x3 TBN;
TBN[0] = T; // 행 1을 설정한다.
TBN[1] = B; // 행 2를 설정한다.
TBN[2] = N; // 행 3을 설정한다.
```

다음처럼 벡터들을 이용해서 새 행렬을 만드는 것도 가능하다.

```
float3 N = normalize(pIn.normalW);
float3 T = normalize(pIn.tangentW - dot(pIn.tangentW, N)*N);
float3 B = cross(N,T);

float3x3 TBN = float3x3(T, B, N);
```

참고: 4차원 벡터와 4×4 행렬을 float4와 float4x4 대신 vector와 matrix 형식으로 나타내도 같은 결과를 얻을 수 있다. 다음이 그러한 예이다.

```
vector u = {1.0f, 2.0f, 3.0f, 4.0f};
matrix M; // 4x4 행렬
```

B.1.4 배열

특정 형식의 배열을 선언하는 구문은 익숙한 C++의 구문과 동일하다. 예를 들면 다음과 같다.

```
float  M[4][4];
half   p[4];
float3 v[12]; // 3차원 벡터 12개.
```

B.1.5 구조체

구조체(structure)를 정의하는 구문은 기본적으로 C++의 것과 같다. 단, HLSL의 구조체에는 멤버 함수를 둘 수 없다. 다음은 HLSL에서 구조체를 정의하고 사용하는 예이다.

```
struct SurfaceInfo
{
  float3 pos;
  float3 normal;
  float4 diffuse;
  float4 spec;
};

SurfaceInfo v;
litColor += v.diffuse;
dot(lightVec, v.normal);
float specPower  = max(v.spec.a, 1.0f);
```

B.1.6 typedef 키워드

HLSL의 `typedef` 키워드는 C++에서와 정확히 동일하게 작동한다. 예를 들어 다음은 `vector<float, 3>`에 `point`라는 별칭을 부여하는 예이다.*

```
typedef vector<float, 3> point;
```

이런 정의가 있으면, 다음을

```
vector<float, 3> myPoint;
```

다음과 같이 표기할 수 있다.

```
point myPoint;
```

또 다른 예로, 다음은 typedef 키워드를 HLSL의 const 키워드(C++의 것과 동일하게 작동한다)와 함께 사용한 예이다.

```
typedef const float CFLOAT;
```

B.1.7 변수 선언 한정사

다음은 변수 선언 시 형식 이름 앞에 붙일 수 있는 추가적인 키워드들이다.

1. `static`: 이 셰이더 변수가 C++ 응용 프로그램에 노출되지 않음을 뜻한다. 3번의 extern과 본질적으로 정반대의 의미이다.

   ```
   static float3 v = {1.0f, 2.0f, 3.0f};
   ```

2. `uniform`: 이 변수가 균일 변수, 즉 정점마다 또는 픽셀마다 변하는 것이 아닌 변수임을 뜻한다. 균일 변수는 모든 정점 또는 픽셀에 대해 값을 유지한다(C++ 응용 프로그램 수준에서 변경하지 않는 한). 균일 변수는 셰이더 프로그램의 바깥에서(이를테면 C++ 응용 프로그램에서) 초기화된다.

---

* 옮긴이 §B.1.2에 나온 float3은 typedef로 정의된 vector〈float, 3〉의 한 별칭이다. 사실 HLSL의 모든 개별 벡터 및 행렬 형식은 자동으로 정의된 vector◇와 matrix◇의 별칭들이다. *https://msdn.microsoft.com/ko-kr/library/windows/desktop/bb509702(v=vs.85).aspx*의 Remarks 섹션을 참고하기 바란다.

3. **extern**: 이 변수가 C++ 응용 프로그램에서 볼 수 있는 외부 변수임을 뜻한다(즉, 셰이더 프로그램 바깥의 C++ 응용 프로그램 코드에서 이 변수에 접근할 수 있다). 한 셰이더 프로그램의 전역 변수는 기본적으로 균일 변수이자 외부 변수이다.

4. **const**: HLSL의 const 키워드는 C++의 것과 같은 의미이다. 즉, const 키워드를 붙여서 선언한 변수는 초기화 이후에는 변경할 수 없는 상수가 된다.

```
const float pi = 3.14f;
```

B.1.8 캐스팅

HLSL은 아주 유연한 캐스팅^{casting}(형식 변환)* 수단을 지원한다. HLSL의 캐스팅 구문은 C 프로그래밍 언어의 것과 같다. 예를 들어 다음은 float를 matrix로 캐스팅하는 예이다.

```
float f = 5.0f;
float4x4 m = (float4x4)f; // f를 m의 모든 성분에 복사한다.
```

이 스칼라-행렬 캐스팅에 의해, 스칼라가 행렬의 각 성분에 복사된다.

또 다른 예를 보자.

```
float3 n = float3(...);
float3 v = 2.0f*n - 1.0f;
```

2.0f*n은 스칼라 대 벡터 곱셈으로, 이는 잘 정의된 연산이다(결과는 벡터). 그러나 우변 전체는 벡터 빼기 스칼라인데, 이것은 잘 정의된 연산이 아니다. 이를 해결하기 위해 HLSL은 스칼라 1.0f를 벡터 (1.0f, 1.0f, 1.0f)로 확장(암묵적 형식 변환)한다. 즉, 앞의 문장은 다음과 같은 의미이다.

```
float3 v = 2.0f*n - float3(1.0f, 1.0f, 1.0f);
```

이 책의 예제들에도 명시적 또는 암묵적 형식 변환이 많이 쓰이는데, 각 캐스팅의 문맥을 보고 짐작할 수 있을 것이다. 좀 더 완전한 캐스팅 규칙을 알고 싶다면 MSDN의 HLSL 문서화에서 'Casting and Conversion' 항목을 찾아보기 바란다.

....

* 옮긴이 일부 언어들에서, 특히 C++에서 캐스팅은 명시적인 형식 변환(static_cast 같은 캐스팅 연산자들이나 괄호 표기법 등을 이용한)을 뜻하지만, HLSL에서는 암묵적 형식 변환도 캐스팅이라고 부른다.

B.2 키워드와 연산자

B.2.1 키워드

참고로, 다음은 HLSL이 정의하는 모든 키워드의 목록이다.

```
asm         bool        compile     const       decl        do
double      else        extern      false       float       for
half        if          in          inline      inout       int
matrix      out         pass        pixelshader return      sampler
shared      static      string      struct      technique   texture
true        typedef     uniform     vector      vertexshader void
volatile    while
```

그리고 다음은 예약되어 있지만 실제로 쓰이지는 않는 키워드들이다. 이후에는 쓰일 수
있다.

```
auto            break       case        catch       char        class
const_cast      continue    default     delete      dynamic_cast enum
explicit        friend      goto        long        mutable     namespace
new             operator    private     protected   public      register
reinterpret_cast            short       signed      sizeof      static_cast
switch          template    this        throw       try         typename
union           unsigned    using       virtual
```

B.2.2 연산자

HLSL은 익숙한 여러 C++ 연산자를 지원한다. 잠시 후 언급할 몇몇 예외를 제외할 때, 이들의
의미는 C++의 것들과 정확히 동일하다.

```
[]      .       >       <       <=      >=      !=      ==      !
&&      ||      ? :     +       +=      -       -=      *       *=
/       /=      %       %=      ++      --      =       ()      ,
```

이들의 행동 방식은 C++의 것들과 아주 비슷하지만, 몇 가지 차이점이 있다. 첫째로, 나머
지 연산자 %는 정수 형식뿐만 아니라 부동소수점 형식에도 작동한다. 나머지 연산자를 사용하
려면 연산자 좌변과 우변의 부호가 같아야 한다(즉, 둘 다 양수이거나 둘 다 음수여야 한다).

둘째로, HLSL 연산자 중에는 성분별로 작동하는 것들이 많다. 이는 벡터와 행렬이 언어 자
체의 내장 형식이며, 그런 형식들은 여러 개의 성분으로 구성되어 있기 때문이다. 연산들이 성

분별로 작동하는 덕분에, 벡터나 행렬의 덧셈, 뺄셈, 상등 판정 연산을 스칼라 형식들에 사용하는 것과 동일한 연산자로 수행할 수 있다. 다음 예를 보자.

> **참고:** 스칼라에 대해 이 연산자들은 기대한 대로, 즉 C++의 통상적인 방식으로 작동한다.
>
> ```
> float4 u = {1.0f, 0.0f, -3.0f, 1.0f};
> float4 v = {-4.0f, 2.0f, 1.0f, 0.0f};
>
> // 대응되는 성분들을 더한다.
> float4 sum = u + v; // sum = (-3.0f, 2.0f, -2.0f, 1.0f)
> ```

벡터를 증가하면 각 성분이 증가된다.

```
// 증가 이전: sum = (-3.0f, 2.0f, -2.0f, 1.0f)

sum++; // 증가 이후: sum = (-2.0f, 3.0f, -1.0f, 2.0f)
```

두 벡터를 * 연산자로 곱하면 성분끼리 곱해진다.

```
float4 u = {1.0f, 0.0f, -3.0f, 1.0f};
float4 v = {-4.0f, 2.0f, 1.0f, 0.0f};

// 대응되는 성분들을 곱한다.
float4 product = u * v; // product = (-4.0f, 0.0f, -3.0f, 0.0f)
```

> **참고:** 행렬도 마찬가지이다. 다음과 같은 두 행렬이 있다고 할 때, A*B라는 구문은 행렬 곱셈이 아니라 성분별 곱셈을 수행한다.
>
> ```
> float4x4 A;
> float4x4 B;
> ```
> 행렬 곱셈을 원한다면 mul 함수를 사용해야 한다.

벡터나 행렬에 대한 비교 연산자도 성분별로 수행되며, 그 결과는 bool 형식의 성분들로 이루어진 벡터 또는 행렬이다. 결과 벡터(또는 행렬)의 bool 성분들은 개별 성분 대 성분 비교의 결과이다. 예를 들면 다음과 같다.

```
float4 u = { 1.0f, 0.0f, -3.0f, 1.0f};
float4 v = {-4.0f, 0.0f, 1.0f, 1.0f};
```

```
float4 b = (u == v); // b = (false, true, false, true)
```

마지막으로, 이항 연산 시 변수들의 승격(promotion) 규칙으로 이번 절을 마무리하겠다.

1. 이항 연산에서 좌변과 우변의 차원 수가 다르면 차원이 낮은 쪽이 높은 쪽으로 승격된다. 예를 들어 x의 형식이 float(1차원)이고 y의 형식이 float3(3차원)이라고 할 때, 표현식 (x + y)에서 x는 float3으로 승격되며, 표현식 전체는 float3 형식의 값으로 평가된다. 이러한 승격은 HLSL 언어에 정의된 캐스팅 규칙에 따라 일어나는데, 지금 예에서는 스칼라에서 벡터로의 캐스팅이 적용된다. 즉, x가 float3으로 승격될 때 x는 (x, x, x)로 캐스팅된다. 캐스팅이 정의되지 않으면 승격도 정의되지 않음을 주의하기 바란다. 예를 들어 float2에서 float3으로의 승격은 불가능한데, 이는 해당 캐스팅이 정의되어 있지 않기 때문이다.

2. 이항 연산에서 좌변과 우변의 형식이 다르면 해상도(정밀도)가 낮은 쪽이 높은 쪽으로 승격된다. 예를 들어 x의 형식이 int이고 y의 형식이 half라고 할 때, 표현식 (x + y)에서 변수 x는 half로 승격되며, 표현식 전체는 half 형식의 값으로 평가된다.

B.3 프로그램의 흐름

HLSL은 조건 분기, 반복 등을 비롯한, C++에서 흔히 사용하던 여러 프로그램 흐름 제어문들을 지원한다. 그런 문장들의 구문은 C++의 것들과 정확히 동일하다.

return 문:

```
return (expression);
```

if 문과 *if...else* 문:

```
if( 조건 )
{
    문장(들);
}

if( 조건 )
{
```

```
   문장(들);
}
else
{
   문장(들);
}
```

for 문:

```
for(초기화; 조건; 증가)
{
   문장(들);
}
```

while 문:

```
while( 조건 )
{
   문장(들);
}
```

do…while 문:

```
do
{
   문장(들);
}while( 조건 );
```

B.4 함수

B.4.1 사용자 정의 함수

다음은 HLSL 함수의 특징이다.

1. 익숙한 C++의 함수 구문을 사용한다.
2. 매개변수는 항상 값으로 전달된다.
3. 재귀를 지원하지 않는다.
4. 항상 인라인화된다.

더 나아가서, HLSL에서는 몇 가지 추가적인 키워드를 함수에 사용할 수 있다. 예를 들어 HLSL로 작성된 다음과 같은 함수를 보자.

```
bool foo(in const bool b,    // 입력용 bool 매개변수
         out int r1,         // 출력용 int 매개변수
         inout float r2)     // 입·출력용 float 매개변수
{
  if( b ) // 입력 값을 판정한다.
  {
    r1 = 5; // r1을 통해서 하나의 값을 출력한다.
  }
  else
  {
    r1 = 1; // r1을 통해서 하나의 값을 출력한다.
  }

  // r2는 inout으로 선언되었으므로 입력 값으로 사용할
  // 수도 있고 값을 출력하는 용도로 사용할 수도 있다.
  r2 = r2 * r2 * r2;

  return true;
}
```

이 함수는 in과 out, inout 키워드만 빼고는 C++ 함수와 거의 동일하다.

1. in: 함수의 실행이 시작되기 전에, 이 키워드가 붙은 매개변수들에 해당 인수(argument; 매개변수로 전달된 구체적인 값 또는 변수)가 복사된다. in이 기본이므로 굳이 in을 붙일 필요는 없다. 예를 들어 다음 함수는

    ```
    float square(in float x)
    {
      return x * x;
    }
    ```

    in을 명시하지 않은 다음 함수와 동일하다.

    ```
    float square(float x)
    {
      return x * x;
    }
    ```

2. out: 함수가 반환될 때, 이 키워드가 붙은 매개변수들의 값이 해당 인수에 복사된다. 이는 함수가 매개변수를 통해서 값을 돌려주고자 할 때 유용하다. HLSL은 참조 전달이나 포인터 전달을 지원하지 않으므로 이러한 out 키워드가 꼭 필요하다. out이 지정된 매개변수에는 함수 시작 시 해당 인수가 복사되지 않음을 주의하기 바란다. 즉, out 매개변수는 자료를 출력하는 용도로만 사용할 수 있을 뿐, 입력으로는 사용할 수 없다.

```
void square(in float x, out float y)
{
  y = x * x;
}
```

이 함수는 제곱할 값을 x로 입력받고, x의 제곱을 매개변수 y를 통해서 돌려준다.

3. inout: 매개변수가 in이자 out임을 하나의 키워드로 지정한다. 매개변수를 입력과 출력 모두에 사용하려면 이 inout을 지정하면 된다.

```
void square(inout float x)
{
  x = x * x;
}
```

이 함수는 제곱할 값을 x로 입력받고, 그 값의 제곱을 x 자체를 통해서 돌려준다.

B.4.2 내장 함수

HLSL에는 3차원 그래픽에 유용한 여러 내장 함수가 있다. 다음은 그런 내장 함수들을 간략히 정리한 표이다.

번호	함수	설명
1.	abs(x)	$|x|$를 돌려준다.
2.	ceil(x)	x보다 크거나 같은 최소의 정수를 돌려준다.
3.	cos(x)	x의 코사인을 돌려준다. 여기서 x는 라디안 단위의 각도이다.
4.	clamp(x, a, b)	x를 $[a, b]$ 구간으로 한정(clamping)한 결과를 돌려준다.
5.	clip(x)	만일 x < 0이면 현재 픽셀을 폐기해서 더 이상 처리되지 않게 한다. 이 함수는 픽셀 셰이더에서만 호출할 수 있다.
6.	cross(u, v)	$\mathbf{u} \times \mathbf{v}$를 돌려준다.

번호	함수	설명
7.	ddx(p)	화면 공간 편도함수 $\partial\mathbf{p}/\partial x$를 평가한다. 이 함수는 화면 공간의 한 픽셀에서 x 축 방향의 인접 픽셀로 넘어갈 때 픽셀의 한 특성 $\mathbf{p}$(이를테면 색상이나 법선)가 얼마나 변하는지 알아내는 데 유용하다.
8.	ddy(p)	화면 공간 편도함수 $\partial\mathbf{p}/\partial y$를 평가한다. 이 함수는 화면 공간의 한 픽셀에서 y 축 방향의 인접 픽셀로 넘어갈 때 픽셀의 한 특성 $\mathbf{p}$가 얼마나 변하는지 알아내는 데 유용하다.
9.	degrees(x)	라디안 단위의 각도 x를 도(디그리) 단위로 변환한다.
10.	determinant(M)	주어진 행렬의 행렬식을 돌려준다.
11.	distance(u, v)	점 $\mathbf{u}$와 $\mathbf{v}$ 사이의 거리 $\|\mathbf{v} - \mathbf{u}\|$를 돌려준다.
12.	dot(u, v)	$\mathbf{u} \cdot \mathbf{v}$를 돌려준다.
13.	floor(x)	x보다 작거나 같은 최대의 정수를 돌려준다.
14.	frac(x)	주어진 부동소수점 수의 소수부(즉, 가수(mantissa))를 돌려준다. 예를 들어 만일 x = (235.52, 696.32)이면 frac(x) = (0.52, 0.32)이다.
15.	lenth(v)	$\|\mathbf{v}\|$를 돌려준다.
16.	lerp(u, v, t)	매개변수 $t \in [0, 1]$에 근거해서 $\mathbf{u}$와 $\mathbf{v}$ 사이를 선형 보간한다.
17.	log(x)	$\ln(x)$를 돌려준다.
18.	log10(x)	$\log_{10}(x)$를 돌려준다.
19.	log2(x)	$\log_2(x)$를 돌려준다.
20.	max(x, y)	만일 $x \geq y$이면 x를, 그렇지 않으면 y를 돌려준다.
21.	min(x, y)	만일 $x \leq y$이면 x를, 그렇지 않으면 y를 돌려준다.
22.	mul(M, N)	행렬 곱 $\mathbf{MN}$을 돌려준다. 이 함수의 실행을 위해서는 곱 $\mathbf{MN}$이 반드시 정의되어야 함을 주의하기 바란다. 만일 $\mathbf{M}$이 벡터이면 행벡터로 취급되어서 벡터 대 행렬 곱셈이 적용된다. 마찬가지로, $\mathbf{N}$이 벡터이면 하나의 열벡터로 취급되어서 행렬 대 벡터 곱셈이 적용된다.
23.	normalize(v)	$\mathbf{v} / \|\mathbf{v}\|$를 돌려준다.
24.	pow(b, n)	$\mathbf{b}^n$을 돌려준다.
25.	radians(x)	도(디그리) 단위의 각도 x를 라디안 단위로 변환한다.
26.	saturate(x)	clamp(x, 0.0, 1.0)을 돌려준다.
27.	sin(x)	x의 사인^{sine}을 돌려준다. 여기서 x는 라디안 단위의 각도이다.
28.	sincos (in x, out s, out c)	x의 사인과 코사인을 돌려준다. 여기서 x는 라디안 단위의 각도이다.

29.	sqrt(x)	$\sqrt{x}$ 를 돌려준다.
30.	reflect(v, n)	입사 벡터 **v**가 법선이 **n**인 표면에 반사된 반사 벡터를 돌려준다.
31.	refract(v, n, eta)	입사 벡터 **v**가 법선이 **n**인 표면에서 굴절된 벡터를 돌려준다. eta는 표면을 경계로 한 두 매질의 굴절률의 비율이다.
32.	rsqrt(x)	$\dfrac{1}{\sqrt{x}}$을 돌려준다.
33.	tan(x)	x의 탄젠트를 돌려준다. 여기서 x는 라디안 단위의 각도이다.
34.	transpose(M)	전치행렬 $\mathbf{M}^T$를 돌려준다.
35.	Texture2D:: Sample(S, texC)	SamplerState 객체 S와 2차원 텍스처 좌표 texC를 이용해서 2차원 텍스처 맵에서 추출한 색상을 돌려준다.
36.	Texture2D:: SampleLevel (S, texC, mipLevel)	SamplerState 객체 S와 2차원 텍스처 좌표 texC, 그리고 밉맵 수준 mipLevel을 이용해서 2차원 텍스처 맵에서 추출한 색상을 돌려준다. Texture2D::Sample 함수와 다른 점은, 사용할 밉맵 수준을 셋째 매개변수에 직접 지정해야 한다는 점이다. 예를 들어 최상위 밉맵 수준을 원한다면 0을 지정하면 된다.
37.	TextureCube:: Sample(S, v)	SamplerState 객체 S와 3차원 조회 벡터 v를 이용해서 입방체 맵에서 추출한 색상을 돌려준다.
38.	Texture2DArray:: Sample(S, texC)	SamplerState 객체 S(표본추출기 상태는 텍스처 필터와 좌표 지정 모드를 결정한다는 점을 기억하기 바란다)와 3차원 텍스처 좌표 texC를 이용해서 2차원 텍스처 배열에서 추출한 색상을 돌려준다. 3차원 텍스처 좌표의 처음 두 성분은 보통의 2차원 텍스처 좌표로 쓰이고, 셋째 성분은 배열 색인으로 쓰인다.

참고: 이 함수들 대부분은 해당 함수가 의미 있게 정의되는 모든 내장 형식에 대해 중복적재되어 있다. 예를 들어 abs 함수(절댓값)는 모든 스칼라 형식에서 의미가 있으므로, 모든 스칼라 형식에 대해 abs의 중복적재 버전이 존재한다. 또 다른 예로, 외적을 수행하는 cross 함수는 3차원 벡터에만 의미가 있으므로, 각 스칼라 형식의 3차원 벡터 형식들(이를테면 int 성분들이나 float 성분들, double 성분들로 이루어진 3차원 벡터 형식들)에 대한 중복적재 버전만 존재한다. 한편 선형 보간 함수 lerp는 스칼라와 2차원, 3차원, 4차원 벡터에 의미가 있으므로 모든 형식에 대해 중복적재되어 있다.

참고: '스칼라' 함수, 즉 전통적으로 스칼라에 대해 작용하는 함수(이를테면 cos(x))에 비스칼라 형식의 값을 넘겨주면 그 함수는 성분별로 작동한다. 다음이 그러한 예이다.

```
v = float3(0.0f, 0.0f, 0.0f);
v = cos(v);
```

이 경우 **v**의 성분마다 코사인이 계산된다. 즉, $\mathbf{v} = (\cos(x), \cos(y), \cos(z))$이다.

이상의 함수들을 포함한 모든 HLSL 내장 함수가 DirectX 문서화에 나와 있으니 참고하기 바란다. "HLSL Intrinsic Functions"를 검색하면 해당 부분을 찾을 수 있을 것이다.

B.4.3 상수 버퍼의 압축 및 채움

HLSL에서 상수 버퍼의 요소들은 4차원 벡터 단위로 저장되는데, 이때 HLSL은 하나의 요소가 두 4차원 벡터에 걸쳐서 저장되어서는 안 된다는 규칙을 강제한다. 다음 예를 생각해 보자.

```
// HLSL
cbuffer cb : register(b0)
{
  float3 Pos;
  float3 Dir;
};
```

이 자료를 그냥 순서대로 4차원 벡터 단위로 저장한다면 다음과 같은 형태가 될 것이다.

```
벡터 1: (Pos.x, Pos.y, Pos.z, Dir.x)
벡터 2: (Dir.y, Dir.z, 빈칸, 빈칸)
```

그러나 이렇게 하면 dir 요소가 두 4차원 벡터에 걸치게 되는데, 이는 하나의 요소가 두 4차원 벡터에 걸쳐서 저장되어서는 안 된다는 HLSL의 규칙을 위반하는 것이다. 이를 방지하기 위해, HLSL은 셰이더 메모리 안에서 다음과 같이 빈칸들을 채워 넣는다.

```
벡터 1: (Pos.x, Pos.y, Pos.z, 빈칸)
벡터 2: (Pos.x, Pos.y, Pos.z, 빈칸)
```

그런데 이 상수 버퍼에 대응되는 C++ 구조체가 다음과 같이 정의되어 있다고 하자.

```
// C++
struct Data
{
  XMFLOAT3 Pos;
  XMFLOAT3 Dir;
};
```

응용 프로그램의 자료를 상수 버퍼에 복사할 때 앞에서 말한 채움 규칙을 간과하고 그냥 해당 바이트들을 무작정 memcpy를 이용해서 복사한다면 앞에서 본 규칙 위반 상황이 벌어져서 셰이더들이 잘못된 상수 값을 사용하게 된다.

```
벡터 1: (Pos.x, Pos.y, Pos.z, Dir.x)
벡터 2: (Dir.y, Dir.z, 빈칸, 빈칸)
```

요소들이 HLSL 채움 규칙에 따라 제대로 HLSL 상수 버퍼에 복사되게 하려면 C++ 구조체를 다시 정의해야 한다. 우선, 채움 필드들의 존재를 명시적으로 드러내기 위해 상수 버퍼 자체도 다음과 같이 다시 정의하자.

```
cbuffer cb : register(b0)
{
  float3 Pos;
  float __pad0;
  float3 Dir;
  float __pad1;
};
```

그리고 C++ 구조체를 상수 버퍼와 정확히 일치하는 형태로 다시 정의한다.

```
// C++
struct Data
{
  XMFLOAT3 Pos;
  float __pad0;
  XMFLOAT3 Dir;
  float __pad1;
};
```

이제 memcpy를 수행하면 자료가 상수 버퍼에 제대로 복사된다.

```
벡터 1: (Pos.x, Pos.y, Pos.z, __pad0)
벡터 2: (Dir.x, Dir.y, Dir.z, __pad1)
```

이 책의 예제들도, 필요한 경우에는 상수 버퍼 정의 시 이처럼 채움 필드들을 명시적으로 추가한다. 또한, 가능하면 이런 채움을 피하고 빈 공간을 줄일 수 있도록 상수 버퍼의 요소들의 순서를 적절히 변경한다. 예를 들어 여러 예제에 쓰이는 Light 구조체는 다음과 같이 정의되어 있다. w 성분이 있는 자리에 스칼라 자료를 배치했기 때문에 여분의 w 성분 자리에 빈칸을 채울 필요가 없음을 주목하기 바란다.

```
struct Light
{
  DirectX::XMFLOAT3 Strength;
  float FalloffStart = 1.0f;
  DirectX::XMFLOAT3 Direction;
  float FalloffEnd = 10.0f;
  DirectX::XMFLOAT3 Position;
  float SpotPower = 64.0f;
};
```

이 구조체를 상수 버퍼에 복사하면, 다음과 같이 3차원 벡터와 스칼라 자료가 하나의 4차원 벡터에 딱 맞게 들어가므로 낭비가 발생하지 않는다.

```
벡터 1: (Strength.x, Strength.y, Strength.z, FalloffStart)
벡터 2: (Direction.x, Direction.y, Direction.z, FalloffEnd)
벡터 3: (Position.x, Position.y, Position.z, SpotPower)
```

참고: 상수 버퍼의 자료를 담을 C++ 구조체를 상수 버퍼가 셰이더 메모리 안에 배치되는 방식과 부합하는 형태로 정의해 두면 간단한 메모리 복사 연산 한 번으로 자료를 복사할 수 있다.

HLSL의 압축(packing) 및 채움(padding) 방식을 좀 더 명확하게 이해하는 데 도움이 되는 예를 몇 가지 더 살펴보자. 다음과 같은 상수 버퍼의 자료는

```
cbuffer cb : register(b0)
{
  float3 v;
  float s;
  float2 p;
  float3 q;
};
```

셰이더 메모리 안에서 다음과 같이 세 개의 4차원 벡터에 배치된다.

```
벡터 1: (v.x, v.y, v.z, s)
벡터 2: (p.x, p.y, 빈칸, 빈칸)
벡터 3: (q.x, q.y, q.z, 빈칸)
```

이 경우 벡터 1은 네 번째 성분에 스칼라 s가 들어갔으므로 낭비가 없지만, q의 모든 성분을 벡터 2의 남은 칸들에 채울 수는 없기 때문에 q를 개별적인 벡터에 배치할 수밖에 없다.

또 다른 예로, 다음과 같은 상수 버퍼를 생각해 보자.

```
cbuffer cb : register(b0)
{
    float2 u;
    float2 v;
    float a0;
    float a1;
    float a2;
};
```

이 벡터는 다음과 같이 채워진다.

```
벡터 1: (u.x, u.y, v.x, v.y)
벡터 2: (a0, a1, a2, 빈칸)
```

참고: 배열은 이와는 다른 방식으로 처리된다. SDK 문서화에 따르면, "한 배열의 모든 원소는 각각 하나의 4성분 벡터에 저장된다." 예를 들어 다음과 같은 float2 배열이 있다고 하자.

```
float2 TexOffsets[8];
```

앞에서 말한 방식을 따른다면 float2 원소 두 개가 하나의 float4 칸에 채워질 것 같지만, 배열은 예외이다. 위의 배열은 사실 다음과 동등하다.

```
float4 TexOffsets[8];
```

따라서, C++ 코드에서는 XMFLOAT2 여덟 개가 아니라 XMFLOAT4 여덟 개짜리 배열을 마련해야 복사가 제대로 일어난다. 이처럼 float2 배열을 사용하면 원소마다 float 두 개의 저장 공간이 낭비된다. 이와 관련해서, SDK 문서화는 다음과 같은 캐스팅을 통해서 메모리를 좀 더 효율적으로 사용할 수 있음을(대신 셰이더에서 추가적인 주소 계산이 필요하다는 점도) 제시한다.

```
float4 array[4];
static float2 aggressivePackArray[8] = (float2[8])array;
```

해석기하학 주제 몇 가지

부록 C에서는 벡터와 점을 구축 요소로 이용해서 좀 더 복잡한 기하구조를 만들어 나간다. 이 부록에서 다루는 주제들은 이 책에서 쓰이긴 하지만 벡터나 행렬, 변환만큼 자주 쓰이지는 않는다. 그래서 본문에서 설명하지 않고 이처럼 따로 부록으로 빼냈다.

C.1 반직선, 선, 선분

선(line; 직선)은 선에 있는 점 $\mathbf{p}_0$과 선에 평행한 방향을 가리키는 벡터 $\mathbf{u}$로 서술할 수 있다(그림 C.1). 선의 벡터 방정식, 줄여서 선 방정식(또는 직선 방정식)은 다음과 같다.

$$t \in \mathbb{R}\text{에 대해} \quad \mathbf{p}(t) = \mathbf{p}_0 + t\mathbf{u}$$

이 식의 t에 서로 다른 값(t는 임의의 실수)을 대입하면 선의 서로 다른 점들이 나온다.

t가 음수가 아니어야 한다는 제약을 두면, 선 방정식의 그래프는 원점 $\mathbf{p}_0$에서 $\mathbf{u}$ 방향으로 나아가는 반$^{+}$직선(ray)이 된다(그림 C.2).

다음으로, 양 끝점이 $\mathbf{p}_0$과 $\mathbf{p}_1$인 하나의 선분(line segment)을 정의해 보자. 우선 $\mathbf{p}_0$에서 $\mathbf{p}_1$로의 벡터 $\mathbf{u} = \mathbf{p}_1 - \mathbf{p}_0$을 만든다(그림 C.3). 그러면 $t \in [0, 1]$에 대한 방정식 $\mathbf{p}(t) = \mathbf{p}_0 + t\mathbf{u} = \mathbf{p}_0 + (\mathbf{p}_1 - \mathbf{p}_0)$의 그래프는 $\mathbf{p}_0$과 $\mathbf{p}_1$로 정의되는 하나의 선분이다. 만일 정의역 $t \in [0, 1]$ 바깥의 값을 대입하면 선분과 겹치는 직선에 있는, 그러나 선분에 있지는 않은 점이 나온다.

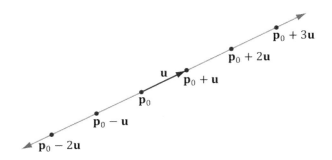

그림 C.1 선의 한 점 $\mathbf{p}_0$과 선에 평행인 방향을 가리키는 벡터 $\mathbf{u}$로 서술된 하나의 선. 임의의 실수 t를 대입함으로써 선의 점들을 생성할 수 있다.

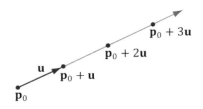

그림 C.2 원점 $\mathbf{p}_0$과 방향 $\mathbf{u}$로 서술되는 하나의 반직선. 해당 선 방정식의 t에 0보다 크거나 같은 값을 대입하면 반직선 위의 점이 된다.

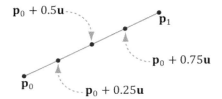

그림 C.3 0, 1 구간의 서로 다른 값들을 t에 대입하면 선분의 서로 다른 점들이 나온다. 예를 들어 선분의 중점은 $t = 0.5$로 주어진다. 또한, 만일 $t = 0$이면 한 끝점 $\mathbf{p}_0$이 나오고 $t = 1$이면 다른 끝점 $\mathbf{p}_1$이 나온다.

C.2 평행사변형

$\mathbf{q}$가 하나의 점이고 $\mathbf{u}$와 $\mathbf{v}$는 하나가 다른 하나의 스칼라 배가 아닌 두 벡터라고 하자. 즉, 임의의 스칼라 k에 대해 $\mathbf{u} \neq k\mathbf{v}$이다. 그러면 다음 함수의 그래프는 하나의 평행사변형이다(그림 C.4).

$$s, t \in [0,1]\text{에 대해} \quad \mathbf{p}(s, t) = \mathbf{q} + s\mathbf{u} + t\mathbf{v}$$

"임의의 스칼라 k에 대해 $\mathbf{u} \neq k\mathbf{v}$"라는 조건이 필요한 이유는 다음과 같이 이해하면 될 것이다. 만일 $\mathbf{u} = k\mathbf{v}$이면 평행사변형의 방정식이 다음과 같이 정리된다.

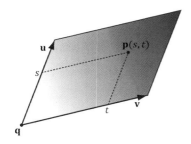

그림 C.4 평행사변형. 서로 다른 s, $t \in [0, 1]$들을 대입하면 평행사변형의 서로 다른 점들이 나온다.

$$\begin{aligned}
\mathbf{p}(s, t) &= \mathbf{q} + s\mathbf{u} + t\mathbf{v} \\
&= \mathbf{q} + sk\mathbf{u} + t\mathbf{v} \\
&= \mathbf{q} + (sk + t)\mathbf{v} \\
&= \mathbf{q} + \overline{t}\mathbf{v}
\end{aligned}$$

그런데 이는 그냥 하나의 직선 방정식이다. 다른 말로 하면, 자유도가 1밖에 되지 않는다. 평행사변형 같은 2차원 도형을 얻으려면 자유도가 2이어야 하므로, 벡터 $\mathbf{u}$와 $\mathbf{v}$가 서로의 스칼라 배이어서는 안 된다.

C.3 삼각형

삼각형의 벡터 방정식은 평행사변형 방정식과 비슷하나, 매개변수들의 정의역이 좀 더 제한적이다.

$$s \geq 0, \ t \geq 0, \ s + t \leq 1\text{에 대해} \quad \mathbf{p}(s, t) = \mathbf{p}_0 + s\mathbf{u} + t\mathbf{v}$$

[그림 C.5]에서 보듯이, 만일 s와 t에 대한 조건이 하나라도 만족되지 않으면 $\mathbf{p}(s, t)$는 삼각형이 놓인 평면에 있긴 하지만 삼각형에서 벗어난, 즉 삼각형 '바깥'에 있는 점이 된다.

삼각형을 정의하는 세 꼭짓점(정점)이 주어지면 그 삼각형을 정의하는 위와 같은 매개변수 방정식을 구할 수 있다. 삼각형의 세 꼭짓점이 $\mathbf{p}_0$, $\mathbf{p}_1$, $\mathbf{p}_2$라고 하자. 그러면 $s \geq 0, \ t \geq 0, \ s + t \leq 1$에 대해 삼각형의 한 점이 다음과 같이 주어진다.

$$\mathbf{p}(s, t) = \mathbf{p}_0 + s(\mathbf{p}_1 - \mathbf{p}_0) + t(\mathbf{p}_2 - \mathbf{p}_0)$$

이를 전개해서 정리하면 다음과 같이 좀 더 간결한 공식이 나온다.

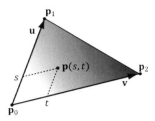

그림 C.5 삼각형. $s \geq 0$, $t \geq 0$, $s + t \leq 1$을 만족하는 서로 다른 s, t를 대입하면 삼각형의 서로 다른 점들이 나온다.

$$\begin{aligned}
\mathbf{p}(s,\ t) &= \mathbf{p}_0 + s\mathbf{p}_1 - s\mathbf{p}_0 + t\mathbf{p}_2 - t\mathbf{p}_0 \\
&= (1 - s - t)\mathbf{p}_0 + s\mathbf{p}_1 + t\mathbf{p}_2 \\
&= r\mathbf{p}_0 + s\mathbf{p}_1 + t\mathbf{p}_2
\end{aligned}$$

여기서 $r = (1 - s - t)$이다. 좌표 (r, s, t)를 무게중심 좌표(barycentric coordinates)라고 부른다. $r + s + t = 1$이라는 점과 무게중심 결합 $\mathbf{p}(r, s, t) = r\mathbf{p}_0 + s\mathbf{p}_1 + t\mathbf{p}_2$가 점 $\mathbf{p}$를 삼각형 꼭짓점들의 가중 평균으로 표현한다는 점을 주목하기 바란다. 무게중심 좌표에는 흥미로운 성질들이 있으나, 이 책에서는 사용하지 않는다. 좀 더 알고 싶은 독자는 관련 서적이나 자료를 찾아보기 바란다.

C.4 평면

평면을 무한히 얇고 무한히 넓으며 무한히 긴 종잇장이라고 생각해도 좋다. 하나의 평면을 평면과 수직인 벡터 $\mathbf{n}$과 평면의 한 점 $\mathbf{p}_0$으로 서술할 수 있다(그림 C.6). 이때 벡터 $\mathbf{n}$이 반드시 단위 길이일 필요는 없다. 평면과 수직인 그러한 벡터를 평면의 **법선 벡터**라고 부른다. 하나의 평면은 공간을 **양의 반공간**(positive half-space)과 **음의 반공간**으로 나눈다. 양의 반공간은 평면의 앞쪽에 있는 공간인데, 여기서 앞쪽이란 법선 벡터가 가리키는 쪽이다. 음의 반공간은 평면의 뒤쪽 공간이다.

[그림 C.6]에서 보듯이, 평면의 그래프는 다음과 같은 **평면 방정식**을 만족하는 모든 점 $\mathbf{p}$로 이루어진다.

$$\mathbf{n} \cdot (\mathbf{p} - \mathbf{p}_0) = 0$$

특정 평면을 서술할 때 법선 $\mathbf{n}$과 평면의 알려진 한 점 $\mathbf{p}_0$은 변하지 않으므로, 평면 방정식을 다음과 같이 표현하는 경우가 많다.

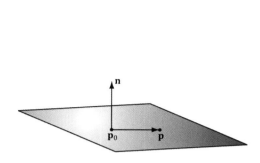

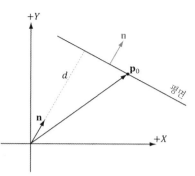

그림 C.6 법선 벡터 **n**과 평면의 한 점 $\mathbf{p}_0$으로 정의된 평면. $\mathbf{p}_0$이 평면의 한 점이라 할 때, 점 **p**는 만일 벡터 **p** $-$ $\mathbf{p}_0$이 평면의 법선 벡터와 수직이면, 그리고 오직 그럴 때에만, 평면의 한 점이다.

그림 C.7 원점에서 평면까지의 최단 거리.

$$\mathbf{n} \cdot (\mathbf{p} - \mathbf{p}_0) = \mathbf{n} \cdot \mathbf{p} - \mathbf{n} \cdot \mathbf{p}_0 = \mathbf{n} \cdot \mathbf{p} + d = 0$$

여기서 $d = -\mathbf{n} \cdot \mathbf{p}_0$이다. 이 방정식에 $\mathbf{n} = (a, b, c)$와 $\mathbf{p} = (x, y, z)$를 대입해서 정리하면 다음과 같이 또 다른 형태의 평면 방정식이 나온다.

$$ax + by + cz + d = 0$$

평면의 법선 벡터 **n**이 단위 길이일 때, $d = -\mathbf{n} \cdot \mathbf{p}_0$은 원점에서 평면까지의 **부호 있는** 최단 거리이다(그림 C.7).

> **참고:** 이 책의 그림들에서는 종종 표시의 편의를 위해 3차원 도형을 2차원으로 나타낸다. 특히 평면을 하나의 선으로 표시하는 경우가 있는데, 사실 2차원의 직선(그리고 그에 수직인 법선 벡터)은 2차원 공간을 양의 반공간과 음의 반공간으로 나눈다는 점에서 평면의 2차원 버전이라고 할 수 있다.

C.4.1 DirectXMath 라이브러리의 평면 표현

코드에서 평면을 나타낼 때에는 법선 벡터 **n**과 상수 d만 저장하면 된다. 둘의 조합을 하나의 4차원 벡터로 간주하면 유용한데, 그런 경우 $(\mathbf{n}, d) = (a, b, c, d)$로 표기한다. XMVECTOR 형식은 네 개의 부동소수점 값을 저장하므로, DirectXMath 라이브러리는 XMVECTOR 형식을 평면을 나타내는 용도로도 사용한다.

C.4.2 점과 평면의 공간 관계

[그림 C.6]과 [그림 C.8]에서, 임의의 점 $\mathbf{p}$와 평면 사이에는 다음과 같은 관계가 성립한다.

1. 만일 $\mathbf{n} \cdot (\mathbf{p} - \mathbf{p}_0) = \mathbf{n} \cdot \mathbf{p} + d > 0$이면 $\mathbf{p}$는 평면의 앞쪽에 있는 것이다.

2. 만일 $\mathbf{n} \cdot (\mathbf{p} - \mathbf{p}_0) = \mathbf{n} \cdot \mathbf{p} + d < 0$이면 $\mathbf{p}$는 평면의 뒤쪽에 있는 것이다.

3. 만일 $\mathbf{n} \cdot (\mathbf{p} - \mathbf{p}_0) = \mathbf{n} \cdot \mathbf{p} + d = 0$이면 $\mathbf{p}$는 평면에 있는 것이다.

이러한 판정들은 평면에 상대적인 점의 위치를 판정하는 데 유용하다.

다음 DirectXMath 함수는 주어진 평면과 점의 $\mathbf{n} \cdot \mathbf{p} + d$를 평가한다.

```
XMVECTOR XMPlaneDotCoord(// 모든 성분에 n·p + d가 설정된
                        // XMVECTOR를 돌려준다.
    XMVECTOR P,   // 평면
    XMVECTOR V);  // 점(w = 1로 간주)

// 점과 평면의 공간 관계를 판정한다.
XMVECTOR p = XMVectorSet(0.0f, 1.0f, 0.0f, 0.0f);

XMVECTOR v = XMVectorSet(3.0f, 5.0f, 2.0f);

float x = XMVectorGetX( XMPlaneDotCoord(p, v) );


if( x가 근사적으로 0.0f와 상등 ) // v는 평면의 한 점이다.
if( x > 0 )    // v는 양의 반공간에 있다.
if( x < 0 )    // v는 음의 반공간에 있다.
```

> **참고:** 부동소수점의 부정확성 때문에 상등 연산자 대신 '근사적으로 상등'이라는 의사코드를 사용했다.

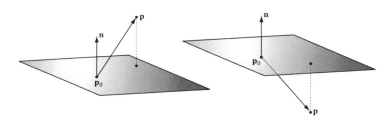

그림 C.8 점과 평면의 공간 관계.

비슷한 함수로 다음이 있다.

```
XMVECTOR XMPlaneDotNormal(XMVECTOR Plane, XMVECTOR Vec);
```

이 함수는 평면 법선 벡터와 3차원 벡터의 내적을 돌려준다.

C.4.3 평면의 구축

평면 방정식의 계수들, 즉 $(\mathbf{n}, d) = (a, b, c, d)$를 직접 지정하지 않고 유도하는 방법 두 가지를 살펴보자. 첫째로, 만일 $\mathbf{n}$과 평면 위의 한 점 $\mathbf{p}_0$을 알고 있다면 d는 다음과 같이 구할 수 있다.

$$\mathbf{n} \cdot \mathbf{p}_0 + d = 0 \Rightarrow d = -\mathbf{n} \cdot \mathbf{p}_0$$

DirectXMath 라이브러리의 다음 함수는 이런 방식으로 한 점과 법선으로부터 평면을 구축한다.

```
XMVECTOR XMPlaneFromPointNormal(
    XMVECTOR Point,
    XMVECTOR Normal);
```

둘째로, 평면의 세 점으로부터 평면을 구축할 수 있다. 세 점이 $\mathbf{p}_0$, $\mathbf{p}_1$, $\mathbf{p}_2$라고 할 때, 이들부터 평면에 놓인 두 벡터를 구한다.

$$\mathbf{u} = \mathbf{p}_1 - \mathbf{p}_0$$

$$\mathbf{v} = \mathbf{p}_2 - \mathbf{p}_0$$

이 두 벡터의 외적이 바로 평면의 법선이다. (법선의 방향은 왼손 엄지 법칙을 따른다.)

$$\mathbf{n} = \mathbf{u} \times \mathbf{v}$$

마지막으로 $d = -\mathbf{n} \cdot \mathbf{p}_0$을 구하면 평면 방정식이 완성된다.

DirectXMath 라이브러리의 다음 함수는 이런 방식으로 세 점으로부터 평면을 구축한다.

```
XMVECTOR XMPlaneFromPoints(
    XMVECTOR Point1,
    XMVECTOR Point2,
    XMVECTOR Point3);
```

C.4.4 평면의 정규화

평면의 법선 벡터를 정규화해야 할 때가 종종 있다. 언뜻 생각하면 그냥 법선 벡터만 다른 벡터와 마찬가지 방식으로 정규화하면 될 것 같지만, $d = -\mathbf{n} \cdot \mathbf{p}_0$이라는 점을, 즉 평면의 d 성분이 법선 벡터에 의존한다는 점을 잊어서는 안 된다. 따라서 평면의 법선 벡터를 정규화한 후에는 d도 다시 계산해야 한다. 다음은 이를 위한 공식이다.

$$d' = \frac{d}{\|\mathbf{n}\|} = -\frac{\mathbf{n}}{\|\mathbf{n}\|} \cdot \mathbf{p}_0$$

이처럼 평면 $(\mathbf{n}, d)$의 법선 벡터를 정규화하고 d도 그에 맞게 갱신하는 것을 간단히 "평면을 정규화한다"라고 말한다. 다음은 평면을 정규화하는 공식이다.

$$\frac{1}{\|\mathbf{n}\|}(\mathbf{n}, d) = \left(\frac{\mathbf{n}}{\|\mathbf{n}\|}, \frac{d}{\|\mathbf{n}\|} \right)$$

코드에서는 DirectXMath 라이브러리의 다음 함수를 이용해서 평면을 정규화한다.

```
XMVECTOR XMPlaneNormalize(XMVECTOR P);
```

C.4.5 평면의 변환

[Lengyel02]에 나와 있듯이, 평면을 변환할 때에는 $(\mathbf{n}, d)$를 하나의 4차원 벡터로 취급해서 원하는 변환 행렬의 역전치행렬을 곱하면 된다. 이때 평면을 미리 정규화해 두어야 함을 주의하기 바란다. 코드에서는 DirectXMath 라이브러리의 다음 함수를 사용해서 평면을 변환한다.

```
XMVECTOR XMPlaneTransform(XMVECTOR P, XMMATRIX M);
```

예제 코드:

```
XMMATRIX T(...); // T를 원하는 변환으로 초기화한다.
XMMATRIX invT = XMMatrixInverse(XMMatrixDeterminant(T), T);
XMMATRIX invTransposeT = XMMatrixTranspose(invT);

XMVECTOR p = (...);        // 평면을 초기화한다.
p = XMPlaneNormalize(p); // 먼저 평면을 정규화한다.

XMVECTOR transformedPlane = XMPlaneTransform(p, &invTransposeT);
```

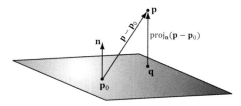

그림 C.9 평면의 모든 점 중 점 **p**와 가장 가까운 점. 점 $\mathbf{p}_0$은 평면의 알려진 한 점이다.

C.4.6 주어진 점과 가장 가까운 평면의 점

평면 $(\mathbf{n}, d)$의 점 중 공간의 한 점 **p**와 가장 가까운 점 **q**를 구한다고 하자. [그림 C.9]에서 보듯이, 이 두 점 사이에는 다음과 같은 관계가 성립한다.

$$\mathbf{q} = \mathbf{p} - \text{proj}_{\mathbf{n}}(\mathbf{p} - \mathbf{p}_0)$$

⊠$\mathbf{n}$⊠ = 1이라는 가정하에서 $\text{proj}_{\mathbf{n}}(\mathbf{p} - \mathbf{p}_0) = [(\mathbf{p} - \mathbf{p}_0) \cdot \mathbf{n}]\mathbf{n}$이다. 이를 대입해서 정리하면 다음이 나온다.

$$\mathbf{q} = \mathbf{p} - [(\mathbf{p} - \mathbf{p}_0) \cdot \mathbf{n}]\mathbf{n}$$
$$= \mathbf{p} - (\mathbf{p} \cdot \mathbf{n} - \mathbf{p}_0 \cdot \mathbf{n})\mathbf{n}$$
$$= \mathbf{p} - (\mathbf{p} \cdot \mathbf{n} + d)\mathbf{n}$$

C.4.7 반직선과 평면의 교차

반직선 $\mathbf{p}(t) = \mathbf{p}_0 + t\mathbf{u}$와 평면 방정식 $\mathbf{n} \cdot \mathbf{p} + d = 0$이 주어졌을 때, 반직선과 평면의 교차 여부와 교점을 구한다고 하자. 반직선을 평면 방정식에 대입한 후 평면 방정식을 만족하는 매개변수 t를 구하면 교차 여부와 교점을 구할 수 있다. 과정은 다음과 같다.

$\mathbf{n} \cdot \mathbf{p}(t) + d = 0$	평면 방정식으로 출발	$t\mathbf{n} \cdot \mathbf{u} = -\mathbf{n} \cdot \mathbf{p}_0 - d$	양변에 $-\mathbf{n} \cdot \mathbf{p}_0 - d$를 더했음
$\mathbf{n} \cdot (\mathbf{p}_0 + t\mathbf{u}) + d = 0$	반직선 방정식을 대입	$t = \dfrac{-\mathbf{n} \cdot \mathbf{p}_0 - d}{\mathbf{n} \cdot \mathbf{u}}$	t에 대해 정리
$\mathbf{n} \cdot \mathbf{p}_0 + t\mathbf{n} \cdot \mathbf{u} + d = 0$	배분법칙을 적용해서 전개		

만일 $\mathbf{n} \cdot \mathbf{u} = 0$이면 반직선은 평면과 평행하므로 평면 방정식의 해가 없거나 무한히 많다(후자는 반직선이 평면에 놓인 경우이다). 만일 t가 $[0, \infty)$ 구간 바깥에 있다면 반직선은 평면과 교차

하지 않는다. 단, 반직선과 일치하는 직선은 평면과 교차한다. 만일 t가 $[0, \infty)$ 구간 안에 있으면 반직선과 평면은 교차한다. 이 경우 반직선 방정식을 $t_0 = \frac{-\mathbf{n} \cdot \mathbf{p}_0 - d}{\mathbf{n} \cdot \mathbf{u}}$로 평가하면 교점이 나온다.

이러한 반직선 대 평면 교차 판정 절차를 조금 수정하면 선분 대 평면 교차 판정 절차가 된다. 선분을 정의하는 두 점이 $\mathbf{p}$와 $\mathbf{q}$라고 할 때, $\mathbf{r}(t) = \mathbf{p} + t(\mathbf{q} - \mathbf{p})$로 하나의 반직선을 정의한다. 이 반직선으로 앞에서처럼 평면과의 교차 판정을 수행했을 때 만일 $t \in [0, 1]$이면 선분은 평면과 교차하는 것이다. 이러한 교차 판정들과 관련해서 DirectXMath 라이브러리는 다음과 같은 함수를 제공한다.

```
XMVECTOR XMPlaneIntersectLine(
    XMVECTOR P,
    XMVECTOR LinePoint1,
    XMVECTOR LinePoint2);
```

C.4.8 벡터의 반사

벡터 $\mathbf{I}$를 법선이 $\mathbf{n}$인 평면에 반사시킨다고 하자. 벡터에는 위치가 없으므로 벡터의 반사에는 오직 평면의 법선만 관여한다. [그림 C.10]은 이를 기하학적으로 나타낸 것이다. 그림에서 보듯이, 반사된 벡터 $\mathbf{r}$은 다음과 같이 주어진다.

$$\mathbf{r} = \mathbf{I} - 2(\mathbf{n} \cdot \mathbf{I})\mathbf{n}$$

C.4.9 점의 반사

벡터와는 달리 점에는 위치가 있다. 그래서 점의 반사는 벡터의 반사와 다르다. [그림 C.11]에서 보듯이, 반사된 점 $\mathbf{q}$는 다음과 같이 주어진다.

$$\mathbf{q} = \mathbf{p} - 2\text{proj}_\mathbf{n}(\mathbf{p} - \mathbf{p}_0)$$

C.4.10 반사행렬

$(\mathbf{n}, d) = (n_x, n_y, n_z, d)$가 평면의 계수들이라고 하자. 여기서 $d = -\mathbf{n} \cdot \mathbf{p}_0$이다. 그러면, 동차좌표로 표현된 점과 벡터를 다음과 같은 하나의 4×4 반사행렬(reflection matrix)로 반사시킬 수 있다.

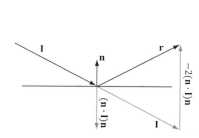

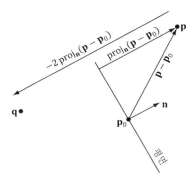

그림 C.10 벡터 반사의 기하학.　　　　　**그림 C.11** 점 반사의 기하학.

$$
\mathbf{R} = \begin{bmatrix} 1 - 2n_x n_x & -2n_x n_y & -2n_x n_z & 0 \\ -2n_x n_y & 1 - 2n_y n_y & -2n_y n_z & 0 \\ -2n_x n_z & -2n_y n_z & 1 - 2n_z n_z & 0 \\ -2dn_x & -2dn_y & -2dn_z & 1 \end{bmatrix}
$$

이 행렬은 평면이 정규화되어 있으며, 따라서 다음이 성립한다고 가정한다.

$$
\begin{aligned}
\mathrm{proj}_\mathbf{n}(\mathbf{p} - \mathbf{p}_0) &= [\mathbf{n} \cdot (\mathbf{p} - \mathbf{p}_0)]\mathbf{n} \\
&= [\mathbf{n} \cdot \mathbf{p} - \mathbf{n} \cdot \mathbf{p}_0]\mathbf{n} \\
&= [\mathbf{n} \cdot \mathbf{p} + d]\mathbf{n}
\end{aligned}
$$

점에 이 반사행렬을 곱해서 정리하면 앞에서 본 반사 공식이 나온다.

$$
[p_x, p_y, p_z, 1] \begin{bmatrix} 1 - 2n_x n_x & -2n_x n_y & -2n_x n_z & 0 \\ -2n_x n_y & 1 - 2n_y n_y & -2n_y n_z & 0 \\ -2n_x n_z & -2n_y n_z & 1 - 2n_z n_z & 0 \\ -2dn_x & -2dn_y & -2dn_z & 1 \end{bmatrix}
$$

$$
= \begin{bmatrix} p_x - 2p_x n_x n_x & -2p_y n_x n_y & -2p_z n_x n_z & -2dn_x \\ -2p_x n_x n_y + p_y & -2p_y n_y n_y & -2p_z n_y n_z & -2dn_y \\ -2p_x n_x n_z & -2p_y n_y n_z + p_z & -2p_z n_z n_z & -2dn_z \\ & & 1 & \end{bmatrix}^T
$$

$$
= \begin{bmatrix} p_x \\ p_y \\ p_z \\ 1 \end{bmatrix}^T + \begin{bmatrix} -2n_x(p_x n_x + p_y n_y + p_z n_z + d) \\ -2n_y(p_x n_x + p_y n_y + p_z n_z + d) \\ -2n_z(p_x n_x + p_y n_y + p_z n_z + d) \\ 0 \end{bmatrix}^T
$$

$$
= \begin{bmatrix} p_x \\ p_y \\ p_z \\ 1 \end{bmatrix}^T + \begin{bmatrix} -2n_x(\mathbf{n} \cdot \mathbf{p} + d) \\ -2n_y(\mathbf{n} \cdot \mathbf{p} + d) \\ -2n_z(\mathbf{n} \cdot \mathbf{p} + d) \\ 0 \end{bmatrix}^T
$$

$$
= \mathbf{p} - 2[\mathbf{n} \cdot \mathbf{p} + d]\mathbf{n}
$$

$$
= \mathbf{p} - 2\text{proj}_\mathbf{n}(\mathbf{p} - \mathbf{p}_0)
$$

> **참고:** 여기에서는 행렬의 전치를 이용해서 행벡터를 열벡터로 바꾸었는데, 이는 단지 수식을 좀 더 깔끔하게 나타내기 위한 것일 뿐이다. 이렇게 하지 않았다면 아주 긴 행벡터들이 나왔을 것이다.

마찬가지로, 벡터에 이 반사행렬을 곱해서 정리하면 벡터 반사 공식이 나온다.

$$
[v_x, v_y, v_z, 0] \begin{bmatrix} 1 - 2n_xn_x & -2n_xn_y & -2n_xn_z & 0 \\ -2n_xn_y & 1 - 2n_yn_y & -2n_yn_z & 0 \\ -2n_xn_z & -2n_yn_z & 1 - 2n_zn_z & 0 \\ -2dn_x & -2dn_y & -2dn_z & 1 \end{bmatrix} = \mathbf{v} - 2(\mathbf{n} \cdot \mathbf{v})\mathbf{n}
$$

다음의 DirectXMath 함수는 주어진 평면으로부터 반사행렬을 계산해서 돌려준다.

```
XMMATRIX XMMatrixReflect(XMVECTOR ReflectionPlane);
```

C.5 연습문제

1. $\mathbf{p}(t) = (1, 1) + t(2, 1)$이 어떤 좌표계를 기준으로 한 반직선이라고 하자. $t = 0.0$, 0.5, 1.0, 2.0, 5.0에서의 이 반직선의 점들을 그래프로 표시하라.

2. $\mathbf{p}_0$과 $\mathbf{p}_1$이 어떤 선분의 양 끝점이라고 하자. 그 선분의 방정식을 $t \in [0, 1]$에 대한 $\mathbf{p}(t) = (1 - t)\mathbf{p}_0 + t\mathbf{p}_1$로 표현할 수도 있음을 보여라.

3. 다음의 두 점들 각각에 대해, 두 점을 통과하는 직선의 벡터 방정식을 구하라.

   (a) $\mathbf{p}_1 = (2, -1)$, $\mathbf{p}_2 = (4, 1)$

   (b) $\mathbf{p}_1 = (4, -2, 1)$, $\mathbf{p}_2 = (2, 3, 2)$

4. $\mathbf{L}(t) = \mathbf{p} + t\mathbf{u}$가 3차원 공간의 한 선을 정의한다고 하자. 그리고 $\mathbf{q}$가 3차원 공간의 임의의 한 점이라고 하자. $\mathbf{q}$와 직선 사이의 거리를 다음과 같이 표기할 수 있음을 증명하라.

$$d = \frac{\|(\mathbf{q} - \mathbf{p}) \times \mathbf{u}\|}{\|\mathbf{u}\|}$$

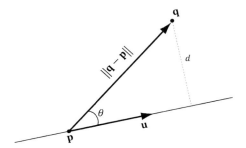

그림 C.12 $\mathbf{q}$와 선 사이의 거리.

5. $\mathbf{L}(t) = (4, 2, 2) + t(1, 1, 1)$이 하나의 선이라고 하자. 다음 점들 각각에 대해 선과 점 사이의 거리를 구하라.

   (a) $\mathbf{q} = (0, 0, 0)$

   (b) $\mathbf{q} = (4, 2, 0)$

   (c) $\mathbf{q} = (0, 2, 2)$

6. 세 점 $\mathbf{p}_0 = (0, 1, 0)$, $\mathbf{p}_1 = (-1, 3, 6)$, $\mathbf{p}_2 = (8, 5, 3)$이 정의하는 평면을 구하라.

7. $\left(\frac{1}{\sqrt{3}}, \frac{1}{\sqrt{3}}, \frac{1}{\sqrt{3}}, -5\right)$가 하나의 평면이라고 하자. 이 평면과 점 $(3\sqrt{3}, 5\sqrt{3}, 0)$, $(2\sqrt{3}, \sqrt{3}, 2\sqrt{3})$, $(\sqrt{3}, -\sqrt{3}, 0)$, 사이의 공간 관계를 각각 밝혀라.

8. $\left(-\frac{1}{\sqrt{2}}, \frac{1}{\sqrt{2}}, 0, \frac{5}{\sqrt{2}}\right)$가 하나의 평면이라고 하자. 점 $(0, 1, 0)$과 가장 가까운 이 평면의 점을 구하라.

9. $\left(-\frac{1}{\sqrt{2}}, \frac{1}{\sqrt{2}}, 0, \frac{5}{\sqrt{2}}\right)$가 하나의 평면이라고 하자. 점 $(0, 1, 0)$을 이 평면에 반사시킨 점을 구하라.

10. $\left(\frac{1}{\sqrt{3}}, \frac{1}{\sqrt{3}}, \frac{1}{\sqrt{3}}, -5\right)$가 하나의 평면이고 $\mathbf{r}(t) = (-1, 1, -1) + t(1, 0, 0)$이 하나의 반직선이라고 하자. 이 반직선과 평면의 교점을 구하라. 그리고 `XMPlaneIntersectLine` 함수를 이용한 짧은 프로그램을 작성해서 독자의 답을 확인하라.

연습문제 해답 모음

일부 선택된 연습문제의 해답(그림 포함)은 아래 주소에서 내려받을 수 있다.

http://www.hanbit.co.kr/src/2779

참고문헌 및 더 읽을 거리

[Angel00] Angel, Edward, Interactive Computer Graphics: A Top-Down Approach with OpenGL, Second Edition, Addison-Wesley, 2000.

[ATI1] ATI, "Dark Secrets of Shader Development or What Your Mother Never Told You About Shaders" 강연. 발표 자료는 http://amd-dev.wpengine.netdna-cdn.com/wordpress/media/2012/10/Dark_Secrets_of_shader_Dev-Mojo.pdf에 있음.

[Bilodeau10] Bilodeau, Bill, "Efficient Compute Shader Programming," Game Developers Conference, AMD 슬라이드 발표 자료, 2010. (http://developer.amd.com/gpu_assets/Efficient%20Compute%20Shader%20Programming.pps)

[Bilodeau10b] Bilodeau, Bill, "Direct3D 11 Tutorial: Tessellation," Game Developers Conference, AMD 슬라이드 발표 자료, 2010. (http://developer.amd.com/gpu_assets/Direct3D%2011%20Tessellation%20Tutorial.ppsx)

[Blinn78] Blinn, James F., Martin E. Newell, "Clipping using Homogeneous Coordinates," In Computer Graphics (SIGGRAPH '78 Proceedings), pp. 245–251, New York, 1978.

[Blinn96] Blinn, Jim, Jim Blinn's Corner: A Trip Down the Graphics Pipeline, Morgan Kaufmann Publishers, Inc, San Francisco CA, 1996.

[Boyd08] Boyd, Chas, "DirectX 11 Compute Shader," Siggraph 슬라이드 발표 자료, 2008. (http://s08.idav.ucdavis.edu/boyd-dx11-compute-shader.pdf)

[Boyd10] Boyd, Chas. "DirectCompute Lecture Series 101: Introduction to DirectCompute," 2010. (http://channel9.msdn.com/Blogs/gclassy/DirectCompute-Lecture-Series-101-Introduction-to-DirectCompute)

[Brennan02] Brennan, Chris. "Accurate Reflections and Refractions by Adjusting for Object Distance," Direct3D ShaderX: Vertex and Pixel Shader Tips and Tricks. Wordware Publishing Inc., 2002. 번역서는 류광, 최지호 옮김, Direct3D ShaderX 정점&픽셀 셰이더 팁과 트릭, 정보문화사, 2003.

[Burg10] Burg, John van der. "Building an Advanced Particle System." Gamasutra, 2000년 6월. (http://www.gamasutra.com/features/20000623/vanderburg_01.htm)

[Crawfis12] Crawfis, Roger. "Modern GPU Architecture." 강의 자료는 http://web.cse.ohio-state.edu/~crawfis/cse786/ReferenceMaterial/CourseNotes/Modern%20GPU%20Architecture.ppt에 있음.

[De berg00] de Berg, M., M. van Kreveld, M. Overmars, O. Schwarzkopf. Computational Geometry: Algorithms and Applications Second Edition. Springer-Verlag Berlin Heidelberg, 2000.

[Dietrich] Dietrich, Sim. "Texture Space Bump Maps." (http://developer.nvidia.com/object/texture_space_bump_mapping.html)

[Dunlop03] Dunlop, Robert. "FPS Versus Frame Time," 2003. (http://www.mvps.org/directx/articles/fps_versus_frame_time.htm)

[DirectXMath] DirectXMath 온라인 문서화, Microsoft Corporation. http://msdn.microsoft.com/en-us/library/windows/desktop/hh437833(v=vs.85).aspx

[DXSDK] Microsoft DirectX June 2010 SDK 문서화, Microsoft Corporation.

[Eberly01] Eberly, David H., 3D Game Engine Design. Morgan Kaufmann Publishers, Inc, San Francisco CA, 2001.

[Engel02] Engel, Wolfgang (엮음), Direct3D ShaderX: Vertex and Pixel Shader Tips and Tricks, Wordware Publishing, Plano TX, 2002. 번역서는 류광, 최지호 옮김, Direct3D ShaderX 정점&픽셀 셰이더 팁과 트릭, 정보문화사, 2003.

[Engel04] Engel, Wolfgang (엮음), ShaderX2: Shader Programming Tips & Tricks with DirectX 9, Wordware Publishing, Plano TX, 2004.

[Engel06] Engel, Wolfgang (엮음), ShaderX5: Shader Advanced Rendering Techniques, Charles River Media, Inc., 2006.

[Engel08] Engel, Wolfgang (엮음), ShaderX6: Shader Advanced Rendering Techniques, Charles River Media, Inc., 2008.

[Farin98] Farin, Gerald, Dianne Hansford. The Geometry Toolbox: For Graphics and Modeling. AK Peters, Ltd., 1998.

[Fernando03] Fernando, Randima, Mark J. Kilgard. The CG Tutorial: The Definitive Guide to Programmable Real-Time Graphics. Addison-Wesley, 2003.

[Fraleigh95] Fraleigh, John B., Raymond A. Beauregard. Linear Algebra 3rd Edition. Addison-Wesley, 1995.

[Friedberg03] Friedberg, Stephen H., Arnold J. Insel, Lawrence E. Spence. Linear Algebra Fourth Edition. Pearson Education, Inc., 2003.

[Fung10] Fung, James. "DirectCompute Lecture Series 210: GPU Optimizations and Performance," 2010. (http://channel9.msdn.com/Blogs/gclassy/DirectCompute-Lecture-Series-210-GPU-Optimizations-and-Performance)

[Halliday01] Halliday, David, Robert Resnick, Jearl Walker. Fundamentals of Physics: Sixth Edition. John Wiley & Sons, Inc, 2001.

[Hausner98] Hausner, Melvin. A Vector Space Approach to Geometry. Dover Publications, Inc. (www.doverpublications.com), 1998

[Hoffmann75] Hoffmann, Banesh. About Vectors. Dover Publications, Inc. (www.doverpublications.com), 1975.

[Isidoro06] Isidoro, John R. "Shadow Mapping: GPU-based Tips and Techniques," Game Developers Conference, ATI 슬라이드 발표 자료, 2006. (http://developer.amd.com/media/gpu_assets/Isidoro-ShadowMapping.pdf)

[Isidoro06b] Isidoro, John R. "Edge Masking and Per-Texel Depth Extent Propagation for Computation Culling During Shadow Mapping," ShaderX 5: Advanced Rendering Techniques. Charles River Media, 2007.

[Kilgard99] Kilgard, Mark J., "Creating Reflections and Shadows Using Stencil Buffers," Game Developers Conference, NVIDIA 슬라이드 발표 자료, 1999. (http://developer.nvidia.com/docs/IO/1407/ATT/stencil.ppt)

[Kilgard01] Kilgard, Mark J. "Shadow Mapping with Today's OpenGL Hardware," Computer Entertainment Software Association's CEDEC, NVIDIA 발표 자료, 2001. (http://developer.nvidia.com/object/cedec_shadowmap.html)

[Kryachko05] Kryachko, Yuri. "Using Vertex Texture Displacement for Realistic Water Rendering," GPU Gems 2: Programming Techniques for High-Performance Graphics and General Purpose Computation. Addison-Wesley, 2005.

[Kuipers99] Kuipers, Jack B. Quaternions and Rotation Sequences: A Primer with Applications to Orbits, Aerospace, and Virtual Reality. Princeton University Press, 1999.

[Lengyel02] Lengyel, Eric. Mathematics for 3D Game Programming and Computer Graphics. Charles River Media, Inc., 2002. 번역서는 류광 옮김, 3D 게임 프로그래밍&컴퓨터 그래픽을 위한 수학, 정보문화사, 2003.

[Möller08] Möller, Tomas, Eric Haines. Real-Time Rendering: Third Edition. AK Peters, Ltd., 2008.

[Mortenson99] Mortenson, M.E. Mathematics for Computer Graphics Applications. Industrial Press, Inc., 1999.

[NVIDIA05] Antialiasing with Transparency, NVIDIA Corporation, 2005. (ftp://download.nvidia.com/developer/SDK/Individual_Samples/DEMOS/Direct3D9/src/AntiAliasingWithTransparency/docs/AntiAliasingWithTransparency.pdf)

[NVIDIA08] GPU Programming Guide GeForce 8 and 9 Series, NVIDIA Corporation, 2008. (http://developer.download.nvidia.com/GPU_Programming_Guide/GPU_Programming_Guide_G80.pdf)

[NVIDIA09] NVIDIA's Next Generation CUDA Compute Architecture: Fermi, NVIDIA Corporation, 2009. (http://www.nvidia.com/content/PDF/fermi_white_papers/NVIDIA_Fermi_Compute_Architecture_Whitepaper.pdf)

[NVIDIA10] DirectCompute Programming Guide, NVIDIA Corporation, 2007 – 2010 (http://developer.download.nvidia.com/compute/DevZone/docs/html/DirectCompute/doc/DirectCompute_Programming_Guide.pdf)

[Thibieroz13] Thibieroz, Nick, Holger Gruen. "DirectX Performance Reloaded." Game Developers Conference 2013 강연.

[Oliveira10] Oliveira, Gustavo. "Designing Fast Cross−Platform SIMD Vector Libraries," 2010. (http://www.gamasutra.com/view/feature/4248/designing_fast_crossplatform_simd_.php)

[Parent02] Parent, Rick. Computer Animation: Algorithms and Techniques. Morgan Kaufmann Publishers (www.mkp.com), 2002.

[Pelzer04] Pelzer, Kurt. "Rendering Countless Blades of Waving Grass," GPU Gems: Programming Techniques, Tips, and Tricks for Real-Time Graphics. Addison−Wesley, 2004.

[Pettineo12] Pettineo, Matt. "A Closer Look at Tone Mapping," 2012. (https://mynameismjp.wordpress.com/2010/04/30/a-closer-look-at-tone-mapping/)

[Petzold99] Petzold, Charles. Programming Windows. Fifth Edition, Microsoft Press, Redmond WA, 1999.

[Prosise99] Prosise, Jeff. Programming Windows with MFC. Second Edition, Microsoft Press, Redmond WA, 1999.

[Reinhard10] Reinhard, Erik, et al. High Dynamic Range Imaging. Second Edition, Morgan Kaufmann, 2010.

[Santrock03] Santrock, John W. Psychology 7. The McGraw−Hill Companies, Inc., 2003.

[Savchenko00] Savchenko, Sergei. 3D Graphics Programming: Games and Beyond. Sams Publishing, 2000.

[Schneider03] Schneider, Philip J., David H. Eberly. Geometric Tools for Computer Graphics. Morgan Kaufmann Publishers (www.mkp.com), 2003.

[Snook03] Snook, Greg. Real-Time 3D Terrain Engines using C++ and DirectX9. Charles River Media, Inc., 2003.

[Story10] Story, Jon, Cem Cebenoyan. "Tessellation Performance," Game Developers Conference, NVIDIA 슬라이드 발표 자료, 2010. (http://developer.download.nvidia.com/presentations/2010/gdc/Tessellation_Performance.pdf)

[Sutherland74] Sutherland, I. E., G. W. Hodgeman. Reentrant Polygon Clipping. Communications of the ACM, 17(1):32–42, 1974.

[Tuft10] Tuft, David. "Cascaded Shadow Maps," 2010. (http://msdn.microsoft.com/en-us/library/ee416307%28v=vs.85%29.aspx)

[Uralsky05] Uralsky, Yuri. "Efficient Soft–Edged Shadows Using Pixel Shader Branching," GPU Gems 2: Programming Techniques for High-Performance Graphics and General Purpose Computation. Addison–Wesley, 2005.

[Verth04] Verth, James M. van, Lars M. Bishop. Essential Mathematics for Games & Interactive Applications: A Programmer's Guide. Morgan Kaufmann Publishers (www.mkp.com), 2004.

[Vlachos01] Vlachos, Alex, Jörg Peters, Chas Boyd, Jason L. Mitchell, "Curved PN Triangles," ACM Symposium on Interactive 3D Graphics 2001, pp. 159–166, 2001. (http://alex.vlachos.com/graphics/CurvedPNTriangles.pdf)

[Watt92] Watt, Alan, Mark Watt. Advanced Animation and Rendering Techniques: Theory and Practice. Addison–Wesley, 1992.

[Watt00] Watt, Alan. 3D Computer Graphics. Third Edition, Addison–Wesley, 2000.

[Watt01] Watt, Alan, Fabio Policarpo. 3D Games: Real-time Rendering and Software Technology. Addison–Wesley, 2001.

[Weinreich98] Weinreich, Gabriel. Geometrical Vectors. The University of Chicago Press, Chicago, 1998.

[Whatley05] Whatley, David. "Toward Photorealism in Virtual Botany," GPU Gems 2: Programming Techniques for High-Performance Graphics and General Purpose Computation. Addison–Wesley, 2005.

[Wloka03] Wloka, Matthias. "Batch, Batch, Batch: What Does It Really Mean?" Game Developers Conference 2003 강연. http://developer.nvidia.com/docs/IO/8230/BatchBatchBatch.pdf

INDEX

INDEX

INDEX

INDEX

INDEX

INDEX

INDEX

INDEX

INDEX

INDEX

INDEX